सूरदास

जीवन और काव्य का अध्ययन

सूरदास

जीवन और काव्य का अध्ययन

प्रो० व्रजेश्वर वर्मा, एम० ए०, डी० फिल्०

भूतपूर्व निदेशक, केन्द्रीय हिन्दी संस्थान, आगरा

लोकभारती प्रकाशन

पहली मंजिल, दरबारी बिल्डिंग, महात्मा गाँधी मार्ग, इलाहाबाद-१

लोकभारती प्रकाशन
पहली मंजिल, दरबारी बिल्डिंग, महात्मा गाँधी मार्ग
इलाहाबाद-211 001211 001
वेबसाइट : www.lokbhartiprakashan.com
ईमेल : info@lokbhartiprakashan.com
शाखाएँ : 1-बी, नेताजी सुभाष मार्ग, दरियागंज
नयी दिल्ली-110 002
अशोक राजपथ, साइंस कॉलेज के सामने
पटना-800 006 (बिहार)
36-ए, शेक्सपियर सरणी
कोलकाता-700 017

पंचम संस्करण : 1994
नवम संस्करण : 2017

इण्डियन प्रेस, इलाहाबाद
द्वारा मुद्रित

SURDAS
by Brajeshwar Varma

ISBN : 978-93-5221-038-1

मूल्य : ₹ 500

आमुख

१९४५ ई० में स्वीकृत प्रस्तुत शोध प्रबंध पहली बार १९४६ ई० में प्रकाशित हुआ था। सूरदास के काव्य के अध्ययन का आधार उस समय श्री वेंकटेश्वर प्रेस, बम्बई द्वारा प्रकाशित सूरसागर ही उपलब्ध था। इसी के १८९० वि० (सन् १८३३ ई०) के संस्करण का उपयोग करके मैंने शोध-प्रबंध तैयार किया था। अध्ययन के दौरान कविवर जगन्नाथदास 'रत्नाकर' द्वारा संपादित सूरसागर का खंडशः प्रकाशन आरम्भ अवश्य हो गया था, पर १४३२ पदों के खंड ही प्रकाशित हो पाए थे कि रत्नाकर जी का निधन हो गया। रत्नाकर जी द्वारा एकत्र और संपादित सूरसागर की सामग्री काशी नागरी प्रचारिणी सभा को मिली और उसने संपूर्ण सूरसागर १९५० ई० में दो जिल्दों में प्रकाशित किया। इसके संपादन के लिए सभा ने पंडितवर्य अयोध्यासिंह उपाध्याय, रामचंद्र शुक्ल, केशव प्रसाद मिश्र, सभा के मंत्री रामनारायण मिश्र और नंद दुलारे वाजपेयी की समिति गठित की, जिसकी देख-रेख में मुख्य संपादन कार्य पंडित अयोध्यासिंह उपाध्याय से निर्देशन में पंडित नंददुलारे वाजपेयी को सौंपा गया। इस संस्करण में श्री वेंकटेश्वर प्रेस वाले संस्करण के ही वाह्य स्वरूप का अनुसरण किया गया, जहाँ तक कि खंडशः पूर्व प्रकाशित १४३२ पदों के पाठांतर भी जो पाद टिप्पणियों में दिए गए थे, निकाल दिए गए। कारण यह बताया गया कि पाठांतरों की प्रामाणिकता सिद्ध करने का कोई विश्वसनीय आधार नहीं है।

परन्तु सभा के संस्करणकी एक मूलभूत भयानक भूल यह है कि उसमें मुख्य सूरसागर, अर्थात् ४९३७ पदों में ४३१० पदों की श्रीकृष्ण लीला का स्वरूप अत्यन्त विकृत हो गया—लीला के विभिन्न प्रसंगों के क्रम में लौट-पौट कर दिया गया। ऐसा क्यों हुआ इसका कोई कारण कभी नहीं बताया गया। 'सूरसागर' के किसी हस्तलेख से इस क्रम-परिवर्तन का समर्थन संभव नहीं है। इसके विपरीत सूरसागर के प्रायः सभी हस्तलेखों और पूर्व प्रकाशित संस्करणों में श्रीकृष्ण की प्रबंधात्मकता पाई जाती है, यद्यपि उसे स्फुट रूप में भी पठनीय, गीति शैली के कारण पहचाना नहीं गया था। आश्चर्य है, रत्नाकर जी का भी ध्यान उसकी ओर नहीं गया और उनके द्वारा सूरसागर का स्वरूप अनजाने ही विकृत हो गया, क्योंकि 'सभा' का संस्करण निकलने के बाद श्री वेंकटेश्वर प्रेस के संस्करण का प्रचलन समाप्त हो गया। इस संस्करण के सम्पादक बाबू राधाकृष्ण दास ने उसे 'भजनानन्दी तथा प्रेमी भक्तों के चित्त विनोदार्य' प्रकाशित कराया था। पाठ की दृष्टि से वह अत्यन्त भ्रष्ट है। सम्पादन के निर्देशों के विरुद्ध प्रेस के प्रूफरीडर उसके प्रत्येक पुनर्मुद्रण में मनमानी करते रहे। पाठ की भाषा को उत्तरोत्तर तत्सम प्रधान बनाया जाता रहा और प्रेस की भूलों का यह हाल हो गया कि सन् १९२० ई० में आचार्य रामचंद्र शुक्ल को कहना पड़ा—'मुश्किल से कोई ऐसा पद मिलेगा जिसका पाठ ठीक-ठीक हो और जिसे बिना थोड़ी अपनी बुद्धि खर्च किए कोई पढ़ तक सके' (भ्रमरगीत सार की भूमिका)। इस सबके बावजूद 'सभा' का संस्करण उपलब्ध हो जाने के बाद जब मैंने 'सूरदास' का तीसरा संस्करण १९५९ ई० में प्रकाशित कराया तो उसमें दिए गए संदर्भों के हजारों पदों की संख्याएँ 'सभा' संस्करण के अनुसार बदलने का श्रम तो करना पड़ा, क्योंकि यह मजबूरी थी, इसलिए भी कि श्री वेंकटेश्वर प्रेस के संस्करण के संदर्भों में पृष्ठ

संख्याएँ भी दी गई थीं—पद संख्याएँ या तो उसमें दी ही नहीं गई थी, या गलत दी गई थी, पर मुझे 'सभा' संस्करण के लीला क्रम और पद क्रम की सर्वथाा उपेक्षा करनी पड़ी। उस समय तक इस दृष्टि से श्री वेंकटेश्वर प्रेस वाला 'सूरसागर' ही अधिक विश्वसनीय था।

सूरदास के काव्य के अध्ययन की मेरी सबसे महत्वपूर्ण विशेषता यही है कि मैंने अंत: साक्ष्य के आधार पर सिद्ध कर दिखाया है कि सूरदास श्रीकृष्ण लीला के फुटकर पदों के रचयिता नहीं बल्कि उनका उद्देश्य श्रीकृष्ण लीला को अपनी गीति पदों की शैली में सम्यक प्रबंध कुशलतापूर्वक जोड़ी गई राधाकृष्ण की उदात्त प्रेमकथा के रूप में प्रस्तुत करने का था।

सूरदास के महान् कलात्मक श्रीकृष्ण लीला गीति प्रबंध को आच्छादित करने का प्रयत्न १६८८ ई० में आरंभ हुआ था जब पहली बार 'सूरसागर' के सांप्रदायिकता के अनुरोध से श्रीमद्भागवत् का द्वादश स्कंधी रूप दिया गया। इसके पहले की सूर-सागर की हस्तलिखित प्रतियों में श्रीकृष्णलीला ही प्रमुख थी, 'विनय' के पद भी उसके बाद दिए जाते थे। 'सूरसागर' का यही स्वरूप १८४३ ई० में कलकत्ता से राग कल्पद्रुम के दूसरे खंड के रूप में मुद्रित-प्रकाशित हुआ था। लखनऊ के नवल किशोर प्रेस से प्रकाशित 'सूरसागर' भी इसी का अनुकरण है। कलकत्ता से 'सूरसागर' अपने इसी रूप में १९१६ ई० तक प्रकाशित होता रहा। परन्तु १८९६ ई० में ही बम्बई के श्री वेंकटेश्वर प्रेस का द्वादश स्कंधी सूरसागर आ गया। बीस वर्ष बाद 'सूरसागर' का यही एकमात्र वृहत्तर पाठ प्रचलित हो गया। इसके मुखपृष्ठ पर संपादक बाबू राधाकृष्ण दास ने शीर्षक दिया—'सूरसागर' 'अर्थात् भाषा कवि कुल चूड़ामणि सूरदास रचित श्रीमद्भागवत बारहों स्कंधों का ललित राग रागनियों में अनुवाद'।

श्रीमद्भागवत के इस मिथ्या आच्छादन से सूरदास के महान कृतित्व की मुक्ति सूरदास के मेरे अध्ययन की स्वाभाविक परिणति थी। परन्तु १९२६ ई० से आरम्भ हुए सूरसागर के प्रमाणिक पाठ के पुनरुद्धार के अनेक सम्मिलित और व्यक्तिगत प्रयासों में से कोई पूरा नहीं हुआ। १९४५-४६ से ही 'सूरदास' के अध्ययन की अपनी प्रामाणिकता सिद्ध करने के लिए मुझे उसकी प्रत्येक आवृत्ति में सूरसागर के प्रामाणिक संस्करण के अभाव की बाधा का उल्लेख करना पड़ा है। अंत में निराश होकर १९८४ ई० में मैंने स्वयं इस गुरु कार्य को पूरा करने का संकल्प किया। सूरसागर के वास्तविक स्वरूप की परिकल्पना मेरे शोध-अध्ययन की सहज परिणति थी ही। १९८० ई० में मेरा संकल्प पूरा हुआ और मेरे द्वारा संपादित 'सूरसागर' '(अंत:साक्ष्य द्वारा निर्दिष्ट स्वरूप की पुनस्संरचना का प्रामाणिक पाठ)' ज्ञान मण्डल लिमिटेड, वाराणसी ने प्रकाशित कर दिया।

'सूरदास' की प्रस्तुत पाँचवीं आवृत्ति में यह अपेक्षा की जा सकती है कि मैं अपने जीवन भर के सूरदास के अध्ययन, अनुसंधान और लेखन के अंतिम परिणाम का उपयोग कर इसे नया रूप दूँगा। परन्तु अनेक कारणों से मैं ऐसा नहीं कर पा रहा हूँ। इस अभाव की पूर्ति के लिए मैं ग्रन्थ के अंत में 'विशेष' कथन द्वारा संतोष करते हुए पाठकों से अनुरोध करता हूँ कि वे उसे पढ़ने का कष्ट अवश्य करें।

—ब्रजेश्वर वर्मा

१४ फरवरी, १९९३ ई०

एच० आई जी० २५

ममफोर्डगंज, इलाहाबाद-२

प्रस्तावना

एम० ए० परीक्षा के लिए कृष्ण-काव्य के अन्तर्गत सूरदास का अध्ययन करते हुए मुझे अनुभव हुआ कि हिन्दी के महान् कवियों में सूरदास की जितनी उपेक्षा हुई, उतनी कदाचित् अन्य किसी की नहीं। हिन्दी समालोचना के बाल्यकाल में सूर और तुलसी के 'रवि-शशि'-समानता सम्बन्धी तथाकथित तुलनात्मक मूल्यांकन में दोनों पक्षों का आग्रह व्यक्तिगत आक्षेपों की सीमा तक तो पहुँच गया, पर, जहाँ तक सूर का सम्बन्ध है, वह आग्रह गम्भीर अध्ययन की ओर अधिक प्रवृत्त न हो सका। कदाचित् परिस्थिति अनुकूल न होने के कारण अथवा भाषा और उपासनादि सम्बन्धी पूर्व धारणाओं के कारण हिन्दी-साहित्य की प्रतिभा सूरदास के अध्ययन में विशेष योगदान न कर सकी। इस दिशा में मान्य मिश्रबंधुओं, आचार्य पं० रामचन्द्र शुक्ल, डाक्टर जनार्दन मिश्र और भाषा-तत्व-रत्न श्री नलिनीमोहन सान्याल प्रभृति विद्वानों के प्रयत्न यद्यपि अपने-अपने ढंग से महत्वपूर्ण हैं, फिर भी सूरदास के सम्पूर्ण अध्ययन के इच्छुक को उनसे सन्तोष नहीं होता। अत: एम० ए० के लिए सूरदास का अध्ययन करते समय ही मेरे मन में उनके विशेष अध्ययन की इच्छा बलवती होती गई। इस सम्बन्ध में मुझे भी पंडित हजारी प्रसाद द्विवेदी की 'हिन्दी साहित्य की भूमिका' तथा 'सूर-साहित्य' से विशेष प्रेरणा मिली। अपनी समझ के अनुसार मुझे सूरदास के विषय में द्विवेदी जी का दृष्टिकोण अधिक समीचीन और जिज्ञासुओं के लिए सहायक जान पड़ा।

एम० ए० के बाद डी० फिल्० के लिए 'रिसर्च' के निश्चय में मुझे सूरदास के अध्ययन ने विशेष प्रेरित किया। इस प्रेरणा को मेरे गुरु (अब स्वर्गीय) आचार्य श्री डाक्टर धीरेन्द्र वर्मा, एम० ए० डी० लिट्० (पेरिस) ने और अधिक प्रबल बना दिया। उन्हीं के निरीक्षण में सूरदास के काव्य-सागर का लगभग पाँच वर्ष तक उछलते-डूबते अवगाहन करने के बाद मैं सूरदास के जीवन और काव्य के सम्बन्ध में अपने विचारों को 'थीसिस' के रूप में प्रस्तुत करने में सफल हो सका।

सूरदास की जीवनी के सम्बन्ध में श्री विद्या-विभाग, काँकरोली से प्रकाशित 'प्राचीन वार्ता रहस्य' और श्री डाक्टर दीनदयालु गुप्त, एम० ए०, एल० एल० बी०, डी० लिट्० के 'अष्टछाप और बल्लभ सम्प्रदाय' ने मरे परिश्रम को बहुत कुछ हलका कर दिया। डाक्टर गुप्त ने पहली बार सूरदास के जीवन पर व्यापक दृष्टिकोण से प्रकाश डाला। यद्यपि मैं कवि की जीवन सम्बन्धी सामग्री के विश्लेषण में डाक्टर गुप्त से पूर्णतया सहमत्त नहीं हो सका, फिर भी मेरे अध्ययन की भूमिका में उनके निर्णयों का स्थान सबसे अधिक महत्वपूर्ण है। पं० मुंशीराम शर्मा, एम० ए० के 'सूर-सौरभ' का भी मैंने यथास्थान उपयोग किया है। सूरदास के काव्य का विशेष अध्ययन करने के कारण मैंने कवि के आत्म-कथनों की परीक्षा करके जो निष्कर्ष निकाले हैं, उनमें बहुत कुछ नवीनता है। 'चौरासी वैष्णवन की वार्ता' का भी मैंने पूर्ण विश्लेषण करने का प्रयत्न किया है। अन्य सामग्री के परीक्षण में इन्हीं दो स्त्रोतों को आधार

मानकर मैंने यथासंभव पूर्ण तटस्थता से विचार किया है। इस प्रकार मैंने सूरदास के जीवन-वृत्त को निष्पक्ष ढंग से उपस्थित करने के प्रयत्न में कतिपय परंपरागत धारणाओं से यत्किंति संशोधन करने का साहस किया है। सूरदास की रचनाओं के सम्बन्ध में मेरे अध्ययन से मुझे परम्परा से और भी अधिक मतभेद प्रकट करने पर बाध्य किया। मैंने 'साहित्यलहरी' और 'सूरसागर सारावली' को अप्रामाणिक माना है। फलतः इसविषय के मेरे निर्णय सर्वथा मौलिक हैं। सूरदासकी भक्ति की समीक्षा में मेरा ढंग परम्परा से भिन्न है। सूरदास तथा अन्य भक्त-कवियों की समालोनाओं में अब तक उनके आध्यात्मिक विचारों की समीक्षा के अन्तर्गत प्रायः यह दिखाने के प्रयत्न होते रहे हैं कि संप्रदाय-विशेष के सिद्धांत किस सीमा तक भक्त-कवियों की रचनाओं से उपलब्ध हो सकते हैं। मैंने इस विषय को दूसरे छोर से समझने का यत्न किया है।मेरे विचार से सूरदास तथा प्रायः अन्य भक्त-कवियों की रचनाओं में भी आध्यात्मिक सिद्धान्तों के प्रतिपादन एवं स्पष्टीकरण की अपेक्षा भक्ति का प्रकाशन ही विशेष है। अतः मैंने कवि के भक्ति-सम्बन्धी दृष्टिकोण को समझने के लिए अपनी समीक्षाको उसकी रचनाओं में ही केन्द्रीभूत करने का प्रयत्न किया है। श्री मद्वल्लभाचार्य के पुष्टिमार्ग अथवा कृष्ण-भक्ति सम्बन्धी अन्य समसामयिक भक्ति-पंथों के सिद्धान्तों से सूरदास के विश्वासों की तुलनात्मक और ऐतिहासिक विवेचना मेरे अध्ययन की सीमा के बाहर रही है, यद्यपि अपने निष्कर्षों में मैं उन सिद्धान्तों के प्रति सदैव सतर्क रहा हूँ तथा तत्सम्बन्धी साहित्य से लाभ उठाने का मैंने पर्ण प्रयत्न किया है। इस प्रकार मैं सूरदास की भक्ति का एक संपूर्ण रूप उपस्थित कर सका हूँ। सूरदास की भक्ति अपनी मूलगत विशेषताओं के कारण अनायास काव्य के रूप में प्रकट हुई है। अतः उनकी भक्ति की समीक्षाके बाद मैंने सूरदास के काव्य को विस्तृत समीक्षा की है। इस समीक्षा को मैंने यथासम्भव सर्वांङ्पूर्ण बनाने का प्रयत्न किया है। साहित्यिक अध्ययन में मैंने काव्य-शास्त्र के रस-अलंकारादि सम्बन्धी सिद्धान्तों से पूर्ण लाभ उठाते हुए भी उनके आधार पर वर्गीकरण करने का प्रयत्न नहीं किया, अपितु, कवि के मानसिक जगत् के विश्लेषण के साथ उसकी प्रवृत्तियों और अनुभूतियों के विकास को समझने की चेष्टा की है। इसी कारण मेरे अध्ययन में निर्णयात्मक समालोचना को स्थान नहीं मिला। सूरदास के काव्य का अध्ययन वस्तुतः उनके जीवन का ही सूक्ष्म अध्ययन है। इसी के इंतर्गत उनकी कला-कुशलता, विस्तृत ज्ञान और साहित्य में उनके स्थान का संकेत मिल जाता है। सूरदास के काव्य की ऐतिहासिक भूमिका उपस्थित करना मेरे अध्ययन की सीमा के अन्तर्गत नहीं है, फिर भी 'सूरसागर' में प्रसंगवश ऐसी सामग्री उपलब्ध हो जाती है, जिसके द्वारा तत्कालीन सामाजिक अवस्था तथा समाज सम्बन्धी कवि के विचारों पर आंशिक प्रकाश अवश्य पड़ता है। मैंने इस सामग्री का भी उद्घाटन किया है। काव्य सम्बन्धी यह विस्तृत अध्ययन नवीन और मौलिक है।

सूरदास के अध्ययन को सर्वांगपूर्ण बनाने की इच्छा रखते हुए भी कुछ बातें छूट गई। 'सूरसागर' के पदों का मैंने कवि-छापों के आधार पर विश्लेषण करना आरम्भ किया था। परन्तु विस्तार-भय तथा 'सूरसागर' कें प्रामाणिक संस्करण की अनुपलब्धि के कारण वह प्रयत्न स्थगित कर देना पड़ा। इसी बाधा के कारण 'सूरसागर' की भाषा की भी वैज्ञानिक समीक्षा नहीं की गई। 'सूरसागर' की विभिन्न शैलियों के विवेचन एवं उनके आधार पर विभिन्न अंशों की प्रामाणिकता-अप्रामाणिकता सम्बन्धी अपने अनुमानों को भी मैंने इसी कारण व्यक्त नहीं किया। 'सूरसागर' के प्रत्येक पद के साथ किसी न किसी राग का उल्लेख किया गया है।

भक्त कवि सूरदास के अध्ययन के साथ संगीतज्ञ सूरदास का अध्ययन भी कदाचित् कम रोचक न होता। संगीत के अतिरिक्त पदों के विषयानुसार रागों का वर्गीकरण और उनका सांप्रदायिक महत्व-निर्धारण भी किया जा सकता है, किन्तु इस विषय की गहनता और अपने अध्ययन को सीमित रखने के विचार से मैंने इस सम्बन्ध में कुछ नहीं लिखा।

'सूरसागर' के किसी प्रामाणिक संस्करण का न होना मेरे मार्ग की सबसे बड़ी बाधा रही है। लाचारी में मुझे श्री वेंकटेश्वर प्रेस के संवत् १८९९ वि० वाले संस्करण तथा काशी नागरी-प्रचारिणी सभा से खंडशः प्रकाशित 'सूरसागर' के थोड़े से अंश को ही अपने अध्ययन का आधार बनाना पड़ा था। पर तृतीय संस्करण के प्रकाशित होते समय 'सभा' द्वारा प्रकाशित संपूर्ण 'सूरसागर' उपलब्ध हो गया था, अतः ग्रंथ के समस्त संदर्भों और उद्धरणों में 'सभा' वाले संस्करण का ही निर्देश कर दिया गया है। श्री वेंकटेश्वर प्रेस वाला संस्करण उस समय अप्राप्य हो गया था। परन्तु 'सभा' वाले संस्करण में कहीं-कहीं लीलाओं के क्रम में अनावश्यक परिवर्तन कर दिया गया है, जो अद्यतन उपलब्ध हस्तलिखित प्रतियों से समर्थित नहीं है। अतः सन्दर्भ-निर्देश बदलते हुए भी मैंने 'सभा' वाले संस्करण के क्रम को स्वीकार नहीं किया। श्री वेंकटेश्वर प्रेस वाले 'सूरसागर' का क्रम ही अपेक्षाकृत स्वाभाविक और प्रामाणिक जान पड़ता है। प्रामाणिक संस्करण के अभाव में मुझे प्रायः उद्धरण अधिक देने पड़े हैं। परन्तु सूरदास के विद्यार्थियों को इससे सुविधा ही हुई है।

'थीसिस' के रूप में प्रकाशित 'सूरदास' के प्रथम संस्करण में कतिपय असुविधाओं के कारण कुछ अध्यायों की सामग्री में काट-छाँट करनी पड़ी थी; द्वितीय संस्करण में उसे परिपूर्ण करने का प्रयत्न किया गया और फलस्वरूप द्वितीय अध्याय में 'सूरसागर' के द्वादश स्कंधों के वर्ण्य विषय का श्रीमद्भागवत के साथ तुलनात्मक परिचय और 'सूरसागर सारावली' और 'साहित्यलहरी' की भाषा का वैज्ञानिक और तुलनात्मक विवेचन जोड़ा गया; साथ ही उक्त दो रचनाओं की अप्रामाणिकता के सम्बन्ध में अपने प्रमाणों को अधिक स्पष्ट करने के लिए किंचित् परिवर्धन-परिवर्तन किए गए। सूरदास की भक्ति-भावना को समझने का प्रधान स्रोत तो उनका काव्य ही है; परन्तु मुख्यतया 'चौरासी वैष्णवन की वार्ता' के आधार पर इस सम्बन्ध में कुछ ऐतिहासिक विवरण भी मिलते हैं। इन विवरणों को मैंने प्रथम संस्करण में जीवनी के साथ दिया था। द्वितीय संस्करण में उन विवरणों को एक अत्यन्त संक्षिप्त ऐतिहासिक पृष्ठभूमि देते हुए स्वतन्त्र अध्याय के रूप में दिया गया। 'भक्ति-समीक्षा' शीर्षक यह अध्याय आगामी तीन अध्यायों की भूमिका के रूप में है, जिससे सूरदास को पुष्टिमार्गीय भक्त मानते हुए भी उनकी भक्ति-भावना के सम्बन्ध में मेरा व्यापक दृष्टिकोण स्पष्ट हो जाता है। 'वस्तुविन्यास' शीर्षक अध्याय में मैंने प्रथम संस्करण में संक्षेप से ही यह प्रतिपादित करने का प्रयत्न किया था कि सूरदास स्फुट पदों के गायक-रचयिता नहीं, अपितु, गीति पदों की शैली में प्रबन्ध काव्य की रचना करने वाले कुशल महाकवि हैं। द्वितीय संस्करण में अपने इस मन्तव्य को मैंने वस्तु-विश्लेषण करके स्पष्टतया प्रमाणित करने की चेष्टा की। 'सूरसागर' की शैली के विविध रूपों को स्पष्ट करने के लिए मैंने द्वितीय संस्करण में तुलनात्मक दृष्टि से कुछ मूल उद्धरण भी दे दिए।

'सूरदास' की सामग्री में उपर्युक्त परिवर्धनों के अतिरिक्त द्वितीय संस्करण में कुछ अध्यायों की सामग्री में थोड़े-थोड़े परिवर्धनों के साथ उसका क्रम-परिवर्तन भी किया गया। किंचित् परिवर्धन के साथ सामान्य निष्कर्ष पहले और उनके आधारभूत विवरण-विश्लेषण

बाद में दे दिए गए। इस प्रकार पुस्तक साधारण पाठकों के लिए भी अधिक पठनीय हो गई। प्रथम संस्करण के खण्ड-विभाजन को भी बहुत आवश्यक न समझकर हटा दिया गया तथा पुस्तकांत में दी हुई सन्दर्भ-सूची को हटाकर सन्दर्भ-निर्देश पाद-टिप्पणियों में यथास्थान दे दिए गए।

तृतीय संस्करण में श्री वेंकटेश्वर प्रेस वाले 'सूरसागर' के स्थान पर 'सभा' से दो खण्डों में प्रकाशित 'सूरसागर' (प्रथम खण्ड, द्वितीय संस्करण तथा द्वितीय खण्ड प्रथम संस्करण) के पदों का सन्दर्भ-निर्देश परिवर्तित करने में ही इतना अधिक परिश्रम करना पड़ा कि अन्य कोई परिवर्धन नहीं किए जा सके। इधर 'सूरदास' के अनेक प्रकार के अध्ययन प्रकाशित हुए हैं। उनमें कहीं-कहीं मेरी स्थापनाओं का खंडन भी किया गया है। अधिकांश विद्वान 'साहित्य-लहरी' और 'सूरसागर-सारावली' की अप्रामाणिकता सम्बन्धी मेरे निर्णय को अभी स्वीकार नहीं कर सके हैं, परन्तु मुझे खेद है कि मैं अब भी अपनी धारणा बदलने की आवश्यकता नहीं समझता। परन्तु इस विषय को प्रस्तुत ग्रंथ में पुनः उठाना उचित न समझ कर मैंने कोई नवीन सामग्री नहीं जोड़ी। 'सारावली' के विषय में कवि छापों वाले तर्क को अवश्य मैंने निकाल दिया है। वस्तुतः कवि-छापों के संबंध में भी 'सूरसागर' के प्रामाणिक संस्करण से ही इस विषय का निर्णय हो सकेगा।

'सूरदास' के चतुर्थ संस्करण के प्राकशन में अप्रत्याशित विलंब हो गया। अधिक समय तक ग्रन्थ के अनुपलब्ध बने रहने की स्थिति में इलाहाबाद के प्रमुख प्रकाशक और पुस्तक विक्रेता लोकभारती ने लगभग चार वर्ष पहले उसके प्रकाशन की इच्छा प्रकट की थी। परन्तु मुद्रक और प्रकाशन सम्बन्धी कुछ कठिन समस्याओं के कारण अपना संकल्प पूरा करने में उन्हें इतना समय लग गया। इस संस्करण में मैंने कोई परिवर्धन-संशोधन नहीं किया है। सूर-संबंधी अपने पुनश्चिंतन और पुनर्मूल्यांकन को मैं विविध लेखन द्वारा प्रकट करता रहा हूँ। सूर पंचशती के अवसर पर उसमें पर्याप्त वृद्धि हुई है जिन्हें अन्यत्र प्रकाशित किया जा रहा है। परन्तु अब तक के सूर-संबंधी मेरे चिंतन और लेखन का मूल आधार प्रस्तुत ग्रन्थ में दी गई स्थापनाएँ और मान्यताएँ ही हैं। उनमें व्याख्यात्मक और विवरणात्मक विस्तार की संभावनाएँ तो बहुत हैं, परन्तु मूलतः कोई परिवर्तन की आवश्यकता मुझे नहीं प्रतीत होती।

सूरदास के अध्ययन में मुझे जिन व्यक्तियों से प्रेरणा और सहायता मिली, उनमें आचार्य श्री डाक्टर धीरेन्द्र वर्मा के प्रति आभार प्रदर्शित करना मेरा सर्वप्रथम कर्त्तव्य हैं, जिन्होंने न केवल मेरे अध्ययन का मार्ग-निर्देश किया, वरन् जो सभी प्रकार से प्रोत्साहन देते हुए मुझे दृढ़-संकल्प बनाए रहे। आचार्य श्री डाक्टर हजारी प्रसादजी द्विवेदी के 'सूरसाहित्य' से मुझे अपने अध्ययन के कुछ अंशों की रूपरेखा बनाने में विशेष प्रेरणा मिला तथा व्यक्तिगत रूप में भी उन्होंने मुझे सहायता दी। एतदर्थ मैं उनका भी आभारी हूँ। श्री डाक्टर दीनदयालु गुप्त के ग्रन्थ से जो मैंने अमूल्य लाभ उठाया वह मेरी पुस्तक के प्रथम दो अध्यायों से स्वयं प्रकट हो जाता है, अतः उनका ऋण स्वीकार करना भी आवश्यक है। श्री विद्याविभाग काँकरोली द्वारा प्रकाशित साहित्य के उपयोग के लिए मैं उसका भी आभारी हूँ। अन्य व्यक्तियों में जिनसे मुझे इस गुरु-कार्य में सतत प्रोत्साहन और बहुमुखी सहायता मिलती रही, उनमें श्रद्धेय (अब स्वर्गीय) डाक्टर ताराचन्द एम० ए० डी० फिल्० (आक्सन) के प्रति भी कृतज्ञता-ज्ञापन और अपने स्वर्गीय 'मास्टर साहब' श्री यमुना प्रसाद एम० ए० के प्रति श्रद्धांजलि-समर्पण करना

मेरा पवित्र कर्त्तव्य है। प्रथम संस्करण के छपाने में जो सहायता मुझे स्व० बंधुवर श्री पं० उमेशचन्द्र मिश्र, विद्या वाचस्पति, 'सरस्वती'-संपादक से मिली थी, वह भुलाई नहीं जा सकती।

अन्त में मैं अपनी उन अच्छी-बुरी परिस्थितियों को भी सधन्यवाद स्मरण करता हूँ जिनके बीच पाँच वर्ष तक सूरदास का अध्ययन संघर्ष करता रहा और जिन्होंने अंततोगत्वा इसे यह सद्गति प्रदान की।

—ब्रजेश्वर वर्मा

४०-बी., मोतीलाल नेहरू मार्ग,
इलाहाबाद।

संक्षेप और संकेत

पं०—पंडित

दे० पृ०—देखो पृष्ठ

वें० प्रे०—वेंकटेश्वर प्रेस, बम्बई

सू० सा०—सूरसागर

डा०—डाक्टर

प्रो०—प्रोफेसर

सभा—नागरी-प्रचारिणी सभा, काशी।

विषय-सूची

(शीर्षकों के साथ दी हुई संख्याएँ पृष्ठों की है)

१
जीवनी

सूरदास का जीवन-वृत्त भी अन्य भक्त कवियों की भाँति उनके माहात्म्य को प्रदर्शित करने वाली विविध अनुश्रुतियों से आच्छादित है। मध्ययुग विशेष रूप से चमत्कारों का युग था। उस युग का सरल विश्वासी जन-समाज अपने लोकप्रिय व्यक्तियों की स्मृति चिरस्थायी रखने के लिए सहज ही ऐसी रोचक कथाओं की रचना कर लेता था जिनमें मनुष्य की किसी आध्यात्मिक प्रगति का आलंकारिक शैली में उद्‌घाटन करने के उद्‌देश्य से पार्थिव इतिवृत्त को केवल आनुषंगिक रूप में ग्रहण किया जाता है। इस प्रकार के आख्यानों की परंपरा हमारे देश में अत्यन्त प्राचीन काल से चली आती है। महाभारत और पुराण प्रायः उसी परंपरा के प्रमाण हैं। वस्तुतः प्राचीनों के समक्ष जीवन के रहस्यों का उद्‌घाटन ही चरम उद्देश्य था। परन्तु हमारी भावना-प्रधान प्रकृति और कल्पना-प्रधान रुचि ने रहस्यों को अधिकाधिक रहस्यमय बनाकर आधुनिक अन्वेषक के लिए दुरधिगम्य समस्याएँ पैदा कर दी हैं। आज जब हम अपने प्राचीन भक्त कवियों के जीवनवृत्त संग्रह करने लगते हैं, तब अनुश्रुतियों के जंजाल में से आधुनिक अर्थ में इतिहास-सम्मत तथ्यों को निकालना कठिन हो जाता है। सूरदास के सम्बन्ध में अन्य भक्त कवियों की अपेक्षा एक और कठिनाई सामने आती है। हमारे भक्त कवि का लोकमत ने विलक्षण रूप में आदर किया है। वह किसी भी चक्षु-विहीन गायक को निस्संकोच 'सूर' और 'सूरदास' के नाम से प्रसिद्ध कर देता है। इस प्रकार के कितने ही प्राचीन सूरदासों के चरित हमारे सूरदास के साथ मिश्रित हो गए होंगे। इस परिस्थिति में महाकवि सूरदास का प्रामाणिक वृत्त एकत्र करने में बहुत सावधानी की आवश्यकता है। आगामी पृष्ठों में उस समस्त सामग्री का विवेचन किया गया है जो सूरदास की जीवनी के अध्ययन में प्रयुक्त की जा सकती है। जैसा कि स्पष्ट होगा, इस सामग्री में स्वयं कवि की रचना में पाई जाने वाली साक्षियाँ तथा 'चौरासी वैष्णवन की वार्ता' ही मुख्य हैं। इनके अतिरिक्त कुछ विश्वसनीय सूचनाएँ बहुधा जनश्रुतियों के रूप में अन्य स्रोतों में भी सुरक्षित मिलती हैं। इन्हीं के आधार पर संक्षेप में यहाँ सूरदास का जीवनवृत्त यथासाध्य निष्पक्ष ढंग से दिया जाता है।

जीवन-वृत्त

समय

मूल 'चौरासी वार्ता' के अनुसार सूरदास महाप्रभु वल्लभाचार्य (सन् १४७८-१५३० ई०) से गऊघाट पर भेंट होने के समय संन्यासी वेश में अपने सेवकों के साथ रहते थे। इससे प्रकट होता है कि इस समय सूरदास कम से कम प्रौढ़ावस्था के निकट अवश्य होंगे। सूरदास जी ने जिस समय आचार्य जी के दर्शन किए, उस समय वे गद्दी पर विराजमान थे। इससे यह सूचित

होता है कि उस समय तक आचार्य जी का विवाह हो चुका था, क्योंकि ब्रह्मचारी को गद्दी पर बैठने का विधान नहीं है। आचार्य जी का विवाह सन् १५-०३-०४ में हुआ था, अतः यह घटना इसके बाद की होगी। 'वल्लभ-दिग्विजय' के अनुसार यह घटना सन् १५१० ई० के आस-पास की है, जो उक्त कारणों से संगत जान पड़ती है।

'सूरसागर' तथा 'चौरासी वार्ता' से विदित होता है कि सूरदास गोस्वामी विट्ठलनाथ के ब्रजवास काल में जीवित थे तथा उन्हें गोस्वामी जी का यथेष्ट सत्संग प्राप्त हुआ था। गोस्वामी जी सन् १५७१ ई० में स्थायी रूप से गोकुल में रहने लगे थे। अकबर ने उनसे भेंट की थी और सन् १५७७ ई० में एक शाही फ़र्मान के द्वारा उन्हें गोकुल में निर्भय रूप से रहने की आज्ञा मिल गई थी। इसके अतिरिक्त सन् १५८१ ई० में एक दूसरे फ़र्मान के अनुसार उन्हें ख़ालासा अथवा जागीर की किसी भी भूमि पर गायों को चराने की आज्ञा मिली थी। ब्रज के जिस वैभव का संकेत सूरदास ने किया है और परोक्ष रूप से उसका श्रेय गो० विट्ठलनाथ को दिया है उसे देखते हुए यह अनुमान हो सकता है कि सूरदास सन् १५८१ ई० या कम से कम सन् १५७७ ई० के बाद तक जीवित रहे होंगे। पर यह निश्चित है कि उनका देहावसान सन् १५८५ ई० के पहले अवश्य हो गया होगा, क्योंकि सन् १५८५ ई० में स्वयं गोस्वामी जी का देहावसान हो गया था और 'वार्ता' से यह विदित है कि सूरदास ने गोस्वामी जी के सामने अपनी इहलीला संवरण की थी। यदि उक्त तिथियों के आधार पर सूरदास का देहावसान सन् १५८३ ई० अनुमान किया जाए तो सम्प्रदाय-प्रवेश के ७३ वर्ष बाद वे गोलोकवासी हुए। सम्प्रदाय प्रवेश के समय उनकी अवस्था ३०-३२ वर्ष अनुमान करने से उनका जन्म सन् १४७८ ई० के आस-पास माना जा सकता है जो सम्प्रदाय में प्रचलित जनश्रुति के अनुसार है। कहा जाता है कि सूरदास महाप्रभु से केवल दस दिन छोटे थे, अर्थात् उनका जन्म वैशाख शुक्ल ५, सं० १५३५ वि० (सन् १४७८ ई०) को हुआ था। श्री नाथद्वारा में प्रतिवर्ष इसी दिन गुप्त रूप से सूरदास का जन्मोत्सव मनाया जाता है।

'सूरसागर' में रास के प्रसंग में 'हरिवंशी' और 'हरिदासी' का उल्लेख हुआ है। राधावल्लभी सम्प्रदाय के प्रवर्तक गोस्वामी हितहरिवंश तथा सखी सम्प्रदाय के प्रवर्त्तक स्वामी हरिदास का समय सन् १५४३ से सन् १५८३ ई० पड़ता है। इन तिथियों की संगति सूरदास के समय से मिलती है। परन्तु जिस पद में उपर्युक्त महात्माओं का उल्लेख हुआ है उसकी प्रामाणिकता संदिग्ध है, क्योंकि वह हरिदासी सम्प्रदाय के श्री व्यास की रचनाओं में भी पाया जाता है।

'चौरासी वार्ता' में अकबर से सूरदास की भेंट होने का वर्णन है। अकबर का राज्यकाल सन् १५५६ से सन् १६०५ ई० तक रहा। अपनी उदार धार्मिक नीति के अनुसार सन् १५६३ में उन्होंने हिन्दुओं से तीर्थ-यात्रा का कर हटा लिया और दूसरे वर्ष जज़िया नामक धार्मिक कर भी बन्द कर दिया। सन् १५६५ में उन्होंने विभिन्न धर्मों के आचार्यों से मिलकर धार्मिक विषयों पर विचार-विनिमय करने के लिए फ़तेहपुर सीकरी में 'इबादतख़ाना' (पूजा-गृह) बनवाया। इससे यह अनुमान किया जा सकता है कि अकबर से सूरदास की भेंट की संभावना सन् १५६३ के पहले नहीं हो सकती। अधिक सम्भव यह है कि यह भेंट सन् १५६५ के बाद हुई हो। सन् १५६६ तक तो अकबर उत्तरी भारत के साम्राज्य को पूर्णतया जीत कर संगठित करने में ही लगे रहे। गोस्वामी हरिराय के अनुसार यह भेंट तानसेन के द्वारा मथुरा में सम्पन्न कराई गई थी। तानसेन सन् १५६४ में अकबर के दरबार में आए थे। इससे भी यह सूचित होता है कि सन्

१५६५-६६ के आसपास अकबर ने सूरदास से भेंट करने की इच्छा की होगी। गोस्वामी विट्ठलनाथ से अकबर की भेंट का भी यही समय था। उस समय अकबर की अवस्था लगभग ३४-३५ वर्ष की होगी। अतः सूरदास शतायु होने के बाद सन् १५८३ ई० के लगभग गोलोकवासी हुए होंगे।

नाम

हमारे कवि का असली नाम सूरदास था, जिसकी साक्षी स्वयं 'सूरसागर' तथा 'चौरासी वार्ता' से मिलती है। किंवदंतियों में प्रचलित 'बिल्वमंगल सूरदास' और 'सूरदास मदनमोहन' की तरह हमारे सूरदास का भी कोई अन्य नाम था या नहीं इस सम्बन्ध में कुछ नहीं कहा जा सकता। अपने काव्य में उन्होंने 'सूरदास', और 'सूर' का ही सर्वाधिक प्रयोग किया है। अनेक पदों में 'सूर' और 'सूरदास' के साथ 'श्याम', 'स्वामी', 'प्रभु' का भी व्यवहार हुआ है। पर 'सूर-श्याम', 'सूरदास-स्वामी', 'सूर-प्रभु' आदि को भिन्न नाम न मान कर समस्त-पद ही समझना चाहिए और ऐसा समझ कर ही ऐसे पदों का ठीक अर्थ लगता है। गोस्वामी हरिराय के 'भावप्रकाश' सहित 'चौरासी वार्ता' के संस्करण में 'सूर-श्याम' भोग (छाप) वाले पदों को स्वयं श्रीनाथ जी द्वारा रचित बताकर केवल सूरदास की भक्ति-भावना का माहात्म्य-प्रदर्शन और 'सूर-श्याम' छाप वाले पदों की प्रामाणिकता का कथन किया गया है। परन्तु सम्पूर्ण काव्य में बिखरे हुए समस्त-पद 'सूर-श्याम' वाले पदों की प्रामाणिकता के सम्बन्ध में इस प्रकार की अद्भुत व्याख्या की आवश्यकता नहीं जान पड़ती।

कुछ पदों में 'सूरज' और 'सूरजदास' छापों का भी प्रयोग मिलता है। परन्तु ऐसे पद संख्या में कम हैं। 'सूरसागरसारावली' में अवश्य 'सूरज' छाप का प्रयोग सबसे अधिक हुआ है। परन्तु उक्त रचना को हमने अनेक प्रमाणों के आधार पर किसी 'सूरजदास' नामक अन्य कवि की रचना माना है।[१] बहुत संभव है कि 'सारावली' के रचयिता की कृपा से ही 'सूरसागर' में 'सूरजदास' छाप वाले कुछ पदों का और सूरदास के पदों में 'सूरजदास' नाम का प्रक्षेप हो गया हो। इस संभावना की पुष्टि में यह भी कहा जा सकता है कि जिन पदों में 'सूरज' या 'सूरजदास' का प्रयोग किया गया है उनमें शब्दों के तनिक हेर-फेर से ही 'सूर' और 'सूरदास' का प्रयोग किया जा सकता है। कृष्ण-जन्म के समय सूरदास ने जिन पदों में अपने को 'दाढ़ी' के रूप में कल्पित करके शिशु कृष्ण के समक्ष अपनी घनिष्ठ आत्मीयता प्रकट की है उनमें भी एक पद में 'सभा' के संस्करण में 'सूरजदास कहाऊँ,[२] आया है जो सरलता से 'सूरदास' में परिवर्तित हो सकता है। वेंकटेश्वर प्रेस के संस्करण में उसके स्थान पर 'सूरदास कहि गाऊँ'[३] का पाठ मिलता भी है। 'सूरज' छाप वाला एक अन्य पद जिसमें उसके रचयिता ने अपने को स्पष्टतया 'जाट' कहा है[४] निस्संदेह प्रक्षिप्त माना जा सकता है। 'सभा' के संस्करण में निर्देश भी है कि यह पद 'सूरसागर' की केवल एक उपलब्ध प्रति मे जो सन् १८८९ ई० की छपी हुई है, मिला है, अतएव यह कहा जा सकता है कि हमारे सूरदास ने विकल्प से 'सूरज' या 'सूरजदास' का व्यवहार नहीं किया, वरन् किसी अन्य 'सूरजदास'

---

१. देखिए 'रचनाएँ' शीर्षक अध्याय में 'सूरसागरसारावली' का प्रकरण।
२. सू०सा०, पद ६५४।
३. सूरसागर (वें० प्रे०), पृ० १०५।
४. सू० सा०, पद २१६।

नामक कवि ने सूरदास के पदों में अपनी छाप लगा दी तथा कुछ स्वरचित पद 'सूरसागर' में सम्मिलित कर दिए। इस प्रकार के अनेक प्रमाण हैं जिनमें एक ही पद अनेक कवियों की छाप के साथ पाया जाता है। हमारे कवि का नाम सूरदास ही था।

जाति

सूरदास की जाति के संबंध में बहुत वाद-विवाद हुआ है। अधिकांश विद्वान् इस विषय में चिंतित रहे हैं कि उन्हें ब्राह्मण सिद्ध किया जा सके। सूरदास जैसे महाकवि के सम्बन्ध में उच्च जाति की कल्पना स्वाभाविक भी जान पड़ती है। इसी कारण इस सम्बन्ध में निष्पक्ष विचार कठिन हो जाता है।

सूरदास ने स्वयं जाति-पाँति के सम्बन्ध में उदासीनता प्रकट की है। उनकी रचना में उनके ब्राह्मण होने का आभास भी नहीं मिलता, बल्कि ब्राह्मण न होने की कुछ परोक्ष साक्षी मिल जाती है। अपने को अत्यन्त पतित कल्पित करके गीध, व्याध, गौतम-पत्नी आदि के उदाहरण देते हुए वे एक पद में कहते हैं कि ये तो अपनी करनी से ही तर गए और 'अजामिल तो विप्र और तुम्हारा पुरातन दास'[१] था। इसी प्रकार एक दूसरे स्थान पर वे 'विप्र सुदामा'[२] के समक्ष अपनी हीनता प्रकट करते हैं। इन संकेतों के आधार पर कहा जा सकता है कि स्वयं ब्राह्मण होते तो अजामिल और सुदामा के समान अपनी हीनता प्रकट करने में उनके ब्राह्मण होने का उल्लेख न करते। उन्होंने अपने संपूर्ण काव्य में कहीं भी ब्राह्मणों की स्तुति-प्रशंसा नहीं की, बल्कि 'श्रीधर अंगभंग' प्रसंग में 'श्रीधन बाँभन करम कसाई' के साथ आरम्भ करके उन्होंने श्रीधर के विप्रत्व का तनिक भी आदर नहीं किया और उसे कम से कम पाँच बार 'बाँभन' कह कर उसके प्रति निरादर की भावना प्रकट की है।[३] इसी प्रकार 'महराने के पाँड़े' का चौका कृष्ण के द्वारा बार-बार छूत कराके उन्होंने भक्ति-पंथ में छुआछूत के विचार की व्यर्थता के साथ विप्रत्व के प्रति विरोध नहीं, तो घोर उदासीनता की व्यंजना अवश्य की है।[४] पाँड़े शब्द का व्यवहार भी ब्राह्मण के सामान्य अर्थ में हुआ जान पड़ता है, न कि ब्राह्मणों की उपजाति विशेष के अर्थ में। इस प्रसंग में ब्राह्मणत्व के प्रति कवि का भाव इस कारण और उसका व्यक्तिगत भाव जान पड़ता है कि उसका आधार 'भागवत' नहीं है। वह कदाचित् स्वयं कवि द्वारा कल्पित अथवा लोक-प्रचलित कथा-प्रसंग है। आगामी अध्याय में 'सूरसागर' और 'भागवत' की तुलना करके दोनों रचनाओं के साम्य और अन्तर पर विचार किया गया है। यहाँ यह स्मरण दिलाना आवश्यक है कि जहाँ 'भागवतकार' भक्ति की श्रेष्ठता का बार-बार कथन करता है, वहाँ मर्यादा-मार्ग की महत्ता का भी स्थान-स्थान पर प्रतिपादन करता जाता है और ऐसे स्थलों पर वह विप्रों की प्रशंसा और उनके प्रति श्रद्धापूर्ण पूज्यभाव का प्रकाशन करते हुए नहीं थकता। सूरदास ने, जैसा कि ऊपर कहा गया है, विप्रों का गुणगान बिलकुल नहीं किया। भक्ति-पंथ में जाति-पाँति और ऊँच-नीच का विचार नहीं होता। सूरदास ने भक्ति के इस सार्वभौम रूप को भली-भाँति अपनाया था। कृष्ण के प्रति अनन्य भक्ति का प्रकाशन करते हुए

---

१. सू० सा०, पद १३२।
२. वही, पद १३५।
३. वही, पद ६७५।
४. वही, पद ८६६-८६७।

उन्होंने एक स्थान पर स्पष्ट कह दिया है कि 'सूरदास-स्वामी के लिए मैंने अपनी जाति छोड़ दी।'[१]

'चौरासी वैष्णवन की वार्ता'[२] में भी सूरदास की जाति के विषय में कोई उल्लेख नहीं है। 'चौरासी वार्ता' कुल ९२ भक्तों की वार्ताएँ हैं। इनमें कम से कम ७२ भक्तों की जाति का उल्लेख शीर्षकों में ही कर दिया गया है। इनमें कम से कम २५ के ब्राह्मण और ११ के सारस्वत ब्राह्मण होने का उल्लेख है। यह आश्चर्य की बात है कि सूरदास जैसे उच्च भगवदीय की जाति के सम्बन्ध में 'वार्ता' मौन है। हमारे देश में ब्राह्मणों को जो परंपरागत सामाजिक सम्मान प्राप्त है उसको देखते हुए यह अनुमान किया जा सकता है कि यदि सूरदास ब्राह्मण या सारस्वत ब्राह्मण होते तो 'वार्ता' में इसका उल्लेख अवश्य होता। इससे भी परोक्षरूप से यही ज्ञात होता है कि सूरदास, सम्भव है, ब्राह्मण न हों। परन्तु ये केवल खंडनात्मक तर्क हैं, जब तक किसी असंदिग्ध निश्चित साक्षी से इनकी पुष्टि नहीं हो जाती, तब तक इनके आधार पर अंतिम निष्कर्ष नहीं निकाला जा सकता।

कांकरोली से प्रकाशित 'प्राचीन वार्ता रहस्य' में 'अष्टसखान की वार्ता' की सन् १६९५ ई० वाली प्रति से सूरदास की जो वार्ता उद्धृत की गई है और जिसके लेखक पुष्टि संप्रदाय के आदरणीय पंडित, गोस्वामी हरिराय (सन् १५९०-१७१५ ई०) कहे जाते हैं, उसमें सूरदास की जीवनी के अन्य विवरणों के साथ उनके सारस्वत ब्राह्मण होने का भी उल्लेख है। किन्तु, जैसा कि आगामी प्रकरण में इस विषय का विवेचन करके निर्णय किया गया है, गोस्वामी हरिराय द्वारा सूरदास की वार्ता में बढ़ाए गए नवीन विवरण अधिकांश अनुश्रुतियों पर आधारित हैं और उनका भी उद्देश्य वही है जो सामान्यतया अनुश्रुतियों का होता है, अर्थात्, भक्त कवि की महत्ता का प्रदर्शन सन् १६९५ में सूरदास को गोलोकवासी हुए सौ वर्ष से अधिक हो चुके थे। इतने लम्बे समय में मध्ययुग के भक्ति-भावपूर्ण, सरल विश्वासी जन-समाज में सूरदास के विषय में अनेक किंवदंतियों का प्रचलित हो जाना नितांत स्वाभाविक है। इन्हीं किंवदंतियों में किसी अन्य सूरदास के ब्राह्मण होने की बात हमारे सूरदास के लोक-वृत्त में सम्मिलित हो गई होगी और गोस्वामी हरिराय-जैसे भक्तों का गुणगान करने वाले साम्प्रदायिक विद्वान् ने उसे सुखसाध्य समझ कर 'वार्ता' में स्थान दे दिया होगा। 'प्राचीन वार्ता रहस्य' में यह भी कहा गया है कि सन् १६४० की 'वार्ता' की एक प्रति में सूरदास को सारस्वत ब्राह्मण लिखा गया है। पहले तो यही विश्वास नहीं होता कि 'वार्ता' की इतनी प्राचीन कोई प्रति वस्तुतः हो सकती है, दूसरे यह समझ में नहीं आता कि अन्य प्रतियों में जिनके आधार पर साम्प्रदायिक व्यक्तियों के द्वारा 'वार्ता' प्रकाशित की गई है सूरदास के सारस्वत ब्राह्मण होने का उल्लेख क्यों नहीं हुआ। इस तथाकथित सन् १६४० वाली प्रति के सूक्ष्म परीक्षण तथा वार्ता साहित्य के वैज्ञानिक संपादन के बाद ही इस संबंध में कुछ निर्णयात्मक कथन किया जा सकता है।

अब प्रश्न यह होता है कि यदि सूरदास ब्राह्मण नहीं थे तो किस जाति के थे। वस्तुतः साहित्य के और विशेषतया भक्ति-साहित्य के विद्यार्थी के समक्ष यह नितान्त अनावश्यक है।

---

१. सू० सा० पद २०७६।

२. चौरासी वैष्णवन की वार्ता, लक्ष्मी वेंकटेश्वर प्रेस सं० १९८५ में सूरदास की वार्ता।

सभी भक्ति-सम्प्रदायों में ऊँच-नीच के विचार को त्याज्य माना जाता है। जाति-पाँति का निर्णय यदि ऊँच-नीच का निर्णय नहीं, तो और क्या है? 'वार्ताओं' से तथा अन्य अनेक साक्षियों से विदित होता है कि कैसे-कैसे हीन और पतित व्यक्ति कृष्ण-भक्ति का पारस छू कर उच्च से उच्च व्यक्तियों के लिए आदर्श बन गए हैं। और जिन सूरदास ने कृष्ण-भक्ति के लिए अपनी जाति स्वयं भुला दी हो उनकी जाति के विषय में खोजबीन करना कहाँ तक संगत है? परन्तु अन्वेषक की जिज्ञासा भक्ति और साहित्य के उच्च-भाव की उपेक्षा करके इस प्रश्न को सुलझाने का प्रयत्न किए बिना नहीं मान सकती।

जहाँ एक ओर सूरदास को ब्राह्मणों की उच्च श्रेणी में सम्मिलित करने के उद्योग होते रहे हैं, वहाँ दूसरी ओर एक और आवाज़ उठती रही है। थोड़े दिनों से उस आवाज़ को 'सूरसौरभ' के विद्वान लेखक डॉक्टर मुंशीराम शर्मा ने ऊँचा करके पंडितों के कानों तक पहुँचाया है। उन्होंने बड़े प्रयत्नपूर्वक यह सिद्ध करने की चेष्टा की है कि 'साहित्यलहरी' का ११८वाँ पद जिसमें उसका रचयिता 'प्रथु जगा' से आरम्भ करके अपना विस्तृत वंश-वृक्ष देता है, वस्तुतः प्रक्षिप्त नहीं है और सूरदास 'पृथ्वीराज रासो' के प्रसिद्ध कवि चंद के वंशज थे और वे 'ब्रह्मभट्ट' थे। हिन्दी के लब्ध-प्रतिष्ठ विद्वानों ने न जाने क्यों लगभग एकमत होकर पहले यह स्थिर कर लिया कि सूरदास ब्राह्मण थे और फिर यह सिद्ध कर दिया कि उक्त पद प्रक्षिप्त होगा, क्योंकि उसमें उनके 'जगा' या 'भाट' होने का उल्लेख है। किन्तु वस्तुस्थिति यह है कि यदि १०९वें पद को जिसके आधार पर सूरदास की जन्म-तिथि की गणना की जाती है, प्रामाणिक माना जाता है, तो कोई कारण नहीं कि ११८वें पद को अप्रामाणिक कहा जाए। अतः 'साहित्यलहरी' के ११८वें पद के अनुसार उन्हें 'ब्रह्मभट्ट' और चंद का वंशज मानना पड़ेगा। परन्तु सूरदास की जाति की समस्या इतनी सरलता से सुलझने में नहीं आती, क्योंकि यह 'साहित्यलहरी' स्वयं हमारे सूरदास की रचना नहीं जान पड़ती। आगामी अध्याय में इस विषय का विस्तृत विवेचन करके यही अनुमान किया गया है कि यह रचना, जिसकी न कोई प्राचीन हस्तलिखित प्रति मिलती है और न जिसका हरिराय-जैसे विद्वान तक ने कहीं उल्लेख किया, कदाचित् किसी सूरजचंद नामक ब्रह्मभट्ट की है, प्रसिद्ध कवि सूरदास की नहीं।

इस परिस्थिति में सूरदास की जाति के विषय में कुछ भी निर्णय दे सकना संभव नहीं है। उनके अब्राह्मण होने के उपरिलिखित परोक्ष संकेतों के साथ कृष्णजन्म सम्बन्धी उन पदों को पढ़ने पर जिनमें उन्होंने अपने को 'ढाढ़ी' के रूप में कल्पित करके व्यक्तिगत आत्मीयता प्रकट की है,[१] यह अनुमान किया जा सकता है कि संभव है, वे वस्तुतः जाति से ढाढ़ी या जगा हों। यदि वे ब्राह्मण होते तो अपने उपास्य देव के जन्मोत्सव पर दीन ब्राह्मण का भी रूप धारण कर सकते थे। अंत में, अन्य पुष्ट प्रमाणों के मिलने तक यही कह कर सन्तोष किया जा सकता है कि सूरदास कदाचित् ब्राह्मण नहीं थे, संभव है, वे ढाढ़ी, जगा या ब्रह्मभट्ट हों। यह भी संभव है कि ब्रह्मभट्ट होने के नाते परम्परागत कवि-वंशज सूर सरस्वती-पुत्र[२] और सारस्वत नाम से विख्यात हो गए हों जो कालान्तर में सहज ही भक्तों द्वारा सारस्वत ब्राह्मण कर लिया गया।

---

१. सू० सा०, पद ६५३-६५७।
२. दे० सूरसौरभ, डॉ० मुंशीराम शर्मा, पृ० १३।

माता-पिता, पारिवारिक जीवन तथा निवास-स्थान

'सूरसागर' के अन्तस्साक्ष्य और मूल 'चौरासी वार्ता' में सूरदास के माता-पिता तथा संन्यास लेने के पूर्व उनके जीवन-क्रम का कोई निश्चित संकेत नहीं मिलता। भक्त वत्सल भगवान् की सहज कृपालुता के समक्ष अपनी दीनता, हीनता और पतितावस्था को प्रमाणित करने के सम्बन्ध में जो कथन किए गए हैं, उनमें पर्याप्त आत्म-विज्ञप्ति जान पड़ती है, परन्तु वस्तुतः वे केवल विनयशील, निरभिमानी भक्त के अतिशयोक्तिपूर्ण उद्‌गार हैं, जिनमें उसके व्यक्तिगत जीवन की नहीं, अपितु तत्कालीन समाज की झाँकी मिलती है। अतः, जब कवि कहता है कि उसने माया के हाथ बिक कर भगवद्-भजन नहीं किया, हिंसा, मद, ममता में भूला रहा, पर-निंदा में रस लेता रहा, 'साहिबी' करते और 'सुरापान' करते सारा जीवन गँवा दिया, अभक्ष्य का भक्षण और अपेय का पान करता रहा और तेल लगा कर, वस्त्रों को मल-मल धो कर, तिलक बनाकर, स्वामी होकर चला, तब वह अपने समय के सामान्य जीवन का चित्रण करके उसकी व्यर्थता और उद्देश्यहीनता का कथन करता है, न कि अपने व्यक्तिगत जीवन का विज्ञापन। इसी प्रकार ऐसे कथन भी व्यक्तिगत नहीं माने जा सकते जिनमें जीवन के तीन 'पन' भक्ति के बिना बिताने के विवरण दिए गए हैं और कहा गया है कि बालापन खेलते ही खो दिया; युवावस्था में विषय-रस में मस्त रहा; वृद्ध हुआ तब स्त्री, पुत्र और भाइयों ने तज दिया तन से त्वचा भी अलग हो गई, श्रवण, नयन और चरण थक गए, केश पक गए, कंठ कफ़ से रुँध गया, तो भी तृष्णा नहीं छोड़ती; कभी 'रहस-रहस' कर बैठा और पुत्रों को गोद में खिलाया, कभी अभिमान के साथ शय्या पर बैठा, मूछों पर ताव दिया, टेढ़ी चाल से सिर पर टेढ़ी पाग सँवार कर टेढ़ा-टेढ़ा चला। ये सभी सामान्य लोक-जीवन के चित्र हैं। कवि ने उनका अपने ऊपर आरोप दो कारणों से किया है। एक तो वह व्यक्तिगत आत्म-निवेदन करता हुआ अपने को पतित-पावन हरि के समक्ष पतितों का 'नायक' और पतितों का 'टीका' सिद्ध करने के लिए समस्त संभव दोषों की अतिरंजना करता है, दूसरे अपने समय के भक्ति-विमुख लोगों को चेतावनी देने का उसके स्वभाव के अनुकूल उसके पास केवल यही उपाय है जिससे लोग बुरा न मान जाएँ। एक स्थान पर वह स्पष्ट कहता भी है कि 'सूरदास अपने ही को समझाता है, लोग बुरा न मानें।[१] निश्चय ही उसने अपने ऊपर ढाल कर ये अन्योक्तियाँ की हैं जो उसके चरित्र की सरलता विनम्रता और तीव्र संवेदनशीलता की परिचायक हैं। कवि के व्यक्तिगत जीवन के सम्बन्ध में इन कथनों से अधिक से अधिक इतना निष्कर्ष निकाला जा सकता है कि उसे किसी न किसी प्रकार लोक-जीवन का घनिष्ठ अनुभव प्राप्त हुआ था और उसी के आधार पर उसके मन में संसार के प्रति सच्चा वैराग्य जाग गया था तथा उसने लम्बी आयु पाई थी।

इस सम्बन्ध में यह भी विचारणीय है कि सूरदास ने श्रीमद्वल्लभाचार्य के सामने सबसे पहले जो दो पद गाए थे, उनमें अपने को पतितों का 'नायक' और 'टीका' कहकर अपनी हीनता का बखान किया था। महाप्रभु वल्लभाचार्य ने उन्हें सुनाकर कहा था कि 'सूर' होकर इस प्रकार 'घिघियाते' क्यों हो? कुछ भगवल्लीला का वर्णन करो। सूरदास द्वारा अपना अज्ञान प्रकट करने पर महाप्रभु ने उन्हें नाम सुनाकर समर्पण कराकर भगवल्लीला से परिचित कराया। उसके बाद सूरदास ने दैन्य प्रकाशन के स्थान पर भगवान् की लीला का

१. सू० सा०, पद ६३।

गान आरम्भ किया। यदि यह विवरण प्रामाणिक हो, तो इसके आधार पर यह अनुमान युक्ति-संगत है कि विनय के अधिकांश पद सूरदास ने महाप्रभु वल्लभाचार्य के दीक्षा-दान के पूर्व ही रचे होंगे। उस समय उनकी अवस्था ३२-३३ वर्ष से अधिक थी। अतः तीनों 'पन' विषय-वासना में बिताने के विवरण उनके व्यक्तिगत जीवन से सम्बन्धित नहीं हो सकते। यहाँ यह कह देना आवश्यक है कि विनय-सम्बन्धी समस्त पद पुष्टिभक्ति में दीक्षित होने के पहले ही रचे गए होंगे, ऐसा आग्रहपूर्वक नहीं कहा जा सकता। सूरदास के स्वभाव का भक्त-सुलभ दैन्य हरि के लीला-गान में दब अवश्य गया, नष्ट नहीं हुआ। सम्भव है, वृद्धावस्था की सामान्य शिथिलेन्द्रियता का वर्णन उन्होंने स्वयं अपनी वृद्धावस्था में किया हो।

'ढाढ़ी' वाले दो पदों में 'दाढ़िन' का भी उल्लेख हुआ है।[१] यदि ये पद प्रामाणिक हैं, तो यह अनुमान किया जा सकता है कि, सम्भव है, सूरदास किसी समय वैवाहिक जीवन व्यतीत कर चुके हों, नहीं तो वे अपने उपास्य देव के जन्मोत्सव के अवसर पर अपने साथ दाढ़िन की कल्पना क्यों करते? परन्तु इस अनुमान को सूर के जीवन-वृत्त में किसी आग्रह के साथ सम्मिलित नहीं किया जा सकता। सूरदास ने अपने काव्य में दाम्पत्य प्रेम और स्त्री-पुरुष के सम्बन्ध के जो यथातथ्य सूक्ष्म विवरण दिए हैं उनसे भी यह अनुमान किया जा सकता है कदाचित् उन्होंने कभी दाम्पत्य जीवन का भोग किया होगा। जनश्रुतियों पर आधारित सूर के जीवन वृत्तों में केवल महाराज रघुराजसिंह ने सूर के वैवाहिक जीवन का परिचय दिया है और वह भी चमत्कार वर्णन के उद्देश्य से।

गोस्वामी हरिराय ने दिल्ली के पास सीही ग्राम में रहने वाले एक निर्धन सारस्वत ब्राह्मण के यहाँ सूरदास के जन्म का उल्लेख किया है तथा बताया है कि उनके तीन बड़े भाई भी थे। परन्तु गोस्वामी हरिराय के विवरण भक्त-कवि की महिमा से इतने अधिक अतिरंजित हैं कि उन पर सहज ही विश्वास नहीं होता। उन्होंने लिखा है कि जन्मांध होने के कारण सूरदास के माता-पिता उनसे असन्तुष्ट थे, अतः वे बहुत थोड़ी अवस्था में ही घर छोड़कर चार कोस दूर एक गाँव में तालाब के किनारे रहने लगे। ६ वर्ष की अवस्था से ही वे सगुन बताने लगे थे। इस गुण के कारण तथा उनकी गान विद्या से प्रभावित होकर उनके अनेक सेवक हो गए और वे 'स्वामी' बन गए। अठारह वर्ष की अवस्था तक वे वहीं रहे। पुनः अचानक विरक्ति होने पर वे अपनी इकट्ठी की हुई समस्त सम्पत्ति घर वालों को देकर मथुरा के विश्रांत घाट पर आकर ठहर गए। बाद में 'मथुरिया चौबों' की प्रतियोगिता में अपना 'महातम' बढ़ाना उचित न समझ कर वे गऊघाट पर आकर रहने लगे।

उक्त विवरणों में जाति तथा जन्मांधता सम्बन्धी कथनों के अतिरिक्त और कोई ऐसी बात नहीं है जिस पर सन्देह करने की आवश्यकता हो। इतना अवश्य कहा जा सकता है कि उक्त विवरणों को मुख्यतया मौखिक रूप में प्रचलित कथाओं से ही संकलित किया गया होगा, नहीं तो उनमें इतनी अतिरंचना न होती। दिल्ली के पास किसी ग्राम में पैदा होने की बात सूरदास मदनमोहन के सम्बन्ध में भी प्रचलित है, जिन्होंने दिल्ली में किसी सुन्दर स्त्री से अपनी दोनों आँखें फुड़वा ली थीं। जिस प्रकार आँखें फुड़वाने की बात अष्टछाप के सूरदास के वृत्त में जोड़ ली गई, सम्भव है, इसी प्रकार सीही ग्राम में जन्म और निवास की बात भी जोड़ ली गई हो।

---

१. सू० सा०, पद ६५५, ६५६।

सूरदास के गऊघाट पर निवास करने की साक्षी मूल 'चौरासी वार्ता' तथा गोस्वामी हरिराय द्वारा दिए हुए विवरण से मिलती है। डॉक्टर मुंशीराम शर्मा ने 'साहित्यलहरी' में उल्लिखित 'गोपाचल' और जनश्रुति में प्रचलित 'रुनकता' को गऊघाट या गौघाट बताया है जो आगरा मथुरा के बीच मथुरा से २४ मील दूर है।[१] जो हो, सूरदास गऊघाट पर रहते थे, वहाँ से महाप्रभु वल्लभाचार्य के द्वारा वे गोवर्धन ले जाए गए, जहाँ रहकर वे आजन्म श्रीनाथ जी के कीर्तन के पद रचते और गाते रहे। ढाढ़ी वाले पदों में भी उन्होंने कहा है कि मैं गोवर्धन से आया हूँ,[२] गिरि गोवर्धन पर हमारा वास है, घर छोड़कर अन्यत्र नहीं जाता हूँ।[३] यों तो कृष्ण-भक्ति के नाते व्रज, वृन्दावन, मथुरा और यमुना आदि से सूरदास का अतीव अनुराग था ही, कुछ पदों में उन्होंने साधारण भक्ति-भाव से अधिक व्यक्तिगत तन्मयता से उनका वर्णन किया है जिससे विदित होता है कि उन्हें व्रज-भूमि का घनिष्ठ परिचय था और उन्होंने अपना सम्पूर्ण जीवन वहीं बिताया।

'चौरासी वार्ता' से सूचित होता है वे कभी-कभी थोड़ी-बहुत यात्रा भी करते थे तथा श्री नवनीत प्रिय जी के दर्शन करने वे प्रायः गोकुल जाते थे। श्री कृष्ण की रास-भूमि परासोली के प्रति उनका उत्कट अनुराग था, वहीं उन्होंने अपनी जीवनयात्रा समाप्त की थी।

चक्षु-विहीनता

सूरदास के पार्थिव जीवन के सम्बन्ध में यही एक बात है जिस पर मतैक्य है, पर वे जमान्ध थे या बाद में कभी अन्धे हो गए थे इस विषय में मत-भेद है। 'सूरसागर' के अनेक पदों से उनके अन्धे होने की स्पष्ट सूचना मिलती है, पर जन्मान्ध होने का कहीं संकेत नहीं मिलता। वृद्धावस्था में अशक्त-इंद्रिय हो जाने के सम्बन्ध में जो कथन हैं, वे अधिकांश सामान्य कोटि के हैं और दीनता के इन स्पष्ट कथनों में भी जन्मान्ध होने का कोई उल्लेख न होना वय-प्राप्त अवस्था में किसी समय, अनुमानतः वृद्धावस्था के निकट, उनके अन्धे हो जाने की सम्भावना को अधिक पुष्ट करता है। उनके काव्य में बाह्य जगत् के यथार्थ, सूक्ष्म चित्रण भी उनके जन्मान्ध होने की सम्भावना का खंडन करते हैं।

मूल 'चौरासी वार्ता' में भी सूरदास के जन्मान्ध होने का उल्लेख नहीं है। महाप्रभु वल्लभाचार्य से भेंट होने के समय वे अन्धे थे या नहीं, यह भी निश्चयपूर्वक नहीं कहा जा सकता। 'वार्ता' में कहा गया है कि जब श्री आचार्य जी भोजनोपरांत गद्दी पर विराजमान हुए, तब सूरदास जी ने अपने स्थल से आकर उनके 'दर्शन' किए। 'वार्ता' के दूसरे प्रसंग में पुनः श्री आचार्य जी के साथ सूरदास द्वारा श्रीगोकुल और श्रीनाथ जी के 'दर्शन' करने का उल्लेख है। यदि 'दर्शन' करने का वाच्यार्थ लिया जाए तब तो इस समय तक सूरदास का दृष्टिहीन न होना माना जाएगा। परन्तु 'दर्शन' के वाच्यार्थ पर आग्रह नहीं किया जा सकता, क्योंकि अन्य प्रसंगों में भी सूरदास द्वारा मार्ग में चौपड़ के खेल में लवलीन लोगों का देखा जाना तथा नवनीत प्रियजी के 'दर्शन' करने का उल्लेख है तथा अन्तिम प्रसंग में देहावसान के पूर्व गोस्वामी विट्ठलनाथ के 'दर्शन' की इच्छा करने का उल्लेख है। ऐसी दशा में 'दर्शन' का अर्थ मानस-दर्शन ही लेना उचित होगा। 'चौरासी वार्ता' में केवल अकबर से भेंट वाले प्रसंग में सूरदास के

---

१. सूरसौरभ, पृ० १८-१९।
२. सू० सा०, पद ६५३।
३. वही, पद ६५५।

अन्धे होने का उल्लेख हुआ है। परन्तु उससे जन्मांध या बाद में अन्धे होने के प्रश्न का समाधान नहीं होता।

गोस्वामी हरिराय ने सूरदास को जन्मांध ही नहीं लिखा, यहाँ तक लिखा है कि उनके नेत्रों का आकार तक नहीं था, केवल भौहें थीं, इसीलिए वे 'सूर' थे, 'आँधरा' नहीं। इसमें सन्देह नहीं कि प्रकृति ने सूरदास के चर्म-चक्षुहीन होने के अभाव की पूर्ति प्रचुर मात्रा में की थी, पर उन्हें जन्म से अन्धा मानना तर्कसंगत नहीं है। इस विचार और युक्ति के युग में हम गोस्वामी हरिराय के कथन के सम्बन्ध में यही कह सकते हैं कि भक्त सूरदास के प्रति उनका अत्यन्त उच्च भाव था, इसी कारण उन्होंने सूरदास के सम्बन्ध में अनेक चमत्कारपूर्ण बातों का संकलन और प्रचार किया।

'भक्तमाल' में नाभादास ने भी सूरदास को दिव्य दृष्टि-सम्पन्न कहकर प्रकारान्तर से उनके चक्षुविहीन होने की सूचना दी है। सूरदास के सम्बन्ध में और भी जितनी साक्षियाँ हैं उनमें उनके अन्धे होने के सम्बन्ध में कई चमत्कारपूर्ण बातों का कथन है। किसी में उनके अन्धे होने की परिस्थिति का वर्णन है, तो किसी में उनकी दिव्य दृष्टि की साक्षी दी गई है। जनश्रुतियों का विवेचन करते हुए हमने इन कथनों के मूल भाव को समझने का प्रयत्न किया है।

शिक्षा-दीक्षा और ज्ञान

सूरदास का काव्य उनकी उच्च शिक्षा, विस्तृत अनुभव, लौकिक विषयों के गम्भीर और सूक्ष्म ज्ञान तथा गम्भीर आध्यात्मिक चिंतन का प्रत्यक्ष प्रमाण है। काव्य और संगीत दोनों में वे असाधारण रूप से व्युत्पन्न थे। यद्यपि काव्य के विभिन्न अंगों पर उन्होंने प्रत्यक्ष रूप में कोई विवेचन नहीं किया, किन्तु काव्य के विषय में ऐसी कौन सी बात है जो 'सूरसागर' में न मिल सके? वस्तुतः 'सूरसागर' हमारे साहित्य की सबसे प्रौढ़ रचनाओं में श्रेष्ठ स्थान का अधिकारी है।

काव्य-कला की ही भाँति संगीत का भी गम्भीर ज्ञान सूरदास को था, इसका प्रमाण न केवल उनके रचे हुए पदों में विभिन्न राग-रागिनियों का उल्लेख है, वरन् 'सूरसागर' में स्थान-स्थान पर हमें संगीत का जो उच्च वातावरण मिलता है, उससे विदित होता है कि सूरदास की प्रकृति में काव्य और संगीत मूर्तिमान होकर घुलमिल गए थे। स्वयं महाप्रभु वल्लभाचार्य ने उनके भावपूर्ण संगीत से प्रभावित होकर उनको श्रीनाथ जी की कीर्तन-सेवा सौंपी थी।

सूरदास उच्चकोटि के भक्त थे। महाप्रभु से भेंट होने के पूर्व से ही वे विरागी और संभ्रांत भक्त के रूप में भगवद्भजन करते हुए गऊघाट पर रहते थे। उस समय उनकी अवस्था लगभग ३२ वर्ष की थी। उस समय भी वे पद-रचना और संगीत में पर्याप्त निपुण थे। वे इतने विज्ञ और अनुभवी थे कि उन्होंने तीन-चार दिन में ही 'श्रीमद्भागवत' और 'सुबोधिनी' का वास्तविक भाव हृदयंगम कर लिया और तत्संबंधी आशु पद-रचना से महाप्रभु पर गम्भीर प्रभाव डाल दिया। यद्यपि दार्शनिक वादों के सम्बन्ध में उनका दृष्टिकोण पंडितों-जैसा नहीं था और न उन्होंने अपने काव्य में दार्शनिक विचारों का प्रतिपादन या विवेचन किया है, फिर भी भक्ति-भाव के प्रकाशन के प्रसंगों से विदित होता है, कि उन्हें तत्कालीन दार्शनिक सिद्धान्तों का यथार्थ ज्ञान था। अपने संप्रदाय की भक्ति-भावना का जैसा विशद और व्यावहारिक रूप उनके काव्य में मिलता है, वैसा कदाचित् अन्यत्र दुर्लभ है।

इतना विस्तृत ज्ञान और अनुभव सूरदास को कहाँ से प्राप्त हुआ, यह जानने का कोई साधन नहीं। गोस्वामी हरिराय भी इस विषय में मौन हैं। उनके विचार से तो सूरदास पूर्वजन्म के उच्च संस्कार लेकर पैदा हुए थे और दैवी प्रेरणा से ही वे इतने सिद्ध हो गए थे। इसमें सन्देह नहीं कि काव्य और संगीत के गुण उनमें जन्मजात थे तथा प्रकृति ने ही उन्हें बुद्धि और विवेक प्रचुर मात्रा में दिया था, तथापि उन्होंने शिक्षा और ज्ञान प्राप्त करने के लिए उचित अवकाश और अवसर प्राप्त किया होगा।

कृष्ण की प्रेम-भक्ति में दीक्षित होकर, भगवल्लीला के गान की प्रेरणा प्राप्त करने के बाद, सूरदास की काव्य और संगीत की समस्त शक्तियाँ उभर आईं और फिर उन्होंने जीवनपर्यन्त श्रीकृष्ण के परम मनोहर रूप और लीला का गुण-गान करने में अपनी वाणी का शृङ्गार किया। पुष्टिमार्ग में दीक्षित होकर सूरदास को काव्य, संगीत तथा विविध कलाओं का सम्पन्न वातावरण सहज ही प्राप्त हो गया। वल्लभसम्प्रदाय के अतिरिक्त सूरदास के समय में गोस्वामी हितहरिवंश के राधावल्लभ सम्प्रदाय तथा स्वामी हरिदास के सखी सम्प्रदाय की भी पर्याप्त चहल-पहल थी और उनके द्वारा भी व्रज में काव्य, संगीत आदि कलाओं की उन्नति हो रही थी। अकबर के साम्राज्य की शांति-व्यवस्था की स्थापना तथा सांस्कृतिक उन्नति भी सूरदास के समय में होने लगी थी। इस समस्त परिस्थिति ने उनकी काव्य-रचना पर प्रभाव डाला होगा तथा उनके अनुभव और ज्ञान को बढ़ाया होगा।

सूरदास को गोस्वामी विट्ठलनाथ के घनिष्ठ सम्पर्क में रहने का अवसर मिला था। गोस्वामी जी के प्रति उनका भाव अत्यन्त उच्च था। यद्यपि महाप्रभु वल्लभाचार्य उनके दीक्षा गुरु थे और उन्हें वे अपने इष्टदेव श्रीकृष्ण के ही समान पूज्य भाव से देखते थे, तथापि अपने गुरु-स्थान पर प्रतिष्ठित उनके पुत्र गोस्वामी विट्ठलनाथ के प्रति भी उनके मन में उतना ही आदर था। इस संसार से विदा होने के समय उन्होंने महाप्रभु और गोस्वामी जी दोनों के प्रति अपनी उत्कट भक्ति-भावना का प्रकाशन किया था।

स्वयं महाप्रभु भगवान् कृष्ण के गोपाल रूप के उपासक थे, उनके समय में गोपियों की माधुर्य भाव की भक्ति विकसित नहीं हुई थी। गोस्वामी विट्ठनाथ के समय 'स्वामिनी जी' जो पहले गोपियों का सामूहिक नाम था, निश्चित रूप से राधा हो जाती हैं और सम्प्रदाय के भक्त कवि राधा-कृष्ण की लीला का गान करने लगते हैं। उपासना-पद्धति के इस विकास में तत्कालीन वैष्णव सम्प्रदायों—राधावल्लभी, गौड़ीय आदि का प्रभाव रहा होगा। जो हो, सूरदास के भक्ति-भाव में हमें यह परिवर्तन और विकास अत्यन्त क्रम-व्यवस्थित और तर्कसंगत रूप में मिलता है। इसी प्रकार 'श्रीमद्भागवत' के भाव को अपने भक्तिभाव के अनुकूल विकसित करके सूरदास ने अपनी असाधारण बुद्धिमत्ता, विवेक-बुद्धि, संवेदनशीलता और विचार की स्पष्टता का परिचय दिया है। इतना होने पर भी उनका काव्य अपने प्रकृत गुण को छोड़ कर शुष्क विचार की भूमि पर कहीं नहीं उतरा।

सूरदास की भक्ति, विश्वास और काव्य की प्रवृत्तियों के अध्ययन में उपर्युक्त विषयों की विशद विवेचना और समीक्षा की गई है।

अध्ययन की सामग्री

गत पृष्ठों में सूरदास के जीवन-वृत्त का जो विवरण दिया गया है, उसके आधारों के सम्बन्ध में यथास्थान संकेत होता गया है, परन्तु उन आधारों के विस्तृत परिचय और समीक्षण

की आवश्यकता है। उनके अतिरिक्त अन्य अनेक स्रोतों से भी सूरदास के सम्बन्ध में कुछ न कुछ वृत्त प्राप्त होता है। आगामी पृष्ठों में उस समस्त सामग्री का पर्यालोचन किया जाता है।

सूरदास की जीवनी के अध्ययन में निम्नलिखित आधार-सामग्री प्राप्त होती है—

१. सूरदास की रचनाएँ, २. चौरासी वैष्णवन की वार्ता, ३. हरिराय के भावप्रकाशसहित वार्ता, ४. अन्य वार्ता-साहित्य, ५. वल्लभ-दिग्विजय : गोस्वामी यदुनाथ, ६. भक्त-माल : नाभादास, ७. भक्तविनोद : कवि मियासिंह, ८. रामरसिकावली : महाराज रघुराजसिंह, ९. भक्तनामावली : ध्रुवदास, १०. नागरसमुच्चय : नागरीदास, ११. व्यासवाणी : हरिराम व्यास, १२. आईनेअकबरी, १३. मुंतख़बुत्तावारीख़, १४. मुंशियाते अबुलफ़ज़ल, १५. मूल गुसाईंचरित तथा १६. जनश्रुतियाँ।

अन्य सामग्री जिसका उपयोग कवि के जीवन-वृत्त के सम्बन्ध में किया जाता है, मूलतः उपर्युक्त सामग्री पर ही न्यूनाधिक अंश में आधारित है; जैसे भारतेन्दु हरिश्चन्द्र, गार्सां द तासी, सर जार्ज ग्रियर्सन, 'इनसाक्लोपीडिया ब्रिटानिका' और श्री राधाकृष्णदास के लेख। यह खेद की बात है कि उपर्युक्त सामग्री देखने में जितनी अधिक जान पड़ती है, वास्तव में उतनी है नहीं, क्योंकि सूरदास के विषय में, अधिकांश में, जनश्रुतियों का संग्रह अथवा उनका उल्लेखमात्र कर दिया गया है। इससे भी अधिक खेद का विषय यह है कि अब तक उपर्युक्त सामग्री का सम्यक् ऐतिहासिक विवेचन नहीं किया गया है। आलोचकों में किसी ने उक्त सामग्री के एक अंश के प्रति आग्रह किया है, तो किसी ने दूसरे अंश के प्रति। अतः सूरदास के जीवन-वृत्त के निर्माण के लिए समस्त सामग्री का अन्वेषण, परीक्षण आवश्यक है।

सूरदास की रचनाएँ

सूरदास के नाम से प्रसिद्ध तीन रचनाएँ—'सूरसागर', 'सूरसागरसारावली' और 'साहित्यलहरी'—प्राप्त है। इनके अतिरिक्त विभिन्न लेखकों ने जिन रचनाओं का उल्लेख किया है वे या तो सूरसागर के ही स्फुट अंश हैं अथवा अप्रामाणिक हैं। इन तीनों रचनाओं का विस्तृत विवेचन आगामी प्रकरण में किया गया है। उस विवेचन के फलस्वरूप कवि के जीवन के सम्बन्ध में अद्यावधि प्रचलित वृत्तांत में संशोधन करना आवश्यक हो जाता है। 'साहित्यलहरी' हमारे सूरदास की प्रामाणिक रचना न होने के कारण उससे प्राप्त तिथि और ऐतिहासिक वृत्तांत का उपयोग नहीं किया जा सकता। 'सूरसागरसारावली' की भी वही अवस्था है। ऐसी दशा में कवि के विषय में कुछ भी जानकारी प्राप्त करने के लिए उनकी रचनाओं में 'सूरसागर' का ही एकमात्र आधार रह जाता है।

'सूरसागर' एक बृहद् ग्रंथ है जिसके द्वारा कवि के विश्वासों, विचारों, भावनाओं और मनोवृत्तियों के विषय में असंदिग्ध जानकारी प्राप्त हो सकती है। कवि की भक्ति और उसके काव्य के अध्ययन में, जो उसके जीवन और रचनाओं के अध्ययन के मुख्य अंश हैं, कवि के मानसिक जगत् के सम्बन्ध में प्राप्त इस जानकारी का विस्तृत विवेचन किया गया है। परन्तु उसके पार्थिव जीवन के विषय में 'सूरसागर' विशेष सहायक नहीं है। 'सूरसागर' के वृहद् आकार में बिखरे हुए आत्मकथात्मक उल्लेख का सूरदास का अध्ययन करने वालों ने न्यूनाधिक उपयोग अवश्य किया है, परन्तु इस उपयोग में प्रायः इस बात का विस्मरण हो गया है कि कवि की गीतिपरक व्यक्तिगत शैली में रचित सामान्य कथन भी प्रायः स्वकथन जान पड़ते हैं। वास्तविक स्वकथनों को स्वकथनवत् सामान्य कथनों से अलग क्रर सकना सरल

नहीं है, विशेष कर ऐसी दशा में जबकि उनकी पुष्टि अथवा खंडन के लिए ऐतिहासिक प्रमाणों का अभाव हो। इस सम्बन्ध में एक दूसरी कठिनाई यह उपस्थित होती है कि 'सूरसागर' के सम्पूर्ण पदों की प्रामाणिकता भी संदेह से परे नहीं है, अर्थात् अधिकांश पदों को प्रामाणिक मानते हुए भी कुछ पदों के प्रक्षेप की सम्भावना अस्वीकार नहीं की जा सकती। कवि के मानस के अध्ययन में ये प्रक्षिप्त पद विशेष कठिनाई उपस्थित नहीं कर सकते, पर जीवन-वृत्त के विषय में एक भी प्रक्षिप्त पद अध्ययन को पथ-भ्रष्ट कर सकता है। अतः आत्मकथनों के उपयोग में पर्याप्त सतर्कता की आवश्यकता है।

'सूरसागर' के जिस अंश में सबसे अधिक आत्मकथन मिलते हैं वह है विनय के पद। ये पद आत्म-निवेदन के रूप में रचे गए हैं, अतः उनमें ऐसे अनेक पद हो सकते हैं जिनमें वस्तुतः आत्मकथन न होते हुए भी आत्मकथन का पूर्ण आभास हो। अन्य प्रमाणों के अभाव में ऐसे कथनों की ऐतिहासिक प्रामाणिकता में संदेह की सम्भावना बनी ही रहती है।

अधिकांश जीवन—'तीनों पन'—को विषय-वासना में व्यर्थ नष्ट करने के संबंध में इस प्रसंग में अनेक कथन मिलते हैं। इन कथनों में अतिशयोक्तियों की संभावना बहुत है, क्योंकि पतित-पावन प्रभु के समक्ष उद्धार का अधिकारी बनने के लिए अपने दोषों की अतिरंजना तथा अपने विषय में सामान्य रूप से समस्त सम्भव दोषों की कल्पना करना कवि के लिए सर्वथा स्वाभाविक है। अतः उन्हें अक्षरशः सत्य मानना भारी भ्रम होगा।

मन की मायावश्यकता के वर्णन में कवि कहता है; "अब मैं माया के हाथ बिक गया। रज्जुवश पशु की भाँति परवश होकर मैंने 'श्रीपति रानौ' को नहीं भेजा। हिंसा-मद-ममता-रस में भूल कर आशा में लिपटा रहा। यही करते अधीर हो गया और अति निद्रा से अघाया नहीं। अपने ही अज्ञान-तिमिर में 'परम ठिकानौ बिसर गया।"[१]

"हरि-सुमिरन के बिना कितने दिन खो दिए, पर-निंदा को रसना का रस बनाकर कितने दिन नष्ट कर दिए। तेल लगाकर 'रुचि मर्दन' किया, वस्त्रों को मल-मल कर धोया, तिलक बनाकर 'स्वामी' होकर चला और विषयी लोगों के मुख देखे। 'कालवली' से सब जग काँप गया, ब्रह्मादिक भी रो दिए। कहो, अधम सूर की कौन गति होगी जो उदर भरकर पड़कर, सो रहा?"[२]

मन को प्रबोध देने के लिए कवि ने इसी प्रकार के कथन किए हैं।[३]

काया नगर में 'साहिबी' करते समस्त जन्म गँवा देने का विवरण देते हुए वह 'सुरापान अँचयों'[४] और 'भाव-भक्ति' के बिना नर-जन्म की व्यर्थता का वर्णन करते हुए, परस प्रिया के भीनौ"[५] तथा 'भैया-बन्धु कुटुम्ब घनेरे' का ग्लानि के साथ स्मरण करता है। आत्म-भर्त्सना और आत्म-हीनता के कथन इस प्रसंग में भरे पड़े हैं। उनमें से कुछ नीचे दिए जाते हैं—

१. सू० सा० स्कंध १, पद ४७।
२. वही, पद ५२।
३. वही, पद ५७-६३।
४. वही, पद ६४।
५. वही, पद ६४।

''मेरी यह देही नख-सिख लौं पाप की जहाज है। अपना साज देखते हुए और पतित 'आँखि तर' नहीं आते। तीनों पन भर निबाह दिया, पर तो भी बाज नहीं आया।''[१]

'अच्छा गात अकारथ गला दिया। निश-दिन विषय-विलासों में बिलसता रहा। तब चारों फूट गई थीं। अब दई का मारा दीन दुःख पाकर पछताने लगा।'[२]

'बालापन खेलते ही खो दिया, युवावस्था में विषय-रस में मत्त रहा। वृद्ध हुआ, तब मुझे सुध आई। इसी से दुखित पुकारता हूँ। सुतों ने तज दिया, तिया ने तज दिया, भ्राता ने तज दिया, तन से त्वचा भी अलग हो गई। श्रवणों से सुनाई नहीं देता, चरणों की गति थक गई, नयनों से जलधारा बहने लगी। केश पक गए, कंठ कफ से रुँध गया और दिन-रात कल नहीं पड़ती। माया-मोह और तृष्णा तो भी नहीं छोड़ती।'[३] 'नियम, धर्म, व्रत, जप, तप, संयम तथा साधु-संग नहीं चीन्हा। जो दरसमलीन और अति-दीन दुर्बल हैं उन्हें मैंने दुख दिया।'[४]

'इसी स्वाँग को काछ कर मैंने तीनों पन में निबाह किया।'[५]

'घातक, कुटिल, चबाई, कपटी, महाक्रूर, संतापी, लंपट, धूत, दमड़ी का पूत, विषय-जाप का ज़ापी, अभक्ष्य का भक्षण और अपेय का पान करने वाला, कामी, कामिनी के रस-वश, लोभ लालसा को स्थापित करने वाला, मन, वचन और कर्म से सबको दुःसह, कटु वचन बोलने वाला, विकार जल से भरे 'सूर-सागर' के समक्ष बधिक-अजामिल वापी है।''[६]

'तीनों पन मैंने भक्ति नहीं की। मैं काजल से भी काला हूँ।'[७]

एक स्थान पर कवि ने लगभग पच्चीस पंक्तियों में समस्त संभव दुर्गुणों की एक लम्बी सूची देने की चेष्टा की है।[८]

इन कथनों की सामान्य लौकिक सत्यता में किसी प्रकार के संदेह की संभावना नहीं है। परन्तु प्रमाणों के अभाव में इन सामान्य सत्यों को कवि के व्यक्तिगत जीवन के इतिहास के निर्माण में स्वतः सिद्ध प्रमाण मानने में सदैव संकोच बना रहेगा। ढोंगी 'स्वामी' बनकर चलना, सुरापान करना, भक्ष्याभक्ष्य खाना, स्त्री में लिप्त रहना, स्त्री, पुत्र और बन्धुओं द्वारा परित्यक्त होना, बंधु-बांधव और भारी कुटुम्ब से सहायता न पाना तथा वृद्धावस्था के समस्त क्लेशों से पीड़ित होना, आदि कथन सामान्य लौकिक जीवन के चित्रण हैं तथा अपने में समस्त अवगुणों का आरोप कवि की अतिरंजना का द्योतक है। इससे अधिक से अधिक उसके चरित्र की सरलता, निष्कपटता और तीव्र संवेदना का निष्कर्ष निकाला जा सकता है और उसके किसी-न-किसी प्रकार के लौकिक जीवन, सांसारिक अनुभव से संपन्न लम्बी आयु तथा विरक्त भाव के भी यत्किंचित संकेत संभवतः सत्य से अधिक दूर न होंगे। परन्तु हैं ये कथन

---

१. सू० सा० स्कंध १, पद ९६।
२. वही, पद १०१।
३. वही, पद ११८।
४. वही, पद १२९।
५. वही, पद १३६।
६. वही, पद १४०।
७. वही, पद १७८।
८. वही, पद १८६।

सामान्य और उपदेशपूर्ण ही। एक स्थान पर स्वयं कवि मन को संबोधित करके विषय-वासना मे लिप्त रहने की आलोचना करते हुए कह देता है; 'सूरदास अपने ही को तो समझाता है, लोग बुरा न मानें।'[१] स्पष्ट ही उसके समस्त कथन अपने ही समझाने को नहीं हैं, ये तो अधिकतर उसने लोगों के बुरा मानने के डर से अपने ऊपर अन्योक्तियाँ की हैं।

इन पदों में किसी-किसी के प्रक्षिप्त होने की भी संभावना है। उदाहरण के लिए निम्न पद जिसमें उपर्युक्त पदों का ही भाव व्यक्त किया गया है प्रक्षिप्त जान पड़ता है—

'हरि जू मैं इस कारण 'दुख-पात्र' हूँ कि मुझे विषय-रस 'मात्र' तज कर श्री गिरिधरन-चरन-रति न हुई; जब आढ्य था, तब असद्व्यय किया और ब्रज-वन की यात्रा नहीं की; तुम्हारे दास प्रेम से नहीं पोषे, वरन् अपना 'गात्र' पोषा; भवन सँवार कर नारि-रस तथा सुत, वाहन, जन और 'भ्रातृ' में लोभी बना रहा; महानुभावों के निकट नहीं गया और न 'कृत-विधान' जाना, छल-बल करके इधर-उधर से परधन हर कर सब 'दिन-रात्र' दौड़ता रहा; सिर पर शुद्धाशुद्ध बहुत-सा बोझ वहन किया और 'दात्र' (ऋण?) लेकर कृषि की। जो हृदय का कुचील और काम-भू-तृष्णा-जल के कलिकल का 'पात्र' है ऐसे कुमति 'सूरज जाट' को प्रभु के बिना कोई 'धात्र' नहीं है।[२] स्पष्ट ही यह पद किसी जाट 'सूरज' का बनाया हुआ है जो कवि के विषय में प्राप्त अन्य वृत्तांतों के आधार पर सूरदास से भिन्न जान पड़ता है।

परीक्षित-कथा के प्रसंग में भी भक्ति-विहीन जीवन की व्यर्थता पर पश्चात्तापपूर्ण कथन हैं जो विनय के तद्विषयक पदों से अत्यन्त समता रखते हैं। परीक्षित के प्रसंग में होने से उनकी सामान्य सत्यता में तो विशेष अंतर नहीं पड़ता; किन्तु यदि वे विशेष-रूप से इसी प्रसंग के लिए रचे गए हों, तो उनमें कवि के जीवन के व्यक्तिगत संकेतों की अधिक सम्भावना नहीं होनी चाहिए। फिर भी, इनमें और विनय के पदों में समता होने के कारण इन पर भी विचार करना असंगत न होगा :—

'इधर-उधर देखते जन्म चला गया। इस झूठी माया के कारण दोनों दृगों से अंध हो गया। कभी भागवत नहीं सुनी।'[३]

'न हरि-भक्ति की, न साधु-समागम किया।'[४]

'जन्म ऐसे-ही-ऐसे बीत गया। या तो यदुपति के बिना घर-घर भरमता रहा या सोता रहा या बैठा रहा। या तो कहीं खान-पान-रमणादि में रहा या व्यर्थ-वाद में। या तो कहीं रङ्क बना या ईश्वरता प्रकट की।'[५]

'सब दिन विषय के हेतु चले गए। तीनों पर ऐसे खो दिए। अब सिर के केश श्वेत हो गए। आँखों से अंध हो गया; श्रवण से सुनाई नहीं देता और चरण समेत थक गया। गंगा-जल तज कर कूप-जल पीता हूँ, हरि को तज कर प्रेत पूजता हूँ।'[६]

---

१. सू० सा० स्कंध १, पद ६३।
२. वही, पद २१६।
३. वही, पद २९१।
४. वही, पद २९२।
५. वही, पद २९३।
६. वही, पद २९६।

'कभी' 'रहस-रहस' कर बैठा और 'ढोटा' गोद में खिलाया; कभी फूल कर सज्जा में बैठा और मूछों पर ताव दिया। टेढ़ी चाल से सिर पर टेढ़ी पाग रखकर टेढ़ा-टेढ़ा चला।'[१]

'अब मैंने जाना कि देह बूढ़ी हो गई। सीस, पाँव, कर कहना नहीं मानते; तन की दशा मंद पड़ गई। कुछ कहता हूँ और कुछ कहा जाता है। नयन और नाक से पानी बहता है; अंग-अंग की चमक-दमक मिट गई; मति और दृष्टि नष्ट हो गई; तन-मन की कुछ सुध नहीं रही।'[२]

'इतना जन्म अकारथ खो दिया। श्याम चिकुर श्वेत हो गए।'[३]

इन समस्त कथनों को सामान्य सत्य मानते हुए, उन्हें कवि की भक्ति-भावना और परोपकारार्थ उपदेश देने की प्रवृत्ति का सूचक समझा जा सकता है।

परन्तु निम्नलिखित संकेत अतिरंजनापूर्ण होते हुए भी अधिक स्पष्टरूप से व्यक्तिगत है—

'यही जी में जानकर भव-जाल से अंध, कामी, कुटिल सूर शरण में आया है।'[४]

'सूरदास की एक आँख है और उसमें भी कुछ काना है।'[५] यह कदाचित सूरदास के चर्म-चक्षुविहीन होने की सूचना तथा ज्ञान-चक्षु के आंशिक-लाभ की नम्र स्वीकृति है।

'तुमने मेरे जैसे पतित का कब उद्धार किया? हरि विरद क्यों बुलवाते हो? बिना 'मसकत' (मशक़्क़त) के किसको तारा है? गीध, व्याध, गज, गौतम की स्त्री इन सब पर क्या कृपा की? गणिका अपनी करनी से तर गई और प्रभु, तेरा नाम हो गया। अजामिल तो विप्र और पुरातन दास था। उसकी नेक चूक से यह गति कर दी थी, फिर उसे वैकुंठ-वास मिल गया। पतित जान कर तुमने सब जन तार दिए, पर किसी में वास्तविक खोट नहीं था। जब मुझ 'सूर' कूर कवि 'ठोट' को तारोगे तब जानूँगा।'[६]

स्पष्ट ही इस पद में निज दोषों की दैन्यपूर्ण अतिरंजना है, परन्तु 'सूर' के कवि होने की स्वीकृति भी है, चाहे वह 'ठोट' (जड़) ही क्यों न हो। साथ ही क्या अजामिल के पुरातन दासत्व के साथ उनके विप्रत्व का भी 'सूर कूर कवि ठोट' से अन्तर नहीं है?

'विप्र सुदामा को पुरातन प्रीति जान कर 'अजाची' कर दिया। सूरदास पर क्या कृपा की जिसके नयनों की भी हानि है?'[७] यह सूरदास के अंधे होने का स्पष्ट संकेत है, साथ ही इसमें विप्र सुदामा से जाति में भी हीन होने की व्यंजना जान पड़ती है।

'सूर कूर आँधरा मैं द्वार पड़ा हुआ गाता हूँ।'[८] इस पंक्ति में अंधे होने के साथ कदाचित् किसी मन्दिर में कीर्तन गाते रहने का भी संकेत है। 'हमें नंदनंदन ने मोल ले लिया है। जम के फंद काट कर 'मुकरा' दिया और 'अभय-अजाद' कर दिया। भाल पर तिलक, श्रवणों में तुलसी दल देकर दो अंक (पाप-पुण्य) मेट दिए। सिर मूँड कर, कंठ में वनमाला और

---

१. सू० सा० स्कंध १, पद ३०१।
२. वही, पद ३०५।
३. वही, पद ३२२।
४. वही, पद ५।
५. वही, पद ४७।
६. वही, पद १३२।
७. वही, पद १३५।
८. वही, पद १६६।

मुद्राचक्र दे दिए। सब कोई श्याम का गुलाम कहता है, जिंसे सुनकर हृदय शीतल होता है। जूठन खाकर जीने में सूरदास को और बड़ा सुख है।'[१]

'सूर कर जोड़कर विनती करता है, रुक्मिणी रमण सुनो न? मुझ अंध के फंद काटो न ? अब विलंब किस कारण है?'[२]

'मैं ऐसा अंध, अधम अविवेकी हूँ।'[३]

इन कथनों में सूरदास के अंधे होने की सूचना है। साथ ही उनके विप्र न होने के विषय में भी संकेत जान पड़ता है।

अन्य स्कंधों में प्रथम स्कंध की भाँति व्यक्तिगत निवेदन करने के अवसर अपेक्षाकृत बहुत कम हैं। गीतिपदों की शैली में ही अनिवार्यत: व्यक्तिगत लक्षण होता है, अत: उनमें कवि-जीवन के वास्तविक सत्य को ढूँढ़ना कठिन कार्य है; फिर भी कहीं-कहीं व्यक्तिगत लक्षणों से युक्त कथन अधिक आत्मीयतापूर्ण और स्पष्ट हो गए हैं। नीचे ऐसे ही कथनों पर विचार किया जाएगा।

कृष्ण-जन्म के अवसर पर कवि जहाँ समस्त व्रजवासियों के सम्मिलित आनंद का वर्णन करता है, वहाँ कतिपय व्यक्तियों के हर्ष का व्यक्तिगत रूप से भी कथन करता है।[४] इन कथनों में गोवर्धन के 'ढाढ़ी' का व्यक्तिगत निवेदन कहीं अधिक आत्मीयता पूर्ण है—

'मेरे मन में आनन्द हुआ, मैं गोवर्धन से आया हूँ। तुम्हारे पुत्र हुआ सुनकर मैं अति आतुर होकर, उठकर दौड़ा आया।....मुझे कोटि दो तो भी मैं रुचि नहीं मानूँगा; बिना देखे मैं नहीं जाऊँगा।.... मैं तो तेरे घर का ढाढ़ी हूँ, मेरा नाम सूरदास है।'[५]

'बड़े महर सिरताज, अपने सुत का बदन दिखाओ। मेरे व्रजराज प्रभु, तुम साहब और मैं तुम्हारा ढाढ़ी हूँ। मैं तो तुम्हारा जन्म-जन्म का ढाढ़ी हूँ और सूरदास कहलाता हूँ।'[६]

'मैं तो तुम्हारे घर का ढाढ़ी हूँ। नाम सुन कर सुख पाता हूँ। गिरि गोवर्धन पर हमारा वास है; घर को छोड़कर अन्यत्र नहीं जाता हूँ। मेरी ढाढ़िन नाचती गाती है और मैं भी ढाढ़ बजाता हूँ।'[७]

आगामी पद में भी ढाढ़िन का उल्लेख है।[८]

'नंद का उदय सुनकर वृषभानु का जगा आया।'[९]

इन पदों को यदि कवि के व्यक्तिगत जीवन के स्पष्ट संकेत मानें, तो इनसे उसकी जाति और निवास-स्थान का परिचय मिलता है। परन्तु जब तक इन कथनों की पुष्टि अन्य प्रमाणों

---

१. सू० सा० स्कंध १, पद १७१।
२. वही, पद १८०।
३. वही, पद १९८।
४. वही, स्कंध १० पद ६३३, ३३६, ६३९, ६४०, ६४१।
५. वही, पद ६५३।
६. वही, पद ६५४।
७. वही, पद ६५५।
८. वही, पद ६५६।
९. वही, पद ६५७।

से नहीं हो जाती, तब तक इन्हें कवि की अपने इष्टदेव के बाल-स्वरूप के प्रति व्यक्तिगत भक्ति-भावना का निर्देशक ही समझा जा सकता है।

गुरु-माहात्म्य, अपने इष्टदेव, व्यक्तिगत भक्ति-भावना तथा अन्य उपासना पद्धतियों के सम्बन्ध में भी सूरदास ने अधिक स्पष्ट संकेत किए हैं। इन पदों पर भक्ति-भावना के विवेचन में विचार किया जाएगा।

रास के वर्णन में एक स्थान पर कवि ने 'हरिवंशी, हरिदासी जहाँ। हरि करुणा करि राखहु तहाँ।'[१] कह कर हितहरिवंश और हरिदास की ओर संकेत किया है। परन्तु यह पद सूरदास का ही है इस सम्बन्ध में सन्देह है, क्योंकि यह राधावल्लभी भक्त व्यास जी की वाणी में भी मिला है। हो सकता है कि इसके रचयिता व्यास जी हों और कालांतर में उसे 'सूरसागर' में सम्मिलित कर दिया गया हो।

कवि का यमुना-प्रेम और यमुना के निकट उसका वास भी एक पद से सूचित होता है। इस पद में यमुना के प्रति असाधारण आत्मीयता है : "श्री यमुना जी, तेरा दरस मुझे भाता है। वंशीवट के निकट बसता हूँ, जहाँ लहरों की छवि आती है। श्री यमुनाजी, जो प्रातः ही तेरा यश गाए उसके लिए तू दुखहरनी, सुखदेनी है। मदनमोहन की अधिक प्यारी है, तू पटरानी कहलाती है। वे वृन्दावन में रास-विलास करते और मधुर मुरली बजाते हैं। सूरदास दंपति की छवि निरख कर विमल-विमल यश गाता है।"[२]

सूरदास के निवास-स्थान, व्रज-वास और श्री विट्ठलनाथ के सत्संग की सूचना निम्न पद से स्पष्टतया मिलती है—

"मथुरा दिन-दिन अधिक विराजती है। केशवराय का तेज-प्रताप तीन लोकों में गाजता है। जिसके पग-पग में कोटिक तीर्थ हैं और मध्य में 'विश्रांत' (बिसरातें) विराजती हैं। प्रातःकाल यमुना का स्नान करने से जीवन-मरण के भय भागते हैं। श्री विट्ठल के विपुल विनोद विहारों में व्रज का वास 'छाजता' (फबता) है। उन्हीं का सेवक सूरदास गिरिराज पर कहता सुनता है।"[३] इस पद के अन्तिम चरण का पाठ 'सभा' के संस्करण में 'कहत सुनत गिरिराजै' के स्थान पर 'कृपा सु गिरिधर राजै' दिया गया है। 'गिरिधर' गोस्वामी विट्ठलनाथ के ज्येष्ठ पुत्र का भी नाम था। अतः प्रश्न उठता है कि क्या यह संकेत उनकी ओर तो नहीं है। परन्तु इस पद में प्राप्त ऐतिहासिक संकेत पद की प्रामाणिकता तथा शुद्ध पाठ पर निर्भर ही होंगे।

कवि के विस्तृत ज्ञान और अनुभव के प्रमाण में चौपड़, कृषि-कार्य, शासन-प्रबंध और ज्योतिष आदि के विवरण जो उसने विशेषकर सांग रूपकों में दिए हैं तथा प्रसंगवश हठयोग आदि पंथों के सविवरण उल्लेख भी कभी-कभी उसके व्यक्तिगत-जीवन के संकेतों में सम्मिलित किए जाते हैं। किन्तु यहाँ उनका उल्लेख करना व्यर्थ है, क्योंकि कवि के ज्ञान-विस्तार और व्यापक अनुभव का प्रकाशन तो उसके समस्त काव्य में हुआ है; ये कतिपय संकेत उसके समक्ष विशेष महत्त्व नहीं रखते।

---

१. सू० सा०, पद १७९८।
२. सू० सा० (वें ० प्रे०), पृ० ५८१, पद ४३।
३. वही, पृ० ४७४, पद ३२ तथा सू० सा० (सभा), पद ३७१४।

सूरदास की जाति के सम्बन्ध में अनेक वाद-प्रवाद प्रचलित हैं। सूरदास के ब्राह्मण होने या न होने के विषय में आलोचकगण विशेष चिंतित रहे हैं। इस प्रसंग में उपर्युक्त कथनों के साथ 'श्रीधर बाँभन करश कसाई'[१] में ब्राह्मण के लिए 'बाँभन' शब्द का प्रयोग तथा 'महाराने के पांड़े' का कृष्ण के द्वारा बारबार चौका छूत करने[२] का उल्लेख विशेष विचारणीय है। वे प्रसंग भागवत में नहीं हैं। इस अंतिम प्रसंग से भक्ति-पंथ में छूत-छात के विचार की व्यर्थता तो घोषित ही की गई है, साथ ही इससे ब्राह्मणत्व के प्रति उदासीनता और उपेक्षा का भाव भी व्यंजित होता है। कवि ने अपने समस्त काव्य में ब्राह्मणों की कहीं भी स्तुति-प्रशंसा नहीं की, वरन् अनेक बार उसने जाति-पाँति का स्पष्ट प्रत्याख्यान किया है। भक्ति के विचार से उसका यह दृष्टिकोण सर्वथा युक्तियुक्त है, तथापि जाति-पाँति के प्रति सामान्य रूप से तथा ब्राह्मणों के प्रति विशेष रूप से उसकी उदासीनता को उसके ब्राह्मण न होने का संकेत माना जा सकता है। कृष्ण के प्रति अनन्य भक्ति का प्रकाशन करते हुए एक स्थान पर तो उसने स्पष्ट कह दिया है कि सूरदास-स्वामी प्रभु के लिए मैंने अपनी जाति छोड़ दी है।'[३] उपर्युक्त विवेचन से सूरदास के जीवन-वृत्त के सम्बन्ध में निम्न सूचनाएँ मिलती हैं—

१. सूरदास अंधे थे। किन्तु उनके जन्मांध होने का कोई प्रमाण नहीं मिलता। वृद्धावस्था में अशक्त-इंद्रिय हो जाने के सम्बन्ध में जो कथन हैं, वे अधिकतर सामान्य कोटि के हैं; किन्तु दीनता के इन स्पष्ट कथनों में भी जन्मान्ध होने का कोई उल्लेख न होना कदाचित् वय-प्राप्त अवस्था में किसी समय—अधिकतर वृद्धावस्था के निकट—उनके अंधे होने की संभावना को अधिक पुष्ट करता है। कवि के द्वारा बाह्य जगत के यथार्थ, सूक्ष्म चित्रण भी उसके जन्मान्ध होने की संभावना का खण्डन करते हैं।

२. संभव है सूरदास ने गार्हस्थ्य-जीवन का भी यत्किंचित् अनुभव किया हो। किन्तु उनका जीवन संसार के विस्तृत अनुभव से पूर्ण, उनकी आयु पर्याप्त लंबी, उनका जीवन, विशेषकर अंतिम चरण में वैराग्यपूर्ण और परोपकार की भावना से ओत-प्रोत तथा उनका मन भक्ति में अधिकाधिक निमज्जित होने को निरंतर प्रयत्नशील था।

३.वे कवि और गायक थे और अकिंचन की भाँति भगवान् का गुण-गान करना उनका कार्य था। उन्होंने किसी समय संन्यास ग्रहण कर लिया था।

४. उनका निवास किसी समय व्रज-प्रदेश के यमुना के तट पर गोवर्धन गिरि पर हो गया था। यमुना-स्नान और यमुना के प्रति भक्ति-भावना उनके भक्त-जीवन का एक अंग तथा किसी मन्दिर में कीर्तन करना उनका कार्य था।

५. सूरदास की जाति क्या थी, इस विषय में कोई स्पष्ट उल्लेख नहीं है। वे अब्राह्मण, ढाढ़ी या किसी अन्य जाति के थे, ऐसा अनुमान हो सकता है। जाति-पाँति के विषय में वे उदासीन थे। भक्ति-पथ में वे इस भेद-भाव का कोई स्थान नहीं मानते थे।

६. गिरिराज पर कीर्तन करते समय सूरदास को कुछ काल तक विट्ठलनाथ के सत्संग और सेवा का भी सौभाग्य प्राप्त हुआ था।

---

१. सू० सा० (सभा), पद ६६५।
२. वही, पद ८६६-८६७।
३. वही, पद २०७६।

७. श्री गोस्वामी विट्ठलनाथ के व्रजवास-काल में वहाँ पर्याप्त चहल-पहल रहती थी। सूरदास कदाचित् विट्ठलनाथ जी के स्थायी व्रजवास का उल्लेख करते हैं, जो सन् १५७१ ई० के बाद हुआ। अतः सन् १५७१ ई० के बाद तक कवि के जीवित रहने की पूर्ण संभावना है। इससे यह भी अनुमान किया जा सकता है कि श्री विट्ठलनाथ के जीवन-काल में ही कवि का निधन हुआ होगा कवि के जीवन-काल में विट्ठलनाथ जी का नहीं; अर्थात् कवि ने सन् १५८५ ई० के पहले ही अपनी जीवन-लीला अवश्य संवरण कर दी होगी।

८. अनुमानतः सूरदास के समय में राधावल्लभी सम्प्रदाय के प्रवर्तक श्रीहित हरिवंश और सखी संप्रदाय के प्रवर्तक श्री हरिदास के सम्प्रदायों की काफ़ी ख्याति हो गई थी, क्योंकि कदाचित् सूरदास जी ने हरिवंशियों और हरिदासियों के निकट रहने की याचना की है। परन्तु जैसा पीछे कह चुके हैं इस निष्कर्ष का आधार संदिग्ध है। परन्तु सूरदास के समय में राधावल्लभी और सखी संप्रदायों की यथेष्ट उन्नति हो गई थी। वृन्दावन में श्री राधावल्लभ की मूर्ति की स्थापना सन् १५३३ ई० में हुई थी और श्रीहितहरिवंश का समय, संभवतः सन् १५०२ से १५५२ ई० तक है। स्वामी हरिदास का रचना-काल अनुमानतः सन् १५४३ से १५८० ई० तक है। सूरदास गोस्वामी विट्ठलनाथ के समकालीन तो थे ही, संभवतः इन दो महात्माओं का सत्संग भी उन्होंने पाया होगा। निश्चय ही सूरदास जी का समय कृष्ण-भक्ति और काव्य, संगीत आदि कलाओं के विचार से अत्यन्त सम्पन्न था।

चौरासी वैष्णवन की वार्ता

सूरदास के सम्बन्ध में सबसे अधिक इतिवृत्त 'चौरासी वैष्णवन की वार्ता' में सूरदास जी की वार्ता से प्राप्त होता है। अद्यावधि, वार्ताओं के रचयिता और रचनाकाल के विषय में कोई मत निश्चित रूप से स्थापित नहीं हो सका है। जनश्रुति में इनके रचयिता श्री वल्लभाचार्य जी के पौत्र श्री गोकुलनाथ जी प्रसिद्ध रहे हैं। इस सम्बन्ध में सबसे आधुनिक मत श्री विद्या-विभाग कांकरोली से सन् १९४१ में प्रकाशित 'प्राचीन वार्ता-रहस्य--द्वितीय-भाग' से प्राप्त होता है। इस ग्रंथ की 'प्रस्तावना' में उक्त विद्या-विभाग के संचालक श्री कंठमणि शास्त्री ने 'वार्ता साहित्य' के तीन संस्करण (?) माने हैं। प्रथम संस्करण श्री गोकुलनाथ जी के कथा-प्रवचनों के रूप में प्राप्त होता है। इसमें ८४ और २५२ वार्ताओं का वर्गीकरण नहीं हुआ था। इसे वे 'संग्रहात्मक वार्ता साहित्य' कहते हैं और इसका समय सन् १५८८ से सन् १६३३ मानते हैं। द्वितीय संस्करण में ये वार्ताएँ श्री हरिराय (समय सन् १५९० से १७१५) के द्वारा ८४ और २५२ नामों से क्रमबद्ध होकर वर्गीकृत हुई और उन पर 'श्री गोकुलनाथ जी कृत' लिखा जाने लगा, क्योंकि श्री हरिराय जी ने यह सम्पादन उन्हीं के तत्त्वावधान में किया था। इस संस्करण का समय शास्त्री जी ने सन् १६३७ से सन् १६७८ माना है। तृतीय संस्करण श्री गोकुलनाथ जी के अनन्तर श्री हरिराय जी के द्वारा हुआ, जिसमें उन्होंने व्याख्या और स्पष्टीकरण के लिए वार्ताओं में परिवर्द्धन किया तथा साथ ही अपनी 'भावप्रकाश' नामक टिप्पणी भी सम्मिलित कर दी। इस संस्करण का समय उन्होंने सन् १६७८ के अनन्तर सन् १७२३ तक माना है। यदि शास्त्री जी का उक्त वर्गीकरण ठीक है तो द्वितीय संस्करण वाली वार्ताओं को जो सन् १६३७ से सन् १६७८ के बीच क्रमबद्ध की गईं, श्री गोकुलनाथ जी कृत माना जा सकता है, यद्यपि श्री गोकुलनाथ जी ने उन्हें स्वयं लिपिबद्ध नहीं किया। 'प्राचीन वार्ता रहस्य; द्वितीय भाग' में 'अष्टछाप' के कवियों की वार्ताएँ इस द्वितीय संस्करण से नहीं ली गई हैं, वरन् उनका आधार

सन् १६९५ ई० की श्री हरिराय जी के 'भावप्रकाश' सहित 'अष्टसखान की वार्ता' है। ऐसा क्यों किया गया इसका कोई कारण नहीं बताया गया है। वस्तुतः हिन्दी साहित्य के इतिहास के वैज्ञानिक अध्ययन की दृष्टि से इस वार्ता साहित्य के स्वतन्त्र रूप से अध्ययन, समीक्षण और संस्करण की आवश्यकता है। इस समय तक वार्ता साहित्य के पूर्वोक्त 'संस्करणों' की बात प्रमाण कोटि में नहीं आ सकती। 'चौरासी वैष्णवन की वार्ता' के उक्त 'भावप्रकाश' से रहित जो मुद्रित संस्करण प्राप्त होते हैं, उनके विवरणों की अपेक्षा उक्त 'वार्ता रहस्य' के विवरणों में अधिक विस्तार है। वे विस्तार ऐतिहासिक वृत्तांतों की अपेक्षा चमत्कारों से अधिक सम्बन्ध रखते हैं। सम्भव है इन मुद्रित संस्करणों का आधार सन् १६९५ ई० से पहले वाली कोई प्रति हो। अतः ८४ वार्ता में से सूरदास के सम्बन्ध में इतिवृत्त संकलित करने के लिए उन्हीं का आधार लेना अधिक समीचीन होगा। नीचे 'भावप्रकाश' रहित 'चौरासी वैष्णवन की वार्ता' में सूरदास की वार्ता से प्राप्त विवरण दिए जाते हैं[१]—

'सूरदास जी गऊघाट पर रहते तिनकी वार्ता'

वार्ता प्रसंग १. सूरदास जी संन्यासी वेष में आगरा और मथुरा के बीचों-बीच गऊघाट पर स्थल बनाकर रहते थे। वे 'स्वामी' कहलाते थे तथा उनके बहुत से सेवक थे। महाप्रभु श्री वल्लभाचार्य एक बार बहुत दिनों बाद अडेल से व्रज आए और गऊघाट पर उतरे। सेवकों द्वारा सूरदास को उनके आगमन की सूचना मिली। जब श्री आचार्य जी भोजनोपरांत गद्दी पर विराजमान हुए, तब सूरदास जी ने अपने स्थल से आकर उनके दर्शन किए।

सूरदास जी. बहुत अच्छे गायक थे। आचार्य जी ने उन्हें भगवत्-यश वर्णन करने की आज्ञा दी तो उन्होंने दो पद सुनाए जो हरि के प्रति 'पतित' भक्त की विनय के रूप में थे। आचार्य जी को उनका यह 'घिघियाना' पसंद नहीं आया और उन्होंने भगवत्लीला वर्णन करने की आज्ञा दी।

सूरदास जी ने अपनी अज्ञानता प्रगट की तो आचार्य जी ने उन्हें स्नान करके आने की आज्ञा दी। स्नानोपरांत सूरदास जी को नाम सुना, समर्पण करा और दशमस्कंध की अनुक्रमणिका बता कर आचार्य जी ने उनके सब दोष दूर किए। नवधा भक्ति सिद्ध होने के उपरांत सूरदास जी ने भगवत्-लीला वर्णनं की। पहले उन्होंने दशमस्कंध की 'सुबोधिनी' टीका के मंगलाचरण की कारिका के एक श्लोक का भाव एक पद में गाया जो इस प्रकार था—'चकई री चल चरण सरोवर जहाँ न प्रेम वियोग' और फिर जब उन्हें संपूर्ण लीला का अभ्यास हो गया, तब नंद-महोत्सव गाया, यथा—'व्रज भयो महर के पूत जब यह बात सुनी।' प्रसन्न होकर आचार्य जी ने सूरदास जी को 'पुरुषोत्तम सहस्र नाम' सुनाया, तब उन्हें संपूर्ण 'भागवत' स्पष्ट हो गई और उन्होंने उसी के अनुसार 'भागवत' के द्वादश स्कंधों पर पद बनाए। सूरदास के सब सेवक भी इसी समय वल्लभ-संप्रदाय में दीक्षित हुए। आचार्य जी गऊघाट पर तीन दिन रहे। जब वे व्रज को गए, तो सूरदास जी भी उनके साथ हो लिए।

वार्ता प्रसंग २. व्रज में सबसे पहले सूरदास जी ने श्री आचार्य जी के साथ 'श्रीगोकुल' के दर्शन किए और उसी समय उन्होंने 'श्रीगोकुल' की बाल-लीला का एक पद आचार्य जी के आगे सुनाया; यथा—'शोभित कर नवनीत लिए।' आचार्य जी बहुत प्रसन्न हुए और उन्होंने

---

१. **चौरासी वैष्णवन की वार्ता—लक्ष्मी वेंकटेश्वर प्रेस, सं० १९८५।**

श्रीनाथ जी के मंदिर में कीर्तन की सेवा का अभाव सूरदास जी के द्वारा पूरा करने का निश्चय कर लिया तथा सूरदास जी को श्रीनाथ जी का दर्शन कराया। दर्शन करके सूरदास जी ने आचार्य जी के आज्ञानुसार 'अब हौं नाच्यों बहुत गुपाल' पद गाया। किन्तु आचार्य जी इससे संतुष्ट नहीं हुए। उन्होंने कहा कि अब तो तुममें कुछ अविद्या रही नहीं है, इसलिए भगवत्-यश वर्णन करो। तब सूरदास जी ने 'कौन सुकृत इन व्रज वासिन को' यह पद गाया। यह पद सुनकर आचार्य जी बहुत प्रसन्न हुए, क्योंकि इससे सूचित हुआ कि सूरदास जी को 'माहात्म्य' और 'स्नेह' का पारस्परिक संबंध और अंतर ज्ञात हो गया है।

वार्ता प्रसंग ३. सूरदास जी ने 'सहस्त्रावधि' पद किए, जो 'सागर' कहलाए और जगत् में प्रसिद्ध हुए। देशाधिपति अकबर बादशाह ने उनकी कीर्ति सुनकर उनसे मिलने की इच्छा की। भगवदिच्छा से सूरदास जी से उनकी भेंट हुई। अकबर ने कुछ गाने की प्रार्थना की तो सूरदास जी ने 'मना रे करि माधव सों प्रीति' पद गया। अकबर बहुत प्रसन्न हुए; किन्तु उन्होंने अपने यश-गान की प्रार्थना की। सूरदास जी ने गाया, 'नाहिंन रह्यो मन में ठौर।' इस पद की अंतिम पंक्ति 'सूर ऐसे दर्श को ए मरत लोचन प्यास' सुनकर अकबर ने पूछा कि तुम्हारे लोचन तो दिखाई नहीं देते, प्यासे कैसे मरते हैं? सूरदास जी ने उत्तर नहीं दिया, किन्तु अकबर को स्वयं इसका समाधान सूझ गया। देशाधिपति से विदा होकर सूरदास जी श्रीनाथ जी के द्वार पर लौट आए।

वार्ता प्रसंग ४. एक समय मार्ग में जाते हुए सूरदास जी ने कुछ लोग चौपड़ के खेल में लवलीन देखे। अपने संगी 'भगवदीयों' को उपदेश करके उन्होंने 'मन तू समझ सोच विचार' पद गाया जिसमें चौपड़ के रूपक में भक्ति का उपदेश था। फिर श्रीनाथ जी के द्वार पर आकर सूरदास बहुत दिन तक रहकर सेवा करते रहे।

वार्ता प्रसंग ५. बीच-बीच में वे कभी-कभी श्रीनवनीतप्रिय जी के दर्शन को श्रीगोकुल चले आते थे। एक बार गोकुल आकर श्री नवनीतप्रिय जी के दर्शन करके सूरदास जी ने बाल-लीला के बहुत से पद सुनाए, जिन्हें सुनकर श्रीगुसाईं जी बहुत प्रसन्न हुए। श्रीगुसाईं जी ने भी एक 'पालना' का पद संस्कृत में बनाया, जिसे सूरदास जी ने यथासमय श्रीनवनीतप्रिय जी के समक्ष गया। तदुपरांत उन्होंने इसी भाव के बहुत से पद बनाए, जिन्हें सुनकर श्रीगुसाईं जी बहुत प्रसन्न हुए। पद गाकर सूरदास जी फिर श्रीनाथ जी के द्वार पर लौट आए।

वर्ता प्रसंग ६. श्रीनाथ जी की बहुत दिनों सेवा करने के उपरांत भगवदिच्छा से अपना मरण-काल निकट जानकर सूरदास जी रासलीला की भूमि पारसोली आए और श्रीनाथ जी की ध्वजा के सामने दण्डवत् लेट गए तथा दर्शन की इच्छा से श्रीआचार्य जी, और श्रीगुसाईं जी का स्मरण करने लगे। इधर श्रीगुसाईं जी ने श्रीनाथ जी का शृंगार करते समय सूरदास जी को कीर्तन करते न देखकर पूछा तो ज्ञात हुआ कि वे पारसोली की ओर गए हैं। श्रीगुसाईं जी समझ गए हैं और उन्होंने अपने सेवकों से कहा कि 'पुष्टि मार्ग का जहाज' जाता है, जिसे जो कुछ लेना हो ले ले। राजभोग आरती करके स्वयं गुसाईं जी पारसोली पधारे और उनके साथ रामदास, कुंभनदास, गोविंदस्वामी और चतुर्भुजदास आदि भी आए। श्रीगुसाईं जी के आने पर सूरदास जी जो अचेत हो गए थे, चैतन्य हुए और उन्होंने कहा कि मैं तो महाराज की बाट देखता था तथा 'देखो-देखो जू हरि जू को एक सुभाय' पद गाया जिसमें भगवान् की भक्त-वत्सलता का वर्णन है। गुसाईं जी सूरदास जी का दैन्य देखकर बहुत प्रसन्न हुए। चतुर्भुजदास ने शंका की कि सूरदास जी ने 'भगवत्-यश' तो बहुत वर्णन किया, पर श्री आचार्य जी का यश नहीं गाया। इस

पर सूरदास जी ने कहा कि मैं तो दोनों में कोई अंतर नहीं देखता, मैंने सब श्रीआचार्य जी का ही यश वर्णन किया है। इस समय उन्होंने गाया, भरोसो दृढ़ इन चरणन केरो, जिसमें श्रीवल्लभ के प्रति अनन्य भाव प्रकट किया गया है। इस पद को कहकर सूरदास मूर्च्छित हो गए। इसी पद में सूरदास ने अपने को 'द्विविध आँधरो' भी कहा है। श्रीगुसाईं जी ने पूछा कि 'चित्त की वृत्ति' कहाँ है? इस पर सूरदास जी को चेत आया और उन्होंने गाया, 'बलि बलिवाले हों कुमरि राधिका नन्द सुवन जासों रति मानी', जिसमें श्री राधा के प्रति उत्कट प्रेम-भक्ति प्रकट की गई है। यह पद गाकर सूरदास जी के चित्त में श्री ठाकुर जी के श्रीमुख का ध्यान आया जिसमें उन्होंने 'करुण रस के भरे नेत्र देखे।' श्रीगुसाईं जी के पूछने पर कि 'नेत्र की वृत्ति' कहाँ है, सूरदास जी ने 'खंजन नैन रूप रस माते' पद गाया जिसमें रूप के प्रति उत्कट आसक्ति प्रकट की गई है। इतना कहकर सूरदास जी ने शरीर त्याग दिया और भगवत् लीला में सम्मिलित हो गए।

इन वार्ता-प्रसंगों में दो प्रकार के निष्कर्ष निकाले जा सकते हैं—एक तो सूरदास के सांप्रदायिक विश्वास, उनकी भक्ति-भावना के विकास तथा उनके स्वभाव के विषय में तथा दूसरे उनके निवास-स्थान, जीवन-काल और उनकी कतिपय भौतिक परिस्थितियों के विषय में। वार्ता-प्रसंग के दृष्टिकोण में पहले प्रकार के निष्कर्ष अधिक महत्त्वपूर्ण हैं; क्योंकि उनके सम्बन्ध में विवरण अपेक्षाकृत अधिक हैं। इन प्रसंगों से निम्नलिखित बातें ज्ञात होती हैं :—

१. जिस समय श्रीवल्लभाचार्य जी से सूरदास की भेंट हुई, वे गऊघाट पर स्वामी-वेष में रहते थे तथा उनके बहुत से सेवक थे। इससे यह प्रकट होता है कि सूरदास जी इस समय प्रौढ़ावस्था को अवश्य प्राप्त कर चुके होंगे।

श्रीआचार्य जी इस समय गद्दी पर विराजमान होने लगे थे, अर्थात् उनका विवाह हो चुका था। श्रीवल्लभाचार्य जी का विवाह सन् १५०३ या १५०४ ई० में हुआ था। सूरदास से उनकी भेंट इसके बाद ही हुई होगी।

२. अकबर बादशाह से भी सूरदास की भेंट हुई थी। अकबर का राज्यकाल सन् १५५६ से १६०५ ई० तक है। अकबर से भेंट के समय सूरदास जी श्रीनाथ जी के मन्दिर में रहते थे।

३. श्रीगुसाईं विट्ठलनाथ जी के जीवन-काल में ही सूरदास का देहावसान हो गया था। अत: यह घटना श्रीविट्ठलनाथ जी के स्थायी ब्रजवास सन् १५७१ और उनके निधन सन् १५८५ ई० के बीच की है।

४. सूरदास के निधन के समय चतुर्भुजदास, कुंभनदास, गोविन्दस्वामी और रामदास विद्यमान थे।

५. सूरदास पहले संन्यास लेकर गऊघाट पर रहते थे, बाद में आचार्य जी की आज्ञा से गोवर्द्धन पर श्रीनाथ जी के मंदिर में रहकर कीर्तन की सेवा करने लगे।

६. कभी-कभी वे बाहर भी जाते थे। गोकुल में श्रीनवनीतप्रिय जी के मंदिर में वे प्राय: कीर्तन करने जाते थे।

७. सूरदास जी अंधे थे। वे कब अंधे हुए इसका कोई उल्लेख नहीं है। उनके अंधे होने का उल्लेख अकबर के प्रसंग में है।

८. सूरदास जी अच्छे गायक, आशु कवि तथा भावुक और चतुर व्यक्ति थे। वे संस्कृत भी जानते थे, किन्तु रचनाएँ भाषा में ही करते थे।

९. सूरदास जी पहले दास्य रति से भक्ति करते थे। वल्लभाचार्य जी के द्वारा उनके संप्रदाय में दीक्षित होने के बाद 'श्रीसुबोधिनी' टीका सहित 'श्रीमद्‌भागवत' का ज्ञान होने पर उन्हें क्रमशः गोलोकवासी विष्णु भगवान के प्रेम-रूप और नंदनंदन के बालरूप का अनुभव हुआ। शीघ्र ही सूरदास जी को स्नेह की वह उत्कृष्ट अनुभूति प्राप्त हो गई जहाँ भक्त भगवान् के माहात्म्य को जानते हुए उसे भूल जाता है। यह भाव-परिवर्तन श्रीवल्लभाचार्य जी के तीन-चार दिन के संपर्क से ही हो गया।

१०. सूरदास जी कृष्ण के बाल-रूप के उपासक हो गए, किन्तु धीरे-धीरे, कदाचित् श्रीविट्‌ठलनाथ जी के संपर्क के समय वे राधा-कृष्ण की युगल-मूर्ति तथा राधा के भी उपासक हो गए। अंत में राधा के ही भाव में तल्लीन होकर उन्होंने इह-लीला संवरण की।

११. गुरु के प्रति सूरदास जी का भाव अति उच्च था। वे गुरु और इष्टदेव में कोई अंतर नहीं मानते थे।

१२. श्रीवल्लभाचार्य जी पर उनके व्यक्तित्व का गहरा प्रभाव पड़ा था तथा श्रीविट्‌ठलनाथ जी न केवल उनकी भावुकता, काव्य-चातुर्य और संगीतज्ञता के कारण उनका आदर करते थे, अपितु सांप्रदायिक भावना की उच्च अनुभूति के विचार से भी सूरदास को आदर्श व्यक्ति समझते थे। सूरदास के गूढ़ भाव को कदाचित् उस समय अन्य लोग पूर्णतया नहीं समझ सके थे।

१३. सूरदास जी के स्वभाव में नम्रता, निरभिमानता और कोमलता अत्यधिक थी।

१४. उन्होंने 'भागवत' के द्वादश स्कंधों पर पद-रचना की थी। उसके पद उनके जीवन काल में ही खूब प्रसिद्ध हो गए थे और उनकी संख्या 'सहस्रावधि' हो गई थी। कदाचित् संख्या तथा भाव-गंभीरता के कारण उनके पद उन्हीं के समय में 'सागर' कहलाने लगे थे।

श्रीहरिराय के 'भावप्रकाश' सहित 'चौरासी वार्ता'

गोस्वामी हरिराय का समय सन् १५९० से सन् १७१५ ई० माना जाता है। वे वार्ता साहित्य के द्वितीय संस्करण के संपादक कहे गए हैं। तृतीय संस्करण में जिसका समय सन् १६७८ से १७२३ ई० तक बताया गया है, उन्होंने अपनी टिप्पणी 'भाव प्रकाश' के नाम से जोड़ी है तथा मूल वार्ताओं में भी परिवर्द्धन किए हैं। 'प्राचीन वार्ता रहस्य—द्वितीय भाग' में दी हुई वार्ताएँ 'अष्ट सखान की वार्ता' की सन् १६९५ ई० की प्रति पर आधारित हैं। इस प्रकार सूरदास की वार्ता उनके निधन के सौ वर्ष से भी अधिक समय के बाद इस संग्रह में दी गई। श्री हरिराय ने सन् १६३७-१६७८ ई० वाले संस्करण में गोकुलनाथ जी के समय वे परिवर्द्धन क्यों नहीं किए जिन्हें उन्होंने तृतीय संस्करण में करना आवश्यक समझा, इस प्रश्न का उत्तर कदाचित् यह दिया जाएगा कि श्री हरिराय जी ने वार्ताओं के चरित-नायकों के विषय में अधिकाधिक जानकारी प्राप्त करके वार्ताओं का परिवर्द्धन और उनकी टीका की होगी। निश्चय ही ये वार्ताएँ 'श्री गोकुलनाथ-कृत' नहीं कही जा सकतीं, अपितु इनके कर्ता श्रीहरिराय जी स्वयं हैं और उनकी जानकारी का आधार जनश्रुतियाँ ही हैं जो उन्होंने, जहाँ तक सूरदास का सम्बन्ध है, उनके देहावसान के सौ-सवा-सौ वर्ष के बाद संकलित की होंगी।

श्रीहरिराय-कृत 'भावप्रकाश' सहित सूरदास की वार्ता द्वारा निम्न बातें मूल 'वार्ता' से अधिक विदित होती हैं। जो बातें 'भावप्रकाश' से ज्ञात होती हैं उनके आगे 'भावप्रकाश' लिख दिया गया है—

१. सूरदास जी का जन्म दिल्ली के पास सीही ग्राम में एक निर्धन सारस्वत ब्राह्मण के यहाँ हुआ था। उनके तीन बड़े भाई और थे। सूरदास जन्म से ही नेत्रविहीन थे, यहाँ तक कि नेत्रों का आकार भी नहीं था, केवल भौंहे थीं। इसीलिए वे 'सूर' थे, 'आँधरा' नहीं। माता-पिता उनसे अत्यन्त असंतुष्ट थे। छः वर्ष की अवस्था में उन्होंने दान में प्राप्त, खोई हुई मोहर का पता बता कर माता-पिता को चमत्कृत कर दिया; किन्तु माता-पिता के आग्रह करने पर भी वे घर में नहीं रहे और चार कोस दूर एक गाँव में तालाब के किनारे रहने लगे। वहाँ भी उन्होंने ब्राह्मण जमींदार की खोई हुई गाएँ बताकर उसे चकित कर दिया। फलस्वरूप उस जमींदार ने तालाब के किनारे उनके लिए एक स्थल बनवा दिया। सूरदास अपने सगुन बताने और गान-विद्या के ज़ोर से 'स्वामी' बन गए। उनके अनेक सेवक हो गए। वे अठारह वर्ष की अवस्था तक वहीं रहे। अचानक उन्हें पुनः विरक्ति हुई और उन्होंने अपनी इकट्ठा की हुई समस्त संपत्ति घर वालों को देकर वहाँ से लाठी लेकर पयान किया। कुछ सेवक उनके साथ आए, कुछ वहीं माया में उलझे रहे। वहाँ से चलकर सूरदास मथुरा के विश्रांत घाट पर ठहरे। किन्तु श्रीकृष्ण पुरी में तथा 'मथुरिया चौबों' की प्रतियोगिता में अपना 'महातम' बढ़ाना उचित न समझकर वे गऊघाट पर आकर स्थल बनाकर रहने लगे। (भावप्रकाश)

२. तानसेन के द्वारा सूरदास-रचित एक पद सुनकर अकबर ने सूरदास जी से मिलने की इच्छा प्रकट की। दोनों की भेंट मथुरा में हुई। अकबर ने उन्हें दो-चार ग्राम तथा बहुत-सा द्रव्य देना चाहा, किन्तु सूरदास जी ने अस्वीकार कर दिया। अकबर के आग्रह करने पर उन्होंने केवल यह माँगा कि मुझसे फिर कभी मिलने का प्रयत्न न करना। आगरे में आकर अकबर ने सूरदास के पदों की 'तलाश' की और उन्हें फ़ारसी में लिखा कर बाँचा। द्रव्य के लालच से अनेक कवीश्वर सूरदास की 'छाप' लगा कर अकबर के पास पद लाने लगे। इसका निर्णय पदों को पानी में डालकर किया गया। जो सूरदास-रचित थे, उनका काग़ज सूखा रहा और जो अन्यों के थे, उनका काग़ज गल गया।

३. सूरदास जी श्रीनाथ जी के मन्दिर से श्रीनवनीत प्रिय जी के दर्शन को उस समय जाते थे जब कुंभनदास जी और परमानंददास जी के कीर्त्तन का 'ओसरा' (बारी) होता था।

४. सूरदास जी का टहलुआ गोपाल नामक एक लड़का था। उसकी अनुपस्थिति में एक बार सूरदास जी के महाप्रसाद लेते समय कौर अटक जाने पर स्वयं श्रीनाथ जी ने उनके सामने अपनी जल की झारी रख दी थी और इस प्रकार एक भक्त की सहायता की थी।

५. गोवर्धन के एक लोभी बनिये को सूरदास जी ने बड़े प्रयत्नपूर्वक श्रीनाथ जी का दर्शन कराया। श्रीनाथ जी ने सूरदास जी की प्रार्थना स्वीकार करके ऐसा दर्शन दिया कि उस बनिये को दृढ़ भक्ति हो गई।

६. एक बार परमानंददास आदि दस-पन्द्रह वैष्णव सूरदास जी से मिलने और श्री गोवर्धननाथ जी के दर्शन करने आए। सूरदास जी ने आदर-सम्मान करके उन्हें हरिजनों और संतों की महिमासूचक पद सुनाए तथा उन लोगों के आग्रह से योग का प्रत्याख्यानसूचक एक पद गाया।

७. बहुत दिनों के बाद सूरदास जी ने अनुभव किया कि भगवदिच्छा उन्हें बुलाने की है। परन्तु उस समय तक उनके संकल्पित सवा लाख कीर्तनों में एक लाख ही प्रकट हो सके थे। सूरदास जी का असमंजस देखकर श्रीगोवर्धननाथ जी ने स्वयं प्रकट होकर सूरदास को बताया

कि पचीस हजार कीर्तन मैंने पूर्ण कर दिए हैं। सूरदास जी ने कीर्तन का 'चोपड़ा' एक वैष्णव से दिखलवाया तो सचमुच सूरदास जी के कीर्तन के बीच-बीच 'सूरश्याम' के 'भोग' (छाप) के साथ पचीस हजार पद और मिले। तदनंतर श्रीनाथ जी ने सूरदास जी को आज्ञा दी कि मेरी लीला में आकर 'लीला रस' का अनुभव करो।

८. अकबर बादशाह पहले जन्म में बालमुकुंद ब्रह्मचारी थे और बिना छाने दूध के साथ गाय का रोम पी जाने से म्लेच्छ हो गए थे। (भावप्रकाश)

९. श्रीगिरिराज में आठ द्वार हैं जिनके अधिकारी 'अष्टसखा' हैं। सूरदास जी गोविंद कुंड के ऊपर आने वाले द्वार के मुखिया हैं। उसी द्वार के सम्मुख पारसोली चंद्र-सरोवर है। (भावप्रकाश)

१०. सूरदास जी के चार नाम है। श्रीआचार्य उन्हें 'सूर' कहते थे, क्योंकि उनकी भक्ति दिन-दिन चढ़ती हुई 'शूर' के समान थी। श्रीगुसाईं जी उनकी दीनता और निरभिमानता के कारण उन्हें 'सूरदास' कहते थे। सूरदास ही उनका नाम हो गया था। श्रीस्वामिनी जी ने स्वरूप के प्रकाश के कारण उनका नाम 'सूरजदास' रखा था। अतः इन्होंने बहुत कीर्तनों में 'सूरज' भोग (छाप) रखा। श्रीगोवर्धननाथ जी ने स्वयं 'सूरश्याम' की छाप के पचीस हज़ार कीर्तन बनाकर उन्हें दिए थे। इस प्रकार सूरदास जी के चार नाम प्रकट हुए। (भावप्रकाश)

इसके अतिरिक्त श्री हरिराय ने अपने 'भावप्रकाश' में स्थान-स्थान पर भाव और संप्रदाय संबंधी व्याख्याएँ भी जोड़ी हैं। आरम्भ में ही उन्होंने सूरदास जी को 'कृष्ण-सखा' और निकुंज-लीला में सखी जनों का अनुभव प्राप्त करने के कारण 'चंपकलता' सखी कहा है और सखा-सखी के अभेद को विस्तारपूर्वक समझाया है।

'वार्ता' का यह नवीन संस्करण, जैसा कि ऊपर देखा जा चुका है, चमत्कारों से परिपूर्ण है। चमत्कारों के अतिरिक्त इससे निम्न महत्त्वपूर्ण बातें ज्ञात होती हैं—

१. सूरदास सारस्वत ब्राह्मण और सीही ग्राम के निवासी थे।

२. वे जन्मांध थे।

३. अकबर से उनकी भेंट मथुरा में हुई थी, तानसेन उस समय अकबर के दरबार में सम्मिलित हो चुके थे।

यह आश्चर्य की बात है कि मूल 'वार्ता' में जहाँ अन्य वैष्णवों की जाति के विषय में श्रीगोकुलनाथ जी ने कथन किया है,[१] वहाँ सूरदास-जैसे उच्च भगवदीय की जाति के विषय में वे मौन बने रहे। 'प्राचीन वार्ता रहस्य' में बताया गया है कि संवत् १६९७ वि० वाली प्रति में भी सूरदास को सारस्वत ब्राह्मण कहा गया है, परन्तु जब तक उक्त प्रति की परीक्षा नहीं हो जाती, उसकी प्राचीनता और प्रामाणिकता पर विश्वास नहीं किया जा सकता। यदि श्रीहरिराय जी ने जनश्रुतियों के आधार पर सूरदास जी की जाति और जन्म-स्थान के सम्बन्ध में नवीन वृत्तांत जोड़ा है, तो यह भी संभावना हो सकती है कि सौ वर्ष के बीच में किसी अन्य सूरदास

---

१. **'चौरासी वैष्णवन की वार्ता' में वर्णित ९२ भक्तों में से कम से कम ७२ भक्तों की जाति का उल्लेख शीर्षकों में ही वार्ताकार ने कर दिया है। इनमें कम से कम २५ के ब्राह्मण और ११ के सारस्वत ब्राह्मण होने का उल्लेख है।**

का वृत्तांत भी 'अष्टछाप' वाले सूरदास के साथ मिल गया हो। सूरदास के सम्बन्ध में विभिन्न लेखों को देखकर इस प्रकार के मिश्रण की संभावना सरलता से समझी जा सकती है। एक किंवदंती के अनुसार सूरदास मदनमनोहर[१] (मोहन ?) दिल्ली नगर के समीप किसी गाँव में रहते थे। जो हो, सूरदास की जाति और जन्मभूमि के विषय में श्रीहरिराय जी का विवरण निस्संकोच निर्णयात्मक रूप में मानने का कोई कारण नहीं जान पड़ता।

सूरदास की जन्मांधता के विषय में तो केवल इतना कहना पर्याप्त होगा कि यदि सूरदास जी को जन्मांध माना जाए, तो इस विचार और युक्ति के युग में भी हमें चमत्कारों में विश्वास करना पड़ेगा।

तानसेन अकबर के दरबार में सं० १६२१ वि० में आए थे, अत: उनके द्वारा अकबर को सूरदास का परिचय मिलना असम्भव नहीं है। अकबर का मथुरा में सूरदास से भेंट करना भी सम्भव हो सकता है।

अन्त में यह स्वीकार करना पड़ेगा कि श्रीहरिराय-रचित 'भावप्रकाश' और 'वार्ता' का नवीन संस्करण सांप्रदायिक दृष्टि से अधिक महत्त्वपूर्ण है और कदाचित् इसी कारण उसका ऐतिहासिक महत्त्व अपेक्षाकृत कम हो गया है, क्योंकि सांप्रदायिक कारणों से लेखक ने उसमें अनेक ऐसी चमत्कारपूर्ण जनश्रुतियों को सम्मिलित कर लिया है जो युक्ति के समक्ष क्षणमात्र भी नहीं टिक सकतीं। मूल 'वार्ता' में जिसका विवेचन पीछे किया जा चुका है, चमत्कारों का अभाव है।

अन्य वार्ता साहित्य

श्री हरिराय जी के 'भावप्रकाश' वाली 'वार्ता' के अतिरिक्त अन्य वार्ता साहित्य का परिचय भी 'प्राचीन वार्ता रहस्य' से मिलता है। सन् १७९४ ई० की 'निजवार्ता' में सूरदास जी को श्री वल्लभाचार्य का समवयस कहा गया है। श्रीवल्लभाचार्य जी का जन्म सन् १४७८ ई० में हुआ था। 'निजवार्ता' के अनुसार इसी सम्वत् में सूरदास जी का भी जन्म हुआ।

'अष्टसखान की वार्ता' में जो श्री हरिराय जी के 'भावप्रकाश' से रहित है, सूरदास को सारस्वत ब्राह्मण कहा गया है।

इन वार्ताओं का आधार भी कदाचित् जनश्रुतियाँ ही हैं, अत: इनकी प्रामाणिकता के लिए विशेष आग्रह नहीं किया जा सकता।

श्रीवल्लभ-दिग्विजय

यह ग्रन्थ गुसाईं विट्ठलनाथ के छठे पुत्र यदुनाथ जी ने सन् १६०१ ई० में रचा।[२] इसके अनुसार वल्लभाचार्य जी अपने विवाह और तृतीय 'पृथ्वी-प्रदक्षिणा' के बाद अडेल से व्रज आए और गऊघाट पर उतरे तथा सूरदास सारस्वत पर अनुग्रह करके उसे उन्होंने शरण में लिया। श्रीवल्लभाचार्य जी ने तीसरी प्रदक्षिणा सन् १५१० ई० में समाप्त की थी और उनका विवाह सन् १५०३-१५०४ ई० में हो चुका था। अत: इस ग्रन्थ के अनुसार सूरदास का सम्प्रदाय में प्रवेश सन् १५१० ई० के आस-पास माना जा सकता है।

---

१. सूरसागर, श्री सूरदास जी का जीवन चरित्र, पृ० २५।

२. अष्टछाप और वल्लभ-सम्प्रदाय, डा० दीनदयाल गुप्त, पृ० १५४।

इस ग्रन्थ का रचना-काल देखते हुए इसकी प्रामाणिकता में सन्देह का स्थान कम है, यदि वास्तव में यह ग्रन्थ इसी सम्वत् का तथा श्री यदुनाथ का ही रचा हुआ हो।

भक्तमाल

श्रीनाभादास जी ने 'अष्टछाप' वाले सूरदास के विषय में जाति आदि का कोई विवरण नहीं दिया, केवल एक छप्पय[१] उनकी प्रशंसा में रचा है, जिससे निम्न बातें ज्ञात होती हैं—

१. सूरदास की कविता में उक्ति, चोज, अनुप्रास, अद्भुत अर्थ और तुक हैं। उनकी कविता सुनकर कविगण सिर हिलाने लगते हैं।

२. उनकी दिव्य दृष्टि में हरि की लीला प्रतिबिम्बित होकर हृदय में भासने लगी थी, अतः उन्होंने हरि के जन्म, कर्म, गुण, रूप सभी का रसना से प्रकाश किया।

इन सूरदास के अतिरिक्त नाभादास ने विल्वमंगल सूरदास[२] और सूरदास मदनमोहन[३] के भी विवरण दिए हैं। विल्वमंगल भी कृष्ण-भक्त थे; उन्हें चिन्तामणि वेश्या के संग से वैराग्य-प्राप्ति हुई थी तथा कृष्ण ने उनका हाथ पकड़ा था, प्रियादास ने उन्हें ब्राह्मण बताया है। सूरदास मदनमोहन राधा-कृष्ण के उपासक, गान-विद्या में प्रवीण और संडीले में अकबर के कर्मचारी थे। वे अन्धे नहीं थे।

भक्तविनोद : कवि मियासिंह

'भक्तविनोद' से सूरदास के सम्बन्ध में निम्नलिखित बातें प्राप्त होती हैं :—

१. सूरदास पूर्वजन्म में एक यादव और कृष्ण के परम मित्र थे।

२. उनका जन्म श्रीकृष्ण के वरदान के अनुसार मथुरा प्रांत में एक विप्र के यहाँ हुआ था। वे जन्म से अन्धे थे, अतः माता-पिता को उनके जन्म से हर्ष नहीं हुआ; केवल उनकी माता उनसे प्रीति करती थीं। आठ वर्ष की अवस्था में उनका यज्ञोपवीत हुआ और उनका नाम सूरदास प्रसिद्ध हुआ।

३. माता-पिता के साथ एक बार वे कृष्ण-जन्मपुरी गए और वहीं रह गए। यहाँ पर सन्तों के सत्संग और कृष्ण-चरित्र के श्रवणादि से उनका पूर्व संचित ज्ञान उदय हो गया और वे कृष्ण-लीला में रम गए। कृष्ण की लीला के गायन से उनकी सब देशों में ख्याति हो गई।

४. एक बार कूप-पतन से स्वयं कृष्ण-भगवान् ने गोप-वेश धारण करके उनकी रक्षा की और उन्हें दृष्टि-दान दिया। सूरदास ने साक्षात् भगवान् का दर्शन करके नयनों से अन्य कुछ न देखने की इच्छा से पुनः अन्धे होने का वरदान माँग लिया।

५. म्लेच्छ दिल्लीश ने एक बार सूर को बुलाया और आने पर उन्हें उठकर प्रणाम किया। बादशाह ने प्रश्न किया कि मेरे सदन में कौन भामा यादवकुल की और कृष्ण-भक्त है। सूरदास के कहने से समस्त राज-महिषियाँ बुलाई गईं। एक के बाद एक निकलती चली गईं। अन्तिम स्त्री ने सूरदास को पहचान लिया और उन्हें पकड़ कर सबके देखते-देखते प्राण त्याग दिए।

---

१. **भक्तमाल सटीक, नवलकिशोर प्रेस, सन् १९१३, छप्पय ७३।**
२. **वही, छप्पय ७३।**
३. **वही, छप्पय ४१।**

शाह के पूछने पर सूरदास ने उस स्त्री का पूर्वजन्म से लेकर इस जन्म तक का समस्त वृत्तान्त सुनाया।

६. दिल्लीश्वर ने सूरदास जी को कुछ द्रव्य देना चाहा, किन्तु सूरदास ने स्वीकार नहीं किया।

यह वृत्तांत, स्पष्ट ही, जनश्रुतियों के आधार पर प्रशंसात्मक ढंग से लिखा गया है। यह भी नहीं कहा जा सकता कि उसमें वर्णित चमत्कारी तथा अन्य प्रसंग वास्तव में 'अष्टछाप' वाले सूरदास के ही हैं।

रामरसिकावली : महाराज रघुराजसिंह

'रामरसिकावली' से नीचे लिखी बातें ज्ञात होती हैं—

१. सूरदास उद्धव के अवतार थे।

२. वे जन्म से ही नयनविहीन थे, फिर भी एक बार अपनी पत्नी के सन्तोष के लिए उन्होंने उसके शृङ्गार में त्रुटि बताकर सबको चमत्कृत कर दिया था।

३. शाह ने उन्हें दिल्ली बुलाया। वहाँ उन्होंने उसकी लड़की की जाँघ का तिल बताकर शाह को आश्चर्यचकित कर दिया।

इसके अतिरिक्त महाराज रघुराजसिंह ने सूरदास की कविता की बहुत प्रशंसा की है और परवर्ती कवियों का काव्य सूरदास का जूठा बताया है।

भक्तनामावली : ध्रुवदास

ध्रुवदास का जन्म लगभग सन् १५७३ ई० और निधन सन् १६४३ ई० के आस-पास माना जाता है। उन्होंने भी सूरदास के विषय में कोई इतिवृत्त नहीं दिया, केवल उनके द्वारा वर्णित गोपियों की प्रीति की प्रशंसा की है।

पद प्रसंग माला : नागरीदास

महाराज सावन्तसिंह उपनाम 'नागरीदास' का कविता-काल सन् १७२३ ई० से १७६२ ई० तक माना जाता है। वे राज-पाट छोड़कर व्रज में रहने लगे थे। उन्होंने लिखा है कि एक व्रजवासी लड़का, सूरदास दो तुक के होली के 'भड़ौआ' बनाता था। श्रीगुसाईं जी ने उसे बुलाकर उसके 'भड़ौआ' सुने और उसे भगवत्-यश वर्णन करने की सलाह दी।[१] नागरीदास जी ने सूरदास के सम्बन्ध में कतिपय जनश्रुतियों का उल्लेख किया जिससे उनकी महत्ता का प्रदर्शन होता है।

व्यास-वाणी : हरिराम व्यास

हरिराम व्यास का निधन सन् १६१८ ई० के लगभग माना गया है।[२] एक पद में उन्होंने स्वामी हरिदास, हरिवंश, कृष्णदास, मीराबाई, जैमल, परमानन्ददास के भक्तिपूर्ण काव्य की प्रशंसा के साथ सूरदास के विषय में लिखा है कि सूरदास के बिना अब कौन कवि पद-रचना

---

१. नागर-समुच्चय, ज्ञानसागर प्रेस, पृ० २१२।

२. भक्त कवि व्यास जी, वासुदेव गोस्वामी, पृ० १०४।

कर सकता है। इससे प्रकट होता है कि उन्होंने यह पद सूरदास आदि की मृत्यु के उपरान्त लिखा है और सूरदास जी उनके वृन्दावन-वास में किसी समय विद्यमान थे।[१]

आईने अकबरी, मुंतख़बुत्तवारीख़, मुंशियाते अबुलफ़ज़्ल

'आईने अकबरी' और 'मुंतख़बुत्तवारीख़' में बाबा रामदास गवैया के पुत्र सूरदास की अकबर के दरबार में विद्यमानता का उल्लेख है और तीसरे ग्रन्थ में बादशाह की आज्ञा से अबुलफ़जल द्वारा काशी-स्थित सूरदास के नाम लिखा गया एक पत्र संग्रहीत है, जिसमें काशी के करोड़ी के प्रति सूरदास की शिकायत के आधार पर रोष प्रकट किया गया है और सूरदास को पूर्ण आश्वासन दिया गया है कि वहाँ का हाकिम उस करोड़ी के स्थान पर वही रखा जाएगा जिसकी सूरदास सिफ़ारिश करेंगे।

निश्चय ही ये दोनों सूरदास, चाहे वे भिन्न-भिन्न हों या एक ही, 'अष्टछाप' के सूरदास नहीं थे।[२]

मूल गुसाईंचरित

इसके लेखक बाबा बेनीमाधवदास ने लिखा है कि सन् १५५९ ई० के आरंभ में ही सूरदास जी कामदगिरि के एकांत-प्रदेश में गोस्वामी तुलसीदास से मिलने आए। उन्हें गोकुलनाथ जी ने कृष्ण रंग में 'बोर' कर भेजा था। वे सात दिन तक रहे और जब जाने लगे तो उन्होंने गोस्वामी जी के पद-कंज पकड़े तथा गोस्वामी जी ने उन्हें प्रबोध करके गोकुलनाथ जी के लिए पत्र दिया।

यह ग्रंथ बड़ी चतुरतापूर्वक लिखा गया है, किन्तु आधुनिक विद्वानों ने इसके लेखक की चतुरता का पर्दा उघाड़ दिया है।[३] अन्य चूकों के साथ बाबा बेनीमाधवदास सूरदास की भेंट के सम्बन्ध में भी चूक कर गए। यदि वे गोकुलनाथ जी के स्थान पर गो० विट्ठलनाथ का नाम लिख देते तो कदाचित् कुछ विश्वासी पाठक उनकी बात मान लेते। सूरदास और तुलसीदास की भेंट की यह बात अप्रामाणिक है।

जनश्रुतियाँ

सूरदास के जीवन-वृत्त सम्बन्धी जिस सामग्री का पीछे विवेचन किया गया है, उसका बहुत-सा अंश स्वयं जनश्रुतियों पर आधारित है। फिर भी उन पर सम्यक् रूप से विचार करना तथा उनकी अपेक्षाकृत प्रामाणिकता की परीक्षा करना आवश्यक है। जैसा कि ऊपर संकेत किया जा चुका है, सूरदास की लोकप्रियता ने जनमत में अनेक सूरदास नामक व्यक्तियों को एक ही व्यक्तित्व में मिश्रित कर दिया है। कभी-कभी यह मिश्रण स्पष्टतया अत्युक्तिपूर्ण जान पड़ता है, परन्तु लोक-ज्ञान इस सम्बन्ध में युक्ति की विशेष अपेक्षा नहीं करता। वास्तव में भक्त कवि सूरदास ने लोगों की कल्पना और भावना को इतना अधिक प्रभावित कर दिया है कि उनके पार्थिव जीवन के विषय में जो बात जितनी ही अधिक अद्भुत और चमत्कारपूर्ण होती है, लोक-विश्वास उसके प्रति उतना ही अधिक आकर्षित होता आया है। इसका फल यह

---

१. व्यास-वाणी, प्रका० राधाकिशोर गोस्वामी, पृ० १२-१४।
२. दे० अष्टछाप और वल्लभ-सम्प्रदाय , डा० दीनदयाल गुप्त, पृ० १६०।
३. दे० तुलसीदास : डा० माताप्रसाद गुप्त, पृ० ४०।

हुआ है कि सूरदास की जीवनी अथ से इति तक चमत्कारमयी हो गई है और उसका ऐतिहासिक इतिवृत्त अत्यंत गौण एवं लुप्तप्राय हो गया है।

जनश्रुतियों में सबसे प्रथम स्थान सूरदास के अंधे होने का है। 'सूर' और चर्मचक्षुहीनता एक प्रकार से समानार्थी हो गए हैं, साथ ही दिव्य-दृष्टिसंपन्नता का भी उसके साथ अनिवार्य-सा सम्बन्ध हो गया है। सूर की दिव्य-दृष्टिसंपन्नता में लोकविश्वास इतना अधिक दृढ़ हो गया कि कदाचित् इतिवृत्त-ज्ञान-रहित सूर के जीवन के सम्बन्ध में शीघ्र ही यह विश्वास चल पड़ा कि वे जन्म से ही अंधे थे। सौ-सवा-सौ वर्षों के भीतर ही इस विश्वास ने इतनी दृढ़ता प्राप्त कर ली कि वह लेखबद्ध होने लगा। गोस्वामी हरिराय ने इसी लोक-प्रसिद्धि को अपने 'भावप्रकाश' में स्थान दिया। वैसे जन्मांधता की बात स्पष्ट रूप में न तो सूरदास के किसी स्वकथन से सूचित होती है और और न मूल 'वार्ता' के किसी वाक्य से। उनके काव्य में दृश्य जगत् के इतने यथार्थ वर्णन हैं कि उन्हें किसी जन्मांध के द्वारा वर्णित मानने में युक्ति को सर्वथा त्याग देना पड़ेगा।

कदाचित् इस शंका का समाधान करने तथा भगवान् द्वारा सूर ही भक्ति का समादर प्रमाणित करने के विचार से एक विचित्र और आकर्षक घटना का निर्माण कर लिया गया। अंधे व्यक्ति का मार्ग चलते हुए कूप में गिर पड़ना अत्यन्त स्वाभाविक है। यदि सूर जैसे अनन्य भक्त की भी भक्तवत्सल भगवान् सहायता न करेंगे तो उनका विरुद कैसे चल सकता है? फिर भगवान् यदि कूप से निकाल कर उन्हें दृष्टि-दान न देते तो अधूरी कृपा से क्या लाभ था? सूरदास उस अपार रूपराशि का साक्षात् दर्शन किस प्रकार करते जिसके वर्णन में उनकी ऊँची से ऊँची कल्पना और सूक्ष्म से सूक्ष्म भावना सहज-स्वभाव व्यक्त हुई है? और, सूर यदि एक बार दर्शन करके उन नयनों को सदा के लिए बन्द न करा लेते तो उनका अनन्य भाव किस प्रकार अक्षुण्ण रहता? वे नयन तो उन्होंने कृष्ण के रूप में अनन्त काल के लिए 'बसा' ही दिए थे। भले ही गोस्वामी हरिराय के समय तक यह जनश्रुति 'अष्टछाप' वाले सूरदास के चरित्र में सम्मिलित न हुई हो, लोक-विश्वास से उसका उन्मूलन होना कठिन है। इस कल्पित घटना से सम्बन्धित दोहा[१] इतना अधिक प्रसिद्ध है कि सूर के सम्बन्ध में उसे भूलना संभव नहीं जान पड़ता, क्योंकि उसका आंतरिक भाव अत्यन्त मार्मिक और सर्वथा यथार्थ है। कवि मियाँसिंह ने भी इसी दोहे के भाव का उल्था किया है।[२]

अंधे होने के सम्बन्ध में एक और किंवदंती, किसी रूपवती स्त्री के द्वारा जिस पर सूरदास अचानक मोहित हो गए थे, अपनी आँखें फुड़वाने की है। गोस्वामी हरिराय जी ने सूरदास का जन्म दिल्ली के पास सीही ग्राम निवासी एक ब्राह्मण परिवार में माना है। यह किंवदंती भी दिल्ली के पास किसी गाँव के रहने वाले ब्राह्मण सूरदास के ही सम्बन्ध में है। किन्तु उन्होंने इसे अपने 'भावप्रकाश' में सम्मिलित नहीं किया। संभव है उनके समय तक यह किंवदंती 'अष्टछापी' सूरदास के चरित्र में सम्मिलित न हुई हो। यह भी हो सकता है कि 'स्त्री का

---

१. **हाथ छुड़ाए जात हौ, निबल जानिकै मोहि।**
हिरदे तैं जब जाइहौ, मरद बदोंगो तोहि॥

२. **कहा भयो करतै छुटे, कर्णधार भवसिंधु।**
मन ते छूटन कठिन जन, भक्त कुमुद उर इंदु॥

विषय था'[१] इस कारण हरिराय जी ने इसे न लिखा हो तथा उन्हें जन्मांधता की बात अधिक पसन्द आई हो। भले ही यह घटना विल्वमंगल सूरदास[२] के जीवन की हो अथवा सूरदास मदनमनोहर सूरध्वज ब्राह्मण[३] के जीवन की, हमारे सूरदास के विषय में भी इसकी कल्पना असंगत नहीं है। उनका काव्य इस बात का साक्षी है कि भक्ति-भावना के उदय के पूर्व उनका स्त्री के रूप पर आसक्त होना सर्वथा संभव है। वास्तव में स्त्रियों के बाह्य और आंतरिक आकर्षण के सूरदास ने इतने सूक्ष्म, सजीव और यथार्थ वर्णन किए हैं कि उनके विषय में इस प्रकार की आसक्ति की कल्पना किए बिना उनके काव्य के एक अत्यन्त प्रमुख अंग का स्पष्टीकरण नहीं होता। साथ ही उनके भक्त-जीवन पर इस कल्पना से कोई लांछन भी नहीं आता, बल्कि इससे भक्ति के उदय के लिए उनके रसिक और भावप्रवण हृदय की साक्षी मिल जाती है।

एक अन्य लोक-प्रसिद्धि सूर द्वारा रचित पदों की संख्या के सम्बन्ध में है। मूल 'वार्ता' में 'सहस्रावधि' पदों का उल्लेख है। पर कदाचित सूर की कवित्व-शक्ति की अपरिमेयता में लोगों का विश्वास इतना अधिक बढ़ा कि 'सहस्रावधि' कल्पना को विशेष कष्ट दिए बिना ही 'लाक्षावधि' बन गया और किंवदंती चल पड़ी कि सूरदास ने सवा लाख पदों की रचना की थी। 'सवा' के लिए एक दूसरी कल्पना की जाने लगी, जिसने 'सूरश्याम' की 'छाप' को भी लगे हाथ स्पष्ट कर दिया। कहा गया कि 'सूरश्याम' वाले पच्चीस हजार पद स्वयं गोवर्धननाथजी ने रचकर संपूर्ण 'सूरसागर' में सम्मिलित कर दिए। गोस्वामी हरिराय ने तो यहाँ तक लिख दिया कि जब गोवर्धननाथ जी के कथनानुसार सूरदास ने एक वैष्णव से अपना 'चोपड़ा' दिखलवाया तो सचमुच उसमें 'सूरश्याम' की 'छाप' वाले पच्चीस हज़ार पद समस्त लीलाओं में बिखरे हुए मिले। 'सूरसागर सारावली' में यह संख्या 'एक लक्ष' तक ही सीमित रखी गई है। कदाचित् गोवर्धननाथ जी की इस भक्तवत्सलता की अवतारणा के पूर्व ही 'सारावली' बन चुकी होगी। किन्तु उस समय तो 'सूरश्याम' की 'छाप' वाले पदों से रहित 'सूरसागर' की बहुत सी लीलाएँ अपूर्ण होंगी। ऐसी शंकाओं के लिए भक्त विषयक लोक-विश्वास में स्थान नहीं है। इस विश्वास में यह यथार्थता भी विघ्न नहीं डालती कि आजकल 'सूरसागर' में कुल मिलाकर पाँच हज़ार से अधिक पद नहीं मिलते। सूर की उत्कृष्ट कवित्व-शक्ति तथा गंभीर भक्ति-भावना को देखते हुए सवा लाख पदों को रचने तथा स्वयं भगवान् द्वारा उनके संकल्प की पूर्ति में सहायता की कल्पना भक्तों के लिए असंगत नहीं है।

इनके अतिरिक्त सूरदास के विषय में अनेक चमत्कारों की कल्पनाएँ जनश्रुतियों के रूप में चलती हैं, जिनके भक्तों के सम्प्रदाय में उनके उच्च स्थान की सूचना मिलती है। गोस्वामी हरिराय ने आरंभिक जीवन से ही उनका इतिवृत्त अद्‌भुत और चमत्कारपूर्ण वर्णित करके यही स्थापित करने की चेष्टा की है कि सूरदास जी पूर्वजन्म से ही भक्ति के संस्कार लेकर पैदा हुए थे जिससे कि इस जन्म में वे 'ऐसे कृपा पात्र भगवदीय' हो सके। कवि मियाँसिंह और महाराज रघुराजसिंह ने दिल्लीश्वर के साथ भेंट के अवसर पर सूरदास

---

१. हिन्दी नवरत्न।
२. भक्तमाल सटीक, छप्पय ४१।
३. सूरसागर—सूरदास जी का जीवन-चरित्र, पृ० २५।

के द्वारा संपादित जिन चमत्कारों का वर्णन किया है, वे भी भक्त कवि सूरदास की दिव्य-दृष्टिसंपन्नता एवं महत्ता के प्रदर्शन की लोक-मनोवृत्ति के ही परिचायक हैं। इसी प्रकार महाराज रघुराजसिंह के द्वारा वर्णित सूरदास की पत्नी के सम्बन्ध में उनका दृष्टि-चमत्कार वास्तव में सूरदास के विवाहित या अविवाहित होने की सूचना देने के लिए नहीं गढ़ा गया, वरन् उनका उद्देश्य वही है जो अन्य चमत्कारों की कल्पना का है। लोकमत उनके विवाहित-अविवाहित होने की सामान्य घटना के विषय में बिलकुल चिंतित नहीं जान पड़ता।

सामान्य लोगों में प्रचलित इस प्रकार की अनेक जनश्रुतियों के साथ-साथ वल्लभ-सम्प्रदाय में कतिपय परंपरागत कथन प्रसिद्ध हैं जिनसे कुछ विद्वानों के अनुसार कवि के जीवन-वृत्त के निर्माण में सहायता ली जा सकती है। परन्तु इस सम्बन्ध में यह नहीं भुला देना चाहिए कि सम्प्रदाय में प्रचलित जनश्रुतियाँ भी भक्तों के माहात्म्यप्रदर्शन की ही दृष्टि से अधिक महत्त्वपूर्ण समझी जाएँगी, इतिवृत्त के विचार से उनका भी वही स्थान है जो अन्य जनश्रुतियों का। चमत्कार-प्रदर्शक जनश्रुतियों के अतिरिक्त संप्रदाय में कुछ ऐसी भी जनश्रुतियाँ प्रचलित हैं जो शुद्ध इतिवृत्त से सम्बन्धित हैं। इन पर अलग से विचार करने की आवश्यकता है।

संप्रदाय में एक जनश्रुति है कि सूरदास जी सारस्वत ब्राह्मण थे। श्री गोकुलनाथ जी के समय में सूरदास की जाति के सम्बन्ध में परिचय देने की कदाचित् आवश्यकता अनुभव नहीं की गई थी। संभव है, यह जनश्रुति पहले से चलती आई हो और 'वल्लभ-दिग्विजय' के रचयिता श्री यदुनाथ ने तथा गोस्वामी हरिराय ने उसे लेखबद्ध कर दिया हो। यह भी सम्भव है कि उनके समय तक किसी अन्य सूरदास के सम्बन्ध में प्रचलित जाति-सम्बन्धी इस मत को लोकमत ने 'अष्टछापी' सूरदास के चरित्र में सम्मिलित करना आरम्भ कर दिया हो और इन विद्वानों ने सूरदास-जैसे उच्च भक्त के विषय में जाति की उच्चता को सुखसाध्य समझ कर सहर्ष उसे उनके चरित्र में सम्मिलित कर लिया हो और उनके बाद वही सांप्रदायिक जनश्रुति बन गई हो। सूरदास की जाति के सम्बन्ध में सम्प्रदाय के बाहर एक जनश्रुति उन्हें भाट अथवा ब्रह्मभट्ट और चंदबरदायी का वंशज बताती है। 'साहित्यलहरी' ने इस जनश्रुति को इतिवृत्तात्मक आधार देने की चेष्टा की है, जिसके फलस्वरूप अनेक विद्वान् इस मत की ओर झुक गए हैं।[१]

सीही ग्राम में सूरदास के जन्म-स्थान की जनश्रुति गोस्वामी हरिराय के द्वारा संकलित और तदनन्तर संप्रदाय में प्रचलित जान पड़ती है। 'अष्टछाप' के सूरदास ही सीही ग्राम में उत्पन्न हुए थे अथवा अन्य कोई सूरदास, इसका कोई असंदिग्ध प्रमाण नहीं है।

काँकरोली में यह भी प्रसिद्ध हो चला है कि सूरदास ने नंददास के लिए 'साहित्यलहरी' का निर्माण किया था। इस अपेक्षाकृत नवीन और कम प्रचलित जनश्रुति का आधार कदाचित् 'साहित्यलहरी' के निर्माण-तिथि विषयक प्रसिद्ध पद की अंतिम पंक्ति के 'नन्दनन्दन दास हित' शब्द हैं। इसकी पुष्टि अब तक प्राप्त किसी आधार से नहीं होती; अतः इसे अनावश्यक कल्पना मात्र मानने में कोई हानि नहीं है।

---

१. **उदाहरणार्थ, सर जार्ज ग्रियर्सन, इनसाइक्लोपीडिया ब्रिटानिका, बंगला-विश्वकोष।**

डॉक्टर दीनदयालु गुप्त ने काँकरोली और नाथद्वारा से एक और जनश्रुति संकलित की है जो कदाचित् इन समस्त जनश्रुतियों से अधिक महत्त्वपूर्ण और अधिक प्रामाणिक जान पड़ती है। यह है सूरदास की जन्म-तिथि के विषय में। कहा जाता है कि सूरदास जी महाप्रभु वल्लभाचार्य से दस दिन छोटे थे। आचार्य जी का जन्म वैशाख कृष्ण ११, संवत् १५३५ (सन् १४७८ ई०) को हुआ था, इस प्रकार सूरदास की जन्मतिथि वैशाख शुक्ल ५ हुई। श्रीनाथद्वारा में प्रति वर्ष वैशाख शुक्ल ५ को आचार्य जी के जन्मोत्सव के दस दिन बाद गुप्त रूप से सूरदास जी का जन्म-दिन मनाया जाता है। संप्रदाय में उस उत्सव का मनाया जाना भक्त के गौरव की पराकाष्ठा का द्योतक है। यह कहना कि सूरदास का श्रीवल्लभाचार्य के समवयस्क होना असंभव है और यह कल्पना करना कि गौरव-प्रदर्शन के लिए इस जनश्रुति की गढ़न्त की गई होगी, कदाचित् ऐतिहासिक सतर्कता को स्वभाव की वामशीलता की सीमा पर पहुँचाना होगा। फिर भी, किसी अन्य प्रमाण के अभाव में इन जनश्रुति के आधार पर सूरदास की जन्मतिथि वैशाख शुक्ल ५, संवत् १५३५ (सन् १४७८ ई०) मान कर पूर्ण संतोष नहीं किया जा सकता। इस प्रश्न को भी अन्य प्रश्नों के साथ पुष्टि, खण्डन अथवा संशोधन के लिए ऐतिहासिक प्रमाणों की निरंतर अपेक्षा बनी रहेगी।

सूरदास के काव्य की महत्ता के विषय में भी लोकमत ने पर्याप्त रुचि और सजगता का परिचय दिया है। इस सम्बन्ध की जनश्रुतियों का इतिवृत्तात्मक यथार्थता से किसी प्रकार का विरोध नहीं होता। उनकी प्रामाणिकता केवल सहृदयों की साक्षी की अपेक्षा रखती है। न जाने निम्न दोहा किस गुमनाम पारखी ने कब रचा, पर सूरदास का नाम लेते ही हिन्दी साहित्य से परिचित प्राय: प्रत्येक व्यक्ति को उसका स्मरण हो आता है—

'सूर' सूर 'तुलसी' ससी, उडुगण 'केशवदास'।
अब के कवि खद्योत सम, जहँ तहँ करत प्रकास॥

किसी अन्य अज्ञात समालोचक का निम्न दोहा भी कुछ-कुछ इसी भाव को व्यक्त करता है और काफ़ी प्रसिद्ध है—

कविता कर्ता तीन हैं, 'तुलसी' 'केशव' 'सूर'।
कविता खेती इन लुनी, सीला बिनत मजूर॥

तानसेन से सूरदास की मित्रता की किंवदंती कदाचित् किसी अंश में सच हो सकती है, पर उससे भी सच है सूरदास की प्रशंसा में तथाकथित तानसेन द्वारा रचित दोहा—

किधौं सूर को सर लग्यो, किधौं सूर की पीर।
किधौं 'सूर' को पद लग्यो, तन मन धुनत सरीर॥

प्रसिद्धि के प्रति उदासीन किसी अन्य समालोचक ने संस्कृत के एक श्लोक के अनुसरण में लिख दिया—

सुन्दर पद कवि 'गंग' के, उपमा को 'बरबीर'।
'केशव' अर्थ गँभीर को, 'सूर' तीन गुण तीर॥

'गंग' और 'बीरबल' के परवर्ती काल में उक्त दोहे में वर्णित उन दोनों कवियों की प्रशंसा में लोगों ने चाहे सन्देह करना आरम्भ कर दिया हो, 'सूर' के विषय में जो कुछ कहा गया है, उसमें कदाचित् आज तक किसी को सन्देह नहीं हो सकता।

तुलनात्मक समालोचनाओं में महाराज रघुराजसिंह के कवित्त और अधिक सन्तुलित निर्णय उपस्थित करते हैं।[१] एक कवित्त है—

मतिराम, भूषण, बिहारी, नीलकंठ, गंग,
बेनी, शम्भु, तोष, चिन्तामणि, कालिदास की।
ठाकुर, नेवाज, सेनापति, शुकदेव, देव,
पजनेश, घनानन्द, घनश्यामदास की।
सुन्दर, मुरारी, बोधा, श्रीपति हूँ, दयानिधि,
युगल, कविंद, त्यों गोविंद, केशौदास की।
भनै रघुराज और कविन अनूठी उक्ति,
मोहिं लगी झूठी जानि जूँठी सूरदास की।

इस प्रकार काव्य का मूल्यांकन सजग लोकमत निरन्तर करता आया है जो प्रायः जनश्रुतियों के रूप में सुरक्षित बना रहा। सूरदास के सम्बन्ध में और भी उक्तियाँ संकलित की जा सकती हैं, जो शिष्ट और काव्य-प्रेमी समाज में उनकी लोकप्रियता की परिचायक हैं।

---

१. सूरसागर, श्रीसूरदास का जीवन चरित्र, पृ० ९।

२
रचनाएँ

सूरदास के जीवन-वृत्त के विगत विवेचन में उनके 'श्रीमद्‌भागवत' सम्बन्धी 'सहस्रावधि' पदों का ही परिचय मिलता है। ये उनके जीवन-काल में ही 'सागर' कहलाने लगे थे। बाद में संग्रहीत होकर ये ही 'सूरसागर' नाम से प्रसिद्ध हो गए होंगे। परन्तु जिस प्रकार चरित-नायक सूरदास के चरित में अन्य सूरदास नामक व्यक्तियों के चरित मिश्रित हो गए हैं, उसी प्रकार उनकी रचना में अन्य व्यक्तियों की रचना का मिश्रण भी अवश्य हुआ होगा। 'सूरसागर' के अतिरिक्त सूरदास के नाम से अनेक रचनाएँ प्रसिद्ध हैं। नागरी-प्रचारिणी सभा की हस्तलिखित पुस्तकों के विवरण में 'सूरसागर' के अतिरिक्त निम्नलिखित रचनाओं का परिचय दिया गया है—

१. ब्याहलो[१]—विवाह संबंधी २३ पद्य,
२. पदसंग्रह[२]—सामान्य धर्मोपदेश संबंधी ४१७ पद्य,
३. दशमस्कंध[३]—भागवत् के दशमस्कंध की कथा के १९१३ पद्य,
४. नागलीला[४]—कालियदमन की कथा के ४० पद्य,
५. भागवत्[५]—दशमस्कंध के अतिरिक्त 'भागवत' के शेष ११ स्कंधों की कथा के ११२६ पद्य,
६. सूरपचीसी[६]—प्रेम की महत्तासूचक २५ दोहे,
७. गोवर्धनलीला बड़ी[७]—गोवर्द्धनधारण सम्बन्धी ३०० पद्य,
८. प्राणप्यारी[८]—राधा-कृष्ण-विवाह सम्बन्धी ३२ पद्य,
९. सूरसागर[९]—राम-कथा और रामभक्ति सम्बन्धी ३७० पद,

---

१. खोज रिपोर्ट, १९०६-१९०७-१९०८, पृ० ३२३।
२. वही, पृ० ३२४।
३. वही, पृ० ३२५।
४. वही, पृ० २३४।
५. खोज रिपोर्ट, सन् १९१२-१९१३-१९१४, पृ० २३३।
६. वही पृ० २३३।
७. खोज रिपोर्ट, सन् १९१७-१९१८-१९१९, पृ० ३७२।
८. वही, पृ० ३७३।
९. खोज रिपोर्ट, सन् १९०९-१९१०-१९११, पृ० ४२१।

१०. सूरदासजी के दृष्टिकूट[१]—(सटीक)—(असंपूर्ण)

११. सूरदास जी का पद[२]

इनके अतिरिक्त सूरजदास के दो ग्रन्थों—'रामजन्म[३] और 'एकादशी माहात्म्य'[४]—का और उल्लेख किया गया है। उपर्युक्त ग्रन्थों में कुछ छपे हुए भी मिलते हैं; जैसे, 'नागलीला,' 'गोवर्द्धनलीला बड़ी', 'प्राणप्यारी' और 'सूरपचीसी'। 'साहित्य-लहरी', 'सूरसागर-सारावली' और 'नलदमन' या 'नलदमयंती'—ये तीन ग्रन्थ और सूरदास-रचित कहे जाते हैं इन समस्त ग्रन्थों का अवलोकन करने से यह विदित होता है कि इनमें से कुछ तो सूरदास के नहीं हैं और कुछ 'सूरसागर' ही के अंश हैं, जो स्वतंत्र ग्रन्थ के रूप में उसी में से निकाल लिए गए हैं। सूरदास द्वारा रचित केवल तीन ही ग्रन्थ—'सूरसागर', 'सूरसागर-सारावली' और 'साहित्यलहरी' माने जाते हैं।[५]

जहाँ तक 'सूरसागर' का सम्बन्ध है, उसकी प्रामाणिकता के विषय में तो कोई संदेह नहीं हो सकता। यह संभव है कि उसके पदों की संख्या में घटी-बढ़ी होती रही हो। परन्तु 'सूरसागर-सारावली' और साहित्यलहरी' की रचना के विषय में न तो स्वयं 'सूरसागर' से और न 'चौरासी वैष्णवन की वार्ता' से कोई साक्षी मिलती है। यहाँ तक कि अपने समय तक की लोकप्रचलित बातों का संग्रह करके उन्हें सूरदास के जीवन-वृत्त में सम्मिलित करने वाले पुष्टि सम्प्रदाय के मान्य विद्वान्, गोस्वामी हरिराय ने भी इन दो रचनाओं का कोई संकेत नहीं किया। यदि उनके समय तक 'सूरसागर-सारावली' और 'साहित्यलहरी' सूरदास के नाम से प्रचलित हो गई होतीं, तो वे उनका उल्लेख अवश्य करते। उन्होंने सूरदास द्वारा रचित तथाकथित सवा लाख पदों का उल्लेख किया है, यद्यपि इतने पद सूरदास द्वारा रचे गए होंगे ऐसी कल्पना भी आज नहीं की जा सकती। सूरदास के नाम से प्रचलित प्रामाणिक और प्रक्षिप्त का विचार त्याग कर समस्त उपलब्ध पदों का संग्रह करने पर भी उनकी संख्या पाँच-छः सहस्त्र से अधिक नहीं हो सकती। मूल 'चौरासीवार्ता' में 'सहस्त्रावधि' का ही उल्लेख भी है। परन्तु भक्त कवि के माहात्म्यवर्णन के भाव से गोस्वामी हरिराय ने पच्चीस सहस्त्र पद तो केवल श्रीनाथ जी के द्वारा रचे बताए हैं जिनमें उन्होंने 'सूरश्याम' की छाप लगा दी और सूरदास द्वारा रचित एक लाख पदों में चुपचाप सम्मिलित कर दिया। परन्तु सवा लाख पदों की किंवदंती पर इस अद्‌भुत कल्पना के द्वारा सही लगने वाले और 'सूरश्याम' की छाप की भी लगे हाथ व्याख्या करने वाले गोस्वामी हरिराय ने उक्त दो रचनाओं का उल्लेख तक न किया जिनके आधार पर आजकल के विद्वान् सूरदास के जन्म, रचनाकाल तथा अन्य इतिवृत्त का निर्माण करते हैं! फिर, आज तक 'सारावली और 'साहित्यलहरी' की कोई प्राचीन हस्तलिखित प्रतियाँ भी नहीं मिलीं। 'सारावली' केवल 'सूरसागर' (वेंकटेश्वर प्रेस और नवलकिशोर प्रेस) के साथ संलग्न मिलती है तथा 'साहित्यलहरी' सरदार कवि की टीका के साथ खड्गविलास प्रेस तथा नवलकिशोर प्रेस से प्रकाशित मिलती है। केवल इतने ही प्रमाण

---

१. **खोज रिपोर्ट सन् १९००, पृ० २०।**

२. **खोज रिपोर्ट १९०२, पृ० ८२।**

३. **खोज रिपोर्ट सन् १९१७-१९१८-१९१९, पृ० ३४७।**

४. **खोज रिपोर्ट सन् १९१७-१९१८-१९१९, पृ० ३४७।**

५. **अष्टछाप और वल्लभ सम्प्रदाय—डा० दीनदयालु गुप्त, पृ० २७१-२९८।**

इन दोनों रचनाओं की प्राचीनता में सन्देह पैदा करने को पर्याप्त हैं। यह सन्देह उनका सूक्ष्म विश्लेषण और समीक्षण करने पर और दृढ़ हो जाता है। आगामी पृष्ठों में यह स्पष्ट रूप से दिखाया गया है कि 'सारावली' किसी प्रकार से 'सूरसागर' के पदों की 'सूचनिका' नहीं है और न उसमें 'सूरसागर' की कथा का यथार्थ सार ही आ सका है। वह स्वतन्त्र रचना है और कथावस्तु, भाव, भाषा, शैली और रचना के दृष्टिकोण के विचार से सूरदास की प्रामाणिक रचना नहीं जान पड़ती। इसी प्रकार 'साहित्यलहरी' जिसमें सूर की भक्ति-भावना का सर्वथा अभाव है, जिसकी भाषा अत्यन्त असमर्थ, शिथिल और असाहित्यिक हैं, जिसकी शैली व्यक्तित्वहीन और अस्तव्यस्त है और जिसमें भक्त कवि सूरदास की प्रकृति के विरुद्ध रीतिकालीन कवियों-जैसा असफल और फूहड़ साहित्यिक प्रयत्न किया गया है, अष्टछाप के सूरदास की रचना नहीं हो सकती। सूर की इन तथाकथित रचनाओं का विस्तृत विश्लेषण करके उपर्युक्त निष्कर्ष प्रमाणित किया जाएगा। उसके पहले सूरदास की अमर कृति 'सूरसागर' का परिचय देना उचित है।

सूरसागर

इस रचना की सूचना 'वार्ता' से मिलती है। 'वार्ता' में कहा गया है कि सूरदास ने 'श्रीमद्भागवत' के द्वादश स्कंधों पर पद-रचना की। 'भागवत' की भाँति 'सूरसागर' की कथावस्तु भी द्वादश स्कंधों में विभक्त है तथा स्थान-स्थान पर स्वयं कवि ने 'भागवत' के अनुसार कथा-वर्णन करने की सूचना दी है, जैसा कि निम्नलिखित उदाहरणों से प्रकट होता है—

श्री मुख चारि स्लोक दए ब्रह्मा कौं समुझाइ।
ब्रह्मा नारद सों कहे, नारद व्यास सुनाइ।
व्यास कहे सुकदेव सौं द्वादश स्कंध बनाइ।
सूरदास सोई कहे पद भाषा करि गाइ॥ स्कंध १, पद २२५।

× × ×

सूर कह्यौ क्यौं कहि सकै जन्म-कर्म-अवतार।
कहे कछुक गुरु-कृपा तैं, श्री भागवतऽनुसार॥ स्कंध २, पद ३७९

× × ×

सुकदेव कह्यौ जाहि परकार।
सूर कह्यौ ताही अनुसार॥ स्कंध ३, पद ३८७॥

× × ×

तिन हित जो जो किए अवतार।
कह्यौं सूर भागवतऽनुसार॥ स्कंध ३, पद ३९०॥

× × ×

ह्वै बराह पृथ्वी ज्यौं ल्यायौ।
सूरदास त्यौं ही सुक गायौ॥ स्कंध ३, पद ३९१॥

× × ×

यों भयौ दत्तात्रेय अवतार।
सूर कह्यौ भागवत अनुसार॥ स्कंध ४, पद ३९६॥

× × ×

तहँ कियौ जज्ञ पुरुष अवतार।
सूर कह्यौ भागवतऽनुसार॥ स्कंध ४, पद ३९८॥

× × ×

सुक ज्यौं राजा कौं समुझायौ।
सूरदास त्यौं ही कहि गायौ॥ स्कंध ४, पद ४०६॥

× × ×

बरन्यौ रिषभदेव-अवतार।
सूरदास भागवतऽनुसार॥ स्कंध ५, पद ४०९॥

× × ×

ज्यौं सुक नृप सौं कहि समुझायौ।
सूरदास त्यौं ही कहि गायौ॥ स्कंध ५, पद ४१०॥

× × ×

सुकदेव ज्यौं दियौ नृपहिं सुनाइ।
सूरदास कह्यौ ताही भाइ॥ स्कंध ५, पद ४११॥

× × ×

ज्यौं सुक नृप सौं कहि समुझायौ।
सूरदास त्यौं ही कहि गायौ॥ स्कंध ६, पद ४१६, ४१८, ४१९॥

× × ×

सुक ज्यौं नृप कौं कहि समुझायौ।
सूरदास जन त्यौं ही गायौ॥ स्कंध ७, पद ४२६॥

× × ×

सुक नृपति पाहिं जिहिं विधि सुनाई।
सूर जनहूँ तिही भाँति गाई॥ स्कंध ८, पद ४३८॥

× × ×

सुक जैसें नृप कौं समुझायौ।
सूरदास त्यौं ही कहि गायो॥ स्कंध ९, पद ४४६, ४४७, ४५२, ४५३, ४५९, ६१७, ६१८॥

ब्यास कह्यौ सुकदेव सौं, श्रीभागवत बखानि।
द्वादस स्कंद परम सुभ, प्रेम-भक्ति की खानि।
नवस्कंध नृप सौं कहे, श्री सुकदेव सुजान।
सूर कहत अब दसम कौं उर धरि हरि कौ ध्यान॥ स्कंध १० पू०, पद ६१९॥

× × ×

जैसै सुक नृप कौ समुझायौ।
सूरदास त्यौंही कहि गायौ॥ स्कंध १० पू०, पद ६२०॥

× × ×

सुक जैसी विधि अस्तुति गाई।
तैसैं ही मैं कहि समुझाई॥ स्कंध १० उ०, पद ४९१८॥

× × ×

सुक जैसैं वेदस्तुति गाई।
तैसैं ही मैं कहि समुझाई॥ स्कंध १० उ०, पद ४९१९॥

× × ×

सूरदास हरि कौ जस गायौ,
श्री भागवतऽनुसारी॥ स्कंध १० उ०, पद ४९२५॥

× × ×

ज्यौं सुक नृप सौं कहि समुझायौ।
सूरदास ताही विधि गायौ। स्कंध १० उत्तरार्ध, पद ४९२७॥

× × ×

यौं भयौं नारायन अवतार।
सूर कह्यौ भागवतऽनुसार॥ स्कंध ११, पद ४९३०॥

× × ×

या विधि भयौ बुद्ध अवतार।
सूर कह्यौ भागवतऽनुसार॥ स्कंध १२, पद ४९३३॥

× × ×

सुक नृप सौं कह्यौ जा परकार।
सूर कह्यौ ताही अनुसार॥ स्कंध १२, पद ४९३४॥

× × ×

सूत सौनकनि कहि समुझायौ।
मैं हूँ ता अनुसार सुनायौ॥ स्कंध १२, पद ४९३५॥

× × ×

सूत सौनकनि कहि समुझायौ।
सूरदास त्यौं ही कहि गयौ॥ स्कंध १२, पद ४९३६॥

उपर्युक्त उद्धरणों में यह विशेष रूप से द्रष्टव्य है कि 'भागवत' अथवा शुकदेव के अनुसार कहकर गाने का उल्लेख कवि ने नवम स्कंध में सात बार, दशम-उत्तरार्ध और द्वादश में चार-चार बार, तृतीय, चतुर्थ, पंचम और षष्ठ में तीन-तीन बार, दशमपूर्वार्ध में दो बार और प्रथम, द्वितीय, सप्तम, अष्टम और एकादश स्कंधों में केवल एक-एक बार किया है। 'सूरसागर' के

द्वादश स्कंधों के आकार की पारस्परिक तथा भागवत के द्वादश स्कंधों के साथ तुलना करते समय इस बात को ध्यान में रखना आवश्यक है। 'सूरसागर' के द्वादश स्कंधों के आकार-विस्तार की तुलनात्मक तालिका इस प्रकार है—

स्कंध	पद-संख्या	पृष्ठ-संख्या
विनय के पद तथा प्रथम स्कंध	२२३ + १२० = ३४३	११४
द्वितीय स्कंध	३८	१३
तृतीय स्कंध	१३	१०
चतुर्थ स्कंध	१३	१२
पंचम स्कंध	४	५
षष्ठ स्कंध	८	७
सप्तम स्कंध	८	८
अष्टम स्कंध	१७	१०
नवम स्कंध	१७४	७५
दशम स्कंध—पूर्वार्ध	४१६०	१३९२
दशम स्कंध—उत्तरार्ध	१४९	७१
एकादश स्कंध	४	३
द्वादश स्कंध	५	४
	४९३६	१७२४

इन संख्याओं पर तुलनात्मक दृष्टि से विचार करने पर यह निष्कर्ष निकलता है कि अन्य समस्त स्कंध मिलकर दशम स्कंध—पूर्वार्द्ध के लगभग छठे भाग के बराबर हैं। दशमस्कंध—पूर्वार्द्ध के बाद अन्य स्कंधों में 'विनय' के पदों को यदि सम्मिलित करके देखें, तो प्रथम स्कंध का, नहीं तो नवम स्कंध का सबसे पहला स्थान है। इन दोनों के बाद दशम स्कंध—उत्तरार्द्ध का स्थान है। शेष स्कंधों का सम्मिलित विस्तार केवल ११० पदों या ७२ पृष्ठों का है।

'श्रीमद्‌भागवत' के द्वादश स्कंधों के आकार से इन संख्याओं की तुलना रोचक होगी। नीचे 'भागवत'[१] के स्कंधों की तालिका दी जाती है—

स्कंध	पृष्ठ-संख्या
प्रथम स्कंध	७१
द्वितीय स्कंध	३७
तृतीय स्कंध	१३६
चतुर्थ स्कंध	१३६
पंचम स्कंध	९८

१. शुकोक्ति-सुधा सागर—निर्णयसागर -यंत्रालय, संवत् १९७०।

षष्ठ स्कंध	६७
सप्तम स्कंध	६४
अष्टम स्कंध	८१
नवम स्कंध	७९
दशम स्कंध—पूर्वार्ध	१८४
दशम स्कंध—उत्तरार्ध	१७३
एकादश स्कंध	१२३
द्वादश स्कंध	४८

इससे स्पष्ट है कि यद्यपि दशम स्कंध—पूर्वार्ध अन्य स्कंधों की अपेक्षा आकार में बड़ा है, फिर भी उसमें दशम स्कंध—उत्तरार्ध से केवल ११, तृतीय से ४८, चतुर्थ से ४८ और एकादश से ६१ पृष्ठ अधिक हैं। दशम स्कंध—पूर्वार्ध की पृष्ठ-संख्या शेष स्कंधों की सम्मिलित पृष्ठ-संख्या का लगभग छठा भाग है। विस्तार की दृष्टि से दशम स्कंध—उत्तरार्ध का दूसरा, नवम का सातवाँ और प्रथम का आठवाँ स्थान है।

इस प्रकार 'सूरसागर' के दशम स्कंध—पूर्वार्ध का विस्तार अन्य स्कंधों की अपेक्षा इतना अधिक है कि यह कहने में संकोच नहीं होता कि 'सूरसागर' के कवि के समक्ष दशम स्कंध—पूर्वार्ध की रचना ही मुख्य है, अन्य स्कंध तो मानो प्रथापालन की भाँति रच दिये गए हैं। 'विनय' के फुटकर पद तथा राम-कथा सम्बन्धी नवम स्कंध के पद इसमें अवश्य अपवादस्वरूप हैं। 'सूरसागर' के द्वादश स्कंधों की 'भागवत के द्वादश स्कंधों से वस्तुतः आकार में ही विषमता नहीं है, अनुपात में भी उनसे कोई समानता नहीं दिखाई देती। नीचे दिये हुए कथावस्तु के विवेचन से यह और भी स्पष्ट हो जाता है कि किसी अथ में 'सूरसागर', 'भागवत' का अनुवाद नहीं कहा जा सकता और न संपूर्ण 'भागवत' की यथातथ्य कथा कहना ही कवि का उद्देश्य जान पड़ता है। दशम स्कंध की स्थिति भिन्न होने के कारण उसका विवेचन अन्य स्कंधों के बाद किया गया है।

यहाँ यह कह देना आवश्यक है कि 'सूरसागर' की हस्तलिखित प्रतियों के दो प्रधान वर्ग हैं, जिन्हें द्वादश स्कंधी-क्रम और लीला-क्रम का वर्ग कहा जा सकता है। द्वादश स्कंधी-क्रम की प्रतियों में 'सूरसागर' को 'श्रीमद्भागवत' का बाह्य रूप प्रदान करने की चेष्टा की गई है। इससे भिन्न लीला-क्रम के वर्ग में स्कंधों या अध्यायों का कोई संकेत न करके दशम स्कंध वाली श्रीकृष्ण की लीला ही प्रमुख है, उसी से ग्रन्थ का आरम्भ होता है। श्रीकृष्ण की लीला के अतिरिक्त अन्य विषय, जैसे, विनय-भावना, सामान्य-भक्ति का माहात्म्य आदि बाद में दिए गए हैं। उपलब्ध प्रतियों के आधार पर प्रायः यह अनुमान है कि लीला-क्रम वाला रूप ही 'सूरसागर' का वास्तविक रूप है और उसी की परम्परा प्राचीनतर है। नवलकिशोर प्रेस का संस्करण लीला-क्रम का ही है, यद्यपि कदाचित् उसे उसका प्रतिनिधि नहीं कहा जा सकता। वेंकटेश्वर प्रेस तथा सभा के संस्करण द्वादश स्कंधी-क्रम के हैं। संयोग है कि इधर यही रूप अधिक प्रचलित हो गया और 'सूरसागर' के सम्बन्ध में मिथ्या धारणाएँ बन गईं। यद्यपि प्रस्तुत अध्ययन भी इसी रूप को लेकर किया गया है, फिर भी 'सूरसागर' की मुख्य विषय-वस्तु के सम्बन्ध में उचित दृष्टिकोण निर्धारित करने में कठिनाई नहीं हुई है।

विनय के पद और प्रथम स्कंध

'सूरसागर' का आरंभ विधिवत् मंगलाचरण के एक पद से होता है जिसमें करुणामय स्वामी हरि की असीम कृपा का उल्लेख करके उनके चरणों की वंदना की गई है। दूसरे पद में सूरदास अमूर्त, अव्यक्त ब्रह्म की अगमता, अनिर्वचनीयता और अचिन्त्यता का वर्णन करके सगुण ब्रह्म के लीलागान का प्रस्ताव करते हैं। इसके बाद अनेक पदों में भक्त-वत्सल हरि भगवान् की करुणा और मनुष्य के कर्मों की हीनता एवं व्यर्थता का प्रतिपादन किया गया है। इन पदों में नाना प्रकार से कवि ने अपनी, अर्थात् सामान्यतया मनुष्य की दीनता, साधनहीनता और संसार में लिप्तता का बखान करके दीनानाथ सर्व-शक्तिसंपन्न और शरणागत के कर्म-अकर्म का विचार न करने वाले भगवान् के असीम अनुग्रह के उदाहरण देते हुए भक्ति की याचना और उसकी महत्ता का वर्णन किया है। कवि के इसी विनयपूर्ण दृष्टिकोण के कारण इन पदों को 'विनय के पद' कहते हैं।

जैसा कि उपर्युक्त तालिका से प्रकट है विनय के पदों की संख्या २२३ है। 'सूरसागर' की द्वादश स्कंधी-क्रम की प्रतियों में विनय के पद आरंभ में ही दिए गए हैं, परन्तु लीला-क्रम की प्रतियों में उन्हें अंत में दिया गया है। इन पदों की रचना के विषय में विद्वानों में दो भिन्न अनुमान पाए जाते हैं। अधिकांश विद्वान् तो उन्हें सूर की आरंभिक कृति मानते हैं, न केवल इसलिए कि वे प्रायः ग्रंथारंभ में मिलते हैं, वरन् इसलिए भी कि उनमें सूर का वह 'घिघियाना' वर्णित है जिसे श्रीकृष्ण के लीलागान में दीक्षित करके महाप्रभु वल्लभाचार्य ने छुड़ा दिया था। इसमें संदेह नहीं कि इन पदों में कवि की विरक्तभाव-संभूत शांत और दैन्यपूर्ण दास्य भक्ति का ही प्रकाशन हुआ है जो आगे श्रीकृष्ण के रूप-सौंदर्य और लीला-माधुर्य में दब गई। किन्तु दूसरी ओर, इन पदों में जो विचार की प्रौढ़ता, अनुभव की गंभीरता और स्थिर मनस्विता मिलती है उसके आधार पर कुछ लोग वृद्धावस्था में इनकी रचना होने का अनुमान कर सकते हैं। लीला-क्रम की प्रतियों में इनका अंत में पाया जाना भी इस अनुमान को पुष्ट करता है। वस्तुतः इन पदों की भावधारा का 'सूरसागर' में व्यक्त सर्वप्रधान भक्ति-भावना से पूर्णतया तादात्म्य नहीं है और 'भागवत' के कथा-प्रसंगों में सहज ही उनकी खपत हो सकती है। उनका आरंभ या अंत में दिया जाना विशेष प्रयोजन नहीं रखता। परमानन्दस्वरूप श्रीकृष्ण का लीलागान करते हुए भी, यह अनुमान किया जा सकता है कि सूरदास की प्रारंभिक दैन्य-भावना सर्वथा लुप्त नहीं हो गई थी और कभी-कभी उसका भी प्रकाशन होता रहा होगा। यह भी कहा जा सकता है कि जीवन-संध्या के निकट आते-आते वह दैन्य कदाचित् पुनः कवि के चेतन स्तर पर आकर मुखर हो गया होगा।

विनय के पदों के बाद प्रथम स्कंध आरंभ होता है। इस स्कंध में सभा के संस्करण के अनुसार केवल १२० पद हैं जिनमें अनेक चौपाई आदि वर्णनात्मक शैली वाले छन्दों के समूह कथा के लघु प्रसंगों के अनुसार अलग-अलग संख्या देकर विभाजित कर दिए गए हैं। यह स्वयं स्पष्ट है कि 'भागवत' के प्रथम स्कंध के १९ अध्यायों की कथा जो 'शुकोक्ति सुधा सागर' के ७१ पृष्ठों में आई है इन १२० पदों में अत्यंत संक्षेप के साथ, प्रायः सार के रूप में, कही गई है।

हरि-कथा की प्रशंसा के बाद केवल दो दोहों में 'भागवत' के अवतरण का उल्लेख करके शुकदेव के जन्म की कथा वर्णित है। 'भागवत' में यह कथा नहीं मिलती। 'भागवत' के श्रोता-वक्ता की परंपरा का उल्लेख करने के बाद सूत-शौनक का संवाद आरंभ होता है जिसमें

सबसे पहले व्यास के अवतार की कथा सुनाई जाती है। तदनन्तर 'भागवत' के अवतरण का कारण देकर उसकी कथा के माहात्म्य के बहाने राम-नाम की महिमा का विषय पाकर कवि कई पदों के नाम-माहात्म्य का वर्णन करता है। भजन की महिमा के दृष्टान्तस्वरूप ही विदुर और द्रौपदी की कथाएँ लगभग २० पदों में गाई गई हैं। 'भागवत' में इस स्थल पर ये कथाएँ नहीं मिलतीं। इसी प्रकार भीष्म के द्वारा युधिष्ठिर को धर्मोपदेश देने के भागवती प्रसङ्ग के बहाने कवि विस्तार के साथ भीष्म की हरिभक्ति की प्रशंसा में अनेक पद गाता जाता है। इस प्रसंग का विस्तार 'भागवत' की अपेक्षा अधिक है। भगवान् के द्वारका-गमन का उल्लेख और कुन्ती की दीन विनय के बाद 'भागवत' के अनुसार परीक्षित की कथा दी गई है। परीक्षित की आसन्न मृत्यु के प्रसङ्ग को लेकर कवि को पुनः वैराग्य-भाव-समन्वित पदों की रचना का अवसर मिल जाता है। परीक्षित के निराश जीवन में हरि-भक्ति की ही एक आशा किरण है और जब वह गंगा तट पर जाता है तो शुकदेव उसे 'भागवत' की मोक्षदायिनी कथा सुनाने आ जाते हैं। शुकदेव उसे खट्वांग राजा का उदाहरण देकर आश्वासन देत हैं कि हरिभक्ति के लिए एक सप्ताह का शेष जीवन बहुत है। 'भागवत' में यह प्रसङ्ग इस स्थल पर नहीं है।

इस स्कंध में जहाँ कवि ने भक्ति और भगवान् की महिमा तथा संसार की असारता का वर्णन किया है वहीं गेय पदों का व्यवहार किया है और वहीं कवित्व के भी दर्शन होते हैं। पूरे स्कंध की रचना भक्ति के माहात्म्य के ही लिए हुई जान पड़ती है। 'भागवत' में दिए हुए अवतारों की गणना तथा भागवत-धर्म के विस्तार आदि 'सूरसागर' में नहीं हैं।

द्वितीय स्कंध

इस स्कंध में केवल ३८ पद हैं जो अधिकांश 'भागवत' की कथा के प्रसङ्गों में प्राप्त भक्ति-माहात्म्य, नाम-महिमा, हरि-विमुख-निंदा, भक्ति-साधन आदि विषयों पर रचे गए हैं। स्कंध का आरंभ अवश्य शुकदेव के द्वारा सात दिन तक हरि-कथा कहने के प्रस्ताव से होता है। केवल दो पदों में विराट् रूप का वर्णन है और अत्यंत संक्षेप में चौबीस अवतारों की गणना और ब्रह्मा की उत्पत्ति का उल्लेख हुआ है। एक पद में 'एकोऽहं बहुस्याम्' का भावान्तर देकर स्कंध समाप्त होता है।

'भागवत' के इस स्कंध में आसन, प्राणायाम आदि का विषय-विस्तार के साथ वर्णन करके आत्मा-परमात्मा के सम्बन्ध की जो आध्यात्मिक व्याख्या दी गई है, वह 'सूरसागर' में नहीं मिलती। इसी प्रकार सृष्टि की कथा का विस्तार भी 'सूरसागर' में नहीं है।

तृतीय स्कंध

इस स्कंध में 'सभा' संस्करण के अनुसार केवल १३ पद हैं, यद्यपि इनमें अधिकांश चौपाई आदि वर्णनात्मक-शैली के छन्दों के समूह हैं। 'भागवत' में इस स्कंध में ३३ अध्याय हैं। इस स्कंध को 'भागवत' के तृतीय स्कंध का कवि की रुचि के अनुसार किया हुआ सार कह सकते हैं। 'भागवत' में प्राप्त कृष्ण की व्रज और द्वारका की संक्षिप्त कथाएँ 'सूरसागर' में नहीं हैं। उद्धव के पश्चात्ताप-प्रकाशन के साथ आरंभ करके विदुर-जन्म की कथा का वर्णन किया गया है। यह कथा 'भागवत' में नहीं है। सृष्टि की कथा अत्यंत संक्षेप में दी गई है तथा हिरण्यकशिपु और हिरण्याक्ष की कथाएँ भी 'भागवत' के अनुसार, किन्तु संक्षिप्त रूप में हैं; केवल हिरण्याक्ष द्वारा पृथ्वी को जल में छिपाने का प्रसङ्ग 'भागवत' में नहीं है। कपिल-

अवतार की कथा भी अपेक्षाकृत संक्षिप्त है, उसमें कर्दम-देवहूति-विवाह तथा अन्य सन्तानों की उत्पत्ति के प्रसङ्ग नहीं दिए गए हैं। कपिल द्वारा माता को ज्ञानोपदेश का प्रसङ्ग भी संक्षिप्त और किंचित कवि के भक्ति-भाव से प्रभावित है।

चतुर्थ स्कंध

इस स्कंध में भी केवल १३ पद हैं जो अधिकांश वर्गनात्मक छन्द में हैं। स्कंध का आरम्भ सीधा 'दत्तात्रेय अवतार' से होता है। संक्षेप में यह कथा देकर 'यज्ञ पुरुष' अवतार की कथा दी गई है। यह कथा भी 'भागवत' के अनुसार है, केवल 'शिव-आहुति' का प्रसंग स्वतंत्र है। तदनन्तर ध्रुव और पृथु की कथाएँ अत्यन्त संक्षेप में कह दी गई हैं। पुरंजन की कथा राजाओं की वंशावली न देकर सीधी आरंभ कर दी गई है और कथा के अनेक विवरण कम कर दिए गए हैं। कथा में जो इन्द्रिय-निग्रह सम्बन्धी रूपक है वह भी स्पष्टतया रूपान्तरित नहीं हो पाया है; प्रचेताओं की कहानी तो दी नहीं गई। अंतिम पद में गुरु की महिमा और ज्ञान की महत्ता का आलंकारिक शैली में गायन है।

'भागवत' में लम्बी-लम्बी वंशावलियों, लम्बे-लम्बे स्तोत्रों, कथाओं के लाक्षणिक और आध्यात्मिक संकेतों के साथ जो अनेक विवरण और विस्तार हैं, उनका 'सूरसागर' में एकान्त अभाव है। साथ ही 'भागवत' में सांकेतिक तत्कालीन सामाजिक परिस्थिति, ब्राह्मणों की हीनावस्था, शैवों के पतन के चित्र, ब्राह्मण भक्ति के उपदेश आदि को 'सूरसागर' में स्पर्श भी नहीं किया गया है।

पंचम स्कंध

'सूरसागर' का यह स्कंध तो और भी छोटा है। इसमें केवल ४ पद हैं जो सभी वर्णनात्मक शैली के छन्द में हैं। इनमें केवल दो कथाओं का वर्णन है—ऋषभदेव और जड़भरत। 'भागवत' में ऋषभ के भावी अनुयायियों के अशुच जीवन का चित्र दिया गया है, परन्तु 'सूरसागर' में कहा गया है कि एक राजा श्रावगी हो गया था जो वेद-धर्म छोड़कर अपवित्र जीवन बिताता था, प्रजा को भी उसने ऐसा ही सिखाया, जिससे आज तक श्रावगी (जैन) अपवित्र जीवन बिताते हैं। जड़भरत के तीनों जीवनों की कथा 'भागवत' के अनुसार वर्णन करके स्कंध समाप्त होता है।

स्पष्ट है कि 'भागवत' के पंचम स्कंध के लगभग सभी विवरण—ऐतिहासिक कथाएँ, सामाजिक संकेत, धार्मिक उपदेश, नाना द्वीपों और लोकों के वर्णन-विस्तार, लम्बे-लम्बे वंश-वृक्ष 'सूरसागर' के कवि ने छोड़ दिए हैं।

षष्ठ स्कंध

इस स्कंध में अधिकांश वर्णनात्मक शैली के केवल आठ पद हैं। स्कंध का आरंभ अजामिलोद्धार की कथा से होता है जिसमें अजामिल के उद्धार को तर्कसम्मत कारणों से उचित सिद्ध करने का प्रयत्न किया गया है। इसके बाद सुर-गुरु बृहस्पति, विश्वरूप और वृत्रासुर की कथा है। दधीचि की कथा में गोपाल की प्यारी गायों के विष्ठा खाने का कारण बताया गया है कि दधीचि की खाल एक गौ ने चाट कर उतार ली थी, जिससे गौओं का मुख अपवित्र हो गया। इसी प्रकार मानस से इंद्र के लाए जाने और चित्रकेतु के शाप के सम्बन्ध में 'भागवत' से किंचित् विवरणात्मक भिन्नताएँ हैं।

'भागवत' की कथाओं के विवरणों के अतिरिक्त स्तोत्र देवताओं की वंशावली तथा ऐतिहासिक विवरण 'सूरसागर' में नहीं हैं। 'सूरसागर' के इस स्कंध के दो पदों में गुरु के प्रति उत्कट भक्ति-भाव दिखाया गया है।

सप्तम स्कंध

इस स्कंध के अधिकांश वर्णनात्मक शैली के आठ पदों में तीन कथाएँ दी गई हैं जो अलग-अलग और एक दूसरे से स्वतंत्र हैं। 'भागवत' में ऐसा नहीं है। पहली कथा नृसिंह अवतार की है। यह भी 'भागवत' की अपेक्षा संक्षिप्त है। दूसरी कथा 'त्रिपुर वध' की है और तीसरी 'नारद-उत्पत्ति' की। 'भागवत' में ये कथाएँ दृष्टान्त रूप से दी गई हैं। कथाएँ अत्यन्त संक्षिप्त और रूपरेखा मात्र हैं। 'भागवत' की अपेक्षा 'सूरसागर' में राम-नाम की महिमा का गान कुछ अधिक हुआ है।

कथाओं के विवरणों के साथ 'भागवत' में भक्ति की व्यापकता, भागवत-धर्म की महत्ता, शिव की अपेक्षा विष्णु-महिमा का आधिक्य, सनातन धर्म, मूर्तिपूजा, श्राद्ध-कर्म, मोक्ष-धर्म आदि से सम्बन्धित उपदेश दिए गए हैं। 'सूरसागर' में इन सबका अभाव है।

अष्टम स्कंध

इस स्कंध में वर्णनात्मक और गेय दोनों शैलियों के पदों की संख्या १७ है। पहली कथा गजमोचन की है जो किंचित् विवरणात्मक भिन्नता के साथ 'भागवत' की कथा का ढाँचा मात्र है। 'सूरसागर' का कवि कथा की अपेक्षा भगवान् की शरणागत-वत्सलता में अधिक रुचि दिखाता है। तदनन्तर कूर्म अवतार की कथा है जिसमें 'भागवत' की अपेक्षा विवरणात्मक संक्षेप के साथ कुछ भिन्नता भी है। 'सूरसागर' में मोहिनी रूप से शिव के छले जाने के प्रसंग में स्त्रियों के आकर्षण का वैराग्यपरक उल्लेख करते हुए सुन्द-उपसुन्द की कथा का निर्देश किया गया है जो 'भागवत' में इस स्थान पर नहीं है। वामन अवतार की कथा भी अत्यन्त संक्षिप्त है और अन्त में मत्स्य अवतार का सार देकर स्कंध समाप्त होता है। इस कथा में मत्स्य अवतार का कारण 'भागवत' से भिन्न कल्पित किया गया है तथा सत्यव्रत राजा का नाम न देकर केवल 'नृपति' कहकर निर्देश किया गया है। असुर का नाम देने में भूल हुई है—हयग्रीव के स्थान पर शंखासुर नाम दिया गया है। 'भागवत' के इस स्कंध में भी अनेक ऐतिहासिक विवरण,. सामाजिक अवस्था के संकेत तथा तत्त्व-चिंतन और धर्मोपदेश के विस्तार हैं। परन्तु 'सूरसागर' में इनको एकदम छोड़ दिया गया है।

नवम स्कन्ध

यह स्कंध आकार में 'सूरसागर' के दशम स्कंध-पूर्वार्ध को छोड़कर अन्य सब स्कंधों से बड़ा है। मङ्गलाचरण के बाद सबसे पहले पुरूरवा की कथा है जो कथा की रूपरेखा में 'भागवत' के ही अनुसार है। कथा का उद्देश्य नारी के आकर्षण से बचने की शिक्षा देना है। दूसरी कथा च्यवन ऋषि की है जिसका उद्देश्य हरि-भक्ति की महत्ता का प्रमाण देना है। यह भी 'भागवत' की कथा का अनुसरण करती है। तीसरी हलधर विवाह की कथा है। इस कथा में वंशावली देने का प्रयत्न किया गया है पर वह शुद्ध नहीं है। चौथी अंबरीष की कथा है। इसमें भी हरि-भक्ति का उपदेश है। कथा संक्षेप में 'भागवत' के ही आधार पर है। पाँचवीं, सौभरि ऋषि की कथा में विषयासक्ति की व्यर्थता, वैराग्य की महत्ता और

भक्ति की श्रेष्ठता का वर्णन है। यह कथा भी 'भागवत' की कथा की ही रूपरेखा मात्र है। 'भागवत' में आगामी कथा हरिश्चन्द्र की है, परन्तु 'सूरसागर' में वह नहीं दी गई। इसका कारण यही समझा जा सकता है कि उस कथा में न तो भक्ति-भाव के प्रकाशन का अवसर था, न वैराग्य की आवश्यकता प्रमाणित करने का। 'सूरसागर' में छठी कथा गंगावतरण की है। इसमें कवि गंगा के प्रति भक्तिभावना प्रकट करने का अवसर पाकर कई गेय पदों की रचना करता है। 'सूरसागर' की इन अधिकांश कथाओं में वर्णन-शैथिल्य और अस्पष्टता है जिससे उन्हें समझने में कठिनाई होती है, परन्तु आगामी परशुराम की कथा में और भी अधिक अस्पष्टता है।

'सूरसागर' की आगामी राम-कथा का विस्तार कृष्ण-कथा के अतिरिक्त अन्य सभी कथाओं से अधिक है। यही नहीं, 'भागवत' की राम-कथा से भी वह अधिक विस्तृत और भावपूर्ण है। प्रारंभिक छः चौपाई-चोपई-चौबोला की पंक्तियों को छोड़कर जिनमें मंगलाचरण है, रामावतार की सारी कथा गेय पदों में वर्णित है। इसमें कुल १५७ पद हैं जिनका क्रम इस प्रकार है : बालकांड में १४, अयोध्याकांड में २६, अरण्यकांड में १२, किष्किंधाकांड में ६, सुन्दरकांड में ३२, लंकाकांड में ५८ और उत्तरकांड में ९। वस्तुतः रामावतार की संपूर्ण कथा क्रम-व्यवस्थित ढंग से देना कवि का अभीष्ट नहीं जान पड़ता। उसने तो राम-कथा के मार्मिक स्थलों पर स्फुट पद-रचना-सी की है। उन्हीं को क्रमिक रूप में रखकर उपर्युक्त कांड-विभाग से पूरी कथा का एक ढाँचा तैयार हो जाता है। संपूर्ण कथा में विवरणात्मकता का अभाव है। अधिकांश पद कवि की गंभीर हृदयानुभूति के परिचायक हैं। कवि ने सीता का सुकुमार, व्यथित, करुण चित्र सबसे अधिक आत्मीयता के साथ उतारा है। मंदोदरी की करुणा तथा कौसल्या के वात्सल्य को भी निकट से परखा गया है। हनुमान के अनन्य भाव के चित्रण में भी तन्मयता है तथा राम के वज्र-कठोर और कुसुम-कोमल हृदय को भी सूरदास ने टटोला है। दशम स्कंध—पूर्वार्ध के अतिरिक्त यदि और कहीं सूर की काव्य-प्रतिभा चमकी है तो इसी रामावतार के प्रसंग में।

'भागवत' में कच और देवयानी की कथा इस प्रसंग में दी गई कि देवयानी को शाप दिया गया था कि वह किसी ब्राह्मण कुमार को नहीं वर सकेगी। परन्तु 'सूरसागर' में इस कथा को स्वतंत्र रूप में और अपेक्षाकृत अधिक विस्तार के साथ दिया गया है। इस स्कंध की अंतिम कथा देवयानी और ययाति का विवाह है। केवल विवरण की दो-एक विभिन्नताओं के साथ यह कथा सामान्यतया 'भागवत' के ही अनुसार है।

उक्त कथाओं के अतिरिक्त 'भागवत' की इस स्कंध की अन्य कथाएँ 'सूरसागर' में नहीं दी गईं। साथ ही 'भागवत' में राजवंशों की जो लंबी-लंबी क्रमागत सूचियाँ और तत्संबंधी विवरण हैं, वे भी 'सूरसागर' में नहीं आए। 'भागवत' के सामाजिक, ऐतिहासिक, दार्शनिक और आध्यात्मिक पक्ष को भी 'सूरसागर' के कवि ने छोड़ दिया है।

एकादश स्कंध

इस स्कंध में केवल ४ पद हैं। प्रथम दो छोटे-छोटे गेय पद हैं जिनमें कवि ने भक्ति-भाव प्रकट किया है। तीसरे पद में नारायण अवतार का उल्लेख है। परन्तु यह अस्पष्ट और शिथिल है। इसी प्रकार अंतिम पद में हंस अवतार का उल्लेख है और अव्यवस्थित एवं असमर्थ शैली में कुछ दार्शनिक विचार देने का प्रयत्न किया गया है।

यह स्पष्ट है कि 'भागवत' के एकादश स्कंध का यह सार भी नहीं कहा जा सकता। धर्मोपदेश 'भागवत' के इस स्कंध की विशेषता है, जिसके अंतर्गत कर्म, ज्ञान और भक्ति का विवेचन किया गया है तथा योग और सांख्य की भी व्याख्या की गई है। परन्तु 'सूरसागर' में 'भागवत' के उक्त किसी विषय का सम्यक् निर्देश तक नहीं हुआ।

द्वादश स्कंध

इस स्कंध में केवल पाँच पद हैं, जिनमें बुद्धावतार, कल्कि अवतार और कलिधर्म का निर्देश है। अंत में परीक्षित के अंत समय के लिए संतोषपूर्वक तैयार रहने तथा जनमेजय-यज्ञ का उल्लेख करके 'भागवत' की कथा की समाप्ति की गई है।

'भागवत' का द्वादश स्कंध भी छोटा है परन्तु उसमें राजाओं की वंशावली, नामकीर्तन की महिमा, प्रलय-वर्णन, ब्रह्म-ज्ञान-उपदेश, जनमेजय-यज्ञ, वेद-पुराण की परिभाषा-व्याख्या तथा मार्कण्डेय ऋषि की कथा विशद रूप से दी गई है। अन्त में सम्पूर्ण 'भागवत' की एक रूपक की भाँति व्याख्या करके उसमें व्यवहृत नामों के लाक्षणिक अर्थ दिए गए हैं। 'सूरसागर' में इन समस्त विषयों की छाया भी नहीं है।

दशम स्कंध

सूरदास का एकमात्र उद्देश्य भक्ति-भाव का प्रकाशन है और उनकी भक्ति के देव हैं श्रीकृष्ण, अतः उन्हीं की लीला का गान उनके काव्य का वास्तविक विषय है। 'श्रीमद्भागवत' में भी श्रीकृष्ण के चरित की ही प्रधानता है, परन्तु अन्य अवतारों की कथाएँ तथा 'सर्ग', 'विसर्ग', 'वृत्ति', 'रक्षा', 'मन्वन्तर', 'वंश', 'वंश्यानुचरित', 'संस्था', 'हेतु', 'अपाश्रय' आदि पुराणों के लक्षण विषयों का भी उसमें समावेश है। 'सूरसागर' के कवि ने 'भागवत' की बृहद् कथा में से केवल कुछ ऐसी कथाओं को ही स्कंध-क्रम से चुनकर आनुषंगिक रूप में पद्य-बद्ध किया है जिनमें उसे भक्ति-भावना के अनुकूल सामग्री मिली। यह भी प्रायः कथा-पूर्त्यर्थ किया गया है; बहुत थोड़े स्थल ऐसे हैं जहाँ कवि-प्रतिभा का प्रकाशन हुआ है। रामावतार के कथा-प्रसङ्ग अवश्य इसमें अपवाद हैं और उनका विस्तार 'भागवत' में वर्णित रामावतार की कथा से भी अधिक है।

दशम स्कंध में भी पूर्वार्ध की कथा ही कवि को अधिक प्रिय है जिसमें कृष्ण की विविध प्रेममय लीला का गान है। राजनीतिज्ञ, कर्मयोगी कृष्ण के संधि-विग्रह आदि कार्यों में उसे कोई रुचि नहीं है। इस प्रकार व्रजवासी कृष्ण का चरित ही सूरदास के काव्य का प्रमुख विषय है। 'सूरसागर' के दशम स्कंध का विश्लेषण और संक्षिप्त परिचय नीचे दिया जाता है—

पूर्वार्ध

इस स्कंध की रचना में 'सूरसागर' का कवि 'भागवत' कथा की बाह्य रूपरेखा मात्र लेकर उसे अत्यंत स्वच्छंदतापूर्वक बृहद् आकार देता है और उसमें अपनी रुचि और भाव के अनुकूल रंग भरता है। भगवान् की लीला को उसने जिस भाव से ग्रहण किया उसे अधिक स्पष्ट, सम्पूर्ण और परिपुष्ट करने के लिए वह 'भागवत' के कथा-प्रसंगों के अतिरिक्त अन्य कथा-प्रसंगों की भी अवतारणा करता है। इस प्रकार उसका दशम स्कंध—पूर्वार्ध एक परिपूर्ण सम्यक् लीला काव्य हो गया है।

स्कंध का आरम्भ विधिवत् मंगलाचरण और छोटी सी प्रस्तावना के साथ होता है जिसके अनन्तर कृष्ण-जन्म की कथा सद्यःनिःसृत वेगवती निर्झरिणी के रूप में कवि के मानस से मानो फूट पड़ती है। कृष्ण-जन्म का संक्षेप में उल्लेख करके कवि जन्म-समय के हर्षोद्रेक का भावपूर्ण चित्रण एक पद के बाद दूसरे में करता जाता है। यद्यपि सूरदास ने 'भागवत' के विवरणात्मक अंशों को प्रबंधात्मक शैली में नहीं दिया, परन्तु गीतिपद-शैली में उन्होंने संदर्भों के रूप में ऐसी छोटी-छोटी घटनाओं की कल्पना की है जो 'भागवत' में नहीं मिलतीं।

'सूरसागर' में कृष्ण-लीला की दो प्रकार की घटनाएँ वर्णित हैं—एक व्रज के आनन्दमय क्रीड़ा-विलास से सम्बन्धित और दूसरी कंस के भेजे हुए विभिन्न राक्षसों के संहार से संबंधित। संहार की पहली कथा पूतना-वध है। उसके पहले संहार की सभी लीलाओं के भूमिकास्वरूप कंस को कृष्ण के गोकुल में पोषित होने से शंकित और भयभीत दिखाया गया है। 'भागवत' में ऐसा नहीं है। पूतना-वध के बाद श्रीधर अंगभंग की घटना है जो 'भागवत' में नहीं है। 'श्रीधर' या 'सिद्धर' एक ब्राह्मण था जिसे कंस ने कृष्ण को मारने के लिए भेजा था, पर कृष्ण ने स्वयं उसके अंग-भंग कर दिए। तदनंतर 'तृणावर्त्त', 'शकटासुर' और 'कागासुर' के वध की कथाएँ सूरदास ने केवल सूत्ररूप में 'भागवत' का आधार लेकर अपने ढङ्ग से गीति पदों में गाई हैं।

नामकरण प्रसंग भी गौण विवरणात्मक भिन्नताओं के साथ साधारणतया 'भागवत' के अनुसार है, यद्यपि दोनों के वातावरण में महान् अंतर है। 'अन्नप्राशन', 'वर्षगाँठ' और 'कनछेदन' के प्रसंग 'सूरसागर' में मौलिक हैं तथा बाल-कृष्ण की दैनिक चर्या के सूक्ष्म और विस्तृत विवरण भी सूरदास की स्वतंत्र कल्पना की सृष्टि हैं। बाललीला के प्रसंग में सूरदास ने 'महराने के पांडे' की घटना को भी मौलिक रूप में दिया है।

'माटीभक्षण' प्रसंग का विस्तार 'भागवत' से अधिक है तथा दृष्टिकोण के भेद के अनुसार जहाँ 'भागवत' में कृष्ण-मुख में प्रकाशित विराट् रूप पर अवधान है, वहाँ 'सूरसागर' में वात्सल्य सुख उपजानेवाली लीला का चमत्कार विशेष है। इसी प्रकार 'सूरसागर' में 'माखनचोरी' का प्रसंग 'भागवत' की अपेक्षा कहीं अधिक विस्तृत और कवित्वपूर्ण है। श्रीकृष्ण के प्रति वात्सत्य भाव कवि की भाव-भूमि में किस प्रकार माधुर्य में विकसित होता है इसका प्रथम उन्मेष सूरदास ने इसी प्रसंग में दिखाया है।

'उलूखल बंधन' का प्रसंग 'भागवत' में 'यमलार्जुन उद्धार' पर आधारित है, परन्तु दोनों में एक ही कथा के भिन्न-भिन्न अंगों पर बल दिया गया है। यमलार्जुन का उद्धार जो 'भागवत' में प्रधान केन्द्र है, 'सूरसागर' में अत्यन्त गौण है। यहाँ यशोदा और उनकी सखियों के वात्सल्य और श्रीकृष्ण की त्रासयुक्त रूप-शोभा का चित्रण प्रमुख है। 'यमलार्जुन उद्धार' की कथा चौपाई छंद में वर्णनात्मक रूप में भी दी गई है। 'वत्सासुर' और 'वकासुर' वध की लीलाएँ 'सूरसागर' में 'भागवत' की अपेक्षा संक्षिप्त हैं। इन प्रसंगों के पहले श्रीकृष्ण की व्रज-क्रीड़ा के अनेक प्रसंगों का वर्णन किया गया है। उनके सोने, जागने, खाने, रूठने, गाएँ चराने के लिए जाने, चंद्र के लिए झगड़ा करने आदि के भावात्मक विवरण सूर की मौलिक कल्पना और भावना की उपज हैं। वृन्दावन में जा बसने का भी उल्लेख 'सूरसागर' में है। 'अघासुर वध' रोला-दोहा में सम्यक् लघु-कथानक के रूप में वर्णित किया गया है, जिसमें सखाओं के प्रेम की अभिव्यक्ति हुई है। 'भागवत' में श्रीकृष्ण के देवत्व पर अधिक बल है।

'बाल वत्सहरण लीला' 'सूरसागर' में तीन बार वर्णित है—दो बार वर्णनात्मक शैली में और एक बार गीति पद शैली में। गीति शैली वाली कथा दोनों वर्णनात्मक कथाओं के बीच में है। सूरदास ने 'भागवत' से कथा-सूत्र लेकर इस प्रसंग को सर्वथा मौलिक रूप में उपस्थित किया है, जिसमें घटना-वैचित्र्य, नाटकीयता, स्वाभाविकता और सखाओं के सरस स्नेह की भाव-संवलित व्यंजना उनकी प्रतिभा की उपज है। जहाँ 'भागवत' का यह कथानक अलौकिकता, आध्यात्मिकता और भक्ति-पोषक दार्शनिकता से ओत-प्रोत है और उसका चरम उद्देश्य ब्रह्मा के मोह का नाश है, वहाँ 'सूरसागर' में सखाओं के सहज स्नेह और गोपाल कृष्ण के गोप-रूप और गोप-लीला का चित्रण प्रमुख है। इस उद्देश्य के लिए सूरदास ने अनेक छोटे-छोटे विवरणों की स्वतन्त्र उद्‌भावना की है।

'बाल वत्सहरण लीला' के बाद 'सूरसागर' में राधा-कृष्ण के प्रथम मिलन का चित्रण है। यह कथानक 'भागवत' से एकदम स्वतन्त्र है। कवि ने 'भौंरा चकई' खेलने के समय कृष्ण और राधा को यमुना तट पर पहली बार अचानक मिलाकर दोनों में प्रथम दर्शन से ही उत्कट अनुराग के जागने का अत्यन्त स्वाभाविकता और स्वच्छन्द वर्णन किया है। यद्यपि इस समय कृष्ण की अवस्था पाँच वर्ष और राधा की सात वर्ष बताई गई है, फिर भी कवि ने दोनों के रति-विलास को वृन्दा-विपिन में मनोवैज्ञानिक विकास के साथ चरम परिणति पर पहुँचा दिखाया है, मानो दोनों किशोर हों। राधा और कृष्ण अपनी-अपनी माताओं के सामने अपने प्रेम को गुप्त रखने में भी चतुर दिखाए गए हैं। राधा-कृष्ण की किशोर-सुलभ बाल-केलि का किंचित् आभास पाकर उनकी माताएँ दोनों के वैवाहिक सम्बन्ध की सुखद कल्पना करने लगती हैं।

इस प्रसंग के बाद कवि पुनः कृष्ण के दुग्ध-पान आदि दैनिक कार्यों का वर्णन करने लगता है जिसमें यशोदा का वात्सल्य-चित्रण उसका उद्देश्य है। कृष्ण हठपूर्वक 'गोचारण' के लिए जाने लगते हैं। गोचारण के अत्यन्त स्वाभाविक मौलिक चित्रण के बीच सूरदास पुनः 'भागवत' का कथा-सूत्र उठा कर बलराम द्वारा 'धेनुक वध' का वर्णन करते हैं। इसके बाद संक्षेप में कालिय-दह में जल पीकर मृतवत् मूर्च्छित गौओं को जीवित करने का वर्णन है। परन्तु कवि की रुचि जितनी गोचारण और गोचारण के उपरान्त 'वृन्दावन प्रवेश' तथा कृष्ण-यशोदा के प्रेम-चित्रण में है उतनी वध के प्रसंग में नहीं। कृष्ण के सोने, जागने, खाने, पीने के स्वाभाविक भावपूर्ण चित्रण बराबर चलते रहते हैं।

आगामी 'कालियदमन' लीला में पुनः 'भागवत' कथा का सूत्र पकड़ कर सूरदास इस प्रसंग को सम्यक् कथानक के रूप में मौलिक ढंग से उपस्थित करते हैं। 'भागवत' में कालिय-दमन का प्रसंग 'कालिय-दह-जलपान' से सम्बद्ध है, परन्तु 'सूरसागर' में दोनों के बीच में कृष्ण की दिनचर्या और गोचारण वर्णनों का व्यवधान है। मौलिक रूप से कवि कंस-नारद के परामर्श के बाद नन्द को कालिय-दह के कमल पुष्प भेजने के लिए कंस के आदेश-पत्र भेजने का वर्णन और अत्यन्त स्वाभाविकता के साथ कृष्ण के कालियदह में कूदकर कालिय नाग को नाथने का चित्रण करता है। इस कथानक में आरम्भ, विकास, चरम-सीमा और पर्यवसान का ऐसा संगठन किया गया है कि सम्पूर्ण प्रसंग एक स्वतन्त्र खण्डकाव्य जैसा प्रतीत होता है। नाटकीय घटना-वैचित्र्य, प्रबन्ध-पटुता और स्वाभाविक चरित्र-चित्रण, सभी में सूरदास की मौलिकता का दर्शन होता है। कालिय-दमन लीला को रोला-दोहा की वर्णनात्मक शैली में दुहराया भी गया है।

'कालियदमन' के बाद भागवत के क्रम के अनुसार 'दावानल पान' और 'प्रलम्ब वध' का वर्णन है, जिनमें 'भागवत' से किंचित् गौण अंतर हैं। 'भागवत' में पुनः कृष्ण द्वारा गौओं को दावानल से बचाने का उल्लेख किया गया है, सूरदास ने भी एक पद में इसका उल्लेख किया है; परन्तु उनकी रुचि गोचारण की सुख-क्रीड़ाओं के वर्णन तथा कृष्ण के व्रज से लौटते समय उनके अनुपम रूप के चित्रण में अपेक्षाकृत अधिक है।

कृष्ण के रूप-चित्रण, वंशीवादन तथा गोपियों पर उसके प्रभाव के वर्णन 'सूरसागर' की अपनी विशेषताएँ हैं और कवि ने उनमें अपनी अद्भुत कवित्व-शक्ति तथा भक्ति-भावना का परिचय दिया है।

रूप और वंशी-वादन के वर्णन-चित्रण और उनके प्रभाव के विस्तृत प्रसंग के बाद सूरदास पुनः 'राधा-कृष्ण मिलन' का वर्णन करते हैं। गाय दुहाने के बहाने यशोदा के यहाँ राधा आती है और कृष्ण से प्रेम-भेंट करके लौटते समय मार्ग में सर्प-दंश का बहाना करके बेहोश हो जाती है। जब स्वयं कृष्ण गारुड़ी बनकर आते हैं, तब उसे होश आता है। यह कथा 'भागवत' से सर्वथा स्वतन्त्र, मौलिक और कवित्वपूर्ण है।

'राधाकृष्ण मिलन' की उक्त लीला से सम्बन्धित करके सूरदास ने 'भागवत' की आगामी तथा 'चीरहरण लीला' का वर्णन किया है। 'भागवत' की यह लीला वर्षा और शरद् के प्रकृति-चित्रणों से सम्बद्ध है। अतः 'सूरसागर' की 'चीरहरण लीला' का वातावरण 'भागवत' की अपेक्षा अधिक स्वाभाविक और मनोवैज्ञानिक प्रेम-विकास के अनुकूल है। कथा में भी कतिपय विवरणात्मक अंतर हैं। 'श्रीमद्भागवत' की गोपियाँ भद्रकाली कात्यायनी देवी का एक मास तक पूजन करती हैं, जबकि 'सूरसागर' की गोपियाँ नित्य नियम से यमुना-स्नान करके रवि और शिव की वर्ष भर आराधना करती हैं, जिससे उन्हें श्याम-सुन्दर पति मिलें। यमुना-स्नान के समय कृष्ण जल के भीतर प्रकट होकर नग्न गोपियों की पीठ मींजते और उन्हें सुख देते हैं। इसी प्रकार 'सूरसागर' के कृष्ण 'भागवत' के अनुसार जब नग्न दशा में गोपियों को तट पर बुलाते हैं, तब वे यह नहीं कहते कि नग्न होकर यमुना-स्नान करना अनुचित है। सूरदास औचित्य-अनौचित्य का प्रश्न ही नहीं उठाते, वे तो स्पष्ट रूप से कहते हैं कि अब उनका व्रत पूर्ण हो गया है, इसलिए उन्हें लाज, संकोच, गुरुजनों की शंका आदि त्याग कर बिना किसी अंतर के कृष्ण से मिलना चाहिए। चीरहरण लीला की भी वर्णनात्मक शैली में पुनरावृत्ति की गई है।

'सूरसागर' का आगामी प्रसंग 'पनघट प्रस्ताव' पुनः 'भागवत' से स्वतन्त्र है, जिसमें यमुना से जल लाने वाली गोपियों के साथ कृष्ण की छेड़-छाड़ का वर्णन किया गया है। 'माखनचोरी' की भाँति यहाँ भी गोपियाँ यशोदा के पास उलाहना लेकर जाती हैं, परन्तु 'पनघट प्रस्ताव' गोपियों के माधुर्य-भाव विकास-क्रम में अपेक्षाकृत अधिक आगे बढ़ता है। अतः उसमें कृष्ण की 'अचगरी' भी अधिक बढ़ी हुई है तथा उसका गोपियों पर प्रभाव भी अधिक गहरा है। इस लीला में राधा का भी उल्लेख आया है, वह गोपियों में प्रमुख है। इस लीला के फलस्वरूप गोपियाँ कृष्ण से खुलकर प्रेम करने का निश्चय करती हैं।

'भागवत' की 'यज्ञपत्नी लीला' सूरदास ने संक्षेप में वर्णनात्मक शैली में दी है। इस वर्णन में कवि की अधिक रुचि नहीं है, अतः वह याज्ञिक ब्राह्मणों की पत्नियों के कृष्णानुराग का

वर्णन करने में अधिक तन्मयता दिखाता है। कृष्ण की मधुर भक्ति में कुल, मर्यादा तथा लौकिक पातिव्रत की अवहेलना का चित्रण ही सूरदास का मुख्य उद्देश्य है।

'सूरसागर' की 'गोवर्धन' लीला में भी विवरण, दृष्टिकोण तथा उद्देश्य की दृष्टि से 'भागवत' से भिन्नता है। 'भागवत' में अन्य कथाओं की भाँति इसका वातावरण भी अपेक्षाकृत धार्मिक और दार्शनिक अधिक है। आरम्भ में ही सात वर्ष के कृष्ण के द्वारा कर्म-मार्ग का विस्तृत उपदेश कराया गया है। परन्तु 'सूरसागर' में यह कथानक व्रज के ग्रामीण वातावरण और व्रजवासियों के सरल चरित्र को मनोहर रूप में चित्रित करता हुआ आरम्भ होता है। सूरदास के श्रीकृष्ण दार्शनिक तर्कों के आधार पर व्रजवासियों को इन्द्र-पूजा से विरत नहीं करते, वरन सहज-विश्वासी अहीरों को अपने सपने का हाल सुनाते हैं जिसमें किसी चतुर्भुज, अवतारी पुरुष ने उन्हें मणि-गिरि गोवर्धन की पूजा का आदेश दिया था। गोवर्धन-पूजा का वर्णन भी आकार में 'भागवत' की अपेक्षा बड़ा तथा प्रकार में उससे भिन्न है। सूरदास ने व्रजवासियों में ललिता, चंद्रावली और राधा तथा वृषभानु की सेविका बदरौला का मौलिक रूप से उल्लेख किया है। राधा-कृष्ण की रस-केलि का भी एक स्थान पर संकेत किया गया है। 'भागवत' में इंद्र का जल-वर्षण केवल वर्णनात्मक है, परन्तु सूरदास ने उसमें चित्रोपमता और भावात्मकता का समावेश करके उसे अधिक स्वाभाविक बना दिया है। 'भागवत' के कृष्ण की ईश्वरता और योग-शक्ति को अत्यन्त गौण स्थान देकर सूरदास ने उनकी मानवता का ही आग्रहपूर्वक पोषण किया है। गोवर्धन-धारण के प्रसंग की भी स्वतन्त्र कथानक के रूप में वर्णनात्मक शैली में पुनरावृत्ति की गई है।

'नंद का वरुण दूतों के द्वारा पकड़कर ले जाए जाने' का प्रसंग 'सूरसागर' में संक्षिप्त और वर्णनात्मक शैली में है। इसी प्रसंग में सूरदास ने गंगा द्वारा कृष्ण के ब्रह्मत्व की नन्द को सूचना देने का उल्लेख किया है। यह उल्लेख 'भागवत' में गोवर्धन लीला में ही है। सूरदास ने कृष्ण द्वारा व्रजवासियों को अपने सगुण और निर्गुण रूपों को दिखाने का उल्लेख नहीं किया।

'सूरसागर' का आगामी कथा-प्रसंग 'दानलीला' 'भागवत' से सर्वथा स्वतन्त्र और मौलिक है। न केवल विस्तार, दो बार अलग-अलग आवृत्तियों तथा कवि की तन्मयता की दृष्टि से यह प्रसंग महत्त्वपूर्ण है, वरन् कवि के भक्ति-भाव के विकास में इसका विशिष्ट स्थान है। घटना केवल इतनी है कि कृष्ण मथुरा को दधि बेचने जानेवाली गोपियों से 'दधि-दान' माँगते हैं, तकरार होती है और अन्त में गोपियों को कृष्ण की माँग पूरी करनी पड़ती है। परन्तु सूरदास ने इस छोटी सी घटना में प्रबन्धात्मकता, वर्णन-विस्तार, भाव-चित्रण एवं अपनी अनुपम व्यंग्य शैली में माधुर्य भक्ति के सूक्ष्म आध्यात्मिक संकेतों का समावेश करके उसे काव्य और भक्ति-भाव, दोनों दृष्टियों से एक असाधारण महत्ता प्रदान कर दी है जहाँ एक ओर उसमें घोर ग्रामीण—कहीं-कहीं असंस्कृत शृङ्गारी—वातावरण है, वहाँ दूसरी ओर उच्च आध्यात्मिक व्यंजनाएँ लौकिक धरातल पर ही टिका कर अलौकिक चमत्कार पैदा कर देती हैं। उद्देश्य है गोपियों के इस बौद्धिक ज्ञान को प्रेम-भक्ति के सर्वात्म-समर्पण की स्थिति में सर्वथा भुला देना कि कृष्ण ब्रह्म हैं। कृष्ण के द्वारा कवि इस प्रसंग में यह बता देत है कि उनका भक्तों के साथ भाव के अनुकूल संबंध होता है, वे योगी को योगी और कामी को कामी के रूप में मिलते हैं। यहाँ गोपियों के काम-भाव की उदात्त परितृप्ति ही उनक उद्देश्य है।

'दानलीला' की गोपियों में राधा का मुख्य गोपी के रूप में कई स्थलों पर उल्लेख है। 'दानलीला' के फलस्वरूप गोपियों के मन में कृष्ण के प्रति उत्कट अनुराग पैदा हो जाता है और वे विभोर होकर उन्मत्त की भाँति आचरण करने लगती हैं। प्रेमोन्माद में तथा कृष्ण के प्रति गूढ़ भाव की अनुभूति में राधा का स्थान सबसे प्रमुख है। कवि ने अनेक पदों में राधा-कृष्ण के चिर संयोग का उल्लेख करके उन्हें भक्ति का युगल आश्रय घोषित किया है। कृष्ण के साथ राधा के भी सौन्दर्य का वर्णन किया गया है। राधा-कृष्ण का प्रेम गोपियों के लिए सामान्य चर्चा और प्रेमपूर्ण प्रतिद्वन्द्विता का विषय हो जाता है। अनेक पदों में सूरदास ने राधा, कृष्ण और गोपियों के प्रेम की समस्त प्रकार की अवस्थाओं का विशद चित्रण किया है। राधा के रूप-चित्रणों में ही विशेष रूप से इस स्थान पर दृष्टिकूट शैली का व्यवहार पाया जाता है। राधा-कृष्ण के विहार के अन्तर्गत 'ग्रीष्म-लीला' का भी वर्णन है। 'ग्रीष्म-लीला' के बाद अनुराग समय के पदों में भी उसी विषय के विविध अंगों का वर्णन चलता है तथा 'नैनन समय' और 'अँखियाँ समय' के पदों में कृष्ण की रूप-माधुरी का चित्रण तथा उसके प्रभाव का वर्णन अत्यन्त सूक्ष्मता और विस्तार तथा अभिनव कल्पनाओं के साथ किया जाता है। इसी प्रसंग में 'लघु मानलीला' का भी वर्णन है। 'सूरसागर' का यह अंश सर्वथा मौलिक और प्रेम-काव्य का अत्युत्तम उदाहरण है। 'दानलीला' के साथ प्रेम का यह प्रसंग 'सूरसागर' (सभा) के २९६ पृष्ठों अथवा ९९१ पदों के विस्तार में फैला हुआ है जिसमें एक से एक उत्तम पद कवि की गंभीर अनुभूति और रचना-कौशल का परिचय देते हैं।

'भागवत' में नन्द अपहरण वाले प्रसंग में गोपों को निर्गुण और सगुण रूप के दर्शन कराने के बाद 'रास' का वर्णन आरम्भ किया जाता है जो पाँच अध्यायों तक चलने के कारण 'रास पंचाध्यायी' कहलाता है। 'सूरसागर' के 'रास पंचाध्यायी' या 'रासलीला' का आरम्भ भी कृष्ण के वंशीवादन के चराचरव्यापी प्रभाव से होता है। 'सूरसागर' की मौलिक काव्यगत विशेषता के साथ-साथ इस अंश में 'भागवत' के २९वें अध्याय का सम्पूर्ण विषय समाविष्ट है, परन्तु गोपियों में राधा का प्रमुख उल्लेख, कृष्ण के साथ उसके विवाह का वर्णन तथा राधा-कृष्ण-विहार के चित्रण उनकी स्वतन्त्र और मौलिक कल्पना के परिणाम हैं। राधा-कृष्ण के प्रेम-विहार को कवि ने यहाँ भी बहुत विस्तार दिया है। रास-क्रीड़ा के मध्य में गोपियों को गर्व हो जाने के फलस्वरूप कृष्ण के अंतर्धान हो जाने के वर्णन में 'सूरसागर' में 'भागवत' से थोड़ा सा अन्तर है। 'भागवत' में वर्णन है कि कृष्ण पहले किसी एक गोपी के साथ अंतर्धान हो जाते हैं और बाद में उसे भी उसका गर्व-नाश करने के उद्देश्य से छोड़ देते हैं। 'सूरसागर' में अन्य गोपियों के गर्व का स्पष्ट उल्लेख नहीं है और इस विशिष्ट गोपी को संकेत से राधा सूचित किया जाता है। आगे चलकर यह स्पष्ट कर दिया जाता है कि जिस गोपी को कृष्ण ने अपने साथ लिया था वह राधा थी। राधा और अन्य गोपियों के विरह का वर्णन करने से भी सूरदास ने 'भागवत' का अनुसरण करते हुए अपनी मौलिक काव्य-प्रतिभा का परिचय दिया है। विरह का अनुभव कराने के बाद जब कृष्ण पुनः प्रकट होते हैं, तो वे कहते हैं कि वे तो केवल विनोद में अंतर्धान हो गए थे। 'भागवत' के कृष्ण की भाँति वे स्वार्थ-मैत्री, दया, स्नेहशीलता तथा 'आत्माराम', 'आप्तकाम', 'कृतघ्न' और 'गुरुद्रोही' के भावों की व्याख्या करके अपनी परम दयालुता और सुहृदता का भाव गोपियों को नहीं समझाते, वरन् प्राकृत मानव की भाँति आचरण करते हुए रासलीला आरम्भ करते हैं। रास के वर्णन में भी कवि की गूढ़ तल्लीनता ने 'भागवत' की अपेक्षा विशेष सरसता पैदा कर दी है तथा राधा को कृष्ण के साथ विशिष्ट रूप

से संयुक्त करके रास-क्रीड़ा को राधा-कृष्ण में केन्द्रीभूत कर दिया है। 'भागवत' में गोपियों के साथ कृष्ण की रति-क्रीड़ा और रमण का जो स्पष्ट उल्लेख है और उसके बाद जो उसकी व्याख्या और स्पष्टीकरण है उसे भी सूरदास ने ग्रहण नहीं किया। 'भागवत' में रास के अंतर्गत उसी शरद्रात्रि को यमुना-जलविहार का भी संक्षेप में वर्णन है, किन्तु 'सूरसागर' में 'जलकेलि' दूसरे दिन सबेरे होती है। वर्णन में यहाँ विस्तार तथा चित्रोपमता भी अपेक्षाकृत अधिक है। 'रासलीला' की भी 'सूरसागर' में वर्णनात्मक शैली में पुनरावृत्ति की गई है। उसके बाद रास की महिमा का वर्णन करके कवि ब्रह्म और भृगु के संवाद के रूप में बताता है कि गोपियाँ वस्तुतः श्रुतियाँ थीं जो कृष्ण के सगुण रूप में उनके संयोग के सुख का आनन्द लेने के लिए व्रज में गोपियों के रूप में पैदा हुई थीं। सूरदास (वेंकटेश्वर प्रेस के संस्करण में) बताते हैं कि वह आख्यान 'त्रिपद वामन पुराण' के अनुसार है। 'भागवत' में इस प्रकार का कोई उल्लेख नहीं है।

इस प्रसंग के बाद राधा-कृष्ण के संयोग और रति सम्बन्धी वर्णन हैं और फिर 'राधा का मान' के अंतर्गत रति-चिह्नयुक्त कृष्ण को देख राधा के रूठने, कृष्ण के मनुहार, दूती के कार्य आदि के वर्णन तथा अंत में राधा-कृष्ण की रतिलीला के स्पष्ट चित्र दिए गए हैं।

'खंडिता समय' के अंतर्गत 'सूरसागर' के लगभग पच्चीस पृष्ठों में धृष्ट नायक कृष्ण की खंडिता नायिकाओं—ललिता, चंद्रावली, सुखमा, राधा, वृन्दा, प्रमदा—के साथ प्रेम-कीड़ाओं का वर्णन है। इन नायिकाओं में राधा का मान ही ऐसा है जिसका सूरदास पृथक् 'मानलीला' के रूप में वर्णन करते हैं; अन्य गोपियाँ तो थोड़ी-सी दीनता और विनय-याचना से ही मान जाती हैं। इस प्रसंग में रूप-वर्णन भी हैं—विशेषकर रति-चिह्नयुक्त, और कृष्ण तथा राधा, दोनों के—तथा रति-क्रीड़ा के खुले चित्रण भी हैं। एक स्थान पर बताया गया है कि वस्तुतः कृष्ण का केवल राधा के साथ चिर संयोग है, अन्य गोपियों के यहाँ तो वे केवल शरीर से जाते हैं।

'राधा का बड़ा मान' वर्णन करके सूरदास इस प्रकार का विषय चौथी बार विस्तार के साथ उठाते हैं और इस बार कृष्ण को अत्यन्त दैन्यावस्था में राधा के चरणों पर गिरते हुए चित्रित करते हैं। इस सर्वथा लौकिक व्यवहार और मानवीय वासनाओं से पूर्ण प्रसंग में भी कृष्ण के ब्रह्मत्व के उल्लेख हैं, परन्तु राधा उन पर तनिक भी ध्यान नहीं देती। अन्त में कवि पुनः याद दिलाता है कि कृष्ण का यह अवतार भक्तों के ही लिए है।

'सूरसागर' का आगामी प्रसंग 'हिंडोल लीला' भी 'भागवत' से स्वतन्त्र है। इसमें गोपियों के साथ राधा और कृष्ण के झूला झूलने का वर्णन और चित्रण है।

इतने लम्बे व्यवधान के बाद सूरदास पुनः 'भागवत' की कथा का सूत्र उठाते हैं, परन्तु केवल एक पद में 'विद्याधर शापमोचन' का उल्लेख करके पुनः राधा-कृष्ण के संयोग-सुख का वर्णन करने लगते हैं। राधा-कृष्ण-विहार-क्रीड़ा के ही बीच से शंखचूड़ नामक दैत्य एक गोपी को उठा ले जाता है। 'शंखचूड़ वध' का उल्लेख केवल दो पदों में करके सूरदास कृष्ण की दिनचर्या का वर्णन करने लगते हैं। कृष्ण को जगाने की प्रभातियाँ, कलेऊ और भोजन के नाना व्यंजनों की सूचियाँ, सखाओं के साथ गोचारण, वंशीवादन, गोपों का वंशी के प्रति उत्कट आकर्षण और कृष्ण का व्रज-प्रवेश के समय रूप-सौंदर्य कवि की अनुपम तन्मयता के विषय हैं, जिनमें उसकी गंभीर भक्ति-भावना के साथ-साथ अप्रतिम कवित्व-शक्ति का प्रस्फुटन हुआ है।

कृष्ण के गोचारण के लिए दिन भर वन में रहने के समय गोपियाँ कृष्ण के विरह में किस प्रकार व्यथित रहती हैं तथा उनके रूप-सौंदर्य और मधुर मुरली-वादन की चर्चा में अपना दिन बिताती हैं, इसका उल्लेख 'भागवत' के पैंतीसवें अध्याय में हुआ है। 'सूरसागर' में यह विषय अधिक विस्तार और भावपूर्ण ढंग से वर्णित है। 'गोपिका वचन विरह अवस्था' के अन्तर्गत कृष्ण के मुरली-वादन, उनके रूप और उसके प्रभाव का भी अनेक पदों में वर्णन है।

परन्तु 'भागवत' में वर्णित 'अरिष्ट वध' को 'सूरसागर' में केवल दो पदों में टाल दिया गया है। शीघ्र ही कवि पुनः कृष्ण के अंग-सौंदर्य और उनके व्रज-प्रवेश की शोभा का चित्रण करने लगता है। 'भागवत' में 'अरिष्ट वध' के बाद ही नारद की सलाह से कंस अक्रूर को व्रज भेजने का निश्चय करता है। परन्तु सूरदास ने इस बात का कोई उल्लेख नहीं किया।

'भागवत' के आगामी प्रसंगों, 'केशी' और 'व्योमासुर वध' का भी सूरदास ने अत्यन्त संक्षेप में वर्णन किया है। 'व्योमासुर वध' तो केवल छः पंक्तियों के एक पद में ही समाप्त हो गया। 'केशी वध' में कवि ने किंचित् विवरणात्मक मौलिकता का भी परिचय दिया है। वध की इन लीलाओं में कवि का प्रधान उद्देश्य ब्रजवासियों के भावों—विशेषकर यशोदा के वात्सल्य का चित्रण है।

'सूरसागर' का अन्तिम महत्त्वपूर्ण मौलिक कथा-प्रसंग 'वसंत' और 'फाग' लीला है। नित्य वृन्दावन का मनोहर चित्रण करके कवि कृष्ण और गोप-गोपियों की सम्मिलित आनन्द-क्रीड़ा का होली के रूप में वर्णन करता है, जिसमें किसी प्रकार का संकोच नहीं रहता और समस्त व्रज निर्बाध रूप से आनन्द-स्रोत में निमग्न हो जाता है।

कृष्ण को गोकुल से मथुरा लाने के लिए कंस द्वारा अक्रूर को भेजने का प्रसंग सूरदास ने किंचित् विवरणात्मक भिन्नता के साथ 'भागवत' के ही अनुसार रखा है। 'सूरसागर' में नारद स्वयं कृष्ण की सलाह से कंस को यह परामर्श देने जाते हैं कि कृष्ण-बलराम को मथुरा बुलाना चाहिए। कंस के दु:स्वप्नों तथा नारद के भावी कंस-वध के स्वप्न का वर्णन भी 'सूरसागर' की मौलिकता है जो इस घटना का संवेदनात्मक प्रभाव बढ़ा देती है। अक्रूर के व्रज में पहुँचने के समय व्रजवासियों, विशेषतया गोपियों और यशोदा के करुण भावों के चित्रण में सूरदास ने पुनः अपनी मौलिक कवित्व-शक्ति का परिचय दिया है। स्वयं अक्रूर इस करुण वातावरण से प्रभावित हो जाते हैं तथा उन्हें इसमें भी संदेह होता है कि कृष्ण-बलराम से किस प्रकार अपनी रक्षा कर सकेंगे। इसी कारण कृष्ण अक्रूर को अपने ब्रह्मत्व का आभास देकर उनका संदेह दूर करते हैं। सूरदास कृष्ण-बलराम के साथ अक्रूर के मथुरा पहुँचने तथा मथुरा के नागरिकों और कंस पर उसके द्विविध प्रभावों का वर्णन करके 'अक्रूर लीला' की पुनरावृत्ति करते हैं।

'भागवत' के इकतालीसवें अध्याय के मथुरा-प्रवेश के विवरणों में से 'सूरसागर' में केवल 'रजक वध' का संक्षिप्त उल्लेख है तथा कुछ पदों में मथुरा के नर-नारियों के हर्ष का चित्रण है। इसी प्रकार बयालीसवें अध्याय की कथा में दर्जी, माली और कुब्जा का केवल संक्षिप्त उल्लेख है, 'भागवत' जैसे विवरण नहीं हैं। यहीं पर धनुभंग का भी उल्लेख है। 'भागवत' के तैंतालीसवें अध्याय की कथा सूरदास ने केवल थोड़े से अंतर के साथ उसी के अनुसार, किन्तु संक्षेप में दी है। इसमें 'कुवलयापीड' हाथी तथा 'मुष्टिक और चाणूर' मल्लों का वध वर्णित है। इसके विवरण भी बहुत कुछ 'भागवत' की ही भाँति हैं। 'भागवत' के चवालीसवें अध्याय की कंस-वध की कथा सूरदास ने वर्णनात्मक ढंग से न देकर स्तुति के

रूप में दी है। कंस के साथ उसके सहयोगियों के वध का भी उल्लेख-मात्र किया गया है। वसुदेव-देवकी की मुक्ति, उनके हर्ष, कृष्ण के प्रति उनके प्रेम, उग्रसेन के राज्याभिषेक, कुब्जा को परम सुन्दरी और कृष्ण की पटरानी बनाने आदि के वर्णन के बाद 'सूरसागर' में पुनः 'कंस-वध' लीला संक्षेप में वर्णनात्मक शैली में दी गई है।

कृष्ण के नंद आदि गोपों को व्रज के लिए विदा करने का वर्णन पुनः कवि को भावात्मक मौलिकता के प्रकाशन का अवसर देता है और वह इस घटना का बड़ी स्वाभाविकता और मार्मिकता से चित्रण करता है।

आगामी प्रसंग में 'सूरसागर' में 'भागवत' से और अधिक स्वतन्त्रता और मौलिकता का दर्शन होता है, जब सूरदास नन्द के व्रज-आगमन और यशोदानन्द के वार्तालाप का वर्णन करते हैं। माता-पिता के विरहजन्य करुण वात्सल्य का चित्रण कवि ने बड़ी आत्मीयता के साथ विस्तारपूर्वक किया है, जिसमें उसने अनेक छोटे-छोटे कथा-संदर्भों की कल्पना करके अपने भाव-चित्रण का प्रभाव बढ़ा दिया है। नन्द और यशोदा की अपेक्षा गोपियों के विरह का चित्रण भी कम प्रभावोत्पादक नहीं है। कवि ने उसे विस्तार भी अपेक्षाकृत अधिक दिया है। 'नैन प्रस्थांबु पद', 'स्वप्न दर्शन वर्णन', 'पावस समय वर्णन' और 'चंद्र प्रति तरक वदति' के अंतर्गत गोपियों की विरहावस्था का अनेक परिस्थितियों में अत्यन्त मार्मिक चित्रण किया गया है।

इस लम्बे मौलिक विवरण-चित्रण के बाद केवल एक पद में सूरदास बताते हैं कि मथुरा में विद्याध्ययन करते समय कृष्ण को व्रज की सुधि आई, उन्होंने अपने गुरु से दक्षिणा माँगने की प्रार्थना की, गुरु-पत्नी के इच्छानुसार उनके मृत पुत्र को यमलोक से लाकर कृष्ण मथुरा लौटे और तब उद्धव को व्रज भेजा।

'भागवत' के छियालीसवें अध्याय में उद्धव को व्रज भेजने का उद्देश्य केवल नन्द-यशोदा को कृष्ण का संदेश देकर सुखी करना और गोपियों को सांत्वना देना बताया गया है। कृष्ण गोपियों की भक्ति की प्रशंसा गद्‌गद भाव से करते हैं और उनके पास अपने 'प्रिय सखा, साक्षात् बृहस्पति जी के शिष्य महामतिमान् उद्धव जी' को अपना सन्देश देकर भेजते हैं। परन्तु 'सूरसागर' में उद्धव को व्रज भेजने का कारण यह बताया गया है कि उद्धव अपने पांडित्य और ज्ञान के गर्व में सगुण भक्ति का उपहास करते हैं तथा गोपियों के भाव तथा कृष्ण के गोपी-प्रेम की अवहेलना करते हैं, इसलिए कृष्ण ने सोचा कि उन्हें व्रज भेज कर प्रेम-भक्ति में दीक्षित किया जाए। 'भागवत' और 'सूरसागर' के दृष्टिकोण में इस मौलिक अंतर के अतिरिक्त सूरदास ने कृष्ण के माता-पिता और गोपियों के प्रति संदेश और पत्र-लेखन तथा कुब्जा के राधा के प्रति संदेश और पत्र-लेखन, गोपियों के शुभ-शकुन-दर्शन आदि के सम्बन्ध में अनेक छोटे-छोटे विवरणों की सरस कल्पनाएँ की हैं। इसी प्रकर उद्धव के व्रज-प्रवेश और व्रजवासियों से उनकी भेंट के सम्बन्ध में कवि ने मौलिक उद्‌भावनाएँ की हैं। सूरदास का 'भ्रमरगीत' 'भागवत' का थोड़ा-सा आधार स्वीकार करके मौलिक रूप से रचा गया है। 'भागवत' ने ज्ञान को कदर्य और हीन नहीं बताया—भक्ति केवल सुलभता और प्रेयता के कारण श्रेष्ठ कही जा सकती है, किन्तु ज्ञान की महिमा कम नहीं है। किन्तु सूरदास ने ज्ञान-मार्ग का ही नहीं, योग और कर्म-काण्ड की भी धज्जियाँ उड़ाई हैं। 'भागवत' की गोपियाँ उद्धव का ज्ञानोपदेश सुनकर सन्तुष्ट हो जाती हैं, परन्तु सूरदास की गोपियाँ अपने व्यंग्य और करुण वाक्यों से उद्धव का ज्ञान भुलाकर उन्हें सगुण का 'चेला' बना लेती हैं। उद्धव को पांडित्य भूल जाता है और वे

लौटकर गोपियों की ओर से कृष्ण की निष्ठुरता की आलोचना करते हैं। इस प्रकार यह समस्त प्रसंग भक्ति के दृष्टिकोण और अनेक विवरणों की उद्‌भावना तथा विस्तार में 'भागवत' के 'भ्रमरगीत' से बहुत भिन्न तथा कवित्व के विचार से अत्यन्त श्रेष्ठ है। 'भ्रमरगीत' के सम्पूर्ण कथा-प्रसंग की कवि ने वर्णनात्मक शैली में दो बार पुनरावृत्ति भी की है।

दशम स्कंध—पूर्वार्ध के अंतिम पद में संक्षेप में उल्लेख किया गया है कि कृष्ण अक्रूर के घर जाकर उन्हें हस्तिनापुर भेजते हैं, अक्रूर वहाँ जाकर पांडवों को कौरवों से त्रस्त देखते हैं तथा कुन्ती कृष्ण की सहायता की प्रार्थना करती है। यह पद केवल दशम स्कंध—उत्तरार्ध की कथा की पूर्व-सूचना मात्र है, उसका इस स्कंध की भावभूमि में कोई स्थान नहीं है।

उत्तरार्ध

'सूरसागर' का दशम स्कंध—उत्तरार्ध 'जरासंध के द्वारका आगमन' से आरम्भ होता है। जरासंध-युद्ध का वर्णन केवल दो पदों में हुआ है। आगामी एक पद में जरासंध के अठारहवें आक्रमण का उल्लेख है, जब वह कालयवन के साथ आता है। यह विवरण 'भागवत' से भिन्न है। यहीं कालयवन के वध का उल्लेख है। कृष्ण के 'द्वारका प्रवेश' के समय सूरदास को यहाँ भी कृष्ण के रूप-चित्रण का अवसर मिल जाता है।

द्वारका के शोभा-वर्णन के बाद रुक्मिणी के पत्र-लेखन, भक्ति-भाव और विरह का वर्णन किया गया है। इस प्रसंग में भी 'भागवत' की अपेक्षा विवरणात्मक संक्षेप और भावात्मक विस्तार हैं। 'जरासंध', 'शाल्व', 'दन्तावक्र' इत्यादि के साथ कृष्ण के युद्ध का उल्लेख-मात्र कर दिया गया है तथा कुछ विवरणों में यत्किंचित् भिन्नता भी है। रुक्मिणी और कृष्ण के विवाह का चित्रण उनके पद और महत्ता के अनुरूप है, जिसमें राधा-कृष्ण के ग्रामीण सम्बन्धों की छाया भी नहीं है।

प्रद्युम्न के जन्म और 'शंबरासुर' के वध का एक पद में केवल उल्लेख मात्र किया गया है। इसी प्रकार 'सत्यभामा' के साथ विवाह, 'सत्राजित' और 'शतधन्वा' का वध तथा कृष्ण के अन्य पाँच विवाहों का अत्यन्त संक्षिप्त उल्लेख हुआ है। 'भौमासुर वध' का वर्णन, सोलह सहस्र कुमारियों की मुक्ति और विवाह तथा 'सत्यभामा' के लिए 'कल्पवृक्ष' लाने की कथा भी अत्यंत संक्षिप्त और भागवती कथा की रूपरेखा मात्र है। 'प्रद्युम्न विवाह' का भी संक्षेप में वर्णन है और इसी के साथ 'रुक्म वध' का उल्लेख है जो 'भागवत' में अनिरुद्ध के विवाह के अवसर पर दिया गया है।

'वाण वध' और 'उषा-अनिरुद्ध विवाह' की कथा भी केवल दो पदों में कह दी गई है। शिव की भक्ति की अपेक्षा कृष्ण-भक्ति की महत्ता इस कथा का उद्देश्य है। 'सूरसागर' में संक्षेप में इसका उल्लेख किया गया है।

सूरदास ने राजा 'नृग के उद्धार' की कथा में जिसने किसी ब्राह्मण की गाय धोखे से दान कर देने के कारण गिरगिट का जन्म पाया था 'भागवत' की ब्राह्मण-भक्ति का उल्लेख तक नहीं किया, केवल भगवान् की अगम कृपा और 'सब तज हरि भज' का बखान किया है।

बलभद्र के व्रज-आगमन का वर्णन सूरदास ने अपेक्षाकृत अधिक रुचि से किया है। उनका भाव यहाँ भी 'भागवत' से भिन्न है। वे यशोदा से मातृवत् ही व्यवहार कराते हैं;

भक्तवत् नहीं। बलभद्र के विहार-विलास का वर्णन 'भागवत' की अपेक्षा संक्षिप्त है तथा कालिंदी और वारुणी को सूरदास ने व्यक्तियों की भाँति चित्रित किया है।

शिव के भक्त पौंड्रक राजा के वध का संक्षिप्त विवरण तो 'सूरसागर' में है, परन्तु उनकी शिव-भक्ति के सम्बन्ध में उन्होंने कोई विचार नहीं प्रकट किया। सूरदास ने पौंड्रक को 'पुंडरीक' कर दिया है।

इसी प्रकार दशम स्कंध की अन्य कथाएँ भी सूरदास ने केवल संकेत करके छोड़ दी हैं। 'सांब और लक्ष्मण', 'नारद मोह', 'हस्तिनापुर गमन', 'जरासन्ध वध', 'शिशुपाल वध', 'शाल्व वध', 'दंतवक्र वध', 'वल्वल वध', की कथाएँ इसी प्रकार की हैं। जिन कथाओं को 'भागवत' के पूरे-पूरे अध्यायों में दिया गया है और जिनमें कथा के विवरणों के साथ ऐतिहासिक, धार्मिक, दार्शनिक और आध्यात्मिक सामग्री और विचारधाराएँ प्रचुर मात्रा में हैं उन्हें सूरदास ने प्राय: एक-आध पद में ही कहकर संतोष कर लिया। उनकी उदासीनता वहीं पर किंचित् भंग होती दिखाई देती है जहाँ उन्हें भक्ति-भाव के प्रकाशन का अवसर मिलता है।

'भागवत' के इस स्कंध की सबसे मार्मिक कथा 'सुदामा दारिद्र्य भंजन' है। सूरदास ने उसके हृदय-स्पर्शी, करुण और भक्ति-भावपूर्ण स्थलों को लेकर अनेक मनोहर पद रचे हैं। परन्तु 'भागवत' के इस प्रसंग से भी सूरदास के प्रेमप्रवण और वियोग-कातर हृदय को शांति नहीं मिलती और वे व्रज की ओर लौट पड़ते हैं। व्रजनारियों के द्वारा उनकी वियोग-कथा श्याम तक पहुँचाने के लिए एक सन्देशवाहक को भेजे जाने की कल्पना सर्वथा मौलिक है। इसके बाद राधा और गोपियों के प्रेम के सम्बन्ध में कृष्ण-रुक्मिणी की बातचीत में उन्हें कृष्ण के व्रज-प्रेम के मार्मिक चित्रण करने का अवसर मिल जाता है।

कुरुक्षेत्र में कृष्ण और व्रजवासियों की भेंट का वर्णन तो 'भागवत' में है; परन्तु सूरदास के वर्णन में जो आत्मीयता है उसकी छाया भी 'भागवत' में नहीं है। सूरदास ने सर्वथा मौलिक ढंग से कृष्ण के दूत के व्रज पहुँचने के पहले गोपियों के शुभ शकुनों तथा उनके भग्न हृदय के तज्जन्य आंशिक आशोन्मेष का चित्रण किया है। कृष्ण-दूत-आगमन के अवसर पर ऐसा लगता है मानो सूरदास पुन: 'भ्रमरगीत' का प्रसंग उठाने वाले हैं। इन पदों का विषय सर्वथा मौलिक और 'भागवत' से स्वतन्त्र है और कुरुक्षेत्र में कृष्ण, रुक्मिणी, राधा, यशोदा आदि की परस्पर भेंट के चित्रण में कवि ने मौलिक उद्भावना की प्रतिभा के साथ महत्तम और गम्भीर भावों को संक्षेप में अपूर्व प्रभावशाली ढंग से व्यक्त करने की शक्ति का परिचय दिया है।

राधा-कृष्ण की अन्तिम आध्यात्मिक भेंट के वर्णन में तल्लीन होकर सूरदास कुरुक्षेत्र के युद्ध को बिल्कुल भूल गए और ऋषियों के स्तवन को भी मानो ज्यों-त्यों प्रथा-पालन की ही भाँति दे सके।

स्कंध की शेष कथाएँ 'सूरसागर' में केवल पूर्ति के लिए ही दी गई जान पड़ती हैं। यमलोक से देवकी के छ: पुत्रों को लाने का उल्लेख केवल एक पद में है। वेदों के द्वारा कृष्ण-स्तुति में न अध्यात्म है, न दर्शन; है केवल सूरदास का भक्तिभाव। 'सुभद्रा-हरण', 'अर्जुन-सुभद्रा-विवाह', 'जनक और श्रुतिदेव' के यहाँ 'कृष्ण आगमन' तथा 'वकासुर-वध', 'भृगु-परीक्षा' और अंत में 'शंखचूड़' ब्राह्मण के पुत्रों की गर्भ में रक्षा के कथा-प्रसंग भी 'सूरसागर' में कथा-पूर्त्यर्थ ही दिए गए हैं, कवि की उनमें लेशमात्र भी रुचि नहीं दिखाई देती।

सूरसागर की मौलिकता

'सूरसागर' के स्कंधों की कथा के उक्त परिचय से यह स्पष्ट हो गया कि 'भागवत' की कथा को कवि ने दो भिन्न उद्देश्यों से दो रूपों में ग्रहण किया है। दशम स्कंध-पूर्वार्ध के अतिरिक्त अन्य स्कंधों में उसका उद्देश्य सामान्य रूप से भक्तवत्सल भगवान् का यश-वर्णन और हरि-भक्ति तथा हरि-भक्तों की महिमा का गुणगान करना विदित होता है। फलतः उसने 'भागवत' में वर्णित अवतारों की कथा को ही चुना है, अन्य पौराणिक आख्यान जिनमें सृष्टि की कथा, विशेषतया अवतारों की भूमिका के रूप में उपस्थित की गई है, उसने बिल्कुल छोड़ दिए। अवतारों की कथा में परस्पर घटना-सम्बन्ध देने का भी उसने कोई प्रयत्न नहीं किया। 'भागवत' का आधार लेने के कारण कवि का प्रयत्न कहीं-कहीं अत्यन्त शिथिल, अरोचक और कथा-पूर्त्यर्थ मात्र जान पड़ता है। इस अंश की शैली भी प्रधानतया वर्णनात्मक है। परन्तु 'सूरसागर' का यह अंश परिमाण में अत्यंत न्यून है।

'भागवत' के पौराणिक आख्यानों से भी अधिक 'सूरसागर' में उसके दार्शनिक पक्ष की उपेक्षा की गई है। 'भागवत' के स्तोत्रों और प्रवचनों के रूप में जो विस्तृत और गम्भीर व्याख्याएँ दी गई हैं, सूरदास ने उनमें से केवल भक्ति और भक्तों की प्रशंसा को चुना है। भक्ति की महिमा प्रमाणित करने के लिए भी कवि ने 'भागवत' की तर्क शैली का व्यवहार नहीं किया। फलतः भक्ति-भाव के प्रकाशन का अवसर मिलते ही वह प्रायः वर्णनात्मक शैली को छोड़कर भावात्मक पद-शैली का व्यवहार करने लगता है।

यहाँ पर प्रश्न उठता है कि क्या 'सूरसागर' के वर्णनात्मक अंश स्वतंत्र रूप से 'भागवत' की कथा की रूपरेखा उपस्थित करते हैं? और, यदि ऐसा है तो क्या गेय पद-शैली वाले अंश उसी रूपरेशा के विभिन्न स्थलों पर विषयानुसार रख दिए गए हैं? वस्तुतः यह प्रश्न भ्रमपूर्ण है और इस भ्रम का आधार है 'सूरसागर' का द्वादश स्कंधों में विभाजन। जैसा कि ऊपर कहा गया है, 'सूरसागर' के वर्णनात्मक अंश परिमाण में अत्यंत न्यून तथा उसकी शैली अत्यन्त शिथिल है। अतः यह अनुमान नहीं किया जा सकता कि कवि का उद्देश्य कभी भी वर्णनात्मक शैली में 'भागवत' की संपूर्ण कथा देना था। गेय पदों से वर्णनात्मक अंशों को पृथक् करके 'भागवत' की कथा की एक शिथिल रूपरेखा भी नहीं बनाई जा सकती। अनुमान तो यह होता है कि 'भागवत' की कथा को सुनकर कवि ने दशम स्कंध—पूर्वार्द्ध के अतिरिक्त अन्य स्कंधों पर अपने भाव के अनुकूल, कभी प्रबन्धात्मक और कभी स्फुट रीति से पद-रचना की। इस पद-रचना को स्कंधों के कथा-क्रम से संग्रह करके देखने से जहाँ कथा-सूत्र छूटे हुए पाए गए वहाँ से पूर्ति-मात्र के विचार से वर्णनात्मक शैली में रच दिए गए। यह भी संदेह हो सकता है कि ये वर्णनात्मक अंश स्वयं हमारे कवि सूरदास की रचना भी हैं या अन्य किसी ने 'सूरसागर' को 'भागवत' का बाह्य रूप दे दिया। यह संदेह इसलिए और पुष्ट होता है कि 'सूरसागर' के इस द्वादश स्कंधी-क्रम वाले रूप से 'सूरसागर' का वास्तविक रूप छिप जाता है और यह रूप संभवतः लीला-क्रम वाले रूप की अपेक्षा बाद का है। इन वर्णनात्मक अंशों में बार-बार दुहराया गया है कि सूरदास 'भागवत' के अनुसार वर्णन कर रहे हैं।

दशम स्कंध—पूर्वार्ध की स्थिति भिन्न है। इसमें भी वर्णनात्मक अंश हैं। परन्तु एक तो वे ऐसे नहीं हैं कि उन्हें एकत्र करके दशम स्कंध-पूर्वार्ध की सम्पूर्ण कृष्ण-लीला पूर्वापर प्रसंगानुसार उपस्थित की जा सके, दूसरे, उनमें शैली, गति, लय, चमत्कार और भावाभिव्यक्ति आदि कवित्व के उच्च गुणों का ऐसा अभाव नहीं है जैसा कि अन्य स्कंधों के वर्णनात्मक अंशों

में। कुछ अंशों में तो कवि की गम्भीर तन्मयता तथा परिपक्व रचना-शैली का दर्शन होता है। इन अंशों की एक और महत्वपूर्ण विशेषता यह है कि ये प्रायः कृष्ण-लीला के किसी ऐसे कथा-प्रसंग को स्वतंत्र रूप में उपस्थित करते हैं जो कथा की दृष्टि से स्वतः पूर्ण हो। इन्हें कृष्ण की विभिन्न 'लीलाओं' के नाम से अभिहित किया गया है। साहित्य की भाषा में हम इन्हें खण्डकाव्य कह सकते हैं। पुनः, ये वर्णनात्मक लीलाएँ या खण्डकाव्य फुटकर गेय पद-शैली में दिए हुए कथा-प्रसंगों की पुनरावृत्तियाँ हैं, अतः इन्हें सरलता से पृथक् करके स्वतंत्र रचना का रूप दिया जा सकता है। प्रारम्भ में दी हुई सूरदास की तथाकथित रचनाओं की सूची में अनेक यही रचनाएँ हैं। खण्डकाव्य की कोटि तक पहुँची हुई सूरसागर की लीलाओं में भागवती और मौलिक दोनों प्रकार की लीलाएँ हैं। 'हरिदांवरि बाँधन' तथा 'यमलार्जुन उद्धार', 'बाल-वत्स-हरन', 'कालियदमन', 'चीरहरण', 'गोवर्धनधारण', 'रासलीला' तथा 'उद्धव आगमन हेतु' और 'भँवरगीत' की कथाएँ 'भागवत' पर आधारित हैं परन्तु जैसा कि पीछे दिखाया गया है उनकी रचना में कवि ने पूर्ण मौलिकता और स्वतन्त्रता प्रदर्शित की है। 'श्रीराधा-कृष्ण मिलन', 'पनघट प्रस्ताव', 'दानलीला', 'खंडिता समय', 'मान लीला', 'बसंत और फाग' तथा 'हिंडोललीला' सर्वथा स्वतंत्र और मौलिक हैं।

इनके अतिरिक्त 'ग्रीष्मलीला', 'जलक्रीड़ा', 'अनुराग समय', 'नैनन समय', 'अँखियाँ समय', 'नैन प्रस्थांबु', 'पावस समय', 'चन्द्र प्रति तरक वदति', 'स्वप्न समय' आदि शीर्षकों के अंतर्गत जो भावनामूलक विस्तृत वर्णन मिलते हैं उनमें कृष्ण-लीला के प्रसंगों को लेकर सहस्त्रों पदों की रचना कवि ने सर्वथा मौलिक रूप में की है। न केवल कवित्व में, वरन् प्रबन्धात्मक संदर्भों में भी कवि की स्वतन्त्र उद्‌भावना का परिचय मिलता है।

'सूरसागर' के दशम-स्कंध पूर्वार्ध में कृष्ण की बाल और किशोर जीवन की विविध अवस्थाओं और अवसरों तथा उनकी दिनचर्या से सम्बन्धित पदों, उपर्युक्त खण्डकाव्य की कोटि के छोटे-छोटे प्रबन्धों तथा विभिन्न शीर्षकों के अंतर्गत संग्रहीत भावनामूलक पदों को पृथक्-पृथक् पाकर यह भी अनुमान किया जाता है कि 'सूरसागर' सूरदास की 'कृतियों' का संग्रह है।[१] इन प्रसंगों को अलग-अलग पुस्तकाकार पाने से इस अनुमान को पुष्टि मिलती है। भावोन्मेष की दृष्टि से गीति-पद स्वतः पूर्ण होते हैं, इसलिए और इस अनुमान को बल मिलता है। परन्तु वस्तुतः इतना सब होते हुए भी 'सूरसागर' का दशमस्कंध—पूर्वार्ध कृष्ण-लीला का एक गीत्यात्मक प्रबंध है तथा उसमें लीला-क्रम से न केवल कृष्ण की विभिन्न अवस्थाओं का संबद्ध चित्रण है, वरन् भक्तिभाव और कवि की अनुभूति के विकास की दृष्टि से भी उसमें क्रम-व्यवस्था है। सूरदास के भक्ति और काव्य-विषयक अध्ययनों में उक्त प्रबन्धात्मकता और विकासक्रम को समझने का प्रयत्न किया गया है।

अस्तु, 'भागवत' की घटनाओं के निर्वाचन, 'भागवत' की विभिन्न कृष्ण-लीलाओं को नवीन प्रबन्धात्मकता देने, सर्वथा मौलिक कथा-प्रसंगों की कल्पना करने, कृष्ण-लीला की विविध अवस्थाओं और परिस्थितियों का काव्यपूर्ण चित्रण करने और संपूर्ण कृष्ण-लीला को एक नवीन और मौलिक प्रबंध के रूप में गूँथकर उसके द्वारा प्रेम-भक्ति की अनुभूति का क्रम-विकास उपस्थित करने के कारण सूरदास की यह कृति उनकी पूर्णतया मौलिक रचना समझी जाएगी, भले ही उसके प्रबन्ध और भाव दोनों के सूत्र 'भागवत' से प्राप्त हुए हों। सूरदास की

---

१. **विचार-धारा—प्रो० धीरेन्द्र वर्मा, पृष्ठ ९८।**

प्रेम-भक्ति के प्रकाशन में राधा का स्थान महत्वपूर्ण है, यद्यपि 'भागवत' में राधा का नामोल्लेख तक नहीं है। 'सूरसागर' की गोपियों का भाव भी 'भागवत' की गोपियों से भिन्न, उसी का विकसित रूप है। सूरदास ने रास के अंत में गोपियों की उत्पत्ति का उल्लेख करके तथा 'वामन पुराण' को साक्षी देकर[1] इस अंतर और 'भागवत' से अपनी स्वतंत्रता का संकेत भी किया है।

सूरसागर सारावली[2]

इस रचना की कोई प्राचीन हस्तलिखित प्रति आज तक नहीं मिली। बंबई तथा लखनऊ से प्रकाशित 'सूरसागर' की प्रतियों में आरम्भ में यह रचना मिलती है। परन्तु इसका आधार कौन सी हस्तलिखित प्रति है, इसका उल्लेख कहीं नहीं हुआ है। यहाँ 'सूरसागर' (वें० प्रे०) के साथ छपी हुई 'सारावली' का विवेचन किया जाता है। इसका शीर्षक है, 'अथ श्री सूरदास जी रचित सूरसागर सारावली। तथा सवा लाख पदों का सूचीपत्र।' आरम्भ में 'बन्दौं श्री हरिपद सुखदाई' की टेक के साथ तनिक हेरफेर से 'सूरसागर' का प्रारंभिक वंदना वाला प्रसिद्ध पद है। तदनन्तर 'सार' और 'सरसी', केवल दो छन्दों का प्रयोग किया गया है। प्रत्येक छंद के बाद उसकी संख्या लिखी हुई है, जो कुल ११०७ है। छंद संख्या ११०२ और ११०३ में बताया गया है कि "कर्मयोग, ज्ञान और उपासना के भ्रम में भटकने के बाद श्रीबल्लभ गुरु ने तत्त्व सुनाया और लीला-भेद बताया। उसी दिन से 'एक लक्ष पद बंद' में हरि लीला गाई। उसका 'सार' 'सूरसारावलि' अति आनन्द से गाते हैं।" इस प्रकार इस रचना का विषय 'सूरसागर' के पदों की सूची अथवा सार कहा गया है। पद-संख्या ९६६ के बाद 'इति दृष्टकूट सूचनिका सम्पूर्ण' से भी यही सूचित होता है। 'सारावली' की वस्तु के विश्लेषण से यह निर्णय किया जा सकता है कि 'सारावली' का यह दावा कहाँ तक ठीक है।

वस्तु विश्लेषण

आरम्भ के पाँच छन्दों में कहा गया है कि वृन्दावन के 'कुंजलता विस्तार' में कालिंदी के तट पर सुन्दर प्राकृतिक वातावरण में गोपियों के मंडल के बीच प्रिया के साथ नित्य विहार करते हुए अविगत, आदि, अनन्त, अनुपम, अलख, 'पूर्णब्रह्म प्रकट पुरुषोत्तम' के मन में 'सृष्टि विस्तार' का विचार आया और उन्होंने अपने आप पुरुष का अवतार प्रकट किया। इसके बाद तीन गुणों और अट्ठाईस तत्वों के प्राकट्य, ब्रह्मा के तप और ब्रह्मा द्वारा सृष्टि-विस्तार का उल्लेख है। यहीं कहा गया है कि यह सृष्टिरचना होली खेलने के लिए हुई।[3] ब्रह्मा के दस पुत्र, स्वायंभुव मनु और शतरूपा 'नार' वाराह अवतार, सांख्यकार कपिल-अवतार, आठ लोकपाल, सत्य आदि लोक, ध्रुवराज पर कृपा, पृथु अवतार, नवखण्ड, सप्तद्वीप और देव-दानव युद्ध के उल्लेखों के बाद पुनः 'फगुवा' का उल्लेख है। हरि ने असुरों को मार कर देवों को राज्य दिया। एक को 'फगुवा' में इन्द्रासन दिया और एक को पाताल का राज। फगुवा गाकर विद्याधर, गंधर्व, अप्सरा आदि सबको सुख मिला। हरि ने शशि को फगुवा में चन्द्रलोक दिया।

---

१. सू० सा० (वे० प्रे०), स्कंध १० पृ०, पृ० २६३-२६४।
२. सू० सा०, श्री वेंकटेश्वर प्रेस, सं० १९८० वि०—सूरसागर सारावली।
३. सूरसागर—सूरसागर सारावली, पृ० १, छंद १६, १७।

इसी प्रकार हरि ने अपने-अपने स्थानों पर 'फगुवा' चुका दिया।[१] इसके बाद कहा गया है कि जब-जब हरि की माया से दानव प्रकट हुए, तब-तब कृष्ण ने अवतार लेकर असुरों का संहार किया। उन्हीं चौबीस अवतारों का वर्णन किया जाता है।[२] सृष्टि की कथा के साथ शूकर, यज्ञपुरुष, कपिल, दत्तात्रेय, सनकादि, नारायण, ध्रुव उद्धार, पृथु, ऋषभ, हयग्रीव, मीन और कूर्म का संक्षिप्त वर्णन करने के बाद[३] नृसिंह-अवतार और प्रह्लाद-उद्धार की कथा का अपेक्षाकृत अधिक विस्तार के साथ वर्णन किया गया है।[४] पुनः धन्वन्तरि और परशुराम के संक्षिप्त उल्लेख करके रघुकुल वंश में चतुर चूड़ामणि, पुरुषोत्तम, सुकुमार राम के अवतार की कथा विस्तार के साथ कही गई है।[५] रामावतार की भूमिका बताकर वाल्मीकि-अवतार का उल्लेख किया गया है और कहा गया है कि 'रामचरित सुखसार से तीनों लोक परिपूर्ण हो गए, शत कोटि रामायण की, तब भी पार नहीं पाया। वशिष्ठ ने रामचन्द्र से रामायण कही, काकभुशुंड ने गरुड़ से रामचरित कहा तथा सकल वेद और शास्त्रों ने रामचन्द्र-यशसार कहा। अब लघुमति, दुर्बल, बाल सूर कुछ संक्षेप में रसना को पावन करने तथा भव-जंजाल मेटने के लिए कहता है। पुरुषोत्तम श्रीराम तीनों व्यूह लेकर प्रकट हुए। संकर्षण और प्रद्युम्न लक्ष्मण और भरत हैं और अनिरुद्ध शत्रुघ्न।'[६] चारों भाइयों की बाल-क्रीड़ा और बाल-शोभा का विस्तार से वर्णन किया गया है, जिसमें 'सूरसागर' में वर्णित कृष्ण की बाल-केलि की स्पष्ट छाया जान पड़ती है। कहीं-कहीं तो शब्द भी ज्यों के त्यों दुहराए गए हैं।'[७] रामचरित का वर्णन अत्यंत सांगोपांग और पूर्वापर संबंध युक्त है। कोई प्रधान घटना छोड़ी नहीं गई। अंत में फिर वाल्मीकि द्वारा शतकोटि-चरित्र-वर्णन का उल्लेख है।[८] रामावतार के उपरांत वेद-व्यास, बुद्ध, कलंकी, मोहिनी और हरि-हलधर के अवतार तथा गजोद्धार का संक्षेप में उल्लेख है। फिर वामनावतार की कथा किंचित् विस्तार से कही गई है।[९] तदनंतर विभु, विष्वक्सेन, धर्मसेतु, शेष, सुधर्म, योगीश्वर और वृहद्भानु अवतारों का कारण सहित उल्लेख करके कहा गया है कि 'कृष्ण के ये अनेक अवतार कौन वर्णन कर सके। व्यास ने जो पुराण में कहे हैं, वे ही सूरदास ने वर्णन किए। श्याम ने अंशकला अवतार कवि के कहने में नहीं आते। भक्तों पर जहाँ-जहाँ भीर पड़ती है, वहाँ-वहाँ वे शरीर धारण करके आते हैं।'[१०]

'इस प्रकार होली खेलते बहुत सुख पाया। जगत् में नाना अवतार धर कर भक्तों को चरित्र दिखाया। राम-कृष्ण अवतारी के बहुत विधि अंशकला अवतार हुए। व्रज-मंडल के सुखकारी नंद-सदन में वे सदा विहार करते हैं। नित्य, अखंड, अनूप, अनागत, अविगत, अनघ, अनन्त हरि ने जब लीला-विस्तार को प्रकट करने की सुध की, तो वृषभानुरूप होकर फिर उदार

---

१. सूरसागर—सूरसागर सारावली, पृ० २, छंद २७-३४।
२. वही, पृ० २, छंद ३५-३६।
३. वही, पृ० २-४, छंद ३७-१००।
४. वही, पृ० ४-५, छंद १०१-१३५।
५. वही, पृ० ५-११, छंद १४०-३१६।
६. वही, पृ० ६, छंद १५३-२५१।
७. वही, पृ० ६-७, छंद १६५-१९७।
८. वही, पृ० ११, छंद ३१४।
९. वही, पृ० १२, छंद ३२५-३४६।
१०. वही, पृ० १३, छंद ३५३-३५४।

व्रजराज प्रकटे; यशुमति से ब्रह्म-विद्या कही जिसकी उदार कोख में सोलह कला से चन्द्र प्रकट हुआ, जिसने तिमिर विदार दिया। फिर वसुदेव-देवकी ने पहले हरि वर पाया है और पूर्ण भाग्य पाकर हरि प्रकट हुए, जिससे यदुकुल का ताप नष्ट हुआ।'[१] इस भूमिका के बाद कृष्णावतार का वर्णन आरम्भ होता है। चतुर्भुज रूप कृष्ण का प्रकट होकर अपने अवतार का प्रयोजन समझाना, शिशु होकर रोने लगना तथा वसुदेव द्वारा बाधाओं के रहते हुए भी गोकुल पहुँचाया जाना आदि घटनाओं का संक्षेप में उल्लेख है। कंस के क्लेश सम्बन्धी प्रसंग का किंचित् विस्तार है। नन्द के यहाँ के हर्ष और आनन्द के वर्णन में गोवर्धन के ढाढ़ी और ढाढ़िन के झगा-पगा, पाग-पिछौरी, नूपुर आदि पहनकर नाचने का भी उल्लेख है। यहाँ पर व्रजपति महर, उपनन्द, धरानन्द, ध्रुवनन्द, सुरसुरानन्द और कर्माधर्मानन्द के ढाढ़ी को तथा व्रजरानी का ढाढ़िन को अलग-अलग दान देने का उल्लेख किया गया है। दोनों असीस देकर कीर्ति गाते हुए निर्भय भवन को चले गए।[२]

उधर नन्द 'नाना विधि के रत्नों से अधिक अमूल्य विविध खिलौने' लेने मथुरा गए, इधर व्रज में पूतना आ गई। मथुरा में व्रज के उत्पात का समाचार पाकर नन्द तुरन्त लौट आए।[३] पूतना वध के बाद ग्वालों द्वारा काष्ठ-तन के फूँके जाने का भी उल्लेख है।[४] संकट दूर होने पर नन्द ने विप्र बुलाकर वेद-ध्वनि करवाई और आरती उतार कर मंगल की बधाई की। एक दिन हरि ने 'करोटी' (करवट) ली, तब भी विप्र बुलाकर स्वस्तिवाचन कराया गया।[५] भादों देवछठ के शुभ दिन बलभाई प्रकट हुए। वर्ष दिवस पहले ही शेष ने व्रज-मण्डल में प्रकट होकर महा-वपु धारण किया था। अब उन्होंने अपना धाम जानकर अपना भुवरूप प्रकट किया।[६]

शकटासुर-वध, मुख में विश्वरूप-दर्शन और तृणावर्त-वध के उल्लेख के बाद कहा गया है कि 'वसुदेव ने नामकरण के लिए व्रजराज के घर गर्गराज मुनिराज महर्षि को भेजा, जिन्होंने नामकरण करके दोनों को नारायण-सम बताया और कहा कि रामकृष्ण का मनोहर अवतार भक्तों के हित काज हुआ है। महर व्रजराज सुनो, ये तुम्हारा बहुत काज करेंगे।'[७] इसके बाद कागासुरवध का वर्णन करके बालकेलि में चन्द्र के लिए कृष्ण के हठ का वर्णन किया गया है, जिसे सुनकर 'बूढ़े बाबू दर्शन को आते हैं और लाल को चन्द्रमणि देते हैं।'[८] माखन-चोरी, माटी-भक्षण और दाँवरी-बन्धन के संक्षिप्त उल्लेखों के बाद यमलार्जुन-उद्धार का किंचित् विस्तार है, जिसके प्रसंग में 'महर जू' और 'यशुमति जू' के झगड़े में महर का गर्ग-वचन की याद दिलाने का उल्लेख है।[९] वृन्दावन-प्रवास, गोचारण, छाक, कालियदमन, दावानलपात्र, चीरहरण, रास, गोवर्धनधारण, धेनुक, प्रलंब और शंखचूड़ के संहार, यज्ञपत्नी-

---

१. **सूरसागर—सूरसागर सारावली, पृ० १३, छंद ३५९-३६४।**
२. **वही, पृ० १४, छंद ४०६-४१२।**
३. **वही, पृ० १५, छंद ४१३-४१५।**
४. **वही, पृ० १५, छंद ४१८।**
५. **वही, पृ० १५, छंद ४२०-४२१।**
६. **वही, पृ० १५, छंद ४२२-४२३।**
७. **वही, पृ० १५, छंद ४३०-४३३।**
८. **वही, पृ० १५, छंद ४४१।**
९. **वही, पृ० १६, छंद ४५६।**

प्रसंग तथा व्योमासुर, केशी और अरिष्ट के वध का अत्यन्त संक्षिप्त उल्लेख-मात्र कर दिया गया है।

नारद द्वारा चेतावनी पाकर कंस के वसुदेव, देवकी तथा अन्य यादवों को बन्धन में डालने के वर्णन के बाद नारद के गोकुल में आकर, मधुर बीन बजाकर हरि की स्तुति करने का उल्लेख है।[१] कंस की आज्ञा से अक्रूर के व्रज आकर राम-कृष्ण को रथ में बिठा कर मथुरा लाने, कृष्ण के रजक-वध करने, सुदामा माली और कुब्जा को वरदान देने, पुर-नारियों के रीझने के उल्लेखों के बाद धनुष-यज्ञ का वर्णन किया गया है। इसमें धनुर्भंग का उल्लेख-मात्र करके गजराज के वध का वर्णन है और फिर राजसभा में कृष्ण-बलराम के प्रवेश का सम्यक् वर्णन करके चाणूर और मुष्टिक के साथ मल्लयुद्ध तथा उनके साथ शल, तोशल आदि मल्लों के वध का वर्णन है। तदनन्तर फागुन बदी चौदस, रविवार के शुभ दिन, उत्तरा नक्षत्र में कंस के केश खींच कर, यमुना तक लाकर, मारने का वर्णन दिया गया है। कृष्ण का यमुना-स्नान करके, माता-पिता के बन्धन खोलने के बाद धन्यवादपूर्वक नन्द आदि व्रजवासियों को हिलमिल कर विदा करने का उल्लेखमात्र है। गर्ग द्वारा यज्ञोपवीत होने, अवन्तिपुरी में गुरु के गृह में राजनीति पढ़ने पर गुरुदक्षिणा के लिए यमपुर जाकर मृत बालकों के लाने का वर्णन किंचित् विस्तार से है। फिर अक्रूर गृह-गमन और कुब्जा-उद्धार का उल्लेख-मात्र करके उद्धव को व्रज भेजने का कथन किया गया है।[२]

उद्धव को हरि ने एकांत में बुला कर कहा कि मैंने व्रजवासियों से कोई अंतर नहीं रखा। तुम सुर-गुरु के शिष्य, बुद्धि में उत्तम और यदुवंशी हो तथा मेरे मंत्री, भृत्य, सखा, और सेवक हो, इससे कहता हूँ। मुझे उन्होंने जो लाड़ लड़ाया है, उसे कहाँ तक कहूँ? तुम समझ नहीं सकते। अब जाकर देखोगे। शीघ्र व्रज जाकर व्रजवासियों को सुख दो और गोपियों की चरणरेणु शिर पर धर कर तुम भी अभय-पद लो। गोपियों से विनती करके कहना कि मन में नित्य-प्रति मेरी सुध करें और जब तन में विरह-व्यथा बढ़े तब मुझे चित्त में धरें। इसके बाद पाती लिखने, नन्द-यशोदा, गायों और गोवर्धन के लिए सन्देश देने और अपने वस्त्र पहना कर अपने रथ में उद्धव को व्रज भेजने का वर्णन किया गया है?[३] नन्द-द्वारा उद्धव के सम्यक् सत्कार, भोजन, शयन, स्नान आदि के उल्लेख के बाद गोपियों के भ्रमरगीत का संक्षिप्त वर्णन है। तदनन्तर उद्धव गोपियों की भक्ति की सराहना करते हैं और उनसे चरण-रेणु माँगते हैं। मथुरा लौटकर उद्धव गोपियों की प्रीति की प्रशंसा करते हैं तथा कृष्ण व्रजवास का स्मरण करते हैं।[४]

उसी समय बल-मोहन अक्रूर को बुलाकर हस्तिनापुर भेजते हैं। वहाँ अक्रूर कुन्ती, युधिष्ठिर, अर्जुन, भीम, विदुर, गान्धारी, दुर्योधन, भीष्म, कर्ण आदि सबसे भेंट करते हैं और नृपित को समझाते हैं; परन्तु अन्त में असफल होकर मधुपुरी लौट आते हैं। बल, मोहन, वसुदेव, देवकी, सब यह समाचार सुन कर दुखी होते हैं। कंस की पत्नियाँ-अस्ती और प्राप्ती-जरासन्ध के पास जाकर पुकारती हैं। जरासन्ध, कालयवन, मुचकुन्द, प्रवर्षण गिरि की

---

१. सूरसागर—सूरसागर सारावली, पृ० १७, छंद ४८५-४८९।
२. वही, पृ० १७-१९, छंद ४९१-५४४।
३. वही, पृ० १९, छंद ५५३-५५५।
४. वही, पृ० २०, छंद ५८२-५८९।

पूजा, मगध-नरेश द्वारा आग लगाने और राम-कृष्ण के द्वारकागमन की कथा के बाद शिशुपाल के साथ युद्ध और रुक्मिणी-हरण तथा चैत्र मास पूनों को शुभ दिन और शुभ नक्षत्र में रुक्मिणी-परिणय का वर्णन है। स्यमंतक मणि और जाम्बवती, सत्यभामा, कालिंदी, चित्रविंदा, सत्या, भद्रा, लक्ष्मणा और नरकासुर की सोलह सहस्र स्त्रियों के साथ कृष्ण के विवाह का उल्लेख करने के बाद नारद-मोह और उसको दूर करने के लिए विभूति-प्रदर्शन का विस्तार के साथ वर्णन किया गया है।[१] रुक्मिणी-पुत्रजन्म, प्रद्युम्न-विवाह, उषा-अनिरुद्ध, 'वासुदेव नृप' के संहार तथा काशीदहन का उल्लेख करके कुरुक्षेत्र के सूर्यग्रहण के अवसर पर कुन्ती, नकुल, गान्धारी, कृप, विदुर, सहदेव, दुर्योधन तथा अनेक ऋषियों के सम्मिलन का वर्णन किया गया है। व्रजवासियों में यशोदा और राधा का विशेष रूप से उल्लेख है। कृष्ण रुक्मिणी से राधा के प्रेम का किंचित् विस्तार से वर्णन करते हैं और बताते हैं कि इन्हीं की कृपा से हमने व्रज की समस्त लीला की।[२] युधिष्ठिर के राजसूय यज्ञ और शिशुपाल-वध की कथा का भी विस्तार से वर्णन किया गया है।[३] दुर्योधन-भ्रम का उल्लेख करके द्रौपदी-चीरहरण का वर्णन है; तदनन्तर पांडव-वनवास और दुर्वासा-शाप का संकेत करके पांडवों की ओर से कृष्ण के दूतत्व का वर्णन किया गया है। महाभारत-युद्ध का भी संक्षेप में, किन्तु व्यवस्थित वर्णन किया गया है, जिसमें भीष्म-प्रतिज्ञा और शर-शय्या-शयन का विशेष रूप से उल्लेख है। शाल्व-वध की कथा भी किंचित् विस्तार के साथ कही गई है। तदनन्तर जरासन्ध, दन्तवक्र और विदुरथ के संहार का उल्लेख है। देवकी के मृत पुत्रों को लाने का उल्लेख करके मिथिला-गमन और जनकराज तथा श्रुतिदेव के सत्कार को स्वीकार करने का वर्णन किया गया है। सुभद्रा-हरण और उसके विवाह का संक्षिप्त वर्णन करने के बाद सुदामा के दारिद्र्य-नाश की कथा किंचित् विस्तार के साथ कही गई है।[४] राजा नृग की कथा का संक्षेप में उल्लेख है, फिर बलराम की व्रज, कुरुक्षेत्र, अयोध्या, मिथिला, प्रयाग, नैमिषारण्य की यात्राओं, द्विज के वध तथा उसके प्रायश्चित के लिए तीर्थ-स्नान करने और विप्रों को दान देने तथा मिथिला में दुर्योधन के साथ गदा-युद्ध का संक्षेप में वर्णन है। युधिष्ठिर के अश्वमेध के उल्लेख के बाद हंसधर्म, ऐलगीत, भिक्षु-गीत और सांख्य-तत्त्व का उल्लेख है। इसके उपरान्त द्वारका के तपस्वी विप्र की कथा है जिसके मृत-पुत्रों को लाने की अर्जुन ने प्रतिज्ञा की थी और असफल रहे थे। यह कथा किंचित् विस्तार के साथ कही गई है।[५]

इसके बाद फिर कहा गया है कि एक बार रुक्मिणी से कृष्ण ने कहा कि राधा के बिना मुझे पल कल्प के समान बीतता है। इस प्रकार कृष्ण को व्रज का स्नेहपूर्ण स्मरण हो आया।[६] तदनन्तर कवि कहता है कि बल-मोहन उद्धव को सङ्ग लेकर व्रज आए और गोपियों के चरण रज में रस भीने गुल्फ में वास दिया।[७] इस प्रकार पुनः व्रज की लीला आरम्भ हो जाती है,

---

१. सूरसागर—सूरसागर सारावली, पृ० २३-२४, छंद ६५९-६८८।
२. वही, पृ० २५, छंद ७१९-७२९।
३. वही, पृ० २५-२६, छंद ७३२-७५८।
४. वही, पृ० २८, छंद ८०७-८२१।
५. वही, पृ० २९, छंद ८४७-८६०।
६. वही, पृ० ३०, छंद ८६१-८६७।
७. वही, पृ० ३०, छंद ८६८।

जिसमें बाल-केलि का तो उल्लेख-मात्र है, कृष्ण के 'तरुणरूप' धर कर[१] गोपियों के चित्त हरने का विस्तृत वर्णन है। दानलीला के वर्णन में कृष्ण गोपियों को अपने अवतार का रहस्य समझाते हैं।[२] दानलीला के बाद राधा की रसकेलि का वर्णन है और बीच-बीच में यशोदा द्वारा सवेरे जगाने और दोपहर में भोजन कराने के भी उल्लेख हैं। राधा के मान का वर्णन भी विस्तार से किया गया है।[३] इसी के अन्तर्गत राधा के रूप-वर्णन में 'दृष्टकूट सूचनिका' भी दी गई है।[४] इसके बाद राधा-कृष्ण मिलन और सुरति के वर्णन में भी कूट छन्द हैं।[५] राधा-कृष्ण-विहार के अन्तर्गत बताया गया है कि 'आदि-सनातन, अनुपम, अविगत, अल्पअहार, ओंकार, आदि देव, असुरहन, निर्गुण, सगुण, अपार, पूर्णकाम, पूर्णब्रह्म पुरुषोत्तम ही सघन निकुंज में क्रीड़ा करते हैं।'[६] इसी प्रसंग में कवि अपने विषय में कथन करता है : 'गुरुप्रसाद से यह दर्शन सरसठ वर्ष प्रवीन में होता है। बहुत दिन शिव विधान तप किया तो भी पार नहीं पाया।[७] गोपियों की उत्पत्ति का रहस्य भी यही बताया गया है तथा निकुंज-लीला के प्रसंग में ललिता द्वारा विभिन्न रागों के गाए जाने का कथन है। राधा-कृष्ण की शृंगार क्रीड़ा के सम्बन्ध में 'जालरंध्र' में से सहचरियों के देखने तथा प्रातःकाल ललिता द्वारा श्याम को कपूर मिला हुआ औटा दूध पिलाने का उल्लेख है।[८] प्रथम वसंत पंचमी के दिन यशोदा माता के बधाई बाँटने और श्याम-सुन्दर को उबटन लगाकर नहलाने का उल्लेख करने के बाद होली खेलने का वर्णन है। इस होली में यशोदा भी श्याम के केसर, चोवा और अरगजा लगाती, गोपियों पर छिड़कती[९] तथा विविध भाँति से आरती करती हैं।[१०] होली खेलने का विस्तार के साथ वर्णन किया गया है, जिसमें कृष्ण पक्ष की 'परिवा' से लेकर 'पून्यो' तक का वर्णन है। यशोदा द्वारा कृष्ण को 'डोल झुलाने' और गोपियों को 'फगुवा' देने का भी उल्लेख किया गया है।[११]

इतनी कथा के बाद वृन्दावन-धाम की क्रीड़ा के विषय में बताया गया है कि 'ब्रजमोहन का चरित सामवेद, ऋग्वेद और यजुर्वेद में कहा गया; व्यास ने पुराण में वर्णन किया जिसका तंत्र ज्योतिषियों ने जाना; हरि ने नारद और सनकादिक से कहा; व्यासदेव, शुकदेव महामुनि ने नृप से कहा, नारद ने नारायण, चतुरानन से कहकर भेद बताया, उसे सुनकर व्यास ने भागवत में कहा और नृप को शुकदेव ने जताया; शेष ने सांख्यायन से कहा' इत्यादि।[१२] कथा के इस इतिहास के बाद पुनः राधा-कृष्ण की विहार-लीला का सूत्र पकड़ लिया जाता है। कृष्ण को

---

१. सूरसागर—सूरसागर सारावली, पृ० ३०-३१, छंद ८७४-९००।
२. वही, पृ० ३१-३३ छंद ९११-९७५।
३. वही, पृ० ३२-३३, छंद ९३६-६६।
४. वही, पृ० ३४, छंद ९८६-९९०।
५. वही, पृ० ३४, छंद ९८६-९९०।
६. वही, पृ० ३४, छंद ९९३-९९५।
७. वही, पृ० ३४, छंद १००२।
८. वही, पृ० ३५, छंद १०२०-१०२१।
९. वही, पृ० ३५, छंद १०३१-१०३२।
१०. वही, पृ० ३५; छंद १०३८।
११. वही, पृ० ३६-३७, छंद १०३९-१०८७।
१२. वही, पृ० ३७, छंद १०९०-१०९५।

मथुरा की सुध आती है, पर राधा उन्हें नहीं जाने देती; तदनन्तर संकर्षण के 'वदन-अनल' से अग्नि उत्पन्न होने और सकल ब्रह्माण्ड के होली की भाँति जलने का उल्लेख करके कवि बताता है कि 'सकल तत्व ब्रह्माण्ड-देव है और माया काल है। प्रकृति-पुरुष श्रीपति नारायण के अंश सब गोपाल हैं।'[१] पुनः कवि अपने विषय में कथन करता है जिसमें 'श्रीवल्लभ', 'एक लक्ष पद' और 'सूरसारावली' का उल्लेख है। अंत में श्री नाथ जी का वरदान है कि 'तेरा कृत मेरा यश हो जाएगा, वह सदा मेरे साथ रहेगा। इस प्रकार हरि होली खेलते हैं, जो वेद-विदित है। जो 'सूरसारावली' को उत्तर-दक्षिण काल में नियम से हृदय में धारण करें, वे मनोवांछित फल पाएँ और उनका भव-जंजाल मिट जाए। जो परम चित्त लगाकर सीखता, सुनता, पढ़ता और मन में रखता है, उसके साथ मैं आनन्द जन्म छोड़कर निशि-दिन रहता हूँ। जो सरस समतसर लीला गाएँ और युगलचरण चित्त में लाएँ, सूर, वे गर्भ-वास-बंदीखाने में फिर नहीं आएँगे।'[२]

सूरसागर से भिन्नता

'सारावली' की कथावस्तु के इस विस्तृत विश्लेषण के आधार पर 'सूरसागर' से उसकी तुलना करते हुए यह निःसंकोच कहा जा सकता है कि 'सारावली' 'सूरसागर' के पदों का सूचीपत्र नहीं है। यह एक स्वतन्त्र रचना है, जिसके वर्ण्य-विषय में 'सूरसागर' की वस्तु से साम्य होते हुए भी, उसे 'सूरसागर' का संक्षेप भी नहीं कह सकते। नीचे दोनों रचनाओं की कुछ प्रधान भिन्नताओं की ओर संकेत किया जाता है—

१. 'सारावली' की कथावस्तु एक विशिष्ट प्रस्तावना से आरम्भ होती है, जिसमें प्रकृति-पुरुषरूप पुरुषोत्तम, परब्रह्म के सृष्टि-विस्तार के बहाने होली खेलने का उल्लेख किया गया है। होली खेलने और फगुवा देने की कल्पना अन्त तक बार-बार दुहराई जाती है। अतः 'सारावली' वास्तव में पूर्णब्रह्म के होली खेलने का वर्णन करती है। 'सूरसागर' में भी यत्र-तत्र 'भागवत' के अनुसार सृष्टि रचना की कथा देने का यत्न किया गया है, यद्यपि कदाचित् इस विषय में कवि की अरुचि होने के कारण उसका प्रयत्न असफल ही कहा जाएगा। परन्तु 'सूरसागर' के कवि ने न तो ग्रन्थ के आरम्भ में इस प्रकार की प्रस्तावना दी और न ग्रन्थ में किसी दूसरे स्थान पर ही—होली और फाग के वर्णन में भी—सृष्टि-रचना के लिए होली की कल्पना की है। अतः 'सारावली' के वर्ण्य-विषय की रूप-कल्पना ही विलक्षण और 'सूरसागर' से भिन्न है।

२. 'सारावली' के कवि ने उसकी वस्तु को दो पृथक् भागों में बाँटा है, यद्यपि इस विभाजन का स्पष्ट संकेत नहीं किया गया। पहले भाग में 'भागवत' के अनुसार सृष्टि-रचना और उसके विस्तार के क्रम में भगवान् के अवतारों की कथा है और दूसरे भाग में कृष्ण की उन लीलाओं का वर्णन किया गया है जो 'सूरसागर' में तो वर्णित हैं, पर भागवत में नहीं। 'सूरसागर' में कथावस्तु का इस प्रकार का विभाजन नहीं किया गया।

३. अवतारों की कथा दोनों रचनाओं में साधारणतया 'भागवत' का अनुसरण करती है; परन्तु 'सारावली' ने राम और कृष्ण की कथा को छोड़कर शेष कथाओं के लिए विशेषरूप से

१. सूरसागर—सूरसागर सारावली, पृ० ३८, छंद १०००-११०१।
२. वही, पृ० ३८, छंद ११०४-११०७।

'भागवत' के द्वितीय स्कंध के सप्तम अध्याय का अवलम्ब लिया है, 'सूरसागर' का नहीं। कदाचित् 'सूरसागर' में बिखरी हुई अस्पष्ट रूप से वर्णित कथाओं की अपेक्षा समस्त अवतारों के एक स्थान पर दिए हुए विवरण का अनुसरण अधिक सुविधाजनक था किन्तु इसका फल यह हुआ है कि उन अवतारों का भी उल्लेख 'सारावली' में पहले आ गया है, जिनका वर्णन 'सूरसागर' के ग्यारहवें और बारहवें स्कंधों में हुआ है तथा विभु, विष्वक्सेन, धर्म-सेतु, शेष, सुधर्म, योगीश्वर बृहद्भानु आदि अवतारों का उल्लेख आ गया है, जिनका 'सूरसागर' में नाम भी नहीं लिया गया। साथ ही, मूल रचना की अपेक्षा उसी का 'सार' कही जाने वाली रचना से इन कथाओं को अधिक सरलता से समझा जा सकता है।

४. 'सारावली' में रामावतार की कथा का जैसा सांगोपांग; व्यवस्थित और संपूर्ण वर्णन मिलता है, वैसा 'सूरसागर' में नहीं। 'सूरसागर' के कवि ने तो केवल रामावतार की कथा से सम्बन्धित, प्रधानतया भावपूर्ण और मार्मिक स्थलों पर स्फुट पद-रचना की है, जिन्हें कथा का क्रम देकर पूर्ण कथा की एक अधूरी रूपरेखा कठिनता से बनाई जा सकती है। साथ ही, जिन स्थलों पर 'सूरसागर' के कवि ने विशेष ध्यान दिया है, वह आवश्यक नहीं है कि 'सारावली' में उन पर तनिक भी बल दिया गया हो। 'सारावली' में रामावतार की कथा को कृष्णावतार के समकक्ष एक निश्चित रूप देने का उपक्रम किया गया है, जो 'सूरसागर' ही नहीं 'भागवत' के नवम स्कंध की रामकथा की अपेक्षा भी अधिक विस्तृत है।

५. दोनों रचनाओं में कृष्णावतार की कथा के सम्बन्ध में अनेक अन्तर हैं। 'सारावली' में कंस की समस्या को आरम्भ से अन्त तक जितनी प्रधानता दी गई है, उतनी 'सूरसागर' में नहीं। 'सूरसागर' में कंस के द्वारा भेजे हुए असुरों के उत्पात कृष्ण की सुख-क्रीड़ाओं में प्राय: आकस्मिक विघ्नों के रूप में वर्णित हैं, जबकि 'सारावली' में कृष्ण की उद्धार और संहार लीला को महत्त्व देने के लिए कंस के व्यक्तित्व को भी अधिक प्रकाश में लाया गया है।

६. 'सूरसागर' के ढाढ़ी-प्रसङ्ग के सम्बन्ध में कहा जा चुका है कि उसमें सूरदास की अपने उपास्य के प्रति व्यक्तिगत भक्ति-भावना विशेष रूप से प्रकट हुई है। परन्तु 'सूरसागर' के ढाढ़ी की कृष्ण-दर्शन-याचना का 'सारावली' में उल्लेख भी नहीं है तथा इसी प्रसङ्ग में उपनन्द, धरानन्द, ध्रुवनन्द, सुरसुरानन्द, और धर्माकर्मानन्द के ढाढ़ी को और व्रजरानी के ढाढ़िन को दान देने की बात 'सूरसारावली' की मौलिक उद्भावना है। 'सूरसागर में उपनन्द का तो अन्य प्रसङ्गों में उल्लेख भी है, अन्य नन्दों का तो कहीं नाम भी नहीं मिलता।

७. 'सारावली' में नन्द को जो गौरव प्रदान किया गया है, वह 'सूरसागर' में वर्णित उनके ग्रामीण गौरव से भिन्न है। 'सारावली' के नन्द अपने पुत्र के लिए नानाविध रत्नों के बहुमूल्य खिलौने लेने मथुरा जाते हैं। इसी बीच व्रज में पूतना आ जाती है। पूतना के उत्पात का समाचार पाकर नन्द तुरन्त लौट आते हैं और विप्र को बुलाकर वेद-ध्वनि, आरती मंगलगान आदि के द्वारा अनिष्ट प्रभाव दूर किया जाता है। एक दिन कृष्ण के करवट लेने पर भी ये ही उपचार होते हैं। 'सूरसागर' में इन्द्र-पूजा और तदनंतर गोवर्धन-पूजा के विस्तृत विवरणों में भी इस शास्त्रीय पूजोपचार और नन्द की 'सेवा' में विप्रो के पौरोहित्य की योजना नहीं है।

८. पूतना के आयासहीन, प्रसंग-प्राप्त जैसे वध का उल्लेख करके 'सूरसागर' का कवि व्रजनारियों और यशोदा की भावनाओं के चित्रण में लीन हो जाता है, परन्तु इसके विपरीत 'सारावली' ग्वाल-बालों के द्वारा पूतना के काष्ठ-तन को फूँकने का उल्लेख करके अपनी आधारभूत होली की कल्पना में लगे हाथ लोक-प्रचलित होली सम्बन्धी प्रवाद की ओर भी संकेत कर देती है।

९. 'सूरसागर' में बलराम के जन्म का स्पष्ट उल्लेख तक नहीं आया, परन्तु 'सारावली' में उनके जन्म, जन्म-तिथि, शेषावतारी होकर वर्ष दिवस पहले ही महावपु धारण करके प्रकट होने आदि के विवरण दिए गए हैं।

१०. कृष्ण-बलराम के नामकरण संस्कार के विवरणों में पुनः 'सारावली' का कवि नन्द के नागर गौरव का चित्रण करता है। साथ ही यह भी बताता है कि गर्ग मुनि को वसुदेव ने ही इस कार्य के लिए नन्द-धाम भेजा था। 'सूरसागर' के नामकरण का प्रसंग इससे भिन्न रूप का है।

११. कृष्ण के चंद्रमा के लिए हठ करने का प्रसंग 'सूरसागर' में बड़ी स्वाभाविकता और सरलता से परिपूर्ण मिलता है, पर उसमें 'सारावली' में उल्लिखित 'बूढ़े बाबू' के कृष्ण दर्शन के लिए आने और लाल मणि देकर उन्हें मना लेने का कोई उल्लेख नहीं है।

१२. 'सारावली' में माखनचोरी, कालियदमन, रास, गोवर्धनधारण आदि लीलाओं का 'सूरसागर' की उक्त लीलाओं की अपेक्षा सानुपातिक दृटि से अत्यन्त संक्षेप तो है ही, साथ ही उनके क्रम में भी विभिन्नता है।

१३. 'सूरसागर' में व्रज की लीलाओं का विस्तार और मथुरादि इतर लीलाओं का अत्यन्त संक्षेप है, परन्तु 'सारावली' में केवल कंस-वध का ही 'सूरसागर' की अपेक्षा कहीं अधिक विस्तार है। 'सारावली' में कंस-वध की तिथि, वार, नक्षत्र आदि के विवरण दिए गए हैं। इस सम्बन्ध में नारद का व्रज जाकर मधु बीन बजाने का उल्लेख भी 'सारावली' की अपनी कल्पना है।

१४. 'सूरसागर' में कृष्ण के मथुरा-गमन और तज्जन्य व्रजवासियों की वियोगव्यथा के नानाविध मार्मिक चित्र मिलते हैं, परन्तु 'सारावली' का कवि व्रजवासियों के भावलोक की ओर झाँकता तक नहीं।

१५. इसी प्रकार 'सारावली' के नन्द आदि गोप कृष्ण से विदा होकर मथुरा से चुपचाप चले आते हैं। कृष्ण भी उन्हें हिलमिल कर प्रसन्नतापूर्वक विदा करते हैं। 'सारावली' के कवि की हृदयहीनता 'सूरसागर' के पाठक सहज ही देख सकते हैं।

१६. 'सूरसागर' के केवल एक छोटे से पद में कृष्ण के विद्याध्ययन और गुरु-दक्षिणा देने का प्रसंग-पूर्ति के लिए उल्लेख-मात्र किया गया है, परन्तु 'सारावली' में उनके राजनीति पढ़ने, गुरु-सेवा करने तथा गुरु-दक्षिणा चुकाने के लिए यमपुर जाकर गुरु के मृत पुत्रों को लाने के विस्तृत उल्लेख है।

१७. 'सूरसागर' में श्रीकृष्ण के अक्रूर-गृह-गमन का उल्लेख भ्रमरगीत के बाद आया है, परन्तु 'सारावली' में उसके पहले ही।

१८. 'सूरसागर' के कृष्ण ने भी 'सारावली' की भाँति उद्धव को इसी उद्देश्य से व्रज भेजा था कि वे वहाँ जाकर गोपियों की प्रेम-भक्ति का महत्व समझें, किन्तु उन्होंने यह उद्देश्य उद्धव को बताया नहीं। 'सारावली' ने 'सूरसागर' के इस प्रसंग के गूढ़ व्यंग्य को समझकर कृष्ण द्वारा उनके उद्देश्य का स्पष्टीकरण करा दिया है। वस्तुतः उद्धव को व्रज भेजने, उनके व्रज पहुँचने, नन्द के यहाँ उनके आदर-सत्कार, भोजन-शयन और गोपी-उद्धव संवाद—भ्रमरगीत का सम्पूर्ण प्रकरण 'सारावली' में 'सूरसागर' की भावना से भिन्न रूप में ग्रहण किया गया है। दोनों रचनाओं का यह अन्तर अनेक दृष्टियों से अत्यन्त महत्त्वपूर्ण है।

१९. दशम स्कंध—उत्तरार्ध की कथा, हम पीछे देख चुके हैं, 'सूरसागर' में अत्यन्त गौण और कथा-पूर्ति के लिए वर्णित है; इसीलिए उसमें प्रेम-भक्ति-प्रकाशन के अवसरों को छोड़ कर शिथिलता, अस्पष्टता और अरोचकता है। परन्तु 'सारावली' में यह कथा-खण्ड अपेक्षाकृत अधिक सुगठित और क्रम-व्यवस्थित है। 'सारावली' का कवि उसके प्रति तनिक भी उदासीनता दिखाता नहीं जान पड़ता, बल्कि व्रज-लीला के अनेक सरस प्रसंगों की अपेक्षा अधिक तन्मयता के साथ उसका वर्णन करता है।

२०. उद्धव के साथ बल-मोहन का मथुरा से व्रज लौटना और गोपियों को चरण-रज में रस-भीने गुल्फ में वास देना वर्णित करके 'सारावली' ने अपनी अद्भुत और स्वतंत्र उद्भावना प्रदर्शित की है। 'सूरसागर' में गोपी-कृष्ण और राधा-कृष्ण के प्रेम-प्रसंग कृष्ण-कथा के सर्वाधिक विस्तृत एवं महत्त्वपूर्ण अंश हैं, किन्तु 'सारावली' में उन्हें पृथक् करके प्रधान कृष्ण-कथा के प्रासंगिक अंश के रूप में उपस्थित किया गया है।

२१. कृष्ण के प्रति गोपियों की माधुर्य भक्ति के विकास में दानलीला का एक विशिष्ट स्थान है। इस लीला में 'सूरसागर' की अनन्य भाव-संयुक्त गोपियाँ कृष्ण के ब्रह्मत्व और गौरव का स्पष्ट प्रत्याख्यान करती हुई दिखाई गई हैं। इसके विपरीत 'सारावली' की दानलीला में कृष्ण के ब्रह्मत्व का प्रयत्नपूर्वक प्रतिपादन किया गया है।

२२. राधा-कृष्ण की रसकेलि के बीच-बीच राधा गोपियों के प्रेम-विषयक विवाद-उपालंभ के स्थान पर 'सारावली' में यशोदा द्वारा कृष्ण की भोजन आदि की परिचर्या के वर्णन दिए गए हैं, जो 'सूरसागर' से भिन्न एवं माधुर्य भक्ति और शृंगारिक वातावरण में सर्वथा असंगत है।

२३. राधा-कृष्ण के सुरति-वर्णन में 'सारावली' में 'सूरसागर' के ग्रामीण वातावरण के स्थान पर रस-केलि-विलासी राधा-कृष्ण की ललिता द्वारा परिचर्या, विभिन्न रागों का गायन, कपूर मिलाकर गर्म दूध पिलाना, जालरंध्र से सखियों का देखना आदि वर्णन करके एक सम्पन्न गौरवशाली नागरिक वातावरण की रचना की गई है। साथ ही, कृष्ण के ब्रह्मत्वपरक विशेषण एवं तत्सम्बन्धी व्याख्याएँ भी 'सारावली' की अपनी विशेषताएँ हैं।

२४. फाग और होली का वर्णन 'सारावली' में 'सूरसागर' से भिन्न है। इस सम्बन्ध में यशोदा का योग विशेष रूप से द्रष्टव्य है।

२५. वृन्दावन-धाम की क्रीड़ा का वेद से लेकर 'भागवत' तक का इतिहास देकर 'सारावली' के कवि ने वेद-शास्त्र के प्रति अपनी निष्ठा घोषित की है। 'सूरसागर' में इस प्रकार का वर्णन और विचार कहीं नहीं मिलता।

२६. 'सारावली' में राधा के कृष्ण को मथुरा जाने से रोकने और संकर्षण के मुख की अग्नि से सकल ब्रह्मांड के होली की तरह जलने का वर्णन है। पर इन बातों का 'सूरसागर' में संकेत भी नहीं है।

'सूरसागर' और 'सारावली' की कथावस्तु के उपर्युक्त अंतर केवल 'सारावली' में वर्णित कथा के आधार पर दिए गए हैं। 'सूरसागर' में वर्णित जिन विषयों को 'सारावली' के कवि ने छोड़ दिया, उनकी गणना करना सम्भव नहीं है। इन समस्त अंतरों पर समष्टि रूप से विचार करने पर अनिवार्यतः यह निष्कर्ष निकलता है कि 'सारावली' के कवि का दृष्टिकोण 'सूरसागर' के कवि से भिन्न है। इस कथन को तनिक स्पष्ट करने की आवश्यकता है। कदाचित् इसमें संदेह नहीं कि सूरदास श्रीवल्लभाचार्य के सम्प्रदाय में थे। अतः उनकी रचनाओं में साम्प्रदायिक सिद्धान्तों की व्यावहारिक व्याख्या मिलनी चाहिए। 'सूरसागर' में भी, जैसा कि आगामी अध्यायों में विवेचन किया गया है, सैद्धान्तिक बातों का प्रचुर मात्रा में विशदीकरण मिलता है। परन्तु 'सूरसागर' के कवि का जो व्यक्तिगत दृष्टिकोण है, वह 'सारावली' से भिन्न है। 'सारावली' में प्रत्यक्ष रूप में सैद्धान्तिक व्याख्या के साथ घटनाओं का शास्त्रीय प्रमाणों से, सिद्धान्तों की पुष्टि के अनुकूल विशदीकरण किया गया है। इसके अतिरिक्त राम और कृष्ण के प्रति दोनों के दृष्टिकोण में महान् अंतर है। कृष्ण के व्यक्तित्व के जिन गुणों के प्रति 'सूरसागर' में उपेक्षा प्रदर्शित की गई है, उन्हीं को 'सारावली' में महत्व दिया गया है तथा उन गुणों के उचित मूल्यांकन में 'सारावली' का कवि असफल-सा दिखाई देता है जिनको 'सूरसागर' में सर्वाधिक महत्व दिया गया है। संक्षेप में, जहाँ 'सूरसागर' में नन्दनन्दन, गोपाल, गोपी-वल्लभ, राधा-वल्लभ कृष्ण का गुणगान है, वहाँ 'सारावली' में असुर-संहारक, भक्त-उद्धारक, महाराज द्वारकाधीश, श्रीकृष्ण-चन्द्र के यश-विस्तार की कथा है। अन्य चरित्रों पर भी इस भिन्न दृष्टिकोण का अनिवार्य प्रभाव पड़ा है। विप्र, वेद, शास्त्र आदि के विषय में 'सारावली' के कवि का दृष्टिकोण 'सूरसागर' से सर्वथा भिन्न है।

अंत में यह निःसंकोच कहा जा सकता है कि 'सूरसागर सारावली' अपना नाम सार्थक करने के लिए 'सूरसागर' का बहिरंग अनुसरण करने की अवश्य चेष्टा करती है, किन्तु वास्तव में है वह स्वतन्त्र रचना। उनके कवि की दृष्टि कथावस्तु के लिए 'भागवत' तथा प्रेरणा के लिए 'भागवत' के साथ अन्य पुराणों की ओर अधिक है, 'सूरसागर' की ओर कम। 'सूरसागर' की उन लीलाओं के लिए जिन्हें 'भागवत' से नहीं लिया गया, 'सारावली' के कवि ने 'सूरसागर' का अनुसरण अवश्य किया, पर उनके मर्यादामूलक स्पष्टीकरण के लिए उसने कोई कसर नहीं उठा रखी। उसकी 'होली' की कल्पना इसी स्पष्टीकरण का सबसे प्रमुख प्रयत्न है 'सारावली' का कवि 'सारावली' के साथ 'सूरसागर' को भी शास्त्रानुमोदित सिद्ध करने में प्रयत्नशील जान पड़ता है।

उपर्युक्त विवेचन में यह प्रश्न और उसका उत्तर भी निहित है कि क्या 'सूरसागर सारावली' और 'सूरसागर' एक ही कवि की रचनाएँ हो सकती हैं? 'सूरसागर' के कवि का जीवन-वृत्त पीछे दिया जा चुका है। आगामी अध्यायों में 'सूरसागर' में व्यक्त कवि का संपूर्ण व्यक्तित्व स्पष्ट करने का यत्न किया गया है। 'सूरसागर' के रचयिता सूरदास अपने विषय में इतने मुखर और आत्मविज्ञापक कहीं नहीं हुए, जितना 'सूरसागर सारावली' का कवि दिखाई देता है। वह बहुत दिनों तक अपने 'शिव विधान तप' करके असफल होने तथा कर्मयोग, ज्ञान और उपासना के भ्रम में भटकने का ही उल्लेख नहीं करता, वरन् यह भी कहता है कि उसे

'सरसठ वर्ष प्रवीन' में गुरु के प्रसाद से परब्रह्म की उस लीला का दर्शन हुआ जो वे राधा-कृष्ण के रूप में वृन्दावन के निकुंजों में करते हैं। यही नहीं, वह 'एक लक्ष पद बंद' की रचना की भी घोषणा कर देता है तथा 'श्रीनाथ के वरदान' के रूप में स्वरचित 'सारावली' का माहात्म्य बताकर उसे मुक्ति का सरल उपाय घोषित करता है।

भाषा-शैली की भिन्नता

'सूरसागर सारावली' की भाषा यद्यपि साधारणतया व्रजभाषा है, तथापि उसके रूप में 'सूरसागर' की भाषा से पर्याप्त भिन्नता है। 'सारावली' के रचयिता ने चतुरता के साथ 'सूरसागर' की भाषा-शैली के अनुकरण का प्रयत्न किया है और अनेक स्थलों पर उसने 'सूरसागर' के पदों की पंक्तियों को ज्यों का त्यों उद्धृत करने की चेष्टा की है। परन्तु फिर भी, 'सारावली' की भाषा-शैली की भिन्नता छिप नहीं सकी। उदाहरण के लिए हम नीचे कुछ प्रयोगों को लेते हैं।

१. सूरसागर में कर्ता के साथ 'ने' परसर्ग का प्रयोग नहीं मिलता। गत पृष्ठ ४४-४७ पर जो उद्धरण दिए गए हैं, उनमें 'ने' का प्रयोग कहीं नहीं हुआ, यद्यपि उनमें कर्ता कारक की अधिकांश संज्ञाएँ सकर्मक क्रिया के भूतकाल के रूपों के साथ आई हैं। निम्न उदाहरणों में भी 'ने' का प्रयोग नहीं है—

हनुमान अंगद के आगे लंक कथा सब भाषी (सू० सा०, पद ५४६)
राधा कह्यौ आजु इन जानी (वही, पद २३८५)
प्रिया प्रिय लीन्हीं अंकम लाइ। (वही, पद २७६८)
नैना मानऽपमान सह्यो। (वही, पद २९३२)
हरषि स्याम तिय बाँह गही। (वही, पद ३२४५, ३३१०)
जब ही स्याम कही यह बानी। (वही, पद ३६८८)
यह ऊधौ कहियौ माधौ सौं मदन मारि कीन्हीं हम लुंजैं। (वही, पद ४६८६)
एक समय हरि अपने हाथनि करनफूल पहिराए। (वही, पद ४२१९)

इसके विपरीत 'सारावली' में अनेक स्थलों पर 'ने' का प्रयोग मिलता है। यथा—

एक दुष्ट ने बहुत कियो तप सी रीझे त्रिपुरार।
तब शिव ने उन कन्या दीन्हीं बाढ़ो क्रोध अपार॥ (छंद ७०७)
लाख भवन बैठार दुष्ट ने भोजन मैं विष दीन्हों। (छंद ७७७)
बिनती करी बहुत विप्रन ने राम विप्र तुम माखे। (छंद ८३५)
जब यशुमति ने ऊखल बाँधे हम ही दीन्हें छोर। (छंद ८९०)
सो हरि ने स्वीकार कियो सब निरखि परम सुख पाई। (छंद १०३४)

वस्तुतः व्रजभाषा के प्राचीन काव्य में 'ने' का प्रयोग प्रायः नहीं मिलता।[१] अनुमानतः इसका प्रयोग कालांतर में विकसित हुआ। 'सारावली' में अनेक स्थलों पर कर्ता सकर्मक क्रिया के भूतकाल के रूप के साथ 'ने' के बिना भी आया है। परन्तु विकल्प से भी 'ने' का प्रचुर

१. व्रजभाषा व्याकरण—डा० धीरेन्द्र वर्मा, पृ० १२४।

प्रयोग 'सारावली' के सूरदास कृत होने में संहेह पैदा करता है; क्योंकि 'सूरसागर' जैसी वृहद् रचना में उन्हों 'ने' परसर्ग के बिना ही कर्ता के प्रयोग किए हैं।

२. अन्य कारकों के परसर्गों के प्रयोग में भी 'सारावली' और 'सूरसागर' में भिन्नता है। 'सारावली' में भाषा के परवर्ती विकास के अनुकूल परसर्गों का प्रयोग 'सूरसागर' की अपेक्षा कहीं अधिक हुआ है। कर्म-संप्रदाय के '**को**' का प्रयोग देखिए—

देन दान नृप राज द्विजन को **सुरभी हेम अपार।** (छंद १६३)

रविनन्दन जब मिले राम को **अरु भेंटे हनुमान।** (छंद २७४)

कर्मवाद थापन को **प्रकटे पृश्नि गर्भ अवतार।** (छंद ३२१)

चले भवन को **दै अशीश दोउ निर्भय कीरति गावैं।** (छंद ४१२)

व्याकुल भई बँधत नहिं मोहन दया श्याम को **आई।** (छंद ४५१)

धनुष यज्ञ कीन्हों नृपजू ने सब को **वेग बुलाए।** (छंद ४९४)

गए नगर देखन को **मोहन बलदाऊ ले साथ।** (छंद ४९९)

कालिंदी को **निकट बुलायो जलक्रीड़ा के काज।** (छंद ८२६)

लेहु मनाय प्राण प्यारी को **प्रकट्यो कुंज समाज।** (छंद ९७०)

यशुमति माय लाल अपने को **शुभ दिन डोल झुलायो।**
फगुवा दियो सकल गोपिन को **भयो सबन मन भायो॥** (छंद १०८६)

उक्त उदाहरण साधारण रूप से दृष्टि डाल कर दिए गए हैं, क्योंकि 'सारावली' में 'को' के प्रयोगों को ढूँढ़ने की आवश्यकता नहीं। इस संबंध में सबसे पहली बात तो यह है कि व्रजभाषा में साधारणतया 'को' के स्थान पर 'कों' 'कौं' या 'कौ' का प्रयोग अधिक होता है। परन्तु 'सारावली' में 'को' का ही प्रयोग है, उपर्युक्त अन्य रूपों का प्रयोग शायद भूल से ही कहीं हुआ तो हुआ हो। दूसरे, जैसा कि उक्त उद्धरणों से प्रकट है 'को' का व्रजभाषा की दृष्टि से अनावश्यक प्रयोग भी हुआ है। तीसरे, कर्म-संप्रदान में अपेक्षाकृत अधिक प्रचलित 'हिं' और 'सों' परसर्गों का प्रयोग 'सारावली' में 'को' के प्रयोग से कम है। चौथे, आधुनिक बोली की व्रजभाषा में प्रचलित 'कूँ' परसर्ग का भी प्रयोग 'सारावली' में मिलता है, जो सूरसागर में कहीं प्रयुक्त नहीं हुआ। यथा—

मोकूँ लाड़ लड़ायो उन जो कहँ लगि करैं बड़ाई। (छंद ५४७)

जाकी नित्य प्रशंसा तुम करि हम सबहिन कुँ सुनायो। (छंद ७१९)

३. परन्तु खड़ीबोली के कर्म-संप्रदान परसर्ग 'से' का प्रयोग करके तो 'सारावली' ने अपनी प्राचीनता का स्वयं ही असंदिग्ध रूप में खण्डन कर दिया है। यथा—

उन से **कह्यो सृष्टि नाना विधि रचना करो बनाय।** (छंद ६४)

ताकी कथा कहों कह तुमसे मो पै कहिय ना जाय। (छंद ७२५)

४. 'सारावली' में अधिकरण के परसर्ग 'में' का प्रयोग ही सबसे अधिक है, 'मैं', 'मेंह', 'माँझ, 'माहिं' आदि का अत्यन्त न्यून। 'सारावली' में 'पै' के उदाहरण तो हैं, पर साथ ही 'पर' के प्रयोग भी मिलते हैं। यथा—

अपने-अपने स्थानन पर तब फगुवा दियो चुकाय। (छंद ३५)

भू पर जाय राज तुम करिहौ सृष्टि विस्तार यह कीन्हीं। (छंद ३७)

स्वायंभुव मनु अस शतरूपा तुरत भूमि पर आए। (छंद ३८)

जब सृष्टिन पर किरपा कीन्हीं ज्ञान कला विस्तार। (छंद ६३)

इतनी कहत गरुड़ पर चढ़ि कै तुरतहि मधुबन आए। (छंद ७८)

५. व्रज की बोली में भविष्य निश्चयार्थ के रूप में 'गो', 'गे', 'गी', आदि लगते हैं, परन्तु साहित्यिक व्रजभाषा में अधिकतर 'हौं', 'हैं', 'है', 'हौ', प्रयुक्त होते हैं। जब कभी 'गे' लगाया जाता है, तो उसके पूर्व 'हिं' का आगम हो जाता है। यथा—

जाति पाँति के लोग हँसिहिंगे प्रगट जानिहैं स्याम भतारी। (सूरसागर पद २१७५)

जब चैहैं तब माँगि लेहिंगे हमहिं तुमहिं भई प्रीति। (वही, पद २२२८)

नैन सलोने स्याम बहुरि कब आवहिंगे। (वही, पद ३८९३)

परन्तु 'सारावली' के निम्न प्रयोगों के उदाहरणों का 'सूरसागर' में मिलना कठिन है—

सार्वभौम अवतार धरेंगे श्री वामन सुखदाय। (छंद ३४६)

पुनि विभुरूप एक हरि लेंगे सकल जगत कल्याण। (छंद ३४७)

विष्वकसेन रूप हरि लेंगे कीन्हों शिव को हेत। (छंद ३४८)

वस्तुत: ये प्रयोग खड़ीबोली के अधिक निकट हैं।

६. पूर्वकालिक कृदन्त के नियमानुसार 'सूरसागर' में इकारान्त और ऐकारान्त रूप मिलते हैं। यथा—

सूर यह भाव दै तुरत ही गमन करि कुंज गृह सदन तुम जाइ रैहौ।

(सूरसागर, पद २५६६)

सूर स्याम सों यह करि लैहौ अपनैं बल पकराइ। (वही, पद ३०११)

मो कौं भजीं एक चित ह्वै कै निदरि लोक कुल कानि (वही, पद, १६५१)

परन्तु 'सारावली' में खड़ीबोली की भाँति अकारान्त और एकारान्त के अनेक उदाहरण मिलते हैं। यथा—

योजन डेढ़ विटप बेली सब चूर-चूर कर डाल। (छंद ४१७)

दीन्हीं (?) फूँक काठ तन वाको मिलके सकल गुवाल। (छंद ४१८)

कंस नृपति ने शकट बुलायो ले कर बीरा दीन्हों। (छंद ४२४)

चले भाज दोउ सभी उहाँ ते जहँ सोवत मुचकुंद। (छंद ६०५)

लाख भवन बैठार दुष्ट ने भोजन मैं विष दीन्हों। (छंद ७७७)

मुख ऊपर कहकहो लाइके अनउत्तर को खोर।

जब यशुमति ने ऊखल बाँधे हम ही दीन्हें छोर। (छंद ८९०)

पायँन पर पर बहुत विनय कर सफल करन को नेह॥ (छंद ९२०)

सातें रिजि सुगंध सब सुन्दरि ले आईं उपहार।
बल मोहन को हँसत खलावत रीझ भरत अँकवार॥ (छंद १०५९)
चन्द्रावलि केसर ले आई छिरके नन्द कुमार॥ (छंद १०६७)

७. वर्तमान आज्ञार्थ के रूपों में भी 'सारावली' 'सूरसागर' से भिन्न है। नीचे दोनों के रूपों की तुलना से यह बात स्पष्ट हो जाती है। 'सूरसागर' के कुछ आज्ञा रूप ये हैं :—

फेंट छाँड़ि मेरी देहु श्रीदामा। (सूरसागर, पद ११५४)
सुनहु स्याम तुमहू सरि नाहीं ऐसे गए बिलाइ। (वही, पद ११५५)
राखि स्याम अबकैं इहिं अवसर सब चितवत मुख तेरौ। (वही, पद १४८७)
कहि राधा हरि कैसे हैं। (वही, पद २३८८)

'सारावली' के आज्ञा रूपों से इनकी तुलना कीजिए :—

छोड़ छोड़ कहि परी धरणि पर कर चरणन जु पसार। (छंद ४१७)
सिंधु सुतासुत ता रिपु गमनी सुन मेरी तू बात। (छंद ९३७)
हिल मिल खेलो मन्मथक्रीड़ा क्यों बसंत दिन खोवत। (छंद १०४६)
तब बोले जगदीश जगतगुरु सुनो सूर मम गाथ। (छंद ११०४)

'सारावली' में आज्ञा में इकारान्त, हिकारान्त, उकारान्त, हुकारान्त, रूप प्रायः नहीं मिलते; यदि मिलते भी हैं तो अकारान्त और ओकारान्त की अपेक्षा बहुत न्यून संख्या में। 'सूरसागर' की स्थिति इस संबंध में ठीक उल्टी है।

८. 'सारावली' के भूतकालिक कृदंत के रूपों में स्वयं ही अत्यधिक विविधता मिलती है। यथा :—

आज्ञा करी नाथ चतुरानन करो सृष्टि विस्तार। (छंद १६)
सनकादिक पुछियो चतुरानन ब्रह्म जीव को बीच।
प्रगट हंस बपु धर्‌यो जगत पुर जोपै नीर सुनीच॥ (छंद ८३)
तोरेव धनुष टूक करि डारे दोउन आयुध कीने। (छंद ५११)
तब हरि रीझ कहेउ नारद सों कहौ कराँ ते आए। (छंद ६६०)
तब हरि कहेउ जाव घर घर प्रति देखोगे सब ठौर। (छंद ६६२)
नृपति कह्यउ मेरे गृह चलिए करो कृतारथ मोय। (छंद ८००)
शिव विधान तप करेउ बहुत दिन तऊ पार नहिं लीन। (छंद १००२)
सो हरि ने स्वीकार कियो सब निरखि परस सुख पाई। (छंद १०३४)

'सूरसागर' में भूतकालिक कृदंत के इतने विविध रूप नहीं मिल सकते। यह विविधता 'सारावली' की भाषा-शैली की शिथिलता तथा अपरिपक्वता की द्योतक है।

९. अंत में निम्न उद्धरणों में भाषा की साहित्यिक अर्वाचीनता खड़ीबोली-जैसे रूपों और तत्सम शब्द-प्रयोगों में देखिए। सफेद टाइप के शब्द विशेष द्रष्टव्य हैं—

ताको दर्शन देखि भयो अज सब बातन निःशोक। (छंद १३)
जहाँ आदि निज लोक महानिधि रमा सहस संयूत।

आन्दोलन झूलत करुणानिधि रमा सुखद अतिपूत। (छंद १४)

सुन प्रह्लाद प्रतिज्ञा मेरी तो को कबहुँ न त्यागूं।
जैसे धेनु बच्छ को चाटत तैसे मैं अनुरागूं। (छंद ११३)

संध्या भई कृत्य नित करिकै कीन्हों ऋषि परणाम।
पौढ़े जाय चरण सेवा द्विज करके अति विश्राम॥ (छंद २१३)

गुल्मलता में जन्म मांगि तब विधि सों गोद पसारी। (छंद ५७८)

कह्यो वृत्तान्त गोप वनितन को विरह न जात कहायो। (छंद ५८०)

छिन नहिं दूर श्याम तुम उनसों मैं निश्चय यह कीन्नों। (छंद ५८२)

हलधर हल मूसल कर लीने सभी मलेच्छ सँहारे। (छंद ६०४)

चले भाज दोउ सभी उहाँ ते जहँ सोवत मुचुकुंद। (छंद ६०५)

उनके योग्य यही कन्या है सुनो देव महराज।
तब नृप कह्यउ करो निश्चय यह सफल होइ मम काज॥ (छंद ६२४)

कृष्णचन्द्र के चरण कमल में सदा रहो अनुराग।
ये ही पति नित होहिं हमारे जो पूरण मम भाग॥ (छंद ६३२)

यक सत्राजित यादव कहिये सूरजदेव उपास।
दीन्हों मणि आदित्य स्यमंतक कोटिक सूर्य प्रकाश॥ (छंद ६४२)

चर्चा परी बहुत द्वारावति कृष्णचंद्र की बात। (छंद ६४६)

कृष्णचंद्र के चरण परस कर वीणा मधुर बजाये। (छंद ६५९)

कहुँ जागत दरशन दियो मुनि को करि पूजा परणाम।
संध्या करत कहूँ त्रिभुवनपति स्नान करत कोउ धाम॥ (छंद ६७१)

कतहूँ श्राद्ध करत पितरन को तर्पण करि बहु भाँति।
कहुँ विप्रन को देत दक्षिणा कहुँ भोजन की पाँति॥ (छंद ६७३)

कहुँ यक दुर्गादेवि जनि कै जोर विप्र निज धाम।
करत होम बहु भाँति बेदध्वनि सब विधि पूरण काम॥ (छंद ६७९)

प्राची और प्रतीचि उदीची और अवाची मान।
इन्द्रप्रस्थ बीच में दीजै और राज तुव जान॥ (छंद ७७५)

उत्तर दिशि रवि जान देह तजि वहाँ परम पद पायो॥ (छंद ७८६)

जाहु नाह तुम पुरी द्वारका कृष्णचन्द्र के पास। (छंद ८०८)

कछु हमको उपहार पठायो भाभी तुम्हरे साथ। (छंद ८१४)

आलिंगन चुंबन परिरंभन भेंटत भरि अँकवार। (छंद ८९७)

रैन नींद नहिं परत निरंतर संभाषण व्यवहार। (छंद ९१९)

करि दंडवत चली ललिता जो गई राधिका गेह। (छंद ९२०)

नलिन पराग मेघ माधुरि सों मुकुलित अम्ब कदम्ब।
मुनि मन मधुप सदा रस लोभित सेवत अज शिव अम्ब॥ (छंद १००१)
सो हरि ने स्वीकार कियो **सब निरखि परम सुख पाई॥** (छंद १०३४)
चौरासी ब्रजकोश निरंतर **खेलत हैं बलमोहन।**
सामवेद ऋग्वेद यजुर **में कहेउ चरित ब्रजमोहन।।** (छंद १०९०)
सकल तत्त्व ब्रह्माण्ड देव पुनि माया सब विधि काल।
प्रकृति पुरुष श्रीपति नारायण सब हैं अंश गोपाल॥ (छंद ११०१)

उपर्युक्त विवेचन और उदाहरणों से स्पष्ट है कि 'सारावली' का कवि अपना शास्त्रोक्त ज्ञान और पांडित्य प्रदर्शित करने के लिए उसी के अनुकूल ब्रजभाषा का ऐसा पंडिताऊ रूप उपस्थित करता है जिसमें कथावाचकों की व्रज और खड़ीबोली की तत्सम-प्रधान मिश्रित शैली का व्यवहार हुआ है। 'सूरसागर' में भी तत्सम-प्रधान भाषा का आवश्यकतानुसार प्रयोग किया गया है, परन्तु ऐसा तभी हुआ है जब कवि को अपनी कल्पना-सृष्टि में मोहक सौंदर्य-विधान का अवसर मिला है। विशेषतया रूप-चित्रणों में तत्सम-प्रधान शैली की प्रचुरता है। 'सारावली' एक संक्षिप्त वर्णन की रचना है। ऐसे वर्णनों में जिस प्रकार की शैली का व्यवहार 'सूरसागर' में मिलता है, उसने 'सारावली' की शैली में अत्यधिक भिन्नता है। उपर्युक्त उद्धरणों को ध्यान से देखने पर ऐसी अनेक पंक्तियाँ मिलेंगी जिनमें सुन्दर और मधुर शब्द-संचय तो है, किन्तु उनके अनुरूप न तो अर्थ का सौंदर्य है और न उच्च कल्पनाओं की सृष्टि। 'सारावली' से ऐसे शब्दों की एक लम्बी सूची बनाई जा सकती है जिनका व्यवहार उन्हीं रूपों में 'सूरसागर' के बृहद् आकार में ढूँढ़ने से भी मिलना कठिन है। उदाहरण के लिए 'सारावली' में 'रामचन्द्र' और 'कृष्णचन्द्र' का जितनी बार प्रयोग किया गया है वहीं 'सूरसागर' के राम, रघुबर, रघुनाथ, रघुपति, कृष्ण, कान्ह, हरि, श्याम आदि की तुलना में 'सारावली' को किसी अन्य कवि की रचना सूचित करता है। अतः भाषा-शैली के विचार से 'सारावली' अपेक्षाकृत 'सूरसागर' के बाद की रचना जान पड़ती है।

'सारावली' का रचयिता

'सारावली' के कवि ने स्पष्टतया अपने व्यक्ति को सूरदास के साथ मिलाने का पूरा प्रयत्न किया है। श्रीवल्लभाचार्य के शिष्यत्व का स्पष्ट कथन करके उसने अपने किसी अन्य सूरदास होने के सन्देह का भी निवारण कर दिया। 'एक लक्ष' पदों का उल्लेख भी उसने कदाचित् इसी उद्देश्य से किया। परन्तु मूल 'वार्ता' में न तो एक लक्ष पदों का उल्लेख है और न 'सारावली' का। गोस्वामी हरिराय ने भी जहाँ एक लक्ष पदों तथा तदनन्तर पच्चीस हजार पदों का उल्लेख किया है, वहाँ 'सारावली' का नाम भी नहीं लिया। अन्य किसी स्रोत से भी सूरदास द्वारा 'सारावली' की रचना की सूचना नहीं मिलती। फिर भी आधुनिक काल में 'सारावली' को न केवल प्रामाणिक रचना माना जाता है, वरन् सूरदास के जीवन-वृत्त के निर्माण में इसका अनिवार्य रूप से उपयोग किया गया है। 'सारावली' का 'सरसठ वर्ष प्रवीन' वाला छन्द प्रायः यह कहकर उद्धृत किया गया है कि इस रचना के समय सूरदास की अवस्था ६७ वर्ष की थी और यह अनुमान करके कि 'साहित्यलहरी' और 'सारावली' का निर्माण एक ही काल में हुआ होगा, तुरन्त यह निष्कर्ष निकाल लिया गया कि सूरदास का

जन्म सम्वत् १५४० के आस-पास हुआ होगा, क्योंकि 'साहित्यलहरी' के 'मुनि पुनि रसन के रस लेष' से उसका रचना काल १६०७ निकलता है। परन्तु वास्तव में जैसा कि श्री मुंशीराम जी शर्मा ने लिखा है, इस छन्द में कवि 'सारावली' का निर्माण-काल नहीं, अपितु, युगल-मूर्ति के दर्शन के समय का उल्लेख कर रहा है।[1] शर्मा जी का अनुमान है कि युगल-मूर्ति का दर्शन कवि को श्रीवल्लभाचार्य की भेंट के उपरान्त हुआ होगा। स्वयं कवि ने भी लिखा है 'गुरु प्रसाद होत यह दर्शन'। इस कथन में थोड़े से सन्देह का स्थान है। वह यह कि श्रीवल्लभाचार्य जी बालगोपाल के उपासक थे, युगलमूर्ति की उपासना की पद्धति गोस्वामी विट्ठलनाथ के समय में विशेष प्रबल हुई। सूरदास की वार्ता के उन प्रसंगों में जहाँ वल्लभाचार्य का उल्लेख है गोपाल-कृष्ण की लीला के ही पद दिए गए हैं। राधा-सम्बन्धी पद अंतिम प्रसंग में हैं जिस समय गोस्वामी विट्ठलनाथ जी का प्रभाव था। फिर भी, यदि शर्मा जी के इस अनुमान को विश्वसनीय मान लें, तो दीक्षा के समय, जिसकी तिथि 'वार्ता' और गोस्वामी यदुनाथ के 'वल्लभ दिग्विजय' के आधार पर १५६७ अनुमान की गई है, सूरदास जी ६७ वर्ष के होंगे। इस हिसाब से उनका जन्म सम्वत् १५०० के लगभग हुआ होगा, अर्थात् वे श्रीवल्लभाचार्य जी से ३५ वर्ष बड़े होंगे। परन्तु सांप्रदायिक जनश्रुति के आधार पर उनका जन्म सम्वत् १५३५ में माना जाता है। जो हो, यदि 'सरसठ वर्ष प्रवीन' से किसी को १५६७ सम्वत् का भी संकेत मानने का प्रलोभन हो, तो भी इस कथन से 'सारावली' के कवि की चतुरता ही प्रमाणित होगी, सूरदास का आत्म-विज्ञापन नहीं।

उपर्युक्त विवेचन के निष्कर्ष स्वरूप यह निःसंकोच कहा जा सकता है कि कथावस्तु, भाव, भाषा-शैली और रचना के दृष्टिकोण के विचार से 'सूरसागर सारावली' सूरदास की प्रामाणिक रचना नहीं जान पड़ती। तथाकथित आत्मकथनों से भी यही संकेत मिलता है।

साहित्यलहरी

इस रचना की भी कोई प्राचीन प्रति उपलब्ध नहीं हुई है। 'नागरी-प्रचारिणी-पत्रिका' की खोज रिपोर्ट में 'सूरदास जी के दृष्टिकूट (सटीक)' नामक एक असंपूर्ण रचना की सूचना मिलती है जो कदाचित् 'साहित्यलहरी' की ही कोई खंडित प्रति होगी। एक दूसरी रचना, 'सूर शतक' का भी संवत् १९०० की खोज रिपोर्ट में उल्लेख किया गया है। परन्तु इन दोनों प्रतियों की प्राचीनता के विषय में कुछ नहीं कहा जा सकता, क्योंकि इनमें रचना-काल नहीं मिलता। 'साहित्यलहरी' की कुछ छपी हुई प्रतियाँ मिलती हैं। भारतेंदु बाबू हरिश्चन्द्र ने एक हस्तलिखित प्रति 'क्षत्रियपत्रिका' सम्पादक बाबू रामदीनसिंह को दी थी, जो उन्होंने सन् १८९२ ई० में खड्गविलास प्रेस बांकीपुर से छपवाई थी। प्रस्तुत विवेचन उसी के आधार पर किया गया है।

'साहित्यलहरी' की समाप्ति पद ११८ पर हो जाती है। उसके बाद (क) और (ख) दो उपसंहारों में ५३ (४९ + ४) पद और जोड़े गए हैं। (ख) उपसंहार का संग्रह बाबू चंडीप्रसाद सिंह ने किया है और (क) का कदाचित् स्वयं बाबू हरिश्चन्द्र ने। यद्यपि बाबू राधाकृष्णदास ने ही लिख दिया था कि 'साहित्यलहरी' के पद 'सूरसागर' में नहीं मिलते,[2] तो भी आज

---

१. सूर-सौरभ, पृ० ३-४
२. राधाकृष्ण-ग्रंथावली, पृ० ४७२।

तक कुछ विद्वानों का विचार है कि 'साहित्यलहरी' 'सूरसागर' के ही दृष्टिकूट पदों का संग्रह है। वास्तव में, उपसंहारों के पदों को छोड़कर 'साहित्यलहरी' की मूल रचना के दो-एक पद ही 'सूरसागर' में मिल सकते हैं। 'सूरसागर' की हस्तलिखित प्रतियों में भी कदाचित् 'साहित्यलहरी' के पद नहीं मिलते। अत: यह एक स्वतन्त्र रचना है।

वर्ण्य विषय तथा मूल भाव का तुलनात्मक विवेचन

'साहित्यलहरी' के दो पदों—१०९ और ११८ के अतिरिक्त प्रत्येक पद में नायिका-भेद, अलंकार आदि किसी न किसी काव्यांग का उदाहरण देने की चेष्टा की गई है। कम से कम एक सौ चार पदों में तो उनमें वर्णित कुछ काव्यांगों का उल्लेख भी कर दिया गया है तथा शेष बारह पदों में यद्यपि किसी पारिभाषिक शब्द का उल्लेख नहीं है, तथापि उनका विषय भी नायिकाभेद आदि ही है। पहले एक सौ चार पदों में उल्लिखित उनके वर्ण्य विषय का परिचय दिया जाता है। पदों की संख्या उक्त संस्करण के आधार पर उद्धरणों के आरम्भ में दी गई है।

१. **सूरस्याम सुजान** सुकिया अघट उपमा **दाव**।। **(स्वकीया और पूर्णोपमा)**

२. **सूर प्रभु** अग्यान **मानो** छपी उपमा **साज**।। **(मुग्धा और लुप्तोपमा)**

३. **ताहि ताहि सम करि करि प्यारी** भूषन आनन **माने**।
सूरदास वै जो न सुलोचन सुन्दर सुरुच बखाने।। **(अनन्वय और ज्ञातयौवना)**

४. **सूरदास चित समै समुझ करि** विषई विषै **मिलावै**। **(उपमेयोपमा)**

५. **सूरदास** कोविदा **सुभूषन कर** विपरीत **बनावै**॥ **(प्रौढ़ा और प्रतीप)**

६. **सूरज प्रभु लष धीर** रूप **कर चरन कमल पर धावे**॥ **(धीरा और रूपक)**

७. **भूषन हित** परनाम छोट बड़ **दोहुन को कर राखी**।
सूरज प्रभु फिर चले गेह को करत सत्रु सिव साषी॥
(परिणाम और ज्येष्ठा-कनिष्ठा)

८. **सूरज प्रभु** उल्लेख **सबन को हौ** परपतनी **हेरो**॥ **(उल्लेख और परकीया)**

९. **सूरज प्रभु पर होहु** अनूठा सुमिरन **जनि बिसरावो**। **(अनूठा और स्मरण)**

१०. **सूर** छेक ते गुप्त बात हू तो को सर समुझैहै॥ **(छेकापह्नुति और गुप्ता)**

११. निरविकार **जहाँ सूर** पहुँनत बातन चतुर **बनाई** **(शुद्धापह्नुति और वचन-विदग्धा)**

१२. भूषन स्वल्प क्रिया ते सुन्दर **सूरस्याम समुझाए**॥ **(सूक्ष्म और क्रिया-विदग्धा)**

१३. संभावन भूषण **कर** लछित **सुघर सषी मुसुकाई**।
सूरदास बृषभान नंदनी मुर घर चली लजाई॥ **(संभावना और लक्षिता)**

१४. **मध ससि के मीन षेलत** रूपकांत सुजुक्त।
सूर लषि भइ मुदित **सुन्दर करत आछी उक्ति**॥
(रूपकातिशयोक्ति और मुदिता)

१५. **सूरज प्रभु** मिलाप हित स्यानी अनमिल उक्ति **मनावै**॥
(अभिसारिका और अक्रमातिशयोक्ति)

१६. सूरज परआनंद दुषित कर सर सजोगता जाई।।

(पर-संभोग-दुखिता और तुल्ययोगिता)

१७. मोह को यह गर्व सागर भई आइ अनैस॥ (प्रेमगर्विता)

१८. सूर सरस सरूप गर्वित दीपका बृत्त चाह॥ (रूपगर्विता और आवृत्ति दीपक)

१९. सूरस्याम जब परो पांय तर तब किन कंठ लगायो॥ (कलहांतरिता)

२०. मानिन अजहु मान बिसारो।

सूरदास द्रिष्टांत पाइ पर देखत नंद दुलारो।। (मानवती और दृष्टांत)

२१. सूर स्याम सुजान पाइन परो कारो कान॥ (गुरु मानवती)

२२. सूर प्रभु बितरेक विरहिन कब देबैहै पाइ॥ (व्यतिरेक और प्रोषितपतिका)

२३. कहु सहुक्त कबि मिले सूर प्रभु प्रान रहत न हो जात॥ (सहोक्ति)

२४. सूर करत बिनोक्त भूचर चरन करत पुकार॥ (बिनोक्ति)

२५. समासोक्ति कर सूर भ्रिंग को बार बार बरु टेरै॥ (समासोक्ति)

२६. सूरस्याम धन मिलत छूटिहै परकर ग्रीषम फांस॥ (परिकर)

२७. सूरदास प्रभु परकर अंकुर दीजै जीवन दान॥ (परिकरांकुर)

२८. सूर प्रस्तुत कर प्रशंसा करत संडित नास॥ (प्रस्तुतांकुर और खंडिता)

२९. सूरस्याम रतनाबल पहिरो हो मंडित हित हाल॥ (रत्नावली)

३३. ह्वै गए सुर सूल सूरज विरह अस्तुत फेर॥ (व्याजस्तुति)

३४. हौं कहत ना जाउ उतका नंद नंदन बेग।

सूर कर आछेप राखो आजु के दिन नेग॥ (उत्का और आक्षेप)

३५. सूरज प्रभु विरोध सो भासत बस परजंक विचार।।

(विरोधाभास और वासकसज्जा)

३६. कियो पति आधीन कर कर बर विभावन व्याज॥

(स्वाधीनपतिका और विभावना)

३७. तात तात पै जात अकेली।

सूर स्याम संग विसेषोक्ति कहि आई अवसर सांझ।।

(अभिसारिका और विशेषोक्ति)

३९. सूर अनसंग तजत तावत अयोपतिका सूप।। (असंगत और आगतपतिका)

४०. सूरदास अनुराग प्रथम ते विषम विचार विचारो॥ (पूर्वानुराग और विषम)

४१. सूरस्याम सुजान सम बस भई है रस रीति॥ (सम)

४२. सूरज चितै नीच जल ऊँचो लियो विचित्र बसेरो॥ (विचित्र)

४३. सूरजदास अधिक का कहिये करो सत्रु सिव साषी॥ (अधिक)

४४. अल्प सूर सुजान कासो कहो मन की पीर॥ (अल्प)

४५. दोऊ लागत दुहुन ते सुन्दर भले अनोन्या आज।
सात्युक सूर देष दोहुन को करन सकत है लाज॥ (अन्योन्य और सात्विक)
४६. सूरज प्रभु ते कियो चाहियत है निर्वेद विषेषी॥ (निर्वेद और विशेष)
४७. सारंगिनि दै दोस सूर बंधातिन समुझी न भूली॥ (व्याघात)
४८. कर संक कारन की माला तेहि पहिराउ सुभाये॥ (शंका और कारणमाला)
४९. एक अवलि करि रही असूया सूर सुतन कह चाई॥ (एकावली और असूया)
५०. यह कौतुक बिलोकि सुनु सजनी माला दीपक की चित चाती
सूरदास बल जात दुहुन की लिषि लिषि हृदय कथा चित पाती॥ (मालादीपक)
५१. भूषन सार सूर श्रम सीकर शोभा उड़त अमल उजियारी॥ (सार और श्रम)
५२. सूरज आलस जथा संष कर बूझ सषी कुसलात॥ (आलस्य और यथासंख्य)
५३. यहै चिन्ता दहै छाती काम घाती बीर।
करत है परसंष काहे समुझ ताकत तीर॥ (चिन्ता और परिसंख्या)
५४. मोहि यह सन्देह सजनी परो बिकलप आन।
सूर समुझ उपाइ कर कछु देहु जीवन दान॥ (संदेह और विकल्प)
५५. कासे कहो समूचै भूषन सुमिरन करत बषानी॥
सूरदास प्रभु बिन वृज ह्वै है कहिये कहा सयानी॥ (समुच्चय और स्मरण)
५७. हेमपितु सुनु सबद सैना लगी आप लजाय।
जोगि प्रिय भूषन सँभारत सूर अति सुष पाय॥ (समाधि)
५८. हरष हरष वरषन चित चाहत तेहि तें का प्रति नीक।
सूरज प्रभुहि सुनावन हारो है को कहु चित ठीक॥ (प्रत्यनीक)
५९. भनित अर्थ भूषन उनही हित कीन भरत चित चाह नवीनी।
सूर कहो जो तुमै रुचै हम जीवन जो न मीनगति हीनी॥
(काव्यार्थापत्ति और चपलता)
६०. भनित चिन्ह बिचार अभरन राखु सूरज टेक॥ (काव्यलिंग और जड़ता)
६१. बाच्य अन्तर आद जय कर सूर भूषन तोर॥ (अर्थान्तरन्यास)
६२. सुनि मुनि प्रौढ़ उक्ति अस उनकी मन की कही न जात।
सूरस्याम को को समुझावै तो बिन ललिता बात॥ (प्रौढ़ोक्ति)
६३. नंद नन्दन की कीरत सूरज तो सम्भावन गावै॥ (संभावना)
६४. सूरदास प्रभु की यह लीला मिथ्या करन ब्रह्म सुष घोउ॥ (मिथ्याध्यवसित)
६५. सूर ललित सब बात समुझ को को कहि कहा रिझावै॥ (ललित)
६६. सूरदास प्रहर्षना सहि सुरुच सारंग बैन॥ (प्रहर्षण)
६७. अपसमार जहँ सूर समारत बहु विषाद उर पेरों॥ (अपस्मार और विषादन)
६८. जागि उठी सुन सूरस्याम संग का उल्लास बषान॥ (उल्लास)

६९. करत अनूज्ञा भूषन मो को सूरस्याम चित लावै॥ (अनुज्ञा)
७०. सूर प्रभु की बाँसुरी में लेस (लेस) भूषन कान॥ (लेश)
७१. सूर के प्रन करत मुद्रा कौन विविध विचार। (मुद्रा)
७२. तदगुन देष सबै मिल सजनी मन ही मन मुसुकानी।
सूरस्याम को लगी बुलावन आपु सयानप मानी॥ (तदगुन)
७३. अंग संग बिरहानल संग ते महा स्याम सो भासै।
बानर मित्र बैद सुत बातें सुनत रग परगासै॥ (पूर्वरूप)
७४. भयो अतदगुन सूर सरस बढ़ बली बीर विष्यात॥ (अतद्गुन)
७६. धवल वसन मिल रहे अंग में सूर जानो जात॥ (मीलित)
७७. सूर उनमीलत निहारो कहें का मति भोइ॥ (उन्मीलित)
७८. सूरदास सामान्य करत को ये ही बलित लषात॥ (सामान्य)
७९. सूरज कर विसेष आलंकृत सब सुष सान तुलावै॥ (विशेष)
८०. गूढोत्तर अस कहत ग्वालिनी मोहि गेह रषवारी।
राष गये सुन सूरस्याम मन बिहँस रहे गिरधारी॥ (गूढोत्तर)
८१. सूरदास दोउ पर पाइतर भूषन चित्र समूरी॥ (चित्र)
८२. सूछम तें दुइ भाव कर ह्वै रहैं बाल अधीर।
सूरस्याम देषत अनदेषत बनत न एको बीर॥ (सूक्ष्म और भावसंधि)
८३. सूरस्याम तन चितै फेर मुष पिहिप भाव बल मोछो॥
(पिहित और भावशवलता)
८४. सूरदास तज व्याज उक्त सब मोसो कौन चेतावें॥ (व्याजोक्ति)
८५. उक्तगूढ़ तें भाव उदे सब सूरज स्याम सुनावै॥ (गूढ़ोक्ति और भावोदय)
८६. विप्र उक्त सुन सूरस्याम को घट गो बिरह प्रसंग॥ (विवृतोक्ति और भावशांति)
८७. करत बिंग ते बिंग दूसरी जुक्त अलंकृत माही।
सूर देष ग्वालिन की बातें को कस समुझत हांही॥ (युक्ति)
८८. सूर डौंडी देत सिर पर लोक उक्त अनेक॥ (लोकोक्ति)
८९. सूर उक्त बक्र कर कर रही नीचे हेर। (वक्रोक्ति)
९०. छेक उक्त जहँ दुमिल समज के का समुजावत नीठो।
मिसिरी सूर न भावत घर की चोरी को गुड़ नीको॥ (छेकोक्ति)
९१. एकाबरन सुभाव उक्ति कर सूर सरस रस वाको। (स्वभावोक्ति)
९२. त्रिमिल भाविक कियो भूषण आप अद्‌भुत आज।
सूर चाहत कहा बैठो गेह में तज काज॥ (भाविक)
९३. सेस ना कहि सकत सोभा जान जो अति उक्त।
कहै बाचिक बाचते है कहा सूर अनुक्त॥ (अत्युक्ति)
९४. यह उदात अनूप भूषण दियो सब घर तोर।
सूर सबरे लक्षनन जुत सहित सब त्रिन तोर॥ (उदात्त)

९५. यो प्रतषेद अलंकृत जबहू सुमुषी सरस सुनायो।
सूर कहो मुसुकाय प्रानप्रिय मो मन एक गनायो। (प्रतिषेध)

९६. यह निररुक्त की अवध वाम तू भइ सूर हत सषी नवीन॥ (निरुक्ति)

९७. यह विध सिद्ध अलंकृत सूरज सब विध सोभा छै है॥ (विधि)

९८. सूरस्याम के हेतु अलंकृत कीनौ अमल सुमिल हितकारी॥ (हेतु)

१००. सूर प्रतछ निहारत भूषन सब दुष दुरय दुरानौ॥ (प्रत्यक्ष)

१०२. यह अनुमान गयो काली तट सूर साँवरो भाई॥ (अनुमान)

१०३. सूरस्याम है उपमा भूषन तब निज बात प्रमानो॥ (उपमा)

१०४. सुध सबन को लछन जानत सब्दा भूषन जैसो।
सूरज स्याम सुध दासी को करी कही विधि कैसो॥ (शब्दालंकार)

१०५. जो बृज तजो अर्थपति सूरज सब सुषदायक जोई॥ (अर्थापत्ति)

१०६. सूर सबते देखिए नंद नंद जीवन मूर॥ (रसवत)

१०७. सूर सबदिन सिवा मोहित देहि यह बरदान॥ (रसवत)

१०८. हँसत दोऊ दुहुन को लष सूर बलि बलि जाहिं॥ (शृंगार का अंग हास्य)

११०. इहै निसि दिन मोहि चिन्ता समुझ सजनी तोर (चिन्ता)

११३. सूर सुजान विभावन पहलों किंकर कर मन चेरो॥ (प्रथम विभावना)

११४. सूर समुझ विभावना है दूसरो परमान॥ (द्वितीय विभावना)

११६. सूर संकर करन भूषन जो जगत विख्यात॥ (संकर अलंकार)

यहाँ यह बता देना आवश्यक है कि उपर्युक्त पदों में केवल उनमें उल्लिखित विषय का ही नहीं, अपितु उसके अतिरिक्त किसी अन्य काव्यांग का भी उदाहरण देने की चेष्टा की गई है। अन्य पदों में भी इसी प्रकार किसी न किसी काव्यांग का ही वर्णन उदाहरण दिया गया है। यथा—

३०. विप्रलब्धा नायिका और अप्रस्तुतप्रशंसा अलंकार (अन्योक्ति);
३१. पर्याय अलंकार और दीनता संचारी;
३२. प्रोषितपतिका नायिका और व्याघात अलंकार;
३८. प्रवत्स्यत्पतिका नायिका और असंभव अलंकार;
५६. कारकदीपक अलंकार और धृति संचारी;
७५. वीर रस;
९९. द्वितीय हेतु अलंकार;
१०१. स्पर्श से प्रत्यक्ष अलंकार;
१११. अनुचित शृंगार;
११२. शृंगार का अंग शांत भाव और समाहित अलंकार;
११५. मरण संचारी;
११७. प्रहेलिका।

जैसा कि उक्त विवरण से स्पष्ट है 'साहित्यलहरी' का विषय अलंकार और नायिका भेद है। इन्हीं के साथ कतिपय भावों—संचारी और स्थायी—का भी उल्लेख कर दिया गया है। दृष्टिकूट शैली में स्वयं रूपकातिशयोक्ति अलंकार माना जाता है। रूपकातिशयोक्ति को आधार बनाकर अन्य अलंकारों तथा नायिका, रस, भाव आदि के उदाहरण देने का विचार अत्यन्त विलक्षण है। 'सूरसागर' में दृष्टिकूट शैली का प्रयोग एक प्रयोजन विशेष से हुआ है; स्वयं दृष्टिकूट शैली का चमत्कार दिखाना कवि का उद्देश्य नहीं है। परन्तु 'साहित्य-लहरी' दृष्टिकूट शैली के चमत्कार प्रदर्शन के साथ-साथ काव्यांगों के उदाहरण प्रस्तुत करने का भी दम भरती है। 'साहित्य-लहरी' के कवि की इस प्रवृत्ति का सूरदास के भाव-जगत् में कोई स्थान नहीं है। 'सूरसागर' का एक-एक पद भक्त कवि की अनन्य भाव-संभूत भक्ति-भावना का व्यंजक है। भक्ति-बाह्य किसी विषय को सूर फूटी आँखों नहीं देखना चाहते। अतः साधारण से भी हीन कोटि के रीति ग्रंथकारों की भाँति अपने चिर तन्मयकारी रस-सागर में 'साहित्य-लहरी' जैसी नीरस, शुष्क सरिता लाकर मिलाने की उन्होंने कभी कल्पना भी की होगी, ऐसा नहीं सोचा जाना चाहिए।

काव्यांग-वर्णन के लिए 'साहित्य-लहरी' के कवि ने परम्परानुसार विशेष रूप से राधा-कृष्ण और सामान्यतः कृष्ण के कथा-प्रसंगों को चुना है। 'सूरसागर' से यही उसकी समानता है। परन्तु 'सूरसागर' में दृष्टिकूट शैली का व्यवहार कवि ने जिस भाव-दशा में किया है, उसे बेचारे 'साहित्य-लहरी' के कवि ने समझ भी नहीं पाया। सिद्धों की 'संधा-भाषा' और कबीर आदि संतों की 'उलटबासियों' की रहस्य-गोपन शैली की भाँति सूर की कूट शैली में भी उनके प्रेम से सर्वोच्च आदर्श का अकथनीय रूप-सौंदर्य अथवा उसका अनिर्वचनीय निगूढ़ भाव छिपा रहता है। कोरे कल्पना-विलास के लिए कूट शैली का प्रयोग वे कभी नहीं करते। अतः 'सूरसागर' के समस्त कूट पद राधा अथवा गोपियों के प्रेम-प्रसंगों से संबंधित हैं। परन्तु 'साहित्य-लहरी' के अधिकांश पद कृष्ण-लीला से संबंधित होते हुए भी पद ३, ४, ७, ८, ९, १५, १६, १९, २१, २२, २३, २४, २८, २९, ३२, ३४, ४७, ४८, ४९, ५५, ५७, ६२, ६७, ६८, ७०, ७१, ७२, ८४, ८५, ८९, ९०, ९१, ९६, ९९, १०१, १०७, ११५ और ११७ में कृष्ण, राधा आदि का उल्लेख तक नहीं है। नायिका-भेद और शृंगार से सम्बन्धित होने के कारण उन्हें भले ही परोक्ष-रूप से राधा-कृष्ण विषयक कहा जाए, परन्तु उनका विषय सामान्य है। इसी प्रकार उन अधिकांश पदों का विषय भी सामान्य शृंगार का है जिनमें राधा, वृषभानुसुता, गोपी, व्रज, नंदनन्दन, हरि आदि का उल्लेख किया गया है। कुछ पद कृष्ण-लीला से अपेक्षाकृत अधिक संबंधित हैं, पर उनका विषय राधा का प्रेम अथवा शृंगार नहीं है, उदाहरणार्थ पद ७३ कालियदमन के प्रसंग का है और इस प्रकार आरम्भ होता है—

कूदो कालीदह में कान।
रोवत चली जसोदा मैया सुनत ग्वाल मुख हान।

टीकाकार के अनुसार यह पद 'करुना रस' का उदाहरण उपस्थित करता है। पद ७४ और पद ७५ तो दशमस्कंध—पूर्वार्ध की कथा तक से असम्बद्ध हैं तथा रौद्र और वीर रस के उदाहरण देने के लिए सम्मिलित किए गए हैं। ये पद इस प्रकार आरम्भ होते हैं—

आज रन कोपो भीम कुमार।
कहत सबै समुझाय सुनो सुत धरम आदि चित चार॥ ७४॥

× × ×

देखत सजो पण्डकुमार

भयो सन्मुख पितामहि गहि धनुस औ सरधार॥ ७५॥

इसी प्रकार पद ७६, ७७, ७८, ७९, ८० और ८१ जो क्रमशः भयानक, वीभत्स, अद्‌भुत, वात्सल्य, देव विषयक रति और ऋषि विषयक रति के उदाहरण उपस्थित करते हैं, कंस-वध, बाल-वत्स-हरण, यशोदा के कृष्ण को खेलाने, गोवर्धन-पूजा और जन्म-कुण्डली-विचार से संबंधित हैं।

उपर्युक्त विश्लेषण से दो बातें स्पष्ट होती हैं। एक तो यह कि 'साहित्य-लहरी' के प्रणयन में उसके कवि की मूल प्रेरणा साहित्यिक है, भक्ति नहीं और दूसरी यह कि इन दृष्टिकूट कहे जाने वाले पदों में राधा एवं राधा-कृष्ण के नखशिख का वर्णन नहीं है; कुछ पद शृंगार से सम्बद्ध होते हुए भी राधा का उल्लेख नहीं करते तथा कुछ स्पष्टतया राधा और दाम्पत्य-रति से असंबद्ध हैं। पहली बात कवि की मानसिक प्रवृत्ति से संबंध रखती है और दूसरी कूट पदों के वर्ण्य-विषय से। 'सूरसागर' से इन दोनों बातों का मौलिक विरोध है।

'सूरसागर' में यद्यपि साहित्य के सभी उपादान प्रचुर मात्रा में मिलते हैं, किन्तु कवि ने संपूर्ण ग्रन्थ में कहीं किसी साहित्यिक विषय की ओर स्पष्ट संकेत नहीं किया तथा सजग साहित्यिक चेष्टा की ओर उसका आयास नहीं जान पड़ता। राधा की सुरति, शृंगार, शोभा, मान, मनुहार, खंडिता-वर्णन, विरह-आदि प्रसंगों में बड़ी सरलता से विभिन्न नायिकाओं के उदाहरण प्रस्तुत किए जा सकते हैं, किन्तु कवि ने कहीं किसी पारिभाषिक शब्द का ऐसा प्रयोग नहीं किया जो उसकी भक्ति-भावना से भिन्न उसके साहित्यिक प्रयत्न का सूचक हो। इसके विपरीत 'साहित्य-लहरी' का नाम तथा उसके अधिकांश पदों में किसी न किसी साहित्यिक विषय का स्पष्ट उल्लेख इस रचना को भिखारीदास के 'काव्य-निर्णय' की कोटि में ले आता है जिसके लिए उन्होंने कहा था कि 'आगे के सुकवि रीझिहैं तौ कविताई, न तौ, राधिका कन्हाई सुमिरन को बहानो है।' परन्तु भिखारीदास की 'कविताई' से आगे के सुकवि जितने रीझे होंगे, 'साहित्य-लहरी' से कदाचित उतने नहीं रीझ सके। साहित्य में इस रचना का स्थान केवल उन दो पदों पर आधारित है जिनमें कवि ने उसका रचना-काल देने की चेष्टा की है। इन दो पदों के अतिरिक्त 'साहित्य-लहरी' की उपेक्षा ही की गई है।

काव्य-कला और भाषा-शैली

हिन्दी के विज्ञ समालोचकों ने 'साहित्य-लहरी' के एक सौ सोलह पदों की ओर कोई ध्यान नहीं दिया, क्योंकि उनमें से किसी भी पद में साधारण कवित्व के भी दर्शन नहीं होते। कुछ पदों में 'सूरसागर' के कूट पदों की एकाध पंक्ति उसकी अरुचिकर कुरूपता को भंग करने का असफल प्रयास-सा करती हुई अवश्य मिल जाती है, नहीं तो 'साहित्य-लहरी' का कूटत्व निरर्थक पहेली बुझाने मात्र में सीमित होकर रह गया है। 'सूरसागर' के पदों की उद्‌धृत पंक्तियाँ सबसे अधिक 'साहित्य-लहरी' के तेईसवें पद में मिलती हैं। वस्तुतः 'सूरसागर' का लगभग पूरा पद 'साहित्य-लहरी' के रचयिता ने कुछ हेर-फेर के साथ 'सहोक्ति' अलंकार का उदाहरण देने के लिए उद्‌धृत कर दिया है। 'सूरसागर' का पद है—

कहत कत परदेसी की बात।

मंदिर अरध अवधि बदि हमसौं हरि अहार चलि जात।

सिस रिपु बरष, सूर रिपु जुग वर, हर रिपु कीन्हौ घात।
मघ पंचम लै गयौ साँवरौ, तातैं अति अकुलात।
नखत, वेद, ग्रह जोरि अर्ध कर सोइ बनत अब खात।
सूरदास बस भईं बिरह के कर मींजैं पछितात।। पद ४५९४।।

भ्रमरगीत के प्रसंग में यह उद्धव के प्रति गोपी की उक्ति है। विरह-वेदना की तीव्रता में वह विष खाकर मरने की बात कहती है। उस संदर्भ में उसकी कूट शैली में जो चमत्कार है वह 'साहित्य-लहरी' के 'सहोक्ति' के उदाहरण में नहीं मिलता। 'साहित्य-लहरी' ने उसे इस प्रकार दिया है :—

सषी री सुन परदेशी की बात।
अधर बीच दै गए धाम को हरि अहार चलि जात।
ग्रह नक्षत्र अरु वेद अरध कर को बरजै मुहि षात।
रवि पंचक संग गए स्यामघन ताते मन अकुलात।।
कहु सहुक्त कवि मिले सूर प्रभु प्रान रहत न तो जात॥ २१।।

संभव है, अन्तिम पंक्ति के अतिरिक्त उक्त पाठ भी 'सूरसागर' की किसी हस्तलिखित प्रति में मिल जाए, परन्तु यह विर्विवाद है कि 'साहित्य-लहरी' के पाठ की भिन्नता पद की अर्थ-दुरूहता को बढ़ाती ही है। 'रवि पंचक संग' आदि में ही सहोक्ति मानी गई है परन्तु यह उदाहरण अस्पष्ट और असमर्थ है। नीचे दिए हुए कतिपय अन्य उदाहरणों में 'साहित्य-लहरी' की भावरंकता, निरुद्देश्य गढ़ी हुई क्लिष्टता, भाषा की कुरूपता और शैली की असमर्थता स्पष्ट हो जाएगी :—

सोवत थी मैं सजनी आज।
तब लग सुपन एक यह देखो कहत अचंभो साज॥
सिव भूषन रिपु भष सुत बैरी पित अरि केर सुभाव।
आइ गई जहँ सुत सुत बैठी हँसत बढ़ायो चाव॥
हों चाहे तासो सब सीखब रस बस रिझबो कान।
जागि उठी सुन सूरस्याम संग का उल्लास बखान॥ ६८।।

× × ×

करि विपरीत भवन में धारा।
बैठी हती अकेली सुन्दर लिषत रूप सुत सुत सुत मारा॥
दधि सुत अरिभष सुत सुभाव चल तहाँ उताइल आई।
देष ताहि सुर लिष कुबेर को बित्त तुरन्त समुझाई॥
करत बिंग ते बिंग दूसरी जुक्त अलंकृत मांही।
दूर देख ग्वालिन की बातें को कस समुझ तहाही॥ ८७।।

× × ×

इन्द्र उपवन इन्द्र अरि दनुजेन्द्र इष्ट सहाय।
सुंन एक जु थाप कीने होत आदि मिलाय॥
उभय रास समेत दिन मनि कंन का ए दोइ।
सूरदास अनाथ के है सदा राषन होइ॥ ११७॥

पहले उद्धरण का कूटत्व 'सिव भूषण रिपु भष सुत बैरी पित अरि' (सखी) और 'सुत सुत' (नंदनंदन) में निहित हैं; अर्थ है कि 'मैं सो रही थी, तब तक मैंने एक अचम्भे का स्वप्न देखा कि जहाँ नंद-नंदन बैठे थे, वहाँ एक सखी आ गई, मैंने उससे कृष्ण को रिझाने के लिए रस की बात सीखनी चाही, तब तक जाग उठी; 'सूर श्याम के संग का उल्लास क्या बखान करें?' न तो इसमें कोई गूढ़ भाव है जिसके लिए कूट शैली की आवश्यकता होती और न अन्य के गुण-दोष का संसर्ग से अन्य में गुण-दोष वर्णन करने वाले 'उल्लास' अलंकार का ही उदाहरण स्पष्ट हो पाया है। कूट शब्दों से भी अधिक भाषा की कुरूप असमर्थता अर्थ समझने में कठिनाई उपस्थिति करती है। दूसरे पद में 'धारा' के विपरीत (राधा) द्वारा भवन में बैठकर 'सुत-सुत' (नंदनंदन) के चित्र लिखने का वर्णन है। वहाँ एक 'दधि सुत अरिभष सुत सुभाव' (सखी) आई। उसने देखकर समझाया कि वह 'सुर लिख कुबेर को वित्त' (कामदेव) का चित्र बना रही है। सखी के इसी 'बिंग ते बिंग दूसरी' कहने में 'साहित्य-लहरी' का रचयिता 'जुक्त अलंकृत' (युक्ति अलंकार) समझ लेता है। परन्तु पाठक के लिए तो यह व्यर्थ शब्दों का अनगढ़ मायाजाल मात्र है, जिनका 'बिंग' केवल लेखक की शब्दार्थरंकता में है और अलंकार केवल 'जुक्त अलंकृत' में।

तीसरा पद तो एक पहेली मात्र है जिससे असमर्थ शब्दों के तथाकथित कूटत्व के द्वारा कृष्ण और राधा के नाम सूचित किए गए हैं। यही 'कंन का ए दोइ' अनाथ सूरदास के 'सदा राखन होइ' (रक्षक) हैं। लेखक ने इसमें प्रहेलिका अलंकार का नाम नहीं लिया, पर जान यही पड़ता है कि वह प्रहेलिका का उदाहरण देने की कुरूप चेष्टा कर रहा है।

तीनों पदों की भाषा में असामर्थ्य दोष के साथ, 'थी', 'लग', 'सीखब', 'रिझबों', 'कान', 'सुन', 'हती', 'लिखत', 'चल', 'देख', 'लिख', 'करत', 'समुझ' आदि प्रयोग 'सूरसागर' के तदर्थक प्रयोगों से सर्वथा भिन्न हैं। 'सूरसागर' में 'थी' का प्रयोग नहीं मिलता। 'थी' के ही अर्थ में दूसरे पद में 'हती' आया है। व्रजभाषा में 'हुती' या 'ही' के प्रयोग अधिक समीचीन हैं। 'लग' परसर्ग की तरह प्रयुक्त हुआ है, पर उसका शुद्ध व्रजभाषा रूप 'लगि' है। 'सूरसागर' में 'लगि' और 'लौं', दोनों 'तक' के अर्थ में प्रयुक्त मिलते हैं। परन्तु 'लग' नहीं मिलता। 'सीखब और रिझबो' कदाचित् क्रियार्थक संज्ञाओं के अर्थ में आए हैं, परन्तु उनके रूप 'सीखिबो' और 'रिझबो' होने चाहिए थे। 'सुन', 'चल', 'देख', 'लिख' पूर्वकालिक कृदन्तों के अर्थ में आए हैं, पर 'सारावली' की भाँति ये तथा 'साहित्य-लहरी' के अधिकांश पूर्वकालिक कृदन्त इकारान्त न होकर अकारान्त हैं। इसी प्रकार व्रजभाषा में वर्तमानकालिक कृदन्त के स्त्रीलिंग रूप इकारान्त होते हैं। पर उक्त पदों में 'लिखत' और 'करत' स्त्रीलिंग होते हुए भी अकारान्त हैं। 'साहित्य-लहरी' में प्रायः सर्वत्र इसी प्रकार के प्रयोग मिलते हैं। 'समुझ' कदाचित् वर्तमान निश्चयार्थ में आया है, पर उसका शुद्ध रूप 'समुझै', 'समुझे', समुझइ' या 'समुझय' होना चाहिए था। 'साहित्य-लहरी' में 'कान्ह' के लिए प्रायः सर्वत्र 'कान' आया है, जो 'सूरसागर' से नहीं मिलता। 'साहित्य-लहरी' की भाषा के सम्बन्ध में

इतना कथन पर्याप्त है, क्योंकि उसकी भाषा इतनी अस्त-व्यस्त, विविध-रूप और असंस्कृत है कि उसकी शास्त्रीय समीक्षा ही कठिन है।

अब तीन कूट पद 'सूरसागर' के भी दिए जाते हैं। यहाँ ये पद 'साहित्य-लहरी' के उपसंहार (क) से लिए गए हैं—

[1]राधे हरि रिपु क्यों न दुरावति।
सैल सुता पति तासु सुतापति, ताकैं सुतहिं मनावति॥
हरि बाहन सोभा यह ताकी, कैसैं धरे सुहावति।
द्वैं अरु चारि छहौं वै बीते, काहैं गहरु लगावति॥
नव अरु सात ये जु तहँ सोभित, ते तू काह दुरावत।
सूरदास प्रभु तुम्हरे मिलन कौं, सारंग रंग भरि भरि आवत॥ १२॥

× × ×

[2]आजु बन राजत जुगल किसोर।
दसन बसन खण्डित मुख मण्डित, गण्ड तिलक कछु थोर।
डगमगात पग धरत सिथिल गति, उठे काम रस भोर।
रति पति सारँग अरुन महाछबि, उमगि पलक लगे भोर।
सुति अवतंस विराजत हरिसुत, सिद्ध दरस सुत ओर।
सूरदास प्रभु रस बस कीन्हीं, परी महा रन जोर॥ २७॥

× × ×

[3]सोचति राधा लिखति नखन मैं, बचन न कहति कण्ठ जल त्रास।
छिति पर कमल कमल पर कदली, ता पर पङ्कज कियौ प्रकास॥
ता पर अलि सारँग पर सारँग सारँगरिपु लै कीन्हौ बास।
तहँ अरि पंथ पिता जुग उद्दित, बारिज बिबि रँग भयो अमास॥
सारँग मुख तैं परत अम्बु ढरि, मनु सिव पूजति तपति बिनास।
सूरदास प्रभु हरि बिरहा रिपु, दाहत अङ्ग दिखावत बास॥ २८॥

× × ×

पहले पद में मानवती राधा के रूप की प्रशंसा की गई है। प्रशंसा करने वाली सखी का अभिप्राय राधा के अंगों की शोभा की ओर संकेत करना है, जिनमें स्वयं कृष्ण-मिलन की उत्सुकता परिलक्षित होती है। राधा के अंग-अंग में जो कृष्ण-प्रेम की व्यंजना होती है उसी को सखी गूढ़ शब्दों में व्यक्त करती है; स्पष्ट रूप से कहने में सखी की धृष्टता होती तथा उतना सौन्दर्य नहीं रहता। दूसरे पद में राधा-कृष्ण की सुरति का वर्णन है, जिसकी गूढ़ शैली स्पष्टतः साभिप्राय है। तीसरे उद्धरण से विरहिनी राधा नख से भूमि पर कृष्ण का चित्र बनाती हुई

---

१. सू० सा०, पद ३३६६।
२. वही, पद १८१७।
३. वही, पद ४०२४।

दिखाई गई है। राधा की कृष्ण-रूप की कल्पना में उच्च भावदशा के अनुरूप कवि ने कूट शैली का सहज प्रयोग किया है। पूर्व उद्धृत पदों में भी दूसरे पद में राधा के चित्र-लेखन का वर्णन है। किन्तु दोनों में कितना अन्तर है!

'साहित्य-लहरी' में भक्ति-भावना का तो सर्वथा अभाव है ही कवित्व भी उसमें नहीं मिलता। जैसा कि उद्धरणों से प्रकट होता है, न तो उसमें भावानुभूति का दर्शन होता है, न कल्पना-सृष्टि में ही कोई नवीनता और आकर्षण है तथा न उसके द्वारा काव्य-सम्बन्धी उन विषयों का स्पष्टीकरण होता है जिनके उदाहरण देने के लिए उसका निर्माण हुआ जान पड़ता है। भाषा-शैली के विचार से तो 'साहित्य-लहरी', 'सूरसागर' की विभिन्न शैलियों में किसी के समकक्ष नहीं रखी जा सकती। 'साहित्य-लहरी', 'सूरसागर' के उन पदों के अनुकरण में रची गई है जिनमें कवि की उच्च कवित्व-शक्ति और काव्य-कला का प्रदर्शन हुआ है, जिनकी भाषा परिमार्जित, प्रौढ़, समस्त-पदयुक्त और तत्सम-प्रधान है; परन्तु 'साहित्य-लहरी' की शैली शिथिल, असमर्थ, असंस्कृत और किसी अंश में बहुत असाहित्यिक है। 'साहित्य-लहरी' की कूट शैली में रूपकातिशयोक्ति अलंकार नहीं, अपितु, प्रहेलिका अलंकार की प्रधानता जान पड़ती है। इन पहेलियों की गूढ़ता उस समय और भी बढ़ जाती है जब भाषा की असमर्थता और शिथिलता पाठक के सम्मुख एक नई पहेली उपस्थित कर देती है।

साहित्य-लहरी के दो प्रसिद्ध पदों के विवरण

मूल रचना के इस संक्षिप्त विवेचन के बाद उसके उन दो पदों का परीक्षण भी अति आवश्यक है जिनके आधार पर 'साहित्य-लहरी' का साहित्य-जगत् में इतना मान रहा है। पहला पद है :—

मनि पुनि रसन के रस लेष।
दसन गौरी नन्द को लिषि सुबल सम्बत पेष॥
नन्दनन्दन मास छै ते हीन त्रितिया बार।
नन्दनन्दन जनम ते हैं बान सुष आगार॥
त्रितिय रिछ सुकर्म जोग बिचारि सूर नवीन।
नन्दनन्दन दास हित साहित लहरी कीन॥ १०९॥

इस पद में 'साहित्य-लहरी' का रचना-काल बताया गया है। अभी तक विद्वत-गण इससे संवत् १६०७ (मुनि = ७, रसन = ०, रस = ६, दसन गौरीनन्द को = १) निकालते आए हैं। परन्तु डॉ० मुन्शीराम शर्मा ने इससे संवत् १६२७ निकाला है[१] मतभेद 'रसन' शब्द के विषय में है। डॉ० शर्मा रसन से 'रसना' अर्थ लेकर उसके द्विविध व्यापार से २ संख्या निकालते हैं, जबकि अन्य विद्वान 'रसन' से रस का अभाव, अर्थात् शून्य मानते आए हैं। किन्तु डॉ० शर्मा का यह तर्क युक्तिसंगत जान पड़ता है कि जिसमें रस नहीं वह नीरस होगा शून्य कैसे हो सकता है? डॉ० शर्मा ने 'रसन' से १ संख्या न लेकर रसना से २ संख्या ली है, क्योंकि उनके अनुसार 'सुबल' अर्थात् बृषभ संवत् १६२७ में निकलता है। यदि डॉ० शर्मा के तर्क को स्वीकार करके 'साहित्य-लहरी' का रचना-काल संवत् १६२७ मानें, तो यह स्वीकार

---

१. **सूर-सौरभ, पृ० ८।**

करना पड़ेगा कि यदि सूरदास ने इसकी रचना की है तो अपनी मृत्यु के कुछ ही पहले उन्होंने अपनी भक्ति-भावनापूर्ण मनोवृत्ति में आकस्मिक परिवर्तन कर दिया और मानो वे अपने साधन को साध्यरूप में ग्रहण करके मरते-मरते एक असफल और शिथिल लक्षण-ग्रन्थ रचकर अपने भावी साहित्यिक बन्धुओं का नेतृत्व करने के लिए तत्पर हो गए। परन्तु इस प्रकार के आकस्मिक परिवर्तन की संभावना स्वीकार करने का कोई कारण नहीं जान पड़ता। 'सूरसागर' जैसे बृहद् ग्रन्थ में जो कवि अपनी रचना के विषय में मौन रहा है, वह 'साहित्य-लहरी' जैसे असफल प्रयत्न में नाम और रचना-काल के सम्बन्ध में इतना मुखर हो जाए, यह भी उसकी प्रवृत्ति के प्रतिकूल जान पड़ता है।

इस पद से एक और संख्या निकाली जा सकती है; यथा—मुनि = ७, पुनि (पुनः मुनि) = ७, रसन के रस = ६, और दसन गौरी नन्द को = १—१६७७। यदि सूरदास के समय से इसे मिलाने का आग्रह न हो तो, यह संख्या अर्थ-सुकरता के अधिक निकट है, क्योंकि इसमें न तो 'पुनि' को छोड़ा गया है, न 'रसन के रस' को खंडित किया गया है। ऐसा मानने से स्वतः 'साहित्य-लहरी' सूर की रचना नहीं ठहरती। परन्तु 'साहित्य-लहरी' का रचना काल १६७७ इतना प्राचीन भी नहीं माना जा सकता।

पद ११८ में तो 'साहित्य-लहरी' का कवि और भी अधिक मुखर हो गया है। उसमें वह पृथु-यज्ञ से उद्भूत अपने आदि-पुरुष ब्रह्मराव से लेकर अपनी वंशावली दे देता है। इस पद के अनुसार पृथु-यज्ञ से उत्पन्न ब्रह्मराव के वंश में चन्द हुए, जिन्हें महाराज पृथ्वीराज ने ज्वालादेश दिया। इनके चार पुत्र हुए जिनमें सबसे बड़ा राजा हुआ। दूसरा बेटा गुणचन्द हुआ, उसका पुत्र सीलचन्द और सीलचन्द का पुत्र बीरचंद हुआ। यह बीरचंद रणथंभोर के राजा हम्मीर के साथ खेलता था। इसके वंश में हरिचन्द हुआ। उसका बेटा, जो वीर था आगरे रहकर फिर गोपाचल चला गया। उसके सात पुत्र कृष्णचन्द, उदारचन्द, रूपचन्द, बुद्धिचन्द, देवचन्द, संसृतचन्द और सूरजचन्द हुए, जो बड़े शूरवीर थे। इनमें से पहले छः शाह की सेवा में समर करते हुए मारे गए। केवल अन्ध सूरजचन्द बच रहा, जो एक बार कुएँ में गिर पड़ा। सात दिन तक किसी ने उसकी पुकार न सुनी। सातवें दिन स्वयं श्री यदुपति भगवान् ने आकर उद्धार किया और उसे दृष्टि-दान दिया। वर माँगने का वचन सुनकर सूरजचन्द ने भगवान् की भक्ति, शत्रुनाश और राधा-श्याम के अतिरिक्त और कोई रूप न देखने का वरदान माँगा। भगवान् ने 'एवमस्तु' कहकर बताया कि दक्षिण के विप्र कुल से शत्रु का नाश होगा और तू सब विद्या में निपुण होगा। उन्होंने सूरजचन्द का नाम सूरजदास, सूर और सूरस्याम रखा और वे अन्तर्धान हो गए। सूरजचन्द तब से प्रण करके व्रज में रहने लगा। गोस्वामी जी ने उसकी आठ (अष्टछाप) में स्थापना की। यह पृथुजगात का विप्र नन्दनन्दन का मोल लिया गुलाम है।

इस पद की प्रामाणिकता के विषय में विद्वानों में मतभेद है। भारतेन्दु बाबू हरिश्चन्द्र सूरदास के विषय में इतना अधिक इतिवृत्त पाकर इसे प्रामाणिक मानने को प्रवृत्त हुए थे। बाबू राधाकृष्णदास ने भी इसकी प्रामाणिकता में संदेह नहीं किया। यद्यपि उन्होंने लिखा है कि 'पृथ्वीराज रासो' से जिसमें चन्द के दस पुत्रों का उल्लेख है, इस पद में दी हुई चार संख्या से अन्तर है तथा हम्मीर के समय में किसी वीरचन्द क़ा उल्लेख और कहीं नहीं मिलता, फिर भी उन्होंने इस पद के विवरणों को सत्य माना है। वे यह भी अनुमान करते हैं कि सूरजचन्द के पिता का ही नाम रामदास होगा जिसका उल्लेख 'आइने-अकबरी' में हुआ है और उसी के छः पुत्र बादशाह की सेवा में लड़ते हुए मारे गए होंगे। इतना ही नहीं, वे तो

सूरदास के सारस्वत ब्राह्मण होने की जनश्रुति को भी इस पद के 'पृथुजगात' के अनुकूल सिद्ध करने की चेष्टा करते हैं।[१] बाबू राधाकृष्णदास के अनुसार अनेक विद्वानों ने इस पद को प्रामाणिक माना है,[२] यद्यपि चन्द के वंशज होने के कारण उन्होंने सूरदास को भाट कहने में संकोच नहीं किया। परन्तु कुछ अन्य विद्वान् यह बात स्वीकार न कर सके। इस विषय में 'चौरासी वार्ता' का सूरदास के सारस्वत ब्राह्मण होने का तथाकथित प्रमाण उनका सबसे बड़ा तर्क है।

डॉक्टर दीनदयालु गुप्त ने इस पद की अप्रामाणिकता सिद्ध करने के लिए कई कारण दिए हैं।[३] उनका पहला तर्क यह है कि 'साहित्य-लहरी' में अनेक पदों के बाद में मिलाए जाने से यह अनुमान करना ठीक है कि पद १०९ के बाद वाले पद प्रक्षिप्त होंगे, क्योंकि इसी पद में कवि ने पुस्तक का रचना-काल और नाम दिया है, परन्तु यह तर्क निर्दोष नहीं है, क्योंकि पद ११८ के बाद वाले पद स्पष्ट ही पृथक् उपसंहार के रूप में संग्रह किए गए हैं, जबकि पद १०९ के बाद के पद पृथक् नहीं हैं। विषय और शैली की दृष्टि से वे १०९वें पद के पूर्व के पदों के क्रम में ही आते हैं, और जिस प्रकार यह कहा जा सकता है कि कविगण पुस्तकों की रचना-तिथि का अन्त में ही उल्लेख करते हैं, उसी प्रकार यह भी कह सकते हैं कि वंश आदि के सम्बन्ध में स्वकथन भी अन्त में ही किया जाता है। फिर पदों के क्रम में हेर-फेर होना असंभव बात नहीं है। डॉक्टर गुप्त का दूसरा तर्क यह है कि इस पद में गोस्वामी विट्ठलनाथ का तो उल्लेख है, किन्तु सूरदास के गुरु महाप्रभु वल्लभाचार्य का उल्लेख नहीं है। अपने विषय में इतना अधिक इतिवृत्त लिखने वाला कवि अपने गुरु का नाम न लिखकर गोस्वामी जी का नाम लिखे यह वास्तव में विश्वसनीय नहीं जान पड़ता। डॉक्टर गुप्त का चौथा तर्क भी इसी से मिलता-जुलता है—जिस कवि ने 'सूरसागर' जैसे बृहद् ग्रन्थ में अपने विषय में कोई इतिवृत्त प्रत्यक्षरूप में नहीं दिया, वह 'साहित्य-लहरी' में अपनी पूरी वंशावली दे, इस पर सहज में विश्वास नहीं होता। परन्तु यह भी विचारणीय है कि जो कवि स्वभाव से आत्म-विज्ञापन के प्रति उदासीन है, वह 'साहित्य-लहरी' जैसी भक्ति-भावहीन असफल साहित्यिक कृति का रचनाकाल देने के लिए इतना उत्सुक क्यों हो बैठा? डॉ० गुप्त का तीसरा और सबसे प्रबल तर्क है सूरदास के सारस्वत ब्राह्मण होने के सम्बन्ध में उनका पूर्व निर्णय। डॉ० गुप्त के अनुसार इसकी साक्षी 'चौरासी वैष्णव की वार्ता' और उस पर गोस्वामी हरिराय का 'भावप्रकाश' है। गत अध्याय में इस विषय पर विचार किया जा चुका है। इस सम्बन्ध में बाबू राधाकृष्णदास और कदाचित् उन्हीं का आधार लेकर रचित 'सूर-सौरभ' के लेखक डॉ० मुन्शीराम शर्मा का यह कहना कि भाट अथवा ब्रह्मराव भी ब्राह्मण ही होते हैं और उन्हें सारस्वत भी कहा जा सकता है[४] कदाचित् सर्वथा उपेक्षणीय नहीं है। डॉ० गुप्त का अंतिम तर्क यह है कि यदि यह पद सूरदास का होता, तो गोस्वामी हरिराय इसका अवश्य उल्लेख करते। वस्तुतः डॉ० गुप्त के ये समस्त तर्क केवल इसी पद के खण्डन में नहीं; अपितु, सम्पूर्ण रचना के खण्डन में प्रयुक्त हो सकते हैं। उक्त गोस्वामी जी के द्वारा 'साहित्य-लहरी' का कोई उल्लेख न होना, जब कि इस रचना में कवि ने तिथि और नाम तथा अपनी वंशावली

---

१. राधाकृष्ण-ग्रन्थावली, पृ० ४४१-४४६।
२. उदाहरणार्थ, सर जार्ज ग्रियर्सन, इनसाइक्लोपीडिया ब्रिटानिका।
३. अष्टछाप और वल्लभ संप्रदाय, डॉ० दीनदयालु गुप्त, पृ० ९०-९२।
४. सूर-सौरभ, पृ० १३।

का उल्लेख किया है, वास्तव में इस रचना को सूरदास कृत न मानने के लिए एक प्रबल कारण है।

साहित्य-लहरी का रचयिता और रचना-काल

कदाचित् 'साहित्य-लहरी' के १०९वें पद की 'नन्दनन्दन दास हित साहित लहरी कीन' पंक्ति के आधार पर सांप्रदायिक क्षेत्रों में यह प्रवाद चल पड़ा कि 'साहित्य-लहरी' की रचना सूरदास ने नन्ददास के लिए की थी और वह भी नन्ददास का गर्व चूर करने के लिए।[१] परन्तु नन्ददास की 'रसमंजरी' में इस महत्वपूर्ण घटना का संकेत तक न होना इस प्रवाद को निराधार मानने का पर्याप्त कारण है। यहाँ यह कह देना आवश्यक है कि 'साहित्य-लहरी' जैसी असफल और भद्दी रचना के द्वारा उसके लेखक को 'रस-मंजरी' जैसी नायिका-भेद की परिष्कृत पुस्तक के कवि नन्ददास का गर्व चूर करना तो दूर, उसके निकट तक पहुँचने की आशा नहीं करनी चाहिए थी। श्री चंद्रबली पांडेय ने 'नन्दनन्दन दास' का अर्थ कृष्णदास लेने का संकेत किया है।[२] यह न केवल शब्दार्थ की दृष्टि से अधिक उपयुक्त है, अपितु, इस विचार से भी कि श्रीनाथ जी के मन्दिर में कृष्णदास अधिकारी का बहुत उच्च स्थान था। परन्तु वस्तुतः नन्ददास या कृष्णदास किसी के लिए इस पुस्तक की रचना होना नितान्त अकल्पनीय है। भक्ति-युग के वातावरण में वह किसी प्रकार नहीं खप सकती। नन्ददास की 'रसमंजरी' में ही नहीं, रीतिकालीन कृष्ण-भक्त कवियों तक में जिस उत्तरोत्तर ऐहिकता-उन्मुख भक्ति-भाव के दर्शन हो जाते हैं, उसका लेशमात्र भी 'साहित्य-लहरी' में नहीं है।

वस्तुतः 'साहित्य-लहरी', जैसा कि ११८वें पद में बताया गया है कि सूरजचंद नामक ब्रह्मभट्ट की रचना है, जो कदाचित् चंदबरदायी और सूरदास, हिन्दी के दो महान् कवियों से अपने को संबंधित और मिश्रित करने के लोभ में साहित्यिक प्रवंचना का अपराध कर बैठा है। उक्त पद के अनुसार 'साहित्य-लहरी' के कवि का वास्तविक नाम सूरजचंद था। 'सूरसागर' में इस नाम का प्रयोग कहीं नहीं हुआ। पीछे यह निर्धारित किया जा चुका है कि 'सूरसागर' के कवि का मूल नाम सूरदास था। 'साहित्य-लहरी' के इस पद में सूरदास के नाम का उल्लेख नहीं है।

निश्चय ही यह सूरजचंद ब्रह्मभट्ट उस काल में हुआ होगा जब काव्य भक्ति का साधन मात्र न रहकर यशोपार्जन का साधन हो गया था। उस काल को हिन्दी साहित्य के इतिहासकारों ने 'रीतिकाल' के नाम से अभिहित किया है। इस काल का आरम्भ विक्रम की सत्रहवीं शती के उत्तरार्ध से पूर्व नहीं माना जा सकता। 'साहित्य-लहरी' जैसी अनुकरणात्मक रचना का अनुमान उसके भी बहुत बाद में करना चाहिए। इसके रचना-काल का किंचित् संकेत ३६वें पद की टिप्पणी से मिल सकता है। उक्त टिप्पणी में लिखा है कि भारतेंदु हरिश्चन्द्र 'साहित्य-लहरी' की टीका को भी सूरदास-कृत मानते थे, क्योंकि साहित्य-लहरी की टीकारहित कोई प्रति नहीं मिलती। परन्तु इस पद की टीका में 'साहित्य-लहरी' के प्रकाशक बाबू रामदीन सिंह को जब 'भाषाभूषण' का उल्लेख मिला तो उन्होंने यह स्थिर किया कि 'साहित्य-लहरी' की टीका स्वयं सूरदास ने नहीं की होगी, क्योंकि 'भाषाभूषण' के लेखक का समय सूरदास के बहुत पीछे पड़ता है। वस्तुतः 'साहित्य-लहरी' की कोई

---

१. **अष्टछाप और वल्लभ संप्रदाय, डॉ० दीनदयालु गुप्त, पृ० ८७।**
२. **हिन्दी कवि चर्चा, श्री चंद्रबली पांडेय, पृ० १८५।**

टीकारहित प्रति स्वयं सरदार कवि को भी नहीं मिली जिनकी टिप्पणी के साथ वर्तमान 'साहित्य-लहरी' मिलती है। इस परिस्थिति में यह अनुमान किया जा सकता है कि 'साहित्य-लहरी' का रचयिता और टीकाकार संभव है एक ही व्यक्ति हो। वह व्यक्ति 'भाषाभूषण' के रचयिता के बाद ही हुआ होगा। 'भाषाभूषण' के कवि, जोधपुर-नरेश, महाराज जसवंतसिंह का रचनाकाल विक्रम की सत्रहवीं शती का अंत और अठारहवीं शती का आदि माना जाता है। अतः 'साहित्य-लहरी' भी अनुमानतः विक्रम की अठारहवीं शती की रचना हो सकती है। यदि १०९वें पद में सूचित रचना-काल सं० १६७७ ठीक माना जाए, तब भी इस अनुमान में विशेष अन्तर नहीं पड़ता। उस अवस्था में यह भी माना जा सकता है कि मूल रचना सूरजचंद नामक कवि के द्वारा सं० १६७७ में हुई और उस पर किसी ने अठारहवीं शती में सूरदास की रचना समझकर टीका लिखी। कालान्तर में उन्नीसवीं शती के अंत में पुनः सरदार कवि ने उस पर टिप्पणी लिखी। परन्तु जैसा कि पीछे कहा जा चुका है इस, अनुकरणात्मक रचना को इतना प्राचीन नहीं माना जा सकता। विषय, भाषा-शैली आदि उसे रीतिकाल के उत्तरार्ध से पूर्व नहीं ले जाने दे सकते। वस्तुतः 'साहित्य-लहरी' की प्रसिद्धि की परम्परा का श्रेय भारतेंदु हरिश्चन्द्र को ही है। उनके परवर्ती साहित्यिकों में ही उसके दो पद खण्डन-मण्डन और विवाद का विषय बन गए। साहित्य की दृष्टि से उसके एक सौ सोलह पदों की निरन्तर उपेक्षा हुई है और यह सर्वथा उचित ही हुआ। परन्तु इससे एक बहुत बड़ी हानि हुई। यदि हमारे विज्ञ साहित्यिक उन पदों की ओर तनिक भी आलोचक दृष्टि डालते तो शेष दो पदों के द्वारा जागरित सूरदास विषयक ऐतिहासिक सम्भावनाएँ जहाँ की तहाँ शान्त हो जातीं और 'साहित्य-लहरी' के सम्बन्ध में इतना वितंडावाद न उठता।

३

भक्ति-समीक्षा

सूरदास की रचना तथा बाह्य साक्षियों से उनके भक्त-जीवन का पर्याप्त परिचय मिलता है। अतः सूरदास के जीवन और काव्य के अध्ययन में उनकी भक्ति-भावना का समुचित विवेचन सबसे अधिक आवश्यक है। इसके बिना न तो उनके काव्य को समझा जा सकता है और न उसमें अभिव्यक्त उनके व्यक्तित्व को। 'चौरासी वैष्णवन की वार्ता' से, जो कि सूरदास के जीवन-सम्बन्धी ज्ञान के लिए अद्यावधि सबसे अधिक प्रामाणिक बहिः साक्ष्य है सूरदास की भक्ति-भावना के सम्बन्ध में पर्याप्त संकेत मिलते हैं। 'वार्ता' के अनुसार सूरदास को स्वयं पुष्टिमार्गीय भक्ति के प्रवर्तक महाप्रभु श्रीवल्लभाचार्य ने अपने सम्प्रदाय में दीक्षित किया था। उसके अनन्तर वे निरन्तर गोवर्धन पर स्थित श्रीनाथ जी के मन्दिर में अपने इष्टदेव का कीर्तन करते रहे। अतः सूरसागर में जिस भक्ति-भावमा का प्रकाशन हुआ है वह पुष्टिमार्गीय भक्ति के अनुकूल होनी चाहिए। सूरदास की भक्ति के अध्ययन में प्रायः इसी पूर्व धारणा के आधार पर उनकी रचनाओं से पुष्टिमार्गीय भक्ति के पोषक कथनों-उल्लेखों को संकलित करने की प्रवृत्ति रही है। यह ढंग सरल तो है, परन्तु सर्वथा वैज्ञानिक नहीं कहा जा सकता। सूरदास के ही अध्ययन में नहीं, अन्य भक्त कवियों के अध्ययन में भी यह आवश्यक है कि हम उनकी रचनाओं के स्वतंत्र अध्ययन द्वारा उनकी भक्ति-भावना का स्वरूप निर्धारित करें और यह निर्णय करें कि वह उस युग के किस साम्प्रदायिक मतवाद के अधिक अनुकूल है तथा अन्य समसामयिक संप्रदायों से उसकी कितनी समता-विभिन्नता है। इस प्रकार के अध्ययन इस दृष्टि से और आवश्यक हैं कि मध्ययुग में पुनरुज्जागरित भक्ति-आन्दोलनों के विभिन्न स्वरूपों में मूलभूत सैद्धान्तिक समानता तो हैं ही, उससे भी अधिक समानता है काव्य के रूप में व्यक्त हुई विभिन्न संप्रदायों के भक्त-कवियों की भक्ति-भावना में। उस युग की भक्ति-भावना का संश्लिष्ट रूप में अध्ययन करके ही हम हिन्दी साहित्य की चिन्ताधारा का उचित मूल्यांकन करने में अधिक सफल हो सकेंगे। यह अवश्य है कि उस चिन्ताधारा को विक्रम की बारहवीं-तेरहवीं शताब्दियों में रामानुज, निम्बार्क, मध्व प्रभृति आचार्यों द्वारा प्रतिपादित भक्ति ने ही प्रेरित किया तथा उसे विशिष्ट स्वरूप दिया; फिर भी हमारे भक्त कवियों में पर्याप्त मौलिक विचार की प्रवृत्ति और समन्वयकारी विवेक-बुद्धि का परिचय मिलता है।

जिस समय पुष्टिमार्ग के प्रवर्तक श्रीवल्लभाचार्य (सन् १४७८-१५३० ई०) ने अपने शुद्धाद्वैत सिद्धान्त के अनुकूल कृष्ण-भक्ति का प्रचार किया, उसके पहले निम्बार्काचार्य और मध्वाचार्य द्वारा प्रतिपादित कृष्ण-भक्ति पर्याप्त प्रचलित और लोक-प्रिय हो चुकी थी। कृष्ण-भक्ति का प्रधान केन्द्र व्रज-प्रदेश था। कालक्रम के अनुसार सबसे पहले निम्बार्काचार्य (विक्रम की बारहवीं शताब्दी) के द्वैताद्वैतवाद के आधार पर प्रतिपादित कृष्ण-भक्ति का प्रचार हुआ। सखी या टट्टी संप्रदाय के प्रवर्तक गायनाचार्य स्वामी हरिदास को निम्बार्क का अनुयायी

बताया जाता है, यद्यपि उनकी रचनाओं में किसी दार्शनिकवाद का स्पष्टीकारण नहीं मिलता। इसी प्रकार गोस्वामी हरिवंश जो राधावल्लभी सम्प्रदाय के संस्थापक थे मध्वाचार्य से प्रभावित बताए जाते हैं। पीछे देखा जा चुका है कि 'सूरसागर' के एक संदिग्ध पद में इन दोनों भक्त महात्माओं का श्रद्धापूर्वक उल्लेख किया गया है।[१] कुछ विद्वानों ने यह भी अनुमान किया है कि सूरदास पहले हरिदास के अनुयायी थे, परन्तु इस अनुमान का कोई पुष्ट आधार नहीं है।

पुष्टि सम्प्रदाय के कतिपय प्रमाणों[२] से यह विदित होता है कि श्रीवल्लभाचार्य ने विष्णुस्वामी के अनुयायी विल्वमंगल के पश्चात् उनके रिक्त स्थान की पूर्ति करते हुए उन्हीं के सिद्धान्तानुकूल शुद्धाद्वैत का प्रतिपादन और शंकराचार्य के मायावाद का खंडन किया। विष्णुस्वामी के समय और उनके सिद्धान्तों के विषय में आज तक कोई निर्णय नहीं हो पाया है, फिर भी कदाचित् वे वल्लभाचार्य के पूर्ववर्ती थे। इस प्रकार वल्लभाचार्य के शुद्धाद्वैत सिद्धान्त के लिए मौलिकता का आग्रह नहीं है। सिद्धान्तों की भाँति भक्ति का स्वरूप निश्चित करने में भी वल्लभाचार्य अपने पूर्ववर्ती और समकालीन भक्ति-संप्रदायों से प्रभावित हुए होंगे, इसमें संदेह नहीं किया जा सकता। किन्तु भक्ति को जैसा प्रबल और पुष्ट दार्शनिक आधार वल्लभाचार्य के सम्प्रदाय में मिला, वैसा कदाचित् अन्य संप्रदायों में नहीं। साम्प्रदायिक भक्ति की सेवा-पद्धति को भी पुष्टि-संप्रदाय में अनुपम सुसंगठित, व्यवस्थित और परिपूर्ण रूप दिया गया है। परन्तु पुष्टि-मार्गीय भक्ति के सिद्धान्त और व्यवहार दोनों पक्षों पर पूर्ववर्ती और समसामयिक कृष्ण-भक्ति सम्प्रदायों का प्रभाव पड़ा होगा, इसे अस्वीकार नहीं किया जा सकता। स्वयं श्रीवल्लभाचार्य ने आरम्भ में मध्व के अनुयायी कृष्ण-भक्त माधवेन्द्रपुरी को श्रीनाथ जी की सेवा का भार सौंपा था। बंगाल के चैतन्य महाप्रभु सम्बन्धी साहित्य में इन्हें बंगाली सिद्ध किया गया है[३] और पुष्टि सम्प्रदाय के साहित्य में तैलंग ब्राह्मण।[४] बंगाल में वैष्णव भक्ति का सबसे पहले उन्हीं ने प्रचार किया तथा महाप्रभु चैतन्यदेव के दीक्षागुरु ईश्वरपुरी उन्हीं के शिष्य थे।[५] कहते हैं कि महाप्रभु वल्लभाचार्य के भी विद्यागुरु यही माधवेन्द्रपुरी थे।[६] चैतन्यदेव और आचार्य वल्लभ की कई बार भेंट हुई थी। दोनों का एक दूसरे के प्रति अत्यन्त उच्च भाव था।[७] आचार्य वल्लभ ने स्वयं जगन्नाथपुरी की यात्रा की थी, जहाँ चैतन्यदेव के साथ उनका प्रेमपूर्ण वार्तालाप हुआ था तथा दोनों महाप्रभु चार मास तक वृन्दावन में साथ-साथ रहे थे।[८] चैतन्यदेव के अभिन्न शिष्य श्री रूप, सनातन तथा जीव गोस्वामी के साथ भी वल्लभाचार्य का सैद्धान्तिक विवाद हुआ था।[९] स्वयं वल्लभाचार्य के विचारों पर तत्कालीन वैष्णव सम्प्रदायों की राधाकृष्ण-भक्ति का कितना प्रभाव पड़ा यह नहीं

---

१. देखो, पृ० २३।
२. देखो संप्रदाय-प्रदीप (द्वितीय प्रकरण), वल्लभ-दिग्विजय और संप्रदाय-कल्पद्रुम।
३. चैतन्य और उनका युग (अंग्रेजी)—रायबहादुर डॉ० दिनेशचन्द सेन, पृ० ४३।
४. विद्वन्मंडनम् (निर्णय सागर प्रेस)—भूमिका पृ० ११।
५. विद्वन्मंडनम् (निर्णय सागर प्रेस)—भूमिका तथा चैतन्य और उनका युग (अंग्रेजी), पृ० ४४।
६. श्रीवल्लभाचार्य (अंग्रेजी)—भाई मणिलाल सी० परीख, पृ० ७३।
७. कांकरोली का इतिहास, पृ० ५२।
८. श्रीवल्लभाचार्य (अंग्रेजी)—भाई मणिलाल सी० परीख, पृ० १५१।
९. वही

कहा जा सकता, परन्तु यह तो स्वीकार किया गया है कि उनके पुत्र गोस्वामी विट्ठलनाथ जिन्होंने सम्प्रदाय को अत्यन्त संगठित और व्यवस्थित रूप दिया श्री चैतन्य के गौड़ीय सम्प्रदाय से प्रभावित हुए थे। उनके 'स्वामिन्यष्टक', 'स्वामिनी-स्तोत्र' और 'शृंगार-रस-मण्डन' में यह प्रभाव लक्षित होता बताया जाता है।[१] पुष्टि सम्प्रदाय की सेवा-पद्धति में व्रतों और उत्सवों में राधा का समावेश कदाचित् गोस्वामी विट्ठलनाथ द्वारा ही किया गया। वस्तुतः उस युग में राधाकृष्ण की भक्ति का इतना अधिक प्रचार था कि कोई वैष्णव सम्प्रदाय उससे प्रभावित हुए बिना नहीं रह सकता। अतः राधा-कृष्ण के युगल रूप की भक्ति तथा राधा की अत्यधिक महत्ता जो हमें सूरदास के काव्य में मिलती है, वस्तुतः उस युग की भक्ति-भावना का सर्व सामान्य रूप है। सूरदास ने अपने सम्प्रदाय की भजन-पद्धति की अनुकूलता के साथ भक्ति का एक समन्वयकारी रूप उपस्थित किया है जो हमें उस युग की सर्वप्रधान भावधारा का परिचय देता है। वे पुष्टि सम्प्रदाय के अनुयायी होते हुए भी दार्शनिक मतवाद के प्रचारक और व्याख्याता नहीं थे, अपितु, परम वैष्णव, एवं जन्मना कवि और गायक थे। उनका भावप्रवण और संवेदनशील हृदय राधा-कृष्णभाव में अपनी चरम परिणति पाए हुए भक्ति-भाव से अनुप्राणित हुए बिना नहीं रह सकता था। फलतः उनके काव्य में हम गोपाल कृष्ण के प्रति प्रेम और अनुकंपा रति की अपेक्षा कान्ता रति का कहीं अधिक विस्तार पाते हैं।

सामयिक परिस्थिति

मध्ययुगीन भक्ति आन्दोलनों ने देश की कैसी परिस्थिति में प्रगति की इसका विस्तृत विवेचन करना यहाँ संभव नहीं है। राजनीतिक इतिहास से हमें उस समय के जनसमाज के जीवन का पूर्ण परिचय नहीं मिलता। इतिहासकारों ने इस सम्बन्ध में लोक-प्रचलित मौखिक एवं लिखित साहित्य की उपेक्षा की है। केवल भक्ति साहित्य में ही कलिकाल के वर्णन में उस समय के लोक-जीवन की जो झाँकी मिलती है उससे महत्वपूर्ण निष्कर्ष निकल सकते हैं। अकेले पुष्टि-सम्प्रदाय के वाता-साहित्य तथा गौड़ीय सम्प्रदाय के कृष्णदास द्वारा लिखित 'चैतन्यचरितामृत' से प्रचुर ऐतिहासिक सामग्री संकलित की जा सकती है। स्वयं श्रीवल्लभाचार्य ने म्लेच्छाक्रान्त देश में सब मार्गों के नष्ट हो जाने, पाप-पाखण्ड की प्रचुरता होने, गंगादि तीर्थों के दुष्टों द्वारा अधिकृत हो जाने, वेदों के तिरोहित हो जाने, नाना वादों के बढ़ जाने आदि का उल्लेख करते हुए कृष्ण ही को एकमात्र शरण्य बताया है[२] तथा कलिकाल में कर्म-मार्ग की अनुपयुक्तता एवं विषय, पाषंड, कुसंग आदि से बचने के लिए भक्ति ही एकमात्र कर्तव्य-कर्म घोषित किया है।[३] भाषा-कवियों ने भी परोक्ष रूप से अपने समय की परिस्थिति के प्रचुर संकेत दिए हैं। यहाँ हम केवल 'सूरसागर' में प्राप्त इस विषय की सामग्री की समीक्षा करेंगे।

राजनीतिक दृष्टि से सूरदास का अधिकांश जीवन ऐसे समय में बीता जब देश की अवस्था अस्त-व्यस्त और विक्षुब्ध थी। परन्तु उनके जीवन में ही अकबर के शासन-काल की शांति स्थापित होने लगी होगी। जैसा कि पीछे संकेत किया जा चुका है अकबर के द्वारा

---

१. विद्वन्मंडनम्, भूमिका, पृ० ५।
२. दे० कृष्णाश्रय—श्लोक, १—६।
३. दे० संन्यास-निर्णय—श्लोक १,२,५।

गोस्वामी विट्ठलनाथ और उनके संप्रदाय को सम्मान-सत्कार प्राप्त हुआ था।[१] परन्तु राजनीति की ओर से सूरदास सर्वथा उदासीन थे। अकबर से भेंट होने के समय उनकी उदासीनता स्पष्ट प्रकट हुई थी। वस्तुतः अकबर जैसा उदार शासक भी देश की आत्मा को नहीं छू पाया था। यही कारण है कि उसके शासन-काल के महान् कवियों के द्वारा उनके वैभव और गौरव का कोई परिचय नहीं मिलता। सूरदास के सरल भक्त-हृदय में नंदनंदन के अतिरिक्त और किसी के लिए स्थान ही नहीं रहा था। यहाँ तक कि उन्होंने मथुरा के कंस-निकंदन और द्वारका के रुक्मिणी-रमण कृष्ण के प्रति भी जो आत्मीयता दिखाई है वह भी उनके व्रजवासी होने के ही नाते; सांसारिक वैभव के प्रति तो उन्होंने सदैव उपेक्षा का ही भाव रखा। कृष्ण के पराक्रम का प्रदर्शन उनका अभीष्ट नहीं था, नहीं तो, वे उनके बैरी कंस का महिमामय ऐश्वर्यपूर्ण चित्रण करते। राज्य और सांसारिक वैभव के प्रति उनकी अरुचिपूर्ण उपेक्षा का आंशिक कारण तत्कालीन शासन के प्रति उनकी विरक्ति हो सकती है। कंस के प्रति उनके दृष्टिकोण में हम शासकों के संबंध में उनकी मनोवृत्ति का आभास पाते हैं। अतः अपने समय की राजनीतिक परिस्थिति को देखते हुए सूरदास का भी अपने गुरु श्रीवल्लभाचार्य की भाँति यही विचार जान पड़ता है कि श्रीकृष्ण की भक्ति ही इस विषम समय में मनुष्य-जीवन का एकमात्र आश्रय है।

सूरदास के काव्य से उनके समय की सामाजिक परिस्थिति के अपेक्षाकृत अधिक संकेत मिलते हैं। सूरदास ने व्रज के जिस ग्रामीण वातावरण का चित्र दिया है वह उन्हें अधिकांश परम्परा से प्राप्त हुआ था; अतः उसे पूर्णतया तत्कालीन समाज का चित्र नहीं कह सकते। फिर भी व्रज की परम्परा से प्राप्त जीवन में सूरदास के समय के ग्रामीण जीवन की झाँकी मिल जाती है। व्रज के सीमित सुखों में नर-नारियों का आशंका, भय और आतंक से अभिभूत जीवन उनके स्वभाव की सरलता, भावुकता, अतीव संवेदनशीलता, बुद्धि और विवेक की अपेक्षाकृत न्यूनता तथा ऐंद्रिय आकर्षण और सहज प्रवृत्ति के वशीभूत होकर कार्य करने की प्रकृति ऐसे बौद्धिक वातावरण का आभास देते हैं जो भक्ति-भाव के लिए अत्यन्त उपयुक्त था। परन्तु व्रज के चित्रण के अतिरिक्त जो सर्वथा ऐतिहासिक नहीं कहा जा सकता, सूरदास ने अपने काव्य में, विशेषतया 'विनय' के पदों में अपने समय के अनेक संकेत दिए हैं। 'जीवनी' के संबंध में तथाकथित आत्म-कथनों पर विचार करते हुए यह कहा गया है कि वे कथन वस्तुतः आत्म-कथन न होकर उस समय के सामान्य लोक-जीवन के चित्र हैं,[२] जिनमें सूरदास बताते हैं कि उनके समय में साधारण मनुष्यों का जीचन कितना उद्देश्यहीन था। बाल्यावस्था से वृद्धावस्था तक वे सांसारिक विषय-वासना में इतने लिप्त रहते थे कि उन्हें ऐसे जीवन की व्यर्थता का ध्यान तक नहीं आता था। लोग हिंसा-मद-ममता में भूले रहते थे, प्रमाद और आलस्य में समय नष्ट करते थे तथा मद्यपान, स्त्री-संग, अभक्ष्य-भक्षण ही में उनके जीवन का सुख सीमित था। स्वार्थपरता, प्रवंचना, पाषंड, दंभ, अहंकार आदि दुर्वृत्तियाँ फैल रही थीं। तीर्थ-यात्रा और सत्संग की ओर भी रुचि नहीं रह गई थी। बहुत होता था तो लोग 'स्वामी' बन जाते थे, शरीर और वस्त्र धोकर वेष बनाकर, तिलकमाला आदि धारण करके पर-निंदा में और विषयी लोगों के बीच में जीवन बिताते थे। अंत समय में जब ध्यान आता था कि सारा जीवन अकारथ गँवा दिया, कुछ धर्म-कर्म नहीं किया तब निराशा का अंधकार चारों ओर से घेर लेता

---

१. दे० पृ० २।

२. देखो पृ० १८-२२।

था। 'तीनों पन' व्यर्थ खोने के वर्णनों में सूरदास ने उस समय के वर्णाश्रम धर्म के पतन का चित्र दिया है। निश्चय ही यह चित्र समूचे समाज का नहीं कहा जा सकता, निम्न वर्ग की ओर कदाचित् कवि का ध्यान नहीं है। यह भी हो सकता है कि भक्ति-भाव से आविष्ट होने के कारण इस वर्णन में सीमित दृष्टि, कल्पना और अतिरंजना भी हो। सूरदास ने जिस आदर्श जीवन की कल्पना की थी उसके सामने तत्कालीन जीवन निस्संदेह अत्यन्त गर्हित और विपथगामी था। तीर्थ, व्रत, साधु-समागम आदि धर्म के बाह्य साधनों के अभाव में मनुष्य की ऐंद्रिय वृत्तियों ने उनके बाह्य और आंतरिक जीवन में अशांति और अव्यवस्था पैदा कर रखी थी। ऐसे समाज के लिए विशेषकर उस समय जब धर्माचरण के लिए साधन और सुविधा का अभाव था, भक्ति ही एकमात्र साधन दिखाई देता था। श्री वल्लभाचार्य से भेंट होने के पहले ही सूरदास ने कदाचित् इस सत्य को पहचान लिया था और इसी कारण वे संन्यास लेकर गऊघाट पर रहते थे। गुरु से भेंट होने के पूर्व अपने सेवकों के साथ 'स्वामी' वेश में रहते हुए कदाचित् उन्हें स्वयं कभी-कभी अपने इस जीवन की विडम्बना का ध्यान आता होगा।

वल्लभ-सम्प्रदाय में दीक्षित होने के पूर्व सूरदास किस मत के अनुयायी थे इसके संबंध में भी अनेक अनुमान किए गए हैं। 'विनय' के पदों में जिस प्रकार सामाजिक जीवन के गर्हित पक्ष के चित्र हैं, उसी प्रकार धार्मिक जीवन के भी संकेत हैं। गीति पदों की आत्माभिव्यंजक शैली में होने के कारण उन्हें कभी-कभी व्यक्तिगत संकेत समझ लिया जाता है। एक पद में वे कहते हैं : "जिस दिन से जन्म पाया, मेरी यही रीति है कि हठपूर्वक विषय-विष खाता हूँ और अनीति करते डरता नहीं। ज्वाला में जलता हूँ, गिरि से गिरता हूँ और अपने कर से सीस काटता हूँ। मेरा साहस देखकर 'ईस' सकुच तो मानते हैं, पर रक्षा नहीं कर सकते। कभी कामना करके बहुत पशु-घात किए, जिस प्रकार सिंह-शावक गृह त्याग देते हैं (और पशु-घात करते हैं) इन्द्र आदि मुझसे डरते हैं। यमपुर में जाकर अनेक बार नरक-कूपों में पड़ा; यम के किंकर-यूथ थक गए पर मैं टालने से भी नहीं टलता। मैं महा माचल (हठी) हूँ; मुझे मारने में संकोच नहीं होता।"[१] इस पद से यह निष्कर्ष निकालना कि किसी समय सूरदास या उनका परिवार घोर शैव,[२] हठयोगी और हिंसक था भारी भूल होगी। उक्त पद में वर्तमान काल का प्रयोग तथा यमपुर में अनेक बार जाने की बात विशेष रूप से सूचित करती है कि वे अपने ऊपर अन्योक्ति के द्वारा शैवोपासना की आलोचना करके उसे हीन प्रमाणित करते हैं। उनकी शैली मधुर एवं विनयपूर्ण है। इसी प्रकार नन्दनन्दन के रूप में 'धूर धूसर जटा जुटली युक्त, 'हर भेष' का दर्शन करके जब वे कहते हैं कि 'सूर के हिरदे में नित स्याम सिव का ध्यान बसे'[३] तो वे समन्वयकारी वैष्णव दृष्टिकोण से केवल शिव के उपासकों को कृष्ण की रूपराशि की ओर आकर्षित करने का उपक्रम करते हैं। वस्तुतः इन उल्लेखों से हमें उस समय की धार्मिक परिस्थिति की सूचना मिलती है। जिस समय वैष्णव भक्ति का पुनर्जागरण और व्यापक प्रचार आरम्भ हुआ, उस समय हमारे देश में शिव, शक्ति, तन्त्र, मन्त्र, हठयोग आदि की आराधना का व्यापक प्रचार था। 'चीरहरण' प्रसंग में सूरदास ने गोपियों को शिव की आराधना करते हुए दिखाया है।[४] भागवत की गोपियाँ भी भद्रकाली कात्यायनी देवी की पूजा

---

१. सू० सा० (सभा), स्कंध १०, पद १०६।
२. डॉ० मुंशीराम शर्मा, सूर-सौरभ, पृ० ३८।
३. सू० सा०, पद ७८८, ७८९।
४. वही, पद १३८४, १३८५।

करती हैं। अन्य पुराणों से सूचित होता है कि वैष्णव उत्थान के समय देश में शैवोपासना का कैसा प्राबल्य था। भाषाकवियों में भी इसके प्रचुर प्रमाश मिलते हैं। कबीर ने साकटों (शाक्तों) की भरपूर निन्दा की है और उनके जीवन को घृणित चित्रित किया है। जायसी ने रतनसेन से जोगी का वेष धारण करवा कर तथा अन्य संकेत देकर सूचित किया है कि उस समय शैवों और हठयोगियों ने चमत्कारों के द्वारा लोकमत को कैसा प्रभावित कर लिया था। तुलसीदास ने तो 'अलख' ज़गांने वालों को ललकारा ही था। उन्होंने स्मार्त वैष्णव धर्म का प्रचार करके शिव के उपासकों को वैष्णव बनाने का उसी तरह का प्रयत्न किया, जैसा पुराणों के द्वारा किया गया था। सूरदास ने भी भ्रमरगीत में अपने समय की सभी प्रधान उपासना पद्धतियों का कठोरतापूर्वक किन्तु कवित्वपूर्ण शैली में खंडन किया है।

सूरदास के भ्रमरगीत से तत्कालीन प्रचलित धार्मिक विश्वासों का एक सुन्दर चित्र मिलता है। यह चित्र इसलिए और सामयिक कहा जा सकता है कि इसमें सूरदास ने 'भागवत' से पर्याप्त अंतर और विभिन्नता उपस्थित की है। सूरदास के उद्धव दार्शनिक पक्ष में अद्वैतवादी और मायावादी हैं; वे कृष्ण के व्रज-प्रेम की हँसी उड़ाते हैं। धार्मिक पक्ष में सूरदास ने उन्हें योग, गोरखपंथी हठयोग तथा वैराग्य का प्रतिनिधित्व करता हुआ चित्रित किया है। वे गोपियों की अन्तर्मुखी प्रवृत्ति के द्वारा घट के भीतर ब्रह्म का साक्षात्कार करने का उपदेश देते हैं तथा संसार के माया-मोह का तिरस्कार करना सिखाते हैं। गोपियों के मुख से सूरदास अपने समय के इन प्रधान धार्मिक विश्वासों की हीनता प्रमाणित करते हुए उनकी कटु आलोचना करते हैं। परन्तु मानो अद्वैत ज्ञान और योग का समन्वय करते हुए वे गोपियों के अनन्य-भाव, श्रीकृष्ण के प्रति उनके सर्वात्म-समर्पण और कृष्ण के प्रेम-योग में ही चित्त-वृत्ति के अनुपम निरोध का प्रदर्शन करते हैं। एक स्थान पर तो गोपियों के रूप में गोरखपंथी योगी का रूप दिखाया गया है। न केवल गोपियों का रूप योगियों का है, वे उन्हीं की भाँति 'गोरख' 'गोरख' पुकारती फिरती हैं।[१] गोपियों के द्वारा जो ज्ञान और योग का प्रत्याख्यान सूरदास ने किया है, उसे देखकर यह संदेह नहीं रहता कि उनके समय में लोक-विश्वास और लोक-धर्म की क्या अवस्था थी तथा जनसमाज किस प्रकार ज्ञान और योग की नीरसता, व्यर्थता और अव्यवहार्यता का अनुभव करके सरस भक्ति की ओर उन्मुख हो रहा था। इसी पृष्ठभूमि को ध्यान में रखकर सूरदास की भक्ति का स्वरूप समझा जा सकता है। आगामी तीन अध्यायों में विस्तार से उनकी भक्ति की समीक्षा की गई है। यहाँ संक्षेप में उसकी रूपरेखा और विकास-सरणि उपस्थित की जाती है।

सूरदास की भक्ति

जिस समय सूरदास संन्यासी-वेश में अपने सेवक-समाज को लेकर गऊघाट पर रहते थे उस समय भी हम हरि-चरणों में उनका अनन्य अनुराग पाते हैं। उनके हरि अद्वैत, निर्गुण, अलख, निरंजन, निर्विकार हैं। उनसे भिन्न और कुछ नहीं हैं। यह समस्त चराचर जगत् उन्हीं का व्यक्त रूप है, परन्तु अहंता और ममता, इन्द्रियों की विषय-वासना अथवा अज्ञान के कारण हम उसे सत्य रूप में नहीं देख पाते। संन्यासी सूरदास बुद्धि के प्रयोग से, ज्ञान प्राप्त करके अपने हरि-ब्रह्म के अद्वैत, निर्गुण अरूप को देखने के विशेष इच्छुक नहीं जान पड़ते। वे तो हरि की उसी कृपा की आकांक्षा करते हैं जिसके कारण वे सगुण और सरूप होकर अपने

१. सूरसागर, पद ४३११, ४३१२।

अधीन दीन जन की सहायता के लिए दौड़ पड़ते हैं। सूरदास को अपने हरि के इस विप्रतिपन्न गुण में अटल विश्वास है। कृष्ण के 'विरुद्ध धर्माश्रय' के सिद्धांत पक्ष को उन्होंने भले ही बाद में अपने गुरु के श्रीमुख से सुनकर समझा हो, परन्तु उनके लिए यह कोई नवीन रहस्योद्घाटन न था। यह सिद्धान्त तो पुराणों के अवतारवाद का आधार ही है। आरम्भ से ही सूरदास अपने हरि की भक्त-वत्सलता के गुण गाते दिखाई देते हैं। संसार की असारता को उन्होंने अनुभव किया है, भक्ति-विहीन जीवन की व्यर्थता वे अपने चारों ओर देख रहे हैं। धर्म का जो उच्च आदर्श उन्होंने कल्पित किया है, उसे पाना अत्यन्त कठिन है। मिथ्या संसार के माया-मोह तथा मन और इन्द्रियों की स्वाभाविक चंचलता और विषयोन्मुखता उस आदर्श के पालन में भारी बाधाएँ हैं। इसलिए सब कुछ धर्माचरण करते हुए भी मनुष्य पूर्ण रूप से आश्वस्त नहीं हो सकता। हरि की कृपा ही उसका एकमात्र आसरा है। दीनभाव से सूरदास उसी को प्राप्त करने के लिए प्रार्थना करते हैं। अपने दोषों को स्मरण करके, अपनी पतितावस्था का उत्कट अनुभव करके वे अपने दैन्य को अधिकाधिक दृढ़ करने का अभ्यास करते हैं, तभी तो उन्हें हरि-भगवान् की कृपा हो सकती है। मिथ्या संसार के प्रति विरक्ति का भाव तो उनमें है ही, परन्तु वैराग्य स्वयं स्वतंत्र साधन नहीं है, योगियों को वह योगाभ्यास में प्रेरित करता है, ज्ञान के इच्छुकों को सत्यान्वेषण में लगाता है तथा भक्तों को वह उनकी रागात्मिका-वृत्ति हरि चरणों में केन्द्रीभूत करने की प्रेरणा देता है। संसार के प्रति वैराग्य की भावना को साथ लेकर मनुष्य जिस भक्ति-भाव को अपना सकता है उसमें दो भावों की प्रधानता रहती है, 'निर्वेद' और 'दैन्य' तथा इसी नाते भक्त भगवान् के चरणों में 'प्रीति' प्रकट करता है। सूरदास के विनय के पदों में जहाँ एक ओर संसार की असारता, मनुष्य की पतनोन्मुखता और तज्जन्य उनकी दीनता-हीनता का वर्णन है, वहाँ दूसरी ओर भगवान् की शरणागत-वत्सलता और कारणरहित कृपा के सहारे उनके चरणों के प्रति उत्कट अनुराग भी व्यक्त किया गया है। अनुमानतः आरम्भ में सूरदास की भक्ति का सामान्यतया यही रूप था। कम से कम 'वार्ता' प्रसंगों से तो यही सूचित होता है।[१] निस्संदेह 'शांति' और 'प्रीति' भक्ति के दृढ़ आधार हैं। प्रेम लक्षणा भक्ति के व्याख्याताओं ने उन्हें भक्ति की प्रारम्भिक स्थिति माना है।

भक्ति की आधारभूत भावना की दृढ़ता पाकर महाप्रभु वल्लभाचार्य ने सूरदास को उपयुक्त पात्र समझा और उन्हें मंत्र देने का विचार किया। इसलिए उन्होंने सूर (शूर) होकर उनके घिघियाने की आलोचना की। पुष्टिमार्गीय भक्ति में दीक्षित होने के बाद सूरदास को 'लीला-क्षीराब्धिशायी' भगवान् की नित्यलीला का परिचय हो गया। अपने भक्त-वत्सल और गोलोकवासी हरि के परमानन्द रूप पर मोहित होकर उन्होंने उनके प्रति उत्कट अनुराग प्रकट किया। उस नित्य वृन्दावन का अखंड सुख लूटने के लिए उनके प्राणों में विकलता पैदा होने लगी। अपने मन की 'चकई' को वे उसी प्रेम-सरोवर की ओर प्रेरित करने लगे जहाँ कभी वियोग नहीं होता। भावप्रवण सूर को श्रीवल्लभाचार्य ने 'भागवत' में वर्णित कृष्ण की व्रज-लीला का ज्ञान कराया। तीन दिन में ही उन्हें सम्पूर्ण भागवत स्पष्ट हो गई, अर्थात् श्री वल्लभाचार्य ने अपने 'सुबोधिनी' भाष्य में 'भागवत' की जो व्याख्या की है उसका केन्द्रीय भाव सूरदास समझ गए और वे श्रीकृष्ण की लीला का गान करने लगे। आचार्य जी को विश्वास हो गया कि सूरदास जी भगवान् के माहात्म्य-ज्ञान के साथ स्नेह की महत्ता समझ गए

---

१. दे० पृ० २८।

हैं। भगवान् की प्रेम-भक्ति में दीक्षित हो जाने के बाद सूरदास को अपने दैन्य, और उसके नाते अपने भगवान् के माहात्म्य के प्रदर्शन की आवश्यकता नहीं रही।[१] भगवान् के स्नेह-सम्बन्धों का गुणगान उनका आजीवन व्यापार हो गया।

'वार्ता' के आधार पर यह अनुमान किया जा सकता है कि पुष्टि-मार्ग में दीक्षित होने के बाद सूरदास ने 'शांति' और 'प्रीति' रति के स्थान पर अपने इष्टदेव के प्रति और अधिक आत्मीयता का भाव अपनाया और श्रीकृष्ण के व्रज के सम्बन्धों के द्वारा अपनी प्रेम-भक्ति को प्रकट किया। श्रीकृष्ण के व्रज के सम्बन्ध, जिनका सूरदास ने वर्णन किया है, तीन प्रकार के हैं—कृष्ण के प्रति नन्द-यशोदा तथा अन्य गुरुजनों का ममतापूर्ण स्नेह, बाल सखाओं का सौहार्द तथा व्रज-गोपियों—किशोरी कुमारियों और नवोढ़ा नवयुवतियों का कान्ता भाव। भक्ति-रति में इन्हें क्रमशः 'अनुकम्पा', 'प्रेम', और 'कान्त' रति कहते हैं। सूरदास ने रति के इन तीनों रूपों को अत्यन्त तन्मयता और व्यक्तिगत अनुभूति की अपूर्व उत्कटता के साथ चित्रित किया है। 'प्रीति' रति को अपनाने वाले भक्त दास्य स्वभाव के होते हैं, उसी प्रकार इन्हें अपनाने वाले क्रमशः वात्सल्य, सख्य और माधुर्य स्वभाव के कहलाते हैं। भावानुभूति की गहनता और विस्तृति के विचार से कान्ता या मधुर भाव में सबसे अधिक आत्मीयता और निकटता समझी जाती है। अनुकम्पा या वत्सल भाव में उससे कम तथा प्रेम या सखा भाव में सबसे कम। प्रीति या दास भाव का स्थान तो इससे कम तन्मयकारी माना जाता है। परन्तु वस्तुतः प्रेम-भक्ति में कोई एक भाव दूसरे से श्रेष्ठ या निम्न नहीं कहा जा सकता, यह तो भक्त के स्वभाव पर निर्भर है कि वह किस भाव से अपने इष्टदेव का भजन करे। बैर भाव से भगवान् का निरन्तर ध्यान करने वाले शिशुपाल और रावण भी भक्तों के समक्ष भिन्न कोटि के भक्त ही हैं और इसी कारण भगवान् के द्वारा उन्हें सद्गति प्राप्त हुई थी।

सूरदास के काव्य में 'शांति' और 'प्रीति' रति की अपेक्षा 'प्रेम', 'अनुकम्पा' और 'मधुर' रति की अभिव्यक्ति कहीं अधिक हुई है। श्रीकृष्ण की व्रज-लीला का गान करते हुए उन्होंने गोप-बाल, यशोदा-नन्द और गोपियों के सम्बन्ध से उक्त तीनों भावों का विशद चित्रण किया है। न केवल आकार-विस्तार, वरन् तत्सम्बन्धी भावों के विस्तार, अनुभूति की गंभीरता और रमणीयता तथा हृदय की तल्लीनता की दृष्टि से भी सूरदास के काव्य में 'प्रेम', 'अनुकम्पा' और 'मधुर' का ही क्रम पाया जाता है। कहा जाता है कि अपने इष्टदेव के प्रति सूरदास का 'सखा' भाव था। अष्टछाप के अष्टसखाओं में उनका अन्यतम स्थान है ही। गोस्वामी हरिराय ने भी उन्हें 'कृष्ण-सखा' तथा निकुंज-लीला के मधुर भाव का अनुभव होने के कारण 'चंपकलता' सखी कहा है।[२] सम्प्रदाय में सूरदास की भक्ति-भावना के सम्बन्ध में जो भी विचार हो, सूरदास के काव्य में सखाओं के प्रेम-भाव, यशोदा-नन्द के वात्सल्य और सखियों तथा राधा के मधुर भाव, सभी की अभिव्यक्ति व्यक्तिगत तल्लीनता के साथ हुई है तथा उनकी तन्मयता की पराकाष्ठा गोपियों और उससे भी अधिक राधा के भाव में मिलती है। सूरदास के काव्य से प्रेम-लक्षणा भक्ति में भावानुभूति की उत्कृष्टता के क्रम का अनुमान किया जा सकता है।

---

१. दे० पृ० २९।
२. दे० पृ० ३५।

'वार्ता' के अनुसार गोलोक-वास के समय सूरदास की चित्त-वृत्ति 'कुमरि राधिका' के उस अनन्य भाव में लीन थी जिससे विवश होकर स्वयं श्रीकृष्ण उनके प्रति मधुर रति का भाव रखते हैं। सूरदास को उस समय अनुभव हुआ कि उनकी प्रेम-विह्वलता देखकर स्वयं उनके ठाकुरजी का हृदय अधीर हो गया है और उनके नेत्र सजल हो उठे हैं। उस समय सूरदास के अंधे नेत्रों की वही अवस्था थी, जिसकी अनुभूति उन्हें एक बार 'सुरति' के अंत में राधा के नेत्रों के सम्बन्ध में हुई थी। जिस प्रकार राधा के रूप-रस-मत्त खंजन-नयनों में कृष्ण-रूप के अतिरिक्त अन्य कुछ भी देखने की अनिच्छा एवं कृष्ण-रूप-सागर में निमग्न हो जाने की विकलता थी, उसी प्रकार शरीर छोड़ते समय सूरदास के नेत्र भी परम विरह के भाव में डूबे हुए अपने इष्टदेव के रूप में बसे थे।[१]

'सूरसागर' में कवि ने स्थान-स्थान पर व्यक्तिगत रूप से अपने इष्टदेव को 'हरि' नाम से संबोधित किया है। वे बारंबार उद्‌बोधन देते हैं :—

हरि हरि हरि हरि सुमिरन करौ। हरि चरनारबिंद उर धरौ॥

इन्हीं हरि को परब्रह्म, बताते हुए वे उन्हें सच्चिदानन्द के परमानन्दस्वरूप कृष्ण के रूप में चित्रित करते हैं। सूरदास के श्रीकृष्ण आदिपुरुष हैं और उनके परमानन्द रूप की पूरक राधा आदिप्रकृति। मधुर भाव-सम्मत भक्ति के प्रकाशन में, जिसका उनके काव्य में सर्वाधिक विस्तार है, सूरदास के इष्टदेव युगलरूप राधा-कृष्ण हो जाते हैं। रास के प्रसंग में सूरदास कहते हैं :—

'मैं रास का रस कैसे गाऊँ? अन्य देव स्वप्न में भी नहीं जानता हूँ; **दंपति** को शिर नवाता हूँ।'[२]

'यही निज मंत्र, यही ज्ञान, यही ध्यान है कि **दंपति दरस** के भजन सार गाऊँ और बारंबार यही माँगता हूँ कि नर-जन्म पाऊँ और दो नयन रहें।[३]

सूरदास ने अपने कृष्ण और राधा-कृष्ण रूप इष्टदेव को कैसी विविधता किन्तु मूलभूत एकता के साथ चित्रित किया है इसका आगामी अध्याय में विवेचन किया गया है।

आरम्भ से ही सूरदास के मन में वैराग्य की भावना थी। उनका संन्यासी जीवन इसी भावना का प्रमाण है। मध्ययुग की विचार-धारा में वैराग्य का प्राधान्य जीवन के सभी क्षेत्रों में परिलक्षित होता है। संसार के प्रति विरक्ति का आधार है उसकी क्षण-भंगुरता, असारता और असत्यता। संसार के प्रति इस प्रकार के भाव का क्या कारण था इसकी विवेचना एक स्वतंत्र विषय है। परन्तु इस भाव का दार्शनिक आधार शंकराचार्य का मायावाद था। पीछे कहा जा चुका है कि मध्ययुग के भक्ति-प्रवर्तक आचार्यों ने मायावाद का खंडन किया। स्वयं श्रीवल्लभाचार्य ने शंकर के अद्वैत के स्थान पर शुद्धाद्वैत का प्रतिपादन करके अद्वैत के साथ जो प्रपंच के सम्बन्ध में माया के मिथ्यात्व की कल्पना थी, उसे हटाकर सच्चिदानन्दरूप ब्रह्म की अद्वैतता के शुद्ध रूप की व्याख्या की। फिर भी सभी संप्रदायों के भक्तों में माया की स्वीकृति किसी न किसी रूप में अवश्य मिलती है। वल्लभाचार्य के अनुसार 'जगत' और 'जीव' ब्रह्म के ही सत् और चित् के व्यक्त रूप हैं, परन्तु हमें उनका सच्चा स्वरूप, उनका ब्रह्म-रूप अज्ञान

---

१. दे० पृ० ३१।
२. सू० सा०, पद १७९२।
३. वही, पद १६२४।

के कारण नहीं भासता। उनका अहंता और ममता से आविष्ट जो 'सांसारिक' रूप है हम उसी को सत्य समझ लेते हैं। इसी अज्ञान को भक्तों ने माया नाम से अभिहित किया है और इसी से बचने की शिक्षा दी है। इसी के कारण हमें सुत-कलत्र के सम्बन्ध और धन-वित्त के आकर्षण सत्य-से भासित होते हैं। सूरदास के काव्य में इस अज्ञान-रूप माया का प्रचुर वर्णन-चित्रण है और संसार के विषय-वासनाजन्य लोभ, मोह, मद, क्रोध आदि की भरपूर विगर्हणा की गई है। परन्तु सूरदास का यह दृष्टिकोण सबसे अधिक 'विनय' के पदों में व्यक्तिगत रूप से तथा प्रकारान्तर से दशम—पूर्वार्ध के अतिरिक्त अन्य स्कंधों में व्यक्त हुआ है। कदाचित् पुष्टिसम्प्रदाय में दीक्षित होने के बाद उनके दृष्टिकोण में परिवर्तन हो गया और वे कृष्ण के परमानन्दरूप की व्रज-लीला के गायन में चराचर को कृष्णमय देखने लगे। 'वार्ता' के एक प्रसंग में इसका संकेत मिलता है। श्रीनाथ जी के दर्शन करके जब सूरदास ने गाया 'अब हों नाच्यो बहुत गोपाल' तथा 'सूरदास की सबै अविद्या दूरि करौ नन्दलाल।' तब आचार्य जी ने कहा कि अब तो तुममें कुछ अविद्या रही नहीं, इसलिए अब भगवत्यश का वर्णन करो।[१] इससे विदित होता है कि अविद्या और अज्ञान पर बल देकर मनुष्य को चेतावनी देने का सूरदास का दृष्टिकोण दीक्षा ग्रहण करने के पूर्व ही विशेषतया रहा होगा। 'ब्रह्म-सम्बन्ध' के बाद कदाचित् सूरदास ने कृष्ण की मोहक लीलाओं का ही गान किया। 'सूरसागर' के दशम स्कंध—पूर्वार्ध से इस अनुमान की पुष्टि होती है।

अविद्या दूर होने पर समस्त चराचर जगत् कृष्णमय दिखाई देता है। सूरदास ने संसार के प्रति वैराग्य के भाव पर विशेष बल नहीं दिया, प्रत्युत संसार के सभी सम्बन्धों, सभी व्यापारों और सभी मनोभावों को कृष्ण के सम्बन्ध से सत्य परिकल्पित किया है। व्रज की लीला सत्य है, जो सत्य है वह अवश्य ही नित्य है। सूरदास ने नित्य वृन्दावन, नित्य गोपी, नित्य विहार का चित्ताकर्षक चित्रण करके लौकिक मनोविकारों, सांसारिक विषय-वासनाओं की सार्थकता सिद्ध की है। यह माया श्रीकृष्ण की योगमाया है, वह उनकी शक्ति है और वह भक्त की सहायक है। माया सम्बन्धी इस द्विविध दृष्टिकोण का सूरदास के काव्य में स्पष्टीकरण पाया जाता है और द्वितीय तथा परिवर्तित दृष्टिकोण की ही उसमें विशेषता और महत्ता है।

सूरदास के समक्ष मनुष्य-जीवन की एकमात्र सार्थकता भक्ति में ही है; वही मनुष्य का एकमात्र धर्म है। सदाचार, धर्माचरण, सत्संग आदि मनुष्य के लिए अनिवार्य हैं; परन्तु भक्ति के बिना इनकी कोई महत्ता नहीं। वैराग्य का भाव भी भक्ति के लिए आवश्यक है, परन्तु केवल साधन रूप में; वह भक्ति के साधन-पथ की अवस्था मात्र है। आत्म-ज्ञान भी भक्ति के बिना संभव नहीं तथा योग भक्तिविहीन होकर निरर्थक है। भक्ति के विषय में सूरदास का यह एकान्त भाव कदाचित् उस समय भी था, जब वे पुष्टि-संप्रदाय में दीक्षित नहीं हुए थे। वल्लभाचार्य के उपदेश से जब उनकी अविद्या दूर हो गई और उन्हें सहज भक्ति-पंथ का ज्ञान हो गया, तब तो उनके भक्ति-भाव में भक्ति के अतिरिक्त इतर साधनों का अत्यंताभाव हो गया। सर्वात्मभाव की भक्ति साधन-निरपेक्ष है, वह वस्तुतः सिद्धावस्था है। उसी भक्ति के चित्रण में सूरदास ने लोक और शास्त्र के अनुकूल भक्ति-बाह्य आचरण की निन्दा की, योग-साधन और ज्ञानाराधन कर प्रत्याख्यान किया तथा इन्द्रियों के निरोध के लिए उन्हें सांसारिक विषयों से हटाने का उपदेश न देकर उनके समक्ष कृष्ण के वृन्दावन का वह सौन्दर्य उद्घाटित किया

---

१. दे० पृ० २१।

जिसमें वे सहज-स्वभाव निमग्न हो जाती हैं। नाम का माहात्म्य भी श्रीकृष्ण के मोहक गुणों के स्मरण, उनके निरन्तर कथन तथा सार्वभाव से उन्हीं में आत्म-समर्पण कर देने के ही नाते हैं। शब्दरूप श्रीकृष्ण का नाम मुरली के नाद में साकार हो गया, उनके स्मरण को रूप-सौन्दर्य के ध्यान में हृदयग्राह्य आधार मिल गया तथा उनके गुण-कथन को उनकी लीलाओं के गान में सार्थकता और यथार्थता प्राप्त हो गई। सर्वात्मभावमूलक भक्ति का वह उत्कृष्ट रूप सहज मानवीय प्रवृत्ति के अनुकूल होते हुए भी अत्यन्त कठिन है। इसकी प्राप्ति केवल भगवान् श्रीकृष्ण के अनुग्रह से हो सकती है, अन्यथा नहीं।

सूरदास की अनन्य भक्ति में भक्ति-भाव की दृष्टि से इष्टदेव के अतिरिक्त इतर देवी-देवताओं का ही बहिष्कार नहीं है, इष्टदेव के प्रति भक्त का जो नाता हो उसके अतिरिक्त अन्य सम्बन्धों के भाव का भी निराकरण है। इसी कारण पुत्र, सखा या प्रेमी के रूप में श्रीकृष्ण का भजन करने वाले भक्त अपने-अपने भाव के प्रति पूर्ण दृढ़ता रखते हैं। यशोदा देखते और सुनते हुए भी श्रीकृष्ण के प्रति मधुर भाव की संभावना भी स्वीकार नहीं कर सकती। वह उनके विस्मयकारी पराक्रमपूर्ण कृत्यों से आतंकित नहीं होती, मातृ-सुलभ आशंका का ही उसे अनुभव होता है। उसके कृष्ण सदैव बालकृष्ण हैं। गोप-सखा प्रत्यक्ष देखते हुए भी कृष्ण के दैवत रूप में आस्था नहीं रखते। उनके कृष्ण सदैव उनके क्रीड़ा-सहचर हैं। गोपियाँ, जो काम भाव से उद्वेलित हैं, श्रीकृष्ण को सदैब पति और प्रेमी के ही रूप में देखती हैं। उनके समक्ष कृष्ण का ऐश्वर्य, गौरव और ब्रह्मत्व नगण्य है। भाव की अनन्यता का प्रतिपादन सूरदास ने अत्यन्त विशदता और मनोवैज्ञानिकता के साथ किया है।

इष्टदेव और उनके प्रति प्रेम भाव के व्यक्तिगत सम्बन्ध की अनन्यता के कारण ही सूरदास ने अपने गुरु के सम्बन्ध में बहुत कम कथन किए हैं। इहलीला के संवरण के समय चतुर्भुजदास ने अपनी समझ से सूरदास के काव्य के इस अभाव का संकेत भी किया था। उस समय सूरदास ने कहा था कि मैं तो अपने गुरु और अपने भगवान् में कोई अंतर नहीं देखता। भगवान् का यश भी गुरु का ही यश है। गुरु के प्रति उनका अत्यन्त उच्च भाव था। गुरु की कृपा के बिना उनके अंधे नेत्र कैसे खुल सकते थे। गुरु के चरण-नख की प्रभा के बिना उनके लिए जगत् अंधकारपूर्ण रहता।[१] जब गुरु की पूर्ण कृपा उन पर हुई तभी वे श्याम के लीला-गान में समर्थ हो सके। श्याम के नित्य वृन्दावन के सुख का अनुभव भी उन्हें सत्संग से ही प्राप्त हुआ।[२] परन्तु अनन्य भाव में गुरु की महिमा के पृथक् गायन को वे अनावश्यक समझते थे।

सूरदास के भक्ति की इस सामान्य दिग्दर्शन के उपरान्त आगामी अध्यायों में 'सूरसागर' के आधार पर उसका विश्लेषणात्मक अध्ययन उपस्थित किया जाता है।

---

१. दे० पृ० ३०-३१।
२. सू० सा०, पद १७९१-१७९२।

४

इष्टदेव

सूरदास ने अपने इष्टदेव को अधिकतर 'हरि' नाम से सम्बोधित किया है। वे ही श्रीकृष्ण हैं जो परब्रह्म, पुरुषोत्तम, घट-घट में व्यापक, अन्तर्यामी, अज, अनन्त और अद्वैत हैं। उनके अतिरिक्त और कुछ नहीं है; वे ही ज्योतिरूप होकर सर्वस्व में प्रकाशित हैं; वे ही समस्त सत्ता और चेतना के आगार हैं। सृष्टि के आदि में ही अमल अकल और अभेद, एक ब्रह्म पुरुष थे, जो त्रिगुणात्मक सृष्टि के नाना रूपों में नाना भाँति से प्रकट हुए। इन गुणों के अलग होने पर वे ही अवशिष्ट रहते हैं। वे अजन्मा, अव्यक्त और अविनाशी हैं। वे स्वयं कर्ता, हर्ता, कलारहित और मायातीत हैं। वे ज्योतिरूप हैं; तीनों भुवनों में समस्त सृष्टि में उसी ज्योति का प्रकाश है, वही घट-घट में दिखाई देती है। स्थावर-जंगम जगत् उसी ज्योति के आभास हैं; समस्त जीवों का चैतन्य उसी का चैतन्य है। चराचर सृष्टि उसी परब्रह्म रूपी सागर में बुद्-बुद् के समान है, जो उसी में से उठकर उसी में विलीन हो जाता है। अक्षर ब्रह्म के इस त्रिगुणातीत सत्-चित् रूप का प्रतिपादन 'भागवत' वर्णित सभी अवतारों के वर्णनों में किया गया है।

सूरदास के हरि कृष्ण सत्-चित् अक्षर ब्रह्म ही नहीं, वे परमानन्दरूप हैं। उनके परमानन्दरूप में ही उनकी संपूर्णता एवं उनका परात्पर ब्रह्मत्व है। परमानन्दरूप परात्पर ब्रह्म को केवल नित्य, लोकातीत वृन्दावन में नित्य-लीला करने वाले कृष्ण के रूप में कल्पित किया गया है। व्रज-वृन्दावन की चराचर सृष्टि की नित्यता का कथन करके यही प्रमाणित किया गया है कि ब्रह्म के चराचर जगत् में व्यक्त सत् और चित् की अक्षरता के साथ उसका आनन्द रूप भी निर्विकल्प और अनिवाशी है; केवल उसका प्रकाश जगत् में नहीं होता; वह कृष्णावतार के समय व्रज की लीलाओं तथा गोलोक की नित्य वृन्दावन लीला में ही प्रकट होता है। आनन्दरूप के सम्बन्ध की यह कल्पना उसके रूप की लोकातीत अनुभूति के लिए नहीं अपितु, उसकी प्राप्ति की दुरूहता प्रमाणित करने के लिए की गई जान पड़ती है। परमानन्दरूप कृष्ण विष्णु के अवतार नहीं, स्वयं अवतारी हैं। वे ब्रह्मा और रुद्र से तो महान् हैं ही, क्षीरसमुद्रशायी विष्णु भी उनके वृन्दावन सुख के लिए ललचाते रहते हैं; विष्णु स्वयं कर्त-हर्ता और प्रभु होते हुए भी उस सुख से वंचित हैं। इस कथन की लाक्षणिकता को हटाकर कहा जा सकता है कि अक्षर ब्रह्म की संपूर्णता सच्चिदानन्द ब्रह्म में ही है। ब्रह्म के आनन्दरूप की अनुभूति तो दुर्लभ ही है उसका वर्णन और भी दुर्लभ है। उस रहस्यमय का आभास देने के लिए ही रास का वर्णन किया गया है, उसी को और अधिक विशद रूप में व्यक्त करने के लिए हमारे कवि ने राधा-कृष्ण-केलि, हिंडोल लीला और वसंत लीला का वर्णन किया है। व्रज की प्राय: अन्य समस्त सुख-लीलाओं का वर्णन भी कृष्ण-ब्रह्म के परमानन्दरूप के प्रकाशन के ही निमित्त किया गया है।

एक, अद्वितीय ब्रह्म सृष्टि-विस्तार के लिए नाना रूपों में प्रकट होता है। सृष्टि का आदि कारण निमित्त और उपादान—वही है। वही स्रष्टा और पालनकर्ता है तथा वही संहारकर्ता भी। सर्जन, स्थिति और संहार के आधार पर ब्रह्म के ब्रह्मा, विष्णु, और रुद्र नाम दिए गए हैं। चराचर जगत् के रूप में व्यक्त ब्रह्म स्थितिरूप विष्णु हैं, उनमें अतीव व्यापकता है, अत: उन्हीं में सर्जन और संहार का भी समाहार कर लिया जाता है। स्थिति एवं पालन के प्रतीक होने के कारण ब्रह्मा और रुद्र की अपेक्षा उनकी अधिक महत्ता प्रदर्शित की गई है। स्थिति की रक्षा ही धर्म की रक्षा है; धर्म की रक्षा के लिए विष्णुरूप ब्रह्म को अवतार धारण करना पड़ता है। सूरदास ने भी धर्म की रक्षा करने वाले ब्रह्म के विष्णुरूप अवतारों के वर्णन में विष्णु की अनुपम महत्ता तथा ब्रह्मा और शिव की अपेक्षा उनकी श्रेष्ठता का वर्णन किया है। त्रिदेव की कल्पना तथा विष्णु की सापेक्ष महत्ता के मूल में ब्रह्म की एकता की अस्वीकृति नहीं, प्रत्युत सृष्टि-व्यापार की प्रतीकात्मक व्याख्या एवं स्थिति तथा उसके आधारस्वरूप धर्म की श्रेष्ठता का प्रतिपादन है। त्रिदेव के ब्रह्मा और रुद्र की अपेक्षा विष्णु को श्रेष्ठ प्रमाणित करके उन्हें पूर्ण ब्रह्मरूप चित्रित किया गया है। विष्णु के अनेक अवतार ब्रह्म के अंशकला अवतार हैं, उस सब में राम के अवतार की सापेक्ष श्रेष्ठता है। परन्तु पूर्णकला अवतार केवल कृष्ण का ही है। सूरदास के कृष्ण न केवल स्थिति, रक्षा अथवा धर्म के रक्षक हैं, अपितु, अपने पूर्ण परमानन्दरूप के प्रकाशक भी हैं। उनका यही रूप परात्पर ब्रह्म का रूप है और यह त्रिदेव के ब्रह्मा और रुद्र से ही नहीं, धर्म-रक्षक, पालनकर्ता विष्णु से भी श्रेष्ठ है।

ब्रह्म का निर्गुण रूप अचिन्त्य और अनिर्वचनीय है। वेद उसे नेति-नेति कहते हैं, रूप, रेखा, गुण, जाति से रहित अनादि असीम ब्रह्म मनुष्य के सीमित मन और वाणी का विषय नहीं हो सकता। ज्ञानी उसे जान सकते हैं, पर वे भी कह नहीं सकते। ज्ञानियों का ब्रह्मानन्द गूँगे का गुड़ है। निर्गुण, अव्यक्त ब्रह्म के मन, बुद्धि और वाणी के लिए अगम्य होने के कारण उसमें विरोधी धर्मों का आरोप किया जाता है। इसके बिना भक्ति की कल्पना भी दुर्लभ है। अवतार की कल्पना के मूल में वस्तुत: भक्ति की आवश्यकता ही है। सूरदास ने स्पष्टरूप से कहा है कि वे निर्गुण की अगम्यता के कारण ही सगुण लीला का गान करते हैं। श्रीमद्वल्लभाचार्य तथा उनके परवर्ती सांप्रदायिक विद्वानों ने ब्रह्म के 'विरुद्ध धर्माश्रयत्व' की तात्विक व्याख्या की है। सूरदास ने भी बार-बार कृष्ण के 'विरुद्ध धर्माश्रयत्व' का वर्णन किया है, केवल उनकी पद्धति न्याय और तत्व-चिंतन के स्थान पर कवित्वपूर्ण है। ब्रह्म सर्वशक्तिमान है, वह ऐसे कार्य कर सकता है जिन्हें लौकिक अर्थ में असंभव और अकरणीय कहते हैं। वह अज, अव्यक्त, निराकार होते हुए भी जन्म धारण करके लौकिक कार्य कर सकता है। उसका यह कार्य उसके सहज स्वभाव, स्थिति की रक्षा और पालन के निमित्त होता है। अपने इष्टदेव के इस स्वभाव को सूरदास ने उनकी कृपालुता और अनुग्रह कहा है। वे भक्तवत्सल हैं; भक्तों की सहायता के लिए वे स्वयं आतुर रहते हैं। माता के वात्सल्य में जो सहज स्वाभाविकता है और उससे भी अधिक गो की अपने वत्स के लिए जो बुद्धि-व्यापाररहित प्रकृत्या ममता है; वैसी ही स्वाभाविकता एवं ममता हरि भगवान् की भक्तवत्सलता में है। भगवान् की कृपा असीम है, उनका अनुग्रह कारणरहित है। उनके भक्तों में किसी योग्यता की अपेक्षा नहीं। जो भी अपने पुरुषार्थ में हार जाता है और नि:सहाय होकर रक्षा के लिए पुकारता है, वही उनका भक्त है। शरणागत मात्र उनका भक्त है, चाहे वह कितना ही पतित और पापी क्यों न रहा हो। यही नहीं जो भूलकर भी संकट में उनका नाम लेता है;

उसी की रक्षा को वे दौड़ पड़ते हैं। वस्तुतः इसका मूलभूत भाव यही है कि जो भी धर्म का संरक्षण चाहता है, उसी को वह प्राप्त होता है। सूरदास ने अपने भगवान् के कृपा-अनुग्रह का निरन्तर गुणगान किया है, परन्तु सबसे अधिक 'विनय' के पदों में उसका बखान है। अन्य स्कंधों में वर्णित 'भागवत' की कथा के प्रसंगों में भगवान् की भक्तवत्सलता का ही चित्रण विशेष रूप से हुआ है। सभी अवतारों की कथा में सूरदास के वर्णन का संवेदना-स्थल यही है। कृष्णावतार की कथा में भी उनके अनुग्रह के असंख्य उदाहरण हैं। परन्तु अन्य अवतारों की अपेक्षा कृष्णावतार की स्थिति भिन्न है। कृष्ण की लीलाओं में धर्म की रक्षा के अनेक कृत्यों का वर्णन है, परन्तु सूरदास ने उन्हें विशेष महत्व नहीं दिया। 'भागवत' के अनुसार पाप के भार से आक्रान्त पृथ्वी का उद्धार करने के लिए कृष्णावतार का वर्णन करते हुए भी सूरदास ने कृष्ण के व्रज--वृन्दावन के लीला-सुख को उनके परमानन्दरूप के प्रकाशन की भाँति चित्रित किया है। अतः सूरदास के अधिकांश काव्य में कृष्ण भगवान् का अनुग्रह भक्त-वत्सलता के स्थान पर प्रेम के रूप में प्रकट हुआ है। व्रज की संसार-सृष्टि में सभी व्यक्ति भगवान् से प्रेम-संबंध रखते हैं और भगवान् सहज-स्वभाव सब के भावानुसार उनके साथ प्रेम करते हैं। हमारे कवि ने इन्हीं प्रेम-सम्बन्धों के चित्रण में यत्र-तत्र भगवान् की कृपालुता का भी उल्लेख किया है। यद्यपि प्रेम-सम्बन्धों का चित्रण इतना तन्मयकारी है कि भगवत्कृपा के उल्लेख गौण और परतन्त्र भाव मात्र जान पड़ते हैं, तथापि स्थान-स्थान पर कृष्ण की ब्रह्मत्वपरक महिमा के निर्देशों में उनके असीम अनुग्रह की व्यंजना है। अव्यक्त, अजन्मा ब्रह्म के भाव-रूपात्मक विरुद्धधर्माश्रयत्व का चरम रूप कृष्ण की व्रजलीलाओं में ही दिखाया गया है जहाँ उन्हें बार-बार पूर्ण परब्रह्म घोषित करते हुए उनके लौकिक सम्बन्धों का सर्वथा लौकिक रूप में चित्रण किया गया है।

पूर्ण ब्रह्म परमानन्दमय कृष्णरूप है। वह अद्वैत है, परन्तु वह सृष्टिरचना के लिए अपने सत् और चित् रूप का प्रकाशन लोक में करता है। अपूर्णता के कारण यह जगत्-जीव-सृष्टि अनित्य है। परन्तु ब्रह्म के आनन्द रूप का प्रकाशन गोलोक के नित्य वृन्दावन में निरन्तर होता रहता है। आनन्द रूप की अभिव्यक्ति के लिए जिस आदर्श अलौकिक रचना की कल्पना की गई है, वह भी ब्रह्म ही निःसृति है। व्रज के गोप-गोपी, गो-वत्स, द्रुम-लता, सभी कृष्ण ब्रह्म के आनन्द रूप के अंश हैं। परन्तु इनमें राधा का स्थान विशिष्ट है। उनकी कृष्ण के साथ विशेष रूप में अभिन्नता है। उनके बिना कृष्ण का परमानन्द रूप अपूर्ण है। कृष्ण आदि-पुरुष हैं और राधा आदि-प्रकृति। लीला-सुख के लिए पुरुष और प्रकृति का अभिन्न सम्बन्ध राधा को विस्मृत हो जाता है। अतः वे कृष्ण के प्रेम की प्राप्ति का प्रयत्न करती हुई दिखाई गई हैं। वे उस प्रेम का उत्कृष्ट आदर्श उपस्थित करती हैं जिसमें मानवीय सम्बन्धों की दृष्टि से सबसे अधिक घनिष्ठता और तल्लीनता होती है। परन्तु स्थान-स्थान पर कवि ने स्वयं कृष्ण के मुख से उसके और कृष्ण के अभेद का कथन कराया है। उसने विस्तार के साथ राधा-कृष्ण के गुप्त प्रेम, उनके लौकिक सुख-विलास उनके विवाह और अन्त में उनके कीट-भृङ्ग की तरह परस्पर तद्रूप हो जाने का वर्णन किया है। इस प्रकार परमानन्दरूप ब्रह्म राधा-कृष्ण के युगल रूप में हमारे कवि के इष्टदेव हो जाते हैं। जिस प्रकार गोपियाँ राधा-कृष्ण के प्रति श्रद्धा और प्रेम का उच्च भाव रखती हैं तथा उनकी निकुंज-लीला की सराहना एवं लालसा करती हैं एवं जिस प्रकार गोप-सखा उनकी निकुंज-लीला के प्रति पूज्य भाव रखते हैं, उसी प्रकार कवि भी उन्हें आराध्य देव मानकर उनके प्रेम का चित्रण करता है। कृष्ण-प्रेमरूप राधा उसके

सर्वोच्च प्रेम भाव की आदर्श हैं। राधा के प्रति तो कवि का पूज्य भाव है ही, व्रज की गोपियाँ, गोप, गो, वत्स, लता, वृक्ष, यमुना, कदंब—सभी उसकी श्रद्धा और प्रेम-भक्ति के विषय हैं, क्योंकि उन्हीं के द्वारा कृष्ण के परमानन्द रूप का प्रकाशन होता है। व्रज की यह सृष्टि, जैसा कि पहले कहा जा चुका है नित्य एवं अलौकिक रूप में चित्रित की गई है।

इष्टदेव के ब्रह्म रूप का जो भी स्पष्टीकरण सूरदास के काव्य में मिलता है, वह प्रसंग-प्राप्त ही है, दार्शनिकता और तत्त्व चिंतन की प्रवृत्ति उसमें नहीं है। इसीलिए जीव जगत् के संबंध में केवल सामान्य ढंग से कहा गया है कि वे ब्रह्म की ज्योति के ही आभास मात्र हैं, अर्थात् वे अंश भाव से ब्रह्मरूप ही हैं। परन्तु जीव और जगत् का सांसारिक रूप जो जीव के अज्ञान के कारण उसकी ममता और अहंता से परिवेष्ठित होकर गोचर होता है मिथ्या है। संसार का यह मिथ्यात्व उसकी माया के कारण, अर्थात् उसमें अज्ञानजन्य ममता और अहंता की दृष्टि हो जाने के कारण सत्य सा भासित होता है। मनुष्य इसी कारण उसमें लिप्त हो जाता है। जब तक वह इस अहंता और ममता के माया-जंजाल में फँसा हुआ है तब तक किसी प्रकार का धर्माचरण संभव नहीं, तब तक वह जन्म-जन्मांतर में भव-जंजाल से नहीं छूट सकता। माया को जगत् के नाना रूपों और व्यापारों में 'मैं' और 'मेरा' के आरोप से उत्पन्न हुआ भ्रम अथवा अज्ञान मात्र कह सकते हैं। परन्तु सूरदास ने मध्य युग के अन्य भक्तों की भाँति माया का व्याख्यात्मक ढंग से व्यापक अर्थों में प्रयोग किया है। माया का व्यापक प्रभाव दिखाकर समस्त नर, मुनि और देवों को उसके द्वारा मोह और भ्रम में फँसा हुआ चित्रित करके उसे उन्होंने ब्रह्म की ही शक्ति कहा है। स्वयं ब्रह्म जो एक, अद्वैत, अमल, अकल और भेद विवर्जित है, सृष्टि-विस्तार की इच्छा से त्रिगुण तत्त्व से महातत्त्व और महातत्त्व से अहंकार, मन, बुद्धि, पंच इन्द्रियाँ, पंच तन्मात्राएँ, पंच भूत आदि प्रकट करता है। यह त्रिगुणात्मक तत्त्व से उत्पन्न हुई जड़ सृष्टि जिसका विस्तार ब्रह्म के द्वारा चौदह लोकों में हुआ, मायामय है। स्वयं ब्रह्म माया में लिप्त हैं। जब तक सत्स्वरूप का ज्ञान नहीं होता, तब तक माया की जड़ता से मुक्ति नहीं मिल सकती और तब तक मनुष्य अपने को स्वतंत्र एवं सुत-कलत्र को अपना समझता रहता है। यही जगत् का सांसारिक रूप है जिसकी सूरदास ने भरपूर विगर्हणा की है। माया का प्रभाव इतना अनिवार्य है कि उससे बचने में मनुष्य स्वयमेव असमर्थ रहता है, केवल भगवान् ही उसकी रक्षा कर सकते हैं। इसी कारण हमारे कवि ने बारंबार याचना की है कि वे अपनी इस शक्ति को तनिक संयत कर लें। विनय के पदों में विशेष रूप से तथा दशम स्कंध—पूर्वार्ध के पहले वाले स्कंधों में सामान्य रूप से कवि का यही दृष्टिकोण है।

परन्तु माया यदि ब्रह्म की ही शक्ति है तो उसका प्रभाव अनिष्टकारी क्यों हो? कृष्ण के परमानन्द रूप के चित्रण में कवि ने इस प्रश्न की ध्वनि के अनुकूल मायामय संसार-सृष्टि को कृष्ण के सम्बन्ध से सत्य रूप में प्रदर्शित किया है। तत्त्वत: तो अनेक रूपात्मकता और तत्सम्बन्धी विविध व्यापारता मिथ्या है, परन्तु कृष्ण के रूप और लीलाओं में उनकी सर्वभावेन समाहति उनमें सत्यता पैदा कर देती है। इसी कारण व्रज के नर-नारी, पशु-पक्षी, लता-द्रुम आदि चराचर पदार्थों को नित्य कहा गया है। वे जड़ नहीं हैं, क्योंकि उनका सम्बन्ध नित्य, चेतन, आनन्दमय के साथ है। वस्तुत: इन सम्बन्धों को मिथ्या समझना माया के प्रभाव के कारण है, क्योंकि वह अज्ञान है। ऐसा अज्ञान इन्द्र, नारद और ब्रह्म आदि को भी हो गया था। इस कथन का मूलभूत विचार यही है कि मनुष्य की अहंता और ममता—संसार के राग-द्वेष में उसकी स्वाभाविक प्रवृत्ति—तभी दूर हो सकती है, जब वह समस्त संसार को

कृष्णमय समझ कर व्यवहार करे। इसी विचार से सूरदास ने माया को जिसे वे अब जड़ नहीं कहते, वरन् कृष्ण की योगशक्ति कहते जान पड़ते हैं, अनिष्टकारी नहीं, भक्त की सहायक माना है।

सूरदास के इष्टदेव सम्बन्धी मत का उक्त परिचय उनके काव्य में प्रसंगानुसार फैले हुए विचारों का संश्लिष्ट रूप है। आगामी पृष्ठों में इन्हीं विचारों का विश्लेषणात्मक विवेचन किया गया है।

अद्वैत निर्गुण ब्रह्म

'सूरसागर' में इष्टदेव हरि या कृष्ण को अनेक प्रकार से चित्रित किया गया है। परन्तु चित्रण की विविधता में अन्तर्भूत एकता निरन्तर बनी रही है। इष्टदेव के सम्बन्ध में अद्वैत निर्गुण ब्रह्म की भावना सम्पूर्ण काव्य में परिव्याप्त है।

श्याम के विराट् स्वरूप का वर्णन करते हुए कवि कहता है : 'नयनों से श्याम का स्वरूप देखो। वही अनूप ज्योतिरूप होकर घटघट में व्याप्त हो रहा है। सप्त पाताल उसके चरण हैं, आकाश सिर है तथा सूर्य, चन्द्र, नक्षत्र, अग्नि सब में उसी का प्रकाश है।'[१] 'हरि जू की आरती'[२] में भी इसी विराट् रूप का वर्णन है। कच्छप का 'अध-आसन', शेष-फन की 'डाँड़ी' मही का शराव', सप्तसागर का 'घृत', शैल की 'बाती', रवि-शशि की 'ज्योति', तारागण के 'फूल', घटाओं का 'अंजन'—आरती के समस्त उपकरण व्यापक सृष्टि से ही जुटाए गए हैं।

स्वयं भगवान् ब्रह्मा को चतुःश्लोक देते हुए कहते हैं : 'पहिले केवल एक मैं ही था—अमल, अकल और अभेद। वही एक, मैं नाना वेषों में अनेक भाँति से शोभित हूँ। इन गुणों के अलग होने के बाद भी मैं ही अवशेष रहूँगा।[३] यज्ञ-पुरुष अवतार में विष्णु, रुद्र, विधि को एक ही रूप कहकर कवि ने एकेश्वरवाद का समर्थन किया है।[४]

'हरि आदिसनातन अविनाशी और निरन्तर घटघटवासी हैं; पुराण उन्हें पूर्ण-ब्रह्म कहते हैं; शिव और चतुरानन उनका अन्त नहीं जान पाते; उनके गुणगण अगम हैं, उन्हें निगम भी नहीं पा सकते। वे ही पुरातन पुरुष हैं।[५]

वे ही हरि गोकुल में आकर प्रकट हुए हैं, जो अमरों के उद्धारक, असुरों के संहारक, अन्तर्यामी और त्रिभुवन के पति हैं।[६]

नामकरण के समय गर्ग मुनि कहते हैं कि ये ही रूप-रेखाहीन आदिप्रभु हैं, इनसे भिन्न और कोई प्रभु नहीं है।[७] ज्योतिषी भी लग्न विचारते समय कहता है कि जो प्रभु आदिसनातन परब्रह्म और घट-घट के अन्तर्यामी हैं वे ही तुम्हारे यहाँ आकर अवतरित हुए हैं।[८]

---

१. सू० सा०, पद ३७०।
२. वही, पद ३७१।
३. वही, पद ३८८।
४. वही, पद ३९९।
५. वही, पद ६२१।
६. वही, पद ६३१।
७. वही, पद ७०२।
८. वही, पद ७०४।

ब्रह्मा द्वारा बालक-वत्स-हरण हो जाने पर 'आदि-अन्त प्रभु अन्तर्यामी' ने वैसे ही बालकों और गोसुतों की रचना कर ली।[१] ब्रह्मा कृष्ण की स्तुति करते हुए उन्हें ज्योतिरूप, जगन्नाथ, जगद्गुरु, जगत्पिता, जगदीश, दाता, भोक्ता, कर्ता, हर्ता, विश्वम्भर, त्रिभुवननायक[२] आदि विशेषणों से सम्बोधित करते हैं। ब्रह्मा कहते हैं : 'खद्योत के उदय से तिमिर नष्ट नहीं हो सकता, बहुत से दीपकों का प्रकाश सूर्य के समान नहीं हो सकता, उसी तरह मैं तो गूलर-फल के जीव की तरह केवल एक लोक का ब्रह्मा हूँ। प्रभु, तुम्हारे एक-एक रोम में करोड़ों ब्रह्मा और शिव हैं। मैं चार मुखों से क्या कहूँ? सहस्रानन भी नहीं जान सकते।'[३] कृष्ण के लिए बलराम कहते हैं : 'ये ही गोपी हैं, ये ही ग्वाल, यह सुख-लीला श्याम कभी नहीं छोड़ते। ये ही कृष्ण, ये ही वृन्दावन, ये ही यमुना, ये ही विहार-कुंज हैं; ये ही संसार के कर्ता हैं; इनके प्रति रोम में करोड़ों अंडों की रचना है।'[४]

इसी प्रकार कालियनाग भी पूर्ण ब्रह्म की स्तुति करता है;[५] जिनके प्रति अंग के प्रति रोम में कोटि ब्रह्माण्ड हैं, उन्हीं ने काली के प्रति फन पर नृत्य किया।[६] 'शेष तो एक ही अण्ड का भार वहन करता है, इसी का उसे गर्व हो गया। इसी कारण उसे अमित अण्डमय वेश अपने सिर पर सहना पड़ा।[७] इसी प्रसंग में स्वयं बलराम नन्द, यशोदा आदि को समझाकर कहते हैं : तुम लोग व्यर्थ क्यों मर रहे हो? वह मर नहीं सकता, वह अविनाशी है, आदिपुरुष है, देवों का सिरताज है।'[८]

इन्द्र ने जब जल-वृष्टि की विफलता से घबराकर देवताओं की सभा बुलाई तो देवताओं ने कहा कि गोकुल में 'पूर्ण ब्रह्म मुकुंद प्रकट हुए हैं, उन्हीं की शरण में चलना चाहिए।'[९] इन्द्र उन्हीं पूर्ण ब्रह्म सनातन की शरण में जाने का निश्चय करता है, 'जो एक क्षण में करोड़ों इंद्रों की रचना और विनाश करते हैं।[१०] वह शिव, विरंचि, वरुण, यम और अन्य देवों को साथ लेकर जगत्पिता से क्षमा-याचना करने जाता है।[११] इन्द्र के अपराध की क्षमा के बाद लौटते हुए देवगण परस्पर अपने सुकृत की सराहना करते हैं और शिव, ब्रह्मा और इन्द्र से कहते हैं कि आज हम पूर्ण ब्रह्म से प्रकट रूप में मिल सके।'[१२]

गोवर्धन-धारण का श्रम मिटाने के लिए यशोदा कृष्ण की भुजाएँ दबाती हैं तो बलराम हँसकर सोचते हैं कि 'जिसके उदर में चौदह भुवन हों उसके लिए गिरिवर धारण करना क्या

---

१. सू० सा०, पद ११०१।
२. वही, पद ११०५।
३. वही, पद १११०।
४. वही, पद १११५।
५. वही, पद ११७६, ११७७।
६. वही, पद ११८५।
७. वही, पद ११८८।
८. वही, पद १२०७।
९. वही, पद १५९२।
१०. वही।
११. वही, पद १५९२।
१२. वही, पद १६००।

बहुत बड़ा काम है! जहाँ रोम-रोम में कोटि ब्रह्माण्ड हैं, वहाँ रात-दिन और घाम कैसा'![१] इनके कोई माता-पिता नहीं, ये स्वयं ही कर्ता, स्वयं ही हर्ता हैं...ये जल, स्थल, कीट और ब्रह्म सब में व्यापक हैं; इनके समान और कोई नहीं है।'[२] इन्द्र की पूजा की तैयारी देखकर कृष्ण सोचते हैं; मेरे आगे इन्द्र की पूजा! मेरे अतिरिक्त दूसरा देव और कौन है? मेरे एक-एक रोम में शत-शत रोम हैं और प्रति रोम में शत-शत इन्द्र हैं।'[३] पुनः बलराम यशोदा और गोप-गोपियों के लौकिक व्यवहार पर हँसकर सोचते हैं कि जिसके एक-एक रोम में कोटि ब्रह्माण्ड हैं, जो रवि, शशि, धरणी, नवखण्ड को धारण किए हुए है, जो ब्रह्मा कीट सब का राजा है...ब्रह्मा जिसका रास वर्णन करते हैं और शेष सहस्र मुख से जिसका यश गाते हैं उसने व्रज में कितनी बार अवतार लिया है!'[४]

दानलीला में व्रज-युवतियाँ जब कृष्ण के उद्धत व्यवहार से तंग आकर गाँव छोड़ देने की धमकी देती हैं तो कृष्ण उत्तर देते हैं; हमारा गाँव छोड़कर किसके यहाँ जाकर बसोगी? तीन लोक में कौन जीव मेरे वश में नहीं है? कंस की क्या गिनती है?'[५] गोपियाँ कृष्ण से व्यंग्य करती हैं और कहती हैं कि 'जब माता ने तुम्हें बाँधा था तब हमीं ने छुड़ाया था।' इस पर कृष्ण कहते हैं : हमारी कौन माता और कौन पिता? तुमने हमें कब जन्मते देखा? तुम्हारी बात सुनकर हँसी लगती है। कब मैंने माखन खाया, कब मुझे माता ने बाँधा? किसकी गाय मैं चराता और दुहाता हूँ? यह खूब कही। तुम मुझे नन्द का पुत्र समझती हो! पर बताओ नन्द कहाँ से आए? मैं पूर्ण, अव्यक्त, अविनाशी हूँ।'[६] गोपियों से दान लेकर कृष्ण के माखन खाने का वर्णन करते हुए कवि कहता है : 'धन्य है, व्रज-ललनाओं के कर से ब्रह्म माखन खा रहा है, इस दृश्य को देखकर गन्धर्वगण सिहाते हैं। जिनके न रूप है, न रेखा; न तनु है, न वर्ण; जिसके न माता है, न पिता; जो अजर, अमर है; जो स्वयं ही कर्ता, त्रिभुवननाथ, सब घट-घट का वासी है; वेद जिसका यश गाते हैं; जिसके अंगों के प्रति रोम में कोटि-कोटि ब्राह्मण हैं; कीट से लेकर ब्रह्म-पर्यन्त जल-थल में सब जिससे निर्मित हैं, जो विश्व का विश्वम्भर है, वही प्रभु ग्वालों के साथ विलास करता और दधिदान माँगता है! धन्य है।'[७]

व्रज में अक्रूर का आगमन सुनकर खलबली मच जाती है; सब श्याम-बलराम को बुलाकर पूछना चाहते हैं कि बात क्या है, परन्तु 'परब्रह्म' अव्यक्त अविनाशी, मायातीत प्रभु इस प्रकार भाव परिवर्तन कर लेते हैं, मानों कहीं की पहिचान ही न हो।'[८] अक्रूर के साथ जाते समय कृष्ण ने व्रज से एकदम नाता तोड़ लिया; 'उनका कौन पिता है और कौन माता? वही तो स्वयं जगत् के स्वामी—ब्रह्म हैं।'[९] व्रज से लौटकर उद्धव कृष्ण से विनती करते हुए कहते हैं

---

१. सू० सा०, पद १५८९।
२. वही, पद १५९०।
३. वही, पद १५१३।
४. वही, पद १५६९।
५. वही, पद २०७९।
६. वही, पद २१७९।
७. वही, पद २२२१।
८. वही, पद ३५७५।
९. वही, पद ३५७६।

कि 'तुम सर्वज्ञ, सकल घट-व्यापक सब के जीवनप्रद और सब के विश्राम हो।'[१] जल में अक्रूर को दर्शन देकर कृष्ण ने उनका भ्रम दूर कर दिया और उन्हें विश्वास दिला दिया कि 'कृष्ण पूर्ण ब्रह्म, कलारहित, कर्ता हर्ता, सबसे अधिक समर्थ हैं।'[२]

नन्द को मथुरा से विदा करते हुए स्वयं कृष्ण उन्हें अद्वैत ज्ञान बताते हैं कि 'हममें तुममें कुछ अन्तर नहीं है। तुम मन में यही ज्ञान विचारो।'[३]

मथुरा में रहते हुए 'अन्तर्यामी कुँवर कन्हाई' को व्रज की सुध आई[४] और उन्होंने उद्धव का 'अरेख, अरूप, अवर्ण, निर्गुण' की उपासना का नियम और अपने से भिन्न किसी और में ब्रह्मत्व की उनकी प्रतीति समझ कर उन्हें व्रज भेजने का निश्चय किया।[५]

गोपियाँ उद्धव के सामने कृष्ण के कुब्जा-प्रेम का अनौचित्य बताती हैं कि कहाँ वे ब्रह्मादि के ठाकुर और कहाँ कंस की दासी कुब्जा! इन्द्रादिक की तो बात ही क्या, शंकर उनकी खवासी करते हैं; निगम आदि उनके बन्दीजन हैं और वे शेष-शिरशायी हैं।'[६]

नारद यह जानते हैं कि 'कृष्ण, अलख, निरंजन, विर्विकार, अच्युत, अविनाशी है, महेश, शेष और अन्य देवता उनकी सेवा करते हैं, माया उनकी दासी हैं और उन्होंने धर्म-स्थापन के लिए नर का अवतार लिया है'; फिर भी उनके मन में कृष्ण की सोलह सहस्त्र नारियों के प्रति सन्देह उत्पन्न हो गया। कृष्ण ने अपना व्यापक रूप दिखाकर नारद का भ्रम मिटा दिया और कहा 'तुम्हें मन के भ्रम ने इतना भरमाया, मैं सब जगत् में व्यापक हूँ, वेदों ने इसका बखान किया है; मैं ही कर्ता और भोक्ता हूँ; मेरे सिवा और कोई नहीं है।' तब नारद को विश्वास हो गया कि कृष्ण के अतिरिक्त और कोई द्वितीय नहीं हैं वे अज, अनन्त हैं।[७]

वेद द्वारा कृष्ण की स्तुति में कृष्ण-ब्रह्म की अद्वैतता का प्रतिपादन किया गया है। 'तीन लोक में हरि ने अपनी ज्योति का विस्तार करके प्रकाश फैला दिया है, उसी प्रकार जैसे दीपक जलाकर गृह में उजाला किया जाता है। हरि को वही ज्योति प्रकट होकर घट-घट में दिखाई दे रही है। स्थावर-जङ्गम जहाँ तक सृष्टि है, सब में उसी ज्योति का आभास है, उसी ने सब को चेतनता दी है। हरि सबके अन्तर्यामी प्रभु हैं।'[८]

नारद भी स्तुति करते हुए कहते हैं; 'जिस प्रकार पानी में बुदबुदा उठता है और फिर उसी में समा जाता है, उसी तरह समस्त जगत्-कुटुम्ब तुम्हीं से उत्पन्न हुआ है और तुम्हीं में समा जाता है।'[९]

---

१. सू० सा०, पद ४७२०।
२. वही, पद ३६३५।
३. वही, पद ३७३७।
४. वही, पद ४०२९।
५. वही, पद ४०३१।
६. वही, पद ४२६१।
७. वही, पद ४८२८।
८. वही, पद ४९१८।
९. वही, पद ४२२०।

हंसावतार के वर्णन में पुनः अद्वैत सिद्धान्त का प्रतिपादन है। सनकादिक का भ्रम और गर्व को दूर करने के लिए हरि ने हंसावतार धारण करके उन्हें उपदेश दिया कि 'हम तुम सब में एक आत्मा है; शरीर भिन्न अवश्य है, पर सब शरीर पञ्चभूत से निर्मित हैं।'[१]

परमानन्दस्वरूप सगुण ब्रह्म

कवि ने हरि के अव्यक्त, गुणातीत, सर्वव्यापक, सृष्टि के कर्ता-हर्ता-विधाता, अजर, अमर, अचिंत्य और अद्वैत ब्रह्मरूप की ओर ध्यान दिलाने के लिए पुनरुक्तियों की चिन्ता नहीं की। इस विशेष प्रयास का प्रयोजन यह है कि कवि द्वारा वर्णित हरि के सगुणरूप की कथा तथा उनके पूर्ण ब्रह्मत्व में प्रकट रूप में विरोध है। इस विरोध को उसने अपनी भक्ति के दृष्टिकोण को स्पष्ट करते हुए दूर करने का प्रयत्न किया है। प्रथम स्कंध के दूसरे पद में ही उसने कहा है; 'अव्यक्त की गति कुछ कही नहीं जाती, जिस प्रकार मीठे फल का रस गूँगे को मन ही मन में भाता है। रूप, रेखा, गुण जाति, युक्ति के बिना अवलंबहीन मन चकित होकर भ्रमण करता है। अव्यक्त, निर्गुण रूप विचार के लिए सब प्रकार से अगम है इसलिए सूर सगुण लीला के पद गाता है।'[२]

निर्गुण ब्रह्म के सगुणरूप की लीलाओं का वर्णन कवि ने दो भावनाओं से किया है। उसकी प्रथम भावना पहले नौ स्कंधों में और किंचित् दशम्—उत्तरार्ध में व्यक्त हुई है। उसकी दूसरी भावना दशम स्कंध—पूर्वार्ध में कृष्ण-लीला के वर्णन में व्यक्त हुई है। वस्तुतः कवि की रचना का प्रधान अंग यही है और यही 'सूरसागर' को 'भागवत' से प्रभावित होते हुए भी उसे भक्ति के एक विशिष्ट दृष्टिकोण का प्रतिपादक सिद्ध करता है। यहाँ कृष्ण की कृपा की महत्ता भक्तों के उद्धार और दुष्टों के संहार में उतनी नहीं दिखाई गई है, जितनी अन्य स्कंधों में वरन् यहाँ कृष्ण की व्रज-लीलाओं का प्राधान्य है, जिनमें उनके नन्द-यशोदा, गोप-बालकों, गोपियों तथा राधा के प्रीति-संबंधों का वर्णन है।

कृष्ण की व्रज-लीलाओं के द्वारा कवि ने ऊपर वर्णित समस्त सत्ता और चेतना के आगार, अद्वैत ब्रह्म के आनन्दरूप की व्याख्या की है। यद्यपि व्रज में हरि ने पूतना, कागासुर, शकटासुर यमलार्जुन, वत्सासुर आदि का उद्धार करके अपनी भक्त-वत्सलता प्रमाणित की है, परन्तु कवि ने अपने वर्णनों में इन उद्धार-कार्यों का स्थान गौण रखा है और कृष्ण के सुन्दर बाल एवं किशोर रूपों की सुकुमारता से इन दुष्कर कार्यों की असंगति दिखाते हुए विस्मय और आश्चर्य प्रकट किया है। व्रज-वृन्दावन की ये लीलाएँ किसी बाह्य उद्देश्य से नहीं की गई हैं, वरन् कृष्ण-ब्रह्म के सहज-स्वाभाविक आनन्दरूप की प्रस्फुटन मात्र हैं।

'वृन्दावन श्याम-श्यामा की राजधानी है'[३] जो कृष्ण को अत्यन्त प्रिय है, वे कहते हैं : 'सुबल, श्रीदामा सखाओ, सुनो, वृन्दावन मुझे अत्यन्त प्रिय है; मैं यहाँ व्रज से गायें चराने आता हूँ, श्याम बार-बार श्री मुख से कहते हैं कि तुम मेरे मन को अत्यन्त सुहाते हो। सूरदास कहते हैं, यह सुनकर ग्वाल चकित हो गए; हरि यह लीला प्रकट करके दिखाते हैं।'[४]

---

१. सू० सा०, पद ४९३१।
२. वही, पद २।
३. वही, पद १६७३।
४. वही, पद १०६७।

सखाओं को आश्वासन देते हुए वे पुनः कहते हैं : 'मैं तुम्हें व्रज से कहीं और नहीं जाने देता और इसी कारण मैं भी व्रज में आता हूँ। यह सुख चौदह भुवनों में कहीं नहीं है। यह बात इसी व्रज में यह अवतार सिद्ध करता है।'[१]

व्रज और वृन्दावन यद्यपि भौगोलिक स्थान हैं परन्तु कवि ने उन्हें आध्यात्मिक रहस्य से अभिभूत कर दिया है। बाल वत्सहरण लीला में ब्रह्मा कृष्ण की स्तुति करते हुए कहते हैं : यह संसार मिथ्या है। यह माया मिथ्या है यह देह मिथ्या है। इस व्रज में यह रस नित्य है। अब मैंने यहाँ आकर समझा। मैं वृन्दावन की रज होकर रहूँगा। मुझे ब्रह्मलोक नहीं सुहाता। हरि के लीलावतार का पार शारदा भी नहीं पा सकती। सदगुरु की कृपा का प्रसाद है जिससे मैं कुछ कह सकता हूँ।'[२]

दानलीला के प्रसंग में गोप-गोपियों की उत्पत्ति के विषय में कहा गया है कि व्रज में अवतार धारण करने का निश्चय करते समय ब्रह्म ने देवताओं को उनके साथ विहार करने के लिए व्रज में जन्म लेने की आज्ञा दी।[३]

गोपियों की महिमा के वर्णन में कवि त्रिपद वामन पुराण का उल्लेख करते हुए गोपियो की उत्पत्ति के साथ रास और वृन्दावन की लोकातीत अवस्था का वर्णन करता है जिसमें पूर्ण परमानन्दरूप ब्रह्म की सगुण-लीला का रहस्य खोला गया है। ब्रह्मा भृगु से कहते हैं : व्रज मे सुन्दरियाँ स्त्रियाँ नहीं हैं वेदों की ऋचाएँ हैं। मैं और शिव यहाँ तक कि लक्ष्मी भी उनके समान नहीं हैं। उनकी कथा अद्‌भुत है। वह अब मैं गाकर बताता हैं। × × पुरुष ने जब प्राकृत रूप को समेट लिया और सारा जगत् उनमें समा गया और केवल वैकुंठ लोक शेष रह गया जहाँ पर त्रिभुवनपति का निवास है जो अक्षर, अच्युत, निर्विकार और निरंका है जिन प्रभु का आदि-अंत जाना नहीं जा सकता जो स्वयं आदि-अन्त हैं; तब श्रुतिये ने विनती करके कहा कि तुम्हीं सब के देव हो तुम्हीं निरन्तर दूर हो, तुम अपना भे जानते हो।

इस प्रकार ब्रह्मा ने जब बहुत स्तुति की, तब आकाशवाणी हुई; मनोवांछित फल माँगो तुम्हारी आशा पूर्ण करूँगा।' श्रुतियों ने हाथ जोड़ कर कहा; 'तुम आनन्द शरीर से परिपूर्ण हो तुम्हारा जो नारायण, आदिरूप है, वह हमने देखा; परन्तु जो निर्गुणरहित तुम्हारा रूप है उसक रहस्य हमने नहीं देखा; वह मन-वाणी से अगम अग्रोचर रूप हमें दिखाओ।' तब उन्हों कृपा करके निज धाम वृन्दावन दिखाया; जहाँ नित्य प्रति वसन्त रहता है और जो कल्पवृक्षों छाया हुआ है; वहाँ अद्‌भुत रमणीय कुंज है, सुभग बेलें छा रही हैं, धातुमय गोवर्धन पर्वत और स्वाभाविक झरने झरते हैं; कालिन्दी का अमृत-जल है जिसमें फूले हुए कमल शोभि हैं; जिसके दोनों कूल नग-जटित हैं और जहाँ हंस, सारस भरे पड़े हैं। वहाँ किशोर श्या गोपिकाओं को साथ लिए क्रीड़ा करते हैं। यह छवि देखकर श्रुतियाँ थकित हो गईं। त यदुनाथ ने कहा; तुम्हारे मन में जो इच्छा हो, वह मुझे प्रकट करके बताओ, मैं उसे पूर्ण करूँ यह वर मैं तुम्हें देता हूँ।' श्रुतियों ने कहा कि गोपिका होकर हम तुम्हारे साथ केलि करें। पू परमानन्द ने निज मुख से 'एवमस्तु' कहा और बताया कि 'कल्प-सार सद्‌ब्रह्म जब सम

---

१. सू० सा०, पद १०६८।

२. वही, पद १११०।

३. वही, पद २२२२।

सृष्टि की रचना करेगा और उसके निवासियों में वर्णाश्रम-धर्म चलाएगा और फिर उनमें जब अधर्मी राजा होंगे और जगत् में अधर्म बढ़ जायेगा तब ब्रह्मा और पृथ्वी तथा समस्त देवगण आकर मुझसे विनय करेंगे और तब मैं भरतखण्ड के मथुरा मण्डल में जो हमारा निजधाम है, गोपवेश धारण करूँगा, तुम उसी समय की प्रतीक्षा करना। उस समय तुम गोपी बन कर मुझसे प्रेम करोगी, यह मेरा सत्य वचन है; मैं तुम्हारे साथ सदैव केलि करूँगा।' श्रुतियों ने हरि-वचन सुनकर अपने भाग्य को सराहा और उसी समय की प्रतीक्षा करने लगीं। दिन बीतते देर नहीं लगी। जब पृथ्वी का भार बढ़ा तब हरि ने अवतार लिया और तब वेद-ऋचाओं ने गोपिका बनकर हरि के साथ विहार किया।[१] इस प्रकार वृन्दावन-लीला पूर्ण परमानन्द हरि की सहज विहार-क्रीड़ा है; वह स्वतः पूर्ण है।

ब्रह्म अपने आनन्दरूप को वृन्दावन की लीला में ही प्रकट करता है। 'विष्णु; भगवान् लक्ष्मी से कहते हैं। जो सुख श्याम वृन्दावन में करते हैं वह तीनों पुरों में कहीं नहीं है। विष्णु भगवान् यह कहकर अकुलाते हैं कि हमको उनकी रज कहाँ मिले? प्रिये सुनो, मैं सत्य कहता हूँ कि मेरे अतिरिक्त और कोई नहीं है। परन्तु वृन्दावन कभी नन्दकुमार के रास-रस के सुख से वंचित नहीं होता। यद्यपि मैं ही कर्ता और हर्ता प्रभु हूँ, परन्तु वह सुख मुझसे भिन्न है। सूर, राधावर गिरिधर धन्य हैं, नन्ददुलारे का सुख धन्य है।''[२]

वृन्दावन का सुख त्रिभुवन में कहीं नहीं है; नारायण और रमा कृष्ण से अभिन्न होते हुए भी इस सुख के लिए ललचाते हैं;[३] क्योंकि यह सुख तो उन्हें कृष्णरूप में ही मिल सकता है। कृष्ण की रूप मोहनी के वर्णन में कवि उन्हें 'सुखराशि, रसराशि, रूपराशि, गुणराशि, यौवनराशि, शीलराशि, यशराशि, आनन्दराशि, सुखधाम और पूर्णकाम' बताकर उनके परमानन्द रूप की ओर संकेत करता है।[४]

रास के वर्णन से तथाकथित इहलौकिकता के अनेक उदाहरण संकलित किए जा सकते हैं; किन्तु कवि ने बारबार इस अद्‌भुत लीला को अलौकिकता से परिवेष्टित करके उसके आध्यात्मिक रहस्य की ओर संकेत किया है।[५] रास का तो वर्णन ही दुर्लभ है। × × × जो रस-रास-रंग हरि ने किया वह वेदों ने नहीं ठहराया है। रास ने सुर-नर-मुनि सब मोहित कर लिए; शिव की समाधि तक भूल गई। सूरदास ने अपने नेत्र वहीं बसाए हैं और किसी का विश्वास नहीं किया।[६]

इसी प्रकार कृष्ण की रति-क्रीड़ाओं में कवि ने आध्यात्मिक संकेत किए हैं। उनके प्रति सूरदास का भाव कितना उच्च है, इसके अनेक प्रमाण दिए जा सकते हैं। मानलीला के एक लम्बे वर्णन के अंत में वे कहते हैं : 'राधा-कृष्ण-केलि-कौतूहल जो गाते और श्रवणों से सुनते हैं, श्याम उनके समीप सदैव नित्य-प्रति आनन्द बढ़ाते हैं। जिसका जठर पातक कभी न जाए

---

१. सू० सा० (वें० प्रे०) पृष्ठ ३६३, ३६४ तथा सू० सा० (सभा), पद १७९३।
२. सू० सा० (सभा), पद १६८३।
३. वही, पद १६८२।
४. वही, पद २४२१।
५. वही, पद १७४८-१७९०।
६. वही, पद १७९१।

वह यदि इस लीला से प्रेम करे तो सूर, वह जग में जीवन्मुक्त होकर अन्त में परम-पद प्राप्त करे।'[१]

हिंडोरलीला का सुख वर्णन करते हुए कवि ने पुनः उसी अलौकिक सुन्दरतायुक्त वातावरण की सृष्टि की है जो श्रुतियों के प्रसङ्ग में देखा जा चुका है।[२]

वसन्तलीला के आरम्भ में पुनः वृन्दावन धाम की अलौकिक शोभा और उसकी नित्यता का वर्णन है : "श्याम का वृन्दावन धाम नित्य है, व्रजवाम राधा का रूप नित्य है; रास नित्य है, जल-विहार नित्य है; खंडिता का मान और अभिसार नित्य है; ये ही ब्रह्मरूप कर्तार हैं; ये ही त्रिभुवन संसार के कर्ता-हर्ता हैं; कुंज सुख नित्य है; हिंडोरसुख नित्य है; त्रिविध समीर के झोंके नित्य हैं, जहाँ सदैव वसन्त का बास रहता है, जहाँ सदैव हर्ष रहता है, कभी उदासी नहीं होती; सदैव कोकिल और कीर गाते रहते हैं और मन्मथरूप चित्त चुराते हैं; वन की डालों पर विविध पुष्प फूले हुए हैं जिन पर अपार उन्मत्त भ्रमर मँडराते हैं; नव पल्लवों से युक्त वन की शोभा अनुपम है और वहाँ हरि के साथ अनेक सखियाँ विहार करती हैं। कोकिला कुहू-कुहू सुनाती है, जिसे सुनकर स्त्रियों को हर्ष होता है, मानो वह बार-बार हरि को सुनाकर कह रही हैं कि वसंत ऋतु आ गई है। स्त्रियों ने कहा कि हरि, हमारे मन में फाग-चरित करने की साध है, हम सब तुम्हारे साथ मिलकर खेलें। इसे सुनकर श्याम मुस्कुराए और वसन्त ऋतु आई जानकर हर्षित हुए।'[३]

उद्धव के व्रज से लौटने पर कृष्ण अपने व्रज-प्रेम को स्पष्टरूप से उन्हें सुनाते हैं : "ऊधो, व्रज मुझसे भुलाया नहीं जाता, जहाँ वृन्दावन और गोकुल के सघन वृक्षों की छाया रहती है; जहाँ प्रातःकाल माता यशोदा और नन्द देखकर सुख पाते हैं और माखन रोटी, दही सजाकर अति प्रेम से खिलाते हैं, जहाँ सारा दिन गोपी और ग्वाल-बाल के साथ खेलते-हँसते बीतता है। सूरदास, व्रजवासी धन्य हैं जिनसे यदुतात हित करते हैं।"[४]

द्वारका-प्रवासी कृष्ण तो व्रज के सुख के लिए और भी तरस जाते हैं! वे रुक्मिणी से कहते हैं : "मुझसे व्रजवासी लोग एक पलमात्र नहीं भुलाए जाते; मैंने उनके साथ कुछ भला नहीं किया, क्योंकि वे रात-दिन वियोग में मरते रहते हैं। यद्यपि द्वारका सुवर्ण-रचित है ओर यहाँ समस्त विषय संभोग प्राप्त हैं, तो भी मेरा मन सदैव वंशीवट और ललितादि के संयोग में रहता है।"[५] "रुक्मिणी, मुझे व्रज कभी नहीं भूलता। यमुना तट की वह क्रीड़ा, कदम की छाँह में खेलना, गोप-वधुओं की भुजा कण्ठ पर धारण करके कुंजों में विहार, वहाँ के अनेक विनोद मैं कहाँ तक कहूँ? मुख से वर्णन नहीं किए जाते। सकल सखा और नन्द-यशोदा चित्त से नहीं हटते; नन्द ने मुझे पुत्र के हित से पाला और फिर वियोग का दुख सहा। यद्यपि द्वारावती सुखनिधान है, तो भी यहाँ कहीं मेरा मन नहीं रहता। सूरदास के कुंजबिहारी प्रभु याद कर-कर के पछताते हैं।'"[६] "रुक्मिणी, चलो जन्मभूमि चलें। यद्यपि तुम्हारी द्वारका है

१. सू० सा० (सभा), पद ३४४४।
२. वही, पद ३४५८।
३. वही, पद ३४६१।
४. वही, पद ४७७४।
५. वही, पद ४८८९।
६. सू० सा० (वें० प्रे०) पृ० ५०० तथा (सभा), पद ४८९०।

पर मथुरा के समान नहीं है। यमुना के तट पर गाएँ चराना और अमृत जल पीना, शीतल तरु-छाया में भुजा कन्ध पर धरकर कुंज-क्रीड़ा करना! जहाँ सरस, सुगन्ध, मन्द, मलय-पवन कुंजों में बिहरती है! जो क्रीड़ा श्री वृन्दावन में है वह तीनों लोकों में नहीं है। गाएँ, ग्वाल, नन्द और यशोदा मेरे चित्त से नहीं हटते! सूरदास के चतुर शिरोमणि प्रभु उन्हीं की सेवा कराते है।''[१]

उपर्युक्त उद्धरणों से यह पूर्णरूप से स्पष्ट हो जाता है कि व्रज की क्रीड़ाएँ जिन्हें धार्मिक परिभाषा में 'लीला' का नाम दिया गया है, ब्रह्म के परमानन्द रूप की व्यंजक और प्रकाशक हैं।

विष्णुरूप ब्रह्म

कृष्ण परब्रह्म होते हुए भी विष्णु के पूर्ण अवतार कहे गए हैं। वे त्रिदेव में सर्वोच्च हैं। एक स्थान पर तो कवि उन्हें वैकुण्ठ-स्थित कमलापति नारायण से भी श्रेष्ठ बताता है। कृष्ण के सम्बन्ध में इस कल्पना से कवि के सांप्रदायिक विश्वास का ज्ञान होता है। विष्णु के अनेक अवतारों में कवि ने विष्णु की महत्ता प्रदर्शित की है। रामावतार और कृष्णावतार का वर्णन उसने विशेष रूप से किया है। कृष्णावतार को उसने अन्य अवतारों की अपेक्षा अधिक महिमामय माना है।

माधव की स्तुति करते हुए कवि कहता है; 'तुम्हीं ने गज को ग्राह से छुड़ाया। जो रूप वेदों के लिए भी मन और वचन से अगोचर है वह रूप दिखाया। बेचारे गज ने बहुत दुःख पाया। शिव और ब्रह्मा सब देखते खड़े रहे, किसी से बिना बदले के उपकार करते नहीं बना।''[२]

'मोहिनी-रूप-शिव-छलन' के प्रसंग में स्पष्टरूप से विष्णु के समक्ष शिव की न्यूनता प्रदर्शित की गई है।[३]

जिस प्रकार जय और विजय के जन्म-जन्मान्तर के उद्धार के लिए विष्णु ने बाराहादि अवतार धारण किए, उसी प्रकार उन्होंने वासुदेव का अवतार लिया और दन्तवक्र और शिशुपाल के रूप में जय और विजय का वध किया।[४] जिन आदिब्रह्म हरि के सुर, नर, नाग, पशु, पक्षियों के सहित धरणी के उद्धार तथा सुख के लिए गोकुल में प्रकट होने का वर्णन है, उन्हें स्पष्टरूप से क्षीरसमुद्रशायी, पीताम्बर-मुकुटधारी विष्णु-रूप में उपस्थित किया गया है, जिनके वक्ष पर भृगु-रेखा शोभित है और जिनके हाथों में शंख, चक्र, गदा और पद्म विराजते हैं। वही विष्णु शिव-सनकादि और ब्रह्मादि द्वारा ज्ञान-ध्यान में नहीं आते।[५] इसी प्रकार कृष्ण की बजाल-लीला में अनेक बार उनके विष्णुरूप की ओर संकेत किया गया है।

कृष्ण की बाल-लीला पर मुग्ध होकर एक गोपी कहती है : ''मेरे भाग्य की शुभ घड़ी देखो। मैंने नवलरूप किशोर मूर्ति को भुजाओं में भर के कण्ठ से लगाया। जिसके चरण-सरोज

---

१. सू० सा० (सभा), पद ४८९१।
२. वही, पद ४३०।
३. वही, पद ४३७।
४. वही, पद ६२०।
५. वही, पद ६२२।

से निःस्रत गंगा को शंभु ने सिर पर धारण किया, जिसके चरण-सरोज का स्पर्श करके सुनते हैं कि शिला तर गई, जिसके चरण-सरोज का दर्शन करके सारी आशाएँ पूर्ण हो गईं उन्हीं सूर के प्रभु के साथ विलास करके सारे कार्य सिद्ध हो गए।''[१] इसी प्रकार कालिय-उद्धार के वर्णन में प्रह्लाद, द्रौपदी, गजराज आदि के उद्धार का उल्लेख करके कवि कहता है कि 'जो पद कमल रमा हृदय में रखती हैं, जिन्हें स्पर्श करके गङ्गा निकलती हैं, जो शम्भु की सम्पत्ति हैं जो व्रजयुवतियों को सुखदायक हैं, जिनसे वामन ने तीन पगों में वसुधा नापी उन्हीं पदों ने फनों पर नृत्य करके काली को पवित्र किया।'[२]

इन्द्र को समझाते हुए देवगण व्रज में ब्रह्म के प्रकट होने का जो उल्लेख करते हैं उसमें भी लक्ष्मी के साथ शेषशायी विष्णु के धरणी-उद्धार के लिए अवतार लेने का कथन है।[३] वरुण द्वारा नन्द के अपहरण वाले प्रसंग में भी कृष्ण और विष्णु की अभिन्नता प्रकट की गई है।[४]

राधा और कृष्ण के प्रेम-प्रसंग में भी कृष्ण के विष्णु अवतारी होने का उल्लेख है। मानवती राधा को समझाते हुए दूती कहती है कि मैं 'उस प्रभु की भेजी हुई आई हूँ जिसके चरण कमला कर में धारण करके मन, वचन और कर्म से उन्हीं में चित्त लगाती हैं,[५] तू उनके मुख के मनोहर वचनों पर ध्यान नहीं देती जिनके चरण सर्वगुण-सम्पन्न रमा नित्य चापती है।[६]

जिस प्रकार कृष्ण को विष्णु का अवतार बताया गया है उसी प्रकार राधा भी लक्ष्मी की अवतार हैं। राधा और माधव की अद्वैतता का वर्णन करते हुए कृष्ण की दूती उनसे प्रकृति और पुरुष, लक्ष्मी और विष्णु तथा सीता और राम के प्राचीन सम्बन्ध का स्मरण कराती है।[७]

राधा की भाँति रुक्मिणी को भी कवि ने कमला का अवतार बताया है।[८]

ऊपर के उद्धरणों में यद्यपि कृष्ण के विष्णु-अवतारी होने के प्रचुर प्रमाण मिलते हैं, फिर भी ऐसा आभास होता है कि ये कृष्ण रूप विष्णु त्रिवेद से भी उच्च और परात्पर ब्रह्म के रूप हैं। वे क्षीरसागरवासी शेष-शायी और कमलापति आदि अवश्य हैं, किन्तु उनका स्थान सामान्य रूप से प्रसिद्ध त्रिदेव के विष्णु से उच्च है। इसका स्पष्ट कथन कवि कृष्ण के वंशी-वादन के लोकव्यापी और लोकोत्तर प्रभाव के वर्णन में कर देता है; ''मुरली की ध्वनि वैकुण्ठ में गई जिसे सुनकर नारायण और कमला, दोनों दम्पति के हृदय में अत्यन्त रुचि उत्पन्न हुई'', नारायण ने कहा, ''प्रिया यह अद्‌भुतवाणी सुनो।'' उन्होंने हरि को वृन्दावन में देखा और व्रज के जीवन को देखकर उसे धन्य-धन्य कहकर सराहा। उन्होंने कहा, नन्दनन्दन जो रास-विलास करते हैं वह हमसे अत्यन्त दूर है; व्रजधाम धन्य है; व्रज-भूमि धन्य है; वह सुख

१. सू० सा० (सभा), पद ९२०।
२. वही, पद ११८५-११८६।
३. वही, पद १५६३।
४. वही, पद १६०३।
५. वही, पद ३२००।
६. वही, पद ३२१७।
७. वही, पद ३४३४।
८. वही, पद ४८०४।

तीनों भुवनों में नहीं है जो व्रज में हरि के साथ एक पल में प्राप्त हो जाता है;' सूर, नारायण वह सुख एक टक देखते रह गए और पलक मारना भी भूल गए।"[१]

कवि फिर इसी भाव को दुहरा कर कहता है कि श्याम के अधर से निकली हुई वंशी-ध्वनि सुनकर नारायण ललचा गए और रमा से कहने लगे, 'प्यारी, देखो तो श्याम वन में विहार कर रहे हैं, जिस सुख का विलास व्रजललनाओं को प्राप्त है, वह हमें कहाँ मिल सकता है?'[२]

इन कथनों के द्वारा कृष्ण और विष्णु में जो अन्तर दिखाया गया है वह कृष्ण के पूर्ण परात्पर ब्रह्मत्व का सूचक है तथा उनकी व्रज-लीलाओं द्वारा प्रकाशित उनके आनन्द रूप में उनकी पूर्णता को प्रकट करता है।

भक्तवत्सल भगवान्

इष्टदेव की सर्वशक्तिमत्ता में कवि ने उनकी भक्तवत्सलता का सर्वाधिक गुणगान किया है। निर्गुण ब्रह्म के सगुण रूप का औचित्य भगवान् की कृपालुता में ही प्रकट होता है। वे अज, अव्यक्त और निराकार होते हुए भी भक्तों के लिए लौकिक अर्थ में अकरणीय और असंभव कार्य भी करते हैं। भक्तों पर कृपा करना उनका सहज स्वभाव है। वे भक्तों की सहायता करने के लिए स्वयं आतुर रहते हैं। कवि प्रायः गोवत्स सम्बन्ध और मातृ-वात्सल्य से हरि की भक्तवत्सलता की तुलना करता है। अनके पदों में विशेष कर विनय-सम्बन्धी पदों में, उसने अपनी दीनता और भगवान् की कृपालुता का वर्णन किया है।

मंगलाचरण में ही कवि हरि-कृपा की शक्तियों का वर्णन करता है; "उनकी कृपा से पंगु पर्वत लाँघ सकता है, अन्धा देख सकता है, बहरा सुन सकता है, गूँगा बोल सकता है और रंक राजछत्र धारण कर सकता है; सूरदास के स्वामी करुणामय हैं।"

हरि के अनुग्रह-क्षेत्र की कोई सीमा नहीं है। उनकी कृपा निःस्वार्थ भाव में होती है; उनका उपकार किसी बदले से नहीं होता। भृगु, विभीषण और वकी के उदाहरण इसी निःस्वार्थ मैत्री और बिना बदले के उपकार के हैं।[३] वस्तुतः उन्हें अपने जनों का उसी प्रकार ध्यान रहता, जैसे गाय को अपने वत्स का।[४]

हरि की भक्तवत्सलता सिद्ध करने के लिए कवि बारंबार प्रह्लाद, गज, द्रौपदी, सुदामा, व्रजवासी आदि के प्रमाण देने में नहीं थकता।[५] करुणामय का शील स्वभाव कैसा अद्‌भुत है? वे अपने जन के तृणवत् नगण्य गुण को तो सुमेरु के समान बढ़ाकर मानते हैं और उसके सागरतुल्य भीषण अपराध को बूँद के बराबर भी संकोच के साथ गिनते हैं; वे करुणा-सिन्धु भक्तों के विरह में कातर होकर उनके पीछे-पीछे डोलते-फिरते हैं। जिस प्रकार गाय अपने बछड़े के पीछे घर और वन में जहाँ कहीं भी वह जाता है, लगी रहती है; उसी प्रकार हरि भी भक्तों के पीछे पड़े रहते हैं।[६] भक्तों में वे किसी प्रकार का जन्म या कुल का विभेद नहीं

---

१. सू० सा० (सभा), पद १६८२।
२. वही, पद १६८७।
३. वही, पद ३।
४. वही, पद ४।
५. वही, पद ५, ७।
६. वही, पद ८, ९।

मानते, व्याध और अजामिल जैसे अधर्मी को और विदुर जैसे निम्न कुल वालों को उन्होंने अपनाया और राजाओं के राज-मद को चूर किया।[१] भक्तों पर जब-जब भीर पड़ती है और वे उनकी शरण में जाते हैं, तभी भगवान् अपना चक्रसुदर्शन सँभालते हैं।[२] भक्त की लाज रखने में हरि कोई ऊँच-नीच का विचार नहीं करते; उनके कार्यों में कभी-कभी विरोधाभास दिखाई दे सकता है, पर उनके लिए सब सम्भव है।[३] इसी प्रकार कवि बराबर हरि की कृपा, भक्त-वत्सलता और दीनबन्धुता की सप्रमाण पुनरावृत्ति करके प्रशंसा करता है और हरि की भक्ति पर विशेष जोर देता है, क्योंकि भक्तों पर हरि की कृपा असीम अपरिमेय और अबाध है।[४] ''भक्त से चाहे अपराध भी हो जाए, फिर भी करुणामय, कृपालु, केशव प्रभु उस पर ध्यान नहीं देते। जिस प्रकार माता गर्भस्थ शिशु के अपराध पर ध्यान न देकर उसे यत्नपूर्वक पालती-पोसती है और जन्म के बाद उसे प्रेमपूर्वक अंक में लेती है, उसी प्रकार हरि का स्वभाव है।''[५] जिस समय मनुष्य को संसार और संसार के सम्बन्धी—स्त्री, पुत्र आदि तिरस्कृत करके त्याग देते हैं, यहाँ तक कि उसकी त्वचा भी जब उसका साथ नहीं देती उस समय केवल करुणा सागर हरि उसकी व्यथा दूर करने में समर्थ होते है।[६] माया का बन्धन बिना उसकी कृपा के नहीं छूट सकता।''[७]

विदुर के यहाँ भोजन करते हुए स्वयं भगवान् बार-बार सराहना करके दुर्योधन से कहते हैं कि ''जहाँ अभिमान है वहाँ मैं नहीं हो सकता; तुम्हारा यह भोजन विष के समान लगता है। जो सत्य पुरुष है, वह दीन को ग्रहण करता है और अभिमानी को त्याग देता है। भक्तों पर जहाँ-जहाँ भीर पड़ती है, वहाँ-वहाँ मैं उठकर दौड़ जाता हूँ; मैं भक्तों के साथ फिरता हूँ और भक्तों के हाथ बिकता हूँ।''[८]

भगवान् अपने भक्तों में जाति-पाँति का ही नहीं, स्त्री-पुरुष का भी भेदभाव नहीं करते; द्रौपदी साहाय्य वाले प्रसंग से यह बात प्रमाणित होती है। जहाँ सगे से सगे सम्बन्धी—स्वयं पति भी किसी प्रकार की सहायता नहीं कर सके, वहाँ कृष्ण ने पुकार सुनते ही अपना वरद हस्त बढ़ा दिया।[९]

प्रह्लाद के लिए भगवान् ने जो किया उसमें भी उनकी भक्तवत्सलता का उज्ज्वल प्रमाण मिलता है। वे स्वयं प्रह्लाद से कहते हैं : ''यह मेरी प्रतिज्ञा है कि मैं उस समय तक बैकुण्ठ नहीं जाऊँगा जब तक तेरे सिर पर छत्र नहीं धारण कर लूँगा; अपने मन में मैं मन, वचन और कर्म से जानकर जहाँ-जहाँ मेरे जन हों, वहीं जाऊँगा; निर्गुण सगुण होकर मैंने देखा, तेरा जैसा भक्त मैंने कहीं नहीं पाया; मेरे देखते मेरा दास दुखी हो, यह कलंक मैं कहाँ मिटाऊँगा? मेरा

---

१. सू० सा० (सभा), पद १२।
२. वही, पद १४।
३. वही, पद १५।
४. वही, पद १६-४२, १०४-११४, १७९, १८४, २००।
५. वही, पद ११७।
६. वही, पद ११८।
७. वही, पद १५३, १५४।
८. वही, पद २६३, २६४।
९. वही, पद २४५-२४९।

हृदय कुलिश से भी कठोर है, अब मैं दीनदयालु नहीं कहलाऊँगा।"[१] परन्तु भगवान् ने यह कलंक अपने ऊपर नहीं लगने दिया और अपना विरुद निबाहा।

भगवान् का प्रत्येक अवतार उनकी भक्तवत्सलता का ही उदाहरण है।[२] रामावतार में अहल्योद्धार, शबरी उद्धार, विभीषण-उद्धार आदि उनकी भक्तहितैषिता के प्रमाण हैं। स्वयं राम विभीषण के विषय में कहते हैं कि "मेरी एक बात निश्चित है, सुनो, मैं अयोध्या नगर तब जाऊँगा, जब विभीषण को राज्य दे दूँगा।"[३]

हरि की कृपा इन भक्तों तक ही सीमित नहीं हैं। जो वैर भाव से भी हरि को भजते हैं, हरि उन्हें भी परम पद प्रदान करते हैं। रामावतार के रावणादि राक्षस इसी प्रकार के भक्त थे कृष्ण द्वारा मारे गए राक्षसों को भी परम गति उपलब्ध हुई थी। पूतना को भगवान् ने अपनी जननी की गति देकर उसे निज धाम को भेज दिया था।[४]

कालिया पर भी उन्होंने अपार कृपा की थी। 'गहन भार से कालिय का अंग-अंग टूटने लगा, उसने शरण शरण पुकारा; करुणामय यह वाणी सुनते ही संकुचित हो गए; द्रौपदी के मुख से यही वचन सुनकर तो उन्होंने वस्त्र बढ़ा दिया था; प्रभु ऐसे परम कृपालु हैं कि उनसे यह वाणी सही नहीं जाती है। सूरदास, व्याल को व्याकुल देखकर प्रभु ने अपना विस्तृत शरीर संकुचित कर लिया।[५] भगवान् ने कालिय पर जितनी कृपा की उतनी कृपा प्रह्लाद, गजेन्द्र, द्रौपदी आदि पर भी नहीं की।"[६]

कृष्ण की व्रज-लीलाओं में उनकी कृपा प्रेम का रूप धारण कर लेती है और वे यशोदा; नन्द गोप और गोपियों के प्रति उनके भावनानुकूल प्रेम प्रदर्शित करते हैं। उनकी यह कृपा निगम से भी अगम है। इसका तो स्वरूप ही न्यारा है।[७] इन लीलाओं के वर्णन में कवि की तल्लीनता लीला के सुख में है अतः यद्यपि समस्त लीलाएँ किसी-न-किसी रूप में कृपा-हेतुक हैं, फिर भी कवि हरि-कृपा का यदाकदा स्पष्ट स्मरण करा देता है।

चीरहरण लीला में कृष्ण युवतियों का घोर तप देखकर द्रवित हो गए और कृपा करके सबका शरीर ताप मिटा दिया और उन्हें सुख दिया।[८]

गोवर्धन-धारण लीला में भी हरि द्वारा करुण-वचन की पुकार सुनते ही सब को धीरज देने और गिरिराज को उठाकर व्रजवासियों को शरण देने का उल्लेख है,[९] परन्तु वास्तव में उनकी यह लीला व्रजवासियों पर कृपा करने हेतु नहीं की गई है। 'व्रज में तो वे सहज-लीला-रस नायक हैं और जन्म-जन्म भक्तों को सुख देना उनका कार्य ही है।'[१०] कृपा तो

---

१. सू० सा० (सभा), पद ४२३।
२. वही, पद ४३०, ४३१, ४४९, ५५१।
३. वही, पद ६०१।
४. वही, पद ३६८।
५. वही, पद ११७४।
६. वही, पद ११८५, ११८९।
७. वही, पद २६३५।
८. वही, पद १३८७, १४०१।
९. वही, पद १४८८।
१०. वही, पद १५३१।

वस्तुतः हरि ने इन्द्र पर की जिसकी व्याकुलता देखकर श्रीपति ने उसे अपने चरणों पर से दोनों भुजाएँ पकड़ कर उठा लिया और अभय-दान देकर उसे मस्तक से लगाया।[१]

यद्यपि कृष्ण की राधा और गोपियों के साथ की गई सुख-लीलाओं में कृपा का उतना महत्व नहीं है, फिर भी कहीं-कहीं दीनदयालु, अन्तर्यामी की कृपा का उल्लेख हो ही गया है। कृष्ण के विरह में गोपियाँ अपने अनुरागी नयनों की अवस्था का वर्णन करते हुए कहती हैं कि ये नेत्र धन्य हैं। कृष्ण-प्रेम में इनकी दृढ़ता मन, वचन और कर्म से है। श्याम इनको इस प्रकार मिले जैसे माता प्रेम-विवश होकर पुत्र से मिलती है। सूरदास के त्रिभुवन तात प्रभु कृपासिंधु और सहज महान् हैं।[२]

मुरली-वादन सुनकर जब गोपियाँ गृह-परिजन छोड़कर कृष्ण के पास आ जाती हैं और कृष्ण उनके मर्यादा-भंग पर उन्हें लांछित करते हैं तो गोपियाँ दीन होकर प्रभु की कृपा-दृष्टि की याचना करती हैं। परम कृपालु कृष्ण उनकी कातर वाणी सुनकर द्रवित हो जाते हैं।[३] और अपनी प्रभुता को त्याग हँसकर बोलते हैं तथा स्वयं अपनी निष्ठुरता को धिक्कारते और उन्हें धन्य कहकर उनकी आराधना करते हैं।[४]

रास के बाद गोपियों का गर्व-खंडन करने के लिए जब कृष्ण अन्तर्धान हो गए, तब विरहिणी स्त्रियाँ अन्तर्यामी से प्रार्थना करते हुए कहती हैं; 'कृपासिंधु हरि क्षमा कीजिए, हमने अज्ञान-वश गर्व किया था। उसे अपने चित्त में न लाइए, सोलह सहस्र गोपियों के हृदय में एक ही तरह की व्यथा है। राधा जीव है और सब देह हैं; ऐसी दशा देखकर करुणामय हृदय-स्नेह प्रकट कीजिए। ...यह अवस्था देखकर जग-जीवन प्रकट हो गए; उन्होंने दर्श-स्पर्श से गोपियों का सन्ताप मिटा दिया।''[५]

मथुरा-प्रवासी कृष्ण के विरह में गोपियाँ यद्यपि कृष्ण के प्रेम की दुहाई देती हैं और प्रेम के ही नाते उन्हें बुरा-भला भी कहती हैं; पर कभी-कभी उनकी विरहजन्य दीनता प्रार्थना के रूप में प्रकट होकर कृपा की याचना करने लगती है और वे 'दीनदयालु दयानिधि मोहन' के अनुग्रह में विश्वास करके अपने मन को समझाने लगती हैं।[६]

दशमस्कन्ध—पूर्वार्ध में वर्णित कृष्ण की व्रज की सुख-लीलाओं के बाद पुनः उनके प्रभुतापूर्ण रूप के दर्शन होते हैं और उनकी भक्तवत्सलता अपनी पूर्ण महत्ता और गरिमा के साथ दिखाई देती है। अपने संशय-नाश के बाद नारद हरि-स्तुति करते हुए कहते हैं; ''तुम्हारी कृपा के बिना कोई नहीं तर सकता; अब मेरे ऊपर कृपा कीजिए जिससे फिर कभी भ्रम न हो।''[७]

पाण्डवों के राजसूय यज्ञ में कृष्ण की भक्तवत्सलता पुनः अपने पूर्ण रूप में प्रकट हुई है। ''राजसूय में स्वयं हरि ने सबके पैर धोए और उनकी अष्टनायिकाओं ने द्रौपदी की सेवा की।

१. सू० सा० (सभा), पद १५९६।
२. वही, पद २४६४।
३. वही, पद १६४९।
४. वही, पद १६५१।
५. वही, पद १७४१, १७४४।
६. वही, पद ४१५५।
७. वही, पद ४८२८।

दुर्योधन यह रीति देखकर मन ही मन खिसिया कर रह गया और सोचने लगा भक्तवत्सल प्रभु भक्तों के साथ लगे डोलते रहते हैं; भक्तों का कार्य हर प्रकार से करते हैं, हमें कुछ नहीं गिनते; अपने भक्तों की जीत में अपनी जीत और भक्तों की हार में अपनी हार समझते हैं; सूरदास के प्रभु की सदैव यही रीति है और वे अपने इस प्रण का युग-युग में पालन करते हैं।''[१]

परमानन्द रूप की पूरक, आदिप्रकृति राधा

कृष्ण के इस परमानन्दमय रूप का प्रकाशन व्रज के जिन साथियों के साथ हुआ है उनमें राधा का स्थान अन्य गोपियों से विशेषरूप में महत्त्वपूर्ण है। कवि ने जिस प्रकार कृष्ण को सच्चिदानन्दंमय आदिपुरुष कहा है, उसी प्रकार राधा को आदि प्रकृति। दोनों में तात्त्विक अभेद है; माया के कारण वे भिन्न-भिन्न प्रकट होते हैं तथा लीला सुख के लिए उनके पृथक्-पृथक् व्यक्तित्व हो जाते हैं।

राधा और कृष्ण की प्रेम-लीला अनादि और अनन्त है। प्रथम बाल मिलन से ही दोनों के मन में गुप्त प्रेम प्रकट हो जाता है।[२] बालक कृष्ण राधा को बातों में भरमाकर ले जाते हैं और कहते हैं, मैं जब भी और जहाँ भी शरीर धारण करता हूँ, वहाँ ही तुम्हारे कारण। तुम्हारे स्पर्श से मैं शरीर का ताप मिटाता हूँ और काम-द्वन्द्व दूर करता हूँ। श्याम और श्यामा की गुप्तलीला सूर से कही नहीं जाती।[३] राधा और कृष्ण का प्रेम आरम्भ से ही दाम्पत्य-भाव का है।[४] खेल में भी वे यही लीला करते हैं। कवि ने इस गुप्तलीला का स्पष्ट वर्णन किया है,[५] यद्यपि राधा की अवस्था उस समय केवल सात वर्ष की है[६] और कृष्ण की आठ वर्ष की।[७] कवि ने कई बार दोनों की प्रीति को गुप्त प्रेम के नाम से अभिहित किया है।[८]

कृष्ण-प्रेम में विभोर राधा को लोक-मर्यादा के निभाने का उपदेश देते हुए कृष्ण कहते हैं; हममें-तुममें भेद ही क्या है?[९] ''व्रज में बस कर अपने को भूल गई? प्रकृति और पुरुष को एक ही समझो। भेद तो केवल कहने भर को है। जल-थल में जहाँ कहीं मैं रहता हूँ, तुम्हारे बिना नहीं रह सकता। यह वेद और उपनिषद् ने गाया है। हम-तुम, दोनों दो तन अवश्य हैं, पर जीव एक ही है। यह भेद सुख के हेतु उत्पन्न किया है। ब्रह्मरूप कोई दूसरा नहीं है। राधा के मन में जब यह प्रतीति हो गई तो उसने श्याम का मुख देखकर किंचित् मुस्करा दिया और आनन्द का पुंज बढ़ा दिया।''[१०] राधा सोचती है, ''मैं क्यों भूल गई कि हमारा पति-पत्नी का सम्बन्ध पुरुष-प्रकृति का सम्बन्ध है। माता-पिता और बंधु कौन हैं? यह तो एक नवीन भेंट मात्र है।''[११] कृष्ण पुनः कहते हैं, 'देह धारण करने के कारण लोक-लाज, कुलकानि माता-

---

१. सू० सा० (सभा), पद ४८३८।
२. वही, पद १२९१।
३. वही, पद १३०१।
४. वही, पद १३३३, १३३३, १३५०, १३३६।
५. वही, पद १३००, १४०९।
६. वही, पद १३१७।
७. वही, पद १३७१।
८. वही, पद १२९२, १२९४, १३०१।
९. वही, पद २३०३।
१०. वही, पद २३०५।
११. वही, पद २३०६।

पिता आदि को मानना पड़ता है; शरीर धारण करके मायावश होना पड़ता है। पुरातन प्रीति को गुप्त ही रखना चाहिए। यों, वास्तव में, हम-तुम दो नहीं हैं।"[१]

राधा की सखियों को भी राधा की पूर्णता और कृष्ण-ब्रह्म की प्यारी होने की प्रतीति हो जाती है।"[२] राधा से वे कहती हैं, 'तू कृष्ण की प्रिया है; वे सदैव तेरे पति हैं; तू सदैव उनकी नारी है।"[३] सखियाँ परस्पर बातचीत करती हैं, "राधा और कृष्ण दोनों एक हैं, फिर भी व्रज में इतना उपहास सहते हैं;"[४] "राधा श्याम की अर्द्धाङ्गिनी हैं; वे दोनों सहज़ स्नेही हैं; एक प्राण दो शरीर हैं, दोनों की प्रीति सहज है।"[५] "राधा हरि की पटरानी है, हम हरि की दासी के समान भी नहीं हैं। हम उसकी स्तुति क्या करें?"[६]

रासलीला के प्रसंग में कवि राधा की रूप-शोभा का वर्णन करते हुए उसे 'शेष महेश, लोकेश, शुकादि मुनियों की स्वामिनी' कहता है तथा रमा, उमा, शची, अरुन्धती को उसके दर्शन के लिए प्रतिदिन आने का उल्लेख करता है। सुरगण उसे देखकर पुष्प-वर्षा करते हैं और प्रेम में मुदित होकर यशगान करते हैं। "राधिका रूप की राशि, सुख की राशि और शील और गुण की राशि है। श्यामा, जो तेरे चरणों की उपासना करते हैं, वे कृष्ण-चरण प्राप्त करते हैं। तू जननायक जगदीश की प्यारी, जगत् की जननी और जगत् की रानी है। तू वृन्दावन राजधानी में गोपाललाल के साथ नित्य विहार करती है। श्री राधा, तू उन लोगों की गति है जिनकी और कहीं गति नहीं; तू भक्तों की स्वामिनी, मंगल पद देने वाली, अशरणों की शरण और भव के भ्रम को हरने वाली है; वेद-पुराण तेरा यश वर्णन करते हैं। मेरे पास शतकोटि रसनाएँ नहीं हैं, केवल एक रसना है और तेरी शोभा अमित और अपार है। श्री राधे, सूरदास तेरी बलिहारी है, उसे तू कृष्ण-भक्ति का वरदान दे!"[७]

राधा की इसी महत्ता के कारण रास-वर्णन में मौलिक रूप से राधा और कृष्ण के विवाह का वर्णन किया गया है।[८]

रास रचकर यद्यपि श्याम ने सब को सुख दिया, फिर भी वे प्रधानतया श्यामा के हित में नृत्य करते हैं।[९] राधा और माधव मध्य में विराजकर त्रिभुवन को शोभित करते हैं। इस प्रसंग में भी कवि राधा-माधव की अभिन्नता का कथन करता है; 'भक्तों की प्रीति के प्रकाश के लिए स्वामी और स्वामिनी ने एक प्राण होते हुए भी दो शरीर धारण किए हैं और दोनों रंग-विलास करते हैं।"[१०]

रास में गोपियों को जो गर्व हो गया था उसमें भी राधा की प्रधानता है। 'कंधे पर चढ़ने का भामिनी' का प्रस्ताव सुनकर कृष्ण मुस्कराने लगे और सोचने लगे कि मैं अव्यक्त अज,

---

१. सू० सा० (सभा), पद २३०९।
२. वही, पद २४०५।
३. वही, पद २४६३।
४. वही, पद २५२४।
५. वही, पद २५३६।
६. वही, पद २६७८।
७. वही, पद १६७३।
८. वही, पद १६८९-१६९५।
९. वही, पद १७६६।
१०. वही, पद १७००।

अकल हूँ, इसका इसे मर्म नहीं मिला। वेदों ने गाया है कि मैं सब के भाव के वश में रहता हूँ। हम दोनों एक प्राण और दो शरीर हैं, इसमें दुविधा नहीं है। इसने नर देह से गर्व किया है,अब मैं उसमें नहीं रहूँगा। ऐसा सोचकर प्रभु अंतर्धान हो गए।[१]

रास की भाँति हिंडोललीला[२] और बसंतलीला[३] में भी राधा की प्रधानता है।

'खंडिता-समय' के पदों में कृष्ण के 'बहुनायकत्व' का रहस्य बताते हुए कवि कहता है, ''हरि राधिका के घर में देह से निवास करते हैं, और स्त्रियों के घरों में अपने तनु का प्रकाश करते हैं। पूर्णब्रह्म एक ही है दूसरा कोई नहीं है। सभी राधिका हैं और सभी हरि हैं। जिस प्रकार दीपक से दीपक जलाया जाता है, उसी प्रकार घट-घट में ब्रह्म विहार करते हैं। खंडिता-वचन के लिए यह उपाय है कि कभी कृष्ण कहीं जाते हैं और कभी नहीं जाते।''[४]

राधा के विरह में कृष्ण भी राधा का नाम जपते हैं।[५] सखी कहती हैं, ''जिसके दर्शन को संसार तरसता है, उसे तू तनिक दर्शन दे दे; जिसकी मुरली की ध्वनि सुनकर, सुर नर, मुनि मोहित हो जाते हैं उसकी ओर तनिक देख; शिव और अज जिसका पार नहीं पाते, वह तेरे चरण स्पर्श कर रहा है, सूरदास, जिसके वश में तीन लोक हैं, वह तेरे वश में है; तू उसे अपनी वाणी सुनाकर मोह ले।'[६]

''मानवती राधा को समझाने के लिए कृष्ण स्वयं दूती का रूप धारण करके जाते हैं और अपने नारी रूप धरने की पहली कथा सुनाते हैं, जब उन्होंने शिव सहित सुरासुर को मोह लिया था। जिन्होंने काम को भी जला दिया वे अब तेरे हठ में स्वयं जल रहे हैं।'' वे आगे कहते हैं, ''यह तेरी सगाई नई नहीं है; माधव से तेरी प्रीति सदा से चली आती है। जब-जब तूने मोहन से मान किया, तभी वे अधिक विकल हुए। सारे लोक विरह की अग्नि में जलते हैं और वे स्वयं जल में शयन करते हैं। वे सिंधु का मंथन करके सागर को बाँधकर, वैरी को रण में जीतकर तुझसे मिले हैं। अब उन्हीं त्रिभुवननाथ ने नेह-वश होकर वन में वंशी बजाई है।'' गोपियों ने राधा को प्रकृतिपुरुष, श्रीपति और सीतापति की कथा क्रमशः सुनाई और कहा कि तूने व्रज में बस कर श्याम से इतनी रस-रीति क्यों जोड़ दी?[७] ''राधिका दया करके मान छोड़ दे; त्रिभुवन पति तेरे चरणों की शरण में हैं। तू अपना कल्प छोड़कर कल्पतरु बन जा। जिनके चरण कमल की वन्दना मुनि करते हैं वे तेरा ध्यान करते हैं।''[८]

इसी प्रसंग में कृष्ण दूती के रूप में कहते हैं; ''तुम तो प्राणवल्लभ की प्राण हो वे तुम्हारे चरणों के उपासक हैं। वृषभानुदुलारी, सुनो तो, प्राण का और प्रिय का रूठना कैसा? ऐसा कहीं नहीं हुआ, न तो किसी ने देखा और न सुना कि तरंग कभी जल से न्यारी हो।''[९]

---

१. सू० सा० (सभा), पद १७१९।
२. वही, पद ३४४७-३५३९।
३. वही, पृ० ४३०-४५१।
४. वही, पद ३११३।
५. वही, पद ३२०५।
६. वही, पद ३२०७।
७. वही, पद ३४३२, ३४३४।
८. वही, पद ३४३५।
९. वही, पद ३४४४।

कुब्जा भी राधा की महत्ता जानती है। वह उद्धव से कहती है कि राधा से जाकर कहना कि जैसी कृपा श्याम ने ऊपर की है वैसी आप भी करती रहें; मेरे ऊपर वे अकारण रोष करती हैं, मैं तो उनकी दासी हूँ। बिना तप के मुझे काशी की प्राप्ति हो गई है। कहाँ तुम, श्याम की अर्द्धाङ्गिनी! मैं तुम्हारी बराबरी नहीं कर सकती।[१]

अन्त में राधा और माधव की कुरुक्षेत्र में अंतिम भेंट का वर्णन करते हुए कवि कहता है : "राधा-माधव की इस प्रकार भेंट हुई कि राधा माधव रूप और माधव राधा रूप हो गए; दोनों की गति कीट-भृङ्ग-सी हो गई; राधा माधव के रङ्ग में रंग गईं और माधव राधा के रङ्ग में; माधव और राधा की प्रीति निरन्तर है, इसे रसना नहीं कह सकती। कृष्ण ने हँसकर कहा कि हममें-तुममें कोई अंतर नहीं है और उसे व्रज को लौटा दिया। सूरदास के प्रभु राधा-माधव का व्रज में नित्य नया विहार होता है।"[२]

राधा-कृष्ण की व्रज-लीला में कहीं भी ऐसा संकेत नहीं है जिससे उसका कोई अन्य उद्देश्य सूचित हो, वह स्वतः पूर्ण और केवल लीला-सुख के हेतु है।

संसार और माया

अद्वैत ब्रह्म के विश्वास में ब्रह्म के अतिरिक्त अन्य किसी की सत्ता को स्वीकार नहीं किया जा सकता। परन्तु दृश्य जगत् में नानारूप की सृष्टि दिखाई देती है। इस सृष्टि में जड़ और चेतन दो प्रकार के पदार्थ हैं। दार्शनिकों ने इसके विषय में भाँति-भाँति की व्याख्याएँ की हैं। हमारे कवि ने किसी प्रकार की दार्शनिक व्याख्या करने की चेष्टा नहीं की, फिर भी भक्ति के प्रकाशन में इन प्रश्न पर प्रसंगवश किए गए उल्लेखों से उसका अभिमत जाना जा सकता है। दशम स्कंध—पूर्वार्ध के अतिरिक्त अन्य स्कंधों में कवि माया को मिथ्या संसार का समानार्थी मानकर उसकी घोर विगर्हणा करता है। अज्ञान, अविद्या, लोभ-मोह-तृष्णादि विषय-वासनाओं तथा इंद्रियों के समस्त व्यापारों को माया मानकर उसने इनसे बचने का उपदेश दिया है। कदाचित् व्यवहार में इस कार्य की कठिनता अनुभव करते हुए उसने अपने वक्तव्य को बार-बार दुहराने की आवश्यकता समझी है। इस प्रकार के कथन 'विनय' के पदों में सबसे अधिक मिलते हैं। 'भागवत' की कथा के आधार पर रचित अन्य स्कंधों में भी ऐसे कथन हैं, पर उन्हें 'भागवत' से प्रभावित माना जा सकता। 'विनय' के पदों से इन कथनों के विचार-साम्य को देखते हुए उन्हें कवि द्वारा स्वीकृत अभिमत मानने में कोई हानि नहीं।

माया के तात्त्विक रूप के विषय में अपने मत में कोई परिवर्तन न करते हुए भी कवि ने दशम स्कंध—पूर्वार्ध में माया की विगर्हणा नहीं की। यहाँ माया के विरुद्ध चेतावनी देने के स्थान पर उसे हरि-भक्ति तथा हरि की लीला के प्रति अनुराग-वृद्धि में सहायक माना गया है। कवि का यह परिवर्तित दृष्टिकोण निषेधात्मक के स्थान पर स्वीकारात्मक और विधानात्मक है। परन्तु वह स्वीकृति और विधान वास्तव में संसार के सामान्य विषयों के लिए नहीं, बल्कि उस संसार-सृष्टि के लिए है जिसकी समस्त वस्तुएँ कृष्णमय हैं। भक्ति को ही माया से बचने का एकमात्र उपाय कवि ने अपने दोनों प्रकार के दृष्टिकोणों में स्वीकार किया है। पहले दृष्टिकोण की अवस्था में वह भक्ति की प्राप्ति के लिए उत्सुक और अधीर दिखाई देता है तथा दूसरे दृष्टिकोण की अवस्था में भक्ति में पूर्ण-रूप से दीक्षित।

---

१. सू० सा० (सभा), पद ४०६४।
२. वही, पद ४९१०।

अनिष्टकारी त्रिगुणात्मक, जड़ माया

पहिले दृष्टिकोण की अवस्था में कवि ने माया के अनिष्टकारी प्रभाव में समस्त चराचर सृष्टि और सुरासुर, यहाँ तक कि ब्रह्मा और शिव को भ्रमित होते दिखाया है। इस मायारूपी मिथ्या संसार के भ्रम-जाल से बचने और प्रलोभनों में फँसे हुए मन और इन्द्रियों को विषयों से विरत रखने के लिए वह प्रभु से बार-बार विनती करता है। यहाँ माया को कवि ने अधर्म के ही अर्थ में प्रयुक्त किया है और उस अधर्म से रक्षा करने के लिए वह पतित-पावन, भक्त-वत्सल भगवान् की असीम कृपा की याचना करता है।

कवि प्रभु से विनयपूर्वक पूछता है, ''यह दीन तुम्हारे गुण किस प्रकार गाए? यह नटिनी माया हाथ में लकुटि लेकर कोटिक नाच नचाती है; यह लोभ में पड़कर डोलाती है और नाना स्वाँग कराती हैं, प्रभु जी यह तुमसे कपट कराती और मेरी बुद्धि भ्रमाती है, मन से 'अभिलास तरङ्गनि उत्पन्न करके मिथ्यानिशा में' जगाती है, सोते हुए स्वप्न की संपत्ति की तरह प्रलोभन दिलाकर भ्रम में डालती है, यह महामोहिनी आत्मा और मन को मोह कर पाप में लगाती है, उसी तरह जैसे दूती पर-वधू को भरमा कर पर-पुरुष के पास ले जाती है। सूरदास-प्रभु मेरे तो तुम्हीं पति हो, तुम्हीं गति हो, तुम्हारे समान किसे पाऊँ; तुम्हारी कृपा बिना मेरा दुख कौन भुलाए?''[१]

माया का प्रभाव अत्यन्त व्यापक है। समस्त नरलोक और देवलोक उसके द्वारा भ्रम और मोह में फँसे हुए हैं, वह ब्रह्म की ही शक्ति है; जो सब को मोह में डाल देती है तथा मिथ्या को सत्य का आभास देती है। ''हरि तेरी माया से कौन बच सका है? सौ योजन मर्यादा वाले सिंधु को राम ने (माया की शक्ति से ही) पल-भर में बिलो डाला; नारद माया में मग्न हो गए, जिससे कि उनके ज्ञान और बुद्धि का बल खो गया और वे साठ पुत्र और बारह कन्याओं को कण्ठ से लगाते हुए दिखाई दिए; कामिनी ने शंकर का चित्त हर लिया जिससे कि वे सेज छोड़कर पृथ्वी पर सोए। मोहनी को जलाकर जब नष्ट कर दिया तब वे नख-शिख से रोए, दुर्योधन राजा के सौ भाई पल-भर में 'गरद' में मिला दिए; सूरदास ने काँच और कंचन को एक ही धागे से पिरोया है।''[२]

माया को कुलटा स्त्री के रूप में प्रदर्शित करके कवि ने उसकी व्यापक मोहिनी-शक्ति का वर्णन किया है।[३]

कृष्ण और राधा के विवाह के प्रसंग में भी कृष्ण की 'माइ' का कुलटा के रूप में वर्णन किया गया है। विवाह के अवसर पर गाली गाने की प्रथा की पूर्ति कृष्ण की 'माइ' को गाली देकर की गई है। 'माइ' से माया का श्लेषार्थ लिया गया है।[४] पुनः कृष्ण और रुक्मिणी के विवाह के प्रसंग में कृष्ण की 'मैया' को गालियाँ दी गई हैं और माया का व्यापक प्रभाव दिखाया गया है। इस वर्णन में तो 'माया' शब्द का भी सीधा प्रयोग किया गया है।[५]

---

१. सू० सा० (सभा), पद ४२।
२. वही, पद ४३।
३. वही, पद ४४।
४. सू० सा० (वें० प्रे०), पृ० ३४९, पद ५९।
५. सू० सा० (सभा), पद ४८०५।

माया हरि-भजन से विमुख करके मनुष्य को संसार में मोहित कर देती है। 'हरि तेरा भजन नहीं किया जाता। क्या कहूँ जब भी मैं मन को तनिक ठहरा कर साधु-संगति में आता हूँ, तभी तेरी प्रबल माया लहर बहा देती है; जिस प्रकार गयंद सरिता में नहाता है और बहुत थोड़ी देर के लिए धार को रोक सकता है, सरिता फिर स्वाभाविक गति से बहने लगती है। मैंने अनेक वेश धारण करके और साधु-साधु कहलाकर परधन हरण किया, जैसे 'नटुवा' लोभ के कारण स्वाँग बनाया करता है। मैं यत्न करके मन में कुछ सोचकर तुम्हें भजता हूँ, पर सूर, हरि की प्रबल माया मुझे भुला देती है।''[१]

सांसारिक संबंधों को कवि मायाजनित मानकर उनसे बचने का उपाय बताता है : माधव जू, मन माया ने वश में कर लिया है। पतंग की तरह हानि-लाभ कुछ न समझकर यह शरीर दे रहा है; गृह दीपक है, धन तेल है, तिय, तूल और सुत ज्वाला है। मैं मतिहीन मर्म न जानकर दौड़ कर उसी में पड़ जाता हूँ। नलिनी के शुक की तरह विवश हो गया हूँ। बिना गुरु के मैं बन्धन में पड़ गया हूँ। अज्ञान के वश में होकर मैं कुछ नहीं समझता, दुख-पुंज में पड़कर सहता हूँ। बहुत दिन हो गए, इस संसार में मैं मतिहीन भ्रमता फिरा। सूर, श्यामसुन्दर को यदि सुमिरे तो यह दीनगति क्यों हो?''[२]

माया और अज्ञान एक ही हैं। इसी अज्ञान-तिमिर में पड़कर मनुष्य अपना 'परम ठिकाना' भूल जाता है।[३] माया के ही कारण करुणामय की सेवा छोड़ कर मन मोह में पड़ जाता है और मृग-नाभि-कमल-स्थित कस्तूरी की तरह अनुदिन निकट रहने पर भी उन्हें जान नहीं पाता।[४] यहाँ भी माया को अज्ञान का ही समानार्थी कहा गया है।

सांसारिक धन-संपदा माया ही है, जो देखते-देखते आँखों के सामने से चली जाती है, न तो हरि का हित होता है; न अपना; मधुमक्खी के मधु के समान मनुष्य का प्रयत्न व्यर्थ हो जाता है। सुत-संतान, स्वजन और वनितादि की रति माया ही है।[५]

अज्ञान की तरह अविद्या को भी माया नाम से अभिहित करके कवि माधव से प्रार्थना करता है : ''माधव जू, यह एक मेरी गाय है। अब आज से यह आपके आगे है, इसे चरा लाइए। यह बड़ी 'हरहाई' है, बहुत हटकने पर भी अमारग पर चली जाती है, वेद-वन में सब दिन और सब रात ऊख उखाड़ती फिरती है, गोकुलपति आप इसे हित करके अपने गोधन में मिला लीजिए; कृपा करके अपनी बाँह दीजिए, जिससे कि आपके वचन सुनकर सुखपूर्वक सोऊँ; सूर के स्वामी, मैं निधड़क रहूँ और फिर जन्म न पाऊँ। रघुराई, मैं पहिले ही इसका ममता-रुचि से निबेरा कर लूँ।''[६] माया के वश में फँस कर ही मनुष्य विषय-वासना में पड़ता है और प्रभु की शरण में नहीं जाता। माया सांसारिक आशाओं का ही दूसरा नाम है।[७] माया राजस है, जिसके प्रभाव में पड़कर हिरण्यकशिपु आदि सभी दैत्य तथा ब्रह्मा, महादेव,

---

१. सू० सा० (सभा), पद ४५।
२. वही, पद ४६।
३. वही, पद ४७।
४. वही, पद ४९।
५. वही, पद ५०।
६. वही, पद ५१।
७. वही, पद ५२, ५३।

इन्द्र तथा अन्य देवगण व्यथित होते हैं।[१] सांसारिक तृष्णा माया ही है, जिसका प्रभाव अत्यन्त व्यापक है। कवि पुनः उसका गाय के रूपक से वर्णन करते हुए कहता है : "माधव जू, नेक इस गाय को हटक लो, यह निशिवासर इधर-उधर भरमती फिरती है और ऐसी अगह है कि गही नहीं जाती; यह बहुत क्षुधित है और निगम द्रुम-दल खाकर भी अघाती नहीं है, अष्टदश घट (१८ पुराण) का नीर पीकर भी इसकी तृष्णा नहीं बुझती, छहों रस (षट्दर्शन) उसके आगे धरते हैं, जिसकी सुहावनी गंध बहती है, पर यह और भी अहित, अभक्ष खाती फिरती है, जिसका वर्णन गिरा से नहीं हो सकता। यह व्योम, धरा, नद, शैल, कानन आदि में चर के भी नहीं अघाती। यह ढीठ, निठुर है, किसी से डरती नहीं है और त्रिगुण होकर कामना करती है। यह दनुज, मानव और सुरों को शीश चढ़ाती है × × यह मुख भौंह की छवि को रच कर चित्त को चुराती हुई चलती है। इसके नीले खुर, अरुण लोचन और श्वेत सींग शोभित हैं। दिन भर चतुर्दश खेत (चौदह भुवन) खूँदती फिरती है, यह कहाँ समा सकती है? नारदादि, शुकादि, मुनिजन उपाय कर-कर थक गए। हे कृपानिधि, बताओ सूर उसे कैसे चरा सके?"[२]

सांसारिक आशा और कुमति भी माया है जो धर्म, सत्य, ज्ञान, विवेक, दया, शील, संतोष आदि सद्गुणों से विरत करके जीव को कपट, लोभ, तृष्णा, दीनता आदि दुर्गुणों में लगा देती है। पाँच इन्द्रियों की बाधा भी माया है।[३] मन को वैराग्य का उपदेश करते हुए कवि कहता है : "इधर-उधर देखते हुए जन्म बीत गया; इस झूठी माया के लालच में दोनों दृगों से अंधा हो गया : कष्ट में जन्म पाकर प्राण दुखित हुए और अत्यन्त दुख सहा, वे त्रिभुवन पति तुझे बिसर गए; तू उन्हें सुमिरता क्यों नहीं रहा? श्रवणों से श्रीभागवत नहीं सुनी बीच में ही भटक कर मर गया। सूरदास, भक्त को सब जग ने पूजा और वह युग-युग तक जीवित रहा।"[४]

सांसारिक जीवन की विगर्हणा और वैराग्यपूर्ण भक्ति-पथ की प्रशंसा करते हुए कवि पुनः माया से बचने और हरि की भक्ति में संलग्न रहने का उपदेश देता है।[५] संसार के नाते—सुत, कलत्र, परिवार, सब झूठे हैं : "हरि के बिना कोई काम में नहीं आया; इस झूठी माया के प्रपंच में पड़कर रतन-सा जन्म गँवा दिया; कंचन-कलश, विचित्र चित्र बना कर रच-रच कर भवन बनाया, परन्तु उसमें से भी उसी क्षण निकाल दिया गया, पल भर भी नहीं रहने पाया; मैं तेरे ही साथ चलूँगी कहकर त्रिया ने ठग कर धन खाया, परन्तु जो चित्त को चुराकर चलती रही, उसी ने मुख मोड़ लिया और एक पग भी नहीं पहुँचाया। सब मित्रों ने बुला-बुला कर जो जिसे भाया, लिया; परन्तु अन्त के समय जब काम पड़ा तो उन्हीं ने आकर बँधाया; जननी ने आशा कर करके उत्पन्न किया और अनेक प्रकार से लाड़ लड़ाया, पर उसने कटि का डोरा भी तोड़ लिया और उस पर बदन को जला दिया; पतित-उधारन गणिका-तारन को मुझ शठ ने बिसरा दिया। सूरदास इसी कारण पछताया कि उसने कभी धोखे से भी नाम

---

१. वही, पद ५४।
२. वही, पद ५५।
३. वही, पद १७३, १९६।
४. वही, पद २९१।
५. वही, पद ३५६।

नहीं लिया।"[१] यह स्वप्न की भाँति मिथ्या है इसलिए सब कुछ तजकर हरि को भजना चाहिए।[२]

उक्त कथनों पर विचार करने से विदित होता है कि कवि के विचारानुसार माया 'भगवान् की वह शक्ति है जिसके कारण मिथ्या संसार में सत्य का अध्यास होता है। 'भागवत्' के अनुसार सृष्टि का वर्णन करते हुए वह सृष्टि को ब्रह्मरूपी दर्पण का प्रतिबिंब बताता है और निराकार, आदि निरंजन ब्रह्म की अद्वैतता का कथन करता है। अद्वैत ब्रह्म को जब सृष्टि के विस्तार की इच्छा हुई तो उसने त्रिगुणतत्त्व से महातत्त्व और महातत्त्व से अहंकार और फिर मन, पाँच इन्द्रियाँ और शब्दादि का विस्तार किया। शब्दादिक से सुन्दर पंचभूत प्रकट किए; फिर सब को रचकर स्वयं अपने अंड में समा गया। उसी ने तीन लोक अपनी देह में विस्तार करके रखे जो अगम और अपार हैं, वही आदिपुरुष हुआ। उसी आदिपुरुष ने नाभि कमल से ब्रह्मा को उत्पन्न किया। खोजते-खोजते युग बीत गए पर ब्रह्मा ने नाल का अन्त नहीं पाया; उसी ने विधि को सृष्टि रचने की आज्ञा दी और विधि ने स्थावर जंगम, सुर असुर सब की रचना की।" यह सृष्टि का सारा विस्तार जो स्थावर, जंगम सुरासुर सृष्टि के रूप में दिखाई देता है मिथ्या है पर माया के कारण सच्चा प्रतीत होता है, स्वयं भगवान् कहते हैं : विमल विवेक सुनो; पहिले मैं ही एक था अमल, अकल, अज, भेद विवर्जित; वही मैं एक नाना भेदों में अनके भाँति से शोभित हूँ; इसके बाद भी इन गुणों के नष्ट होने पर मैं ही अवशेष रहूँगा; मेरी माया झूठी है पर सच्ची-सी लगती है, इसे जान लो।"[३] तृतीय स्कंध में कपिलदेव हरि माया का रूप समझाते हुए कहते हैं : × × × हरि के भय से रवि-शशि डरते हैं, वायु अतिशय वेग नहीं करती; जिसके भय से अग्नि नहीं जलती, उसी हरि के वश में माया है। काया को त्रिगुणात्मक समझो, उसके गुण सत, रज और तम हैं; इन गुणों ने सबसे पहिले महत्तत्व उत्पन्न किया, उसमें अहंकार प्रकट किया। अहंकार तीन प्रकार का हुआ। सत से ग्यारह प्रकार का मन पैदा किया। रजगुण से इन्द्रियों का विस्तार किया और तमगुण से तन्मात्राओं का। उनसे पाँच तत्व प्रकट किए। इन सब का एक अण्ड बनाया। यह जड़ अण्ड चेतन नहीं होता था। तब माया ने हरि पद का ध्यान किया और इस प्रकार विनती की कि महाराज बिना तुम्हारी शक्ति के यह अण्ड चेतन नहीं हो सकता, कृपा कीजिए, जिससे यह चेतन हो। उस अण्ड में फिर उन्होंने (हरि ने) अपनी शक्ति धारण की और चक्षु आदि इन्द्रियों का विस्तार किया; उस अण्ड में फिर चौदह लोक हुए उसे ज्ञानी विराट् कहते हैं। चैतन्य को ही आदि पुरुष कहते हैं जो तीनों गुणें से रहित है। माया सब जड़स्वरूप है, ऐसा ज्ञान हृदय में लाओ। जब तक जीव अज्ञान है, तब तक वह चैतन्य को नहीं जान सकता, तभी तक सुत-कलत्र को वह अपना समझता है और उनसे ममत्व रखता है। जिस प्रकार स्वप्न में देखा हुआ सुख-दुख सत्य भासित होता है और जागने पर उसकी सत्यता नहीं रहती उसी प्रकार ज्ञान हो जाने पर जगत् भी असत्य जान पड़ता है। घट-घट में चैतन्य उसी प्रकार समाया हुआ है, जैसे घट-घट में रवि की प्रभा दिखाई देती है। घट उत्पन्न होता है, फिर नष्ट हो जाता है; पर रवि नित्य एक ही भाव से प्रकाशित रहता है। जन्म

१. सू० सा० (सभा), पद ३७३।
२. वही, पद ३७४।
३. वही, पद ३८०।

और मरण शरीर का धर्म है, चेतन पुरुष अमर और अज है। जो ऐसा समझता है, उसे मोह नहीं होता।''[१]

इस प्रकार 'भागवत' के अनुसार त्रिगुणात्मक जड़ प्रकृति को ही माया बताया गया है। यह भी हरि का ही एक रूप है जो चैतन्यरहित है; जीव चैतन्य सहित है, पर उसे अपने चैतन्य रूप का ज्ञान नहीं रहता इसी कारण वह मायामय, मिथ्या संसार-सृष्टि को सत्य मानकर उसी प्रकार व्यवहार करता है, जैसे सुप्तावस्था में हम स्वप्न-सृष्टि को सत्य समझकर व्यवहार करते हैं। ज्ञान प्राप्त हो जाने पर यह स्वप्नावस्था-भंग हो जाती है और जीव को सत्य का दर्शन होता है।

दशमस्कंध—उत्तरार्द्ध में नारद संशय का वर्णन करते हुए कवि माया को अलख, निरंजन, निर्विकार और प्रभु की दासी बताता है। नारद के मन में संशय उत्पन्न होता है कि एक कृष्ण सोलह सहस्त्र नारियों से किस प्रकार प्रेम करते होंगे। इसी संशय के निवारण के लिए वे द्वारका गए। उन्होंने एक ही समय में प्रत्येक गृह में कृष्ण को भिन्न-भिन्न प्रकार की लीलाएँ करते हुए देखा। वे बड़े आश्चर्य में पड़ गए, तब घनश्याम ने हँसकर कहा; 'नारद तुम्हारे मन के भ्रम ने ही तुम्हें इतना भरमाया है। मैं समस्त जगत् में व्याप्त हूँ। इसे वेदों ने ही चारों मुखों से गाया है। मैं ही कर्ता और भोक्ता हूँ, मेरे बिना और कोई नहीं है। जो मुझको ऐसा देखता है उसे भ्रम नहीं होता। मैं सबसे उदास रहता हूँ, यही मेरा सहज स्वभाव है। जो मुझे ऐसा मानता है वह मेरी माया में अनुरक्त नहीं होता।'' तब नारद ने हाथ जोड़कर कहा; 'तुम अज अनन्त हरि हो; तुम से तुम्हीं हो। तुम्हारे बिना और दूसरा कोई नहीं है। तुम्हारी माया को तुम्हारी कृपा बिना कोई नहीं तर सकता। अत: अब मेरे ऊपर कृपा कीजिए जिससे कि फिर भ्रम न हो।[२] यहाँ भी माया से छूटने का एकमात्र साधन भक्ति ही बताया गया है। पुन: वेद-स्तुति में सर्वव्यापी भगवान् की लीला को अगम कहकर कवि इस जगत् को माया द्वारा निर्मित बताता है; इसे समझना कठिन है, इसलिए निर्गुण रूप सुलभ नहीं है। भक्ति ही पार उतरने का एकमात्र साधन है।[३]

नारद-स्तुति में पुनः माया का तात्त्विक विवेचन किया गया है। जिस प्रकार पानी में बुदबुदा उठता है और फिर उसी में समा जाता है उसी प्रकार सब जग-कुटुम्ब तुमसे उत्पन्न होता है और तुम्हीं में लय हो जाता है। महाप्रभु, माया का जलधि अगाध है, उसे कोई तर नहीं सकता; जो कोई नाम के जहाज पर चढ़ता है, वही तुम्हारे पद को पहुँचता है।''[४]

एकादश स्कंध में हंसावतार के वर्णन में माया को विषय चिन्ता कहा गया है, जिसमें लगने से चित्त को चेत नहीं होता और चित्त विषय में पड़ जाता है। यहाँ भी सांसारिक विषयों को स्वप्न की भाँति मिथ्या बताकर भक्ति-पंथ का उपदेश किया गया है।[५]

---

१. सू० सा० (सभा), पद ३९४।
२. वही, पद ४८२८।
३. वही, पद ४९१८।
४. वही, पद ४९२०।
५. वही, पद ४९३४।

द्वादश स्कंध में प्रलय वर्णन करते हुए कवि कहता है कि ''शत संवत् होने पर ब्रह्मा मर जाता है और प्रभु नित्य महाप्रलय करता है, नित्य माया में प्रलय होती है और माया हरि पद में समा जाती है।''[१]

ब्रह्म की मोहक शक्ति योग माया

दशमस्कंध पूर्वार्द्ध में भी कतिपय ऐसे उल्लेख मिलते हैं जिनमें माया के विषय में कवि के तात्त्विक विचार प्रकट हुए हैं। इन विचारों से पूर्ववर्णित विचारों का समर्थन होता है। परन्तु अब कवि माया के विषय में सशंक नहीं होता है। कृष्ण की भक्ति माया के विरुद्ध पर्याप्त सुरक्षा साधन है। परिस्थिति के इस परिवर्तन के फलस्वरूप माया बाधक और अनिष्टकारी होने के स्थान पर सहायक है। परमानन्दरूप भगवान् कृष्ण की सुख-लीला के भोग के लिए माया के मोहक प्रभाव की आवश्यकता है। स्वयं भगवान् अपने प्रिय भक्तों (व्रजवासियों) पर माया का यह आक्षेप किए रहते हैं, जिससे उनके महिमाशाली, अतिलौकिक व्यक्तित्व को भूलकर व्रजवासी उन्हें अपने भावानुसार लौकिक संबंधों में स्वीकार करते रहें। यही नहीं आवश्यकता इन संबंधों को तोड़कर भगवान् माया के द्वारा भक्तों को अपने को नवीन परिस्थिति के अनुकूल बना सकने की योग्यता प्रदान करते हैं।

ब्रह्मा द्वारा बालक-वत्स-हरण लीला में कृष्ण ने अपनी माया का चरित्र स्पष्ट करके दिखाया है। इस लीला के द्वारा मायारूपी मिथ्या संसार के विषय में व्यक्त किए हुए सिद्धान्तरूप कथनों का उदाहरण उपस्थित किया गया है। बालकों और गो-वत्सों की दुहरी सृष्टि देखकर ब्रह्मा चकरा गए और उन्हें विचार करने पर विदित हुआ कि यह संसार मिथ्या है; हरि की माया द्वारा ही यह सत्य भासित होता है। ब्रह्मा हरि-स्तुति करते हुए स्वयं कहते हैं; 'मैं तो गूलर के जीव की तरह केवल एक लोक का ब्रह्मा हूँ; प्रभु, तुम्हारे एक-एक रोम में कोटि ब्रह्मा और शिव हैं; यह संसार मिथ्या है और यह माया मिथ्या है, यह देह मिथ्या है; फिर बताओ हम हरि को क्यों भूल गए? तुम्हें बिना जाने हुए ही जीव उत्पत्ति और प्रलय के चक्र में फँसता है; हे प्रभु मुझे चरणकमल की छाँह में शरण दीजिए; मुझे व्रजरेणु बनाकर वृन्दावन का वास दीजिए, मैं यही प्रसाद माँगता हूँ, मुझे और कोई अभिलाषा नहीं है। × × तब प्रभु ने कहा, ''आप अब मेरा वचन मानिए; मैं और किसे ब्रह्मा बनाऊँ; तुमसे अधिक सयाना और कौन है? तुम्हीं कर्म-धर्म के ज्ञाता हो, तुम्हीं से सब संसार है; मेरी माया अत्यन्त अगम है और कोई पार नहीं पा सकता है।''[२]

कृष्ण की लीलाएँ उनकी योगमाया का विस्तार ही हैं, जिनके भ्रम में पड़कर कृष्ण का ब्रह्मत्व बिसर जाता है और वे साधारण व्यक्ति जान पड़ते हैं। यही भ्रम दूर करने के लिए कृष्ण बराबर ऐसी लीलाएँ करते हैं जिनके द्वारा उनके अलौकिक व्यक्तित्व के प्रमाण मिलते जाते हैं। ऐसा ही भ्रम इन्द्र को भी हो गया था, जिसका निवारण कृष्ण को गोवर्धन धारण करके करना पड़ा। अन्त को प्रभु की शरण में जाकर इन्द्र को अपनी भूल स्वीकार करनी पड़ी कि वे हरि की माया के भ्रम में पड़ गए थे।[३]

---

१. **सू० सा० (सभा), पद ४३१।**
२. **वही, पद १११०।**
३. **वही, पद १५९५।**

नन्द को वरुण-पाश से छुड़ाने के लिए जब कृष्ण वरुणलोक गए और उन्होंने अपना त्रिभुवनपति ब्रह्म का रूप दिखाया तो नन्द को विश्वास हुआ कि हमें किसी बड़े पुरुष की प्राप्ति हुई है, इनकी महिमा कोई नहीं जानता। नन्द ने जब अपना अनुभव यशोदा को सुनाया, तो वह सुनकर चकित हो गईं और सोचने लगीं कि ये कैसी अकथ कहानी कह रहे हैं। व्रज के नर-नारियों ने जब यह गाथा सुनी तो वे सोचने लगे कि इनके द्वारा हम सब सनाथ हो गए हैं, परन्तु कृष्ण ने 'माया मोह' करके सबको भुला दिया।[१] नन्द कहते हैं; 'यशोदा मेरी बात सुन, अब तू अपने मन में क्यों सोच करती है, तेरा पुत्र तो त्रिभुवनपति है, गर्ग ने जो कहा था वह अब प्रकट होता जाता है। इनसे अधिक और कोई समर्थ नहीं है, ये ही सब के तात हैं।' परन्तु कृष्ण ने माया-रूप मोहिनी लगाकर सबको यह गाथा भुला दी और वे खेलते-खेलते आकर कहने लगे, माँ हाथ पर माखन रख दे।[२] यहाँ कृष्ण की नर-लीला में सत्य के आभास का कारण माया का प्रभाव ही बताया गया है, परन्तु यह प्रभाव अनिष्टकारी नहीं, वरन् साधु और सराहनीय है।

कृष्ण गोपियों से दधि-दान देने के लिए आग्रह करते हैं, परन्तु गोपियाँ उनके इस अधिकार को स्वीकार नहीं करतीं और कंस की दुहाई देती हैं। इस पर कृष्ण कहते हैं; "सब जाकर कंस को गुहराओ (पुकारो) मैं दधि माखन और घृत छीने लेता हूँ, तुम आज ही मुझे हजूर में बुला लेना। तुम मेरे सामने ऐसे का नाम लेती हो जिसे मैं पल मात्र में पकड़कर मार दूँ; जब मैं उसके केश पकड़ कर पछाड़ूँगा, तब तुम मथुरापति को जानोगी। मुझे बार-बार मेरे दिन की याद दिलाती हो, अपने दिन का विचार नहीं करतीं। सूरदास, कृष्ण ने कहा कि जब इन्द्र व्रज को बहा रहा था, तब गिरि को धारण करके ही उसे उबारा था।"[३] गोपियाँ उत्तर देती हैं : "गिरिवर तो अपने घर का था। उसे धारण कर लिया। × × × उसी के बल पर हमसे दान माँगते हो, हम तुम्हें अच्छी तरह जानती हैं, वन में रोज गाएँ चराते हो, तुम्हारे मोर मुकुट पीताम्बर और बन के सब आभूषण हमने देखे हैं और कंधे की 'कामरि' (कंबल) और हाथ की लकुटि भी हम जानती हैं × × ।"[४] कृष्ण रहस्यवादी भाषा में कहते हैं : 'इस कमरी को कमरी समझती हो? जिसके हृदय में जितनी बुद्धि है वह उसके विषय में उतना ही अनुमान करता है। इस कमरी के एक रोम पर नील पाटंबर के चीर वार सकता हूँ; तुम गोपियाँ इस कमरी की निन्दा करती हो जो तीन लोकों की आडंबर है! इसी कमरी के बल मैंने असुरों का संहार किया है, कमरी ही के बल सारे भोग किए हैं। कमरी ही मेरी सब जाति-पाँति है, सूर, वही समस्त योग है।"[५] गोपियों पर माया विषयक इस रहस्यमय उक्ति का कोई प्रभाव नहीं पड़ता। वे फिर भी उसी प्रकार कृष्ण पर व्यंग करती हैं। अब कृष्ण स्पष्ट रूप से अपनी लीला का रहस्य बताते हैं : "कौन मेरी माता और कौन मेरा पिता है? तुमने मुझे कब जन्मते देखा? तुम्हारी बात सुनकर हँसी आती है। मैंने कब चोरी करके माखन खाया है? महतारी ने मुझे कब बाँधा? तुमने यह बात खूब कही, मैं किसकी गाय दुहता और चराता हूँ? तुम मुझे नन्द का 'ढुटौना' समझती हो! नन्द कहाँ से आए? मैं पूर्ण अव्यक्त;

---

१. **सू० सा० (सभा), पद १६०२।**

२. **वही, पद १६०४।**

३. **वही, पद २१३१।**

४. **वही, पद २१३२।**

५. **वही, पद २१३३।**

अविनाशी हूँ, मैंने सबको भुला दिया है। यह सुनकर जब ग्वालिनें मुस्करा दीं और कहने लगीं, अच्छा! ऐसे गुण भी जानते हो! तुम माता-पिता को नहीं मानते और सबका निरादर करते हो।''[१]

कृष्ण और गोपियों के इस वार्तालाप से कवि ने कृष्ण की लौकिक लीलाओं का आध्यात्मिक महत्व समझाने का प्रयत्न किया है। माया की शक्ति के द्वारा जीव सांसारिक विषयों का मिथ्यात्व नहीं समझ सकता। यह स्थिति खेदजनक है और कवि ने माया के इस अनिष्ट प्रभाव से बचने का उपदेश अन्य स्कंधों में दिया है। किन्तु दशम स्कंध—पूर्वार्ध में यही माया की शक्ति कृष्ण-भक्ति का एक प्रबल सहारा दिखाई देती है। इसी के कारण गोपियाँ जो प्रेम और भावुकता से ओत-प्रोत हैं, कृष्ण के साथ अनुराग करती हैं। प्रेम-परीक्षार्थ कृष्ण के प्रयत्न करने पर भी गोपियाँ कृष्ण के ब्रह्मत्व को स्वीकार नहीं करतीं। वस्तुत: गोपियों को उनके इस दूरंगत रूप से भय सा मालूम होता है और वे इस विषय पर अधिक बातें भी नहीं करना चाहतीं। दशम स्कंध—पूर्वार्ध में कृष्ण की समस्त लीलाओं के सम्बन्ध में कवि ने इसी दृष्टिकोण का पोषण किया है। इसका तात्पर्य यह है कि माया के विषय में कवि की पूर्व उद्‌धृत उक्तियों के होते हुए भी दशम स्कंध—पूर्वार्ध में इस सम्बन्ध के व्यक्त किए हुए विचार उसकी भावना और आत्मिक विश्वास के अधिक निकट हैं। कृष्ण की लीला के विषय में मिथ्या में मायाजन्य सत्य का आभास यह आवश्यक समझता है और पहिले ग्रहण की हुई अपनी निषेधात्मक विश्वास की स्थिति से यह विधानात्मक स्थिति उसे अधिक रुचिकर प्रतीत होती है, क्योंकि भक्ति और हरि के प्रति अनुरक्ति की भावना का आधार यही है।

सांसारिक सम्बन्ध मायाजन्य हैं और कवि ने अन्य स्कंधों में इन सम्बन्धों की कोई अपेक्षा नहीं की है। परन्तु दशम स्कंध-पूर्वार्ध में स्वयं कृष्ण ने स्पष्टरूप से इन सम्बन्धों का आदर करने का आदेश दिया है। राधा कृष्ण से शिकायत करती है कि माता, पिता, बंधु आदि गुरु-जन सब मिलकर मुझे तुम्हारे सम्बन्ध के लिए त्रास देते हैं : ऐसा जीवन धिक्कार है, जिसमें तुमसे विमुख रहना पड़े। मैं किस प्रकार घर-घर का 'घेरा' (निन्दा) सहूँ?' इस पर कृष्ण राधा को समझाते हैं; देह धरने का यही फल है कि लोक-लाज कुल-कानि मानना चाहिए तथा माता, पिता, बंधु आदि से डरना चाहिए।'[२]

इससे प्रकट होता है कि स्वयं राधा और कृष्ण संसार में रहकर माया के प्रभाव से दूर नहीं रहते, वे उस प्रभाव का आदर करते हैं और अपने वास्तविक रूप को गुप्त रखना ही उचित समझते हैं। राधा और कृष्ण की अनुराग लीला में बराबर इसी लौकिक-प्रेम का प्रदर्शन किया गया है। विरहिनी राधा कृष्ण से प्रार्थना करती हैं; मैं इसी माया में लगी हूँ, तुम इसे क्यों तोड़ते हो? मेरा जी तुम्हारे चरणों में ही लगा है, तुम्हारे मुख मोड़ लेने पर मुझे कैसे धीरज रहे?[३]

भक्तों के हृदय में प्रीति उपजाने तथा उसे पूर्ण पराकाष्ठा पर पहुँचाने में ही हरि की योगमाया सहायक नहीं होती बल्कि प्रीति सम्बन्ध तोड़ने में हरि माया द्वारा भक्तों का उपकार

---

१. सू० सा० (सभा), पद २१३८।
२. वही, पद २३०२-२३०३।
३. वही, पद २५६३।

करते हैं, नहीं तो वे हरि-वियोग कैसे सहन कर सकें? मथुरा से नन्द को अकेला लौटाते हुए कृष्ण उन्हें अद्वैत का उपदेश देते हैं।[१] परन्तु नन्द को ज्ञान की बातों से संतोष नहीं होता और वे विलाप करने लगते हैं। 'नन्द और गोप-सखाओं का हृदय फटना ही चाहता था, परन्तु यदुराई प्रभु ऐसे हैं कि उन्होंने माया की जड़ता उत्पन्न कर दी और नन्द को ठगोरी लगाकर प्रबोध करके लौटा दिया।[२]

---

१. सू० सा० (सभा), पद ३७३२।
२. वही, पद २७३८।

५
भक्ति-धर्म

भक्ति की महत्ता और उसका स्वरूप

अपने इष्टदेव कृष्ण का लीला-गान करने के पूर्व, कदाचित्, कवि की विचारधारा में संसार की असारता, मनुष्य-जीवन की निरर्थकता एवं भावी की प्रबलता सूचक मनोभावों की प्रधानता थी। मायावाद के मिथ्यात्वपरक सिद्धान्त के अनुसार माया-प्रेरित अहन्त-ममता के वशीभूत होकर मनुष्य के अज्ञान तथा उसकी सहज विषयोन्मुखता सम्बन्धी धारणा उस समय कवि के मानस की सर्वाधिक दृढ़ अनुभूति जान पड़ती है। इसी अनुभूति के आधार पर वह मनुष्य के कर्तव्याकर्तव्य पर विचार करता है। सूरदास के मत में मनुष्य जीवन का एकमात्र कर्तव्य हरि की सर्वभावेन भक्ति है। भक्ति के बिना जीवन की समस्त गति-विधि व्यर्थ और बन्धन में डालने वाली होती है। सूरदास भक्तिविहीन जीवन का संपूर्ण रूप से निषेध करते हैं चाहे उस जीवन में कितना भी बाह्य धर्माचरण क्यों न दिखाई देता हो। उनके समक्ष मनुष्य-जीवन का एकमात्र धर्म हरि भक्ति है जिसकी व्यापकता में ज्ञान, तप, कर्मकांड सभी आ जाते हैं। यदि मनुष्य को माया के मिथ्यात्व का ज्ञान हो जाए, यदि वह अनुभव कर ले कि संसार का दृश्यरूप स्वयं उसके अहम् और ममत्व से आवृत है तो उसको संसारयात्रा सहज हो जाए, परन्तु अहंकार और तज्जन्य लोभ, मोह, क्रोध, मद का दमन करके सत्स्वरूप का ज्ञान प्राप्त करना असंभवप्राय है, कम से कम-कलि-काल में तो उसके लिए अनुकूल परिस्थिति मिल ही नहीं सकती। सतयुग ही में सत्य का आचरण सुलभ हो सकता है। तपस्यापूर्ण जीवन के द्वारा भी मनुष्य सांसारिक विषयों से विमुख होने का अभ्यास और उत्तरोत्तर आत्म-ज्ञान का लाभ कर सकता है, परन्तु संयम, व्रत और तप भी दुरूह एवं कलियुग में दुःसाध्य हैं। त्रेता में ही उनका सफल आचरण संभव है। पूजाचार तीर्थ-स्नानादि धार्मिक कर्मकांड जो साधारणतया सामूहिक जीवन में व्यवहार्य हैं, कलियुग में विकृत और विशृंखल हो गये हैं। द्वापर युग में उनकी प्रधानता रहती है। ऐसी परिस्थिति में भक्ति ही ऐसा व्यापक धर्म है जिसका पालन मनुष्यमात्र के लिए सम्भव है, अतः भक्तिविहीन जीवन अधार्मिक जीवन है। तीन युगों के विभिन्न धर्मों एवं कलियुग में उनकी अव्यवहार्यता सम्बन्धी विचार पौराणिक और परम्पराभुक्त हैं। उनका मूल उद्देश्य ज्ञानादि अन्य साधनों को एकांगी सिद्ध करना है। भक्ति सम्बन्धी इस पौराणिक विचार की हमारे कवि को गम्भीर अनुभूति थी। उसने ज्ञान का अलख जगाने वालों का दम्भ देखा था, तपस्वियों के चमत्कारों की निरर्थकता उसके सम्मुख थी, पूजाचार वाले वञ्चकों से उसका परिचय था। उक्त सभी मार्गों की तात्विक महत्ता मानते हुए भी उनकी अव्यवहार्यता के विषय में पूर्णरूप से विश्वस्त होकर उसने अपने युग के सभी महान् विचारकों की भाँति स्थिर किया कि ये मार्ग एकांगी हैं, मनुष्य का सर्वाङ्गीण धर्म केवलमात्र

भक्ति-धर्म हो सकता है, जिसमें उक्त मार्गों का प्रकारान्तर से समाहार हो जाता है। मनुष्य को मायाजन्य अज्ञान में उसकी स्वाभाविक प्रवृत्तियाँ ही प्रेरित करती हैं, इन प्रवृत्तियों को केवल बौद्धिक ज्ञान, अमूर्त उद्देश्य से किए तप अथवा सांसारिक प्रलोभनों से प्रेरित पूजाचार से संयमित नहीं किया जा सकता। मनुष्य के भाव-लोक से सम्बन्धित होने का कारण उनका संयम जिस उपाय से किया जा सकता है, उनमें मनुष्य के भाव लोक को प्रभावित करने का गुण होना चाहिए। भक्ति ही ऐसा उपाय हो सकता है। भाव को केन्द्र बनाकर धर्म का प्रतिपादन ही भक्ति-धर्म का प्रतिपादन है और उस व्यापक धर्म में ज्ञान, तप और पूजाचार, सभी का अंगरूप से समावेश है।

हरि से पूर्ण अनुरक्ति होना ही भक्ति है। परन्तु जब तक मन मायामय संसार में लिप्त है, तब तक वह हरि में कैसे अनुरक्त हो सकता है? इसके लिए सूरदास एक ओर तो संसार की भरपूर निन्दा करते हैं और सांसारिक विषयों में लिप्त रहने के दुष्परिणाम बताते हैं, दूसरी ओर वे हरि भगवान् की असीम कृपा का बखान करते हैं। हम पीछे देख चुके हैं कि सूरदास के हरि इतने कृपालु हैं कि सङ्कट में धोखे से उनका नाम ले लेने मात्र से वे आतुर होकर सहायता के लिए दौड़ पड़ते हैं। शरणागतमात्र उनकी भक्ति का अधिकारी है, उसके कर्माकर्म का वे कुछ भी विचार नहीं करते; भक्ति-धर्म की व्यापकता असीम है। परन्तु भगवान् की शरण में जाने के बाद मनुष्य के लिए भक्ति के अतिरिक्त और कुछ भी कर्तव्य नहीं रह जाता और संसार के समस्त व्यापारों से विमुख हो जाना अनिवार्य हो जाता है। भक्ति-धर्म मनुष्य के सम्पूर्ण भाव-लोक का अधिकारी है। संसार और हरि दोनों से एक साथ अनुराग नहीं हो सकता। इसी कारण सूरदास ने भक्ति-धर्म के प्रतिपादन में आरम्भ में संसार के प्रति वैराग्य की भावना दृढ़ करने की अनिवार्य आवश्यकता बताई है। इसी उद्देश्य से उन्होंने सांसारिक सम्बन्धों, सांसारिक सम्पत्तियों और संसार विषयक मनुष्य के राग-द्वेष को गर्हित बताया है। संसार के सम्बन्ध में इसी विश्वास को दृढ़ करके चलने से भक्ति पूर्ण होती है तथा उसमें आत्म-समर्पण का भाव आता है और तभी संसार सम्बन्धी बौद्धिक ज्ञान आत्मानुभूति में परिणत हो जाता है। जिस संसार के प्रति साधनावस्था में भक्त को धीरे-धीरे विरक्ति-भाव दृढ़ करना पड़ता था, उसका मोह अब उसे बिल्कुल नहीं रहता और वह समस्त सिद्धियों का स्वामी होते हुए भी उनसे उदासीन रहता है। इस प्रकार ज्ञान और वैराग्य को कवि ने भक्ति के अन्तर्गत उसके अङ्गस्वरूप साधनमात्र माना है। पूजाचार, तप आदि के सम्बन्ध में तो उसकी स्थिति और भी स्पष्ट है। भक्ति के बिना इन साधनों की निरर्थकता उसने सोदाहरण प्रदर्शित की है। अधिक से अधिक इनके द्वारा सांसारिक सिद्धियों की प्राप्ति हो सकती है, जो भक्त के लिए सहज सुलभ हैं। परन्तु भक्त सदैव उनकी उपेक्षा करता है। उसके लिए तो हरि-भजन ही एकमात्र कर्तव्य-कर्म है।

यदि हम भक्ति सम्बन्धी उपर्युक्त विचार कवि के वल्लभ-सम्प्रदाय में दीक्षित होने के पूर्व के मानें, तो कह सकते हैं कि दीक्षा-लाभ के उपरान्त उसकी भक्ति-भावना में निश्चित परिवर्तन हो गया। दशम स्कंध की कृष्ण-लीलाओं के गायन में उसने भक्ति के अतिरिक्त धर्म के समस्त साधनों—ज्ञान, वैराग्य, तप, यज्ञ, योग आदि के प्रति कठोर उदासीनता ही प्रकट नहीं की, अपितु, तीव्र रूप से उनका विरोध किया है। भक्ति-भावना के इस विकसित स्वरूप में संसार के प्रति विरक्ति का भाव हरि-भक्ति का आधार अथवा प्रारम्भिक साधन नहीं है। अब वह हरि-भक्ति का लक्षणमात्र है जिसका विशेष महत्व नहीं, क्योंकि वह तो भक्त के स्वभाव

का अंग ही है। इस भक्ति का आधार निषेधात्मक नहीं, विधानात्मक है। इस भक्ति-भावना के इष्टदेव, हरि रूप-राशि, रस-राशि, आनन्द-राशि कृष्ण भगवान् के रूप में प्रतिष्ठित हैं जिनके अंग-अंग का सौन्दर्य तथा छोटी से छोटी गति के सम्मोहन और आकर्षण स्वतः ही मनोवृत्तियों का निरोध कर लेते हैं। मनोवैज्ञानिक दृष्टि से उसका यह दृष्टिकोण अधिक समीचीन कहा जा सकता है, क्योंकि इसमें इन्द्रियों की प्रवृत्तियों का अस्वाभाविक दमन करके उन्हें अर्ध-चेतन मस्तिष्क में चिर द्वन्द्व करने के लिए ढकेल देने के स्थान पर उन्हें उत्कृष्ट और उदात्त आलंबन की ओर प्रवृत्त करने का विधान है। इस भक्ति-भावना में मनुष्य के मनोविकारों के परिष्कार का उपाय किया गया है, इसी से कवि ने कहा है कि भक्त के लिए काम, क्रोध, लोभ, मोह बाधक नहीं सहायक होते हैं। मनुष्य के भाव-लोक में जिस प्रकार के मनोविकार की प्रधानता होती है, उसी के सहारे वह भावरूप कृष्ण भगवान् की भक्ति करता है, उसी के अनुरूप वे उसके समक्ष अपना रूप और अपनी लीलाएँ प्रत्यक्ष करते हैं। भक्ति का यह सहज पंथ मानव-प्रवृत्तियों के कितना अनुकूल है, यह कवि ने उद्धव और गोपियों के संवाद में चित्रित किया है। जिस सगुण ब्रह्म की लीला गाने का प्रस्ताव कवि ने ग्रंथारंभ में किया है, उसी की भक्ति को पूर्ण प्रतिष्ठित करने के लिए भ्रमरगीत में निर्गुण ब्रह्म तथा उसकी प्राप्ति के ज्ञान, योग, जप, तप आदि साधनों का प्रत्याख्यान किया गया है। अनन्य भक्ति की चरम परिणति साधन और साध्य की एकरूपता में ही सूरदास ने प्रदर्शित की है। दशम स्कंध से पूर्व, विषेषरूप से 'विनय' के पदों में व्यक्त हुई कवि की भक्ति-भावना की अपेक्षा इस स्कंध में प्रतिपादित भक्ति-धर्म कवि के व्यक्तिगत विश्वास के अधिक निकट समझना चाहिए। भक्ति-भावना के इस विकास को लक्षित करके कहा जा सकता है कि जहाँ बाह्य साधनों के सहारे आत्म-समर्पण की भावना में वैराग्यपूर्ण भक्ति का पर्यवसान होता है, वहीं इस सहज भक्ति-धर्म का आरम्भ होता है, जो स्वतः पूर्ण और स्वाधीन है। सर्वात्म-समर्पणयुक्त हरि-भक्ति को ज्ञान, योग, तप, कर्मकांड किसी भी साधन की अपेक्षा नहीं रहती। ज्ञान ब्रह्म की जिस व्यापकता और अद्वैतता का प्रतिपादन करता है उसे हरि का अनन्य अनुरागी भक्त बुद्धि से न जानते हुए भी, हृदय से पूर्णतया अनुभव कर लेता है। हार्दिक अनुभूति के समक्ष मस्तिष्कीय ज्ञान तुच्छ और व्यर्थ है। तप और योग जिस मुक्ति का प्रलोभन देता है, वह भक्तों के लिए सहज प्राप्य है; भक्त तो सदैव मन, वचन और कर्म से हरि में ही लीन रहता है। उसे मुक्ति की क्या चिन्ता? और सबसे बड़ी बात तो यह है कि ज्ञान और योग का मार्ग अत्यन्त कठिन और दुरूह है। बड़े-बड़े योगी, यती, ब्रह्मा और शिव तक उसमें भटक जाते हैं, जबकि भक्ति-धर्म राज-मार्ग की तरह सीधा, सरल और चौड़ा है; पंडित से पंडित और मूर्ख से मूर्ख इस मार्ग पर आँख मूँदकर चल सकते हैं। इस मार्ग में न केवल अन्य साधनों का पूर्ण बहिष्कार है, अपितु, साधन और साध्य का अभेद है।

'सूरसागर' में व्यक्त हुए भक्ति-धर्म के उपर्युक्त सामान्य विवेचन के उपरान्त भक्ति को महत्ता, अन्य साधन-निरपेक्ष पूर्णता एवं अनन्य भक्ति के द्विविध दृष्टिकोणों को कवि के ही शब्दों में सरलता से समझा जा सकता है।

वैराग्यपूर्ण भक्ति-धर्म

'विनय' के पदों में सूरदास के भक्ति सम्बन्धी विचारों में वैराग्य की अनिवार्य आवश्यकता बताई गई है। परन्तु वैराग्यपूर्ण भक्ति में भी जब भक्त को पूर्ण आत्मसमर्पण का

भाव सिद्ध हो जाता है, तब सांसारिक वैभव का प्रलोभन, काम, क्रोधादि मनोविकार एवं धर्म, अर्थादि सिद्धियाँ उसे विचलित नहीं कर सकतीं। सूरदास भक्ति की इस स्वतःपूर्ण स्थिति का दर्शन आरम्भ में ही कराते हैं। हरि-भक्तों की प्रशंसा करते हुए वे कहते हैं : ''हरि के जन की 'ठकुराई' अत्यन्त है, उसे देखकर बड़े-बड़े महाराज, ऋषिवर, सुर, नर, मुनि लज्जित होते हैं। भक्त को निर्भय राज्य दे दिया गया है जिससे उसके मन में उत्साह रहता है। काम, क्रोध, मद, लोभ, मोह चोर से साहु हो गए। वह दृढ़विश्वास का सिंहासन बनाकर बैठता है। शिर पर हरि-यश के विमल छत्र की शोभा से युक्त वह परम अनूप भूप 'राजता' है। हरिपद-पंकज रूपी प्रजा प्रेम के वश होकर उसी के रंग में 'राजती' है। ज्ञानरूपी मंत्री अवसर ही नहीं पाता, वह बात कहते सकुचाता है। अर्थ और काम दोनों द्वार पर रहते हैं तथा धर्म और मोक्ष सिर नवाते हैं। बुद्धि-विवेक विचित्र पौरिया है जो कभी समय नहीं पाता। अष्ट महानिधि भयभीत होकर द्वार पर खड़ी हैं, पर विनोदी 'छरीदार' वैराग्य ने उन्हें झिड़क कर बाहर कर दिया है। जो यह रस-रीति जानता है, उसे माया और काल कुछ नहीं व्यापते। सूरदास यह सकल सामग्री प्रभु के प्रताप से जानी जाती है।''[१]

भक्ति की श्रेष्ठता के वर्णन में वे पुनः कहते हैं : 'हरि के जन सबसे अधिक अधिकारी होते हैं। ब्रह्मा और महादेव से बड़ा कौन है? पर उनकी सेवा कुछ न सुधार सकी। जो रघुनाथ की शरण को तक कर आए उनकी सकल आपदा टल गई।'[२]

भक्ति के बिना ज्ञान और कर्म निरर्थक हैं : ''मनुष्य फिर फिर ऐसा ही करता है। जैसे पतंग दीपक से प्रेम करता है और अग्नि से नहीं डरता उसी प्रकार भव-दुःख-कूप को मनुष्य ज्ञान के दीपक से प्रकट देखते हुए भी उसी में गिर जाता है। जड़ जन्तु काल-व्याल के रज और तम रूपी विष की ज्वाला में क्यों जलता है! सकल मतों के अविक्रल वाद-विवाद के कारण वेश धारण करता है और इस प्रकार सकल निसदिन भ्रमता रहता है जिससे कुछ भी काज नहीं सरता; अगम सिंधु के यन्त्रों की नौका सजाकर उसे कर्मों के भार से भरता है। सूरदास का व्रत तो यही है कि कृष्ण को भजकर इस भवजलनिधि से पार उतरें।''[३]

कवि ने एक के बाद एक 'विनय' के समस्त पदों में यही प्रतिपादित किया है, कि मनुष्य को नर-जन्म बड़ी कठिनता से मिलता है, अतः उसे व्यर्थ नहीं गँवाना चाहिए वरन् आत्मसमर्पण करके हरि की एकान्त भक्ति करनी चाहिए। अपने मत की पुष्टि के लिए उसने व्याध, अजामिल, गीध, कुब्जा आदि अनेक अधमों के उदाहरण देकर सिद्ध किया है कि हरि की तनिक सी भक्ति से समस्त पातक नष्ट हो जाते हैं। इन्हीं पदों में कवि ने आत्म-भर्त्सना करते हुए भक्तिरहित जीवन की कटु आलोचना की है।[४]

भक्ति ही मनुष्य के लिए एकमात्र अवलम्ब है, यह सिद्ध करने के लिए कवि के पास सबसे बड़ा तर्क भावी की प्रबलता एवं मानवीय प्रयत्नों की निरर्थकता है : ''सब गोपाल का किया होता है। जो अपना पुरुषार्थ मानता है, वह अति झूठा है। साधन, मंत्र-जंत्र, उद्यम-बल,

---

१. सू० सा० (सभा), पद ४०।
२. वही, पद ३४।
३. वही, पद ५५।
४. वही, पद ६३-८८।

ये सब धो डालो। जो कुछ नन्द-नन्दन ने लिख रखा है, उसे कोई मेट नहीं सकता। सुख, दुःख, लाभ, अलाभ समझकर तुम क्यों रोए मरते हो। सूरदास के स्वामी करुणामय हैं; उन्हीं श्याम के चरणों में मन को 'पोह' दो (ग्रथित कर दो)।"[१]

परन्तु भक्ति के लिए सांसारिक विषयों से वैराग्य-भाव आवश्यक है। राजा धृतराष्ट्र के वैराग्य तथा वन-गमन-प्रसंग में विदुर-धृतराष्ट्र के संवाद द्वारा यही आवश्यकता प्रदर्शित की गई है।[२]

राजा परीक्षित की कथा में भी इसी भक्तिसंयुक्त वैराग्य की आवश्यकता बताई गई है। "शृंगी ऋषि का शाप सुनकर नृप विचार करने लगा कि सातवें दिन मरना निश्चित है। इसलिए, यज्ञ, दान करके सुरपुर जाना चाहिए। फिर सोचा कि सुरपुर में कुछ नहीं है; पुण्यों के क्षीण हो जाने पर फिर उस स्थान से गिर जाते हैं; इसलिए सुत-कलत्र त्याग कर हरि-पद-अनुराग ग्रहण करूँ। फिर सोचा कि अब त्याग करने से क्या? सारा जन्म तो विषय-सुख के लिए खो दिया, हरिपद में चित्त नहीं लगाया, इधर-उधर देखते हुए जन्म गँवा दिया।"[३] इस पद में यज्ञ, दानादि कर्मकांड को तो एकदम हीन बताया ही है, वैराग्य को भी इस अन्तिम अवस्था में विशेष सहायक नहीं समझा गया। इसलिए हरि का स्मरण ही एकमात्र उपाय है।

कलियुग में भक्ति ही एकमात्र साधन शेष रह गया है, यह निम्न प्रसंग से सूचित होता है, 'श्री भागवत को विचार कर शुक कहते हैं कि हरि की भक्ति युग-युग में वृद्धि पाती है; अन्य धर्म चार दिन के हैं। इसलिए राजा परीक्षित मेरी सिख-सीख सुनकर चिन्ता छोड़ दो। कमल नयन की लीला गाने से अनेक विकार कट जाते हैं। सतयुग में सत्य, त्रेता में तप, द्वापर में पूजाचार करना चाहिए और कलि में लज्जा और कानि निवारकर केवल भजन करना चाहिए।'[४] श्रुतिद्वार पर तारक मंत्र लिखा है कि इस बार गोविन्द का भजन करो। चाहे अश्वमेध यज्ञ, गया, बनारस और केदार की यात्रा तथा तनु को हिवार में ही क्यों न जाकर गलाओ, परन्तु तो भी राम-नाम के समान नहीं हो सकता। चाहे सहस्र बार बेनी का स्पर्श करो तथा सौ बार चांद्रायण व्रत करो तो भी सूरदास, भगवंत-भजन के बिना द्वार पर यम के दूत खड़े ही रहते हैं।"[५] अनेक पदों में कलियुग में भक्ति के ही एकमात्र अवलंब की प्रबल घोषणा की गई है।[६]

कवि अनन्य-भक्ति का उपदेश देते हुए कहता है कि 'जिसका मन नन्दलाल से लग गया उसे और कुछ नहीं भाता। भजन के बिना मनुष्य का जीवित रहना प्रेत के समान है। वह मलिन, मन्दमति उदर भरने के हेतु घर-घर डोलता है। ऐसा मनुष्य कुटुम्ब समेत डूबता है। जिसने शरीर पाकर हरि-भजन नहीं किया उसका शरीर शूकर, श्वान, मीन के समान है; ऐसा सुख करके वह क्या जीवित रहा!'[७] इन उद्धरणों से प्रकट है कि कवि कलि-काल में भक्ति को

---

१. सू० सा० (सभा), पद २६२।
२. वही, पद २८४।
३. वही, पद ३५२।
४. वही, पद २९०।
५. वही, पद ३४५।
६. वही, पद ३४६।
७. वही, पद ३४७-३४९।

तप, यज्ञ आदि मार्गों से श्रेष्ठ समझता है तथा वैराग्य को अनन्य-भक्ति का आवश्यक लक्षण मानता है। इसी वैराग्य-भावना को स्पष्ट करने तथा योग-यज्ञ-व्रत की व्यर्थता सिद्ध करने के लिए शुकदेव जी कहते हैं; "जब तक मन कामना नहीं छूटती, तब तक योग, यज्ञ, व्रत करने से क्या? यह तो बिना कण के भूसे को कूटना है। तीर्थ नहाने से क्या? अठारह पुराण पढ़ने तथा 'ऊरध घूम घूटने' से क्या? यह तो सब जग-शोभा की बड़ाई है। इनसे कुछ लाभ नहीं हो सकता। करनी तो कुछ और है और कहता कुछ और ही है। दसों दिशाओं में मन टूटता है और काम, क्रोध, मद, लोभ शत्रु हैं। यदि इनसे छूट जाए, तभी सूरदास, तम का नाश हो सकता है तथा ज्ञान-अग्नि का प्रकाश फूट सकता है।"[१] इस पद में सांसारिक विषय-वासनाओं के मायामय आकर्षणों से बचने का उपदेश दिया गया है। जब मनुष्य के हृदय में मायामय संसार से विरक्ति हो जाती है, तभी वह सत्य ज्ञान प्राप्त कर सकता है। परन्तु इस विरक्ति को प्राप्त करने का साधन क्या है? अगले पद में शुकदेव कहते हैं; "भक्ति पंथ का जो अनुसरण करता है, वह सुत-कलत्र से हित छोड़ देता है; अशन-वसन की चिन्ता नहीं करता। विश्वम्भर सब जगत् का भरण-पोषण करते हैं। जिसके द्वार पर पशु होता है वही उसे अहर्निश पोषता है। जो प्रभु के शरणागत होता है उसे प्रभु क्यों कर विस्मरण कर सकता है? वही माता के उदर में रस पहुँचाता है, फिर रुधिर से क्षीर बनाता है। प्रभु ने अशन के लिए वनफल बनाए हैं, तृषा के हेतु जल के झरने भरे हैं, पात्रों के स्थान पर हरि ने हाथ दिए हैं, वसनों के लिए हरि ने वल्कल बनाए हैं, सज्जा के लिए पृथ्वी का विस्तार किया है और गिरि-कन्दराओं के अपार गृह बनाए हैं। इसलिए सब चिन्ता त्यागकर सूर, हरि-पद में अनुराग करो।"[२] यहाँ वैराग्य को भक्ति के लक्षणों के ही अन्तर्गत बताया गया है। मन की इस वैराग्यपूर्ण स्थिति के बिना भक्ति सम्भव ही नहीं है, क्योंकि प्रभु के ऊपर सम्पूर्ण रूप से निर्भरता तथा समर्पण भक्त के लिए अनिवार्य है। इस प्रकार वैराग्य और ज्ञान भक्ति-पंथ के ही अन्तर्गत आते हैं। एक भक्ति का अनिवार्य साधन है और दूसरा उसका आवश्यक परिणाम। इसी के आगे वाले पद में योग को भक्ति के अन्तर्गत बताया गया है : "जो भक्ति पथ का अनुसरण करता है, वह अष्टाङ्ग योग करता है; यम, नियम, आसन और प्राणायाम का अभ्यास करके निष्काम होता है। यदि अन्य वासनाओं को छोड़कर प्राणायाम, धारणा, ध्यान करे और फिर क्रम-क्रम से समाधि करे तो सूर, श्याम को भजकर उपाधि मिटती है।'[३] आगे शुकदेव आत्म-ज्ञान की शिक्षा देते हुए कहते हैं : जब तक सत्य स्वरूप नहीं सूझता, तब तक मृग नाभि-स्थित मद को बिसारे हुए सारे वन में बूझता फिरता है। मन्दमति अपना मसि-मलिन मुख दर्पण में देखता है और उस कालिमा को मेटने के लिए छाँह को पखारता हुआ पचता है। तेल, तूल, पावक पुट में भरकर रखो, पर बिना किए हुए प्रकाश नहीं होता। दीप की बातें बनाने से कैसे तम का नाश हो सकता है? सूरदास यह मति आए बिना सब दिन अलेखे चले गए। बिना आँखों से देखे हुए अंधा दिनकर की महिमा क्या जाने।"[४] अगले पद में भी यही भाव व्यक्त किया गया है।[५] आत्म-ज्ञान के अभाव से कैसी दुर्दशा होती है, यह

---

१. सू० सा० (सभा), पद ३६२।
२. वही, पद ३६३।
३. वही, पद ३६४।
४. वही, पद ३६८।
५. वही, पद ३६९।

जानकर नृप विचार करने लगे कि 'सुत-कलत्र, परिवार आदि जगत् के नाते झूठे हैं। चलते समय कोई साथ नहीं देता, स्त्री तक मुख मोड़ लेती है। हरि ही गाढ़े समय में काम आते हैं।'[१] इसलिए हरि-भक्ति अनिवार्य है।'[२]

इन उद्धरणों से भी यही अर्थ निकलता है कि आत्म-ज्ञान का एक-मात्र उपाय हरि की भक्ति है और भक्ति के लिए संसार के प्रति वैराग्य का भाव आवश्यक है। तृतीय स्कंध में कपिल अपनी माता देवहूति को आत्म-ज्ञान का उपदेश देते हुए भक्ति के लिए वैराग्य की आवश्यकता बताते हैं। किन्तु उनके कथन से स्पष्ट हो जाता है कि विरक्ति स्वयं कोई मूल्य नहीं रखती। वह तो भगवान् की अनन्य भक्ति का ही एक लक्षण है। आगे कपिलदेव माया का स्वरूप समझाते हुए वैराग्य के लिए सत्य ज्ञान की प्रतीति आवश्यक बताते हैं।[३] संसार के मिथ्यात्व के ज्ञान के बिना उससे विरक्ति हो भी कैसे सकती है? वैराग्य के बिना ज्ञान नहीं हो सकता और ज्ञान के बिना वैराग्य दुर्लभ है। इस दुष्ट चक्र से निकलने का एकमात्र उपाय हरि-भक्ति ही है। पुरंजन-कथा में भी ज्ञान, वैराग्य और भक्ति को एक ही चरम-स्थिति में ग्रन्थित दिखाया गया है, जिसमें हरि-भक्ति का स्थान सर्वप्रधान और केन्द्ररूप है।[४] जड़भरत-रहूगण संवाद में पुनः ज्ञान, वैराग्य और भक्ति का यही सम्बन्ध बताया गया है।[५] अजामिल उद्धार की कथा में भी ज्ञान, वैराग्य और भक्ति का अटूट सम्बन्ध स्थापित किया गया है। 'जो अन्त काल में नाम का उच्चारण करता है। वह अपने सब पापों को जला देता है। उसे तुरन्त ज्ञान, वैराग्य प्राप्त होता है।'[६] इसी प्रकार बालक प्रह्लाद अपने सहपाठियों को हरि-भक्ति का उपदेश देते हुए विरक्त जीवन की आवश्यकता बताता है।[७] राजा पुरूरवा के वैराग्य वर्णन में भी यज्ञ और तप की सीमित शक्ति तथा वैराग्य की आवश्यकता सिद्ध की गई है।[८] यहाँ भी वैराग्य का महत्व हरि में अनुराग बढ़ाने के लिए ही प्रदर्शित किया गया है। राजा अम्बरीष की कथा में पुनः प्रत्यक्ष उदाहरण देकर भक्ति के सामने तप और व्रत की हीनता सिद्ध की गई है।[९] सौभरि ऋषि की कथा में भी विषय-भोगपूर्ण गृहस्थ-जीवन की व्यर्थता तथा वैराग्य की आवश्यकता प्रदर्शित की गई है।[१०]

सहज भक्ति-धर्म—ज्ञान योग आदि का प्रत्याख्यान

दशम स्कंध में कवि की भक्ति भावना में उसके पूर्व की भक्ति-भावना से निश्चित अंतर दिखाई देता है। यहाँ ज्ञान, वैराग्य, तप, योग आदि के प्रति या तो उदासीनता प्रकट की गई है या स्पष्टरूप से विरोध। अब कवि हरि-भक्ति की प्रतिष्ठा मायामय मिथ्या संसार के प्रति

---

१. सू० सा० (सभा), पद ३७२।
२. वही, पद ३७३-३७५।
३. वही, पद ३९४।
४. वही, पद ४०६।
५. वही, पद ४११।
६. वही, पद ४१५।
७. वही, पद ४२१।
८. वही, पद ४४६।
९. वही, पद ४४९।
१०. वही, पद ४५२।

विरक्ति भाव के आधार पर नहीं करता, वरन् कृष्ण की रूप-माधुरी तथा सरस लीला में इन्द्रियों के सहज व्यापारों को केन्द्रीभूत करके स्वाभाविक रूप से हरि की भक्ति प्राप्त करने का मार्ग-निर्देश करता है। सांसारिक विषयों और सम्बन्धों के प्रति वैराग्य इस साधना में स्वयं ही हृदय में उत्पन्न हो जाता है, उसके लिए विधि-निषेधपूर्ण संयम-साधन की आवश्यकता नहीं होती।

कृष्ण की रूप-माधुरी से आकर्षित होकर गोपी कहती हैं : 'मैंने यशोदा का 'बाल नन्दन' आँगन में खेलते देखा। मेरा प्राण तत्क्षण पलट गया और मेरा तन-मन काला (श्याममय) हो गया। देखते ही पलकों पर ताला लगाकर उर-अंतर में समा गया। सखी, मुझे अपने मन में भ्रम हुआ कि चारों ओर उजाला हो गया है। यदि सुमेरु गुंजा के बराबर तौला जाए तो भी वह उसे अत्यन्त भारी जान पड़े। जिस प्रकार वारिधि में बूँद पड़ती है उसी प्रकार हमारा गुण-ज्ञान है। मैं उनमें हूँ या वे मुझमें हैं, यह समझ में नहीं आता। तरु में बीज या बीज में तरु है? वास्तव में, एक दूसरे से न्यारा नहीं है। जल, थल, नभ, कानन और घर-भीतर जहाँ तक दृष्टि फैलाओ, वहीं मेरे नयनों के आगे नन्ददुलारा नृत्य करता दिखाई देता है। लोक की लाज और कुल की कानि तथा पति, गुरुजन और पीहर को मैंने त्याग दिया और जिनके संकोच के कारण देहरी पर भी आना दुर्लभ था, उनके बीच मैंने सर खोला। लोगों ने टोना-टोटका और मंत्र-यंत्र का उपचार किया तथा देवस्थान की साधना की। सास-ननद मुझे घर-घर लिए डोलती फिरीं कि इसका कोई रोग विचारो। मैं क्या कहूँ? कुछ कहते नहीं बनता। मुझे और रस खारा लगता है। सूर, इस स्वाद को चखने वाला जो इसमें लुब्ध है, वही इसे जानता है।''[१]

गोपी को कृष्ण-रूप के आकर्षण के फलस्वरूप न केवल भक्ति, वरन् आत्म-ज्ञान तथा संसार के प्रति वैराग्य की भी प्राप्ति हो गई। परन्तु कवि ने यहाँ ज्ञान और वैराग्य का नाम नहीं लिया है। इससे उसकी ज्ञान और वैराग्य के प्रति उदासीनता प्रकट होती है। इस पद के अतिरिक्त और कहीं कवि ने परोक्ष रूप से भी ज्ञान और वैराग्य की प्राप्ति की ओर संकेत नहीं किया है। भक्ति के अतिरिक्त किसी अन्य साधन का प्रसंग जहाँ कहीं आया है, वहाँ विरोध और खंडन के लिए ही आया है।

ब्रह्मा-बाल-वत्स-हरण लीला में भक्ति की महिमा के व्याख्यान के साथ अप्रत्यक्ष रूप से ज्ञान-मार्ग का प्रत्याख्यान किया गया है।[२] दूसरी बाल-वत्स-हरण लीला में तो स्पष्ट कहा है : व्रज की लीला को देखकर विधि का ज्ञान नष्ट हो गया। ब्रह्मा कहते हैं कि यह मुझे अति अचरज है कि क्या कारण है, जो त्रिभुवन का नायक गोकुल में आकर अवतारी हुआ। यह गोकुल क्या दूसरा है या मुझे ही चित्त-भ्रम हो गया है? ये अविनाशी हैं या मेरा ज्ञान भ्रम में पड़ गया है? अन्त में ब्रह्मा को अपने समस्त ज्ञान को भूल कर कृष्ण की शरण-याचना करनी पड़ी और इस प्रकार ज्ञान को भक्ति के आगे नत-मस्तक होना पड़ा।[३] यज्ञ-पत्नी लीला में भी भक्ति के आगे यज्ञ और ज्ञान को कदर्य सिद्ध किया गया है।[४] महराने के पाण्डे तथा शालग्राम-पूजा के प्रसंग से अन्य किसी देव की पूजा-अर्चा निरर्थक सिद्ध की गई है। गोवर्द्धन लीला द्वारा

---

१. सू० सा० (सभा), पद ३७५।
२. वही, पद १०५४-१११६।
३. वही, पद १११०।
४. वही, पद १४१८।

व्रज में इन्द्र की पूजा बन्द कराके यही बात सिद्ध की गई है। वरुण द्वारा नन्द-अपहरण वाले प्रसंग में[१] यद्यपि एकादशी व्रत की महत्ता स्पष्टतया कम नहीं की गई, फिर भी अप्रत्यक्ष रूप से भक्ति की अपेक्षा कर्मकाण्ड की हीनता अवश्य दिखाई गई है।

दानलीला में स्वयं कृष्ण गोपियों को अपना अलौकिक रूप समझाते हुए कहते हैं, "मैंने भक्तों के हेतु अवतार धारण किया है। मैं धर्म-कर्म के वश में नहीं हूँ। योग-यज्ञ को मन में नहीं लाता। दीन-गुहार श्रवणों-भर सुनता हूँ तथा गर्व वचन सुनकर हृदय में जलता हूँ। मैं सभी के भाव के अधीन रहता हूँ और किसी से तनिक भी नहीं डरता। ब्रह्मा, कीट आदि तक व्यापक हूँ; सब को सुख देकर दुख को हरता हूँ। सूर के श्याम ने तब प्रकट ही कहा कि जहाँ भाव होता है वहाँ से मैं नहीं टलता।"[२] गोपियाँ श्याम के प्रेम में इतनी अधिक तल्लीन हो गई हैं कि उन्होंने लोक की लाज, तथा वेदों के विधान—सब को तिलांजलि दे दी। गोपी कहती है : "मैंने तो अपना मन हरि से जोड़ लिया है। नाच का काछ काछा, तब घूँघट छोड़ दिया और लोक-लाज को पटक कर पछोर दिया। मैंने आगे-पीछे तनिक भी नहीं हेरा। माझ बाट में कृष्ण ने शिर की मटुकी फोड़ दी। कह-कह कर तू किस से निहोरा करती हैं यदि कोई मुख मोड़ ले तो उससे क्या? सूररदास के प्रभु से मैंने चित्त जोड़ लिया है तथा लोक और वेद को तिनके की तरह तोड़ दिया है।"[३] हरि की भक्ति में ऊँच-नीच, स्त्री-पुरुष किसी का भी विचार नहीं रहता, यह तो पिछले पृष्ठों में देखा ही जा चुका है। यहाँ पर उक्त उद्धरणों में वेद-शास्त्रों के विधि-विधान की ओर भक्त का तीव्र उपेक्षा-भाव प्रदर्शित किया गया है। कृष्ण का आकर्षण ही ऐसा है कि भक्ति को उनके अतिरिक्त अन्य किसी बात का ध्यान नहीं रहता और अनन्य भाव का सच्चा अर्थ भी यही है। राधा कहती है : "विमुख जनों का संग नहीं करना चाहिए। इनके विमुख वचन सुनकर दिन-दिन देह छीजती है। मुझको ये बिल्कुल ही नहीं भाते हैं, परन्तु परवशता को क्या करूँ? श्याम की भक्ति के एक पल के जीवन की तुलना में ऐसा बहुत दिनों का जीवन धिक्कार है। इस घर को धिक्कार है इन गुरु-जनों को धिक्कार है; इनमें नहीं बसना चाहिए। सूरदास के प्रभु अन्तर्यामी हैं यही मन में जान लेना चाहिए।"[४] बसन्तलीला में भी लोक और कुल की मर्यादा तथा वेदों के विधि-विधान की अवहेलना का उल्लेख है। यमुना के तट पर कृष्ण और राधा गोपियों के साथ केलि-कौतूहल कर रहे हैं। "सन्तों को सुख उपजाने वाली शरद् पूर्णिमा की रजनी है। व्रजवनिताओं ने नख-शिख का लुभाने वाला सकल श्रृंगार किया है। लोक, वेद, कुल और धर्म-केतु की तनिक भी 'कानि' नहीं मानती हैं। बल के 'वीर' त्रिभंगी तुम्हारी बलि जाऊँ, तुम गोपियों के सुखदायी हो। ब्रह्मा, इन्द्र, देवगण तथा गंधर्व सभी एक रस की वर्षा कर रहे हैं। सूरदास, बड़भागिन गोपियाँ हरि के साथ क्रीड़ा का सुख समेट रही हैं।"[५] इसी प्रसंग में होली खेलने का वर्णन है, जिसमें पुनः मर्यादा की उपेक्षा तथा ज्ञान-वैराग्य तथा संयम के त्याग का उल्लेख है।[६] उद्धव और गोपियों का विवाद ज्ञान और योगमार्ग की अपेक्षा भक्ति-मार्ग की श्रेष्ठता को प्रत्यक्ष रूप से

---

१. सू० सा० (सभा), पद १६०२।
२. वही, पद २१४०।
३. वही, पद २२७९।
४. वही, पद २५४५।
५. वही, पद ३४७९।
६. वही, पद ३५३२।

सिद्ध करता है। 'यदुपति ने उद्धव की यह रीति जानी कि जिसे वे प्रगट ही अपना सखा कहते हैं, वही अनीति-भाव करता है। जहाँ विरह-दुख नहीं जमता वहाँ प्रेम नहीं उपजता; पर यह उसका नेम धारण किए हुए है, जिसके रेख, रूप और वर्ण नहीं हैं। उस ब्रह्म को यह हमसे भिन्न समझता है; हमें त्रिगुण-तनु मानता है तथा मन में 'डौर' करता है। बिना गुण के पृथ्वी का उद्धार कैसे हो सकता है? 'विरस रस' से, कहो, संसार कैसे चल सकता है? इससे कुछ कहें यह एक ही कहता जाता है, ऐसा इसमें अहंकार भरा है। इसमें प्रेम-भजन तनिक भी नहीं है। इसे कैसे समझाया जाए? सूर के प्रभु के मन में आया कि इसे व्रज को भेज दें।''[१] यह अद्वैत रङ्ग का दर्शी है। सदा एक साथ मिलता बैठता है और 'संग ही बोलता चलता है, फिर भी इससे बात नहीं कहते बनती; यह ऐसा 'निठुर जोगी जंग' है। प्रेम की बात सुनकर यह विपरीत बोलता है, जिससे रस-भंग होता है। मुझे तो सदा व्रज के 'रास रंग तरंग' का ध्यान है। सूर, वह रस मैं किससे कहूँ सखा मुझे 'भुरंग' मिला है?''[२] कृष्ण के मुख से यह भाव बारंबार दुहराया गया है।[३] इन कथनों के द्वारा कवि ने आरम्भ में ही भक्ति की महत्ता तथा योग की निरर्थकता घोषित कर दी है। ज्ञान और योगपक्ष का खण्डन करने के लिए कवि ने दार्शनिक तर्कों को अनुपयुक्त, समझा, क्योंकि इस विवाद में भक्ति के सहज रस की हानि होती है। कवि को यह सहन नहीं होता कि भक्ति-रस से वह निमिष मात्र भी वंचित रहे। इसीलिए उसने भक्त और ज्ञानी के व्यावहारिक जीवन का संघर्ष दिखाकर भक्ति-पक्ष की श्रेष्ठता सिद्ध की है। उदाहरण सिद्धान्त-कथन से अधिक विश्वास्य होता है।

'हरि का कुशल-संवाद सुनाने के बाद उद्धव गोपियों से कहते हैं कि तुम लोग निर्गुण ब्रह्म का ध्यान करके अंदेशा त्याग दो। तुम्हारे लिए उन्होंने कहा है कि विषय-विकार छोड़कर ब्रह्म का ध्यान करो।'[४] यह संदेश सुनकर घर-घर में उदासी छा गई।[५] गोपियाँ कहती हैं 'ऊधो योग को लेकर क्या करें; यह तो बिना जल के सूखा सागर है। सूर, श्याम बिना तन जीवन (जोबन?) के आगे किस प्रकार मन रखें?'[६] योग और ज्ञान के लिए मनुष्य की स्वाभाविक प्रवृत्तियों के दमन की आवश्यकता है; किन्तु यह अत्यन्त कठिन काम है, विशेषकर युवावस्था में; और अबलाओं के लिए तो यह मार्ग सर्वथा अनुपयुक्त है। गोपी कहती हैं : ''तुमने गोकुल में योग का विस्तार किया, यह तुम्हारी भली टेव है। जब हरि ने वृन्दावन में रास रचा था तब तुम कहाँ थे, जो अब तुम यह ज्ञान और 'भस्म अधारी' सेवा सिखाने आए हो? अबलाओं के लिए यह व्रत लाकर ठाना जो योगियों के योग्य है। सूरदास, विरह-वियोग में आतुर के लिए यह सुनकर दुसह दुःख होता है।''[७]

उद्धव बारंबार निर्गुण ब्रह्म का प्रतिपादन करके गोपियों को सगुण की उपासना से विरत होकर ज्ञान और योग-पक्ष के अनुसरण का उपदेश देते हैं।[८] परन्तु गोपियाँ अत्यन्त सरल किन्तु

---

१. सू० सा० (सभा), पद ४०३१।
२. वही, पद ४०३२।
३. वही, पद ४०३३-४०३७।
४. वही, पद ४१०२-४१०३।
५. वही, पद ४१०७।
६. वही, पद ४१११।
७. वही, पद ४११४।
८. वही, पद ४१२०, ४१५७, ४२२४, ४३०३, ४४८४।

प्रभावशाली उक्तियों से सगुण की उपासना तथा ज्ञान और योग आदि को अव्यवहार्य और निरर्थक सिद्ध कर देती हैं। वे कहती हैं : 'तुम बारंबार गीता का ज्ञान अबलाओं के आगे गाते हो। नन्दनन्दन के बिना कपट कथा करकर क्यों रुचि (अरुचि) उपजाते हो? जो अंग क्षुधार्त्त हैं, वे स्रक-चन्दन से कहो कैसे सुख पा सकते हैं? अनुरागी मन कैसे सुख पा सकते हैं?'[१] यही भाव पुष्ट करने के लिए गोपियाँ कहती हैं : "हम वह बेली हैं जो रूप की डाल के पास लगी होने के कारण धीर हैं तथा योग के समीर से डोल नहीं सकतीं।"[२] योग-मार्ग को जितना सरल उद्धव घोषित करते हैं, उतना सरल वह नहीं है, यह गोपियों के आगामी कथन से व्यंजित है : "जिस मोहन के बिछुड़ने से गोकुल ने इतने दिन दुःख पाया, उस कमल-नयन करुणामय को इसने हृदय के ही भीतर बता दिया। जिसके लिए योगी यत्न करते हैं, किन्तु जो तनिक भी ध्यान में नहीं आता, उसे इस परम उदार मधुप ने व्रज की वीथियों में बहा दिया है! इस अति कृपालु ने आतुर अबलाओं को व्यापक अंग 'गहा' दिया है! सूर, जिसे निगमों ने नेति कहकर गाया है, उसे सुन और समझ कर सुख होता है!"[३]

अबलाओं के लिए योग सर्वथा अनुपयुक्त है, इस बात को गोपियाँ बारबार दुहराती हैं।[४] वे अपने प्रेम के पंथ को ही योग के रूपक में व्यक्त करके प्रेम-योग को सर्वश्रेष्ठ बताती हैं।[५] योग की रीति उलटी है। गोपियाँ कहती हैं : 'ऊधौ, तुम्हारी रीति उलटी है। ऐसी कौन है जो इसे सूने? अल्पवयस और शठ अहीर अबलाओं को योग कैसे सोहेगा?'[६] सगुण भक्ति 'राज-मार्ग' है और योग 'कुपैंड़' (कुमार्ग)।[७] जैसे सिंह घास नहीं चर सकता, उसी प्रकार गोपियाँ योग नहीं सुन सकतीं।[८] सगुणोपासक भक्त निर्गुण से परिचय भी नहीं रखते। निर्गुण उनके लिए विचित्र और अद्‌भुत है। वे तो लीला कौतुक करने वाले यशोदा-नन्दन को जानते हैं।[९] यहाँ भक्ति की चरम परिणति की व्यंजना है; ज्ञान और भक्ति के विषय में पहले व्यक्त की हुई धारणा, जिसमें भक्त को सच्चे ज्ञान की प्राप्ति का आश्वासन-प्रलोभन है, यहाँ शेष नहीं रही। भक्त भक्ति में ही पूर्ण है, वह ज्ञान की तनिक भी अपेक्षा नहीं रखता।

गोपियाँ यह विश्वास नहीं करतीं कि योग का संदेश कृष्ण ने भेजा होगा। उनका विचार है कि कुब्जा ने ईर्ष्यावश हमारा निरादर करके योग का संदेश भेजा है और इस प्रकार 'जले पर नमक लगाया है।'[१०] योग कुब्जा के कुटिल हृदय की उपज है, यह कहकर योग की हीनता व्यंजित की गई है और साथ ही सगुणोपासक भक्त के लिए भक्ति-पंथ में ही एकान्त दृढ़ता की आवश्यकता बताई गई है। गोपियाँ योग को 'ठगोरी' (भुलावा) समझती हैं और कहती हैं कि

---

१. सू० सा० (सभा), पद ४१२१।
२. वही, पद ४१२६।
३. वही, पद ४१३०।
४. वही, पद ४१२७, ४१३६, ४१३९, ४१४१, ४१४२।
५. चही, पद ४१४८।
६. वही, पद ४१६८।
७. वही, पद ४२३३।
८. वही, पद ४२३४।
९. वही, पद ४३३५।
१०. वही, पद ४२५७।

व्रज में यह नहीं बेचा जा सकता। मूली के पत्तों के बदले में 'मुक्ताहल' कौन दे देगा?[१] उद्धव योग के कटोरे में व्रजवासियों की फाँसी लिए फिरते हैं।[२] जो गोपाल के उपासक हैं वे नाम में जितनी रुचि रखते हैं उतनी योग, ज्ञान, ध्यान, आराधना, साधना आदि में कैसे रख सकते हैं?[३]

भक्त के मन तथा समस्त इन्द्रियों का व्यापार एकान्त भाव से सगुण के ध्यान में केन्द्रीभूत रहता हैं; फिर योग और ज्ञान के लिए उनके चित्त में कैसे स्थान रहे? गोपियाँ कहती हैं : 'हमारी बुद्धि-विवेक और वचन-चातुरी पहले ही उन्होंने चुरा ली है। सूरदास के प्रभु के ऐसे गुण किससे जाकर कहें?'[४] तन का रिपु काम है, चित्त की रिपु लीला है, इस कारण ज्ञान गम्य नहीं है; श्रवण हरि का गुण सुनना चाहते हैं; लोचनों में निशि दिन रूप का ध्यान बना रहता है।'[५] गोपियाँ कृष्ण के विरह में यों भी योग ही कर रही हैं। वे गोरखपंथी योगियों की वेश-भूषा के रूपक से अपना वर्णन करती हैं और कहती हैं कि हमें उद्धव के 'फोकट' (व्यर्थ) ज्ञान की आवश्यकता नहीं है। उनका प्रेम-योग श्रेष्ठतर है।[६] प्रेम की रस-रीति इन्द्रियों के लिए ग्राह्य है; कृष्ण का रूप और उनकी लीलाएँ सार्थक और सजीव हैं। गुणनिधान को छोड़कर निर्गुण को क्यों गाएँ?'[७] जिस मत को कहते वेदों को युग बीत गए और जो रूपरेखा-रहित कहा जाता है, उसे उद्धव मूढ़ अबलाओं से कहते हैं वह उनके हृदय में नहीं समा सकता। जिस रस के लिए देव, मुनि चिन्ता करते हैं और वह पल भर भी ध्यान में नहीं आता; वही रस कृष्ण गाय-ग्वालों के साथ कर में मुरली लेकर गाते हैं।'[८]

योग की कथा सुनने से गोपियों के अनन्य भाव में अंतर पड़ेगा इसलिए वे कहती हैं : "कहाँ हम इस गोकुल की गोपी, वर्णहीन, 'घटि जाति' और कहाँ वे श्री कमला के वल्लभ! पर हम दोनों मिलकर एक पाँत में बैठे हैं। जो निगमों के ज्ञान और मुनियों के ध्यान के लिए अगोचर हैं, वे घोष-निवासी हुए। इस पर अब कहते हो कि देखें मुक्ति किसकी दासी होती है। ऊधौ, हम तुम्हारे पैर 'लगती' हैं, योग की कथा बारंबार न कहो। सूर के श्याम को तजकर जो और किसी को भजे उसकी जननी छार।"[९] अविनाशी हरि प्रीति-रस को कैसे जान सकता है? समाधि-योग सयाने लोगों को सिखाने योग्य है। हम तो अपने व्रज में इसी प्रकार "बिरह बाइ" में बौरानी रहेंगी और जागते, सोते, रात-दिन उस रूप के परवाने बनी रहेंगी। एक बार जो बाल और किशोर लीला के शोभा समुद्र में समा गई, जिसके तन-मन प्राण मृदु मुस्कान पर बिक गए, फिर वही अल्प जल-बूँद यदि पयनिधि में पड़ जाए तो उसे कौन पहचानेगा।"[१०] जो श्याम रूप-राशि तथा सर्वगुणों की परमिति और सजीवन मूल हैं, उनके

---

१. सू० सा० (सभा), पद ४२८२।
२. वही, पद ४२८६।
३. वही, पद ४२८७।
४. वही, पद ४२९६।
५. वही, पद ४२९७।
६. वही, पद ४३११।
७. वही, पद ४३१८।
८. वही, पद ४४२३।
९. वही, पद ४४३४।
१०. वही, पद ४४५८।

लिए कहते हैं कि उन्हें मन ही मन में समझो, जबकि वे हम में भरपूर समाए हुए हैं।'[१] हमारे श्याम-सुन्दर अच्छे हैं और सारा संसार फीका है। घी खाने वाला खट्टी मही में क्या रुचि मान सकता है?[२]

गोपियाँ ब्रह्मा, शिव, दुर्वासा तथा मार्कण्डेय आदि ऋषियों के उदाहरण देकर पूछती हैं कि योग, व्रत, तप से किसने हरि को प्राप्त किया? हरि को तो वेदों ने 'भक्त-विरह कातर करुणामय' बताया है।[३] 'योग का पंथ तो अगम और परम कठिन है; वहाँ गमन नहीं हो सकता। जहाँ सनकादिक ही भूल भटक गए, अबलाएँ वहाँ कैसे जा सकती हैं? कृष्ण स्वयं पंचतनु हैं, हम उन्हें भिन्न कैसे समझें?'[४] हमने श्याम-सुन्दर की सेवा करते-करते चारों प्रकार की मुक्ति—सालोक्य, सारूप्य, सायुज्य तथा सामीप्य—प्राप्त कर ली है। उसे छोड़कर तुम और की और कह रहे हो; अलि, तुम बड़े अदाई "(अदाबाज!) हो; अरे तुम ज्ञान-उपदेश क्यों देते हो? हम तो स्वयं ज्ञानरूप हैं। हमें निशिदिन सूर-प्रभु का ध्यान रहता है, जिधर देखती हैं उधर उन्हीं को"।[५]

गोपियों का सजीव, अनन्य प्रेम देखकर उद्धव का ज्ञान और योग भूल गया, उसका मन चकित हो गया और उन्होंने स्वीकार किया कि 'मैं निर्गुण का उपदेश देने आया था, पर सगुण का चेरा बन गया। मैंने गीता का कुछ ज्ञान कहा, जो तुम्हारे पास तक नहीं पहुँच सका। मैं अपने अति अज्ञानवश उनका दूत हुआ, पर हरि ने अपना जन जानकर मुझे यहाँ भेजा और मुझे इतना भारी बोझ सौंपा। सूर, मधुप योग का बेड़ा डुबोकर उठकर मधुपुरी को चल दिए।'[६] उद्धव ने गोपियों को अपना गुरु तथा स्वयं को उनका दास मान लिया।[७] मथुरा लौटकर उन्होंने अपनी भूल स्वीकार की और कहा कि मेरी तो वही दशा हो गई कि एक तो अंधेरा और हिए की फूटी, उस पर खड़ाऊँ पहिन कर दौड़ना। गोपियाँ समस्त षट्दर्शन हैं, मैं उन्हें 'बारह खड़ी' क्या पढ़ाता![८] 'गोपियों ने देह, गेह, सनेह सभी कमल-लोचन के ध्यान में अर्पण कर दिए हैं। उनका भजन देखकर ज्ञान फीका लगता है।'[९] 'उन्होंने सकल निगम-सिद्धान्त सहज ही सुना दिया। जो रस गोपियों ने गाया, वह श्रुति, शेष, महेश, प्रजापति—किसी के पास नहीं है।'[१०]

द्वादश स्कंध के अन्तिम पद में जन्मेजय के उदाहरण से पुनः यज्ञ की निरर्थकता और भक्ति के एकमात्र अवलंब का प्रमाण उपस्थित किया गया है "तक्षक को कुटुम्ब-सहित जलाने का निश्चय करके विप्रों की सलाह से यज्ञ का आयोजन किया गया, जिसमें इन्द्र तक को जला डालने का निश्चय हुआ। उसी समय आस्तीक आया और उसने राजा से यह वचन कहा :

---

१. सू० सा० (सभा), पद ४४६१।
२. वही, पद ४१७६।
३. वही, पद ४५१२।
४. वही, पद ४५१७।
५. वही, पद ४५१८।
६. वही, पद ४६९७।
७. वही, पद ४७१२।
८. वही, पद ४७४४।
९. वही, पद ४७६२।
१०. वही, पद ४७६९।

'तुम अपनी मति में ऐसा जानो कि भगवान् ही कारण और करनहार हैं तथा तक्षक डसनहार था। बिना हरि आज्ञा के दूसरी बात नहीं हो सकती और कौन किसे संताप दे सकता है? हरि जो चाहें, वही हो सकता है; राजा, इसमें कोई संदेह नहीं।' नृप के मन में यह निश्चय आ गया और उसने यज्ञ छोड़कर हरि-पद में चित्त लगाया। सूत ने जिस प्रकार शौनकों को समझाया उसी प्रकार सूरदास ने गाया।''[१]

भक्ति के लक्षण, साधन और फल

सूरदास की भक्ति के जिस द्विविध स्वरूप का विवेचन गत प्रकरण में किया गया है, उसकी सबसे बड़ी विशेषता है इष्टदेव के प्रति भक्त के व्यक्तिगत सम्बन्ध का भाव, जिसके कारण भक्त अद्वैत ब्रह्म को अपने स्वामी, इष्टदेव, विष्णु, हरि, भगवान् राम, कृष्ण आदि के नाम और रूप में सीमित करता और अपने को उससे भिन्न मानता है। सूरदास ने 'विनय' के पदों तथा दशमेतर स्कंधों में ब्रह्म को विष्णु के विविध अवतारों के रूप में चित्रित करके आत्मनिवेदन व्यक्त किया है। गणिका, गीध, अजामिल, अंबरीष, प्रह्लाद, सीता, द्रौपदी आदि का उद्धार और साहाय्य करने वाले हरि सूरदास के अपने हरि हैं। उनके अतिरिक्त वे किसी देवी-देवता को नहीं जानते; किसी में उतनी सामर्थ्य ही नहीं है। भक्ति की इस सामान्य और संभवत: आरम्भिक अवस्था में सूरदास का विष्णु-ब्रह्म के साथ पतित और पतित-पावन, दीन और दीनानाथ, शरणागत और अशरण-शरण, संकटापन्न और संकट-मोचन का सम्बन्ध है। सम्बन्ध की निकटता तथा भक्त के प्रति भगवान् की सहज ममता चित्रित करने के लिए कवि ने माता और पुत्र तथा गौ और वत्स की उपमा दी है। भक्त का व्यक्तिगत सम्बन्ध उस समय और भी विशिष्ट हो जाता है, जब वह अपने को द्रौपदी आदि किसी शरणागत के रूप में कल्पित करके आत्मनिवेदन में प्रवृत्त होता है। विष्णु के विभिन्न अवतारों में कृष्ण के अतिरिक्त कवि की व्यक्तिगत निर्भरता राम के प्रति अपेक्षाकृत अधिक घनिष्ठता के साथ प्रकट हुई है।

अनन्य भाव व्यक्तिगत सम्बन्ध की अनिवार्य शर्त है। सामान्य दैन्यपूर्ण भक्ति-भावना के प्रकाशन में साधारणतया विष्णु ही भगवान् हैं, वे किसी भी रूप में भक्त का उद्धार कर सकते हैं, क्योंकि उनकी ममतापूर्ण करुणा से ही उसका नाता है, किसी विशेष रूप और गुण का उसे ध्यान नहीं। अत: विष्णु के अतिरिक्त अन्य देवों का सूरदास ने बहिष्कार और कभी-कभी स्पष्ट रूप से उनकी विगर्हणा करते हुए विष्णु के समक्ष उन्हें असमर्थ चित्रित किया है। यहाँ यह कह देना आवश्यक है कि ब्रह्मा, शिव या अन्य देवों के प्रति जो भी अनादर के भाव प्रकट हुए हैं, उनके मूल में कवि के अनन्य भाव की घनता तथा तीव्रता ही है, किसी देव के प्रति द्वेष का भाव नहीं।

सूरदास की भक्ति में उनके व्यक्तिगत सम्बन्ध की सुनिश्चित सीमाएँ दशम स्कंध में पूर्ण स्पष्टता के साथ निर्धारित हुई हैं, जहाँ वे अपने इष्टदेव कृष्ण को व्रजवासियों के विविध सम्बन्धों में कल्पित करके उनके प्रति तदनुकूल भक्ति-भाव व्यक्त करते हैं। जो व्यक्ति जिस भाव से कृष्ण को देखता है, उसी के अनुरूप उसके समक्ष प्रकट होते हैं अर्थात् भक्त का भगवान् भावरूप है और इस भाव में इतनी तल्लीनता और पूर्णता होती है कि उसके अतिरिक्त

---

१. सू० सा० (सभा), पद ४९३६।

अन्य भाव की कल्पना भी नहीं की जा सकती। अपने व्यक्तिगत भाव से ही मानो भक्त अपने भगवान् की मूर्ति गढ़ लेता है और उस मूर्ति के प्रति उसका असीम पक्षपात होता है। अपने भाव के भगवान् में ही उसकी समस्त क्रियाएँ, चेष्टाएँ और मनोविकार केन्द्रीभूत रहते हैं। व्रज के गोप सखाओं, नन्द-यशोदा, गोपियों और राधा के सम्बन्धों में व्यक्तिगत तन्मयता के साथ सूरदास ने अपने अनन्य भाव का चित्रण किया है। गोपियों के सर्वात्म-समर्पण में इस भाव की चरम सीमा तथा राधा-कृष्ण की तद्रूपता में उसका पर्यवसान है।

व्यक्तिगत संबंध के साथ सूरदास की भक्ति में भगवान् के ऊपर भक्त की एकान्त निर्भरता उसका एक मुख्य लक्षण है। भगवान् की सहायता का उसे इतना अदम्य विश्वास है कि वह अपनी ओर से किसी प्रकार का प्रयत्न करने की आवश्यकता ही नहीं समझता। भक्त का यह विश्वास सूरदास ने हरि की कृपा के गुण-गान द्वारा प्रकट किया। सूरदास के भक्ति-सम्प्रदाय, पुष्टिमार्ग में भगवान् के अनुग्रह को ही पुष्टि कहा गया है, उसी से भक्त को पोषण प्राप्त होता है; ऐश्वर्य, वीर्य, श्री आदि गुणों से हीन क्षीण जीव अनुग्रहरूपी पोषण प्राप्त करके ही पुष्ट हो सकता है। हरि-कृपा को साम्प्रदायिक विश्वास में प्रमुख स्थान देकर पुष्टिमार्ग में वस्तुतः भक्ति के मूलभूत लक्षण पर विशेष बल दिया गया और उसका समुचित मूल्यांकन किया गया है; वैसे भगवान् के अनुग्रह का मध्ययुग के अन्य भक्ति-सम्प्रदायों में भी अत्यन्त महत्त्वपूर्ण स्थान है। अतः सूरदास की भक्ति का यह लक्षण भी उनके युग की भक्ति-भावना का ही एक सामान्य और अनिवार्य लक्षण है।

भगवान् की कृपा की याचना तथा उसकी सोदाहरण प्रशंसा सूरदास के 'विनय' के पदों तथा कृष्ण के अतिरिक्त अन्य अवतारों की कथाओं में अत्यन्त दीन-भाव से व्यक्त हुई है। ब्रह्म में केवल इसी एक गुण का आरोप करके उसे भक्ति का उपास्य, भगवान् बनाया गया है। बाद में श्रीकृष्ण की लीला के वर्णन में कृपा-याचना की उतनी आवश्यकता नहीं रही, क्योंकि भगवान् की असीम कृपा का ही यह फल है कि व्रज में उनकी आनन्द-क्रीड़ाओं का सुख भक्त को सुलभ हुआ। यदा-कदा कवि ने इस असीम कृपा का उल्लेख मात्र किया है तथा श्रीकृष्ण के अलौकिक व्यक्तित्व उनके ब्रह्मत्व, के संकेतों में विशेष-रूप से उनके अनुग्रह पर कृतज्ञता प्रकट की है। व्रज के आबाल-वृद्ध नर-नारियों के हृदय में भी, जिनका यह सौभाग्य है कि वे कृष्ण को सखा, पुत्र, प्रेमी या पति के रूप में प्राप्त कर सकें, कभी-कभी भगवान् की कृपा और उनके प्रति कृतज्ञता का भाव आ जाता है; वस्तुतः यह कृपा की चरम सीमा है कि भगवान् भक्त की सहायता ही नहीं करते, वरन् उसके सुख-दुःख, राग-द्वेष आदि मनोविकारों के मूर्त विषय बनकर उसके हृदय को आह्लादित करते हैं। हृदय के रंजन और आह्लाद में किसी प्रकार के भौतिक लाभ का विचार नहीं होता, इसी से उनकी यह कृपा उनके सहज आनन्द के प्रकाशनमात्र के रूप में व्यक्त हुई है। कृपा के इस लोकोत्तर रूप के विचार से सूरदास की भक्ति में उसका महत्व दिखाई देता है, यद्यपि अब उसके कथन की उतनी आवश्यकता नहीं रही है।

भगवान् की कृपा की शक्ति तो असीम है ही, उसका क्षेत्र भी असीम है। सुर, देव, दानव, मित्र, वैरी, सभी उसके अधिकारी हैं और सभी को उनके भावानुकूल उसकी प्राप्ति होती है। अस्तु, भगवत्कृपा भक्ति-धर्म का अनिवार्य लक्षण है।

त्रिगुणात्मक सृष्टि में व्यक्त ब्रह्म को न जानने के कारण हम उसे नाना रूपों में देखते हैं तथा उन रूपों को नाना नाम दे देते हैं। वस्तुतः ये रूप और नाम असत्य हैं। परन्तु नाम और

रूप की असत्यता केवल ब्रह्म-ज्ञानी समझ सकते हैं। भक्त को तो अनिवार्यतः उन्हीं का आश्रय लेना पड़ता है। नाम ही सबसे पहली विशेषता है जिसके द्वारा भक्त अपने भगवान् को व्यक्तिगत संबंध-सूत्र में बाँधकर सीमित करता है। अमूर्त्त और अप्रत्यक्ष के मानसी प्रत्यक्षीकरण का सबसे प्रथम और सबसे सुगम साधन यही है। भक्ति धर्म के साथ नाम का माहात्म्य इसी कारण सभी सम्प्रदायों में स्वीकार किया गया है। सूरदास के भक्ति-धर्म का भी वह अनिवार्य लक्षण है। हरि नाम स्मरण के द्वारा ही मनुष्य संसार के नाना प्रलोभनों से बच सकता है, वही मानो उसे धर्म-पथ पर चलने की प्रेरणा देता रहता है, वही असत्य से परिवेष्टित और अज्ञान से आवृत्त जीवात्मा को सत्य-पथ का स्मरण दिलाता है। परन्तु भक्ति-धर्म में नाम का माहात्म्य नकारात्मक नहीं है; वह केवल विषय-वासना से ही विरत करने में सहायक नहीं, अपितु, भगवान् के प्रति अनुराग बढ़ाने का सर्वप्रथम और मूलभूत साधन भी है। भक्त के भगवान् को चाहे जिस रूप में कल्पित किया जाए, नाम की विशेषता के द्वारा ही उनके प्रति मानवीय मनोविकारों का संबंध जोड़ा जाएगा। भक्ति की साधनावस्था में तो नाम का बहुत बड़ा माहात्म्य है। कलि-काल में केवल हरि-नाम-स्मरण ही धर्म का एकमात्र साधन कहा गया है। हरि-नाम भक्त की अतुल सम्पत्ति है, क्योंकि किसी भी स्थिति में वह उससे छीनी नहीं जा सकती। इसी कारण उसमें भगवान् के समतुल्य शक्ति बताई गई है। कृष्ण चरित्र के वर्णन में यद्यपि सूरदास कृष्ण के रूप और लीला का अनुपम आकर्षण चित्रित करते हैं, फिर भी उसकी दृष्टि में नाम की महिमा किसी प्रकार कम नहीं है। बल्कि अब तो कृष्ण नाम में ऐसा जादू है कि उसके श्रवण अथवा स्मरणमात्र से हृदय की समस्त वृत्तियाँ एकत्र होकर उनके मोहक सौन्दर्य और वशीकरण क्रीड़ाओं में आत्म-विस्मृत हो जाती हैं। नाम के श्रवण स्मरण के इस प्रकार के अनेक चित्र सूरदास ने गोपियों के प्रेम चित्रण में दिए हैं।

भक्ति-धर्म के लक्षणों और साधनों में गुरु की भक्ति का भी अन्यतम स्थान है। गुरु की कृपा बड़े सौभाग्य से प्राप्त होती है और बिना इस सौभाग्य के भक्ति की प्राप्ति भी सम्भव नहीं है। गुरु ही भक्त को हरि-नाम का मंत्र देता है तथा उसे जीवन के उस मार्ग पर चलने में समर्थ बनाता है जो संसार की भाँति अंतहीन और उद्देश्यहीन नहीं है। गुरु के द्वारा दी हुई कंठी और माला धर्माचरण के प्रतीक हैं। यही नहीं, गुरु के द्वारा ही भक्ति के उस सरस रूप का रहस्य खोला जा सकता है जिसमें भगवान् के परमानंद रूप का साक्षात्कार सुलभ है। जिस प्रकार ज्ञानियों को गुरु सच्चे ज्ञान का उपदेश देकर घट के भीतर ब्रह्मांड का दर्शन करा सकता है; उसी प्रकार संसार के लौकिक सम्बन्धों से अलौकिक का भावांतर भी गुरु की कृपा से ही हो सकता है। गुरु की कृपा के बिना यह कैसे संभव हो सकता है कि कृष्णब्रह्म के संबंध में सखा; पुत्र, प्रिय, पति के लौकिक सम्बन्धों की कल्पना की जाए? गुरु ही भक्त और भगवान् के बीच इस संबंध सूत्र को स्थापित करता है। सूरदास ने गुरु के इन असीम ऋण को स्वीकार करके गुरु की भक्ति को हरि-भक्ति के समान कहा है। हरि के साथ गुरु के समक्ष भी भक्त के भाव का आत्म-समर्पण होता है। मध्ययुग के सभी भक्ति-संप्रदायों में गुरु को जो ऊँचे से ऊँचा स्थान दिया गया, वही सूरदास ने दिया है, यद्यपि उन्होंने अपने गुरु का नामोल्लेख 'सूरसागर' में कदाचित् बिल्कुल नहीं किया। गुरु की अपरिमेय महत्ता को स्वीकार करते हुए भी अपने गुरु का उल्लेख न करना सूचित करता है कि सूरदास को अपनी कल्पना के भक्ति-धर्म को सांप्रदायिक नाम से सीमित करने की इच्छा नहीं थी। उनकी गुरु-भक्ति भी हरि-भक्ति की तरह भाव की भक्ति थी। गोपियों के हरि-प्रिय की दूती जिस प्रकार प्रिय और प्रिया की

संयोग-सम्पादिका होते हुए उन दोनों से अभिन्न है, इसी प्रकार गुरु भी भक्त और भगवान् के बीच का एक अभिन्न भाव-सूत्र है।

गुरु के पथ-प्रदर्शन की भाँति भक्ति-धर्म में एकांत निष्ठा बनी रखने के लिए साधु-समागम भी आवश्यक है। ज्ञान, योग और तप की तरह भक्ति में एकाकी साधना नहीं होती, वह व्यक्ति-धर्म ही नहीं, समाज-धर्म भी है। सांसारिक विषयों के प्रलोभनों से बचने के लिए यह आवश्यक है कि ऐसे समाज में रहा जाए जहाँ भक्ति-विरोधी परिस्थितियाँ न हों, हरिनाम-स्मरण की सुगमता हो तथा हरि के गुणों का श्रवण, कीर्तन आदि सुलभ हो। भक्त के लिए विषयी, दुराचारी, लम्पट, क्रूर, हिंसक व्यक्तियों का ही संग वर्जित नहीं है, अपितु उन सदाचारी, तपस्वी, ज्ञानी, पंडित कहे जाने वालों का संग भी त्याज्य है जो भक्ति और भक्तों की निन्दा करते हैं। पापी और पतित भी, जो हरि की शरण में आकर भक्ति-धर्म में दीक्षित हो गए, अपने को पुण्यात्मा समझने वाले हरि-विमुखों से अधिक श्लाघ्य और संगति के योग्य हैं। भक्त और अभक्त के इस भेद में यह मान लिया गया है कि भक्ति के बिना सदाचरण असंभव है; वह बाहरी ढोंगमात्र होकर रह जाता है, क्योंकि बाह्याचरण के द्वारा मनोविकारों का परिष्कार नहीं हो सकता। इसके विपरीत सदाचार में त्रुटि करने वाले भी जब भक्ति-भाव अपना लेते हैं, तब वे स्वत: सांसारिक विषय वासना से विमुख हो जाते हैं। उद्धव और गोपियों के विवाद में इसी दृष्टिकोण से पांडित्य और बाह्याचरण की निन्दा की गई है। निश्चय ही इस दृष्टिकोण में भक्ति की अतिरंजित महत्ता का प्रतिपादन ही उद्दिष्ट है। सूरदास ने हरि-भक्तों के संग की महिमा का इसी अतिरंजना के साथ प्रतिपादन किया है तथा इसी भाव से गोपियों के द्वारा सुत, पति, माता, पिता आदि परिजनों को त्याज्य कहलवाया है। सामान्यत: उन्होंने सदाचारी, धर्मानुरागी व्यक्तियों की संगति को ही सत्संग माना है; सदाचारी व्यक्ति नि:संदेह हरि-जन होते हैं।

भक्ति-धर्म की साधनावस्था में सत्संग के साथ विधि-निषेधयुक्त सदाचार के सम्बन्ध में भी 'सूरसागर' में प्रचुर उपदेश मिलते हैं। 'विनय' के पदों में तो निषेधों की सूची इतनी विस्तृत और परिपूर्ण है कि उनमें कवि शायद ही किसी अधार्मिक कर्म को वर्जित कहने से चूका हो। परन्तु अकर्म और अधर्म का त्याग स्वत: कोई उद्देश्य नहीं है, वह तो भक्ति का लक्षणमात्र है। साधन के रूप में भी उसका उपयोग हो सकता है, परन्तु भक्ति का वह अन्यतम साधन भी नहीं है। बिना हरि कृपा के धर्माचरण की घोर से घोर प्रतिज्ञाएँ भी टूट सकती हैं तथा हरि-कृपा प्राप्त हो जाने पर सदाचरण के लिए अपनी ओर से विशेष प्रयत्न की आवश्यकता नहीं रहती। दशमस्कंध के पूर्व सदाचार की जो शिक्षा सूरदास ने दी है वह परम्परागत, आर्यधर्म के अनुकूल एवं मानव-धर्म-सम्मत है। उन्होंने धर्माचरण से विरत करने वाले मूल कारणों पर विचार किया तथा काम, क्रोध, मद, लोभ, मोह से बचने की आवश्यकता और उपाय बताए। तीर्थ, स्नान, व्रत आदि तो धर्म में प्रवृत्त करने में सहायक होते ही हैं, एक स्थान पर 'भागवत' के कथा-प्रसंग में यम, नियम, आसन, प्राणायाम, प्रत्याहार, धारण, ध्यान और समाधि का भी अनुमोदनमूलक उल्लेख किया गया है। परन्तु सूरदास इन साधनों के मूल्य को अधिक नहीं समझते, वे कभी यह कहते नहीं थकते कि मन और उसके शत्रु, काम, क्रोधादि—को जीते बिना धर्माचरण व्यर्थ हैं तथा मन को भक्ति में नियोजित करके ही उसे वश में किया जा सकता है, अन्यथा नहीं। मनुष्य के मन के विकारों की समस्या काम-भाव की समस्या है जिसे आधुनिक मनोविज्ञान 'सेक्स' कहता है और इसी कारण

मध्ययुग के अन्य भक्तों की भाँति सूरदास ने भी सदाचार और भक्ति का उपदेश देते हुए नारी को काम-भाव की प्रतीक मानकर उसकी भरपूर निन्दा की है। पर-नारी प्रेम ही गर्हित नहीं, अपनी स्त्री और उसके साथ संतानादि को भी छोड़ने का उन्होंने बार-बार उपदेश दिया है। इस प्रकार सूरदास का भक्ति-धर्म पूर्ण वैराग्यप्रधान है जिसमें सब तज कर हरि भजन करना एकमात्र कर्तव्य है।

भक्ति-धर्म का यह सामान्य लक्षण निरन्तर सूरदास के सम्मुख रहा, यद्यपि उन्होंने भक्ति की महत्ता और साधन की अपेक्षा साध्य की प्रधानता दिखाने के लिए प्रायः बाह्याचरण की निन्दा की है। सूरदास ही नहीं, मध्ययुग का साधकमात्र बाह्याडंबर का विरोधी था, क्योंकि तत्कालीन समाज में इसकी वह प्रचुरता देखता था। बाह्याडंबर की निन्दा में सूरदास के दृष्टिकोण को सहानुभूतिपूर्वक न समझने के कारण प्रायः भ्रम हो जाता है, विशेषरूप से जहाँ गोपियों को लौकिक पातिव्रत-धर्म और कुल-मर्यादा का उल्लंघन करते हुए दिखाया गया है। परन्तु वस्तुतः इस लोक-धर्म के विरोध और बहिष्कार में काम और उससे उत्पन्न क्रोध, लोभ, मोहादि का परिष्कार ही है; समस्त मानवीय विकारों को लोकातीत, निर्विकार परमानन्दरूप श्रीकृष्ण में समर्पित करने का व्यावहारिक उदाहरणमात्र है। गोपियों की सर्वात्म-समर्पणयुक्त भक्ति की सिद्धि के बिना पातिव्रत-धर्म तथा लोक, वेद और कुल की मर्यादा का पालन करना आवश्यक है; जैसा कि स्वयं श्रीकृष्ण के द्वारा सूरदास ने अनेक बार कहलाया है। गोपियों की आत्म-समर्पण की स्थिति में कामादि मनोविकारों के परिष्कारों के साथ प्रेम संबंधी गर्व का भी समूल नाश अनिवार्यतः आवश्यक बताया गया है। गर्व-नाश की श्रीकृष्ण ने रासादि प्रकरणों में जो व्यावहारिक शिक्षा दी है, उसमें अहम् और मम का सम्पूर्ण त्याग करके कृष्ण-शरणागति की सर्वोच्च स्थिति लक्षित है। लौकिक विषयों से मनोविकारों को निर्लिप्त रखने का सूरदास ने निरन्तर उपदेश दिया तथा राधा के प्रेम-चित्रण में भी उन्होंने प्रकारान्तर से नारी में अनुरक्त होने की निन्दा करके काम-भाव को जीतने की आवश्यकता बताई। केवल उसे जीतने का उपाय भिन्न है जो उनके विचार से सरल, सहज और व्यवहार्य है।

जिस उपाय से भक्ति का यह सर्वोच्च भाव प्राप्त होता है, वह है श्रीकृष्ण के परम मनोहर रूप और उनकी लीलाओं में आसक्ति। मध्ययुग के सगुण भक्ति-संप्रदायों में नाम स्मरण के साथ रूप के ध्यान का भी महत्वपूर्ण स्थान है। ब्रह्म को विष्णु-अवतार, विशेषकर कृष्ण और राम के रूप में चित्रित करके उनके अभिनव मानव सौन्दर्य की कल्पना इसी दृष्टि से की गई कि भक्ति के लिए मन को आबद्ध करने योग्य मूर्त आधार प्राप्त हो और कृष्ण तथा राम के चरितों का इस प्रकार वर्णन किया गया, जिससे मन के विविध विकारों की उनके स्मरण और मनन के द्वारा परितुष्टि हो। भक्ति के ही हेतु अनाम, अरूप, निर्विकल्प और निर्विकार को नाम-रूप में सीमित करके मानवीय व्यापारों में रत एवं मानवीय मनोविकार से प्रभावित होते हुए कल्पित किया गया है।

सूरदास ने राम और कृष्ण दोनों के रूप और मानव-चरित, अर्थात् लीला का वर्णन-चित्रण किया है। परन्तु उनकी दृष्टि सदैव रूप के सम्मोहन और लीला के विस्मयकारी अनुरंजन पर ही विशेष रही। कृष्ण के रूप-चित्रणों में सूरदास ने अपनी जिस कल्पना-शक्ति का परिचय दिया, वह एक भक्त-हृदय से ही सम्भव थी। रूप-वर्णन में भक्त कवि कृष्ण के अंग-प्रत्यंग पर दृष्टि गड़ा कर जिस प्रकार निर्निमेष ध्यानावस्थित हो जाता है, वैसी तल्लीनता और आत्म-विस्मृति लौकिक सौन्दर्य के प्रति होना अकल्पनीय है; मानव-शरीर-सौन्दर्य का ऐसा

आदर्शीकरण भक्ति-भाव के बिना अत्युक्तिपूर्ण एवं अविश्वसनीय हो जाता। परन्तु सूरदास ने अप्रतिम तन्मयता और उत्कट ऐंद्रियता के साथ श्रीकृष्ण के असंख्य चित्र यथार्थ रूप में अंकित किए हैं, जो भक्तों के चंचल मन को सहज ही आकर्षित और स्थिर कर लेते हैं। इसी प्रकार श्रीकृष्ण की मधुर लीलाओं के वर्णन में कवि ने लौकिक और अलौकिक को ऐसी अद्‌भुत रीति से मिश्रित किया है कि जहाँ उनकी सहज स्वाभाविकता भक्त-हृदय को लौकिक धरातल पर रखकर उनमें पूर्णतया भावलीन कर सकती है, वहाँ उनके अलौकिक संकेत उसकी कल्पना और भावना को पार्थिव नहीं होने देते। श्रीकृष्ण के संहार-कार्यों में भी उनके पराक्रम और बल-वीर्य का चित्रण न करके उनके अद्‌भुत चमत्कारों की व्यंजना के द्वारा सूरदास ने रक्षण के स्थान पर रंजन को प्रधानता दी है; कदाचित् रक्षण में लोक-हित का भाव आ जाने से भक्ति की एकान्त तल्लीनता सविशेष हो जाती। कृष्ण का लीला-वर्णन भी भक्त को मुग्ध करके उसके भाव-लोक को आविष्ट करने के हेतु किया गया है। रूप और लीला के प्रति आसक्ति होने से ही श्रीकृष्ण-प्रेम व्यसन और आत्मसमर्पण की कोटि तक पहुँच सकता है। यह आसक्ति सूर के भक्ति-धर्म का सबसे प्रधान अंग कहा जा सकता है।

श्रीकृष्ण के रूप-सौन्दर्य और लीला-सुख का अनिवार्य अंग उनकी वह रहस्यमयी मुरली है, जिसकी अद्‌भुत स्वर-लहरी ने चराचर सृष्टि—ग्रह, नक्षत्र, पिंड आदि तक को विमोहित कर लिया। उनकी कमरी, योगमाया, जिस प्रकार तीन लोक की आडंबर है और सर्वस्व को आच्छादित करती है, उसी प्रकार उनकी वंशी-ध्वनि समस्त ब्रह्माण्ड में व्याप्त होकर जड़ को जंगम और जंगम को जड़वत् बना देती है। निराकार की आराधना करने वाले अलखवादी संत भक्तों के अनहद-नाद की भाँति वंशी-नाद का भी अनिर्वचनीय प्रभाव व्यंजित किया गया है; भेद केवल इतना ही है कि जहाँ अनहद-नाद निराकार ब्रह्म की भाँति इन्द्रिय-ग्राह्य नहीं है, वहाँ वंशी-नाद में श्रीकृष्ण के सौन्दर्य की तरह इन्द्रिय-व्यापार को क्षण भर में एकस्थ कर लेने की अद्‌भुत क्षमता है। कृष्ण-नाम के शब्द में ज़ो चमत्कार है, उससे कहीं अधिक चमत्कार मुरली के शब्द-नाद में है, जो स्मरण के द्वारा नहीं, श्रवणेन्द्रिय को स्ववश करके मन को कृष्णमय बना देता है। वस्तुतः मुरली-नाद को सुनकर गोप-गोपियाँ उस अवस्था को प्राप्त हो जाते हैं, जब उन्हें न केवल अपना ध्यान नहीं रहता, वरन् स्वयं कृष्ण का भी ध्यान नहीं रहता। रूप-दर्शन में जिस प्रकार भक्त की समस्त इंद्रियाँ—उसकी सम्पूर्ण सत्ता—नेत्र-रूप हो जाती है, उसी प्रकार मुरली-नाद को सुनते ही वह श्रवणमात्र रह जाता है। कह सकते हैं कि मुरली का प्रभाव रूप से भी अतिशय है, क्योंकि इसमें किसी मूर्त आधार की आवश्यकता नहीं है। इसी कारण मुरली के प्रभाव-वर्णन में भक्ति कवि ने लोकोत्तरता की अति कर दी है। सूरदास ने भक्ति को दृढ़ करने तथा उसके लोकोत्तर रूप को प्रकाशित करने में कृष्ण की मुरली का सबसे ऊँचा स्थान रखा है। व्रज के गोप-गोपी श्याम की मुरली-ध्वनि सुनने को निरन्तर लालायित दिखाए गये हैं।

भक्ति-धर्म की परिपूर्णता साधन और साध्य की एकरूपता में है, यह पीछे कहा जा चुका है। अस्तु, सूरदास ने भक्ति के किसी फल का निर्देश नहीं किया। स्वयं भक्ति में इतना सम्मोहन और प्रलोभन है कि उसके लिए उन्होंने इतर प्रलोभनों की आवश्यकता नहीं समझी। 'विनय' के पदों तथा 'भागवत' के कथा-प्रसंगों में अवश्य सूरदास ने भवसागर से तारने तथा वैकुंठ, निर्वाण और हरि-पद प्रदान करने आदि की याचना की है, परन्तु इन सब याचनाओं का स्थान भक्ति की याचना के समक्ष नगण्य है, क्योंकि सूरदास निरन्तर यही कहते जाते हैं

कि भगवान् मुझे अपनी भक्ति दो, मेरी और कुछ भी रुचि नहीं है। सूरदास की भक्ति स्वत: पूर्ण है, उसकी प्राप्ति हो जाने पर किसी अन्य प्राप्ति की इच्छा नहीं रहती। भक्ति ही भक्ति का फल है। कृष्ण-लीला-वर्णन में सूरदास ने भक्ति का परिपूर्ण रूप प्रस्तुत किया है, जहाँ भक्त को ब्रह्म के परमानन्द रूप का साक्षात्कार ही नहीं, उसके लीला-सुख में सम्मिलित होने का सुयोग मिलता है। गोलोक के इसी लोकोत्तर सुख को भक्त अपना सर्वोच्च भाग्योदय मानता है, जहाँ वह आनन्दरूप से पलमात्र वियुक्त न हो सके। भक्ति की सिद्धि इसी सुख की प्राप्ति में है, अत: भक्ति ही सूरदास के भक्ति-धर्म का अंतिम लक्ष्य है। उनकी भक्ति 'निर्गुण' है जिसमें कोई कामना, कोई अभीष्ट नहीं है।

आगामी पृष्ठों में भक्ति-धर्म के साधन, लक्षण और फल के सम्बन्ध में 'सूरसागर' में व्यक्त कवि के विचारों के विश्लेषण द्वारा भक्ति-धर्म के उपर्युक्त स्वरूप को स्पष्ट करने का प्रयत्न किया गया है।

व्यक्तिगत सम्बन्ध और अनन्य भाव

ब्रह्म की विष्णु और विष्णु के विविध अवतारों के रूप में प्रतिष्ठा तथा विष्णु के अवतारों में भी कृष्ण के प्रति कवि का विशेष और एक प्रकार से एकान्त अनुराग उसकी व्यक्तिगत रुचि का द्योतक है। यह रुचि कृष्ण के विविधरूप व्यक्तित्व में भी अपनी सीमाएँ निर्धारित करती दिखाई देती है। कृष्ण के प्रति कवि की भक्ति-भावना के भाव-भेदों पर तो आगामी अध्याय में विचार किया जायेगा; प्रस्तुत प्रकरण में यह दिखाने का प्रयत्न किया गया है कि इष्टदेव के प्रति कवि का व्यक्तिगत सम्बन्ध और अनन्य भाव का प्रदर्शन निरन्तर एक समान हुआ है।

यों तो लगभग सभी 'विनय' के पद कवि के व्यक्तिगत आत्म-निवेदन के सूचक हैं,जिनमें उसने अपनी दीनता, करुणा और हरि पर सम्पूर्ण निर्भरता व्यक्त की है, परन्तु यहाँ केवल उन स्थलों की ओर संकेत किया जायेगा जिनमें उसने इष्टदेव के समक्ष अन्य देवों का स्पष्ट रूप से बहिष्कार किया है।

राम की भक्त-वत्सलता दिखाते हुए कवि कहता है; 'प्रभु, मैं अज्ञान यह नहीं जानता कि शिव, ब्रह्मादिक कौन है।'[१] यदि हरि-व्रत अपने उर में न धरेगा तो ऐसा कौन है जो अपना बनाकर कुठावँ में हाथ पकड़े। अन्य देवों की ''भक्ति-भाइ'' करके करोड़ों ''कसब'' करेगा। वे सब चार दिन के मनोरंजन के लिए हैं; अन्त काल में सब बिगड़ जायेगा।'[२]

कवि अत्यन्त हठ के साथ अपनी दृढ़ता प्रकट करता है, 'भगवान् अपनी भक्ति दो। चाहे कोटि लालच दिखाओ, अन्य रुचि मुझे नहीं हो सकती। मैं प्रण किए हुए द्वार पर पड़ा हूँ, तुम्हें प्रण की लाज है। कृपानिधि मैं कच्चा नहीं हूँ, ''रिस'' करके क्या करोगे? चाहे तुम मुझे ''कढ़रा'' (घसिटवा) डालो, तो भी सूर द्वार नहीं छोड़ेगा।'[३]

इसी प्रकार कवि बार-बार विरद की याद दिला कर एकान्त भाव से हरि-शरण की याचना करता है।[४] पतित-पावन प्रभु को ललकार कर वह कहता है : 'मुझसे संकोच तजकर

---

१. सू० सा०, पद ११।
२. वही, पद ७५।
३. वही, पद १०६।
४. वही, पद १०८-११३।

कहिए। लज्जा क्यों करते हैं? और कोई बताइए उसी का होकर रहूँ।'[१] और कौन है जिसकी शरण में वह जा सकता है?[२] तुम्हें तजकर मैं किसके दर पर जाऊँ?'[३] 'मेरी तो गति-मति तुम्हीं हो, अन्यत्र मैं दुख पाता हूँ। तेरा कहलाकर अब किसका कहलाऊँ? सागर की लहर छोड़ कर "छीलर" में कैसे नहाऊँ? सूर, मैं कूर "आँधरा" तुम्हारे द्वार पर पड़ा गाता हूँ।'[४] "मैं तो सदैव श्याम-बलराम का ध्यान करता हूँ। श्याम-बलराम के अतिरिक्त दूसरे देव को स्वप्न में भी हृदय में नहीं लाता। मेरा यही जप है, यही तप है, यही नेम-व्रत है; यही मेरा प्रेम है और इसी फल का ध्यान करता हूँ। यही मेरा ध्यान है, यही ज्ञान, यही सुमिरन। सूर-प्रभु, यही वर दो, मैं यही पाऊँ।'"[५] मेरा मन अन्यत्र कहाँ सुख पाए? उसी प्रकार जैसे जहाज का पंछी फिर जहाज पर ही आता है।'[६] 'तुम्हारी भक्ति ही हमारे प्राण हैं, उसके छूट जाने पर पानी के बिना पान की तरह, जन कैसे जीवित रह सकता है?'[७] 'हम भले बुरे कैसे भी हैं, तेरे ही हैं; मेरे प्रभु बिनती सुनो, तुम्हीं को हमारी लाज-बड़ाई है, सूरदास के प्रभु तुम्हारी कृपा से ही हमने 'घनेरे' सुख पाए हैं।'[८] 'यदि मैं जग में दूसरा पाऊँ तो प्रभु, मैं तुम्हें बार-बार बिनती करके क्यों सुनाऊँ? शिव-विरंचि, सुर-असुर, नाग-मुनि जितने हैं, उन्हें आपका जन जाँच आया है।'[९] अनन्य भक्ति का उपदेश देते हुए कवि पातिव्रत का आदर्श उपस्थित करता है।[१०]

दशमस्कंध—पूर्वार्ध में अनन्य भक्ति अधिकतर उदाहरणों के द्वारा प्रदर्शित की गई है। महराने के पांडे के प्रसंग में उदाहरण देकर अनन्य भाव से कृष्ण की भक्ति का गुण-गान किया गया है। पांडे स्तुति करता है : "संसार के प्रतिपालक, कृपालु, दया करो, जिससे कि उदधि-जंजाल को पार करूँ। किसी के ब्रह्मा, किसी के महेश हैं, मेरे आधार तो तुम्हीं हो! दीन के दयालु, हरि, मेरे ऊपर कृपा करो, यह कहकर वह बार-बार लोटता है। सूर-श्याम, जगत् के स्वामी, अंतर्यामी, क्या कहूँ! निरवार करो!"[११] शालग्राम प्रसंग में कृष्ण स्वयं नन्द और यशोदा को अपना विराट् रूप दिखाकर अन्य पूजाओं का प्रत्याख्यान करते हैं।[१२]

गोपियाँ तो अनन्य प्रेम की स्वयं ही ज्वलन्त उदाहरण हैं। उनके अनन्य प्रेम की विशेषता यह है कि वे कृष्ण के अलौकिक व्यक्तित्व के कारण उनसे प्रेम नहीं करतीं, वरन् उनका प्रेम कृष्ण की रूप-माधुरी पर अवलम्बित है। यही नहीं, वे स्पष्ट रूप से कृष्ण के अलौकिक व्यक्तित्व की अवहेलना करती हैं। अनन्य भाव की चरम परिणति यही है, जिसमें

---

१. सू० सा०, पद १३६।
२. वही, पद १६४।
३. वही, पद १६५।
४. वही, पद १६६।
५. वही, पद १६७।
६. वही, पद १६८।
७. वही, पद १६९।
८. वही, पद १७०।
९. वही, पद २०१।
१०. वही, पद ३५२।
११. वही, पद ८७०।
१२. वही, पद ८७८-८८०।

प्रेमी किसी प्रलोभन के वश प्रेम नहीं करता, वरन् हृदय के सच्चे अनुराग की स्वाभाविक प्रवृत्ति से विवश होकर उसे प्रेम-पात्र पर सर्वस्व निछावर करना पड़ता है।

चीरहरण लीला के प्रसंग में गोपियाँ कहती हैं; ईश्वर हमको कृष्ण पति दो, मन में अन्य कोई नहीं।'[१] कृष्ण लज्जा और गुरुजनों का संकोच छोड़ने का उपदेश देकर गोपियों से पूर्ण रूप से आत्म-समर्पण कराके, उनके अधिक से अधिक निकट आकर घनिष्ठ व्यक्तिगत सम्बन्ध स्थापित करने का अनुरोध करते हैं।[२] गोपियाँ कृष्ण के रूप-रस तथा किशोर-लीलाओं से आकर्षित होकर कृष्ण के प्रेम में एकान्त भाव से तल्लीन हो जाती हैं। इसी तल्लीनता को व्यक्त करके एक गोपी कहती है : "सजनी, मुझसे सुन, मेरे हृदय में ऐसी 'बान' पड़ गई है कि मैं गोपाल के बिना और किसी को नहीं जानती। हरि तो अमोल मणि है; फिर काँच के संग्रह करने से क्या लाभ? अब तो मेरे धनी श्याम हैं, इसलिए मुझे मन, वचन और कर्म से कोई अन्य नहीं भाता। सूरदास-स्वामी के कारण मैंने अपनी जाति तक छोड़ दी।"[३] यज्ञपत्नी लीला में ब्राह्मण-पत्नियाँ लौकिक पातिव्रत धर्म को तिलांजलि देकर कृष्ण के प्रति अनन्य भाव प्रकट करती हैं और उन्हीं के साथ अपना वास्तविक प्रेम-सम्बन्ध घोषित करती हैं। उनके निकट जगत् की सगाई झूठी है क्योंकि वे तो उन्हीं की शरण में हैं।[४]

दानलीला में-गोपियाँ अपने प्रियतम कृष्ण के अलौकिक व्यक्तित्व तक का बहिष्कार कर देती हैं। दधि-दान लेकर कृष्ण गोपियों का मन हर लेते हैं जिससे कि वे कृष्ण से किसी प्रकार का दुराव नहीं रखतीं। वे कृष्ण से कहती हैं : 'जो जिससे अन्तर नहीं रखता वह उससे क्यों अंतर रखे? सूर-श्याम, वेद-उपनिषद् कहते हैं कि तुम अंतर्यामी हो।'[५] "तुम्हारे बिना मन को धिक्कार है, घर को धिक्कार है! तुम्हारे बिना माता-पिता को धिक्कार है, कुल-कानि और लाज-डर को धिक्कार है! सुत-पति को धिक्कार है! जग-जीवन को धिक्कार हैं! तुम बिन संसार को धिक्कार है! नन्दकुमार उस दिवस, पहर, घटिका, पल को बारंबार धिक्कार है, जो हरि के कथा-श्रवण बिना बीते। बिना हरि-रूप के लोचन धिक्कार हैं! सूरदास-प्रभु, तुम्हारे बिना घर को धिक्कार है और यौवन को बन के कूप की तरह धिक्कार है!"[६] इसके बाद ग्रीष्मलीला तथा 'अनुराग समय' के पदों में कृष्ण-रूप के अलौकिक आकर्षण के कारण गोपियों के बरबस तन-मन न्योछावर कर देने के भाव बार-बार व्यक्त किए गए हैं, जिनमें गोपियों का कृष्ण के प्रति अनन्य भावपूर्ण घनिष्ठ व्यक्तिगत प्रेम प्रकट होता है। "गोपी श्याम के रंग में 'राची' है। देह-गेह की सुधि बिसार दी, क्योंकि साँची प्रीति बढ़ गई। उर से दुविधा दूर हो गई और वह 'काँची' मति चली गई। राधा की तरह वह भी विवश हो गई और नंगी होकर नाची। हरि तजकर जो और को भजे, पुहुमि पर लीक खिंच जाती है कि उसकी माता-पिता और लोक की भीति बाकी नहीं बची। × × ×"[७] "हरि-अनुराग भरी

---

१. सू० सा०, पद १४००।
२. वही, पद १४०५, १४१५।
३. वही, पद १०७६।
४. वही, पद १४१८।
५. वही, पद २२३१।
६. वही, पद २२६५।
७. वही, पद २५२८।

व्रजनारियों ने लोक की सकुच तथा कुल की कानि बिसार दी। जगत् में सुत-पति का जो नेह जोड़ा था व्रज-युवतियों ने उसे तिनका की तरह और 'काँचे' सूत की तरह तोड़ डाला और फिर उरग केंचुरी के समान उसकी ओर नहीं देखा। जिस प्रकार जलधार में तृन नहीं लौटता; जैसे नदियाँ समुद्र में समा जाती हैं; जैसे सुभट 'खेत' में चढ़कर जाता है; जैसे सती लौटकर नहीं आती, इसी तरह गोपियों ने नन्द-नन्दन को 'भजा' और वे गृह-जन को त्यागते हुए सकुचीं नहीं। सूरज-प्रभु-वश घोष-कुमारियाँ पंक में गज की तरह हैं और अलग नहीं हो सकतीं।''[१] रास के प्रारम्भ में वंशी-वादन सुनकर जब-जब गोपियाँ गृह-परिजन छोड़कर वन में दौड़ी आती हैं, तब कृष्ण उनकी भर्त्सना करते हैं तथा कुल-मर्यादा और पातिव्रत-धर्म का उपदेश देते हैं। इस पर गोपियाँ कहती हैं; ''तुम्हें पाकर हम घोष नहीं जाएँगी। व्रज में जाकर हम क्या लेंगी? यह दर्शन त्रिभुवन में नहीं है। व्रज में तुमसे अधिक हितू और कोई नहीं; तुम कोटि कहो, हम नहीं मानेंगी। किसके पिता और किसकी माता? हम किसी को नहीं जानतीं। किसके पति और किसे सुत का मोह? घर कहाँ है जहाँ भेजते हो? कैसा धर्म और कैसा पाप? आश निराश कराते हो! हम केवल तुम्हीं को जानती हैं और सब संसार वृथा है। सूर-श्याम, निठुराई तजिए और वचन-विकार छोड़िए।''[२]

गोपियों का यह अनन्य भाव विरह में और भी दृढ़ हो जाता है। गोपिका-उद्धव-संवाद में यह भाव अनेक बार व्यक्त हुआ है। गोपियाँ कहती हैं; 'ऊधो इन नैनों ने नेम ले लिया। नन्द-नन्दन के साथ पतिव्रत रखा; दूसरे का दरस नहीं किया। जिस प्रकार चकोर का चित्त चन्द्र से और चातक का हिय जलधर से बँधा है, ऐसे ही इन नैनों ने गोपाल को एक-टक प्रेम दिया।'[३] ''मधुकर, श्याम ही हमारे ईश हैं। हम उन्हीं का निशि-वासर ध्यान धरती हैं; और किसी को शीश नहीं नवातीं। योगियों को जाकर योग का उपदेश करो, जिनके मन दस-बीस होते हैं। हमारे पास तो एक ही चित्त है और एक ही वह 'मूरति' है, जिसको तीसों दिन देखती हैं × × ×।''[४] ''ऊधो! यदि दूसरा मन होता तो तुम्हारे निर्गुण को दे दिया जाता; पर बिधिना ने वह नहीं दिया। जो एक था वह मदनमोहन की छवि ने छीन लिया। अब उस रूपराशि के बिना कैसे जीना पड़ता है! जो तुमने कहा वह शिर ऊपर है, क्योंकि तुम्हें सूर-श्याम ने भेजा है; पर मीन को चाहे घृत में रखो, तो भी वह जल के बिना नहीं जी सकती।''[५] ''मन में ठौर नहीं रहा। श्री नन्द-नन्दन के रहते हुए और को उर में किस प्रकार लाएँ? दिवस में जागते हुए, चलते और देखते तथा रात में सोते हुए स्वप्न में वह मदनमूर्ति हृदय से छिन भर भी इधर-उधर नहीं जाती। ऊधो, लोग लोभ दिखाकर अनेक कथा कहते हैं, पर क्या करूँ प्रेम-पूर्ण मन-घट में सिंधु नहीं समाता। श्याम-गात, सरोज-आनन, ललित-गति और मृदुहास, सूर, इनके दरश को लोचन प्यासे मरते हैं।''[६] 'इस गोकुल में तो सब गोपाल के उपासी हैं। ऊधो, जो निर्गुण के गाहक हैं, वे सब ईशपुर काशी में बसते हैं।[७] ''सकल व्रज-

१. सू० सा०, पद २८३४।
२. वही, पद १६३९।
३. वही, पद ४१८०।
४. वही, पद ४३२०।
५. वही, पद ४३४५।
६. वही पद ४३५०।
७. वही, पद ४५४६।

जन श्याम व्रतधारी हैं। गोपाल के बिना जिन्हें और भाता है, वे व्यभिचारी कहे जाते हैं × × × यह संदेश कौन सुने? हमारी मंडली अति अनन्य है × × ×।"[१] "हमारे हरि हारिल की लकड़ी हैं। मन-कर्म-वचन से उर ने नन्द-नन्दन को उसी तरह दृढ़ करके पकड़ लिया है। जागते, सोते, स्वप्न में, दिवस और निशि 'कान्ह' 'कान्ह' की जक है।"[२]

कवि ने 'विनय' से लेकर दशमस्कंध—उत्तरार्ध तक बार-बार अपना विश्वास प्रकट किया है कि 'श्याम-बलराम को सदा गाता हूँ। यही मेरा यज्ञ, यही जप, यही तप, यही नेम-व्रत, यही मेरा प्रेम है और मैं इसी फल का ध्यान करता हूँ।'[३]

उक्त समस्त कथनों में कवि ने इष्टदेव के प्रति अनन्य भाव और घनिष्ठ व्यक्तिगत संबंध प्रदर्शित किया है, जिसकी चरम परिणति गोपियों के सर्वात्म-समर्पणयुक्त अनन्य प्रेम के रूप में व्यक्त हुई है।

हरि-कृपा

सर्वात्म-समर्पण की भावना में ही मानव-प्रयत्नों की निरर्थकता एवं भगवान् के ऊपर भक्त की एकान्त निर्भरता निहित है। गत पृष्ठों में भक्त की इस निर्भरता के सूचक अनेक कथन आ गए हैं क्योंकि यह अनन्य विश्वास का ही एक अंग है। कवि ने भक्त की इस निर्भरता के लिए उपयुक्त कारण भी दिए हैं। सगुण ब्रह्म की एक अत्यन्त प्रमुख विशेषता उसकी अपरिमित भक्तवत्सलता है। तीसरे अध्याय में हरि के भक्तवत्सल रूप पर विचार किया जा चुका है।

हरि की भक्तवत्सलता और भक्त की उद्योगहीनता का सानुपातिक सम्बन्ध दिखाकर कवि ने धर्माचरण का उपदेश देते हुए भी भक्त को अपने प्रयत्नों के प्रति उदासीन रहने तथा हरि-कृपा में अटल विश्वास रखकर हरि को पूर्ण आत्म-समर्पण करने की सलाह तथा इसी में अभीष्ट सुख की प्राप्ति का आश्वासन दिया है। इसी विश्वास के बल पर उसने अपने को अत्यन्त अधम, पतित, पथ-भ्रष्ट बताकर प्रभु की कृपा का अधिकारी घोषित करके उन्हें चुनौती दी है कि देखें तुम 'पतित-पावन' का विरद कहाँ तक निबाहोगे।

"मैं बलि जाता हूँ; अब कृपा कीजिए। चरण-कमल बिना मेरे और कोई ठौर नहीं। मैं बलिहारी जाता हूँ। मैं अशौच, अकृत, अपराधी हूँ और सन्मुख होते लजाता हूँ। तुम कृपालु, करुणानिधि, केशव हो; अधम-उधारक तुम्हारा नाम है। मैं किसके द्वार जाकर खड़ा होऊँ, किसे देखते मैं सुहाऊँगा। तुम्हारा नाम अशरण-शरण है। मैं कामी, कुटिल हूँ, मुझे निभा लो। मैं बहुत कलुषी और मलिन-मन हूँ; सेंत-मेंत नहीं बिकूँगा। सूर, पतित पावन पद-अंबुज को परिहर कर कैसे जाऊँ?"[४] प्रभु मुझे, तुमसे होड़ पड़ी है। न जाने तुम नागर नवल हरि अब क्या करोगे? जग में जितनी अधमाई थी, वह मैंने सब कर डाली! तुमने अपने जी में अधम समूह को उधारने की 'जक' पकड़ ली है। मैं राजीव-नयन से दूर छिपकर पाप पहाड़ की दरी में रहता हूँ। मुझे तारने के लिए कहाँ पाओगे, क्योंकि वह तो अत्यन्त गूढ़-गम्भीर है? साधु-संगति का एक आधार था जिसके द्वारा 'रच-पच' कर मति को सुधारा, पर इस 'सौंज' को

---

१. सू० सा०, पद ४५४७।
२. वही, पद ४६०६।
३. वही, पद १६७, ४८१८, ४८२७, ४८४१।
४. वही, पद १२८।

भी संचित करके न रख सका और अपनी मनमानी करता रहा। मेरे लिए मुक्ति विचारते हो! पहर-घरी तक परेशान होओगे, श्रम से तुम्हें पसीना आ जाएगा, ऐसी टेक क्यों कर ली है? सूरदास विनती कहकर विनय करता है कि उसकी देह दोषों से भरी है; पर यदि तुम अपना विरद सँभालोगे, तो उसमें सब निबर जाएगा।[१] इसी प्रकार कवि अपने प्रभु को उधारने की बारंबार चुनौती देता है![२] कवि अपने को किसी पतित से कम नहीं समझता और कर्म-लेख की बही खोलकर देखने को कहता है। इसी आधार पर वह प्रभु से कहता है कि या तो हार मान लो या विरद से सही करो।[३] प्रभु, मैं तो सब पतितों का टीका (शिरोमणि) हूँ। और सब पतित तो चार दिवस के हैं मैं तो जन्म का पतित हूँ। बधिक, अजामिल, गणिका और पूतना ही को तारा है! मुझे छोड़कर तुमने और को उधारा। मेरे जी का शूल किस तरह मिटे? अघ करने के लिए मेरे समान समर्थ और कोई नहीं, मैं यह लीक खींचकर कहता हूँ। सूर, मैं पतितों में लाज से मरता हूँ; मुझसे भी अच्छा और कौन है!''[४] इसी प्रकार कवि अपने में समस्त दोषों का आरोप करके माधव को बार-बार उनके विरद की याद दिलाता है।[५] कृपानिधान की शरणागति में ही आकर उसे अपने उद्धार का भरोसा है, नहीं तो उसके पास न तो पूर्वजन्म की कमाई है, न इस जन्म की।[६] मन तो अब भी वश में नहीं होता; केवल प्रभु के द्वार पर पड़े रहने का आसरा है। भगवान् ने ही कृपा करके गुरुजन भेजे, जिन्होंने बहते हुए का हाथ पकड़कर बचा लिया।[७] यदि धर्माचरण से ही उद्धार होता है, तो कलियुग में क्यों उत्पन्न किया, यह प्रश्न करते हुए कवि कहता है : ''यदि यही विचार था तो कलि के कल्मष लूटने को मेरी यह देह क्यों धारण कराई? यदि हम तुम्हारा नाम अनुसरण नहीं करते हैं, तो तुमने जगत् में अपना विरुद क्यों विदित किया? क्यों तुमने हमें काम, क्रोध, मद, लोभ : मोह के हाथ में बाँध दिया? मनसा और मानसी सेवा दोनों को मैं अगाध करके समझता हूँ। इससे कृपानिधि केशव कृपालु होइए; बहुत अपराध न मानिए। गृह, दारा, सुत, सम्पत्ति किसके हैं जिनसे हित किया जाए? सूरदास-प्रभु प्रतिदिन उठ कर मरते हैं और जप को लेखा देते हैं।''[८]

पश्चाताप और स्वदोष-दर्शन के द्वारा[९] कवि यही दिखाना चाहता है कि कलिकाल में धर्माचरण संभव नहीं, केवल प्रभु की कृपा का भरोसा है, जिससे मनुष्य को शांति मिल सकती है। भगवान् समदर्शी हैं, वे पापी और पुण्यात्मा में भेद नहीं करते, उसी प्रकार जैसे पारस पत्थर पूजा में व्यवहृत लोहे तथा बधिक की लौह-कटारी, दोनों को खरा कंचन बना देता है; उसी प्रकार जैसे नदी और गन्दे नाले गंगा के पावन जल में मिलकर गंगा-जल बन जाते हैं। तन माया है और जीव ब्रह्म; यही मिलकर बिगड़ गए हैं। इसलिए कवि उनके प्रण की याद

---

१. सू० सा०, पद १३०।
२. वही, पद १३१-१३४।
३. वही, पद १३७।
४. वही, पद १३८।
५. वही, पद ८३९-८५१।
६. वही, पद २०५।
७. वही, पद २०८।
८. वही, पद २११।
९. वही, पद २०८।

दिलाकर विनती करता है कि प्रभु, हमारे अवगुण का विचार न करो और हमारी लाज रख लो।[१]

मानव की पौरुषहीनता तथा प्रभु की कृपा का ज्वलंत उदाहरण द्रौपदी के संकट-निवारण की घटना है।[२] प्रभु-कृपा का अधिकारी बनने के लिए भक्त संपदा से विपदा को अधिक प्रिय समझता है। कुन्ती कहती है; 'प्रभु जी, विचार करने से विपदा भली जान पड़ती है। चरणों से विमुख होने के कारण इस राज्य को धिक्कार है। × × कौरव ने लाखा मंदिर रचा था, वहाँ भी बनवारी ने रक्षा की। सभा में कृष्ण के अंबर-हरण के समय उसे शोक-सिंधु से तार दिया। अतिथि ऋषीश्वर शाप देने आए, जिससे जी में बहुत सोच हुआ, तुमने स्वल्प साग में सब तृप्त कर दिया और कठिन आपदा टाल दी। अपने जन अर्जुन की रक्षा के लिए मुरारी स्वयं सारथी हुए। सूर, वही संतों के हितकारी हमारे सहाय हैं।''[३]

''परन्तु अब वे विपदाएँ भी नहीं रहीं? जब-जब मनसा से सुमिरते थे, वे तभी मिलते थे। अपने दीन दास के हित के लिए संग ही संग फिरते थे! रण, वन, विग्रह, भय में, जहाँ कहीं विपत्तियाँ आती थीं, वहीं सदैव सबकी पलक में गोलक की तरह रक्षा कर लेते थे; जगजीवन, तुम्हीं ने सब त्रासों से बचा लिया। कृपासिंधु की एकरस कथाएँ किस प्रकार कही जा सकती हैं? जहाँ यदुनाथ न हों, वहाँ सुख-सम्पत्ति को क्या दीजिए।''[४]

भगवान् के सभी अवतार उनकी कृपा और भक्तवत्सलता के प्रमाण हैं। कवि ने इस बात को अनेक बार दुहराया है। भगवान् की कृपा के आगे सब कुछ तुच्छ है; बिना कृपा के सारे उद्यम वृथा हैं। देवासुर द्वारा समुद्र-मंथन की कथा के अंत में कवि कहता है, 'सूर-प्रभु जिस पर कृपा करते हैं, वही जीतता है, कृपा के बिना उद्यम व्यर्थ हो जाता है।"[५] ''भक्तवत्सल, कृपाकरन, अशरण-शरण, पतित-उद्धरन, गाकर कहते हैं कि जिस प्रकार चारों युगों में कृपा की है, उसी स्वभाव से सूर पर भी कृपा करो।''[६] हरि जिस पर कृपा करते हैं, वही जीतता है, कोई व्यर्थ अभिमान न करो, यह कहकर कवि मोहनी रूप से शिव के छलने और उनके गर्व-प्रहार करने की कथा कहता है।''[७]

रामावतार की कथा में भी हरि की कृपा का उल्लेख हुआ। गृद्ध-उद्धरण के प्रसंग में कहा गया है कि कृपानिधान ने अपनी विपत्ति को विसार कर जटायु का उद्धार किया।[८] इसी प्रकार उन्होंने भक्ति-भाव के आगे जाति-कुजाति का विचार छोड़कर शबरी के जूठे फल खाए और जब वह तन त्याग कर हरिलोक सिधार गई तब उसे करुणा करके स्वयं तिलांजलि दी।[९]

---

१. सू० सा०, पद २२०-२२१।
२. वही, पद २४५-२५१।
३. वही, पद २८२।
४. वही, पद २८३।
५. वही, पद ४३५।
६. वही, पद ४३६।
७. वही, पद ४३७।
८. वही, पद ५०१।
९. वही, पद ५११।

सीता स्वयं करुणामय, कृपालु स्वामी से कृपाकांक्षा करती हैं।[१] मंदोदरी रावण को समझाते हुए रघुनाथ की कृपालुता का विश्वास दिलाती है।[२]

रामावतार की कथा के अंत में कवि महाराज रघुवीर धीर के राज-दरबार का वर्णन करके अपने को उनके निकट पहुँचने में असमर्थ सिद्ध करता है और उनकी कृपा के भरोसे यह 'रुक्का' (विनती) पहुँचाने की आज्ञा चाहता है।[३] महाराज रघुवीर के राजसी व्यक्तित्व के आगे कवि और कर भी क्या सकता है? इसी कारण वह यशोदानंदन व्रजवासी कृष्ण के बाल और किशोर रूप का उपासक है, जिनकी लीलाओं का सुख उसके लिए सुलभ है। परन्तु हरि की कृपा की आकांक्षा वहाँ भी है। उनकी कृपा कृष्ण की लीलाओं में भी क्रियाशील है।

शिशु रूप में कृष्ण ने पूतना का वध करके उसे निज-धाम भेज दिया[४] और सुरों के मन में संशय और भय उत्पन्न हो जाने के कारण उन्होंने अंगुष्ठपान छोड़ दिया।[५] कवि उनके 'तनक' से शिशु-रूप से 'तनक' कृपा की याचना करके शरण माँगता है।[६] यशोदा को अपनी बाल-लीला का सुख देना भी कृपा-कटाक्ष ही है।[७]

कालिय-दमन के प्रसंग में पुनः कृष्ण की कृपा का स्पष्ट उल्लेख हुआ है। उन्होंने कालिय पर जितनी कृपा की उतनी प्रह्लाद, द्रौपदी, गजराज पर भी नहीं की। कालिय पर उन्होंने पूर्ण कृपा की।[८]

गोपियों के साथ कृष्ण का प्रेम अत्यंत घनिष्ठ अंतरङ्ग लीलाओं के द्वारा प्रकट हुआ है, परन्तु उनके वर्णन में भी कवि ने यत्र-तत्र कृष्ण की कृपा का उल्लेख कर दिया है।[९] सब सखियों ने कृष्ण के अंग-प्रति-अंग की शोभा का तन्मयता से अवलोकन किया, परन्तु प्रेम-विभोर राधा के नेत्र एक ही अंग में अटक कर रह गए। वह अपनी सापेक्ष तुच्छता का कथन करती है और कहती है; 'श्याम के रूप का अवगाहन करना डोंगियों द्वारा सिंधु को पार करना है; सूरदास, वैसे ही ये लोचन हैं। कृपा-जहाज के बिना इन्हें कौन प्रेरित करे?'[१०] वियोग में राधा करुणाधाम के पास जाने के लिए 'कृपा-मार्ग का शोध' करती है।[११]

राधा-कृष्ण के मिलने पर भक्ति-गद्गद भाव से सूरदास कहते हैं; 'प्रभु तुम्हारे दरश के लिए मैं भले प्रकार भक्ति-भाव पाऊँ। अनुचर पर अनेक कृपा कीजिए, जिससे मैं अनुपम लीला गाऊँ।'[१२]

---

१. सू० सा०, पद ५२६, ५३६, ५३७।
२. वही, पद ५५९, ५७०।
३. वही, पद ६१६।
४. वही, पद ६६८।
५. वही, पद ६८२।
६. वही, पद ७६८, ७७०।
७. वही, पद ७७२।
८. वही, पद ११८५, ११८७।
९. वही, पद १६३८, १६४८, १३४९, १६५१, १७०५, १७०९, १७३८, १७४१, १७४५।
१०. वही, पद २४०३।
११. वही, पद २६९७।
१२. वही, पद २७५८।

रास के वर्णन में भी कवि इस रास-रस के वर्णन करने में अपने को असमर्थ समझता है और कहता है कि जो रस निगम के लिए भी अगम है, उसे कृपा के बिना कोई प्राप्त नहीं कर सकता।[१]

कृष्ण ने कुब्जा पर कृपा करके ही उसे निम्न स्तर से उठाकर ऐसी उच्च स्थिति पर पहुँचा दिया कि गोपियाँ उससे ईर्ष्या करने लगीं।[२]

सुदामा-दारिद्र्य-भंजन में भी हरि की कृपा का महत्व दिखाया गया है।[३] भस्मासुर-वध में शिव तक उनकी कृपा की याचना करते प्रदर्शित किए हैं।[४] भृगु-परीक्षा में पुनः हरि की कृपा प्रमाणित हुई है।[५]

हरिनाम-स्मरण

हरिनाम-स्मरण भक्ति का एक प्रधान लक्षण और साधन है। कवि ने प्रत्येक स्कंध के आरम्भ में तथा प्रायः भिन्न-भिन्न लीलाओं के आरम्भ में 'हरि हरि हरि हरि' सुमिरन करने का आदेश दिया है तथा बार-बार नाम स्मरण की महिमा गाई है।

हरिनाम-स्मरण के बिना सांसारिक विषयों में फँसकर मनुष्य जोगी के कपि की तरह नाचता है।[६] चौपड़ के खेल के रूपक में कवि कहता है कि राम-नाम के बिना मनुष्य ने बार-बार बाजी हारी है।[७] मदन-गोपाल को गाने की प्रेरणा देते हुए कवि अनगन अपराधियों के निर्भय पद पाने के प्रमाण उपस्थित करता है। गीध, अजामिल, गणिका, श्वपच, ब्राह्मण, गज, प्रह्लाद के उदाहरण देकर वह कहता है कि हरि को गाने से कौन नहीं उबरा?'[८] हरि ने गणिका को इसीलिए तार दिया कि वह कीर पढ़ाती हुई हरि-नाम लेती थी। व्याध ने भी नाम के बल पर परमपद पाया।[९] हरि का 'तीक्ष्ण नाम-कुठार' जन्म-जन्म के अघ-भार काटने में समर्थ है। वेद, पुराण, भागवत, सबके मत का सार यही है।[१०]

'राम नाम के अंक अद्‌भुत हैं। ये धर्म-अंकुर के दो पावन दल हैं; मुक्ति-वधू के ताटंक हैं; मुनि-मन रूपी हंस के दो पंख हैं, जिनके बल से वह आधा उड़ जाता है; जन्म-मरण के बंधन काटने के लिए बहु-विख्यात तीक्ष्ण-कर्त्तरि हैं; अज्ञान-अंधकार को मेटने के लिए रवि-शशि के युगल प्रकाश हैं, जो दिन-रात अनायास ही 'महा कुमग' को प्रकाशित करते हैं। सूर, वेद पुराणों की 'साखी' है कि ये भक्ति-ज्ञान के पंथ में निरंतर प्रेम का व्याख्यान करके दोनों लोकों में सुख करने वाले हैं।''[११] ''हमारे राम निर्धन के धन हैं। हरिनाम ऐसा है कि उसे चोर

---

१. सू० सा०, पद १६२४।
२. वही, पद ३४४४।
३. वही, पद ४८४३-४८६३।
४. वही, पद ४९२५।
५. वही, पद ४९२६।
६. वही, पद ५९।
७. वही, पद ६०।
८. वही, पद ६६।
९. वही, पद ६७।
१०. वही, पद ६८।
११. वही, पद ९१।

नहीं ले सकता, वह कभी घटता नहीं और गाढ़े समय काम आता है, वह जल में डूबता नहीं, उसे अग्नि जला नहीं सकती। सूरदास के सुख के धाम वैकुंठनाथ सकल सुखों के दाता हैं।''[१] इन पदों में हरिनाम को भक्ति के साधनों में सर्वोपरि बताया गया है। 'पतित-पावन जानकर मैं शरण में आया हूँ। संसार रूपी उदधि से तरने के लिए शुभ नाम की नौका है' यह कहकर कवि पुनः व्याध, गीध, गणिका, अजामिल, गौतम-पत्नी, गज, प्रह्लाद, बलि, ध्रुव, पांडव और द्रौपदी के उदाहरण देता है जिनका उद्धार केवल नाम लेने मात्र से हो गया।[२] सूर के 'श्याम' सुलभ सुमिरन के वश में हैं। वे कभी देर नहीं लगाते।[३] जिन्होंने धर्म विमुख आचरण करके जन्म गँवा दिया ऐसे लोगों को केवल नाम का ही भरोसा है।[४]

भगवान् तो भक्तवत्सल हैं ही; उनका नाम भी भक्तवत्सल है: ''प्रभु तुम्हारा नाम भक्तवत्सल है। जल संकट से गज की रक्षा कर ली और ग्वालों के हित गोवर्धन धारण किया। द्रुपद-सुता ने जब हरि को टेर कर पुकारा कि मैं अनाथ हूँ, मेरा कोई नहीं, दुश्शासन तन 'उघारा' कर रहा है, तो उसका महा दुख मिट गया। अनेक भूप बन्धन से छोड़े जिससे कि राज-रमणियों ने यश का अति विस्तार किया। अपने नाम की लाज कीजिए। जरासंध-सा असुर आपने संहारा, अंबरीष के शाप का निवारण किया और दुर्वासा के लिए चक्र सँभाला। दास विदुर के यहाँ भोजन किया तथा दुर्योधन का गर्व मिटाया। पर सूर कूर को जो संतत दीन और महा अपराधी है, क्यों बिसार दिया? प्रभु, वह तेरा नाम कह रहा है, वनमाली भगवान्, उसका उद्धार करो।''[५]

राम-नाम की शक्ति इतनी महती है कि धर्माचरणहीन मनुष्यों को केवल इसी का सहारा है। इतना महिमाशाली होते हुए भी यह अत्यन्त सुलभ है[६] राम-नाम की शक्ति अपार है उससे केवल यह जन्म ही नहीं वरन् आगामी जीवन भी सुधर जाता है।[७] इसीलिए कवि हरिनाम-स्मरण के लिए प्रेरणा देता है; 'रे मन, हरि, हरि, सुमिर। नाम के समान सैकड़ों यज्ञ नहीं हैं, यह प्रतीति कर, कर, कर। हरिनाकुस ने हरिनाम विसार दिया और 'बरि बरि' उठा; जिसने प्रह्लाद के हित उस असुर को मारा, उससे डर, डर, डर। गज, गीध, व्याध, गणिका के अघ 'गरि गरि' गए। चरन-अंबुज के रस को बुद्धि-भाजन में भर-भर ले। हरि द्रौपदी की लाज बचाने के लिए दौड़ पड़े। पांडुसुत के जितने 'बिघन' थे वे सब 'टरि' गए। कर्ण, दुर्योधन, दुःशासन, शकुनि आदि सब नष्ट हो गए। प्रभु चार फल के दानी हैं वे 'फरि' रहे हैं। सूर, श्रीगोपाल को हृदय में धर।''[८]

कलियुग में राम नाम के साधन का विशेष महत्व है, क्योंकि अन्य वेद-विदित धर्म-कर्म अब संभव नहीं हैं।[९] ''हरिनाम का आधार है। इस कलिकाल में और विधि व्योहार नहीं

---

१. सू० सा०, पद ९२।
२. वही, पद ११९।
३. वही, पद १२१।
४. वही, पद १५५।
५. वही, पद १७२।
६. वही, पद २६९, ३१३।
७. वही, पद २९७।
८. वही, पद ३०६।
९. वही, पद ३४६।

रहा। नारदादि, शुकादि मुनियों ने मिलकर बहुत विचार किया; सकल श्रुतियों के दधि को मथकर इतना ही घृत-सार पाया। जिस तरह जाल मीन को रोकता है, उसी तरह दसों दिशाओं के कर्म को रोककर सूर हरि का सुजस गाता है, जिससे कि भव-भार मिट जाए।''[१] ''श्रुति-स्मृति सभी का मत यही है कि हरि समान दूसरा कोई नहीं। उसी के स्मरण से सुख होता है। उसी से मुक्ति मिलती है। इसलिए सौ बातों की एक ही बात है, दिन-रात हरि-हरि सुमिरो।''[२] रसना वही जो हरि के गुन गाए[३] आदि कहकर कवि समस्त इंद्रियों की प्रवृत्ति को कृष्णाभिमुख करने का उपदेश देता है और कहता है कि इन सबका आधार राम नाम ही है। ''जब से रसना ने राम कहा है, तब से मानो सब धर्म को साध कर बैठ गए हैं। पढ़ने में क्या रहा? यह नाम ज्ञान-गुरु से प्रकट हुआ प्रताप है, मानो दधि को मथकर घृत ले लिया और मही को छोड़ दिया। यह सार का सार, सकल सुख का सुख है। यही जानकर हनुमान और शिव ने उसे ग्रहण किया। जिस जन को नाम की प्रतीति हो गई, उसी ने आनन्द का लाभ किया और दुख को दूर जला दिया। सूरदास, वह प्राणी धन्य है जिसने हरि का व्रत लेकर निर्बाह कर लिया।''[४] माया के प्रकरण में कहा ही जा चुका है कि विषय माया रूपी भुजंगिनि का विष कृष्ण नाम के सुमंत्र से ही उतरता है। वही जियावनमूरी जन को मृत्यु से बचाती है।[५] अजामिलोद्धार में सोदाहरण राम नाम की महत्ता प्रदर्शित की गई है और बताया गया है कि अजामिल को धोखे में नारायण नाम के उच्चारण के कारण यम के दूतों से मुक्ति मिल गई। कवि ने इसका औचित्य सिद्ध करने के लिए तर्क उपस्थित किए हैं। राम नाम के विषय में हरि के दूतों के द्वारा कवि कहलाता है कि किसी भी प्रकार से कोई हरिनाम क्यों न उच्चारण करे, वह निश्चय ही तर जाता है। जिसके गृह में भी हरिजन जाकर नाम-कीर्त्तन करें और वह स्वयं चाहे नाम न भी ले, तो भी हरि उसे निज-पद देते हैं। कोई कैसा भी पापी क्यों न हो राम नाम के उच्चारण से उस पर यम के दूतों का अधिकार नहीं रहता। राम नाम के चमत्कार से अजामिल को वैराग्य उत्पन्न हो गया और उसने पुत्र-कलत्र का त्याग करके हरिपद में ध्यान लगाया और तत्काल वैकुंठ चला गया। जो अंतकाल के समय नाम उच्चारण करता है, वह अपने समस्त पापों को जला देता है; उसे तुरन्त ज्ञान-वैराग्य पैदा हो जाता है और वह विष्णु-पद प्राप्त करता है।[६] प्रह्लाद की कथा तो राम नाम की महिमा का ज्वलंत उदाहरण है ही। प्रह्लाद समस्त विद्याओं को छोड़कर केवल राम नाम दिन रात रटा करता था। उसके पिता ने उससे पूछा कि तुमने क्या पढ़ा तो वह उत्तर देता है, 'जो चारों वेदों का सार है, पुनः जो छहों शास्त्रों का सार है, जो सब पुराणों का सार है, वही राम नाम मैंने विचारकर पढ़ा है।' इस पर उसके पिता ने उसे अनेक प्रकार का दण्ड दिया, पर प्रह्लाद ने राम नाम नहीं छोड़ा और वह समस्त विपत्तियों को सफलतापूर्वक पार कर गया। हिरण्यकशिपु ने समझा कि वह कुछ जंत्र-मंत्र जानता है, परन्तु पूछने पर प्रह्लाद ने कहा; 'मेरे पास केवल हरिनाम का जंत्र-मंत्र है; जिसका घट-घट में विश्राम है, जहाँ-तहाँ वही सहाय करता है, इसी से तेरा कुछ बस नहीं

---

१. सू० सा०, पद ३४७।
२. वही, पद ३४८।
३. वही, पद ३५०।
४. वही, पद ३५१।
५. वही, पद ३७५।
६. वही, पद ४१५।

चलता। इसी हरिनाम में अटल विश्वास के बल पर प्रह्लाद ने खम्भ से हरि को प्रकट करा दिया।[१]

कृष्णवतार के वर्णन में कवि कृष्ण के रूप और उनकी विविध लीलाओं में तल्लीन हो जाता है, परन्तु फिर भी नाम की महत्ता की वह उपेक्षा नहीं करता और कृष्ण-लीला-वर्णन में भी नाम-स्मरण की महिमा बताता चलता है। गोपियों पर कृष्ण की रूप-माधुरी का ही नहीं, नाम का भी मोहक प्रभाव पड़ता है। गोपी कहती है, : "माई री, जब से कृष्ण नाम सुना है, तब से भवन को भूल गई और बावरी-सी हो गई हूँ, नैन भर-भर आते हैं, चित्त में चैन नहीं रहता, बैनों की भी सुध भूल गई और मन की समस्त दशा और ही हो गई है। × × × ।"[२]

मानवती राधा को मनाने के लिए दूती जाती है और कहती है कि चाहे तुम कितना ही मान करो, अन्त को तुम और मनमोहन दोनों एक ही हो जाओगे। 'मोहन का नाम श्रवण से सुनते ही सुकुमारी मगन हो गई। तुरन्त ही उसका मान भंग हो गया, रिस चली गई और वह मन में अत्यन्त लज्जित हो गई।'[३]

रजक-वध करके जब कृष्ण ने मथुरा में प्रवेश किया, तो नगर-निवासी उन्हें पहचानने तथा उनके गुण जानने की उत्सुकता दिखाते तथा उनका परिचय प्राप्त करते हैं। एक का कथन है; 'ये देवकी सुत श्याम हैं, सिर पर शुभ मुकुट है, श्रवणों में कुंडल हैं, ये कामनाएँ पूर्ण करते हैं। जो महा खल है उनसे भी अधिक खल इनके एक नाम से तर जाते हैं।'[४]

विरहिनी गोपियाँ उद्धव से कहती हैं, 'ऊधो, तुम तो निकट के वासी हो। यह परमारथ पूछकर क्यों नहीं बताते कि नाम बड़ा है या काशी? योग, ज्ञान, ध्यान, आराधना और उदासी मुक्ति के साधन में नाम की तरह वे लोग कैसे रुचि मानें जो गोपाल के उपासी हैं।'[५] गोपियों को अब तो केवल नाम का ही सहारा रह गया है, क्योंकि कृष्ण का रूप तो वे अब पार्थिव लोचनों से देख ही नहीं सकतीं। मथुरा लौटकर उद्धव यही बात कृष्ण से कहते हैं, 'माधव जू, व्रज का प्रेम सुनो। मैंने षट मास गोपियों का प्रेम बूझ देखा। श्याम नाम का हित उनके हृदय से नहीं टलता।'[६]

कुरुक्षेत्र में ऋषिगण हरि की स्तुति के अन्त में कहते हैं; 'व्यास ने वेद-पुराण सबका सार विचार कर भागवत कही है। बिना हरिनाम के उद्धार नहीं हो सकता। यही वेदों और पुराणों का सार है। सूर, यही जानकर मुरारि को भजो।'[७]

पुनः नारद स्तुति करते हुए कहते हैं; 'महाप्रभु, माया जलधि अगाध है, उससे कोई तर नहीं सकता। जो कोई नाम के जहाज पर चढ़ता है वही तुम्हारे पद तक पहुँचता है। प्रभु, लोहे के समान पापी नर को तुम्हारा नाम पार उतार देता है। जिस प्रकार लोहा पारस के स्पर्श से कंचन हो जाता है और उसका लौहपन मिट जाता है, उसी प्रकार तुम्हारा नाम गाकर अज्ञानी

---

१. सू० सा०, पद ४२१।
२. वही, पद २४१४।
३. वही, पद ३३१९।
४. वही, पद ३६६४।
५. वही, पद ४२८७।
६. सू० सा० (वें० प्रे०) पृ० ५६७ पद ८३।
७. सू० सा० (सभा), पद ४९१६।

ज्ञान प्राप्त करता है।"[१] हरि-स्मरण करने से परमगति-लाभ होता है, इसके प्रमाण में कवि श्रुतिदेव, ब्रह्म तथा राजा जनक की कथाओं का उल्लेख करता है।[२]

अन्त में कवि पुनः कलियुग में हरिनाम स्मरण का एक मात्र साधन घोषित करता है; "सतयुग में सत्य से, त्रेता में यज्ञ करने से, द्वापर में मन में पूजा करने से पार उतरते हैं, कलियुग में एक बड़ा उपकार है कि जो हरि कहे वही पार उतरे। कलि में लोग नित्य पाप करते हैं। कहाँ तक कहा जाय; पापों का अन्त ही नहीं होता। पर हरि-हरि कहते ही पाप चला जाता है, उसी प्रकार जैसे पवन से रुई उड़ जाती है। अजामिल ने सुत-हित हरि नाम लिया, हरि ने यमदूतों से उसकी रक्षा कर ली। कलि में जो राम-राम कहेगा, वह निश्चय ही भव-जाल से तर जाएगा। कलि में राम नाम आधार है।"[३]

उक्त उद्धरणों से स्पष्ट है कि कवि प्रायः हरिनाम-स्मरण और हरिभक्ति को पर्यायवाची अर्थ में प्रयुक्त करता है। इससे सिद्ध होता है कि नाम-स्मरण का कवि की दृष्टि में कितना महत्व है।

गुरु सत्संग तथा विधि-निषेध

कवि ने अपने समस्त काव्य का उपयोग हरि के लीला-गुण-गान में किया है, जिससे इतर विषयों के लिए उसमें स्थान नहीं रहा। फिर भी, यत्र-तत्र गुरु की कृपा के विषय में जो कथन किए गए हैं, उनसे विदित होता है कि भक्ति के लिए गुरु की आवश्यकता अनिवार्य है तथा गुरु का स्थान भक्ति-धर्म में अत्यन्त उच्च है। गुरु की भक्ति हरि-भक्ति का एक प्रधान लक्षण है। गुरु ही जिज्ञासु को भक्ति में दीक्षित करके कल्याण का मार्ग बताता तथा आत्मज्ञान का बोध देता है।

गुरु के साथ कवि ने सत्संग और सदाचार की भी आवश्यकता बताई है। बिना सत्संग के सांसारिक विषय-वासनाओं से विरक्ति नहीं आ सकती तथा शुद्धाचरण के बिना हरि की भक्ति संभव नहीं। कवि ने यत्र-तत्र साधक के लिए विधि-निषेधमय सदाचार का उपदेश दिया है, जिसके अनुसार अपने आचरण को सुधार कर मनुष्य भक्ति प्राप्त कर सकता है। परन्तु कवि ने साधना-पथ की इन विधि-निषेधमयी शिक्षाओं को विशेष महत्व नहीं दिया। एक ओर उसने प्रभु की भक्तवत्सलता और अनुकंपा का गुणगान करते हुए यह व्यंजित किया है कि मानव के लिए भगवान् की कृपा का जितना भरोसा है, उतना अपने सदाचार का नहीं हो सकता, क्योंकि मनुष्य इंद्रियों की प्रवृत्तियों का निषेध करने में इच्छा रहते हुए भी सफल नहीं हो पाता; दूसरी ओर इसी विचार के पूर्त्यर्थ उसने कृष्ण के रूप और लीलाओं का आकर्षक चित्रण करके यह प्रमाणित किया है कि मनुष्य अपनी समस्त इंद्रियों के विषयों की तृप्ति उन्हीं में पा लेता है और स्वभावतया सांसारिक वासनाओं से विमुख हो जाता है। दशम स्कंध—पूर्वार्ध में सदाचरण के विषय में कवि के मौन तथा कृष्ण के गोपियों के साथ रति-व्यवहारों को देखकर यह भ्रम हो सकता है कि कवि सदाचार से उदासीन ही नहीं हो गया, वरन् उसने उसकी सर्वथा विगर्हणा की है। परन्तु वस्तुतः ऐसा है नहीं। धर्माचरण के विधि-निषेध से कवि की यह उदासीनता केवल इसलिए है कि रूप और लीलाओं के रस पर

---

१. सू० सा० (सभा), पद ४९२०।

२. वही, पद ४९२३।

३. वही, पद ४९३४।

आधारित कृष्ण की सगुण-भक्ति में सदाचार तो अनिवार्य रूप से सुलभ-साध्य है। उस पर जोर देना व्यर्थ है, क्योंकि न तो वह भक्ति का प्रधान साधन है, न उसका उद्देश्य। योग-यज्ञादि की कवि ने स्पष्टरूप से विगर्हणा भी की है; परन्तु इसमें उसका उद्देश्य साधनों को साध्य मानने की स्वाभाविक और व्यापक भूल का निराकरण करना ही प्रतीत होता है।

अन्य स्कंधों में कवि ने सदाचार-सत्संग का जो गुणगान किया वह दशम स्कंधपूर्वार्ध के विचार के विपरीत नहीं है। दोनों में जो अन्तर दिखाई देता है उसका कारण भक्ति के प्रति कवि का परिवर्तित दृष्टिकोण है। इस प्रकरण में गुरु, सत्संग और सदाचार सम्बन्धी विधि-निषेधसूचक विचारों का विवेचन किया गया है।

अनन्य भक्ति के लिए 'हमता' के परित्याग की अत्यन्त आवश्यकता है। जहाँ 'हमता' है वहाँ प्रभु नहीं रह सकते।[१] कवि मन को उपदेश देता है : "रे मन विषय में लिप्त होना छोड़ दे। तू सेमल का सुआ क्यों बनता है? अन्त में यह कपट खुल जाएगा। कनक-कामिनी को अन्तर में ग्रहण करता है; तेरे हाथ में केवल 'पचना' शेष रहेगा। अभिमान को छोड़कर, बावले, राम कह, नहीं तो ज्वाला में तपेगा। सतगुरु ने कहा है, मैं भी तुझसे कहता हूँ कि राम-रतन धन का संचय कर। सूरदास-प्रभु हरि-सुमिरन के बिना जोगी के कपि की तरह नाचेगा।"[२]

धर्माचरण, गुरु-भक्ति और सदाचारपूर्ण जीवन नर-जन्म का उद्देश्य है: "नर तूने जन्म पाकर क्या किया? कूकर-शूकर की तरह उदर भरा और प्रभु का नाम भी न लिया। श्री भागवत श्रवणों से नहीं सुनी, गुरु गोविन्द को नहीं चीन्हा, जिससे हृदय में कुछ भी भाव-भक्ति नहीं उपजी और तूने मन को विषयों में लगाया। प्रिया के भीने स्पर्श के झूठे सुख को तूने अपना करके समझा। अधम, तू अघ का मेरु बढ़ाकर अन्त में बलहीन बन गया। चौरासी लाख योनियों में भरम कर फिर उसी में मन लगाया। सूरदास भगवंत-भजन के बिना तू अंजलि के जल की तरह क्षीण है।"[३]

भगवंत-भजन का उपदेश देते हुए कवि कहता है; "जिस दिन मन-पंछी उड़ जाएगा, उस दिन तेरे मन तरुवर के सभी पात झड़ जाएँगे। जिन लोगों से नेह करता है वे ही देखकर घिनाएँगे। घर वाले कहेंगे कि जल्दी निकालो, नहीं तो भूत होकर पकड़कर खा लेगा। देवी-देव मनाकर बहुत अच्छी तरह जिन पुत्रों का प्रतिपाल किया, वे ही बाँस से सीस फोड़कर बिखरा देंगे! इसलिए, मूढ़, अब भी सत्संगति कर। संतों में अवश्य कुछ पाएगा। नर-वपु धारण करके जो हरि का जन नहीं हुआ वह यम की मार खाएगा। सूरदास, वह भगवंत-भजन के बिना वृथा जन्म गँवाएगा।"[४]

मनुष्य की हीन दशा का वर्णन करते हुए वह पुनः कहता है; 'सत्संग का नाम ही सुनकर जी में आलस आता है; मैं विषयों में विश्रामी हूँ। श्रीहरिचरण छोड़कर निशिदिन विमुखों की गुलामी करता हूँ।"[५]

---

१. सू० सा० (सभा), पद ११।
२. वही, पद ६५९।
३. वही, पद ६५।
४. वही, पद ८६।
५. वही, पद १४०।

भक्ति के अंगों में हरि-स्मरण, गुरु-सेवा, मधुबन के वास, गिरिधर के विमल यश-गान, प्रेम के साथ घुँघुरू बनाकर नाचने, श्रीभागवत के श्रवण और हरि-भक्तों की सेवा की गणना कराई गई है।[१]

आगे कवि कहता है : ''जन्म भर संतों की संगति नहीं देखी और न गुनगाथा कही-सुनी। कर्म, धर्म, तीर्थ और आराधना के बिना सब अकारथ हो गया, इसीलिए सूरदास के माथ पर कर धरकर अभयदान दो।''[२]

हरि-यश गाने के लिए संतों के संग का उपदेश[३] तथा गुरु, ब्राह्मण और संतसुजन के साथ की शिक्षा दी गई है।[४]

परीक्षित को भक्ति का उपदेश देते हुए शुकदेव साधु-संगति करने, पुराणादि सुनने, इंद्रियों का निग्रह करने और काम, क्रोध, लोभ, मोह को त्यागने तथा नारी से बचने का उपदेश देते हैं। चौरासी लक्ष योनियों में भटकने से बचने के लिए यही उपाय है कि भक्तों की हाट में स्थिर होकर बैठें और हरि-नग को मोल लें और इस क्रय में काम, क्रोध, मद, लोभ, मोह को दलाली मे दे दें। साहस करके यह 'सौंज' लाद कर हरि के पुर ले जाएँगे, तो घाट-बाट कहीं अटक न होगी, सब कोई निबाह देगा। और किसी बनिज में लाभ नहीं, बल्कि मूल में हानि होती है। सूर-श्याम का सौदा सच है, हमारा कहना मान।''[५]

इसी प्रकार बारबार काम, क्रोध, मद, लोभ, मोह त्यागने, सांसारिक विषयों से विरक्त रहने, हरि-विमुखों का संग छोड़ने, सत्संग करने तथा हरि-भजन करने का उपदेश दिया गया है।[६]

हरि-विमुखों का संग छोड़ने का उपदेश देते हुए कवि कहता है : ''मन हरि-विमुखों का संग तजो, जिनके संग कुमति उपजती है और भजन में भंग पड़ता है। भुजंग को पय पान कराने से क्या होता है? वह विष नहीं तजता। काग को कपूर चुगाने से क्या? स्वान को गंग नहलाने से क्या? खर को अरगजा लेपन से और मरकट के अंग में भूषन सजाने से क्या? गज को सरिता का स्नान कराने से क्या? वह फिर वही ढंग धारण कर लेता है। पाहन पर गिरा बान उसे बेधता नहीं, केवल निषंग को रीता कर देता है। सूरदास, खल कारी कमरी है जिस पर दूसरा रंग नहीं चढ़ता।''[७]

हरि-भजन करके जीवन को सफल करने का उपदेश देते हुए कवि कहता है कि सतगुरु का उपदेश हृदय में धारण करो जिन्होंने सकल भ्रम का निवारण किया।[८]

''जिस दिन संत पाहुने आते हैं, उस दिन कोटि तीरथ के स्नान करने से जो फल होता है वही फल दर्शन पाने से होता है। उनके हृदय में दिन प्रतिदिन नया नेह होता है और चित्त

---

१. सू० सा० (सभा), पद १५५।
२. वही, पद २०८।
३. वही, पद ३५६।
४. वही, पद ३०९।
५. वही, पद ३११।
६. वही, पद ३११-३३६।
७. वही, पद ३३२।
८. वही, पद ३३६।

चरन-कमल में लगा रहता है। वे मन, वचन और कर्म से कुछ नहीं जानते, केवल सुमिरन करते हैं और सुमिरन कराते हैं; मिथ्यावाद-उपाधि रहित होकर विमल यश गाते हैं; जो पहले के कठिन कर्म-बन्धन हैं उन्हें भी काटकर बहाते हैं। अनुदिन साधु की संगति रहने से भव-दुख दूर होते और नष्ट होते हैं। सूरदास, उन्हीं की संगति कर, जो हरि की सुरति कराते हैं।''[१]

'मनोकामना को जीते बिना योग, यज्ञ, व्रत आदि व्यर्थ हैं। स्नान, तीर्थ, भस्म और जटाजूट, अठारह पुराणों का पाठ और प्राणायाम आदि सभी व्यर्थ हैं, जब तक कि मनुष्य काम, क्रोध, मद, लोभ से मुक्ति न पा ले।'[२] भक्ति-पंथ का अनुसरण करने वाले के लिए सुत-कलत्र के हित का परित्याग करने और सांसारिक आवश्यकताओं के लिए विश्वम्भर पर निर्भर रहने और विरक्त जीवन बिताने का उपदेश दिया गया है।[३] अष्टांग योग—यम, नियम, आसन, प्राणायाम, प्रत्याहार, धारणा, ध्यान और समाधि—के अभ्यास का भी इसी स्थल पर उल्लेख हुआ है।[४]

विषम मायारूपी भुजंगिनि के विष से बचाने के लिए 'पुरु-गारुड़ी' ही बारबार श्रवणों में 'संजीवनमूरी कृष्ण सुमंत्र' सुनाता है।[५] चतुर्विंश अवतारों के वर्णन में पुनः गुरु-कृपा का उल्लेख है।[६]

भगवान् के ध्यान के लिए कपिलदेव देवहूति से कहते हैं : ''नित्य संतों की संगति करे, मन से पाप कर्म को त्याग दे, भोजन इस प्रकार करे कि आधा उदर भोजन से और आधे में जलवायु भरे, तब आलस कभी नहीं आता। जो प्रारब्ध से आ जाए, उसी में सुखपूर्वक व्यवहार करे, अधिक के लिए उद्यम न करे और निर्भय-स्थान में वास करे। यदि तीर्थ में भी भय हो तो उसे भी छोड़ दे। फिर श्याम-सुजान के चतुर्भुज रूप का ध्यान धरे।''[७]

मनुष्य के लिए कटु वचन, पर-निन्दा, कुसंग, पाप से धन का संचय, गुरु-ब्राह्मण-सन्त-सुजन का संग न करना, भगवद्भजन न करना और परपीड़न करना कुटुम्ब के साथ डूबने के कारण हैं।[८] संसार के दुःखों से मुक्त होने का सरल उपाय हरि-भक्तों का संग करना है, क्योंकि वे हरि-स्मरण कराते हैं।[९]

पुरंजन की कथा में बताया गया है कि राजा का उद्धार तभी हुआ, जब दूसरे जन्म में उसने विदर्भ की कन्या के रूप में अवतार लिया और विष्णुभक्त मेघध्वज से विवाहित होकर सत्संग का लाभ किया और विषय-भोगपूर्ण जीवन का त्याग किया।[१०]

---

१. सू० सा० (सभा), पद ३६०।
२. वही, पद ३६२।
३. वही, पद ३६३।
४. वही, पद ३६४।
५. वही, पद ३७५।
६. वही, पद ३६९।
७. वही, पद ३९४।
८. वही, पद ३५८।
९. वही, पद ३६०।
१०. वही, पद ४०६।

इसी कथा के अन्त में गुरु की महिमा का उल्लेख है : 'अपनापन अपने में ही पाया। सतगुरु ने भेद बताया, तो शब्द ही शब्द से उजाला हो गया, जिस प्रकार कुरंग नाभि-स्थित कस्तूरी को भूला हुआ ढूँढ़ता फिरता है और जब लौटकर चेतन होकर देखता है तो उसे अपने ही तन में छाया हुआ पाता है। राजकुमारी ने कंठ के मणिभूषण को भ्रमवश समझ लिया कि कहीं खो गया है और जब सखियों ने बता दिया, तब तनु का ताप नष्ट हो गया। सपने में नारि का भ्रम हुआ कि उसका बालक कहीं खो गया है और जागकर देखा तो ज्यों-का-त्यों पाया; न वह कहीं गया, न आया। सूरदास, यह गति केवल समझने की है। वह यह जानकर मन-ही-मन मुसकाया। इस सुख की महिमा कही नहीं जाती, जिस तरह गूँगे ने गुड़ खाया हो।''[१]

इन्द्र और वृत्रासुर की कथा कहकर कवि गुर-महिमा का प्रतिपादन करता है। कथा के आरम्भ में शुकदेव कहते हैं, ''हरि, हरि, हरि, हरि सुमिरन करो। हरि चरनारबिन्द उर में धारण करो। हरि और गुरु को एक रूप समझो, इसमें कुछ संदेह न लाओ। गुरु प्रसन्न होने से हरि प्रसन्न होते हैं। गुरु के दुखित होने से हरि दुखित दिखाई देते हैं। वह कथा मैं कहता हूँ, चित्त धरकर सुनो। जो इसे कहे-सुने वह भव के पार तर जाता है।''[२] कथा के अंत में भी कहा है : ''हरि की भक्ति वृथा नहीं जाती, वह जन्म-जन्म में आकर प्रकट होती है। इसलिए हरि-गुरु की सेवा करना चाहिए। मेरा यह वचन मान लो। जिस प्रकार शुक ने नृप से कहकर समझाया, सूरदास ने वैसे ही कहकर गाया।''[३] इसी के अंत में कवि कहता है : ''गुरु के बिना ऐसी कौन करे? वह माला, तिलक, मनोहर बाना लेकर सिर पर छत्र धरता है, भवसागर में डूबते हुए की रखा करता है, हाथ में दीपक धरता है। सूर-श्याम, गुरु ऐसा समरथ है कि छिन में लेकर उद्धार कर देता है।''[४]

नहुष और इन्द्र-अहल्या की कथाओं में पर-स्त्री-प्रेम का दुष्परिणाम दिखाकर सदाचार की शिक्षा दी गई है।[५] मोहिनी-रूप वाले प्रसंग में भी नारी के अनिष्ट आकर्षण से बचने की शिक्षा की व्यंजना है।[६] इसी प्रकार राजा पुरूरवा के वैराग्य की कथा में पुनः नारी के कुसंग को छोड़कर हरि-भक्ति की शिक्षा दी गई है।[७]

राजा अंबरीष की कथा में भक्त के सदाचारपूर्ण कार्यक्रम का उल्लेख है, जिसमें श्रवण, कीर्तन, स्मरण, पाद-सेवन, अर्चन, वंदन. दास्य, सख्य और काय-निवेदन—नवधा-भक्ति तथा एकादशी व्रत और अतिथि सत्कार के विधान की भी व्यंजना है और बताया गया है कि ब्राह्मण हरि और हरिभक्त दोनों का प्यारा होता है।[८]

ब्रह्मा द्वारा बाल-वत्स-हरण की लीला के अन्त में कवि गुरु का ऋण स्वीकार करता है: ''हरि के लीला-अवतार का शारदा भी पार नहीं पा सकतीं। यह सतगुरु की कृपा का प्रसाद है

---

१. सू० सा० (सभा), पद ४०७।
२. वही, पद ४१६।
३. वही, पद ४१६।
४. वही, पद ४१७।
५. वही, पद ४१८, ४१९।
६. वही, पद ४३७।
७. वही, पद ४४६।
८. वही, पद ४४९।

जिससे कि कुछ मेरे कहने में आता है। सूरदास हरिगुन का विस्तार कैसे कहे। शेष सहसमुख से कहता है, तो भी पार नहीं पाता।''[१]

रास के प्रसंग में पुनः कवि कहता है : ''शुक मुनि धन्य हैं जिन्होंने भागवत का बखान किया है। गुरु की जब पूर्ण कृपा हुई तब मैंने रसना से कहकर गाया। श्याम का वृन्दावन का सुख धन्य है, जिसे मैंने सन्तों की कृपा से जाना। जो रस-रास-रंग हरि ने किए, वे वेद में नहीं ठहराए गए। उन्होंने सुर, नर, मुनि सब मोहित कर दिए और शिव की समाधि भुला दी। सूरदास ने वहीं अपने नेत्र बसाए हैं और किसी का विश्वास नहीं किया।''[२] यहाँ पर गुरु की कृपा के साथ-साथ सन्तों की कृपा का भी उल्लेख किया गया है।

इसी प्रसंग में कवि आगे कहता है : ''मैं रास के रस को कैसे गाऊँ? भजन प्रताप और शरण की महिमा से गुरु की कृपा दिखाऊँ। वनधाम के नवनिकुंज के निकट एक आनन्द-कुटी रचाऊँ। सूर विनती करके निवेदन करता है कि यही जन्म-जन्म ध्याऊँ।''[३]

अक्रूर को जब कृष्ण ने अपने अलौकिक रूप के दर्शन कराए, उस समय भी कवि ने गुरु-कृपा का ऋण स्वीकार किया है। 'जिनका दर्शन अक्रूर को प्राप्त हुआ, उन्हीं के चरण-सरोज अब सूर ने गुरु-कृपा से सहाय किए हैं।''[४] जैसा कि उक्त विवेचन से विदित होता है दशम स्कंध में तथा उसके बाद सत्संग और विधि-निषेध तथा धर्माचरण सम्बन्धी उल्लेख नहीं के बराबर है। गुरु की महिमा सम्बन्धी उल्लेख केवल दो-तीन बार होने से यह सन्देह नहीं हो सकता कि कवि ने गुरु की महत्ता के विषय में अपने विचारों में कोई परिवर्तन-संशोधन किया है, क्योंकि इन दो-तीन उल्लेखों में पूर्ण दृढ़ता और शक्तिमत्ता है। विधि-निषेध के सम्बन्ध में कवि का मत विचारणीय है।

दशम स्कंध—पूर्वार्द्ध में कवि ने भक्ति की उस चरम सीमा का वर्णन किया है, जहाँ भक्ति के अतिरिक्त उसके सामने अन्य किसी नियम-धर्म का विचार ही नहीं उपस्थित होता। निश्छल भाव से कृष्ण की अनन्य भक्ति किस प्रकार उनके रूप और लीलाओं के सहारे भक्त के हृदय में अनायास दृढ़ हो जाती है, यही कृष्ण की विविध व्रज-लीलाओं के द्वारा प्रदर्शित किया गया है। गोपियों की भक्ति में लोक-लाज और कुल-मर्यादा सम्बन्धी साधारण सदाचारों का प्रत्याख्यान मिलता है। परन्तु यह प्रत्याख्यान केवल कृष्ण के अनन्य सम्बन्ध तक सीमित है; लोक-व्यवहार के लिए सदाचार की आवश्यकता की कवि ने कभी विगर्हणा नहीं की। उसके काव्य का वातावरण आदि से अंत तक धार्मिक भाव से परिपूर्ण है, अतः सदाचार को तिलांजलि देना कवि के लिए कभी संभव नहीं था।

कवि ने गोपियों के काम, क्रोध, मद, लोभ, मोह को कृष्ण के साथ उनके सम्बन्धों में प्रदर्शित किया है, अतः उनके दमन करने का प्रश्न अब नहीं उठता। कृष्ण के प्रति अनन्य भक्ति के हेतु अहम् को पूर्णतया कृष्ण में समाहित कर देने के लिए कवि ने गर्व-प्रहार के अनेक उदाहरण दिए हैं। राधा को यह सोचकर गर्व हो गया कि मेरे समान और कोई नहीं, मैं हरि की अर्द्धाङ्गिनी हूँ; मैं प्रिय को अपने ही वश में कर लूँगी, कहीं जाते देखूँगी तब लड़ूँगी।

---

१. सू० सा० (सभा), पद १११०।
२. वही, पद १७९१।
३. वही, पद १७९२।
४. वही, पद ३६३४।

यही सोचकर राधा ने गर्व करके मान कर लिया और कृष्ण की ओर से मुँह फेर लिया। अन्तर्यामी हरि ने राधा के गर्व को देख लिया।[१] राधा की यह अवस्था जानकर कृष्ण को पश्चात्ताप हुआ और वे सोचने लगे; जहाँ गर्व और अभिमान है वहाँ गोविन्द नहीं। और यही सोचकर वे अन्तर्धान हो गए।[२] अब स्वयं राधा को अपनी भूल प्रतीत हुई और उसे अनुभव हुआ कि अन्तर्यामी ने मेरा गर्व जान लिया है। उसे अपने अहंकार पर अत्यन्त पश्चात्ताप हुआ। विरह ने उसका अहंकार मिटा दिया और वह समझने लगी कि कृष्ण तो 'बहुनायक' हैं; मेरी जैसी उनके करोड़ों स्त्रियाँ हैं।[३]

राधा विरह में व्यथित है और सोचती है कि 'लंपट अपकाजी अहंकार' ने भी तो अंत तक साथ न दिया।[४] 'बटमार गर्व' को संग देखकर साथी छोड़कर श्याम के अंगों की सहज माधुरी में छिप गए।[५] वह स्वयं सखियों के सामने अपनी भूल स्वीकार करती और कहती है कि उनका नाम 'गर्व-प्रहारन' है।[६] वह अब कभी अभिमान न करने का निश्चय करती है :[७] "अब मैं भूलकर भी मान नहीं करूँगी। जिससे अपना 'अकाज' हो, वह करके वृथा क्यों मरूँ? ऐसे तन में गर्व नहीं रखूँगी, जिससे चिंतामणि मुझे भूल जाएँ। जो कोई ऐसी बात करेगा, उसके साथ लड़ूँगी। 'आरज पंथ' पर चलने से क्या होगा? मैं तो श्याम के ही साथ फिरूँगी। सूर-श्याम जो आप स्वार्थी हैं उनके दर्शन करके नयनों में भरूँगी।"[८]

परकीया-प्रेम का आदर्श ग्रहण करके आर्य-पंथ को तिलांजलि देते हुए[९] गोपी कहती है, "ऐसे जन को जगत् में धिक्कार है जिसके हृदय में धर्म नहीं, उसकी जाति को धिक्कार है।"[१०] रासलीला में कृष्ण ने युवतियों को पति की परमेश्वर की तरह पूजा करने का उपदेश दिया[११] तथा उन्हें समझाया कि उस नारी को धिक्कार है जो पुरुष को त्याग दे तथा उस पुरुष को धिक्कार है जो पत्नी को छोड़ दे।[१२] वेद-मार्ग का उपदेश देकर उन्होंने निष्कपट भाव से पति-पूजा करने की शिक्षा दी तथा बताया कि पति चाहे वृद्ध हो, निर्धन हो, मूर्ख हो, रोगी हो, तो भी उसे नहीं त्यागना चाहिए। स्त्री के लिए जगत् में यही एक सार धर्म है। बिना पति-सेवा के संसार से तरना असंभव है।[१३] जो 'भरतार' को तज कर किसी को भजती है वह स्त्री कुलीन नहीं है। इस जग में जीवित रहते उसे कोई भला नहीं कहता और मर कर वह

---

१. सू० सा० (सभा), पद २६९०।
२. वही, पद २६९२।
३. वही, पद २६९४।
४. वही, पद २६९५।
५. वही, पद २६९६।
६. वही, पद २७०२।
७. वही, पद २७०७।
८. वही, पद २७२०।
९. वही, पद २८३४-३०२८।
१०. वही।
११. वही, पद १६३२।
१२. वही, पद १६३३।
१३. वही, पद १६३४।

नरक में जाती है।[१] परन्तु गोपियाँ इसका प्रत्याख्यान करतीं और दीनतापूर्ण भक्ति-भाव से कृष्ण की कृपा की याचना करती हैं।[२] कृष्ण के अतिरिक्त उनका कोई अपना नहीं, उनके लिए समस्त संसार व्यर्थ है।[३] कृष्ण ही तो उनके पति हैं;[४] उनके मन और इन्द्रियों की गति कृष्णाभिमुख है तथा यही उनका धर्म है।[५] कृष्ण के बिना उनका जीवन धिक्कार, है।[६] वही कुलीन और बड़ी बड़भागिनी है जो कृष्ण के सम्मुख रहती है।[७] सुत पति, माता, पिता आदि हरि-विमुख हैं, क्योंकि वे कृष्ण-प्रेम से विरत करना चाहते हैं।[८] उन्होंने गृहजनों की पीर सर्वथा त्याग दी। सांसारिक अर्थ में जो धर्म है, वह उनके लिए वृथा है; पाप-पुण्य दोनों उन्होंने त्याग दिए; उनका केवल एक धर्म है और वह है कृष्ण को आत्म-समर्पण करना।[९]

इस प्रकार यहाँ कृष्ण के द्वारा धर्म-उपदेश और गोपियों द्वारा उसका प्रत्याख्यान कराके कवि ने केवल भक्ति की चरम स्थिति दिखाकर यही सिद्ध किया है कि भक्ति पाप-पुण्य की सामान्य परिभाषाओं से परे है, सांसारिक कर्त्तव्याकर्त्तव्य तभी तक हैं, जब तक कि भक्ति की पूर्ण आत्म-समर्पण वाली स्थिति नहीं प्राप्त होती। यही कारण है कि कृष्ण ने पातिव्रत-धर्म की ओर युवतियों का ध्यान आकर्षित करके उनकी परीक्षा ले ली और जब उसमें उन्हें उत्तीर्ण समझा, तभी उनके साथ रसकेलि और रास-लीला की। इसलिए सदाचार का अतिक्रमण करने वाले गोपियों के विचार और व्यवहार सामान्य व्यवहार की दृष्टि से नहीं देखे जा सकते।

रास-क्रीड़ा के मध्य गोपियों ने गर्व किया और भूल गईं कि कृष्ण 'अविगत अज और अकल' हैं। इस गर्व का खण्डन करने के लिए कृष्ण अन्तर्धान हो गए।[१०] राधा को भी उन्होंने गर्व चूर करने के लिए कुछ दूर कंधे पर ले जाकर एक वृक्ष के नीचे छोड़ दिया।[११] राधा और गोपियाँ जब विरह में अत्यन्त विकल हो गईं, तभी कृष्ण ने प्रकट होकर उन्हें मिलन का सुख दिया।[१२] राधा का कृष्ण के रति-सुख के लिए सहेट-स्थान पर जाना तन-शुद्धि के लिए है। कृष्ण हर्षित होकर रति-सेज सजाते हैं—वही कृष्ण[१३] जिन्हें निगम नेति-नेति कह कर गाते हैं।[१४]

---

१. सू० सा० (सभा), पद १६३५।
२. वही, पद १६३८।
३. वही, पद १६३९।
४. वही, पद १६४०।
५. वही, पद १६४१।
६. वही, पद १६४२।
७. वही, पद १६४३।
८. वही, पद १६४५।
९. वही, पद १६४६।
१०. वही, पद १७०३।
११. वही, पद १७१९।
१२. वही, पद १७४१।
१३. वही, पद ३२२३।
१४. वही, पद ३३२२।

कृष्ण की दूती मानवती राधा को मनाती हुई स्वयं नारी की निंदा करती और कहती है कि 'नारी और काली भुजंगिनि के विष से डरना चाहिए; इनमें अनुरक्त होकर सुख नहीं मिल सकता; भूलकर भी इनका विश्वास नहीं करना चाहिए।[१] यद्यपि दूती का यह कथन कवि के सिद्धान्तवाद के अंतर्गत नहीं माना जा सकता, फिर भी अन्य स्कंधों में व्यक्त कवि के विचारों से इसकी पूर्ण समता है और इससे प्रकट होता है कि कवि ने नारी के आकर्षणों के प्रति अपने विचार बदले नहीं हैं।

आत्म-समर्पण के भाव को तर्क की अंतिम परिणति पर ले जाने से कवि के गोपियों के पक्ष में लोक-मर्यादा सम्बन्धी विचार सर्वथा धर्म-संगत प्रतीत होते हैं।

रूप और लीला में आसक्ति

आरम्भ से ही कवि इष्टदेव के नख-शिख में चित्त-वृत्ति को केन्द्रीभूत करने का उपदेश देता है : ''मन में अब आनन्द की अवधि यही है। विवेक के नयन भरकर सरूप को देख। अब इस सुख में अधिक और कुछ नहीं है। अतिशय रति करके चित्त को चकोर की गति के समान कर; विषय-लोभ के सघन श्रम को तज; मृदु चरन के चारु नख-चन्द का चिन्तन कर, जिनके जलने से चारों दिसि शोभित हैं। करभ-कर की आकृति के समान जघन जानु हैं, कटि-प्रदेश में किंकिनि राजती हैं, ह्रद के समान नाभि है, उदर में त्रिबली है जिसे अवलोक कर भव-भय भागते हैं। उरग-राज की तरह से सुभग भुजाएँ हैं, पानि में पदुम और आयुध राजते हैं। कनक के वलय और मोदप्रद मुद्रिका हैं जो सदा संतों के लिए सुभग है! उर पर विचित्र विमोहन वनमाला है और भृगु की भँवरी भ्रम को नासती है। तड़ित के समान बसन हैं और घनश्याम के समान तन है जो तेजपुंज है और मुकुट की प्रभा न्यारी है। विधु के समान मुख और अमृत के समान मृदु मुसकान है जो सकल लोक के लोचनों को प्यारी है। सत्य-सील-सम्पन्न सुमूरति सुर, मुनि आदि भक्तों को भाती है। अङ्ग-प्रति-अङ्ग की छवि की तरङ्गगति सूरदास से कैसे कहने में आए?''[२] 'मन नन्दनन्दन का ध्यान कर, विषय-रसपान तजकर सीतल चरन-सरोज की सेवा कर', यह कहकर कवि पुनः कृष्ण के पीतपटधारी त्रिभङ्गसुन्दर रूप का वर्णन करता है और अन्त में कहता है, 'सूर' श्रीगोंपाल की छवि दृष्टि में भर-भर लो; प्रानपति की शोभा निरख कर पलक न पड़ने दो।[३]

राम-चरित के वर्णन में कवि ने राम के रूप और उनकी लीलाओं के कतिपय वर्णन किए हैं, जिनसे उनके प्रति प्रेम में तल्लीनता होती है। चारों भ्राताओं की शरक्रीड़ा का चित्र खींचते हुए कवि कहता है कि वह सुख तीन लोक में भी नहीं है जो प्रभु के पास प्राप्त होता है।[४] धनुहीं-बान कर में लिए हुए डोलते हैं। चारों वीर एक साथ शोभित होते और मनोहर वचन बोलते हैं। लछिमन, भरत, शत्रुहन और सुन्दर राजीवलोचन राम अत्यन्त सुकुमार और परम पुरुषार्थी तथा मुक्ति-धर्म-धन के धाम हैं। कटि तट में पीत पिछौरी बाँधे हुए और सीस पर कामपच्छ धरे हुए हैं। शर-क्रीड़ा के दिन नारद और तैंतीस कोटि देवता देखने आते हैं। शिव-

---

१. सू० सा० (सभा), पद ३४४४।
२. वही, पद ६८।
३. वही, पद ३०१।
४. वही, पद ४६३-४६४।

मन में संकोच है, इन्द्र के मन में आनन्द है तथा विधि को सुख-दुख समान है। सूर, शर-संधान देखकर दिति अति दुर्बल है, अदिति हृष्ट-चित्त।[१]

वन-मार्ग में जाते हुए राम, लक्ष्मण और सीता के श्रम-विथकित मनोहर रूप पुर-वधुओं के लिए जितने भावोद्रेकजनक हैं, उतने ही भक्तों के लिए भी।[२]

राम के रूप के साथ ही उनकी लीलाएँ भी भक्तों के ध्यान के विषय हैं। बाल-लीला, केवट-प्रसङ्ग, रामविलाप, गृद्ध और शबरी के प्रसंग लक्ष्मण-शक्ति तथा राम-रावण युद्ध के प्रसङ्ग ऐसे हैं जो भक्तों के हृदय को आकर्षित तथा उन्हें भक्तिभाव में तल्लीन करते हैं।

कवि ने आरम्भ में रूप का ध्यान करने के लिए जो उपदेश दिया है, राम और कृष्ण के चरित-वर्णन में उसकी उतनी आवश्यकता नहीं रही। राम का रूप और उनकी लीला में सहज सम्मोहन है। राम से कहीं अधिक आकर्षण कवि ने कृष्ण-रूप और कृष्ण-लीला में प्रदर्शित किया है। उनके रूप और गुणों के प्रति आसक्ति का होना स्वाभाविक ही नहीं, अनिवार्य है।

कृष्ण-लीला कवि के काव्य का मुख्य विषय है और दशम स्कंध—पूर्वार्ध में उसने कृष्ण के बाल और किशोर रूप के अनेक ऐसे चित्र दिए हैं जो भक्तों के ध्यान के विषय हैं तथा कृष्ण की विविध लीलाएँ इष्टदेव में भक्त की तन्मयता के सुलभ और स्वाभाविक साधन हैं जिनमें इंद्रियों की वृत्तियाँ केन्द्रीभूत हो जाती है।

गोपी यशोदानन्दन के रूप में आकर्षित होकर इतनी तन्मय हो जाती है कि उसे यह भी ध्यान नहीं रहता है कि मैं उनमें हूँ या वे मुझमें हैं—तरु में बीज है या बीज में तरु; या दोनों एक दूसरे से अभिन्न हैं। वह लोक की लाज और कुल की कानि तथा पति और पुरज तन को भी त्याग देती है तथा उसे अन्य रस खारे लगने लगते हैं।[३] अपढ़ गँवार ग्वालिनियों के लिए आत्म-ज्ञान और पूर्ण विरक्ति की स्थिति कृष्ण की अनुरक्ति-जनक रूप-माधुरी द्वारा ही संभव है।

कृष्ण के रूप-माधुर्य और उनकी विविध लीलाओं का आकर्षण ही सूरदास के काव्य का प्रधान विषय है; अतः इस विषय का विस्तृत विवेचन सूरदास के काव्य की समीक्षा के अन्तर्गत—विशेष कर 'चरित्र-चित्रण' और 'कल्पना सृष्टि तथा अलंकार विधान' शीर्षक अध्यायों में किया गया है।

कृष्ण के रूप और लीलाओं का अनिवार्य अंग—मुरली

कृष्ण के शिशु रूप को छोड़कर जो उनके प्रति वात्सल्य भाव का आलंबन है, कवि ने उनके रूप-सौन्दर्य के साथ मुरली का अनिवार्य सम्बन्ध दिखाकर कृष्ण-भक्ति में उनका महत्वपूर्ण स्थान प्रदर्शित किया है। कृष्ण के लिए सखाओं की प्रीति तथा गोपियों की आसक्ति दोनों मुरली के व्यापक प्रभाव से ओत-प्रोत हैं। वस्तुतः कृष्णलीला के सम्पूर्ण काव्य में मुरली की लोक-लोकांतर-व्यापी रहस्यमयी ध्वनि निरन्तर विद्यमान रहती है।

---

१. सू० सा० (सभा), पद ४६४।

२. वही, पद ४८७-४८९

३. वही, पद ७५३।

आरम्भ में ही कहा गया है "हरि जब अधर पर मुरली धरते हैं तो स्थिर चलने लगते हैं, चर स्थिर हो जाते हैं, पवन थकित हो जाता है, जमुना का जल-प्रवाह रुक जाता है; खग मोह जाते हैं, मृगयूथ भूल जाते हैं, पशु मोहित हो जाते हैं, गायें विथकित होकर दाँतों में तृण दबाएँ रह जाती हैं। शुक, सनकादि सकल मुनि मोहित हो जाते हैं; उनका ध्यान हीं लगता। सूरदास, जो यह सुख लाभ करते हैं उनके बड़े भाग्य हैं।"[१]

श्याम की मुरली-ध्वनि सुनकर नारियाँ चकित रह गईं, उनको अंगों की भी सुध न रही। वे अपलक दृष्टि से जैसी की तैसी चित्रवत् खड़ी देखती रह गईं, उनकी मानसिक अवस्था सुख-दुःख का अतिक्रमण करके परमानन्द को प्राप्त हो गई।[२] मुरलीध्वनि सुनकर पपीहे गूँजने लगे, कोकिलें कूकने लगीं और मोर गरजने लगे। यही शब्द गोकुल में पहुँचा और राधिका अंग-अंग सजा कर प्रभु से आकर मिली।[३]

"मेरे साँवरे ने जब अधर पर मुरली धारण की तो उसे सुनकर सिद्धों की समाधि टल गई; देव-विमान थक गए; सुर-वधुएँ चित्रवत् हो गईं; ग्रह-नक्षत्र रास नहीं तजते; वाहन ध्वनि से बँध गए; चल थक गए, अचल टल गए और आनंद-उमंग से परिपूर्ण हो गए! वेणु-कल्पित गीत सुनकर चर-अचर की गति विपरीत हो गई; पाषाणों से झरनों का झरना बन्द हो गया; गान पर गंधर्व मोहित हो गए; खग-मृग ने मौन धारण कर लिया, उन्हें फल और तृण की सुधि बिसर गई। ध्वनि सुनकर धेनु थकित हो गईं, उन्होंने दाँतों में तृण पकड़ना भी बन्द कर दिया; बछड़ों ने क्षीर पीना छोड़ दिया; पक्षियों के मन में धैर्य नहीं रहा; बेलें और द्रुम चपल हो गए और उनमें नए-नए पल्लव प्रकट हो गए; विटपों के पत्ते चंचल हो गए और अति निकट पहुँचने को अकुलाने लगे; गज आकुलित और पुलकित हो गए और नयनों से अनुराग चूने लगा; चंचल पवन थक गया; सरिता का जल रुक गया; ध्वनि सुनकर व्रजनारियाँ सुत, देह, गेह को बिसारकर चल दीं। समीर अत्यन्त थकित हो गया; यमुना का जल उलटा हो गया। मदन गोपाल ने मन मोह लिया। उनका गात श्याम और नयन विशाल हैं। नवनील घनश्याम के समान तन, अभिराम नव पीत पट, नव मुकुट, नव वनमाला और कोटिक काम के लावण्ययुक्त मनमोहन रूप धरकर श्रीमदनमोहनलाल ने ब्रज-बाल नागरियों के संग यमुनाकूल नव कुंज में अनंग का गर्व हरण किया। सूर जन उन्हें देखकर प्रफुल्लित होता है।"[४]

'श्याम के कर में मुरली अत्यन्त शोभित होती है। अधर का स्पर्श करके वह सुधारस का वर्षण करती है और मधुर स्वर से बजती है। प्रभु की छवि निरख कर सुर, नर, मुनि मोह जाते हैं।'[५]

जब तक मुरली का मधुर स्वर कानों में नहीं पड़ता, तभी तक सयानापन रह सकता है, तभी तक अभिमान, चातुरी, पातिव्रत और कुल की चाह रहती है। मुरली की ध्वनि सुनकर धैर्य नष्ट हो जाता है।[६] कृष्ण वन में मधुर स्वर में वंशी बजाते हैं और राग के बीच-बीच में वंशी ध्वनि से ही नाम ले-लेकर बुलाते हैं। कवि पुनः वंशीध्वनि का लोकांतरव्यापी प्रभाव

---

१. सू० सा० (सभा), पद १२३८।
२. वही, पद १२३९।
३. वही, पद १२४०।
४. वही, पद १२४१।
५. वही, पद १२६३।
६. वही, पद १२६४।

वर्णन करता है और उसके रस को अवर्णनीय बताता है।[१] मुरली-ध्वनि सुनकर शंकर की तारी और ब्रह्मा का वेद-पठन छूट जाता है, इन्द्रसभा थकित हो जाती, रंभा नृत्य छोड़ देती है। और यमुना का प्रवाह रुक जाता है। मुरली तीन लोकों की प्यारी है।[२] रण की विजेता वंशी सबकी स्वाभाविक रीति मेट देती है। युवतियाँ पति, गेह और प्राण तक त्याग देती हैं।[३] गोपी कहती है कि 'जब से वंशी की ध्वनि कान में पड़ी, तब से मन कुछ और ही हो गया और मैं वंशी-ध्वनि से खिंची चली आई। अब श्याम मनोहर को बिना देखे घड़ी-पल युग-सा प्रतीत होता है। सूरदास, सुनो, आर्य-पथ से कुछ न चाड़ कर सकी।'[४] वंशीध्वनि सुनकर स्त्रियाँ अधीर होकर बार-बार छोड़ कर चली आती हैं।[५] मुरली अत्यंत गर्व भरी है, वह किसी को कुछ नहीं समझती, क्योंकि उसने हरि के मुख-कमल-देश में सुख-राज्य प्राप्त कर लिया है।[६] विधि का विधान मेटकर वह अपनी नई रीति चलाती है। सुर, नर, मुनि, नाग सभी मुरली के वश में हैं। इसी के अनुराग में श्रीपति हमें भी भूल गए। मुरली पर स्वयं कुँवर कन्हाई मोहित हो गए। वह उनके ऊपर अपना एकाधिपत्य जमा बैठी है। मुरली से इसी कारण गोपियाँ ईर्ष्या करती हैं।[७]

'यद्यपि मुरली नन्दलाल को नाना प्रकार के नाच नचाती है, तो भी वह उन्हें अच्छी लगती है। वह उन्हें एक पैर से खड़ा रखती, कमर टेढ़ी कराती, गरदन नववाती और स्वयं अधर-शैया पर लेट कर कर-पल्लव से पैर दबवाती है तथा हमारे ऊपर कोप करवाती है।'[८] कवि पुन: वंशी का त्रिलोक-व्यापी प्रभाव तथा श्याम की उसके प्रति अधीनता का वर्णन करके गोपियों की सपत्नी-सम ईर्ष्या का उल्लेख करता है।[९] कवि बारबार वंशी के लोक-लोकांतरव्यापी प्रभाव का वर्णन करके कृष्ण में एक नवीन सम्मोहन की सृष्टि तथा गोपियों के मन में उनके प्रेम को दृढ़ करता है।

कृष्ण के रूप का आकर्षण ही नेत्रों के साथ समस्त इन्द्रियों को वश में करने के लिए पर्याप्त था, ऊपर से श्रवणों को आकर्षित करने के लिए यह मुरली की मधुर ध्वनि और आ गई जिसे सुनकर सुन्दरियाँ चकित रह गईं और उन पर 'ठगौरी' सी लग गई।[१०] मुरली का सहज गान सुनकर किसी को घर-बार की सुध नहीं रही।

रास-क्रीड़ा करने के लिए कृष्ण ने जब वन में मुरली-वादन किया तो गोपियाँ स्वजन, परिजन, गोधन, भवन त्यागकर तथा लोक-कुल के धर्म को तिलांजलि देकर अत्यन्त आतुरता से दौड़ी चली आईं। उस समय कृष्ण के बिना उन्हें कुछ अच्छा नहीं लगा।[११]

---

१. सू० सा० (सभा), पद १२६६।
२. वही, पद १२६७।
३. वही, पद १२६८।
४. वही, पद १२६९।
५. वही, पद १२७०।
६. वही, पद १२७१।
७. वही, पद १२७२।
८. वही, पद १२७३।
९. वही, पद १२७४, १२७५।
१०. वही, पद ३०३७।
११. वही, पद १६१२।

रास-क्रीड़ा के मध्य में कृष्ण ने पुन: वंशी-ध्वनि की जिसे सुनकर तीनों भुवन आकर्षित हो गए; पवन थक गया; चन्द्रमा गमन भूल गया; तारे लज्जित हो गए; नाग, नर, मुनि थक गए; ब्रह्मा और शिव का ध्यान जाग गया; नारद का भी ध्यान टूट गया; शेष का आसन चलायमान हो गया। वंशी-ध्वनि बैकुण्ठ में गई जिसे सुनकर स्वामी मगन हो गए और अपनी प्रिया से राधिकारमण श्याम के दर्शनों की कामना प्रकट करने लगे।[१]

वंशी-ध्वनि सुनकर नारायण और कमला को अत्यन्त रुचि हुई और वे वृन्दावन के सुख को ललचाने लगे। वे श्याम की लीला एकटक देखने लगे और पलक मारना भूल गए।[२] इस प्रकार कवि मुरली का त्रिलोकव्यापी प्रभाव दिखाता है।[३] नारायण कमला से कहते हैं कि श्याम वन में विहार कर रहे हैं, जिस सुख-विलास का उपभोग व्रज-धाम कर रही हैं, वैसा सुख हमें कहाँ मिल सकता है?[४] वंशी रण की विजेता है; उसका ध्वनि-खंड ब्रह्माण्ड वेधकर सुरलोक पहुँचा। वहाँ ब्रह्मा, शिव, सनक, सनन्दन आदि उसका जयजयकार कर रहे हैं। स्वयं राधापति ने अपना सर्वस्व उसको अर्पण कर दिया और उसी के हाथ बिक गए। वंशी ने रवि का रथ लेकर सोलह कलाओं समेत सोम को दे दिया। इस प्रकार उसने वृन्दाविपिन-निकेत में रास-रस का राजसूय यज्ञ रचा।[५]

कृष्ण की सुख-लीला का अन्त होते-होते कवि गोप-सखाओं के द्वारा करुण प्रार्थना कराता है, जिससे मुरली की अनिर्वचनीय मोहक स्वर-लहरी के प्रति उसके हृदय का उत्कट अनुराग प्रकट होता। कृष्ण इस प्रार्थना को स्वीकार करके जब मुरली बजाते हैं तो पुन: जल-थल के सकल जीव मोहित हो जाते हैं।[६] गद्गद होकर सखागण कहते हैं : 'हरि के बराबर मुरली कोई नहीं बजा सकता। चतुरानन-पञ्चानन इसका ध्यान करते हैं।'[७] परन्तु मुरली का सबसे अधिक प्रभाव तो गोपियों पर ही पड़ता है। वे प्रेम-विह्वल होकर कभी उसकी प्रशंसा करती हैं और कभी निंदा। गोपियाँ दिन भर श्याम के विरह में मृतक-समान रहती हैं; मुरली ही उन्हें सुरस-सुमंत्र सुनाकर जीवित कर लेती है। अपने संकेत से अब भी वह खिलाती है और सारंगपानि से मिलती है; इसी ने मृदु वाणी बोल-बोलकर शरद्-निशा में रस-रास कराया था।[८] मुरली ने लोक, वेद, कुल की मर्यादा नष्ट करा दी और गोपियों को श्याम के सर्वथा अधीन कर दिया।[९]

सगुण भक्ति के साधनों के रूप और लीला के अवलंब की सबसे अधिक महत्ता है। कवि ने व्यावहारिक रूप में कृष्ण के रूप और गुणों के प्रति सहज आसक्ति का चित्रण करके भक्ति के इस सिद्धान्त का मर्म स्पष्ट रूप से समझा दिया है।

---

१. सू० सा०, पद १६८१।
२. वही, पद १६८२।
३. वही, पद १६८४-१६८५।
४. वही, पद १६८७।
५. वही, पद १६८८।
६. वही, पद १८३४।
७. वही, पद १८३६।
८. वही, पद १९७४।
९. वही, पद १९३१-१९८५।

भक्ति का फल

गत पृष्ठों में देखा जा चुका है कि कवि की भक्ति स्वतःपूर्ण है, उसे किसी इतर साधन और सिद्धि की वांछा नहीं है। अतः कवि ने भक्ति का फल भक्ति के अतिरिक्त और कुछ नहीं बताया। भक्ति प्राप्त हो जाने के पश्चात् साधक को किसी बात की आवश्यकता नहीं रहती; उसे पूर्ण आनन्द का लाभ हो जाता है। परन्तु भक्ति की प्राप्ति ही कठिन है। वह बिना हरि-कृपा के संभव नहीं। इसीलिए कवि ने भगवान् से और किसी वरदान की इच्छा नहीं की; केवल बारंबार भक्ति की याचना की है। वह यही माँगता है कि 'भगवान् अपनी भक्ति दो। चाहे कोटि लालच दिखाओ तो भी अन्य किसी बात की रुचि नहीं हो सकती।[१] कवि का व्रत निरंतर श्याम-बलराम को गाने का है। 'यही उसका जप, यही तप, यही नेम-व्रत है। यही उसका प्रेम है और इसी फल का वह ध्यान करता है। यही उसका ध्यान; यही ज्ञान और यही सुमिरन है। सूर प्रभु से वह यही माँगता है।'[२] भगवान् की भक्ति ही उसके प्राण हैं, भक्ति के छूट जाने पर वह पानी से पान के अलग होने की तरह जीवित नहीं रह सकता।[३] भगवान् की कृपा की याचना करते हुए वह यही कहता है कि मुझ पतित का उद्धार करके, कृपावंत होकर, मुझे लेकर भक्ति में डाल दो।[४] भक्ति में इतर फल की आशा करने वाला उसी प्रकार मूर्ख है, जैसे मूल को तजकर शाखा में जल डालकर वृक्ष को बढ़ाने की आशा करने वाला व्यक्ति। कवि यही चाहता है कि 'जन्म-जन्म, जिस जिस युग में, जहाँ-जहाँ जन जाए वहाँ-वहाँ हरिचरण-कमलों में दृढ़ रति रहे, सारंग-नाद की भाँति श्रवण सुयश सुनते रहे, चातक की भाँति मुख में नाम रहे। नयन चकोर की भाँति दर्शन-शशि निहारते रहें; कर अभिराम अर्चन करते रहें। इसी प्रकार श्रीपति के हित में अन्य सुकृत-प्रतिफल की इच्छा से रहित सुप्रीति करते रहें। जिनके हृदय में इस प्रकार भजन की प्रतीति हो जाती है उन्हें स्वर्ग, नरक, सुख, दुःख किसी की चिंता नहीं रहती।[५]

नवम स्कंध तक कवि ने इसी प्रकार भक्ति की महिमा तथा भगवान् की भक्तवत्सलता का गुणगान किया है। उसने 'भागवत' के अनुसार भक्तों की गति का भी उल्लेख किया है जिससे भक्ति के फलों में वैकुंठ, निर्वाण, भव-दुःख से मुक्ति, हरि-पद प्राप्ति आदि के फल बताए गए हैं।

भक्त के लिए अष्टसिद्धियाँ, नवनिधियाँ सहज सुलभ हैं।[६] श्याम को भजने से उपाधि मिटती है। भगवान् की लीला सुनने से पार उतर जाते हैं।[७] हिरण्याक्ष को मार कर हरि ने उसे वैकुंठ का धाम दिया।[८] कपिल अपनी माता देवहूति को भक्ति की महिमा बताते हुए कहते हैं कि हरि के गुण सुनने से लोग भक्ति प्राप्त करते और भक्ति को पाकर हरि-लोक को जाते हैं

---

१. सू० सा० (सभा), पद १०६।
२. वही, पद १६७।
३. वही, पद ९६८।
४. वही, पद १७८।
५. वही, पद ३५५।
६. वही, पद ३६१।
७. वही, पद ३६४।
८. वही, पद ३७८।

जहाँ उन्हें हर्ष और शोक की व्याप्ति नहीं होती[१] वे जल में कमल के समान जीवन्मुक्त रहते हैं[२] तथा फिर भवजल में नहीं आते।[३] हरिपद की प्राप्ति तथा हरिपुर का वास, कपिल ने भक्ति का यही फल निर्धारित किया है।[४]

यज्ञपुरुष-अवतार के वर्णन में वैकुंठ को सिधारने का उल्लेख है।[५] ध्रुव की कथा में भक्ति का फल वैकुंठ-निवास बताया गया है।[६] शुकदेव हरि नाम उच्चारण से हरि-पद की प्राप्ति तथा संसार से तरने का आश्वासन देते हैं[७] तथा अजामिलोद्धार की कथा सुनाकर बताते हैं कि अजामिल तुरन्त वैकुंठ को सिधार गया; इसी प्रकार अंतकाल में जो नाम का उच्चारण करता है उसके पाप नष्ट हो जाते हैं और वह ज्ञानवैराग्य प्राप्त करके विष्णु-पद पाता है।[८] हरि-गुरु की सेवा करके भी भक्त भवसागर से उद्धार पा जाता है।[९] प्रह्लाद को हरि-भक्ति के फलस्वरूप मन्वंतरपर्यंत राज-सुख मिला।[१०] हरि की भक्ति करने से मनुष्य नीच से उच्च बन जाता है, जैसे दासीपुत्र भक्ति के प्रभाव से दूसरे जन्म में ब्राह्मण बन गया।[११] राजा पुरूरवा के वैराग्य वर्णन में कवि भक्ति के फलस्वरूप निर्वाण-पद प्राप्ति का उल्लेख करता है[१२] तथा च्यवन ऋषि की कथा में दोनों लोकों के सुख को भक्ति का फल बताता है।[१३] राजा अंबरीष की कथा में हरि की लीला सुनने वालों को हरि-भक्ति के सुख का अधिकारी कहा गया है।[१४] सौभरि ऋषि की कथा के आदि में हरि का भजन करने वाले के लिए जग-सुख के साथ मुक्ति सुलभ बताई गई है[१५] तथा इसी कथा में कहा है कि राजा को हरि ने निज पद दिया।[१६]

इन उल्लेखों के अतिरिक्त लगभग प्रत्येक स्कंध के आदि में हरि के गुण गाकर तरने का कवि ने बारबार आश्वासन दिया है।[१७]

हरि-भक्ति के विविध फलों के जो उल्लेख कवि ने किए हैं उनसे निष्कर्ष निकालते समय यह नहीं भुलाया जा सकता कि कवि ने इन कथाओं का वर्णन 'श्रीमद्भागवत' के आधार

---

१. सू० सा० (सभा), पद ३९२।
२. वही, पद ३९४।
३. वही, पद ३९४।
४. वही, पद ३९४।
५. वही, पद ३९४।
६. वही, पद ४०४।
७. वही, पद ४१४।
८. वही, पद ४१५।
९. वही, पद ४१६, ४१७।
१०. वही, पद ४२१।
११. वही, पद ४२७।
१२. वही, पद ४४६।
१३. वही, पद ४४७।
१४. वही, पद ४४८।
१५. वही, पद ४५२।
१६. वही, पद ४५८।
१७. वही, पद ३४४, ३८२, ३९५, ४०८, ४१२, ४२०।

पर किया है। सूरदास ने भक्ति के फल का सैद्धान्तिक विवेचन कहीं नहीं किया। लोक-परलोक के सुख, निर्वाण और मुक्ति तथा हरि-पद-प्राप्ति को भक्ति का फल बताने में केवल भक्ति की महत्ता को दृढ़ता के साथ व्यक्त करना और लोगों को भक्ति के अनुसरण के लिए प्रेरित और उत्साहित करना उनका एकमात्र उद्देश्य जान पड़ता है। अत: 'विनय' के पदों में अनन्य भक्ति की स्वत:पूर्ण स्थिति के प्रति उनका जो दृष्टिकोण है उसमें इन विविध फलों की चर्चा करने से संशोधन नहीं होता। भक्ति के सुख की प्राप्ति ही उनका चरम लक्ष्य है और उसी के लिए वे सदैव हरि की कृपा की याचना करते हैं।

'अति सुख पूर्ण परमानन्द साँवरे' के बाल-चरित का वर्णन करते हुए वे भक्ति की प्राप्ति के लिए कृपा की आकांक्षा करते हैं।[१] वस्तुतः कृष्ण की समस्त लीलाएँ भक्तों को सुख--परमानन्द--प्रदान करने के हेतु हैं। सूरदस ने यत्र-तत्र इसका उल्लेख भी किया है। यमलार्जुन-उद्धार की लीला के अंत में वे कहते हैं कि जो हरि-चरित का ध्यान हृदय में रखते हैं उन्हें चिर आनन्द प्राप्त होता है तथा उनके दु:ख नष्ट होते हैं।[२]

यज्ञपत्नी-लीला के अंत में कहा गया है कि जो भक्ति-भाव से हरि का ध्यान करते हैं, वे नर-नारी अभय-पद पाते हैं। जो यह लीला गाएगा, उसे हरि की भक्ति प्राप्त होगी।[३]

जब राधा श्याम की मुरली माँग कर लोक-लोकान्तर को प्रभावित करने की इच्छा प्रकट करती हैं तो सूरदास प्रभु के दर्शन के लिए भक्ति-भाव की याचना करते हैं।[४]

कृष्ण की जेवनार का वर्णन करके वे बताते हैं कि जो यह जेवनार सुनता या गाता है वह निज भक्ति में अभय-पद प्राप्त करता है।[५]

उद्धव को व्रज भेजते समय कवि ने कृष्ण के मुख से सालोकता, सामीपता, सारोपता (सारूप्य) तथा सायुज्यता, मुक्तियों के नाम भी लिवाए हैं। कृष्ण ने सालोक्यादि का नाम लेकर उद्धव से कहा कि तुम वही उपदेश देना जिससे कि गोपियाँ निर्वाण-पद प्राप्त करें।[६] परन्तु यह निर्वाण-पद गोपियों को तनिक भी प्रलोभन न दे सका। वे कृष्ण के सगुण रूप की लीलाओं में ही अपनी समस्त वृत्तियों को केन्द्रीभूत करके रस-मग्न रहने में सन्तुष्ट हैं। अनन्य भक्ति की चरम-स्थिति गोपियों के प्रेम में दिखाकर कवि ने भक्ति का स्वत:पूर्ण रूप प्रतिष्ठित कर दिया जिसमें किसी इतर विचार की अपेक्षा नहीं है।

एकादश स्कंध में पुनः भक्ति के श्रवणादि साधन बताकर कवि कहता है कि 'जो इस प्रकार साधन करते हैं, वे सहज ही मम-पद का अनुसरण करते हैं और यदि बीच में ही उनका तन छूट जाए तो वे भक्त के घर जन्म लेकर आते हैं। वहाँ भी प्रेम-भक्ति के स्थान में रहकर मेरा परम स्थान पाते हैं।[७]

---

१. सू० सा० (सभा), पद ७४७।
२. वही, पद १००९।
३. वही, पद १४१८।
४. वही, पद २७५८।
५. वही, पद १८३१।
६. वही, पद ४०४९।
७. वही, पद ४९३१।

इस प्रकार सूरदास ने भक्ति के फल की विशेष अपेक्षा न करके भक्ति की महिमा को प्रदर्शित करने के लिए भक्ति के फलों में उन समस्त बातों की गणना कर ली जिनके लिए लोग धर्माचरण कर्त्तव्य समझते हैं। इन प्रतिफलों में संसार से उद्धार होना प्रमुख है; परन्तु भक्ति का जो रूप प्रदर्शित किया गया है, वह किसी फल की अपेक्षा नहीं रखता, यह बात कृष्ण की व्रज-लीलाओं से प्रकट है।

६

भक्ति की व्यापकता और उसके भेद

सूरदास का भक्ति-धर्म मानव के भाव-लोक की भाँति अति विस्तृत और गहन है जिसमें इष्टदेव की भाव-प्रतिमा कल्पित करके उसके साथ अनन्य सम्बन्ध स्थापित किया जाता है। भाव-भेद के अनुसार इष्टदेव की भाव-मूर्ति के विविध रूप तथा उसके साथ भक्त के अनेक प्रकार के सम्बन्ध हो सकते हैं। मनुष्य के भाव-लोक के प्रधानतया दो विभाग किए जा सकते हैं। एक प्रकार के भाव अनुराग अथवा आसक्तिमूलक हैं और दूसरे प्रकार के विरक्तिमूलक। क्रिया और गति की सम्भावना के कारण अनुरागमूलक भावों के आधार पर ही लोक के विविध सम्बन्ध निर्मित होते हैं। विरक्तिमूलक भाव तो अपेक्षाकृत संकीर्ण और नकारात्मक हैं; वे अधिक से अधिक अनुरागमूलक भावों के लिए क्षेत्र तैयार कर सकते हैं, मनुष्य के भावसंकुल मानस को क्रियाशील बनाने की क्षमता उनमें न्यून है। भक्ति-धर्म का विस्तार यद्यपि दोनों श्रेणियों के भावों में है और संसार के सम्बन्ध में विरक्तिजनक भावों को कल्पित करके भक्ति की 'शांति' रति की कल्पना भी की गई है, तथापि केवल विरक्तिजनक भावों के द्वारा भक्ति की संपूर्ण अवस्था संघटित नहीं होती, वे केवल भक्ति की पूर्व अवस्था प्रस्तुत करते हैं जिसके आधार पर भगवान् के साथ रति का संबंध स्थापित किया जा सकता है। रति के सम्बन्ध के बिना भक्ति की कल्पना हो ही नहीं सकती। अनुरागमूलक भावों के आधार पर भक्ति के जितने भेद हो सकते हैं, उन्हें विभिन्न मानवीय संबंधों के रूप में लक्षित किया गया है।

भक्त और भगवान् के लघु और महान्, आश्रित और आश्रय, दीन और दयालु, निष्क्रिय और सर्वसमर्थ के संबंध से इष्टदेव को स्वामी, पिता, माता, राजा आदि के रूप में कल्पित करके उनके साथ भक्त सेवक, पुत्र प्रजा आदि जैसे संबंध स्थापित करता है। मध्ययुग के भक्ति-संप्रदायों में इनमें से स्वामी और सेवक के सम्बन्ध को ही अधिकांशत: कल्पित किया गया है। इस प्रकार के संबंध से भाव का समर्पण करने वाले भक्तों को दास स्वभाव का तथा इष्टदेव के प्रति उनकी रति को 'प्रीति' रति कहा गया है। प्रीति रति पारिवारिक संबंधों के अन्तर्गत सीमित नहीं की जा सकती, अत: उसमें भक्त का भगवान् पर अपनेपन का अधिकार नहीं होता; उसमें वास्तविक ममता नहीं होती। दास स्वभाव वाले भक्त के भगवान् महिमामय और गौरवशाली होते हैं; उनके न जाने इसी प्रकार के कितने और भक्त होते हैं; उनकी कृपा का कणमात्र भक्त को निहाल कर देता है। स्वामीरूप भगवान् लोकलोकान्तर ही नहीं समस्त ब्रह्माण्ड के नाथ और चराचर के पालक हैं, अत: उनके क्रिया-कलाप का क्षेत्र अत्यन्त विस्तृत और व्यापक है, उनके गौरव के प्रदर्शन में उच्च से उच्च आदर्श कल्पना की संभावनाएँ होती हैं। भगवान् की उच्चता और महत्ता के सम्बन्ध से भक्त की निम्नता और लघुता चमत्कृत हो जाती है।

पारिवारिक और सामाजिक क्षेत्र में इष्टदेव के साथ अधिक से अधिक घनिष्ठता का व्यक्तिगत सम्बन्ध कल्पित किया गया है। मध्ययुग के वैष्णव भक्तों ने भगवान् के साथ माता और पुत्र तथा पिता और पुत्र के सम्बन्ध को प्रायः नहीं अपनाया; पितृ और मातृ सम्बन्धों को केवल स्वामीरूप में कल्पित भगवान् की ममतापूर्ण दयालुता के उदाहरण में प्रयुक्त किया है। वस्तुतः माता और पिता के प्रति पुत्र का प्रेम उतना निःस्वार्थ नहीं होता जितना पुत्र के प्रति माता और पिता का प्रेम। माता-पिता से पुत्र रक्षा और पोषण की कामना रखता है, अतः निष्काम प्रेम के चित्रण के लिए वैष्णव भक्त भगवान् को माता और पिता की भाँति भक्त के प्रति ममतापूर्ण चित्रित करता है और स्वयं अपने को निष्क्रिय और भगवान् पर पूर्णतया आश्रित कल्पित करके रह जाता है। परन्तु भगवान् पर भक्त के इस प्रकार के निर्भरतासूचक भावों में अधिक व्यापकता, गहनता और क्रियाशीलता नहीं हो सकती। इसके विपरीत भगवान् को पुत्र के रूप में कल्पित करके उनके प्रति माता और पिता की ममता की अनुभूति में शुद्ध, कामनारहित, प्राकृतिक प्रेम होता है। शिशु और बालक के रूप में कल्पित इष्टदेव से किसी प्रकार के स्वार्थ-साधन की कामना नहीं होती। उनके प्रति भक्त की ममता एकांत हार्दिक प्रेम से प्रसूत होकर अधिक से अधिक क्रियाशील और विविध सहायक भावों से संकुल होती है। शिशु और बाल रूप में भगवान् के द्वारा पराक्रमपूर्ण कार्य होते देखकर 'वात्सल्य' भाव का भक्त आश्चर्य और आशंका से अभिभूत होता है, आतंक और गौरव भावना से नहीं। इस प्रकार की रति को 'अनुकंपा' रति कहा गया है।

इष्टदेव को शिशु और बालक के रूप में कल्पित करके जब वात्सल्य भाव को विविध परिस्थितियों में क्रियाशील दिखाया जाता है, तब स्वभावतः बाल्यावस्था के अनेक संबंध—परिवार के भीतर गुरुजनों, भाई, बहिनों आदि के संबंध तथा परिवार से संलग्न क्रीड़ा-संगी अन्य बालक-बालिकाओं के सम्बन्ध—सामने आते हैं। इन विविध सम्बन्धों में गुरुजनों के सम्बन्ध तो वात्सल्य भाव के ही अंतर्गत आ जाते हैं, अन्य परिजनों तथा संलग्न व्यक्तियों के सम्बन्ध 'सख्य' भाव के होते हैं। सखाओं की रति भी जिसे 'प्रेम' रति कहा गया है, निःस्वार्थ एवं हृदय की शुद्ध स्वाभाविक प्रकृति पर निर्भर होती है; उसमें किसी प्रकार का कर्त्तव्य-बंधन नहीं होता। सख्य भाव में इष्टदेव की महिमा और गौरव का यदा-कदा आभास मिलते रहने पर भी उसका ध्यान नहीं रहता, हृदय का स्वाभाविक अनुराग उससे न्यूनातिन्यून मात्रा में प्रभावित होता है, उससे सखा भक्त के भाव में परिवर्तन नहीं होता। सख्य भाव के भक्तों का यह सौभाग्य होता है कि वे अपने इष्टदेव की समस्त क्रियाओं और चेष्टाओं में उनके साथ रहते हैं। अतः उनके भाव में विविध परिस्थितियों से उद्‌भूत विविधता, गहनता और संकुलता आ जाती है।

परन्तु मानवीय सम्बन्धों में सबसे अधिक घनता और निकटता उस सम्बन्ध में है जिसमें मन और इंद्रियों की समस्त चेष्टाएं गतिमान होकर रति में संयुक्त हो जाएँ, जिसमें किसी प्रकार का बाधा-बन्धन, संकोच-गोपन अथवा आवरण-अवगुंठन न रहे। लोक में इस सम्बन्ध को केवल 'रति' अथवा 'शृंगार' रति कहते हैं, भक्तों ने इसे 'मधुर' अथवा 'कांता' रति नाम से अभिहित किया है। इस भाव से इष्टदेव को कल्पित करने वाले भक्त 'माधुर्य' भाव के भक्त कहलाते हैं। कान्ता रति में काम भाव की सर्वाधिक स्पष्टता और रंजकता घटित होती है, इसीलिए उसमें सर्वाधिक घनता, गंभीरता एवं व्यापकता आ जाती है। मनुष्य के हृदय की समस्त प्रवृत्तियों के मूल में किसी-न-किसी अंश में काम भाव की विद्यमानता मानी जा

सकती है। इसी तथ्य के कारण स्त्री और पुरुष के दाम्पत्य सम्बन्ध में मानवीय सम्बन्धों की चरम स्थिति कही गई है। स्त्री और पुरुष का सम्बन्ध दोनों ओर से आत्म-समर्पणयुक्त हो सकता है, किन्तु पुरुष की अपेक्षा स्त्री के स्वभाव में आत्म-समर्पण की भावना अधिक स्वाभाविक और परिपूर्ण रूप में दिखाई देती है, चाहे इसका कारण जीव-विज्ञान सम्बन्धी हो अथवा सामाजिक और ऐतिहासिक। लौकिक सम्बन्धों के वर्णन में इसी कारण हमारे देश के साहित्य में अधिकतर स्त्री को प्रेमिका और पुरुष को प्रेमपात्र के रूप में कल्पित किया जाता है। उसी के अनुरूप भक्ति-धर्म में इष्टदेव को पुरुष और भक्त को स्त्री रूप माना गया है। कर्त्तव्य अथवा मर्यादा के बन्धन जो समाज में वैवाहिक सम्बन्ध के कारण स्त्री-पुरुष को परस्पर संयुक्त करते हैं, भक्ति की मधुर रति में मान्य नहीं है, क्योंकि उनमें प्रेम की शुद्ध ऐंद्रिय स्थिति नहीं होती। इसी कारण भक्ति में ऐसी मधुर रति को आदर्श माना जाता है जो सामाजिक बन्धनों और मर्यादाओं का अतिक्रमण करके एकांत रूप से मन और इंद्रियों की प्रवृत्ति पर आधारित हो। स्त्री का एकांत और बदला पाने की भावना से रहित सम्पूर्ण आत्म-समर्पण का भाव उस समय और निखर आता है, जब पुरुष को बहु रमणी-रमण और प्रणयघातक चित्रित करके भी उसके प्रति अनन्य आस्था प्रदर्शित की जाती है। ऐंद्रिय अथवा काम-प्रवृत्ति पर आधारित रति का सर्वथा एकांत और निःस्वार्थ रूप खंडिता के प्रेम में ही चमत्कृत होता है। परन्तु रति की अंतिम परिणति का, उसके पर्यवसान का रूप प्रेमी युगल की समभाव की रति एवं दोनों की अभिन्नता अथवा तद्रूपता में प्राप्त होता है।

'सूरदास' में भक्ति के उपर्युक्त सभी भाव-भेद पाए जाते हैं। भक्ति-धर्म की भावमूलक व्यापकता सूरदास ने अनेक आख्यानों और दृष्टान्तों के सहारे व्यंजित की है। उनके मत में भक्ति की केवल एक शर्त है—भगवान् का सतत ध्यान। किस भाव से उनका ध्यान किया जाए, यह साधक के स्वभाव और उसके आत्मिक विकास की स्थिति पर निर्भर है। किसी भी भाव से किया गया हरि का ध्यान जितना ही दृढ़,तन्मयतापूर्ण एवं समस्त चेतना को केन्द्रीभूत करने वाला होगा, भक्त भी उतने ही उच्च एवं श्रेष्ठ पद का अधिकारी होगा। रासलीला के अन्त में परीक्षित ने शंका की कि गोपियों ने कृष्ण के ब्रह्मत्व की अवहेलना करके उनको अपने पति के रूप में देखा। उन्होंने इस प्रकार सगुण का ध्यान करके निर्गुण पद किस प्रकार प्राप्त कर लिया? शुकदेव ने परीक्षित का संदेह निवारण करने के लिए कहा कि 'शिशुपाल मन में वैरभाव रखकर मुक्ति पा गया, तो गोपियाँ जो हरि की प्रिया हैं, यदि मुक्ति प्राप्त कर लें तो इसमें आश्चर्य ही क्या है? काम, क्रोध, स्नेह, भय अथवा किसी भी भाव से हरि का दृढ़तापूर्वक ध्यान करके मनुष्य हरि के समान हो जाता है।'[१] 'अक्रूर-व्रज-आगमन' में पुनः नारद के द्वारा कवि इसी भाव को दुहराता है, 'जो जिस भाव का होता है, हरि भी उसके लिए वैसे ही हैं, वे हित के लिए हित और बुरों के लिए बुरे हैं। महरि यशोदा और नन्द उनके माता-पिता कहलाए, उन्हीं के हित वे तनु धारण करके अवतरित हुए। हरि यह अवतार युग-युग में धारण करते हैं, वे ही कर्त्ता, हर्त्ता, और विश्वम्भर हैं। नन्द-यशोदा ने उन्हें बालक करके जाना, गोपियों ने उन्हें काम रूप करके माना। तुम्हारी माया कोई नहीं कह सकता। बाल और तरुण सुख न्यारे-न्यारे हैं। ये व्रज के वासी धन्य हैं जिन्होंने उदासी ब्रह्म

---

१. सू० सा० (सभा), पद १६२६।

को वश में कर लिया। जो अकल-कला और निगम से भी बाह्य हैं, उनके साथ युवतियों ने वन-वन में विहार किया।'[१] पौंड्रकवध की कथा में भी कवि कहता है : 'सब कोई हरि-हरि सुमिरो। हरि के शत्रु और मित्र में भेद नहीं होता। जिस तरह सुमिरन किया जाए, उसी तरह गति होती है। सब कोई हरि-हरि सुमिरो। काशिराज पौंड्रक हरि को वैर भाव से स्मरण करता था। अहर्निशि उसे यही लव लगी रहती थी कि यादवराज को किस प्रकार जीतूँ। यदुपति ने अपना चक्र सँभाला और उनकी सेना पर डाल दिया। त्रिभुवन पति राम ऐसे हैं, जिनकी महिमा देवों ने गाई है। कोई किसी प्रकार भजे, सूरदास, वह पार उतर जाता है।'[२] पुनः शिशुपाल-वध में कहा गया है : 'सब कोई हरि-हरि सुमिरो। हरि शत्रु मित्र को भिन्न नहीं समझते। जो सुमिरता है, उसी की गति होती है। सब कोई हरि-हरि सुमिरो। शिशुपाल ने वैर भाव से सुमिरा, गोपाल ने राजसूय में चक्रसुदर्शन से उसका संहार किया और उसका तेज निज मुख में डाला। वे भक्तिभाव से भक्तों का उद्धार करते हैं वैर-भाव से असुरों का विस्तार करते हैं। कोई किसी प्रकार से सुमिरन करे; सूरदास, हरिनाम उसका उद्धार करता है।'[३] इसीलिए कंस तथा उसके सहायक—पूतना, अघ, वक, काग, केशी, धेनुक, कुवलयापीड, रजक, चाणूर, मुष्टिक आदि सभी वैर-भाव से भगवान् का ध्यान करके मुक्ति पा गए। इसी प्रकार रावणादि राक्षसों का वध करके उन्हें भगवान् ने भव-बंधन से मुक्त कर दिया। वैर-भाव से भक्ति करने वालों की परम गति दिखा कर कवि ने हरि-भक्ति की आवश्यकता तथा महत्ता प्रदर्शित की है, उसके परिपंथी मार्ग का अनुमोदन नहीं। जो हरि वैर-भाव से ध्यान करने वालों को भी मुक्त कर देता है, उसकी भक्ति न करना कहाँ तक उचित और क्षम्य है, कवि का सामान्य तर्क यही है।

'सूरसागर' में हरि-भक्ति के उपर्युक्त सभी भाव-भेद मिलते हैं। अनुपात और रुचि की दृष्टि में निःसंकोच कहा जा सकता है कि सूरदास की भक्ति में शांति रति सबसे कम पाई जाती है। 'विनय' के पदों तथा 'भागवत'-वर्णित पौराणिक आख्यानों के प्रसंगों में संसार की असारता का आग्रह के साथ प्रतिपादन किया गया है, किन्तु उसमें भक्ति की आवश्यकता और महत्ता की विशेष व्यंजना है। उसके आधार पर व्यक्त सक्रिय भक्ति दास्य रति के अन्तर्गत समझनी चाहिए, जहाँ भक्त हरि-भगवान् के समक्ष अपनी अधमावस्था का निवेदन करके, उनके विरुद की साक्षी देकर उनकी भक्तवत्सलता और कारणरहित कृपालुता की दुहाई देता है। दशम स्कंध—पूर्वार्द्ध में सूरदास ने कृष्ण-लीला प्रधानतया उन्हीं तीन प्रकार के मानवीय सम्बन्धों में गाई है जिनकी भाव-भेद से ऊपर वात्सल्य, सख्य और माधुर्य नाम से विवेचना की गई है, नन्द, यशोदा आदि वात्सल्य भाव वाले भक्तों की कृष्ण के प्रति 'अनुकम्पा' रति है, सख्य भाव वाले सहचर गोपों की 'प्रेम' रति है तथा काम भाव वाली व्रज की किशोरियों और नवोढ़ाओं की 'मधुर' रति है। कवि की क्रमिक विकासशील तन्मयता और वर्णन-विस्तार के विचार से 'सूरसागर' में प्रदर्शित भक्ति-भाव शान्त, दास्य, सख्य, वात्सल्य और माधुर्य के क्रम से रखा जा सकता है। आगामी पृष्ठों में इसी क्रम से उनका विवेचन किया गया है।

---

१. सू० सा० (सभा), पद ३५४०।
२. वही, पद ४८२४।
३. वही, पद ४८३७।

शान्त और दास्य भाव

गत अध्याय में वैराग्यपूर्ण भक्ति की विवेचना करते हुए दिखाया जा चुका है कि सूरदास के प्रारम्भिक भक्तिपूर्ण धार्मिक जीवन की आधार-शिला संसार के प्रति उनकी गहरी विरक्ति ही थी, जिसका सबसे अधिक प्रकाशन 'विनय' के पदों में हुआ है। यद्यपि संसार के प्रति उनका निरंतर यही भाव रहा है, फिर भी भक्ति की सक्रिय अनुभूति हो जाने के बाद संसार की विगर्हणा करने की उन्हें आवश्यकता नहीं रही। संसार से सर्वथा उदासीन होकर वे भगवान् में अनुरक्त हो गए। प्रारम्भ में उन्हें भगवान् की असीम कृपालुता और भक्तवत्सलता ने ही विशेष आकर्षित किया। सूरदास की दास्य भाव की भक्ति में सेवक की अधमता और दयनीयता के तो अतिरंजित चित्र हैं, परन्तु उसको चमत्कृत करने वाले स्वामी के वैभव, पराक्रम और गौरव के चित्र बहुत कम हैं। भक्त की अधमता का सम्बन्ध उन्होंने भगवान् की राजसी महत्ता के साथ न जोड़कर उनकी दैवी कृपा के साथ ही जोड़ा है। राम की कथा में भी उन्होंने राम की कृपालुता की अपेक्षा उनके राजसी वैभव के चित्र कम दिए हैं। कृष्ण की कथा में तो उनकी संपूर्ण दृष्टि अपने इष्टदेव की मनोहर छवि और उनकी आह्लादकारी क्रीड़ाओं पर ही रही है। उनके राजसी वैभव और पौरुष-पराक्रम की उन्होंने सदैव उपेक्षा ही की। दशम स्कंध--उत्तरार्ध में द्वारकावासी कृष्ण के राजसी चित्र देकर अवश्य रुक्मिणी के भक्ति भाव में सेवक की दीनता प्रदर्शित की गई है,[१] परन्तु उसका उद्देश्य राधा के मधुर भाव की सापेक्ष महत्ता दिखाना ही जान पड़ता है।[२] साधारणतया सूरदास दास्य भाव के प्रकाशन में भगवान् की भक्तवत्सलता और पतितपावनता के सहारे ही उद्धार पाने की आशा करते हैं। पीछे भक्तवत्सल भगवान् और हरि-कृपा शीर्षक प्रकरण में उनके दास्य भाव संबंधी विचारों का विवेचन किया जा चुका है। उक्त प्रकरणों में चित्रित भक्त भगवान् के समक्ष अपने पातकों की भारी गठरी सर पर लादे आता है और चुनौती देता है कि युग-युगान्तर के पतितों की पहली पंक्ति में उसका स्थान है। इस चुनौती के बल पर वह पतितपावन भगवान् की कृपा की अभिलाषा ही नहीं, उसे पाने का विश्वास भी प्रकट करता है। इन दीन प्रार्थनाओं में यद्यपि भक्त का संपूर्ण आत्म-समर्पण स्पष्ट ही लक्षित होता है, फिर भी उसे सांसारिक विषय-वासनाओं का भय बराबर बना रहता है और वह निरन्तर भगवान् के निकट जाने के लिए प्रयत्नशील जान पड़ता है। उसका प्रयास सफल होता नहीं दिखाई देता; उसकी भक्ति पूर्णरूप से परिणाम-निरपेक्ष तथा स्वतः पूर्ण नहीं जान पड़ती। उसके भगवान् दूरंगत हैं जो भक्त के तनिक से इशारे पर अधीर होकर उसकी सहायता को दौड़े आते हैं और अपनी करुणा-वारिधारा से उससे तीनों तापों को नष्ट कर देते हैं। फिर भी भक्त सदैव नीचे पड़ा हुआ, दीन प्रार्थना की मुद्रा में ऊर्ध्व मुख किए हुए कृपा की याचना करता है। ऊपर कह आए हैं कि हमारे कवि ने इस भाव की रति में पर्याप्त तन्मयता दिखाते हुए भी इसे अधिक नहीं अपनाया। ऐसा जान पड़ता है कि उसने कृष्ण-लीला से परिचय पा लेने के बाद इसकी आवश्यकता नहीं समझी। नवम स्कंध में वह भगवान् राम की स्तुति में कहता है : "प्रभु को किस प्रकार बिनती सुनाऊँ? महाराज रघुवीर धीर को बिनती सुनाने के लिए मैं कभी समय ही नहीं पाता। यामिनी के बीतने के पहले एक याम रहता है, तभी उठ जाता हूँ; परन्तु उस

---

१. सू० सा० (सभा), पद ४७८५-४८०६।

२. वही, पद ४८८८-४८९२।

समय संकोच होता है कि प्रभु को सुकुमार नींद से कैसे जगा दूँ। दिनकर-किरण उदय होते ही ब्रह्मादिक, रुद्रादिक एकत्र वहाँ पर मिलते हैं तथा अगणित् अमर-मुनि-गण की भीड़ होती है, जिससे मुझे 'ठौर' ही नहीं मिलता। दिन के मध्य सभा उठती है, तब सेनापतियों की भीड़ देखता हूँ। फिर आता हूँ तो नहाते, खाते या 'साहिबी' सुख करते देखता हूँ। उस समय उन्हें कैसे अनखाऊँ? संध्या समय नारद, तुंबुरु गुण और नाम गाते हुए आते हैं। कृपानिधि रघुपति, तुम्हीं बताओ कि मैं किस गिनती में आ सकता हूँ? कमलापति, यदि कहिए तो मैं कहकर समझाऊँ कि आप एक उपाय करें। सूरप्रभु, आपका नाम पतित-उधारन है, आपके पास यह रुक्का पहुँचा दूँ।"[१]

नवम स्कंध में राम की कथा का यह अंतिम पद है। इसके बाद दशम स्कंध में कृष्ण की व्रज-लीलाओं का विशद और विस्तृत चित्रण है। अत: हम अनुमान कर सकते हैं कि कवि को ऐश्वर्यशाली महाराज रघुवीर के द्वार पर पड़े-पड़े केवल अपने रुक्के को पहुँचा कर ही संतोष नहीं होता। राम के सुकुमार मनोहर रूप को भी वह देख चुका है, उसके मानसिक जगत् में परिवर्तन की झलक वहीं मिल जाती है। सुकुमार और कोमल रूप वाले भगवान् की माधुरी के साथ वह निकट का सम्बन्ध स्थापित करना चाहता है। अत: महाराज रघुवीर धीर के राजसी दरबार में अपना रुक्का पहुँचाकर वह कृष्ण की मनोहर बाल और किशोर लीलाओं में तल्लीन हो जाता है।

सख्य भाव

व्रजवासी कृष्ण के विविध मानवीय सम्बन्धों में सखाओं का सौहार्द्र भी उस कोटि पर पहुँचा हुआ चित्रित किया गया जिसमें भक्ति-भाव की पूर्ण तल्लीनता और कृष्ण-प्रेम में सखाओं-जैसे क्रीड़ाप्रिय विनोदी भक्तों को अपने समस्त मनोभावों को केन्द्रीभूत करने की सुविधा है। सखाओं के सौहार्द्र में भगवान् के समक्ष पूर्ण स्वाभाविकता के साथ भक्तों का संकोच-त्याग दिखाकर दोनों के बीच पर्याप्त आत्मीयता और घनिष्ठता प्रदर्शित की गई है। रास के वर्णन में कवि दास्य भाव को छोड़कर सख्य भाव अपनाने का उल्लेख करता जान पड़ता है : "तुम्हीं ने मुझको ढीठ किया। मैं सदैव अपने नयन चरणों के समीप रखता था और तुम्हें छोड़ अन्य किसी के मुख को नहीं देखता था। प्रभु, तुम्हीं ने मेरा संकोच मिटाया जिससे कि मैं कभी कुछ माँगता हूँ,कभी कुछ। मैं वृन्दावन में चरणों की शरण माँगता हूँ, जहाँ पर तुम नित्य केलि करते हो। × × ×'[२] कवि ने गोप बालकों के नाते भक्त का संकोच त्याग और प्रेमपूर्ण धृष्ट व्यवहार तथा श्रीकृष्ण का सखा-प्रेम बड़ी स्वाभाविकता से चित्रित किया है। न तो गोप सखा कृष्ण के महान् पराक्रमशील कार्यों को देखते हुए उनके प्रति संभ्रम और श्रद्धा का भाव प्रदर्शित करते हैं, और न कृष्ण कभी अपने गौरव-प्रदर्शन के द्वारा अपने सखाओं के समक्ष महिमाशाली रूप में उपस्थित होते हैं। अत्यन्त आश्चर्यजनक, अलौकिक कार्य करते हुए भी कृष्ण सदैव यही चेष्टा करते हैं कि उनके संगी सखा इनको आकस्मिक दुर्घटनाओं के संयोग-प्राप्त निवारण मात्र समझें। उनके सखा भी केवल सामयिक विस्मय और यदा-कदा क्षणिक आतंक से तुरन्त स्वस्थता प्राप्त करके सामान्य स्थिति में आ जाते हैं और अपने सखा कृष्ण के साथ पूर्ववत् समानता का व्यवहार करने लगते हैं।

---

१. सू० सा० (सभा), पद ६१६।
२. वही, पद १७९५।

व्रज-लीला वर्णन में कृष्ण के समशील बालकों के साथ खेलने योग्य होते ही कवि को सख्य भाव के प्रदर्शन का अवसर मिल जाता है। उनके खेल के संगियों में हलधर भाई तथा सुबल, सुदामा और श्रीदामा का उल्लेख उसने विशेष रूप से किया है। इनके अतिरिक्त भी अनेक गोप बालक हैं जो विभिन्न परिस्थितियों में सखा कृष्ण के साथ रहकर उनके प्रति उत्कट अनुराग प्रकट करते हैं। श्रीकृष्ण के संगी वय-क्रम से तीन प्रकार के हैं। कुछ उनके बड़े भाई हलधर के समान क्रीड़ा-संगी होते हुए भी उनके प्रति कृपापूर्ण सौहार्द्र का भाव रखते हैं। वे उनके अतिमानवीय कार्यों का रहस्य जानते हैं, क्योंकि उन्हें कृष्ण के आलौकिक व्यक्तित्व की प्रतीति है, साथ ही वे क्रीड़ाप्रिय कृष्ण की सहज मानवीय लीला के आकर्षण में इतने निमग्न हो जाते हैं कि उनकी यह प्रतीति उनके दृष्टिकोण को प्रभावित करके उनके भाव को बदल नहीं देती। इसीलिए वे कृष्ण द्वारा अत्यन्त आश्चर्यजनक कार्य होते देखकर भी आतङ्कित नहीं होते। अवस्था में श्रीकृष्ण से बड़े होने के कारण ये सखा उनकी राधा और गोपी सम्बन्धी लीलाओं में सम्मिलित नहीं होते। अवस्था में छोटे सखा भी गोकुल की गलियों, विनोदपूर्ण माखनचोरियों, यमुना-तट की कंदुक-क्रीड़ाओं और वन-प्रांत के गोचारण, छाक आदि से सखा श्याम के साथ रहकर अपना अनुराग व्यक्त करते और उनका सहज स्नेह प्राप्त करते हैं, परन्तु गोपियों के काम भाव की भक्ति से वे दूर ही रखे गए हैं। वय में बड़े और छोटे दोनों प्रकार के सखाओं के भाव में स्वभावतः उतनी घनिष्टता और आत्मीयता नहीं है जितनी समवय, समशील और समव्यसन सखाओं के भाव में है। वे श्याम की बालकेलि की प्रत्येक परिस्थिति, गोकुल की गैल, यमुना-तट, वनप्रांत, करील-कुंज और द्वारिका के धनुष-यज्ञ में तो उनके साथ रहते ही हैं, उनके गोप्य से गोप्य रहस्य को भी जानते हैं। राधा और श्याम के अभिन्न अनुराग का उन्हें पूर्ण परिचय है तथा वे पनघट, दधिदान और निकुंज लीलाओं में काम भाव से उद्वेलित गोपियों को परितुष्ट करने में अपने सखा की उचित सहायता करते हैं। व्रज की लीलाओं में वे मित्र-भाव से निरंतर कृष्ण के साथ रहते हैं। इन्हीं सखाओं के भाव में वस्तुतः सूरदास ने प्रेम रति की व्यापक अनुभूति, संयोग और वियोग दोनों दशाओं में दिखाई है। सखाओं के प्रेम में जो अभिन्नता और आत्मीयता है, वही इस भाव के आत्म-समर्पण की स्थिति है। कृष्ण-प्रेम के अतिरिक्त सखाओं में किसी अन्य भाव का संकेत भी नहीं मिलता। वे कृष्ण की लकुटी, कमरी और मुरली में इतने आसक्त हैं कि संयोग की अवस्था में ही उनसे बिछुड़ने की आशंका कभी-कभी उन्हें व्यथित कर देती है। मुरली की ध्वनि निरंतर उनके कानों में गूँजती रहती है, फिर भी उसे सुनने की उत्कंठा व्यसन की दशा को पहुँच गई है। वे कभी उससे तृप्त नहीं होते। सख्य भाव को भक्ति-धर्म की भावात्मक पूर्णता तक पहुँचाने के लिए सूरदास ने न केवल श्रीकृष्ण के गोप-रूप और गोप-लीला के प्रति संयोग दशा में सखाओं की उत्कट आसक्ति प्रदर्शित की है, वरन् वियोग की दशा में सखा गण भी विरह से अभिभूत दिखाए गए हैं।

आगामी पृष्ठों में सख्य भाव को व्यक्त करने वाले कवि के कतिपय उल्लेखों की समीक्षा से उपर्युक्त कथन की सत्यता प्रमाणित होती है। सख्य भाव की पूर्ण अभिव्यक्ति के लिए जिस समता के भाव की आवश्यकता है, उसे कवि ने श्रीदामा के द्वारा व्यक्त कराया है। सखाओं को जीतते देखकर कृष्ण कुछ मन मैला करते हैं। इस पर श्रीदामा कहते हैं कि ऐसा खेल कौन खेले?[१] ''खेल में कौन किसका गुसाईं! हरि हार गए और श्रीदामा जीत गए हैं। जबर्दस्ती

१. सू० सा० (सभा), पद ८६२।

करके रोष क्यों करते हो? तुम्हारी जाति-पाँति हमसे कुछ बड़ी नहीं है और न हम तुम्हारी छाया में रहते हैं। तुम अति अधिकार शायद इसलिए दिखाते हो कि तुम्हारे यहाँ कुछ अधिक गाएँ हैं। जो रूठता है उसके साथ कौन खेले? इसके बाद सब ग्वैयाँ जहाँ-तहाँ बैठ रहे। पर सूरदास-प्रभु तो खेलना ही चाहते हैं, उन्हें नन्द की दुहाई देकर दाँव देना पड़ा।''[१]

वकासुर-वध में यद्यपि गोप-सखा भयभीत और आश्चर्यचकित हो जाते हैं, तो भी कृष्ण उनके मन से अपने प्रति आतंकपूर्ण गौरव की भावना दूर करने का बराबर प्रयत्न करते रहते हैं। 'कृष्ण सब सखाओं को पुकार कर कहते हैं कि दौड़कर आ जाओ और इस वक की चोंच फाड़कर इसके संहार में सहायता करो। गोप बालक जब निकट आ गए तो कृष्ण को अत्यंत सुख मिला।'[२] फिर भी बालकों को उनके गौरव का ज्ञान बना रहता है और वे कृष्ण को सम्मान की दृष्टि से देखते[३] और कहते हैं कि 'तुम्हीं कंस का निपात करोगे।' भक्ति-भाव में विभोर होकर उनके आँसू ढलने लगते हैं।[४] कृष्ण अपनी बाल-क्रीड़ाओं द्वारा सखाओं को पुनः सामान्य स्थिति में ले आते हैं। अघासुर-वध में सखाओं से कृष्ण हँसकर कहते हैं कि 'यदि तुम लोग संग न होते तो यह काम नहीं हो सकता था। तुम सबने जब सहायता की तभी मेरे द्वारा ऐसा काम हो सका। आओ, हम-तुम मिल-बैठ कर 'अघाकर' भोजन करें। यशुमति ने बहुत-सा भोजन वंशीवट में भेज दिया है।''[५] इस प्रकार के कथनों तथा कीड़ाओं के द्वारा कृष्ण अपने कृत्यों की गरिमा एवं विस्मयोत्पादकता हँसकर उड़ा देते हैं।

ब्रह्मा द्वारा बाल-वत्सहरण की लीला में भी कृष्ण सखाओं के साथ भोजन करते हुए तथा उनके साथ बराबरी का भाव पुष्ट करते हुए दिखाए गए हैं।[६]

गोचारण के वर्णनों में बराबर सखा-भाव का प्रकाशन किया गया है। सखाओं के साथ कृष्ण अत्यंत आनंदित होते और अनेक प्रकार की सुख-क्रीड़ाएँ करते हैं। ''हरि वृन्दावन में धेनु चराते हैं। सब ग्वाल-सखाओं को साथ लगाकर चैन करते हुए खेलते हैं। कोई गाता है और कोई मुरली, कोई विषाण और कोई वेणु बजाता है। कोई नृत्य करता और कोई ताल देकर उघटता है। इस प्रकार सुभग, सघन, कुंज प्रदेश में व्रज के बालकों की सेना जुड़ी हुई है, जहाँ विविध पवन बहती है। सूरश्याम अपने धाम को बिसारकर यह सुख लेने आते हैं।''[७]

ग्वाल-बाल कृष्ण को सखा मानते हुए भी कभी-कभी भक्ति-भाव के साथ हाथ जोड़कर कहने लगते हैं कि श्याम तुम हमें भुला न देना। जहाँ-जहाँ देह धारण करो वहाँ-वहाँ हमें चरणों से अलग न करना।[८] परन्तु अपने स्वाभाविक प्रेम का प्रदर्शन करते हुए 'श्याम बराबर श्रीमुख से कहते हैं कि तुम मेरे मन को अत्यन्त सुहाते हो।' ग्वाल यह सुनकर चकित हो जाते हैं।[९] कृष्ण कहते हैं, 'मैं तुम्हें व्रज से कहीं अलग नहीं करता, व्रज में यही पाकर मैं भी

१. सू० सा० (सभा), पद ८६३।
२. वही, पद १०४५।
३. वही, पद १०४६।
४. वही, पद १०४७।
५. वही, पद १०४९।
६. वही, पद १०५४।
७. वही, पद १०६६।
८. वही, पद १०६८।
९. वही, पद १३६७।

यहाँ आता हूँ। यह सुख चतुर्दश भुवनों में कहीं नहीं है। व्रज के इसी अवतार से यह सिद्ध है।'[१] सखाओं के कारण कृष्ण को व्रज प्रिय है। वे अपनी गुप्त बात भी उनसे प्रकट कर देते हैं।

वन में छाक खाते समय[२] कृष्ण अत्यन्त स्वाभाविकता से सखाओं के साथ बराबरी का व्यवहार करते हैं। वे ग्वालों के हाथ से छीन-छीन कर खाते हैं।[३] स्वयं अपना षट्रस का पकवान छोड़कर वे सखाओं से हा-हा करके माँगते हैं। परन्तु सूरदास बारबार उनके ब्रह्मत्व की याद दिलाकर सखाओं के साथ उनके मैत्री व्यवहार को ऐहिक समझ लेने की भूल से बचाने और सख्य भक्ति को दृढ़ करने का प्रयत्न करते जाते हैं।[४]

ब्रजवासियों के सख्य भाव तथा उनके प्रति कृष्ण के अनुराग को देखकर ही ब्रह्मा का गर्व नष्ट होता है[५] और वे कृष्ण की स्तुति करते हुए व्रजवासियों के भाग्य की सराहना और व्रज में किसी रूप में उत्पन्न होने की कामना करते हैं[६] तथा व्रज की बीथियों में बसकर, ग्वालों के 'पनवारे' बटोरकर जूठे अन्न से उदर भरना श्रेयस्कर समझते हैं।[७]

कालिय-दह में कूदने के पहले कृष्ण ने श्रीदामा आदि सखाओं के साथ गेंद खेलने की जो लीला की, वह अत्यन्त स्वाभाविक तथा सख्य भाव की व्यंजक है।[८] सखाओं को इस लीला में कृष्ण क्षणमात्र को भी अपने अलौकिक व्यक्तित्व की झलक तक नहीं लगने देते। गोपगण भी कृष्ण के प्रति सख्य रति में इतने तल्लीन हो जाते हैं कि उन्हें कृष्ण के पूतना, काग, अघ, वक आदि के वध सम्बन्धी विस्मयकारी कार्य सर्वथा विस्मृत हो जाते हैं और वे कृष्ण के साथ पूर्ण स्वतन्त्रतापूर्वक समानता का व्यवहार करके उनके साहचर्य का सहज आनन्द उठाते हैं। इस अलौकिक के विस्मरण तथा लौकिक की स्वाभाविकता में ही भक्ति-रस के सख्य भाव की चरम परिणति है।

तनिक भी अवस्था में गोवर्धन गिरि धारण करके कृष्ण सब व्रजवासियों को चकित कर देते हैं। उनके सखा उनसे भोलेपन से पूछते हैं, 'तुमने गिरि किस प्रकार धारण किया? किस प्रकार तुमने सुरपति का गर्व निवारण किया? हम तो सदा तुम्हारे साथ रहते हैं। तुम ऐसी-ऐसी करतूतें कैसे कर लेते हो? हमारे साथ हिल-मिलकर तुम गायें चराते हो और नन्द-यशोदा के 'सुवन' कहाते हो!'[९] गोप सखाओं का महत्त्व बढ़ाने के लिए वे कहते हैं कि गोवर्धन मैंने अकेले नहीं उठाया। ग्वालों ने भी तो 'लकुट' लगाकर सहायता की थी।[१०] कवि गोप सखाओं के इस मायामय आत्म-विश्वास को पूर्णतया कभी भङ्ग नहीं होने देता कि कृष्ण उन्हीं के

---

१. सू० सा० (सभा), पद १०६८।
२. वही, पद १०८२-१०८९।
३. वही, पद १०८३।
४. वही, पद १०८४-१०८७।
५. वही, पद ११०३।
६. वही, पद ११०४-११०९।
७. वही, पद ११०८-११०९।
८. वही, पद ११५०-११५८।
९. वही, पद ११६९।
१०. वही, पद १५८३।

साथी हैं, उनसे दूर नहीं हैं। अधिक से अधिक वह उनके हृदय में विस्मय, आश्चर्य और सुखद संदेह पैदा कर देता है।

वृषभासुर-वध की लीला में जब वृषभ हरि के ऊपर कूद पड़ा और दोनों में युद्ध होने लगा तो सब सखा दौड़े और चिल्लाने लगे कि 'चलो! कृष्ण को वृषभ ने मार डाला!' पर कृष्ण ने जब उसे पछाड़कर भूतल पर पटक दिया तो सब चकित हो गए और विकराल वृषभासुर को देखकर सोचने लगे कि यशोदा का सुत असुर-निकंदन और सन्तों का प्राणाधार है![१] वे कृष्ण को साधुवाद और धन्यवाद देने लगे और कहने लगे कि 'आज यह सबको पकड़कर खा लेता, तुमने हमें बचा लिया। यह इतना विशाल है और तुम अत्यन्त छोटे से हो! तुमने इसे भुजाओं से कैसे फिराया? सब के देखते-देखते पलक मारते ही इसे धरती पर मार गिराया! अब तक हमने तुम्हें नहीं जाना था कि तुम्हीं जगत् के प्रतिपालक हो। सूरदास-प्रभु तुम असुर निकंदन और ब्रजजन के दुख-घालक हो!'[२] गोप घर जाकर यशोदा को सारा हाल सुनाते और कहते हैं: ''यशोदा मैया, तू धन्य है। तूने बड़ा पूत जाया है! यह कोई आदि पुरुष, अवतारी है जो हमारे भाग्य से यहाँ आया है। इसके चरण-कमल की वन्दना करते रहना चाहिए और अनुदिन सेवा करते रहना चाहिए। बारम्बार सूरप्रभु की हर्षित होकर बलैया लेना चाहिए।''[३] ग्वाल बाल जानते हैं कि उन्हें अपने मित्र कृष्ण के साथ वृन्दावन में कहीं भी किसी का डर नहीं। जब-जब उनके ऊपर विपत्ति आती है, तभी कृष्ण उनकी सहायता करते हैं। कृष्ण से बड़ा और कोई नहीं, ये ही सबको बड़प्पन देते हैं। श्याम के जो भी सम्मुख आता वही स्वर्ग चला जाता है।[४]

कृष्ण सखाओं को अपनी मधुर लीलाओं में भी अपने साथ रखते हैं! माखनलीला वे सखाओं की सहायता से ही करते हैं।[५] दानलीला के पहले उन्होंने सब सखाओं को बुलाकर उनसे इस लीला के विषय में परामर्श किया और उनको सुख पहुँचाया।[६] 'प्रातःकाल होते ही कृष्ण ने उठकर सब सखाओं को बुलाया और उन-उन लोगों को साथ में लिया जो उनकी प्रकृति के थे। उनके साथ वे चुपचाप मार्ग में जाकर वन-घाट के पेड़ के नीचे ठगों के ठाठ-ठाठकर लग गए।'[७]

यहाँ पर कवि ने यह स्पष्ट कर दिया है कि कृष्ण के समान शील-व्यसन सखा ही उनकी इन गोपी-लीलाओं में संग रहते हैं। वह पुनः बताता है : ''नन्द-नन्दन ने एक बात सोची। जो-जो सखा उन्होंने अपनी प्रकृति के समझे, उनको बुला लिया। सुबल, सुदामा श्रीदामा और महर-सुत भी मिलकर आ गए। हरि ने जो कुछ सलाह मन में सोची थी, वह सब ग्वालों पर प्रकट कर दी। उन्होंने कहा कि व्रज-युवतियाँ—राधा, चन्द्रावलि, ललितादि, बहुत-सी एक भाँति की तरुणियाँ—नित्य-प्रति बन-ठन-कर दधि बेचने मथुरा जाती हैं। कल प्रातःकाल ही तुम लोग कालिंदी-तट के द्रुमों पर चढ़ कर छिप रहो। जिस समय सब गोरस

१. सू० सा० (सभा), पद २००५।
२. वही, पद २००६।
३. वही, पद २००९।
४. वही, पद २०१०।
५. वही, पद ८८७-९००।
६. वही, पद २०७८।
७. वही, पद २०७९।

लेकर आएँ, तुम लोग जाकर मार्ग रोक लो।''[१] कृष्ण ने अपनी प्रकृति के पाँच हजार सखाओं को साथ रख लिया और जो अत्यंत कुमार थे, उन्हें लौटा दिया।[२] साथियों को उन्होंने पेड़ों पर चढ़ाकर छिपा दिया और कह दिया कि जैसे ही ग्वालिनें दिखाई दें पेड़ों से कूद-कूद कर तुम लोग वेणु, विषाण, मुरली बजा-बजाकर उनके मार्ग में आकर खड़े हो जाना और कहना कि तुम लोग नित्य-प्रति इस मार्ग से जाती हो, यह बात 'दधिदानी' श्याम को मालूम ही नहीं थी।[३] वे सखाओं से अपने मन की भावनाओं को भी नहीं छिपाते और कहते है कि 'मैं ललितादि व्रज-बनिताओं को देखकर अत्यन्त सुखी होता हूँ। कल मैंने उन्हें इस मार्ग से जाते देखा था, इसीलिए आज यह उपाय किया है। अभी ये युवतियाँ बनठन कर मुझ ही से चित्त लगाकर आती होंगी। मैं तुम लोगों से कुछ भी छिपाता नहीं हूँ, प्रकट करके सारी बातें बताता हूँ। सूर, सुन लो, मेरे लोचन राधा को देखे बिना अकुलाते हैं।'[४]

यही नहीं, गोप सखा राधा-कृष्ण की गोपनीय लीलाओं को भी जानते हैं। ''राधा ने श्याम को पास बुला लिया और कहा कि ऐसी बातें कहीं प्रकट रूप में करनी चाहिए? सखियों (वें० प्रे० सखाओं) के बीच लज्जा से क्यों मारते हो? एक तो लोग ऐसे ही उपहास करते हैं, उस पर तुम यह बात फैला रहे हो। जाँति-पाँति के लोग हँसेंगे और प्रकट रूप में जान लेंगे कि श्याम मेरे 'भतारी' (भर्त्तार) हैं। मुझे लाज से क्यों मारते हो? हम हा हा खाती और बलिहारी जाती हैं! सूर-श्याम सर्वज्ञ कहलाते हो और माता-पिता से गालियाँ दिलाते हो।''[५] जब ग्वालिनी ने यह बात सुनाई, तभी सब सखाओं ने देखकर समझ लिया, क्योंकि वे सब श्याम की प्रकृति और स्वभाव के हैं। उन्होंने राधा से कहा, प्यारी, यदि तुम्हारे मन को भावे तो एक बात सुनाएँ! तुम्हारे अंग प्रति अंग की शोभा देखकर हरि सुख पाते हैं। तुम नागरी हो, वे नवल नागर हैं। तुम दोनों मिलकर विहार करो। सूर, श्याम और श्यामा—तुम दोनों एक ही हो, संसार क्या हँसेगा?''[६] सखा राधा-कृष्ण के सम्पूर्ण गुप्त रहस्यों को जानते हैं।[७]

कृष्ण के सखा उनके मुरली-वादन से अत्यन्त प्रभावित हैं। वे जानते हैं कि यह उनका परम सौभाग्य है कि वे कृष्ण का साहचर्य लाभ कर रहे हैं। न जाने ऐसा सौभाग्य फिर कभी मिले या न मिले। गोप सखा कृष्ण से कहते हैं : 'छबीले, तनिक मुरली तो बजाओ। हमारा जन्म दुर्लभ है, वृन्दावन दुर्लभ है, प्रेम तरंग दुर्लभ है, नहीं मालूम श्याम, तुम्हारा संग फिर कब होगा। सुबल, श्रीदामा विनती करते हैं, श्याम कान देकर सुनो। जिस रस के लिए सनकादि, शुकादि तथा अमर-मुनि ध्यान धरते हैं! फिर तुम कब गोप-वेष धारण करोगे और गायों के साथ फिरोगे? कब तुम गोकुल के नाथ होकर छाक छीन कर खाओगे?'[८]

सखाओं की यह मार्मिक उक्ति व्रज की सुख-लीलाओं के अंत में देकर मानो कवि ने स्वयं सख्य भाव से मुरली बजाने की अंतिम याचना की हो। मुरली की रहस्यमयी मधुर

---

१. **सू० सा० (सभा), पद २११०।**
२. **वही, पद २११२।**
३. **वही, पद २११३।**
४. **वही, पद २११४।**
५. **वही, पद २१७५।**
६. **वही, पद २१७६।**
७. **वही, पद २६०१, २१७२।**
८. **वही, पद १८३४।**

स्वर-लहरी व्रज की सुख-क्रीड़ा में परिव्याप्त है और सखाओं के रूप में कवि उससे कभी तृप्त होता नहीं जान पड़ता।

संयोग अवस्था में गोप सखाओं का प्रेम उनकी बाल-केलि, धृष्टतापूर्ण हास-परिहास और गोचारण सम्बन्धी विविध क्रीड़ाओं के द्वारा व्यंजित होता है। वियोग में यही भाव गंभीर रूप धारण करके करुण बन जाता है। अक्रूर के आने पर कृष्ण ने कहा कि 'नृप ने हमें बुलाया है। हमारे ऊपर अति कृपा की है जो हमें कल ही बुला भेजा है।' संग के सखा यह सुनते ही चकित हो गए। वे सोचने लगे कि हरि को हम क्या कहते हुए सुन रहे हैं। उनके लोचन भर आए। श्याम ने सखाओं का मुख देखकर चतुराई की और कहा कि कल चलकर नृप को देखेंगे, मन में शंका न लाओ।'[१]

जब कृष्ण कंस को मारकर मथुरा के राजा बन जाते हैं, तब भी गोप-सखाओं के मन में विश्वास नहीं होता कि यह सच है। त्रास और शंका से अभिभूत, वे बलराम और मोहन को बिना देखे उनकी कुशल के विषय में भयभीत ही बने रहते हैं।[२]

मथुरा से अकेले लौट ग्वाल-बाल गोकुल में जाकर करुणा-मिश्रित व्यंग्य के साथ नंद-यशोदा से कहते हैं कि 'हरि अब बड़े वंश के कहला कर मधुपुरी के राजा हो गए। सूत, मागध उनका विरद वर्णन करते हैं; अब उनके अंगों पर राज-भूषण शोभित हैं तथा अहीर कहलाने में उन्हें लज्जा आती है। अब उनके माता-पिता देवकी और वसुदेव हैं, यशोदा और नंद नहीं।'[३] गोप सखाओं को मधुपुरी के राजा में अपने भाव के कृष्ण नहीं मिलते; वे तो यशोदानंदन के ग्रामीण रूप में ही अनुरक्त हैं। उनके उपर्युक्त व्यंग्य वचनों से उनके हृदय की गंभीर व्यथा का परिचय मिलता है। भक्ति की यह प्रेम रति भी वियोग दशा में अधिक मर्मस्पर्शी हो गई है।

वात्सल्य भाव

कृष्ण के प्रति पारिवारिक संबंधों में सबसे अधिक आत्मीयता व्रज के यशोदा, नंद तथा अन्य वयस्क गुरुजनों की 'अनुकंपा' रति में व्यक्त हुई है। वात्सल्य भाव वाले भक्तों की भी श्रेणियाँ हैं। ब्रज की वयस्क नारियाँ शिशु कृष्ण के अभिराम रूपसौन्दर्य से प्रभावित होकर अपने सहज मातृत्व के अनुकूल उन्हें अपना निःस्वार्थ हार्दिक स्नेह प्रदान करती हैं, जो उनकी बाल-क्रीड़ा, विनोदपूर्ण चपलता तथा प्रिय स्वभाव से उत्तरोत्तर परिपुष्ट होता हुआ वृद्धि पाता है। कंस द्वारा भेजे हुए विविधरूपधारी असुरों के उत्पातों से जब शिशु और बाल कृष्ण खेल-खेल में ही अपनी और व्रज की रक्षा कर लेते हैं, तब व्रजनारियों के वात्सल्य भाव में किंचित् संभ्रम और आतंक का समावेश हो जाता है, परन्तु कृष्ण की मनोमुग्धकारी बालकेलि पुनः उनके मूल भाव को दृढ़ कर देती है। यह वात्सल्य भाव का ही प्रभाव है कि कृष्ण के कहने से अपने एकमात्र कुलदेव इंद्र की पूजा से विरत होकर व्रजनारियाँ गोवर्धन की पूजा के लिए उद्यत हो जाती हैं। व्रज के वयस्क गोपों के हृदय में भी कृष्ण के प्रति अनुकंपा रति है। उनके पितृ-हृदय की संपूर्ण ममता नन्द महर के मिस्मय-विमोहन पुत्र में केन्द्रीभूत हो जाती है। परन्तु उनके मन में यदा-कदा कृष्ण के अतिलौकिक कृत्य देखकर आतंक और

---

१. सू० सा० (सभा), पद ३५७२।
२. वही, पद ३७२७।
३. वही, पद ३७५९।

कृतज्ञता का भाव आकर उनके वात्सल्य की अखंडता में किंचित् व्यतिक्रम पैदा कर देता है, अत: ऐसे अवसरों पर उनके वात्सल्य में दीनता भी आ जाती है, जो आशंकापूर्ण दीनता से भिन्न आतंक और गौरव से अभिभूत विदित होती है। इस प्रकार की भावना स्वयं नन्द के हृदय में उठती हुई दिखाई गई हैं। वस्तुत: वात्सल्य की अखंड, अबाध, गंभीरतम निष्पत्ति यशोदा के भाव में ही हुई है; अन्य गुरुजनों का वात्सल्य मानो तुलना के द्वारा उसी की पूर्ण अनुभूति के लिए चित्रित किया गया हो। यशोदा का स्नेह शुद्ध मातृ-हृदय की सहज प्रवृत्ति पर आधारित है; श्याम कैसे भी हों उसके लिए तो उनसे अधिक सुन्दर और सुशील दूसरा कोई हो ही नहीं सकता। यह दूसरी बात है कि कृष्ण वस्तुत: परम लावण्ययुक्त हैं और उनकी शिशुक्रीड़ाएँ अत्यन्त लालित्यपूर्ण हैं। कृष्ण के विस्मयजनक अतिमानव कृत्यों से न केवल वह आतंकित नहीं होती, अपितु उसका स्नेहपूर्ण हृदय कृष्ण के अमंगल के भय से काँप जाता है और प्रत्यक्ष प्रमाण होते हुए भी वह कृष्ण के ब्रह्मत्व की तनिक भी प्रतीति न करके कुल-देवता मनाने लगती है। दूसरी ओर वह काम भाव से प्रेरित गोपियों के उलाहनों पर तनिक भी विश्वास नहीं करती। वह अपनी आँखों पर भी विश्वास नहीं करती, यद्यपि एक आध बार वह स्वयं कृष्ण को राधा के साथ किशोर-सुलभ चेष्टाएँ देख लेती हैं। सूरदास ने यशोदा के भाव को अतीन्द्रिय और स्वत:पूर्ण रूप में चित्रित करके वात्सल्य भाव में भक्ति की चरम अवस्था की व्यंजना की है। कृष्ण के शैशव से लेकर उनके मथुरा और तदनन्तर द्वारका चले जाने तक यशोदा का एक ही भाव रहता है, परिस्थिति के परिवर्तन से उस भाव में किंचिन्मात्र परिवर्तन नहीं होता। अनुकूल और प्रतिकूल, विभिन्न परिस्थितियों से उत्पन्न विविध भाव उसके वात्सल्य को अधिकाधिक पुष्ट करने में ही सहायक होते हैं; किसी प्रासंगिक परिस्थिति तथा उससे उत्पन्न भाव में इतनी क्षमता नहीं कि वात्सल्य में व्यतिक्रम पैदा कर दे। यशोदा और नन्द के हृदय की थोड़ी-बहुत छाया देवकी और वसुदेव में भी दिखाई देती है; परन्तु देवकी-वसुदेव के पुत्र महिमाशाली और ऐश्वर्यवान् हैं, दूसरे उनके स्नेह को वात्सल्य के उपयुक्त परिस्थितियों में निखरने का अवसर भी नहीं मिलता है।

वात्सल्य भाव भक्ति का शुद्ध भाव है जिसे इष्टदेव के नाम, रूप, गुण, व्यापार तथा किसी बाह्य परिस्थिति की अपेक्षा नहीं है। उसकी उत्पत्ति के लिए इन्द्रियों के आकर्षण को अवसर नहीं; वह तो मानो स्वत: इष्टदेव के रूप में मूर्तिमान होकर पैदा होता है। केवल इसी अर्थ में वह इन्द्रियातीत है, उसकी पुष्टि, वृद्धि एवं दृढ़ता में इन्द्रियों के सहज व्यापार अवश्य सहायक होते हैं। वैराग्यपूर्ण भक्ति में इष्टदेव के अतिरिक्त सांसारिक विषयों के प्रति जिस उदासीनता की आवश्यकता बताई जाती है, वह वात्सल्य भाव में सहज सुलभ है; वासनारहित, शुद्ध, हार्दिक अनुराग उसकी विशेषता है; साथ ही उसमें जो ऐंद्रिय क्रियाशीलता, भावावेश, अनुभूति की गंभीरता तथा भावसंकुलता है, उसकी उस वैराग्यपूर्ण भक्ति में कोई सम्भावना नहीं, जो केवल भगवान् की कृपा पर आधारित है और जिसमें इन्द्रिय-निग्रह की शर्त लगी हुई है। वात्सल्य भाव इन्द्रियों की प्रवृत्ति पर आधारित न होने के कारण न गोप्य है और न उसमें लोक-धर्म या समाज-धर्म की किसी मर्यादा का उल्लङ्घन है। इस प्रकार के शुद्ध हार्दिक भक्ति-भाव की प्राप्ति अत्यन्त दुर्लभ है; व्रज के इतने बड़े समाज में केवल कुछ ही व्यक्तियों को कृष्ण को स्नेह-सिद्ध करने का सौभाग्य मिला और उनमें भी केवल यशोदा उस भाव को पूर्णतया अक्षुण्ण रख सकी। 'सूरसागर' में व्यक्त वात्सल्य भाव का परिचय नीचे दिया जा रहा है।

वात्सल्य भाव कृष्ण के बाल-रूप और उनकी बाल-लीलाओं पर आश्रित है। कवि ने आरम्भ से ही कृष्ण-लीलाओं के वातावरण में ऐहिक भावनाओं की प्रधानता रखी है, यद्यपि ये ऐहिक भावनाएँ अति उच्च मानवीय स्तर पर परिकल्पित की गई हैं। यही कारण है कि कृष्ण के प्रति सहज रति उत्पन्न कराने में कवि को पूर्ण सफलता मिली है।

कृष्ण का रूप अतिप्राकृत है ही,[१] अपनी रक्षा के लिए नन्द के यहाँ ले जाने का उपाय बताना[२] तथा मथुरा से गोकुल तक की समस्त बाधाओं का निराकरण करना[३] उनके प्रति संभ्रम और गौरव-भावना के उत्पादन के लिए पर्याप्त है। परन्तु कवि ने इन समस्त बातों का वर्णन इस प्रकार किया है कि देवकी और वसुदेव के मन में वात्सल्य भाव की ही प्रधानता रहती है। संभ्रम और गौरव की भावनाएँ वात्सल्य भाव को श्रेष्ठ एवं उच्च बनाती हैं, उसमें विपर्यय नहीं पैदा करतीं।

गोकुल में आकर हरि के प्रकट होने के बाद तो आनन्द की सीमा ही नहीं रही। नन्द और यशोदा गद्गद-कण्ठ हैं;[४] सखियाँ मङ्गल-गान करती हैं; समस्त व्रजवासी इतने हर्षित हो रहे हैं कि राजा और राय, किसी को कुछ नहीं गिनते।[५] नाल छेदने वाली का प्रेमपूर्ण झगड़ा और अन्त में रोहिणी से रत्नहार पाकर आनन्दित होना और बधाई पाना,[६] नन्द का दान देते-देते न अघाना; प्रेममग्न व्रजवासियों का आनन्दावकाश, सखियों की पारस्परिक हर्षवार्ता और मांगलिक पदार्थ लेकर नन्द के यहाँ एकत्र होना[७], सभी कृष्ण के प्रति वात्सल्य भक्ति के सहज उद्गार हैं। कवि ने व्रज के इस आनन्दोल्लास का परिपूर्ण वातावरण उपस्थित करके[८] वात्सल्य भक्ति की पुष्ट भूमिका तैयार की है जिसमें व्रज के सभी नर-नारी समान भाव से कृष्ण के प्रति स्नेह प्रकट करने में होड़-सी लगाते हैं।[९] सूरदास भी ढाढ़ी के वेश में नन्द के द्वार पर पहुँच जाते हैं। और सब तो कंचन, मणि, भूषण के दान पाकर आनन्दित होकर लौट जाते हैं, पर सूरदास केवल इतना चाहते हैं कि 'यशोदा सुत अपने पाँवों चलकर आँगन में खेलता हुआ आए और जब वह हँसकर बोले तो उसी को सुनकर घर लौट जाएँ।' वे नन्द के घर के ढाढ़ी हैं और उनका नाम सूरदास है।[१०]

कवि ने वात्सल्य भाव का प्रकाशन प्रधानतया यशोदा और नन्द के द्वारा किया है। देवकी, वसुदेव, रोहिणी तथा वयस्क व्रजनारियों का स्नेह भी वात्सल्य भाव का है, किन्तु उनमें यशोदा-जैसी तल्लीनता नहीं है। वे यशोदा की भाँति कृष्ण के माहात्म्य से सर्वथा उदासीन नहीं रहतीं। यशोदा का वत्सलस्नेह इतना अधिक तन्मयतापूर्ण है कि कृष्ण के अतिलौकिक कार्यों को प्रत्यक्ष देखते हुए भी उसका भाव अक्षुण्ण रहता है। यही नहीं, जिस

---

१. सू० सा० (सभा), पद ६२६।
२. वही, पद ६२६-६२८।
३. वही, पद ६२९।
४. वही, पद ६३१।
५. वही, पद ६३२।
६. वही, पद ६३३-६३६।
७. वही, पद ६३७-६४१।
८. वही, पद ६४२।
९. वही, पद ६४३-६५२।
१०. वही, पद ६५३।

प्रकार यशोदा कृष्ण के द्वारा पूतना, काग, तृणावर्त, अघ, बक, वृषभ आदि के संहार को देखते हुए भी कृष्ण को सदैव एक बालक के रूप में ही देखती है, उसी प्रकार कृष्ण की राधा और गोपियों से सम्बन्धित गोप्य क्रीड़ाओं पर या तो वह विश्वास ही नहीं करती या उनकी उपेक्षा करती है। यशोदा का स्नेह न तो विवेक-बुद्धि-जन्य ज्ञान पर आधारित है और न इन्द्रियों की प्रवृत्ति पर। उसका स्रोत तो सहज हार्दिक भाव है। इसी कारण कवि ने वात्सल्य रति का विकास नहीं दिखाया। यशोदा के रूप में वात्सल्य की परम गंभीरता का चित्रण करके कवि ने बाल गोपाल की भक्ति की महत्ता व्यंजित की है। अन्य व्यक्तियों के वात्सल्य में यशोदा की अपेक्षा जो न्यूनता है, उसका कारण स्वयं उनकी मानसिक अनुभूति का अन्तर है। चरित्र-चित्रण सम्बन्धी आगामी अध्यायों में यशोदा, नन्द तथा अन्य व्यक्तियों के वात्सल्य भाव का परिचय दिया गया है।

माधुर्य भाव

भक्ति-धर्म के भाव-भेदों में सूरदास ने माधुर्य भाव को सबसे अधिक महत्वपूर्ण स्थान दिया है। इस भाव के आधार पर इष्टदेव के साथ जिस निकटता और घनिष्ठता का संबंध स्थापित हो सकता है, वह अन्य भावों के आधार पर संभव नहीं है। दास्य भाव में तो भक्त और भगवान् के बीच लघुता और महत्ता का अधिक से अधिक व्यवधान आवश्यक ही है; सख्य भाव में भी मन और इंद्रियों से शासित होने वाले मनुष्य के अन्तर्जगत् को पूर्णतया अभिभूत कर सकने की क्षमता नहीं है, उसका आधार केवल साहचर्य से उत्पन्न परस्पर अनुराग होता है, जिसमें मन के विविध राग-द्वेष को क्रियाशील होने का अवसर नहीं मिल पाता तथा वात्सल्य भाव एक ऐसी मनःस्थिति की अपेक्षा रखता है जिसमें स्नेह का उद्गम राग-द्वेषहीन शुद्ध मन से होता है; ऐसी मनःस्थिति सामान्यतया दुर्लभ है। साधारणतया विषय-वासना में फँसने वाले मनुष्य के मन का मूलभूत विकार काम भाव होता है, क्रोध, मोह, भ्रम उसी के विस्तार हैं।[१] मनुष्य के धर्माचरण में तथा सच्चे ज्ञान की प्राप्ति में काम ही उसका सबसे बड़ा वैरी है। मन और इन्द्रियाँ उसके वास-स्थान हैं, जिनकी सहायता से वह ज्ञान को आच्छादित करके मनुष्य को मोह में फँसाता है।[२] मध्ययुग के सभी संत और भक्त काम की इस व्यापकता से परिचित थे और इसी कारण वे स्त्री मात्र का त्याग करके वैराग्यपूर्ण जीवन ही श्रेयस्कर बताते थे। सूरदास के भक्ति-धर्म में इस समस्या को अधिक मनोवैज्ञानिक ढंग से सुलझाने का प्रयत्न किया गया है, काम भाव को दुर्दम समझकर उसे लौकिक रूप में कल्पित अलौकिक एवं भावरूप, श्रेष्ठ विषय में नियोजित करने का विधान किया गया है। सूरदास ने मनुष्य मात्र में परिव्याप्त काम भाव का गोपी रूप में आदर्शीकरण करके उसे मन और इन्द्रियों को सहज ही वश में करने की क्षमता वाले रस-राशि, रूप-राशि; शील-राशि कृष्ण की भाव मूर्ति में समर्पित किया है और इस प्रकार सार्वभावेन समर्पण को ही भक्ति की चरम स्थिति घोषित किया है। सूरदास ने गोपियों को भले ही श्रुति की ऋचाएँ कहा हो, किन्तु जिस रूप में उन्होंने उनका चित्रण किया है, उस रूप में वे मनुष्य के काम भाव की मूर्तिमान प्रतिमा ही हैं और गोपियों के कृष्ण मूर्तिमान सौन्दर्य और रस की प्रतिमा हैं, जो नेत्र, श्रवण आदि इन्द्रियों और चंचल मन को सहज ही स्ववश कर लेते हैं। काम भाव से उद्वेलित गोपियाँ

---

१. श्रीमद्भगवद्गीता अध्याय २, श्लोक ६२, ६३।
२. वही, अध्याय ३ श्लोक ३७-४०।

सर्वथा भावमयी हैं, उनका बुद्धि-व्यापार पूर्णरूपेण मोह से आवृत है, अतः वे कृष्ण के ब्रह्मत्व पर क्या, इस पर भी विश्वास नहीं करतीं किं कृष्ण कंस नृपति से किसी प्रकार का शासनाधिकार प्राप्त कर सकते हैं। कृष्ण के प्रति उनका आकर्षण शुद्ध ऐंद्रिय है; ब्रह्मत्व और लौकिक वैभव का उनके द्वारा सदैव तिरस्कार दिखाकर सूरदास ने व्यंजित किया है कि भक्ति-धर्म में सर्वात्म-समर्पण का भाव बुद्धि-व्यापार पर आधारित न होकर, स्वतः प्रवृत्ति पर आधारित होना चाहिए। मन की वृत्ति यदि लौकिक अथवा अलौकिक महिमा से प्रभावित हुई तो उसमें भक्ति-बाह्य किसी उद्देश्य की सिद्धि का लोभ आ सकता है। इस प्रकार सूरदास ने अंतर्जगत् के काम भाव को लौकिक विषयों से पूर्णतया हटाकर कृष्ण रूप में नियोजित करने का विधान किया है तथा बाह्य जगत् के संपत्ति-वैभव के प्रति गोपियों की उदासीनता दिखाकर संसार के अन्य प्रलोभनों से बचने का उपाय भी कृष्ण-प्रेम में ही व्यंजित किया।

काम भाव की चरम सीमा स्त्री-पुरुष के संबंध में होती है और यही मानवीय सम्बन्धों में सबसे अधिक घनिष्ठता और तल्लीनता का द्योतक माना जाता है। पुरुष की अपेक्षा प्राकृतिक नियम के अनुकूल स्त्री इस भाव का प्रतिनिधित्व अधिक स्वाभाविकता से कर सकती है। आत्म-समर्पण की भावना पुरुष के द्वारा आदर्श रूप में चित्रित नहीं की जा सकती। अतः सूरदास के भक्ति-धर्म का सबसे अधिक प्रतिनिधित्व गोपियाँ करती हैं। गोपियों की रति काम भाव की होते हुए भी, निष्काम है, क्योंकि रति के अतिरिक्त उसका कोई इतर उद्देश्य नहीं है; संयोग दशा में वह जितनी क्रियाशील है, उससे कहीं अधिक वियोग दशा में है। वस्तुतः विरह में ही गोपियों की रूप और लीला में तन्मयता एवं आसक्ति व्ययन की स्थिति प्राप्त करती है, जब उनके प्रेम का गर्व और रति-सुख की अभिलाषा भी मिट जाती है और उनकी स्थिति उस सिद्ध भक्त की हो जाती है जो अपने अहम् और मम का नाश करके निर्द्वन्द हो गया हो। गोपियों का अहम् और मम उदात्त रूप प्राप्त करके भावरूप कृष्ण में विलीन हो जाता है। गोपियों के काम भाव की आदर्श राधा है जो उत्तरोत्तर कृष्ण की निकटता प्राप्त करते हुए अन्त में कीट-भृंग के समान तद्रूप हो जाती है।

'सूरसागर' में माधुर्य भाव का विकास, विस्तार, गांभीर्य और महत्व अत्यंत विशद रूप में कृष्ण की विभिन्न लीलाओं के द्वारा व्यक्त किया गया है। गोपियों के माधुर्य भाव का क्रमिक विकास और व्यापक विस्तार दिखाने के पहले दानलीला में कवि द्वारा की हुई उसकी व्याख्या जान लेने से उसके वास्तविक रूप को सरलता से समझा जा सकेगा।

व्याख्या

दानलीला[१] के आरंभ में ही सूरदास कहते हैं; "श्याम भक्तों से सुखदायक हैं; स्त्री या पुरुष उनका कुछ नाम नहीं है। जिन्होंने उनका सुमिरन सुख में किया, उन्हें हरि ने वहाँ दर्शन दिया। जो हरि को दुख और सुख दोनों में ध्याते हैं, उन्हें वे तनिक भी नहीं भुलाते। चित्त देकर कोई किसी प्रकार भजे उसके लिए त्रिभुवनराय वैसे ही हो जाते हैं। कामातुर गोपियों ने हरि की आराधना की; मन, वचन और कर्म से उनमें चित्त लगाया; तन को गला कर षट्ऋतुपर्यन्त तप किया और माँगा कि गिरिधारी हमारे पति हों। अन्तर्यामी सबकी जानते हैं। उन्होंने पहले की पुरातन प्रीति पाली; वसन हरे, गोपियों को सुख दिया तथा नानाविध कौतुक किए। युवतियों को सदैव यह कामना रहती है कि कन्हाई से उनका तनिक भी अन्तर

---

१. सू०सा०, पद २०७८-२२३७।

न हो। वे घाट, बाट, यमुना-तट, सब जगह रोकते हैं, मार्ग चलते जहाँ-तहाँ टोकते हैं; किसी की गागर पकड़कर फोड़ देते हैं, किसी से हँसकर मुँह चिढ़ा देते हैं; किसी को अंक में भरकर भेंटते हैं। इसी प्रकार वे तरुणियों की काम-व्यथा मेटते हैं। ब्रह्मा से कीटपर्यन्त समस्त सृष्टि के स्वामी, प्रभु निर्लोभ और निष्काम हैं। भाव के वश होकर वे सदा संग ही संग फिरते हैं। जो खेलती और हँसती हैं, उन्हीं से बोलते हैं। व्रज-युवतियाँ उन्हें तनिक भी नहीं भूलतीं, भवन के कर्म करते हुए भी वे चित्त हरि ही में लगाती है। व्रजबालाएँ गोरस लेकर निकलीं; वहाँ उन्होंने मदनगोपाल को देखा। कामिनियाँ अंग-अंग में सुन्दर शृंगार करके इस प्रकार चलीं, मानो दामिनियाँ यूथ बनाकर चल रही हों। कटि की किंकिणि और नूपुर तथा बिछियों की ध्वनि ऐसी लगती है, मानो मदन के गज-घंट बज रहे हों। माट-मटुकी शिर पर धर के चली जाती हैं और मुख से हरि का गुणगान करती हैं। चंद्रवदनी तथा सुकुमार तन वाली सब गोपियाँ अपने-अपने मन में कृष्ण की प्रिया हैं। सब को देखकर बनवारी रीझ गए और तब उन्होंने एक उपाय सोचा कि अब एक दधिदान की लीला और युवतियों के संग रस-क्रीड़ा करें। सूर-श्याम ने सखाओं को इकट्ठा किया और यह लीला कहकर सुख उपजाया।''[१]

गोपियाँ कृष्ण की प्रभुता और ऐश्वर्य की ओर ध्यान नहीं देतीं। दान-लीला में असंदिग्ध शब्दों में कवि ने गोपियों के द्वारा माधुर्य के आलंबन के अतिरिक्त कृष्ण के अन्य सभी रूपों की अवहेलना कराके यह प्रदर्शित किया है कि अनन्य भाव की चरम परिणति गोपियों के माधुर्य भाव में ही हो सकती है। गोपियों के द्वारा कृष्ण की प्राकृत और अतिप्राकृत, दोनों प्रकार की गौरव-गरिमा का उपहास कराके यह दिखाया गया है कि उनका प्रेम उनकी इन्द्रियों और मन की स्वाभाविक प्रवृत्ति पर निर्भर है, जिसका आधार कृष्ण का मनोहर रूप तथा उनकी प्रेमप्रवण लीलाएँ हैं।

कृष्ण यह कहकर कि तीन लोक में ऐसा कोई नहीं जो उनके वश में न हो, अत: गोपियों की गाँव छोड़कर कहीं चले जाने की धमकी निरर्थक है, गोपियों को आतंकित करना चाहते हैं। पर गोपियों पर इसका कोई असर नहीं होता। वे कहती हैं; 'छोटे मुँह बड़ी बात! सँभालकर क्यों नहीं बोलते? तीन लोक और कंस! ये तुम्हारे वश में कब से हो गए? यह वाणी उससे कहो, जो अज्ञान हो'[२] 'ये झूठी-झूठी कहाँ की बातें मिला रहे हो? लेखा भूल जाओगे। हमसे दान के सब दाम परखा लो! थैली मंगा लो, नहीं तो पीताम्बर फट जाएगा।'[३] कृष्ण और अधिक 'सतराते' हैं, तो गोपियाँ कहती हैं कि 'लड़कपन छोड़ दो। अगर कंस नृपति जान पाएगा तो बड़ा अनर्थ हो जाएगा।' इस पर कृष्ण पूतना आदि के संहार तथा गोवर्धन धारण का स्मरण दिलाकर अपने लड़कपन (!) के गुण सुनाते हैं। इसके उत्तर में गोपियाँ कहती हैं। 'तुमने सब भला किया; अब हमें क्यों सुनाते हो? मोहन, ऐसी बात करो जिससे कुछ लाभ हो। हँसी दो-चार पल की होती है, यहाँ याम बीत रहे हैं। श्याम, तुमने पराई नारियों को वन में रोक रखा है!'[४] कृष्ण के बलात्कार को देखकर गोपी (राधा ?) कहती है : ''नन्दलाल इस तरह न बोलो। सीधी तरह मेरा आँचल छोड़ दो। तुम मुझे औरों की तरह की

---

१. सू० सा०, पद २०७८।
२. वही, पद २०७९।
३. वही।
४. वही, पद २०७९।

स्त्री समझते हो? मैं बारबार तुमसे कहती हूँ, जंगल में फँस जाओगे। यौवन रूप देखकर तुम ललचा गए हो। अभी से तुम्हारे ये खेल हैं! तन में तरुणाई तो आने दो। अभी से जी में विकलता क्यों है? सूर-श्याम, उर से कर हटा लो नहीं तो मोतियों की माला टूट जायेगी।"[१]

कृष्ण गोवर्धन-धारण की याद दिलाकर अपने महत्व और अपनी अति-प्राकृत शक्तिमत्ता का आतंक पैदा करना चाहते हैं,[२] किन्तु गोपियाँ उनकी हँसी उड़ाती और कहती हैं कि 'तुमने घर का गोवर्धन उठा लिया और अपने मुँह अपनी बड़ाई करने लगे। हम लोग तो इतना जानती हैं कि तुम नित्य-प्रति वन में गाएँ चराने जाते हो, मोर-मुकुट, मुरली, पीताम्बर आदि वन के सब आभूषण हमने देखे हैं, कंधे की कमरी और हाथ में चन्दन की लाठी भी जानती हैं।'[३] कृष्ण अपनी कमरी की अलौकिक महत्ता बताकर पुन: उन्हें सचेत करना चाहते हैं;[४] परन्तु गोपियाँ बराबर उनका उपहास ही करती जाती हैं और कहती हैं कि इसी पर 'दधिदान' माँगते हो! तुमने स्वयं कह दिया है कि तुम कमरी के ओढ़ने वाले हो। पीताम्बर तुम्हें शोभा नहीं देता। काले तन पर काली कमरी ही शोभित होती है।[५] कृष्ण समझाते हैं, यहाँ तक कि अपने अव्यक्त, अविनाशी होने का स्पष्ट उल्लेख कर देते हैं और अपने लौकिक माता पिता—यशोदा, नन्द—को अस्वीकार कर देते हैं।[६] परन्तु गोपियाँ उनकी मायाजन्य लीलाओं में इतनी भूली हुई हैं कि वे इन बातों की केवल एक मुस्कान से उपेक्षा कर देती हैं और व्यंग्य से कहती है; 'हाँ! ये गुण भी जानते हो! माता-पिता का निरादर और अवमानना भी करने लगे!'[७] वे पूछती हैं कि यदि तुम माता के गर्भ से नहीं पैदा हुए, तो फिर आए कहाँ से?[८] कृष्ण बताते हैं कि उन्होंने भक्तों के हित अवतार धारण किया है। इस पर गोपियाँ उत्तर देती हैं: "कान्ह, तुम कहाँ की बात चलाते हो। स्वर्ग और पाताल तुमने एक कर रखा है। युवतियों को यह सब क्या कहकर बताते हो? यदि तुम लायक हो, तो अपने घर के हो। वन के भीतर क्यों डरवाते हो? गोरस के दान का क्या करोगे? यह सब कुछ ले लो। घर 'रीती' चली जाने दो, बस इसी में हमें सुख मिलेगा। सूर-श्याम, माखन-दधि ले लो युवतियों को उलझाते क्यों हो?"[९]

कृष्ण युवतियों का मार्ग रोकते हैं तो वे अपने घर वालों को बुलाने की धमकी देती हैं। कृष्ण कहते हैं कि घर वालों को क्या, कंस को बुलवाओ, जिससे कि मैं सबके देखते-देखते उसकी पूजा करूँ।[१०] परन्तु गोपियाँ व्यंग्य-पूर्वक कहती हैं कि यदि तुम्हीं 'सबके राजा हो, तो सिंहासन पर बैठकर चमर-छत्र धारण करो; मोर-मुकुट मुरली और पीताम्बर छोड़ दो; वेणु, विषाण, शृंग के स्थान पर नौबत बजने दो, जिससे कि हमें भी सुख हो और तुम्हारे साथ कुछ

---

१. सू० सा०, पद २०८९।
२. वही, पद २१३१।
३. वही, पद २१३२।
४. वही, पद २१३३।
५. वही, पद २१३५।
६. वही, पद २१३७।
७. वही, पद २१३८।
८. वही, पद २१३९।
९. वही, पद २१४१।
१०. वही, पद २१६३।

काम कर सकें। लेकिन सूर-श्याम, तुम्हारी ये बातें सुनकर हमें लाज आती है!'[१] कृष्ण उत्तर देते हैं : "तुम्हारे चित्त में राजधानी 'नीकी' है! मेरे दास-दासों के भी जो चेरे हैं, उन्हें वह फीकी लगती है। ऐसे कहकर मुझे क्या सुनाती हो! तुम्हारे लिए यही अगाध है। कंस को मारकर सिर पर छत्र धराऊँगा! पर यह साध कैसी तुच्छ है! हमारा तुम्हारा साथ तभी तक है, जब तक कंस जीवित है। सूर-श्याम के मुख से जब यह सुना तो गोपियों के मन ही मन में संशय होने लगा।"[२] यद्यपि गोपियाँ कृष्ण की लौकिक वैभवव्यंजक उक्तियों का परिहास करके सांसारिक वैभव से निरपेक्षता व्यक्त करती हैं, फिर भी उनके मन में कंस के गौरव का आतंक विद्यमान है। कृष्ण उसे भी भक्ति के अनन्य भाव के लिए सहन नहीं कर सकते। यही कारण है कि उन्होंने इस दर्पोक्ति के द्वारा सांसारिक वैभव का स्पष्ट प्रत्याख्यान किया है।

परन्तु प्रेमप्रवण, निश्छल गोपियों के लिए कृष्ण की भविष्यवाणी अति दुःसह है। वे तुरन्त नम्र होकर दधिदान के लिए प्रस्तुत हो जाती हैं, किन्तु कृष्ण कुछ और ही दान चाहते हैं। उनके दान का मर्म जानकर गोपियाँ कहती हैं कि तुम्हें इस प्रकार सखाओं को साथ लेकर वन में पराई स्त्रियों को नहीं घेरना चाहिए, क्योंकि इससे मर्यादा भंग होती है।[३] कृष्ण इस तर्क पर ध्यान नहीं देते। वे कहते हैं 'कि मैं भी सीधी बात कहता हूँ, उस पर इतना शोर क्यों? कभी यशोदा की दुहाई और कभी गाली! सबेरे से झगड़ा फैला रखा है। दान चुका दो। बड़े घर की बहू-बेटी हो, व्यर्थ झक-झक करती हो'।[४]

कृष्ण को 'प्यारी' ने अपने पास बुला लिया और कहा कि "तुम ऐसी बातें करते हो जिन्हें सुनकर जाति-पाँति के लोग हँसेंगे और 'श्याम-भतारी' को प्रकट रूप में जान लेंगे। तुम सर्वज्ञ कहलाकर भी माता-पिता से गाली दिलवाते हो"।[५] सखाओं ने उनकी बात सुन ली और कहा कि 'तुम नागरी हो, वे नवल नागर हैं। दोनों मिलकर विहार करो। श्याम-श्यामा, तुम एक ही हो! संसार क्या हँसेगा'।[६] इस कथन के आध्यात्मिक तत्त्व को गोपियाँ बिल्कुल नहीं समझतीं। वे झुँझलाकर कृष्ण को उन पर किए हुए अपने उपकारों की याद दिलाती हैं।[७] कृष्ण 'लरकाई' की माखनचोरी, उलूखल-बंधन आदि से अपनी अनभिज्ञता[८] प्रकट करके, चीरहरण का स्मरण दिलाकर पूछते हैं कि 'जब तुम वस्त्रहीन जल से बाहर आ गई थीं, तब कैसी हँसी उड़ी थी, इसे भूल गईं? श्याम के भेदभरे वचन सुनकर व्रजनारियाँ सकुच गईं'।[९] गोपियाँ कहती हैं : "ऐसी बात कहते तुम्हें संकोच भी नहीं होता? तुमने अपनी हया-शर्म भी खो दी; लोगों के आगे झूठी बातें कहते चले जाते हो! तुम तो हँसकर कहते हो, पर सब ग्वाल सुनकर घर-घर जाकर कहेंगे। बहुत होगे तो दस वर्ष के होगे; पर बातें ऐसी बनाकर कहते

१. सू० सा०, पद २१६४।
२. वही, पद २१६५।
३. वही, पद २१७२।
४. वही, पद २१७३।
५. वही, पद २१७५।
६. वही, पद २१७६।
७. वही, पद २१७७।
८. वही, पद २१७८।
९. वही, पद २१७९।

हो! सूर-श्याम, हम यशोदा के आगे जाकर यह बात कहेंगी।''[१] कृष्ण फिर अपनी विविध-भावसम्पन्न भक्ति का रहस्य बताते हैं; ''मैं झूठी बात क्या जानूँ? जो हमको जैसे भजती है, उसे मैं वैसे ही मानता हूँ। तुमने मन देकर मुझे पति किया; मैं अंतर्यामी हूँ; योगी को योगी और कामी को कामी होकर दर्शन देता हूँ। यदि तुम हमें झूठ समझती हो, तो फिर तुमने तप क्यों किया? सूर, सुनो, अब निठुर क्यों हो गई हो, दान क्यों नहीं दिया जाता?''[२] देर क्यों लगाती हो? दान दे दो और दधि बेचकर घर जाओ। तुम्हीं को यह झगड़ा अच्छा लगता है। तुम मुझसे प्रीति क्यों नहीं करती? व्रज-गाँवों में बनिज करती हो। फिर तुम सब हमारा नाम लेकर इस मार्ग में आओ-जाओ। तुम्हीं अपने मन में लेखा कर लो। तुम जो कुछ दे दोगी, वही मैं ले लूँगा। सूर, जब तुम सीधे स्वभाव चलोगी तो फिर मैं क्या कहूँगा।''[३] इन गूढ़ वचनों के आध्यात्मिक रहस्य को समझने की गोपियों को आवश्यकता नहीं, पर कवि इनके द्वारा व्यंजित करता है कि अपने स्वभाव के अनुसार माधुर्य भाव से भजने वालों के लिए सांसारिक जीवन द्वन्द्वहीन एवं सहज हो जाता है।

गोपियाँ मार्ग दे देने की प्रार्थना करते हुए कहती हैं कि कर घर से ले लेना , इस समय जाने दो। इस पर कृष्ण पूछते हैं कि नृप को क्या उत्तर दूँगा?[४] नृप के अधिकार की स्वीकृति सुनकर गोपियाँ प्रसन्न हो जाती हैं और कहती हैं कि तुम्हारे साथ कंस के पास जाकर हम स्वयं लेखा करेंगी। किन्तु कृष्ण भौंह मरोड़कर गूढ़ हँसी हँसने लगते हैं। गोपियाँ उनकी हँसी देखकर चिढ़ जाती हैं और वे उन्हें नन्द, यशोदा, गोधन आदि की शपथ दिलाकर हँसी का कारण पूछती हैं।[५] कृष्ण उनके शपथ दिलाने पर और हँसते हैं और श्रीदामा से कहते हैं कि इन्हें समझा दो।[६] श्रीदामा उनसे पूछते हैं : ''तुमने श्याम के हँसने से क्या समझा? उन्हें सौगंध क्यों दिलाती हो? तुम भी सब मिलकर हँसो; हम सौगंध नहीं दिलाएँगे। तरुणियों की कुछ प्रकृति ही बुरी होती है कि वे तनिक सी बात में 'खिसा' जाती हैं। सौगंध 'नान्हें' लोगों को दिलाओ। ये दानी तो सब के प्रभु हैं। सूर-श्याम को दान दे दो। कब से माँगते खड़े हैं!''[७] परन्तु श्रीदामा की साक्षी से भी गोपियों को कृष्ण की प्रभुता का बोध नहीं होता। वे कहती हैं : ''हम तो जानती हैं कि वे 'कुंवर कन्हाई' हैं। तुम्हारे मुख से आज हमने सुना कि वे प्रभु हैं। तुम उनकी 'प्रभुताई' जानते होगे। इन बातों से—मही दही के दान से—प्रभुता नहीं होती। वे ठाकुर हैं, तुम उनके सेवक हो। मैंने सब का ज्ञान जान लिया। दधि खाया; मोतियों की लड़ तोड़ दी; घृत-मांखन रह गया है, उसे भी ले लो। सूरदास प्रभु, अपने सदका, (निछावर, बलिहारी) हमें घर जाने दो।''[८] कृष्ण फिर कहते हैं कि अगर तुम्हें घर जाने दूँ, तो नृप को क्या उत्तर दूँगा? उसकी गाली कौन खाएगा? नृप के साथ मेरा जो अटकाव है, उससे तुम्हारे सिवा और कौन छुड़ाएगा? गोपियाँ व्यंग्य करती हैं कि कल जिसकी निन्दा कर रहे थे, आज

१. सू० सा०, पद २१८०।
२. वही, पद २१८१।
३. वही, पद २१८४।
४. वही, पद २१८६-२१८७।
५. वही, पद २१८८-२१८९।
६. वही, पद २१९०।
७. वही, पद २१९१।
८. वही, पद २१९२।

उसी कंस का नाम लेकर दान माँग रहे हो।[१] कृष्ण साश्चर्य पूछते हैं : 'तुम क्या कह रही हो? यह मैं जान ही न सका। कंस का नाम मैंने कब लिया! कंस है किस लायक? क्या तुम मुझे उसी नृप का समझती हो?'[२] वास्तव में गोपियाँ तीनों भुवनों में कंस के अतिरिक्त और किसी को नृप नहीं जानतीं। वे उस नृप का नाम पूछती हैं, जिसका कृष्ण संकेत करते हैं, जिससे कि वे भी उसी की शरण में चलें।'[३] कृष्ण उस नृप का परिचय देते हैं : ''मुझसे नृपति का नाम सुनो। तीनों भुवनों में उसका 'गम्य' है; नर-नारी सब उसके गाँव हैं। गंधर्वगण उसके वश्य हैं; उसके समान और कोई नहीं है। जिससे मैं स्वयं संकोच करता हूँ, उसकी स्तुति कहाँ तक करूँ? मैं उसी का भेजा हुआ आया हूँ; उसने मुझे दान का 'बीड़ा' दिया है, सूर, रूप-यौवन का धन सुनकर वह अधीर हो गया है।''[४] गोपियाँ ऐसे 'बटपारी' कराने वाले नृप का भी कृष्ण के साथ उपहास करती हैं। दोनों की जोड़ी खूब बन गई? कृष्ण जितने रंग बनाते हैं, उन सबसे युवतियों के मन चुराते हैं।[५] कृष्ण-प्रत्युत्तर में नारी-स्वभाव के अनिष्ट आकर्षण का वर्णन करके समझाते हैं कि वे किस प्रकार अपने अंगों की छवि के बल पर लोगों को फँसाती हैं। गोपियाँ भी कृष्ण पर यही अपराध लगाती हैं। कृष्ण इस विवाद को समाप्त करते हुए कहते हैं कि 'मेरा कुछ दोष नहीं, मैं तो उन्हीं का भेजा हुआ आया हूँ। रूप-यौवन की चुगली नयनों ने जाकर की थी।'[६] ''लोचन दूतों ने तुम्हें इस मार्ग से जाते देखकर उसे सुनाया; तब उसने 'रिस' करके मुझे बुलाया। शैशव महलों से वाणी सुनकर वह यौवन के महलों में आया; अपने हाथ से मुझे बीड़ा दिया और तुरन्त मुझे 'दान पहनाया'। वह सिंहासन पर चढ़कर चतुराई के साथ बैठा है। मन तरंग आज्ञाकारी भृत्य है, उसे उसने तुममें लगा दिया है। उस नृपतिवर का नाम 'अनंग' है। यह सुखद बात सुन लो। सूर-श्याम के मुख से यह बात सुनते ही युवतियों ने तन का ध्यान भुला दिया।'[७] व्रज-युवतियाँ यह सुनकर मग्न हो गईं, उनके मन व्याकुल हो गए तथा तन की सुध चली गई। उन्हें काम-नृपति की 'साँटी' लगी। वह रूप-यौवन के लिए अड़ गया। अत: अनंग के डर से तरुणियाँ त्रस्त हो गईं और उन्होंने सकुचकर रूप-यौवन दे दिया तथा सबने मन ही मन में श्याम की शरण का ध्यान दिया।[८] ''देह को भूलकर मन में गोपियाँ कहती हैं कि यह धन तुम्हारे लिए ही संचित कर रखा था। उसे लेकर सुख प्राप्त करो। पर यौवन-रूप तुम्हारे लायक है नहीं; इसी से तुमको देते हुए लजाती हैं। वारिधि के आगे कणिका की तरह विनय करती हैं; अमृत-सर के आगे रंचक मधु का अनुमान करती हैं। शोभा की सीमा, सूर-श्याम के समान अन्य कौन है?''[९] कृष्ण यह आत्म-समर्पण स्वीकार करते हैं। 'अंतर्यामी ने जान लिया और मन में मिलकर सबको सुख दिया। जब तन की कुछ याद आई, तब उन्होंने जाना कि हम वन में खड़ी हैं। तनु को निरख कर वे सकुच गईं। सब आपस में

---

१. सू० सा०, पद २१९३-२१९४।
२. वही, पद २१९५।
३. वही, पद २१९६।
४. वही, पद २१९७।
५. वही, पद २१९८।
६. वही, पद २१९९-२०५।
७. वही, पद २२०६।
८. वही, पद २२०७।
९. वही, पद २२०८।

कहती हैं कि हम कहाँ थीं और किसके साथ हमने रमण किया? 'श्याम के बिना यह चरित और कौन कर सकता है', यह कहकर उन्होंने तन का समर्पण कर दिया। सूरदास-प्रभु अंतर्यामी हैं; उन्होंने गुप्त रूप में ही यौवन का दान ले लिया।''[१]

इस रहस्यपूर्ण अनुभव के बाद कृष्ण युवतियों से पूछते हैं कि तुमने दान का कुछ लेखा किया? सोचती क्या हो? हमसे प्रकट करके सुनाओ। अब तुम दिन-रात, सायं-प्रातः हर समय इस मार्ग से निःसंकोच आ जा सकती हो। ऐसा कौन है जो तुम्हें रोक सके?[२] रोकने वाला तो नन्दमहर-सुत है, जिसका नाम 'कान्ह' है, वही, जिसको काम-नृपति का बल है और जो युवतियों को ठगता फिरता है। वह सिर के ऊपर टोना डाल देता है और आप मौन होकर खड़ा रहता है। श्याम, सुनो, ऐसा न कहो। तुमको यह कौन 'बान' पड़ गई? सूरदास-प्रभु अब कृपा करो जिससे कि हम किसी प्रकार अपने घर जाएँ।[३] कृष्ण कहते हैं : ''दान मानकर सब घर को जाओ। मैं कहीं-कहीं लेखा जानता हूँ। तुम्हारे समझने से सब निर्वाह हो जाएगा। आज पिछला दान निबाह दो। कल जब जाना तो फिर देना। अब मैं तुमसे भली कहता हूँ, अगर तुम ग्वालिनें मुझे मानो। तुम वृन्दावन में आते हुए डरती हो; मैं तुम्हें पहुँचा दूँगा। सूर कहते हैं जिसके वश में त्रिभुवन है, वह प्रभु युवतियों के वश में है।''[४] कृष्ण के इस कथन में काम भाव से भजने वाले आत्म-समर्पणयुक्त भक्तों के निष्कंटक, निर्द्वन्द्व जीवन का संकेत है।

दानलीला की इस रूपकगर्भित रहस्यमयी मधुर रति की चरम-परिणति दिखाकर कवि भाव-लोक से उतरकर दधिदान की पार्थिव लीला का वर्णन करता है। कृष्ण ग्वालों के साथ दधि-माखन खाने लगते हैं। 'दधि धन्य है, माखन धन्य है; गोपियाँ धन्य हैं और राधा-वश्य मुरारी धन्य हैं। सूर-प्रभु के चरित देखकर सुरगण थकित होते हैं। घोष-नारियाँ कृष्ण के साथ सुख करती हैं![५]

कृष्ण सखाओं के साथ माखन-दधि खाते हैं और पत्तों के दोने ले-लेकर पतूखियाँ मुँह में डालते हैं। गोपियाँ कहती हैं कि 'हम अपने मन में जो साध करती थीं, वह सुख हमें अच्छी तरह मिल गया। वे सूर-श्याम पर तन-मन वारती हैं, सभी के जी में आनंद है।'[६]

माधुर्य भाव की यह महत्ता है कि जहाँ कृष्ण के सखा केवल बाह्य लीलाओं का आनन्द उठा सकते हैं, वहाँ गोपियाँ अन्तर्जगत् में कृष्ण के साथ एकाकार होकर मानसिक सुख की अनुभूति प्राप्त करती हैं। 'जिनके लिए शिव ध्यान लगाते हैं, शेष सहस्रमुख से गाते हैं वे व्रज में प्रकट रूप से राधा के मन को चुराते हैं।'[७] 'वे गोपियों के लिए ही माखन खाते हैं, प्रेम के वश में होने से वे अघाते नहीं। सभी मटकियाँ वैसे ही भरी रखी हैं, प्रेम घटता ही नहीं। मोहन हृदय का भाव जानकर माखन खाते हैं। उनके एक हाथ में दधि है और एक में दधिजात। गोपियाँ उन्हें देख-देखकर मन ही मन सिहाती हैं।'[८]

---

१. सू० सा०, पद २२०९।
२. वही, पद २२१०।
३. वही, पद २२११।
४. वही, पद २२१२।
५. वही, पद २२१४।
६. वही, पद २५१५।
७. वही, पद २२१६।
८. वही, पद २२१९।

विकास

गोपियों के इस मधुर-भाव का विकास उत्तरोत्तर होता है और इसका आधार कृष्ण का रूप और उनकी माधुर्य-भावव्यंजक लीलाएँ हैं। यह पहले कहा जा चुका है कि भक्त अपने स्वभाव, प्रकृति और मानसिक विकास की स्थिति के अनुसार किसी भाव-विशेष से भगवान् का ध्यान करता है। भगवान् भी भक्तों को उनके भावानुसार सदैव भिन्न-भिन्न रूपों में दिखाई देते हैं। युवती गोपियाँ आरम्भ से ही कृष्ण के प्रति मधुर भाव रखती हैं। उनके कृष्ण का रूप बाल्यावस्था में ही 'कोटिमदन-छवि' जीतन वाला है।

माखन-चोरी के समय यद्यपि कृष्ण अत्यन्त छोटे बालक हैं, फिर भी व्रजवनिताएँ माखन-चोरी का संवाद सुनकर मन में हर्षित होती हैं और चाहती हैं कि वे हमारे सदन में आएँ और हम अचानक उन्हें माखन खाते पकड़ लें तथा भुजाओं में भरके उनसे उर छुवाएँ।[१]

सभी गोपियाँ उत्सुक हैं कि माखन-चोरी के अवसर पर कृष्ण से एकांत में मिलें। सूर-प्रभु के मिलने के लिए वे 'बुद्धि-विचार' करती हैं और हाथ जोड़कर विधि से मनाती हैं कि नन्दकुमार पुरुष रूप में प्राप्त हों।'[२] माखनचोरी की लीला के द्वारा श्याम ने अपनी मोहक चंचलता से गोपियों का तन-मन-प्राण वश में कर लिया है,[३] यहाँ तक कि उनसे कृष्ण को देखे बिना रहा नहों जाता। इसलिए तो वे यशोदा के पास उलाहना लेकर जाती हैं।[४] जो कृष्ण गोपियों के समक्ष सदैव मुधर रति के आलंबन बने रहते हैं, वे यशोदा के सामने बालसुलभ सरलता की अबोध मूर्ति बने खड़े अपनी सफाई देते हैं; किन्तु गोपियाँ उसी मधुर भाव से उन्हें एकटक देखती हैं और कृष्ण उनका मन मोहते हैं।[५]

यद्यपि कृष्ण बाल रूप में ही गोपियों की मधुर रति के आलंबन बन जाते हैं और कभी सहज स्वाभाविक रूप और लीलाओं के द्वारा और कभी चामत्कारिक ढंग से गोपियों के प्रेमप्रवण कामुक मन को अपने वश में कर लेते हैं, परन्तु गोपियों की मधुर रति का पूर्ण प्रस्फुटन तभी होता है, जब कृष्ण अपने त्रिभुवन-विमोहन रूप और मुरली की सहायता से चराचर को मंत्र-मुग्ध कर देते हैं। 'मुरली की मृदु तान सुनकर गोपियाँ चकित हो गईं। जो जैसी थी, वैसी ही रह गई। उन्हें अपने सुख-दुःख का ज्ञान भी भूल गया। चित्र की भाँति वे श्याम को ही निर्निमेष देखती रहीं।'[६] गोकुल में यही शब्द सुनकर राधिका भी अंग-अंग सजाकर प्रभु से आकर मिली।[७]

राधा और कृष्ण का प्रेम माधुर्य भाव का सर्वोत्कृष्ट उदाहरण है। उनका प्रेम भी बाल्यावस्था से ही आरम्भ हो जाता है और उत्तरोत्तर विकास पाता हुआ परिपूर्ण परम भाव में परिणत हो जाता है। वस्तु-विन्यास और चरित्र-चित्रण सम्बन्धी अध्यायों में इसका विवेचन किया गया है। राधा को प्रेम-विवश करके कृष्ण अन्य युवतियों को भी लुभाते हैं।

---

१. सू० सा०, पद ८९०।
२. वही, पद ८९१।
३. वही, पद ८९२-९२०।
४. वही, पद ९२१।
५. वही, पद ९२२।
६. वही, पद १२३९।
७. वही, पद १२४०।

राधा ने साँप द्वारा काटे जाने का बहाना करके कृष्ण से मिलने का नया उपाय किया। कृष्ण गारुड़ी बनकर आए और उन्होंने राधा का विष उतार दिया। परन्तु गोपियाँ कृष्ण का गारुड़ीपन समझ गईं। वे व्यंग्यपूर्ण वचनों से कृष्ण की प्रशंसा करने लगीं। श्याम ने उनके व्यंग्य पर केवल हँस दिया। समस्त युवतियाँ इसी हँसी पर रीझकर उन पर मुग्ध हो गईं।[१] ''हँसकर घोस कुमारियों को वश में कर लिया। राधिका के सिर से 'लहरि' उतार कर उन्होंने तरुणियों पर डाल दी। सब सुन्दरियाँ मिलकर विचार करने लगीं कि अब त्रिपुरारी की सेवा करनी चाहिए और यह माँगना चाहिए कि हमें सूर-शरण, बनवारी पति दो।''[२]

इस निश्चय के बाद गोपियों ने ''भवन-रवन सब कुछ भुला दिया। जब से नन्द-नन्दन ने मन हर लिया, तब से वे यही सोचने लगीं कि वृथा इतना जन्म गंवाया। जप तप, व्रत, संयम, साधन से तो पाषाण भी द्रवित हो जाते हैं। श्याम-सुन्दर वर जैसे भी मिलें, वही करना चाहिए, अन्य कुछ नहीं। सबने मिलकर यही मंत्र दृढ़ किया कि चाहे कुछ भी हो; जग में वृथा जन्म मत खोओ; यहाँ अपना कोई नहीं है। तब सबके मन में प्रतीति हुई, सबने दृढ़ विश्वास किया कि हम सूर-श्याम सुन्दर पति पाएं; हमारी यही आशा है।''[३] इसी निश्चय के अनुसार गौरीपति शिव की आराधना करते हुए गोपियाँ गिरिधर नन्दकुमार को पतिरूप में माँगने लगीं।[४] पूर्ण नियम-धर्म के अनुसार आराधना करते हुए रवि के सामने अंचल पसारकर युवतियाँ यही माँगती हैं कि हमें हरि भरतार दीजिए, क्योंकि हमारा तनु काम से अति पीड़ित है।[५]

चीर-हरण में भी कृष्ण के चांचल्यपूर्ण लीला-कौतुक और गोपियों के प्रेम-पूर्ण उपालंभ आदि के द्वारा गोपियों के माधुर्य भाव की व्यंजना की गई है।[६] ''गोपियों ने तनु गलाकर भली भाँति तप किया। मुरारी ने कदम्ब पर चढ़कर देखा और उसे स्वीकार कर लिया। उन्होंने सोचा कि 'इन्होंने वर्ष भर मेरे कारण व्रत-नियम-संयम करके श्रम किया। मुझे कोई कैसे भी भजे, मुझे तो विरद की लाज है। ये धन्य हैं, इन्होंने शीत और ताप का निवारण करते व्रत पूर्ण किया। नवतरुणी व्रजनारियों ने मुझे कामातुर होकर भजा है।' तब 'जन की पीर' जानकर कृपानाथ कृपालु हुए और सुर-प्रभु ने 'अनुमान' किया कि इनके चीर हरूँ।''[७]

बस, कृष्ण ने सोलह सहस्र गोप कन्याओं के चीर और अंगों के आभूषण लेकर कदम्ब पर टाँग दिए और उनके व्रत के पूर्ण होने का फल कदम्ब की डालों पर फलित कर दिया।[८] स्नान और हरि का पूर्ववत् पतिरूप से ध्यान करके सुंदरियाँ जल से निकलीं, किन्तु चीर न पाकर चकित हो गईं और फिर नाभिपर्यन्त जल के भीतर घुस गईं।[९] अब 'कदम्ब वृक्ष से गिरिधर बनवारी ने दर्शन दिया और कहा कि बाहर निकल आओ; नयन भरकर देखो कि तुम्हारा व्रत

---

१. सू० सा०, पद १३८१।
२. वही, पद १३८२।
३. वही, पद १३८३।
४. वही, पद १३८४।
५. वही, पद १३८५।
६. वही, पद १३८६-१४००।
७. वही, पद १४०१।
८. वही, पद १४०२।
९. वही, पद १४०३।

द्रुम की डालों में फला है, तुम्हारा व्रत पूर्ण हो गया। पानी से बाहर निकल आओ, व्यर्थ में तुषार क्यों सहती हो? मैं चीर, चोली, हार, सब दे रहा हूँ, लेती क्यों नहीं? बाँहें टेककर मेरी विनय करो और सूर-प्रभु के आगे आकर सब शृंगार करो। इस प्रकार कृष्ण बारबार कहने लगे।'[१] वे यह भी कहते हैं कि 'मैं अंतर्यामी हूँ, सब जानता हूँ। मैं तुम्हारा काम पूर्ण कर दूँगा। शरद्-निशा में रास का निश्चय है। सूर, हमारा यही सतत स्वभाव है; तुम काम-भय से क्यों डरती हो? मुझे कोई किसी भाव से भजे, उसके तन-ताप को हरता हूँ।'[२] गोपियाँ चीर देने के लिए प्रार्थना करती हैं, हा हा खाती हैं।[३] उनके शरीर शीत से काँप रहे हैं। वे कहती हैं कि 'पुरुष को स्त्री के अंग देखने में दोष लगता है और तुम हमारे ऊपर तनिक भी दया नहीं करते। परन्तु गिरिधारी को देखकर उनको मन ही मन में अति सुख हुआ।'[४] फिर भी कृष्ण को माधुर्य-भावसम्मत पूर्ण आत्म-समर्पण नहीं प्राप्त हुआ। इसलिए वे कहते हैं : "यह लाज की ओट दूर करो। मैं जो कुछ कहूँ, तुम वही करो। बेकार संकोच क्यों करती हो? जल से निकलकर, तट पर आकर हाथ जोड़ो और मेरे देखते हुए विनय करो। अब तुम्हारा व्रत पूर्ण हो गया, इसलिए गुरुजनों की शंका को दूर करो। अब मुझसे अंतर न रखो, व्यर्थ में बारबार हठ करती हो। सूर-श्याम कहते हैं कि मैं चीर देता हूँ, मेरे आगे शृंगार करो।"[५] सुंदरियाँ फिर भी लज्जा करती हैं और कहती हैं कि जल के अंदर ही रहकर हम बाँहें टेककर, अंग दिखाकर तुम्हें रिझा सकती हैं। किन्तु श्याम तट पर आने का आग्रह करते हैं।[६] कृष्ण जब किसी प्रकार नहीं माने तब, वे 'शीश पर कर धरके, मन में आनंदित होकर हरि के सम्मुख गईं। परमानंद सूर-प्रभु ने कृपालु होकर अंबर दे दिए।'[७] कृष्ण ने जो कुछ कहा, सुन्दरियों को वही करना पड़ा। किन्तु उन्होंने अपना दाँव लेने की बात निश्चय कर ली।[८] प्रकट मिलने के लिए ही गोपियों ने प्रीति की थी। इसमें संकोच की बाधा थी। अब सबका संकोच मिट गया। अब श्याम का मिलन छिपाने से भी नहीं छिप सकता।[९] "सोलह सहस्र घोष कुमारियाँ भुजाएँ पसारकर खड़ी हुईं। श्याम सबको देखकर रीझ गए। उन्होंने सबको कदम्ब के नीचे बुला लिया। वहाँ पर हरि काम-द्वन्द्व का निवारण करके सबके सामने प्रकट हुए। सबने वस्त्राभूषण पहन लिए और सब सुकुमारियाँ हर्षित हो गईं।"[१०] कृष्ण ने शरद्-रास का वचन देकर और सबके अंग छूकर घर लौटा दिया। सब आनन्द के साथ चली गईं।[११] श्याम-सुन्दर को पति रूप में पाकर गोपियों ने शिव-शंकर और सविता की पूजा-अर्चा की।[१२]

---

१. सू० सा०, पद १४०४।
२. वही, पद १४०५।
३. वही, पद १४०६।
४. वही, पद १४०७।
५. वही, पद १४०८।
६. वही, पद १४०९।
७. वही, पद १४१०।
८. वही, पद १४११।
९. वही, पद १४१२।
१०. वही, पद १४१३।
११. वही, पद १४१४-१४१५।
१२. वही, पद १४१६-१४१७।

यज्ञपत्नी लीला में युवतियाँ कृष्ण का वंशी-वादन सुनकर घर-द्वार, गुरुजन-परिजन तथा स्वयं अपने पतियों की अवहेलना करके कृष्ण से मिलने जाती हैं।[१] कृष्ण के यह कहने पर कि जो स्त्री पातिव्रत मानती है, वह चार पदार्थों की अधिकारिणी होती है, गोपियाँ उत्तर देती हैं कि 'जग की सगाई' झूठी है; हम तो तुम्हारी ही शरण में हैं।[२]

चीरहरण लीला में जिस अनन्य भावसंभूत रति का सक्रिय आरंभ दिखाया गया है, वह कृष्ण की विविध लीलाओं के द्वारा पुष्ट होता हुआ उत्तरोत्तर वृद्धि को प्राप्त होता है। पनघट के प्रस्ताव में कृष्ण पुनः गोपियों को प्रेम की कसौटी पर कसते हैं और अपने रूप की मोहिनी तथा अपने स्वभाव की चंचलता से उनके मन का अनुराग दृढ़ करते हैं।[३] दानलीला में, जैसा कि पीछे देखा जा चुका है, गोपियों का प्रेम पूर्ण दृढ़ता प्राप्त कर लेता है और गोपियों को कृष्ण के मधुर भाव की वास्तविक अनुभूति हो जाती है। दानलीला के बाद गोपियाँ कृष्ण के प्रति अनन्य प्रेम प्रदर्शित करती हैं; उन्हें कृष्ण-प्रेम के अतिरिक्त और कुछ सूझता ही नहीं। ''तरुणियाँ श्याम के रस में मतवाली हो रही हैं। प्रथम यौवन-रस में छककर उन्हें अत्यंत खुमारी हो गई है। उनके माट खाली हैं; न तो उनमें दूध है, न दधि और न माखन। उनका अंग-अंग महारस से परिपूर्ण है। कहाँ घर और कहाँ बाट? इसकी उन्हें बिल्कुल सुध नहीं है। कहाँ के माता, पिता और गुरुजन? कौन पति और कौन नारी? व्रजनारियाँ तो सूरप्रभु के पूर्ण प्रेम में छक रही हैं।''[४] 'उन्होंने लोक का संकोच और कुल की मर्यादा तर्ज दी।'[५] गोपियों की इंद्रियों की स्वाभाविक गति ही कृष्णोन्मुख हो गई। अतः वे प्रेम करने के लिए विवश हैं।[६]

गोपियों ने पूर्णरूप से राधा का आदर्श अपना लिया है। वे कहती हैं : ''अरी, निशिदिन नयनों की नींद चली गई। पल-पल पर छाती में 'धरका' लगा रहता है। उधर मोहन के मुख की मुरली सुनकर सुध भी नहीं रही, इधर घर का 'घेरा' है। ननदी तो बिना गाली दिए तनिक भी नहीं रहती और सास सपने में भी नहीं ढलती। माँ मेरे पैरों का 'खटका' कानों में लिए रहती है। निकलने भी नहीं पाती, किससे दुख कहूँ? हरि को देखने भी नहीं पाती। सूरदास-प्रभु के लिए मेरा जी ऐसा हो गया है, जैसे पत्थर के नीचे का हाथ।''[७] अनुरागभरी युवतियों के चित्त सदैव कृष्ण में ही लगे रहते हैं; वे निरन्तर प्रेम-विकल रहती हैं।[८] सास-ननद गोपियों को त्रास भी देती हैं और समझाती भी हैं कि तुम राधा का संग और उसका अनुकरण न करो; नहीं तो उसके जैसा तुम्हारा भी व्रज में घर-घर उपहास होगा।[९] परन्तु गोपियों पर इस शिक्षा का कोई असर नहीं होता। इस उपहास की महिमा को वे ही जानती हैं।[१०] गुरुजन

---

१. सू० सा०, पद १४१८-१४२६।
२. वही, पद १४१८।
३. वही, पद २०१७-२०७७।
४. वही, पद २२४२।
५. वही, पद २२४९।
६. वही, पद २२५०-२२६४।
७. वही, पद २५३४।
८. वही, पद २५३७।
९. वही, पद २५३९-२५४१।
१०. वही, पद २५४२।

हरि-विमुख हैं और गोपियाँ उनके संग से दूर रहने की इच्छा करती हैं।[१] वे राधा का आदर्श ग्रहण करके सदैव कृष्ण को अपने निकट रखने के लिए उत्कंठित हैं।[२] कवि बारबार राधा के गुप्त प्रेम का वर्णन करता है?[३] गोपियाँ इन प्रेम-लीला का आभास पाकर राधा को टोकती हैं, पर राधा अपनी चतुराई से अपना प्रेम कभी प्रकट नहीं होने देती। बारंबार गोपियों को राधा की महत्ता स्वीकार करनी पड़ती है।[४] राधा-कृष्ण की प्रेम-क्रीड़ाओं को आदर्श रूप में ग्रहण करके गोपियाँ उनके प्रति पूज्य भाव प्रकट करती हैं। गोपियों के उत्कट प्रेम के वर्णन में कवि ने कृष्ण-रूप में उनके नेत्रों की परमासक्ति तथा उनकी इंद्रियों और मन की कृष्णोन्मुखता का चित्रण किया है। लोक-लाज और कुल-मर्यादा को तिलांजलि देकर गोपियाँ 'जार हरि' के मुखांबुज की भ्रमरी बन गई हैं।[५] रूप के आकर्षण ने नेत्रों के द्वारा मन की जैसी दशा कर दी, उसका विशद और विस्तृत वर्णन करने के बाद कवि ने मुरली-ध्वनि-सम्मोहन के श्रवणों के द्वारा मन को वशीभूत करने का चित्रण किया है। मुरली-ध्वनि सुनकर भी गोपियाँ सब कुछ भूलकर कृष्ण-प्रेम में लीन हो जाती हैं और सुत-पति छोड़कर, लज्जा को तिलांजलि देकर, कुल-धर्म, गोधन, भवन, स्वजन, सभी को त्यागकर दौड़ी हुई वन में आ जाती हैं; कृष्ण-रस के अतिरिक्त उन्हें और कुछ नहीं भाता।[६] गोपियाँ इतनी अधिक प्रेम-विह्वल हो गईं कि वे भोजन करते हुए पतियों को, दूध पीते हुए बच्चों को तथा अन्य प्रकार से पति की सेवा को त्यागकर, विधि की मर्यादा का निरादर करके वन को चल पड़ीं।[७] माता-पिता को तो उन्होंने इस तरह त्याग दिया, जैसे सर्प केंचुली छोड़ देता है।[८]

इन्हीं गोपियों के साथ कृष्ण ने रास-क्रीड़ा की। परन्तु रासलीला करने के पहिले उन्होंने एक बार और गोपियों के अनन्य माधुर्य भाव की परीक्षा ली।[९] वे युवतियों का धर्म समझाते हैं कि उन्हें पति की परमेश्वर की तरह पूजा करनी चाहिए। पति चाहे वृद्ध, निर्धन, मूर्ख, रोगी कैसा भी हो उसकी सेवा करनी चाहिए। बिना पति-सेवा के संसार से तरना असंभव है। जो पति को छोड़कर और किसी को भजती है वह कुल-कलंकिनी है। इस जन्म में तो उसे कोई भला कहता ही नहीं, मरने के बाद भी उसे नरक ही मिलता है।[१०] श्याम के निष्ठुर वचन सुनकर युवतियाँ विकल हो गईं; उनके ऊपर तुषार-पात सा हो गया। विह्वल होकर वे धरणी पर गिर गईं और अश्रुपात करने लगीं।[११] गोपियाँ श्याम को उनके 'कृपासिंधु' नाम का स्मरण दिलाकर पूछती हैं कि हमें तो और कोई शरण सूझता नहीं, तुम्हीं बताओ हम किसके पास

---

१. सू० सा०, २५४५।
२. वही, पद २५४३।
३. वही, पद २५४६-२५६६, २६५०-२६५८, २७३७-२७५१।
४. वही, पद २५७३-२५८०।
५. वही, पद २८३४-३०२७
६. वही, पद ३०२८ तथा १६०८-१६१८।
७. वही, पद १६१७।
८. वही, पद १६२१।
९. वही, पद १६२९-१६३२।
१०. वही, पद १६३४-१६३५।
११. वही, पद १६३६-१६३७।

जाएँ। हमारी चूक क्या है, यह तो बताओ।[१] कृष्ण को छोड़कर वे घर लौटने को तैयार नहीं हैं। वे तो केवल उन्हीं को जानती हैं; संसार में और सब व्यर्थ है।[२] अंतर्यामी होकर भी श्याम पराई पीर नहीं जान पाते! 'स्वयं ही तो कहते हैं कि पति-सेवा करो, हम तो उसी पति-सेवा के हेतु आई हैं।' लौटने की अपेक्षा तो वे वहीं पर प्राण-विसर्जन करना अधिक श्रेयस्कर समझती हैं।[३] "हमें व्रज को कैसे भेजते हो? जो मन शरीर को चलाता है, वह तो तुम्हारे चरणों में लिपटा हुआ है। नयन माधुरी मुस्कान में अटके हैं; श्रवण अमृत वचनों के रसिक हैं। समस्त इंद्रियाँ मन के ही पीछे हैं, फिर धर्म कहकर क्या बताते हो? इनको जब तुमने अपने लायक बना लिया, तो फिर हम तुम्हारे जी को क्यों नहीं भातीं? सूर, तुमने नैन देकर सर्वस्व लूट लिया! मुरली के द्वारा नाम ले-लेकर बुलाते हो।"[४] यदि गोपियाँ घर लौट भी जाएँ, तो उन्हें घर वाले स्वीकार कैसे करेंगे? यदि वे स्वीकार कर लें, 'तब तो हमें भी धिक्कार है और उन्हें भी।'[५] गोपियों के ये वचन सुनकर कृपानिधान को निश्चय हो गया कि वे मुझे ही भजती हैं, मुझे छोड़कर अन्य किसी को नहीं जानतीं।[६] दीन वचन सुनकर गोपाल सदय हो गए। "प्रभुता त्याग कर श्याम हँसकर बोले। कटि-पट की गोद पसरकर वे बारंबार हाथ जोड़कर विनय करते हैं, 'तुम सन्मुख हो, मैं तुमसे विमुख हूँ; मैं असाधु हूँ, तुम साधु हो।' युवतियों को धन्य-धन्य कहकर वे स्वयं उनका 'अनुराध' करते हैं। 'लोक और कुल की कानि का निरादर करके गोपियों ने एकचित्त होकर मुझे ही अपना समझकर तथा सुत-पति के स्नेह को तृण के समान तोड़कर मेरा भजन किया है।'"[७] कृष्ण गोपियों के दृढ़ प्रेम की प्रशंसा करते हैं, क्योंकि वे गुरुजनों की शंका त्यागकर उनसे आकर मिलीं और स्वयं कृष्ण के निर्दय वचनों का सोच न करके उनकी बिना मोल की दासी बन गईं।[८] इस अनन्य प्रेम के फलस्वरूप गोपियों को रास-रस का सुख मिला। "कामातुर गोपियों ने हरि को जिस भाव से भजा, हरि भी उन्हें उसी भाव से मिले। कृपालु केशव प्रेम-वश्य को स्वभावतः ही जान लेते हैं। वे परस्पर मिलकर हँसते, आनन्दित होते और हर्षित होकर विलास करते हैं। श्याम के अभिलाष करते ही आनन्द का सिंधु उमँगकर उछलने लगा। एक-एक गोपी हृदय में रास-रुचि के साथ भुजाओं में भरके मिलती है। उस समय का श्याम-श्यामा का मुख सूर किस प्रकार गाकर कहे।"[९] कवि ने रास में कृष्ण के पूर्ण परमानन्दरूप का दर्शन कराया है तथा वृन्दावन को त्रिभुवन में सर्वोच्च धाम घोषित किया है।[१०] यह माधुर्य भाव की ही महिमा है।

कृष्ण के अंतर्धान होने पर श्याम-विरह में राधा विक्षिप्तों-जैसा व्यवहार करने लगती है तथा सोलह सहस्र गोपियाँ वन-वन में विकल हुईं, कलाहीन होकर पूर्ण ब्रह्म को ढूँढ़ती

---

१. सू० सा०, पद १६३८।
२. वही, पद १६३९।
३. वही, पद १६४०।
४. वही, पद १६४१।
५. वही, पद १६४२।
६. वही, पद १६४४।
७. वही, पद १६५१।
८. वही, पद १६५२।
९. वही, पद १६५४।
१०. वही, पद १६८२।

फिरती हैं। वे निवेदन करती हैं, करुणामय, अब कृपा करके मिलो, तुम्हें सुखकारी कहा जाता है। सूर-श्याम, हम अपनी चूक समझ गई हैं, हमारे अपराध क्षमा करो।'[१] गोपियों के शरीर कृष्ण के स्पर्श के लिए, श्रवण मधुर मुरली की तान के लिए और नेत्र दर्शन के लिए विकल हैं।[२] गोपियाँ बारबार कृपासिंधु से क्षमायाचना करती हैं और गर्व के लिए पश्चात्ताप करती हैं। सोलह सहस्र गोपियों के मन में एक ही पीड़ा है। राधा जीवरूप है और अन्य गोपियाँ शरीररूप। करुणामय ने जब गोपियों के मन में अहंकारहीन प्रेम पूर्ण रूप से दृढ़ कर दिया तब वे प्रकट हुए।[३] ''हरि अंतर से प्रकट हुए। कन्हाई प्रेम के वश रहते हैं। युवतियों को मिलकर उन्होंने हर्ष दिया। फिर सबको उन्होंने वैसा ही सुख दिया और वही पहले का भाव स्वीकार कर लिया। गोपियों को ऐसा लगा कि वे तब से बराबर श्याम के साथ ही हैं। सबके मन में वैसी ही बुद्धि और वही हार्दिक भाव है। सब जानती हैं कि यह उसी रासमंडल का रस है। गोपियों के बीच-बीच में श्याम धनी हैं। सूर, श्याम और श्यामा मध्य में हैं। परस्पर वही प्रीति बनी हुई है।''[४]

राधा-कृष्ण के मान-मनुहार, विरह-विकलता, दूती के माध्यम से पुनर्मिलन, सुरति-संग्राम आदि का विस्तृत वर्णन किया गया।[५] इस संयोग लीला के फलस्वरूप गोपियों के हृदय में ईर्ष्या नहीं पैदा होती, वरन् वे राधा के सुख को अपना ही सुख समझती हैं। 'जो सुख श्याम ने प्रिया के संग किया उसे युवतियों ने अपना ही सुख माना। हृदय में कुछ भी दुविधा नहीं रखी।'[६] कृष्ण सब गोपियों की मनोकामना पूर्ण करते हैं। किसी दिन जिसके यहाँ नहीं जाते हैं, वही रुष्ट हो जाती है।[७] खंडिता समय के अन्तर्गत कवि ने कृष्ण के दक्षिण नायकत्व का वर्णन किया है।[८] ''कृष्ण नाना रंग उपजाते हैं। कोई स्त्री रीझती है और कोई खीझती है। किसी के यहाँ रात को भली प्रकार निवास करते हैं; किसी का मुख छूकर चले आते हैं। जिनका शिव जाप में अन्त नहीं पाते, वे ही आप बहुनायक होकर विलास करते हैं। उन्हीं को व्रजनारियाँ पति जानती हैं। कोई आदर करती हैं, कोई अपमान करती हैं। किसी से संध्या को आने का वचन देते हैं, पर रहते किसी और ही के घर में हैं। कभी सबके साथ में रात बीतती है।''[९]

व्रज की लीला-केलि के सम्मिलित आनन्दोत्सवों में हिंडोल लीला भी है[१०] जिसमें कृष्ण राधा और गोपियों के साथ बाधाहीन सुख करते दिखाए गए हैं। पूर्णब्रह्म के देह धारण करके विलास करने का वातावरण पूर्णतया आनन्दमय है, जहाँ विश्वकर्मा की रचना-चातुरी तथा व्रजबालाओं की प्राकृत भावनाओं का अपूर्व संयोग हो गया है; लौकिक और अतिलौकिक

१. सू० सा०, पद १७३४।
२. वही, पद १७३५।
३. वही, पद २७४१।
४. वही, पद १७४८।
५. वही, पद ३०३१-३०९०।
६. वही, पद ३०९१।
७. वही, पद ३०९२।
८. वही, पद ३०९३-३१५१।
९. वही, पद ३०९३।
१०. वही, पद ३४४७-३४६०।

दोनों ने मिलकर वृन्दावन में नित्य सुख की सृष्टि कर दी है। इस 'नित्य लीला, नित्य आनन्द और नित्य मंगल गान को देखकर सुर-नर-मुनि गोपीकान्ह की स्तुति करते तथा उन्हें बार-बार धन्यवाद देते हैं।'[१]

जिस नित्य वृन्दावन धाम में सदैव वसंत वास करता है, जहाँ सदैव हर्ष रहता है,[२] वहीं ब्रह्मरूप कृष्ण ने गोपियों के प्रस्ताव पर फाग-चरित किया। कवि कृष्ण, राधा और गोपियों की आनन्द-क्रीड़ा की परिमिति 'वसंतलीला'[३] का वर्णन करके दिखाता है। इसी लीला में मर्यादा का सामूहिक रूप से प्रत्याख्यान किया गया है। लोक, वेद और कुल धर्म का सर्वथा बहिष्कार[४] करके निर्बाध सुख-क्रीड़ाओं में कृष्ण और गोपियाँ निमग्न हो जाते हैं। गुरुजन और पुरजन इसका मर्म नहीं जान सकते। सास रोष करती है, ननदी लड़ती और यह रंग-लीला देखकर गाली देती है।[५] परन्तु माधुर्य भाव में बहने वाली गोपियाँ कुछ नहीं सुनतीं। ज्ञान और वैराग्य[६] इस प्रवाह में बह ही गए; तपस्वी और धर्माचारी संयमी लोगों को भी इस रस-प्रवाह ने छेंककर इस माधुरी से वंचित कर दिया गया है।[७] शठ और पंडित तथा वेश्या और वधू होली के फाग में एक समान हो गए हैं।[८] साधु और असाधु में कोई भेद नहीं रह गया।[९]

दानलीला में जिस आध्यात्मिक मिलन और मानसिक अंग-दान की अनुभूति का कवि ने संकेत किया था उसी को प्रकट रूप में इन सुख-लीलाओं के द्वारा प्रदर्शित किया गया है। रास में यह लीला-सुख पहली बार पूर्ण प्रफुल्लता के साथ प्रकट हुआ था। परन्तु अनन्य प्रेम की चरम परिणति में गर्व की बाधा वहाँ भी रह गई थी। जब वह गर्व नष्ट हो गया तो कृष्ण स्वयं बहु-रमणी-रमण रूप में गोपियों को माधुर्य भाव का सुख देने लगे। खंडिता समय में कवि ने आत्म-समर्पणयुक्त अहंभावरहित व्यक्तिगत माधुर्य भाव का उत्कृष्ट उदाहरण उपस्थित किया है। हिंडोल और वसंत की लीलाएँ इसी उत्कृष्ट मधुर रति के सम्मिलित सुख को प्रकट करती हैं। यहाँ न तो कृष्ण को गोपियों की परीक्षा लेने की आवश्यकता है और न प्रेम की सरस अनुभूति में गर्व की बाधा है।

इन समस्त—व्यक्तिगत तथा सम्मिलित—लीलाओं के केन्द्र में राधा कृष्ण की रति-लीला विराजती है। उसका तो अन्त ही नहीं है।[१०] उसी से तो व्रज का सुख पूर्ण होता है। कवि युगल मूर्ति की स्तुति करता है : 'यह जोड़ी मेरे नयनों में बसे-कमल-दल लोचन सुन्दर श्याम के संग वृषभानु किशोरी! मोर-मुकुट, कुंडल और फहराता हुआ पीताम्बर! सूरदास-प्रभु, तुम्हारे दर्श का क्या वर्णन करूँ? मेरी मति थोड़ी है।'[११]

---

१. सू० सा०, पद ३४५८।
२. वही, पद ३४६१।
३. वही, पद ३४६१-३५३५।
४. वही, पद ३४७९-३५३४।
५. सू० सा० (वें० प्रे०), पृ० ४३२।
६. सू० सा० (सभा), पद ३५३२।
७. वही।
८. वही।
९. वही।
१०. वही, पद १८०३-१८२५।
११. वही, पद १८२५।

व्रज की यह लीला व्रज में ही सीमित है। स्वयं कृष्ण कहते हैं; ''यमुना, तूने मुझे बहुत रिझााया। मैं अपनी सौगंध खाकर और नन्द की दुहाई देकर कहता हूँ कि ऐसा सुख मैंने कभी नहीं पाया। यहाँ पर मुझे माता, पिता बन्धु और अन्य सब स्वजन मिले। सबके साथ मैंने वन में विहार किया। यहीं पर अज, अनन्त, भगवन्त और धरणीधर को स्ववश किया गया और प्रिय गान सुना गया। मैं तेरे प्रेम के कारण प्रसन्न हुआ। जो इस जल में नहाया, उसके कलि-मल दूर हो गए। सूर, अब तू अपने जी में कुछ संकोच न रखकर मनमाना वरदान माँग ले।''[१] ''यमुना की जल राशि परम पुनीत है, जहाँ अविनाशी ब्रह्म ने क्रीड़ा की तथा वे व्रजवासी धन्य हैं जो हरि के साथ विनोद करते हुए विहार करते हैं। नंद और यशोदा का सुख अवर्णनीय है। सुरवनिताएँ जिस सुख को तरसती हैं, वह व्रजबालाओं को अनायास प्राप्त हो गया। व्रजनारियाँ तथा गोप-बाल धन्य हैं। सूर-श्याम भक्तजन को सुख देने के लिए ही पृथ्वी पर प्रकट हुए हैं।[२]

गोपियों के माधुर्य भाव की दृढ़ता और अनन्य भाव की परीक्षा श्रीकृष्ण ने कई बार ली। जब वे परीक्षाओं में सफल हो गईं तभी उन्होंने गोपियों को अपने अंग-संग का सुख दिया। परन्तु माधुर्य भाव इन्द्रियों की स्वाभाविक प्रवृत्तियों पर आश्रित-आधारित होते हुए भी केवलमात्र ऐन्द्रिय नहीं है, इसका प्रमाण कृष्ण के विरह में व्यक्त गोपियों के प्रेमोद्‌गार से मिलता है। कवि ने गोपियों के विरहासक्ति-सूचक भावों का अत्यन्त विस्तार के साथ वर्णन किया है।[३] वस्तुत: अवतार दशा में श्रीकृष्ण के 'अवतीर्ण पूर्व' (संयोग-शृंगारात्मक) तथा 'मूल' (विप्रयोग रसात्मक) रूपों में द्वितीय रूप ही भक्ति में अधिक महान् माना गया है।[४] सूरदास ने भी विरह-रस को सर्वश्रेष्ठ स्थान देकर गोपियों के माधुर्य में अनन्य, निष्काम, अविच्छिन्न प्रेम को चरम सीमा पर पहुँचाकर उसकी सोदाहरण श्रेष्ठता प्रमाणित की है। विरह भाव में श्रीकृष्ण के मूल रस रूप को प्राप्त करने के बाद उद्धव द्वारा प्रतिपादित साधन व्यर्थ और उपहासास्पद हो जाते हैं। इसी दृष्टि से भ्रमरगीत में माधुर्य भाव की भक्ति के समक्ष ज्ञान, योग, यज्ञ, व्रत, पूजा आदि सभी की हीनता प्रदर्शित की गई है। भक्ति-धर्म की पूर्ण सिद्धि की अवस्था से परिचित होकर उद्धव अपना ज्ञान भूल जाते हैं और भक्ति के अनुयायी बन जाते हैं। स्वयं कृष्ण गोपियों के भाव की मार्मिक शब्दों में प्रशंसा करके मधुर रति की सर्वश्रेष्ठता व्यंजित करते हैं।

---

१. सू० सा० (सभा), पद ३५३१।
२. वही, पद ३५२८।
३. वही, पद ३५९९-३६०६।
४. दे० सिद्धान्त रहस्य विवृत्ति—हरिराय, श्लोक ३।

७
वस्तु-विन्यास

दूसरे अध्याय में 'सूरसागर' के वर्ण्य विषय, उसकी मौलिकता तथा प्रबंधात्मकता का तुलनात्मक और विवेचनात्मक परिचय दिया जा चुका है।[१] उक्त विवेचन के अंत में यह निष्कर्ष निकाला गया था कि 'सूरसागर' न तो 'भागवत' का छायानुवाद है, न 'भागवत' की सम्पूर्ण कथा का गान करना 'सूरसागर' के कवि का मूल उद्देश्य है और न 'सूरसागर' द्वारा समय-समय पर रचे हुए स्फुट पदों का संग्रह मात्र है। 'सूरसागर' में स्कंध क्रम से 'भागवत' की अनेक कथाएँ, कथाभास और कथा-सन्दर्भ मिलते हैं, परन्तु उन कथाओं के निर्वाचन, रूप-संगठन, व्यक्तीकरण और उद्देश्य में 'सूरसागर' के कवि ने पर्याप्त मौलिकता दिखाई है। 'भागवत' की कुछ ऐसी भी कथाएँ हैं जिन्हें 'सूरसागर' में स्थान नहीं मिला। कथाओं के अतिरिक्त 'भागवत' की अन्य सामग्री, सर्ग, विसर्ग, मन्वन्तर, वंश आदि तथा प्रसंग-प्राप्त स्तोत्र, दार्शनिक व्याख्याएँ, आध्यात्मिक विवेचन, धार्मिक उपदेश और सामाजिक एवं सांस्कृतिक विवरण 'सूरसागर' के कवि ने सर्वथा छोड़ दिए हैं। 'सूरसागर' में 'भागवत' की जिन कथाओं और प्रसंगों को ग्रहण किया गया है, उनका परिमाण कृष्ण-लीला की अपेक्षा जो 'सूरसागर' का मुख्य विषय है, नगण्य है। काव्य की दृष्टि से भी 'सूरसागर' का यह अंश अत्यन्त शिथिल, अरोचक और नीरस है। आगे शैली के विवेचन में दिखाया गया है कि इन विवरणात्मक कथाओं की शैली व्यक्तित्वहीन और अव्यवस्थित है। अतः वस्तु-विन्यास के विवेचन में उन पर विचार करने की कोई आवश्यकता नहीं जान पड़ती।

'सूरसागर' के विशाल आकार-विस्तार में ऐसे पदों की संख्या भी अनगिनती है जिन्हें स्फुट पद-रचना के अन्तर्गत रखा जा सकता है। दो सौ से अधिक 'विनय' के पद इस कोटि के हैं ही, 'भागवत' के कथा-प्रसंगों में भी अनेक स्फुट पद विषयानुसार सटा दिए गए हैं। राम के चरित-वर्णन सम्बन्धी पद भी स्फुट ही कहे जाएँगे, क्योंकि उनमें कथा का सम्यक् निर्वाह नहीं हुआ है। परन्तु इन सबसे कहीं अधिक स्फुट पद स्वयं कृष्ण-लीला—दशम स्कंध में भरे हैं जिनमें से बहुत-से कथा-प्रसंगों के बीच-बीच—ऐसे जुड़ गए हैं कि उनको कृष्ण-लीला की क्रम-व्यवस्था को क्षति पहुँचाए बिना अलग नहीं किया जा सकता। परन्तु यह जानते हुए कि सूरदास ने गोवर्धन-स्थित अपने इष्टदेव के स्वरूप की सेवा में दिन भर के आठ समयों की आरतियों और वर्ष भर के अनेक उत्सवों के अवसरों के लिए पद-रचना की होगी, हम दशम स्कंध के स्फुट पदों अथवा पद-समूहों को लक्षित कर सकते हैं। मंगला-दर्शन, शृंगार, गोचारण, राजभोग, उत्थापन, भोग, संध्या और शयन सम्बन्धी पद 'सूरसागर' के विस्तार में बिखरे हुए मिल सकते हैं तथा कृष्ण-जन्म, नव वर्षोत्सव, बसंत, फाग, हिंडोल आदि

१. दे० पद ५६-७१।

अवसरों पर गाने योग्य पद-समूह भी इंगित किए जा सकते हैं। इनके अतिरिक्त कृष्ण-कथा के विभिन्न प्रसंगों पर रचित वर्णनात्मक और कथात्मक पद-समूह भी यदि पृथक् करके देखे जाएँ तो 'सूरसागर' का दशम स्कंध कृष्ण-लीला सम्बन्धी स्फुट पदों, स्फुट पद-समूहों और गीतिपद शैली में रचित कथा-प्रसंगों अथवा लीलाओं का संग्रह मात्र जान पड़ेगा। इसी विश्लेषण के दृष्टिकोण से देखने तथा साम्प्रदायिक सेवा-पद्धति को सूरदास की पद-रचना के लिए एकमात्र श्रेय देने के कारण प्राय: 'सूरसागर' को कीर्तनों का संग्रह और सूरदास को स्फुट पदों की रचना करने वाला कवि मान लिया जाता है। प्रस्तुत अध्याय में यह दिखाने का प्रयत्न किया गया है कि 'सूरसागर' का दशम स्कंध अनेक स्फुट पदों को समाविष्ट करते हुए भी, कृष्ण-कथा का लीला-काव्य है तथा सूरदास ने गीतिपदों की आत्माभिव्यंजक शैली में कथात्मक प्रबंध-रचना करके विलक्षण काव्य-कौशल, वर्णन-चातुर्य, घटना-वैचित्र्य की परख और कथा-संघटन की क्षमता का परिचय दिया है। 'सूरसागर' की कृष्ण-लीला को संश्लिष्ट रूप में न देखने से हम इस महाकवि की महत्ता के एक बहुत बड़े प्रमाण की उपेक्षा कर जाते हैं। कृष्ण-लीला का वस्तु-विवेचन करने के पूर्व 'सूरसागर' की विविध विषयों की स्फुट पद-रचना पर भी दृष्टिपात कर लेना उचित होगा।

स्फुट पद

विनय के पद

'सूरसागर' के इन पदों का सूरदास की स्फुट पद-रचना में महत्त्वपूर्ण स्थान है। विषय की सामान्यता तथा भक्ति के उस दृष्टिकोण की प्रधानता के कारण जो कवि ने कृष्ण के लीला-गायन के समय छोड़ दिया, इन पदों को द्वादश स्कंधों में नहीं खपाया जा सकता। 'भागवत' के कथा-प्रसंगों में कहीं-कहीं अवश्य दास्य भाव की वैराग्यपूर्ण भक्ति के उपदेशों, उदाहरणार्थ परीक्षित-कथा[१] में ठीक उसी प्रकार के पद पाए जाते हैं, जिस प्रकार के विनय के अंश में हैं, परन्तु, जैसा ऊपर कह आए हैं, थोड़े से स्थलों को छोड़कर 'भागवत' के कथा-प्रसंगों को कवि ने विशेष रुचि से नहीं लिखा। इसके विपरीत विनय के पदों में विषय की संकीर्णता और भाव का संकोच होते हुए भी कवि ने पर्याप्त तन्मयता, गंभीर अनुभूति और तीव्र संवेदना का परिचय दिया है। विनय के समस्त पद एक विशिष्ट दृष्टिकोण को लेकर मनुष्य जीवन की आलोचना करते हैं, जिनमें गीति की आत्माभिव्यंजक शैली के अनुरूप संवेदना की एकता, उसका क्रमिक, किन्तु क्षिप्र विकास और उसकी गम्भीर धार्मिक अनुभूति पाई जाती है। जिस मूल भाव से प्रेरित कवि ने इन पदों की रचना की है उसकी गंभीर और तीक्ष्ण अनुभूति कवि की सम्पूर्ण चेतना को इतना आन्दोलित कर देती है कि उसके कथनों में स्वभावत: घोर आग्रह और अतिरंजना आ जाती है। किन्तु इन पदों की रसवत्ता प्राय: हमारे हृदय में पूर्णतया उतर नहीं पाती, क्योंकि एक तो उनका विषय इतना पौराणिक, चिरपरिचित और मध्ययुग के प्राय: सभी संतों द्वारा बार-बार दुहराया हुआ है कि हम उनमें कवि की व्यक्तिगत अनुभूति की कल्पना नहीं कर पाते। दूसरे, उनमें भाव की तीव्रता से उत्पन्न कवि का आग्रह तो है, किन्तु उस भाव को पुष्ट करने वाली परिस्थितियों और सहायक भावों की कल्पना बहुत कम की गई है। पौराणिक आख्यानों के प्रसंगगर्भित संदर्भ अवश्य भरे पड़े हैं, किन्तु उनका ज्ञान होते हुए भी,

१. सू० सा० (सभा), पद २९१-३३६।

भक्तों, को छोड़कर साधारण काव्यानुरागियों के मन में प्राय: उनका जीवित संस्कार न होने से उनका उतना गम्भीर भावात्मक प्रभाव नहीं पड़ता जितना कवि को अभीष्ट है। उदाहरण के लिए अजामिल, गणिका आदि का नाम ही कवि के भक्ति-भाव से पूर्ण मानस को जिस तीव्रता और गंभीरता से आन्दोलित कर देता है, वह उक्त भक्तों की कथा के चिर परिचित पाठक के लिए कठिन कल्पना की वस्तु है। फिर भी, विनय के पदों में प्रसंगगर्भित कथा-संदर्भों के कारण गीत्यात्मक और कथात्मक तत्वों का विलक्षण संयोग हो गया है। पौराणिक आख्यानों के प्रति कवि की ज्वलन्त धार्मिक आस्था न केवल उसके व्यक्तित्व की एक महत्त्वपूर्ण विशेषता को सामने लाती है, अपितु उस युग के जीवन के एक पक्ष का जीता-जागता परिचय देती है। इस दृष्टि से विनय के पदों में कवि की व्यक्तित्व आत्माभिव्यक्ति के साथ-साथ हमें एक युग की समष्टिगत आत्माभिव्यक्ति मिलती है। अत: स्फुट होते हुए भी ये पद अपने-अपने ढंग से जो छोटे-छोटे से मानस-चित्र बनाते चलते हैं, उनके संश्लिष्ट रूप में समय के लोक-जीवन का एक बृहद् चित्र उतर आता है। स्वयं कवि के अंतर्जगत् के पीड़ा और संतोष, विकलता और धैर्य, संशय और विश्वास, निराशा और आशा के बीच होने वाले द्वन्द्व का परिचय देते हुए, ये पद उसके मानस-पटल का वह पक्ष उद्घाटित करते हैं जो उसके भक्त-जीवन का आधार है तथा जिसका समझना उसके काव्य को समझने के लिए अति आवश्यक है।

रामचरित संबंधी पद

'सूरसागर' के नवम स्कंध में यद्यपि राम-जन्म से लेकर राम के अयोध्या लौटने तक की कथा की मुख्य घटनाओं से सम्बन्धित पद पाए जाते हैं, परन्तु उनके द्वारा स्वतंत्र रूप से कथा का पूर्ण रूप सामने नहीं आता। अपनी रुचि से कवि ने कथा के मार्मिक स्थलों को चुनकर न्यूनाधिक पद-रचना की है, जिनमें राम-जन्म, बाल-केलि, धनुर्भंग, केवट-प्रसंग, पुर-वधू-प्रश्न, भरत-भक्ति, सीता-हरण पर राम-विलाप, हनुमान द्वारा सीता की खोज, हनुमान-सीता संवाद, रावण-मंदोदरी संवाद, लक्ष्मण-शक्ति पर राम-विलाप, हनुमान का संजीवनी लाना, सीता की अग्नि-परीक्षा और राम का अयोध्या-प्रवेश विशेष उल्लेख योग्य हैं। आकार-विस्तार की दृष्टि से लंकाकांड की कथा में सबसे अधिक पद हैं। कवि ने रावण-मंदोदरी संवाद और लक्ष्मण के शक्ति लगने पर राम-विलाप, हनुमान के संजीवनी लाने और मार्ग में संयोगवश अयोध्या वासियों से भेंट करने के सम्बन्ध में सबसे अधिक विस्तार किया है। मंदोदरी और रावण के संवाद में सीता के उद्धार पर ही कवि की दृष्टि केन्द्रीभूत है और इसी कारण लंकाकांड के विस्तार के बाद सुन्दरकाण्ड का विस्तार सबसे अधिक है। हनुमान और सीता की भेंट, वार्तालाप और राम के प्रति सीता के सन्देश में कवि ने करुण भावों को व्यक्त करने की अपनी अप्रतिम क्षमता का किंचित परिचय दिया है। राम-कथा सम्बन्धी सूरदास के जितने पद मिलते हैं उन्हें देखकर स्पष्ट हो जाता है कि राम की कथा पूर्वापर प्रसंग के साथ कहना उनका अभीष्ट नहीं है और न कथा के जिन स्थलों पर उनकी पद-रचना मिलती है वे स्थल कथानक की दृष्टि से उसके प्रधान अंग कहे जा सकते हैं। उन्होंने भावों की मार्मिकता की दृष्टि से ही कथानक के स्थलों को चुना है और उस चुनाव में अपनी व्यक्तिगत भावानुभूति के ही आधार पर निर्णय किया है। इन पदों में ऐसे भी थोड़े से पद मिलते हैं जिनमें कथा के इतिवृत्त को मिलाने का प्रयत्न जान पड़ता है, क्योंकि उनमें भावोत्कर्ष का प्रभाव और इतिवृत्तात्मकता की प्रचुरता है। वस्तुत: इस प्रकार के पद प्राय: मार्मिक भाव-व्यंजना वाले पदों के संदर्भों को भरने के लिए लिखे गए जान पड़ते हैं।

कथा के सम्यक् निर्वाह के अभाव में पात्रों के चरित्र भी पूर्ण रूप में चित्रित नहीं हुए; केवल उनकी कुछ विशेषताओं का ही उद्‌घाटन हो पाया है। करुण-कोमल भावों के प्रति कवि की विशेष रुचि ने राम के शौर्य, पौरुष, धैर्य और पराक्रम का उतनी तन्मयता और कुशलता से चित्रण नहीं होने दिया, जितनी तन्मयता और आत्मीयता के साथ सीता और लक्ष्मण के सम्बन्ध में उनकी वेदना, व्याकुलता और व्यग्रता का चित्रण हुआ है। फिर भी यह नहीं कहा जा सकता कि सूरदास के राम मर्यादाच्युत हो गए हैं। वन-गमन का आदेश पाकर वे अविचल रहते हैं;[१] लक्ष्मण को समझाते हुए वे कहते हैं कि भावी को कुछ और ही करना है जिसे कोई मेट नहीं सकता। 'छोटी तलैया का पानी मीठा और सरिता-पति का जल खारी क्यों होता है इसे कौन जान सकता है?'[२] सीता के वियोग में 'रघुनाथ गुसाईं' की 'अति करुना' के चित्रण में 'प्रिया-प्रेम-बस' 'निज महिमा' का विस्मरण[३] दिखाते हुए भी सूरदास ने संयम का अतिक्रमण नहीं होने दिया। लक्ष्मण के शक्ति लगने पर राम की दयनीय दशा के चित्रण में भी सूरदास के राम कहते हैं कि बीच में ही यह और का और हो गया! 'मैं तो अपने प्राण त्याग दूँगा और सीता भी यह सुनकर प्राण त्याग देंगी, परन्तु मेरे जी में यह सोचकर दुःख है कि विभीषण की क्या गति होगी?'[४] राम के दर्प, कोप और युद्ध-कौशल के संक्षिप्त, किन्तु प्रभावशाली चित्रण में भी सूरदास ने उनकी उच्च मर्यादा और अपनी काव्य-कुशलता का निर्वाह किया है।[५] अन्य पात्रों के चरित्र संबंधी संकेतों में भी यद्यपि आदर्श की अपेक्षा मानवीय स्वाभाविकता पर सूरदास का विशेष अवधान रहा है, फिर भी उन्होंने ऐसा आदर्शच्युत किसी को नहीं होने दिया जिस पर आपत्ति की जा सके। अपने प्रिय पुत्र के शक्ति लगने का संवाद सुनकर सुमित्रा हनुमान से कहती हैं कि तुम रघुपति से जाकर कहना कि वे 'अयोध्या लौटते समय माता से लजाएँ नहीं। सेवक यदि रण में जूझ जाए तो ठाकुर घर लौट आता है। जब से तुम वन गए, तब से भरत ने सब भोग छोड़ रखे हैं। तुम्हारे दर्शन के बिना हृदय दुःखों से भरा हुआ है।'[६] परन्तु सीता की वियोग-व्यथा के चित्रण में गोपियों की विरह-वेदना से संतप्त सूरदास के हृदय ने संयम तोड़ दिया। उनकी सीता हनुमान से कहती हैं : ''कपि, सुनो, क्या अब वे रघुनाथ नहीं रहे, जिन्होंने पिता के घर निमिष में पिनाक तोड़ दिया था, जिन रघुनाथ ने भृगुपति की गति को बदल दिया था, जिन रघुनाथ के हाथों ने खर-दूषण के प्राण हर लिये थे? या तो रघुनाथ ने अपना प्रण त्याग दिया और योगियों का रूप धारण कर लिया या वे वनवास से दुखी होकर रघुकुल के राजा बन गए अथवा वे रावण और राक्षसों के अतुल बल से डर गए अथवा उन्होंने लंका-वास के विचार से स्त्री को छोड़ दिया अथवा मुझे कुटिल, कुशील, कुलच्छिनी, समझकर कंत ने त्याग दिया है। हे पवनसुत, सूरदास-स्वामी से कहना कि अब विलम्ब न करें।''[७] इसी प्रकार पुर-वधुओं के प्रश्न करने पर ग्रामीण गोपियों की निश्छल स्वाभाविकता के साथ सूरदास की सीता कहती हैं : 'सास की सौत है जो पति

---

१. सू० सा० (सभा), पद ४७६।
२. वही, पद ४८०।
३. वही, पद ५०७।
४. वही, पद ५९०।
५. वही, पद ६०१-६०३।
६. वही, पद ५९८।
७. वही, पद ५३५।

की अत्यन्त प्यारी होने से सुहागिन है। उसने अपने सुत को राज्य दिलाया और हमें देशनिकाला दिया।' राम लक्ष्मण का परिचय पूछने पर भी वे निःसंकोच उत्तर देती हैं; 'गौर-वर्ण मेरे देवर हैं और श्याम-शरीर मेरे पति'।[१] वस्तुतः चरित्रों के आदर्श की अपेक्षा सूरदास ने उनकी करुण और मार्मिक परिस्थितियों को ही विशेष परखा है। उन्होंने दशरथ, कोसल्या, राम, सीता, सभी की मनोव्यथा को अपने करुणा-कलित हृदय की वेदना से रंजित करके चित्रित किया है। सूरदास के ही हृदय की वेदना राम के मुख से व्यक्त होकर अनाथ की भाँति पुकारती है; 'मारुत पुत्र कहाँ गया? वही मेरा संकट-मित्र है। × × × अहो केसरी-सुत, मेरे पुनीत मित्र, तुम्हीं हमारे हितू बंधु हो। मेरे रोम-रोम में जिह्वा नहीं जो मैं तुम्हारे पौरुष गिना सकूँ! जहाँ-जहाँ जिस-जिस काल में सँभाला, वहाँ-वहाँ तुमने त्रास दूर किया। वनवास में तुमने सहायता की और वन के दुःख और विपदाएँ दूर कीं।'[२] भगवान् की कातर वाणी सुनकर सूरदास का भक्त-हृदय फूल उठा। इतने भारी विश्वास को प्राप्त करके वे हनुमान के मुख से दृढ़तापूर्वक बोल उठे; 'रघुपति, मन में संदेह न कीजिए। मेरे देखते लक्ष्मण कैसे मर सकते हैं? मुझे आज्ञा दीजिए। कहिए तो सूर्य को न उगने दूँ, जिससे दिशा दिशा में अंधकार छा जाए। कहिए तो यम को गणों के सहित खा डालूँ। कहिए तो काल को खंड-खंड करके टूक-टूक काट डालूँ। कहिए तो मृत्यु को पाताल में खोदकर डाल दूँ और ऊपर से पाट दूँ। कहिए तो चन्द्रमा को आकाश से लाकर लक्ष्मण के मुख में निचोड़ दूँ। कहिए तो सुधा के सागर में पैठकर उसे समस्त जल में घोल दूँ। श्रीरघुवर, जिसके मेरे जैसे जन हों उसे क्या सँकराई? सूरदास, रघुनाथ दुहाई, मिथ्या नहीं कहता।'[३] हनुमान में इतनी मुखरता का समावेश सूरदास का भक्त-हृदय ही कर सकता है, जो अपने भगवान् के साथ अधिकाधिक आत्मीयता का इच्छुक है। इसी प्रकार मंदोदरी जब रावण को बारबार अपशब्द कहकर उसे दाँतों में तृण दबाकर रघुनाथ की शरण जाने का उपदेश देती है, तब हमें वस्तुतः स्वयं सूरदास की भक्ति-भावना का आग्रह और दृढ़ता सुनाई देती है; मंदोदरी तो उसका उपलक्षण मात्र है। और, सर्वभाव-व्यापिनी सूरदास की भक्ति-भावना रावण में भी अपना प्रतिबिंब देखती है। सीता को हरकर ले जाने वाला सूरदास का रावण जी में डरता हुआ चलता है, मानो कोई रंक महानिधि पाकर भयभीत हो।[४] अशोक वाटिका में सीता की रक्षक निशिचरी से वह स्वयं कहता है, 'यदि सीता सत से विचले तो श्रीपति फिर और किसे सँभालें? मेरे जैसे मुग्ध महापापी को क्रोध करके कौन तारे? ये जननी हैं, वे रघुनन्दन प्रभु हैं ओर मैं उनका प्रतिहारी सेवक। सीता-राम के संगम बिना कौन पार उतारे?'[५] यही रावण क्षण भर बाद सीता को पटरानी बनाकर चौदह सहस्र किन्नरियों को दासी बनाने का प्रलोभन देता है।[६] इस प्रकार यह स्पष्ट है कि राम-कथा में सूरदास चरित्रांकन का प्रयास नहीं करते, विभिन्न पात्रों के भावों को वे अपनी संवेदना और भक्ति-भावना से रँगकर चित्रित करते हैं।

---

१. सू० सा० (सभा), पद ४८८।
२. वही, पद ५९१।
३. वही, पद ५९२।
४. वही, पद ५०३।
५. वही, पद ५२२।
६. वही, पद ५२३।

राम-कथा के पात्रों के जिन थोड़े से भावों को सूरदास ने अपनी संवेदना अर्पित की है, उनकी प्रकृति सामान्यतया वही है जिसका प्रस्फुटन विनय के पदों में पाया जाता है। राक्षसों के बीच घिरी सीता उनके उस भाव की प्रतीक है जो संसार की नाना प्रकार बाधाओं और विपत्तियों से आत्म-रक्षा करता हुआ अत्यन्त दीनतापूर्वक भगवान् से विश्वास के साथ याचना करता है। राम को सन्देश भेजते हुए सीता कहती हैं, 'कपि, तुम स्वयं यह गति देखे जाते हो, मैं कैसे संदेश कहूँ? कब तक मैं अपने प्राणों का पहरा लगाती रहूँ? इतनी बात तुम्हें बताते हुए भी संकोच लगता है, क्योंकि मेरे कंत, करुणामय प्रभु ने कभी मेरा दु:ख नहीं सुना!'[१] सीता के प्रति सूरदास के ही करुणामय भक्तवत्सल हरि हैं। सीता के बहाने वे अपनी वियोग-व्यथा व्यक्त करते हैं, 'कपि, रघुनाथ राजा से मेरी एक विनती सादर कहना कि अब मुझसे निशाचर की दारुण त्रास नहीं सही जाती। यह तो बीसों लोचनों से अन्धा छल-बल से आकर मेरा मुख देखता है। शृगाल सिंह की बलि चाहता है, परन्तु इसमें प्रभु मर्यादा तो तेरी ही जाती है! जिन भुजाओं से परशुराम का बल खंडित किया, वे भुजाएँ फिर क्यों नहीं सँभालते'?[२] विरुद की याद दिलाने वाले दास्य भाव के भक्त के कथनों से इसकी कितनी समता है! अन्तर केवल इतना है कि जहाँ विनय के पदों का भाव अमूर्त अथवा सामान्य आधार पर आश्रित है, वहाँ उपर्युक्त भाव का आलम्बन मूर्त और सजीव है। इसी प्रकार जब मंदोदरी रावण को समझाती है कि 'मेरी राय में तुम अब जानकी को लौटा दो, क्योंकि वे त्रिभुवनपति हैं, तुम्हारे ऊपर अति कृपा करेंगे जिससे कुटुम्ब के सहित जीवित रहोगे[३] तथा रावण के मरने पर कहती है कि मैंने बार-बार वर्जित किया तो भी तू नहीं माना; जनक-सुता को तू क्यों घर लाया? ये जगदीश, ईश, कमलापति हैं, तूने सीता को स्त्री करके क्यों माना? चोरी की, राज्य भी खोया और अन्त में मृत्यु आ धमकी। कुंभकर्ण भी समझाकर हार गया परन्तु तूने किसी का कहना नहीं माना। इसी से तूने अपनी राजधानी गँवा दी'[४] तब सूरदास विषय-विपन्न मन को समझाकर भक्ति का उपदेश देते हुए जान पड़ते हैं। परन्तु यद्यपि राम-कथा में सूरदास को अनेक परिस्थितियाँ प्राप्त हो गईं जिनके उनमें भाव का उन्मेष दिखाई देता है, वे राम में अपने भगवान् का वह रूप न पा सके जिसके प्रति वे पूर्ण आत्मीयता का अनुभव कर सकते। उनके रघुवीर धीर यद्यपि सीता के वियोग में करुण विलाप करते हैं और लक्ष्मण के शक्ति लगने पर सारा धैर्य खोकर विलखने लगते हैं, फिर भी उन त्रिलोक के स्वामी को जग-उपहास का इतना डर है कि रावण के यहाँ लौटी सीता को देखकर वे मुँह मोड़ लेते हैं और लक्ष्मण को हुताशन रचने की आज्ञा देते हैं, जिसे सुनकर हनुमान के बहाने सूरदास अपने दु:ख को प्रकट करके कहते हैं कि मुझसे यह दृश्य नहीं देखा जाता।[५] इस प्रकार बाह्य प्रयोगों के द्वारा निष्कलंक प्रमाणित हुई सीता को सूरदास वे भाव नहीं सौंप पाते जो लोक-मर्यादा से लांछित, किन्तु निष्कलंक कृष्ण-प्रेम में तल्लीन गोपियाँ वहन करती हैं। इसीलिए वे महाराज रघुबीर धीर के दरबार में अपना रुक्का पहुँचाकर उन कृष्ण के प्रेम में घुल-मिल जाने को प्रस्तुत हो जाते हैं, जिन्होंने गोपियों के प्रेम

---

१. सू० सा० (सभा), पद ५३६।
२. वही, पद ५३७।
३. वही, पद ५७०।
४. वही, पद ६०४।
५. वही, पद ६०५-६०६।

की परीक्षा तो ली, परन्तु उसे अधिकाधिक दृढ़ करने के लिए, समाज की मर्यादा की रक्षा के लिए नहीं।

कृष्ण सम्बन्धी स्फुट पद और स्फुट पद-समूह

वस्तुत: कृष्ण सम्बन्धी सभी पद दशम स्कंध में वर्णित कृष्ण-लीला के अनिवार्य अंग हैं और उनका वास्तविक रसास्वाद और मूल्यांकन उनके उचित संदर्भ में ही हो सकता है। फिर भी, इस विचार से कि कदाचित् कुछ पदों को कवि ने विशेषतया विविध समय और अवसरों पर श्रीनाथ जी के कीर्तन के लिए रचा होगा, उन पर अलग विचार कर लेना अनुपयुक्त न होगा। ऐसे पदों में सबसे अधिक संख्या कृष्ण के रूप-चित्रण संबंधी पदों की है। शिशु, बाल और किशोर रूप में विभिन्न परिस्थितियों और विभिन्न दृष्टियों से कृष्ण का दर्शन करके कवि ने उनके अंग-प्रत्यंग का सूक्ष्म, भाव-संवेदित और आदर्श चित्रण किया है। इन चित्रणों में उसकी भावना और कल्पना का सर्वोच्च उत्कर्ष पाया जाता है। प्रात:काल से संध्या तक कृष्ण की दिनचर्या की विविध परिस्थितियों में उन्हें चित्रित करने वाले पदों का उपयोग मंगलादर्शन, शृंगार, गोचारण आदि समयों के कीर्तनों में हुआ होगा। यही इन्हें फुटकर मानने का कारण है, अन्यथा कृष्ण-कथा के भाव-विकास में उनका अनिवार्य स्थान है और वे कृष्ण की विविध लीलाओं को एक दूसरे से तथा कृष्ण-लीला की मुख्य कथा से संश्लिष्ट करते हैं। यद्यपि कृष्ण के शिशु और बाल रूप का चित्रण करने वाले पदों की संख्या कम नहीं है, फिर भी उनके किशोर रूप के चित्रों की संख्या उनसे कहीं अधिक है। सख्य भाव को पुष्ट करने वाले बाल और किशोर, दोनों रूपों के चित्र हैं, परन्तु उनकी संख्या सबसे कम है। वात्सल्य भाव वाले पद विशेषतया बाल रूप के चित्रण के ही हैं। परन्तु माधुर्य भाव का प्रस्फुटन बाल रूप के चित्रों से होकर विविध परिस्थितियों के संदर्भ में किशोर रूप के चित्रों की सहायता से विकसित होता है। माधुर्य भाव का विस्तार और परिमाण अधिक होने से किशोर कृष्ण के रूप-चित्रण भी सबसे अधिक हैं। मुरली-वादन संबंधी पद भी किशोर कृष्ण के ही हैं। रूप-चित्रण सम्बन्धी इन समस्त पदों के विषय में पुन: यह स्पष्ट कर देने की आवश्यकता है कि स्फुट की भाँति आस्वाद्य होते हुए भी कृष्ण के प्रति प्रेम-भाव के विकास में विविध लीलाओं के साथ वे अविच्छिन्न रूप में संश्लिष्ट हैं।

प्रात:काल जागने, कलेवा करने, गाय दुहने, खेलने जाने, गोचारण के लिए वन जाने, नहाने, भोजन करने, छाक खाने, वन से लौटने और सोने की दिनचर्या का वर्णन 'सूरसागर' में स्थान-स्थान पर बिखरा हुआ मिलता है। इस प्रकार के वर्णनों के पद भी अंशत: स्फुट कहे जा सकते हैं। निश्चय ही उनका उपयोग श्रीनाथ जी की सेवा के आठ समयों के कीर्तनों में किया गया होगा, संभव है उनकी रचना के लिए कवि को इसी सेवा-पद्धति से प्रेरणा भी मिली हो। इन पदों के द्वारा कृष्ण-कथा को एक यथार्थता प्राप्त होती है और वे कृष्ण-लीला के मानवीय पारिवारिक और सामाजिक वातावरण की सृष्टि करते हैं। इस दृष्टि से इन पदों को भी हम कृष्ण-लीला की सम्पूर्ण कथा को क्षति पहुँचाए बिना, उससे पृथक् नहीं कर सकते। कृष्ण-लीला में इन पदों का वही स्थान है जो किसी कथा-काव्य में वातावरण के निर्माण करने वाले अंशों का होता है।

चन्द्रप्रस्ताव, माखनचोरी, ग्रीष्मलीला, यमुनाविहार, जलक्रीड़ा, निकुंजक्रीड़ा, अनुराग समय, खंडिता समय, अँखियाँ समय, नैनन समय, फाग, होली, हिंडोल आदि विभिन्न

शीर्षकों के अन्तर्गत संगृहीत कृष्ण की विशिष्ट क्रीड़ाओं के पदों को भी प्रायः स्फुट पद-समूह समझा जाता है, क्योंकि यह पद-समूह स्फुट रूप में भी पर्याप्त रसास्वादन की क्षमता रखता है। परन्तु वस्तुतः कृष्ण-लीला का सम्पूर्ण भाव-विकास इन पद-समूहों पर ही आधारित है, अतः इन्हें किसी प्रकार स्फुट मानकर कृष्ण-लीला से पृथक् नहीं किया जा सकता। यह अवश्य है कि इन पदों में कृष्ण की कथा की घटनाएँ विकसित नहीं होतीं, क्योंकि छोटे-छोटे गौण प्रसंगों के आधार पर उनकी रचना की गई, फिर भी उनके द्वारा कृष्ण के प्रति विविध प्रकार के भावों को चित्रित करने वाली अवस्थाओं, परिस्थितियों, और घटनाओं के प्रभाव का क्रमिक विकास व्यंजित होता है, अतः कथा में उनका भी क्रम-परिवर्तन नहीं किया जा सकता। उदाहरण के लिए, ग्रीष्मलीला, यमुनाविहार, जलक्रीड़ा के पद दानलीला और रासलीला के ही साथ संश्लिष्ट करके रखे जा सकते हैं और चंद्रप्रस्ताव तथा माखनचोरी के पदों के क्रम का विपर्यय नहीं किया जा सकता।

जन्म, गोकुल में प्रकट होने, नाल छेदन, छठी, नामकरण, अन्नप्राशन, वर्षगाँठ, कनछेदन आदि कृष्ण के विभिन्न संस्कारों से सम्बन्धित पद-समूह तथा पूतना, कागासुर, शकटासुर, वत्सासुर, वकासुर, धेनुक, शंखचूड़, वृषभ, केशी, भौमासुर आदि के वध सम्बन्धी पद जो सम्यक् कथानक के रूप में न होकर पद-समूह में वर्णित मिलते हैं कृष्ण-कथा की सामान्य रूपरेखा का निर्माण करते हैं। अतः उन्हें स्फुट पद-समूह नहीं माना जा सकता। असुरों के संहार की लीलाएँ भी प्रकार-भेद से कृष्ण के प्रति विविध भावों की रति के उद्दीपन में सहायक हैं। एक तो वे कृष्ण की अतिमानवता की सूचना देकर उनके प्रति उठे लौकिक भावों की अलौकिकता की सूचना देती हैं, दूसरे, हर्ष, सुख, सन्तोष के अनुकूल वातावरण में व्यतिक्रम पैदा करके भावुक भक्तों के मन में उनके अपने-अपने भाव की दृढ़ता सम्पादित करने में सहायता पहुँचाती हैं।

दशम स्कंध, विशेषतया उत्तरार्ध में, कुछ वध सम्बन्धी तथा कृष्ण, प्रद्युम्न आदि के विवाह सम्बन्धी पद ऐसे भी हैं जिनकी रचना कृष्ण की 'भागवत' सम्मत कथा की पूर्ति के लिए हुई जान पड़ती है। 'सूरसागर' के इन अंशों का निर्देश दूसरे अध्याय में 'सूरसागर' की कथावस्तु के परिचय में कर दिया गया है। इन पदों और पद-समूहों को हम किसी अंश में स्फुट पद-रचना कह सकते हैं, क्योंकि कृष्ण-लीला के भावात्मक विकास से इनका सम्बन्ध अत्यन्त न्यून है।

उपर्युक्त विवेचन से यह निष्कर्ष निकलता है कि यद्यपि कृष्ण सम्बन्धी बहुत से पद और पद-समूह स्फुट जैसे जान पड़ते हैं, फिर भी उनका सम्पूर्ण कथा-निर्माण में महत्वपूर्ण स्थान है। 'सूरसागर' के इन पदों में भी गीत्यात्मकता और कथात्मकता का अपूर्व संयोग हुआ है।

खंड कथानक

आगे चलकर यह दिखाया जाएगा कि सूरदास ने गीतिपदों में रचना करते हुए भी कृष्ण-लीला को सुगुंफित एकात्मक रूप प्रदान करने का प्रयत्न किया है, जिसमें कथा-प्रबन्ध की विभिन्न कड़ियाँ भाव-विकास के आधार पर परस्पर सम्बद्ध हैं। ऊपर कहा जा चुका है कि कृष्ण सम्बन्धी स्फुट लगने वाले पद और पद-समूह किस प्रकार सम्पूर्ण कथानक के अनिवार्य

अंग हैं। यहाँ कृष्ण की उन लीलाओं का विवेचन किया जाता है जो विस्तार और कथा-रूप की दृष्टि से स्वतःपूर्ण और स्वतन्त्र खंडकाव्य प्रतीत होती हैं। उनके विवरणों की अविच्छिन्न शृंखला, घटना-प्रसंग के क्रमिक विकास—आरम्भ, मध्य, चरम सीमा और पर्यवसान—तथा उनके अन्तर्गत भाव-विशेष के संवेदनात्मक विकास ने उन्हें निश्चित और पृथक् अस्तित्व प्रदान कर दिया है। कृष्ण-लीला के बृहद् गीति-प्रबन्ध की शृंखला की इन बड़ी-बड़ी कड़ियों को अलग-अलग देखने पर हमें सूरदास के कथा-विन्यास और प्रबन्ध-पटुता का असंदिग्ध परिचय मिलता है। 'सूरसागर' के खंड कथानकों में, चाहे वे 'भागवत' पर आधारित हों या स्वतंत्र रूप में कल्पित, सूरदास की मौलिक काव्य-प्रतिभा का दर्शन होता है। नीचे इन खंड कथाओं का विवेचन किया जाता है।

१. उलूखल-बंधन और यमलार्जुन-उद्धार लीला[१] खंडकाव्य की कोटि तक पहुँचने वाली सबसे पहली कथा है। उलूखल-बंधन और यमलार्जुन-उद्धार दो घटनाएँ हैं, किन्तु दोनों में भाव की एकता तथा घटनाओं का संश्लेष है। इस कथा की वर्णनात्मक शैली में पुनरावृत्ति भी की गई है, जिससे कथा की उक्त दो घटनाओं का संबद्धरूप व्यक्त होता है।[२] कथा के आरम्भ में यशोदा व्रजनारियों द्वारा दिए गए उलाहनों के फलस्वरूप कृष्ण के प्रति क्रोध प्रकट करती हुई दिखाई गई हैं। इतने में एक ग्वालिन कृष्ण को बाँह पकड़कर ले आती है और कहती है कि 'बड़ा सीधा लड़का पैदा किया जो चोली फाड़ता और हार तोड़ता है।' यशोदा की क्रोधाग्नि में मानों घी पड़ गया और उसने कृष्ण को बाँधने का निश्चय कर लिया।[३] यशोदा बाँधती है और बार-बार रस्सी मँगाती है, किन्तु वह बार-बार दो अंगुल छोटी हो जाती है।[४] यह बताकर यद्यपि कवि वात्सल्य भाव में भी गर्वनाश की आवश्यकता का संकेत कर देता है, फिर भी यशोदा के अमर्षसूचक वाक्यों,[५] दयार्द्र व्रजनारियों की सहानुभूतिपूर्ण सिफारिशों और कृष्ण की खींचा-तानी, तोड़-फोड़, भाग-दौड़ आदि के वर्णन-चित्रण द्वारा कवि ने कथा की लोक-सामान्य घटना-विचित्रता और भावधारा को अतिलौकिक के द्वारा अभिभूत नहीं होने दिया है। कृष्ण के त्रसित, कातर, भयभीत मुख के कवि ने इतने यथार्थ और प्रभावोत्पादक चित्र दिए हैं कि उलाहना देने वाली स्त्रियों का भाव-परिवर्तन स्वाभाविक लगता है। वे उलटे यशोदा को ताना देकर कहने लगती हैं कि 'कहो तो अपने घर से माखन लाकर तुम्हें दे दें जिसके कारण तुमने इन्हें बाँध रखा है। परन्तु यशोदा जितनी कृष्ण से रुष्ट है, उससे कहीं अधिक वह उलाहना लाने वाली स्त्रियों से खीझी हुई है। वह कहती है, 'जाओ अपने-अपने घर चली जाओ, तुम्हीं सबने मिलकर इसे ढीठ किया और अब उसे छुड़ाने आ गईं।'[६] यशोदा के हठ और विरोध से स्त्रियों के मन में कृष्ण के प्रति अधिकाधिक ममता बढ़ती जाती है, यहाँ तक कि उनकी प्रार्थनाओं में दीनता आ जाती है, परन्तु यशोदा अडिग है। वह कहती है, 'अब बढ़-बढ़ कर बातें बनाने लगीं। पहले तो थोड़े से माखन के लिए मेरा पुत्र बँधा दिया और अब मेरे लिए माखन मँगाने लगीं, जैसे मेरे

---

१. सू० सा०, (सभा) पद, ९५९-१००८।
२. वही, पद १००९।
३. वही, पद ९५९।
४. वही, पद ९६०।
५. वही, पद ९७२।
६. वही, पद ९६६।

घर कुछ हो ही नहीं। साँझ-सबेरे उलाहना दे-देकर तथा जब मैं क्रोध में थी, तभी पकड़कर मुझे दे दिया और अब पछताने लगीं।'[१] ग्वालिनें हारकर हलधर को बुला लाती हैं, परन्तु यशोदा उनके कहने पर भी नहीं छोड़ती, यद्यपि धीरे-धीरे उसका क्रोध कृष्ण से हटकर व्रजनारियों पर पहुँचता हुआ पश्चात्ताप में परिणत होने लगता है। बलराम के बार-बार यशोदा की निष्ठुरता की याद दिलाने पर वह कहती है, 'मैं क्या करूँ? मुझे इतना खिझाया गया कि मैं क्रोध से भर गई। यह कन्हैया बड़ा दीठ है।'[२] उधर यशोदा कृष्ण को बँधा छोड़कर गृह-कार्य में लग जाती है और इधर कृष्ण बलराम को रहस्यमय संकेत से बताकर यमलार्जुन के तरुओं के पास पहुँच जाते हैं। कवि ने कुबेर के युगल पुत्रों की शाप-कथा का वर्णन करके अभीष्ट भाव-विकास में व्यतिक्रम नहीं किया। उद्धार प्राप्ति के बाद केवल दो पदों में स्तुति देकर तथा संक्षेप में कथा का उद्देश्य कहकर वह तरुओं के भरभरा कर गिरने के भीषण आघात से उत्पन्न यशोदा और व्रजवासियों की आशंकापूर्ण भावना का चित्रण करने लगता है। यशोदा का वात्सल्य जो अमर्ष संचारी की तरंगों में बह रहा था, पश्चात्ताप और आत्म-ग्लानि के द्वारा प्रकट होता है और वह कह उठती है, 'मैं कैसी महतारी हूँ! न जाने मैंने इन्हें ऊखल से क्यों बाँधा।'[३] गोपियों के उलाहनों से यशोदा के वात्सल्य भाव में जो अमर्ष के कारण विक्षोभ आ गया था, वह यमलार्जुन के गिरने की आशंकापूर्ण घटना के द्वारा शांत हो जाता है और वात्सल्य पुनः स्थिरता प्राप्त कर लेता है।

यह खंड कथानक कृष्ण-लीला की बाल-केलि की सामान्य घटनाओं से संबंधित है। आरम्भ से माखनचोरी और व्रजनारियों के उलाहनों का और अन्त में हारे-थके श्याम को समुचित परिचर्या के साथ भोजन कराने का वर्णन करके उसे कृष्ण-लीला का एक अविच्छेद्य अंग बना दिया गया है।

२. **अघासुर वध** का खंड कथानक अत्यन्त संक्षिप्त है।[४] किन्तु रोला-दोहा के संयुक्त छन्द में सम्पूर्ण वृत्त की रचना होने से उसमें घटनावली का सुसंगठित अविरल प्रवाह है। कृष्ण के गोचारण की दैनिक घटना तथा सखाओं के प्रेम से इस कथानक का सम्बन्ध है। वन में कृष्ण कुछ 'अपुनपौ' जनाने के लिए अघासुर का वध करते हैं। अघ के कंदरा के समान अंधकारपूर्ण मुख से निकलकर गोप बालक गद्गद भाव से कृष्ण को धन्यवाद देते हैं, किन्तु कृष्ण हँसकर कहते हैं कि अगर तुम साथ न होते तो मुझसे यह कार्य नहीं हो सकता था।' अघासुर वध की कथा में स्वतन्त्र कथानक तो है, किन्तु उसका उपयोग आगामी बाल-वत्सहरण लीला की भूमिका के रूप में हुआ है, जिसका संकेत स्वयं इसी कथा के अन्त में कर दिया गया है।

३. **बाल-वत्सहरण लीला** तीन बार वर्णित है—दो बार वर्णनात्मक शैली में और एक बार गीतिपद शैली में। गीति शैली वाली कथा दोनों वर्णनात्मक कथाओं के बीच में है। पहली

---

१. सू० सा० (सभा), पद ९७३।
२. वही, पद ९९३।
३. वही, पद १००६।
४. वही, पद १०५५।

कथा[१] अत्यन्त संक्षिप्त है अन्तिम[२], उसकी अपेक्षा अधिक विस्तृत। परन्तु कवित्व और भावना-विकास के विचार से गीति शैली वाला कथानक[३] ही अधिक रोचक है। इस कथा के विस्तार और आवृत्तियों से सूचित होता है कि सूरदास की भावधारा में इसका स्थान महत्वपूर्ण है। कृष्ण के गोचारण का सामान्य वर्णन इस कथा की भी भूमिका प्रस्तुत करता है जिसके द्वारा कृष्ण के सखाओं का प्रेम विकसित होता हुआ दिखाया गया है। कथा का घटना भाग अत्यन्त संक्षिप्त है। अघासुर वध के कारण ब्रह्मा के हृदय में संदेह पैदा हो गया, जिसका निवारण करने के लिए उसने गोप बालकों और बछड़ों को चुरा लिया। श्रीकृष्ण ने ब्रह्मा का गर्व खंडन करने के लिए बालकों और बछड़ों की नवीन सृष्टि कर डाली। ब्रह्मा को पश्चात्ताप हुआ और उसने भगवान् से क्षमा-याचना करके उनका स्तवन किया। इस छोटी-सी घटना को अनेक छोटे-छोटे विवरणों और दृश्यों तथा भावों के चित्रण के सहारे विस्तार देकर कवि ने एक स्वतन्त्र खंडकाव्य का रूप दे दिया है। बाल-वत्स-हरण की भागवती कथा का उद्देश्य यद्यपि ब्रह्मा के मोह का नाश है, परन्तु सूरदास ने उस पर विशेष ध्यान नहीं दिया; उनकी दृष्टि तो कृष्ण और उनके गोप-सखाओं की वन-भूमि के उन्मुक्त वातावरण में स्वाभाविक आनन्द-क्रीड़ाओं पर ही केन्द्रीभूत रही है। कथा के आरम्भ में ही कवि के हृदय का उल्लास प्राकृतिक वेग के साथ उमड़ता दिखाई देता है[४], जब वह कृष्ण, बलराम और गोप बालकों का गोचारण-उत्साह अत्यन्त यथार्थ और चित्रोपम ढंग से वर्णन करता है।[५] कुमुदवन में जाने के लिए धौरी, धूमरि, राती, रौंछी, पियरी, मौरी, गोरी, गैनी, खैरी, कजरी, दुलही, फुलही, भौंरी, भूरी, गायों को इकट्ठा करने में बालकों की तन्मयता और मोदपूर्ण तत्परता सजीव होकर बोल रही है।[६] घर ही की एक ग्वालिन के द्वारा यशोदा वन में छाक भेजती है।[७] यशोदा की चिन्ता, छाक लाने वाली ग्वालिन की व्यग्रता और वन-वन में भटकने, ग्वाल बालों के पुकारने और अंत में मिलकर एक दूसरे से छीन-छीनकर भोजन करने के यथातथ्य वर्णनों ने इस समस्त कथा को अपूर्व वास्तविकता और स्वाभाविकता प्रदान कर दी है।[८] कवि ने गोचारण के प्रत्येक संभव अंग का यथार्थ रूप में चित्रण करके इस खंड-कथा को गोचारण काव्यों में अत्यन्त श्रेष्ठ स्थान का अधिकारी बना दिया है।

गोचारण से सम्बद्ध धेनुक वध; कालीदह-जलपान, कालीदमन, दावानल पान और प्रलम्ब वध भी हैं, परन्तु इन लीलाओं में खंडकथा के उपयुक्त विस्तार और सम्यक् कथात्मकता केवल कालियदमन में है। परन्तु 'सूरसागर' में कालियदमन लीला के पूर्व कृष्ण के प्रति माधुर्य भाव का विकास अनेक वर्णनों और प्रसंगों के द्वारा व्यंजित किया गया है, जिनमें राधा सम्बन्धी कथा-प्रसंग मुख्य हैं।

---

१. सू० सा० (सभा), पद १०४९।
२. वही, पद १११०।
३. वही, पद १०५७-११०९।
४. वही, पद १०५५।
५. वही, पद १०६१।
६. वही, पद १०६३।
७. वही, पद १०७५।
८. वही, पद १०७५-१०८७।

४. राधा-कृष्ण का प्रथम मिलन और बाल्यावस्था की मधुर रति का विकास 'श्रीराधा-कृष्ण मिलाप,'[१] 'सुख विलास,'[२] गृहागमन'[३] 'श्रीराधिका जी का यशोदा-गृहागमन',[४] और 'राधा-गृह-गमन'[५] शीर्षकों के अन्तर्गत वर्णित है। एक ही कथा की विविध घटनाओं को अलग शीर्षकों में देने से उसकी एकता में किसी प्रकार की बाधा नहीं पड़ती, प्रत्युत उनसे प्रथम प्रेम के उद्गम और विकास की क्रमिक अवस्थाओं को समझने में सहायता मिलती है। माधुर्य भाव के विकास-क्रम में दिखाया जा चुका है कि गोपियों के हृदय में माखन-चोरी के समय से ही कृष्ण के प्रति काम-भावसम्मत आकर्षण पैदा हो जाता है। वही आकर्षण कृष्ण की विविध बाल-क्रीड़ाओं के सहारे मधुर रति में विकसित होता जाता है।[६] 'सूरसागर' में यह लीला कृष्ण की बाल-लीला के अन्तर्गत धेनुकवध के पहले आती हैं,[७] यद्यपि सभा के संस्करण में इसे बाद में रखा गया है।

प्रामि मिलन और प्रेम-विकास का कथानक कृष्ण के 'चकई-भौंरा'[८] खेलने से सम्बद्ध है। जहाँ कृष्ण को चकई-भौंरा खेलते देखकर यशोदा और वयस्क व्रजनारियाँ वात्सल्यजन्य हर्ष-सुख से हँसती और 'तृण तोरती' हैं, वहाँ काम भाव से प्रेरित किशोरी गोपियों के मन में आकुलता उत्पन्न हो जाती है, उनका हृदय अधीर हो जाता है, उनका मन डोरी की भाँति उलझ जाता है और जब कृष्ण चकई को झटकते हैं तब उसमें गम्भीर स्पंदन पैदा हो जाता है।[९] इसी तरह खेलते हुए कृष्ण 'रवि-तनया तट' पहुँचते हैं, जहाँ अचानक 'नयन विशाल' राधा दिखाई दे जाती है। देखते ही वे रीझ जाते हैं, 'नैन नैन मिलकर ठगोरी पड़ जाती है', परस्पर परिचय होता है और 'रसिक शिरोमणि' भोली राधिका को बातों में भरमा लेते हैं।[१०] कृष्ण उसे समझा देते हैं कि किस प्रकार वह उन्हें 'खरिक' में आकर बुला लिया करे। प्रथम मिलन में ही न केवल दोनों में प्रेम का उदय हो गया, अपितु राधा ने चतुरतापूर्वक प्रेम-गोपन का भी पाठ पढ़ लिया। देर से घर लौटने का कारण पूछने पर उसने कह दिया कि मैं 'खरिक' देखने गई थी। 'खरिक' देखकर गाय दुहने की उत्सुकता तो जाग्रत हो ही गई, अतः अपनी प्रेम-विकलता को छिपाकर वह दोहनी लेकर अनुनयपूर्वक माता से खरिक जाने और गोदोहन सीखने की अनुमति ले लेती है। खरिक में पहुँचकर वह कान्ह की प्रतीक्षा में खड़ी ही थी कि वे नन्द के साथ आ जाते हैं। नन्द उन दोनों को साथ खेलने और राधा से कृष्ण को देखे रहने को कहकर स्वयं काम में लग जाते हैं। कृष्ण पर अधिकार प्राप्त करके राधा कहती है कि तुम 'मुझे छोड़कर कहीं जाओगे तो पकड़कर घर लाऊँगी, तुम्हें कहीं नहीं जाने दूँगी, क्योंकि नन्द तुम्हें मेरे हाथ सौंप गए हैं।' कृष्ण 'उपरफट' बातें करते हैं और बाँह छुड़ाने का प्रयत्न

---

१. सू० सा० (सभा), पद १२८७-१३०२।
२. वही, पद १३०२-१३०९।
३. वही, पद १३१०-१३१७।
४. वही, पद १३१८-१३२४।
५. वही, पद १३२५-१३३०।
६. दे० पृ० २७७।
७. दे० सू० सा० (वें० प्रे०) पृ० १६१।
८. सू० सा० (सभा), पद १२८७।
९. वही, पद १२८९।
१०. वही, पद १२९०-१२९१।

करते हैं। इस प्रेम-प्रसंग की परिणति श्याम-श्यामा की गुप्त लीला में होती है। गगन मेघाच्छादित हो जाता है और राधा-कृष्ण सुख-विलास में तत्पर हो जाते हैं।[१] विलास, मान, मनुहार आदि के द्वारा राधा-कृष्ण का गोप्य रति-सुख वर्णन करके कवि कृष्ण और राधा को एक दूसरे के परिवर्तित वस्त्रों में अपने-अपने घर पहुँचाता है[२] जहाँ वे दोनों चतुरता और चमत्कारपूर्वक अपने वास्तविक प्रेम-रहस्य को सफलतापूर्वक छिपाते और आगामी मिलन की भूमिका तैयार कर लेते हैं। राधा बहाने बनाते हुए कहती है कि मेरे साथ की एक 'बिटिनियाँ' को काले साँप ने खा लिया था, मैं बहुत डर गई, जब एक श्यामवर्ण लड़का आया और उसने कुछ पढ़कर झाड़ा तब कहीं मुझे होश आया।[३] इस कथन के द्वारा राधा ने अपने देर से लौटने और हृदय के धड़कने का संतोषजनक कारण तो बता ही दिया, आगामी मिलन के लिए एक बहुत बड़े बहाने की भूमिका भी तैयार कर ली। दो पुत्रों के बीच सात वर्ष की अकेली पुत्री राधा को उसकी माँ खिला-पिला, पहना-ओढ़ा कर खेलने भेजती है तो वह सीधी यशोदा के घर पहुँचती है। यशोदा के साथ बात-चीत में राधा पुनः अपनी चतुरता का परिचय देती है। यशोदा उसके रूप और गुण पर रीझकर कृष्ण के साथ उसके विवाह की मधुर कल्पना करती है तथा उसका उचित सत्कार करके लौटती है। राधा घर लौटकर अपनी माँ को सारा हाल कह सुनाती है और इस प्रकार न केवल राधा और कृष्ण में, वरन् राधा और कृष्ण की माताओं में भी राधा-कृष्ण के अनुकूल सम्बन्ध स्थापित हो जाता है।[४]

राधा-कृष्ण के प्रथम मिलन को उनके बाल्यावस्था के पूर्ण रति-सुख और दोनों के पारिवारिक स्नेह-सम्बन्ध तक विकसित करके इस प्रसंग को पुनः कृष्ण की बाल-केलि और यशोदा द्वारा उनके कलेऊ आदि की परिचर्या से सम्बद्ध कर दिया गया है।[५] दाम्पत्य प्रेम की उत्पत्ति और उसके मनोवैज्ञानिक विकास की दृष्टि से राधा-कृष्ण की कथा का यह प्रसंग प्रेम-काव्य का एक सुन्दर उदाहरण है। स्वतन्त्र खंडकाव्य के इसमें सभी लक्षण पाए जाते हैं।

५. कालियदमन लीला की बाल-लीला के पहले कृष्ण के स्वप्न, जागरण, भोजन आदि दैनिक चर्या और गोचारण सम्बन्धी पद दिए गए हैं जिसके द्वारा यह लीला कृष्ण की सम्पूर्ण कथा से सम्बद्ध हो जाती है।[६] कथा की भयंकरता का पूर्वाभास देने के लिए सूरदास ने कृष्ण के सोते-सोते अचानक चौंककर जाग जाने और माता-पिता के चिंतित और व्यग्र होने का वर्णन किया है।[७]

कथा का आरम्भ अत्यन्त नाटकीय ढंग से होता है। नारद से परामर्श करके कंस नंद के लिए लिए कालियदह के कमल पुष्प भेजने का लिखित आदेश एक दूत के द्वारा भेजता है। उधर नन्द को अपशकुन होता है। कंस का पत्र पाकर नन्द भयभीत होते हैं और वे गोप-समाज को जोड़कर सबके सामने यह संकटमय समस्या विचारार्थ उपस्थित करते हैं। उधर यशोदा अपनी सखियों के समक्ष इस विपत्ति पर अपना दुःख प्रकट करती है। कृष्ण अत्यन्त भोले

१. सू० सा० (सभा), पद १३०२।
२. वही, पद १३१०।
३. वही, पद १३१५।
४. वही, पद १३२१।
५. सू० सा० (वें० प्रे०) पृ० १६५।
६. सू० सा० (सभा) पद ११३३-११३८।
७. वही, पद ११३५-११३७।

भाव से इस दैन्य परिस्थिति का कारण पूछते हैं और अन्त को कुलदेव सहायता सूचक नन्द की बात पकड़कर उन्हें ढाढ़स देते हैं कि वही देवता सहायता करेगा, वह सदैव मेरे साथ रहता है, वही कंस को मारेगा। इस सांत्वना से भोले व्रजवासियों को आश्वासन प्राप्त हो जाता है।[१]

घटना के विकास-क्रम में कालियदह में कूदना उसकी चरम सीमा है। कुशल कवि उस परिणति पर अत्यन्त स्वाभाविकता और नाटकीय ढंग से पहुँचता है। श्रीदामा आदि सखाओं को लेकर कृष्ण खेलने निकले, 'घोष निकास' से वे खेलते-खेलते यमुना तट जा पहुँचे।[२] कंदुक-क्रीड़ा में ग्वालों की तल्लीनता का चित्रण सूरदास की सूक्ष्म विवरणात्मक वर्णन शैली का एक उत्तम उदाहरण है। खेलते-खेलते श्याम ने सखा के लिए गेंद चलाई। श्रीदामा ने मुड़कर अंग बचाया जिससे गेंद कालियदह में जा गिरी। इस पर श्रीदामा ने दौड़कर श्याम की फेंट पकड़ ली और गेंद माँगी। तकरार बढ़ी, कहा-सुनी कुल और पद की छोटाई-बड़ाई तक पहुँच गई और श्रीदामा आत्म-सम्मान की रक्षा के प्रयत्न में कृष्ण को कमल पुष्प लाने की चुनौती दे बैठा। इस पर कृष्ण को क्रोध आ जाता है और वे आवेश के साथ कहते हैं कि मैं तो सचमुच कमल के लिए यहाँ आया हूँ; कंस बेचारा किस लायक है जिसका डर मुझे दिखाते हो? वे एक साँस में अघ, वक, केशी, पूतना आदि के नाम गिनाकर, ललकार कर कहते हैं कि मैं उसी काली को धर लाऊँगा जिसके जल को छूते ही तुम सब मर गए थे। परन्तु जिस आवेशपूर्ण स्थिति में यह कथन किया गया है, वह कृष्ण की अलौकिक पराक्रम-शीलता के आभास की संभावना से सर्वथा मुक्त है। रोषपूर्ण आत्म-श्लाघा करते-करते कृष्ण ने अपनी 'फेंट' छुड़ा ली और दौड़कर कदंब पर चढ़ गए। सब सखा ताली दे देकर हँसने लगे और कहने लगे कि कृष्ण डर के मारे वृक्ष पर चढ़ गए हैं। श्रीदामा खीझकर रोने लगे और यशोदा से उलाहना देने चल दिए। परन्तु इतने में अचानक 'सखा सखा, आकर अपनी गेंद क्यों नहीं लेते' कहते हुए-कृष्ण पीताम्बर काछकर 'भहराकर' दह में कूद पड़े। भयंकर अनहोनी होते देख सब सखा हाय-हाय करके चिल्लाने लगे और कहने लगे कि श्रीदामा ने नंद का 'ढोटा' मार डाला।[३]

घटना को नाटकीय प्रभाव की पूर्ण परिणति पर पहुँचाकर कवि का संवेदनशील हृदय यशोदा और नंद की ओर चला जाता है। यशोदा को घर में तथा नंद को बाहर से लौटते हुए अनेक अपशकुन होते हैं, दोनों के मुँह सूख जाते हैं। अपशकुन संबंधी विचार-विनिमय के बाद उनकी व्याकुलता बढ़ जाती है। अंत को यह स्नेहजनित भयंकर आशंका गोप बालकों के संदेश के साथ भयंकर सत्य के रूप में सम्मुख आ जाती है।[४] यशोदा मूर्च्छित हो जाती है और नंद यमुना-तट पर पहुँचते हैं।[५] करुणा के चित्रण में कुशल कवि परिस्थिति की यथार्थता को भुलाता नहीं और घटना-क्रम को धूमिल नहीं होने देता। कृष्ण और उरग-नारि का वार्तालाप नाटकीय ढंग से देकर सूरदास ने कृष्ण-कालिय संग्राम का चित्रोपम वर्णन किया है।[६] जिस

---

१. सू० सा० (सभा), पद ११३९-११४९।
२. वही, पद ११४९-११५२।
३. वही, पद ११५३-११५८।
४. वही, पद ११५८-११६२।
५. वही, पद ११६२।
६. वही, पद ११६८-११७४।

समय यशोदा विलख रही थी कि यमुना तुझसे किस तरह बहा जाता है और व्रजवासी विह्वल होकर 'कान्ह कान्ह' पुकार रहे थे, उसी समय अचानक दिखाई दिया कि 'श्याम उरग जाथे आ रहे हैं। मोर मुकुट, विशाल लोचन, श्रवण कुंडल कटि पीताम्बर' के साथ नटवर वेष में वे प्रति फन पर नृत्य कर रहे हैं। देवता दुंदुभी बजाने और पुष्पों की वर्षा करने लगे; व्रज का व्यापक विषाद विश्वव्यापी हर्षोद्रेक में बह गया।[१] सूरदास को फिर सौन्दर्यांकन का नूतन अवसर मिला और उन्होंने कृष्ण की गतिमान छवि को कई पदों में शब्द बद्ध किया।[२] कृष्ण यशोदा के मिलने में कवि ने कृष्ण की अबोधता का चित्रण करके सारी अलौकिकता को धो बहाया। यशोदा कहती है, 'मैं तुम्हें रोक रही थी कि यमुना तट न जाओ, पर तुमने मेरा कहना नहीं माना और खेलने चले आए।' इस पर कृष्ण उसे समझाते हैं; 'कंस ने कमल मँगाए थे इससे मैं डर गया था। मैंने जो तुम्हें रात का स्वप्न सुनाया था, वही आकर प्रकट हो गया। मैं ग्वालों के साथ गेंद खेलता यमुना तीर आया। किसी ने यहाँ मुझे पकड़कर कालियदह में डाल दिया। उरग ने जब पूछा कि तुम्हें किसने भेजा तो मैंने कहा कि कंस ने कमलों के लिए भेजा है। यह सुनते ही उसने डरकर कमल दे दिए और पीठ पर चढ़ा लिया।'[३] नन्द कंस के दरबार में बड़ी धूमधाम और आदर-सम्मान के साथ 'सहस सकट' भर कमल और अहीरों के कंधों पर 'काँवरों' में दधि-माखन भेजते हैं। कंस मन ही मन भयभीत होते हुए भी अपने पद के अनुकूल ग्वालों को आदर के साथ 'पहरावनी' और नन्द के लिए 'सिरपाव' देकर उन्हें विदा करता है।[४] इस प्रकार कालियदमन का यह कथानक मौलिक रूप में आरम्भ और विकसित होकर मौलिक रूप में ही समाप्त होता है। गोपाल कृष्ण के चरित्र-चित्रण में इस खंडकथा का महत्वपूर्ण स्थान है।

६. **राधिका का पुनरागमन**[५] सूरदास ने पुनः मौलिक रूप में वर्णित किया है। इस खंडकथा का कृष्ण के प्रति गोपियों की मधुर रति के विकास में महत्वपूर्ण स्थान है। 'सूरसागर' में प्रथम मिलन और द्वितीय मिलन के बीच आवश्यक व्यवधान है। 'सभा' के संस्करण में इस व्यवधान का मनोवैज्ञानिक कारण न समझकर दोनों लीलाओं को एक साथ दे दिया गया है। वेंकटेश्वर प्रेस के संस्करण में पुनर्मिलन 'मुरली-स्तुति', 'गोपिका-वचन' और 'गोदोहन' के बाद रखा गया है।[६] यही क्रम स्वाभाविक भी है। गोदोहन के प्रसंग से इस मिलन को विच्छिन्न करके 'सभा' के संस्करण में इसकी सार्थकता को भी बहुत-कुछ कम कर दिया गया है।

राधा चतुरतापूर्वक अपनी माता से दोहनी लेकर गाय दुहाने के लिए 'खरिक' जाने की आज्ञा प्राप्त कर लेती है। नंद के घर पहुँचते ही श्याम से उसकी आँख मिलती हैं, जिससे दोनों हर्षित होते हैं। राधा को देखकर कृष्ण की अधीरता, व्याकुलता, किंकर्तव्यविमूढ़ता और उलटे-सीधे व्यवहारों का कवि ने अनेक पदों में चित्रण किया है। श्याम गाय के स्थान पर

---

१. **सू० सा० (सभा), पद ११७८-११८३।**
२. **वही, पद ११८१-११८४।**
३. **वही, पद ११९८।**
४. **वही, पद १२०१-१२०५।**
५. **वही, पद १३३१-१३८२।**
६. **दे० सू० सा० (वें० प्रे०), पृ० १८६-१९१।**

वृषभ के 'नोआ' लगाने लगते हैं।[१] यशोदा भी श्याम के रंग-ढंग देखकर समझ लेती है और राधा से कहती है, 'तू अपने जलज-जीत नयनों को चपला से भी अधिक चमकाकर न जाने श्याम का क्या करेगी। इस तरह से तू श्याम की ओर न देखा कर, श्याम के साथ हिल-मिलकर खेलती है जिससे काम में बाधा पड़ती है। न जाने तू कौन मंत्र जानती है जो पढ़कर श्याम पर डाल देती है। उसे गाय दुहने दे और बार-बार यहाँ न आया कर।'[२] राधा तड़ाक से उत्तर देती है, 'अपने सुत को क्यों नहीं बरजतीं, जो मुझे बुलाता और कहता है कि तुझे बिना देखे मेरा प्राण नहीं रहता। मुझे छोह लगता है तभी आती हूँ, वैसे मुझे आने की क्या पड़ी है?'[३] यशोदा राधा को रुष्ट नहीं करना चाहती, इसलिए उसकी चापलूसी करने लगती है और पूछती है कि तुम्हारी माता ने कुछ घर का काम भी सिखाया है।[४] इस बात-चीत को छोड़कर कृष्ण दोहनी और मुरली लेकर खरिक जा पहुँचते हैं और मुरली द्वारा 'राधा-राधा' कहकर उसे बुला लेते हैं। राधा घर लौटने का बहाना करके चल देती है। यशोदा उसे यह कहकर बिदा करती है कि मेरे घर आती रहा करो। अपनी माँ से हमारा मिलन कहना। क्या वे कभी हमारी बात चलाती हैं। एक दिन यमुना-तट पर उनसे प्रेम-भेंट हुई थी।[५] राधा के 'खरिक' में आने के संबंध में अनेक छोटे-छोटे विवरण देकर कवि इस प्रसंग को यथार्थ बनाने का उपाय करता है। कृष्ण के गोदोहन में उनकी सात्विकावस्था के विवरण देकर राधा-कृष्ण-प्रेम की मधुर व्यंजना करते हुए कवि कृष्ण के राधा के मुख पर धार मारने और परिणामस्वरूप दोनों की प्रेम-कलह का वर्णन करता है।[६] कृष्ण राधा की गाएँ तो दुह देते हैं, किन्तु राधा से बार-बार हा हा खिलाकर उसे दोहनी लौटाते हैं और रस हाव भाव करके उसे लौटने देते हैं।[७] स्वयं चलते समय राधा के पैर आगे नहीं पड़ते। आगे चल रही है, पर बार-बार पीछे देखती जाती है। कृष्ण ने उसे अंतिम बार मुस्कराकर देखा और मोहनी डाल दी।[८] राधा व्याकुल होकर सखियों के पास पहुँची। उधर कृष्ण व्रज को लौट गए। सखियों ने राधा से पूछा कि और अहीर कहाँ गए थे; जो तुमने हरि से गाएँ दुहाईं। यह सुनते ही राधा मूर्च्छित होकर पृथ्वी पर गिर पड़ी। सखियों ने उसे गोद में भरकर उठा लिया।[९] राधा घर लाई गई। इस स्थान पर माता की चिन्ता; व्यग्रता, उपचार आदि का अनेक पदों में वर्णन किया गया है। सब गाडुरी-आ-आकर हार गए, पर राधा को होश नहीं आया। तब माता को स्मरण हुआ कि श्याम गाडुरी ने एक लड़की का महा विषधर का विष उतारा था।[१०]

सखियों से सलाह करके श्याम गाडुरी को बुलाया जाता है। स्वयं व्यग्र होकर 'कीरति महरि' यशोदा से कृष्ण को भेजने की प्रार्थना करती है। अपने पुत्र और पुत्री के प्रति दोनों

---

१. सू० सा० (सभा), पद १३३१-१३३५।
२. वही, पद १३३६-१३४१।
३. वही, पद १३४१।
४. वही, पद १३४२।
५. वही, पद १३४३-१३४५।
६. वही, पद १३४६-१६५४।
७. वही, पद १३५५।
८. वही, पद १३५६-१३५८।
९. वही, पद १३५८।
१०. वही, पद १३६१-१३६४।

वयस्क स्त्रियों के स्नेह का कवि ने अनेक पदों में चित्रण किया है।[१] कृष्ण आए और ज्यों ही उन्होंने मंत्र पढ़कर डाला त्योंही राधा ने आँखें खोल दीं और अंग-वस्त्र सँभालती हुई उठ बैठी और पूछने लगी कि यह आज क्या हो रहा है।[२] कृष्ण गाडुरी की मुक्त कंठ से सराहना होने लगी जिन्होंने मरी राधा को जिला दिया।[३] श्याम इस सराहना और स्तुति-प्रशंसा को सुनकर केवल हँस दिए। परन्तु उनकी इस हँसी में ऐसा वशीकरण था कि सब 'घोष कुमारियाँ' विवश हो गईं। उनको शरीर का ध्यान नहीं रहा, क्योंकि मन श्याम ने हर लिया। श्याम युवतियों को मदन-शर मार कर अपने व्रज-धाम चले गए। राधिका के शिर से लहर उतारकर तरुणियों पर डाल दी। सब सुन्दरियाँ मिलकर विचार करती हैं कि सब मिलकर त्रिपुरारी की सेवा करो और यही माँगो कि हमें सूर-शरण, बनवारी पति मिलें।[४]

इस प्रकार इस मिलन-प्रसंग के खंडकाव्य का एक निश्चित उद्देश्य में पर्यवसान होता है। गोपियों का काम भाव इस कथानक के द्वारा विकास की जिस अवस्था को प्राप्त होता है उसका प्रत्यक्ष रूप आगामी कथा में व्यक्त हुआ है।

७. चीर हरण लीला[५] का उद्देश्य गोपियों द्वारा कृष्ण को पति रूप में प्राप्त करने का उद्योग प्रदर्शित करना है, जिसके लिए कवि पूर्व प्रसंग में ही एक सहज प्रतीतियुक्त मनोवैज्ञानिक भूमिका तैयार कर चुका है। इस लीला के प्रारंभिक पद में वर्णित गोपियों के पूर्वानुराग की अवस्था का कारण कृष्ण की पूर्व उल्लिखित हँसी है जिस पर मुग्ध होकर गोपियों ने 'भवन रमण सब भुला दिया।'[६] यह निश्चय करके कि संसार में अपना कोई नहीं, इसलिए श्यामसुन्दर को पतिरूप में प्राप्त करना चाहिए, उन्होंने गौरीपति और सविता की आराधना आरम्भ कर दी। शिव से विनय करके तथा रवि की ओर हाथ जोड़कर वे विकलतापूर्वक कहती हैं, 'हे दिनमणि, तुम संसार में विदित हो, हमारे ऊपर भी दयालु होइए। हमारा शरीर काम से अत्यन्त दग्ध है, हमें सूरश्याम पति दीजिए।'[७] गोपियों की मधुरासक्ति को अधिकाधिक प्रबल करने के लिए सूरदास ने कृष्ण को जल के भीतर प्रकट होकर गोपियों की पीठ मींजते तथा सब युवतियों का मनभाया करते हुए दिखाया है।[८] परन्तु श्याम उन्हें प्राप्त नहीं होते। काम भाव के अन्तर्गत अपनी खीझ के वश वे यशोदा के पास श्याम की 'लंगरई' का उलाहना ले जाती हैं। वे कहती हैं कि आप अपने सुत को बालक समझती हैं। पर कहो तो हम अपना उर खोलकर दिखाएँ।[९] परन्तु अनुभवी यशोदा गोपियों के मन का अभिलाष भली भाँति जानती है। वह कहती है, 'तुम आकाश के तारे चाहती हो, पर वे माँगने से कैसे मिल सकते हैं? मैंने तुम्हें आते ही परख लिया, तुम कहकर मुझे क्या सुनाती हो? पहले तो चोरी ही थी, अब छिनाला भी हो गया! अब मैंने तुम्हारा ज्ञान समझा। तुम और

---

१. सू० सा० (सभा), पद १३६९-१३७७।
२. वही, पद १३७८।
३. वही, पद १३८१।
४. वही, पद १३८२।
५. वही, पद १३८३-१४१६; १४१७।
६. वही, पद १३८३।
७. वही, पद १३८५।
८. वही, पद १३८६।
९. वही, पद १३९०।

गोप बालकों को क्यों नहीं देखतीं, श्याम तो अभी बालक है?'[१] और सूरदास के यशोदानंदन तुरन्त बालरूप होकर सामने आ गए और गोपियाँ लज्जित हो गईं। इसी प्रकार कामातुर गोपियाँ कृष्ण में एकाग्र चित्त करती हुईं शिव और रवि की आराधना और संयम-नियम से पूजा-व्रत में वर्ष भर तत्पर रहीं। व्रत पूरा होने पर श्रीकृष्ण ने उनके वस्त्र हरे। गोपियों और कृष्ण के वार्तालाप में इस लीला के उद्देश्य श्रीकृष्ण के प्रेम में लज्जा का नाश—की स्पष्ट रूप से व्याख्या की गई है। कृष्ण कहते हैं, 'अब तुम्हारा व्रत पूर्ण हो गया : गुरुजनों की शंका दूर करो। मुझसे अब किसी प्रकार का अंतर न रखो।'[२] गोपियों के हा हा खाने और कृष्ण के बार-बार नग्न बाहर निकलने पर हठ करने का परिणाम अत्यन्त स्वाभाविकता के साथ गोपियों के आत्म-समर्पण में दिखाया गया है, जब वे 'शीश पर हाथ धरकर आनन्दसहित हरि के सम्मुख गईं और परमानन्द प्रभु ने कृपालु होकर उन्हें अम्बर दिए।'[३] अंत में कृष्ण ने शरद् रात्रि में उनके साथ रमण करके उनकी आशा पूर्ण करने का वचन देकर उन्हें विदा किया। गोपियों ने अपने व्रत के सफल होने के उपलक्ष में शिवशंकर को 'पुष्प, पान, नाना फल, मेवा, षट्रस का अर्पण किया' और 'सविता से अंजलि में जल चढ़ाकर विनय की कि तुम्हारे समान और कौन है! हमने सूर-श्याम पति तुम्हीं से पाया है।' यह कहकर वे घर लौट गईं।[४]

आरम्भ, विकास, पर्यवसान और उद्देश्य की दृष्टि से चीरहरण लीला सूरदास ने एक स्वतःपूर्ण खंड कथानक की भाँति रची है जो उसकी वर्णनात्मक शैली की पुनरावृत्ति[५] से और स्पष्ट रूप में सिद्ध होती है। फिर भी जिस प्रकार इस लीला की भूमिका राधा कृष्ण मिलन के सर्प-दंश वाले प्रसंग में है, उसी प्रकार इसका संकेत उन मधुर भाव की लीलाओं की ओर है जिनका लक्ष्य शरद् रात्रि की रासलीला में पूर्ण होता है।

८. पनघट प्रस्ताव[६] में गोपियों के काम की अनुभूति और अधिक उत्कट रूप में चित्रित की गई है। घटना की दृष्टि से इस पद समूह को खंड कथानक कहना कठिन है, क्योंकि इसमें कार्य-व्यापार का विकास अत्यन्त न्यून है। परन्तु सूरदास ने यमुना के पनघट पर जल भरने वाली गोपियों के मनोभावों तथा उन्हें प्रदीप्त करने वाली कृष्ण की चंचल क्रियाओं और चेष्टाओं को छोटे-छोटे विवरणों के बाहुल्य-विस्तार में ऐसा बृहद् रूप दिया है तथा समस्त प्रसंग को एक ऐसे निश्चित परिणाम पर पहुँचाकर समाप्त किया है कि उसे हठात् एक निश्चित प्रबन्ध कहना ही पड़ता है। उसके पदों में पूर्वापर प्रसंग, विवरणात्मक एकता और भाव का उत्तरोत्तर विकास है।

यमुना-तट पर कृष्ण को देखकर एक ओर गोपियाँ उनकी ओर आकर्षित होकर बार-बार वहीं जाना चाहती हैं, दूसरी ओर कृष्ण की छेड़छाड़ से पीड़ित होकर वे यशोदा के उलाहने ले लेकर जाती हैं। एक गोपी दूसरी से अपना अनुभव सुनाती और कृष्ण-दर्शन तथा कृष्ण की मोहनी लीला का प्रत्यक्ष परिचय प्राप्त करने के लिए उसे प्रेरित करती है और इस प्रकार

---

१. सू० सा० (सभा), पद १३९१।
२. वही, पद १४०८।
३. वही, पद १४१०।
४. वही, पद १४१६।
५. वही, पद १४१७।
६. वही, पद २०१६-२०८५ तथा सू० सा० (वें० प्रे०) पृ० २०२-२०८।

पनघट पर कामातुर गोपियों का ताँता लग जाता है। यशोदा सदा की भाँति गोपियों के उलाहने सुनकर क्रोध करती, डाँटती, डपटती और अन्त को कृष्ण के समझाने से समझ जाती हैं तथा उलटे यौवन-मदमाती गोपियों को ही दोषी ठहराती है।[१] पनघट लीला में चीरहरण लीला की अपेक्षा गोपियों का प्रेम कुछ अधिक विकास और तीव्रता प्राप्त करता है तथा गोपियों के साथ कवि राधा का विशेष रूप से उल्लेख करता है जो सखियों के केन्द्र में विराजती है तथा कृष्ण को अपनी ओर आकर्षित करके उन्हें प्रेम विवश कर देती है।[२] इसी कारण इस लीला में राधा के रूप-चित्र भी दिए गए हैं। कृष्ण स्वयं उसके मन में काम भाव उपजाते हैं, जिससे उसके 'अंग पुलकित होकर अँगिया दरका देते हैं और उर के आनन्द का अंचल फहराने लगता है। कृष्ण गागर ताककर काँकरी मारते हैं, पर वह उचट-उचटकर लगती है प्रिया के गात में।' इस प्रकार उसे 'देह और गेह की सुध बिसर जाती है।'[३] घर में मन नहीं लगता, यमुना-तट जाने में साँवरा मार्ग रोकता और 'काँकरी' मारता है। मन और मर्यादा में घोर संघर्ष है। इस संघर्ष को कृष्ण अपनी व्यावहारिक छेड़छाड़ के द्वारा स्वयं दूर कर देते हैं, जिसमें कवि ने अत्यन्त स्पष्टता के साथ कृष्ण के बलात्कार के चित्र दिए हैं।[४] यमुना-तट का अनुभव इतना गूढ़ है कि कहा नहीं जाता, साथ ही वह इतना उत्फुल्लकारी है कि छिपाए छिपता भी नहीं।[५] राधारूप गोपी का मन नागर ने ऐसा मोह लिया कि वह कहती है कि यह 'अच्छा ही हुआ जो सब जग ने जान लिया। देह और गेह की सुध बिसर गई तथा कुल की कानि भी बिसर गई। अब तो जब मन की आशा पूर्ण हो तब भोजन-पानी भावे।[६] पनघट की लीला के उद्देश्य की सफलता अंतिम पद में स्वयं स्पष्ट कर दी गई है : "अब तो यह बान दृढ़ करके धर ली है। वह नफा करने से क्या जिसमें जी की हानि हो? लोक-लज्जा तो काँच की किरचों के समान है, जबकि श्याम कंचन की खानि हैं। सखि, तुम्हीं सोचकर बताओ कि किसे लें और किसे तजें। मुझे तो मृदु मुसकान के बिना और कुछ नहीं सूझता। हल्दी और चूने को सानकर मिलाया रंग किससे अलग अलग हो सकता है? अब तो ऐसी आन पड़ी है कि यही करूँगी और सब तज दूँगी। कुल की मर्यादा मिटाकर सूर-प्रभु, पति का व्रत रखूँगी।"[७]

राधा और गोपियों को कृष्ण-प्रेम जो आदर्श और अनुसरण की भाँति पृथक्-पृथक् लीलाओं में चित्रित किया जा रहा था, पहली बार पनघट प्रस्ताव में सम्मिलित रूप में प्रदर्शित किया गया है और इस प्रकार माधुर्य भाव के विकास की एक और सरणि पार की गई है जिसमें लोक की लाज को दैनिक जीवन के व्यवहार में तिलांजलि दे दी गई है। चीरहरण लीला में लज्जा का निवारण इतना और प्रकट स्वेच्छापूर्ण नहीं हो पाया था।

९. यज्ञपत्नी लीला[८] यद्यपि अत्यन्त संक्षिप्त और 'भागवत' पर आधारित है, फिर भी उसमें कथा और प्रबन्ध के वे तत्व हैं जो उसको एक संगठित, एकात्मक और सोद्देश्य

---

१. सू० सा० (सभा), पद २०३०-२०४८।
२. वही, पद २०५४-२०६०।
३. वही, पद २०५९।
४. वही, पद २०७०।
५. वही, पद २०७२।
६. वही, पद २०७३।
७. वही, पद २०७७।
८. वही, पद १४१८-१४२६ तथा सू० सा० (वें० प्रे०), प्र० २०८-२१०।

खंडकथा का रूप प्रदान करते हैं। ब्राह्मणों के यज्ञ सम्बन्धी कर्मकांड की अपेक्षा भक्ति की श्रेष्ठता सिद्ध करना 'सूरसागर' के इस खंड कथानक का उद्देश्य नहीं है, अपितु उस भक्ति का माधुर्य-भावसम्मत रूप निर्धारित करना विशेष अभीष्ट है। इसी उद्देश्य से सूरदास ने याज्ञिक ब्राह्मणों की पत्नियों की कृष्ण-दर्शन-लालसा को इतने उत्कट रूप में चित्रित किया है कि अंत में एक स्त्री श्याम सुन्दर के पास जाने की विनती करते-करते, लोक-लाज की भर्त्सना करते-करते और अपने विवाहित पति को कोसते हुए कृष्ण से मिलने के लिए अपने प्राण त्याग देती है।[१]

इस कथानक के पदों में पूर्वापर-प्रसंग का सम्बन्ध है जिससे उनके क्रम में परिवर्तन करना संभव नहीं है और न उनको स्फुट पद समझा जा सकता है।

१०. गोवर्धन लीला[२] गोवर्धन-पूजा तथा गोवर्धन-धारण, गिरिधारण लीला, गोवर्धन की दूसरी लीला, गोपादि की बातचीत, अमरस्तुति तथा कृष्णाभिषेक तथा इन्द्र-शरणागमन शीर्षकों में दी गई है, परन्तु कथा की एकता और प्रबन्ध की संबद्धता उन्हें गोवर्धन लीला के एक स्वतन्त्र खंडकाव्य का रूप प्रदान करती हैं। गोवर्धन की दूसरी लीला[३] शीर्षक से जो वर्णनात्मक शैली में इस कथानक का रूपान्तर दिया गया है, उससे इसकी पुष्टि होती है। कृष्ण-कथा के खंड कथानकों में इस लीला का अन्यतम स्थान है। 'सूरसागर' के कथानक में धार्मिक और दार्शनिक वातावरण की अपेक्षा व्रज के ग्रामीण वातावरण और व्रजवासियों के सरल-चरित्र को मनोहर रूप में चित्रित किया गया है।

गोवर्धन पूजा के दिन निकट आ जाते हैं और व्रजवासियों को उसकी सुध नहीं रहती। अचानक जब यशोदा को स्मरण आता है, तब वह नन्द से कहती और अपना सखी-समाज जोड़कर उन्हें तैयारी के लिए प्रेरित करती है। इधर सब सखियाँ उत्साह के साथ तैयारी में जुट जाती हैं, उधर 'नन्द महर उपनन्दों को बुलाकर बिठाते हैं। सब मन ही मन डर रहे हैं कि कहीं फिर से कंस नृपति ने कुछ मँगा न भेजा हो। राज-अंश का जो धन था, सो तो हम उन्हें बिना माँगे ही दे आए।' इस प्रकार सशंक होकर जब अन्य महरों ने नन्द से बुलाने का कारण पूछा, तब नन्द से बताया कि सुरपति की पूजा के दिन आ गए हैं।[४] कृष्ण अपने चारों ओर पूजा की तैयारी से उत्पन्न धूमधाम और चहल-पहल देखकर बाल-सुलभ उत्सुकता और जिज्ञासा से उसका कारण पूछते हैं। यशोदा उनकी जिज्ञासा को वही महत्व देती है जो घर के उत्सव-समारोहों में व्यस्त गृहिणियाँ अपने बालकों को दिया करती हैं। वह सतर्क है कि कहीं कन्हैया उनकी पूजा-सामग्री छूकर छूत न कर दे। उधर नन्द को भय है कि इस चहल-पहल में कृष्ण कहीं बाहर जाकर खो न जाएँ। वर्ष दिवस का महा महोत्सव है, कौन आता है, कौन जाता है इसकी किसी को खबर नहीं।[५] कृष्ण माता-पिता को छोड़, सहज विश्वासी अहीरों की मंडली में बैठकर अपने सपने का हाल सुनाते हैं। कैसे उन्होंने एक 'अवतार' जैसे 'पुरुष' को देखा, कैसे उसने देवों के मणि गिरि गोवर्धन की पूजा का आदेश दिया और किस

---

१. सू० सा० (सभा), पद १४२६।
२. वही, पद १४२९-१६०१।
३. वही, पद १५०२-१५६९।
४. वही, पद १४३३-१४३४।
५. वही, पद १४३६-१४३७।

प्रकार इस नवीन देवता ने सबके आगे भोजन किया[१] बात फैलते देर नहीं लगती और कृष्ण के सपने की बात फैलना तो और भी सुगम था। किसी ने विरोध किया, किसी ने समर्थन; किसी ने भय दिखाया, किसी ने तर्क और विश्वास से उसका परिहार किया। कृष्ण को भी अवसर मिला कि वे सबके सम्मुख प्रत्यक्ष फल देने वाले देवता की पूजा का औचित्य समझाएँ। उन्होंने इन्द्र-पूजा का विरोध करते हुए कहा, 'वह मधवा नित्य नई-नई बातें बनाकर बलि लेता है। गिरि गोवर्धन को पूजना चाहिए जो गोपालों का जीवन है, जिसके दान से गायों की वृद्धि होती है और जिसके ऊपर जहाँ-तहाँ सब पशुपाल मिलकर भोजन करते हैं।'[२] सरल व्रजवासियों को तुरन्त प्रतीति हो गई और गिरिराज की पूजा की तैयारियाँ होने लगीं। गोवर्धन पूजा का अत्यन्त विस्तार के साथ सूरदास ने परम मनोहर चित्रण किया है जिसमें ललिता, चंद्रावली और राधा का भी उल्लेख तथा वृषभानु के यहाँ की एक सेविका, बदरौला की सेवा के अंगीकृत होने का विशेष रूप से कथन है।[३] इस लीला में भी 'उधर हरि गिरि गोवर्धन के संग भोजन कर रहे हैं, इधर राधा के साथ प्रीति लगा रहे हैं' तथा 'राधिका छवि देखकर भूल गई, श्याम ने भी उसे ताड़ लिया, प्यारी प्रभु के वश हो गई और लोचन की कोर से देखने लगी'[४] कहकर कवि माधुर्य भाव को नहीं भूलता। गिरि की पूजा करके 'नर-नारी व्रज-घरों को लौटे। गिरि को तिलक करके उन्होंने इन्द्र की पूजा मिटा दी। महर-महरि समाज के अंग की पुलक उर में नहीं समाती। वे सोचते हैं कि अब हमने गिरि गोवर्धनराज नाम के बड़े देवता को प्राप्त कर लिया। इन्हीं से व्रज में चैन रहेगा। इन्हीं से माँगकर भोजन खाएँगे।[५] इस प्रकार इस लीला के द्वारा इन्द्र के कोप का कारण उपस्थित हो गया।

इन्द्र के जलं-वर्षण में सूरदास ने अप्रतिम यथार्थता, सूक्ष्म निरीक्षण की प्रवृत्ति और सजीव शब्द-चित्र निर्माण करने की शक्ति का परिचय दिया है। उन्होंने व्रजवासियों की संकटापन्न अवस्था तथा उससे उत्पन्न आश्चर्य, आतंक, भय, पश्चात्ताप, अमर्ष आदि भावों का चित्रण करने में अद्भुत कला-कौशल दिखाया है। उन्होंने 'भागवत' में उल्लिखित कृष्ण के ईश्वरत्व और योगबल को अत्यन्त गौण स्थान देते हुए, उनके मानवत्व का ही आग्रहपूर्वक पोषण किया है। गोपगण आश्वस्त होते हुए भी आशंकित हैं और कहते हैं, ''कहीं श्याम के कर से गिरि गिर न पड़े। सब व्रजवासी विचार करते हैं और उनके मन में अत्यन्त भय उत्पन्न हो रहा है। सब ग्वाल लकुट ले लेकर, उठकर तुरन्त सहायता के लिए दौड़ पड़ते हैं।'[६] वे आपस में कहते हैं, 'भैया, देखते रहो, कहीं नख से खिसक न जाए, क्योंकि उनकी भुजा तनक सी है।'[७] इसी प्रकार सात दिन तक सब ग्वालों ने मिलकर लकुटियों के सहारे गिरिवर को धारण किया। अंत में मेघों ने हार मानकर मुख फेर लिया।[८] इन्द्र पछताकर सब देवताओं को एकत्र करके कृष्ण की शरण को चला। सूरदास ने इन्द्र की शरण-याचना और कृष्ण-स्तवन

---

१. सू० सा० (सभा), पद १४३७।
२. वही, पद १४४१।
३. वही, पद १४४७, १४५५-१४५७।
४. वही, पद १४५५।
५. वही, पद १४६८।
६. वही, पद १४९१।
७. वही, पद १४९३।
८. वही पद १४९९।

में उतनी तन्मयता नहीं दिखाई, जितनी व्रजवासियों के कृतज्ञतापूर्ण विस्मय की भावना के चित्रण में दिखाई है।[१] उन्होंने विविध शैलियों में, नए-नए क्रम से, एक के बाद दूसरे अनेक पदों में दुहराया है कि कृष्ण ने इतना भारी पर्वत उठा कैसे लिया! अन्त में समस्त घटना की अलौकिकता एवं आतंकजन्य मनोभावों को मानो अभिभूत करने के लिए वे यशोदा द्वारा कहलाते हैं, 'सात दिन तक धरणीधर किस प्रकार रखा? तुम्हारी भुजा अति ही कोमल है कहकर यशोदा माता उसे दबाती है और यह कहकर पछताती हैं कि यह अत्यन्त ऊँचा है तथा इसका भार और विस्तार बहुत है। तात, तेरे छोटे-छोटे हाथ हैं उन पर उस अगाध को कैसे रखा? वह मुख चूमती और हरि को कंठ लगाती है।'[२] यद्यपि कवि यहाँ पर संकेत कर देता है कि बलराम इस विस्मयजनक कृत्य का यथार्थ तथ्य जानते हैं,[३] परन्तु इससे कथानक के सामान्य सहज मानवीय वातावरण में व्यतिक्रम नहीं आता, क्योंकि बलराम के भाव को समझने वाला व्रज में दूसरा व्यक्ति नहीं है।

घटना, कार्य-व्यापार, नाटकीय और व्यंजनापूर्ण संलाप, कथा-विकास, भाव-चित्रण और निश्चित परिणाम में कथा के पर्यावसान—सभी दृष्टियों से यह खंडकाव्य सूरदास की प्रबन्ध-रचना के कौशल का असंदिग्ध प्रमाण है।

११. दानलीला[४] का स्थान 'सूरसागर' में चीरहरण लीला, पनघट लीला, यज्ञपत्नी लीला और गोवर्धन लीला के क्रमिक वर्णन के बाद आता है। 'सभा' के संस्करण में इस क्रम में परिवर्तन कर दिया गया है, जिससे माधुर्य भाव के विकास-क्रम में बाधा पड़ती है। इस लीला के आरम्भ में ही व्याख्यात्मक भूमिका के बाद वर्णनात्मक शैली में पूरी दानलीला संक्षेप से कह दी गई है।[५] फिर गीतिपदों की शैली में पुनः उसका आरम्भ करके विस्तार किया गया है। इसी प्रकार पुनः अत्यन्त मनोहर मौलिक छंद में सम्पूर्ण लीला अपेक्षाकृत संक्षेप और वर्णनात्मक शैली में दो बार कही गई है[६] और अन्त में गीतिपदों की शैली में अत्यन्त विस्तार और भावात्मक विलक्षणता, किन्तु विवरणात्मक पुनरावृत्तियों के साथ गोपियों पर दानलीला के प्रभाव का वर्णन किया गया है।[७] गोपियों के माधुर्य भाव का विवेचन करते हुए गत अध्याय में दानलीला का विस्तार के साथ परिचय दिया जा चुका है।[८] पनघट प्रस्ताव की भाँति दानलीला की भी घटना अत्यन्त संक्षिप्त है। किन्तु इस लीला का कई दृष्टियों से बहुत अधिक महत्व है। इसी लीला के सम्बन्ध में सूरदास ने अपने काव्य में वर्णित माधुर्य भाव की सैद्धान्तिक और व्यावहारिक दोनों प्रकार की व्याख्याएँ दी हैं तथा उसकी महत्ता का प्रतिपादन किया है। दूसरे, इतनी छोटी घटना होते हुए भी इसका वर्णन २९० पदों में किया है जिनमें बहुत थोड़े से अंशों को छोड़कर कवित्व का कहीं शैथिल्य नहीं दिखाई देता। तीसरे, इसी लीला के बाद सूरदास ने गोपियों के प्रेम में उन्माद, प्रलाप आदि दशाओं का चित्रण करके

---

१. सू० सा० (सभा), पद १५७०-१५९०।
२. वही, पद १५८७।
३. वही, पद १५८९-१५९०।
४. वही, पद २०७८-२३६७।
५. वही, पद २०७९।
६. वही, पद २१०९ तथा २२६५।
७. वही, पद २२३८-२२६४।
८. दे० पृ० २३२-२३९।

उसको उत्कट आसक्ति और अदम्य व्यसन की अवस्था को पहुँचा हुआ दिखाया है। चौथे, गोपियों और राधा के आदर्श और अनुसरण रूप जिस प्रेम को पनघट प्रस्ताव में सम्मिलित होते हुए दिखाया गया था, उसे दानलीला में और अधिक घनिष्ठता के साथ चित्रित करने का प्रयत्न किया गया है। पाँचवें, इसी लीला के बाद कृष्ण और राधा से रति-सुख का सूरदास ने स्पष्ट और उत्फुल्ल वर्णन करना प्रारम्भ किया है। निष्कर्षस्वरूप कह सकते हैं कि दानलीला में गोपियों का प्रेम रूप, क्रीड़ा और लीला की आसक्ति से आरम्भ होकर कुल, लोक, वेद की मर्यादा का उल्लंघन, लज्जा का परित्याग, कृष्ण के ब्रह्मत्व का तिरस्कार और सांसारिक वैभव की सर्वथा उपेक्षा करता हुआ पूर्ण आत्म-समर्पण की स्थिति पर पहुँच जाता है। इसी के फलस्वरूप वे आत्म-विस्मृत होकर कृष्ण के साथ अभिन्न होने के लिए विकल होने लगती हैं और उनकी अवस्था विक्षिप्तों जैसी हो जाती है। राधा और कृष्ण की सुरति दिखाकर कवि ने मानो उसी अभिन्नता का आदर्श सामने रखा है और उसी के लिए गोपियों में राधा के साथ प्रतिस्पर्धा होने लगती है। आगामी ग्रीष्मलीला,[१] यमुनागमन,[२] लघुमान लीला,[३] नैन[४] और आँख समय[५] के पदों में राधा के गूढ़ भाव और गोपियों द्वारा उसके समझने के प्रयत्नों को केन्द्र बनाकर सूरदास ने अप्राप्य आदर्श और उसकी प्राप्ति के अकथ प्रयत्नों की व्यंजना करते हुए प्रेम के बृहद् काव्य की रचना की है। इस प्रकार यद्यपि दानलीला में कृष्ण-लीला की पूर्वगामी माधुर्य भाव की लीलाओं के उत्तरोत्तर विकासशील भाव की चरम सीमा लक्षित होती है तथा वह आगामी मधुर रति के चित्रणों के लिए अनिवार्य भूमिका प्रस्तुत करती है, तथापि उसका अपना स्वतन्त्र व्यक्तित्व भी है और कृष्ण-लीला से संलिष्ट न करके उसका स्वतन्त्र रूप में भी रसास्वादन किया जा सकता है। उसे कवि ने कृष्ण-लीला का अनिवार्य अंग मानकर भी इस प्रकार रचा है कि उसकी पृथक् सत्ता में सन्देह नहीं रहता, क्योंकि उसका आरम्भ विधिवत् किया गया है तथा उसके अन्तर्गत विवरणों का संकेत स्पष्ट रूप में उसके अंतिम परिणाम पर रहता है। उसका यथार्थ ग्रामीण वातावरण कवि ने बड़ी कुशलता और स्वाभाविकता के साथ उपस्थित किया है। उसके अन्तर्गत गोपी, कृष्ण तथा उनके सखाओं के बीच वार्तालाप अगर अत्यन्त सजीव, नाटकीय और व्यंजनापूर्ण है तो उसकी शैली में विषय के अनुरूप अनुपम आडम्बरहीनता और अत्यन्त गूढ़ व्यंजना शक्ति है।

१२. रासलीला को सूरदास ने[६] अनेक शीर्षकों में दिया है। सभा के संस्करण में इस लीला का क्रम भी बहुत बदल दिया गया है। इसका प्रकृत स्थान दानलीला तथा उपर्युक्त अन्य लीलाओं के बाद है। एक कथानक की दृष्टि से यह कथा बहुत बड़ी है और इसी कारण इसमें यदा-कदा घटना-शृंखला टूटती सी जान पड़ती है और कुछ स्थानों पर स्फुट पदों का समावेश जान पड़ता है, फिर भी सम्पूर्ण कथा में घटना और भाव के क्रमिक विकास के कारण एकात्मकता है।

---

१. सू० सा० (सभा), पद २३६८-२६४०।
२. वही, पद २६४१-२६८९।
३. वही, पद २६९०-२८३३।
४. वही, पद २८३४-३०१७।
५. वही, पद ३०१८-३०२८।
६. वही, पद १६०६-१८२१।

इस खंडकथा का आरम्भ वंशी सम्मोहन के वर्णन से होता है। कृष्ण के वंशी-वादन का उल्लेख करके कवि गोपियों पर उसके प्रभाव का अत्यन्त विस्तार के साथ चित्रण करता है, जिसमें अनेक सूक्ष्म, यथार्थ और स्वाभाविक विवरणों द्वारा सजीव वातावरण की सृष्टि की गई है।[१] कथानक का यह प्रकरण शरद् रास की भूमिका प्रस्तुत करता है। भक्ति की व्यापकता और माधुर्य भाव की महत्ता के संबंध में व्याख्या करने के[२] उपरान्त कृष्ण और गोपियों का संवाद अत्यन्त मनोवैज्ञानिक और नाटकीय ढंग से दिया गया है।[३] कथानक का यह कथोपकथन वाला अंश न केवल माधुर्य भाव की व्याख्या और महत्ता की दृष्टि से महत्वपूर्ण है, वरन् इस खंडकाव्य के कलात्मक सौन्दर्य की भी उसके द्वारा अभिवृद्धि होती है। नाटकीय प्रभाव और भाव-व्यंजना के साथ यह कथोपकथन कृष्ण और गोपियों के चरित्र और स्वभाव की भी व्यंजना करता है तथा कथावस्तु को अग्रसर होने में सहायता देता है। जहाँ कृष्ण के चरित्र में गौरव और स्नेहशीलता, मर्यादा और द्रवणशीलता का सम्मिश्रण है, वहाँ गोपियों में तर्क और प्रेम-कातरता तथा आग्रह एवं दयनीयता का अनुपम संयोग है। अन्त में कृष्ण अपना मन्तव्य पूर्ण हुआ जान स्वयं दीन बनकर प्रेम का प्रतिपादन करने को उत्सुक हो जाते हैं और आत्म-भर्त्सना करते हुए गोपियों के प्रेम की सराहना करते हैं और इस प्रकार गोपियों को कृष्ण की पूर्ण कृपा प्राप्त होती है।[४] इस प्रसंग के उपरान्त सूरदास ने मौलिक रूप में राधा को मध्य में रखकर गोपियों के साथ कृष्ण की रास-क्रीड़ा के कभी खंड रूप में और कभी संश्लिष्ट रूप में अनेक चित्र दिए हैं।[५] इस स्थल पर आकर यह खंडकथा एक निश्चित विकास स्थिति प्राप्त करके ठहर सी जाती है और कवि स्थिर होकर सौन्दर्यांकन में प्रवृत्त हो जाता है। रास क्रीड़ा के अनेक पद इसी कारण फुटकर रूप में भी आस्वाद्य हैं, यद्यपि कथानक के अन्तर्गत उनकी जो विशेष महत्ता है, वह स्फुट रूप में नहीं आँकी जा सकती।

रास के मध्य में सूरदास ने पुनः मुरली का चराचर-विमोहन व्यापक प्रभाव दिखाने के लिए अनेक पद रचे, जिनमें वैकुण्ठ-स्थित नारायण और कमला भी मुरली-ध्वनि पर मुग्ध होकर वृन्दावन के सुख के लिए ललचाते दिखाए गए हैं।[६] चराचर प्रकृति की तो विपरीत गति हो ही जाती है, मुरली स्वयं 'राधापति' को स्ववश करके उनसे मनमाना नाच नचवाती है। वे उसे अपना 'सर्वस्व अर्पण' करके उसके हाथ बिक गए और इस प्रकार रस-रास में यह मुरली का राजसूय यज्ञ पूर्ण हुआ। रास के खंड कथानक की यह छोटी सी घटना आगामी श्रीकृष्ण-राधा-विवाह की भूमिका तैयार करती है। विवाह-वर्णन[७] को न केवल रास की खंडकथा का मध्य स्थल, अपितु सम्पूर्ण कृष्णलीला का मध्य बिन्दु कह सकते हैं, क्योंकि उसी के द्वारा राधा-कृष्ण की वे सब रस-कीड़ाएँ विहित होती हैं जो उसके नायक और नायिका के प्रेम-संबंध के चित्रण में कवि ने अनेक कथा-प्रसंगों और वर्णनों में दी हैं। सूरदास ने व्यास की साक्षी देकर राधा-कृष्ण के प्रेम-विकास का संक्षिप्त इतिहास देते हुए वनभूमि के प्राकृतिक और

---

१. **सू० सा० (सभा), पद १६०८-१६२२।**
२. **वही, पद १६२३-१६२८।**
३. **वही, पद १६२९-१६५३।**
४. **वही, पद १६५१।**
५. **वही, पद १६५६-१६७६।**
६. **वही, पद १६८१-१६८७।**
७. **वही, पद १७८९-१६९५।**

सरस वातावरण में उनके गंधर्व-विवाह का पूर्ण यथार्थ और चित्नोपम वर्णन किया है। विवाह के उपरान्त पुनः रास-क्रीड़ा के अनेक चित्त दिए गए हैं जिनमें राधा की प्रधानता और अधिक लक्षित होती है।[१] इसी प्रधानता के कारण राधा को गर्व हो जाता है और वह समझने लगती है कि 'मेरे समान और कोई स्त्री नहीं है; मैंने गिरिधर को अपने वश में कर लिया है। मैं जो कहती हूँ, वे वही करते हैं, मेरे ही कारण यह रास रचा गया है।'[२] गर्व के वशीभूत होकर उसने कंत से कहा कि नृत्य करते-करते मैं थक गई हूँ, अतः मेरा श्रम मिटाने के लिए मुझे कंधे पर चढ़ा लो।[३] गर्व का नाश करने के लिए श्रीकृष्ण अन्तर्धान हो गए। सूरदास ने गर्व का जो प्रकाशन राधा के द्वारा कराया है, उसमें व्यंजना गोपियों के गर्व की भी है। श्रीकृष्ण-प्रेम में राधा के विशिष्ट स्थान के कारण ही कवि श्रीकृष्ण को राधा के साथ अन्तर्धान होते दिखाता है।[४] गोपियों की विरह-व्याकुलता के चित्तण के उपरान्त राधा को भी कृष्ण द्वारा वियुक्त होकर वियोग-कातर दिखाया गया है जिसके रूप में गोपियों को अपनी विरहासक्ति का मूर्तिमान रूप प्राप्त हो जाता है।[५] कृष्ण की अन्तर्धान अवस्था में गोपियों की दशा अत्यन्त दयनीय हो जाती है। कवि ने काव्य-वर्णित वियोग की दशाओं का स्वाभाविक चित्तण करते हुए गोपिका-विरह के अनेक पदों में गीत्यात्मकता की तीव्र भावानुभूति के साथ कथात्मकता का अपूर्व संयोग किया है। छोटे-छोटे विवरणों की बहुलता और उनके परस्पर संघटन के कारण यह पद-समूह कथानक का अनिवार्य अंग है और उसमें सुगुंफित प्रबन्धात्मकता है।[६] गर्व का नाश करके, प्रेम-परीक्षा में उत्तीर्ण होकर गोपियाँ पुनः कृष्ण को प्राप्त करती हैं। प्रेम के वश्य कन्हाई 'अन्तर से प्रकट होकर युवतियों को मिलकर हर्ष देते हैं।'[७] रात भर रस-रास करने के उपरान्त सबेरे यमुना में जल-क्रीड़ा होती है।[८] इस क्रीड़ा में भी राधा गोपियों के मध्य में विराजती हैं और कृष्ण का विशेष प्रेम प्राप्त करती हैं। रास-नृत्य और जल-कीड़ा के द्वारा राधा-कृष्ण की सुरति लीलाओं की भूमिका तैयार हो जाती है। साथ ही गोपियों के सम्मिलित प्रेम-विकास के लिए भी मनोवैज्ञानिक पृष्ठभूमि का निर्माण हो जाता है।[९] रासलीला की रहस्यात्मक विलक्षणता तथा उसके धार्मिक माहात्म्य का वर्णन[१०] करके सूरदास ने गोपियों की उत्पत्ति और महिमा का वर्णन किया है।[११]

रास की यह लम्बी खंडकथा, जैसा कि उक्त विवेचन से स्पष्ट है, एक सम्यक् प्रबन्ध है तथा कृष्ण-लीला के संयोग पक्ष की चरम सीमा उपस्थित करती है। रास के अन्तर्गत राधा-कृष्ण-विवाह में स्वयं इस कथा की चरम सीमा संघटित हुई है।

---

१. सू० सा० (सभा), पद १६६९-१७०१।
२. वही, पद १७१८।
३. वही, पद १७१९।
४. वही, पद १७०३।
५. वही, पद १७२६-१७४०।
६. वही, पद १७०४-१७४५।
७. वही, पद १७४८।
८. वही, पद १७७५-१७८५।
९. वही, पद १७८६-१७८७।
१०. वही, पद १७८८-१७९२।
११. वही, पद १७९३।

१३. मानलीला तथा दम्पति विहार[१] रासलीला में वर्णित राधा-कृष्ण के एकान्त प्रेम-संयोग का स्वाभाविक विकास है। गर्व के सर्वथा नाश के उपरान्त स्वयं कृष्ण राधा के संयोग के लिए लालायित हो उठते हैं। प्रेम की पूर्णता में प्रेम की गति का प्रवाह एकांगी नहीं रहता। इसी को प्रदर्शित करने के लिए राधा की मानलीलाओं का वर्णन किया गया है। प्रस्तुत मानलीला को सूरदास ने एक स्वतःपूर्ण खंडकथा का रूप दिया है।

कृष्ण के उर में अपना प्रतिबिंब देख उन्हें अन्य स्त्री में अनुरक्त जानकर राधा मान कर बैठती है; कृष्ण हर तरह उसे अपने प्रेम का विश्वास दिलाते हैं, पर वह नहीं मानती।[२] अनुनय-विनय, आश्वासन-प्रतिज्ञा आदि किसी उपाय से जब राधा नहीं मानती, तब कृष्ण अत्यन्त व्याकुल हो जाते हैं। सूरदास ने कृष्ण की विरह-वेदना का भी तन्मयता के साथ चित्रण किया है,[३] तदुपरान्त दूतिका के माध्यम का विशद चित्रण और उसी के अन्तर्गत राधा के हठ और कृष्ण के विरह का वर्णन करते हुए राधा-कृष्ण का मिलन संपादित कराया गया है।[४] जिस समय राधा दूती के साथ निकुंज में कृष्ण से मिलने जाती है, उस समय सूरदास उसे कृष्ण के मूर्तिमान प्रेम के रूप में प्रदर्शित करते हैं। इसी भाव से उन्होंने राधा के रूप-सौन्दर्य और अभिनव श्रृंगार के अनेक चित्र दिए हैं।[५] कृष्ण से मिलने के लिए जाती हुई राधा गिरिवर से उतरती हुई गंगा के समान जान पड़ती है। गंगा की निर्मल जल-धारा के समान राधा के प्रेम की निर्मलता है तथा सागर की ओर गंगा के स्वाभाविक, क्षिप्र प्रवाह के समान राधा की मिलनोत्सुकता है।[६] मिलन के अन्तर्गत सूरदास ने कूटशैली में राधा-कृष्ण की सुरति के अत्यन्त स्पष्ट चित्र दिए हैं।[७] सुरति समय और सुरति के अन्त में कृष्ण के प्रेम की व्यावहारिक अनुभूति के उपरान्त वे पुनः राधा के रूप का सूक्ष्मता के साथ निरीक्षण करते हैं। सूरदास के भाव की गूढ़ता तथा राधा-कृष्ण के सुरति-संयोग की रहस्यात्मकता इस चित्रण में उपयोजित कूटशैली के द्वारा व्यंजित है।

१४. राधा जी का मध्यम मान[८] शीर्षक से पुनः 'खंडिता समय' के अन्तर्गत कृष्ण के प्रेम-घात के संदर्भ में राधा के मान का वर्णन है। उपर्युक्त मानलीला की अपेक्षा यह मानलीला अधिक विस्तृत है। विश्वासघात का प्रत्यक्ष प्रमाण मिलने के कारण राधा की कटु आलोचना में पर्याप्त वास्तविकता है, फलतः यह मान अधिक गम्भीर और दृढ़ है। उधर विरही कृष्ण की दयनीय दशा भी अधिक प्रभावोत्पादक है।[९] इसी कारण कृष्ण की ओर से दूती राधा को मान छोड़ने के लिए भाँति-भाँति के उपायों से समझाती है।[१०] एक ओर वह कृष्ण की ओर से निवेदन करते हुए उनकी प्रेम-विवशता, उत्कट अनुरक्ति, महत्ता, गौरव और प्रेम के समक्ष

---

१. सू० सा० (सभा), पद ३०२९-३०९२।
२. वही, पद ३०३०-३०४०।
३. वही, पद ३०४१-३०४२; ३०५७-३०५८।
४. वही, पद ३०५९-३०६१।
५. वही, पद ३०६२-३०७४।
६. वही, पद ३०७२।
७. वही, पद ३०७५-३०९०।
८. वही, पद ३१८२-३२५८।
९. वही, पद ३२०२-३२०५।
१०. वही पद ३२०६-३२१७।

उनकी अति द्रवणशीलता का वर्णन करती है और दूसरी ओर वह राधा को यौवन की क्षणभंगुरता, कृष्ण-प्रेम में ही उसकी सार्थकता और मान का अनौचित्य समझाकर उनसे मान छोड़ने का आग्रह करती है। परन्तु राधा तभी मानती है जब स्वयं कृष्ण विरह-व्यथा का अनुभव करने के बाद अपना अपराध स्वीकार करके क्षमा माँगने आते हैं।[१] सूरदास राधा के गौरव की रक्षा के लिए उसे कृष्ण के साथ निकुंज में नहीं भेजते, वरन् कृष्ण जब वन-धाम चले जाते हैं और रति-सेज-सजाकर दूती के साथ राधा की प्रतीक्षा करते हुए अधीरता प्रकट करते हैं, तब आत्म-गौरव का अनुभव करती हुई राधा धीरे-धीरे अनुपम शृंगार करती और मंद, मदिर गति से ललिता को साथ लिए कुंज में पहुँचती है।[२] सूरदास ने राधा-कृष्ण मिलन, संयोग-सुख और रति-विलास का अत्यन्त उल्फुल्ल चित्रण किया और निकुंज-सुख में लोक परलोक, पृथ्वी और आकाश, स्वर्ग और पाताल को एकाकार कर दिया है।[३]

१५. बड़ी मानलीला[४] में पुनः नवीन कारणों, नवीन परिस्थितियों और नवीन विवरणों के साथ राधा के प्रेम का चित्रण किया गया है। इस बार राधा ने कृष्ण को प्रातःकाल यमुना-स्नान के लिए जाते समय किसी स्त्री के घर से निकलते देख लिया। यह उनके प्रेम-घात का असंदिग्ध प्रमाण था, अतः राधा के मान में और भी अधिक दृढ़ता और गंभीरता दिखाई देती है। उसने चपल नयन की कोर से कृष्ण पर कटाक्ष पात करके उन्हें धराशायी कर दिया।[५] इसी छोटी सी घटना को लेकर कवि ने राधा के रूप—विशेषतः नयनों के सौन्दर्य का अनेक पदों में प्रधानतया कूट शैली में चित्रण किया है जिससे उसका गूढ़ कृष्ण-प्रेम व्यंजित होता है।[६] कृष्ण एक के बाद दूसरी दूती को भेजकर प्रेम-निवेदन और क्षमा-याचना करते हैं, परन्तु राधा किसी प्रकार नहीं मानती। इधर विरह में उसकी नवमी दशा हो रही है और उधर कृष्ण 'राधा-राधा' रटते धरती पर अचेत पड़े हैं।[७] दूतियाँ नए-नए उपायों से राधा को मनाने में अपनी कार्य-तत्परता दिखाती हैं। मानवती राधा के रूप-वर्णन में कवि अपनी उत्कृष्ट कल्पना की योजना करता है और मान की दृढ़ता की अनुभूति में उपमाओं, उत्प्रेक्षाओं के ढेर लगा देता है।[८] गीतिपद शैली में मान-वर्णन के उपरान्त मनोहर वर्णनात्मक शैली में मानलीला[९] की पूर्ण प्रबन्धात्मक पुनरावृत्ति की गई है जिसमें गोपियों द्वारा राधा के मनुहार के बाद राधा के मानने और कृष्ण के साथ संयोग-सुख करने का भी वर्णन है। इस लीला को दोहा-चौपाई की शैली में भी दुहराया गया है।[१०]

इस कथानक में वर्णित राधा और कृष्ण के एकान्त रति-सुख के उपरान्त सूरदास गोपियों की सम्मिलित आनंद-क्रीड़ाओं का हिंडोल और होली के रूप में वर्णन करते हैं।

---

१. सू० सा० (सभा), पद ३२१९-३२२१।
२. वही, पद ३२२८-३२३६।
३. वही, पद ३२३९-३२४६।
४. वही, पद ३३५३-३४४६।
५. वही, पद ३३५७।
६. वही, पद ३३५८-३३६९।
७. वही, पद ३३७५-३३७७।
८. वही, पद ३३८१-३४४३।
९. वही, पद ३४४४।
१०. वही, पद ३४४६।

१६. खंडिता समय[1] के अन्तर्गत यद्यपि राधा की मानलीला का व्यवधान उसकी एकता को भंग कर देता है, तथापि विषय की एकता तथा निश्चित उद्देश्य की स्पष्टता के कारण इस प्रसंग को भी किसी अंश में खंडकथा कहा जा सकता है। दक्षिण नायक कृष्ण का बहु रमणी-रमण रूप इसमें प्रकट किया गया है जिसके प्रति गोपियाँ उत्कट अनुराग और अनन्य भाव व्यक्त करती हैं। ललिता, शीला, चन्द्रावली, सुखमा, वृन्दा, कामा, प्रमदा, कुमुदा, सभी कृष्ण पर अपना-अपना एकाधिपत्य रखना चाहती हैं और उन्हें किसी दूसरी स्त्री पर अनुरक्त देखकर उनसे रुष्ट होती हैं। कृष्ण उनकी चिरौरी-विनती करके उनका प्रेम प्राप्त करते हैं। गोपियाँ अपने को धन्य मानती हैं; कृष्ण के बहु नायिका-नायक होने से उनके प्रेम में कमी नहीं आती, उलटे वह विरह में और अधिक तीव्र होता है। प्रेम-पात्र के चारित्रिक और नैतिक गुणों का तिरस्कार करके प्रेम को शुद्ध ऐंद्रिय प्रवृत्ति पर आश्रित चित्रित करना कवि का अभीष्ट जान पड़ता है। ऊपर उल्लिखित नायिकाओं की प्रकृति, चरित्र, व्यापार, भाव और कथन आदि में बहुत कम व्यक्तिगत लक्षण हैं तथा उनके प्रति कृष्ण के व्यवहार में भी प्रायः समानता है; फिर भी विवरणों की बहुलता और सूक्ष्म अंतरों के कारण खंडिता समय का पद-समूह खंडकाव्य के निकट पहुँच सकता है।

१७. झूलन[2] शीर्षक से हिंडोर सुख का वर्णन करते हुए वर्षा ऋतु में यमुना-पुलिन पर गोपियों के साथ श्रीकृष्ण की एक और आनन्दकेलि का चित्रण किया गया है। घटना का तो इसमें सर्वथा अभाव है ही,चरित्र और भाव का भी स्थिर चित्रण है, विकास नहीं। यह खंडकाव्य शब्द-चित्रों की दृष्टि से महत्वपूर्ण है तथा उसमें कृष्ण-लीला के सुख-विलास का उत्फुल्ल रूप उपस्थित किया गया है, जिसमें प्रकृति के उन्मुक्त वातावरण में गोपियों का अबाध आनन्द मूर्तिमान हो उठा है।

१८. वसंत लीला[3] गोपियों की सम्मिलित सुख-क्रीड़ाओं को चित्रित करने वाली अंतिम खंडकथा है। आरम्भ में राधा के मान और वसंत ऋतु के मादक वातावरण में उसके त्याग की आवश्यकता का उल्लेख करके कवि वसंत के प्राकृतिक वातावरण का आदर्श चित्र अनेक सूक्ष्म विवरणों के साथ उपस्थित करता है। इन चित्रों की सम्पन्नता कवि के काव्य-कौशल की ही नहीं, उसके आनंदमूलक हार्दिक भावातिरेक की भी परिचायक है। जब वह कहता है, 'कोकिल बोली, वन-वन फूले, मधुप गुँजारने लगे, जिन्हें सुनकर भोर हुआ और वंदी जनों के रोर से मदन महीपति जाग गए; जो पहले दावाग्नि से जल गए थे, उन द्रुमों में नए दूने अंकुर और पल्लव उग आए, मानो रति-पति ने रीझ कर याचकों को वर्ण-वर्ण के वस्त्र दिए हों; नई प्रीति, नई लता, नए पुष्प, नए रसपागे नयन और नये नेह से हर्षित नव नागरी सभी सुरंग से अनुरंजित हो उठे'[4] तब मानो व्रज का वह असीम सुख अपने पूर्ण अखंड रूप में व्यंजित होता है जिसका आरम्भ कृष्ण-जन्म के समय दिखाया गया था। वसंत के उन्मादकारी वातावरण में राधा को साथ लेकर गोपियाँ कृष्ण के साथ फाग और होली खेलती हैं जिसमें सार्वजनिक रूप में मर्यादा का अतिक्रमण करके राजा और रंक, पंडित और वेश्या एक समान हो जाते हैं।

---

१. सू० सा० (सभा), पद ३०९३-३३५२।
२. वही, पद ३४४७-३४६०।
३. वही, पद ३४६१-३५३८।
४. वही, पद ३४६६।

सूरदास ने होली खेलने के अनेक विवरण दिए हैं जिनके द्वारा व्रज के वार्षिक फाग-उत्सव के सजीव चित्र सामने आ जाते हैं।

'मदनगोपाल सखाओं को संग लिए हो हो हो हो बोलते व्रज की वीथी-वीथी में डोल रहे हैं। मृदंग, बीन, डफ, बाँसुरी बजाते और गीत गाते हैं। शरीर पर अनेक रंग के—नीले, लाल, पीले, और श्वेत वस्त्र पहने हैं। यह सुनकर सब नारियाँ अपने-अपने द्वार पर निकल कर खड़ी हो गईं। वे सोलह शृंगार सजाए हुए नवीन कुमुदनी के समान प्रफुल्ल वदन हैं।'[१] 'भोली भामिनियाँ परस्पर गाली दे-देकर गाती हैं। झोली में भर-भर कर बूका और लाल अबीर उड़ाया जा रहा है। इधर गोपिकाओं का समूह है, उधर हरि-हलधर की जोड़ी है। नवल छबीले लाल ने चोली की तनी तोड़ दी। राधा रुष्ट होकर चल दी। ऐसे ढीठ से कौन होली खेले? परन्तु सखी उसे हृदय से लगाकर हँसती और भुजा पकड़कर झकझोरती है और कहती है कि वृषभानुकिशोरी जी, खेलने में मान कैसा?'[२] व्रज की किशोरियों ने एकत्र होकर राधा और श्याम की गाँठ जोड़ दी और कहा कि जब तक फगुवा नहीं मिलेगा, तब तक छोड़ नहीं सकतीं। फूलों के रंग से भरी हुई पिचकारियाँ हाथों में लेकर कोई मारती, कोई दाँव निहारती, कोई अरस-परस, दौरा-दौरी कर रही है। उधर सखा हाथों में रस्सियाँ लेकर संकोच छोड़कर गालियाँ देते हैं, इधर सखियाँ हाथों में बाँस लिए झोरा-झोरी की मार कर रही हैं।'[३] कोई पीताम्बर पकड़कर झटकती है, कोई हाथ मरोड़कर मुरली छीन लेती है।' चीरहरण और माखन चोरी का दाँव लेने का गोपियों को अच्छा अवसर मिला।[४] 'एक ओर व्रज सुन्दरियाँ हैं, एक ओर गोविन्द और ग्वाल। नारियाँ परस्पर गालियाँ दे रही हैं और कृष्ण को पकड़कर उनकी आँखों में काजल लगाती और अधरों का रस लेती हैं। यादवराय को स्पर्श करके सब सुख भोगती हैं। कोटि कलश भर वारुणी और बहुत मिठाई-पान का भी प्रयोग होता है।'[५] फाग के वर्णन में सूरदास ने तिथि-क्रम से पन्द्रह दिन के आनंदोत्सव का वर्णन किया है। 'स्त्रियाँ धूल भरती हैं, काजल पोतती हैं, चन्दन और पानी छिड़कती हैं, कटि-पट उतार लेती हैं। जहाँ कहीं तपस्वी, संयमी, धार्मिक, सदाचारी को सुनती हैं, वहीं पहुँचकर उसे निःशंक होकर छेकतीं और किवाड़ तोड़कर पकड़ लाती हैं। शठ, पंडित, वेश्या, वधू, होली में सभी एकसार हो गए हैं।'[६] परन्तु परिवार की मर्यादा की पुनः प्रतिष्ठा हो गई और वर्ण-धर्म की सीमा का आदर होने लगा।[७] फाग के बाद इसी प्रसंग में फूलडोल का भी विस्तार के साथ वर्णन किया गया है।[८]

वसंत लीला के उक्त परिचय से यह स्पष्ट है कि यह लीला वर्णनात्मक है, कथात्मक नहीं; अतः खंडकाव्य के समस्त लक्षण इसमें नहीं मिलते।

---

१. सू० सा० (सभा), पद ३४८७।
२. वही, पद ३४८८।
३. वही, पद ३४९०।
४. वही, पद ३४९४-३४९५।
५. वही, पद ३५२७।
६. वही, पद ३५३२।
७. वही।
८. वही, पद ३५३५-३५३९।

१९. उद्धव-व्रज-आगमन और भ्रमरगीत[१] में सबसे अधिक विस्तार और तन्मयता है। न केवल आकार-विस्तार में यह कथा 'सूरसागर' की सभी खंडकथाओं से बड़ी है, अपितु कवित्व, भक्ति-भाव, और कवि की व्यक्तिगत तल्लीनता के विचार से भी इस खंडकथा का स्थान सर्वोपरि है। कथा का स्वतंत्र व्यक्तित्व उसके रूप और उसकी पुनरावृत्तियों से स्पष्ट है। सूरदास ने अपनी इस कथा का उद्देश्य आरम्भ में ही स्पष्ट कर दिया है। 'उद्धव व्रज आगमन' शीर्षक से वे बताते हैं कि यदुपति को जब व्रज की याद आई तब उन्होंने उद्धव को वहाँ भेजने का विचार किया। यद्यपि उद्धव उन्हीं के सखा कहलाते हैं फिर भी वे भाव में अनीति करते हैं। वे विरह-दु:ख की महत्ता नहीं जानते और रूप, रेख, वर्ण से हीन का नेम धारण किए हुए हैं। वे सदैव योग की बातें करते रहते हैं जिसमें रस जल जाता है। ऐसे 'निठुर जोगी जंग' सखा के भाव की अनीति दूर करने के लिए कृष्ण ने सोचा कि 'इसके ज्ञान को स्थापित करके इसे व्रज भेज दूँ यही एक उपाय है।' 'युवतियों की गुप्त प्रीति कहकर इसकी महत्ता दिखा दूँ तो यह गोपियों को प्रबोध देने के लिए तुरन्त जाने को तैयार हो जायेगा। योगियों की भाँति यह मन में अति अभिमान करेगा।'[२] यह निश्चय करके हरि ने गोपियों के प्रेम की चर्चा की और व्रज तथा व्रजवासियों—विशेषत: राधा और गोपियों के प्रति अपने अभिन्न सम्बन्ध का वर्णन किया और कहा, 'मेरे बिना व्रजबालाएँ विरह-भरी हैं, तुम जाकर उन्हें योग सुनाओ; तुम पूर्ण ज्ञानी हो उनका प्रेम मिटाकर उन्हें ज्ञान का प्रबोध दो। तुम अलख, अविनाशी पूर्ण ब्रह्म के ज्ञाता हो; तुम जाकर कहो कि ब्रह्म के बिना अस्तित्व (?) संभव नहीं है।'[३] कृष्ण ने यह संदेश देते हुए भी अपने हृदय के गूढ़ प्रेम को उद्धव के सामने व्यक्त किया और नन्द-यशोदा और गोपियों के नाम अलग-अलग संदेश और पत्र दिए।[४] कुब्जा ने भी राधा और गोपियों के लिए पत्र और संदेश भेजे।[५] संदेश लेकर कृष्ण जैसा रूप बनाकर, उन्हीं के रथ में बैठकर उद्धव व्रज में आए। इधर उद्धव के गोकुल की ओर चलते ही व्रज में शुभ शकुन होने लगे, गोपियों के दग्ध हृदय में आशा के अंकुर उगने लगे।[६]

भँवरगीत के आरम्भ में ही सूरदास सबसे पहले उद्धव के आने का समाचार सखी द्वारा राधा को ही दिलाते हैं। राधा को यह संदेश मरती हुई मीन को अगम जल की प्राप्ति के समान लगा। परन्तु व्रज के घर-घर में इस संवाद से एक नवीन जीवन का संचार हो गया। यशोदा, नन्द, सखावर्ग, व्रजनारीवर्ग पर क्या भिन्न-भिन्न प्रभाव पड़ा इसे सूरदास ने बड़ी दक्षता से अंकित किया है।[७] उद्धव के आगमन की प्रथम प्रतिक्रिया के बाद कृष्ण के लिखित संदेश की प्रतिक्रिया का चित्रण किया गया है[८] और जब ये प्राथमिक प्रतिक्रियाएँ स्थिरता प्राप्त करने लगीं तब उद्धव ने अपना योग-संदेश सुनाया जिसके फलस्वरूप कवि गोपियों की विरहासक्ति का अनुपम प्रतिभा के साथ चित्रण करता है। इस चित्रण में यद्यपि अनेक छोटे-छोटे विवरणों की

---

१. सू० सा० (सभा), पद ४०२९-४७७७।
२. वही, पद ४०३०-४४३९।
३. वही, पद ४०४०-४०४४।
४. वही, पद ४०५४-४०६०।
५. वही, पद ४०६१-४०६२।
६. वही, पद ४०७१-४०७४।
७. वही, पद ४०७८-४०८९।
८. वही, पद ४१०१-४११२।

कल्पना की गई है जिनके सहारे सूरदास ने मानव के भाव-लोक के गम्भीर से गम्भीर और सूक्ष्म से सूक्ष्म भाव ढूँढ़ निकाले हैं, परन्तु कथा-प्रवाह का स्वभावतया सर्वथा अभाव है। भ्रमरगीत मधुर-प्रेम का अथाह समुद्र है जिसमें लघु लहरें, उत्ताल तरंगें, झंझावात से आलोड़ित विप्लव, धैर्य तोड़ने वाले ज्वार और विह्वल करने वाली बड़वाग्नि तो है, किन्तु सरिता में जो प्रवाह, गति क्षिप्रता होती है, वह नहीं है। विरह में गोपियों का प्रेम स्थिरता प्राप्त कर चुका है, उद्धव आकर उसको चंचल कर देते हैं। परन्तु यह चंचलता क्षणिक है। गोपियों के गम्भीर प्रेम का परिचय प्राप्त करके उद्धव अपना ज्ञान भूल जाते हैं और निर्गुण का उपदेश छोड़ सगुण के चेरे बन जाते हैं।[१] मथुरा आकर वे स्वयं कृष्ण के सम्मुख व्रज के प्रेम का मर्मस्पर्शी वर्णन करते और कृष्ण की निठुराई की आलोचना करते हैं। इस प्रकार भ्रमरगीत का सूरदास द्वारा कल्पित उद्देश्य जिसे वे आरम्भ में कृष्ण के मुख से कहलाते हैं पूर्ण हो जाता है।

एकमात्र भ्रमरगीत के आधार पर भी सूरदास की समस्त काव्य विशेषताएँ जिनमें उनकी कथा-प्रबंध-रचना की विशेषता भी सम्मिलित है, प्रमाणित की जा सकती है।

२०. कुरुक्षेत्र मिलन[२] लीला का वर्णन दशम स्कन्ध—उत्तरार्ध में प्रसंगानुसार अनेक शीर्षकों के अन्तर्गत दिया गया है। प्रारम्भ में 'पथिक के प्रति व्रजवासी वाक्य' शीर्षक में कहा गया है कि 'वही एक बार उद्धव से कुछ संदेश पाया था, परन्तु तब से कोई नहीं आया। गोकुलनाथ ने व्रज की बात भीं नहीं चलाई। क्या वहाँ कागज और स्याही भी नहीं रही!'[३] उत्तर में पथिक के द्वारा यह सुनकर कि श्याम अब मथुरा से द्वारका जा रहे हैं यशोदा, अपना स्नेह-संदेश भेजती हैं। व्रज के निवासी—विशेषतया यशोदा, गोपियाँ और राधा इस नई विपत्ति पर अपना दुःख प्रकट करती हैं। इधर गोपियाँ अपने हृदय की वेदना-व्यथा प्रकट करती हैं,[४] उधर रुक्मिणी के पूछने पर कि चंचल, विशाल-नयन राधा पर क्या देखकर रीझ गए थे, कृष्ण व्रज और व्रजबालाओं के प्रति अपना उत्कट अनुराग मर्मस्पर्शी वेदना के साथ प्रकट करते हैं।[५] व्रजवासियों के प्रेम का स्मरण करके मुरारी ने कुरुक्षेत्र-स्नान का निश्चय किया और कुरुक्षेत्र आकर नन्द, यशोदा, गोपी, ग्वाल आदि को बुलाने के लिए दूत भेज दिया।[६] दूत पहुँचने के पहले ही गोपियों को शुभ शकुन दिखाई देने लगे। 'पूर्व दिशा में काग की गहगही शुभ वाणी सुनाई दी, मानो उसने कहा कि भोली सखी राधिके, सुन, आज तुझसे श्याम का मिलन होगा। कुच, भुज, नयन, अधर फड़कते हैं और बिना वायु के अंचल की ध्वजा फहराती है। विधि ने भाग्य-दशा खोल दी और कहा कि सोच निवार कर मन में आनन्द करो। सखी के मुख से सुवचन सुनकर प्रेम की पुलक से चोली-बन्द टूट गए।'[७] राधा ने दूत का संदेश सुना तो उसके नैन भर आए। वह सोचती है कि क्या करूँ और कैसे जाऊँ। फिर भी

---

१. सू० सा० (सभा), पद ४६९७।
२. वही, पद ४८६४-४९१४।
३. वही, पद ४८६४-४८६६।
४. वही, पद ४८७०-४८८७।
५. वही, पद ४८८८-४८९१।
६. वही, पद ४८९३।
७. वही, पद ४८९४।

श्याम सुन्दर घन के दर्शन से तनु की ताप तो दूर हुई'[१] गोपियों ने दूत के द्वारा करुणा पूर्ण संदेश भेजा, 'तुम्हारा विरुद भक्तवत्सल है, इससे तुमने हमें सनाथ किया। हमारे प्राण तो तुम्हारे साथ थे ही, अब हम भी आ रहे हैं।[२] अपने-अपने शकट सजाकर सब व्रजवासी 'अविनाशी' से मिलने चले। 'कोई गाता है' कोई वेणु बजाता है, उतावली से दौड़ता है। विविध प्रकार से मोद मनाते हुए सभी हरि-दर्शन की लालसा लिए चले जा रहे हैं। × × × भगवान् सबसे उसके भाव के अनुसार मिले, जिसे देख कर देश-देश के नृपति प्रेम अलगाने लगे।'[३] परन्तु श्रीकृष्ण के इस मिलन में कुशल कवि ने व्रज के मिलन-सुख का उल्था नहीं किया। देश, काल और परिस्थितियों के व्यवधान ने गोप-गोपियों के भावों में आत्मीयता के प्रकाशन की क्षमता नहीं रखी। उन्हें यह विस्मरण नहीं हो सका कि कृष्ण अब 'कुँवर कन्हाई' नहीं, 'महाराज यदुनाथ' हैं। परन्तु फिर भी यह कठोर सत्य है कि जग में वे जीती इसी आशा से हैं कि वे अपने पुरातन प्रेम को नया करने का अवसर पाती रहें। नहीं तो 'कहाँ सिंधु-तट पर बसने वाले यदुनाथ और कहाँ गोकुलवासी! काल की चाल विलक्षण है। नहीं तो कहाँ वह वियोग और कहाँ अब यह मिलन!'[४] कुरुक्षेत्र के मिलन में भी कथा के केन्द्र में राधा ही हैं। रुक्मिणी कृष्ण से पूछती है, 'इनमें वृषभानु-किशोरी कौन है? तनिक हमें अपने बालापन की जोड़ी तो दिखाओ।'[५] परिचय हो जाने पर राधा और रुक्मिणी इस प्रकार मिलीं जैसे बहुत दिनों की बिछुरी हुई एक बाप की दो बेटियाँ हों।[६] और, जब राधा-माधव की भेंट हुई तो उनकी गति कीट-भृङ्ग की हो गई। दोनों में किसी प्रकार का अन्तर नहीं रहा।[७] कृष्ण ने न केवल राधा के साथ अपनी अभिन्नता का कथन किया, वरन् समस्त व्रजवासियों को आश्वासन दिया कि मैं कभी तुमसे दूर नहीं रहता 'जो मुझे जिस भाँति भजता है, मैं उसे उसी भाँति भजता हूँ, उसी प्रकार जैसे मुकुर में स्वयं अपना ही रूप दिखाई देता है।' उन्होंने व्रजवासियों के अंग छूकर सौगंध खाई कि 'मेरे हृदय से गोकुल कभी नहीं टलता।'[८] व्रजवासी प्रेम, कृतज्ञता, दीनता और हर्ष प्रकट करते, कृष्ण की व्रजलीलाओं का स्मरण करते और नयनों के मार्ग से प्रेम-समुद्र बहाते हुए विदा हुए।

कृष्ण-लीला की इस अंतिम खंडकथा में घटनाओं की विविधता, संगठन, गति और निश्चित परिणाम के साथ काव्य के उच्च लक्षणों का समावेश करके सूरदास ने खंडकाव्य में ही अपने गीत्यात्मक लीला काव्य की समाप्ति की है।

सूरदास का कृष्ण-लीला काव्य

कृष्ण सम्बन्धी स्फुट पदों, पद-समूहों और खंड कथानकों के उपर्युक्त विवेचन में स्थान-स्थान पर संकेत किया गया है कि सूरदास का उद्देश्य अपने दृष्टिकोण से कृष्ण की सम्पूर्ण

---

१. सू० सा० (सभा), पद ४७९७।
२. वही, पद ४८९९।
३. वही, पद ४९००।
४. वही, पद ४९०१-४९०२।
५. वही, पद ४९०३-४९०५।
६. वही, पद ४९०९।
७. वही, पद ४९१०।
८. वही, पद ४९१२-४९१३।

कथा कहना है; उनके स्फुट लगने वाले पदों और पद-समूहों का कृष्ण की बृहद् कथा में अपना निश्चित स्थान है, वे सम्पूर्ण कथा के साथ गुंथे हुए हैं तथा उनके खंड कथानक अपना पृथक्-पृथक् व्यक्तित्व रखते हुए भी परस्पर संयुक्त होकर कृष्ण लीला के सम्पूर्ण कथा काव्य का निर्माण करते हैं। अत: सूरदास का कृष्ण-लीला काव्य स्फुट सामग्री का संकलन नहीं, वरन् विविध घटना-प्रसंगों और भावों के विकास की दृष्टि से एक कथा-प्रबंध काव्य है, जिसमें प्रधान कथा को पुष्ट विकसित और अग्रसर करने वाली अनेक प्रासंगिक कथाएँ हैं जिनका प्रधान कथा के साथ अंग और अंगी का सम्बन्ध है। इस लीला काव्य में विशृंखलता मालूम पड़ने का प्रधान कारण एक तो गीतिपदों की शैली है, दूसरे विभिन्न प्रकार के पदों, पद-समूहों और खंड कथानकों की स्वतन्त्र प्रकृति। एक तीसरा और बहुत महत्वपूर्ण कारण यह भी है कि सूरदास के इस लीला काव्य की प्रकृति को समझे बिना उसके पदों और कथा-प्रसंगों में क्रम-परिवर्तन और परिवर्धन भी अवश्य होता है। 'सूरसागर' का प्रामाणिक संस्करण उपलब्ध न होने से प्रस्तुत विवेचन में निर्धारित सूरदास की कृष्ण-लीला की रूप-रचना, क्रम-व्यवस्था और विकास-रेखा के विषय में विशेष आग्रह नहीं किया जा सकता। फिर भी यह विवेचन भाव के विकास को ध्यान में रखकर किया गया है, इससे यह विश्वास कर सकते हैं कि उनकी विचारधारा युक्ति और तर्क पर आधारित है। प्रस्तुत अध्याय के वस्तु-विवेचन से न केवल आगामी अध्यायों में उद्‌घाटित चरित्र-चित्रण और भावानुभूति एवं भाव-चित्रण की संगति मिलती है, अपितु पूर्व अध्यायों में लक्षित सूरदास की भक्ति-भावना का भी उसके साथ सामंजस्य प्रमाणित हो जाता है।

आगामी पृष्ठों में कृष्ण-लीला की सामान्य रूपरेखा के साथ उसके विकास-क्रम को समझने का प्रयत्न किया गया है।

कृष्ण-लीला के प्रारम्भ में संक्षिप्त मंगलाचरण के बाद बताया गया है कि हरि ने वासुदेव के रूप में अवतरित होकर दंतवक्र और शिशुपाल के रूप में उत्पन्न जय और विजय पार्षदों का उद्धार किया। इसके अतिरिक्त उन्होंने अन्य लीलाओं का भी विस्तार करके 'जीवों का विस्तार' किया।[१] आगामी पद से 'आदि सनातन हरि अविनासी, सदा, निरन्तर, घटघटवासी, पूर्ण ब्रह्म' के निगमों के लिए भी अगम गुणगण का उनकी व्रजलीलाओं के साथ विरोधाभास दिखाते हुए विस्मय की व्यंजना तथा व्रजवासियों के भाग की सराहना की गई है, जिनके संग अविनाशी खेलते और ब्रह्मादिक के लिए भी दुर्लभ रस का सहज ही उपभोग करते हैं।[२]

इस संक्षिप्त भूमिका में कृष्ण के व्रज में अवतार लेने के दोनों उद्देश्यों का उल्लेख कर दिया गया है। उनका एक उद्देश्य दुष्टों का संहार एवं जीवों का उद्धार है तथा दूसरा व्रज की सुख लीलाओं में अपने परमानन्द रूप का प्रकाशन करना है। भूमिका के बाद कवि एक लम्बे पद में 'कालिंदी कूल पर अवस्थित रसाल मधुपुरी' नगरी में देवकी के विवाह से लेकर नन्दनन्दन के गोकुल में प्रकट होने तक का संक्षिप्त, परन्तु क्रम-व्यवस्थित वर्णन करता है।[३] गोकुल में हरि के प्रकट होने का छोटे-छोटे अनेक पदों में व्यक्त हर्षोन्मेष मानो लम्बे पद की गम्भीर धारा के रूप में एकत्र होकर प्रवाहित होने लगता है।[४] गोकुल के आनन्दोत्सव का केन्द्र

---

१. सू० सा० (सभा), पद ६१९-६२०।
२. वही, पद ६२१।
३. वही, पद ६२२।
४. वही, पद ६४२।

नन्द महर का निवासगृह है जहाँ बधाइयाँ बज रही है। 'स्थान-स्थान पर गोपी-ग्वाले फूले-फूले फिर रहे हैं; गाएँ फूली फिर रही हैं; गोपिकाएँ अंग-अंग में फूली फिर रही हैं; इस आनन्द-लहर में तरुवर भी फूल और फल गए हैं। द्वार पर वंदीजन फूले फिर रहे हैं; फूले-फूले बंदनवार बंधे हैं। गोकुल शहर में जो जहाँ है, वहीं फूला फिर रहा है। आनन्द मूल यदुकुल के लोग तो फूले फिरते ही हैं, क्योंकि उनके पिछले पुण्य अंकुरित होकर फूल निकले हैं। यमुनाजल में उमंग हैं, कुंज-पुंज प्रफुल्लित हो रहे हैं; जलधर के काले-काले भीषण यूथ हर्ष से गरज रहे हैं। स्वयं कामदेव फूलकर नाच रहा है और रति अंग-अंग में फूल रही है। हलधर के मन का मनोज भी फूल रहा है। द्विज, संत और वेद फूल रहे हैं; कंस के डर का खेद मिट गया है; भीतर-बाहर के सभी व्यक्ति बधाइयाँ गा रहे हैं। यशोदा रानी फूली है क्योंकि उसने शारंगपाणि पुत्र उत्पन्न किया है। उदार नंदराज फूले हैं।'[१] इस प्रकार कृष्ण के गोकुल में प्रकट होने से समस्त प्रकृति में उत्फुल्लता छा गई है; चर और अचर सभी आनंदोल्लास की तरंगों में प्रवाहित होने लगे हैं। परमानंदरूप कृष्ण की सुख-लीलाओं का केन्द्रीय भाव इस जन्मोत्सव के वर्णन में उपस्थित करके सूरदास कृष्ण-कथा का सम्यक् आरम्भ करते हैं।

इस कथा का सामान्य घटनात्मक रूप कृष्ण के विविध संस्कारों, उनकी आठ प्रहर की दिनचर्या तथा उनके उन मानव तथा अतिमानव कृत्यों द्वारा निर्मित होता है जिन्हें खंड कथानकों का व्यक्तिगत रूप दिया गया है। परन्तु जैसा कहा जा चुका है, खंड कथानकों की लीलाएँ भी उसी प्रकार सम्पूर्ण कृष्ण लीला की अंग हैं, जिस प्रकार अन्य लीलाएँ। केवल उनमें कवि की विशेष रुचि होने के कारण उन्हें विशिष्ट रूप भी प्राप्त हो गया है। कृष्ण-लीला को इस प्रकार एक संश्लिष्ट रूप में देखने पर हमें वह कई धाराओं में प्रवाहित होती दिखाई देती है। उसकी एक धारा में कृष्ण के वे विस्मयकारी संहार-कार्य हैं जिनका पूतना से आरम्भ होकर व्रज के क्षेत्र में कंस और उनके सहयोगियों के वध में अंत होता है। इस धारा में कृष्ण का चरित अतिलौकिक है, यद्यपि उसकी अतिलौकिकता की प्रतीति व्रजवासियों को एक विशेष ढंग से कराई गई है, जिससे उनके मन में कृष्ण के प्रति आतंक और गौरव की भावना जागरित होकर मानवीय प्रेम सम्बन्धों के भाव को दबा न सके। कृष्ण के संहार-कार्यों की धारा व्रज की लीला के उपरान्त मथुरा और द्वारका के क्षेत्रों तक जाती है, परन्तु उन क्षेत्रों की संहार लीलाओं के प्रति कवि की भावना उदासीन है, क्योंकि संहार लीलाओं के प्रति व्रजवासियों का दृष्टिकोण व्रज में ही सीमित है। व्रज के संहार-कार्य लीला-कौतुक में होते हैं, जबकि मथुरा और द्वारका के संहार-कार्यों का उद्देश्य उद्धार घोषित किया गया है। व्रज में क्रीड़ा-विनोद करते हुए उन्होंने पूतना, काग, शकट, तृणावर्त, वत्स, वक, धेनुक, प्रलंब, शंखचूड़, वृषभ, केशी, भौम, कंस आदि का वध, श्रीधर ब्राह्मण का अंग-भंग, कालिय नाग का दमन, ब्रह्मा और इंद्र का गर्व-खंडन, दावानल का पान, गोवर्धन धारण करके व्रज की रक्षा, नन्द की वरुण-पाश से मुक्ति और गुरु के मृत पुत्रों को पुनर्जीवित करके अपने अवतारी रूप का प्रदर्शन किया। कृष्ण के इन कार्यों से व्रज की सुख-क्रीड़ाओं को चमत्कार प्राप्त होता है और व्रजवासियों का प्रेम-सम्बन्ध रहस्यात्मक अलौकिकता प्राप्त करता है।

---

१. सू० सा० (सभा), पद ६५२।

कृष्ण-लीला की दूसरी धारा में कृष्ण का शुद्ध आनन्द रूप प्रकाशित हुआ और उसमें कृष्ण की वे समस्त लीलाएँ हैं जिन्हें सुख-क्रीड़ाएँ कह सकते हैं। इन क्रीड़ाओं के नायक कृष्ण सहज मानवीय धरातल पर व्रजवासियों के साथ विभिन्न सम्बन्धों में प्रकट होते हैं। कृष्ण के विभिन्न संस्कार—जन्म, गोकुल में प्राकट्य, नाल छेदन, छठी, नामकरण, अन्नप्राशन, वर्षगाँठ, कनछेदन आदि तथा उनके नित्य कर्म—पालना झूलना, घुटनों चलना, पैरों चलना, खेलना, चंद्र-प्रस्ताव, कलेवा, भोजन, छाक, माटी-भक्षण, माखनचोरी, चकई भौंरा खेलना, गोचारण, वन से प्रत्यागमन आदि उनकी सुख-क्रीड़ाओं के अंग हैं। कवि ने कृष्ण की सुख-क्रीड़ाओं का भावात्मक विकास तीन प्रधान दिशाओं में किया है और उसकी पुष्टि के लिए अनेक परिस्थितियों के वर्णन-चित्रण विषयक पद-समूहों और कथा-प्रसंगों की रचना की है। न्यूनाधिक अंश में शैशवकाल से ही कृष्ण-लीला तीनों दिशाओं में विकास करती दिखाई देती है। किन्तु यह स्वाभाविक है कि शैशव और बाल्य काल की लीलाओं में यशोदा के भाव को विकसित होने के अवसर अधिक हैं तथा किशोर अवस्था की लीला में गोपियों के लिए अपेक्षाकृत अधिक क्षेत्र है। सखाओं का भाव भी बाल्य-काल में जितनी घनता प्राप्त करता है उतनी किशोर अवस्था में नहीं। किशोर अवस्था की लीलाओं का बीज बाल्य-काल में ही मिलता है जो धीरे-धीरे अंकुरित, पोषित और पल्लवित होकर कृष्ण-लीला को आच्छादित कर लेता है।

बाल्य-काल की माखनचोरी और चकई भौंरा खेलने की लीलाओं से कृष्ण के माधुर्य-भावव्यंजक व्यक्तित्व की विविध क्रीड़ाओं का सूत्रपात होता है। एक ओर गोपियाँ उनके प्रति अपना काम-प्रेरित अनुराग व्यक्त करती हैं जिसे वे माखनचोरी, वृन्दावन-प्रवेश, मुरली-वादन, चीरहरण, पनघट, दान, ग्रीष्म और यमुना-विहार लीलाओं से पुष्ट करते हैं; दूसरी ओर राधा के साथ कृष्ण का स्वाभाविक प्रेम 'चकई भौंरा खेलन समय' से आरम्भ होकर, सुख-विलास श्याम-राधा खेलन समय, सर्प-दंश प्रसंग द्वारा विकसित होता हुआ पनघट, दान, ग्रीष्म और यमुना-विहार लीलाओं में गोपियों के प्रेम के साथ गुंफित हो जाता है। सर्प-दंश प्रसंग के गारुड़ी कृष्ण जब गोपियों को अपनी मनोहर हँसी के द्वारा वश में कर लेते हैं, तभी से गोपियाँ राधा को अपने माधुर्य भाव की आदर्श मानने लगती हैं। चीरहरण के बाद जब वे लोक-लाज का आंशिक अतिक्रमण करने में समर्थ हो जाती हैं, तब उन्हें पनघट, दान, ग्रीष्म लीला और यमुना-विहार लीला में राधा क़े साथ-साथ अपने प्रेम को व्यक्त और विकसित करने का अवसर मिलता है। अनुराग समय से लेकर आँख समय तक के असंख्य पदों में सूरदास ने गोपियों और राधा के प्रेम का जो तुलनात्मक चित्रण किया है, उसमें प्रेम की प्रकृति समान होते हुए भी दोनों के भावों में पूर्णता की प्राप्ति के प्रयास और पूर्णता की सफल प्राप्ति का सम्बन्ध दिखाया गया है। रासलीला में प्रकट रूप से राधा गोपियों के मध्य में विराजती हुई कृष्ण-प्रेम की विशेषाधिकारिणी दिखाई देती है। अब तक—अनुराग और आँख समय के पदों तक—वह अपने परिपूर्ण अवस्था को प्राप्त हुए कृष्ण-प्रेम को छिपाती थी। रासलीला तक गोपियों के मन में गर्व की स्थिति थी, रासलीला में उसका नाश हो जाता है। गर्व-नाश में सूरदास राधा को भी गोपियों के समान आदर्श का प्रत्यक्षीकरण करने के लिए गोपियों के समान त्यक्त और विरह-व्यथित चित्रित करते हैं। रासलीला में सूरदास ने कृष्ण को केवल राधा के साथ रति-सुख के लिए प्रवृत्त दिखाया है, 'भागवत' की भाँति उनके गोपियों

के साथ रमण करने का उल्लेख नहीं किया। राधा-कृष्ण का विवाह सम्पन्न कराके राधा-कृष्ण प्रेम की चरम स्थिति व्यंजित की गई है, जिसके उपरान्त राधा-कृष्ण की रति का वर्णन करने की मानो उन्हें नैतिक स्वतंत्रता प्राप्त हो जाती है। राधा-कृष्ण विवाह में प्रकृति-पुरुष रूप ब्रह्म के एकता-व्यंजक संयोग को कवि ने व्रज के प्रकट रूप में सम्पन्न कराया है; दूसरी ओर गोपियों की उत्पत्ति के विषय में यह बताकर कि वे वेद की ऋचाएँ थीं और देवताओं के लिए भी दुर्लभ ब्रह्म के परमानन्द रूप से वंचित रहने के कारण उसके आस्वादन के लिए उत्सुक थीं, गोपियों की कृष्ण ब्रह्म से अभिन्नता व्यंजित की है। राधा और गोपियों के प्रेम में जो आदर्श और अनुकरण का अन्तर है वह दोनों के वास्तविक रूप से संगति रखता है। रासलीला के बाद कृष्ण और राधा तथा कृष्ण और गोपियों के प्रेम में एक और विकास होता है। जहाँ अब तक राधा पनघट वाली अथवा दानलीला वाली गोपियों के साथ रहकर अपना प्रेम प्रकट करती थी और कृष्ण कभी सबके सामने और कभी अलग उसके साथ अपनी अभिन्नता का कथन करके आश्वासन दे देते थे, वहाँ अब वे स्वयं राधा के लिए विकल, मानवती राधा के सामने प्रेम-निवेदन करते हुए चित्रित किए गए हैं। राधा-कृष्ण रति के वर्णनों के साथ-साथ राधा की मान लीलाओं में प्रेम की उस उत्कृष्ट अवस्था का चित्रण है जब प्रेम-पात्र और प्रेमी एकाकार होकर परस्पर भाव-विनिमय कर लेते हैं। खंडिता-समय के वर्णन में गोपियाँ भी आंशिक रूप में इसी आदर्श की समीपता प्राप्त करती दिखाई गई हैं। हिंडोललीला में रासलीला से भी अधिक निर्बाध सम्मिलित सुख का चित्रण है। तदुपरान्त वृन्दावन-विहार में व्रज की उन सुख-क्रीड़ाओं का अंतिम बार चित्रण किया गया है जो राधा, गोपियों, गोपों और यशोदा के प्रेम से सम्बन्धित हैं। साथ ही कृष्ण के अलौकिक व्यक्तित्व के व्यंजक संहार-कार्यों का भी उल्लेख है। ऐसा लगता है कि व्रजवासी कृष्ण के विविध-रूप व्यक्तित्व का सम्मिलित चित्रण देकर कवि ने उसकी एकता की व्यंजना की है। विद्याधर शाप-मोचन[१] का चलता उल्लेख करके राधा-कृष्ण रति का विशद चित्रण दिया गया है,[२] फिर शंखचूड़ वध[३] का उसी प्रकार उल्लेख करके कृष्ण के प्रातःकाल जागने और कलेऊ करने[४] के विस्तृत वर्णन किए गए हैं। भोजन[५] के बाद गोचारण[६] का वर्णन है जहाँ ग्वाल सखा 'छबीले' से 'नेक' मुरली बजाने की प्रार्थना करते हैं।[७] सखाओं के करुण अनुरोध पर कृष्ण विधिवत् मुरली बजाते हैं, जिसके लोक-लोकान्तर व्यापी अद्‌भुत प्रभाव का वर्णन करके कवि सखाओं के प्रति कृतज्ञतापूर्ण प्रशंसा व्यक्त करता है।[८] मुरली के मधुर नाद को सुनकर गोपियाँ आत्म-विस्मृत हो जाती हैं और वे मुरली के प्रति ईर्ष्या और असूया के भाव प्रकट करती हैं।[९] नटवर वेष धरकर श्याम के व्रज-प्रवेश की शोभा और तज्जन्य व्रजवासी स्त्रियों के विविध भावों का कवि ने अन्तिम

---

१. सू० सा० (वें० प्रे०) पृ० ४१६।
२. वही, पृ० ४१७-४२०।
३. वही, पृ० ४२०।
४. वही, पृ० ४१०-४२१।
५. वही, पृ० ४२२।
६. वही, पृ० ४२२।
७. वही, पृ० ४२२।
८. वही, पृ० ४२२-४२३।
९. वही, पृ० ४२३-४२४।

बार चित्रण किया है।[१] वृन्दावन के गोचारण-समय ही कृष्ण वृषभ,[२] केशी[३] और भौम[४] असुरों का वध करते हैं। कवि इनके उल्लेख के साथ गोचारण-सुख, सखाओं के प्रेम और उनकी कृतज्ञता का वर्णन करके यशोदा से भोजन आदि की परिचर्या कराके कृष्ण को उनकी राजधानी में रत्नजटित पलका पर पौढ़ाकर सोता छोड़ देता है।[५] नित्य वृन्दावन धाम के महिमा गान[६] के बाद यह प्रसंग समाप्त होता है। अक्रूर प्रस्ताव और कृष्ण के मथुरा-गमन के पहले वसंत और फाग के वर्णन में व्रज का सम्मिलित सुख पूर्ण मर्यादातिरेक के साथ अन्तिम बार चित्रण हुआ है जिसमें सुख-क्रीड़ा के स्वच्छंद प्रवाह में भाव-भेद भी विस्मृत हो गए हैं।

अक्रूर आगमन के बाद कृष्ण-लीला की दोनों धाराएँ भिन्न गति से प्रवाहित होती हैं। जो कृष्ण लीला-कौतुक मात्र में असुरों का संहार कर डालते थे, वे कंस-वध के लिए उत्सुक दिखाई देते हैं। यद्यपि सूरदास ने कंस और उसके सहयोगियों के वध में कृष्ण के शौर्य और पराक्रम को प्रखर रूप में चित्रित नहीं किया, फिर भी उनके इन आतंकपूर्ण कृत्यों के प्रति व्रजवासियों का वह आत्म-वंचना का भाव नहीं है जो कृष्ण की मनोहर लीलाओं से पुष्ट होकर उन्हें गौरव भावना से अभिभूत नहीं होने देता था। व्रजवासी इन दुरूह कृत्यों के प्रति उदासीन हैं और इसी कारण सूरदास की भी रुचि उनके वर्णन में अपेक्षाकृत कम है। वे तो व्रजवासियों के वियोग से अभिभूत होकर कभी नंद, कभी गोपी, कभी गोप, कभी यशोदा और कभी राधा के हृदय में बैठकर उनके भावों को संकलित करते हैं। वियोग अवस्था में इन सभी के भाव एक ही रूप और प्रकार के हैं, अन्तर केवल उनकी गम्भीरता और तीव्रता में है। व्रज का सुख जो अपनी मन्द, मन्थर गति से प्रवाहित हो रहा था, जिसके विषय में गोप सखा तो कभी-कभी आशंकित होते भी थे, अन्य लोग उसमें इतने तल्लीन थे कि उन्हें कभी उसके आदि अन्त का ज्ञान भी नहीं होता था, अक्रूर के आने से अचानक भंग हो गया। कृष्ण ऐसे निठुर-से हो गए कि उनका व्यवहार परायों-जैसा लगने लगा। वे आतुर होकर अक्रूर के साथ जाने को तैयार हो गए। कृष्ण-लीला की धारा संयोग-प्राप्त दुर्घटना से उत्पन्न भावों के साथ क्षिप्र गति से महान् दुःख के सागर में विलीन हो गई। भ्रमरगीत के पहले ही 'नन्द व्रज आगमन, यशोदा वचन नन्द प्रति,'[७] 'नन्द वचन यशोदा प्रति'[८] 'यशोदा वचन नन्द प्रति,[९] 'समूह व्रज लोग वचन,'[१०] 'ग्वाल वचन,'[११] 'गोपी वचन,' 'कुबिजा प्रति परस्पर तरक वदत,'[१२] 'श्याम

---

१. सू० सा० (वें० प्रे०), पृ० ४२५-४२७।
२. वही, पृ० ४२७।
३. वही, पृ० ४२८।
४. वही, पृ० ४२९।
५. वही, पृ० ४२९।
६. वही, पृ० ४२९।
७. वही, पृ० ४७७।
८. वही, पृ० ४७८।
९. वही, पृ० ४७८।
१०. वही, पृ० ४७८।
११. वही, पृ० ४७८।
१२. वही, पृ० ४७८।

रंग को तरक वदति,'[१] 'नन्द यशोदा वचन परस्पर,'[२] 'पन्थी वाक्य देवकी प्रति,'[३] 'गोपी विरह अवस्था परस्पर वर्णन,'[४] 'नैन प्रस्थांबु पद'[५] 'स्वप्न दर्शन,'[६] 'पावस समय,'[७] 'चन्द्र प्रति तरक वदति,'[८] शीर्षकों में जो असंख्य पद-समूह हैं, उनमें व्रज के दारुण दु:ख का चित्रण सूरदास ने अनेक परिस्थितियों, अनेक संदर्भों और विविध भाव के व्यक्तियों के सम्बन्ध में किया है। प्रकृति, स्वभाव और भाव की गम्भीर अनुभूति की दृष्टि से गोपियों के वियोग-वर्णन का अधिक विस्तार है। परन्तु जिस प्रकार वात्सल्य की प्रतीक यशोदा के भाव में मूक गम्भीरता की प्रधानता है, उसी प्रकार माधुर्य की प्रतीक राधा की दारुण दशा भी सूरदास ने गम्भीर मौन द्वारा ही विशेष व्यंजित की है। वस्तुत: वह तो यशोदा से भी अधिक शांत है, यद्यपि उसके भीतर वियोग की जो ज्वाला जल रही है उसकी समता करने वाला कोई नहीं है। राधा की वियोग-व्यथा गोपियों के द्वारा व्यक्त होती है।

कृष्ण-लीला काव्य इस प्रकार दु:ख में समाप्त होता दिखाई देता है परन्तु सूरदास निराशा का वरण नहीं करते। उनके व्रजवासी अब भी आशान्वित हैं कि कृष्ण कभी मिलेंगे अवश्य, यद्यपि उनके साथ अब उस प्रकार का प्रेम नया नहीं किया जा सकता। उद्धव के आगमन के द्वारा उनकी आशा न्यूनांश में पूरी होती है। यद्यपि उद्धव का संदेश उन्हें धैर्य और संतोष के स्थान पर पीड़ा ही अधिक पहुँचता है, परन्तु उन्हें यह विश्वास नहीं होता कि वह संदेश कृष्ण ने भेजा होगा। इसमें उन्हें कुब्जा की मलिनता और उद्धव की मूढ़ता का आभास मिलता है। अन्त में उन्हें इस विचार से संतोष होता है कि कृष्ण-प्रेम के आगे उद्धव का ज्ञान-योग का उपदेश हीन प्रमाणित हो गया और स्वयं उद्धव जो उनके गुरु बनने आए थे अपना पांडित्य भुलाकर उनके चेले बन गए। वस्तुत: कृष्ण-प्रेम की विजय दिखाकर कवि ने इस लीला-काव्य को दुखान्त नहीं होने दिया। गोपियाँ विनय, दीनता और प्रेम के साथ कृष्ण के लिए संदेश भेजती हैं; यशोदा मुरली भेजती है; परन्तु राधा मौन के ही द्वारा उद्धव के हृदय पर अपना संदेश अंकित कर देती है। मथुरा लौटकर उद्धव के द्वारा गोपियों के प्रेम की प्रशंसा कराके तथा स्वयं श्रीकृष्ण द्वारा व्रज को कभी न भूलने की प्रतिज्ञा कहलाकर कवि प्रेम की महत्ता व्यंजित करता है। प्रेम की पूर्णता वियोग में ही है, यह प्रमाणित करना भ्रमरगीत का सर्वप्रधान उद्देश्य है।

कुरुक्षेत्र-भेंट के प्रसंग में पुन: प्रेम की गम्भीरता और महत्ता दिखाई गई है तथा व्रज के प्रति कृष्ण के उत्कट अनुराग, रुक्मिणी की अपेक्षा राधा के प्रति उनकी विशेष प्रवृत्ति और राधा-कृष्ण के तदाकार हो जाने का वर्णन करके सूरदास ने कृष्ण-लीला का सुख में अन्त किया है, यद्यपि वह सुख भौतिकता से ऊपर उठा हुआ है। सूरदास की कृष्ण-लीला के

---

१. सू० सा० (वें० प्रे०), पृ० ४८०।
२. वही, पृ० ४८०।
३. वही, पृ० ४८२।
४. चही, पृ० ४८५।
५. वही, पृ० ४८७।
६. वही, पृ० ४८९।
७. वही, पृ० ४९३।
८. वही, पृ० ४९७।

नायक तो कृष्ण हैं ही, उसकी नायिका राधा है, यह कुरुक्षेत्र की अंतिम भेंट से प्रमाणित हो जाता है।

यदि महाकाव्य की शास्त्रीय परिभाषा के अनुकूल उसके बाह्य लक्षणों का विचार न करें, तो सूरदास की कृष्ण-लीला को महाकाव्य कह सकते हैं। इसमें नायक, नायिका, प्रतिनायक, सखा, सखी, विविध पात्र, प्रधान कथा, अनेक प्रासंगिक कथाएँ, कथाओं की एकसूत्रता, कथानक का आरम्भ, विकास, चरम सीमा, और उसका निश्चित परिणाम में अन्त, बाह्य प्रकृति के चित्रण, आदि प्रबंधकाव्य के लक्षण उसे महाकाव्य की कोटि तक पहुँचाते हैं। इस काव्य की विलक्षण विशेषता यह है इसकी कथावस्तु निर्मित करने वाले अनेक कथानक अलग-अलग व्यक्तित्व रखते हुए भी सम्पूर्ण काव्य के अभिन्न अंग हैं तथा एक दूसरे पर निर्भर हैं और इस प्रकार वे कथावस्तु को अग्रसर करने में सहायक हैं।

८

चरित्र-चित्रण—प्रधान चरित्र

कृष्ण-लीला के विभिन्न पात्रों के चरित्र-चित्रण का अध्ययन करने के पहले यह समझ लेने की आवश्यकता है कि काव्य के सम्पूर्ण कथानक में कृष्ण का व्यक्तित्व इस प्रकार परिव्याप्त है कि अन्य पात्र पूर्णतया उन्हीं पर निर्भर हैं, परन्तु इसके कारण विभिन्न पात्रों के चरित्र स्पष्ट और पूर्णरूप से व्यक्तिगत न रहे हों, ऐसी बात नहीं हैं। वस्तुतः कृष्ण का व्यक्तित्व कवि ने इतना अधिक विचित्ररूप चित्रित किया कि उस पर विभिन्न पात्रों की एक साथ निर्भरता से भी उनमें एकरूपता नहीं आने पाई है और सभी पात्र अपने-अपने भाव के अनुसार अपना-अपना व्यक्तित्व स्वतन्त्र रख सके हैं। भक्ति के भाव-भेद के विवेचन में इन भावों का विस्तार के साथ विश्लेषण किया जा चुका है। काव्य के पात्र उन्हीं भावों में से किसी न किसी भाव के प्रतीक हैं। फलतः प्रबन्धकाव्यों के पात्रों के चरित्रों में कार्य-व्यापार और घटना-वैभिन्य के द्वारा जो विकास, संघर्ष और घात-प्रतिघात दिखाया जाता है, उसकी सम्भावना कृष्ण-लीला के पात्रों में बिल्कुल नहीं है। जहाँ कहीं चरित्रों में विकास दिखाई देता है, वह भावानुभूति का ही विकास है और तत्सम्बन्धी घटनाओं की उद्भावना उसी अनुभूति के लिए हुई है। ऐसी दशा में चरित्र-चित्रण का अध्ययन एक प्रकार से अनिवार्यतः कवि के भाव-चित्रण का अध्ययन हो जाता है। आगामी पृष्ठों में कृष्ण के विचित्र-रूप व्यक्तित्व के विश्लेषण के बाद बलराम, राधा, यशोदा और नन्द के व्यक्तित्व का विवेचन किया गया है। बलराम का व्यक्तित्व यद्यपि किसी भाव का प्रतीक नहीं है, फिर भी वे कृष्ण के व्यक्तित्व के एक अंश-विशेष की पूर्ति और उनके अतिलौकिक रूप की व्याख्या करते हैं। राधा और यशोदा दो भिन्न-भिन्न भावों की प्रतीक हैं तथा नन्द यशोदा के साथ भावसाम्य रखते हुए भी भाव-तन्मयता में उनसे न्यून होने के कारण अपना स्वतन्त्र व्यक्तित्व प्रकट करते हैं। राधा और यशोदा के भावों को प्रकट करने वाले अन्य पात्रों का उन्हीं में समाहार हो जाता है; उनमें जो भी स्वतन्त्रता और व्यक्तिगत लक्षण दिखाई देते हैं, वे इतने गौण हैं कि उनके व्यक्तित्व पूर्णरूप से स्पष्ट नहीं हो पाए हैं, अतः उनका विवेचन आगामी अध्याय में गौण चरित्रों में किया गया है। सख्य भाव को प्रकट करने वाले पात्रों की भी यही स्थिति है। दास्य भाव का स्वतन्त्र रूप से प्रतिनिधित्व करने वाला काव्य में कोई पात्र नहीं है, यों दीनता का भाव सभी पात्रों में न्यूनाधिक रूप में व्यक्त हुआ है और सबसे अधिक उसका प्रकाशन स्वयं कवि ने अपने व्यक्तिगत रूप में किया है। परन्तु कवि की भावानुभूति का विवेचन एक स्वतन्त्र अध्याय में करके उसके व्यक्तित्व के सर्वप्रधान अंग को समझने का प्रयत्न किया गया है।

श्रीकृष्ण

श्रीकृष्ण न केवल काव्य के प्रधान नायक हैं, वरन् कवि के इष्टदेव भी। उनके स्वभाव की यह विशेषता है कि उन्हें जो जिस भाव से भजता है, उसे वे उसी भाव से प्राप्त होते हैं;

फलतः भक्ति-भाव की विविधता के अनुरूप उनका व्यक्तित्व भी अनेक रूपों में प्रकट हुआ है और कवि ने अपने इष्टदेव के प्रति दास्य, सख्य, वात्सल्य और माधुर्य भाव की व्यंजना की है। दास्य भाव के आलम्बन कृष्ण पतितपावन, करुणामय भक्तवत्सल हैं। कृष्ण के इस रूप का विवेचन चौथे अध्याय में किया जा चुका है; दशम स्कंध-पूर्वार्ध में उनका यह महिमा-मंडित रूप अत्यन्त गौण है। वात्सल्य भाव के आलम्बन कृष्ण एक अनुपम शोभाशाली, अबोध शिशु एवं सुकुमार, मनोहर, क्रीड़ा-प्रिय, चंचल, धृष्ठ बालक हैं। व्रज की सम्पूर्ण लीला में वे नन्द, यशोदा तथा वात्सल्य भाव के आश्रय स्वजन-परिजनों को निरन्तर इसी रूप में अपने विविध बाल-कौतुकों से सुख देते हैं। सखाओं के समक्ष बाल और पौगंड कृष्ण प्रिय-सुहृद, सहचर, सहायक और हृदय-रंजक हैं। अन्तिम और सबसे महत्वपूर्ण कृष्ण का मधुर रति का आलम्बन रूप है। इस रूप में वे राधा के प्रेम के आलम्बन और आश्रय तथा गोपी-प्रेम के आलम्बन हैं। मथुरा और द्वारका के प्रवास-काल में उनका चरित भिन्न रूप में प्रदर्शित हुआ है। इसके अतिरिक्त कवि ने स्थान-स्थान पर कृष्ण के उस व्यक्तित्व का भी प्रकाशन किया है, जो उन्हें प्राकृत नायक से अतीत एवं उनके चरित्र को ऐहिकता से उच्च प्रदर्शित करता है। आगामी पृष्ठों में इसी विविधरूप व्यक्तित्व का विवेचन किया गया है।

नन्दनन्दन

व्रज में प्रकट होते ही कृष्ण समस्त व्रजवासियों को अपने अनुपम सौन्दर्य के द्वारा आकर्षित कर लेते हैं। कवि ने उनके एक-एक कृत्य को जिसे 'लीला' कहा गया है मानवीय स्वाभाविकता एवं व्यापक प्रभावोत्पादकता के साथ उपस्थित किया है। कृष्ण के बाल-चरित के सम्बन्ध में एक संभ्रान्त ग्रामीण परिवार के बालक के दैनिक जीवन से सम्बन्धित कोई बात छोड़ी नहीं गई है। पालने में झूलना, अँगूठा चूसना, लोरियों के साथ सोना, प्रभातियों के साथ जागना, हँसना, किलकना आदि शैशव सम्बन्धी प्रत्येक बात का कवि ने अत्यन्त विस्तार और सूक्ष्म से सूक्ष्म ब्यौरे के साथ वर्णन करके कृष्ण के शैशव के स्वाभाविक क्रियाकलाप की ऐसी प्रचुरता कर दी है कि उनके वे अति-प्राकृत कृत्य जिनकी संख्या शैशव-काल में ही बहुत अधिक है उनके प्राकृत बाल-चरित को अभिभूत नहीं कर सके। यही कारण है कि यशोदा उनके प्रति सदैव एक स्नेहपूर्ण माता का ही सरल भाव रखती है; उनकी महिमा से आतंकित होकर उनके प्रति संभ्रमपूर्ण भक्ति-भाव नहीं पैदा कर लेती। कृष्ण के जन्म, नालछेदन, नामकरण, वर्षगाँठ आदि संस्कारों तथा उनके सोने, जागने, खाने, पीने, खेलने, हँसने आदि दैनिक कार्यों का वर्णन करके कवि उनके प्राकृत बाल-चरित की पूर्ण प्रतीति करा देता है।

शिशु कृष्ण अप्रतिम सौन्दर्यशाली हैं। कवि ने अनेक पदों में उनके शिशु रूप के सौन्दर्य का वर्णन किया है। 'घूँघरवाली कुटिल अलकों', हँसते समय 'दूध की दमकती हुई दँतुलियों', 'विशाल लोल लोचनों', 'विकट भृकुटियों' और विशाल भाल पर मसिविंदु के तिलक' के साथ उनके मुख के अपार सौंदर्य पर माता यशोदा तथा अन्य व्रजनारियाँ अपना तन-मन निछावर करती हैं।[१]

वे अत्यन्त चंचल और विनोदी हैं। असुरों का वध तथा अँगूठा चूसकर समस्त चराचर प्रकृति में आन्दोलन उपस्थित करके भी सहज भाव से बाल-लीला करते रहने के अतिरिक्त वे अपने प्राकृत चरित्र में भी अत्यन्त गतिमान और क्रियाशील हैं। यशोदा प्रातःकाल कृष्ण को

---

१. सू० सा० (सभा), पद ७०८-७११।

लिटाकर 'गृहकाज' करने चली गई और नन्द को उनके पास भेज दिया। नन्द आतुर होकर आए और तात का मुख देखकर हँसे। कृष्ण तुरन्त 'पग-चतुराई' करके झटक के साथ और किलकारी मारते हुए उलटे हो गए। नन्द यह छवि देखकर हूल-फूल में झट 'महरि' को बुला लाए।[१] यशोदा हर्षित होकर उनका मुख चूमने लगी। इस समय कृष्ण की अवस्था 'केवल एक पाख और षट्मास' की थी।[२]

ज्यों-ज्यों कृष्ण बड़े होते जाते हैं, उनके रूप की माधुरी और लीला की चपलता भी बढ़ती जाती है। घुटनों चलने के समय का एक चित्र है। 'इन्दु के समान मनोहर उनका वदन है, भाल पर लटकन लटक रहा है, कटि में मणि-माणिकयुक्त किंकिणी बँधी है, कंठ में केहरि-नख और वज्र प्रबाल की माल है, कर में पहुँची, पैरों में नूपुर और शरीर पर पीतपट शोभा दे रहा है। इस प्रकार सुसज्जित श्याम मुख में नवनीत लपेटे हुए घुटनों के बल आँगन भर में खेलते फिरते हैं।[३] कभी किलककर वे पिता का मुख देखते हैं, कभी हँसकर माता की ओर जाते हैं। दोनों अपनी-अपनी ओर बुला रहे हैं और श्याम को खिलौना बनाकर आपस में 'होड़' कर रहे हैं,[४] कृष्ण खीझते जाते हैं और माखन खाते जाते हैं। लोचन अरुण और भौहें टेढ़ी हैं। कभी तो वे रुन-झुन करते हुए घुटनों के बल चलते हैं, जिससे उनका शरीर धूल-धूसरित हो गया है और कभी झुककर माता की अलकें खींचते हैं। कभी तोतले बोल बोलते हैं कभी 'तात' को बुलाते हैं।[५] 'मणिमय आँगन' में डोलते हुए वे अपना ही प्रतिबिंब देखकर 'हुलास' के साथ हँस-किलककर उसे पकड़ने के लिए दौड़ते हैं और पीछे देखकर 'मैया-मैया' पुकारते हैं।[६] टूटे-फूटे शब्द को जोड़कर वे बोलना चाहते हैं, पर अभी मुख से स्पष्ट बात नहीं फूटती, इसलिए माखन माँगने के लिए वे संकेत से काम लेते हैं।[७]

धीरे-धीरे कृष्ण चलना सीखते हैं। पहले यशोदा 'भुजा पकड़कर उन्हें खड़ा करती हैं, पर वे लड़खड़ाकर गिर पड़ते हैं और घुटनों के बल दौड़ जाते हैं। फिर क्रम-क्रम से भुजा टेककर दो-दो पग चलते हैं।[८] श्याम वर्ण शरीर पर पीत 'झँगुलिया' और 'चौतनी कुलहिया' धारण किए हुए कृष्ण जब ठुमुक-ठुमुक चलते हैं, तो उनकी 'पैजनियाँ' बजती हैं। वे उसी के चाव में चलते हैं और बार-बार पैरों की ओर देखते जाते हैं। छोटे से शरीर पर छोटी सी 'झिंगुली', कटि में सुन्दर किंकिणी, केहरि-नख का 'जंत्र हार', 'रत्नजटित पहुँची' और भाल पर तिलक और श्याम 'डिठोना' धारण किए हुए तथा छोटे से हाथ में नवनीत लिए कृष्ण की शोभा को देखकर यशोदा बार-बार उनकी 'बलाई' लेती है।[९]

कृष्ण के स्वभाव की चपलता और विनोदप्रियता शीघ्र ही अत्यन्त गतिशील होकर उनके बाल-नृत्य के रूप में प्रकट हो जाती है। 'यशोदा' उन्हें आँगन में नचाती है। कृष्ण ताली

---

१. सू० सा० (सभा), पद ६८४।
२. वही, पद ६०६।
३. वही, पद ७१५।
४. वही, पद ७१६।
५. वही, पद ७१८।
६. वही, पद ७१९-७२०।
७. वही, पद ७२०।
८. वही, पद ७३०।
९. वही, पद ७५१।

बजा-बजाकर मृदु-मधुर वाणी से गाते हैं। पैरों में नूपुर बजते हैं, कटि में किंकिणी कूजती है। स्वयं यशोदा भी ताली बजाती और गाती है।'[१] 'यशोदा आँगन में बैठी दही बिलो रही है और हरि नन्हीं-नन्हीं दँतियाँ दिखाकर हँसते खड़े हैं। जननी कहती है कि नाचो तो तुम्हें नवनीत मिलेगा। मोहन तुरन्त नूपुर की 'रुनुक-झुनुक' करते हुए नाचने लगते हैं।'[२] 'ज्यों-ज्यों रई घमर-घमर होती हैं, त्यों-त्यों मोहन नाचते हैं। किंकिणी और पग-नूपुरों की धुनि उसी सुर में सहज ही मिल जाती है।'[३]

जब मोहन यशोदा से 'मैया-मैया' नन्द महर से 'बाबा-बाबा' और हलधर से 'भैया' कहने लगे,[४] तब उनके स्वभाव की चपलता वाणी के द्वारा प्रकट होने लगी। हरि हँसते-किलकते माखन खाते हुए स्वच्छ दधि-घट पकड़कर खड़े हो गए। उसमें अपना प्रतिबिंब देखकर उन्होंने समझा कि कोई बालक घर में घुसकर बैठा है। बस, वे रूठ गए। मन में 'माष' करके कुछ कहते हुए वे नन्द बाबा के पास आए और कहने लगे कि उस घर में घुसकर किसी के लड़के ने मेरा माखन खा लिया है। महर उन्हें कंठ से लगाकर उनका मुख पोंछते और चूमते हुए उसी स्थान पर ले आए। अबकी बार श्याम ने दधि-घट में देखा कि नन्द उस लड़के को गोद में लिए हुए हैं। अब तो उन्हें और भी क्रोध आया। तत्क्षण उन्होंने यशोदा के पास जाकर कहा, 'जननी, मैं तेरा सुत हूँ, नन्द ने आज किसी और को सुत बना लिया है, उन्होंने मेरा कुछ भी आदर नहीं किया।' यशोदा मन में बाल-विनोद जानकर उसी जगह ले आई और घट को हाथों से डुलाकर दिखाया तो उसमें प्रतिबिंब नहीं दिखाई दिया। कृष्ण संतुष्ट होकर आनन्द-प्रेम-वश हँसने लगे।[५]

श्याम ज्यों-ज्यों बड़े होते जाते हैं, उनकी चंचलता बढ़ती जाती है। दोनों भाई दधि-घृत-मिठाई खाते हुए झगड़ते और एक दूसरे की चोटी पकड़ते हैं[६] तथा मैया से माखन रोटी माँगते हुए उसकी नासिका का मोती और चोटी पकड़कर झकझोरते हैं।[७] माता चोटी बढ़ाने का प्रलोभन देकर कृष्ण को 'कजरी' का ताजा दूध पिलाती है। कृष्ण पीते जाते हैं, बाल टटोलते जाते हैं[८] और माता को झूठा बताकर कहते हैं कि मैं कितनी देर से दूध पी रहा हूँ और यह अब भी छोटी की छोटी ही है। मुझे जबरदस्ती कच्चा दूध पिलाती है और माखन रोटी खाने को नहीं देती।[९] वे कहते हैं, 'मैया मुझे शीघ्र बड़ा कर ले। दूध, दही, घृत, मेवा मैं जो कुछ खाने को माँगूँ वह मुझे दे। जो-जो मुझे रुचे वह-वह मुझे खिला, मेरी कोई हौंस बाकी न रख जिससे कि मैं शीघ्र सबसे अधिक सबल होकर सदैव निर्भय रहूँ और रंगभूमि में कंस को पछाड़ दूँ; बैरी को घसीट कर बहा दूँ और मथुरा को जीत लूँ।[१०] कृष्ण के ये गर्व-वचन इस

---

१. सू० सा० (सभा), पद ७५२।
२. वही, पद ७६४।
३. वही, पद ७६६।
४. वही, पद ७७३।
५. वही, पद ७७४।
६. वही, पद ७८०।
७. वही, पद ७८३।
८. वही, पद ७९२।
९. वही, पद ७९३।
१०. वही, पद ७९४।

अवस्था में केवल उनके चंचल स्वभाव के द्योतक हैं, भले ही उनमें गंभीर व्यंग्य की ध्वनि हो।

कृष्ण की प्रत्येक गति में सौंदर्य, चंचलता और विनोद भरा रहता है। 'कभी वे मधुर स्वर में गाते हैं, कभी छोटे-छोटे चरणों से नाचते हैं, कभी बाँह उठाकर कजरी-धौरी गायों को टेरकर बुलाते हैं, कभी नन्द बाबा को पुकारते हैं, कभी घर में आकर छोटे-छोटे हाथों से स्वयं माखन लेकर अपने मुँह में डालते हैं, कभी खंभे में प्रतिबिंब देखकर उसे खिलाते हैं।'[१] स्नान, भोजन, क्रीड़ा आदि सभी कृत्यों में कृष्ण के सौंदर्य, चपलता और विनोद की प्रधानता है।[२] चन्द्र-प्रस्ताव[३] में बाल-हठ का स्वाभाविक चित्रण भी बाल कृष्ण की चंचल और विनोदी प्रकृति का ही द्योतक है। सोते समय भी वे शांत और स्थिर नहीं रह सकते। यशोदा उन्हें 'पुरातन' कथाएँ सुनाकर सुलाती है। रामचन्द्र की कथा में जब सीताहरण का प्रसंग आता है तो वे सोते से चौंककर जाग उठते हैं और लक्ष्मण को पुकारकर 'चाप-चाप' चिल्लाने लगते हैं।[४]

सखाओं के साथ खेलने में कौतुकप्रिय कृष्ण चतुरतापूर्वक उन्हें हराना चाहते हैं जिससे हलधर तक रुष्ट होकर उन्हें 'मोल का लिया हुआ, बिना माँ-बाप का कहकर खिझाते हैं[५] कृष्ण 'मैया' से दाऊ' के खिझाने की शिकायत करते हुए अपने सरल, अबोध स्वभाव का परिचय देते हैं। यशोदा उन्हें आश्वासन देती है कि मैं ही तुम्हारी माता हूँ और उनकी हर तरह से अभ्यर्थना करके उन्हें प्रसन्न करने का यत्न करती है।[६] इसी प्रकार नन्द भी कृष्ण का उपालम्भ सुनकर बलराम को डाँटते हैं।[७] उनके स्वभाव की चपलता उत्तरोत्तर धृष्ठता के रूप में विकसित होती जाती है। महराने के पांडे का चौका और भोग बिगाड़ने में इसका सबसे पहले परिचय मिलता है।[८] शालग्राम प्रसंग में भी वे नन्द के साथ इसी प्रकार का विनोद करते हैं।[९] माटी-भक्षण प्रसंग में कृष्ण की 'लँगराई' इतनी अधिक बढ़ जाती है कि सखागण यशोदा के पास उनकी शिकायत ले आते हैं, पर कृष्ण उलटे सखाओं पर झूठ बोलने का दोष लगाते हैं और मुँह खोलकर उसके भीतर 'अखिल ब्रह्मांड खंड की महिमा' दिखा देते हैं।[१०] यशोदा यद्यपि गर्ग की वाणी का स्मरण करती है,[११] फिर भी इसे कोई व्याधि समझकर गोपाल को लेकर घर-घर 'हाथ दिखाती' फिरती है।[१२] इस समय कृष्ण की अवस्था पाँच वर्ष की थी।[१३]

---

१. सू० सा० (सभा), पद ७९५।
२. वही, पद ८०१-८०५।
३. वही, पद ८०६-८१४।
४. वही, पद ८१५-८१७।
५. वही, पद ८३१-८३२।
६. वही, पद ८३३-८३४।
७. वही, पद ८५३।
८. वही, पद ८६६-८६७।
९. वही, पद ८७८-८८१।
१०. वही, पद ८७१-८७३।
११. वही, पद ८७४।
१२. वही, पद ८७६।
१३. वही, पद ८७५।

बाल-चरित में कृष्ण की धृष्टता माखनचोरी[१] में पराकाष्ठा को पहुँच जाती है। इस लम्बे प्रसंग में कृष्ण की सुन्दरता, चपलता, चतुराई, छल, बाँकपन और कौतुकप्रियता का प्रकाशन हुआ है। माखनचोरी का एक उदाहरण है : ''सखाओं के सहित वे माखन चोरी के लिए गए। श्याम ने 'गवाक्ष पंथ' से देखा कि एक 'भोरी' दधि मथ रही है। उसने मथानी को हेरकर माट के पास रखा और कमोरी माँगने चली गई; इधर हरि की घात लग गई। सखाओं के सहित वे सूने घर में घुस गए और सबने मिलकर दधि माखन खाया। दधि की मटुकिया छूँछी छोड़कर सब हँसकर बाहर निकल आए। इतने में ग्वालिन कमोरी लेकर आई और उसने ग्वालों को घर से निकलते देखा। श्याम से उसने पूछा, 'व्रज-बालकों को संग लेकर कहाँ आए थे। मुँह में माखन कैसा लिपटा हुआ है?' कृष्ण ने उत्तर दिया, 'यह सखा खेलते-खेलते उठकर भाग आया और इस घर में छिप रहा', यह कहकर एक बालक की बाँह पकड़कर आगे कर दिया तथा सब लोग व्रज की 'खोरि' में निकल गए। सूरदास, ग्वालिनी ठगी रह गई; कृष्ण ने उसका मन 'अँजोर' कर हर लिया।''[२] श्याम के माखन खाने की चर्चा व्रज भर में फैल गई और गोपियों में नवीन कुतूहल, उत्सुकता, अभिलाष और आशा का संचार हो गया। दही लिपटा हुआ मुख और गोरस की छींटोंयुक्त शरीर की शोभा उन्हें चकित करने लगी।[३] माखन चुराने के लिए कृष्ण तरह-तरह के उपाय करते हैं। कभी सखाओं को लेकर सूने घरों में घुस जाते हैं या पिछवाड़े से फाँद जाते हैं और कभी अकेले ही अँधेरे घरों में घुसकर बर्तन-भाँड़े ढूँढ़ते फिरते हैं।[४] गोपी उन्हें अकेले घर में दधि-भाजन में हाथ डालते पकड़ लेती है और समझती है कि अब वे कोई बहाना नहीं बना सकते। पर कृष्ण उसके लिए अत्यन्त चतुर हैं। वे कहते हैं; मैं समझा कि यह मेरा ही घर है, इसी धोखे में चला आया। मैंने गोरस में चींटी देखी, उसी को निकालने के लिए हाथ डाला था। मृदु-वचन सुनकर तथा मुख-शोभा देखकर ग्वालिनी मुड़ कर मुसकाने लगी और कहने लगी कि सूर-श्याम, तुम अति-नागर हो, मैं तुम्हारी बात जान गई।[५]

कृष्ण इसी प्रकार तरह-तरह के बहाने बनाकर गोपियों को रिझाते हैं। चोरी के साथ उन्होंने चतुराई भी खूब सीख ली है।[६] गोपियाँ यशोदा से शिकायत करती हैं, पर यशोदा की समझ में नहीं आता कि उनका 'तनक-सा गोपाल' जो अभी केवल पाँच वर्ष और कुछ दिन का है, चोरी के योग्य कैसे हो गया।[७] अभी तो वह 'तुतरौंही बतियाँ' बोलता है और अच्छी तरह पैरों से चल भी नहीं सकता।[८] उसकी छोटी-छोटी भुजाएँ छींके तक कैसे पहुँच सकती हैं?[९] अवश्य ही ये 'यौवन-मदमती' ग्वालिनें इठलाती फिरती हैं और 'अनदोषे कान्ह' को देखने

---

१. सू० सा० (सभा), पद ८८२-९५८।
२. वही, पद ८८८।
३. वही, पद ८९२-८९४।
४. वही, पद ८९५-८९७।
५. वही, पद ९९७।
६. वही, पद ९०९।
७. वही, पद ९१०।
८. वही, पद ९१२।
९. वही पद ८११।

के बहाने व्यर्थ ही दोष देती फिरती हैं।[१] कृष्ण माखनचोरी के साथ-साथ गोपियों से 'सकुच की बातें' भी करने लगे हैं, परन्तु यशोदा के सामने वे 'सकुच' कर 'तनक' से हो जाते हैं।[२] गोपियाँ बड़े-बड़े नखों के चिह्न दिखाती हैं, पर यशोदा कभी विश्वास ही नहीं कर पाती कि ये उसके 'कुँवर' के नख-चिह्न होंगे, क्योंकि वे तो केवल पाँच वर्ष के हैं।[३] वह यह नहीं जानती कि कृष्ण बाहर 'तरुण किशोर' हो जाते हैं। आश्चर्य यही है कि 'महरि' के आगे उनकी जीभ तुतलाने लगती है।[४]

यशोदा के विश्वास को दृढ़ रखने के लिए कृष्ण चमत्कारपूर्ण कृत्य भी कर लेते हैं। ग्वालिनी चोरी करते हुए कृष्ण को पकड़कर यशोदा के समक्ष लाती है, पर उसे उलटी गालियाँ खाने को मिलती हैं, क्योंकि कृष्ण बड़ी देर से यशोदा के आगे ही खेल रहे हैं।[५] इसी प्रकार कभी कोई गोपी कृष्ण को पकड़ लाती है, पर यशोदा के आगे लाकर देखती है कि वह कृष्ण के धोखे किसी गोप कन्या को ले आई है।[६]

परन्तु कृष्ण के उत्पात दिन-दिन बढ़ते ही जाते हैं और अन्त में यशोदा को मानना पड़ता है कि कृष्ण चोरी अवश्य करते हैं। वह उन्हें कभी समझाती, कभी डाँटती और कभी बाँधकर 'सांटी' से 'पहुनाई' करने की धमकी देती है। वह यह सोचकर बहुत खीझती है कि घर का माखन-दधि और 'षट्रस-व्यंजन' छोड़कर यह चोरी करके क्यों खाता है।[७] जिसके यहाँ नित्यप्रति सहस्त्र मथानी मथी जाती हों और दधि-माट की 'घमर' का शब्द मेघ-गर्जन की तरह सुन पड़ता हो; जिसके यहाँ कितने ही अहीर उपजीवित हों, जिसके यहाँ नव लाख गायें नित्य प्रति दुही जाती हों और दधि-माखन जहाँ-तहाँ ढलका फिरता हो, जिस नन्द महर का इतना बड़ा नाम हो, उसी का 'पूत' कहलाकर कृष्ण घर-घर माखन चोरी करें।[८] किन्तु कृष्ण अपने को सदैव निर्दोष बताते हैं और कहते हैं कि सब सखाओं ने मिलकर खेल-खेल में मेरे मुख में माखन लपटा दिया है। तू ही देख, मैं किस प्रकार छींके पर रखा हुआ माखन पा सकता था?' यह कहते-कहते चट उन्होंने अपने मुँह से दधि पोंछ लिया और 'दोना' पीठ पीछे छिपा लिया। यशोदा सांट फेंककर मुसकाने लगी और उसने श्याम को कण्ठ से लगा लिया।[९]

यशोदा की इस मन:स्थिति से लाभ उठाकर कृष्ण उसकी और अधिक सहानुभूति प्राप्त करने के लिए एक कहानी गढ़ लेते हैं : ''तेरी सों (सौगन्ध) मेरी मैया, सुन-सुन, मैं एक अटपटे रास्ते से आ रहा था। वहाँ एक 'गैया' मुझे मारने को दौड़ी, वह गाय 'हाल की ब्यानी' थी और बछड़े को चाट रही थी। मुझे 'पतूखनि' में दूध पीते देखकर 'बिजुक' (चौंक) गई।

---

१. सू० सा० (सभा), पद ९१०।
२. वही, पद ७२४।
३. वही, पद ९२५।
४. वही, पद ९२९।
५. वही, पद ९३२।
६. वही, पद ९३३।
७. वही, पद ९४७-९४८।
८. वही, पद ९५१।
९. वही, पद ९५२।

मैं दैया-दैया करके भागा। मैं इसके दोनों सींगों के बीच में से निकलकर आया हूँ। वहाँ कोई बचाने वाला भी नहीं था। बाबा नन्द की दुहाई, तेरे पुण्य ने ही सहायता की, जिससे मैं उबर सका। न मानो तो संकर्षण भैया से पूछ लो! सूरदास-स्वामी की जननी उन्हें हृदय से लगाकर हँसकर 'बलैया' लेती है।''[१]

यशोदा इधर शिकायत करने वाली गोपियों को बुरा भला कहती है, उधर पुत्र को समझाती और धमकाती है। पर जब शिकायतें बढ़ती ही जाती हैं, तो उसके धैर्य और सहनशीलता का अन्त हो जाता है और वह उन्हें पकड़कर बाँध देती है।[२]

उलूखल में बँधे हुए नन्दनन्दन में चपलता, विनोद, धृष्ठता आदि कुछ भी नहीं है, वे अत्यन्त भोली सूरत बनाए विलख-विलखकर रोते हैं और लम्बे-लम्बे आँसू ढालते हैं, जिसे देखकर व्रजनारियाँ द्रवित होकर यशोदा की निठुरता और कठोरता को लांछन लगाती और दया की प्रार्थना करती हैं।[३] वे कहती हैं : 'अरी नन्दनन्दन की ओर देख! त्रास से त्रसित-तन हरि तेरा मुँह देख रहे हैं। वे तुझसे बार-बार डरते हैं जिससे उनके वदन का वर्ण फीका पड़ गया है। लकुट के डर से सारा शरीर शोणित की तरह हो गया है। यशोदा, हम बहुत-बहुत निहोरा करती हैं कि थोड़ी-सी करुणा करके मन से क्रोध मिटा दो और कठोर प्रकृति तजकर उर से लगा लो। सूर-श्याम भले ही माखन चोर हों, हैं त्रिलोक की निधि।[४] उलूखल-बन्धन[५] के प्रसंग में श्याम की त्रास-विकृत रूप-छवि का ही वर्णन है, जिसे देखकर व्रजनारियों और यशोदा के वे हार्दिक मनोभाव जिनमें उनकी विनोदपूर्ण चपलताओं और चतुराई भरे नटखट कार्यों के फलस्वरूप तीव्र आन्दोलन उत्पन्न हो गया था, शान्त और स्थिर हो जाते हैं। पुनः श्याम के सुकुमार सौन्दर्य के प्रति स्नेह उमड़ने लगता है।

माखनचोरी में ही श्याम सखाओं के साथ क्रीड़ा-कौतुक करने लगे थे। अब तो वे अधिकतर उन्हीं के साथ गोचारण में विशेष व्यस्त रहते हैं। परन्तु यशोदा के सामने उनका वही अबोध बालक का भाव बना रहता है। वन से लौटकर वे दूध पीने में झगड़ा करते, 'धौरी' का ही दूध पीने का आग्रह करते और माता के बहुत समझाने पर पीते हैं तथा पीते-पीते अधिक गर्म कहकर उसे डाल देते हैं।[६] कालियदह के जल-पान से मरे हुए ग्वाल जब उनके द्वारा जीवन-दान पाकर यशोदा के समक्ष श्याम के प्रति कृतज्ञता प्रकाश करते हैं तो यशोदा सहज स्नेह से प्रेरित होकर उन्हें वन में गायें चराने जाने से मना करती है,[७] पर श्याम अपने अतिलौकिक कार्य को बाल-सुलभ अबोध बातों से एकदम दबा देते हैं। माता के साथ सहमत होकर वे कहते हैं; 'मैया, मैं गायें नहीं चराऊँगा। सब मुझी से घिराते

---

१. सू० सा० (सभा), पद ९५३।
२. वही, पद ९५९।
३. वही, पद ९६४-९८१।
४. वही, पद ९८२।
५. वही, पद ९६०-९९९।
६. वही, पद १११३, १११४।
७. वही, पद ११२६,११२७।

हैं। मेरे तो पैर दुखने लगते हैं। मुझ पर विश्वास न हो, तो अपनी सौगन्ध देकर बलदाऊ से पूछ ले।"[१]

कालियदमन जैसा भयंकर कार्य करने के बाद भी श्याम यशोदा को अपने कार्य की गुरुता का आभास नहीं देना चाहते हैं। कालिय को नाथकर जब वे लौट आए तो "जननी ने उन्हें कण्ठ से लगा लिया और रोम-पुलकित अंग एवं सुखद अश्रु के साथ गद्गद वाणी से कहा कि हरि, मैं तो तुम्हें पहले ही रोक रही थी कि यमुना-तट पर न जाओ; पर तुमने मेरा कहना नहीं माना और खेलने चले आए। कृष्ण ने उत्तर दिया कि मैं तो इसीलिए डर गया था कि कंस ने कमल मँगा भेजे हैं। कल रात मैंने जो स्वप्न तुझसे कहा था वह सच्चा हो गया। मैं ग्वालों के साथ मिलकर खेलता-खेलता यमुना तीर आया और यहाँ किसी ने मुझे पकड़कर कालियदह के जल में डाल दिया। उरग ने मुझसे पूछा कि तुम्हें यहाँ किसने भेजा है तो मैंने उत्तर दिया कि कंस नृप ने मुझे कमलों के लिए भेजा है। यह सुनकर उसने डरकर कमल दे दिए और मुझे पीठ पर चढ़ा लिया। यह तो तुमने भी आकर देखा था। सूर, कृष्ण ने यह कहकर जननी को समझा दिया।"[२]

कृष्ण इसी प्रकार यशोदा को समझा देते हैं। राधा के साथ रतिविहार करके वे पीताम्बर के स्थान पर 'लाल ढिगनि' (किनारी) की साड़ी पहने हुए आते हैं। पूछने पर वे इसमें भी एक नई कहानी गढ़कर यशोदा को अपनी सरलता, निष्कपटता और व्रजयुवतियों की ढिठाई का विश्वास दिला देते हैं। इस प्रसंग में भी उन्हें चमत्कार करना पड़ता है, जो उनके चंचल विस्मय-विमुग्धकारी स्वभाव का एक अंग है।[३] फिर भी यशोदा को कृष्ण के प्रेम व्यापार का कुछ संदेह अवश्य हो जाता है। परन्तु इसके लिए वह गोपियों को ही दोष देती हैं। कृष्ण यह जानकर कि माता को उनके प्रेम-व्यापार का किंचित् आभास मिल गया है, संकोच करके भाग जाते हैं।[४] माता के समक्ष वे सदैव शीलवान् रहते हैं। इसी से यशोदा को गोपियों की शिकायतों पर कभी विश्वास नहीं होता।[५] वह उन्हें सदैव अबोध बालक ही समझती रहती है। कृष्ण मथुरा से उद्धव के द्वारा संदेश भेजते हुए भी यशोदा के लिए ऐसी बातें कहते हैं जो उनके सरल बाल-स्वभाव की द्योतक हैं।[६]

गोपाल

घर में कृष्ण के साथ खेलने वाले केवल हलधर थे। कुछ बड़े होने पर उन्हें अनेक साथी मिल गए, जिनमें सुबल और श्रीदामा मुख्य हैं। श्रीदामा के साथ उनकी विशेष होड़ा-होड़ी रहती है।[७] सखाओं के साथ खेलते-खेलते वे खिसिया जाते हैं[८] और चिढ़कर यशोदा से

---

१. सू० सा० (सभा), पद ११२८।
२. वही, पद ११९८।
३. वही, पद १३११-१३१३।
४. वही, पद १३१३।
५. वही, पद १३९०-१३९४, २०४७-२०४८, २०७९, २१०८।
६. वही, पद ४०५६-४०५८।
७. वही, पद ८३१।
८. वही, पद ८३२-८३३।

शिकायत करते हैं। परन्तु यशोदा के मना करने पर भी वे सखाओं के साथ खेलना बन्द नहीं करते। अपने सहज विनोदी स्वभाव के अनुकूल वे फिर दूर खेलने चले जाते हैं।[१] खेलते समय उनके रूप की शोभा अत्यन्त आकर्षक हो जाती है।[२]

कृष्ण के स्वभाव की विनोदप्रियता, चतुरता और चंचलता का प्रकाशन खेल में प्रचुरता से होता है। हलधर, सुबल, श्रीदामा तथा अन्य सखाओं के साथ यशोदा के सामने आँख मिचौनी का खेल होता है। कृष्ण अपनी आँख मुँदवाते हैं। यशोदा उन्हें बलराम को पकड़ने के लिए कहती है और उनके छिपने का स्थान बता देती है। पर कृष्ण बलराम को छोड़कर अपने प्रतिद्वंद्वी श्रीदामा को बड़े कौशल और चालाकी के साथ पकड़कर चोर बना देते हैं। सब सखा कृष्ण की चतुरता और श्रीदामा की हार पर हँसकर ताली बजाते और शोर करते हैं।[३]

अपने चपल स्वभाव के अनुकूल ग्वालों की टेर सुनते ही कृष्ण अति आतुर होकर तत्परता के साथ 'चौगान बटा' लेकर घर से निकल भागते हैं। सखाओं से परामर्श करके 'चतुर शिरोमणि' श्याम हलधर, सुबल, श्रीदामा, सुदामा आदि अनेक सखाओं के साथ घर से दूर 'घोष निकास' में खेलने जाते हैं। खेल में हराकर 'दाँव' देने में आगा-पीछा करने पर भी कृष्ण को विवश होकर दाँव देना पड़ता है।[४]

गोचारण प्रसंग के अतिलौकिक कृत्यों में भी कृष्ण सखाओं की सहायता की इच्छा करते हैं।[५] कृष्ण सदैव यही प्रयत्न करते हैं कि उनके सखा उनके अतिलौकिक कार्यों को देखकर उनसे दूरी का अनुभव न करने लगें। कालियदमन लीला तो प्रत्यक्ष रूप से सखाओं के साथ उनकी कंदुक-क्रीड़ा से सम्बन्धित है ही।[६] श्रीदामा के सखा-प्रेम से उत्पन्न रोष को ही इस महान् कार्य के संपादन का श्रेय है। श्याम ने यह अतिलौकिक कार्य खेल-खेल में ही करके अपने उर्वर मस्तिष्क, तीक्ष्ण-बुद्धि, ऊपर से चंचल, किन्तु वस्तुतः स्थिर और धीर स्वभाव का परिचय दिया है। इसी प्रसंग में उनके स्वभाव का विरोधाभास स्पष्ट रूप से प्रकट होता है। कृष्ण के चरित्र में कोमलता और कठोरता, चंचलता और धैर्य, सरलता और चातुर्य तथा गंभीरता और विनोद का एवं उनके रूप-सौंदर्य में सुकुमारता और सबलता तथा सम्मोहन और आतंक का विलक्षण संयोग हुआ है।

कृष्ण अपने सुहृदों को गोपियों के साथ की अपनी अन्तरंग लीलाओं में भी संग रखते हैं। माखनचोरी में तो सखा उनके साथ थे ही, दानलीला भी वे सखाओं की सहायता से ही करते हैं।[७]

---

१. सू० सा० (सभा), पद ८३६।

२. वही, पद ८५२।

३. वही पद ८५७-८५८।

४. वही, पद ८६३।

५. वही, पद १०४५-१०४९।

६. वही, पद ११५०-११५७।

७. वही, पद २११०-२११४, २११७-२११८, २१२१-२१२२, २१७६, २१९०-२१९१, २२१४-२२१५।

प्रवास-काल में कृष्ण उद्धव के द्वारा जो संदेश भेजते हैं उसमें गोप सखाओं का भी स्मरण करके उनके प्रति अपने हार्दिक अनुराग की व्यंजना करते हैं।[१] उद्धव के व्रज से लौटने पर कृष्ण पर पुनः अपने सखाओं की याद करके दुखी होते हैं।[२]

'रसिकशिरोमणि', 'रतिनागर'—राधावल्लभ

माखनचोरी के प्रसंग से कृष्ण बाल्यावस्था में ही गोपियों के मधुर अनुराग के आलंबन बन गए।[३] उसी तरह राधा को भी उन्होंने अपने बालरूप के सौंदर्य तथा वाक्पटुता एवं क्रीड़ाप्रिय चपल विनोदी स्वभाव के द्वारा सहज ही मोहित कर लिया और अत्यन्त मनोवैज्ञानिक ढंग से उसके हृदय में तीव्र प्रेम उत्पन्न कर दिया।[४] वे चतुर और रसिक-शिरोमणि हैं। यमुना-तट पर अचानक राधा से भेंट हो जाने पर वे उससे पूछते हैं, 'गोरी, तू कौन है? कहाँ रहती है? किसकी बेटी है? तुझे व्रजखोरी में कभी नहीं देखा?' राधा बताती है, 'नन्द ढोटा' की माखनचोरी में ढिठाई सुन-सुनकर वह व्रज में आना ठीक नहीं समझती। इस पर कृष्ण पूछते हैं, 'हम तुम्हारा क्या चुरा लेंगे। चलो जोड़ी मिलाकर खेलें।' भोली राधिका रसिक-शिरोमणि की बातों में आ जाती है।[५] उनका रूप अत्यन्त मोहक है। राधा के नयनों पर प्रथम दर्शन में ही उसका प्रभाव पड़ गया और राधा उनके यहाँ प्रायः 'फेरा' करने के लिए राजी हो गई।[६] कृष्ण के छल, चातुर्य और प्रेम के प्रभाव से राधा भी उनसे मिलने के बहाने निकालने लगी।[७] कृष्ण अपने चंचल स्वभाव के अनुसार कभी राधा के नयन मूँद लेते हैं,[८] तो कभी 'खरिक' में गाय दुहाते समय एक धार दोहनी में दुहते हैं और एक धार जहाँ प्यारी खड़ी है, वहाँ पहुँचाते हैं, कभी राधा के साथ निकुंज में रति-क्रीड़ा-विलास करते हैं,[९] तो कभी राधा को देखकर रतिनागर सारी नागरता भूल कर उलटे-सीधे काम करने लगते हैं,[१०] कभी गाय दुहने के बहाने या मुरली-वादन करके बुलाकर राधा से मिलने की उत्सुकता और अधीरता प्रदर्शित करते हैं,[११] तो कभी राधा को देखकर किंचित् हास की मोहनी डालकर व्रज को चले जाते हैं।[१२] 'रसिक-शिरोमणि, रतिनागर, गुन आगर' श्याम की इन मोहक लीलाओं के फलस्वरूप राधा भी कृष्ण से मिलने के लिए साँप से काटे जाने का बहाना करके कृष्ण को गारुड़ी बनाकर बुला लेती है।[१३] कृष्ण गारुड़ी का अभिनय भी सफलता के साथ करते हैं और सब लोगों की प्रशंसा के भाजन बन जाते हैं। परन्तु गोपियाँ कृष्ण के इस स्वाँग पर एक मीठा

---

१. सू० सा० (सभा), पद ४०३३, ४०५४, ४०६७।
२. वही, पद ४७७४-४७७६।
३. वही, पद ९५६।
४. वही, पद १२८७-१२९७।
५. वही, पद १२९१।
६. वही, पद १२९२।
७. वही, पद १२९४-१२९५।
८. वही, पद १२९३।
९. वही, पद १३००-१३०९।
१०. वही, पद १३३५।
११. वही, पद १३४३।
१२. वही, पद १३५८।
१३. वही, पद १३५८-१३८१।

व्यंग्य करती हैं। मनमोहन नागर हँसकर केवल एक दृष्टि-निःक्षेप के द्वारा व्रजयुवतियों का मन हर लेते हैं।[१]

दानलीला में अन्य गोपियों के साथ राधा भी है। कृष्ण अंग-दान माँगते समय राधा के ही रूप का गूढ़ संकेत करते हैं।[२] वस्तुतः श्याम और श्यामा, दोनों एक ही हैं और दोनों के मिलकर विहार करने में किसी प्रकार के संकोच की आवश्यकता नहीं है।[३] परन्तु फिर भी प्रकट रूप में वे अपने प्रेम का प्रकाशन नहीं करते। दधि-दान पाकर सखाओं के साथ माखन-दधि खाते हुए राधा का माखन उन्हें सबसे अधिक मीठा लगता है।[४] राधा कृष्ण के प्रेम में विह्वल हो जाती है; अंतर्यामी प्रभु उससे मिलते हैं और उसको सुरति-सुख देते हैं। बाल्यावस्था की प्रीति का स्मरण करके राधा निरन्तर पतिव्रत पालने का निश्चय करती है। परन्तु श्याम उसे लोक-व्यवहार का निर्वाह करते हुए गुप्त प्रीति करने का ही आदेश देते हैं।[५] वे यहाँ चंचल-प्रकृति, और विनोदी रूप में नहीं दिखाई देते; वरन् उनमें गौरव और गंभीरता है। राधा के साथ उनके व्यवहार में एक महान उत्तरदायित्व का आभास मिलता है। ग्रीष्म लीला में श्याम तट पर खड़े होकर दर्शन देते हैं और राधा से 'नयन-सयन' के द्वारा भाव-विनिमय कर लेते हैं। गोपियाँ जब राधा पर व्यंग्य करके उससे कृष्ण के विषय में अनेक प्रश्न करने लगती हैं, तो वे राधा को 'बुद्धि प्रकाश' कर देते हैं।[६]

राधा के साथ कृष्ण का अभेद होते हुए भी वे राधा को विरह-व्यथा सहाते हैं और सफल नायक की भाँति आचरण करते हैं। राधा जब अत्यन्त कातर होकर कृष्ण से प्रणय की दीन प्रार्थना करती है, तभी वे उसे संकेत-स्थान पर मिलने का वचन देते हैं।[७] किन्तु स्वयं कृष्ण राधा से मिलने के लिए अत्यन्त आतुर और विकल रहते हैं। सखाओं के साथ भोजन करते समय ज्यों ही उन्होंने पिछवाड़े से राधा के संकेत वाक्य सुने, त्यों ही तुरन्त आतुर होकर ब्याती हुई गाय को देखने का बहाना करके भोजन छोड़कर भाग गए।[८] राधा के लिए कृष्ण की विकलता का कवि ने बार-बार उल्लेख किया है।[९]

राधा-कृष्ण मिलन और रति-विहार का अत्यन्त खुला वर्णन करके कृष्ण को एक प्रगल्भ प्रेमी नायक के रूप में चित्रित किया गया है। दोनों कोक-कला में व्युत्पन्न रतिनागरी और रतिनागर हैं।[१०] कृष्ण अपने दाम्पत्य प्रेम को गुप्त ही रखते हैं।[११] पर राधा के समक्ष वे अपने हृदय की सब बातें खोलकर रख देते हैं।[१२]

---

१. सू० सा० (सभा), पद १३८२।
२. वही, पद २१६७-२१७१।
३. वही, पद २१७५-२१७६।
४. वही, पद २२१७।
५. वही, पद २२९९-२३०९।
६. वही, पद २३८६।
७. वही, पद २५५९-२५६५।
८. वही, पद २५८१-२५८४।
९. वही, पद २९८।
१०. वही, पद २६०४-२६१९, २६४६-२६५३, २७४८-२८०१।
११. वही, पद २६१४।
१२. वही, पद २८०३।

रासलीला[१] के बाद कवि ने राधा-श्याम की प्रेम लीलाओं का विशद विवरण दिया है। राधा प्रायः मान करती है[२] और श्याम उसके साथ एक अपराधी प्रेमी की भाँति व्यवहार करते हैं। वसंत लीला[३] में भी श्याम और राधा होली खेलने वालों के प्रधान लक्ष्य हैं। स्वयं राधा अन्य गोपियों के साथ श्याम से व्यंग्य-परिहास करती है। गोपियाँ उनसे राधा के पैर छुवाती हैं और राधा के साथ मिलकर उनकी दुर्गति कर डालती हैं।

उद्धव के द्वारा भेजे हुए संदेश में भी कृष्ण राधा के प्रति अपने विशिष्ट अनुराग का प्रदर्शन करते हैं।[४] प्रभासक्षेत्र में पुनः राधा-श्याम के अभेद का उल्लेख किया गया है, जहाँ राधा-माधव की भेंट कीट-भृङ्ग के समान वर्णन की गई है।[५]

'रसिकशिरोमणि', 'रतिनागर'—गोपीवल्लभ

शिशु रूप में ही कृष्ण गोपियों को मुग्ध कर लेते हैं;[६] पर माखन चोरी के बाद वे इस कार्य में सक्रिय प्रयत्नशील दिखाई देते हैं। सुन्दर रूप के मोहक प्रभाव के साथ चपल, चतुर और औद्धत्यपूर्ण विनोद गोपियों को उनकी ओर और अधिक आकर्षित कर देते हैं।[७]

व्रजयुवतियों को मोहित करने के लिए कृष्ण की मधुर मुरली एक अत्यन्त प्रभावशाली साधन है। उसकी बेधक स्वरलहरी का प्रभाव गोपियों पर कितना तीव्र और स्थायी पड़ता है, इसका उल्लेख कवि ने बार-बार किया है।[८]

माखनचोरी की चपल और विनोदपूर्ण लीला के बाद गारुड़ी का अभिनय करके राधा से मिलकर वे युवतियों का मन ऐसा हर लेते हैं कि वे रसागार, रतिनागर को पति रूप में प्राप्त करने के लिए प्रयत्न करने लगती हैं।[९]

चीर हरण के द्वारा कृष्ण गोपियों की कठोर व्रत-साधना को तो सफल करते ही हैं, इससे भी अधिक अपने सुन्दर रूप, चंचल और उद्धत स्वभाव, वाक्-चातुर्य और छल-बुद्धि का मोहक प्रभाव डालकर गोपियों के प्रेम को एक मंजिल और आगे बढ़ा देते हैं।

कृष्ण अपनी विनोद प्रियता, धृष्ठता, पंचलता, वाक्चातुर्य तथा रूप की मोहनी के द्वारा 'पनघट के प्रस्ताव' में पुनः गोपियों के अनन्य भावयुक्त आत्मसमर्पण को प्राप्त करने का प्रयत्न करते हैं। पनघट की 'अचगरी' पर मुग्ध होकर गोपियाँ 'कुल की कानि' मेटकर कृष्ण के प्रति पातिव्रत पालन करने का निश्चय करती हैं।[१०] इस लीला में कृष्ण एक ढीठ रसिक के रूप में चित्रित किए गए हैं जो पनघट पर एकत्र युवतियों को रसीली बातों के ही नहीं छेड़ता, वरन् उनकी 'ऐंडरी' छीनकर, घड़ा फैलाकर, कंकड़ी मारकर और अकेले-दुकेले पकड़-धकड़

---

१. सू० सा० (सभा), पद १६०६-१८०१।
२. वही, पद ३०२९-३०४८, ३१५२-३२२४, ३३५३-३४४६।
३. वही, पद ३४६२-३५३७।
४. वही, पद ४०३३-४०४१।
५. वही, पद ४९१०।
६. वही, पद ७५३।
७. वही, पद ७५४-७६७।
८. वही, पद १२३८-१२८६।
९. वही, पद १३८२।
१०. वही, पद २०१७-२०७७।

करके व्यावहारिक छेड़-छाड़ भी करता है। यह कृष्ण के रूप-सौन्दर्य का आकर्षण तथा उनके प्रति पहले से उत्पन्न किया हुआ प्रेम भाव है जिसके कारण गोपियाँ उनकी इस 'बटमारी' को बाह्य रूप में भला न समझते हुए भी हृदय से उसका अभिनन्दन करती हैं।

कृष्ण के चरित्र की सबसे अधिक आकर्षक बात उनका सद्य:भाव परिवर्तन है। अभी वे दधि-दान माँगते हैं और क्षणभर बाद समस्त त्रिभुवन की श्री को तुच्छ बताते हैं; अभी वे गोपियों के रूप की प्रशंसा करते हैं और दूसरे ही क्षण ऐसा भाव बना लेते हैं, मानो उनका मानवीय राग-विराग से कोई सम्बन्ध ही नहीं है। यद्यपि उनकी अवस्था केवल दस वर्ष के लगभग है, फिर भी वे गोपियों के साथ ऐसी बातें तथा इस प्रकार की व्यावहारिक छेड़-छाड़ करते हैं, मानो कोई प्रगल्भ प्रेमी, अनुभवी रसिक हो। गोपियाँ इन विस्मयजनक बातों पर खीझकर रीझ जाती हैं। इस समस्त वाद-विवाद और प्रेमपूर्ण नोंक-झोंक के द्वारा कृष्ण गोपियों के मन को ही वश में नहीं कर लेते, वे यह भी बता देते हैं कि स्वयं उन्हें गोपियों के 'गोरस' की इच्छा है। गूढ़ शब्दों में वे बता देते हैं कि उन्हें काम नृपति ने भेजा है; उस नृपति की आज्ञा पालन करने को वे विवश हैं, क्योंकि उनका मन उसी के वश में है। अपने को काम से प्रेरित बताकर वे गोपियों की कामेच्छा पूर्ण करते हैं।

दानलीला में कृष्ण के मानव-चरित के सभी गुण पूर्णरूप से प्रकाशित होते हैं, जिनके कारण उन्हें 'रसनागर', 'गुन-आगर', 'रति-नागर' कहा जाता है। यहाँ उनकी वचन-विदग्धता, व्यंग्य-कौशल, चंचलता, गत्यात्मक क्रियाशीलता और आनन्दपूर्ण विनोदशीलता अपनी पराकाष्ठा में दिखाई देती है।

पनघट प्रस्ताव की तरह यहाँ भी कृष्ण एक ग्रामीण, 'छैलचिकनियाँ', रसिक के रूप में चित्रित किए गए हैं। परन्तु उनकी इन समस्त धृष्ठताओं में एक भारी उत्तरदायित्व और चपल व्यवहारों में स्थिर उद्देश्य छिपा हुआ है। इसके बाद गोपियाँ स्वयं कृष्ण की रूप-लिप्सा और उनके अंग-संग की उत्कंठा में व्यथित रहने लगती हैं। कृष्ण केवल कभी-कभी उन्हें दर्शन दे देते हैं या राधा के साथ रति लीलाएँ करके गोपियों के हृदयों में राधा का अनुगमन करने की उत्कट स्पृहा उत्पन्न कर देते हैं।

रासलीला के प्रारम्भ में भी कृष्ण अपने सहज विनोदी स्वभाव से गोपियों के प्रेम की परीक्षा लेते हैं और गोपियों के लौकिक प्रेम की अपेक्षा कृष्ण-प्रेम की महत्ता विलक्षण ढंग से व्यंजित करके पुन: उनके ऊपर अपने गूढ़ व्यक्तित्व का स्थायी प्रभाव अंकित कर देते हैं। गोपियाँ कृष्ण-प्रेम की याचना करती हैं और स्वयं उसका रहस्य समझाती हैं। जादू वही है जो सर पर चढ़कर बोले और कृष्ण सचमुच एक जादूगर के रूप में ही चित्रित किए गए हैं।

रासलीला में कृष्ण परमानन्दरूप होकर स्वर्गीय सुख का अनुभव कराते हैं। वे प्रेम के सम्पूर्ण रहस्य के ज्ञाता हैं, इसीलिए वे गोपयों को यह कभी अनुभव नहीं होने देते कि गोपियों के वश में हैं। रास-क्रीड़ा के मध्य में ही अंतर्धान होकर वे गोपियों का गर्व-संसार करते हैं और विरह के द्वारा प्रेम की दृढ़ता संपादन करने के साथ-साथ उन्हें प्रेम के वास्तविक रहस्य का परिचय कराते हैं!

कृष्ण राधा के साथ तो इस प्रकार व्यवहार करते हैं, मानो उन्हें उसके प्रेम की वास्तविक इच्छा हो। परन्तु गोपियों के साथ उनका ऐसा भाव नहीं है। गोपियाँ कृष्ण के लिए विकल रहती हैं, किन्तु कृष्ण कभी उनके विरह में व्यथित नहीं दिखाए गए। खण्डिता प्रकरण[१] के

१. सू० सा० (सभा), पद ३०९३-३१८१।

पदों में कवि ने कृष्ण को दक्षिण नायक के रूप में चित्रित करके उनके परम विनोदी स्वभाव की व्यंजना के साथ उनकी निर्लिप्तता का भी संकेत किया है। यहाँ भी कृष्ण रसनागर, वाक्-पटु, रति-रङ्ग-प्रवीण और कोक-कला-व्युत्पन्न प्रदर्शित किए गए हैं। प्रेम के रहस्य को जानने वाले कृष्ण किसी स्त्री के यहाँ उस रात को नहीं जाते, जिस रात को आने का वचन दे आते हैं। वे उससे रात भर प्रतीक्षा कराके सबेरे रति-चिह्न-युक्त आ उपस्थित होते हैं। कोई नायिका दो चार व्यंग्य-वचनों से लज्जित करके इसी को अपना परम सौभाग्य समझ कर उनका स्वागत-सत्कार करती और कोई कभी-कभी थोड़ा-बहुत मान कर लेती है; किन्तु शीघ्र ही कृष्ण की रूप-माधुरी के आकर्षण से विवश हो और वाक्-चातुर्य पर रीझकर उनके अंग-संग का लाभ उठाती है।

हिंडोल लीला और वसन्त लीला में कृष्ण पुनः गोपियों को सामूहिक रूप से अपनी आनन्द-केलि का अवसर देते हैं। यहीं राधा-गोपी-वल्लभ की व्रजलीला का चरम विकास दिखाया गया है। इसके बाद कृष्ण का परम-विनोदी परमानन्द रूप देखने को नहीं मिलता।

'निठुर, नीरस'

व्रज की आनन्द-क्रीड़ाओं के उपरान्त कृष्ण के चरित्र-चित्रण में कवि की तन्मयता और सहानुभूति नहीं दिखाई देती। उसके हृदय की प्रवृत्ति व्रजवासियों की भावनाओं की ही समर्थक है। अतः कृष्ण के विषय में अधिकांश कथनों में तीव्र व्यंग्य की प्रधानता है। सभी व्रजवासी उनके परिवर्तित व्यवहार की आलोचना करते हैं। परन्तु यह आलोचना प्रेम-भाव की ही प्रदर्शक है। यह स्पष्ट है कि कवि ने कृष्ण के उत्तरदायित्वपूर्ण कर्तव्यपरायण जीवन की ओर विशेष रुचि नहीं दिखाई। यही कारण है कि मथुरा और द्वारका की लीलाओं का जो वस्तुतः अधिक घटनाबहुल हैं उसने अपेक्षाकृत अत्यन्त संक्षेप में वर्णन किया है।

कृष्ण सखाओं के साथ गायें चरा रहे थे, उसी समय अक्रूर व्रज जाते हुए मिले।[१] अक्रूर के बिना कहे ही कृष्ण स्वयं बोल उठे कि राजा ने हमें बुलाया है और यह और भी अधिक कृपा की है कि उन्होंने कल ही आने को कह दिया है। संग के सखा कृष्ण की बात सुनकर चकित रह गए, परन्तु श्याम ने चतुरतापूर्वक सखाओं को भुलावा दे दिया। उन्होंने कहा, 'कल सब लोग चलकर नृप को देखेंगे'। यह सुनकर सखाओं को किंचित् हर्ष अवश्य हुआ पर वे शंकित भी बने रहे।[२] और, जब व्रज में यह बात सुनी गई, तो सब नर-नारी अत्यन्त चकित होकर जो जैसे थे, वैसे ही रह गए। नन्द और यशोदा मन में अत्यन्त व्याकुल होने लगे। सब लोग श्याम-बलराम को 'सैन' दे देकर बुलाते हैं पर 'मायातीत, अव्यक्त, अविनाशी परब्रह्म' ऐसा व्यवहार करते हैं, मानों उनसे कहीं की पहचान ही न हो। बोलना तो दूर, वे किसी की ओर देखते भी नहीं हैं। अक्रूर से तो हित दिखाते हैं, पर और कोई पूछता है तो यही उत्तर देते हैं कि हमें नृप ने हित करके बुला भेजा है। इस विलक्षण व्यवहार से सब लोग भयभीत हो गए।[३] परन्तु श्याम इसकी ओर तनिक भी ध्यान नहीं देते। उन्होंने व्रज का नवल नेह बिल्कुल भुला दिया।[४]

---

१. सू० सा० (सभा), पद ३५६९।

२. वही, पद ३५७२।

३. वही, पद ३५७३-३५७५।

४. वही, पद ३५७६।

यशोदा तथा गोपियाँ अत्यन्त व्यथित होकर विलाप करती हैं और कृष्ण से मथुरा न जाने की प्रार्थना करती हैं; ग्वाल-सखा भी अत्यन्त व्याकुल होते हैं, परन्तु कृष्ण कठोर मौन धारण किए हुए सब कुछ सुनते रहते हैं। गोपियों की साथ चलने की प्रार्थना पर भी कोई ध्यान नहीं दिया जाता। इस समय कृष्ण का भाव सर्वथा अवैयक्तिक और वीतराग-जैसा हो जाता है। व्रज से कृष्ण की विदाई के दृश्य ने अक्रूर तक के हृदय को द्रवित कर दिया; परन्तु 'कुँवर कन्हाई' ने महरि को 'पुत्र-पुत्र' चिल्लाकर तरु की भाँति धरणी पर गिरते हुए देखकर भी उनकी ओर केवल एक बार दृष्टि-निक्षेप किया। सब युवतियाँ चित्रवत् खड़ी देखती रहीं, श्याम 'अवधि बताकर' तनिक 'मन देकर' हँस दिए और कुछ नहीं बोले।[१] चलते समय हरि ने व्रज की ओर एक बार और देखा, अवधि की आशा देकर तनिक धीरज बँधाया और नन्द से कहा कि ग्वाल सखाओं को लेकर तुरन्त आओ। इस प्रकार 'धरणी के हितकारी' ने देवों को सनाथ करने के लिए मधुवन के लिए प्रस्थान किया।[२]

कृष्ण के इस अंतिम व्यवहार में भी जिसमें कृष्ण धीर, उदात्त और कर्तव्यपरायण नायक के रूप में चित्रित किए गए हैं, कुछ ऐसा गौरवपूर्ण भाव है ज़िससे व्रजवासी लोग उनके प्रति और अधिक आकर्षण का अनुभव करते हैं। फलतः इस नवीन परिस्थिति में उनका प्रेम तपकर और अधिक खरा हो जाता है। मथुरा-प्रवेश के समय पुरवासी उनके रूप से प्रभावित होते दिखाए गए हैं।[३] परन्तु यहाँ कृष्ण गौरवान्वित और महिमाशाली ही अधिक हैं। ग्वाल सखा सदैव उनके साथ रहते हैं और वे कूबरी की मधुर भाव की भक्ति भी स्वीकार करते हैं।[४] परन्तु अपने व्यवहार में किसी के साथ आत्मीयता प्रदर्शित करते हुए वे कभी नहीं दिखाई देते। वसुदेव और देवकी के साथ भी 'नन्दनन्दन' के परिचित स्वरूप की झलक नहीं मिल पाती।[५] गोप सखाओं को तो पहले ही अनुभव हो गया कि ये अवतारी हैं, इनसे भिन्न और कोई प्रभु नहीं है।[६] नन्द, गोप और सब सखागण चकित होकर देखते हैं कि यहाँ कृष्ण में 'यशुमति सुत' का भाव नहीं दिखाई देता। इनके यहाँ के साथी—उग्रसेन, वसुदेव,उपँगसुत, सुफलकसुत—सभी वैसे ही हैं! हरि ने जब गोपों से अपना मन 'न्यारा' कर लिया, तब उन्हें भी वस्तुस्थिति का ज्ञान हो गया।[७] इतने में कृष्ण ने 'ब्रह्ममयी निठुर ज्योति' का आभास देते हुए मधुर वाणी में नन्द से कहा कि 'तुमने मेरा बहुत प्रतिपालन किया'! नन्द इस 'निरस वाणी' को अचानक सुनकर एक क्षण को स्तंभित रह गए। कृष्ण ने क्रमशः उनके मन में दूसरे भाव की प्रतीति कराना आरम्भ कर दिया। वे तो ब्रह्म हैं, उनके कौन पिता और कौन माता? वे तो सभी में व्याप्त रहते हैं![८] ''अन्त में कृष्ण ने नन्द से मधुर वाणी में कहा, 'गर्ग ने तुमसे कह दिया था, पर तुमने कदाचित् उस पर विश्वास नहीं किया। मैं संसार में पृथ्वी का भार उतारने

---

१. सू० सा० (सभा), पद ३६१०।
२. वही, पद ३६११।
३. वही, पद ३४६४-३६५०।
४. वही, पद ३६६८-३६६९, ३७२०-३७२७।
५. वही, पद ३७०७-३७०८।
६. वही, पद ३७२९।
७. वही, पद ३७३०।
८. वही, पद ३७३१।

आया हूँ। तुमने मेरा प्रतिपालन किया, इसलिए तुम धन्य हो। तुम्हारे अतिरिक्त मेरे और कोई माता-पिता नहीं हैं। एक बार व्रजवासियों से फिर मिलूँगा। हिलना-मिलना चार दिन का होता है, यह सब तो तुम जानते ही हो। तुमने मुझे अत्यन्त सुख दिया, उसे मैं कैसे बखानूँ?' मथुरा के नर-नारी सुन रहे थे और देख रहे थे कि व्रजवासी कैसे व्याकुल हैं। सूर, मधुपुरी आकर ये अविनाशी हो गए हैं।''[१] कवि ने व्रजवासियों और विशेषकर नन्द की विह्वलता और दयनीय दशा का कई पदों में चित्रण किया है। परन्तु कृष्ण के भाव में परिवर्तन नहीं होता। वे बराबर यही कहते जाते हैं—''नन्दराय, शीघ्र व्रज को लौट जाओ। हममें तुममें सुत-तात के नाते का अब अन्त आ पड़ा है। तुमने मेरा बहुत प्रतिपाल किया, यह मेरे जी से कभी नहीं जा सकता। जहाँ रहेंगे, वहाँ-वहाँ तुम्हारे कहलाएँगे। तुम मुझे भुला न देना। माया, मोह, मिलन और वियोग यह तो जग का नियम है। सूर-श्याम के निठुर वचन सुनकर नन्द के नयनों में आँसू भर आए।''[२] नन्द तो व्याकुल हो गए, गोप सखा भी यह निठुर वाणी सुनकर चकित हो गए और एक दूसरे का मुख देखने लगे। उन्होंने समझा कि यह सब अक्रूर की ही करतूत है। अक्रूर पर वे अत्यन्त क्रुद्ध हैं, किन्तु हरि के चरणों पर गिर कर वे प्रार्थना करते हैं कि श्याम अब व्रज़ चलो। असुरों समेत कंस को मार कर सुरों का काम कर चुके तथा वसुदेव को बन्धन से छुड़ाकर उन्हें राज्य दे दिया, पर देव, यशुमति के बिना तुम्हें यहाँ कौन जानेगा?'[३] परन्तु कृष्ण ने इस प्रार्थना पर भी कोई ध्यान नहीं दिया। वे बार-बार सांसारिक मिलन-वियोग की क्षण-भंगुरता की ओर ध्यान दिलाकर धैर्य बँधाते हैं और शीघ्र ही व्रज जाने की सलाह देते हैं।[४] नन्द की व्याकुलता जब बढ़ती ही गई तो कृष्ण ने अपनी माया से जड़ता पैदा कर दी और 'निठुर ठगोरी' लगा दी।[५] परन्तु फिर भी उन्होंने गोकुल के वास का मधुर स्मरण करके कहा : 'मुझसे वही नाता माने रहना, सुख-दुख, लाभ और हानि की ऐसी ही परम्परा चली आती है। पर बाबा, हमारे ऊपर, अपना ही सुत समझकर दया बनाए रखना।' इतना कहकर माधव उठ गए और नन्द तथा गोपगण सिर नीचा करके आँखों में आँसू भरके 'लटपटाते' चरणों से चल दिए।[६] यहाँ कृष्ण के व्यवहार में विनोद और चंचलता के स्थान पर गम्भीरता और उत्तरदायित्वपूर्ण कर्तव्य की भावना है। इसी कारण उनकी वाणी में प्रेम की सरलता की अपेक्षा शिष्टाचारपूर्ण व्यवहार-कुशलता और गौरवपूर्ण संक्षिप्तता अधिक जान पड़ती है।

इधर कृष्ण की अनुपस्थिति में व्रज की दुर्दशा का वर्णन[७] करके कवि ने उनके उस सरस, मनोहर, व्यक्तित्व की व्यंजना की है जिसके कारण व्रज त्रिभुवन की सुख-संपत्ति का केन्द्र बना रहा था। अब उनके बिना व्रज को कोई कौड़ी के मोल भी नहीं पूछता, कोई द्वार पर झाँकने भी नहीं आता।[८]

---

१. **सू० सा० (सभा), पद ३७३२।**
२. **वही, पद ३७३५।**
३. **वही, पद ३७३६।**
४. **वही, पद ३७३७।**
५. **वही, पद ३७३८।**
६. **वही, पद ३७४२।**
७. **वही, पद ३७४६-४०२८।**
८. **वही, पद ३७५८।**

मथुरा के प्रवास-काल में गुरु-गृह में विद्याध्ययन के समय एक बार 'अंतर्यामी कृष्ण कन्हाई' को व्रज की सुध आई और उन्होंने उद्धव को व्रज भेजने का निश्चय किया। उद्धव को व्रज भेजते समय उन्होंने अपने व्रज-प्रेम का सरल और स्पष्ट कथन किया।[१] यहाँ उनके हृदय की व्यथा की भी एक झलक मिल जाती है। मथुरा बसते हुए स्वयं कृष्ण को अपने व्यक्तित्व के पूर्ण प्रकाशन का अवसर नहीं मिलता और उन्हें अपनी भावनाओं को दबाकर रखना पड़ता है। कोई ऐसा भी तो नहीं है जिससे अपने मन की बात कहकर बोझ हलका कर लें, क्योंकि उन्हें सखा 'भुरंग' ओर 'अद्वैत्वदर्शी' मिला है जो योग की बातें कहता है 'जिनमें रस जल जाता है।'[२] उद्धव के व्रज से लौटने पर अत्यन्त रुचि और उत्सुकता के साथ, किन्तु गम्भीरतापूर्वक व्रज का प्रेम-संवाद और उद्धव का अनुरोध सुनने के बाद कृष्ण जिन मार्मिक शब्दों में व्रज और व्रजवासियों के प्रति अपना उत्कट अनुराग प्रकट करते हैं,[३] वे असंदिग्ध रूप से सिद्ध करते हैं कि सूरदास के कृष्ण व्रज के 'नन्दनन्दन', 'गोपाल' और 'रसिक-शिरोमणि' ही हैं। मथुरा के कृष्ण को तो वे 'निठुर' और 'नीरस' ही समझते है। भँवरगीत का पूरा प्रसंग प्रेमरूप व्रजवासी कृष्ण की ही महत्ता सिद्ध करता है।

द्वारका पहुँचकर कृष्ण अपने सौन्दर्य और वैभव से वहाँ की शोभा को भी देव-दुर्लभ बना देते हैं।[४] द्वारावती के कंचन के कोट में रुचिर मैदान रचा गया है, जिसमें मनमोहन चौगान खेलते हैं। यादव वीर दो दलों में बँट गए हैं। एक ओर स्वयं कृष्ण हैं और दूसरी ओर हलधर। सब कुँवर उच्चै:श्रवा के समान घोड़ों पर सवार हैं। सब रंग के घोड़े हैं, कोई नील, कोई सुरंग, कोई कुम्मैत और कोई श्याम।[५] परन्तु कवि को कृष्ण के इस रूप में कोई रुचि नहीं है। यहाँ कृष्ण रुक्मिणी का दाम्पत्य प्रेम स्वीकार अवश्य करते हैं, परन्तु अपने भक्तवत्सल विरुद की लाज से ही; स्वाभाविक हार्दिक अनुराग का प्रकाशन यहाँ नहीं होता।[६]

द्वारकावासी कृष्ण की कथा कवि अत्यन्त संक्षेप और इतिवृत्त के रूप में कह कर सामाप्त कर देता है। सुदामा-कृष्ण के प्रसंग में अवश्य वह कृष्ण के भाव-जगत् में किंचित् प्रवेश पा लेता है जहाँ कृष्ण बाल्यावस्था के प्रेम के नाते अपने एक दरिद्र सहपाठी से अपनी प्रभुता का ध्यान बिसारकर मिलते हैं। परन्तु इस मिलन में विगत सखा-प्रेम का सरस-स्मरण मात्र है, उसकी पुनरावृत्ति नहीं। फलत: कवि भी सुदामा के दारिद्र्यभंजक सखा में ग्वालों के जूठे कौर छीन-छीनकर खाने वाले गोपाल का स्वरूप नहीं देख पाता।[७]

विप्र सुदामा तो द्वारावती के कंचन के महलों में किसी प्रकार प्रवेश पा भी गया, किन्तु व्रजवासी वहाँ पहुँचने की कल्पना भी नहीं कर सकते, क्योंकि बाहर राजाओं की भीड़ लगी

---

१. सू० सा० (सभा), पद ४०२९-४०५९।
२. वही, पद ४०३२।
३. वही, पद ४७१४-४७७७।
४. वही, पद ४७८२-४७८३।
५. वही, पद ४७८४।
६. वही, पद ४७८५-४८०६।
७. वही, पद ४८४२-४८६३।

रहती है और भीतर 'भोग-भामिनियों' की। वहाँ जाकर वे क्या देखेंगे? उनके मन में तो 'निकुंज रसिक की मुरलीधारी नवल किशोर मूर्ति' बसी हुई है।[१]

प्रभास क्षेत्र में मिलकर नन्द, यशोदा और सब व्रजवासी कृष्ण के प्रति प्रेम-भाव प्रकट करते तथा उनके व्रजवास का सुखद स्मरण दिलाते हैं। परन्तु कृष्ण केवल अपने व्रज-प्रेम का कथन करके अपने ब्रह्मरूप की उन सबसे अभिन्नता और अपनी भक्तवत्सलता का उल्लेख करके कहते हैं कि मैं साधुओं का हित-साधन और असाधुओं का संहार करता फिरता हूँ; फिर भी गोकुल मेरे हृदय से कभी नहीं टलता। मैं व्रज के ही कारण बार-बार अवतार लूँगा।[२]

'असुर संहारन', 'भक्त उधारन'

जिन कृष्ण के मानव-चरित का विवेचन गत पृष्ठों में किया गया है वे वस्तुतः 'आदि, सनातन, अविनाशी, घटघटवासी पूर्णब्रह्म' हैं। व्रज में तो वे 'अगम, अगोचर' लीलाधारी उस रस का प्रवाह करने आए थे जो ब्रह्मादिक को भी दुर्लभ है। 'गोविन्द की गति तो गोविन्द ही जानें', पर सूर ने उनके सुयश का बखान किया है।[३]

कवि ने लगभग प्रत्येक पद में कभी उनके अतिलौकिकतासूचक विशेषणों के द्वारा, कभी उनके मानव-चरित से उनके वास्तविक स्वरूप का विस्मयकारी विरोधाभास प्रदर्शित करने के लिए और कभी स्पष्टतया उनके गुणातीत, अव्यक्त रूप की व्यंजना करने के लिए कृष्ण के ब्रह्मत्वसूचक कथन किए हैं। इसलिए प्रयत्न करने पर भी उनके मानव-चरित की ऐसी रूपरेखा भी नहीं प्रस्तुत की जा सकती जिसमें उनका चरित अतिप्राकृत और लोकातीत प्रभावों से सर्वथा मुक्त हो। ऐसा जान पड़ता है कि कवि उनकी लीलाओं की पूर्ण मानवीयता के वर्णनों और चित्रणों के साथ उनके वास्तविक रूप की ओर जान-बूझकर संकेत करता जाता है और इस प्रकार विरोधाभासमूलक रहस्यमयी विलक्षणता दिखाकर विस्मय की व्यंजना करता है।

कृष्ण के मानव-चरित पर उसकी अलौकिकता से सर्वथा अलग करके विचार करने पर उसमें च्युत-मर्यादा और च्युत-संस्कृति दोष के प्रचुर उदाहरण मिलेंगे; मानवीय स्वाभाविकता के तर्क के आधार पर उसका औचित्य सिद्ध नहीं किया जा सकता। ऐसा करना कम से कम कवि के साथ अन्याय होगा। कवि तो उनके मानव-चरित को लीला मात्र समझता है, उस लीला में कब मानवीय स्वाभाविकता का प्रदर्शन होता है और कब अतिमानव शक्तियों की सहायता ली जाती है, यह केवल भावानुभूति पर आश्रित कवि-इच्छा पर निर्भर है। इतना अवश्य निश्चित है कि कवि ने ब्रह्म की व्रजलीला में इतनी अधिक स्वाभाविकता का समावेश कर दिया है कि जिससे उसके सर्वथा मानवीय होने में कम से कम सरल विश्वासी व्रजवासियों को विपरीत प्रमाण मिलते हुए भी संदेह नहीं होता। कृष्ण-चरित के चित्रण में निरन्तर सुखद व्यामोह का काव्यमय वातावरण बना रहता है।

कृष्ण की लौकिक लीलाओं के अन्तर्गत अतिलौकिक कथनों और उल्लेखों के अतिरिक्त उन लीलाओं का भी उनके चरित में समावेश है जिनमें उन्हें असुरों के संहार और भक्तों की

---

१. सू० सा० (सभा), पद ४८७३।

२. वही, पद ४९१२-४९१३।

३. वही, पद ६२१।

रक्षा के लिए अत्यन्त दुरूह और भयावह कार्य करते हुए दिखाया गया है। पूतना-वध से लेकर भौमासुर-वध तक व्रज में श्रीकृष्ण ने अनेक राक्षसों का संहार करके उनका उद्धार और व्रज के संकटों का निवारण किया। इसके अतिरिक्त उन्होंने यमलार्जुन को जड़-जीवन से मुक्त करके, ब्रह्मा द्वारा अपहृत बाल-वत्सों के स्थान पर नवीन सृष्टि करके और व्रज-रक्षार्थ कालियदमन और गोवर्धनधारण करके अपने अति-प्राकृत व्यक्तित्व का परिचय दिया। परन्तु इन दुरूह कार्यों को करते हुए भी कृष्ण के सुकुमार, मनोहर, चपल और विनोदी स्वभाव में व्यतिक्रम नहीं आने पाया।

अस्तु, कवि की कल्पना के कृष्ण सदैव सुन्दर, सुकुमार, कोमल, मधुर, विनोदी, चंचल, रसिक, क्रियाशील और गतिमान तथा अद्‌भुत लीलाधारी हैं। बालकों के साथ खेलते-खेलते वे कालिय का दमन करने पहुँच गए। उनके अत्यन्त कोमल शरीर को देखकर 'उरगनारि' अकुला उठी और उसने बार-बार कहा, 'अरे तू किसका बालक है! भाग जा, नहीं तो अभी वह जाग उठेगा और तुझे भस्म कर देगा!' उरगनारि की बात सुनकर आप मन ही मन मुस्कराए और बोले, 'मुझे कंस ने इसी को देखने के लिए भेजा है। अब तू इसे जगा दे।' उरगनारि ने किंचित् खेद के साथ कहा, 'कंस इन्हें क्या दिखाता है! ये तो एक ही फूँक में जल जाएँगे![१] कृष्ण ने क्रीड़ा-कौतुक में ही कालिय को परास्त कर दिया।[२] उरगनारियाँ परस्पर कहती हैं, 'इस बालक की बात तो देखो। यमुना का जल विष-ज्वाला से जल रहा है, पर इसके तन को गर्मी भी नहीं लगती। यह कुछ यन्त्र-मन्त्र जानता है। इसका गात अत्यन्त सुन्दर और कोमल है। यह महा विषज्वालामय अहिराज कितने सहस्र फनों से आघात करता है, पर इसके तन में विष कहीं छू भी नहीं जाता! अब तक यह माता-पिता के पुण्य से बचा है। सूर-श्याम ने ऐसा दाँव बताया है कि काली का अंग लपटता चला जाता है।'[३] श्याम उरग को नाथकर यमुना से बाहर निकल आए और उसके प्रति फन पर नृत्य करने लगे। वे दो याम तक जल के भीतर रहे, पर उनके तन का चंदन भी नहीं मिटा, कटि में वही काछनी और पीताम्बर तथा सीस पर मुकुट अति शोभायमान है।[४]

कवि ने कृष्ण का एक भी ऐसा चित्र नहीं दिया जो उनकी कोमलता, सुकुमारता और अभिनव सुन्दरता का व्यंजक न हो। अक्रूर के साथ मथुरा जाने वाले कृष्ण भी 'अति कोमल' और सुमन से भी हल्के हैं।[५]

बलराम

काव्य में बलराम का स्थान गौण जान पड़ता है; क्योंकि कृष्ण की मधुर लीलाओं में वे कहीं दिखाई नहीं देते। किन्तु वस्तुतः बलराम कृष्ण के अलौकिक व्यक्तित्व के एक अंश के प्रतीक हैं। ''वे रोहिणीसुत राम हैं। उनका रंग गौर है, लोचन सुरंग (लाल) हैं, मानो उनमें प्रलय का क्रोध प्रकट हुआ हो। एक श्रवण में कुण्डल धारण किए हुए हैं। × × × अंग पर

---

१. सू० सा० (सभा), पद ११६८।
२. वही, पद ११७०।
३. वही पद ११७२।
४. वही, पद ११८३।
५. वही, पद ३५७३।

नीलाम्बर पहने हैं; वे श्याम की कामना पूर्ण करने वाले हैं। उन्होंने ताल-वन में वत्स को मारकर ब्रह्म की कामना पूर्ण की थी। वे सूर-प्रभु को आकर्षित करते हैं, इससे उनका नाम संकर्षण है।''[१] खेल और गोचारण में वे कृष्ण के सहचर हैं, परन्तु कृष्ण के उन सखाओं से वे भिन्न हैं जो उनकी गुप्त लीलाओं में भी उनके साथ रहते हैं। वे अवस्था में कृष्ण से बड़े और उनके प्रति वात्सल्य भाव रखने वाले हैं। किन्तु बलराम के चरित्र की सबसे बड़ी विशेषता यह है कि वे कृष्ण के वास्तविक रूप से परिचित हैं और उनकी लीलाओं का रहस्य जानते हैं। वे प्रायः हरि की मानव-लीलाओं को देखकर उनके अतिप्राकृत व्यक्तित्व की ओर संकेत करते हुए आश्चर्य प्रकट करते दिखाई देते हैं। यद्यपि बलराम श्याम की बाल्य और कैशोर लीलाओं में सर्वथा प्रकृत व्यवहार करते हैं, फिर भी उनके प्रायः सभी कार्यों और कथनों में कृष्ण के वास्तविक स्वरूप की ओर प्रत्यक्ष, किंवा परोक्ष संकेत रहता है।

श्याम सुबल, हलधर और श्रीदामा आदि ग्वालों के साथ खेलते हैं। सब ताली देकर होड़ करके दौड़ते हैं। हलधर ने श्याम से कहा कि तुम्हारे 'गोड़' में कहीं चोट न लग जाए, तुम न दौड़ो। कृष्ण ने उत्तर दिया कि 'मैं खूब दौड़ लेता हूँ, मेरे गात में बहुत बल है। श्रीदामा मेरी जोड़ी है। श्रीदामा को ताली मारकर श्याम दौड़े, श्रीदामा ने पीछा किया और पकड़ लिया। श्याम कहने लगे, 'मैं तो जानकर खड़ा हो गया। मुझे क्या छूते हो।'[२] इस पर सखा कहने लगे कि श्याम खिसिया गए, हलधर भी कहने लगे कि यह ऐसा ही है। न तो इसके माँ है और न बाप। यह हार जीत कुछ नहीं समझता। स्वयं हारकर सखाओं से झगड़ा करने लगता है। श्याम रोते हुए घर पहुँचे।[३] यशोदा ने दौड़कर आगे आकर रोने का कारण पूछा, तो श्याम ने बताया कि दाऊ मुझे बहुत खिझाते हैं और कहते हैं कि तू मोल का लिया है। तेरा कौन पिता है और कौन माता। नन्द और यशोदा तो दोनों गोरे हैं। यदि तू उनका पुत्र होता तो 'श्यामगात' क्यों होता। सभी ग्वाल चुटकी देकर हँसते और मुसकाते हैं। तू भी मुझे ही मारती है। दाऊ को कभी नहीं खीझती। यशोदा ने मन ही मन रीझते हुए कहा कि 'बलभद्र तो ऐसा ही चबाई है। वह तो जन्म ही का धूर्त है। मैं गोधन की सौगन्ध खाकर कहती हूँ कि मैं माता हूँ और तू मेरा पूत है।'[४]

कभी-कभी बलराम श्याम को यह कहकर भी चिढ़ाते हैं कि तू वस्तुतः वसुदेव और देवकी का पुत्र है। यहाँ पर तो तू मोल आया है। अब तू नन्द से 'बाबा' और यशोदा से 'मैया' कहने लगा है। नन्द ऐसी बातें सुनकर हँसते हैं और बलराम को डाँटकर हरि को हर्षित करते हैं।[५]

एक बार हरि सखाओं के साथ खेलते-खेलते दूर निकल गए। नन्द और यशोदा उनके लौटने में 'अबेर' होने के कारण व्याकुल होने लगे। जब श्याम लौट आए तो यशोदा ने उन्हें हर्षित होकर लिया[६] और कहा कि 'तुम खेलने के लिए दूर क्यों जाते हो? मैंने सुना है कि

१. सू० सा० (सभा), पद ३६६३।
२. वही, पद ८३१।
३. वही, पद ८३२।
४. वही, पद ८३३।
५. वही, पद ८३५।
६. वही, पद ८३७।

वन में आज हाऊ आया है। श्याम ने जब यह बात सुनी तो बलराम को बुला लिया।'[१] कृष्ण ने माता से पूछा, 'मैया हाऊ किसने पठाया है?' बलराम माता-पुत्र की ये स्वाभाविक बातें सुनकर तटस्थ होकर हँसते हैं और कृष्ण के भक्त-हेतु अवतार धारण करके महा भयंकर कार्य करने का स्मरण करते हुए कृष्ण-चरित्र के विरोधाभास पर व्यंग्य करते हैं।[२] कदाचित् बलराम की वक्रोक्तियों और स्पष्टोक्तियों के कारण अथवा उनके प्रति सम्मान-प्रदर्शनार्थ कृष्ण उनके साथ होड़ नहीं करते। श्रीदामा ही उनके प्रतिद्वन्द्वी रहते हैं।[३]

उलूखल बंधन के प्रसंग में बलराम का भ्रातृ-स्नेह पूर्ण रूप से प्रकट हुआ है। ग्वालिनें जब यशोदा को समझाकर हार गईं, तो उन्होंने बलराम के पास जाकर कृष्ण की यातना का हाल सुनाया।[४] हलधर ने आकर कृष्ण को उलूखल से बँधा देखा तो उनके दोनों लोचन भर आए। पहले तो उन्होंने कृष्ण की ही स्नेहपूर्ण भर्त्सना की : 'कन्हैया, मैंने कितनी बार रोका; पर तुम नहीं माने। बड़ा अच्छा हुआ कि तुम्हारे दोनों हाथ बँध गए। अब तो लँगराई छोड़ोगे?' फिर माता के पास जाकर दोनों हाथ जोड़ कर प्रार्थना की कि 'श्याम को छोड़ दे, चाहे उसके बदले में मुझे भले ही बाँध दे। आज सवेरे से मुझे असगुन हुआ। कान्हा मेरा प्राण-जीवनधन है। उसी की भुजाओं को मैंने बँधा देखा! मैया, ऐसा इसने क्या किया था? बौरी ग्वालिनें झूठी शिकायतें लेकर आती हैं। हमारा मोहन भैया, कितना दधि पीता? तूने उसे सर-सर साँटी मारी और जेवरी से बाँध दिया! जो गोपाल सबका प्यारा है, उसी पर तूने प्रहार किया! मैं तो घर पर नहीं था। यदि माता, तेरी जगह और कोई होता तो मैं देखता कि वह श्याम को उँगली से छूकर भी कैसे कुशलपूर्वक लौटता। क्या तेरा मन तनिक भी नहीं कसका?' बलराम ने यशोदा को यह भी बता दिया कि तू इसे पहचानती नहीं है। शिव और विरंचि भी जिसकी महिमा नहीं जानते वही गायों के साथ दौड़ता है। यशोदा कृष्ण की चोरी और अपने धाम की नवनिधि की बात कहकर अपने कार्य का औचित्य सिद्ध करती है। पर बलराम उसे बताते हैं कि व्रज की स्त्रियाँ झूठे 'उरहन' ले आती हैं। इस प्रकार यशोदा के विरुद्ध अपना रोष प्रकट करके बलराम ने अपने हाथ से कृष्ण के सब बंधन खोल दिए और प्रेमपूर्वक उन्हें हृदय से लगाकर उनका शूल भुला दिया।[५]

इस प्रसंग में हलधर यशोदा को कृष्ण के वास्तविक रूप की ओर संकेत करके भी स्नेहशील अग्रज की भाँति प्रकृत व्यवहार करते हैं। परन्तु कवि उनके व्याख्यात्मक स्वगत-कथन का भी उल्लेख करता है, जिसमें वे 'श्याम को बँधा देखकर मुसकाकर कहते हैं कि उन्हें कौन बाँध और कौन छोड़ सकता है? यही तो उत्पत्ति और प्रलय करते हैं! शेष सहस्र मुख से इनका सुयश वर्णन करता है।'[६]

गोचारण के लिए जाने को कृष्ण बलराम की सहायता माँगते हैं।[७] उधर घर जाकर वे हठपूर्वक माता से वन भेजने का वचन ले लेते हैं, तब सोते हैं। यशोदा समझ जाती है कि यह

---

१. सू० सा० (सभा), पद ८३८।
२. वही, पद ८३९।
३. वही, पद ८५८।
४. वही, पद ९८७।
५. वही, पद ९८८-९९४।
६. वही, पद ९९८।
७. वही, पद १०३३।

सब बलराम की करतूत है, उसी ने उन्हें उकसाया है। जब बलराम आए, तो यशोदा ने उन्हें कृष्ण की 'लँगरई' सुनाई और चाहा कि वे भी कृष्ण को वन जाने से रोकें। परन्तु बलराम कहते हैं, 'श्याम को तू मेरे साथ जाने दे। तू डर क्यों करती है? मैं उसे अपने पास से कभी नहीं हटाता। क्या तेरे जी में प्रतीति नहीं आती?'[१]

बलराम के साथ वन जाने में कृष्ण को किसी प्रकार का डर नहीं है, इसकी साक्षी स्वयं कृष्ण देते हैं : 'मैया री, मुझे दाऊ बुलाते हैं। वे आप गायों को घेरते हैं और मेरे लिए वन-फल तोड़ देते हैं। और ग्वालों के साथ मैं कभी नहीं जाऊँगा, वे सब मुझे खिझाते हैं। मैं तो अपने दाऊ के संग जाऊँगा। वन को देखकर मुझे सुख मिलता है। वे मुझे सबसे आगे करके घर लिवा लाते हैं। तू मुझे क्यों नहीं जाने देती?'[२] वस्तुतः कृष्ण को वन में अनेक असुरों का वध करना अभीष्ट है। बलराम उनके इस कार्य में सहायता करते हैं।

वन में कृष्ण ने जितने असुरों का वध किया, उन सबमें बलराम ने किसी न किसी प्रकार की सहायता दी। वन में सबसे पहले वत्सासुर का वध किया गया और वह बलराम ने ही किया था।[३] धेनुक को भी बलराम ने ही मारा था।[४] बलराम छद्मरूपधारी असुरों का सम्पूर्ण रहस्य जानते रहे हैं। प्रलम्ब की कथा में तो उन्होंने ही संकेत से बताया था कि एक निशाचर ग्वालरूप होकर ग्वालों में मिल गया है।[५] असुरों के वध के अतिरिक्त अन्य लीलाओं में भी कृष्ण को उनसे सहायता मिलती है। यशोदा जब कृष्ण के कालियदह में गिरने का समाचार पाकर अत्यन्त कातर होकर विलाप करने लगी, तो बलराम ने ही धैर्य बँधाया। व्रजवासियों को भी उन्होंने समझाया कि कृष्ण अंतर्यामी, अविनाशी हैं, उनका कुछ बिगड़ नहीं सकता।[६] गोवर्धन-पूजा में भी बलराम ने व्रजवासियों को गोवर्धन की महिमा समझाकर तथा कृष्ण की सलाह मानने को प्रेरित करके कृष्ण की सहायता की।[७] कृष्ण भी बलराम का समुचित सम्मान करते हैं। यशोदा कहती है कि कृष्ण किसी से सकुचाते हैं, तो केवल 'बल भैया' से।[८]

बलराम कृष्ण के अतिप्राकृत रूप को दृष्टि में रखकर सदैव सही प्रयत्न करते हैं कि कृष्ण अपने संहार और उद्धार के कार्यों में सफल हों। कृष्ण के प्रत्येक कार्य को वे इसी दृष्टि से देखते हैं। यशोदा ने कृष्ण को 'धौरी' का गर्म दूध पीने को दिया। कृष्ण ने उसे 'अति तातौ' कहकर डाल दिया। बलराम इस पर व्यंग्य करने लगे।[९] यहाँ भी वे कृष्ण के चरित्र का विरोधाभास दिखाते हैं।[१०] वे जानते हैं कि कृष्ण के अवतार का यथार्थ उद्देश्य असुरों का संहार और भक्तों का उद्धार है, इसी कारण उन पर सांसारिक माया-मोह का प्रभाव नहीं पड़ता और वे ऐसे अवसरों पर जहाँ अन्य लोग भाव-विभोर हो जाते हैं, ज्ञान की बातें कहने लगते हैं।

---

१. सू० सा० (सभा), पद १०३८।
२. वही, पद १०४२।
३. वही, पद १०२८।
४. वही, पद १०२७।
५. वही, पद १२२२।
६. वही, पद ११६६-११६७।
७. वही, पद १४३८।
८. वही, पद २०४२।
९. वही, पद १११५।
१०. वही, पद १११६।

कृष्ण के व्रज से चलने के समय मैया कहती है : 'कन्हैया तूने मेरी छोह क्यों बिसार दी? बलराम तू भी क्यों नहीं बोलता, मैं तेरी महतारी ही हूँ? तब हलधर जननी को प्रबोध देते हैं कि ये संसारी बातें मिथ्या हैं। ये चार दिन तक फूलने वाली सावन की बेल के समान हैं! हम बालक तुम्हें क्या सिखाएँ? क्या हम तुमसे अलग होकर कहीं जाते हैं? सूर, अब हृदय में धीरज धरो, बिलखती क्यों हो?'[१]

नन्द को मथुरा से लौटाते समय भी बलराम कृष्ण के सहायतार्थ नन्द को समझाते हैं कि 'हम कुछ कार्य करके तुरन्त व्रज आएँगे। अकेली जननी व्याकुल हो रही होगी, तुमको पाकर कुछ धैर्य धारण करेगी। तुमने हमारा बहुत प्रतिपाल किया। तुम्हारा ध्यान हृदय से कैसे जा सकता है?''[२]

द्वारका से बलराम जब व्रज आते हैं, उस समय उनका स्वरूप अधिक 'संसारी' दिखाई देता है। कदाचित् अब उन्हें यह आवश्यकता नहीं है कि वे कृष्ण के वास्तविक रूप की व्याख्या करें और व्रजवासियों को ज्ञान का उपदेश दें। वे प्रेमपूर्वक व्रजवासियों से भेंट करते हैं और उन्हें श्याम के मिलने का आश्वासन देते हैं।[३]

हलधर के स्वभाव में कृष्ण के स्वभाव के विपरीत कोमलता और सुकुमारता के स्थान पर तामस और कठोरता की प्रधानता है। कृष्ण के समस्त संहार-कार्यों में उनका प्रमुख स्थान रहता है तथा कृष्ण की उन लीलाओं में जो उनके लीला-सुख की द्योतक हैं, वे कभी नहीं दिखाई देते। वत्सासुर-वध में कवि ने उनके रौद्र रूप का आरम्भ में ही परिचय दे दिया है। बलराम ने ताल-रस का पान किया और उन्मत्त बन गए तथा इसी उन्माद और तज्जन्य रोष में उन्होंने वत्सरूप असुर का वध कर दिया।[४] मथुरा में बलराम के तामस रूप का उल्लेख आरम्भ में ही किया जा चुका है। बलराम के तामस के साथ ताल-रस ही नहीं, वारुणी का भी सहयोग है। वारुणी उन्हें अत्यन्त प्रिय है। द्वारका से जब वे व्रज लौटते हैं तो वे घोर सुरा-पान करते और अत्यन्त उन्मत्त होकर कालिन्दी के साथ दुर्व्यवहार करते हैं।[५]

कदाचित् सत, रजस् और तमस् रूप अवतारी कृष्ण के तमस् रूप के प्रतीक बलराम हैं और कृष्ण से इस अभिन्नता के कारण ही कवि ने कृष्ण-बलराम को अपना इष्टदेव माना है।

राधा

राधा कृष्ण-लीला की प्रधान नायिका है। कवि ने उसे कृष्ण के व्यक्तित्व की पूरक के रूप में प्रतिष्ठित किया है। आध्यात्मिक अर्थ में वह कृष्ण की अर्द्धाङ्गिनी है।

भोली, चंचल, चतुर

राधा का प्रथम परिचय कृष्ण के 'भौंरा-चकडोरी' के खेल के समय होता है। बाल्य काल की प्रणय-लीला के उपयुक्त वातावरण में कृष्ण को वह लड़कियों के साथ रवि-तनया

---

१. सू० सा० (सभा), पद ३५९७।
२. वही, पद ३७३३।
३. वही, पद ४८१८-४८२३।
४. वही, पद ११५०।
५. वही, पद ४८२०-४८२१।

तट पर अचानक दिखाई देती है। उसके नयन विशाल हैं, भाल पर रोली लगी हुई है, पीठ पर वेणी लटक रही है तथा गोरे तन पर वह नीले रंग की 'फरिया' और नीला वस्त्र पहने हुए है। इस अल्प-वय सुकुमारी को देखते ही श्याम रीझ गए। 'नैन' मिल गए और 'ठगोरी' पड़ गई। 'रसिक शिरोमणि' ने 'भोली' राधिका को चतुराई की बातों में 'भुरमा' लिया और उसे यह भी सिखा दिया कि वह किस प्रकार प्रतिदिन आकर उनसे मिल सकती है। राधा अत्यन्त 'सीधी' है, परन्तु कृष्ण ने बाल्यावस्था में ही उसके हृदय में 'गुप्त प्रीति' प्रकट करके उसके मन को इतना 'अरुझा' (उलझा) लिया कि उसका चित्त चंचल रहने लगा और वह खान-पान भूल गई। कभी वह हँसती है, कभी विलपती है, कभी संकोच और लज्जा करती है। उसकी सिधाई में धीरे-धीरे चतुराई आने लगी और वह मोहन-मूर्ति को देखने के लिए गाय दुहाने के बहाने 'मैया' से दोहनी लेकर 'खरिक' में जाने लगी।[१]

श्याम 'नागर' के साथ राधा भी 'नागरी' बन गई और कृष्ण को भी अपनी चतुराई और व्यंग्य-विनोद से छकाने लगी। कृष्ण से वह कहती है, 'नन्द बाबा की बात सुनी? अगर मुझे छोड़कर कहीं चले जाओगे, तो मैं तुम्हें पकड़कर ले आऊँगी। वह तुम्हें मुझे ही सौंपकर गए हैं, इसलिए मैं तुम्हारी बाँह नहीं छोड़ सकती।'[२]

कृष्ण के साथ सुरति-सुख करके राधा जब घर लौटी तो उसकी चेष्टाओं में उसकी माता ने विलक्षण परिवर्तन देखा। उसने समझा कदाचित् राधा को किसी की 'दीठि' लग गई है, तभी तो वह कुछ का कुछ करती और कुछ का कुछ कहती है। परन्तु राधिका अब इतनी चतुर हो गई है कि 'महतारी' को भी समझा सकती है। पूछने पर उसने बताया कि मेरे साथ की एक 'बिटनियाँ' को 'काले' ने खा लिया था। उसे धरती पर गिरते देखकर मैं अपने मन में बहुत डर गई। इतने में न जाने कहाँ का रहने वाला एक 'स्यामवर्ण ढोटा' आया। कहते सुना कि वह नन्द का बालक है। उसने कुछ पढ़कर उस लड़की को 'झाड़' दिया। तभी से मेरा मन त्रास से भर गया है और मुझे कुछ अच्छा नहीं लगता।[३] वृषभानुकुमारी दो भाइयों के बाद अकेली पुत्री थी। अपनी स्नेहशील माता को उसने अबोधतासूचक चतुर बातों से भुरमाकर केवल तात्कालिक लाभ ही नहीं उठा लिया,[४] वरन् भविष्य के लिए भी एक सुन्दर भूमिका तैयार कर ली। माता के द्वारा की गई राधा की अभ्यर्थना से राधा के अल्प वय और भोले स्वभाव की व्यंजना होती है, किन्तु राधा कितनी गूढ़ है, इसे उसकी माता नहीं जान पाती।

यशोदा से मिलकर पहली बार में ही 'नीकी छोटी' राधा ने अपने 'विशाल नयन और अति सुन्दर वदन तथा चतुराई की बातों से उसके हृदय में स्थान पा लिया, जिससे यशोदा मन ही मन सविता से मनाने लगी कि श्याम के साथ इसकी जोड़ी अच्छी बनेगी।'[५] व्यंग्य-विनोद में राधा ने यशोदा को भी हरा दिया। यशोदा ने परिहास किया कि मैं तेरे पिता को जानती हूँ, वह तो बड़ा 'लंगर' है। राधा बोल उठी, 'क्या बाबा ने कभी तुमसे ढिठाई की है?'[६]

---

१. सू० सा० (सभा), पद १२९१-१२९२।
२. वही, पद १२९९।
३. वही, पद १३१५।
४. वही, पद १३१६-१३१८।
५. वही, पद १३२०।
६. वही, पद १३२१।

जिस प्रकार राधा के ध्यान में मग्न कृष्ण उलटे-सीधे काम करने लगते हैं[१] उसी प्रकार राधा भी दधि मथते समय यह ध्यान नहीं रखती कि कहीं मथानी है और कहीं माट। उसका चित्त तो और ही कहीं लगा हुआ है। राधा के ढंग देखकर यशोदा कहती है : 'तेरा मुख देखकर शशि लज्जित होता है। तेरे नयन 'जलजजीत' और खंजन से भी अधिक नृत्यशील हैं। तू चपला से भी अधिक चमकती है। प्यारी, तू श्याम का न जाने क्या करेगी? सारा दिन इसी तरह गँवाती है। क्या तेरे घर कोई काम नहीं है?''[२] इसी प्रकार राधा को कृष्ण के ठगने का दोष देकर यशोदा कहती है : 'तू ''चितैबो'' (देखना) छोड़ दे। श्यामसुन्दर के साथ हिल-मिल खेलकर काम में बाधा डालती रहती है। तू बन-ठनकर यहाँ क्यों आती है? अपने ही घर क्यों नहीं रहती? तू मृग-नयनी मोहन की ओर जब देख देखकर दुहाती है, तो कभी तो उनके हाथ से दोहनी गिर जाती है, कभी वे 'नोई' लगाना भूल जाते हैं, कभी वृषभ दुहने लगते हैं। न जाने मोहन को क्या हो गया है? तू कौन-सा मंत्र जानती है जिसे पढ़कर हरि के गात पर डालती है? श्याम को गाय तो दुहने दे'![३] राधा स्पष्ट कह देती है, 'अपने पुत्र को क्यों नहीं रोकतीं? ये ही तो कहते हैं कि तुझे देखे बिना मेरा प्राण नहीं रहता। मुझे तो उन्हीं पर ''छोह'' लगता है, तभी आती हूँ।'[४] राधा अवसर के अनुसार बातें करने में अत्यन्त कुशल है। उसकी बाल्यावस्था की चतुराई सबसे अधिक सर्प-दंश वाले अभिनय में प्रकट हुई है।[५]

प्रेम-विवश, परम सुंदरी

दानलीला में राधा ने श्याम की 'चतुराई और अचगरी' की बातें सुनकर उन्हें अलग बुलाया और सबके सामने ऐसी बातें करने से रोका, क्योंकि वह अभी माता-पिता की गालियों से डरती है।[६] परन्तु इससे विदित होता है कि कृष्ण के साथ उसका गुप्त प्रेम बराबर चलता रहा और अब अपनी विनोदप्रियता को भूलकर विवशता और दैन्य की सीमा पर पहुँच गया है।

दानलीला के बाद अन्य गोपियों के साथ राधा भी प्रेम में पागल होकर, लोक-वेद को तृण के समान तोड़कर डोलने लगी।[७] श्याम ने उसकी विरह-वेदना देखकर उसकी प्रीति को सत्य समझा और उससे मिलकर विहार किया। इस मिलन के समय राधा ने अपने हृदय की व्यथा कृष्ण को सुनाई। लोक की मर्यादा और माता, पिता, बन्धु आदि कुल के लोगों के त्रास से प्रेम के उन्मुक्त प्रवाह में जो बाधा पड़ती है, उसे राधा ने श्याम के समक्ष अत्यन्त दीन भाव से रखा। कृष्ण ने राधा को अपने वास्तविक सम्बन्ध, प्रकृति-पुरुष, को समझाकर लोक-लाज, कुल-कानि मानने और माता, पिता तथा बन्धु आदि से डरने की सलाह दी।[८]

---

१. सू० सा० (सभा), पद १३३५।
२. वही, पद १३३६।
३. वही, पद १३३९।
४. वही, पद १३४१।
५. वही, पद १३५८-१३७८।
६. वही, पद २१७५।
७. वही, पद २२९२-२३००।
८. वही, पद २२९९-२३०९।

राधा परम सुंदरी है। यशोदा को बाल्यावस्था से ही जो कृष्ण के प्रति आशंका हो गई थी, उसका कारण राधा के वदन की अतीव सुंदरता और उसके नयनों का विलक्षण आकर्षण ही था। कृष्ण-प्रेम की उत्फुल्लता में उसकी रूप-श्री में जो वृद्धि हो गई है, उसे केवल उसकी सखियाँ कुछ-कुछ भाँप सकती हैं। कृष्ण-प्रेम को हृदय में छिपाए हुए राधा को देखकर सखी कहती है : 'राधा तू कैसी फूली आ रही है! जान पड़ता है कि तू माधव से अंक भरकर मिल चुकी है, क्योंकि तेरा अगाध-प्रेम प्रकट हो रहा है। भृकुटी-धनुष पर नयन-शरों का संधान है और तेरा वदन अत्यन्त विकसित हो गया है। तेरे चारु अवलोकन में चंचलता और चपलता है, मानो काम को नृत्य करा रही हो।'[१] कृष्ण-प्रेम के रस में मग्न राधा जब इधर-उधर बंक-दृष्टि से देखती है, तो निशापति भी फीका पड़ जाता है।[२]

राधा से रूप का वर्णन कवि ने प्रधानतया दो प्रकार से कराया है—एक तो राधा के विरह और मान के समय दूती द्वारा[३] और दूसरे, कृष्ण-मिलन सुख के बाद सखियों द्वारा।[४] सुरति-समय के रूप-वर्णन प्रायः युगल-शोभा के हैं, पर कुछ वर्णन केवल राधा-रूप के भी हैं।[५] राधा 'सहज रूप की राशि' और सुन्दरता की पुंज है। और स्त्रियाँ नख-शिख शृंगार करके भी उसकी समता नहीं कर सकतीं। रति, रंभा, उर्वशी, रमा आदि उसे देखकर मन में झूरती हैं, क्योंकि ये सब 'कंत-सुहागिन' नहीं हैं और राधा कंत को प्रिय है। 'रूप-निधान', 'राधा-नागरी' के अंगों पर भूषण और भी अधिक शोभित होते हैं, मानो सुख-सौरभ और सुधा कनकलता पर छाजते हों।[६]

मोहन की 'प्राण-प्रिया' के प्रत्येक अंग की शोभा अनुपमेय है। अपने सौन्दर्य को भूषणों से सुसज्जित करके कटि-किंकिणी की झंकार ध्वनि के साथ 'युगल जंघाओं पर रत्न-जटित जेहरि' और 'नितम्ब के भार से' गोरे शरीर पर नीले रंग का लँहगा पहिनकर जब वह 'किशोरी राजहंस गति से चलती है', तो उसके 'सुअंगों के सुगंध समूह' के कारण 'भ्रमर गुंजार करते हुए साथ-साथ उड़ते जाते हैं।'[७] 'नवल-किशोरी को देख कर सखियों के हृदय में भी अत्यन्त आनंद उपजता है' और मोहन का मन तो उसने 'ताटंक रूपी मनोज के पास' से बाँध ही रखा है।[८] मुग्धा राधा के शैशव में यौवन-प्रवेश की शोभा देखकर मोहन इतने लुभा गए हैं कि चकोर की भाँति उसका शशि-वदन एकटक देखते रहते हैं। उसने श्याम को तन-मन-धन से जीत लिया है। सूरदास भी उसकी विशद कीर्ति का गान करके अपने समस्त दुःख दूर करते हैं।[९]

राधा के शिखा से नख पर्यन्त सभी अंग शोभाशाली हैं; पर कवि ने उसके नयनों की सुन्दरता का विशेष रूप से उल्लेख किया है। बाल्यावस्था में कृष्ण जब पीछे से आकर आँख

---

१. सू० सा० (सभा), पद २३१४।
२. वही, पद २३२०।
३. वही, पद २७२८-२७३२, ३०६२-२०७२, ३२२८-३२३५, ३३५८-३३७१।
४. वही, पद २६२७-२६२९, ३२३७-३२८७।
५. वही, पद १८१०-१८१२।
६. वही, पद ३०६२-३०६३।
७. वही, पद ३२२८।
८. वही, पद ३२३०।
९. वही, पद ३२३१।

मीच लेते थे, तभी उसके 'विशाल चंचल, अनियारे नयन उनके हाथों में नहीं समाते थे और सुभग उँगलियों के बीच विराजते हुए वे अति आतुर दिखाई देते थे।'[१] उन्हीं नयनों को देखकर यशोदा ने कहा था कि तू 'चितैबो' छोड़ दे! जब उन सरल नयनों में बंकता आ गई और अनुराग छलकने लगा, तब तो वे 'बटपारे मतवाले होकर घूमने लगे।' अंजन के सँवारे हुए प्रिय-मनरंजन खंजन-नयन मुसकाकर श्यामसुन्दर पर नट की तरह नाचते हैं और उन्हें मुग्ध करते हैं।[२] सखी पूछती है, 'राधे तेरे नयन हैं या बान?'[३] तूने चपल नयन की कोर से देखकर दुसह अनियारे बाण से श्याम के हृदय को बेध दिया। अत्यन्त व्याकुल होकर वे धरणी पर गिर गए, मानो तरुण तमाल पवन के जोर से गिर पड़ा हो। कहीं मुरली पड़ी है, कहीं मनोहर लकुटी, कहीं पट और कहीं मोरचंद्रिका। विरह-सिंधु की हिलोरों में वे कभी डूबते हैं, कभी उछलते हैं। प्रेम-सलिल में पीला पट ऐसा भीग गया है कि अंचल-छोर निचोड़ते-निचोड़ते फट गया, न तो मुँह से वचन निकलते हैं, न आँखें खुलती हैं, मानो कमलों के लिए अभी सवेरा ही न हुआ हो।'[४]

कृष्ण के साथ रति-सुख करने के उपरान्त जहाँ राधा की 'मरगजी सारी', फटा अंग-वस्त्र, आलस भरे नैन और अटपटे बैन उसके सहज निर्मल सौन्दर्य में किंचित् व्यतिक्रम उपस्थित करते हैं, वहाँ रसिकराय को रस-वश करने का आत्म-संतोष और उत्फुल्लता भी उसके अंग-अंग से फूटी पड़ती है।[५] सुरति-सुख-सम्पन्न, अति रंगभरी राधे 'हरि पिय के परस' को कैसे छिपा सकती है? अधरों का रंग, नयनों का 'अरस' और मन का अति आनन्द सखियाँ तुरन्त ताड़ लेती हैं।[६] सबसे अधिक तो 'सुभग रतनारे नयन' उसके मनोभाव को छिपाने में असमर्थ हैं।[७] अब भी न जानें उसकी क्या गति है! ''सुरंग-रस-माते, अतिशय चारु, विमल, चंचल खंजन-नयन पलकों के पिंजरे में समाते ही नहीं। ये और कहीं बसे हुए हैं, पर सखी यह बता कि यहाँ किस नाते रह गए? तू विकल होकर उदास कला से वही विलक्षण संज्ञा देख रही है? श्रवणों के समीप चल-चलकर आते हैं कि जिससे ताटंक को फाँद सकें। परन्तु, सूरदास, अंजनगुण से यदि ये अटके न होते, तो न जाने कब के उड़ गए थे!''[८]

रति-समय में राधा की शोभा का वर्णन करने में कवि ने उपमाओं का अन्त कर दिया है।[९] अति सूक्ष्म कटि, विशद नितंब, भारी पयोधर वाली सुकुमारी जब कंदुक-केलि करती है, तो चंचल अंचल हट जाता है और फटी कंचुकी और सटे कुच दिखाई देने लगते हैं। ऐसा जान पड़ता है 'मानो नव-जलद ने विधु को बंदी बना लिया और नभ में अनियारी कला का उदय हो गया है।'[१०] मोहन की प्यारी मोहनी को मानो विधि ने रूप-उदधि मथकर नवीन

---

१. सू० सा० (सभा), पद १२९३।
२. वही, पद ३३६१।
३. वही, पद ३३६०।
४. वही, पद ३३७५।
५. वही, पद २६२८।
६. वही, पद ३२७७।
७. वही, पद ३२७८-३२८१।
८. वही, पद ३२८५।
९. वही, पद १८०५-१८२१।
१०. वही, पद १८१२।

रंग से रचा है। उसके कलेवर की समता चंपक और कनक नहीं कर सकते और न वदन की समता शशि कर सकता है। उसके नयनों ने खंजरीट, मृग और मीन सब की गुरुता को परास्त कर दिया है। उसके संदेश पर कुटिल भृकुटी ऐसी शोभत होती है, मानो धनुषयुक्त मदन हो। उसके विशाल भाल, कपोल, नासिका, अधर, दर्शन, ग्रीवा, बाहु, उरोज, नाभि, कटि, जानु, चरण, नख, सभी अनुपमेय हैं। जहाँ-जहाँ दृष्टि पड़ती है वहीं-वहीं उलझकर रह जाती है; देखते ही नहीं बनता! अंग-अंग ने श्याम को सुख देकर रस-वश कर लिया है।[१]

जिस प्रकार राधा का बाह्य सौन्दर्य उसके उर-अंतर में भरे हुए प्रेम-रस का प्रतीक है, उसी प्रकार उसकी समस्त चेष्टाएँ, सारे व्यवहार कृष्ण के गम्भीर प्रेम के सूचक हैं। वस्तुतः कृष्ण का प्रेम राधा के रूप में मूर्तिमान होकर प्रकट हुआ है।

चतुर, गूढ़ अतृप्त परकीया

आरम्भ से ही कृष्ण की सहायता से राधा प्रेम-चर्या में चतुर हो गई। किन्तु प्रेम जैसे-जैसे गम्भीर और स्थिर होता गया उसकी चतुराई भी गम्भीर और गूढ़ होती गई। गुप्त प्रेम का रहस्य समझने के बाद उसकी प्रखर बुद्धि, धीर मति और सावधानता का उपयोग प्रेम को छिपाने में ही हुआ। उसका प्रेम इतना उत्कट और तीव्र था कि उसे लोक-वेद, माता-पिता आदि, किसी की चिन्ता नहीं रही। उसने कई बार सोचा और कृष्ण से कहा भी कि सबको तिलांजलि देकर वह खुलकर प्रेम करने लगे, किन्तु कृष्ण की इच्छा के अनुसार वह प्रेम को सदैव छिपाए रही। सूरदास ने राधा को मतवाली मीरा नहीं बनने दिया।

माता, पिता आदि ऐसे विमुख जनों के साथ राधा को भी रहना पड़ता है, जो कृष्ण का 'नाम लेने से सकुचते हैं; परन्तु वह 'गुरु-परिजन की कानि मानियो' इस 'मुखवाणी' को कभी नहीं भूलती[२] और 'अति चतुर राधिका' तरह-तरह की चतुराई के द्वारा माता को हरा देती है। माता उसकी सरल अबोधता में विश्वास करके कृष्ण-राधा विषयक अपवाद को झूठ मानने लगती है।[३] राधा को केवल अपनी निर्दोषता सिद्ध करने के लिए ही चतुराई और बुद्धिमत्ता का उपयोग नहीं करना पड़ता, वरन् कृष्ण से मिलने के लिए भी उसे तरह-तरह के ऐसे बहाने बनाने पड़ते हैं, जिनसे उसके गुप्त प्रेम में किसी प्रकार का विघ्न न पड़े। एक बार राधा को कोई ऐसा बहाना न सूझा और कृष्ण और राधा दोनों की विकलता बढ़ने लगी। परन्तु 'नागर के रँगराची' राधिका के चित्त में एक बुद्धि आ ही गई और उसे विश्वास हो गया कि 'कृष्ण-प्रीति साँची' है।[४] उसने झट कंठ से 'मोतिसरी' उतारकर 'आंचल' से बाँध ली और बड़े सबेरे उठकर अकुलाकर जाने लगी। इस प्रसंग में उसने ऐसा सफल अभिनय किया कि उसे जाने के लिए माता की आज्ञा तुरन्त मिल गई। 'गुन भरी राधिका का कोई पार नहीं पा सकता।[५] हार के बहाने 'चतुर प्रवीन राधा' कृष्ण को सुख देकर और अपने मनोरथ को पूर्ण करके घर लौट गई।[६]

---

१. सू० सा० (सभा), पद १८१५।
२. वही, पद २३३०।
३. वही, पद २३३३-२३६६।
४. वही, पद २५८६।
५. वही, पद २५८३-२५९५।
६. वही, पद २६२४।

'गुनभरी' राधा की चतुरता सखियों के समक्ष भी अपनी गुप्त प्रीति छिपाने में प्रकट होती है। यद्यपि गोपियाँ माता की भाँति सरल-विश्वासी नहीं हैं, क्योंकि वे स्वयं राधा के ही पथ की अनुगामिनी हैं, फिर भी प्रत्यक्ष रूप से कृष्ण-प्रेम में ओत-प्रोत राधा अनुराग-रस छिपाने में असमर्थ होते हुए भी सखियों के सामने ऐसा भाव बना लेती है, मानो कृष्ण से उसकी पहचान ही न हो; उन्हें उसने कभी देखा ही न हो। वह पूछती है, 'श्याम कौन हैं? काले हैं या गोरे?' और गम्भीर बनकर सखियों की ऐसी बेसिर-पैर की 'लगने वाली' बातें कहने से मना करती है। सखियाँ सब कुछ जानते हुए भी राधा की गुप्त प्रीति को खोलने का प्रयत्न छोड़ देती हैं और उसके समक्ष स्वीकार कर लेती हैं कि राधा और कृष्ण में ऐसा सम्बन्ध कैसे हो सकता है? उनके देखते-देखते तो वह सयानी हुई है, अभी तक निरी बच्ची थी। फिर भी सखियाँ जानती हैं कि 'राधा-कान्ह हम से गोप करके एक हो गए हैं।'[१] सखियों ने देखा कि वृन्दावन से लौटने पर उसका कुछ दूसरा ही भाव था। पहले तो वह मुसकराई, पर हरि-मिलन की बात पूछते ही रोष करके उसने मुख फेर लिया और दूसरी बातें चलाने लगी। श्याम के मिलते ही वह अब सयानी हो गई है।[२] राधा इस प्रकार 'निधरक' होकर सखियों के संदेहों का उत्तर देती है कि वे स्वयं सकुच जाती हैं।[३] एक अत्यन्त चतुर सखी बड़े विश्वास के साथ राधा का भेद लेने जाती है। 'चतुर-चतुर की भेंट होती है', पर 'बड़े गुरु की बुद्धि पढ़ी हुई' राधा इस बार मौन धारण करके सरस विनोद और परिहास के वातावरण को और गम्भीर बना देती है और तभी बोलती है जब चतुर सखी अपनी परिहासपूर्ण बातों को छोड़कर गंभीरतापूर्वक उसकी इस 'नई रीति' और 'निठुरई' का कारण पूछती है। राधा कहती है, 'मुझे यह बताओ कि तुम मेरी प्रीतम हो या बैरिन? मैं उससे पूछती हूँ जो मुझसे कहती हैं कि मैं श्याम से मिलकर आई हूँ ओर मेरे अंग की छवि कुछ और ही हो गई है। मैंने जिन्हें सपने में भी नहीं देखा, उन्हीं की बात बार-बार करती हो। मैं तुमसे क्या दुराव करूँगी? कहाँ कान्ह और कहाँ मैं? और सब तो कहते ही हैं, पर तुम भी जब ऐसी बातें कहती हो, तो मुझे बुरा लगता है। मुझे तो इसीलिए क्रोध आ गया कि तुमने मेरा कुछ भी आदर नहीं किया।' चतुर सखी की सारी चतुराई भूल गई और वह राधा की ओर से अन्य सखियों से लड़ने को तैयार हो गई। परन्तु जानती तो वह भी है कि राधा ने 'श्याम-नग' को हृदय में चुरा रखा है, क्योंकि 'नेह और सुगंध की चोरी' छिप नहीं सकती। वह राधा को सीख देती है कि 'लोग जो कुछ अपवाद करते हैं, उन्हें करने दे। वे स्वयं पापी हैं। उनके गिले की चिन्ता न कर।' परन्तु राधा 'दिनन की थोरी' अवश्य है, पर इस नई चतुराई के फन्दे में पड़कर वह अपना भेद नहीं दे सकती। वह पूछती है; 'नन्दसुवन कन्हाई कैसे हैं? सदैव व्रज में रहते हुए भी मैंने उन्हें नयन भर कभी नहीं देखा। कहते सकुचती हूँ, पर किसी तरह यदि तुम मुझे उनके दर्शन करा दो, तो बड़ा उपकार मानूँगी। हे ईश्वर, मैं उपहास सहने को तैयार हूँ, पर नन्दसुवन मिलें तो! इससे अधिक और क्या चाहिए?' सखियाँ राधा को नन्दनन्दन के दर्शन कराने का वचन देती हैं, पर राधा गूढ़ शब्दों में बताती है कि उनके दर्शन इतने सुलभ नहीं हैं; 'तुमने इन्हें कहीं देखा भी है या सुनी-सुनाई बातें करती हो?' अंत को सखियाँ मान जाती हैं कि राधा की चतुराई का पार पाना कठिन है। लेकिन वे कहती हैं कि कभी तो फंदे में पड़ोगी ही! राधा इस

---

१. सू० सा० (सभा), पद २३१५-२३२९।
२. वही, पद २३३८।
३. वही, पद २३४०।

चुनौती को स्वीकार करके कहती है कि यदि ऐसा हो तो श्याम का पीताम्बर और मेरी 'बेसरि' छीन लेना।[१]

परन्तु जब एक दिन सखी ने सचमुच राधा-कृष्ण को मिलते हुए देख लिया, तो 'चतुरवर-नागरी ने नई बुद्धि रची।' सखी ने पूर्व वचन की याद दिलाकर बेसरि माँगी। सखियाँ समझती थीं कि वह लज्जित हो जायेगी, पर उसने हँसकर कहा : 'इसी तरह बेसरि लोगी? बड़ी भोली हो! मैं मूर्ख हूँ और तुम सब चतुर? कौन-कौन बेसरि लेगी। पर यह तो बताओ, पीतांबर कहाँ है? पीतांबर दिखाकर बेसरि ले जाओ और घर-घर दिखाती फिरो। केवल बेसरि देखकर कौन विश्वास करेगा? ताली एक हाथ से थोड़े ही बजती है।' सखियों को हार माननी पड़ी। जिसने गिरधारी को वश में कर लिया हो, उसके चरित कौन जान सकता है? राधा की महतारी धन्य है। विधना ने अंग-अंग में कपट चतुरई भरकर इसे स्वयं रचा है। राधा में जितनी बुद्धि है, उतनी श्याम में भी नहीं है। गोपियाँ हर तरह से पूछती हैं, पर राधा अपना भेद नहीं बताती। वह कहती है कि 'मैं यमुना जा रही थी, उधर से श्याम ग्वालों को बुलाते हुए आ निकले। मैं तो उनसे बोली भी नहीं, वे ही ग्वालों को पूछकर उन्हीं को बुलाते हुए चले गए। इसी पर तुम सब मेरे ऊपर बेसरि के लिए टूट पड़ीं। तुमने हम दोनों की बाँह साथ-साथ क्यों न पकड़ ली?' इस प्रकार गोपियों को 'गुन-आगरि, नागरि, छली नारि, के अति भोरी' होने का विश्वास हो गया।[२] परन्तु राधा की चतुराई भरी बातें बड़ी गूढ़ और रहस्यमयी होती है। राधा ने कहा था कि मैंने तो श्याम को देखा भी नहीं। इस पर सखियों ने उसे श्याम-दर्शन कराने का वचन दिया था। एक दिन अचानक यमुना-स्नान के समय श्याम आ गए। राधा ने सखियों से दृष्टि चुराकर रूप-रस का पान किया। किन्तु चतुर सखियाँ ताड़ गईं। अब तो उन्होंने पूछना आरम्भ किया कि तुमने श्याम को देखा या नहीं। राधा पहले तो मौन रही, किन्तु बहुत पूछने पर बोली, 'तुम कैसी अलेखी बात कहती हो? मुझसे कहती हो कि तुमने श्याम को देखा है। तुम्हीं ने उन्हें अच्छी तरह देखा होगा। उनका वर्ण, वेश, रंग रूप कैसा है, मुझे भी बताओ। पर आश्चर्य है कि तुम सूर-श्याम को, जिनका वार-पार ही नहीं है दो आँखों से देख लेती हो![३] सखियाँ अपने ढंग से श्याम के रूप का वर्णन करती हैं, पर राधा कहती है : 'मुझे तो विश्वास नहीं होता कि तुमने उन्हें देखा होगा। मैं तो समझती हूँ कि मेरी-सी गति सबकी है। मैंने तो एक अंग को देखा और दोनों नयनों में पानी भर आया। तुम भले ही अंग-प्रत्यंग का अवलोकन कर लेती हो, पर मैं तो केवल कुंडलों की झलक और कपोलों की आभा—बस इतने में ही बिक गई हूँ। मैं सूर-श्याम को एकटक देखती रही; पर दोनों नयन रुँध गए, इससे उन्हें पहचान भी न सकी।'[४] राधा सखियों के भाग्य की सराहना करती है : 'तुम तन्मय हो, मैं तो कहीं उनके निकट भी नहीं। अपना-अपना भाग्य है। किसी को षट्रस भी नहीं भाता और कोई भोजन तक को बेहाल फिरता है। तुम प्रभु की संगिनी हो। तुम्हें उनके दर्शन मिल गए, इसलिए तुम धन्य हो। मेरी तो बुद्धि-वासना पुरानी हो गई है।'[५]

---

१. सू० सा० (सभा), पद २३४१-२३५८।
२. वही, पद २५६७-२५७८।
३. वही, पद २३८४-२३९२।
४. वही, पद २४००।
५. वही, पद २४०२-२४०४।

राधा बार-बार अपने लोचनों को दोष देती है; जिनके कारण उसने श्याम को भली-भाँति देख भी न पाया।[१]

एक बार सखियों ने प्रातःकाल ही कृष्ण को राधा के घर में से निकलते देख लिया। अब तो उनकी बन आई; सब सखियाँ मिलकर राधा के यहाँ पहुँचीं। परन्तु राधा ने इस अवसर पर भी मौन-व्रत धारण करके परिस्थिति सँभाल ली। सखियाँ राधा को मौन देखकर समझ गईं कि यह अभी कोई नई 'चतुराई की बुद्धि' रचकर कुछ कहेगी। बहुत पूछने पर जब उसका मौन टूटा, तब उसने बताया कि आज सवेरे उसने एक ऐसा नया चरित देखा है कि उसके सोच में उसे कुछ अच्छा नहीं लग रहा है। उसने कहा कि 'आज अरुणोदय के समय मेरे नयनों को धोखा हो गया। मैं यह नहीं जान सकी कि इस पंथ से हरि निकल गए या श्याम जलद उमड़ा।'[२] राधा की गूढ़ बातों को सुनकर गोपियाँ उसके प्रेम की गंभीरता तथा अपनी तुच्छता का अनुमान करके लज्जित हो जाती हैं, उनकी व्यंग्य-परिहास की मनोवृत्ति बदल जाती है और वे राधा के कृष्ण-प्रेम की प्रशंसा करने लगती हैं। उन्हें स्वीकार करना पड़ता है कि प्रेम करने की बात तो दूर, उन्हें कृष्ण-रूप का दर्शन करना भी नहीं आता। कृष्ण-रूप के लिए राधा की आँखें चाहिए, जो सदैव उसी रूप-रस में छकी रहने पर भी किंचित् तृप्ति नहीं मानतीं। गोपियों को हृदय की दुविधा हटाकर कहना पड़ता है कि राधा परम निर्मल नारी है। श्याम को केवल उसी ने जान पाया और सब तो दुराचारिणी हैं। राधा पूर्ण घट के समान छलकने वाली नहीं, अधजल-घट ही छलकते हैं। वास्तविक धनी व्यक्ति अपने धन को दिखाते नहीं फिरते, बल्कि छिपाकर रखते हैं। राधा ने कृष्ण-रूप महानग प्राप्त कर लिया है। वह उसे कैसे प्रकट कर सकती है?[३] सखियाँ कहती हैं : "राधा का स्वभाव ही कुछ और है। हम हरि को और ही ढंग से देखती हैं, सत्य-भाव से यही निरखती है। यह सच्ची और निष्कलंक है और हम कलंक में सनी हुई हैं। हम हरि की दासी के समान भी नहीं और यह हरि की पटरानी है। हम इसकी स्तुति क्या करेंगी? एक रसना से इसकी स्तुति नहीं हो सकती। सूर-श्याम को (राधा जैसे) भजन प्रताप के बिना कोई नहीं जान सकता।"[४] परन्तु शीलवती राधा सखियों की प्रशंसासूचक बातें सुनकर संकोच के साथ कहती है : "सजनी, मेरी एक बात सुनो। तुम मेरी बहुत अधिक बड़ाई करती हो; मेरा मन शरमाता है। तुम हँसी में मुझसे कहती हो कि श्याम और तुम एक ही हो, यह सुनकर मैं व्यथित होती हूँ। मैं तो उनके एक अंग का भी पार नहीं पा सकती और भ्रमित और चकित हो जाती हूँ। सूर, विधना पर मुझे रोष आता है। उसे चाहिए था कि प्रति रोम में लोचन देता!"[५] राधा की समस्त चतुरता, बुद्धिमत्ता, विनोदप्रियता, सरसता और शील—उसके सम्पूर्ण व्यक्तित्व का समाहार उसके एक गुण में होता है। वह गुण है उसका अप्रतिम कृष्ण-प्रेम, जो उसके रोम-रोम में समाया हुआ है तथा वचन और कर्म के छोटे से छोटे प्रयास में प्रत्यक्ष या व्यंग्य रूप से प्रकट हो जाता है। कृष्ण-प्रेम में ही राधा के सौन्दर्य और गुणों की पूर्णता है, उसके बिना राधा कुछ नहीं है। कृष्ण का पल मात्र का वियोग उससे सहन नहीं हो सकता। उसके पास केवल दो

---

१. **सू० सा० (सभा), पद २४०१-२४७१।**
२. **वही, पद २६७६।**
३. **वही, पद २४६१।**
४. **वही, पद २६७८।**
५. **वही, पद २४६४।**

लोचन हैं और वह भी 'साबित' नहीं हैं। क्षण भर भी बिना देखे उसे 'कल' नहीं पड़ती, पर 'निमिष' बार-बार ओट कर लेते हैं। श्याम तो निष्ठुर हैं ही जो वह भली-भाँति दर्शन नहीं देते, निमिष भी उन्हीं के साथी जान पड़ते हैं।[१] ऐसी अवस्था में हरि-दर्शन की साध ही मर गई। वह मयनों के साथ आक की रुई की तरह उड़ी फिरती है। न जाने मन में वह मूर्ति कहाँ से उदय हो जाती है! कृष्ण को बिना देखे विरहिनी राधा की व्यथा इतनी अधिक बढ़ गई है कि उसके तप्त शरीर को छुआ तक नहीं जाता। कुछ कहना चाहती है और मुँह से कुछ निकलता है। प्रेम-विभोर होने से उसे स्वेद और रोमांच हो रहा है।[२] जिस दिन से श्याम उसकी दृष्टि में पड़े और उसने उनसे प्रीति की, उसी दिन से नयनों के सुख-दुःख सब भूल गए; मन सदैव चाक पर चढ़ा-सा रहता है और कुछ नहीं सुहाता। हर समय मिलने का ही विचार बना रहता है। राधा की प्रेम-व्यथा अचेत बालक की वेदना-जैसी है जो बिना कहे, चुपचाप सहनी पड़ती है।[३]

एक बार कृष्ण अचानक राधा के आँगन में आ गए। दोनों में संकेतों द्वारा अभिवादन-विनिमय हुआ। परन्तु गुरुजनों की लाज के कारण राधा कुछ बोल नहीं सकी। कृष्ण चले गए और इधर राधा व्याकुल होकर डोलने लगी। उसे अत्यन्त सोच है कि हरि 'अँगना' में आए और उससे उनकी कुछ भी सेवा न बन सकी। ऐसी 'कुल-कानि बन जाए' जिसके कारण अच्छी तरह देख भी न सकी। सखियाँ समझाती हैं कि 'हरि ने तेरी सेवा मान ली, इसलिए तुझे पछताने की आवश्यकता नहीं। गुरुजनों के मध्य में भाव की ही पूजा होनी चाहिए; कुँवर कन्हाई तेरे वश में हो गए हैं, तू हरि की प्यारी है।' परन्तु राधा बार-बार पश्चात्ताप करती है। माता-पिता वैरी हो गए; कुल-कानि के डर से उसने कुछ सेवा नहीं कर पाई। पश्चात्ताप और विरह-वेदना से व्यथित होकर वह सोचती है कि न जाने यदुराई लोक-लाज किस कारण मानते हैं। राधा को सखियाँ बहुत समझाती हैं, श्याम से उसके दृढ़ प्रेम की याद दिलाती हैं, पर राधा को संतोष नहीं होता।[४]

लोक-संकोच और कुल की लाज के कारण कृष्ण से मिलने में राधा को बाधा उपस्थित होती है, उसे वियोग का दुःख उठाना पड़ता है।[५] सखियों की प्रशंसा सुनकर यद्यपि वह अपने शील के अनुसार कृष्ण के समक्ष अपनी तुच्छता प्रकट करती है, किन्तु एक बार उसे किंचित् गर्व हो गया और उसने कृष्ण के आने पर उनका स्वागत-सत्कार नहीं किया।[६] कृष्ण भी आकर चुपचाप चले गए, राधा के प्रेम को आघात लगा और वह अपने अहंकार को कोसने लगी। इस अवसर पर राधा की विरह-व्यथा दीनतापूर्ण आत्मनिवेदन और शरण-याचना में प्रकट हुई है। सखियाँ उसे प्रेम में मान करने की आवश्यकता और महत्व समझा कर उसे मान के द्वारा प्रेम प्राप्त करने का सरल उपाय बताती हैं, पर राधा कहती है कि मैं मान तो करूँ, पर मन तो मेरे वश में है ही नहीं और मन के साथ पाँचों इन्द्रियाँ भी कृष्ण के ही अधीन हैं

---

१. सू० सा० (सभा), पद २४८६।
२. वही, पद २४७३।
३. वही, पद २४८२-२४८३।
४. वही, पद २४८५-२४९९।
५. वही, पद २६६५।
६. वही, पद २६९२।

उनका मन श्याम में इतना तल्लीन है कि उसे क्षण-क्षण युग के समान बीतता है।[१] 'अबकी बार यदि उसे प्रियतम मिलें जाएँ, तो वह उन्हें हृदय के भीतर, छिपाकर रख लेगी। उस मिलन-वेला में वह मंगल-गान गाएगी और भवन को चन्दन से लिपाकर, मोतियों से चौक पुराकर, अंगों में आभूषण सजाकर रस नृत्य करेगी। यदि मनमोहन उसके वश हो गए तो वह हीरा लाल लुटाएगी; मणि-माणिक न्योछावर करेगी, केतकी, कर्णवेलि और चमेली के फूलों से सेज सजाकर, प्रिय को लिटाकर अंचल से वायु करेगी, चंदन, कपूर, अरगजा की प्रभु को खौर लगाएगी। यदि विधना ने कभी यह साध पूरी की तो काम का काम पूरा करेगी। परन्तु सूर-श्याम को देखे बिना किस प्रकार मन को वश में करे?'[२]

कृष्ण-मिलन में राधा का प्रेम-विभोर, चंचल चित्त उसके वश में नहीं रहता। यमुना जाते समय कृष्ण से भेंट हो गई।[३] राधा ने उनकी भुजा पकड़कर खड़ा किया और बाँह मरोड़कर कहा, 'अब बताओ कैसे जाओगे? अभी तक तो माखनचोरी ही करते थे, अब मन-चोर हो गए! फिर भी तुम व्रज की नारियों का निरादर करके ऐसे ढीठ हुए डोलते हो! अब क्या मेरा भी निरादर करोगे?[४] राधा की प्रेम की गालियाँ सुनकर श्याम ने उसे कंठ से लगा लिया। वियोग की कठिनाइयों के बाद प्रेम-संयोग के इस अवसर पर राधा का मन सहसा आन्दोलित हो उठा। भावनाओं के आवेग में उसने कुल-लज्जा को भी तिलांजलि दे दी होती। कवि ने कुल-कानि को प्रेममयी राधा के आगे नतमस्तक होकर कृष्ण की ओर से क्षमा-याचना करते हुए दिखाकर राधा के गुप्त प्रेम की तीव्रता की व्यंजना की है। अंत में राधा को संकुचित हो जाना पड़ा। उसकी चंचलतापूर्ण ढिठाई नम्र प्रार्थना में परिणत हो गई और उसने कहा : 'श्याम मैं क्या करूँ? तुम्हारे बिना मुझे कुछ भी नहीं सुहाता! आपने तो प्रेम को गुप्त रखने का आदेश दिया और मैंने उसे मान भी लिया। पर मुझे देह-गेह की कुछ भी सुध नहीं रहती! तुम्हारे अतिरिक्त मेरा हितू कौन है? अब मुझे अपने चरणों में स्थान दो!' राधा ने माता-पिता के त्रास, भ्राता की धमकी, भगिनी की गाली और अन्य लोगों के लांछनों की बातें बताकर विमुख जनों की संगति में रहने की अपनी विपत्ति सुनाई और कहा कि 'कुल की कानि मैं कहाँ तक करूँ? अब तो मैं कहे देती हूँ, किसी से नहीं डरूँगी! मुझसे यह दुख नहीं सहा जाता!' राधा ने अपने प्राणनाथ से कामद्वंद्व और विरह-दुख मेटने का निवेदन किया और अत्यन्त दीन भाव से कृपा की याचना की। कृष्ण ने कनक-वर्ण, सुन्दरी राधिका की बातों का भेद पाकर निकुंज में मिलने का वचन दे दिया।[५]

संकेत स्थान पर राधा और कृष्ण जब मिलते हैं तो प्रेम का समुद्र उमँगकर तट की मर्यादा का उल्लंघन कर जाता है।[६] कवि ने सुरति-नागरी राधा को आनन्द-मग्न, लज्जावती, रसवती, विनोदप्रिय, कोक-कला-व्युत्पन्न, प्रेमगर्विता और रूपगर्विता तथा कृष्ण को वश में करने वाली चित्रित किया है।[७] अपने रूप, रस, विनोद और गुणों से कृष्ण को स्ववश करने

---

१. सू० सा० (सभा), पद २६९२-२७१४।
२. वही, पद २७२४।
३. वही पद २५४८।
४. वही, पद २५५०।
५. वही, पद २५५१-२५६४।
६. वही, पद २६०४।
७. वही, पद २६०४-२६५८, २७३७-२८३३, ३२३२-३२४७, ३२७१-३२९२।

वाली राधा में संयोग समय में कवि ने अक्षय्य प्रफुल्लता और हर्षोन्मेष की परिमिति प्रदर्शित की है; फिर भी उसमें निरन्तर प्रेम की तृषा और अतृप्ति बनी रहती है। इस अतृप्ति के दो कारण हैं। एक तो उसका प्रेम 'गुप्त' ढंग का है, जिसे लोक की दृष्टि से बचाना पड़ता है, अतः संयोग के अवसर वियोग के दुःखदायी लम्बे व्यवधानों के बाद कठिनाई से प्राप्त होते हैं और अपेक्षाकृत अत्यन्त सूक्ष्म और असुविधाजनक होते हैं; दूसरे, कृष्ण यद्यपि राधा के वश में हैं और राधा के लिए उनका प्रेम अप्रतिम है, फिर भी उनका 'बहुनायकत्व' राधा के ऐकांतिक तीव्र प्रेम की एकरसता को भंग करने वाला और उसके असंतोष को बढ़ाने वाला होता है। इन दो बाधाओं के कारण राधा के हृदय में कभी-कभी भय उत्पन्न हो जाता है।

मिलन-विनोद में एक बार राधा ने कृष्ण-रूप धारण करके उनकी मधुर मुरली बजाकर कृष्ण को रिझाने का सरस अभिनय किया। कृष्ण ने भी राधा-रूप धारण करके मान का अभिनय किया। कृष्ण-रूप राधा 'मनुहार' करती है, पर मानवती नवीन राधा इतनी निठुर बन गई है कि हा-हा करने पर, चरण पड़ने पर भी नहीं मानती। राधा यह स्वाँग देखकर हँसती है; पर उसे हृदय में भारी डर लग रहा है। कभी वह अंग में भर लेती है, कभी अन्य प्रकार से 'मनुहारी' करती है, पर जब कृष्ण किसी प्रकार नहीं मानते, तो वह उसी विनोद में गंभीर स्वर से कह उठती है, 'तुम मान करते अच्छे नहीं लगते; अब यह खेल दूर करो। नन्दलाल, तुम तो ऐसे निठुर हो गए हो कि राधा की ओर तनिक भी नहीं देखते।' राधा को विनोद में भी कृष्ण का वियोग सहन नहीं होता।[१] बात यह है कि कृष्ण-मिलन में राधा को आत्म-विस्मरण सा हो जाता है। एक बार कृष्ण ने पीछे से अचानक आकर राधा की आँखें मूँद लीं। राधा इतने में ही भाव-विभोर हो गई। सखियों से वह कहती : "आज मैं फूली नहीं समाती। मैं गाऊँ या बजाऊँ या प्रेम-रस भर के नाचूँ अथवा तन-मन-धन निछावर कर डालूँ, कुछ समझ में नहीं आता। मेरे भाग्य, मेरा सौभाग्य, मेरा अनुराग और कन्हाई सभी धन्य हैं। आज रात्रि धन्य है। यह दिवस धन्य है, मेरा गृह, मेरी देह, मेरा शृंगार, वह प्रतिबिंब, सब धन्य हैं। सूर-प्रभु धन्य हैं, उनका दृष्टि-निक्षेप, उनका आँख मींचना और वे स्वयं सुखदायी प्रिय धन्य हैं।"[२]

मानवती, गौरवशालिनी—स्वकीया

राधा के प्रेम की उपर्युक्त दो बाधाएँ कृष्ण के प्रति उसके प्रेम को अधिकाधिक बढ़ाने में सहायक हैं। कवि ने 'बहुनायक' कृष्ण के साथ राधा की गुप्त प्रीति का चित्रण करके जहाँ एक मनोवैज्ञानिक सत्य का दृष्टांत उपस्थित किया है, वहाँ राधा के चरित्र में भी भावनाओं की विविधता का समावेश करके विलक्षणता उत्पन्न कर दी है। जो राधा कृष्ण के पल मात्र के वियोग को सहन करने में असमर्थ है, उसे परिस्थितिवश मान करना पड़ता है। मानवती राधा का स्वकीया नायिका की भाँति चित्रण किया गया है।

मान का वर्णन कवि ने चार बार किया है, जिसमें प्रेम के उत्तरोत्तर विकास का चित्रण है। पहली बार राधा सखियों के द्वारा श्याम को वश में करने की अपनी प्रशंसा से प्रभावित होकर मान करती है। इस मान में राधा का प्रेम आरम्भिक अवस्था में है, जब वह सर्वथा कृष्ण-प्रेम के वश में होते हुए भी सखियों की इस प्रशंसा को सुनकर गर्व करने लगती है,

---

१. सू० सा० (सभा), पद २७५८-२७६५।
२. वही, पद २८३१।

क्योंकि कृष्ण उसके वश में हैं। परन्तु जब कृष्ण आकर लौट जाते हैं, तो उसका विश्वास भंग हो जाता है और वह अपने अपराध का अनुभव करके विह्वल हो जाती है। उसका क्लेश स्वयं उसी के अहंकार का प्रतिफल है। वह सोचती है कि 'श्याम तो बहुनायक हैं; उन्हें मेरी इतनी चिन्ता क्यों होगी? उनकी मेरी जैसी कोटि स्त्रियाँ हैं।'[१] ललिता जब दूती बनकर कृष्ण को मनाने जाती है और राधा की विरह-दशा के साथ-साथ उसके रूप की प्रशंसा सुनाती है, तब कृष्ण आकर राधा को हृदय से लगाकर उसका विरह-ताप शान्त करते हैं।

राधा के दूसरी बार के मान का कारण भ्रम-जनित संदेह है। कृष्ण के वक्ष-स्थित आभूषण में स्वयं अपना प्रतिबिंब देखकर कृष्ण के अन्य स्त्री को हृदयस्थ करने की कल्पना करके वह मान कर बैठती है। कृष्ण मनाते हैं; पर वह नहीं मानती। कृष्ण अत्यन्त विकल होकर जब दूती को भेजते हैं और दूती जब उसे स्मरण दिलाती है कि 'चाहे तुम कितना मान करो अन्त में तुम और मनमोहन एक ही हो जाओगे' तब 'मोहन' नाम सुनकर वह मग्न हो जाती है और रिस दूर होने के बाद उसके मुख पर प्रेमजनित लज्जा प्रकट हो जाती है।[२] राधा का यह मान प्रेम-विनोद का एक खेल-जैसा ही है। परन्तु राधा यहाँ गौरवशालिनी मानवती के रूप में चित्रित की गई है और उसका मान कृष्ण के हृदय में उसके प्रति प्रेम को और अधिक दृढ़ करता है।

अब तक राधा को सहज-स्वभाव यही विश्वास था कि कृष्ण रात में कहीं अन्यत्र नहीं जाते, या तो 'महर सदन' में रहते हैं या स्वयं उसी के यहाँ। पर जब एक बार प्रातःकाल सुरति-चिह्नों के सहित आ उपस्थित हुए, तो राधा को उनका विचित्र रूप देखकर हँसी आ गई। पर शीघ्र ही उसकी हँसी क्रमशः परिहास, कटाक्ष, तिरस्कार, रोष और अन्त को मान में परिणत हो गई। कृष्ण ने हर तरह से अपनी निर्दोषिता सिद्ध करने का प्रयत्न किया, पर उनके अपराध की पुष्टि स्वयं उन्हीं के व्यवहार से होती गई।[३] श्याम निराश होकर चले गए और इधर राधा मान लेकर बैठ गई। राधा के इस मान में कृष्ण की व्यथा के साथ मानिनी राधा भी विरह-व्याकुल दिखाई देती है।[४] सखियाँ राधा को कृष्ण और कृष्ण-प्रेम की महत्ता का तथा मान में यौवन काल के उपयुक्त अवसर को व्यर्थ खोने का स्मरण दिलाकर उसे मनाना चाहती हैं, पर राधा का मान भंग नहीं होता। स्वयं कृष्ण अनेक प्रकार से दैन्य-प्रदर्शन करके मनाने का प्रयत्न करते हैं, राधा फिर भी नहीं मानती। परन्तु जब वे गुप्त चरित की बातों का कुशलतापूर्वक संकेतों के द्वारा स्मरण दिलाते हैं, तब राधा का हृदय द्रवित होता है और वह वन-धाम के निकुंज-सुख की अनुमति दे देती है।

राधा का 'बड़ा' मान सबसे अधिक कठिन है।[५] अबकी बार तो राधा ने स्वयं अपनी आँखों से कृष्ण को प्रातःकाल किसी अन्य स्त्री के घर से निकलते देख लिया। उसने अपने तीक्ष्ण 'नयन बान' से कृष्ण के हृदय को वेधकर उन्हें धराशायी कर दिया। राधा को मनाने के समस्त उपाय व्यर्थ जाते हैं। न तो वह अपनी प्रशंसा सुनकर रीझती, न कृष्ण की दीनदशा

---

१. सू० सा० (सभा), पद २६९४।
२. वही, पद ३०२९-३०७३।
३. वही, पद ३१५२-३१८१।
४. वही, पद ३१८२-३२३७।
५. वही, पद ३३५३-३४४६।

सुनकर उसका हृदय पसीजता है, और न वर्षा ऋतु, पुष्प-गंध-सुवासित मन्द-मन्द वायु तथा प्रकृति की रति-अनुकूल अन्य मनोहर वस्तुएँ उसके हृदय को मान छोड़ने पर विवश कर सकती हैं; यहाँ तक कि कृष्ण स्वयं दूती का रूप धारण करके उसे मनाने जाते हैं; पर वह फिर भी नहीं मानती। 'चाहे स्वर्ग डोल जाए, सुर और सुरपति सहित सुमेरु डिग जाए, रात्रि में रवि और दिन में चन्द्र उदय हो जाए, सब नक्षत्र अस्थिर हो जाएँ, सिंधु मर्यादा त्याग दे, शेष-शिर डोल जाए, वंध्या पुत्रवती हो जाए, उकठा काठ पल्लवित और विफल तरु सफल हो जाएँ, चाहे मेघहीन आकाश से वर्षा होने लगे, पर राधा का मान इतना अचल है कि वह भंग होता नहीं जान पड़ता।[१] कृष्ण हर तरह से राधा को मना कर हार गए, तब उन्होंने एक उपाय किया। उन्होंने एक मणि-दर्पण लाकर राधा के चरणों पर रख दिया और स्वयं पीछे खड़े हो गए। प्रतिबिंब में दोनों के नयन मिल गए। राधा के नयनों में किंचित् मुस्कान देखकर कृष्ण का चेहरा खिल उठा। राधा को विश्वास हो गया कि कृष्ण पर उसका कितना गहरा प्रभाव है। प्रेम के रस-प्रवाह में मान बह गया।[२]

मानवती राधा में प्रेम की गम्भीरता, प्रेमिका के गौरव और एकान्त प्रेम की महत्ता का प्रदर्शन करके राधा का कृष्ण-प्रेम पर एकाधिकार व्यंजित किया गया है। राधा को अब यह आशंका नहीं होती कि 'बहुनायक' श्याम की उस जैसी कोटि स्त्रियाँ कृष्ण के हृदय को संतुष्ट करके उसे प्रेम से किंचित् भी वंचित कर सकती हैं। मान करके वह कृष्ण को और अधिक अपने निकट लाने में समर्थ होती है। इसी कारण जो राधा साधारणतया कृष्ण से मिलने को अत्यन्त व्याकुल रहा करती है, जिसे प्रेम से कभी परितृप्ति नहीं होती, जो प्रायः अत्यन्त दीन होकर कृष्ण-प्रेम की याचना करती देखी गई है, वही कृष्ण की ओर दृष्टि उठाकर नहीं देखती। जो राधा माता से तरह-तरह के बहाने बनाकर नन्द-नन्दन के पीछे से संकेत के द्वारा कृष्ण को बुलाती थी और संकेत-स्थान पर वासकसज्जा बनी प्रहरों कृष्ण के वियोग और मिलनोत्कंठा में व्यग्र और आतुर रहती थी, वही मान भंग होने पर पहले दूती को भेजकर आने का संदेश भेज देती है और फिर गौरव और गम्भीरता मिश्रित हर्ष के साथ उठती है; अत्यन्त सावधानी से वस्त्राभूषण धारण करके शृंगार सजाती और प्रेम को हृदय में समेटे हुए मंथर गति से 'निकुंज-भवन' में पहुँचती है, जहाँ सुवासित सेज सँवारे हुए व्यग्र और मिलनातुर कृष्ण उससे भेंट करते हैं।[३] मान-विरह के उपरान्त संयोग-सुख दूना हो जाता है और राधा में पूर्ववत् पूर्ण आनन्द और रस पुंजीभूत होकर बरस पड़ता है, जहाँ गत वियोग की व्यथा और भावी वियोग की आशंका किंचिन्मात्र भी रसानन्द को खंडित नहीं करती।

जिस प्रकार राधा-कृष्ण ने गोपियों के साथ मिलकर रासविहार किया था, उसी प्रकार हिंडोल लीला में राधा-कृष्ण के सुख की चरम परिणति दिखाई गई है।[४] व्रज के सुख का अंतिम वर्णन वसंत लीला में है,[५] जहाँ कुछ समय के लिए विधि-मर्यादा का अतिक्रमण

१. सू० सा० (सभा), पद ३४४२।
२. वही, पद ३४४५।
३. वही, पद ३०७२, ३२२९, ३२३६, ३४४४।
४. वही, पद ३४४७-३४६०।
५. वही, पद ३४६१-३५३४।

करके राधा की परम विनोदी, परमानन्दमूलक प्रकृति का उन्मुक्त और निर्वाध प्रदर्शन किया गया है।

संयोग में राधा हर्ष, आनन्द, रस, विनोद, कौतुक तथा गूढ़ और गम्भीर प्रेम की साकार मूर्ति दिखाई देती है। वास्तविक मिलन के अवसर पर हर्ष-विनोद में वह प्रायः मुखर और चंचल हो जाती है। परन्तु कृष्ण के अतिरिक्त अन्य लोगों के समक्ष वह सदैव गूढ़ और गम्भीर रहकर अपने गुप्त प्रेम को प्रकट न होने देने का प्रयत्न करती है। मान-विरह के अवसरों पर उसके चरित्र की आत्म-गौरवजनित गंभीरता और दृढ़ता का प्रकाशन अभी दिखाया जा चुका है। कृष्ण के मथुरा और द्वारका के प्रवास के समय राधा के गंभीर प्रेम की वास्तविक परीक्षा होती है।

गूढ़, गंभीर, परम वियोगिनी

इस वियोग काल में राधा की चतुरता, विनोद, चंचलता—उसके चरित्र के वे समस्त गुण जिनके कारण उसने श्याम को वश में कर रखा था तथा सखियों की कभी स्पर्द्धापूर्ण और कभी श्रद्धापूर्ण प्रशंसा प्राप्त की थी, किंचिन्मात्र भी नहीं दिखाई देते। कवि ने कदाचित् जान-बूझकर उसे बहुत कम सामने लाने की आवश्यकता समझी, क्योंकि जब भी वह दिखाई देती है, उसके शरीर, वाणी और क्रियाओं से उसके गम्भीर प्रेम की दयनीय परिणति की ही सूचना मिलती है।

श्याम के मथुरा-गमन के समय गोपियाँ 'चित्र लिखी-सी' खड़ी दिखाई देती हैं, परन्तु उनमें कवि राधा का नाम नहीं लेता और न उनके चले जाने के बाद गोपियों की विरह-व्यथासूचक परस्पर बातों में उसकी बोली सुनाई देती है।[१] श्याम के बिछुड़ने का दृश्य कवि के विचार से राधा के लिए असहनीय है और उसके विषय में कुछ कहना उसके लिए असंभव है। विरहिनी राधा सबसे पहले गम्भीर सोच में मग्न, सिर नीचा किए हुए नख से हरि का चित्र बनाती दिखाई देती है। उँगलियाँ श्याम के एक-एक अंग की शोभा को अंकित करने में व्यस्त हैं और आँखें आँसू ढालती जाती हैं। मन में जो मधुर रूप अंकित है, उसे चित्र द्वारा प्रदर्शित करके आँखों को किंचित् संतोष दिया जा सकता है, पर मृदु वचनों के लिए श्रवणों की आतुरता तो ज्यों की त्यों बनी रहती है।[२] कभी यह आतुरता इतनी तीव्र हुई कि वहाँ की 'सुरति' करके वह रो उठी। एक पंथी मार्ग पर जाते देखकर राधा ने बुला लिया और उससे प्रणाम करके पूछा; 'भैया' कहाँ से आये हो?' आदरपूर्वक पंथी को अपना दुःख कहने के लिए उसे भीतर बुलाकर बिठाया, परन्तु वह उससे कुछ भी नहीं कह सकी; कंठ गद्गद हो गया और हृदय भर आया। अभिराम सूर-श्याम का मन में बार-बार ध्यान आने लगा और उसके हृदय की वेदना उमड़ने लगी।[३] किसी प्रकार अपने भावों को स्थिर करके उसने पंथी को संदेश दिया। अपने नयनों की विकलता बताकर उसने करुणासिंधु के पास विनती भिजवाई कि व्रज के अनाथों—'गोपी ग्वाल गोसुत' की 'दीन मलीन' और 'दिन-दिन छीजने' वाली देह पर दया करके, एक बार व्रज आकर चरण-कमल की नौका के सहारे व्रज को डूबने से

---

१. सू० सा० (सभा), पद ३६१२-३६२९।
२. वही, पद ३९६४।
३. वही, पद ४०१४।

बचा जाएँ और नहीं तो एक बार 'पतियाँ' ही भेज दें।[१] व्रज के चेतन जीवों की विरहदशा का ही राधा ने हरि को स्मरण नहीं दिलाया, वरन् 'विरह ज्वर से जली हुई काली कालिंदी' की दयनीय दशा बताकर उसने हरि के प्रिय सम्पूर्ण व्रज की ओर से यह संदेश भेजा।[२] परन्तु स्वयं अपना दु:ख उससे नहीं कहा गया।

गोपियाँ अपनी 'जाति-पाँति' के भिन्न परदेशी की प्रीति का 'पतियारा' (विश्वास) करने पर व्यंग्य करती हैं।[३] इस पर राधा कहती है; 'सखी री, हरि को दोष न दो। ये बातें सुनकर मन में दु:ख होता है। वास्तव में मेरा ही स्नेह कपट-पूर्ण है, क्योंकि मैं अपने इन नयनों के विद्यमान रहते सूना गेह देखती हूँ, तो भी व्रजनाथ के बिना हृदय फट नहीं जाता। पुरातन कथा कह-कहकर, सजनी, अब मारो मत।'[४]

कवि ने गोपियों के विरह का विशद और विस्तृत वर्णन किया है। इसी वर्णन से राधा के वियोग-दु:ख की भी व्यंजना होती है। गोपियाँ अपने लिए तो एक बार मिलने का निवेदन करती ही हैं, राधा के लिए उन्हें विशेष चिन्ता है, क्योंकि कृष्ण-दर्शन बिना राधा बहुत 'विलपती' हैं[५] वह कृष्ण के सोच में घुली जा रही है।[६] विगत दिनों की याद करके उसे अपनी उन भूलों पर अत्यन्त पश्चात्ताप होता है, जब उसने मान के कारण या किन्हीं अन्य बाधाओं से रति-दान में किंचित् भी देर की थी। यह व्यथापूर्ण स्मरण आते ही उसका दु:ख असह्य हो जाता और वह मूर्च्छित हो जाती है।[७]

कृष्ण उद्धव को व्रज भेजते समय मन में 'वृषभानु-सुता संग के सुख' का भी स्मरण करते हैं, क्योंकि 'उनके चित्त से राधिका की प्रीति कभी नहीं टलती।'[८] परन्तु संदेश देते समय उनसे राधा का नाम नहीं लिया जाता। वृषभानु महर से अपना समाचार कहने की आशा देकर वे रुक जाते हैं।[९] राधा के विषय में कृष्ण उस समय भी मौन रहते हैं, जब उद्धव व्रज से लौटकर मथुरा पहुँचते हैं और राधा की दयनीय दशा का चित्र उनके सामने रखते हैं। उद्धव द्वारा व्रज का हाल सुनकर उनकी श्वासें ऊर्ध्वगामी हो जाती हैं और उनके नेत्र भर आते हैं। वे व्रज के सुख की याद करते हैं, पर राधा का नाम नहीं लेते।[१०]

राधा को जिस समय किसी सखी ने हर्षित होकर बताया कि 'उसी' मार्ग से 'उसी' तरह की ध्वजा-पताका सहित 'वैसे ही' श्वेत रथ पर कोई चला आ रहा है और फिर कहा कि उसके मुकुट की झलक, कुंडल की आभा, पीतपट और श्याम अंग की शोभा भी 'वैसी ही' है, तो उसको यह समझकर कि नन्दनन्दन आ गए, हर्ष हुआ, मानो मरते मीन को पानी मिल

---

१. सू० सा० (सभा), पद ३८०८।
२. वही, पद ३८०९।
३. वही, पद ३८१२-३८१३।
४. वही, पद ३८१४।
५. वही, पद ३८५०।
६. वही, पद ३९८०।
७. वही, पद ४०१३।
८. वही, पद ४०३३, ४०३४, ४०४१।
९. वही, पद ४०५४-४०५९।
१०. वही, पद ४७७३-४७७६।

गया हो।[१] सब गोपियाँ आतुर होकर उन्हें देखने को दौड़ीं। परन्तु राधा कपाट की ओट में अँधेरे में से ही बोली; 'अच्छा किया जो हरि आ गए।' उसका तनु काँप रहा था; विरह की व्याकुलता में हृदय की 'धुकधुकी' चल रही थी, उससे चला भी नहीं जाता था, चलने में गिर जाती थी; आँसुओं से सारा शरीर भीगा हुआ था, छूटे हुए भुजबन्ध, फूटी वलया, टूटी लर, 'फटी झीनी कंचुकी' के साथ वह इस प्रकार देख रही थी मानो मणिहीन अहि हो।[२] राधा के इस चित्र में उसके गंभीर प्रेम, विनय और आत्म-गौरव का सुन्दर समन्वय हुआ है।

गोपियों ने उद्धव को अपने विरह-व्यथित मन का हाल सुनाया, उनके निर्गुण उपदेश का अपने तर्कों, व्यंग्य वचनों और सगुण प्रेम के प्रदर्शन द्वारा प्रत्युत्तर दिया, परन्तु इस विस्तृत विरह-वर्णन में राधा की वाणी एक बार भी नहीं सुनाई दी। उद्धव ने उसे निरन्तर 'माधो-माधो' रटते देखा। 'माधव-माधव' रटते-रटते जब वह सचमुच माधव रूप हो जाती थी, तो राधा के विरह में दहने लगती थी। उसे किसी प्रकार चैन नहीं था।[३] उसके और कृष्ण के व्यक्तित्व की पूर्णता विनिमय में नहीं, सम्मिलन में ही है।

गोपी-उद्धव वाद-विवाद के समय वह सामने नहीं आई। गोपियों ने ही राधा की ओर से विरह-निवेदन किया और उसकी वेदना कह सुनाई।[४] उन्होंने उद्धव को 'मलीन वृषभानु कुमारी' की दशा दिखाकर कहा कि 'हरि वियोग के आँसुओं से उसका शरीर और वस्त्र भीग गए हैं, इसी लालच से वह सारी नहीं धुलाती। वह सदैव अधोमुख रहती है, कभी ऊपर नहीं देखती, मानो कोई सर्वस्व हारा हुआ जुआरी हो।[५]

राधा से अत्यन्त सूक्ष्म भेंट होने पर भी उद्धव के मन पर व्रज में सबसे अधिक प्रभाव उसी की वेदना को पड़ा। राधा के लिए उन्होंने कृष्ण को बार-बार व्रज जाने को प्रेरित किया और उसकी दयनीय दशा का विस्तृत वर्णन करके कृष्ण के हृदय को द्रवित करने का यत्न किया।[६] उद्धव ने कृष्ण से कहा, 'श्याम-प्रवीन, चित्त लगाकर सुनो। हरि, तुम्हारे विरह में मैंने राधा को अत्यन्त क्षीण देखा। उसने तेल, तमोल, भूषण आदि त्याग कर मलीन वसन धारण कर लिए हैं। जब वह सुन्दरी संदेश कहने मेरे पास आई, तो मुद्रावली खसककर उसके चरणों में उलझ गई और वह बलहीन धरती पर गिर गई। उसके कंठ से वचन नहीं निकला। उसका हृदय अत्यन्त दुखी था। दीन, आपत्ति में ग्रसित, वह नयनों में जल भरकर रो पड़ी। योद्धा की भाँति साहस करके वह फिर उठी। सूर-प्रभु, वह इस प्रकार आशालीन होकर जी रही है।'[७] उद्धव ने राधा के 'ऊर्ध्व श्वास भरने', 'विशाल नयनों के उमँगने', 'नयनों की नदी बढ़ने', 'नयन घट के एक घरी भी न घटने', 'अचेत लोचनों के चूने' के अनेक चित्र कृष्ण के सामने रखे और बताया कि गोपियाँ किसी प्रकार के उपाय करके राधा के प्राणों की रक्षा करती हैं। राधा यदि कुछ करती है, तो या तो वह नीचा सिर किए कृष्ण का चित्र बनाती रहती है

---

१. सू० सा० (सभा), पद ४०७६-४०७८।
२. वही, पद ४७२२ तथा सू० सा० (वें० प्रे०) पृ० ५६४, पद ४९।
३. वही, पद ४७२४।
४. वही, पद ४६७३-४६९०।
५. वही, पद ४६९१।
६. वही, पद ४७१९-४७६४।
७. वही, पद ४७२५।

या सलज नयन, एकटक चकोर की भाँति मार्ग देखती रहती है। रात-दिन उसे हरि, हरि, हरि, की ही रट लगी रहती है।[१]

श्रीकृष्ण मथुरा से 'कारे कोसनि' द्वारका चले गए। इधर राधा अपने दिन इसी प्रकार 'दर्शन की रट' लगाए बिताती रही। एक दिन अचानक एक सखी ने आकर कहा : "आज मैंने पूर्व दिशा में वायस की 'गहगही' शुभ वाणी सुनी। राधिके, भोली सखी, सुन आज श्याम से अवश्य ही मिलन होगा। कुच, भुजा, अधर और नयन फड़कते हैं और बिना बात अंचल-ध्वजा डोलती है। इसलिए सोच छोड़ कर मन प्रसन्न करो। विधि ने, जान पड़ता है, भाग्य-दशा खोल दी है। सखी के मुख से शुभ वचन सुनते ही प्रेम की पुलक में राधा की चोली 'तरक' (फट) गई।"[२] मिलन की क्षणिक आशा से ही सारा वातावरण बदल गया। चारों ओर वसंत ऋतु छा गई, द्रुम-वल्लरियाँ फूल उठीं। हर्षित होकर नारियों ने भी शृंगार कर लिए।[३] इतने में भगवान् के दूत ने आकर कुरुक्षेत्र में मिलने का निमंत्रण दिया।[४] राधा के नयनों में नीर भर आया। उसने सखी से कहा; 'सखी श्याम सुन्दर कब मिलेंगे? मैं क्या करूँ? किस भाँति जाऊँ? उन्हें किसी प्रकार देखूँगी?' सुन्दर श्याम-घन ने दर्शन देकर तनु की 'तपन' तो बुझा दी।[५] पर 'महाराज यदुनाथ' से मिलना कैसा? गोपियों के बीच में खड़ी हुई राधा भी प्रेम-भक्तिपूर्वक दर्शन-सुख ले रही है। रुक्मिणी हरि से पूछती है; 'इनमें वृषभानुकिशोरी कौन है? हमें एक बार अपने बालापन की जोड़ी दिखा दो। वह परम चतुर कौन है, जिसने अल्प वयस में ही बुद्धि-बल, कला-विधि और चोरी सिखा दी थी?'[६] यह प्रश्न सुनकर कृष्ण को अपनी पुरातन प्रीति का स्मरण हो आया और द्वारका के महिमाशाली पद पर प्रतिष्ठित होते हुए भी उनके लोचन भर आए, गात शिथिल हो गया, मति 'भोरी' हो गई और कंठ अवरुद्ध हो गया।[७] इसी प्रकार रुक्मिणी ने एक बार पहिले भी पूछा था कि राधा में क्या देखकर रीझ गए थे? क्या उसके चंचल, विशाल नयनों ने इतना मोह लिया था? उस समय भी कृष्ण के नयन भर आए थे और वे मौन हो गए थे। घोष की बात वे नहीं चलाना चाहते थे।[८] रुक्मिणी के पूछने पर उन्होंने व्रज के सुखों का मार्मिक वर्णन किया और उसके समक्ष द्वारका के सुख-संभोग को तुच्छ बताया, पर राधा का नाम भी वे न ले सके।[९] परन्तु इस बार तो राधा सामने ही थी—युवतिवृन्द में नील वसन पहिने हुए, गोरे रंग की, जिसकी चितवन सबसे भिन्न थी। उसी चितवन को देखकर कृष्ण की मति भोरी हो गई थी।[१०]

राधा को देखकर कदाचित् रुक्मिणी ने अपने प्रश्नों का उत्तर और संदेहों का समाधान पा लिया। दोनों इस प्रकार बैठ गईं, मानो बहुत दिनों की बिछुड़ी हुई एक ही बाप की बेटियाँ

---

१. सू० सा० (सभा), पद ४७१४, ४७२२-४७४०।
२. वही, पद ४८९४।
३. वही, पद ४८९५।
४. वही, पद ४८९६।
५. वही, पद ४८९७।
६. वही, पद ४९०३-४९०४।
७. वही, पद ४९०३।
८. वही, पद ४८८८।
९. वही, पद ४८८९।
१०. वही, पद ४९०३-४९०४।

हों। रुक्मिणी ने उसे अपने भवन में ले जाकर विधिपूर्वक 'पहुनाई' की। यहीं कृष्ण ने राधा से अंतिम भेंट की।[१] राधा-माधव की इस भेंट में दोनों का कीट-भृङ्ग की भाँति आध्यात्मिक मिलन हुआ। राधा-माधव के रंग में और माधव राधा के रंग में ऐसे रंग गए कि दोनों की पृथक्-पृथक् सत्ता ही नहीं जान पड़ती थी। दीर्घकालीन वियोग का सारा दुःख इस सूक्ष्म मिलन के रस-प्रवाह में बह गया। कृष्ण ने उससे विहँसकर कहा कि हममें तुममें कोई अन्तर नहीं है और उसे व्रज के लिए विदा किया।[२] बेचारी राधा इस मिलन के अवसर पर कुछ बोल भी न सकी। वह सखी से कहती है; 'आज कुछ करते ही न बना। हरि आए और मैं ठगी सी, चित्तधनी जैसी बनी रही। अपनी कमल-कुटी में मैं हर्षित होकर उन्हें हृदय का आसन भी नहीं दे सकी, उर की निछावर और जलधारा का अर्घ्य भी न दे पाई, कंचुकी से कुच-कलश भी तनी तोड़कर प्रकट न हो सके। अब अपनी करनी का स्मरण करके लाज लगती है। मुख देखकर भी मैं न्यारी-सी बनी रही। सजनी, मेरी बुद्धि और मति नष्ट हो गई थी। तो भी मेरी यह जड़ता मंगलसूचक समझी गई।'[३] राधा के इस अंतिम व्यवहार से उसके प्रेम की महत्ता और स्वभाव की गम्भीरता प्रमाणित होती है।

यशोदा

जिस प्रकार राधा कृष्ण-प्रेम की साक्षात्-मूर्ति है, उसी प्रकार यशोदा का भी सम्पूर्ण व्यक्तित्व कृष्ण-स्नेह का प्रतीक है। मधुर दाम्पत्य भाव में राधा का अनुकरण और अनुगमन करने वाली गोपियाँ हैं; परन्तु यशोदा के वात्सल्य भाव का इतना विस्तार नहीं हुआ है। मन, वचन और कर्म से यशोदा का बाह्याभ्यांतर उसके स्नेहशील, सरल मातृत्व की सूचना देता है। सरलता और स्नेहशीलता उसके स्वभाव की दो प्रधान विशेषताएँ हैं। वह व्रज के सबसे अधिक संभ्रान्त व्यक्ति की पत्नी है और कृष्ण जैसा पुत्र उसे मिलने पर भी बिल्कुल गर्व नहीं होता। वह अपने सुख में व्रज के समस्त नर-नारियों को प्रसन्नतापूर्वक सम्मिलित करती है। जन्म के समय उसके यहाँ भाँति-भाँति के स्त्री-पुरुष आकर नाना प्रकार से अपने हर्ष का प्रकाशन करते हैं। उन सबके आनन्दोल्लास में यशोदा की हार्दिक भावनाओं का ही प्रकाशन है। यह आनन्द सखी-सहेलियों की बधाइयों और गीतों, दान और पुरस्कार माँगने वालों के झगड़ों और आशीर्वचनों, यशोदा और नन्द के मुक्तहस्त दान तथा आबाल-वृद्ध नर-नारियों की विविध प्रकार की चहल-पहल के रूप में बहुमुखी ढंग से प्रकट हुआ।[४]

यशोदा किसी का अविश्वास नहीं करती। पूतना कपट-रूप धरकर आती है और यशोदा उसे बैठने को पीढ़ा देकर कुशल-प्रश्न करके उसे अत्यन्त निकट बुला लेती है। सरल यशोदा उस समय भी किसी कपट की आशंका नहीं करती, जब पूतना कृष्ण को गोद में उठाकर स्तनपान कराने लगती है।[५] पूतना के बाद भी कृष्ण पर अनेक 'करबर' आते हैं, उन सबसे यशोदा को पश्चात्ताप तथा भविष्य के लिए आशंका होती है; पर सरल यशोदा एक संकट के

---

१. सू० सा० (सभा), पद ४९०९।
२. वही, पद ४९१०।
३. वही, पद ४९११।
४. वही, पद ६२२-६५२।
५. वही, पद ६६८-६७३।

बाद दूसरे संकट के लिए सावधान रहने की इच्छा रहते हुए भी, सावधान नहीं रह पाती। चंचल और चतुर श्याम कभी अपनी बाल-सुलभ सरलता का अभिनय करके कभी छल-चातुर्य की बातों से उसकी आशंकाओं का समाधान कर देते हैं। इन संकटों का एक दूसरा पक्ष भी है जो कृष्ण के अतिमानव व्यक्तित्व की सूचना देता है। भयंकर विपत्तियों के मध्य में से वे उनका आमूल विनाश करके आश्चर्यजनक ढंग से बचकर निकल आते हैं। यशोदा को एक नहीं, अनेक प्रमाण मिलते हैं जिनके आधार पर वह उनके अतिलौकिक व्यक्तित्व में विश्वास कर सकती है। परन्तु एक तो कृष्ण स्वयं महाभयानक और अकल्पनीय अतिप्राकृत कार्य करने के बाद स्वयं इतने प्राकृत और मानवीय चरित करने लगते हैं सहसा विश्वास नहीं होता कि इन्होंने ऐसे दुरूह कार्य भी किए होंगे; दूसरे यशोदा स्वयं इतनी सरल-मति और स्नेहशील है कि वह कृष्ण के स्वाभाविक बाल-चरित्र देखकर उनके क्षण भर पहले के अविश्वसनीय कार्यों की दुरूहता को भूल जाती है, केवल उसके हृदय पर दुःख और पश्चात्ताप के साथ विस्मय का भाव अंकित रह जाता है। उदाहरण के लिए तृणावर्त-वध के बाद यशोदा अत्यन्त दीन होकर सोचती है कि अब वह अपने प्यारे गोपाल को कभी अकेला नहीं छोड़ेगी, चाहे घर का सारा काम यों ही पड़ा रहे। न जाने उस दुखिया की कितनी साधनाओं के बाद पुत्र खिलाने को मिला है। जिस सुख के लिए उसने शिव-गौरी की आराधना की तथा अनेक नियम-व्रत साधे वह सुख श्याम के रूप में उसे रंक की निधि के समान 'पैंड़े' में पड़ा मिल गया।[१] ''हरि यशोदा की कनियाँ (गोद) में किलकने लगे। वह लाल का मुख बार-बार देखती और कहती है 'तुम्हीं मुझ निधनी के धन हो।' श्याम का अति कोमल तन देखकर बार-बार पछताती और सोचती है कि 'तू तृणावर्त के घात से कैसे बच गया? तेरी बलि जाऊँ! न जाने कौन पुण्य से कौन सहायता कर लेता है? पूतना ने वह किया था, इसने यह और किया!' माता को दुखित जानकर हरि नन्हीं-नन्हीं दँतुलियाँ दिखाकर विहँसे और इस प्रकार सूरदास के प्रभु ने माता के चित्त से दुख बिसरा डाला।[२] ''सुत-मुख देखकर यशोदा फूल गई! दूध की दँतियाँ देखकर वह हर्षित हो गई और प्रेम-मग्न होकर तन की सुध भूल गई। तब उसने बाहर से नन्द को बुलाया और कहा, 'सुन्दर सुखदाई' को तो देखो! तनक तनक सी दूध-दँतुलियाँ देखकर नयनों को सफल करो! आनन्द-मग्न महर ने आकर मुख देखकर दोनों नयनों को तृप्त किया। सूर-श्याम को किलकते हुए उनके दाँतों को देखा, मानो कमल पर बिजली जमाई हो।'[३] दूसरे ही क्षण ''हरि ने यशोदा की कनियाँ में किलकते-किलकते मुख में तीन लोक दिखलाए जिससे नन्दरानी चकित हो गई। वह घर-घर 'हाथ' दिखाती डोलती है और गले में 'बँधनियाँ' बाँधती है।''[४] परन्तु इस अद्भुत लीला से यशोदा का विस्मय भर होता है, वह इतनी सरल-प्रकृति है कि इन घटनाओं के तात्विक विचार की ओर उसका किंचिन्मात्र ध्यान नहीं जाता।

नन्द को वरुण-पाश से छुड़ाने की घटना तो इतनी स्पष्ट थी कि नन्द को कृष्ण के अलौकिक व्यक्तित्व की असंदिग्ध प्रतीति हो गई। किन्तु श्याम खेलते-खेलते आए और उन्होंने कहा; 'माँ, हाथ में माखन दे।' यशोदा हाथ बढ़ाकर माखन माँगने वाले भोले श्याम

---

१. सू० सा० (सभा), पद ६९८।
२. वही, पद ६९९।
३. वही, पद ७००।
४. वही, पद ७०१।

को देखकर नन्द की बताई हुई गाथा भूल गई और अपने कुँवर कन्हाई के लिए तुरन्त मथा हुआ माखन लाकर उसकी सेवा में लग गई और कहने लगी, 'इसी प्रकार माँगकर मेरी आँखों के सामने खाया करो, बाहर कभी न खाना, नहीं तो किसी की दृष्टि लग जाएगी। इसी तरह तनक-तनक खाने लगो जिससे कि देह बढ़ जाए और तुम सयाने होकर बैरियों के मुख खेह करो।[१]

यशोदा की स्नेहशील सरलता के उदाहरण हरि की प्रत्येक अतिप्राकृत लीला के साथ मिलते हैं। उनकी प्रतिदिन की बाल-चर्या पर उसे कभी अविश्वास नहीं होता। उनकी बातों पर भी भोली माता शीघ्र विश्वास कर लेती है। कालिय-दमन के बाद उन्होंने कितनी सरलता से यशोदा को समझा दिया था।[२] इसी प्रकार गोवर्धन-धारण के बाद यशोदा ने कहा, ''कन्हैया तेरी भुजाओं में बहुत बल है। तनक-तनक सी भुजाएँ देखकर यशोदा मैया बार-बार यही कहने लगी। श्याम कहते हैं कि मेरी भुजा तो 'पिरानी' नहीं, क्योंकि ग्वालों ने सहायता कर ली थी। सबने और बाबा नन्दराय ने मिलकर लकुटों से टेक रखा था; नहीं तो इतना बड़ा भारी गोवर्धन मुझसे कैसे रह सकता था? सूर-श्याम ने माता को चकित देखकर यही कहकर प्रबोध कर दिया।''[३] सरल हृदय माता ने शीघ्र ही उनकी बात पर विश्वास कर लिया।

जिस प्रकार अतिप्राकृत चरित्रों के सम्बन्ध में यशोदा का सरल-मातृत्व अक्षुण्ण रहता है, उसी प्रकार कृष्ण की कैशोर लीलाओं को देख और सुनकर यशोदा अपने वत्सल स्नेह को नहीं छोड़ती और कृष्ण को सदैव एक नन्हा-सा बालक ही समझती रहती है। माखनचोरी, चीरहरण, पनघट प्रस्ताव, दानदीला आदि से संबंधित उपालंभ यशोदा के पास आते हैं, किन्तु वह उलटे गोपियों को दोष देती और कृष्ण की निर्दोषिता और अबोधता में कभी संदेह नहीं करती।

यशोदा गोकुल के सबसे अधिक प्रतिष्ठित व्यक्ति—ग्राम-नायक की पत्नी है इसलिए गोपियों को कभी-कभी ऐसा लगता है कि यशोदा अपनी उच्चता के गर्व से, उनके उपालंभों पर ध्यान नहीं देती। पर वस्तुतः वह इतनी सीधी है कि उसे यह ध्यान ही नहीं रहता कि लोग उसके व्यवहार का कुछ अर्थ लगा लेंगे। वह तो अंध प्रेमी की भाँति कृष्ण के विषय में अपना मत बदलना ही नहीं चाहती।

यशोदा जिस समय जागकर पुत्र-मुख देखती है तो उसके हर्ष की सीमा नहीं रहती—अंग पुलकित हो जाता है, कंठ गद्‌गद हो जाता है, वाणी अवरुद्ध हो जाती है; हृदय उमड़ने लगता है और हर्षित होकर वह पति को बुलाती है। यशोदा और नन्द का उस समय का सुख वर्णनातीत है।[४] कृष्ण के जन्मोत्सव और परिचर्या में यशोदा के हर्ष और सुख के अनेक चित्र देकर कवि ने दिखाया है कि सरल-मति, स्नेहशील यशोदा पुत्र सुख में विभोर होकर अपनी सुध-बुध भूल जाती है। पूतना की घटना यशोदा के इस सुख में सबसे पहला व्याघात डालती है : ''यशोदा विकल हो जाती है। उसे क्षण भर को भी कल नहीं पड़ती और वह चिल्लाने लगती है कि मेरे सुभग साँवरे ललना को पूतना के उर पर से उठा लो। गोपी ने

---

१. सू० सा० (सभा), पद १६०४।
२. वही, पद १६०५।
३. वही, पद १५८३।
४. वही, पद ६३१।

अखिल असुर के दलने वाले को उठाकर यशोदा को दिया। यशोदा सूरदास-प्रभु को हृदय से लगाकर पलना पर लिटाकर उनका मुख चूमती है।''[१] इसी प्रकार कृष्ण पर अन्य संकट आते हैं और यशोदा का सरल मातृ-हृदय आशंका, भय, पश्चात्ताप, चिन्ता, आश्चर्य आदि भावों से उद्वेलित होता हुआ कृष्ण-स्नेह का विविध रूप से अनुभव करता है। वह देवी-देवताओं की 'मानता' करती[२] और प्रार्थना करती है कि कृष्ण शीघ्र ही बड़े हो जाएँ, जिससे कि इस प्रकार के संकट आना बन्द हों। वह कृष्ण से कहती है, 'नन्हें गोपाल लाल, तू शीघ्र ही बड़ा क्यों नहीं हो जाता? न जाने इस मुख से तू हँसकर मधुर वचन से मुझे जननी कब कहेगा? मेरे जी में यह बहुत लालसा है, यदि जगदीश की कृपा हो कि मेरे देखते कान्हा आँगन में पैरों चलने लगे; हलधर के संग रुचि-रंग से खेलते देखकर मैं सुख पाऊँ और क्षण-क्षण पर क्षुधित जानकर दूध पिलाने के लिए निकट बुलाऊँ।'[३]

'चंदा' के लिए 'बिरुझाने' कृष्ण को किसी प्रकार समझा-बुझाकर वह पलका पर लिटाती और मधुर सुर से गाकर उन्हें सुलाती है।[४] कथा सुनते-सुनते कृष्ण सोने लगते हैं, पर राम-कथा के बीच जब वे चौंक पड़ते हैं और 'चाप-चाप' बोल उठते हैं तो उसे बड़ा भ्रम होता है।[५] वह सोच में पड़ जाती है, दृष्टि लगने की शंका करके वह 'राई लोन' उतारती, मंत्रोपचार करती तथा बार-बार हाथ जोड़कर कुल-देव मनाती है। चिन्ता, आशंका और प्रार्थना के साथ वह कृष्ण के सुन्दर मुख को देख-देख अपने भाग्य को सराहती जाती है।[६] परन्तु सबेरा होता है और यशोदा का हृदय संकुचित करने वाले भाव सर्वथा भूल जाती और पुत्र के सुप्त सौन्दर्य को देखकर 'तन की गति भूलकर अवाक् खड़ी रह जाती है। जगाना चाहती है पर नयनों की दर्शन-रुचि के कारण, जगा नहीं सकती। यशोदा के सुख की राशि वर्णनातीत है।[७] प्रातःकाल ही उसका सुख सुन्दर-सुन्दर प्रभातियों के रूप में प्रस्फुटित हो जाता है।[८] पुत्र को उठाकर उसके 'कलेऊ' का प्रबंध किया जाता है। कभी तो कृष्ण रुचि से खा लेते हैं, पर कभी मचल जाते हैं और तब यशोदा उन्हें तरह-तरह से फुसलाकर मनाती और वे जो कुछ माँगते हैं, वही देती है।[९] दोपहर को नंद के साथ यशोदा भाँति-भाँति के भोजन तैयार करके प्रेमपूर्वक खिलाती है।[१०] भोजन के समय यदि कभी देर हो जाती है तो वह आतुर होकर निकल पड़ती है और व्रज के घर-घर में उनको बुलाती फिरती है। न मिलने पर अत्यन्त आकुल होकर चिंतित और व्यथित होने लगती है।[११] जब वे आ जाते हैं, तब कहीं उसको शान्ति मिलती है।

---

१. सू० सा० (सभा), पद ६७२।
२. वही, पद ८१८।
३. वही, पद ६९३।
४. वही, पद ८१५।
५. वही, पद ८१६-८१९।
६. वही, पद ८१८।
७. वही, पद ८१९।
८. वही, पद ८२०, ८२३-८२७।
९. वही, पद ७८१-७८६।
१०. वही, पद ८४१, ८४२, ८५६।
११. वही, पद ८५३-८५५।

कभी-कभी यशोदा श्याम को राम, सुबल, श्रीदामा आदि के साथ स्वयं आँख-मिचौनी का खेल खिलाती है और श्याम को जिताकर सुखी होती है।[१] कृष्ण बड़े होकर जब गोचारण के लिए वन में जाने लगे, तब कृष्ण के क्रीड़ा-कौतुक के क्षेत्र-विस्तार के साथ यशोदा के प्रेम भाव में भी विस्तृति आ गई। कभी वन से लौटकर बलराम और साथियों की शिकायत सुनकर यशोदा कृष्ण के प्रति और अधिक स्नेह-प्रदर्शन करती है तथा उन्हें वन जाने से मना करती है; कभी वन में घटित होने वाली भयंकर घटनाओं का समाचार सुनकर उसके हृदय में आन्दोलन और उद्वेलन होने लगता है तथा उसका प्रेम अनेक प्रकार के भावों में व्यक्त होता है।

हास, परिहास और व्यंग्य-विनोद के द्वारा भी यशोदा का वात्सल्य प्रकट हुआ है। यशोदा ने स्वयं एक बार श्याम और बलराम से कहा कि तुम लोगों को तो मैंने गायें चराने के लिए मोल लिया है, इसीलिए तो मैं रात-दिन तुम से टहल कराती रहती हूँ। श्याम यह सुनकर हँसने लगे और 'दाऊ' से कहने लगे कि 'मैया झूठ कहती है, न।' यशोदा ने तुरन्त दोनों को हृदय से लगा लिया और यह कहकर कि मैं चेरी हूँ, उनकी सेवा करने लगी।[२]

संध्या समय कृष्ण के खेलकर लौटने के समय तक यशोदा पुनः विकल हो जाती है और जब देर होने लगती है, तो स्वयं ढूँढ़कर पकड़ लाती और विधिपूर्वक स्नान कराके 'बियारी' कराती है।[३] उनको आलस के साथ कौर उठाते और जम्हाई लेते देखकर माता अपूर्व सुख का अनुभव करती है। 'बियारी' कराकर, दूध पिलाकर, उज्ज्वल, सुखदायी सेज तैयार की जाती है और उस पर लेटाकर वह पाँव 'पलोटती' और मधुर-मधुर गाकर सुलाती है।[४]

यशोदा का हृदय अत्यन्त कोमल है। तनिक सी आशंका से वह व्याकुल हो उठती और तनिक से सुख से फूल जाती है। उसमें बालकों की भाँति भाव-प्रवणता है। कृष्ण के लिए उसके मन में घोर पक्षपात है। परन्तु यह पक्षपात उसकी दुःशीलता का परिचायक नहीं। वह कृष्ण और बलराम दोनों के साथ समान व्यवहार करती है और यह प्रकट नहीं होने देना चाहती कि कृष्ण के प्रति उसके हृदय में प्रेम अधिक है। बलराम सदैव कृष्ण के साथ सोते, कलेऊ करते, खेलते, गायें चराते, छाक खाते और बियारी करते हैं। स्वयं कृष्ण क्रुद्ध होकर कहते हैं कि 'मैया तू मुझे ही मारती रहती है, दाऊ को कभी नहीं खीझती।'[५] मथुरा से उद्धव को व्रज भेजने के समय 'हलधर यशोदा की प्रीति का स्मरण करते हैं और कहते हैं कि 'रोहिणी इस तन से वह प्रेम और स्नेह के बोल नहीं पा सकती। एक दिन हरि ने मेरे साथ खेलते-खेलते झगड़ा कर लिया। यशोदा ने दौड़ कर मुझे गोद में उठा लिया और इन्हें हाथ से ठेल लिया। तब नंद बाबा ने कान्ह को गोद में उठाकर, खीझकर कहा कि श्याम तेरा 'नान्हा

१. सू० सा० (सभा), पद ८५८।
२. वही, पद ११३१, ११३२।
३. वही, पद ८४४।
४. वही, पद ८४५-८४९।
५. वही, पद ८३३।

भैया' है; तुझे छोह नहीं आता?'[१] परन्तु अन्य किसी के समक्ष वह कृष्ण के दोष नहीं देख सकती। फिर भी कभी-कभी वह कृष्ण को समझाती है;[२] कभी-कभी डाँटती है[३] और जब उसके सामने कृष्ण की चोरी के ऐसे प्रत्यक्ष प्रमाण मिल जाते हैं जिनका उत्तर देने में वह सर्वथा असमर्थ हो जाती है, तो क्रोध भी करती है।[४] क्रुद्ध-यशोदा का उग्र रूप 'उलूखल बंधन' प्रसंग में प्रदर्शित किया गया है। जब वह कृष्ण की 'लँगरई' से अत्यन्त दुखी हो गई, तो उसने उन्हें पकड़ कर बाँध दिया। इस बार यशोदा का क्रोध कृष्ण का त्रासयुक्त दयनीय रूप देखकर तथा व्रजनारियों की सहानुभूतिपूर्ण प्रार्थनाओं और बलराम के तर्कों को सुनकर भी शांत नहीं हुआ। वह बलराम से कहती है, मुझे इनकी पूजा करने दो। चोरी में इन्होंने नाम कमा लिया है; तुम्हीं बताओ, हमारे यहाँ किस चीज की कमी है? घर में नव-निधि भरी पड़ी है। मैं मना करती हूँ कि बेटा तू कहीं न जाया कर। कह-कह कर हार गई, पर यह मानता ही नहीं। तुमने भी मुझे अपराध लगाया। बताओ, मुझे माखन अधिक प्यारा है या श्याम? हलधर ने माँ की शपथ खाकर कहा कि व्रज की बाम झूठे उलाहने ले आती हैं।[५] पुत्र के 'दुन्द' मचाने 'एक छन' भी घर पर न रहने, कहना न मानने और अपनी 'टेक करने' पर तो यशोदा 'रिस' करती ही है, सबसे अधिक उसे व्रज-वधुओं के उलाहनों पर क्रोध आता है। वे ही व्रजनारियाँ जिन्होंने पकड़कर श्याम को बँधवा दिया था, जब उनसे सहानुभूति दिखाकर यशोदा की कठोरता की आलोचना करती हैं, तब उसका क्रोध और बढ़ जाता है और वह उनसे कहती है : 'जाओ' अपने-अपने घर लौट जाओ। तुम्हीं सबने मिलकर ढीठ कर दिया और अब छुड़ाने आ गईं। मुझे अपने बाबा की सौगंध है, कान्ह पर मैं अब कभी विश्वास करूँगी। सब अपने-अपने घर जाओ, मैं तुम्हारे पाँव लगती हूँ। कोई युवती मुझे न रोके! अब हरि के खेल देखो'[६]। यशोदा का क्रोध तभी शांत होता है, जब यमलार्जुन के गिरने की दुर्घटना हो जाती है। बिना बयार के इतने भारी तरुओं के टूटकर गिरने से उसे आश्चर्य तो होता ही है, आश्चर्य से भी अधिक उसे पश्चात्ताप और आत्म-ग्लानि होती है। सुत को कंठ से लगाकर वह चूमती, आँसू बहाती तथा कहती जाती है कि ऐसी 'रिस' जल जाए। मुझे 'बलाइ' लगे! मैं मर जाऊँ! मैं कैसी महतारी हूँ। नन्द सुनेंगे तो मुझे क्या कहेंगे?[७]

राधा-कृष्ण के प्रसंग में भी यशोदा की सरलता और स्नेहशीलता का प्रदर्शन हुआ है। राधा के साथ श्याम के बाल-विनोद में आपत्तिजनक कार्यों को देखकर भी स्नेहशील माता मुसकाकर दूसरी ओर चली जाती है।[८] श्याम को जब पीतांबर के स्थान पर 'लाल ढिगनि' (किनारी) की साड़ी पहने हुए आता देखती है तो मुस्काने लगती है और उनसे पूछती है कि अपना पीतांबर कहाँ छोड़ आए? यद्यपि वह जानती है कि इसमें कृष्ण का भी कुछ न कुछ

---

१. सू० सा० (सभा), पद ४०५२।
२. वही, पद ७८५, ८३४, ९१३।
३. वही, पद ९४७।
४. वही पद ९५९।
५. वही, पद ९९४।
६. वही, पद ९६३।
७. वही, पद १००५।
८. वही, पद १३००।

उत्तरदायित्व है, पर वह दोष व्रजयुवतियों को ही देती है जो उसके सुत को घर ले जाकर भरमाती है।[१]

यशोदा के संवेदनशील मन पर पहली भेंट में ही राधा के रूप, गुण और शील का प्रभाव पड़ गया। उस विशाल-नयना अत्यन्त सुन्दर वदन वाली, 'नीकी', छोटी राधा को देखकर यशोदा सविता से विनय करती है कि श्याम की यह जोड़ी अच्छी बनेगी।[२] राधा से वह उसकी माँ और बाप को गाली देकर परिहास भी करती है, पर सरल यशोदा चतुर राधा से परिहास में नहीं जीत सकती।[३] घर लौटाने के पहले वह राधा के बाल सँवारकर, माँग निकालकर और बेनी गूँथकर तथा नई 'फरिया' बनाकर तिल, चाँवरी, बताशे और मेवा से गोद भरकर उसे विदा करती है। राधा-कान्ह की जोड़ी देखकर वह मन ही मन प्रसन्न होती और उन्हें साथ-साथ खेलने को कहती है।[४]

राधा को कान्ह के लिए उपयुक्त जोड़ी समझते हुए भी उसे बाल्यावस्था में ही राधा के विशाल नयनों का अप्रतिम आकर्षण और उसके विलक्षण ढंग देखकर अत्यन्त आशंका होने लगी। वह कहती है : 'न जाने श्याम का यह क्या करेगी!' यशोदा की सरलता और राधा के रूप और स्वभाव की बंकता में बहुत अंतर है, इसी कारण यशोदा उससे कहती है कि 'इस प्रकार बनठन कर न आया कर क्योंकि तेरे कारण श्याम की सुध-बुध खो जाती है।'[५] परन्तु चतुर राधा ने उसे बता दिया कि दोष उसका नहीं है। वह उसके पुत्र पर दया करके आती है, क्योंकि वे कहते हैं कि उसके बिना उनसे रहा नहीं जाता।[६] सरल-मति यशोदा फिर हार जाती है और हँसकर राधा को प्रसन्न करने के लिए उसकी खुशामद करने लगती है तथा पुत्र के लिए वह उससे बराबर आते रहने का अनुरोध करती है।[७]

यह पहले ही कहा जा चुका है कि गोपियों के 'तरुण कन्हाई' पर यशोदा कभी विश्वास नहीं करती। चीरहरण, पनघट और दान-लीलाओं में गोपियाँ कृष्ण की 'अचगरी' के उलाहने लाती हैं, किन्तु दृढ़ स्नेहमयी सरल माता स्वयं गोपियों को बुरा भला कहकर लौटा देती है। कृष्ण उसके लिए सदैव निर्दोष बालक बने रहते हैं।

कृष्ण के व्रजवास-काल में यशोदा की चिन्ता, आशंका, विकलता और दुःख की तीव्रता कालियदमन प्रसंग में सबसे अधिक प्रकट हुई है।[८] कवि ने अपशकुन और तज्जनित व्याकुलता का वर्णन करके कृष्ण-प्रेम की गहनता की व्यंजना की है।[९] यशोदा को जब मालूम हो गया कि कृष्ण कालियदह में कूद पड़े, उस समय वह अत्यन्त विकल होकर विक्षिप्तों की तरह व्यवहार करने लगी और उसका स्नेह दैन्य के रूप में प्रकट हुआ। जिन व्रजवासियों को कृष्ण की अतिप्राकृत शक्तियों में विश्वास है, वे धीरज देते और समझाते हैं कि कालिय कृष्ण

---

१. सू० सा० (सभा), पद १३१३।
२. वही, पद १३२०।
३. वही, पद १३२१।
४. वही, पद १३२२-१३२५।
५. वही, पद १३६६, १३४०।
६. वही, पद १३४१।
७. वही, पद १३४२-१३४५।
८. वही, पद ११३६-११४७।
९. वही, पद ११५९-११६०।

का कुछ नहीं बिगाड़ सकता; परन्तु यशोदा का स्नेह इतना उत्कट है कि उसे धीरज नहीं आता ओर वह दीन होकर विलाप करने लगती है।[१]

कृष्ण के इस क्षणिक वियोग में ही यशोदा जब इतनी विह्वल हो गई, तो मथुरा-प्रवास के वियोग में तो उसकी दयनीय दशा की कल्पना करना भी दुस्तर है। कवि ने यशोदा की करुण दशा के चित्र देकर उसके पुत्र-स्नेह की व्यापकता और गंभीरता की व्यंजना की है।

कृष्ण यशोदा के सर्वस्व है। कृष्ण के रहते वह किसी को कुछ नहीं गिनती थी, वही कृष्ण के बिछुड़ने की कल्पना से दी दीन और कातर हो कर अक्रूर से प्रार्थना करने लगती है कि वे कृष्ण-बलराम को अपने साथ न ले जाएँ। वह कहती है : 'इनका मधुपुरी में क्या काम है? ये राजसभा के नियम क्या जानें? ये तो गुरुजनों और विप्रों को 'जुहारना' भी नहीं जानते। मथुरा में बड़े-बड़े कृपाणधारी योद्धा रहते हैं। इन्होंने अखाड़े के मल्ल कभी नहीं देखे। मैंने बड़े यत्न से इन्हें दूध पिलाकर पाला है। इन्हें तुम न ले जाओ। राज्य-वंश का जो कुछ द्रव्य चाहो, वह ले सकते हो; और महरों को भी ले जाओ। नगर में लड़कों का क्या काम है? मेरे तो ये ही धन हैं; वे ही सब अंग हैं। मुझ 'निधनी के धन' को मुझसे न छीनो। अक्रूर, तुम बड़े के बेटे हो, कुलीन हो, मति-धीर हो, राजाओं की सभा में बड़ों के साथ बैठते हो, पर-पीर जानते हो। मेरे ऊपर अन्याय न करो।''[२] सखियों तथा अन्य व्रजवासियों से भी वह अपना रोना रोकर कहती है कि कोई गोपाल को जाने से रोक ले। वह अपना समस्त गोधन देने तथा स्वयं बन्दी बनने को तैयार है, पर केवल इतना सुख चाहती है कि कमल-नयन उसकी आँखों के सामने खेलते रहें।[३] अन्त में वह स्वयं कृष्ण से दीन होकर प्रार्थना करती है कि जननी को दुखी छोड़कर मथुरा गमन न करो[४] नन्द यशोदा को समझाते हैं कि धनुष-यज्ञ दिखलाकर कृष्ण को वापस ले आएँगे, किन्तु यशोदा को किसी प्रकार शांति नहीं मिलती। वह अत्यन्त विह्वल हो रही है।

चलते समय यशोदा फिर विलाप करके गोपाल को रखने की प्रार्थना करती है।[५] परन्तु जब कृष्ण सचमुच चल देते हैं, तब वह करुण स्वर में पुकार उठती है : 'मोहन, तनिक मेरी ओर देख लो, मुझसे जननी का नाता न तोड़ो। तनिक खड़े होकर अपने जन्म के खेड़े को एक बार दृष्टि भर देखते जाओ।'[६] उधर अक्रूर रथ पर चढ़ते हैं, इधर यशोदा पुत्र का नाम लेकर शोर करती हुई तरु की भाँति पृथ्वी पर लोट जाती है।[७] कवि यशोदा को यहीं छोड़कर गोपियों की विरहावस्था का वर्णन करने लगता है। बहुत बाद में पुनः यशोदा विलाप करती दिखाई देती हैं। वियोग-व्यथा में वह आत्म-हत्या करने तक का विचार करने लगती है।[८] नन्द के लौटने पर यशोदा का कृष्ण-प्रेम नन्द के प्रति कटु कठोर वाक्यों द्वारा व्यंजित होता है। वह नन्द को बार-बार धिक्कारती है कि तुम श्याम को छोड़कर जीवित कैसे लौट आए? दशरथ

---

१. सू० सा० (सभा), पद ११६२-११६६।
२. वही, पद ३५८६-३५८७।
३. वही, पद ३५९१।
४. वही, पद ३५९३।
५. वही, पद ३६०७।
६. वही, पद ३६०८।
७. वही, पद ३६१०।
८. वही, पद ३६२९।

की भाँति वहीं प्राण क्यों न गँवा दिए?[१] यशोदा को जब कभी श्याम की याद आती है तो उसे यह नहीं भूलता कि उसने उन्हें कैसे-कैसे दुःख दिए थे। कभी वह नन्द को छोड़कर मधुपुरी जाने का विचार करती है, कभी यमुना में बहने का।

कृष्ण-स्नेह की प्रतिमूर्ति यशोदा की सबसे करुण स्थिति वह है जब वह देवकी की धाय बनकर मधुपुरी में बसने की इच्छा और कृष्ण से धाय के नाते ही देख जाने की प्रार्थना करती है।[२] पंथी के द्वारा वह धाय के नाते देवकी से कहला भेजती है कि कृष्ण को क्या-क्या अच्छा लगता है।[३] यशोदा का स्नेह पुत्र की शुभाकांक्षा भर में निहित रह जाता है, उसमें उसका अपना कुछ भी स्वार्थ नहीं रहता।

यशोदा के त्यागपूर्ण स्नेह के व्यंजक करुण चित्र देने के बाद कवि उसकी वियोग-वेदना गम्भीर मौन के ही द्वारा सूचित करता है; वह कभी विलाप करती सामने नहीं आती। कृष्ण उद्धव को व्रज भेजते समय सबसे पहले यशोदा माता का ही नाम लेते हैं।[४] और जब उद्धव लौटकर आते हैं तब भी यशोदा मैया के विषय में पूछते हैं, 'सच कहो' तुम्हें मेरी सौगंध है, मैया ने कुछ कहा था?' परन्तु उद्धव केवल इतना बताते हैं कि उन्होंने बार-बार तुम्हारा नाम लेकर कुशल पूछी थी और उनकी दशा कृष्ण-बलराम के बिना तृषित चातक जैसी थी। उन्होंने परम सुन्दर मुरली भेजी।' कृष्ण ने वह मुरली उठा कर हृदय से लगा ली।[५] स्वयं मुरली से प्रत्यक्ष प्रयोजन न रखते हुए भी यशोदा का मुरली भेजा जाना विशेष अर्थ रखता है।

यशोदा का प्रेम ऐन्द्रिय नहीं था, अतः वियोग के समय वह शीघ्र ही उस अवस्था पर पहुँच गया जहाँ सर्वस्व का त्याग, यहाँ तक कि प्रेमपात्र का त्याग ही सच्चा प्रेम माना जाता है। यही कारण है कि कुरुक्षेत्र की भेंट के अवसर पर यशोदा मौन ही रही।[६] यशोदा के चरित्र में स्नेहशील, त्यागमयी सरल-प्रकृति माता का पूर्ण चित्र उपस्थित किया गया है।

नंद

नंद गोकुल के सबसे अधिक संभ्रान्त और सम्पन्न 'महर' तथा वहाँ के निवासी अहीरों के नायक हैं। राजा कंस के प्रति राज्य-अंश तथा अन्य प्रकार के करों का उत्तरदायित्व उन्हीं पर है। गोकुल के अन्य 'महरों' को उप नंद कहा गया है, जिससे सूचित होता है कि 'नंद' कदाचित कोई पदवी है। परन्तु कवि ने नंद एक नाम के ही अर्थ में प्रयुक्त किया है। गोकुल का समाज एक पंचायती समाज है। नंद उस समाज के मुखिया हैं। प्रत्येक महत्त्वपूर्ण प्रश्न पर निर्णय करने के पहले वे सब गोपों को बुलाते हैं। कृष्ण जैसा पुत्र पाकर जहाँ उनकी प्रतिष्ठा और ख्याति में वृद्धि हो जाती है, वहाँ उन्हें आए दिन संकटों का सामना भी करना पड़ता है।

---

१. सू० सा० (सभा), पद ३७४८-३७५४।
२. वही, पद ३७८८-३७९२।
३. वही, पद ३७९३।
४. वही, पद ४०३३, ४०४०; ४०४१।
५. वही, पद ४११४-४६१४।
६. वही, पद ४९००-४९१४।

जिस प्रकार यशोदा गोकुल के नायक की पत्नी होते हुए भी प्रत्येक परिस्थिति और अवस्था में कृष्ण की स्नेहशील माता के रूप में ही दिखाई देती है, उसी प्रकार नंद भी प्रत्येक अवस्था में कृष्ण के स्नेही पिता के ही रूप में सामने आते हैं। गोकुल के ग्रामीणों की जिस सरलता का सर्वोत्तम उदाहरण यशोदा के चरित्र से मिलता है, नंद के चरित्र में भी उसका पर्याप्त प्रस्फुटन हुआ है। पुरुष और स्त्री के स्वभावों के अनिवार्य अन्तर के साथ, नंद और यशोदा के चरित्र में अधिकांश समानता है।

हरि के गोकुल में प्रकट होने के समय से नंद का घर-द्वार विशेष रूप से समस्त व्रज के हर्षोल्लास का केन्द्र हो गया। पुत्र-मुख देखकर नंद के उर में आनन्द की सीमा नहीं रहती, उनका सुख अनिर्वचनीय है। जब वे व्रजवासिनों के नाना प्रकार के आनन्दोत्सवों के रूप में अपने सुख का विस्तार देखते हैं, तब तो वे दोनों हाथों से सम्पत्ति लुटाने लगते हैं।[१] उनके द्वार से कोई असंतुष्ट नहीं लौटता; जो कोई उनसे जो कुछ माँगता है, उसे वे वही देते हैं।

कृष्ण के साहचर्य का जितना सुख यशोदा को प्राप्त होता है, उतना नंद को नहीं मिल सकता। परन्तु जब भी वे कृष्ण के समीप देखे जाते हैं, उनका हर्ष सुख उनके मुख पर झलकने लगता है और उनकी वाणी और कर्म से प्रकट हो जाता है।[२] यशोदा को तो केवल दिन में ही वियोग सहना पड़ता है, जब कृष्ण खेलने अथवा गोचारण के लिए वन में चले जाते हैं, परन्तु नंद को रात भी विरह के द्वन्द्व में बितानी पड़ती है; इसी से वे प्रात: होते ही आकुलता मिटाने के लिए सोते हुए सुत का वदन उघार कर देखने आते हैं।[३] दोपहर का भोजन नंद और कृष्ण साथ-साथ करते हैं। कृष्ण कुछ खाते और कुछ दोनों हाथों से लपटाते हैं। जब वे तीक्ष्ण मिर्च खाकर रोने लगते हैं, तो माताएँ उन्हें अनेक उपायों से शांत करती हैं और नंद मीठा कौर देकर उनका निहोरा करते हैं।

शालग्राम प्रसंग में कृष्ण अपने चातुर्य और चमत्कार के द्वारा सरल-स्वभाव नंद को चकित-विस्मित कर देते हैं।[४] परन्तु कृष्ण के अतिप्राकृतिक व्यक्तित्व की उन्हें इतनी सरलता से प्रतीति नहीं होती। कालियदह के पुष्पों के लिए जब कंस की 'पाती' आती है, तब वे भयभीत हो जाते हैं, चिन्ता और आशंका से उनका मुख मुरझा जाता है और वे सब गोपों को बुलाकर विह्वल होकर कहते हैं : 'अब हम लोग निकलकर कहाँ जाएँ? अपने जीवन का तो मुझे तनिक भी डर नहीं है। डर तो केवल कृष्ण और बलराम का है। इस संकट से कैसे उबार हो?"[५] किन्तु जितनी जल्दी नंद घबरा जाते हैं, उतनी ही जल्दी उन्हें शांति भी मिल जाती है। कृष्ण ने अपने कुल के उन देवताओं की याद दिलाकर जिनकी कृपा से अब तक अनेक 'करबर' टलते रहे हैं, नन्द और यशोदा का दु:ख मिटा दिया।

जिस प्रकार यशोदा को कालियदह के अनिष्ट की सूचना अपशकुनों के द्वारा मिल जाती है, उसी प्रकार नन्द के घर में घुसते ही बाएँ छींक होती है, दाहिने 'धाहु' सुनाई पड़ता है,

---

१. सू० सा० (सभा), पद ६३१-६४१, ६५३-६५८।
२. वही, पद ६४८, ६४९, ७१६।
३. वही, पद ८२१-८२२।
४. वही, पद ८७८-८८१।
५. वही, पद ११४४-११४६।

द्वार पर श्वान कान फटकाता और 'गररी' लड़ते दिखाई देती है तथा माथे पर होकर काग उड़ जाता है। तुरन्त नन्द का हृदय आशंका से भर जाता है, वे 'मन मारे' घर में घुसते हैं। यशोदा से उसके 'झुकाए' हुए मुख का कारण तथा 'बल-मोहन' का पता पूछने पर जब वह भी अपने अपशकुनों का हाल उन्हें बताती है, तब तो वे अत्यन्त व्याकुल हो जाते हैं और बार-बार श्याम के विषय में अनेक प्रश्न करने लगते हैं।[१] नन्द और यशोदा व्याकुल हुए कभी भीतर जाते और कभी बाहर आते हैं। इतने में रोते हुए गोप बालक आकर उन्हें दुर्घटना का हाल सुना देते हैं। यशोदा मुरझाकर पृथ्वी पर गिर पड़ती है, किन्तु नन्द पुरुष होने के नाते दौड़ते हुए तुरन्त पहुँच जाते हैं।[२] परन्तु वहाँ पर नन्द का धैर्य समाप्त हो जाता है और वे मूर्छित होकर गिर जाते हैं।[३]

कृष्ण को कालिय के फन पर नाचते और उसकी पीठ पर कमल लादे हुए आते देखकर नंद को जो सुख होता है वह उनके उर में नहीं समाता।[४] जब कंस कमलों की भेंट स्वीकार करके नंद के लिए सिरपाव और गोपों को पहरावने देता है और कहला भेजता है कि दोनों सुतों को देखने को बुलाऊँगा उस समय भी नंद अत्यन्त प्रसन्न होते हैं।[५] उन्हें कंस के इस प्रस्ताव में किसी षड्यंत्र की गंध नहीं मिलती। अक्रूर जब श्याम बलराम को लेने के सचमुच आ जाते हैं, उस समय भी नन्द को अपने सरल स्वभाव के कारण कंस की इस चाल में कोई आशंका नहीं दिखाई देती। यशोदा अन्तःप्रेरणावश पुत्र के भावी वियोग में विलाप करती है, परन्तु नन्द उसे समझाते हैं : 'कान्ह का मुझे भरोसा है। यशोदा तू कंस-भय से व्याकुल न हो।' वे यशोदा के पूतना, अघ, वक आदि की याद दिलाकर बताते हैं कि कृष्ण के विषय में आशंका करने की आवश्यकता नहीं है।[६] इस घटना से नन्द के स्वभाव की सरलता का तो प्रमाण मिलता ही है, साथ ही यशोदा की अपेक्षा उनके स्नेह की तीव्रता में न्यूनता भी प्रकट हो जाती है। कृष्ण के अतिलौकिक व्यक्तित्व की प्रतीति उन्हें कुछ न कुछ अवश्य हो चुकी है। वरुण-पाश से छुड़ाने के प्रसंग में इसका प्रत्यक्ष प्रमाण उन्हें मिला ही था।[७]

जहाँ तक कृष्ण की शक्तियों में नन्द का विश्वास था वह तो पूर्ण हुआ; परन्तु कृष्ण के व्रज लौटने के सम्बन्ध में नन्द को निराश ही होना पड़ा। इस निराशा और कृष्ण से वियुक्त होने के विचार ने मथुरा से चलते समय नन्द को अत्यन्त विह्वल कर दिया।[८] नन्द से उस वियोग को सहन कराने के लिए कवि को 'माया मोहनी' के प्रयोग की आवश्यकता पड़ गई।[९]

व्रज लौटकर नन्द यशोदा के लांछनों को सुनकर आत्म-ग्लानि का अनुभव करते हैं। परन्तु साथ ही यशोदा को बताते हैं कि 'तू भी उन्हें खूब मारा करती थी तथा कहते हैं कि तूने

---

१. सू० सा० (सभा), पद ११५९-११६०।
२. वही, पद ११६१-११६२।
३. वही, पद ११६३।
४. वही, पद ११९६।
५. वही, पद १२०४, १२०५।
६. वही, पद ३५९५।
७. वही, पद १६०२।
८. वही, पद ३७३१-३७४३।
९. वही, पद ३७३८।

उन्हें जाते समय क्यों नहीं रोक लिया।[१] यशोदा और नन्द का यह कलह उनके सरल स्वभाव और स्नेहशील हृदय का द्योतक है।

उद्धव के प्रसंग में नन्द का एक-दो बार उल्लेख अवश्य हुआ है, परन्तु वस्तुतः वे उतने भी सम्मुख नहीं आते जितनी यशोदा। कुरुक्षेत्र में भी नन्द बाबा का प्रकृत रूप देखने को नहीं मिलता। नन्द का वात्सल्य महाराज यदुनाथ के प्रति जाग्रत नहीं हो सकता, वे तो व्रजवासी नन्दनंदन के ही सरल-स्वभाव, स्नेही पिता हैं।

---

१. वही, पद ३७५६।

९

सामान्य स्वभाव-चित्रण और गौण चरित्र

स्त्री-स्वभाव

दशम स्कंध—पूर्वार्द्ध में स्त्री-पात्रों की प्रधानता है। काव्य की दो प्रधान स्त्रियों के चरित्र के विषय में तो लिखा ही जा चुका है। ये दो स्त्रियाँ—यशोदा और राधा—काव्य के दो प्रधान भावों और उन भावों को व्यक्त करने वाले माध्यमों का प्रतिनिधित्व करती हैं। काव्य की अन्य स्त्रियाँ प्रधानतया इन्हीं दो श्रेणियों में बँट जाती हैं। कवि ने इन दोनों श्रेणियों की स्त्रियों की समष्टिगत विशेषताओं का प्रधान रूप से प्रदर्शन किया है। साथ ही इन श्रेणियों के अन्तर्गत प्रकृति-वैचित्र्य के अनुसार प्रसंगवश कुछ भिन्न-भिन्न व्यक्तियों का भी कहीं-कहीं निर्देश हुआ है। वात्सल्य और माधुर्य भाव को व्यक्त करने वाली स्त्रियों के अतिरिक्त कथा-प्रसंग में कतिपय ऐसी स्त्रियों का भी उल्लेख हुआ है जिन्हें स्पष्टतया श्रेणीबद्ध नहीं किया जा सकता। किन्तु अवस्था और स्वभाव के अनुसार उनकी प्रवृत्ति भी इन दो प्रधान भावों में से किसी एक की ओर जान पड़ती है। सूरदास ने प्रधानतया स्त्रियों की इन्हीं दो प्रकृतियों को चित्रित किया है।

यशोदा की सखियाँ

यद्यपि माधुर्य भाव की भाँति कवि ने वात्सल्य का विस्तार नहीं किया, फिर भी यशोदा के अतिरिक्त ऐसी व्रजनारियों का कृष्ण के शैशव के समय उल्लेख हुआ है जो उनको पुत्र रूप में देखती हैं।

गोकुल में प्रकट होने के समय से वर्षगाँठ तक सखियों के मंगल-गायनों, बधाइयों आदि के रूप में कवि ने कृष्ण के प्रति वात्सल्य भाव प्रकट करने वाली स्त्रियों का चित्रण किया है।[१] इस कार्य में यद्यपि कवि का घटना-क्षेत्र और उसके फलस्वरूप भावना-क्षेत्र बहुत संकुचित है और उसे केवल हर्ष संबंधी भावों के चित्रण का ही अवसर मिला है, फिर भी उसने जहाँ-कहीं व्रजनारियों के सम्मिलित गायन-वादन आदि का वर्णन किया, वहाँ ग्रामीण समाज की स्त्रियों का स्वाभाविक चित्र उतर आया है।

छद्म-वेशी असुरों के उत्पातों के समय यशोदा की सखियों के भाव-विस्तार का कभी-कभी उल्लेख हुआ है। जब तृणावर्त हरि को उड़ा ले गया और वे एक पाहन शिला पर पड़े दिखाई दिए तो उन्हें व्रजयुवतियाँ चूमती-चाटती उठा लाईं; घर-घर बधाई बजने लगी और सब स्त्रियाँ कृष्ण के ऊपर पानी वार-वार कर पीने लगीं। बाद में वे 'महरि' के पास जाकर सारा हाल सुनाकर कहती हैं; 'यशोंदा, तुम्हारी यह प्रकृति भली नहीं जो तुम

१. सू० सा० (सभा), पद ६३२-७१४।

इसे अकेला छोड़कर चली जाती हो। क्या गृह का काज इससे भी अधिक प्यारा है? तुम्हें नेक भी डर नहीं लगता? भला हुआ कि हरि बच गए। अब तो सुरति सम्हालो! मन में विचारो तो।'[१]

माखनचोरी और उलूखलबन्धन में नारी की प्रकृति का सुन्दर चित्रण हुआ है। व्रजनारियाँ यशोदा से उलाहना देती हैं; यशोदा कहाँ तक कानि करें? रोज-रोज दूध दही की हानि कैसे सही जा सकती है, अगर अपने इस बालक की करनी तुम आकर देखो! स्वयं गोरस खाता है, लड़कों को खिलाता है और फिर ऊपर से भाजनों को फोड़कर भाग जाता है।[२] साँवरे को तू क्यों नहीं बरजती? विधाता ने तुझे बहुत दूध दही दिया, उसे तू पुत्र से छिपाती है! तेरे कौन बहुत से बालक हैं? एक कुँवर कन्हाई और वह भी घर-घर माखन चुराता-खाता डोलता है![३] यशोदा भी इन उपालंभों, अभियोगों का उचित उत्तर देती है। परन्तु अन्त में जब वह पुत्र को पकड़कर बाँध देती है तब ये ही उलाहने देने वाली ग्वालिनें आ आकर उसके साथ सहानुभूति प्रकट करके यशोदा की आलोचना करने लगती हैं : 'यशोदा इतना भी क्या क्रोध? अपने ही पुत्र पर इतनी कठोरता! देख, कमल-नयन तेरा मुख देख रहा है और हिचकियों से रोता! बंधन छोड़ दे। माना कि तेरा सुत खरा अचगरा है, पर है तो कोख का जाया।[४] 'तू कितना गोरस चाहती है? हम अपने घर से ला दें?'[५] तू नेक भी दर्द नहीं करती। तेरा हृदय वज्र से भी कठिन है। पुत्र से भी प्यारा कोई होता है? तू तो मन्दिर के भीतर छाया में सुखपूर्वक बैठी है और सुत घाम में दुख पाता है। तेरे जी में भली बुद्धि उपजी! अब तो बूढ़ी हो चली, फिर भी! जैसे-तैसे एक ढोटा हुआ। उसके भी न जाने कौन-कौन करबर टले। उसी को तू अब मारती है। तेरे घर में कौन निरदई रह सकता है। कौन तेरे घर में आकर बैठेगा?[६]

कवि ने व्रजनारियों के इस भाव-परिवर्तन द्वारा नारी-हृदय की कोमलता और परिस्थिति के अनुकूल सद्यःप्रभावशीलता का चित्रण किया है।

दाई

नाल छेदने वाली दाई यशोदा से झगड़ा करती और कहती है : 'जसोदा, मैं तब तक नाल नहीं छेदने दूँगी, जब तक तुम मुझे अपने गले का मणिमय हार नहीं दोगी। औरों के तो बहुत से गोप-खरिक हैं, मेरे लिए तो बस तुम्हारा ही एक घर है। आज बहुत दिनों की आशा पूर्ण हुई!' यशोदा ने मन ही मन हँसकर उसे गले का हार दे दिया।'[७] उसने समझा होगा कि सस्ती छूट गई। परन्तु दाई ने अपना झगड़ा समाप्त नहीं किया और मोतियों के थाल के फैल गई। यशोदा कहती है, 'झगरिनी, तूने मुझे बहुत खिझाया। कंचन-हार देने पर भी नहीं मानती! तू ही एक अनोखी दाई है? बालक का नाल शीघ्र ही छेद; बयार भरी जाती है। मैं तेरे पाँव

---

१. सू० सा० (सभा), पद ६९६-६९७।
२. वही, पद ९९८।
३. वही, पद ९४३।
४. वही, पद ९६४।
५. वही, पद ९६५।
६. वही, पद ९८६।
७. वही, पद ६३३।

पड़ती हूँ। तेरा भला मनाऊँगी। तू मन में न डर।' पर 'झगरिनि' ऐसी बातों में नहीं आती। वह बार-बार कहती है; 'माई मैं नार नहीं छीनूँगा। आधी रात को उठ कर आई हूँ, मुझे झगड़ने का अवसर मिला, तो क्यों न झगड़ूँ? क्या यह अवसर बार-बार आता है? मेरा मनचीता हुआ, इसलिए अपना मनभाया लूँगी। मैं कल साँझ की आई हूँ, मुझे विदा दो, अपने घर जाऊँ! अन्त में नंदरानी ने आनंदित होकर नंद को बुलाया और उनसे सलाह करके जब दाई को कंचन के आभरण दिए तथा रोहिणी ने रत्न का हार दिया तब उसने हँस-हँस कर नाल छीना और बधाई देती हुई लौट गई।[१]

रोहिणी और देवकी

काव्य की वयस्क नारियों में यशोदा के पश्चात् देवकी, रोहिणी और वृषभान-पत्नी का नामोल्लेख हुआ है। रोहिणी का व्यक्तित्व तो यशोदा की छायामात्र है। कृष्ण और बलराम की परिचर्या में उसका उल्लेख एक-दो बार ही हुआ। बलराम का यह कथन कि रोहिणी यशोदा जैसा स्नेह नहीं कर सकती,[२] कदाचित् देवकी के विषय में प्रतीत होता है, क्योंकि मथुरा में बलराम द्वारा रोहिणी की आलोचना में विशेष संगति नहीं है।

देवकी कृष्ण की असली माता हैं, परन्तु उसके स्वभाव में कवि ने मातृत्व का विशेष चित्रण नहीं किया। कृष्ण के जन्म के पहले ही से उसे उनके अतिप्राकृत व्यक्तित्व के विषय में ज्ञान था; फिर भी जन्म समय के अतिप्राकृत चिह्न देखकर कंस के डर से वह कृष्ण से 'प्राकृत' होने की प्रार्थना करती है[३] और अपने पति को 'बुधि, बल, छल कल' से बालक की रक्षा का उपाय करने की सलाह देती है।[४] इस अवसर पर कवि ने माता-पिता की चिन्ता और व्यग्रता का किंचित् आभास दिया है।

मथुरा में कृष्ण वसुदेव देवकी के समक्ष अपने गौरव और ऐश्वर्य के साथ उपस्थित होते हैं। वे उन्हें बंधन से छुड़ाकर बताते हैं कि 'मैं सुत हूँ और तुम पितु-मात अब तुम क्यों पछताते हो?' देवकी यह सुनकर रोने लगी और कहने लगी कि बारह वर्ष तक तुम कहाँ रहे? मैं तो तुम्हें गोद में भी नहीं खिला पाई।' परन्तु कृष्ण माता को आश्वासन देते हुए कहते हैं कि जिसके ऐसा पुत्र हो उसे सोच की क्या आवश्यकता? अष्ट सिद्धियाँ और नव निधियाँ मथुरा के घर-घर में लाई जा सकती हैं; रमा को देवकी की सेवा के लिए नियुक्त किया जा सकता है और माता-पिता के लिए कृष्ण गगन, धरणी और पाताल कहीं भी जाने में संकोच नहीं कर सकते।[५]

बलराम भी अपने को शेषरूप कहकर कृष्ण के कथन की पुष्टि करते हैं। ऐसी परिस्थिति में यह सम्भव नहीं कि देवकी के हृदय में सहज मातृत्व का भाव उत्पन्न हो सके। कृष्ण के ऐश्वर्य का ज्ञान होने के कारण देवकी उनके प्रति वात्सल्य प्रकट करने के स्थान पर भक्ति-भावना प्रकट करती है और 'दीन-दयालु, कंस-दुख-भंजन, उग्रसेन-दुख-हरन, मेरे माथे पर

---

१. सू० सा० (सभा), पद ६३४-६३६।
२. वही, पद ४०५२।
३. वही, पद ६२२-६२५।
४. वही, पद ६२७।
५. वही, पद ३७०८।

चरण रखो' कहकर उनके चरणों पर गिर पड़ती है और अपने दोषों के मेटने और गोकुल में ले जाकर शरण देने की प्रार्थना करती है, जिससे कि वह भव-जल से तर जाए।[१] कृष्ण गुरु-पत्नी के पुत्रों को लाकर अपने वचन को प्रमाणित करते हैं।[२]

वृषभानुपत्नी

वृषभानु महरि के चरित्र के विस्तार-संकोच और स्नेह के आलंबन के महत्वपूर्ण अंतरों के साथ यशोदा की स्नेहशीलता और सरलता का किंचित् समावेश किया गया है। जिस प्रकार यशोदा कृष्ण की बातों पर शीघ्र ही विश्वास कर लेती है, उसी प्रकार राधा भी देर से घर लौटकर अपनी माता को शीघ्र ही समझा देती है, जिससे वह उसकी देरी पर संदेह नहीं कर पाती।[३] कृष्ण से मिलने जाने के लिए नए-नए बहाने बनाकर माता को सफलतापूर्वक धोखा दे देना भी राधा की चतुरता के साथ उसकी माता की सरलता का द्योतक है।[४] एक बार कृष्ण से मिलकर देर से लौटने पर राधा ने किसी लड़की के साँप से काटे जाने की कहानी गढ़कर स्नेहमयी सरल माता को अपनी निर्दोषिता का विश्वास दिला दिया।[५] पर वह राधा पर क्रोध भी करती है। 'वृषभानु घरनी कुँवरि से कहती है कि तू 'नेक' भी घर में नहीं रहती। तुझसे कितना कहती हूँ, पर तू मुझे 'रिस' से जलाती ही रहती है। वन की 'हिरनी' हो गई है। सबके घर में लड़कियाँ हैं, पर तेरी जैसी निडर कोई नहीं। धरती पर नहीं देखती! 'करबर' टल गई जो साँप से उबर गई। बात कहती हूँ तो तुझे आग-सी लगती है 'लिखी' कौन मेट सकता है? जो कर्ता करता है, वही होता है। जो होनहार है वही होगा। यह कहकर उसने सुता को हृदय से लगा लिया और उसकी ओर देखकर बार-बार पछताने लगी। सूर, राधा डर से कुम्हला गई।''[६] इतनी भर्त्सना के बाद माता ने राधा को नहलाया, वस्त्र पहनाए, भोजन कराया और समझाया कि अपने ही घर में खेला कर, खरिक की ओर न जाया कर।[७]

पहली बार जब राधा यशोदा से परिचय और आदर-प्रेम पाकर घर लौटी उसने अपनी माता को यशोदा के 'सविता से गोद पसारने' और माता के लिए गाली देने की बात बताई तो वृषभानु-पत्नी के हर्ष की सीमा न रही। राधा और कृष्ण दोनों की सरल, स्नेहशील माताएँ कृष्ण और राधा के भावी संबंध की सुखद कल्पना करके समान भावों के प्रवाह में बह गईं।

राधा के सर्प-दंश वाले अभिनय में उसकी माता की विकलता लगभग उसी रूप में प्रदर्शित हुई है, जिस रूप में कवि आकस्मिक संकटों के अवसर पर यशोदा की विकलता चित्रित करता है। वृषभानु की 'घरनी' ने यशोदा को जाकर पुकारा और उसके पैरों पर पड़कर आर्त होकर प्रार्थना की कि 'अपने सुत को भेज दो। सुना है कि तुम्हारा पुत्र बड़ा गारुड़ी है।

---

१. सू० सा० (वें० प्रे०), पृ० ४७३ तथा सभा, पद ३७४०।
२. वही, पद ४०२९।
३. वही, पद १२९५।
४. वही, पद १२९६।
५. वही, पद १३१५।
६. वही, पद १३१६।
७. वही, पद १३१७।

इसीलिए मैं आतुर होकर, लाज तजकर आई हूँ। तुम्हारा बड़ा उपकार होगा।[१] यशोदा कृष्ण के गारुड़ी होने की बात सुनकर आश्चर्य प्रकट करती है, पर वृषभानु-पत्नी राधा का बताया हुआ प्रमाण उपस्थित करती है कि कृष्ण एक लड़की को एक बार जिला चुके हैं। यशोदा राधा की इस चतुरता का आभास पाकर मुस्कराकर कृष्ण को बुला देती है। पर राधा की सरल माता राधा के विषय में तनिक भी सन्देह नहीं करती।[२] कृष्ण को बुला ले जाने पर भी वह पुत्री के शोक में व्याकुल रोती फिरती है और बार-बार उसे कंठ से लगाती है। वह नन्द-सुवन के ही पैरों पड़ती है और कहती है, 'मोहन, मेरी लाड़ली व्याकुल हो गई है, उसे शीघ्र जिला दो।'[३] राधा जब लोचन खोलकर संकोच के साथ पूछती है कि यह सब क्या बात है; तो माता उसे बताती है कि 'तुझे काले ने खा लिया था, तू बेसुध हो गई थी, कृष्ण ने तुझे जिला लिया।'[४] उसने कृष्ण को बार-बार कंठ लगाया, मुख चूमा और यशोदा की कोख को धन्य-धन्य कहकर उन्हें घर भेजा। मन ही मन वह कृष्ण की प्रशंसा करने लगी और सोचने लगी कि विधना ने यह जोड़ी भली बनाई है।[५]

परन्तु इस सुखद कल्पना के पूर्ण होने के पहले ही जब वह घर-घर राधा-कृष्ण के विषय में अपवाद सुनने लगती है, तो उसे अपने सम्मानित कुल और सामाजिक औचित्य के विचार से चिन्ता हो जाती है। राधा देर हो जाने के कारण संकोच के साथ घर में घुसती है, महरि उसे देखते ही पूछती है : "तू अब तक कहाँ थी? मेरी महतारी, घर में 'नेक' भी नहीं देखती हूँ। घर-घर डोलते तुझे लाज नहीं आती? क्या अब भी तू 'बारी' है? पिता आज बहुत रिस करके गाली दे रहे थे। भाई मारने को कह रहे हैं! बड़े वृषभानु की सुता होकर तू कुल खोने वाली हुई है! कारी, तेरे कैसे ढंग हैं! ऐसी जोबन-मतवारी हो गई है कि श्याम के साथ-साथ फिरती रहती है।'[६] राधा नंद-महर के लायक सुत को निर्दोष बताकर अपवादों का खंडन करती है।[७] पर माता उसे समझाती है कि 'तू छिन-छिन पर-घर क्यों जाती है? मुझे नेक भी नहीं डरती। व्रज में घर-घर राधा-कान्ह, कान्ह-राधा की चर्चा सुनकर मुझे लाज आती है। पर तू अपयश से अघाती नहीं दिखाई देती! तुझे यह भी ध्यान नहीं रहता कि तू बड़े वृषभानु की बेटी है। उनको क्या? उनके न जाति है, न पाँति।[८] राधा जब से बातें सुनकर क्रोध का प्रदर्शन करती है तो माता मन ही मन रीझती और सोचती है कि यदि तनिक बढ़ भी गई तो क्या? है तो अभी 'बारी' ही। लोग झूठ ही 'राधा-कान्ह' की चर्चा करते हैं। सुता के 'रिस' की बात सुनकर माता मन ही मन हँसती और सोचती है कि लोग साथ खेलते देखकर 'गाली' लगाते हैं। अभी ये बालक क्या जानें? यही सोचकर जननी राधा को हृदय से लगाकर मुख चूमती है।'[९] उसका क्रोध दूर हो जाता है और वह "सुता को गोद में बिठाकर समझाती

---

१. सू० सा० (सभा), पद १३६९।
२. वही, पद १३७०-१३७५।
३. वही, पद १३७७।
४. वही, पद १३७८।
५. वही, पद १३१९।
६. वही, पद २३२४।
७. वही, पद २३२५।
८. वही, पद २३२६।
९. वही, पद २३२८।

है कि 'बिटिनिअन' के साथ मिलकर खेला करो। श्याम का साथ सुन-सुनकर मुझे 'रिस' आती है। इससे अपनी निन्दा होती और अपने कुल को गाली आती है। लाड़ली, सुन, मैं इसी से तुझसे 'रिस' करती हूँ। अब मैं समझ गई कि सब लोग झूठ ही यह बात उड़ाते हैं। सूरदास कहते हैं, राधा ये बातें सुनकर मन ही मन अति हर्षित होती है।''[१] परन्तु कृष्ण के स्मरण मात्र से जब राधा की अंग-चेष्टा बदल जाती है, तो भोली जननी चकित होकर उसकी ओर देखती रह जाती है। उसे यह भी विश्वास नहीं होता कि यह मेरी ही पुत्री है। वह उसे अपने अंगों को छिपाने और नम्र होकर चलने की शिक्षा देने लगती है।[२] राधा उसकी बातें सुनकर पहले तो मुसकाती है, पर माता के शब्दों में गंभीरता और कठोरता देखकर बिगड़ खड़ी होती है और 'बाबा' से शिकायत करने की धमकी देती है। वह कहती है, 'जिन कान्ह से सदैव मेरी छठी-आठें रहती है उनके विषय में ऐसी बातें?' राधा का अमर्ष देखकर माता फिर ठंडी पड़ जाती है और सोचने लगती है कि 'इतनी बड़ी हो गई, पर लरिकाई नहीं गई। आज तक इसके ढंग बारे की तरह हैं। सदा अपनी टेक रखती है, माता ने यह सोचकर कि कहीं यह मचल गई, तो मेरे मनाए नहीं मानेगी, हार मान ली और हँसकर उसे प्रेमपूर्वक कंठ से लगा लिया।[३]

राधा इसी प्रकार माता की सरलता से लाभ उठाती रहती है। कृष्ण से मिलने का जब और कोई उपाय उसे न सूझा, तो 'मोतिसरी' के खोने का बहाना बना लिया! भोली जननी बड़ी हानि सुनकर व्यथित हो उठी। वह कहती है; 'राधा, अब मैं कभी तेरे ऊपर विश्वास नहीं करूँगी। दूसरा हार, चौकी, हमेल अब कुछ भी मैं तेरे कंठ में नहीं डालूँगी। तूने जो लाख टका की हानि की है, वह तुझी से लूँगी। हार बिना लाए मैं तुझे घर में नहीं बैठने दूँगी। गले में मोतिसरी देखे बिना मैं शान्त नहीं हो सकती। हार नहीं लाएगी, तो मैं जन्म भर तेरा नाम नहीं लूँगी।'[४] माता की सरलता से लाभ उठाकर राधा ने काम बना लिया। उधर राधा कृष्ण के साथ रस-केलि में मग्न है और इधर उसकी माता 'अवसेर' करती है। वह सोचती है कि 'प्रातःकाल से सारा दिन हो गया और एक याम निशि बीत गई; न जाने मेरी बारी कहाँ चली गई। हार के त्रास में मैंने उसे बहुत त्रास दिया। कदाचित् वह डर के मारे घर नहीं आई। मैं कहाँ जाऊँ? न जाने वह रूठकर कहाँ रह गई। ऐसा हार बह जाए! सुता के नाम से मेरे तो एक वही है। अभी महर सुनेंगे तो मुझे बुरा-भला कहेंगे। वह सखियों से पूछती है कि उन्होंने तो राधा को कहीं नहीं देखा।' राधा जब डरती-डरती घर लौटी तो 'कीरति महतारी' ने उसे देखते ही हर्षपूर्वक हृदय से लगा लिया और उसे त्रास देने का स्मरण करके बार-बार पछताने लगी।[५]

इसके बाद काव्य में कीर्ति का उल्लेख नहीं मिलता। पर इतने ही में कवि ने स्नेहशील, सरल माता के हृदय का स्वाभाविक चित्र पूर्ण रूप में उपस्थित कर दिया है।

कवि ने इस समस्त नारियों के भावों का चित्रण करके नारी हृदय की कोमलता, सरलता और सहज स्नेहशीलता का प्रदर्शन किया है।

---

१. सू० सा० (सभा), पद २३२९।
२. वही, पद २३३१-२३२४।
३. वही, पद २३३६।
४. वही, पद २५९३।
५. वही, पद २६३२।

गोपियाँ

यों तो जाति और पेशे के विचार से व्रज की समस्त नारियाँ गोपियाँ हैं, परन्तु इस शब्द का प्रयोग अधिकतर उन किशोर कुमारियों और नवोढ़ाओं के लिए होता है जिनके हृदय काम द्वारा उद्वेलित हैं और जो कृष्ण के प्रति प्रेमिका का भाव रखती हैं। अवस्था, परिस्थिति और भाव-प्रवणता के भेद से इनमें भले ही अंतर हो, पर भावना की दृष्टि से वे सब समान हैं कवि ने गोपियों का सामूहिक रूप से भी चित्रण किया है और कतिपय नामोल्लेख भी किए हैं। परन्तु गोपियों के व्यक्तित्व में व्यक्तिगत विशेषताएँ कोई महत्व नहीं रखतीं। वे भावनासम्पन्न व्यक्ति की दृष्टांतरूप हैं। यह अवश्य है कि कवि ने गोपियों को भिन्न-भिन्न परिस्थितियों में रखकर उनमें सजीवता पैदा कर दी है तथा उनके द्वारा ग्रामीण समाज के यथार्थ चित्र उपस्थित किए हैं।

वयस्क नारियों में जहाँ हार्दिक भावना की प्रधानता है, वहाँ गोपियों में ऐन्द्रिय संवेदना प्रधान है। सरलता दोनों में हैं, पर वयस्क नारियों की सरलता उनके स्नेहशील हृदय का स्वाभाविक गुण है और गोपियों की सरलता उनके ज्ञान और अनुभव की न्यूनता तथा अवस्था की अल्हड़ता की सूचक है। दोनों की प्रकृतियों के इस भेद के कारण ही दोनों की ग्रामीण निश्छलता भिन्न-भिन्न रूप में प्रकट हुई है। जहाँ वयस्क नारियाँ गंभीरता और करुणा का रूप बन जाती हैं, वहाँ गोपियाँ अपने भावों को वक्रोक्तियों, व्याजोक्तियों और व्यंग्यों के रूप में व्यक्त कर सकती हैं। गोपियों के स्वभाव का बाँकपन, अल्हड़ता, विनोदप्रियता, उत्साह और सजगता उनकी नई अवस्था और प्रेम के नवीन अनुभव तथा उसकी तीव्रता की द्योतक हैं। स्वभाव की इन विशेषताओं में ऊढ़ा और अनूढ़ा दोनों प्रकार की गोपियाँ समान हैं।

कुमारी किशोरियाँ जिनके हृदय में प्रेम का बीज अभी अंकुरित नहीं हुआ है इतनी भावप्रवण और विमुग्ध-दृष्टिसंपन्न हैं कि कृष्ण के बाल रूप को देखते ही वे भाव-विभोर हो जाती हैं और उनकी सुध-बुध विस्मरण हो जाती है। कृष्ण के रूप और लीलाओं की मोहकता का प्रभाव गोपियों पर इतना पड़ता है कि माखनचोर बालकृष्ण के ही प्रति उनके हृदय में कामेच्छा जागरित हो जाती है। कृष्ण की प्रत्येक लीला का प्रभाव सीधा गोपियों के ज्ञानेन्द्रियों और मन पर इस प्रकार पड़ता है कि वे कृष्ण-प्रेम के समक्ष अन्य समस्त वस्तुओं, विचारों और भावों का पूर्ण परित्याग कर देती हैं। इस प्रकार गोपियों की प्रकृति की सर्वोपरि विशेषता है उनका उत्कट कृष्ण-प्रेम। उनके कृष्ण-प्रेम की जो तीव्रता और दृढ़ता प्रदर्शित की गई है, उसके लिए सरलता की अत्यन्त आवश्यकता थी। यह उनके स्वभाव की सरलता का ही द्योतक है कि वे कृष्ण को पति रूप में प्राप्त करने का निश्चय करके उसके लिए शिव और सूर्य की आराधना में तत्पर हो जाती हैं।

चीरहरण के प्रसंग में उस अवस्था का चित्रण किया गया है जब कुमारी गोपियों प्रेम की अभिलाषा करते हुए भी प्रेम से सर्वथा अपरिचित हैं। लज्जा के कारण वे प्रेम-पथ पर चलने में कठिनाई का अनुभव करती हैं। इसी कारण कृष्ण जब जल के भीतर ही पीठ मीजते हुए उन्हें दर्शन देते हैं, तब वे हृदय में गुदगुदी का अनुभव करते हुए भी यशोदा से उलाहना देने चली जाती हैं। उलाहना देने में गोपियों को कृष्ण के दर्शन-सुख का लाभ होता है। इसी प्रकार यमुना-स्नान के लिए जाने में गोपियों को लज्जा और सुख दोनों का साथ-साथ अनुभव होता है। गोपियों के हृदय में काम और लज्जा का द्वन्द्व प्रदर्शित करके कवि ने

उनकी नव वय, सरल स्वभाव और काम प्रवृत्ति की व्यंजना की है। चीरहरण करके कृष्ण उनकी लज्जा को किंचित् कम करने और प्रेम को दृढ़ करने में सफल होते हैं। वस्त्र लेने के लिए कृष्ण जब गोपियों से निपट नग्न होने का अनुरोध करते हैं, तब गोपियों के नारी-सुलभ संकोच का प्रदर्शन करके कवि पुनः उनके सरल स्वभाव और निश्छल मति की सूचना देता है।[१]

कवि ने आगामी लीलाओं में जिन गोपियों का चित्रण किया है उनमें ऊढ़ा और अनूढ़ा एवं किशोरी और वयस्क का विभेद करना कठिन है। पनघट लीला[२] की गोपियों में चीरहरण की गोपियों की अपेक्षा प्रगल्भता की अधिकता और संकोच की न्यूनता है। परन्तु इन गोपियों में कदाचित् कुमारियों की ही प्रधानता है। कृष्ण द्वारा छीनी हुई 'एंडुरी' माँगते हुए गोपी कहती है कि 'बहिन और माँ मुझसे एंडुरी के लिए लड़ेंगी, इसलिए एंडुरी मुझे लौटा दो।'[३] इसी कारण ऐसा अनुमान होता है कि कवि ने किशोरी गोपियों के प्रेम-विकास के विचार के चीरहरण के बाद पनघट लीला को रखा है। चीरहरण की गोपियों की भाँति 'पनघट' की गोपियाँ भी यमुना तट पर जाने में कृष्ण की 'लंगराई' और 'अगचरी' के भय से संकोच करती हैं। पर यह संकोच उतना मुग्धतामिश्रित नहीं है; श्याम की 'अगचरी' के अनुरूप गोपियों में भी चतुरता आ गई। ग्वालिन भरा घट शीश पर लेकर घर को चली; कृष्ण ने पीछे से आकर घट फैला दिया। 'चतुर ग्वालिन' ने श्याम का हाथ पकड़ लिया और 'कनक लकुटिया' छीन ली! श्याम उसे 'रीती गागरि' लौटाने लगे, पर गोपी ने गागर को भरकर देने का अनुरोध किया।[४] उसने कहा : "कर की लकुट मैं तब दूँगी, जब मेरा घट भर दोगे। क्या हुआ जो नन्द बड़े हैं; वृषभानु की हमें आन है, मैं तुमसे डरूँगी नहीं। एक गाँव और एक ठाँव का हमारा-तुम्हारा बास है, फिर तुम जो कहोगे सो मैं कैसे सहूँगी? सूर-श्याम, मैं तुमसे डरूँगी नहीं, सवाल का जवाब दूँगी।"[५] ये गोपियाँ कृष्ण से तर्क-वितर्क करती हैं; उनके ऊपर ठगी का लांछन लगातीं और प्रमाण माँगने पर बताती हैं कि कृष्ण मृदु मुसकान से मन चुराते और 'नैन-सैन' देकर तथा 'अंग त्रिभंग' करके चलते हैं।[६] एंडुरी न देने पर ग्वालिनें झुंड बनाकर यशोदा के पास जाती हैं और कृष्ण को चुनौती देती जाती हैं कि यहीं रहना तब तुम्हें देखेंगी।[७] 'रसभरी, यौवन मद की माती' ग्वालिनें यशोदा से तर्क करके उसे कृष्ण की अचगरी का विश्वास दिलाने में किंचित् सफल हो जाती हैं।[८] लौटते हुए गोपियों को कृष्ण घर आते हुए मिल जाते है। कृष्ण उन्हें देखकर लज्जित हो जाते हैं। युवतियाँ उनसे कहती हैं; 'कान्हा, घर जाओ; तुम्हें महतारी बुला रही है। हम तुम्हारी बड़ाई कर आई हैं!'[९] गोपियों की यह प्रगल्भता उनके उत्कट प्रेम की ही सूचक है। किन्तु प्रेम की तीव्रता के आगे उनकी सारी

---

१. सू० सा० (सभा), पद १३८७-१४१६।
२. वही, पद २०१७-२०७७।
३. वही, पद २०३५।
४. वही, पद २०२२।
५. वही, पद २०२३।
६. वही, पद २०३२।
७. वही, पद २०३७।
८. वही, पद २०४२।
९. वही, पद २०४३।

चतुराई समाप्त हो जाती है और वे लोक-लज्जा, विधि-मर्यादा सभी को तिलांजलि देकर प्रेम-पथ का अनुसरण करने को तत्पर हो जाती हैं।[१] दानलीला में गोपियों की प्रगल्भता और अधिक स्पष्ट रूप में प्रकट हुई है।[२]

गोपियाँ सहज रूपवती हैं और भाँति-भाँति के श्रृंगार सजाकर अपने रूप के आकर्षण को और अधिक बढ़ा लेती हैं : ''युवती अंगों में श्रृंगार सँवारती है। वेणी गूँथ कर मोतियों की माँग बनाती और शीशफूल सिर पर धारण करती है। गोरे भाल पर सेंदुर की विंदी और उस पर जड़ाऊ टीका तथा चन्द्र-वदन पर रवि-तारागण धारण किए हुए हैं, मानो वे स्वभावतः ही उदय हो गए हों। सुभग श्रवणों पर मणिभूषित 'तरिवन' की उपमा नहीं दी जा सकती, मानो कामदेव ने नंदकुमार के लिए ही फंद रचे हों। नासा में नथ है जिसके मुक्ता की शोभा अधर तट पर विराजती है, मानो शुक दाड़िम-कण लेने में असफल होकर स्वयं कनक के फंद में पड़ गया हो। अरुण दशन दमकते हैं और चिबुक पर डिठौना भ्राजता है। गले में 'दुलरी' और 'तिलरी' तथा उस पर सुभग 'हमेल' विराजती है। कुचों पर कंचुकी तथा मोतियों का हार और भुजाओं में बाजूबंद शोभित हैं। कलाइयों में चूड़ियाँ और 'फुँदना' ऐसे लगते हैं मानो कंज के पास अलि दिखाई देते हों। कटि में 'छुद्रघंटिका' और रंगीन लहँगा तथा तन पर तनसुख की सारी पहनकर सूर, ग्वालिन दधि बेचने निकली है। उसके पगों के नूपुरों की भारी ध्वनि हो रही है।''[३] गोपी के इस रूप-वर्णन से उसके हार्दिक भाव की व्यंजना होती है। वस्तुतः वह यौवनोन्मत्त है; इठलाना और इतराना उसका अवस्थाजन्य स्वभाव है तथा लज्जा, लोकनिन्दा का भय, झिझक, आशंका, विश्वास और आंतरिक प्रेमजन्य मधुर सुख उसके प्रेम की नवीनता, परिचय की न्यूनता और प्रेमी-जीवन की आनंदानुभूति के अपूर्ण ज्ञान के द्योतक हैं। कवि ने कृष्ण के ही मुख से उनकी समस्त लोकातीत शक्तियों की गर्वोक्तियाँ कराकर तथा गोपियों को उनसे अप्रभावित दिखाकर गोपियों के सरल, ग्रामीण स्वभाव का परिचय दिया है। विश्वासी गोपियाँ जहाँ कृष्ण पर अपना मन-वचन-कर्म से आत्म-समर्पण कर देती हैं, वहाँ उनका कामोद्वेलित हृदय कृष्ण के इंद्रियानुभूत रूप में इतना अधिक आसक्त है कि उन्हें कृष्ण की साक्षी पर भी विश्वास नहीं होता। कवि ने गोपियों के चरित्र के द्वारा यह प्रदर्शित किया है कि सरल, शुद्ध विश्वास की दृढ़ता तर्क, बुद्धि और ज्ञान से हिलाई नहीं जा सकती। यही कारण है कि गोपियों के उद्धव की बातों को हँसी-हँसी में टाल दिया और स्वयं उद्धव को बुद्धि-पक्ष छोड़कर भावना-पक्ष का समर्थक बना लिया। गोपियाँ भावना पक्ष की साक्षात मूर्ति हैं।

वाक्चातुर्य में वे कम नहीं हैं। वे बराबर कृष्ण के 'जवाब का जवाब' देती हैं। वे जानती हैं कि व्रज में कंस का राज्य है, उसके रहते किसी को दान लेने का अधिकार नहीं है। यदि कंस की ओर से कृष्ण 'जगाती' बनाए गए हैं, तो उनके पास कंस की 'छाप' होनी चाहिए। यदि ऐसा नहीं है, तो कृष्ण को युवतियों के साथ यह दुर्व्यवहार नहीं करना चाहिए; उन्हें वैसी ही चाल चलना चाहिए, जैसी उनके 'बाप' चलते आए हैं। गोपियों की ये बातें यद्यपि कोरे तर्क हैं, क्योंकि कृष्ण से विवाद बढ़ाने में भी उन्हें सुख ही मिलता है, पर हैं ऐसे तर्क

---

१. सू० सा० (सभा), पद २०७७।
२. वही, पद २०७८-२२६५।
३. वही, पद २११६।

जिनका उत्तर कृष्ण के पास कुछ नहीं है। वे तर्क छोड़कर गोपियों को आतंकित करने पर उतारू हो जाते हैं।

दानलीला की गोपियाँ किशोरियाँ और नव तरुणियाँ हैं। यौवन-सुख से वे अभी पूर्णरूप से परिचित नहीं हैं। कृष्ण उन्हें अपने व्यवहार के द्वारा अनन्य प्रेम में दीक्षित करके लोक-मर्यादा की उपेक्षा करने वाली प्रेमिका बना देते हैं। दानलीला के बाद गोपियाँ श्रीकृष्ण-प्रेम में उन्मत्त, भावुक प्रेमिका के रूप में चित्रित की गई हैं; लोक-लज्जा का उन्हें तनिक भी भय नहीं रहा; घर, स्वजन, परिजन, सबसे उन्हें विरक्ति हो गई। गोपियों के उन्मत्त प्रेम के चित्रण में कवि ने उनकी जिस भाव-दशा का दर्शन किया है उससे उनके प्रकृति-वैचित्र्य अथवा स्वभाव-वैभिन्नय का ज्ञान नहीं हो सकता, केवल उनकी भावना-प्रधान प्रकृति और तीव्र भावुकता का ही परिचय मिलता है।[१]

गोपियों का यही उत्कट प्रेम उन्हें कृष्ण का मुरली-वादन सुनकर जैसी की तैसी वन की ओर प्रस्थान करने को विवश करता है। रास की गोपियाँ प्रेमातुर, आनंद की अभिलाषिणी और कृष्ण-प्रेम में गर्वीली चित्रित की गई हैं। इन गोपियों में विवाहित, अविवाहित, दोनों श्रेणियों की गोपियाँ हैं क्योंकि कृष्ण ने उन्हें घर लौटकर पति को परमेश्वर की तरह पूजा करने का उपदेश दिया और गोपियों ने कृष्ण-प्रेम के समक्ष पति, सुत, माता, पिता आदि सभी संबंधियों का प्रत्याख्यान किया।[२] इस प्रसंग में भी गोपियों की भावप्रवणता और हार्दिक कोमलता का परिचय मिलता है।

गोपियों की प्रगल्भता, मुखरता, चंचलता वसन्त और फाग के वर्णन में चरम सीमा को पहुँच जाती और अवसर के उपयुक्त निर्लज्जता में परिणत हो जाती है। हरि के संग फाग खेलने के बहाने गोपियाँ उर-अन्तर का अनुराग प्रकट करती हैं। सुन्दर रंग की सारी पहनकर, कंचुकी कसकर और नयनों में कागज लगाकर माधव की वाणी सुनते ही वे बनठन कर निकल आईं। डफ, बाँसुरी, रुंज, महुअरि और ताल-मृदंग बजते हैं; अति आनन्दपूर्वक सब मनोहर वाणी से गाते हैं और तरंग उठाते हैं। एक ओर गोविन्द और सब ग्वाल तथा एक ओर व्रजनारियाँ है। संकोच छोड़कर सब मनमानी गालियाँ देती हैं। दस-पाँच सखियाँ मिलकर बल और कृष्ण को पकड़कर उठा लातीं और कनक-घट में अरगजा और अबीर भरकर शीश पर से डाल देती हैं। वे कुमकुमा, केसर छिड़कती और बंदन-धूल 'भुरकती' हैं।[३]

कवि ने 'मदमाती' रंगभीजी' ग्वालिनों के मत्त-करिनियों की भाँति व्रजबीथियों में डोलने और 'रंगभीने' श्याम-गज से मिलकर स्वच्छंद फाग-केलि करने का विस्तृत चित्रण किया है। श्याम तो किंचित् संकोच भी करते हैं, किन्तु गोपियाँ प्रीति को 'प्रकट' करके किसी प्रकार का 'दुराव' नहीं करतीं; उनके केश छुट जाते हैं, कंचुकी-बन्द टूट जाते हैं। और मन में किसी प्रकार की 'मर्यादा' शेष नहीं रहती। वे कृष्ण से 'फगुवा' माँगने जातीं और उन्हें पकड़कर राधा के वस्त्राभूषणों से सज्जित करतीं तथा अन्य प्रकार की दुर्गति करके उन्हें राधा के चरण छूने को विवश करती हैं। गोपियाँ कृष्ण की ही नहीं अन्य मर्यादावादी गुरुजनों तक

---

१. सू० सा० (सभा), पद २२३८-२२४१।
२. वही, पद १६२९-१६५५।
३. वही, पद ३४७८।

की दुर्दशा करके पूर्ण स्वच्छंदता का परिचय देती है। कोटि कलश भर वारुणी और मिठाई के भोग के बाद यमुना में जल-केलि होती है। वर्ण-धर्म की मिति नष्ट करके व्रजवासी वसंतोत्सव मनाते हैं और उनके केन्द्र में गोपियाँ विराजती हैं।[१]

विरह में गोपियों के सामाजिक अथवा व्यक्तिगत व्यवहार की विशेषताएँ नहीं दिखाई देतीं, केवल उनकी कृष्ण-प्रीति की तीव्रता और भावुक स्वभाव का प्रकाशन होता है। परन्तु जहाँ राधा का प्रेम विरह में अधिकतर मौन रहकर अपनी गम्भीरता की व्यंजना करता है, वहाँ गोपियाँ नाना प्रकार की उक्तियों के द्वारा उसका प्रकाशन करती हैं।[२] वे प्रीति करके 'गले में छुरी' चलाने के लिए 'माधो की मिताई' की निन्दा करतीं[३] तथा 'परदेसी का पतियारा' करने पर अपने को दोष देती हैं।[४] कभी वे प्राकृतिक वस्तुओं के साथ अपने हृदय का सामंजस्य स्थापित करती हैं, कभी विपरीत व्यवहार देखकर प्रकृति को दोष देती हैं। इस प्रकार गोपियों का विरह अवस्था विशेष के अनुसार अभिव्यंजित हुआ है। उद्धव के समक्ष तो उन्हें अपनी वाचालता और वाक्‌चातुर्य के द्वारा अपने हार्दिक प्रेमाभिभूत भावों को व्यक्त करने का और अधिक अवसर प्राप्त हो जाता है।

परन्तु अपनी समस्त वाक्‌चतुरता और मुखर वाणी के होते हुए भी गोपियों की प्रकृति अनिवार्यतः सरल, निश्छल और ग्रामीण है। राधा की भाँति उनमें नागरता नहीं है। कृष्ण जब तक व्रज से मथुरा चले नहीं जाते, तब तक सरल, मुग्ध गोपियों को विश्वास ही नहीं होता कि उन्हें विरह-दुःख सहना पड़ेगा। वे चित्र-लिखी सी खड़ी रह जाती है।[५] एक गोपी कहती है : ''माई, रथ कितनी दूरी चला गया? सखी री, मैं तो चलते समय नन्दनन्दन से मिल भी न सकी। मैं एक दिन भी नन्द के द्वार पर आने से नहीं चूकती थी, पर आज विधाता ने मेरी मति हर ली जो मैं भवन-काज में बिलम गई। जब हरि ऐसा खेल कर रहे थे, तब किसी ने बात भी नहीं चलाई। व्रज में ही रहते हुए हरि से विमुख हो गई। इसका शूल उर से नहीं जाता। सूरदास-प्रभु के बिना ऐसा व्रज एक पल भी नहीं सुहाता।''[६] कोई गोपी मधुपुरी चलने का प्रस्ताव करती है[७] तो कोई कहती है कि अब पछताने से क्या होता है? चलते समय ही उनकी 'फेंट' पकड़ कर उन्हें रोक लेना चाहिए था।[८] उद्धव जब व्रज के निकट आते हैं, तो सरल विश्वासी गोपियाँ यही अनुमान करती हैं कि स्वयं श्याम लौट आए हैं। वे अपने-अपने घर से आतुर होकर नन्द के द्वार की ओर चल देती हैं।[९] उनकी यह उत्सुकता जहाँ उनके प्रगाढ़ प्रेम की व्यंजक है, वहाँ उनके सरल हृदय की भी परिचायक है। इसी प्रकार की उत्सुकता मधुवन की 'पाती बाँचने' के समय भी दिखाई देती है। परन्तु पाती के योग-संदेश से उन्हें संतोष नहीं होता, उलटे उनका प्रेम एक और चोट खाकर तिलमिला

---

१. सू० सा० (सभा), पद ३४७९-३५३४।
२. वही, पद ३७९९-४०२८।
३. वही, पद ३८०३।
४. वही, पद ३८१२-३८१४।
५. वही, पद ३६१२।
६. वही, पद ३६१५।
७. वही, पद ३६१७।
८. वही, पद ३६१९।
९. वही, पद ४०७९-४०८५।

उठता है और वे नाना प्रकार की उक्तियों से उद्धव और उनके लाये हुए का परिहार करने लगती हैं। निर्गुणोपासना का उद्धव द्वारा प्रतिपादित सिद्धान्त गोपियाँ केवल इस तर्क से उड़ा देती हैं कि अहीर अबलाओं के समक्ष जिनकी ज्ञानेन्द्रियाँ और मन कृष्ण के मधुर रूप और लीलाओं से ओत-प्रोत हैं, निराकार ब्रह्म की उपासना का प्रस्ताव करना अत्यन्त असंगत है। अंत में स्वयं ज्ञानी उद्धव उस सहज, सरल मार्ग के अनुगामी होकर अपने ज्ञान-ध्यान की चर्चा भूल जाते हैं। कवि ने उद्धव के प्रसंग में गोपियों के मनोभावों का जो विविध-रूप परिचय दिया है, उससे गोपियों की सरल प्रकृति की तो व्यंजना होती ही है, साथ ही सरलता, निश्छलता और ग्रामीणता की आडंबर, पाण्डित्य और प्रपंच पर विजय की घोषणा भी होती है।

कवि ने यद्यपि राधा के अतिरिक्त और गोपियों के व्यक्तित्व का चित्रण नहीं किया, फिर भी कतिपय गोपियों का राधा-कृष्ण की प्रेम-कथा में प्रसंगवश तथा खंडिता-प्रकरण में नामोल्लेख अवश्य किया है। सखियों में ललिता और चंद्रावली मुख्य हैं। नीचे इनका परिचय दिया जाता है।

ललिता

ललिता का सर्वप्रथम उल्लेख गोवर्द्धन-पूजा के प्रसंग में हुआ है,[१] जिससे केवल इतना सूचित होता है कि ललिता राधा की घनिष्ठ सखी है। दानलीला में राधा के साथ चंद्रावली और ललिता का केवल नामोल्लेख मात्र किया गया है।[२] ललिता राधा की कदाचित् सबसे अधिक प्रिय सखी है, क्योंकि वह कृष्ण को बुलाने के लिए उसी का नाम लेकर उसे पुकारने का बहाना करती है।[३] राधा के रूप, कृष्ण-प्रेम और कृष्ण हृदय में उसके अद्वितीय स्थान की प्रशंसा करने वाली सखियों में ललिता और चंद्रावली का कवि विशेष रूप से उल्लेख करता है।[४] राधा की वियोग-व्यथा से द्रवित होकर ललिता ही कृष्ण के पास जाकर बड़ी चतुराई और कौशल से राधा के रूप का गूढ़ शब्दों में वर्णन करके कृष्ण के हृदय का अनुराग उद्दीप्त करती और उन्हें कुंज-प्रदेश में बुला लाती है।[५] राधा-कृष्ण की निकुंज-केलि को देखकर ललिता हर्षित होती है।[६]

जिन गोपियों के यहाँ 'बहुनायक' श्याम खंडिताभिनय करते हैं, उनमें ललिता का उल्लेख कवि ने सर्वप्रथम किया है। द्वार पर खड़े गोपाल को देखकर ललिता उन्हें 'सैन' से भीतर बुला लेती है। कृष्ण उसे आलिंगन-सुख और रात्रि में आने का वचन देकर लौट आते हैं। परन्तु अपने स्वभावानुसार रात्रि को वे ललिता के यहाँ न जाकर शीला के यहाँ चले जाते हैं। इधर ललिता वासकसज्जा बनी रात भर श्याम की प्रतीक्षा करती रहती है। प्रातःकाल ही कृष्ण ललिता के यहाँ पहुँच जाते हैं। रति-चिह्नों को देखकर ललिता क्रोध और मान करके बैठ जाती तथा कृष्ण को लज्जित करने का उपक्रम करती है। किन्तु चतुर नायक कृष्ण लज्जा

---

१. सू० सा० (सभा), पद १४५५।
२. वही, पद २११०।
३. वही, पद २५९९।
४. वही, पद २६८६।
५. वही, पद २७२७-२७३८।
६. वही, पद २७४५।

और परिताप का ऐसा सफल अभिनय करते हैं कि ललिता को व्यंग्यपूर्ण व्यवहार छोड़कर कहना पड़ता है कि 'आपने अच्छा किया जो दर्शन देने की कृपा की; मेरे जन्म-जन्म के ताप नष्ट हो गए।' यह सुनकर कृष्ण ने ललिता का सत्कार स्वीकार किया और उसे मनोवांछित सुख दिया और विश्वास दिलाया कि वह उन्हें प्राण से अधिक प्रिय है; वह उनका तन, धन है; वही उनके मन में बसती है; अन्य कोई स्त्री उनके मन को नहीं भाती।[१] द्वारका में रुक्मिणी के राधा विषयक प्रश्न पर राधा का नाम न लेकर कृष्ण ललिता का ही नाम लेते हैं।[२]

ललिता में सफल दूती के अनुरूप तत्काल-बुद्धि, वाक्चातुर्य, नायक-नायिका के प्रति सहानुभूति और आत्मीयता तथा नायक को रिझाने के लिए व्यक्तिगत सौन्दर्य, शील एवं गुण हैं।

चंद्रावली

चंद्रावली का उल्लेख भी सबसे पहले गोवर्द्धन-पूजा के समय राधा और ललिता के साथ मिलता है। दानलीला में भी चंद्रावली का नाम लिया गया है। ललिता की भाँति चंद्रावली को भी राधा-कृष्ण मिलन का सुख देखने को मिलता है, किन्तु उतने घनिष्ठ और प्रत्यक्ष ढंग से नहीं। श्याम राधा के साथ गोपी रूप धारण किये हुए चले आते हैं; बीच में चंद्रावली मिल जाती है; राधा के साथ एक अपरिचित स्त्री को देखकर चंद्रावली को आश्चर्य और कुतूहल होता है, राधा चतुराई की बातें करके चंद्रावली को यह विश्वास दिलाना चाहती है कि यह नवीन गोपी मथुरा निवासिनी है; राधा ललिता के साथ मथुरा गई थी, वहीं इससे परिचय हो गया। परन्तु न तो चंद्रावली इतनी भोली है और न कृष्ण का रूप इतना साधारण है कि सत्य को वाक्छल और छद्मवेश के द्वारा छिपाया जा सके। चंद्रावली के व्यंग्यपूर्ण प्रश्नों से कृष्ण को विदित हो गया कि अब सत्य को प्रकट करना ही उचित है। उन्होंने आवरण हटाकर चंद्रावली को कंठ से लगा लिया। वाम अंग में राधा और दक्षिण भुजा में चंद्रावली की शोभा का वर्णन करके कवि ने राधा-कृष्ण से चंद्रावली की अभिन्नता की व्यंजना की है।[३] चंद्रावली भी ललिता की भाँति राधा के साथ ईर्ष्या न करके दोनों के प्रेम-संयोग में सहायक होती है। फाग के समय वह अन्य सखियों के साथ कृष्ण से राधा के पैर छुवाती है।[४]

खंडिता नायिकाओं में ललिता के उपरान्त कवि ने चंद्रावली का उल्लेख करके कदाचित् यह सूचित किया कि चंद्रावली भी गोपियों में अग्रगण्य है। ललिता को सुख देने के बाद श्याम जब अपने घर जाने लगे, तभी मार्ग में चंद्रावली से भेंट हो गई। साँकरी गली में दोनों का मिलन हुआ और कृष्ण ने उसे वचन दे दिया कि माता-पिता के त्रास की चिन्ता न करते हुए भी आज रात को तुम्हारे यहाँ आऊँगा। चंद्रावली अपने सौभाग्य पर फूली नहीं समाती और जैसे-तैसे दिन काटती है।[५] परन्तु ललिता की भाँति उसे भी निराश होना पड़ता है। वह रात भर कृष्ण की प्रतीक्षा में आशा और निराशा के भावों से उद्वेलित हुई जागती रहती है। प्रभात हो

---

१. सू० सा० (सभा), पद ३०९५-३१०८।
२. वही, पद ४८८९।
३. वही, पद २७७५-२७८८।
४. वही, पद ३४९९।
५. वही, पद ३११०-३११२।

जाता है और वे नहीं आते। सुषमा के यहाँ से लौटकर जब वे सबेरे चंद्रावली के घर पहुँचते हैं, तब चंद्रावली उन्हें आड़े हाथों लेती है। वह उनके रति-चिह्नयुक्त शरीर की शोभा का वर्णन करके उन्हें लज्जित करना चाहती है। परन्तु कृष्ण उसके लांछनों को चुपचाप सुनते रहते हैं। अन्त में चंद्रावली खीझकर भवन के अन्दर जाकर लेट रहती है और बाहर से किवाड़ बन्द कर देती है। अंतर्यामी हरि भी उसके संग जाकर लेट जाते हैं इस चमत्कार से चंद्रावली रोष भूलकर उनके मनोरथ सफल करके उन्हें सुख देती है चंद्रावली अपने असीम हर्ष को अपने हृदय में छिपाकर नहीं रख सकती। सखियों से वह अपने सौभाग्य का संवाद सुनाकर सुखी होती है।

इस प्रकार चंद्रावली को कवि ने राधा की प्रमुख सखी के रूप में चित्रित किया है। किन्तु उसे ललिता के समान घनिष्ठता नहीं प्राप्त होती। यद्यपि चंद्रावली राधा की गुप्त प्रेम-चर्या का उद्घाटन करने की इच्छुक है, किन्तु राधा को दुखी करना उसे कदापि अभीष्ट नहीं है।

अन्य खंडिता गोपियाँ

चंद्रावली और ललिता के अतिरिक्त खंडिता प्रकरण में शीला, सुषमा, कामा, वृन्दा, कुमुदा और प्रमदा का उल्लेख हुआ है। शीला आदि गोपियों को कवि ने राधा की सहचरियों के रूप में चित्रित नहीं किया; उनके सहारे केवल कृष्ण के बहुनायकत्व का प्रदर्शन किया गया है। अतः खंडिता नायिका होने के अतिरिक्त उनके चरित्र की किसी विशेषता का निर्देश नहीं होता और न खंडिता-चित्रण में ही कोई विविधता आती है। कृष्ण के रतिचिह्न-युक्त रूप-सौन्दर्य का वर्णन तथा गोपियों के समक्ष उनकी प्रेम-विवशता का प्रदर्शन बार-बार करके कवि ने कृष्ण के गोपीवल्लभ रूप का ही चित्रण किया।

गोपियों के अतिरिक्त काव्य में कुब्जा और रुक्मिणी का चित्रण भी कृष्ण-प्रेम के सम्बन्ध में हुआ है। नीचे इनका भी परिचय दिया जाता है।

कुब्जा

कंस की रंग-भूमि में जाते हुए कृष्ण का मार्ग में चंदन का अंगराग लिए कूबरी मिलती है। कंस की दासी के द्वारा कंस के ही नगर में कृष्ण का ऐसा सत्कार होना उसकी भक्ति-भावना का सूचक है। कृष्ण ने उसे उर्वशी के समान रूपवती कर दिया और उसके भाव को स्वीकार किया।[१] कूबरी का उद्धार उसके पूर्व तप का प्रतिफल और कृष्ण की भक्तवत्सलता का द्योतक है। कुब्जा अत्यन्त भाग्यशालिनी है, जो उसे कृष्ण ने अपनी पटरानी का पद दिया तथा उसके घर जाकर उसका सत्कार स्वीकार किया।[२]

परन्तु गोपियों की दृष्टि में कुब्जा अत्यन्त हीन और वक्रशीला नारी है, जिसके कारण श्याम ने गोपियों को विस्मरण कर दिया। कुब्जा और श्याम का रंग उन्हें काग और हंस, लहसुन और कपूर तथा कंचन और काँच के समान असमीचीन लगता है। इस अयुक्त सम्बन्ध के कारण वे कृष्ण का बहुत परिहास करती और कहती हैं कि कदाचित् कुब्जा के कारण ही उन्होंने कंस का वध किया है।[३]

---

१. सू० सा० (सभा), पद ३६६९।
२. वही, पद ३७१८-३७२६।
३. वही, पद ३७६०-३७७०।

यद्यपि अत्यन्त निम्न स्तर से उठकर अचानक कृष्ण-प्रिया के पद पर प्रतिष्ठित हो जाने से कुब्जा के हृदय में गर्व होना स्वाभाविक है, फिर भी कदाचित् वह उतनी दुष्ट नहीं है, जितनी गोपियाँ उसे समझती हैं। उद्धव के द्वारा गोपियों के लिए भेजे हुए पत्र में वह अपनी स्थिति स्पष्ट कर देती है। वह कहती है कि 'व्रजनारियों का मेरे ऊपर क्रोध करना व्यर्थ है हरि की असीम कृपा पर किसी का एकाधिकार नहीं हो सकता। श्याम को यहाँ मैंने नहीं रोक रखा है; मधुपुरी तो वे माता-पिता का स्नेह समझ कर आए हैं। कान्ह न तो तुम्हारे प्रियतम हैं और न यशोदा के पुत्र, वे तो मधुप की भाँति सब रसों के भोगी हैं। जिस रस का स्वाद ले लेते हैं, वही फीका लगने लगता है। मेरा कूबर दूर करके उन्होंने स्वयं जगत् में यश प्राप्त किया। यह तो उनकी कृपालुता का प्रमाण मात्र है। इतना ही नहीं, कुब्जा तो गोपियों के लांछनों का प्रत्युत्तर और भी खरे शब्दों में देती है। वह कहती है, 'मेरे ऊपर क्यों क्रोध करती हो? तुमने श्याम को आने ही क्यों दिया? वास्तव में तुम सबने उन्हें बाल्यावस्था से ही दुख देना आरम्भ कर दिया। तुम सब गँवार अहीरनें हो, चतुराई नहीं जानतीं। नहीं तो तुम तनिक से माखन के लिए उन्हें क्यों त्रास देतीं?[१] यह स्पष्ट है कि कृष्ण और गोपियों के प्रेम को समझ सकना कुब्जा की सामर्थ्य के बाहर है; किन्तु कुब्जा में लांछन का प्रत्युत्तर देने की कुशलता अवश्य है। अपने विषय में उसे किंचित् गर्व भले ही हो गया हो; उसके मन में वे मिथ्या धारणाएँ नहीं हैं जिनकी कल्पना गोपियों ने कर डाली है। वह अपने संदेश के आरम्भ में ही विनय और क्षमापूर्वक कहती है कि 'मैं तो कंस की दासी थी। मुझ पर क्यों क्रोध किया जाय? फलों में जो स्थान कड़वी तोमरी का होता है वही स्त्रियों में मेरा था। पर जैसे घूड़े पर पड़ी हुई तोमरी यदि अनायास किसी यंत्री के हाथ पड़ जाए, तो सुन्दर राग बजाने वाली हो जाती है, उसी प्रकार मेरे भाग्य भी जाग गए। मैं राधा के क्रोध की नहीं, कृपा की पात्र हूँ। श्याम की भाँति मैं तो उनकी भी दासी ही हूँ। यह कहना असत्य है कि श्याम राजा हो गए और मैं उनकी रानी। मैं बिना तप के काशी पाने वाले सिद्ध के समान हूँ। कहाँ श्याम की अर्द्धांगिनी राधा और कहाँ मैं? मुझमें और राधा में जो अन्तर है वह बनवारी जानते हैं।'[२] कुब्जा के इस कथन से उसके स्वभाव की विनयशीलता एवं अपनी स्थिति के यथार्थ ज्ञान की क्षमता की व्यंजना होती है।

काव्य में कुब्जा का चरित्र जहाँ कृष्ण की भक्तवत्सलता का एक और प्रमाण उपस्थित करता है, वहाँ उससे भी अधिक गोपियों के प्रेम-भाव को परोक्ष रूप से स्पष्ट करता है।

रुक्मिणी

कुंडिनपुर के विष्णु भक्त राजा भीष्म की पुत्री रुक्मिणी आरम्भ से ही 'हरि रंग राची' थी। उसका पिता भी श्रीयदुराई के साथ उसका विवाह करना चाहता था। परन्तु उसके भाई रुक्म ने उसका विवाह चंदेरी के राजा शिशुपाल के साथ निश्चय कर दिया। रुक्मिणी ने कृष्ण के पास भक्ति-भावनापूर्ण मर्मस्पर्शी संदेश भेजा, जिसके फलस्वरूप कृष्ण ने उसकी सहायता की।[३] यद्यपि रुक्मिणी कमला की अवतार कही गई है, फिर भी उसका प्रेम कृष्ण के प्रभुत्व-ज्ञान से सीमित भक्ति-भावनापूर्ण है। उसके दैन्य में प्रेमिका की प्रेम-याचना नहीं, कृपाकांक्षा

---

१. सू० सा० (सभा), पद ४०६१-४०६५ तथा परिशिष्ट, पद १५९।

२. वही, पद ४०६२-४०६४।

३. वही, पद ४७८४-४८०३।

है। भक्तवत्सल, 'भक्त-उधारन' हरि ने एक दिन रुक्मिणी की भक्ति की परीक्षा ली। उन्होंने उससे पूछा, ''तुमने चंदेरी-राज शिशुपाल के स्थान पर मुझे क्यों वरण किया? न तो उनके समान मेरी 'ठकुराई' है न जाति-पाँति और न गुण। मैं तो निर्गुण हूँ; जिनमें मेरा वास होता है वे 'निष्कंचन' रहते हैं। मैं तो नारी संग से ही उदासीन रहता हूँ। यदि पूछो कि मैं तुम्हें क्यों ले आया तो इसका उत्तर मैं समझाए देता हूँ कि कुंडिनपुर में जो बहुत से भूपति आए थे, उनके गर्व को नष्ट करने के लिए मैं बलपूर्वक तुम्हारा हरण कर लाया हूँ। रुक्मिणी यह सुनकर व्यथा-विह्वल हो गई। हरि की बातों को उसने विनोद नहीं समझा, उसके उच्छ्वास दीर्घ हो गए और आँसू बहने लगे, बेचारी कुछ न बोल सकी। उसकी दशा देखकर हरि को विश्वास हो गया कि इसने मेरी भक्ति पहचान ली है। हँसकर उन्होंने कहा कि 'प्राण-प्रिया, तुम व्यर्थ ही इतनी विकल हो गईं। मैंने तो हँसी में बात चलाई थी।' आँसू पोछकर रुक्मिणी को निकट बिठाया। जब रुक्मिणी ने समझ लिया कि यह हरि का विनोद मात्र था, तो वह बोली कि 'कहाँ तुम त्रिभुवनपति गोपाल और कहाँ बेचारा नर शिशुपाल! कहाँ चंदेरी और कहाँ द्वारावती जिसकी समानता अमरावती भी नहीं कर सकती। तुम अमर हो, वह जन्मता और मरता है। मूर्ख लोग ही उसे तुम्हारे समान समझेंगे। यदुराई, तुम्हारे समान अन्य कोई हो ही नहीं सकता। यही जानकर मैं तुम्हारी शरण में आई हूँ। यह सुनकर हरि ने रुक्मिणी से कहा कि 'जिस प्रकार तुम मुझे चित्त में चाहती हो, उसी प्रकार मैं भी तुम्हें चाहता हूँ। हममें-तुममें कोई अंतर नहीं है।'[१] इस बातचीत से रुक्मिणी और गोपियों के प्रेम का मौलिक भेद स्पष्ट हो जाता है। रुक्मिणी को न केवल कृष्ण के ऐश्वर्य का ज्ञान है, वरन् उसका प्रेम उसी ज्ञान पर आश्रित है। इसी कारण उसे दैन्यपूर्ण भक्ति कहना उचित है। रुक्मिणी राधा की प्रीति का रहस्य समझने में असमर्थ है। कृष्ण भी उसे यह नहीं समझा सकते। वे व्रज का स्मरण आते ही केवल भाव-विभोर होकर व्रज के बीते सुखों को सोचकर इतना ही कह सकते हैं कि व्रजवासियों को वे कभी नहीं भूल सकते।[२] किन्तु रुक्मिणी को कदाचित् भावना की इस कोमलता की अनुभूति नहीं हो सकती। वृषभानुकिशोरी को प्रत्यक्ष देखकर कदाचित् उसे अपनी शंका का कम से कम आंशिक समाधान अवश्य मिल जाता है। परिचय होने के पश्चात राधा और रुक्मिणी 'एक बाप की बेटी' की भाँति—एक माँ की नहीं—घुल-मिल जाती हैं। रुक्मिणी राधा की विधिपूर्वक 'पहुनाई' करती है। रुक्मिणी के समक्ष ही राधा-कृष्ण की भेंट में उनकी गति 'कीट-भृङ्ग' के समान हो जाती है।[३]

भक्ति-भावनापूर्ण, विनयशील रुक्मिणी के चरित्र-चित्रण से न केवल कृष्ण के चरित्र पर प्रकाश पड़ता है, वरन् राधा के प्रेम की महत्ता भी सूचित होती है।

स्त्रियों के विषय में कवि के विचार

नवम स्कंध में राजा पुरूरवा की कथा के अन्तर्गत शुकदेव परीक्षित से कहते हैं कि 'नारी और नागिन का एक ही स्वभाव होता है। नागिन के काटने से विष होता है, किन्तु नारी की चितवन से ही नर ''भोइ'' जाता है। नर नारी से प्रीति लगाता है, किन्तु नारी उसे मन में नहीं लाती। नारी के साथ जो प्रीति करता है, नारी उसे तुरन्त त्याग देती है।' इस विचार को पुरूरवा

---

१. सू० सा० (सभा), पद ४८१३।
२. वही, पद ४८८९।
३. वही, पद ४९०३-४९१०।

और उर्वशी की कथा द्वारा पुष्ट किया गया है।[१] भागवत के कथाप्रसंग में होने के कारण यद्यपि ये विचार स्वतंत्र रूप से कवि के विचार नहीं कहे जा सकते, पर इनके सत्य होने में उसे किसी प्रकार का संदेह है, ऐसा अनुमान करने के लिए कोई आधार नहीं है।

दशम स्कंध पूर्वार्ध में नारी के विषय में एकाध बार सामान्य विचार प्रकट करने के अवसर आए हैं और वहाँ भी नारी के स्वभाव के विषय में कवि की सम्मति कुछ ऊँची नहीं जान पड़ती। दानलीला में एक स्थान पर कृष्ण गोपियों के उपहासों के प्रत्युत्तर में कहते हैं कि बालक और नारी को कभी मुँह नहीं लगाना चाहिए। जो उसके मन में आता है वही कर डालती है और बहुत मूँड़ (सिर) चढ़ जाती है।'[२] मानलीला में कवि राधा की सखी के मुँह से कहलवाता है कि 'भामिनी और काली भुजंगिनी इन दोनों के विष से डरना चाहिए। इनसे अनुरक्त होने पर सुख नहीं मिलता। इन पर भूलकर भी विश्वास नहीं करना चाहिए। इनके वश में पड़ जाने पर बड़े यत्न के पश्चात् निस्तार हो सकता है। पर कामातुर कामी को कैसे समझाया जा सकता है? मैंने जिस किसी को प्रेम-छका देखा, उसमें चतुरता नहीं पाई।'[३] नारी-विषयक ये विचार नवम स्कंध में प्रकट किए हुए विचारों से पूर्ण साम्य रखते हैं।

कवि ने अन्य स्कंधों में तो भक्ति के साथ वैराग्य का अनिवार्य संबंध प्रदर्शित किया ही है, दशम स्कंध में भी उसने अपने उस विचार में कोई परिवर्तन किया नहीं जान पड़ता। सांसारिक विषयों से विरक्ति उत्पन्न करने के लिए कृष्ण में आसक्ति रखने के उपदेश देकर उसने केवल साधना का ही अंतर उपस्थित किया है। समस्त मध्यकालीन भक्तों ने एक स्वर से नारी को विषयासक्ति का एक प्रधान साधन और धर्माचरण की एक मुख्य बाधा घोषित किया है। सूरदास इस तत्कालीन विचारधारा के विपरीत नहीं जाते जान पड़ते। नारी में उन्होंने किन्हीं उच्च विचारों का सन्निवेश नहीं किया। यशोदा, राधा तथा अन्य गोपियों में वे समस्त गुण और अवगुण विद्यमान हैं जो सामान्य ग्रामीण नारियों में होते हैं। आतुरता, चंचलता, अधैर्य, सरल विश्वास, अज्ञान, हठ आदि उनके स्वभाव की ऐसी विशेषताएँ हैं जिनकी पुरुष वर्ग निन्दा करता आया है तथा शील, स्नेह, सरलता, अबोधता, दृढ़ता आदि साधु गुण भी उनमें विद्यमान हैं। कवि ने नारी की इन्हीं स्वाभाविक प्रवृत्तियों को सन्मार्ग पर चलाने का सहज उपाय बताकर वस्तुत: न केवल नारी जाति को अपना कलंक मिटाने का अवसर दिया वरन् पुरुषों के धार्मिक जीवन की एक प्रधान बाधा को भी हटाने का नवीन उपाय निकाला है। गोपियाँ अपने पतियों से विमुख होकर कृष्ण को पति रूप में पूजती हैं। लौकिक दृष्टि से उनका यह आचरण अनुचित है, परन्तु कवि ने धर्माचरण के समक्ष लौकिक आचार की चिन्ता नहीं की है। गोपियों की गुप्त प्रीति प्रदर्शित करके उसने कदाचित् यह प्रतिपादित किया है कि बाह्य लौकिक व्यवहारों में जहाँ तक हो सके, किसी प्रकार की ऐसी त्रुटि न आने पाए जिससे लोक-मत का विरोध सहना पड़े और उससे असहयोग करना पड़े, परन्तु आंतरिक भाव पूर्णरूप से कृष्णाभिमुख बना रहे; मानसिक प्रवृत्तियों में किंचिन्मात्र भी लौकिक आसक्ति न आने पाए। इस प्रकार कवि ने बाह्य आचरणों में लौकिकता के साथ कृष्णासक्तिमूलक मानसिक

१. सू० सा० (सभा), पद ४४६।
२. वही, पद २१३६।
३. वही, पद ३४४४।

वैराग्य का समर्थन किया है। इस विरक्ति की प्राप्ति के लिए उसने स्वाभाविक उपकरणों—इंद्रियों की प्रवृत्तियों—के उपयोग का दृष्टान्त उपस्थित किया है। स्त्रियों के लिए धर्माचरण का यही एक मार्ग है, कदाचित् काव्य में स्त्रियों की इतनी प्रधानता दिखाकर कवि ने यही प्रमाणित करने का यत्न किया है। इस सिद्धान्त में भी उसको श्रीमद्भागबत से प्रेरणा अवश्य मिली है, किन्तु उसे चरम परिणति पर पहुँचना सूरदास की मौलिकता है।

बाल-स्वभाव

स्त्रियों के बाद दशम स्कंध पूर्वार्द्ध में बालकों की प्रधानता है। कृष्ण के बाल-चरित में बाल-स्वभाव मानो मूर्तिमान होकर प्रकट हुआ है। कृष्ण के बाल-स्वभाव के प्रस्फुटन में उनके सहचर; गोप सखाओं का भी चरित्र-चित्रण हुआ है। इसमें व्यक्तिगत चरित्रों की अपेक्षा सामूहिक चरित्रों का चित्रण अधिक है। एक स्थान पर छाक खाने के समय कृष्ण के सखाओं में अर्जुन, भोज, सुबल, सुदामा और मधुमंगल का नामोल्लेख किया गया है।[१] एक दूसरे स्थान पर गोचारण के प्रसंग में रैता, पैता, मना, मनसुखा का उल्लेख हुआ है।[२] किन्तु इन सबका अलग-अलग चित्रण नहीं हुआ। केवल श्रीदामा का उल्लेख दो-एक स्थान पर क्रमिक घटनावली में किया गया है जो कृष्ण और बलराम के चरित्रों के सम्बन्ध में देखा जा चुका है।

बालकों का स्वभाव गोचारण के समय सबसे अधिक प्रकाशित हुआ है। गोप सखा श्याम से कहते हैं : "कान्ह आज गाय चराने चलो। आज कुमुद वन चलेंगे और वहाँ कदम्ब की शीतल छाया वाले कुंजों में षट्रस छाक खाएँगे। सब ग्वाल अपनी-अपनी गायें लाकर 'इकठौरी' करो। उन्होंने धौरी, धूमरि, राती, रौंछी, सबको बोल बुलाकर पहचाना और 'पियरी, मौरी, गौरी, गौनी, खैरी, कजरी, दुलही, फुलही, भौंरी, भूरी' जितनी गायें थीं, उन सबको हाँककर एक स्थान पर इकट्ठा किया।[३] गायों को लेकर सब वृन्दावन की ओर चले। नन्द-सुवन सब ग्वालों को हेर कर कहते हैं कि गायें लौटा लाओ। सब सखा अति आतुर होकर फिरे और जहाँ-तहाँ से दौड़ आए।"[४] वृन्दावन में गायें चराते हुए सखागण आनन्दपूर्वक खेलते हैं। कोई गाता है, कोई मुरली बजाता है, कोई विषाण बजाता है और कोई वेणु, कोई नाचता है और कोई 'उघट' कर ताल देता है। वन में ग्वालों के लिए 'छाक' आती है। कृष्ण गिरि पर चढ़ कर टेरते हैं; हे श्रीदामा भैया, गायें खरिक के निकट ले आओ। बड़ी देर से छाक आ गई है। सबेरे थोड़ी-सी "घैया" पी थी।[५] अर्जुन, भोज, सुबल, सुदामा, मधुमंगल आदि सब सखा जब इकट्ठे हो जाते हैं, तो शिला पर बैठकर तथा कृष्ण को बीच में बिठाकर भोजन करते हैं।[६] दोपहर के समय सब सखाओं को लेकर ग्वाल-मंडली में वट की छाँह में मोहन बैठे हैं। सब अपनी-अपनी कमरी का आसन बनाए हुए हैं। एक दूध, एक फल और

---

१. सू० सा० (सभा), पद १०८२।
२. वही, पद १०३०।
३. वही, पद १०६३।
४. वही, पद १०६४।
५. वही, पद १०८१।
६. वही, पद १०८२।

एक चबेना के लिए झगड़ा करता है। सब खाते जाते हैं और गाते हैं तथा कृष्ण सखाओं के हाथ से छीनकर खाते हैं।[१]

कालिय-दमन लीला के उपक्रम में सखाओं के साथ गेंद खेलने के वर्णन में बाल-स्वभाव का सुन्दर चित्रण मिलता है। श्याम ने सखाओं से गेंद खेलने का प्रस्ताव किया। 'श्रीदामा घर जाकर तुरन्त गेंद ले आए। कृष्ण ने गेंद हाथ में लेकर देखी और बड़े प्रसन्न हुए। वे सखाओं के साथ गेंद खेलने लगे।'[२] एक गेंद मारता है, एक रोकता है और एक नाना खेल करके भागता है। आपस में मार-पीट करते हुए सब आनंदित होते हैं। खेलते-खेलते श्याम सबको यमुना तट पर ले गए। जो जिसको मारकर भागता है, वह भी उसे मारकर अपना दाँव लेता है।[३] "श्याम ने सखा के लिए गेंद चलाई। श्रीदामा ने मुड़कर अपना अंग बचाया, जिससे गेंद कालियदह में जा गिरी। श्रीदामा ने दौड़कर श्याम की फेंट पकड़ ली और कहा कि मेरी गेंद लाओ; मुझे और सखा न समझना; मुझसे ढिठाई नहीं कर सकते। तुमने जान-बूझकर गेंद गिरा दी है, अब देकर ही बनेगा। सूर, सब सखा परस्पर हँसते और कहते हैं कि भला हुआ जो हरि ने गेंद खो दी।"[४] कृष्ण ने कहा : "श्रीदामा, मेरी फेंट छोड़ दो। तनिक बात के लिए तुम क्यों 'रार' बढ़ाते हो? उसके बदले में मेरी गेंद ले लो। मेरी बाँह पकड़ते हो? छोटा बड़ा कुछ नहीं समझते! आकर बराबरी करते हो! श्रीदामा ने उत्तर दिया, हम तुम्हारी बराबर के काहे को हैं! तुम बड़े नन्द के पूत हो न! सूर-श्याम, देकर ही बनेगा। बड़े धूत कहलाते हो।" कृष्ण ने कहा; "मैं तुझसे क्या धुताई (धूर्तता) करूँगा? जहाँ की थी, वहाँ नहीं देखी? क्या मैं तुझसे लड़ूँगा? तू मुँह संभालकर नहीं बोलता, बराबर बातें करता है? अभी अपना किया पा जाओगे। सिर से शरीर कँपाते हो!" श्रीदामा ने उत्तर दिया, श्याम सुनो, क्या हम ऐसे 'बिला गए' जो तुम्हारी भी बराबरी नहीं कर सकते? सूरज-प्रभु, हमसे तो 'सतर' होते हो, जाकर कमल क्यों नहीं देते?"[५] इसके उपरान्त कृष्ण ने बताया कि वे यहाँ कमलों के ही लिए आए हैं। कंस के डर का उन्होंने उपहास किया तथा अघ-वक आदि के पछाड़ने का स्मरण दिलाया।[६] क्रोध करके उन्होंने फेंट छुड़ा ली और सबके देखते-देखते कदम्ब पर चढ़ गए। सखागण ताली देकर हँसने लगे कि श्याम तुम्हारे डर से भाग गए हैं। श्रीदामा रोकर घर की ओर यशोदा से शिकायत करने चल दिए। श्याम ने 'सखा', 'सखा' कहकर पुकारा और कहा कि आकर अपनी गेंद क्यों नहीं लेते? इतना कहकर वे 'भहरा' कर कालियदह में कूद पड़े।[७] कृष्ण के कूदते ही सखा 'हाय, हाय' करके चिल्ला पड़े कि श्रीदामा ने गेंद के कारण ऐसा किया। नन्द के ढोटा को मार डाला।[८]

गोचारण में बालकों का 'हेरी' देकर एक दूसरे को बुलाना, ऊँचे टीले पर चढ़कर गायों को उनके भिन्न-भिन्न नामों से पुकारना, गायों के पीछे दौड़ना, घेर न पाने पर खीझना आदि

---

१. सू० सा० (सभा), पद १०८५।
२. वही, पद ११५०।
३. वही, पद ११५१।
४. वही, पद ११५३।
५. वही, पद ११५५।
६. वही, पद ११५६।
७. वही, पद ११५७।
८. वही, पद ११५८।

अनेक ऐसे स्वाभाविक चित्र कवि ने अंकित किये हैं जिनसे साधारण गोप बालकों के प्रकृत आचरण का यथातथ्य निदर्शन होता है।[१]

बालकों के इन वर्णनों में अवस्थानुकूल स्वभाव का चित्रण सबसे बड़ी विशेषता है। बालकों की मोदप्रियता, सरलता, अबोधता, चंचलता, सद्यः प्रभावशीलता तथा स्नेह, रोष, अधैर्य आदि भावों का क्षणस्थायित्व बाल सखाओं के व्यवहारों में सुन्दरतापूर्वक व्यक्त हुआ है।

काव्य के गोप बालक कृष्ण के बाल रूप के विस्तार के ही अंग हैं; स्वयं उनके स्वतन्त्र व्यक्तित्व का विकास काव्य में नहीं हुआ। अतः जहाँ दानलीला के सम्बन्ध में उनकी धृष्टताएँ उनके सामाजिक वातावरण की आचार-भ्रष्टता की सूचक हैं, वहाँ यह न भुला देना चाहिए कि उनके समस्त कार्यों की प्रेरणा कृष्ण के प्रति उनके अटूट स्नेह में है। गोपियों के हृदय मे कृष्ण उन्हीं की सहायता से मधुर रति का विकास करते हैं। जिस मुरली का सम्मोहन गोपियो को आनन्द-विभोर करके सुध-बुध भुला देता है, वह गोप सखाओं को भी अत्यन्त प्रिय है वस्तुतः मुरली के निर्दोष, निर्मल आनन्द का रसास्वाद गोप सखा ही ले सकते हैं, क्योंकि मुरली की मधुर स्वरलहरी भावों की ऊहापोह से रहित केवल विशुद्ध आनन्द के लिए उन्ही ने सुनी हैं। इसीलिए तो सुबल, श्रीदामा तथा अन्य सखा विनती करते हैं कि "छबीले, तनिक मुरली बजा दो! अपने अधर का सुधा-रस पिला दो। मनुष्य-जन्म दुर्लभ है; वृन्दावन और भ दुर्लभ है और उससे भी अधिक दुर्लभ है प्रेम तरंग। न जानें, श्याम, तुम्हारा संग फिर कब होगा। सब ग्वालों ने अपनी-अपनी कमरिया कंधे से उतारकर बिछा ली और नन्द बाबा क सौंह देकर सबने कृष्ण के पैर पकड़ लिए। मुरलीधर ने दीन गिरा सुनकर, मुसकाकर देख और गुण-गम्भीर गोपाल ने हाथ में मुरली उठा ली।"[२]

पुरुष-स्वभाव

यद्यपि यह कहा जा सकता है कि सूरसागर का दशम स्कंध नारी एवं बाल प्रधान काव्य है; फिर भी कृष्ण के बाल और किशोर जीवन से सम्बन्ध रखने वाले कुछ पुरुषों का भ उल्लेख हुआ है। परन्तु पुरुषों के स्वभाव में भी स्नेह और सरलता की प्रधानता है पौरुषसूचक दृढ़ता, धैर्य, शौर्य आदि गुणों का विकास काव्य की सामान्य प्रकृति के अनुकूल न होने के कारण नहीं के बराबर हुआ है।

व्रज के वयस्क पुरुषों के प्रतिनिधि नन्द हैं। जिस प्रकार वे सामाजिक स्थिति में व्रजवास गोपों का प्रतिनिधित्व करते हैं, उसी प्रकार कृष्ण के प्रति स्नेह भाव में भी वे उनके प्रतिनि जान पड़ते हैं। कृष्ण-जन्म के हर्षोत्सव के समय सामान्य व्रजवासियों के इन भावों का किंचि आभास मिलता है। ढाढ़ी का भाव भी नन्द के स्नेह भाव के ही अनुरूप है। कंस द्वारा कमल की माँग के अवसर पर नन्द गोपों को बुलाकर गोष्ठी करते हैं और इस नए संकट से उबरने क उपाय ढूँढ़ते हैं। गोप-गोपों का कृष्ण-बलराम के लिए नन्द की चिन्ता में सम्मिलित हो कृष्ण के प्रति स्नेह भाव का व्यंजक है।[३] व्रज के गोप नन्द की ही तरह सरल और निश्छ

---

१. सू० सा० (सभा), पद १२२८-१२३१।

२. वही, पद ४१८३।

३. वही, पद ६४३।

स्वभाव के हैं। जो गोप कमल पुष्प लेकर कंस के दरबार में जाते हैं, वे उसे बिना किसी कपट के समस्त कथा सुना देते हैं और कंस के दिए हुए 'सिरपाव' और 'पहरावनी' को स्वीकार करके श्याम-बलराम को बुलाने के विषय में कपट की आशंका नहीं करते।[१]

व्रजवासियों की सरलता गोवर्द्धन-पूजा के प्रसंग में बड़े सुन्दर ढंग से प्रदर्शित हुई है। इन्द्र-पूजा का अवसर जानकर 'नन्द महर ने उपनन्दों को बुलाया और आदर करके सबको बिठाया। महरों ने परस्पर मिलकर शीश नवाए। सब लोग मन ही मन सोच करने लगे कि कदाचित् कंस नृपति ने फिर कुछ माँग की है। राज-अंश का धन जो कुछ उन्हें देना था, वह तो हम बिना माँगे ही दे आए हैं। किन्तु नन्द ने गोपों को बताया कि सुरपति की पूजा के दिन आ गए हैं।' यह जानकर सब गोप हँसने लगे और कहा, 'सब लोगों को बुलाने के कारण हम तो डर गए थे!'' परन्तु जब गोपों ने सुना कि कृष्ण इन्द्र की पूजा मेटकर गोवर्धन को पुजवाना चाहते हैं, तो उन लोगों में तरह-तरह के विचार फैल गए।[२] जब इन्द्र का कोप भीषण जल-वर्षण के रूप में प्रकट होता है, तो व्रजवासियों में एक बार फिर खलबली मच जाती है। "प्रबल मेघ-दल को देखकर वे डरते हैं। आकाश में नए-नए बादल-दल देखकर ग्वाल-गोपाल चकित होते और सोचते हैं कि न जाने क्या होना चाहता है? विकल हुए वे भवनों के आँगनों में डोलते हैं।"[३] व्रजवासी इतने घबरा जाते हैं कि एक बार वे इन्द्र की पूजा मेटने के अपने निश्चय पर पश्चात्ताप करने लगते हैं। वे नन्द-यशोदा से कहते हैं कि श्याम ने ही यह सब किया। सुरपति हमारे कुल-देवता हैं, उनको सबने मिलकर मेट दिया। इन्द्र को मेटकर गोवर्धन की स्थापना की, पर उनकी पूजा से क्या लाभ मिल सकता है? वे पश्चात्ताप भी करते हैं, और गोकुलनायक से रक्षा की प्रार्थना भी करते हैं।[४] जब कृष्ण उनकी रक्षा कर लेते हैं, तब वे पुनः नन्दनन्दन की भक्तिपूर्ण प्रशंसा में विभोर हो जाते हैं।[५] व्रजवासियों का कृष्ण के प्रति कैसा उत्कट अनुराग है, इसका प्रमाण कृष्ण के वियोग के समय मिलता है। सरलता और स्नेहशीलता व्रज के समस्त नर-नारियों के चरित्र की प्रधान विशेषता है।

वसुदेव

व्रजवासियों के अतिरिक्त वसुदेव, अक्रूर, उद्धव और सुदामा के चरित्रों में किंचित् व्यक्तिगत विशेषताओं का प्रस्फुटन दिखाई देता है। वसुदेव कृष्ण के पिता हैं। कृष्ण का जन्म ऐसे संकट काल में होता है, जब वसुदेव को उनकी रक्षा के अतिरिक्त और कुछ भी सोचने और करने का अवसर नहीं मिलता, किन्तु उनकी चिन्ता, सोच और कार्यशीलता उनके पुत्र-स्नेह की सूचक है, जो उनके कृष्ण के अलौकिक व्यक्तित्व के ज्ञान के होते हुए भी स्वाभाविक रूप में व्यक्त हुआ है।[६] मथुरा में पुनर्मिलन के पहले ही वसुदेव को स्वप्न में उसका आभास मिल जाता है और वे अपनी दुखी पत्नी को इस शुभ अवसर की आशा में प्रसन्न होने के लिए

---

१. सू० सा० (सभा), पद १२०५-१२०६।
२. वही, पद १४३३-१४३८।
३. वही, पद १४७३।
४. वही, पद १४८०-१४८१।
५. वही, पद १५७२-१५८१।
६. वही, पद ६२२-६३०।

कहते हैं। परन्तु देवकी की भाँति वसुदेव के व्यवहार में भी स्वाभाविक सरल वात्सल्य के स्थान पर भक्ति भाव ही अधिक है।[१]

अक्रूर

अक्रूर कृष्ण के ऐसे भक्त हैं जिन्हें अपने स्वामी कंस की आज्ञा से विवश होकर कठोर कार्य करना पड़ता है। मुष्टिक और चाणूर से 'अति बालक बलराम कन्हाई' की रक्षा के लिए अपनी व्याकुलता को हृदय में दबाए वे मथुरा से गोकुल की ओर रथ हाँकते जाते हैं, परन्तु 'अविनाशी' का ध्यान करके और मार्ग में शुभ-शकुन देखकर उनके हृदय में हर्ष होता है, क्योंकि उन्हें गोपाल से मिलने की आशा है। कृष्ण के चरणों में पड़ने और अनेक प्रकार से अपनी भक्ति-भावना को प्रकट करने की भाँति-भाँति की कल्पनाएँ करते हुए वे अपने भाग्य को सराहते हैं और कंस को मन ही मन धन्यवाद देते हैं जिसने उन्हें यह अवसर प्रदान किया। कृष्ण का दर्शन करके वे भावविभोर होकर रथ से उतर पड़ते हैं और उनके चरणों पर गिर पड़ते हैं। 'भक्त-वत्सल' प्रभु उन्हें उसी भाव से हृदय से लगा लेते हैं। अक्रूर कृष्ण-बलराम को गोद में उठाकर रथ पर बिठा लेते हैं।[२]

परन्तु जब कृष्ण-बलराम को रथ में बिठाकर वे मथुरा की ओर चलते हैं, तो फिर उनका हृदय दुःख और सोच से भर जाता है। वे सोचते हैं कि 'मैं इनकी जननी को दुखी करके, घोष-नारियों को व्याकुल छोड़कर नवनीत का भोजन करने वाले अत्यन्त कोमल बालकों को कुबलया, मुष्टिक, चाणूर जैसे भयंकर दनुजों के पास लिए जाता हूँ। मेरे इस कार्य को धिक्कार है। मैं उसी समय क्यों न मर गया।' परन्तु अंतर्यामी ने अक्रूर को चमत्कार दिखाकर अपनी अलौकिक शक्ति का आभास दे दिया और अक्रूर के हृदय से सोच का निवारण करके उन्हें पुनः हर्षित कर दिया।[३] कंसादि असुरों के संहार के बाद कृष्ण अक्रूर के घर जाकर उनके सत्कार को स्वीकार करके उन्हें कृतार्थ करते हैं।[४]

उद्धव

उद्धव अक्रूर की अपेक्षा कृष्ण के अधिक निकट हैं। मथुरा में वे ही उनके घनिष्ठ सहचर हैं, परन्तु भावना की दृष्टि से कृष्ण और उद्धव में बहुत अन्तर है। उद्धव योग और ज्ञान मार्ग के समर्थक तथा निर्गुण ब्रह्म के उपासक हैं। उन्हें कृष्ण की व्रज की प्रेम-चर्चा में कोई रुचि नहीं है और वे भक्ति-मार्ग द्वारा प्रतिपादित सगुणोपासना का खंडन करने के लिए सदैव कटिबद्ध रहते हैं। इसीलिए कृष्ण उन्हें 'भुरंग' सखा और 'निपट जोगी जंग' समझते हैं। परन्तु वे कदाचित् परिस्थिति और शिक्षा-दीक्षा के ही कारण तार्किक और हठधर्मी निर्गुणोपासक हैं; वस्तुतः उनका हृदय न तो इतना नीरस है और न कठोर। सहृदयता और सरलता उनके स्वभाव में भी है, जो व्रज के अनुकूल वातावरण में गोपियों के प्रेम के उच्च आदर्श के सम्पर्क से जागरित हो जाती है। व्रज से लौटते समय उनका स्वरूप एकदम बदल जाता है और वे मथुरा आकर स्वयं कृष्ण को व्रजवासियों की ओर से प्रेम-संदेश देकर उनकी

---

१. सू० सा० (सभा), पद ३७०७-३७०९।
२. वही, पद ३५५८-३५७४।
३. वही, पद ३६३०-३६३५।
४. वही, पद ४७७८।

उदासीनता की आलोचना करते हैं। उद्धव के इस पूर्ण परिवर्तन से जहाँ गोपियों के प्रेम की महत्ता प्रमाणित होती है, वहाँ उद्धव के स्वभाव की प्रच्छन्न कोमलता की भी व्यंजना होती है।

सुदामा

कृष्ण के सखाओं में सुदामा का नाम बहुत प्रसिद्ध है। कवि ने कृष्ण के बाल सखाओं में भी सुदामा का उल्लेख किया है। किन्तु वे सुदामा सांदीपनि-ऋषि के शिष्य और कृष्ण के सहपाठी सुदामा से भिन्न हैं। सुदामा का चरित्र-वर्णन द्वारकावासी महाराज कृष्ण के मित्र-प्रेम, उदारता और भक्त-वत्सलता को प्रमाणित करने के लिए हुआ है; उससे स्वयं सुदामा के चरित्र की केवल सरलता, सहृदयता और उनकी परिस्थिति की दरिद्रता पर प्रकाश पड़ता है।[१]

कंस

कृष्ण-लीला में कंस का एक विशेष स्थान है। यद्यपि सूरदास ने कृष्ण के चरित्र की उन विशेषताओं पर सबसे कम ध्यान दिया है जो दुष्टों के संहार सम्बन्धी घटनाओं के विषय में हैं, फिर भी कृष्ण-लीला की रूपरेखा में ये घटनाएँ अक्षुण्ण रूप से विद्यमान रहती हैं और कंस का व्यक्तित्व भी उस रूप-रेखा के सूत्र में आरम्भ से ही सम्मुख आ जाता है। कृष्ण-जन्म के समय कवि कंस का जो परिचय देता है उससे विदित होता है कि कंस आत्म-रक्षा के लिए कोई भी कृत्य करने में संकोच नहीं कर सकता। वसुदेव के साथ देवकी का विवाह करते समय वह उन्हें 'हय-गय-रतन-हेम-पाटम्बर' दहेज में देता है, परन्तु निज-वध-सूचक 'अनहत बानी' की 'झनकार' सुनते ही वह देवकी को मारने के लिए तत्पर हो जाता है और वसुदेव को दूसरे विवाह का आश्वासन देने लगता है। परन्तु देवताओं की प्रार्थना पर वह उस समय देवकी को छोड़ देता है। अतः कंस के स्वभाव की क्रूरता आत्म-रक्षा की सामान्य मनोवृत्ति पर आधारित है; यों, कृष्ण-लीला के अन्य पात्रों की भाँति वह भी सरल-मति है। देवकी के प्रथम पुत्र को देखकर उसे भविष्य-वाणी का स्मरण नहीं रहता और वह प्रसन्न होकर सब अपराध क्षमा कर देता है। परन्तु नारद जब उसके इस कार्य की आलोचना करके उसे भयभीत कर देते हैं, तब वह देवकी के प्रथम पुत्र को मार डालता है। तत्पश्चात् वह एक के बाद एक, देवकी के पुत्रों को मारता ही जाता है और देवकी तथा वसुदेव की भावनाओं की तनिक भी चिन्ता नहीं करता! कंस-काल के रूप में जब कृष्ण देवकी के गर्भ में आते हैं, उस समय से कंस का भय, आशंका और चिन्ता अत्यधिक बढ़ जाती है और वह प्राण-रक्षा के लिए इतना व्याकुल हो जाता है कि योगमाया की वाणी सुनकर स्वयं देवकी के चरणों पर नत-मस्तक होकर अपपने अपराधों की क्षमा-याचना करता है। भय और चिन्ता के कारण उसे रात-रात भर नींद नहीं आती।[२] "कंसराय के मन में सोच है कि क्या करूँ, किस को व्रज भेजूँ? विधाता ने यह क्या किया? बारम्बार वह मन में यही विचार करता है; उसकी नींद और भूख भी 'बिसर' गई है।"[३] इसी अवस्था में वह पूतना, श्रीधर बाँभन, काग, शकट आदि असुरों को भेजता है और जब ये सब विफल होकर लौटते हैं, तो उसका मन भय से व्याकुल

---

१. सू० सा० (सभा), पद ४८४२-४८६३।

२. वही, पद ६२२।

३. वही, पद ६६६।

हो जाता है।[१] पुन: कंस की सरलता, जो उसकी स्थिति में मूढ़ता कही जा सकती है कमल पुष्प के प्रसंग से व्यंजित होती है। स्वयं किसी प्रकार भय और चिन्ता से मुक्त होने का उपाय न पाकर वह नारद से पूछता है और जब नारद कृष्ण-बलराम के मारने का नवीन उपाय बता देते हैं, तब वह अत्यन्त 'मुदित' होकर कालियदह के कमलों को भेजने का आदेश-पत्र नंद के यहाँ भेज देता है।[२] कंस का व्रज में इतना अधिक आतंक है कि उसका संदेश आते ही सब नर-नारी घबरा जाते हैं। कंस के क्रूरतापूर्ण और शक्तिशाली व्यक्तित्व का आतंक इन्द्र की वार्षिक पूजा के आयोजन के समय कवि ने सुन्दरतापूर्वक व्यंजित किया है। नंद अन्य महरों को इस विषय में परामर्श के लिए बुलाते हैं, परन्तु सब इस आशंका से डर जाते हैं कि कहीं कंस नृपति ने फिर न कुछ मँगा भेजा हो।[३] व्रजवासी कंस की प्रजा हैं और नन्द को उस प्रजा के प्रमुख के नाते कंस का राजांश भेजना[४] तथा उसकी अन्य माँगों को पूरा करना पड़ता है। कमल लेकर जो दूत जाते हैं उन्हें कंस 'पहिरावने' देता तथा नन्द के लिए 'सिरपाव' भेजता है।[५] कंस की प्रभुता और आतंक का प्रभाव व्रज में इतना है कि गोपियाँ तक कृष्ण के सामने उसकी दुहाई देती हैं और समझती हैं कि तीनों लोकों में कंस का ही अधिकार है।[६]

परन्तु कवि ने कंस को महिमाशाली राजा के रूप में कभी उपस्थित नहीं किया; वरन् उसके चित्रण में उसने सर्वत्र भय और चिन्ता की ही प्रधानता रखी है। प्राण-रक्षा के लिए उसे सदैव सोच-विचार में पड़े रहना पड़ता है। अन्य उपायों से विफल होकर अंत में अक्रूर कृष्ण-बलराम को मथुरा लाने के लिए भेजे जाते हैं।[७] परन्तु कंस अपने इस प्रयत्न के विषय में भी आश्वस्त नहीं होता। स्वप्न तक में वह भयभीत और भ्रमित बना रहता है।[८] कवि ने भय और ध्यान के द्वारा ही कृष्ण के ध्यान में कंस की तल्लीनता का चित्रण किया है और इसी तल्लीनता के फलस्वरूप कृष्ण के द्वारा वध हो जाने पर वह निर्वाण पद प्राप्त करता है।[९]

पूतना, कागासुर, शकटासुर, तृणावर्त, वत्सासुर, वकासुर, अघासुर, धेनुकासुर, प्रलंबासुर, केशी, भौमासुर आदि कंस के द्वारा कृष्ण को मारने के लिए भेजे जाते हैं। इनकी भी वही गति होती है जो अंत में कंस की हुई। इनमें कोई व्यक्तिगत लक्षण नहीं हैं, अत: इन्हें कंस के ही व्यक्तित्व के अंग समझना चाहिए। कुबलया हस्ती और मुष्टिक, चाणूर आदि मल्ल भी इसी प्रकार कंस के प्रयोजन को सिद्ध करने वाले उसी के व्यक्तित्व के अंग हैं। जरासंध, कालयवन, शिशुपाल आदि वैर भाव से भजकर तरने वाले अन्य भक्तों का कवि ने उल्लेख मात्र किया है। सुदामा, माली, उग्रसेन आदि सामान्य भक्तों के चरित्रों का भी चित्रण नहीं किया गया है।

---

१. सू० सा० (सभा), पद ६६९-६८०।
२. वही, पद ११३९-११४२।
३. वही, पद ११४५-११४८।
४. वही, पद १४३३।
५. वही, पद १२०४-१२०५।
६. वही, पद २१२९-२१३०।
७. वही, पद ३५४५-३५५०।
८. वही, पद ३५५१-३५५७।
९. वही, पद ३६९६-३७०१।

१०
भावानुभूति और भाव-चित्रण

सूरदास के भाव-जगत् का सामान्य परिचय उनकी भक्ति-भावना के विवेचन में मिल चुका है। वस्तुतः उनकी सम्पूर्ण मानसिक प्रक्रिया का आधार उनकी भक्ति-भावना ही है, जिसकी प्रकृति में ही भाव-प्रवण हृदय को संगीत और काव्य के रूप में अभिव्यक्त करने की स्वाभाविक शक्ति निहित थी। अतः संसार की क्षुद्रता और क्षण-भंगुरता के कारण समस्त सांसारिक बंधनों से विरक्त इस कवि को भक्ति का वरदान पाकर जब अपने मानस के दबे हुए अक्षय स्रोत को खोलने का अवसर मिला तो उसकी वाणी सहज़ ही काव्य रूप हो गई। गत अध्याय में देखा जा चुका है कि कृष्ण-लीला के विभिन्न पात्रों को सूरदास ने कैसी आत्मीयता के साथ विविध रूप भक्ति-भावना से भरा है। पात्रों की विविधता में व्याप्त अविच्छिन्न एकता का सूत्र वस्तुतः भक्त कवि की व्यक्तिगत भावना ही है। जहाँ राधा, यशोदा, नन्द आदि प्रधान पात्रों में स्वयं सूरदास का व्यक्तित्व घुला-मिला दिखाई देता है, वहाँ अत्यन्त नगण्य, यहाँ तक कि विरोधी भाव वाले पात्रों को जब हम आत्म-निवेदन करते सुनते हैं तब उसमें भी स्वयं सूरदास का स्वर सुनाई देता है। जो कवि इतने विविध रूपों में अपने व्यक्तित्व को प्रकाशित कर सका, उसका भाव-जगत् कितना सम्पन्न और क्रियाशील होगा! प्रस्तुत अध्याय में सूरदास के मानस की विविध प्रवृत्तियों और विभिन्न भावों के संयोग में उनके प्रसार तथा प्रधान भावधाराओं और उनके अंतर्गत विविध मनोवृत्तियों की अभिव्यक्ति के अध्ययन का प्रयत्न किया गया है।

सूरदास की भक्ति-भावना के मूल में संसार से वैराग्य का भाव काव्य के 'निर्वेद' नाम से अभिहित किया जा सकता है। निर्वेद शांत रस का स्थायी भाव माना गया है। इस भाव का प्रबलतम प्रकाशन यद्यपि केवल 'विनय' के पदों में हुआ, परन्तु उसका सूत्र अविच्छिन्न रूप में समस्त काव्य में निरन्तर विद्यमान रहता है। व्रज को लौकिक रूप में कल्पित, किन्तु वस्तुतः अलौकिक सृष्टि के जीवों को केवल कृष्ण के नाते लौकिक रागद्वेष से उद्वेलित दिखाया गया; कृष्ण से इतर किसी प्रकार के लौकिक सम्बन्धों को कवि ने कभी सहन नहीं किया, उनके प्रति मनोविकारों के प्रकाशन की बात तो बहुत दूर है। प्राकृत जन और उनके सांसारिक भाव सूरदास के काव्य से बाह्य हैं। अतः संसार की क्षण-भंगुरता से उत्पन्न 'निर्वेद' का भाव सूरदास के मानस का सबसे गहरा और आधार रूप भाव है। भगवान् के करुणामय स्वभाव का आश्वासन पाकर सूरदास की वैराग्य भावना जिस भगवद्-रति के रूप में व्यक्त हुई, वह श्रीकृष्ण के विविध भावमय व्यक्तित्व के नाते अनेक रूप धारण कर लेती है। भक्ति-रति के विविध रूप जिनका विवेचन पीछे किया गया है काव्य के 'रति' के ही अन्तर्गत आ सकते हैं, यद्यपि भक्ति-काव्य के विवेचकों ने उनके पृथक्-पृथक् स्थायी भाव नियत करके उनको पूर्ण रस कोटि तक पहुँचा हुआ दिखाया है। जहाँ तक सूरदास का सम्बन्ध है उनके काव्य में

दास्य, सख्य, वात्सल्य केवल भाव मात्र नहीं, अपितु विभाव, अनुभाव और संचारियों से पुष्ट स्थायी भाव होकर रस दशा का अनुभव कराने में सक्षम हैं। माधुर्य भाव की रति की विस्तृति और गंभीरता सूरदास की भाव-प्रवणता और काव्य-कुशलता का सबसे बड़ा प्रमाण है। 'सूरसागर' में काव्य का शृंगार रस अप्रतिम है। शृंगार के उपयुक्त जितनी विविध परिस्थितियों की कल्पना तथा उन परिस्थितियों के संघात से उत्पन्न जितने भावों का चित्रण सूरदास ने किया है, उतना किसी अन्य कवि में मिलना कठिन है। सूरदास के काव्य में शृंगार रस अपनी अलौकिक पृष्ठभूमि के साथ सर्वांगपूर्ण कहा जा सकता है। साथ ही सख्य और वात्सल्य को विविध संचारियों से परिपुष्ट करके पूर्ण रस कोटि तक पहुँचाना काव्य-जगत को सूरदास की अनुपम भेंट है।

आगामी पृष्ठों में निर्वेद एवं दास्य, वात्सल्य, सख्य और शृंगार के अन्तर्गत कवि की भावानुभूति और भाव-विस्तार की समीक्षा उपस्थित की गई है।

निर्वेद एवं दास्य

सूरदास के मानस की प्रारम्भिक अनुभूति जो उनके भाव-विकास की आधारशिला कही जा सकती है उनका विरक्त भाव है। सामान्य रूप से सांसारिक जीवन की व्यर्थता और उद्देश्यहीनता का अनुभव उन्हें आरम्भ से ही हो गया था जिसके फलस्वरूप उनके हृदय में भक्ति का उदय हुआ। भाव की सरलतम स्थिति में एक ओर उनका मन इन्द्रियों को उनके स्वाभाविक व्यापारों से विरत करके विकार रहित होने का सतत प्रयत्न करता है और संसार के नाना रूप और व्यापारों की विगर्हणा करता है तथा दूसरी ओर भगवान् की कृपा और करुणा का स्मरण करके उन्हीं में लीन हो जाना चाहता है। भगवान् की भक्तवत्सलता की अनेक साक्षियाँ उनके सामने हैं—अजामिल, गज, गणिका, गीध, प्रह्लाद आदि। परन्तु उन्हें अपनी करनी पर विश्वास नहीं होता, क्योंकि उनका आदर्श बहुत ऊँचा है। सूरदास के सरल भक्त हृदय में यही आशा और निराशा, विश्वास और संशय, संतोष और व्याकुलता के द्वन्द्व का परिचय मिलता है। परन्तु इस द्वन्द्व में जटिलता और गहनता नहीं है। इस सरल भाव-द्वन्द्व से कवि को केवल इस विश्वास से किंचित् शान्ति मिलती है कि उसके हरि पतितपावन हैं। संसार के प्रति वैराग्य भाव दृढ़ करते हुए कवि ने जिन भावों को व्यक्त किया है उनमें प्रधान भाव दीनता है।

दैन्य

आत्म-ग्लानि से अभिभूत होकर जब कवि कहता है कि 'जन्म साहिबी करते बीत गया। काया नगर में बड़ी गुञ्जायश थी, पर कुछ बढ़ा न सका। हरि का नाम खोटे दास की भाँति झक-झक करके डाल दिया',[१] तब उसका मन अत्यन्त दीन हो जाता है और वह केवल भगवान् की शरण में शांति की आशा करता है। अत्यन्त अधीरता और विपन्नता का अनुभव करके वह पुकारता है; 'भगवान् अबकी बार रक्षा कर लो। मैं अनाथ द्रुम की डाल पर बैठा हूँ और पारधि बाण तान रहा है। मैं उसके डर से भागना चाहता हूँ, पर ऊपर सचान बैठा है। दोनों भाँति दुःख है। प्राणों को कौन उबारे?'[२] पतितपावन हरि की कृपालुता उसके दैन्य को

१. सू० सा० (सभा), पद ६४।
२. वही, पद ९७।

चमत्कृत कर देती है। हरि की करुणा की असीमता और अपने आदर्श रूप में कल्पित असंख्य पापों की तीव्र अनुभूति ने कवि को अपने हृदय को चूर-चूर करके भगवान् के चरणों में अर्पित करने का अवसर दिया है। वस्तुतः विनय के पदों में व्यक्त सूरदास की दीनता उनके स्वभाव का अन्यतम लक्षण है जिसे उन्होंने अनेक पौराणिक एवं स्वकल्पित आख्यानों के संदर्भों में विविध सहयोगी भावों के साथ चित्रित किया है। कृपालुता के अतिरिक्त अपने भगवान् के अन्य अनेक गुणों से आत्मीयतापूर्ण परिचय हो जाने के बाद सूरदास का भावलोक भले ही जगमगा उठा और उनकी दीनता ऊपर से बहुत कम दिखाई दी; पर वस्तुतः वह भावों के अन्तराल में निरन्तर विद्यमान रहती है और तनिक से आघात से दबे हुए स्रोत की भाँति उच्छल गति से फूट पड़ती है।

भक्त-हृदय सूरदास की दीनता में आरम्भ से ही मलिनता का कोई चिह्न नहीं दिखाई देता। गंभीरतापूर्वक भगवान् को उनके विरुद का स्मरण कराते और उस नाते अपने पापों की भारी गठरी की ओर संकेत करते हुए भी वे आत्मीयतासूचक बातें कहने लगते हैं, जो दीनता से भिन्न भावों की द्योतक हैं।

धृष्टता, विनोद, ओज

भगवान् की भक्तवत्सलता पर विश्वास करके ही कवि का दैन्य भाव हलकी-सी धृष्टता में परिणत हो जाता है वह अपने पतित, भ्रष्ट जीवन के लिए ग्लानि का प्रकाशन न करके उस पर गर्व प्रदर्शित करने लगता है, क्योंकि वह उद्धार प्राप्त करने में बाधा के स्थान पर उसका साधन बन जाता है। हृदय में दीन-विनीत भाव लेकर वह ऊपर से गौरव प्रदर्शित करते हुए कहता है : ''प्रभु, मुझे तुमसे होड़ पड़ी है। नागर, नवल हरी, न जाने तुम अब क्या करोगे! जग में जितनी अधमताएँ थीं वे सब मैं कर चुका हूँ और तुमने अधम-समूह को उधारने के लिए 'जक' पकड़ ली है। मैं राजीव-नयनों से छिपकर पाप पहाड़ की दरी में रहता हूँ। वह गूढ़-गम्भीर हैं कि मुझे तारने के लिए ढूँढ़ना भी कठिन है।''[१] धीरे-धीरे उसकी वाणी में अधिकाधिक दृढ़ता और ओज आता जाता है और वह अपने को पतितों में विख्यात पतित कहकर अपने उद्धार की चुनौती देता और कहता है कि 'क्षुद्र पतितों को तार कर जी में गर्व न करो। यदि सूर पतित के लिए ठौर नहीं है तो इतने भारी विरुद का वहन क्यों करते हो?' हरि के पतितपावन नाम का उपहास करते हुए वह पूछता है कि 'तुम्हारा यह नाम किसने रख दिया? भले ही तुमने सुदामा को तंदुल की भेंट के फलस्वरूप चार पदार्थ दे दिए हो, अंबर का दान करके द्रौपदी की पति रखी हो, विद्या-पाठ के बदले संदीपनि के मृत पुत्रों को जीवित कर दिया हो; पर सूर की बेर तो तुम निठुर होकर ही बैठ रहे। वह दीन, दुखित, दुर्बल द्वार पर पड़ा रटता है, उसका तो कुछ भी लाभ न किया?'[२]

इस व्यंग्य-विनोद में कवि पतितपावन के विरुद को छीनने के लिए तैयार हो जाता और अपने पाप-कर्मों के बल पर स्वावलम्बन के साथ कहता है कि 'आज मैं एक-न-एक करके टलूँगा; या तो तुम रहोगे या मैं ही मैं अपने भरोसे ही लड़ूँगा और तभी उठूँगा जब तुम स्वयं हँसकर बीड़ा दोगे।'[३] और अधिक खरे व्यंग्य के साथ वह कहता है कि 'तुम बड़े दानी

---

१. सू० सा० (सभा), पद १०३।

२. वही, पद १३१, १३३।

३. वही, पद १३४।

कहाते हो! इसीलिए न कि तुमने सुदामा को चार पदार्थ दे दिए और गुरु के पुत्र ला दिये? पर सूरदास से क्या निहोरा है जिसके नयनों की भी हानि कर दी?"[१] वह साफ-साफ पूछता है; "मुझसे संकोच तजकर कह दो, शर्माते क्यों हो? और किसी को बता दो, तो उसी का हो कर रहूँ। या तो तुम्हीं पावन-प्रभु नहीं हो या मुझी में कुछ 'झोल' है। यदि ऐसा है तो एक वचन बोल दो, मैं अपनी ओर से सुधार लूँगा। तीनों पन तो मैंने पूरे इसी स्वांग को काछकर निबाह दिए! अब सूरदास को यही बड़ा दु:ख है कि वह सबके पीछे रह गया।"[२]

कवि की इन ब्याजोक्तियों में उसकी दीनता अंतर्निहित है। दैन्य को प्रदर्शित करने का यह ढंग उसके स्वभाव की विनोदप्रियता का परिचायक है। इससे यह भी परिलक्षित होता है कि कवि अपने इष्टदेव के साथ अधिक निकटता का संबंध स्थापित करना चाहता है, उसे दीनता की वह स्थिति संतोषप्रद नहीं जान पड़ती जिसमें किंकर का अपने लिए कुछ माँगना ही नहीं, अपनी हीनावस्था की ओर संकेत करना भी धृष्टता है और स्वामी की विरुदावली का करुण गद्गद स्वर में बखान करना ही भक्ति के प्रकाशन का एक मात्र विहित साधन है। परन्तु सूरदास की करुणा अत्यन्त करुण होकर व्यंग्यवाणी के रूप में खिल पड़ती है। वे मौन रहकर अपने पापों के लिए कुढ़ना नहीं जानते। एक बार जब उन्हें शरण में स्थान मिल गया, तो उनसे चुप नहीं रहा जाता। अपनी मुखरता के लिए भी वे प्रभु को ही उत्तरदायी समझते हैं, क्योंकि उन्होंने 'मोल' लेकर यम के फंद काट कर उन्हें अभय और आजाद कर दिया है।[३] उनकी इस स्वतंत्रता के कारण दैन्य भाव के प्रकाशन में भी भावना का विस्तार और चमत्कार आ गया है।

भक्ति के हीनतापूर्ण सरलभाव के अन्तर्गत 'ओज' का प्रकाशन भीष्म के द्वारा भी कवि ने कराया है। भीष्म कहते हैं : "आज यदि मैं हरि को शस्त्र न गहा दूँ, तो गंगा जननी को लजाऊँगा और शांतनु-सुत कहाना छोड़ दूँगा। स्यंदन का खण्डन करके, महारथी को खंडित कर दूँगा और उसे कपि-ध्वज सहित गिरा दूँगा। पांडव-दल के सम्मुख होकर धाऊँगा और रुधिर की सरिता बहा दूँगा। यदि इतना न कर सकूँ, तो हरि की शपथ लेकर कहता हूँ कि मुझे क्षत्रिय-गति न मिले। सूरदास, रणभूमि में विजय के बिना जीवित रहते पीठ नहीं दिखाऊँगा।"[४] यह ओज स्वतंत्र रूप से स्थायी भाव की कोटि में नहीं आ सकता, क्योंकि हरि की शपथ लेने में वैरी के प्रति आदर-सम्मान का भाव प्रदर्शित किया गया है और आगे हरि के प्रतिज्ञा तोड़ देने पर स्वयं भीष्म ने कृष्ण का जयजयकर करके कहा है कि 'तुम्हारे बिना ऐसा दूसरा कौन है, जो मेरा प्रण रखे?'[५] नवम स्कंध तक कवि के मानस में भक्ति के सरल दीनतापूर्ण भाव में केवल इतनी ही स्वतंत्रता और मुखरता आ सकी, क्योंकि अभी तक उसे किसी ऐसे दृढ़ आधार प्रतीति नहीं हो सकी जिसके सहारे वह अपने भावनासंकुल मानस का उद्‌घाटन करके अपनी विनोदशील मनोवृत्ति का विकास कर सके।

---

१. सू० सा० (सभा), पद १३५।
२. वही, पद १३६।
३. वही, पद १७१।
४. वही, पद २७०।
५. वही, पद २७४।

रहस्योन्मुखता--विस्मय

दीनता की भावना के साथ-साथ कवि के मानस की एक और प्रवृत्ति का किंचित् आभास मिलता है जब कि वह रहस्योन्मुख होकर कहता है : "चकई री, उस चरण-सरोवर के पास चल, जहाँ प्रेम-वियोग नहीं होता, जहाँ कभी भ्रमनिशा नहीं होती; वही सागर सुख के योग्य है, जहाँ के हंस सनक-शिव हैं, मीन मुनि हैं और रवि-प्रभा का प्रकाश नख से होता है; जहाँ कमल सदैव प्रफुल्लित रहते हैं और उन्हें निमिष मात्र शशि का डर नहीं रहता तथा जहाँ की सुवास में निगम गुंजन करते हैं; जिस सुभग सरोवर में मुक्ति-रूपी मुक्ताफल हैं और सुकृतों का अमृत-रस पीने को मिलता है। वह सर छोड़ कर कुबुद्धि विहंगम यहाँ रहकर क्या करेगा? सूरदास, जहाँ लक्ष्मी सहित शोभित नित्य क्रीड़ा होती रहती है, उस समुद्र की आशा में यह विषय-रस की 'छीलर' अब नहीं सुहाती।"[१] यह भाव कवि ने केवल चार पदों में व्यक्त किया है।[२] परन्तु इस रहस्योन्मुख भाव-धारा में उसकी मानसिक वृत्तियों को पूर्ण रूप से प्रकाशित होने का अवसर नहीं था। सगुण भक्ति में ही उसके लिए विशेष आकर्षण था और इसी में उसे उक्त पदों में व्यंजित विस्मय के द्वारा भक्ति के प्रकाशन का अवसर मिल गया। रूप और लीलाओं की अनुभूति कवि के मानसिक विकास की अत्यन्त महत्वपूर्ण घटना है। उसके बाद कवि को भगवान् का महिमामंडित, ऐश्वर्यशाली रूप आकर्षित नहीं करता, क्योंकि उनके राजसी दरबार में घूमने का ही उसे अवसर नहीं मिलता। राज दरबार की मर्यादा का पालन करते हुए केवल अपना विनय-पत्र (रुक्का) भेजने से उसे संतोष नहीं होता[३] तथा सीता, हनुमान और भरतादि की भाँति शिष्टाचार के अनुकूल व्यवहार करने में उसे अपनी भावना के पूर्ण विकास के लिए अवसर नहीं मिल पाता।[४] इसीलिए वह उन व्रजवासियों में सम्मिलित होना चाहता है जो हरि के साथ बराबरी का व्यवहार करते हैं और जिनके साथ व्रजनाथ हँसते हैं। श्रीकृष्णचरित के वर्णन में कवि का भाव-लोक सौंदर्य और माधुर्य की अभिनव अनुभूति से आलोकित हो उठा है।

पूर्ण-ब्रह्म की आनन्दहैतुक व्रजलीलाओं का वर्णन करते हुए सूरदास ने प्रेम सम्बन्धी प्राय: समस्त समस्त संभव भावनाओं का प्रकाशन किया है, परन्तु उन भावनाओं के मूल में चकित होने का वह भाव सदैव निहित रहता है जिसका अनुभव देवकी और वसुदेव को जन्म के समय हुआ था। प्रायः कवि ने स्थान-स्थान पर इस विस्मय भाव का उल्लेख भी किया है।

वात्सल्य और उसके अन्तर्गत भाव-विस्तार

दैन्य भाव मन की संकुचित करने वाला तथा आत्महीनता का ज्ञापक है। कवि ने कृष्ण-चरित के द्वारा ऐसी भावनाओं का अधिक प्रकाशन किया है जो मन को उत्साहित करने वाली हैं। कृष्ण-चरित के आरम्भ में ही उसने बहुत संक्षिप्त भूमिका के बाद जिस हर्षोद्रेक का वर्णन किया है उससे विदित होता है कि मानो उसकी सुषुप्त भावनाएँ शिशु कृष्ण के दर्शन मात्र से

---

१. **सू० सा० (सभा), पद ३३७।**
२. **वही, पद ३३७-३४०।**
३. **वही, पद ६१६।**
४. **वही, पद ४६०-६१६।**

अकस्मात् जागरित होकर स्वच्छन्द गति से नृत्य करने लगी है। नन्द, यशोदा, सखियों, गोपों तथा दाई, बढ़ई, ढाढ़ी आदि कर्मकारों की हर्ष-व्यंजक मुखरता मानो कवि के अद्यावधि अभीप्सित वाणी-संयम की प्रतिक्रिया हो।

यह हर्षोल्लास नन्द-यशोदा तथा अन्य व्रजवासियों के वात्सल्य का व्यंजक है। वात्सल्यसूचक हर्ष अपने अत्यन्त व्यापक और तीव्र रूप में प्रकट होकर कृष्ण के चरित की विविध घटनाओं से उदीप्त अन्य भावनाओं के साथ मिलकर स्थिर होता जाता है। हर्ष के अतिरिक्त नन्द-यशोदा का वात्सल्य अन्य भावों के द्वारा भी प्रकट हुआ है।

अभिलाषा, उत्सुकता, गर्व, उत्साह

वात्सल्य के अन्तर्गत जिन भावों का प्रकाशन हुआ है, उनमें पहले प्रकार के वे भाव हैं जो हृदय में उन्मुक्तता, विस्तार और उच्चता की अनुभूति उत्पन्न करते हैं। यशोदा, नन्द आदि का हर्ष कृष्ण के सुखी और निरापद जीवन के लिए उनकी 'अभिलाषा', कृष्ण के दर्शन आदि की 'उत्सुकता', कृष्ण जैसा पुत्र-रत्न पाकर 'गर्व' और कृष्ण की परिचर्या में 'उत्साह' का वर्णन करके कवि ने मनुष्य-स्वभाव के उस सरलतम पक्ष का परिचय दिया है जिसमें समस्त प्राप्य और वांछनीय वस्तुओं की सहज सुलभता से उत्पन्न मनोदशा चित्रित हो गई है। वात्सल्य भाव में सुख और आनन्द की परिपूर्णता इन्हीं भावों के द्वारा व्यंजित हुई है।

अमर्ष, ग्लानि, क्षोभ

कवि वात्सल्य की प्रतीक यशोदा के द्वारा सुख की इस चरम अनुभूति को निरन्तर अक्षुण्ण रखने की चेष्टा करता है। परन्तु सुखानुभूति में व्यत्यय उत्पन्न करने वाली घटनाएँ हो ही जाती हैं और वह तज्जन्य भावों के द्वारा भी वात्सल्य की व्यंजना करके इस भाव का जीवनव्यापी विस्तार सिद्ध करता है। माखन चोरी के उपालंभों को सुनते-सुनते यशोदा को कृष्ण पर क्रोध आ जाता है। 'अमर्ष के इस अस्थायी आवेश में वह उन्हें दण्ड देती है। इस प्रसंग में यशोदा के भाव-द्वन्द्व का वर्णन करके कवि ने वात्सल्य की तीव्रता व्यंजित की है। कृष्ण को बंधन से छुड़ाने के लिए व्रजनारियों की प्रार्थना और यशोदा की कठोरता की निन्दात्मक आलोचना के परिणामस्वरूप यशोदा जितना ही अधिक क्रोध और कृष्ण को न छोड़ने का हठ प्रदर्शित करती है, उतनी ही अधिक प्रगाढ़ता के साथ वह कृष्ण के प्रति स्नेह का अनुभव करती है। जब उसका क्रोध किसी प्रकार शान्त होता है तो उसका हृदय पश्चात्ताप से भर जाता है और वह अपने से 'ग्लानि' करने लगती है।

चीरहरण, दान, पनघट आदि से संबंधित कृष्ण के विरुद्ध गोपियों के उलाहने सुनकर यद्यपि यशोदा अपने वात्सल्य को क्षण भर के लिए भी नहीं छोड़ती, फिर भी वात्सल्यजनित सुख में किंचित् व्याघात अवश्य आ जाता है। कभी उसे स्वयं कृष्ण की भर्त्सना करनी पड़ती है, कभी गोपियों के उपालंभों का युक्तियुक्त उत्तर देना पड़ता है और कभी यथावसर दोनों को समझाना पड़ता है। इस प्रकार यशोदा के सरल वात्सल्य में 'क्षोभ' उत्पन्न हो जाता है।

शंका, चिन्ता, त्रास, विषाद, मोह, व्याधि, दैन्य

यशोदा के हृदय की आकुलता कृष्ण के क्षेम के विषय में किंचित् भी आशंकित होने पर 'शंका' और 'चिन्ता' में परिणत हो जाती है। कालियदमन के अवसर पर यशोदा, नंद आदि

घोर मानसिक संताप का अनुभव करते हैं। परन्तु अक्रूर के आगमन एवं तत्पश्चात् कृष्ण के मथुरा-प्रस्थान की घटना वात्सल्य के हर्ष-सुख का सर्वथा विपरीत रूप उपस्थित कर देती है। अब तो नंद, यशोदा आदि का वात्सल्य हृदय को संकुचित करने वाले 'त्रास', 'विषाद', 'मोह', 'व्याधि' आदि भावों का अनुभव करता हुआ अन्त में घोर 'दैन्य' के रूप में प्रकट होता है। नन्द के प्रति यशोदा की कठोर उक्तियों, दोनों के उत्तर-प्रत्युत्तरों तथा देवकी के लिए भेजे हुए संदेश से उनके गम्भीर मानसिक क्लेश और करुण दीनता का परिचय मिलता है।

परन्तु इस वात्सल्यव्यंजक दीनता में पतितपावन प्रभु के प्रति व्यक्त की हुई दीनता से बहुत अन्तर है। कवि की पहले की दीनता में अपने हृदय के विश्वास पर उसे पूर्ण स्वामित्व नहीं जान पड़ता, क्योंकि पतितपावन प्रभु से उसका परिचय विरुद मात्र का है; उन्हें निकट से उसने नहीं पहचाना। यह नवीन 'दैन्य' उसकी हार्दिक अनुभूति का अंग बन गया है। यशोदा के लिए कृष्ण के विषय में कुछ भी जानना शेष नहीं रहा; उसे अपनी मानसिक स्थिति पर किसी न किसी तरह संतोष हो ही चुका है।

व्यंग्य-विनोद

वात्सल्य के सम्बन्ध में कवि ने अपनी विनोदप्रियता का भी किंचित् परिचय दिया है। यशोदा खेल में कृष्ण और बलराम को मोल का लिया हुआ बताकर तथा राधा के साथ परिहास करके अपने स्वभाव की गंभीरता में प्रासंगिक मृदुता का परिचय देती है। राधा और कृष्ण को परस्पर रति-सुख-सूचक छेड़-छाड़ करते देखकर जब वह किंचित् मुस्करा कर अपनी आँख बचा जाती है तो उसके स्वभाव की इसी सरसता का आभास मिलता है। इसी प्रकार यशोदा कृष्ण को लाल किनारी की साड़ी पहने देखकर गूढ़ मुसकराहट के साथ पूछती है कि तुम्हारा पीताम्बर कहाँ गया, जो तुम यह साड़ी पहन आए हो? कृष्ण के बहाना बनाने पर यशोदा जानते हुए भी विश्वास कर लेती हे और युवतियों को दोष देने लगती है। यशोदा के इस कथन और व्यवहार में एक हलका-सा व्यंग्य है जो उसकी स्थिति में अधिक स्पष्ट नहीं हो सकता। परन्तु जब उसे कृष्ण पर विशाल नयनों वाली राधा के वास्तविक प्रभाव का संकेत मिलता है, तो उसका मन आशंकित हो उठता है। वह सोचने लगती है कि यह न जाने कृष्ण का क्या करेगी। तुरन्त राधा के प्रति उसके मृदु भाव में किंचित् तीक्ष्णता आ जाती है और वह उसके बन-ठन कर आने पर राधा की कटु आलोचना कर बैठती है। गोपियों के उपालंभों के उत्तर में जब वह उनके लिए अपशब्दों का प्रयोग करती है। उस समय भी उसके विनोद की एक झलक मिलती है, पर इस विनोद में भी कटुता है जो कृष्ण के प्रति उत्कट वात्सल्य की परिचायक है। मथुरा से अकेले लौटने पर नन्द के प्रति प्रकट किया हुआ यशोदा का व्यंग्य और अधिक कटु एवं निर्दयतापूर्ण है जो न केवल उसके कृष्ण-स्नेह की तीव्रता, वरन् नन्द के प्रति आत्मीयता का व्यंजक है। कवि के मानस का विनोद वात्सल्य के सम्बन्ध में भी नुकीला होता गया है, परन्तु उसमें विस्तृति और गहनता आना अभी शेष है जो कृष्ण के अन्य सम्बन्धों के द्वारा प्रकट हुई है।

रहस्योन्मुखता—विस्मय

प्रारम्भिक दैन्य की स्थिति में कवि ने जिस रहस्योन्मुखता का परिचय दिया था, कृष्ण-लीला के सम्बन्ध में उसकी संभावना साधारणतया नहीं हो सकती। परन्तु फिर भी कवि के मानस की वह प्रवृत्ति किसी न किसी रूप में अवश्य प्रकट हो जाती है। कृष्ण के व्यक्तित्व में

प्राकृत और अतिप्राकृत तत्वों का एक साथ प्रकाशित होना स्वयं एक बहुत बड़ी रहस्यमयी घटना है और कवि ने इस रहस्य के प्रति 'विस्मय' का भाव प्रकट करने में कोई कमी नहीं की। किन्तु वात्सल्य भाव की व्यंजना में 'विस्मय' केवल एक संचारी रूप में चित्रित किया गया है। यशोदा का स्नेह कृष्ण के अविश्वसनीय कार्य देखकर क्षण भर के लिए चकित होकर ही रह जाता है, आतंक अथवा गौरव से अभिभूत कभी नहीं होता। यशोदा श्याम और राधा को सहज-स्वभाव हर्षित होकर खेलते देखकर जब उनके विषय में अगाध दम्पत्ति रूप की कल्पना करने लगती और अपने आराध्य का स्वरूप देखने लगती है,[१] तब ऐसा अनुमान होता है कि कदाचित् वात्सल्य के चित्रण में भी कवि के मानस की रहस्योन्मुख प्रवृत्ति प्रतिभासित हो गई है।

सख्य-प्रेम में भावानुभूति का विस्तार

सखाओं के साथ कृष्ण के सम्बन्धी के भावी की उतनी तीव्रता और विस्तृति नहीं है, जितनी यशोदा नन्द आदि के वात्सल्य में। अतः इन सम्बन्धों में मृदु, चपल और विनोदी प्रकृति का प्रस्फुटन अधिक हुआ है। यशोदा के प्रगाढ़ स्नेह के बीच-बीच जिस प्रकार कृष्ण अपनी अबोध बाल-चपलता से गम्भीरता से किंचित् स्निग्धता उत्पन्न करते जाते हैं, उसी प्रकार गोप सखाओं के साथ क्रीड़ा-कौतुक सम्बन्धी भाव समस्त काव्य के भाव-लोक में मृदुता ला देते हैं।

हर्ष, विस्मय, आशंका

ग्वाल बालों की स्वच्छन्द सुख-केलि का वर्णन करके कवि ने कृष्ण-जन्म के समय के हर्षोल्लास का एक दूसरा रूप उपस्थित किया है जिसमें हर्ष मनाने वाले और जिनके लिए हर्ष मनाया जाता है, दोनों समान भाव से सम्मिलित होते हैं। यहाँ दर्शनोत्सुक ढाढ़ी द्वार पर खड़ा दर्शन-भिक्षा के द्वारा अपना हर्ष नहीं प्रकट करता, वरन् यहाँ तो सुबल, सुदामा और श्रीदामा कृष्ण को पकड़कर ले जाते हैं; उनसे गायें घिराते हैं; उन्हें चिढ़ाते और रिझाते हैं; छीन-छीन कर छाक खाते हैं तथा इस विचार से दबते नहीं कि कृष्ण नन्द के बेटे हैं और उनके यहाँ गायें कुछ अधिक हैं। इस आनन्द में कवि ने अधिक उन्मुक्तता और स्वच्छन्दता का समावेश किया है। कृष्ण के साथ गायें चराते हुए सखागण जिसका अनुभव करते हैं, उसके मूल में कृष्ण के प्रति उनका प्रेम ही है। कृष्ण के साथ स्वतंत्रतापूर्वक छाक खाना, गाना, बजाना, गायें घेरना आदि क्रीड़ाओं में वे कृष्ण को अपने से उच्च जानते हुए भी, अपने को उनसे हीन नहीं समझ पाते। वन में आकस्मिक संकटों के आने पर वे किंचित् भयभीत होते हुए भी निर्भयता का अनुभव करते हैं तथा कृष्ण के अलौकिक कृत्यों को देखकर विस्मित-चकित होते हुए भी तथा कभी-कभी यह सन्देह करते हुए भी कि यह कोई अवतारी पुरुष हैं, वे कभी भय, संकोच अथवा आत्महीनता का परिचय नहीं देते।

दैन्य, रहस्योन्मुखता

परन्तु किसी न किसी रूप में 'दैन्य' को प्रदर्शित करने की कवि की प्रवृत्ति सखाओं के द्वारा भी प्रकट हुई है। उन्हें कदाचित् कभी-कभी आशंका होने लगती है कि कृष्ण कहीं उन्हें

---

१. सू० सा० (सभा), पद १३२३।

छोड़कर चले न जाएँ। कृष्ण के अतिलौकिक व्यक्तित्व का आभास भी उन्हें अनेक बार हो चुका है। इसीलिए वे उनसे सखा के नाते प्रार्थना करते हैं कि श्याम तुम हमें भुला न देना, सदैव चरणों के निकट ही रखना।[१] सखाओं का यही करुण स्वर किंचित् और मार्मिक रूप में वहाँ सुन पड़ता है जब वे 'छबीले' कृष्ण से मुरली बजाने की प्रार्थना करते और व्यथित होकर कहते हैं कि यह जन्म, यह वृन्दावनवास और यह प्रेम-तरंग दुर्लभ है। कवि का यह दैन्य यशोदा के द्वारा व्यक्त किए हुए दैन्य से कम तीव्र है। किन्तु इसमें भावनाओं का दमन नहीं है। कृष्ण के मुरली-वादन के प्रसंग में कवि पुनः अपनी रहस्योन्मुख प्रवृत्ति का परिचय देता है। सखागणों को भी इस रहस्यमय सुख की अनुभूति प्राप्त होती है।

व्यंग्य-विनोद

कवि की विनोदी प्रकृति का प्रथम स्वच्छन्द प्रकाशन सखाओं से मैत्री-संबंधों में हुआ है। क्रीड़ा-कौतुक और गोचारण में वे कृष्ण के साथ निस्संकोच हास-परिहास करते हैं। यही विनोदशीलता वियोग के करुण भावों के स्पर्श से तीक्ष्ण व्यंग्य में परिणत हो जाती है; जब वे मधुपुरी के महाराज यादवराज की व्याजस्तुति करके गोपाल कृष्ण के प्रति अपने वास्तविक अनुराग की व्यंजना करते हैं।[२]

शृंगार और उसके अन्तर्गत भाव-विस्तार

राधा और गोपियों के प्रेम के द्वारा कवि की भावानुभूति में तीव्रता और विस्तार की वृद्धि के साथ सूक्ष्मता के भी दर्शन होते हैं। मानवीय संबंधों में स्त्री और पुरुष के प्रेम में भावों की जितनी विविधता और विचित्रता हो सकती है, कदाचित् उतनी अन्य प्रकार के प्रेम में नहीं। कवि के मानस में तीव्र आसक्ति की प्रवृत्ति इष्टदेव के प्रेमपात्र के रूप में अनुभूत करके उसके प्रति उत्तरोत्तर अधिकाधिक घनिष्ठता की ओर उन्मुख होती गई है।

हर्ष

जन्म और शैशव-क्रीड़ाओं के संबंध में कवि ने भावों का जो बाधा-बंधन हीन स्वच्छन्द प्रकाशन किया, उसमें सरलता और सुगमता है। हर्ष-सुख की उस तन्मयता में आबाल-वृद्ध नर-नारी सभी समान भाव से सम्मिलित हो सकते हैं। सखाओं के हर्ष सुख में इससे अधिक घनिष्ठता और उन्मुक्तता है। किन्तु उसमें भी भाँति-भाँति की प्रकृति के सखा हैं और कृष्ण के अतिलौकिक कार्य-व्यापार की ओर दृष्टि रखने वाले बलराम हैं, जिससे हर्षोल्लास सीमातीत नहीं हो सकता। कवि की स्वच्छन्दता की प्रवृत्ति इससे भी अधिक स्वच्छन्द होना चाहती है। राधा और गोपियों के संबंध में ही यह सुलभ हो सका है। कवि ने माखनचोरी, चीरहरण, पनघट प्रस्ताव और दानलीला के द्वारा यह प्रदर्शित किया है कि गोपियाँ किस प्रकार धीरे-धीरे अपने संकोच, लज्जा और मर्यादा सम्बन्धी विचारों को छोड़कर तन-मन का समर्पण कर देती हैं। इन लीलाओं में हर्ष-सुख केवल गोपियों के उत्तरोत्तर कम होने वाले संकोच से ही सीमित है। रासलीला में इस सीमा का भी पूर्ण अतिक्रमण हो जाता है और कवि की स्वच्छन्द मनोवृत्ति चरम विकसित रूप में प्रस्फुटित हो जाता है। रास के वातावरण में कवि ने रूप-

---

१. सू० सा० (सभा), पद १०६८।
२. वही, पद ७५९।

सौन्दर्य और भाव स्वातंत्र्य की तीव्र अनुभूति उपस्थित की है। फाग और वसन्त के वर्णन में स्वच्छन्दता अपनी पराकाष्ठा पर पहुँच जाती है, जहाँ लौकिक बाधाओं का खुलेआम अतिक्रमण करके कवि ने वसन्त और होली के राग-रंजित, रस-पूर्ण, उन्मुक्त वातावरण के अनुरूप ही मन की अवस्था का भी चित्रण किया है। इसके स्वच्छन्द रस-वर्षण का नियंत्रण रास की भाँति लीलापुरुष कृष्ण के हाथ में नहीं है और न उसका उपयोग गोपियों के प्रेम की परीक्षा के लिए हुआ है; वरन् यह हर्ष तो प्रेम की संकोचहीन, स्वछन्द केलि का विशुद्ध रूप है, जिसमें तनिक भी क्षोभ, आकुलता अथवा विभ्रान्ति नहीं है।

वात्सल्य और मैत्री के अपेक्षात्मक संयमित और सीमित हर्षोल्लास की अपेक्षा इस स्वच्छन्द रस-वर्षण में एक बड़ा अन्तर यह भी है कि यह सहज प्राप्य नहीं है। कृष्ण के दर्शन और साहचर्य मात्र से इसकी अनुभूति नहीं होती, वरन् उसके लिए भावानुभूति के सोद्योग विकास की आवश्यकता है। कवि ने राधा और गोपियों के प्रेम-चित्रण में इसी विकास का प्रदर्शन किया है।

प्रेम सम्बन्धी जिन विविध सुखों का चित्रण कवि ने गोपियों और राधा के द्वारा किया है उन्हें भाव-विकास के आधार पर प्रधानतया तीन वर्गों में विभाजित किया जा सकता है। पहले वर्ग में वे भाव हैं जो 'पूर्वानुराग' के रूप में गोपियों के मन में आकुलता उत्पन्न करके उन्हें प्रेम-पथ में अग्रसर करते हैं। ये भाव दानलीला में जाकर समाप्त होते हैं। दूसरे वर्ग में प्रेम-प्राप्ति के अनन्तर संयोग और वियोग सम्बन्धी अनेक भाव हैं जो प्रेम की तीव्रता और गहनता के सूचक एवं वर्धक हैं। तीसरे वर्ग में चिर-वियोग के बाद गोपियों की गम्भीर विरह-व्यथा और उसके आधार पर प्रमाणित उनके प्रेम की महत्ता की व्यंजना करने वाले भाव हैं जो अधिकतर 'भ्रमरगीत' शीर्षक प्रकरण में प्रकट हुए हैं।

पूर्वानुराग की अभिलाषा—हर्ष, विस्मय, असूर्या, उत्कंठा, विकलता, अधैर्य, धैर्य, विवोध, आवेग, जड़ता, चिन्ता, स्मृति, अमर्ष, हास्य, दैन्य आदि।

गोपियों का 'पूर्वानुराग' 'प्रत्यक्ष दर्शन' से प्रारम्भ होता है। गोपी के मन पर कृष्ण के रूप का ऐसा प्रभाव पड़ता है कि वह एक साथ ही 'चकित', 'भ्रमित', 'हर्षित' और 'विकल' हो जाती है तथा उस पर मुग्ध होकर तन-मन निछावर कर देती है।[१] माखनचोरी के समय उनके रूप की मोहिनी के साथ लीला की मोहनी भी मिल जाती है और गोपियों को भाव-विभोर करके मन में प्रेम की 'अभिलाषा' उत्पन्न करती है इस अभिलाषा में कभी गोपियों को हर्ष होता है और उनमें 'स्तम्भ', 'रोमांच', 'स्वर-भेद' आदि सात्विक भाव प्रकट हो जाते हैं;[२] कभी वे कृष्ण से मिलने के लिए भाँति-भाँति के मंसूबे बाँधती हैं;[३] कभी कृष्ण को माखन खाते देख छिपकर चुपचाप एकटक देखती रहती हैं;[४] कभी कृष्ण को पकड़कर उन्हें लज्जित करने की चेष्टा में उनकी चातुर्यपूर्ण बातें सुनकर स्वयं निरुत्तर और चकित हो जाती हैं और हर्षित होकर उन्हें हृदय से लगा लेती हैं[५] और कभी यशोदा के पास कृष्ण को पकड़ लाती हैं

---

१. सू० सा० (सभा), पद ७५३-७५८।
२. वही, पद ८८४।
३. वही, पद ८९१।
४. वही, पद ८९२
५. वही, पद ८९७, ९०६, ९३४।

और अपने उलाहनों और यशोदा के साथ झगड़ने के बहाने अपने प्रेम का प्रदर्शन करती हैं।[१] कवि ने 'यौवन मदमाती', 'इतराती', 'दिन थोरी', 'अतिभोरी गोरी', 'गरबीली ग्वालि' का शृंगारोपयुक्त 'शोभा' का वर्णन करके 'रति' भाव की इस आवश्यकता की पूर्ति की है।[२] 'मुरली' के प्रसंग में कृष्ण के रूप-दर्शन की मोहिनी से गोपियों के प्रेमाभिलाष की तीव्रता व्यंजित की गई है।[३] गोपियों का 'हर्ष' कृष्ण 'गुणकथन', तथा अनेक अन्य अनुभावों के द्वारा व्यंजित हुआ है। मुरली के प्रति उनका 'असूया' का भाव भी उनके प्रेम का ही सूचक है।

राधा-कृष्ण का प्रेम कवि ने नायक-नायिका दोनों में एक ही समय समान भाव से रूप-दर्शन' के द्वारा उत्पन्न कराया है।[४] इस प्रेम में भी नायिका के हृदय में 'उत्कंठा', 'विकलता', 'अधैर्य' आदि भावों का चित्रण किया गया है। कवि ने राधा-कृष्ण के मिलन-प्रसंग के फलस्वरूप गोपियों के मन में कृष्ण को पति रूप में प्राप्त करने की निश्चित 'अभिलाषा' उत्पन्न कराई है। वे इसी हेतु शिव और सूर्य की आराधना आरम्भ कर देती हैं। इस कार्य में गोप-कुमारियों के मन 'धैर्य', 'विरोध' आदि सौम्य और स्निग्ध भावों से प्रेरित होते हैं। परन्तु उनकी पूजा-आराधना की शांति कृष्ण की चपल और धृष्ट लीला के द्वारा भंग हो जाती है तथा उनके मन में एक ओर कृष्ण के प्रति अनुरागजन्य 'उत्कंठा', 'आवेग', 'विकलता' और 'अधैर्य' उत्पन्न हो जाता है और दूसरी ओर लोक-लाज और संकोच से उत्पन्न किंचित् 'द्विविधा' एवं 'खिन्नता' से उद्वेलित होकर वे यशोदा को उलाहना देने जाती हैं और इस बहाने कृष्ण-दर्शन का सुख प्राप्त करती हैं। कृष्ण चीरहरण के द्वारा उनके संकोचसूचक भावों को दूर करने में कुछ सीमा तक सफल होते हैं।

संकोच और प्रेम जनित 'आकुलता' का भाव पनघट प्रस्ताव में और अधिक तीव्रता के साथ व्यक्त हुआ है। एक ओर दर्शन-लालसा और उससे प्रेरित होकर यमुना तट गमन में हर्षसूचक विविध भावों का वेग है और दूसरी ओर कृष्ण की धृष्टता के भय से मन में संकोच और द्विविधा।

कवि ने अनेक पदों में गोपियों की प्रेम-विवशता का निरीक्षण अत्यन्त सूक्ष्मता के साथ किया है। ग्वालिन शिर पर घट धरकर चली। पीछे से कृष्ण ने आकर उसकी लट पकड़ ली और फिर उसे अंक में भर लिया। गोपी मन ही मन में हर्षित, किन्तु ऊपर से कुपित होकर किसी के देख लेने के संकोच से कृष्ण को छोड़ने की सौगंध दिलाने लगी। किसी प्रकार कृष्ण ने उसे छोड़ा, किन्तु वह प्रेम-विवश होकर लौटी।[५] वह भवन की ओर चली किन्तु मन हरि ने हर लिया था। दो पग जाती है, फिर ठिठुक कर पीछे देखती और जी में कहती है कि हरि ने यह क्या किया। जिस मार्ग से आई थी, वही भूल गई; क्योंकि आते समय उसे अच्छी तरह पहचान नहीं पाया था। 'रिस' करके खीझती और श्याम ने जिस सुभग लट को छिटका दिया था उसे झटकटी है। प्रेम-सिंधु में मग्न होकर वह स्त्री हरि के रंग में अत्यन्त रंग गई है।[६]

---

१. सू० सा० (सभा), पद ८९३-९५८।
२. वही, पद ९१७-९१८।
३. वही, पद १२३८-१२७९।
४. वही, पद १२९०-१२९२।
५. वही, पद २०६६-२०६७।
६. वही, पद २०६८।

इसी प्रकार कवि ने गोपी के मन की 'जड़ता', 'उद्वेग', 'चिन्ता', 'स्मृति' की व्यंजना अनेक बार की है। घर और गुरुजनों की जब उसे सुध आती है तब उसके मन में 'भय' और 'लज्जा' का उदय होता है और मार्ग सूझ जाता है।[१] गोपी के मन की 'आकुलता' का वर्णन कवि उसी के द्वारा कराता है : ''मैं जल भरने कैसे जाऊँ? अरी सखी, मेरी गैल में 'कान्ह' नाम का व्यक्ति आ जाता है। लोक-लाज के विचार में घर से निकलते नहीं बनता। तन यहाँ है, किन्तु मन 'नन्दनन्दन के ठाउँ' पर जाकर अटक गया है। घर बैठकर रहूँ तो रहा नहीं जाता।'' अन्त में वह कुलकानि को मेटकर 'पतिव्रत' रखने का निश्चय कर लेती है।[२] इस निश्चय में उनके 'पूर्वानुराग' की 'अभिलाषा' का ही तीव्रता के साथ प्रकाशन हुआ है।

दानलीला में कृष्ण की धृष्टता के फलस्वरूप गोपियों के प्रेम-सूचक के भाव और अधिक विस्तार और तीव्रता के साथ व्यक्त हुए हैं। पहले तो मार्ग में श्याम को देखकर गोपियों में प्रेमजन्य संकोच का भाव उत्पन्न होता है : ''जब ग्वालिनों ने नन्दनन्दन को देखा, वे मोर-मुकुट-पीताम्बर काछे और तनु पर चन्दन की खौर लगाए हुए थे। तब उन्होंने कहा कि अब कहाँ जाओगी, आगे तो कुँवर कन्हाई हैं? यह सुनकर मन में आनन्द बढ़ गया। किन्तु मुख से बात कहते डर लगता है। कोई-कोई कहती है कि चलो चलें, पर कोई कहती हैं कि घर लौट जाएँ। कोई-कोई कहती हैं, हरि क्या करेंगे, इनसे क्यों भागें?[३] कृष्ण के सखा गोपियों को घेरकर जब दान माँगने लगते हैं और दूध, दही, माखन से संतुष्ट होते नहीं जान पड़ते, तब गोपियाँ अत्यन्त खीझ जाती हैं। जब कृष्ण बल प्रयोग करते हैं तब गोपियों के मन में 'अमर्ष' जागरित हो जाता है : ''तुम्हारी सबकी बात जान ली। लड़कपन के खेल अब छोड़ दो, तब की वह बात अब समाप्त हो गई है। तब यमुना का मार्ग रोकते थे, उसी धोखे में अब भी आए हो। युवतियों को अगर हाथ लगाया तो अपना किया पाओगे। माता-पिता जो यह बात सुनेंगे, तो हमसे क्या कहेंगे? सूर-श्याम ने मोतियों की लर तोड़ दी है। हम उन्हें क्या जवाब देंगी?[४] इसी प्रकार गोपियाँ अपना रोष प्रकट करते हुए कृष्ण को ललकारती, फटकारती और यशोदा के पास पकड़ ले जाने की धमकी देती हैं। अपने गौरव का प्रदर्शन करके कृष्ण केवल उनके रोष, खीझ और झुँझलाहट को जागरित करते हैं। धीरे-धीरे कृष्ण के लीला-चातुर्य के द्वारा इन विक्षोभसूचक भावों को प्रेम के स्निग्ध और सरल भावों में परिणत करके कवि ने प्रेम-भावना के विस्तार और भाव-संकुलता का प्रदर्शन किया है। अनंग नृप के प्रसंग द्वारा पहले गोपियों के 'अमर्ष' की प्रखरता और कठोरता 'हास्य' में तरल और कोमल हो जाती है; गोपियाँ कहती हैं; ''तुम्हारे नृप की जाति मैंने जान ली। जैसे तुम हो वैसे ही वे भी कोई हैं। आज तक कहाँ छिपे रहे? इन्हीं गुणों और ढंगों के वे भी हैं! मेरा अनुमान है कि एक ही दिन दोनों ने जन्म लिया होगा। चोरी, अपमार्ग, बटमारी में इनके समान और कोई नहीं है?[५] फिर कृष्ण और गोपियों के परिहास में व्यंग्य-विनोद के बहाने प्रेम के स्निग्ध भाव प्रकट होने लगते हैं और अन्त में गोपियाँ प्रेम में मग्न होकर तनु की सुध भूल जाती हैं। उनके प्रेम की 'अभिलाषा' प्रेम की तृष्णा के रूप में प्रकट हो जाती है और वे कृष्ण के समक्ष आत्म-समर्पण कर देती हैं। प्रेम

---

१. सू० सा० (सभा), पद २०६९।
२. वही, पद २०७१-२०७७।
३. वही, पद २१२०।
४. वही, पद २१५१।
५. वही, पद २१९८।

का प्रतिदान करते हुए उन्हें 'संकोच' होने लगता है, क्योंकि वे अपने यौवन रूप को कृष्ण के समक्ष तुच्छ और उनके अयोग्य समझती हैं। जब कृष्ण गुप्त रूप से उनका समर्पण स्वीकार कर लेते हैं तब गोपियों में 'जड़ता' की दशा प्रकट हो जाती है—वे ठगी-सी, विस्मित रह जाती हैं। हरि के चरित देखकर उनकी मति विभोर हो जाती है और जब उन्हें आत्मबोध होता है तो उनके आनन्द की सीमा नहीं रहती। कृष्ण को प्रेमपूर्वक माखन-दधि खिलाने में इसी 'हर्ष' का प्रकाशन हुआ है। अंत में गोपियाँ अपने भावों का स्वयं स्पष्टीकरण करके कृष्ण के समक्ष 'दैन्य' प्रकट करती हैं, ''श्याम, हमारी एक बात सुनो। हमने तुमसे बहुत ढिठाई की। हरि हमारी वह चूक 'बकस' दो। सुख से जो भी कटुक वाणी हमने कही हो, हमारे हृदय में नहीं है। हम हँस-हँस कर तुम्हें खिझाने के लिए कहती हैं; मन में हमारे अति आनन्द है। हमने तुमसे कुछ भी दुराव नहीं रखा और तुम्हारे निकट आ गईं। अब इतने पर तुम्हीं जानो कि हमारी 'करनी' भली है या बुरी।[१] दानलीला के फलस्वरूप गोपियों के मन की अवस्था बदल जाती है और प्रेमसूचक अनेक भाव उनके मन में उदय हो जाते हैं, जिनका केन्द्रीय विचार कृष्ण से मिलने की तीव्र 'उत्कंठा' है।

काम की दशाएँ

कृष्ण के प्रेम-रस में 'उन्मत्त' होकर ग्वालिनें रीती मटकी लिए हुए वन-वन में 'गोरस' बेचती फिरती हैं। लोक-लाज का उन्हें तनिक भी ध्यान नहीं है। कृष्ण की 'स्मृति' करके वे चौंक पड़ती हैं। कभी विकल और 'उद्विग्न' होकर यमुना के तीर पर जाती हैं और 'प्रलाप' की अवस्था में गोरस के स्थान पर 'गोपाल गोपाल' कहकर बेचने लगती हैं। कृष्ण-दर्शन की चिन्ता में वे कृष्ण की दानलीला का अभिनय करने लगती हैं। सब मटुकी धरकर बैठ जाती हैं और समझती हैं कि अभी हरि ग्वाल सखाओं को लेकर आते होंगे। अंचल से दधि-माट छिपाती हैं और ऐसा करते समय उनकी दृष्टि रीती मटकी पर जाती है तो एकबारगी चौंक पड़ती हैं। सब मिलकर कहने लगती हैं कि गोरस फैल गया। कोई-कोई कहती हैं कि श्याम ने फैला दिया और ऐसा समझकर वे कहती हैं कि इस मार्ग से कभी नहीं आना चाहिए। कृष्ण के 'स्मरण' और 'गुणकथन' के साथ गोपियों के मन में प्रेम उमड़ने लगता है। वे कभी हँसती, कभी 'रिसाती' कभी बुलाती, कभी 'बरजती' हैं और इस प्रकार अपने उलटे व्यवहार करके अपनी विरह-विह्वलताजन्य 'व्याधि' अवस्था के द्वारा प्रेम की व्यंजना करती हैं।[२] कवि ने स्वयं 'दशदशा' का उल्लेख करके यह संकेत किया है[३] कि गोपियों का प्रेम 'पूर्वानुराग' की पूर्ण परिणति प्राप्त कर चुका है। 'मरण' को छोड़कर इस प्रसंग में गोपियों की मनोदशा में समस्त अवस्थाओं का चित्रण एक से अधिक बार हुआ है।[४] परन्तु कवि का उद्देश्य कामदशाओं का उल्लेख करना कदापि नहीं जान पड़ता। वह तो गोपियों के उस अनन्य उत्कट प्रेम की व्यंजना करता है जो अब उस अवस्था में पहुँच गया है जहाँ संसार के, शरीर के, मन के समस्त इतर संबंधों और विचारों का सर्वथा उपराम हो जाता है। अब वे 'मनसा-वाचा-कर्मणा' सूर-श्याम के ही ध्यान में संलग्न हो गई हैं।

---

१. सू० सा० (सभा), पद २२३०-२२३१।
२. वही, पद २२३८-२२५७।
३. वही, पद २२५३।
४. वही, पद २२३८-२२६५।

प्रेम का मनोविकार संकोच और आकुलतासूचक अनेक भावों में होकर राधा-कृष्ण-मिलन प्रसंग में स्थिरता प्राप्त करने लगता है। किन्तु यहाँ भी लोक-लाज को मानने या न मानने के द्वन्द्व से राधा के मन में यत्किंचित् 'अधैर्य' बना ही रहता है। स्वयं कृष्ण उसे गुप्त प्रीति का मार्ग समझाकर शांत करते हैं। इस प्रेम-संयोग के उपरांत प्रेम का स्थिर, गूढ़ भाव राधा के रूप में प्रकट होता है। कवि ने एक ओर प्रेम की आकुलता-संकोच-चंचलताहीन पूर्ण परिपक्व अवस्था का चित्रण किया है और दूसरी ओर गोपियों की जिज्ञासा, अभिलाषा और राधा के प्रेम का रहस्य समझने की चेष्टाओं का उल्लेख।[१] ऐसा जान पड़ता है कि प्रेमानुभूति के एक आदर्श का मानसिक ग्रहण करने के बाद भी कवि उसे प्राप्त करने की चेष्टाओं का उल्लेख करके यह प्रदर्शित करना चाहता है कि सामान्य लोगों के लिए उसकी प्राप्ति कितनी कठिन और असंभव प्राय है। कदाचित् स्वयं उसे प्रेम की इस अनुभूति पर विश्वासपूर्ण अधिकार न हो सका हो।

राधा के गुरु गंभीर प्रेम में भी अतृप्ति का आभास दिखाकर कवि प्रेम की पूर्ण से पूर्णतर होने की सतत चेष्टा की व्यंजना करता है। राधा की यह अतृप्ति कवि ने राधा की पहली विरह अवस्था में प्रदर्शित की है; राधा की भावनाओं की विविधता और विचित्रता उसके प्रेम के गोपन के द्वारा प्रकट हुई है। संयोग के समय में वह अनुभूति दिखाई गई है जिसमें कृष्ण के प्रति रति भावना आरम्भिक हर्षोन्मेष में नहीं, अपितु, संकोच, आकुलता आदि विपरीत और विघ्नकारी भावनाओं का अतिक्रमण करके आनन्द के रूप में प्रकट हुई है।

हर्ष, गर्व, विकलता, क्षोभ इत्यादि

रति के आनन्द की व्यापक और सामूहिक अनुभूति रास के प्रकरण में दिखाई गई है। गोपियों को रास-क्रीड़ा के अन्तर्गत गर्व का अनुभव और तत्पश्चात् विरहाकुलता द्वारा गर्व का नाश कराके कवि ने अमिश्रित प्रेमानंद का वर्णन किया है। रास-क्रीड़ा में गोपियों की कामदशाओं के चित्रण में विक्षोभसूचक प्रायः समस्त संभव भाव प्रकट हुए हैं। गोपियाँ विक्षिप्त-सी होकर कहती हैं : "अरी बनवेल, तू ही बता, तूने कहीं नन्दनंदन देखे हैं? मालती, तुझी से पूछती हूँ कि तूने कहीं तनु पर चन्दनधारी पाए हैं? कुंद, कदम्ब, बकुल, वट, चंपकलता, तमाल, तुम्हीं बताओ; कमल, तू ही कह कि सुन्दर विशाल-नयन कमलापति कहाँ हैं? अब बिना देखे क्षण भर को भी कल नहीं पड़ती। श्यामसुन्दर का गुण गाती हूँ। मृग, मृगिनी, द्रुम, वन, सारस, खग किसी ने नहीं बताया। मुरली का अधर सुधा-रस लेकर तरु यमुना के तीर पर खड़े हैं। तुलसी, तुम तो सब जानती होगी कि श्याम-शरीर कहाँ हैं; मुझे भी बता दो। मृगी, तू ही दया करके बता दे। मधुप, मराल, तू ही कह। सूरदास-प्रभु के तुम संगी हो; परम दयालु कहाँ हैं?"[२] गोपियाँ कृष्ण को ढूँढ़ते-ढूँढ़ते व्याकुल हो जाती हैं और द्रुम के नीचे मूर्च्छित होकर गिर जाती हैं।[३] राधा को बहलाने के लिए वे हरि-चरित्र करती हैं।[४] राधा अकुलाकर मूर्च्छा से जग जाती है। परन्तु नन्दनन्दन को न पाकर पुनः 'कृष्ण-कृष्ण शरणागति' कहकर भहराकर गिर जाती है। व्रजबालाएँ शोर मचाकर उसे

---

१. सू० सा० (सभा), पद २२६५-२३६८।
२. वही, पद १७०९।
३. वही, पद १७३८।
४. वही, पद १७३९।

उठाने दौड़ पड़तीं और विरहिनी को जीवित करने की प्रार्थना करते हुए अंतर्यामी को बुलाती हैं।[१] विरह में मरण तक की अवस्था दिखाने के बाद कवि पुनः रास की स्वच्छंद केलि के अन्तर्गत जलक्रीड़ा का वर्णन करता है।

इसके अनन्तर राधा के मान-मनुहार और संयोग-सुख के अन्योन्य-अनुवर्ती वर्णन करके रति-भावना की उस स्थिति का परिचय दिया गया है, जब प्रेमी अपने प्रेम के विषय में इतना आश्वस्त हो जाता है कि उसे प्रेमपात्र के प्रेम-प्रतिदान के विषय में तनिक भी संदेह नहीं रहता। राधा के मान और संयोग-सुख की भाँति अन्य गोपियाँ भी कृष्ण के बहुनायक रूप से प्रेम की पीड़ा और सुख का क्रमशः अनुभव करती हैं।

रति-सुख की आनंदानुभूति अपने व्यापक और समष्टिगत रूप में 'झूलन' और वसंत की क्रीड़ाओं में प्रकट हुई है जहाँ पार्थिव, अपार्थिव, लौकिक, अलौकिक किसी प्रकार की बाधाएँ हर्ष के निर्बाध प्रकाशन में व्यवधान उपस्थित नहीं करतीं।

दैन्य, ग्लानि, वितर्क

परन्तु कृष्ण-लीला का प्रधान उद्देश्य रति-सुख का विविध रूपों में चित्रण होने पर भी उसका अन्त हर्ष के उद्दाम प्रकाशन में नहीं होता और कवि को अपने मानस की उस मनोवृत्ति की व्यंजना के लिए उपयुक्त अवसर मिल जाता है, जिसकी अन्तिम परिणति दैन्य भाव में होती है : यह मनोवृत्ति कृष्ण की सुख-लीलाओं के बीच-बीच भी बराबर प्रकट होती गई है। परन्तु इसका तीव्रतम रूप कृष्ण के प्रवास-काल में गोपियों की विरहावस्था के वर्णन में दिखाई देता है।

अवस्था में बड़ी होने के कारण यशोदा का दैन्य केवल उसी अवस्था में प्रकट होता है, जब कृष्ण के लिए किसी महान् संकट की आशंका अथवा उनसे चिर वियोग का अनुभव करती है। सखाओं का दैन्य भी वियोग या वियोग की आशंका में ही प्रकट होता है। किन्तु राधा और गोपियाँ प्रेम की प्रथम अनुभूति में ही याचक और प्रार्थी के रूप में दिखाई देने लगती हैं। राधा अपने प्रेम-गोपन के कारण तन-मन का जो दुःख पाती है, उसे दूर करने की प्रार्थना करते हुए कहती है कि तुम 'रुद्रपति', 'लोकपति', 'धरणीपति', 'अखिल ब्रह्मांडपति' होकर भी सिंह के शरण को जंबुक के द्वारा त्रास पाते देखते हो। करुणाधाम तुम्हारा नाम है; दीन वाणी सुनकर मनोकामना पूर्ण करो।"[२] रास के पूर्व कृष्ण के 'निठुर' वचन सुनकर भी गोपियों की दीनता प्रकट हुई है। वे कहती हैं, 'तुमने निठुर नाम को क्यों प्रकट किया और अपना विरद क्यों भुला दिया? आज हमसे अधिक दीन और कोई नहीं है।'[३] गोपियों के शब्दों की आतंरिक ध्वनि कवि के उस दैन्य की ओर संकेत करती है जो उसके मानस की एक महत्वपूर्ण और अदमनीय प्रवृत्ति है। राधा और गोपियों के विरह-वर्णनों में यह मनोवृत्ति बार-बार तीव्र से तीव्रतर रूप में प्रकट होती गई है।

कृष्ण के मथुरा-गमन के उपरान्त गोपियों का प्रेम हृदय के जिन संकोचकारी, दुर्बलतासूचक मनोविकारों के द्वारा प्रकट हुआ है, उनमें रति के संचरी 'दैन्य' की ही प्रधानता

---

१. सू० सा० (सभा), पद १७४०।

२. वही, पद २५६५।

३. वही, पद १६४७।

है। कृष्ण-गमन के समय की क्षणिक 'जड़ता' के उपरान्त गोपियों के हृदय पश्चात्ताप और आत्म-ग्लानि से भर जाते हैं वे बार-बार आत्म-भर्त्सना करती हैं : "हरि के बिछुरते समय हृदय फट नहीं गया, वज्र से भी भारी हो गया; पर रहकर पापी, तूने किया क्या? अरी सजनी, सुन, हलाहल घोलकर उसी अवसर पर क्यों नहीं पी लिया?"[१] यह सोचकर कि 'लोचन वदन को देखे बिना, कान वचनों को सुने बिना, हृदय पाणि-स्पर्श के बिना' रहते हैं; उन्हें अपनी कुलिश-कठोरता पर लाज लगती है। पहले पलक मात्र की भी ओट उन्हें असह्य होती थी; किन्तु अब दिन पर दिन चले जाते हैं, फिर भी घट से प्राण नहीं निकलते।[२] अपना ही जीवन नहीं, उन्हें समस्त चराचर प्रकृति की सत्ता प्रयोजनहीन आन पड़ती है, तभी तो वे मधुवन को श्यामसुन्दर के विरह में खड़े-खड़े ही न जल जाने पर निर्लज्ज समझती है।[३] हरि का 'गुण-स्मरण' करके वे 'विस्मित' होकर पूछती हैं कि 'क्या सब दिन ऐसे ही चले जाएँगे? क्या अब मदनगोपाल ग्वालों के साथ आँगन में कभी नहीं आएँगे? यमुना-पुलिन पर फिर कब विहार करेंगे? कभी तो वह दिन होगा जब मुरली का शब्द सुनाई देगा?[४] राधा दीनतापूर्वक प्रार्थना करती है : 'माधौ, एक बार मिल जाओ। कौन जाने तनु छूट जाय और जी में दर्शन की साध का शूल ही रह जाय! नंद बाबा के पाहुने होकर ही आ जाओ, जो हम आधे पल भर देख लें।'[५] गोपियों के प्रेम की दीनता 'गोपी विरह वर्णन', 'स्वप्न-दर्शन', 'पावस-प्रसंग' और 'चंद्रोपालंभ' शीर्षक पदों में प्रकट हुई है। आँखें की विफलता के द्वारा प्रेम की करुण परिस्थिति का मार्मिक वर्णन करने के बाद गोपी कहती है : "देख सखी, वह गाँव उधर है, जहाँ हमारे मोहन नन्दलाल बसते हैं और जिसका नाम मथुरा है। वे कालिन्दी के कूल पर परम मनोहर ठाँव में रहते हैं। सजनी, जो तनु में पंख हों, तो आज, अभी उड़कर चली जाऊँ। जो होना हो वह हो, अब इस व्रज में अन्न नहीं खाऊँगी?"[६] श्याम के बिना गोपियों के सब सुख भूल गए। गृह वन के समान लगने लगे और रातें तारें गिन-गिनकर बीतने लगीं।[७] कृष्ण का स्मरण करके गोपी कहती है : 'सलोने नैन वाले श्याम हरि फिर कब आएँगे? वे जो लाल लाल फूल डालों पर फूले दिखाई देते हैं, हरि के बिना फूलझरी जैसे लगते हैं और अंगारों की तरह झड़-झड़ पड़ते हैं। सखी री, फूल बीनने नहीं जाऊँगी। हरि के बिना फूल कैसे? सखी री, सुन, रामदोहाई, फूल मुझे त्रिशूल जैसे लगते हैं। जब यमुना के तीर पनघट पर जाती हूँ तो यमुना इन नयनों के नीर में भर-भर कर उमड़ चलती है। सखी री, इन्हीं नयनों के नीर में घर की सेज नाव हो गई है। उसी पर चढ़ कर मैं हरि जी के निकट जाना चाहती हूँ। प्यारे लाल, हमारे प्राण अधर पर आ रहे हैं। सूरदास-प्रभु, कुंज-विहारी क्यों नहीं दौड़ कर मिलते?"[८] जिस प्रकार मधुवन के लता-पुष्प और अन्य प्राकृतिक दृश्य गोपियों की विरह-वेदना को बढ़ाते हैं, उसी प्रकार वर्षा-ऋतु के मेघ और शरद् ऋतु का चन्द्र उन्हें शीतलता पहुँचने के

---

१. सू० सा० (सभा), पद ३६२३।
२. वही, पद ३८२८-३८३४।
३. वही, पद ३८२८।
४. वही, पद ३८४१।
५. वही, पद ३८५०।
६. वही, पद ३८७१।
७. वही, पद ३८७०।
८. वही, पद ३८९३।

स्थान पर ताप देता है। कवि ने प्राकृतिक वातावरण के इन दोनों प्रसिद्ध अंगों के विषय में अनेक मार्मिक कथन करके गोपियों की करुण अवस्था की व्यंजना की है। गोपियों के हृदय रह-रह कर आत्म-ग्लानि से भर जाते है। वे कहती हैं : "अरी, मेरे बाल-सँघाती बिछुड़ गए। ये पापी प्राण निकल नहीं जाते! बज्र की छाती फट नहीं जाती! मैं यौवन भरी; मदमाती, अपराधिन दही मथ रही थी। यदि मैं हरि का चलना जानती, तो लाज छोड़कर संग चली जाती! सुन्दर नैन नीर भरकर ढरकते रहते हैं, दिन-रात कुछ नहीं सोहाता।"[१] राधा "प्रति दिन हरि का मार्ग देखती रहती है। चन्द्र-चकोर की भाँति निरखती रहती है और गुण सुमरि-सुमिर कर रोती है। जो पतियाँ भेजती है उनकी मसि खंडित (अलग-अलग होती) नहीं जान पड़ती, मानो लिख-लिख कर 'उन्हें' धोती है। दिन में भूख नहीं लगती, रात की नींद 'हिरा' गई, वह एक पल भी नहीं सोती है।"[२]

'भँवरगीत' में गोपियों की करुणा और अधिक तीव्रता के साथ व्यक्त हुई है। गोकुल की गायों की दशा का वर्णन करके गोपियाँ अपनी दीनावस्था की ओर संकेत करती हैं : "मधुकर, जाकर इतनी कहना कि ये परम दुखारी गायें तुम्हारे बिना अति कृश-गात हो गई हैं। दोनों आँखों से जल-समूह बरसता है और नाम लेने से हूँकती हैं। श्याम ने जहाँ-जहाँ गोदोहन किया, वही स्थान सूँघती हैं। क्षण-क्षण में अति आतुर और दीन होकर पछाड़ खाकर गिरती हैं; सूर, मानो वारि-मध्य से मीन निकालकर डाल दी गई हों।"[३] उद्धव की देखी हुई व्रज की दयनीय अवस्था का चित्त देकर कवि ने रति भावना की अंतिम परिणति दैन्य भाव में की है। उद्धव कहते हैं : "व्रज के विरही लोग दुखारे हैं। गोपाल के बिना अति दुर्बल, काले तन, ठगे से 'ठाड़े' रहते हैं। नन्द-यशोदा नित्य साँझ-सवेरे उठकर मार्ग जोहते हैं; चारों दिशाओं में 'कान्ह' 'कान्ह' करके टेरते हैं और उनके आँसुओं के पनारे बहते हैं। गोपी, गाय, ग्वाल, गो-सुत सभी बेचारे अति ही दीन हैं। सूरदास-प्रभु के बिना वे ऐसे हो गए हैं, जैसे चन्द्र के बिना तारे।"[४] कवि के भावलोक की वह प्रवृत्ति व्रज के हर्षोल्लास में यदा-कदा विलीन-सी होती जान पड़ती थी, किन्तु अंत में उसका ऐसा उभार होता है कि रति के अन्य समस्त संचारी भाव उसके आगे फीके पड़ जाते हैं। परन्तु पतित-पावन भक्तवत्सल प्रभु के समक्ष व्यक्त किए हुए दैन्य की अपेक्षा कवि का यह अंतिम दैन्य कहीं अधिक आत्म-विश्वासपूर्ण है। राधा और गोपियों को दु:ख इस कारण नहीं है कि उनकी आशाएँ वस्तुत: नष्ट हो गई हैं; वरन् उनकी वेदना प्रेम की अतृप्ति की चिर वेदना है, जिसका शमन न होना ही प्रेम को जाज्वल्यमान रखने के लिए श्रेयस्कर है; वैसे उन्हें पूर्ण संतोष है कि उनका प्रेम एक ऐसे निश्चित आलम्बन के प्रति है जिसके विषय में किसी प्रकार का संदेह नहीं किया जा सकता।

व्यंग्य-विनोद

'विनय' के पदों में व्यक्त कवि के 'दैन्य' की समीक्षा में भी कहा जा चुका है कि हमारे कवि की मनोवृत्ति दीनता की ऐसी स्थिति को स्वीकार नहीं कर सकती जिससे उबरने का

---

१. सू० सा० (सभा), पद ३९९९।
२. वही, पद ४०२१।
३. वही, पद ४६८८।
४. वही, पद ४७१८।

कोई साधन न हो। वह निराशा से भी आशा का दर्शन कर लेता है और रुदन को भी हास्य से ढकने का प्रयत्न करता है। विनोद-प्रियता उसकी प्रकृति का एक ऐसा अंग है, जो कदाचित् समस्त भावों के ऊपर रहने की चेष्टा करता है। कवि की विनोदी प्रकृति का सरलतम रूप सखाओं के साथ कृष्ण की क्रीड़ा के संबंध में व्यक्त हुआ है। परन्तु उसके हास्य की प्रवृत्ति प्रारम्भ से ही व्यंग्य की ओर जान पड़ती है। उसके काव्य का उत्कृष्ट रूप व्यंग्य के द्वारा ही प्रकट हुआ है।

गोपियों के सम्बन्धों में कवि की विनोदी प्रकृति का रति-भावना के अनुरूप क्रमिक विकास देखा जा सकता है। माखनचोरी, चीरहरण और पनघट की लीलाओं में केवल कृष्ण के कार्यों द्वारा कवि की विनोदी प्रकृति की व्यंजना होती है। यह विनोद चंचल बालक अथवा धृष्ट किशोर का क्रीड़ा-कौतुक है। दानलीला के समय से कर्म का व्यंग्य वाणी के द्वारा भी प्रकट होने लगता है। कृष्ण के दान माँगने पर गोपियाँ कहती हैं कि 'आओ दान के सब दाम हमसे परखा लो घर से थैली मँगा लो, नहीं तो पीतांबर फट जाएगा।'[१] कृष्ण के दान लेने के अधिकार की बात सुनकर गोपियाँ हँसती हैं और कहती हैं : 'जरा सुनो तो, ये महतारी से एक नई बात साख आए हैं। दधि-माखन अगर खाने को चाहते हो, तो हमसे माँग लो। सीधे बातें करो जिससे सुख मिले; आकाश को क्यों बाँधने को कहते हो?'[२] तकरार बढ़ती है और गोपियाँ ताना देकर कहती हैं, 'कन्हाई, हम पर क्या रिस करते हो? यह रिस मथुरा जाकर करो, जहाँ कंस कसाई रहता है।'[३] कृष्ण के दुरूह कृत्यों के उल्लेख को गोपियाँ डींग समझकर कहती हैं, 'गिरिवर तो अपने ही घर का था, उसे धारण कर लिया; उसी के बल पर दान लेते हो! अपने घर में नन्द महर को मन में धर कर बड़े कहलाते हो। हम यह जानती हैं कि तुम गायें चराने के लिए सदा वन को जाते हो।'[४] कृष्ण 'कमरी' के विषय में व्यंग्य के द्वारा अलौकिकता का कथन करते हैं, किन्तु गोपियाँ उसकी भी हँसी उड़ाती हैं, जो हम तुमसे कहना चाहती थीं, वह तुमने स्वयं कह दिया। अपनी जाति को स्वयं अच्छी तरह खोलकर युवतियों को अच्छा हँसाया! तुम कमरी के ओढ़ने वाले हो, पीताम्बर तुम्हें शोभा नहीं देता। काले तन पर काली कमरी ही अच्छी लगती है।'[५]

गोपियाँ इसी प्रकार कृष्ण के उच्चता और गौरवसूचक समस्त कथनों की हँसी उड़ाती हैं और उन्हें कंस को जीतने की चुनौती देती हैं। वे कहती हैं : ''जो तुम्हीं सबके राजा हो, तो सिंहासन चढ़कर बैठो कि सिर पर चमर-छत्र शोभित हो। मोर, मुकुट, मुरली, पीताम्बर आदि नटवर का साज छोड़ दो। वेणु, विषाण, शृङ्ग क्यों बजाते हो? नौबत बाजा बजने दो। यह सुनें तो हम भी सुख पाएँ और तुम्हारे साथ कुछ कार्य करें।''[६] कृष्ण व्यंग्य में ही बड़ी गूढ़ और गंभीर बातें कह जाते हैं, किन्तु सरल युवतियाँ तनिक सहमकर उन्हें भी परिहास में ही उड़ा देती हैं। कृष्ण के 'नृप' का वास्तविक भेद न समझकर वे हँसती हैं कि तुम्हारे नृप भी तुम्हारे ही जैसे हैं; अब तक वे कहाँ छिपे रहे। उनके भी ढंग और गुण ऐसे ही हैं।

---

१. सू० सा० (सभा), पद २०७९।
२. वही, पद २१२३।
३. वही, पद २१२९।
४. वही, पद २१३२।
५. वही, पद २१३५।
६. वही, पद २१६४।

कदाचित् दोनों का जन्म एक साथ ही हुआ था। चोरी, अपमार्ग, बटमारी में उसके बराबर और कोई नहीं है।[१] कृष्ण भी युवतियों को 'ठगिनी', 'फँसिहारिनी', 'बटमारिनी' आदि कहते हैं। गोपियाँ तुरन्त प्रत्युत्तर देती हैं, 'जाओ, अपने नृप से यही कह दो, पर यह तो बताओ कि व्रजबनिताएँ अगर 'फँसिहारिनी' हैं, तो तुम्हारी महतारी भी ऐसी ही होगी।[२] इस प्रसंग में गोपियों के व्यंग्य उनके सरल स्वभाव और कृष्ण-प्रेम के सूचक हैं। अनजान में ही वे कुछ ऐसी बातें कह जाती हैं, जो भविष्य में कटु-सत्य के रूप में प्रकट हो जाती हैं। इस प्रकार कवि गोपियों के इस मृदु-परिहास में भावी दारुण परिस्थिति की सूचना दे देता है। इससे विदित होता है कि कवि के व्यंग्य की प्रवृत्ति किस दिशा में है।

संयोग-सुख का विस्मय-विमुग्धकारी व्यंग्य सबसे अधिक कवि ने राधा के व्यक्तित्व के द्वारा प्रकट किया है। राधा प्रारंभ से ही अपनी विनोद-प्रियता तथा चतुराई का कार्यों और वचनों के द्वारा परिचय देने लगती है। कृष्ण-प्रेम को छिपाने में इसका सबसे अधिक उपयोग हुआ है। राधा के द्वारा कवि ने जिस व्यंग्य का प्रकाशन किया है, वह प्रेम की गंभीरता और तज्जन्य हृदय की सीमातीत उत्फुल्लता के गोपन में प्रयुक्त हुआ है; परन्तु इस व्यंग्य की परिणति भी दारुणता में ही होती है।

रासलीला में कृष्ण पुनः अपना गूढ़ भाव कठोर व्यंग्य के द्वारा प्रकट करते हैं। मुरली-नाद सुनकर आई हुई गोपियों से वे पूछते हैं : ''रात में उठकर वन में क्यों दौड़ आईं? कदाचित् तुम व्रज का मार्ग भूल गई; मथुरा दधि बेचने गई थीं, वहाँ देर हो गई! अथवा तुम्हें भ्रम हो गया, नहीं तो वन में क्यों आतीं? व्रज का रास्ता उधर है। तुरन्त घर जाओ, गुरुजन खीझते होंगे; या कदाचित् तुम गोकुल से ही आई हो! पर इन बातों में भलाई नहीं है।''[३] गोपियाँ कृष्ण के मुरली द्वारा नाम ले-ले कर बुलाने और फिर चतुराई की बातें करने की आलोचना करती हैं। किन्तु कृष्ण कहते हैं, 'कहाँ हम, कहाँ तुम! कहाँ व्रज और कहाँ मुरली-नाद! हमसे परिहास करती हो! यह रसवाद छोड़ दो। तुम बड़े की बहू-बेटी हो; तुम्हारा नाम किस तरह लिया जा सकता है? रात में ऐसे ही दौड़ी चली आईं और हमें दोष लगाती हो? तुमने भला नहीं किया। अब भी लौट जाओ। सूर-प्रभु कहते हैं तुम कैसी निडर हो; तुम्हारे पति नहीं हैं?'[४] कृष्ण इसी प्रकार गोपियों, उनके माता-पिताओं और पतियों की कठोर आलोचना करते हैं और स्वयं भी लज्जित अनुभव करते हुए इन्हें घर लौट जाने का उपदेश देते हैं।

खंडिता-समय के व्यंग्य-वचन भी राधा की भाँति गोपियों के प्रच्छन्न हार्दिक प्रेमोद्गार हैं। जिस गोपी के यहाँ अपराध भरे हरि जाते हैं, वही उनके रति-चिह्नयुक्त रूप का उपहास करके उन्हें लौटने का आदेश देती है। श्याम को देख कर राधिका मुस्कराई और उसने कहा, 'प्रिय अच्छा किया जो तुम इस तरह भी चले तो आए।' राधा ने उन्हें कंठ से लगाकर अपने भाग्य की सराहना की। कृष्ण सकुचकर अपने अंगों की ओर देखने लगे, किन्तु राधा ने अपने

---

१. सू० सा० (सभा), पद २१९८।
२. वही, पद २२००।
३. वही, पद १६२९।
४. वही, पद १६३०।

व्यंग्य की स्पष्टता से उनकी लज्जा मिटा दी।[१] इस तरह के हास-परिहास खंडिता-समय में अनेक हैं जो कवि के मृदुहास का परिचय देते हैं। हास की उत्फुल्लता और रसमत्ता फाग और होली के प्रसंग में और अधिक व्यापक और स्पष्ट रूप में प्रकट हुई है। परन्तु कवि की हास्य-विनोद की प्रवृत्ति जिस दिशा में जाकर उत्कृष्टता प्राप्त करती है वह इस मृदु और प्रफुल्ल विनोद से भिन्न है। कृष्ण के मथुरा-गमन के पश्चात् उसका प्रेम जहाँ एक ओर दीन और करुण होकर रुदन के नाना रूपों में प्रवाहित हुआ है, वहाँ दूसरी ओर उसकी विनोदी प्रकृति ने दारुण दुःख को किंचित् हलका भी कर दिया है।

कृष्ण के व्रज से चलते समय ही कवि व्यंग्य के साथ कहता है कि उन्होंने तनिक मुस्कुराकर युवतियों को 'ठगोरी' लगा दी, जिससे वे चकित-स्तंभित-सी खड़ी रहीं और 'धरणी के हितकारी ने तुरन्त पग धारण किए।'[2] नन्द जब ग्वालों के साथ गोकुल लौट आते हैं, तो यशोदा उनसे कटु वाक्य कहती है; परन्तु उसके व्यंग्य में कृष्ण के व्यवहार की ओर तनिक भी संकेत नहीं है। स्वयं नन्द भी कृष्ण की आलोचना नहीं करते, वरन् यशोदा के ही गत व्यवहार की याद दिलाकर परस्पर दोषारोपण के द्वारा कृष्ण-प्रेम की व्यंजना करते हैं। परन्तु सखागण कहते हैं, 'हरि अब बड़े वंश के कहलाकर मधुपुरी के राजा हो गए, सूत-मागध उनका विरुद गाते हैं, और वसुदेव-तात का वर्णन करते हैं।'[३] सखाओं के व्यंग्य से भी अधिक चोट गोपियों के वचनों में हैं। उनके मन में दुःख है, पर मुख पर हर्ष, क्योंकि उन्हें 'नृपति कान्ह और कुबिजा पटरानी' पर हँसने का अवसर मिल गया है।[४] कुब्जा के विषय में कटूक्तियाँ करते-करते एक गोपी कहती है : ''कुबिजा तुमने नहीं देखी? मधुपुरी में जब मैं दधि बेचने जाती थी, तब मैंने उसे अच्छी तरह देखा था। महल के निकट रहती है,माली की बेटी है। उसे देख कर नरनारी हँसते हैं। पीतल को कोटि बार जलाओ, उसे कोटि बार कसो, इससे क्या लाभ? सुनते हैं, उसी को सुंदरी बना दिया है और स्वयं उसके साथ राजी हो गए हैं। सूर, जिसका जिससे मन मिले, उसका क़ाजी क्या कर सकता है?''[५] कूबरी की कठोर आलोचना में गोपियाँ कृष्ण के प्रति कटाक्ष करती हैं, क्योंकि 'हरि ही ने तो कूबरी को ढीठ कर दिया है; उन्हीं के कारण वह टहल करने वाली दासी अत्यन्त घमंडी हो गई है।''[६] ''कूबरी के काम देखो। अब वह बड़े राजा श्याम की पटरानी कहलाती है! न तो अब उसे कोई दासी कहता है और न वे गोपाल कहलाते हैं! वे राज-कन्या कहलाती हैं और वे भूपाल हो गए हैं। पुरुष को तो सब सोहता है, पर कूबरी किस काम की है?''[७] गोपियों को तो यही सुनकर लाज आती है कि श्याम ने कूबरी के कारण कंस-वध किया। पुरवासी कदाचित् सभी ऐसे ही होते हैं, तभी तो कोई श्याम के आगे सच्ची बात भी नहीं कहता। कृष्ण कुब्जा के ही 'रँगराते' हो गए हैं। यदि राजकुमारी के साथ उनका संबंध होता, तब तो वे अंग में फूले न समाते। ठीक है; 'ये अहीर हैं और वह कंस की दासी। विधाता ने भली जोड़ी बनाई।' ''अरे

१. सू० सा० (सभा), पद ३३४९।
२. वही, पद ३६१०।
३. वही, पद ३७५९।
४. वही, पद ३७६०-३७६४।
५. वही, पद ३७६५
६. वही, पद ३७६७।
७. वही, पद ३७६८।

वे पराई पीर क्या जानें? वे तो हलधर के भाई हैं। गाएँ चराने वाले अहीर किसके मीत हो सकते हैं? उनके लिए आँसू बहाना व्यर्थ है।'[१] कृष्ण के जिस श्याम रंग पर गोपियाँ रीझती थीं, अब वही उनके व्यंग्य का लक्ष्य बनकर भ्रमर की भाँति कृष्ण की प्रकृत निष्ठुरता का परिचायक है। गोपियों ने कृष्ण की 'मित्राई' देख ली। उनके चित्त में आरम्भ से ही 'ठगाई' थी। उन्हें 'हितू' समझना भूल थी।[२] ''किस बात का पछतावा करें? हरि न तो हमारी जाति के हैं, न पाँति के। उनके लिए दुःख क्यों मानें? न तो अब उनके माथे पर मोर-चन्द्रिका है और न उर में वनमाल। 'सुंदर श्याम तमाल शरीर पर अब पुष्पों के भूषण भी नहीं शोभित होते हैं। अब कान्ह 'नन्दनन्दन', 'गोपीजन वल्लभ' नहीं कहाते। अब तो बंदीजनों को यादवकुल-भूषण वासुदेव भाते हैं।''[३] फिर भी गोपियाँ कृष्ण से व्रज लौटने की प्रार्थना करती हैं। किन्तु उनकी प्रार्थना में कैसा कटाक्ष है! ''गोपाल फिर व्रज आ जाओ। अब हम तुम्हें गोपाल नहीं कहेंगे, बल्कि नृपति-कुमार कहेंगे। मुरलिका के सप्त-स्वर दश-दिशि में जाकर निशान बजाएँगे। तुम्हारी दिग्विजय के लिए युवतियाँ मांडलिक भूप बनकर तुम्हारी पैर पड़ेंगी और सखा-भटों के साथ सुरभि-सेना की खुर रेणु उठेगी।''[४]

उद्धव के आने पर गोपियों की वचन-वक्रता और अधिक प्रखर हो जाती है। पहले तो वे उद्धव से पूछती हैं कि 'तुम अब नन्दनन्दन के वेश में आए हो, पर यह तो बताओ कि जब उन्होंने वृन्दावन में रास रचा था; तब तुम कहाँ थे?' मधुकर के प्रति उनकी कटूक्तियों में सीधा-सादा व्यंग्य है, जो उनके हृदय की खीझ प्रकट करके कृष्ण के प्रति उनके उत्कट प्रेम की व्यंजना करता है। परन्तु इस सीधे व्यंग्य के अतिरिक्त गोपियाँ उद्धव की व्यंग्यात्मक प्रशंसा करके और गहरी चोट करती हैं। एक गोपी कहती है कि 'मथुरा में दो हंस हैं—एक अक्रूर और दूसरे ऊधो। ये दोनों नीर-क्षीर अलग कर देते हैं। अब उन्होंने व्रज पर कृपा की है'![५] ''मधुवन के सब लोग कृतज्ञ और धर्मीले हैं; अति उदार हैं; पर-हित में डोलते हैं और सुशील वचन बोलते हैं। पहले सुफलक-सुत गोकुल आकर उन्हें लेकर मधुपुरी सिधार गए, जिससे उन्होंने वहाँ कंस और यहाँ हम दोनों का दूना काज सँवार दिया। अब हरि को सिखा कर ऊधो हमको सिखाने पधारे हैं। वहाँ पर दासी-रति की कीर्ति कमाकर यहाँ योग का विस्तार कर रहे हैं।''[६] श्याम रंग और कुब्जा के प्रेम के विषय में गोपियाँ बार-बार कटूक्तियाँ करती हैं; परन्तु उद्धव के निर्गुण योग के संदेश के विषय में उनके व्यंग्य बहुत तीखे हैं : ''ऊधो तुमने व्रज में प्रवेश किया है। तुम यहाँ नफा जानकर सभी वस्तुएँ 'अकरी' ले आए हो। हम अहीर जो मथकर माखन बेचते हैं, उन्होंने सगुण टेक पकड़ ली है। यह निर्गुण की निर्मोल गठरी अब कौन ले? यह व्यापार वहीं चल सकता है, वह बड़ी नगरी थी। सूरदास, इसका कोई गाहक नहीं जान पड़ता, यह तो तुम्हारे ही गले पड़ी दिखाई देती है।''[७] इसलिए गोपियाँ कहती हैं : ''ऊधो तुम कहीं योग यहीं न भूल जाना। गाँठ बाँध लो; नहीं तो कहीं

---

१. सू० सा० (सभा), पद ३७७०-३७७४।
२. वही, पद ३८०४।
३. वही, पद ३८१०।
४. वही, पद ३८४५।
५. वही, पद ४२०५।
६. वही, पद ४२१२।
७. वही, पद ४२८१।

छूट पड़े और फिर वहाँ पछताओ। मधुकर, ऐसी अनुपम वस्तु जिसका मर्म कोई दूसरा नहीं जानता व्रजवनिताओं के काम की नहीं, तुम्हारे ही योग्य है।''[१] उद्धव की व्यंग्य प्रशंसा में वे कहती हैं : ''ऊधो, तुम अति बड़भागी हो। सनेह-तगा (धागा) से 'अपरस' रहते हो; जल के भीतर पुरइन-पात की तरह हो। उस रस का तुम्हारी देह में दाग भी नहीं लगता, जिस प्रकार तेल की गागर को जल के भीतर बूँद भी नहीं लगती। हम ही भोरी अबला हैं जो गुड़ की चींटी की तरह पगी हुई हैं।''[२] कृष्ण के लिए भी गोपियाँ कठोर कटाक्ष करती हैं। परन्तु कवि का व्यंग्य कृत न मानने वाले 'कारे' और 'परदेशी' का 'पतियारा' भले ही न करे, उसमें विश्वास और दृढ़ प्रेम की गूढ़ ध्वनि निरन्तर सुनाई देती है। विफलता की भावना उसे अविश्वासी और जन-द्वेषी नहीं बनाती। वस्तुतः कृष्ण का वियोग प्रेम की दृढ़ता सम्पन्न करने का साधन है, विफलता का सूचक नहीं। अतः कवि की विनोदी प्रकृति विश्वास और प्रेम से सीमित है।

रहस्योन्मुखता

मुरली के सम्बन्ध में कवि के समस्त कथनों में रहस्योन्मुख प्रवृत्ति स्पष्ट रूप से दिखाई देती है। मुरली-ध्वनि के दिग्दिगंतव्यापी, चराचर-विमोहन प्रभाव के वर्णन में उसने उत्कृष्ट आध्यात्मिक अनुभूति के संकेत किए हैं।

दानलीला में कृष्ण गोपियों को अपनी कमरी का रहस्य समझाना चाहते हैं : ''इस कमरी को समझती हो! जिसके हृदय में जितनी बुद्धि है, वह इसे उतना ही अनुमान करता है। इस कमरी के एक रोम पर नील पाटंबर के चीर बार दूँ! तुम गोपियाँ उस कमरी की निन्दा करती हो, जो तीन लोक की आडम्बर है! मैंने कमरी के बल असुर संहारे हैं और कमरी के ही बल सब भोग किए हैं। मेरी जाति-पाँति, सब कमरी ही है। सूर, यही सब योग है।'[३] योगमाया के विषय में यह कथन कवि की एक विशिष्ट मानसिक प्रवृत्ति की ओर संकेत करता है। अनंग नृप के विषय में भी कृष्ण इसी प्रकार का गूढ़ कथन करते हैं और गोपियाँ जब उस कथन को कंस के अधिकार की स्वीकृति समझ कर कृष्ण पर कटाक्ष करती हैं तो वे गूढ़ हँसी हँसते हैं। गोपियाँ इस हँसी का रहस्य नहीं समझ पातीं। कृष्ण जब अपना तात्पर्य स्पष्ट रूप से समझा देते हैं, तब वे आत्म-विस्मृति की अवस्था में कृष्ण को सर्वस्व समर्पण करके आध्यात्मिक मिलन का सुख लूटतीं और उसी में मग्न हो जाती हैं। दानलीला के अत्यन्त ग्रामीण और पार्थिव वातावरण में इस रहस्यात्मकता के कारण विशेष सरसरता आ गई है।

कृष्ण-प्रेम की अनुभूति के चित्रण में कवि प्रायः रहस्योन्मुख हो जाता है। गोपियों का प्रेम में पागल होकर लोक-लज्जा को तिलांजलि दे देना स्वयं उत्कृष्ट आध्यात्मिक अनुभव का प्रमाण है, किन्तु कवि ने स्पष्ट रूप से भी इस प्रकार के संकेत किए हैं। गोपी कहती है : ''लोगों को उपहास करने दे। मन, कर्म और वचन से मैं नन्दनन्दन का तनिक भी पास नहीं छोड़ूँगी। अरी सजनी, एक गाँव का वास होते हुए कैसे रहा जाए?''[४] 'एक गाँव के बास' से कदाचित् कवि दुहरे अर्थ की व्यंजना करता है।

---

१. सू० सा० (सभा), पद ४४२७।
२. वही, पद ४५७६।
३. वही, पद २१३३।
४. वही, पद २२८२।

कृष्ण के संयोग की तीव्र भावानुभूति को कवि प्राय: 'कूटपदों' के द्वारा व्यक्त करता है, कदाचित् इसलिए कि साधारण शब्दावली में वह अनुभव हीन कोटि का लग सकता है। गोपी सखी से अपना अनुभव सुनाती है कि वह गोरस लिए अकेली जा रही थी। रास्ते में 'कान्ह' ने उसकी बाँहें पकड़ लीं और फिर एक हाथ से उसका हार सहित अंचल और दूसरे से उसकी मटकी झटक दी। गोपी खीझने लगी; पर मन ही मन वह श्याम पर रीझ गई।[१] इसके बाद कृष्ण ने उसके साथ और भी झगड़ा किया। कवि ने इस झगड़े के अनुभव को गूढ़ शब्दों द्वारा प्रकट किया है।[२]

वृषभानु-पत्नी राधा को स्वतन्त्र होकर घर-घर डोलने पर तरह-तरह से समझाती और बुरा-भला कहती है। यद्यपि राधा अपनी चतुरता से उसे संतुष्ट कर देती है, पर उसे माता-पिता आदि 'विमुखों' के साथ रहने पर बड़ा पश्चात्ताप और दु:ख होता है और वह मार्मिक वेदना के साथ श्याम का स्मरण करने लगती है। श्याम का ध्यान आते ही उसकी सारी चेष्टाएँ बदल जाती हैं। कवि कहता है : ''जब प्यारी ने मन में ध्यान किया, तो उसका हृदय पुलकित हो गया, रोमांच प्रकट हो गया और अंचल हटकर मुख उघर गया। जननी उस छवि को निरख कर कुछ कहना चाहती है, पर कुछ कहा नहीं जाता। वह चकित होकर अंग-अंग देखने लगी। उसके मन में दु:ख और सुख दोनों उत्पन्न हो गए। फिर मन में सोचने लगी कि यह किसी और की सुता है या मेरी ही 'जाई' है? हरि के रंगराची राधा को देख कर जननी अपने जी में 'भरमाई' रह गई। जब अपने जी में उसे चेत आया और उसने जाना कि यह मेरी ही बेटी है तो सूरदास-प्रभु की प्यारी की छवि देख कर उसने कुछ सीख देनी चाही।''[३] कवि ने इस अवसर पर भी माता के द्वारा राधा के रूप का वर्णन कूट शैली में किया है, क्योंकि वह उसके आध्यात्मिक सुख का द्योतक है और माता स्पष्ट शब्दों में उसे समझा नहीं सकती है।[४]

राधा की सखियाँ उसके गूढ़, गम्भीर प्रेम का तनिक आभास पाकर उसकी अत्यन्त प्रशंसा करती हैं। राधा उनकी बातें सुनकर 'अपने भाग्य सराह कर प्रेम-गद्‌गद और रोम-पुलकित हो जाती है। वह अपनी प्रीति प्रकट करना चाहती है, पर मुख से वचन नहीं निकलता। काम-नायक नन्दनन्दन उसके नयनों में छा रहे हैं। हृदय से वे कहीं नहीं टलते, वहाँ उन्होंने निश्चल वास किया है। सूर, प्रभु-रसभरी राधा का प्रकाश नहीं छिपता।'[५] राधा के इस प्रकाश का किंचित् आभास कवि उसके उन कथनों द्वारा देता है, जिनमें वह इन पार्थिव नेत्रों से कृष्ण की रूप-राशि को देखने में अपने को असमर्थ बताती है और कहती है : ''श्याम को मैं कैसे पहचानूँ? क्रम-क्रम से एक-एक अंग देखती हूँ और उसे पलक-ओट नहीं होने देती। फिर लोचन ठहराकर निहारती हूँ और निमिष के बाद उस छवि का अनुमान करती हूँ तो और ही भाव तथा कुछ और ही शोभा दिखाई देती है। सखी, कहो, उर में उसे कैसे धारण करूँ? क्षण-क्षण में अंग-अंग की अगणित छवि देखती हूँ और

१. सू० सा० (सभा), पद १२८८।
२. वही, पद २३८९।
३. वही, पद २३३१।
४. वही, पद २३३२।
५. वही, पद २४६३।

फिर उसी को देखने की हठ ठानती हूँ! सूरदास-स्वामी की महिमा एक रसना से कैसे बखानूँ?'[१]

राधा जब कृष्ण को 'भाव' देकर सोलह शृंगार करके कृष्ण-नागर का पथ निहारती और मन में कृष्ण-प्रेम सम्बन्धी भाँति-भाँति के विचार लाती है, तो उसकी अंग-शोभा में विचित्र सरसता आ जाती है। कवि पुनः भाव-विभोर राधा के रूप का वर्णन कूट शब्दों में करके उसके अवर्णनीय आध्यात्मिक सुख की व्यंजना करता है।[२]

श्याम-रूप का प्रभाव-वर्णन करने में कवि ने अनेक पदों में नयनों की परवशता का उल्लेख किया है। कहीं-कहीं इनमें भी रहस्यात्मक संकेत मिलते हैं : "अँखियाँ हरि के हाथ बिक गईं। मृदु मुस्कान ने उन्हें मोल ले लिया, यह सुन-सुन गोपियाँ पछताने लगीं। ये मेरे वश कैसे रहती थीं? अब तो कुछ और ही भाँति की हो गई हैं! अब वे मुझे देखते हुए लाज से मरती हैं, क्योंकि हरि की पाँति में मिलकर बैठ गई हैं। कब आती हैं, कब जाती हैं, यह नहीं जान पड़ता। उनका हाल तो स्वप्न-मिलन की तरह है।"[३] राधा अपने मिलन-सुख को सखियों से प्रायः छिपाती रहती है,किन्तु जब कभी वह उनका यत्किंचित् वर्णन करती है, तभी उसके शब्दों से किसी गूढ़ भाव का संकेत मिल जाता है। श्याम-रस-छकी राधिका अपना एक बार का अनुभव सुनाती है : 'रति-अंत में श्याम ने एक विचित्र रस किया। उन्होंने अंग का अंबर अलग करना चाहा। मैंने उनसे झगड़ा किया। उन्होंने धरती को चरण से दबाया। तुरन्त शेष के सहस्त्रों फनों की मणि-ज्योति प्रकट हो गई। मैं अत्यन्त त्रसित होकर उनके कंठ से लिपट कर काँपने लगी।'[४]

राधा इस अनुभव के बाद बहुत हँसी। उसकी वह हँसी उसके नेत्रों में प्रकट होकर आध्यात्मिक सुख की सूचना देती है : 'सुरंग-रसमाते खंजन-नयन पलकों के पिंजरों में नहीं समाते। उनका वास कहीं और ही है। यहाँ न जाने किस नाते रह गए। यदि अंजन-गुण में न अटके होते तो न जाने कबके उड़ गए थे।'[५] संयोग-सुख से उत्फुल्ल राधा के रूप के वर्णन में कवि अधिकतर कूट शब्दों का प्रयोग करके उसके इस सुख की सूचना देता है।[६]

भाव-सम्पन्नता और वर्णन-वैचित्र्य

स्थायी और संचारी भाव

निर्वेद एवं दास्य, वात्सल्य, सख्य और शृंगार के अन्तर्गत विभिन्न भावों की कल्पना करके सूरदास ने जितनी मानसिक स्थितियों—चित्तवृत्तियों का यथार्थ चित्रण किया है, उससे उनकी मानव-प्रकृति के निरीक्षण की शक्ति का परिचय मिलता है। परन्तु इससे भी अधिक महत्वपूर्ण यह है कि सूरदास ने कृष्ण-लीला के सभी पात्रों के भाव अपूर्व आत्मीयता और व्यक्तिगत तन्मयता से चित्रित किए हैं, जिससे विभिन्न पात्रों के रूप में स्वयं कवि के भाव-

---

१. सू० सा० (सभा), पद २४६१।
२. सू० सा० (सभा), परिशिष्ट, पद ५३ तथा सू० सा० (वें० प्रे०), पृ० २७७, पद ९८१
३. सू० सा० (सभा), पद ३०२०।
४. वही, पद ३२९०।
५. वही, पद ३२८५।
६. वही, पद ३३६४-३३६७।

लोक का परिचय मिलता है। हरि के प्रति उसकी अनुरक्ति का भाव सरलता से आरंभ होकर उत्तरोत्तर अधिकाधिक घनता और जटिलता प्राप्त करता जाता है। फिर भी अपने जटिलतम और सघनतम रूप में कवि का भाव-जगत् रति के उस विशिष्ट लक्षण से आलोकित रहता है जिसे अलौकिक आलंबन के कारण भक्ति की संज्ञा दी गई है। वस्तुतः किसी लौकिक आलंबन के प्रति भाव की इतनी विविधता, अनेकरूपता और संकुलता संभव ही नहीं है। रति के विविध रूपों को स्थायी भाव की कोटि में पहुँचा चित्रित करके उनको इतनी अधिक चित्तवृत्तियों से पुष्ट करना कवि की अपूर्व संवेदनशीलता का परिचायक है। काव्य के तैंतीस संचारी भाव सूरदास के भाव-लोक की सम्पन्नता के आगे मानव-मन के विकारों की संख्या और नामकरण करने के प्रयत्न मात्र की सूचना देते जान पड़ते हैं। 'सूरसागर' में उठने वाली भक्ति की उत्ताल तरंगों के साथ जो छोटी-छोटी लहरें और उर्मियाँ उठती और विलीन होती दिखाई देती हैं, उनका नामकरण करके उन्हें तैंतीस संचारियों के अन्तर्गत रखना असंभव है। रति का ऐसा संपन्न, समृद्ध, अनुरंजित, तन्मयतापूर्ण और व्यापक चित्रण किसी दूसरे कवि में मिलना दुर्लभ है। कवि एक के बाद दूसरे पात्र के भावों में अपनी आत्मीयता भरकर रति की विविध-रूप व्यंजना करता जाता है, जो राधा के आदर्श भाव में परम तीव्रता और घनता प्राप्त कर लेती है।

'सूरसागर' में व्यक्त स्थायी भावों की गणना में रति के विविध रूपों के अतिरिक्त 'विस्मय' को भी लिया जाता है जिसके द्वारा कवि ने अपनी रहस्योन्मुखता का परिचय दिया है। श्रीकृष्ण की समस्त लीला उनके ब्रह्म रूप के विचार से विस्मयव्यंजक है। कवि ने स्थान-स्थान पर लौकिक और अलौकिक के विरोध और सामंजस्य का चित्रण करके विस्मय की व्यंजना की है। परन्तु वस्तुतः कृष्ण-लीला का अन्तर्निहित विस्मय उनके कृष्ण-प्रेम को पुष्ट ही करता है, बहुत थोड़े से अवसरों पर वह ऊपर आकर प्रेम को प्रभावित कर पाता है। ऐसे अवसर अल्प तो हैं ही, क्षणस्थायी भी होते हैं। अतः विस्मय का भाव उद्दीपन अनुभाव और संचारियों के द्वारा पुष्ट होकर अद्‌भुत रस में पूर्णतया निष्पन्न होते बहुत कम देखा जा सकता है, बहुधा वह रति के संचारी के रूप में ही आता है। इसी प्रकार 'हास', 'करुणा', 'भय', 'अमर्ष', 'उत्साह' और 'जुगुप्सा' भाव भी संचारी रूपों में ही प्रायः आए हैं। सूरदास के 'हास' में जो बंकता, वक्रता, तीव्रता और गूढ़ व्यंजना है, उसका परिचय ऊपर दिया गया है। उनकी विनोदी प्रकृति ने 'हास' का अपूर्व विस्तार किया है, परन्तु फिर भी वह रति का अंग ही रहा। कटु से कटु और उत्फुल्ल से उत्फुल्ल व्यंग्य में सूरदास के गंभीर कृष्ण-प्रेम की ही व्यंजना है। व्यंग्यविनोद का तीव्रतम रूप कृष्ण के प्रति वियोगपक्षीय रति भाव के अंतर्गत मिलता है, जहाँ वह विप्रलंभ के अत्यंत करुण भावों के साथ मिल कर अद्‌भुत प्रभाव की सृष्टि करता है। हास और रुदन का यह अद्‌भुत संयोग सूरदास की आश्चर्यजनक संवेदनशीलता का परिचायक है। इसी मिश्रित भाव-चित्रण में कवि की वचन-वक्रता और विदग्धता उत्कृष्ट रूप में प्रकट हुई है। 'भय' का प्रकाशन रति के संचारी रूप के अतिरिक्त स्वतंत्र रूप में भी, विशेषतः इंद्र-कोप के वर्णन में भयंकर जलवर्षण के अवसर पर व्रजवासियों में तथा कंस के भाव-चित्रण में हुआ है। परन्तु इस भाव के चित्रण में कवि की विशेष रुचि नहीं है, कृष्ण की भक्ति रति को चमत्कृत करने के उद्देश्य से ही उसका भी चित्रण हुआ है। 'अमर्ष' और 'उत्साह' विविध रति भावों के संचारियों के रूप में अनेक स्वाभाविक परिस्थितियों में चित्रित किए गए हैं जिनका परिचय ऊपर दिया जा चुका है। 'उत्साह' भाव

का एक और विलक्षण रूप कवि ने राधा-कृष्ण के रति-संग्रामों के चित्रण में किया है, जहाँ युद्ध के समस्त उपकरण रूपक के द्वारा उपस्थित किए गए हैं और उसी के अनुरूप ओजपूर्ण शब्दावली का भी प्रयोग किया गया है। ओज और माधुर्य का यह संयोग विचित्र चमत्कारपूर्ण है।

यदि परुषता और कोमलता के आधार पर भावों का वर्गीकरण किया जाय तो यह स्वीकार करना पड़ेगा कि कवि की भावानुभूति केवल कोमल भावों तक सीमित रही है। परन्तु परुष भावों का रति के संचारियों के रूप में उसने सुन्दर उपयोग किया है। वस्तुतः सूरदास ने प्रायः सभी मानवीय मनोविकारों का समाहार रति में करके उस भाव की विस्तृति और सर्वोत्कृष्टता प्रमाणित की है तथा अपनी सूक्ष्म भाव-निरूपण की शक्ति का भी परिचय दिया है।

साहित्यिक परम्पराएँ

भक्ति के रूप में काव्य का प्रणयन करते हुए भी सूरदास ने अनायास ही संयोग शृंगार के अंतर्गत सात्विक भाव; हाव, भाव, हेला, लीला, विलास आदि स्वभावज अलंकारों; शोभा, कांति आदि अयत्नज अलंकारों और असंख्य अनुभावों के इतने चित्रण और वर्णन किए हैं कि उनकी पूर्णतया गणना करना भी कठिन है। इसी प्रकार विप्रयोग के अंतर्गत समस्त दशाओं और अनुभावों को एकत्र करना संभव नहीं है। परकीया और स्वकीया नायिकाओं के मुग्धा, मध्या आदि; खंडिता, गर्विता, अन्यसंभोग-दुखिता, मानवती आदि तथा अभिसारिका, वासकसज्जा, प्रोषितपतिका आदि अनेक उदाहरण 'सूरसागर' से संकलित किए जा सकते हैं। साहित्यिक परम्परा संबंधी इन समस्त विषयों का अलग-अलग वर्गीकरण कवि की भावानुभूति और भाव-चित्रण के सम्बन्ध में उपयुक्त नहीं है, क्योंकि उसका उद्देश्य इन काव्यांगों का विवेचन अथवा चित्रण कदापि नहीं रहा। रति भाव की अभिव्यंजना में जो इतनी अधिक संपन्नता सूरदास ला सके और उसके सफल चित्रण में उन्होंने जो अपूर्व क्षमता का परिचय दिया है उससे उनके हृदय की भावुकता और संवेदनशीलता का अप्रतिम प्रमाण मिलता है।

आदर्श

सूरदास के भाव-चित्रण में जहाँ मनोवैज्ञानिक स्वाभाविकता, गंभीर अनुभूतियों के सूक्ष्म एवं यथार्थ चित्रांकन की प्रवृत्ति और सहृदय मानव मात्र को प्रभावित कर लेने की अनुरंजकता है, वहाँ उनकी भावानुभूति का स्तर भी अत्यन्त उच्च उदात्त और आदर्श है। भक्त के आत्म-समर्पण की संपूर्णता सूरदास के दास्य, सख्य, वात्सल्य और माधुर्य, सभी भावों में अपने-अपने ढंग से संपादित हुई है। सूरदास के भक्त जीवन का आदर्श केवल सुषमा, सौन्दर्य, माधुर्य और अनुरंजन के निरुद्देश्य काल्पनिक भाव-लोक में तल्लीन रहने में सीमित नहीं था। जहाँ वे पवित्र भक्त जीवन बिताते हुए भी अपने को समस्त पापों और दोषों से पीड़ित अनुभव करके किसी ऐसे उच्च जीवन की व्यंजना करते हैं जो सतत स्पृहणीय तो हैं, किन्तु कभी भी पूर्णतया प्राप्य नहीं, वहाँ वे यशोदा के त्यागमय स्नेह, सखाओं की निर्लोभ उच्च आत्मीयता और गंभीर ममता, गोपियों के सर्वात्म-समर्पण और राधा के तादात्म्य भाव की प्राप्ति के निरंतर उद्योगों का चित्रण करके मनुष्य के सबसे अधिक प्रबल मानसिक व्यापार—रति की श्रेष्ठतम स्थितियों की स्वाभाविक अनुभूति उपस्थित करते हैं। सूरदास ने उपदेशात्मक शैली में आदर्शों का प्रतिपादन बहुत कम किया, प्रत्युत उन्होंने भक्ति को विविध भावों के अंतर्गत क्रियाशील दिखा कर उसे

व्यावहारिक किन्तु कवित्वपूर्ण पद्धति से अंतिम परिणति पर पहुँचाया है। भक्ति की अंतिम परिणति सर्वतो भावेन श्रीकृष्ण में भावलीन हो जाने में ही होती है। उनके श्रीकृष्ण मानव रूप में कल्पित अवश्य हैं, पर वे वस्तुत: लोकातीत और मानव भावनाओं से निर्लिप्त। जिस प्रकार कालिय नाग को जल के भीतर से नाथकर निकलते समय उनके तनु का चंदन तक छूटा नहीं दिखाई देता, उसी प्रकार व्रज की सुख-क्रीड़ा और रति-सुखसम्पन्न केलि करते हुए भी वे भावातीत और निष्काम रहते हैं। अक्रूर के साथ व्रज से जाते समय उन्हें कवि अत्यन्त निरीह और भाव-हीन चित्रित करता है। इन्हीं श्रीकृष्ण के सौन्दर्य और माधुर्य में कवि ने अपनी भाव-राशि समर्पित करके तल्लीन हो जाने की कल्पना की है।

११
सौन्दर्यानुभूति और वर्णन वैचित्र्य

जिस प्रकार मनुष्य के आन्तरिक भावों के सूक्ष्म निरीक्षण, अध्ययन और चित्रोपम उद्‌घाटन में सूरदास की अद्‌भुत कुशलता परिलक्षित होती है, उसी प्रकार बाह्य प्रकृति के सूक्ष्म पर्यवेक्षण और यथातथ्य, किन्तु मनोरम चित्रांकन में भी वे अत्यन्त संवेदनशील और कार्य-कुशल दिखाई देते हैं। वस्तुतः उनके भाव की सम्पन्नता उनकी सौन्दर्यप्रियता और प्रकृति-पर्यवेक्षण की स्वाभाविक प्रवृत्ति के ही कारण इतनी सफलतापूर्वक चित्रित हो सकी है। 'सूरसागर' के बाह्य सौन्दर्य के चित्रणों में मानव शरीर और मानवेतर प्रकृति, दोनों को स्थान मिला है। पुरुष और नारी दोनों के एक से एक असंख्य सुन्दर चित्र उनके काव्य में भरे पड़े हैं, जिनसे उनकी सौन्दर्यानुभूति, कल्पना-शक्ति और चित्रण-कौशल का प्रमाण मिलता है। आगामी अध्याय में उनकी कल्पना-सृष्टि का किंचित् विस्तार के साथ उद्‌घाटन किया गया है। प्रस्तुत अध्याय में कवि द्वारा की हुई पुरुष और नारी-सौन्दर्य की आदर्श-कल्पना एवं प्रभात, वन-प्रांत, द्रुमलता, आकाश, मेघ, वर्षा, शरद आदि प्राकृतिक दृश्यों की यथार्थ सृष्टि का परिचय देकर उसकी सौन्दर्यप्रियता की प्रवृत्ति का अध्ययन किया गया है।

प्रकृति की सृष्टि के अतिरिक्त काव्य में मानव द्वारा निर्मित विभिन्न सामाजिक संस्थाओं के चित्रण से भी कवि की निरीक्षण-शक्ति और वर्णन कौशल का परिचय प्राप्त होता है। 'सूरसागर' में कृष्ण-लीला की विभिन्न परिस्थितियों की कल्पना के द्वारा ऐसे अनेक चित्र उपस्थित किए गए हैं जिनसे तत्कालीन सामाजिक वातावरण की यथातथ्य सूचना मिलती है। अतः इस अध्याय में संस्कार, पूजा, व्रत, उत्सव, मनोरंजन, भोजन-सामग्री आदि के ऐसे विवरण दिए गए हैं जिनसे उस समय के सामाजिक आचार पर प्रकाश पड़ता है। साथ ही ऐसे संकेतों को भी इंगित किया गया है जो तत्कालीन नैतिक अवस्था का यत्किंचित् परिचय देते हैं।

मानव-सौन्दर्य

मानव-शरीर-सौन्दर्य के विषय में कवि की आदर्श कल्पना का यथार्थ अनुमान कृष्ण और राधा के रूप में असंख्य चित्रों से लगाया जा सकता है। कवि ने अवस्था और परिस्थिति के भेद से इनमें विविधता दिखाकर अपनी सूक्ष्म निरीक्षण और उत्कृष्ट सौन्दर्यानुभूति का परिचय दिया है।

पुरुष रूप

कृष्ण का शरीर श्याम है। श्याम रंग की यथार्थ भावना देने के लिए कवि ने अनेक उपमाओं का सहारा लिया है। कदाचित् श्याम-सरोज और नव-जलधर की उपमाएँ कृष्ण के

रंग की यत्किंचित् भावना दे सकती हैं। किन्तु अधिकांश में श्याम रंग की कवि-कल्पना का वर्णन कठिन है। कृष्ण के श्याम रंग के विषय में गोपियों की व्याजोक्तियों से यह जान पड़ता है कि कदाचित् श्याम रंग ऐसा नहीं था जिसे कवि सामाजिक परम्परा के अनुकूल सबसे सुन्दर रंग कह सके; फिर भी श्याम रंग के प्रति सर्वव्यापी आकर्षण उसकी, विशेष कर स्त्रियों में लोकप्रियता को प्रमाणित करता है। कृष्ण के पूर्ण विकसित शरीर का चित्र नीचे दिया जाता है।

कृष्ण के नखों की विशेषता यह है कि वे अपार ज्योति-सम्पन्न हैं। कवि ने कोटि रवि और शशि के प्रकाश से उपमा देकर उनकी चमक की भावना ग्रहण करने की चेष्टा की है। उनके चरणों का रंग अरुण है और उनकी कोमलता तथा सौन्दर्य दोनों का भाव अरुण कमल की उपमा देकर समझाया गया है। उनकी जानु और जंघा मांसल और ऊपर से क्रमशः पतली होती जाती हैं। इनका बिंब-ग्रहण कदली और हाथी की सूँड़ से उपमा देकर कराया गया है। कटि का सौन्दर्य सिंह की कटि के समान उसकी क्षीणता में है। नाभि की शोभा उसके गंभीर होने में है, कवि ने ह्रद से उसकी उपमा दी है। नाभि प्रदेश से वक्षस्थल तक रोमराजि की शोभा का बिंब-ग्रहण कवि ने नव-नील घन पर मिटती हुई धूम्रधारा की उपमा देकर कराया है। वक्षस्थल पर भृगु-पाद का चिह्न है। भुजाएँ जानुपर्यंत विशाल हैं; उनकी उपमा नागों से देकर कवि ने उनकी नम्यता और चपलता की भावना दी है। कर कमल के समान कोमल और अरुण हैं तथा उँगलियाँ भी अत्यन्त सुन्दर हैं। ग्रीवा शंख के समान है और चिबुक की शोभा अनुपमेय है। अधर अंबुज, बंधूक, विद्रुम अथवा बिंब के समान अरुण हैं और पल्लव के समान पतले। वाणी कोकिल के समान है, दशन विद्युच्छटा के समान है और नासिका कीर के समान है। लोचनों की शोभा के लिए कवि ने अनेक उपमान जुटाए हैं। कंज, खंजन, मीन, मृग-शावक, सब मिलकर कदाचित् उनका किंचित् भाव-ग्रहण करा सकें; वे विशाल और चंचल हैं। भृकुटियाँ भी अत्यन्त सुन्दर हैं; सुर-चाप से उनकी उपमा देकर कवि ने उनके धनुषाकार होने का संकेत किया है। भाल विशाल और कपोल तथा गंड-मंडल अत्यन्त सुन्दर है तथा अलकें घनी; घुँघराली और अलियों के समान अत्यन्त काली हैं।[१]

रूप के वर्णनों में वस्त्राभूषणों का विवरण भी कवि ने अवस्था और परिस्थिति के अनुसार दिया है। कृष्ण पीत वस्त्र या काछनी पहनते हैं; कटि में किंकिणी, करों में पहुँची, कंठ में कठुला, श्रवणों में मकराकृति कुंडल और शिर पर मयूर-मुकुट धारण करते हैं। वक्षस्थल पर श्वेत मुक्तामाला सदैव विराजती है। भाल पर तिलक, भुजाओं में चंदन-खौर, उँगलियों में मुद्रिका और वक्ष पर अंगराग लगाए रहते हैं और उनके अधर पर प्रायः मुरली विराजती है। उनके खड़े होने की सबसे सुन्दर मुद्रा 'त्रिभंगी' है। वे प्रायः 'पीत पिछौरी' धारण किए रहते हैं।

कृष्ण-रूप के अनेक वर्णनों में कवि का विशेष आग्रह उसकी यथार्थता के प्रदर्शन में नहीं, अपितु रूप के प्रभाव की व्यंजना में है। इसीलिए इन वर्णनों में परम्पराभुक्त उपमानों के द्वारा अतिशयोक्ति की प्रवृत्ति बराबर पाई जाती है। उपमानों के अतिशय प्रयोग के कारण कभी-कभी बिंब-ग्रहण की ओर ध्यान भी नहीं जाता। कवि ने सौन्दर्य की ओर ध्यान दिलाने के लिए बार-बार, कभी सम्पूर्ण नख-शिख और कभी किसी अंग विशेष से अनेक चित्र दिए

---

१. सू० सा० (सभा), पद १२४३-१२६४, १२८१-१२८३, २३७३-२४५९।

हैं। रूप के प्रभाव पर आग्रह होने के कारण ही कवि ने कृष्ण के सुकुमार, कोमल रूप तक ही अपनी दृष्टि को सीमित रखा; उनका वीर और पराक्रमी रूप उसने कभी नहीं देखा। कंस आदि असुरों के वध के समय भी वे कोमल और आकर्षक ही चित्रित किए गए।

नारी रूप

नारी रूप का सौन्दर्य कवि ने विशेषकर राधा के द्वारा और सधारणतया गोपियों के द्वारा प्रदर्शित किया है। वैसे तो राधा और गोपियाँ 'रति' की आश्रय हैं और कृष्ण उसके आलंबन, किन्तु कृष्ण के मन में भी गोपियों और विशेषतया राधा के प्रति प्रेमाकर्षण दिखा कर कवि ने यथावसर राधा और गोपियों को 'रति' के आलंबन के रूप में ग्रहण करके उनके शरीर-सौन्दर्य का चित्रण किया है।

गोप्रियों के विषय में तो केवल थोड़े से सामान्य कथन हैं : 'वे युवतियाँ हैं; चंद्रवदनी और सुकुमारियाँ हैं; अंग-अंग में श्रृंगार धारण करती हैं; उनके चलते समय कटि में किंकिणी और पग में नूपुर तथा बिछियों की सुन्दर ध्वनि होती है।'[१] गोपियों की अंग-शोभा के वर्णन में भी कवि ने परम्पराभुक्त उपमानों का प्रयोग किया है। दान के प्रसंग में गोपियों के 'कनक-कलश', 'गोरस-घट' का बार-बार उल्लेख आया है। 'नवसप्त श्रृंगार' का भी कवि ने कई स्थानों पर विवरण दिया है। 'गोरे भाल पर लाल सिंदूर की बिंदी, मुक्ताओं की सुभग माँग, नकबेसरि, खुटिला, तरिवन, गले में उन्नत पयोधरों पर लटकती हुई हमेल, कंठसिरी, दुलरी, तिलरी, माणिक-मोती का रंगीन हार, बहु नग-जटित अँगिया, भुजाओं में बहूँटा और वलय, कटि में किंकिणी, पगों में जेहरि और शरीर पर पाटंबर धारण करके जब ग्वालिन मतंग की भाँति मन्द-मन्द चाल से चलती है तो अनंग का भी मन रीझता है।'[२] सुभग वेणी नितंबों पर लहराती है। नखों पर जावक-रंग लगा रहता है। रास के प्रसंग में 'सूथन जघन' के नार-बंद और 'तिरनी' (नीबी) की शोभा का भी उल्लेख हुआ है। रास में राधा के श्रृंगार का जो वर्णन है, उसे समस्त गोपियों के श्रृंगार का प्रतिनिधि समझना चाहिए। 'नीलांबर पहने हुए भामिनी घन-दामिनी की तरह दमकती है। शशिमुख पर मृगमद का तिलक लगा है; नाक में खुटिला, जड़ी हुई खुभी और बेसरि पहने है; नासिका पर तिल-प्रसून भी है; सुहागभरी मोतियों की माँग है। मृदु चिकुर मन हरने वाले हैं। शिर पर फूलों से गुंथी हुई कवरी है। कनक की रत्न-जटित 'सिगरी' और मुक्तामणि की 'लटकन' कानों में शोभित है। काम-कमान के समान दोनों भवें हैं और चंचल नयन-सरोज में काला अंजन लगा हुआ है। कंबु-कंठ में नाना मणि-भूषण और उस पर मुक्ता की माला है। चंद्रमणि और हीरा-रत्न से जड़ी हुई हेम की चौकी, कनक-किंकिणी तथा बाल मराल की भाँति कलरव करने वाले नूपुर धारण किए हुए राधा ऐसी लगती है, मानो चतुर्दश भुवन की शोभा उसने अपने में सीमित कर ली हो। सजल-मेघ घन के समान श्यामल सुंदर के वाम अंग में तो उसकी शोभा और भी बढ़ जाती है।''[३]

नारी की शोभा कदाचित् प्रथम यौवनागम के समय सबसे अधिक आकर्षक समझी जाती है। कवि ने पद्मिनी राधा के मुग्धा रूप का वर्णन विस्तार के साथ किया है; यौवन-सूर्य ने

---

१. सू० सा० (सभा), पद २०४८।
२. वही, पद २०३९।
३. वही, पद ३१६७।

शैशव जल सुखा दिया और कुचस्थली को प्रकट कर दिया। मज्जन-समय छूटे हुए केश नाग से लगते हैं। सुचिक्कण केशों के बीच में सँवारी हुई सीमंत तम को दो भागों में चीरती हुई सूर्य-किरण जान पड़ती है। ललाट पर केसर की आड़ और उसके बीच में सिंदूर की बिंदु है। सुंदर नयन-भृंग और उनके ऊपर भ्रूभंग की शोभा अकथनीय है। चंपाकली-सी अमल, अदोष नासिका के ऊपर प्रभात के ओसकण की भाँति मुक्ता है। अक्षरों की छवि देख कर बिंब लज्जित होते हैं। हँसते समय फूल बरसते हैं। तमोल-रंग में भीगी दशनावली मानो चंद्र में बोए हुए चंदनयुक्त सौदामिनी के बीज हैं। तमोल के भरे-पुरे कपोल ऐसे हैं, मानो कंचन के दो संपुट सिंदूर से भरे हों। चिबुक के ऊपर डिठौना ऐसा लगता है, मानो प्रभात समय अलि शिशु कमल-कुंज से निकल रहा हो। जिस मार्ग से वह स्वाभाविक रीति से निकल जाती है, वहीं मधुप कमल-वन छोड़कर संग लिपटे चलते हैं।'[१]

यद्यपि मानव शरीर-सौन्दर्य के वर्णनों में कवि की कल्पना निरन्तर परम्पराभुक्त उपमानों का सहारा लेती चलती है, फिर भी उपर्युक्त थोड़े से उद्धरणों को देख कर ही यह कहा जा सकता है कि कवि के नेत्र मानव-सौन्दर्य को देखने में चूक नहीं कर सकते। सौन्दर्य-वर्णन के विषय में उसकी रुचि भी उत्कृष्ट कोटि की कही जा सकती है। श्याम शरीर पर पीत वस्त्र और गौर शरीर पर नील वसन, रोमराजि के बीच श्वेत मुक्तामाला और विवरण उसके रंगसामंजस्य ज्ञान के द्योतक हैं।

कवि की सौन्दर्यप्रियता और सौन्दर्य के लिए उसकी अतृप्ति काव्य में बारंबार प्रकट हुई है। राधा के शरीर में उसे सबसे अधिक आकर्षक वस्तु उसके 'चपल अनियारे विशाल नयन' लगते हैं। राधा के नयनों की जितनी प्रशंसा उसने की है, उसकी अपेक्षा कृष्ण के नयनों की प्रशंसा नगण्य है। ऐसा जान पड़ता है कि कवि ने राधा के नयनों के द्वारा ही कृष्ण के रूप को देखने की निरन्तर चेष्टा की है और इस चेष्टा में उसे कभी तृप्ति नहीं मिल सकी। स्वयं राधा कृष्ण के रूप-रस का पान करने में अपने को बराबर असमर्थ पाती है। श्याम के रूप-रस के लोभी सूरदास मानो स्वयं राधा के बहाने कहते हैं : "श्याम से किस बात की पहचान? निमिष-निमिष न तो वह रूप रहता है और न वह छवि, जिसे जानकर उनसे रति करें। मन, मति और चित्त लगाकर निशि-दिन, निरंतर, एकटक देखते हुए भी एक पल को भी शोभा की सीमा उर में धारण नहीं कर सकते। आनन्द-निधि को प्रकट ही देखते हैं, पर कुछ समझ में नहीं आता। सखि, यह विरह है या संयोग अथवा समरस; सुख या दुःख, लाभ या हानि? घृत में होम-अग्नि की रुचि मिट नहीं सकती। सूर, लोचनों की भी वही बात है। इधर लोभी हैं, उधर रूप की परम निधि है। दोनों में से कोई सीमा मान कर नहीं रहता।"[२]

रूप-सौन्दर्य की भाँति स्वर का सौन्दर्य भी कवि की तीव्र संवेदनशील प्रकृति पर स्थायी प्रभाव डालता है। मुरली-ध्वनि के अखिल ब्रह्माण्डव्यापी प्रभाव का वर्णन और गोपियों का सुध-बुध भूलकर उसके वशीभूत हो जाना कवि की श्रवण-शक्ति की सुंदर अनुभूति का परिचायक है। जिस प्रकार कवि रूप-सौन्दर्य से कभी तृप्त नहीं होता, उसी प्रकार स्वर-सौन्दर्य के लिए भी उसके कान सदैव तृषित रहते हैं।

---

१. सू० सा० (सभा), पद ३२३१।

२. वही, पद २४२७।

प्राकृतिक सौन्दर्य

प्राय: भावों के उद्दीपन के लिए कवि ने यथावसर सुन्दर प्राकृतिक वातावरण उपस्थित करके मानवेतर सौन्दर्य-निरीक्षण का परिचय दिया है। काव्य के भावानुकूल प्राकृतिक वातावरण में प्रभात, वन, द्रुम, लता, पुष्प, यमुना, चन्द्रमा, मेघ, बसंत, वर्षा, शरद् का वर्णन हुआ है।

प्रभात

प्रभात का वर्णन कृष्ण को जगाने के संबंध में केवल प्रसंगवश हो गया है। यशोदा कहती है : "व्रजराज-कुँवर जागिए। कमल कुसुम फूल गए, कुमुदवृन्द संकुचित हो गए और भृंग लताओं में भूल गए। तमचुर खग का रोर सुनो। 'बनराई' बोलता है; गायें रँभाती हुई बछड़ों के लिए खरिकों में दौड़ रही हैं। विधु मलीन हो गया, रवि का प्रकाश होने लगा और नर-नारी गाने लगे।"[१] प्रभात के वर्णनों में जहाँ 'कमलावली' के विकसित होने और 'चंचरीक' के गुंजार करने का परम्पराभुक्त वर्णन है, वहाँ सूर्योदय-समय का यथार्थ चित्रण भी; 'अरुण उदय हो रहा है, शर्बरी विगत हो रही है, शशांक किरनहीन हो गया, दीपक मलीन हो गया, तारासमूह क्षीण-द्युति हो गए। खग-निकर मुखर होकर बोलने लगे।'[२] 'गगन अरुण हो गया, तमचुर पुकारने लगा, पंछी तरु त्याग-कर सब और उड़ने लगे, सुरभी बछड़ों को पिलाने लगी, संग के सखा द्वार पर खड़े हैं।[३]

रवि-किरण फैल जाने के बाद का भी वर्णन कवि ने दो-एक बार किया है : 'सूर्य प्रकट हो गया, महि पर किरणें छा गईं, सब किवाड़ खुल गए, घर-घर गोपियाँ दही बिलोने लगीं और उनके कर-कंकण की झंकार होने लगी। गो-सुत गोठ में बँधने लगे। गोदोहन की जून टल गई। ग्वाल सखाओं की हाँक पड़ने लगी।'[४] सखा द्वार पर खड़े बुला रहे हैं। गायों को बड़ी देर हो गई। वे थनों में दूध भरे खड़ी हैं, बछड़े पुकार रहे हैं; बात यह है कि श्याम ने संध्या समय दुहने के लिए सौगंध दे दी थी।[५]

विरहिनी वृन्दा प्रभात का वर्णन अपने भाव के अनुकूल ही करती है : " लालन 'रैनि' गँवा कर आए। निशि क्षीण हो गई, तमचुर खग बोलने लगे और ग्वाल 'ढोली' गाने लगे। अरुण-किरण के सुख से पंकज विकसित हो गए और मधुप जाकर रस लेने लगे। दिनमणि के कारण चंद्र मलीन हो गया और कुमुद कुम्हला गए। आज की रात मुझे जागते ही बीती। तुम्हारे बिना मुझे कुछ नहीं सुहाता। सूरश्याम, इस दरस-परस के बिना निशि चली गई, नींद हिरा गई।"[६]

---

१. सू० सा० (सभा), पद ८२०।
२. वही, पद ८२३।
३. वही, पद ८५१।
४. वही, पद १०२२-१०२६।
५. वही, पद १२३७।
६. वही, पद ३२९४।

वन, द्रुम, लतादि

वृन्दावन, द्रुम, लता, यमुना आदि के सौन्दर्य का वर्णन गोचारण अथवा बसन्त आदि के प्रसंग में हुआ है। गोचारण के प्रसंग में वन-द्रुम-लतादि का उल्लेख अत्यन्त संक्षेप में हुआ है, सम्पयक् वर्णन कहीं नहीं है। गोचारण के समय नन्दलाल तरु छाँह में बैठकर सुखी होते हैं। बंसीवट अति सुखद है चारों ओर द्रुम हैं, जिनके बीच-बीच गायें चरती हैं। वन में कमल के पत्र और पलास के ताजे दोनों में भोजन होता है। भोजन के साथ वन-फल भी खाए जाते हैं।[१] वृन्दावन की शोभा देखकर ब्रह्मा भी मुग्ध हो जाते हैं; 'सजल सरोवर हैं, जिनके मध्य कमल शोभित हो रहे हैं; परम सुभग यमुना बहती हैं; त्रिविध समीर चलती है; पुष्प, लता, द्रुम, अति रमणीय कदंब की परम सुखद छाँह आदि देखकर मतिधीर ब्रह्मा भी चकित हो गए हैं।[२] वृन्दावन के अतिरिक्त कवि ने कुमुदवन, बंसीवट, संकेतवट, तालवन का भी उल्लेख किया है। तालवन के फल खाते हुए और अघाकर तालरस पीते हुए ही बलराम ने धेनुक का वध किया था।[३] ये समस्त वन अति शीतल और सुखद हैं, उनमें स्थान-स्थान पर घने कुंज हैं जिनमें हरी घास उगी रहती है।[४]

दावानल

वन के दावानल के वर्णन में यथार्थता और चित्रोपमता है : ''दसों दिशाओं में दुसह दावाग्नि पैदा हो गई। बाँस चटकने लगे, कुश-काँस चटकने लगे, अंगार उलट रहे हैं, कराल लपटें झपट रही हैं। धरा से अंबर तक धूम्र की धुंध छाई हुई है, जिसके बीच-बीच ज्वाला चमकती है। हरिण, वाराह, मोर, चातक, पिक तथा अन्य जीव बेहाल होकर जल रहे हैं।''[५]

आदर्श वृन्दावन

नित्यधाम वृन्दावन की अनन्त शोभा बसंत के प्रसंग में आदर्श रूप में चित्रित की गई है : 'जहाँ सदा बसंत का वास रहता है; जहाँ सदा हर्ष रहता है, कभी उदासी नहीं छाती; जहाँ सदैव कोकिल, कीर रोर करते हैं; जहाँ सदा मन्मथरूप चित्त चुराते हैं; जहाँ डालों पर विविध सुमन फूले हैं और उन पर अपार उन्मत्त मधुकर भ्रम रहे हैं; नव पल्लव वन की शोभा बढ़ा रहे हैं। वहीं हरि के साथ अनेक सखियाँ विहार करती हैं; कोकिल कुहू-कुहू सुनाती है।'[६] बसंत में कवि ने पाटल, जुही, केतकी, मालती, चंपा, कुंद आदि पुष्पों का उल्लेख किया है। 'नव पल्लव, बहुरंगी, सुमन, हरे-हरे द्रुम और लताएँ, चारों ओर फूले हुए पलाश, विकसित कमल की गुंजार, कोकिल की मधुर स्वर-लहरी, शीतल मंद सुगंधित पवन, आमों का बौर—बसंत का वातावरण सहज ही युवतियों में फाग खेलने की उमंग पैदा करता है।'[७]

---

१. सू० सा० (सभा), पद १०५५।
२. वही, पद १११०।
३. वही, १११७।
४. वही, पद १११८-११२३।
५. वही, पद १२३३।
६. वही, पद ३४६१।
७. वही, पद ३४६२-३४७३।

प्राकृतिक वस्तुओं में कवि की सौन्दर्यप्रियता को कदाचित् आकाश के मेघ, नक्षत्र, चंद्र और वर्षा ऋतु सबसे अधिक प्रभावित करते हैं।

मेघ, चपला आदि

राधा-कृष्ण की बाल-केलि के समय के प्रथम संयोग-सुख का वर्णन कवि ने काली घटाओं के सुहावने वातावरण में ही किया है : 'गगन घहराने लगा, काली घटा जुड़ आई, पवन झकझोरने लगा, चपला चमकने लगी। दोनों के अंग पुलकित हो गए, तन में मदन जागरित हो गया। नए द्रुम-पुंजों के नए कुंज में, पवन से आलोड़ित सुभग यमुना जल के समीप नया पीतांबर और नई चूनरी पहने हुए बूँदों में भीगते हुए दोनों नए रस में विलास करने लगे।[१]

राधा-कृष्ण की सुरति के समय कवि पुनः वर्षा का वातावरण उपस्थित करता है; 'शीतल बूँदें पड़ने लगीं, पुरवाई पवन बहने लगी, सघन वन के चारों ओर काली घटा छा गई। कन्हाई ने राधिका को भीगता देख कर काली कमरी उढ़ा दी। वायु-वेग से अँबराई टपकने लगी। नन्हीं-नन्हीं बूँदों से मेघ बरसने लगा जिससे कुसुंभी अंबर भीगने लगा। मेघाडंबर देखकर राधिका बार-बार अकुलाने लगी। दोनों हँस-हँस कर रीझ कर, सुभग पीतांबर ओढ़कर बैठ गए।'[२]

मेघ की घनघोर घटाओं का गोवर्द्धन लीला के प्रसंग में 'भय' के उद्दीपन के रूप में यथातथ्य चित्रण किया गया है : "व्रज-लोग प्रबल मेघ-दल देख रहे हैं। जहाँ-तहाँ नए बादल देख कर ग्वाल-गोपाल चकित हो गए और डरकर गगन की ओर देखने लगे। सजल बादल अति महाबल करते हैं; अंधकार करके वे थहराते चलते हैं, जिन्हें देखकर नन्द महर और सब नर-नारी चकित हो गए हैं। हरि खेल कर रहे हैं। घनघोर घटाओं को घहराते, अरराते, दरराते; सरराते देख कर व्रज के लोग डर रहे हैं। तड़ित के तड़कने के उत्पात सुनकर नर-नारी तनु-संकोच करके प्राण अर्पित कर रहे हैं।"[३] 'काले, घूमरे बादलों की घटाएँ व्रज पर उमड़-घुमड़ कर अति जल-वर्षण कर रही हैं। चपला चमचमाती है, सब व्रज-जन डरते हुए शिशु, पिता, माता आदि को टेरते हैं। व्रज में अत्यन्त गलबल फैल गया है, प्रलय काल जैसी ध्वनि गर्ज रही है, गोकुल में अंधकार छा गया है।'[४] बादलों के उठने और क्षण भर में आकाश को आच्छादित कर लेने का यथार्थ वर्णन है : 'व्रज के लोग काली घटाएँ देखकर डरने लगे। देखते ही देखते मेघ घने हो गए और तनिक देर में रवि और सारा गगन छिप गया। ऐसे काले-काले मेघ कभी नहीं दिखाई दिए थे। गरज-गरज कर मेघ व्रज को घेरते आते और तड़पकर चमकते हैं। गोपी-ग्वाल जहाँ-तहाँ विकल हुए घूमते हैं। अपने-बिराने का भेद भी भूल गया है। जो ग्वाल धेनु चराने गए थे, वे वन से, भागे हुए आए। गायें और बछड़े कोई नहीं सँभालते। सब को अपने-अपने जी की पड़ी है। अंधाधुन्ध में कहीं रास्ता नहीं सूझता। सब अपने-अपने घर को खोजते फिरते हैं; रोते डोलते हैं, किन्तु घर नहीं मिलता। जो नारियाँ

---

१. सू० सा० (सभा), पद १३०२-१३०३।
२. वही, पद २६०८।
३. वही, पद १४७३।
४. वही, पद १४७५।

यमुना-जल लेने गई थीं, वे शिर की गागरें डालकर भागीं। कोई अपने बालक के लिए, कोई दधि के लिए विकल होकर दौड़ीं।'[१]

वर्षा ऋतु

वर्षा ऋतु का वर्णन, कवि ने संयोग और वियोग दोनों पक्षों के रति भाव के उद्दीपन के लिए किया है। संयोग के अवसर पर वर्षा ऋतु हिंडोल-सुख के लिए उपयुक्त भूमिका तैयार करती है : 'वन-वन में कोकिल-कंठ सुनाई देता है। दादुर शोर करते हैं। घन-घटा के बीच नभ में श्वेत बग-पंगति दिखाई देती है। जैसी घोर वन-घटा है, वैसी ही दामिनी दमकती है। पपीहा रटता है और बीच-बीच में मोर बोलता है। हरी-हरी भूमि शोभित होती है और उसके ऊपर सुन्दर लाल रंग की बीरबहूटी चित्त चुराती है। नन्हीं-नन्हीं बूँदें पवन के झकोरों से झमकती हैं। भरी हुई सरिताएँ मर्यादा तोड़ कर सरोवर के लिए उमंग चली हैं।' ऐसे वातावरण में विश्वकर्मा द्वारा बनाए हुए कंचन के खंभ और नग-जटित बहु रंग की पाटिल के हिंडोले पर, चुने हुए चीर, बहुरंग की चुहचुहाती हुई चूनरी, नील लहँगा और लाल चोली पहनकर, सोलह शृंगार सजाकर नागरियाँ झुंड-झुंड बनाकर चलीं, मानो श्याम का पूर्ण चन्द्रमुख देखने के लिए समुद्र की तरंगें उमड़ी हों। शीतल मंद सुगन्ध पवन बह रहा है, जिससे अंचल उड़ जाते हैं और मुख उघर जाते हैं। परम पुनीत सुखदायी यमुना-पुलिन पर गिरिराजधारी मोहन गोपियों के साथ कौतुक-केलि करते हैं; झूलते, झुलाते और कंठ लगाते हैं। झकझोर कर झोंके देने से प्यारी डर-डर कर प्रीतम के अंक में छिप जाती हैं; उस समय मनोज की छवि फीकी पड़ जाती है। अमरगण नारियों सहित हर्षित होकर विमानों पर बैठे सुमन-वर्षा करते हैं। सुरगण, गन्धर्व, किन्नर सभी निज लोक भूलकर मोहित हो गए हैं।[२]

''गगन में काली-काली घटा उठी, उसमें वक-पंक्ति अलग दिखाई दे रही है। कान्ह, कृपाकर सुर-चाप की विविध रंग की छवि देखिए। बीच-बीच में दामिनी कौंधती है, मानो चंचल नारी हो। वन में मोर चातक बोल रहे हैं।''[३]

वियोग के समय भी कवि इन्हीं प्राकृतिक दृश्यों से सामंजस्य उपस्थित कर लेता है : ''अब वर्षा का आगमन हो गया। नन्दनन्दन ऐसे निठुर हो गए कि संदेशा भी न भेजा। चारों दिशाओं से घोर बादल उठे हैं, जलधर गरज रहे हैं। मेरे जी में एक यही शूल रह गई कि व्रज फिर से 'छाया' नहीं गया। दादुर, मोर, पपीहा बोलते हैं; कोकिल का शब्द भी सुनाई देता है। सूरदास के प्रभु से कहना कि नयनों ने झर लगा दी है।''[४] पहले जो दृश्य हृदय में पुलक और उत्साह उत्पन्न करते थे, वे ही अब दुःख और वेदना के कारण हो गए हैं। विरहिनी कहती है : ''अनेक वर्ण के मनोहर रूपधारी मेघ जब उठते हैं, तब गगन की शोभा सबसे अधिक आकर्षक होती है। वक-वृन्द तथा अन्य खग उड़ते हुए और चातक, मोर बोलते हुए शोभित होते हैं। घनघोर दामिनी बहु विधि रुचि बढ़ाती है। प्रिय-समागम जानकर धरती तृण उगाकर रोम-पुलक प्रकट करती है। द्रुमों से वियोगिनी वरवल्ली पहचानकर मिलती है। हंस, शुक, पिक, सारिका और अलि गूँज कर नाना प्रकार के नाद पैदा करते हैं। विषाद छोड़कर भेक-

---

१. सू० सा० (सभा), पद १५४८-१५५१।
२. वही, पद ३४४८।
३. वही, पद १८०६।
४. वही, पद ३९१७।

भेकी मुदित होते हैं। कुटज, कुमुद, कदम्ब, कोविद, कंज, केतकी, करवीर, बेला आदि विकसित होकर अपना हर्ष प्रकट करते और सुवास फैलाते हैं, मानो उन्हें निकट से अपने नयनों से देख कर मन में माधव से मिलने की आशा हो गई हो। मनुज, मृग, पशु, पक्षी आदि जितने भी चराचर प्राणी हैं, वे सभी देश की याद करके विदेश छोड़कर घर आ जाते हैं। यही अवधि का समय सोचकर कुछ समझ में नहीं आता कि नीके नन्दकुमार ने, जो परम सुहृद, सुजान, सुन्दर, ललितगति और मृदु-हास हैं, व्रज-वास क्यों विसार दिया?''[१] अपनी भावनाओं के विचार से ही गोपियाँ कभी-कभी अनुमान करती हैं कि कदाचित् श्याम जिस देश में रहते हैं, वहाँ 'घन नहीं गरजते; कदाचित् हरि ने इन्द्र को हठपूर्वक रोक दिया है; शेष ने दादुरों को खा लिया है; चातक, मोर, कोकिला आदि को भी बधिकों ने मार डाला है तथा वहाँ बाल सखियाँ भी मिल कर नहीं झूलती हैं। पथिकों का आना-जाना भी बन्द हो गया है, जिससे सन्देश भी नहीं भेजा जा सकता।'[२]

शरद

वर्षा के उपरान्त शरद ऋतु का भी कवि ने किंचित् उल्लेख किया है; 'सरोवरों में नए-नए सरोज और कुमुदिनी फूल गई; चारु चन्द्रिका उदय हो गई; घटाओं की कालिमा और तेज नष्ट हो गया। सरिता संयम मानने लगी, जल की काई फट गई और वह स्वच्छ हो गया।'[३] आकाश निर्मल हो गया, पृथ्वी पर कास-कुसुम छा गए, स्वाति नक्षत्र आ गया, सरिता और सागर का जल उज्ज्वल हो गया, जिसमें अलिकुल के सहित कमल शोभित हो गए, पर शरद समय भी श्याम नहीं आए।'[४] शरद् ऋतु के जिस एक दृश्य ने कवि की सौन्दर्यप्रियता को सबसे अधिक अनुप्राणित किया, वह है चन्द्रमा। शीतल शशि, जो शरद् ऋतु में सबसे अधिक सुखदायी होता है, वही विरह में गोपियों को सबसे अधिक दाहक लगता है। शरन्निशा की शीतल ज्योत्स्ना में ही तो श्याम ने रासलीला की थी।

इन चित्रणों के अतिरिक्त कवि के प्रकृति-निरीक्षण का परिचय भावों अथवा दृश्यों के ग्रहण के लिए की गई उसकी कल्पना-सृष्टि में मिलता है। आगामी अध्याय में इस पर विचार किया जाएगा।

इस विवेचन से यह निष्कर्ष निकलता है कि कवि ने प्राकृतिक दृश्यों का उपयोग केवल अपनी भावना और कल्पना को सजग और मूर्त करने में किया है। अतः प्रकृति-चित्रण की विविधता उसके काव्य में नहीं मिल सकती। फिर भी उसके चित्रणों में सौन्दर्यप्रियता के प्रचुर प्रमाण हैं।

समाज का चित्रण

प्रबन्धात्मक काव्य में सामाजिक वातावरण का चित्रण किसी न किसी अंश में अनिवार्य है। कवि ने कृष्ण की लीलाओं में उनके संस्कार, पूजा, व्रत और उत्सव, मनोरंजन, भोजन आदि के न्यूनाधिक विवरण दिए हैं। इन लीलाओं से समाज की नैतिक अवस्था का भी किंचित् परिचय मिलता है। आगामी पृष्ठों में इन बातों का विवेचन किया गया है।

---

१. सू० सा० (सभा), पद ३९३२।
२. वही, पद ३९२८।
३. वही, पद ३९६०।
४. वही, पद ३९६१।

संस्कार

कृष्ण के जात-कर्म संस्कार में कवि ने केवल सखियों के मंगल-गान, नालछेदन, गाली, बधाई और सोहर के गायन, द्वार पर निशान बजने, दाढ़ी-ढाढ़िन के गाने, नाचने और आशीर्वचन बोलने और बढ़ई के पालना लाने का वर्णन किया है।[१]

जात-कर्म के बाद नामकरण का उल्लेख है। कृष्ण का नामकरण 'ऋषिराज' करते हैं। इस अवसर पर वे केवल कृष्ण के उद्धार और संहार-कार्यों के विषय में भविष्यवाणी करते हैं। नन्द के घर का 'आदि-ज्योतिषी' कृष्ण का लग्न-विचार करके उनके भावी कार्यों की रूपरेखा उपस्थित करता है।[२]

कुछ दिन कम छह महीने की अवस्था में कृष्ण का अन्नप्राशन संस्कार होता है। अन्नप्राशन की तिथि विप्र के द्वारा राशि-लग्न के विचार से निश्चित की जाती है। इस अवसर पर भी सखियाँ मंगल-गान और यशोदा के लिए अन्य महरों का नाम लेकर गालियाँ गाती हैं[३]। यशोदा अपनी पाँति की व्रज-वधुओं को बुलाकर ज्यौनार तैयार करती हैं। अनेक प्रकार के घृत के पकवान, षट्रस-व्यंजन और मिष्ठान्न बनाए जाते हैं। स्वयं नन्द सब महरों के यहाँ जाते हैं और जाति के सब लोगों को बुला लाते हैं। ये सब बाहर बैठ जाते हैं और नन्द घर के भीतर जाते हैं, जहाँ यशोदा कान्ह को उबटन लगाकर नहलाती और पट-भूषण पहनाती हैं। उनके तन पर झँगुली, सिर पर लाल चौतनी और दोनों पैरों में चूरा है। 'मुख जुठरावन' की घड़ी जानकर नन्द सुत को गोद में लेकर बैठते हैं और अन्य महरों को भी बुलाकर बिठा लेते हैं। कनक थाल में खीर लाई जाती है, उस पर घृत और मधु डाला जाता है। नन्द उसमें से ले-ले कर हरि-मुख जुठराते हैं। फिर षट्रस व्यंजनों में से लेकर उनके अधरों से छुवाते हैं; कृष्ण मुँह बनाते हैं; सखियाँ मंगल-गान गाती हैं। संस्कार के उपरान्त सब युवतियाँ कृष्ण का मुख चूमती हैं। अन्त में महर-गोप मिलकर बैठ जाते हैं और सब के आगे 'पनवारे' पड़ जाते हैं। लोग मनचाहा भोजन करके तृप्त होते हैं।[४]

कर्णवेध का वर्णन कवि ने संक्षेप में किया है। कान्ह कुँवर के हाथ में 'सुहारी, पूरी और गुड़ की भेली' पकड़ा दी गई और कंचन की 'दुर' (बाली) से बहुत वेग से कान छेद दिए गए। यशोदा जिसके उर में पहले ही धुकधुकी थी, कनछेदन देखकर आँखों में आँसू भर लाई और जब कृष्ण रोने लगे तो उसने 'नौआ' (नाई) को घुड़की बताई; कनछेदन हो गया और सब लोग हँसने लगे।[५] गोपियाँ इस अवसर पर भी गाती-बजाती हैं, नन्द दान-दक्षिणा और 'पहरावनी' बाँटते हैं और चारों ओर सुख-सिन्धु उमड़ता है।[६]

'कनछेदन' के पहले कृष्ण की वर्षगाँठ का भी वर्णन किया गया है। सखियों के मंगल-गान, आँगन का चंदन से लीपना, मोतियों से चौक पूरना, तूर बजवाना विप्र द्वारा शोधी हुई शुभ घड़ी में अक्षत, दूर्वादल गाँठ में बाँधना वर्षगाँठ के कार्यक्रम में गिनाए गए हैं। 'कान्ह'

---

१. सू० सा० (सभा), पद ६३२-६६०।
२. वही, पद ७०३-७०४।
३. वही, पद ७०६।
४. वही, पद ७०७।
५. वही, पद ७१८।
६. वही, पद ७१९।

मणिमाला तथा अन्य आभूषण, चौतनी टोपी, निचोल, डिठौना, काजल आदि से सुसज्जित होकर माता से झगड़ा करते हैं, माता हर्ष से फूली फिरती है, व्रज-वधुएँ पँचरंग सारियाँ पहनकर गाती, बजाती और नाचती हैं।[१]

गोकुल में कृष्ण के इतने ही संस्कार होते हैं। नन्द के द्विज न होने के कारण कृष्ण का यज्ञोपवीत उनके यहाँ नहीं होता। जब वे मथुरा जाकर अपने वास्तविक माता-पिता से मिलते हैं, तब 'बिसरे' हुए कुल-व्यवहार की त्रुटि पूरी की जाती है। षट्रस का ज्यौनार बनता है और गर्ग मुनि 'हरि-हलधर' को जनेऊ देकर गायत्री मन्त्र की दीक्षा देते हैं। यदुकुल में 'परम कौतूहल' होता है; लोक-लोक से टीका आता है; ढोल-निशान और शंख-रव से कोलाहल मच जाता है; कृष्ण पर नेवछावर करके उन्हें आशीर्वाद दिया जाता है।[२]

रासलीला के अन्तर्गत कवि ने राधा-कृष्ण के विवाह का भी वर्णन किया है। यह विवाह यद्यपि समाज-विहित नहीं है और इसका महत्व अधिकतर आध्यात्मिक है, फिर भी विवाह विषयक सामाजिक रीतियों का कुछ उल्लेख इसमें भी हुआ है। राधा-कृष्ण का 'गंधर्व-विवाह' 'कुंजमंडप' में होता है। विवाह की ग्रंथि भी 'हिये की प्रीतिग्रंथि' ही है; फिर भी मोर-मुकुट का मौर रच-रच कर बनाया जाता है, गोपीजन मुरली-ध्वनि के द्वारा 'नेवते' में बुलाई जाती हैं, फूलों से छाए 'कुंजमंडप' में पाणिग्रहण और 'पुलिन-मय वेदी पर भाँवरें' होती हैं, उधर कोकिलागण कोलाहल करती हैं और इधर व्रज-नारियाँ मंगल-गान गाती हैं। 'सुर बंदीजन' यशोगान करते हैं, मघवा मृदंग बजाते हैं। आकाश से पुष्पवर्षा होती है और जय-जयकार सुनाई देता है। विवाह के अवसर पर 'गूँथ' खोलने और कंकन खोलने की परिहासयुक्त प्रथा का भी पालन होता है। 'प्रेम की डोर' राधा से नहीं खुलती। व्रज-सुन्दरियाँ 'जोरी' के लिए गीतों में आशीर्वचन और मंगल कामनाओं के साथ 'कान्ह' की 'माई' के लिए गालियाँ भी गाती हैं। इस प्रकार 'व्रज' की 'सब रीति से बरसाने में ब्याह' सम्पन्न होता है। विवाह के आभूषणों में मौर के अतिरिक्त सिर के 'सेहरे' का भी उल्लेख है।[३]

कृष्ण और रुक्मिणी के विवाह-वर्णन में कृष्ण की वेशभूषा में राजसी साज दिखाया गया है। वर के शृंगार में 'केशर की खौर, मृगमद का तिलक, हीरा-लाल-जटित मकर-कुंडल, पना-पिरोजा और बीच-बीच में लटकती हुई मणियों से सुसज्जित कंठ में माला, हाथों में पहुँची, उँगलियों में नग-जटित मुँदरी, उर पर बैजन्ती माला, चरणों में नूपुर और कटि में किंकिणी' का उल्लेख है। बारात में शंख, भेरी, निशान, बाजे और भाटों के विरुद-गान का वर्णन है। विवाह-अवसर पर यहाँ भी उसी प्रकार की गालियाँ गवाई गई हैं, जैसी राधा-कृष्ण-विवाह में।[४] इन गालियों के श्लिष्ट अर्थ में आध्यात्मिक संकेत है।

पूजा, व्रत, उत्सव

कृष्ण की कुशल-मंगल कामना के लिए यशोदा द्वारा कुलदेव की मान्यता करने का अनेक बार उल्लेख हुआ है। पर ये कुलदेव कौन हैं, इसके विषय में कुछ भी नहीं कहा

---

१. सू० सा० (सभा), पद ७१२-७१४।
२. वही, पद ३७११-३७१२।
३. वही, पद १६८९-१६९५।
४. वही, पद ४८०३-४८०६।

गया। गोवर्धन लीला से ऐसा विदित होता है कि इन्द्र गोकुल-वासियों के सर्वमान्य कुलदेव हैं। इन्द्र की ही वर्षा से उन्हें दधि, दूध, अन्न, धन और पुत्र-सुख प्राप्त होता है, वे व्रज की रक्षा करते हैं।[१] इन्द्र के अतिरिक्त यशोदा और गोपियों के सूर्य और शिव की मान्यता और आराधना करने का भी उल्लेख हुआ है[२] तथा नन्द के शालग्राम की पूजा[३] और एकादशी व्रत रखने का वर्णन भी है।[४] पर इन प्रसंगों का आधार साधारणतया श्रीमद्भागवत है; अतः इन्हें कवि द्वारा वर्णित होने के ही आधार पर उनके समसामयिक पूजा-व्रत समझना ठीक नहीं। परन्तु कवि ने इन पूजाओं में किंचित् आचारिक विवरण दिए हैं, जो उसके निरीक्षण और वर्णन पर कुछ प्रकाश डाल सकते हैं।

यमुना-स्नान करके नन्द अपने साथ 'झारी' में यमुना-जल और कमलपुष्प लाते हैं। पैर धोकर मन्दिर में प्रवेश करते हैं, स्थल लीपते, पात्र धोते और विधिवत् बैठ कर देवता के 'काज' करते हैं। घंट बजाकर वे देवता को स्नान कराते, दल-चन्दन भेंटते, आरती और भोग लगाते हैं।[५]

श्यामसुन्दर को पति-रूप में प्राप्त करने के लिए गोपियाँ नियम-धर्म से रहती हैं। सबेरे उठकर यमुना-स्नान करतीं और कमल-पुष्प, मालूर-पत्र-फल तथा नाना सुवासित सुमन गौरीपति को अर्पित करती हैं; हाथ जोड़ कर वे स्तुति करतीं और लोचन मूँद कर यामपर्यन्त ध्यान धरती हैं। वे सूर्य को भी अंजलि से जल चढ़ाती और 'हरि-भरतार' की याचना करती हैं।[६]

एकादशी के व्रत में नन्द दिन भर निराहार तथा निर्जल रहते हैं और नारायण का ध्यान करते हैं। रात भर जागरण करके शालग्राम की पूजा करते हैं; पुष्प, धूप, दीप, नैवेद्य चढ़ाते हैं; प्रेमसहित भोग लगाते और आरती करके शीश नवाते हैं। रात का तीसरा पहर बीतने पर 'महरि से सवेरे शीघ्र पारन की विधि' करने का आदेश देकर वे स्वयं धोती लेकर यमुना तट पर जाते हैं। 'झारी' में यमुना-जल लेकर बाहर आकर 'देह-कृत' करते, 'माटी' से करचरण पखारते, उत्तम 'मुखारी' करते और आचमन करके जल में प्रवेश करते हैं।[७]

इन्द्र की पूजा की तैयारी सामाजिक उत्सव के रूप में समारोह के साथ की जाती है। भाँति-भाँति के पकवान बनते हैं और मंगलाचार गाए जाते हैं। यशोदा प्रयत्नपूर्वक पूजा की वस्तुएँ कृष्ण से छिपाकर रखती है, जिससे वे छूकर देव-कोप के भाजन न बन जाएँ।[८] कृष्ण के कहने से इसी पूजा-सामग्री का गोवर्धन-पूजा में उपयोग किया जाता है।[९] मधु, मेवा,

---

१. सू० सा० (सभा), पद १४३०-१४३१।
२. वही, पद १३२०, १३८४, १३८६, १४१६।
३. वही, पद ८७८-८८१।
४. वही, पद १६०२।
५. वही, पद ८७८।
६. वही, पद १३८४, १३८६, १४१६।
७. वही, पद १६०२।
८. वही, पद १४३४-१४३६।
९. वही, पद १४४३-१४४४।

पकवान, मिठाई तथा पट्रस के व्यंजन शकटों पर लादकर आनन्दमग्न व्रजवासी गोवर्धन की पूजा के लिए चलते हैं। सारे व्रज में कोलाहल है। व्रजनारियाँ सोलह शृंगार करके, पँचरंग की सारियाँ पहनकर, पाँत बनाकर चलती हैं। गोवर्धन पर नर-नारियों का सागर-सा उमड़ता है। माखन, दधि, दूध, तक्र तथा समस्त व्यंजन, मिष्ठान्नादि जोड़कर रखा जाता है। विप्र को बुलाकर नंदराय यज्ञ का आरंभ करते हैं। वेद-पाठ किया जाता है; तत्पश्चात् गोवर्धन की तिलक-वंदना करके उन्हें अन्नकूट की समस्त भोग-सामग्री अर्पित की जाती है। सब अहीर गोवर्धन के शिखर पर क्षीर डालते तथा वस्त्राभूषण चढ़ाते हैं। यह उत्सव दीपावली के बाद अन्नकूट के दिन होता है।[१]

सामाजिक उत्सवों में वर्षा ऋतु के हिंडोल और बसंत के होलिकोत्सव का वर्णन कवि ने विस्तार के साथ किया है। यमुना-पुलिन पर 'हिंडोलना' पड़ जाता है और उसमें सब गोपियाँ कृष्ण और राधा को झुलाती तथा स्वयं झूलती हैं। इस उत्सव में सुन्दर वस्त्राभूषण धारण किए जाते हैं तथा सब मिल कर गाते और नाचते हैं।[२] हिंडोल-लीला में आध्यात्मिक सुख के संकेत के कारण कदाचित् इसमें कुछ अत्युक्ति हो, पर इससे एक महत्त्वपूर्ण सामाजिक प्रथा का कुछ आभास तो अवश्य मिलता है। फाग के उत्सव में राधा और गोपियाँ एक ओर तथा कृष्ण और ग्वाल बाल दूसरी ओर खड़े होकर 'जवारा', 'कुमकुमा', 'केसर की पिचकारी', गुलाल, अबीर आदि के साथ होली खेलते हैं। सब लोग गाते-बजाते हैं। 'कुँवरि राधिका' छड़ी लेकर कृष्ण के ऊपर दौड़ती है। पखावज, बीन, बाँसुरी, डफ, महुअरि, और मृदंग आदि बजाए जाते हैं तथा होलियों के साथ गोपियाँ अपनी-अपनी गालियाँ सुनाती हैं। दस-पाँच सखियाँ मिलकर कृष्ण को उचका कर ले आती हैं और अरगजा, अबीर लगाकर उनके ऊपर 'कनक घट' उँड़ेल देती हैं।[३]

होली खेलने में गोपियाँ लोक, वेद, कुल, धर्म आदि की 'कानि' नहीं मानतीं, वे मदमाती होकर कृष्ण के साथ क्रीड़ा करती हैं।[४] कृष्ण को पकड़कर वे उनकी दुर्गति बनाती हैं, उन्हें काजल से रँग देती हैं; पीतपट खोल कर नंगा कर देती हैं[५] और स्त्रियों के वस्त्राभूषण पहना कर स्वाँग बनाती हैं।[६] होली खेलने में केवल अबीर, गुलाल आदि का ही उपयोग नहीं होता, वरन् बाँसों की मार भी होती है।[७] होली खेल कर स्त्रियाँ कृष्ण से 'फगुवा' माँगती हैं।[८] होली के सत्कार में पान के बीड़े और मिठाई के साथ 'कोटिकलश भर वारुनी' का भी उल्लेख किया गया है।[९] फाग में 'डोल' का वर्णन भी कवि ने किया है; सब गोपियाँ मिलकर गोकुलनाथ और वृषभानु नन्दिनी को झुलाती हैं।[१०]

---

१. सू० सा० (सभा), पद १४४५-१४५०।
२. वही, पद ३४४७-३४६०।
३. वही, पद ३४७२-३४७८।
४. वही, पद ३४८०।
५. वही, पद ३४९४-३४९६।
६. वही, पद ३४९७।
७. वही, पद ३४९९।
८. वही, पद ३५२५।
९. वही, पद ३५२७।
१०. वही, पद ३५३५-३५३९।

मनोरंजन

होली तथा रासलीला में कवि ने संगीत और नृत्य संबंधी अनेक उल्लेख किए हैं। गोपियाँ मंडल बनाकर नाचती हैं; पुलक से उनकी कंचुकी-बंद टूट जाते हैं; नाचते-नाचते कवरी के कुसुम और गले के हार टूट कर गिरने लगते हैं। कानों के कुंडल गिरने पर भी आनंद-मग्न गोपियों को सुध नहीं होती। ताल-मृदंग बजता है और बाँसुरी की तान-तरंग उपजती है। संगीत पदों की 'उघट' के साथ सब नाचते हैं[१] और श्यामा 'दोहा-छंद-ध्रुपद' में गाकर सुनाती है।[२] नन्दनन्दन 'सरगम साध कर' सप्त स्वरों में बंशी बजाते हैं और मृदंग से ताल देते हैं।[३] होली के समय के गान-वाद्य का ऊपर वर्णन हो ही चुका है। खेलों में कवि ने बालकों के आँख-मिचौनी, ताली मर कर भागने और पीछे से पकड़ने, गेंद खेलने, भौंरा-चकडोरी, चौगान-बटा, फलों के नाम पूछने का खेल और हेलुआ (जलकेलि) का उल्लेख किया है। वयस्कों के मनोरंजनों में वाद्य-नृत्य के अतिरिक्त जलक्रीड़ा का कई बार वर्णन आया है। द्वारकावासी कृष्ण के चौगान का कवि ने विवरणात्मक उल्लेख किया है।

भोजन

कृष्ण की दिनचर्या के प्रसंगों में कवि ने सवेरे के कलेऊ, दोपहर के भोजन और संध्या समय की 'बयाली' का वर्णन किया है। कलेऊ में दूध, दही, मेवा, माखन और रोटी का उल्लेख है तथा भोजन की लम्बी-लम्बी सूचियाँ दी गई हैं, जिनसे उस समय की खाद्य-सामग्री का अनुमान किया जा सकता है।

कलेऊ की सामग्री में यशोदा सीरा, खोवा की मिठाई, अधावट दध, सोंठ-मिर्च मिली प्यौसर, दधि और दूध के बरा, दहरौरी, पकौरी, जलेबी, खुरमा, शक्करपारे, सेवलाड़ू, मोतीलाड़ू, लौंग लगे हुए खीरलाड़ू, भरे हुए गूझा, गालमसूरी, हेसमी, बाबर, मालपुआ, घृत-दधि-मधु मिले अँदरसे, घी और खाँड़ के बने घेवर, मीठी खजूरी और घी की पूरी का नाम गिनाती है।[४]

कृष्ण को भोजन के लिए आसन पर बिठा कर आगे चौकी और झारी में यमुना-जल रखा जाता है। हाथ धुलाकर कनक थाल में भाँति-भाँति के भोजन लाए जाते हैं। खीर, खाँड़ और घी पगे लवा के लड्डू, लुचुई, लपसी, घेवर, खाजा, पेठापाक, कोरी जलेबी, गोंदपाक, तिनगरी, गिदौरी गोझा, इलाचीपाक, अमिरती, सीरा, खरबूजा, केला, खरिक, दाख, गरी, चिरारी, पिंड, बादाम, बेसनपूड़ी, खोवा, पुआ, फेनी, सेब, अंदरसे, घृत और सुगंध मिला पसाया हुआ नीलावती चावलों का भात, मूँग, मसूर, उर्द और चने की दाल, घी चूपड़ी और कोरी रोटी, बाटी, पोरी, झोरी, कटोरी भर घी, मीठे तेल में पकी चने की भाजी, मीठे, चटपटे और उजले मूरा, मूँग के पकौड़े, पना पतौड़े, कोरे और भीगे गुड़बरा, पापड़, बरी, मिथौरी, फुलौरी, कूरबरी, पिठौरी, बहुत मिर्चों वाला निमोना, बेसन के दस बीस दोने, वनकौरा, पेंडीक, चिचिंडी, सीप, पिंडारू, कोमल भिंडी, चौराई, लाल्हा, पोई जिसमें नींबू निचोड़ा गया हो, लोनिका, कढ़ी, सरसों, मेथी, सोया, पालक, बथुआ, हींग, हरद, मिर्च और तेल से

---

१. सू० सा० (सभा), पद १७५४-१७५५।
२. वही, पद १६९७।
३. वही, पद १७६९।
४. वही, पद ८०१।

छौंके, अदेरक आम और आँवला पड़े हुए कपूर-सुवासित सब सालन कृष्ण चखते हैं। वे बीच में भी पानी पीते हैं तथा भोजन के उपरान्त आचमन करके मुँह-हाथ धोते हैं। अन्त में कपूर और कस्तूरी से सुवासित पान खाते हैं।[१]

भोजन की सामग्री की और भी इसी प्रकार लम्बी-लम्बी सूचियाँ हैं : खाँड़ की खीर, खिचड़ी, महेरी, पसाया हुआ रामभोग भात, हींग पड़ी हुई मूँग की ढरहरी, कचोरा, सूरन, तरोई, सेम, सींगरी, खटाई पड़ा भाँटा का भरता, चने का साग, चौराई, सोवा, सरसों, बथुवा, हींग लगा दही का सोंधा रायता, परवर, फाँगफरी, टंटी, कुंदरू, ककोरा, सहिजन की फली, करील के फूल, पाकर की कली, अगस्त की फली, अँबिली की खटाई, पेठा, खीरा, रामतरोई, रतालू, ककरी, कचनार, निमोना, केला, करौंदा, बरी, बरिल, बरा, पनौरा, उभकौरी, मुँगछी, इँडहर, बेसन सालन, खट्टी कढ़ी, कनक बेसन की अजवाइन और सेंधा नमक मिली हुई रोटी, लुचुई, लपसी, मालपुआ, लड्डू, सेव सुहारी, धेवर, मीठा खोवा, बासौंधी सिखरन, छाछ और धुँगारी। भोजन के बाद पुराने पीले पानों के बीड़े खाए जाते हैं।[२]

दानलीला में प्रसंगवश किराने की निम्नलिखित वस्तुओं का उल्लेख आया है : लौंग, नारियल, दाख, सुपारी, हींग, मिरच, पीपर, अजवाइन, कूट, कायफर, सोंठ, चिरायता, करजीरा, आल, मजीठ, लाख, सेंदुर, बाइबिरंग, बहेरा, हर्रे और बेल।[३]

पुष्टिमार्गीय 'सेवा' पद्धति में भोजन की वस्तुओं का भी बहुत महत्त्व है। साम्प्रदायिक साहित्य में भोजन सम्बन्धी विस्तृत विवरण मिलते हैं। 'सूरसागर' के तत्सम्बन्धी विवरण उसी पद्धति का प्रतिपादन करते जान पड़ते हैं।

नैतिक अवस्था

कृष्ण की लीलाओं में प्रसंगवश कुछ ऐसे भी उल्लेख हुए हैं, जिनसे समाज की नैतिक अवस्था पर किंचित प्रकाश पड़ता है। व्रज के निवासियों का जीवन एक प्रकार का वर्गगत जीवन है। उनकी आजीविका कृषि और विशेषकर पशुपालन है। घर में स्त्रियाँ भोजन, दूध-दही, शिशु-पालन आदि के कार्य करती हैं। वे मथुरा को दधि बेचने भी जाती हैं। पुरु[ष] कदाचित् कृषि-कार्य करते हैं और बालक गोचारण। गोचारण के लिए समस्त 'घोष' के बालक 'टोल' बाँधकर जाते हैं। नन्द इस वर्ग के 'सिरताज' है। अत: उनके 'ढोठा' के लिए गोचार[ण] में जाना कदाचित् अनिवार्य नहीं है, पर कृष्ण जाते हैं। गोचारक ग्वालों के लिए वन में को[ई] लड़की 'छाक' ले जाती है।[४] परन्तु लड़कियों को लड़कों के समान बाहर घूमने-फिरने क[ी] स्वतन्त्रता नहीं है। वृषभानु-पत्नी राधा की बदनामी के विषय में सदैव चिन्तित रहती है[।] बहू-बेटियों पर रोक-टोक होने पर भी गाँव के किशोर और युवक यमुना पर स्नान करते, पा[नी] भरते अथवा दधि बेचने जाते समय उनके साथ छेड़-छाड़ करने के अवसर ढूँढ़ ही लेते हैं[।] इस सम्बन्ध में व्रज के समाज का नैतिक जीवन बहुत कुछ उच्छृंखलतापूर्ण है। कृष्ण सखाओं के साथ पनघट पर स्त्रियों को छेड़ते हैं, इसलिए युवतियाँ जल भरने नहीं आतीं।[५] व्रज में इ[...]

---

१. सू० सा० (सभा), पद १०१४।

२. वही, पद १८३१।

३. वही, पद २१४६।

४. वही, पद १०२८-१०६२।

५. वही, पद २०१८-२०७१।

बातों के विरुद्ध चर्चा अवश्य चलती है, पर फिर भी व्यवहार में यह सब चलता जाता है। दान-लीला तो व्रज के युवकों के उच्छृंखल व्यवहारों का सबसे पुष्ट प्रमाण है। श्याम अपनी प्रकृति के सखाओं को लेकर गोपियों के मार्ग में पेड़ों पर छिपे रहते हैं। गोपियाँ बन-ठन कर दधि बेचने निकलती हैं। आपस में हँसी-ठट्ठा करते हुए ग्वाल-बाल उनका मार्ग छेक कर खड़े हो जाते हैं और ग्वालों और गोपियों में दान के लिए झगड़ा आरम्भ हो जाता है। इस झगड़े में कृष्ण गोपियों के साथ बल-प्रयोग तक कर डालते हैं। वे मटकी छीनकर उसके हार और चोली बन्द तोड़ देते हैं, भुजाओं में भर कर अँकवार देते और बाँहें पकड़ कर झकझोरते तथा माखन-दधि छीनकर सब ग्वालों में बाँट देते हैं।[१] कृष्ण अपनी इच्छा को तनिक भी नहीं छिपाते। गोपियाँ मन ही मन हर्षित होती हैं। उनसे जोबन-दान माँगना एक अनहोनी बात अवश्य है, पर गोपियाँ कृष्ण को उपदेश देती हैं कि अभी से ऐसे खेल नहीं करना चाहिए। तनु में तरुणाई तो आने दो, जी बेहाल क्यों होता है?[२] यशोदा उलाहना सुनने पर ग्वालिनों को 'लँगरिन' और 'जोबन-मद उमदानी' कहती हैं।[३] दानलीला के इस प्रकार के विवरण से व्रज के समाज का किंचित् आभास अवश्य मिलता है। राधा-कृष्ण की लीलाएँ तथा गोपियों के साथ कृष्ण के स्वतन्त्र व्यवहार, दूती, खंडिता आदि प्रसंग भी व्रज के समाज की नैतिक अवस्था के द्योतक हैं। बहुत संभव है ऐसे अशिक्षित, किन्तु सरल भावुक जनों के लिए ही भक्ति का यह मार्ग निकाला गया हो जिसमें बुद्धि और ज्ञान का अतिक्रमण तथा ऐन्द्रियता और भावना की प्रधानता है।

व्रज के सरल विश्वासी अहीर स्वभावतया भीरु प्रकृति के चित्रित किए गए हैं। कंस भय तो उन्हें रहता ही है, दुर्दैव से भी वे डरते रहते हैं। ऐसा लगता है कि अहीरों का समाज एक संकटपूर्ण परिस्थिति में है। इन संकटों के भयपूर्ण वातावरण में कृष्ण की मधुर लीलाएँ न केवल उनके मन में संकटों के प्रति उपेक्षाभाव जागरित कर देती हैं, वरन् उनके जीवन में उत्साह पैदा करती हैं। कमल-पुष्प की माँग तथा इन्द्रकोप के समय व्रजवासी जो चिंता और आशंका प्रकट करते हैं, उससे उनकी सामाजिक परिस्थिति पर भी किंचित् प्रकाश पड़ता है। कवि ने कृष्ण की परम्परागत कथा पर अपने काव्य का निर्माण किया है, अतः इन विवरणों के आधार पर कवि की समसामयिक सामाजिक दशा पर आग्रहपूर्वक निर्णय नहीं दिया जा सकता। इस सम्बन्ध में भक्ति-समीक्षा के अन्तर्गत भी कुछ विवरण दिए जा चुके हैं। स्त्रियों के सम्बन्ध में सूरदास के विचारों से भी तत्कालीन नैतिक परिस्थिति पर प्रकाश पड़ता है।

---

१. सू० सा० (सभा), पद २०७९।
२. वही, पद २०८८-२०८९।
३. वही, पद २१०८।

१२

कल्पना-सृष्टि और अलंकार-विधान

रूप, स्वभाव, कार्य-व्यापार, दृश्य, घटना और भावना के चित्रणों में सौन्दर्यबोध करने के लिए कवि को अप्रस्तुत दृश्य अथवा कार्य-व्यापार की सृष्टि करनी पड़ती है। प्रस्तुत के ग्रहण के लिए अप्रस्तुत का उपयोग काव्य-शास्त्र में 'अलंकार' के नाम से अभिहित है। कवि अप्रस्तुत की योजना विविध प्रकार से करते हैं। इन योजना-प्रणालियों का नामकरण विविध अलंकारों के रूप में किया जाता है। हमारे कवि की कल्पना उसके विभिन्न चित्रणों में अप्रस्तुत की बहुमुखी योजनाएँ करती पाई जाती हैं। अतः उसके काव्य में अनेक अलंकारों के उदाहरण न्यूनाधिक संख्या में ढूँढ़े जा सकते हैं। प्रस्तुत विवेचन का उद्देश्य अलंकारों के उदाहरण एकत्र करना नहीं, प्रत्युत यह देखना है कि कवि की कल्पना किस प्रकार की योजना-प्रणालियों अथवा अलंकारों के रूप में प्रकट हुई है। कल्पना-सृष्टि के अध्ययन से कवि की सौन्दर्यप्रियता तथा प्रकृति-निरीक्षण की सूक्ष्मता और ज्ञान के विस्तार का भी परिचय मिलता है।

कवि की भक्ति के प्रकाशन में भावों की सबसे अधिक सरलता दास्य में है। फलतः वहाँ उसकी कल्पना को भी अधिक ऊँचा उठने का अवसर नहीं मिला। उसकी रति के आलम्बन करुणामय, दीनवत्सल भगवान् हैं। कवि ने भगवान् के इस स्वभाव का वर्णन करने में गज, गीध, अजामिल आदि अनेक प्रमाणों को देते हुए प्रायः बिना कारण, अपर्याप्त कारण और विरुद्ध कारण के द्वारा उद्धार-कार्य सिद्धि के वर्णन करके चमत्कार उत्पन्न करने की चेष्टा की है। आलंकारिक इस वर्णन-शैली में **विभावना अलंकार** मानते हैं।

इसी भाव को और तीव्रता से प्रकट करने के लिए **विरोधाभास** का भी प्रयोग किया गया है तथा **असंगति, असंभव, विषम** और **विशेष** का प्रयोग करके विस्मय की उद्‌भावना की गई है। भक्तवत्सल भगवान् के कार्यों के वर्णन में कवि ने प्रायः **अतिशयोक्ति** का उपयोग किया है। इस प्रसंग में सादृश्यमूलक अलंकारों में **उदाहरण, अर्थान्तरन्यास; उपमा** और **रूपक** का भी प्रयोग मिलता है।

इन अलंकारों में कवि की कल्पनाशक्ति केवल विस्मय की व्यंजना तथा भावग्रहण में सहायता करने में प्रयुक्त हुई है। प्रशासन विभाग, राजस्व विभाग, चौपड़ आदि के **सांग रूपक** कवि ने विषय के स्पष्टीकरण के लिए ही प्रयुक्त किए हैं; परन्तु इनमें उसके ज्ञान-विस्तार का भी परिचय मिलता है।[१]

दास्य भाव के प्रसंग में कवि की कल्पना का उत्कृष्ट रूप **अप्रस्तुत प्रशंसा** के प्रयोग में दिखाई देता है, जब वह गाय के रूपक के द्वारा तृष्णा और अविद्या का वर्णन करता है।[२]

---

१. सू० सा० (सभा), पद ६, ६४, १४२, १४४।

२. वही, पद ५१, ५८।

चकई, भृङ्गी और सुआ के प्रति कही हुई **अन्योक्तियों** में उसकी कल्पना की सबसे ऊँची उड़ान प्रदर्शित हुई है।[१] परन्तु दास्य भाव सूरदास की कल्पना को अधिक अनुप्राणित नहीं कर सका। वस्तुत: वात्सल्य और दाम्पत्य भाव की अभिव्यक्ति में ही कवि को कल्पना-सृष्टि के अवसर मिले हैं। सख्य भाव में अपेक्षाकृत उसकी कल्पना कम क्रियाशील है, क्योंकि समानता के सम्बन्ध में कृष्ण के रूप और लीलाओं के प्रशंसात्मक वर्णन की सम्भावना अधिक नहीं हो सकती। आगामी पृष्ठों में रूप स्वभाव, कार्य-व्यापार, घटना, दृश्य और भाव के चित्रणों में कवि की कल्पना-सृष्टि के अध्ययन का प्रयत्न किया गया है।

रूप-चित्रण

प्रारम्भ में कवि ने कृष्ण के रूप का वर्णन सीधे-सादे निरलंकृत शब्दों में किया है। परन्तु ज्यों-ज्यों कृष्ण-रूप से प्रभावित भावना भावसंकुल होती गई, उसकी कल्पना भी अधिकाधिक अनुरंजित और चित्र-विचित्र होने लगी।

यशोदा किलकते हुए कृष्ण की दूध की दँतुलियाँ देख कर प्रेम-मग्न हो गई। नन्द ने भी बाहर से आकर इस अपार सौन्दर्य को देखा। माता-पिता की भावना के अनुरूप कवि इस सौन्दर्य को व्यक्त करने के लिए 'कमल पर जमी हुई विद्युत' की नवीन कल्पना करता है। इससे भी सन्तुष्ट न होकर वह 'विधु में बिज्जु उजारी' की **उत्प्रेक्षा** द्वारा इसी सामान्य रूप-सौन्दर्य की अनुभूति करना चाहता है। किन्तु अन्त में उसे स्वीकार करना पड़ता है कि 'हमारी मति-गति-दृष्टि मिलकर सिन्धु की बूँद हो गई।'[२] सिन्धु की बूँद का **दृष्टान्त** भावना की तीव्रता का द्योतक है।

श्याम की छवि के उपमान जुटाने में कवि की कल्पना सचमुच आकाश-पाताल को एक कर देती है। श्याम तनु के लिए 'अभिराम नील-जलद'; पद-पंकज के **रूपक** के होते हुए भी पदों की अरुणिमा के लिए बंधूक-सुमनों; नूपुर-कलरव के लिए हंस; करुना-रस-पूरन लोचनों के लिए 'जलजात' और लटकते हुए चिकुर के लिए 'गुरु-मनि-कुंज' को आगे करके 'तम के गन' के शशि से मिलने आने के उपमान जुटाकर **उत्प्रेक्षाएँ** की गई हैं। किन्तु जब जननी शोभाशाली श्याम को पीत पट उढ़ा देती हैं, तब कवि 'एक अभूत **उपमा**' की कल्पना करता है : 'मानो तड़ित ने नील जलद पर उडुगन देखकर अपना स्वभाव छोड़कर उसे ढक लिया हो।' इस विलक्षण कल्पना के उपरान्त भी जब उसे सन्तोष नहीं होता, तब वह कह देता है, मानो अंग-अंग पर मार-निकर मिलकर छवि-समूह लेकर छा गए हैं। जो छवि निगम नेति-नेति कहकर वर्णन करते हों, उसका सूरदास क्योंकर वर्णन करें? ऐसे ही अवसरों पर कवि की कल्पना दुरूह और क्लिष्ट हो जाती है और वह उपमानों के साथ खिलवाड़-सा करता दिखाई देता है।

परन्तु श्याम-सुन्दर की विविध वेष-रचनाएँ कवि को नवीन कल्पनाएँ खोजने को निरन्तर प्रेरित करती हैं। सिर पर कुलही को देखकर वह नव घन पर इन्द्र-धनुष के शोभित होने और सुदेश पर लटकते हुए चिकुर को देखकर कंज पर मँडराते हुए अलिसमूह के सामान्य दृश्यों का स्मरण दिलाकर बिम्ब-ग्रहण करता है। परन्तु नील, श्वेत-पीत और लाल

---

१. सू० सा० (सभा), पद ३३७, ३४०।

२. वही, पद ७००-७०८।

मणियों के लटकन की शोभा वह 'सिद्ध' उपमानों से ग्रहण नहीं करा पाता; अतः उसे शनि, शुक्र, बृहस्पति और मंगल के समुदाय की कल्पना करके **असिद्धास्पद उत्प्रेक्षा** करनी पड़ती है।[१]

गोपियों के प्रेम के आलम्बन कृष्ण का रूप-वर्णन करने में कवि की कल्पना और अधिक अनुरंजित हो उठी है। 'अति विशाल वारिज-दल-लोचन में काजर की रेख' के लिए कवि कल्पना करता है कि मानो गोलक के वेष में अलि इच्छा भर मकरंद ले रहे हों। दूध की दंतुलियों के लिए कवि बार-बार नई-नई उपमाएँ देता है। इस सम्बन्ध में 'सुन्दरता-मन्दिर में जगमग-जगमग करती रूप रतन की ज्योति' उसकी नवीन कल्पना है।[२]

माखन-चोरी के लिए श्याम साँझ की अँधेरी में घर में घुस गए। इस नवीन परिस्थिति में कवि **मीलित** अलंकार का उपयोग करके रूप-शोभा का कथन करता है। अँधेरे भवन में श्यामल तनु दिखाई नहीं देता। देह गेह-रूप हो गई। कहो, उसे कौन निबेर सकता है? तुरन्त ही श्याम से चार भुजाओं वाला रूप धारण करके माखन-दधि की बूँदों के सहारे दर्शन देकर गोपी को चकित-मोहित कर दिया।[३] यहाँ रूप-चित्रण में **मीलित** और **उन्मीलित** अलंकारों के द्वारा वर्णन-चमत्कार के साथ भाव-चमत्कार भी सिद्ध किया गया है।

उलूखल बन्धन के त्रास से व्यथित कृष्ण के मुख की सुन्दरता के वर्णन में अनेक कल्पनाएँ की गई हैं। नयनों की छवि के साथ मिलकर मुख के आँसू और 'माखन-कनुका' ऐसे लगते हैं, मानो सुधानिधि उडुगन-अवलि के समेत मोती बरसा रहा हो। श्याम का सजल वदन लकुट के डर से ऐसे डोलता है, मानो नील नीरज-दल अलियों द्वारा दोलायमान हो रहा हो, मानो 'समृनाल पंकज-कोश वातवश डोल रहा हो।'[४] **(उत्प्रेक्षा)** 'श्याम की मुख-छवि शरद् निशि के अगणित अंशु वाले इन्दु की आभा हरती है।' **(प्रतीप)** 'गोपाल की अश्रुपूर्ण मुख-छवि मानो विथकित, परवश पड़े वारिज के समान हो। उस मुख पर कनक मनिमय-जटित कुंडल की जोति जगमग करती है, मानो दो तरनि मित्रमोचन के लिए तरल-गति से आए हों, कुटिल कुंतल-मधुप भी मानो उनसे मिल कर लड़ाई करना चाहते हों।'[५] **(रूपक, उत्प्रेक्षा)** परम्परासिद्ध उपमानों से ऊबकर कवि तुरन्त वदन-शोभा देखकर निशापति को गगन में छिपा देता है। **(उत्प्रेक्षा)** और कहता है कि 'मानो अमृत पीने के लिए आए हुए अलि लोभवश वहीं रह गए हैं, मानो सर से निकल कर मीन कीर से लड़ते हों, मानो श्रवणों के कनक-कुण्डल के डर से कुमुद और निशा संकोच करते हों।'[६] **(उत्प्रेक्षा, रूपकातिशयोक्ति)** त्रसित, चपल, सजल, गोलकों की शोभा कवि 'बंसी में बिंधी, जल में झकझोर करती हुई मीन' की उत्प्रेक्षा द्वारा व्यंजित करके प्रसिद्ध उपमान में ही सामान्य कल्पना द्वारा चित्रोपमता उपस्थित कर देता है।[७]

---

१. **सू० सा० (सभा), पद ७२२।**
२. **वही, पद ७२६।**
३. **वही, पद ८९३-८९४।**
४. **वही, पद ९६८।**
५. **वही, पद ९६९।**
६. **वही, पद ९७०।**
७. **वही, पद ९७९।**

मुरली-वादन के प्रसंग में भावों की तीव्रता प्रदर्शित करने के लिए कवि की कल्पना अत्यन्त गतिमयी और विविध-रूप हो गई है; 'अंग-अंग की छवि ऐसी है, मानो रवि उदय हो गया हो, **(उत्प्रेक्षा)**, जिसके सामने शशि और स्मर लज्जित होते हैं। **(प्रतीप)** खंजन, मीन, भृंग, वारिज और मृग पर दृग अति रुचि पाते हैं। **(रूपकातिशयोक्ति)** श्रुति मंडल के मकराकृति कुंडलों पर मदन सदैव विलास करता रहता है। (संबंधातिशयोक्ति) नासा ने कीर, ग्रीवा ने कपोत और दशनों ने दाड़िम की छवि चुरा ली है। **(उत्प्रेक्षा)** दो सारंग-वाहनों पर मुरली दुहाई देती आई है।'[१] **(रूपकातिशयोक्ति)**।

'सुन्दरता-सागर' के **सांग रूपक** में भी कवि नवीन **उत्प्रेक्षाओं** की सृष्टि करता है : 'अति श्याम तनु अगाध अंबुनिधि है, पीत कटि-पट उसकी तरंगें हैं, नयन मीन, कुंडल मकर और भुजाएँ भुजंग हैं। मुक्तामाल मानो दो सुरसरिताएँ एक साथ आकर मिली हैं। कनक-खचित मणिमय आभूषण और मुख पर श्रमकण ऐसे लगते हैं, मानो जलनिधि को मथ कर श्री और सुधा सहित शशि प्रकट किया गया है।'[२]

कृष्ण के रूप-वर्णन में कवि अधिकतर आकाश और जलाशयों के प्राकृतिक दृश्यों से ही अपनी कल्पना की सामग्री जुटाता है। त्रिभंगी मुद्रा में खड़े श्याम को देख कर गोपियाँ सोचती हैं : 'मानो अरुण कमल पर सुषमा विहार कर रही है।'[३] **(उत्प्रेक्षा)** 'कटि तट का पीत वसन ऐसा लगता है, मानो नव घन तजकर दामिनी सहज रूप में आ गई हो। श्यामल अंग पर कनक-मणि की मेखला ऐसी राजती है, मानो आकाश में हंसों की पाँति हो।' 'चारु उदर पर रुचिर रोमावली ऐसी है, मानो एक ही भाँति की अलि-श्रेणी हो, मानो यमुना की सूक्ष्म धारा ने नभ से आगमन किया हो।'[४] इन्हीं **उत्प्रेक्षाओं** को कवि अपनी कल्पना द्वारा **सांगरूपक** में संयोजित कर देता है।[५]

यमुना-जल में क्रीड़ा करती हुई गोपियों को कृष्ण नटवर-वेष धारण करके तट पर से देखते हैं। कवि गोपियों के भावानुकूल कृष्ण के रूप-दर्शन में अनेकानेक कल्पनायें करता है : 'उर में बहुत भाँति की श्वेत, लाल, सित (काली) और पीत सुभग वनमाल ऐसी है, मानो सुरसरी तट पर वर्ण-वर्ण के शुक भय तजकर बैठे हों। कटि में पीतांबर के ऊपर परम रसाल छुद्रावली बजती है, मानो कनक भूमि पर रुचिर मराल बोलते हों।'[६] **(उत्प्रेक्षा)**।

कृष्ण-रूप दर्शन में कवि की कल्पना उत्तरोत्तर ऊँची हो जाती है : ''छवि निरख कर उपमाओं ने धीरज तज दिया है। कोटि मदन अपना बल हार गये और कुंडल किरण के बीच में रवि छिप गया। खंजन, कंज, मधुप, विधु, तड़ित-घन और दिनकर यह सोचकर कहीं दुबक रहे कि हरि से समानता दिखाकर खोटे कवि हमें लजाते हैं, उन्हें संकोच नहीं आता। अरुण अधर और दशनों की द्युति देखकर विद्रुम शिखर सब लजा गए। सूर-श्याम का सुन्दर वेश देखकर 'पटतर' (उपमान) बिला गए।[७] **(उत्प्रेक्षा)** इस प्रकार समस्त प्रसिद्ध उपमानों

---

१. सू० सा० (सभा), पद १२४४
२. वही, पद १२४६।
३. वही, पद १२४९।
४. वही, पद १२५१-१२५८।
५. वही, पद १२५३-१२५५।
६. वही, पद २३७२।
७. वही, पद २३७४।

को लज्जित करके उत्प्रेक्षाओं के द्वारा अपनी कल्पना की ऊँची उड़ान दिखाकर कवि कृष्ण-रूप में पूज्य भावसमन्वित कल्पनाएँ करने लगता है।[१] मोतियों की मनोहर माला के दर्शन में कवि ने सुरसरी की कल्पना करके **सांग रूपक** के द्वारा रूप के ध्यान की सार्थकता व्यंजित की है।[२]

गोपियाँ हरि का चारु मुख देख कर कहती हैं कि 'मानो नन्द-नन्दन ने शशि का सत्व और सार छीन लिया हो। तिलक और कुटिल कच किरणों की छवि देते हैं, कुंडल कलाओं का विस्तार करते हैं और पत्रावली परिवेष मानो उडुगण है। अब अम्बर ऐसा लगता है, जैसे जूठा थाल।'[३] इस **उत्प्रेक्षागर्भित सांस रूपक** के द्वारा कवि न केवल अम्बर की हीनता में **प्रतीप** का स्वाभाविक प्रयोग प्रदर्शित करता है, वरन् **'जूठे थाल'** की उपमा देकर अपनी सूक्ष्म दृष्टि तथा **उपमा** की चित्रोपमता का भी प्रमाण देता है।

कवि संसार में जो कुछ सुन्दर देखता और कल्पित कर सकता है, सब कृष्ण के रूप-सौन्दर्य के वर्णन में निःशेष कर देता है : ''हरि के चंचल तारे देखो ! कमल मीन की छवि कहाँ है? खंजन भी उनके समान नहीं। **(प्रतीप)** मुरली पर नमित उनके कर मुख और नयन एक साथ मिले हुए ऐसे लगते हैं, मानो सरोज विधु के साथ वैर समझ कर उसके वाहन को 'चुचकारने' के लिए नाद करता हो। शशि अपने इस रथ के मृग को चौंकते और बिचकते देखकर मानो मनोहर कुंचित अलकों का लंगर डाल देता हो।''[४] **(उत्प्रेक्षा)**।

'हरि के चंचल नयन की समानता खंजन, मीन और मृग की चपलता नहीं कर सकती। राजीवदल, इंदीवर, शतदल, कमल, कुशेशय, ये सभी निशि में मूँद जाते हैं और प्रातःकाल विकसित होते हैं, पर नयन दिन-रात विकसित रहते हैं। **(प्रतीप)** प्रति पल अरुण, श्वेत और सित (काली) झलक देखकर ऐसा लगता है, मानो सरस्वती ने, गंगा और यमुना ने मिलकर आगमन किया हो। श्याम के लोचनों की अपार छवि सुनकर उपमा शरमाती है।'[५] **(उत्प्रेक्षा)**

'अधरों की लाली देखो। वनमाली का कलेवर मरकत मणि से भी सुभग है, मानो प्रात की साँवरी घटा पर अरुण का प्रकाश हो और फहराता हुआ पीत पट बीच-बीच में चमकती हुई दामिनी हो; **(उत्प्रेक्षा)** अथवा तरुण तमाल पर चढ़ी हुई बेल में बिंबा-फल पका हो और नासा-कीर आकर बैठा ताक रहा हो, पर ले न सकता हो। हँसते समय दशन की शोभा पर यद्यपि उपमा लज्जित होती है, पर ऐसा लगता है, मानो नीलमणि पर मुक्तागण फैले हों अथवा वज्रकण पर लाल नग खचे हों और उस पर विद्रुम की पाँति हो, अथवा सुभग बंधूक कुसुम पर जलकण की कांति झलकती हो अथवा अरुण अंबुज के बीच सुंदरता आकर बैठी हो।'[६] **(संदेह)**

---

१. सू० सा० (सभा), पद २३७५।
२. वही, पद २३७६।
३. वही, पद २४१४।
४. वही, पद २४१५।
५. वही, पद २४३१।
६. वही, पद २४५०।

रूप-दर्शन में जब कल्पना भावना का अतिक्रमण करने लगती है, तभी कवि गूढ़ और कूट शब्दों के द्वारा **रूपकातिशयोक्ति** का उपयोग करता है।[१]

मुरलीधर की छवि का गोपियों पर अत्यन्त गंभीर प्रभाव पड़ता है। इस प्रभाव के वर्णन में भी कवि की कल्पना विविध रूप धारण करती है। गोपियों पर कृष्ण की अंग-छवि का भिन्न-भिन्न प्रभाव प्रदर्शित करने के लिए **उल्लेख** का कई बार सुंदर प्रयोग किया गया है। रोमावली को देख कर "कोई कहती है कि यह 'काम-सखी' है, कोई कहती है कि वह उसके योग्य नहीं है, कोई उसे 'अलि-बाल-पंगति' कहती है और कोई काम द्वारा भेजा हुआ अहि, जिससे डसे जाने का उसे सदैव भय है।"[२]

प्रभाव की तीव्रता व्यंजित करने के लिए कवि भेदकातिशयोक्ति का प्रयोग करता है : 'कमल नयन के अंगों में क्षण-क्षण में और ही छवि दिखाई देती है। कुछ कहते नहीं बनता। गिरा की मति पंगु हो गई है।'[३]

रूप का संभ्रम पुनः **सन्देह** के द्वारा प्रदर्शित किया गया है : पूर्ण 'मुखचंद्र देखकर नयन-कुईं फूल गईं, या तो स्वाति के नव जलद ने चातक के मन को प्रसन्न कर दिया या वारि-बूँद पाकर सीप का हृदय हर्षित हो गया या रवि-छवि को निहार कर पंकज विकसित हो गए या चक्रवाक देखकर चकई प्रेम-मुग्ध हो गई या मुरली-ध्वनि पर रीझ कर मृग-यूथ जुड़ गए।'[४]

रूप-लिप्सा की अतृप्ति **संभावना** के द्वारा व्यंजित हुई है: 'आज जब से नन्दनन्दन की छवि बार-बार देखी, तब से गोपियाँ सोचती हैं कि विधना ने बड़ी निठुरता की जो नख, उँगली, पग, जानु, जंघ, कटि, हृदय, बाहु, कर, अंश, अधर, दशन, रसना, श्रवण, नयन और भाल का सुन्दर निर्माण किया है! यदि वह प्रति रोम में लोचन देता, तभी गोपाल को देखते बनता।'[५]

माधव के मुसकाते समय गोपी उन्हें देखती है और देखती ही रह जाती है। उसके मन में माधव की शोभा के विषय में जो कल्पनाएँ उठती हैं, उन्हें कवि ने सुन्दर उत्प्रेक्षाओं के द्वारा व्यक्त किया है, जो न केवल सौन्दर्य का चित्रोपम वर्णन करती हैं, वरन् गोपी की भावनाओं को भी व्यंजित करती हैं : 'दाड़िम-दशन के निकट नासाशुक बैठा है, पर वह खाने को चोंच नहीं चलाता; मानो रतिनाथ के हाथ में जो भृकुटी-धनु है उसे देखकर डर जाता हो। वदन-प्रभा और चंचल लोचन देख कर उर में आनन्द नहीं समाता, मानो रथ के भौंह-जुआ में जोते हुए शशि के मृग उन्मत्त होकर चलना भूल गए हों। कुंचित केश और मुरली की मधुर ध्वनि के साथ सात सुर ऐसे लगते हैं, मानो कमल पर कोकिल कूजते हैं और ऊपर अलिगण उड़ते हैं।[६]

---

१. सू० सा० (सभा), पद २०८३, २१६७, २४८६।
२. वही, पद १२५४।
३. वही, पद १२५८।
४. वही, पद १२६०।
५. वही, पद १२६१।
६. वही, पद २४२३।

कुंडलों की शोभा के वर्णन में कवि अनेक **उत्प्रेक्षाओं** के द्वारा तड़ाग का **सांग रूपक** बाँधकर गोपियों की भावनाओं की सुंदर व्यंजना करता है। बिथुरी हुई अलकें मानो प्रेम लहरों की तरंगें हैं। इस प्रकार श्याम की छवि पूर्ण काम-तड़ाग के समान है।[१]

गोपियों की रूप-दर्शनजन्य विस्मय-विमूढ़ता कवि ने **सन्देह** और **उत्प्रेक्षा** के द्वारा सुंदरतापूर्वक व्यक्त की है; ''माई' यह हरि-मुख है या मोहनी? वचन बोलते मंत्र-सा लगता है और मति-गति भूल जाती है। जहाँ-तहाँ फैली हुई कुटिल अलकें, भवों के ऊपर ऐसी शोभित हैं, मानो श्याम ने चतुरता करके हमारा मन फाँसकर खींच लिया हो। ललित कुंडल कपोलों पर झलकते हैं उन्हीं की गति मैंने पाई है। श्याम युवतियों के मन-मोहन हैं और कुंडल उनकी सहायता करते हैं।''[२]

कृष्ण-रूप देखते नारियों का मन मुकुट पर अटक गया। श्याम तनु की आभा चंद्रिका के समान झलकती है, जिसे युवतियाँ बार-बार अवलोकन कर थक रही हैं; उनके **नेत्र** नहीं ठहरते। श्याम मानो जलधर के समान हैं और उनका मणि-जटित मुकुट नृत्य करते हुए मोर के समान। कोई कहती हैं कि 'मानो सुर-चाप गगन में प्रकाशित हुआ है। व्रज ललनाएँ छवि-थकित होकर कभी हर्षित होती हैं और कभी उदास। जो जिस अंग को देखती हैं, उसी में भूल जाती है।'[३] कवि ने इस वर्णन में जहाँ उत्प्रेक्षाओं के द्वारा सौन्दर्य-बोध में कल्पना की ऊँची उड़ान उपस्थित की है, वहाँ गोपियों का विभ्रम भी **संदेह** के द्वारा व्यंजित कर दिया है।

रूप-मत्त गोपियों की कल्पना स्वभावतया राधा के भाव में **अतिशयोक्ति** तक पहुँच जाती है। उसकी समझ में नहीं आता कि वह श्याम को कैसे पहचाने। क्रम-क्रम करके वह एक-एक अंग निहारती है और उसे कभी पलक-ओट नहीं करती; पर यदि दुबारा एक निमिष के बाद उसी छवि का अनुमान करती है तो कुछ और ही शोभा दिखाई देती है। क्षण-क्षण में अंग-अंग की छवि अगणित हो जाती है। सूरदास-स्वामी की महिमा एक रसना से कैसे बखानी जा सकती है?'[४]

रूप-दर्शन जन्म संभ्रम का भाव **संदेह** के द्वारा कवि ने बार-बार वर्णित किया है, पर निम्न उदाहरण में संदेह दृश्य वस्तु के रूप में विषय में नहीं, प्रत्युत उसके द्वारा प्रेरित मानसिक अनुभूति के विषय में है, साथ ही राधा का भाव प्रदर्शित करने के लिए **दृष्टांत** और **प्रतिवस्तूपमा** का भी सुन्दर उपयोग किया गया है : ''श्याम से किस बात की पहचान? पल-पल में न तो वह रूप रहता है और न वह छवि जिसे जानकर रति की जाए। चित्त को स्थिर और मति को दृढ़ करके वह निशि-दिन, निरन्तर एक-टक देखती रहती है, पर एक पल भर भी शोभा की सीमा उर में ग्रहण नहीं कर सकती। प्रकट देखते हुए भी आनन्द की निधि समझ में नहीं आती। वह कहती है कि सखी, यह विरह है या संयोग अथवा समरस, दुख है या सुख, लाभ या हानि? घृत से होम-अग्नि की रुचि नहीं मिटती। इधर लोभी नेत्र हैं और उधर रूप-परम-निधि कृष्ण। कोई मिति नहीं मानता।''[५]

---

१. सू० सा० (सभा), पद २४३३।
२. वही, पद २४३५।
३. वही, पद २४३६।
४. वही, पद २४६९।
५. वही, पद २४७०।

रूप-दर्शन की अतृप्ति कवि अत्यन्त चित्रोपम उपमाएँ देकर **उदाहरण** के द्वारा व्यंजित करता है : 'हरि-दर्शन की मुई साध नयनों के साथ उड़ी-उड़ी फिरती है, जैसे फल फूटने पर आक की रुई। बिना देखे बिरहिनी बिना वर्षा के धानों की तरह सूखती है।''[१]

संभावना के द्वारा कवि रूप-दर्शन की लालसा प्रकट करता है, जब वह कहता है कि यदि अंग-अंग में जितने रोम हैं, उतने ही नयन होते तो कदाचित् रूप का रसपान कर सकते तथा 'यदि रसना के नयन अथवा नयनों के रसना और श्रवण होते।'[२]

खण्डित गोपियों द्वारा कृष्ण के रति-चिह्नयुक्त रूप का वर्णन भी व्यंग्य से गोपियों के हार्दिक-प्रेम का ही द्योतक है। इस वर्णन में भी कवि का कल्पना-वैचित्र्य देखने को मिलता है : 'नयनों की चपलता कहाँ गँवा दी? नागर, तुम मुझसे क्या छिपाते हो! नागरी ने रात भर जगाया है। उसी के रंग में ये अरुण हो गए हैं, मानो अरुण अंबुज पर रस पाकर उन्मत्त भृंग बैठे हों।[३] **(उत्प्रेक्षा)**

'लाल के उनींदे रतनारे नयन ऐसे राजते हैं, मानो नये नलिन हों। पीक कपोल पर और ललाट पर महावर और चन्दन ऐसा लगता है, मानो तनु पर काम द्वारा बोए हुए सद्य अरुण दल जम गए हों। अधर पर अंजन ऐसा लगता है, मानो रति का लिखा हुआ दीक्षा-मंत्र हो।'[४] **(उत्प्रेक्षा)**

रति-चिह्नयुत कृष्ण के प्रति शुद्ध भक्ति-भावना उनके रूप के वर्णन में प्रयुक्त उपमानों से व्यंजित होती है। कभी-कभी कवि कल्पना के लिए भी दुबारा कल्पना करता है। गोपी कहती है : ''आज वन से बने हुए हरि व्रज को लौट रहे हैं। यद्यपि वे अपराध-भरे हैं, तो भी देखने में मुझे भाते हैं। मुक्तावली के पास अंग पर नख-रेखा अनुपम शोभा देती है, मानो सुरसरी ईश-शीश से विधु-कला लेकर धँस गई हो। केलि करते समय किसी युवती ने उर में कुमकुम भर दिया, मानो सरस्वती ने पंच-धारा होकर नभ से आगमन किया हो। कमनीय अंग पर बीच-बीच में श्यामल रेखाएँ हैं, मानो सूर-सुता की धार कनक-भूमि पर प्रवाहित हो रही हो। सूर के प्रभु के अंग देखते ही त्रिवेणी प्रकट हो गई, जो मानो मन-वचन-कर्म के दुरित नाश करने के लिए स्वर्ग-नसेनी हों।''[५] **(उत्प्रेक्षागर्भित रूपक)**

कृष्ण के आलसयुक्त रतनारे नयनों के वर्णन में कवि ने इस प्रसंग में विशेष रूप से कल्पना की सजगता प्रदर्शित की है। यद्यपि नयनों के वर्णन में उपमान परम्परा-प्रसिद्ध ही प्रयुक्त किए गए हैं, पर उनकी परिस्थितियाँ कवि की अनूठी कल्पना-शक्ति प्रकट करती हैं : 'संकुचित, मुद्रित नयन मानो शशिउदय के समय जलजात हैं और उनके भीतर चंचल युग पुतलियाँ मानो निकलते हुए, आधे उलझे हुए अलि हैं।'[६] **(उत्प्रेक्षा)**

'मन्द-मन्द डोलते हुए शंकित नयन मानो कमल-संपुट में बिंधे हुए चंचल बाल अलि हैं, जो उड़ नहीं सकते। रात की रति प्रकट करते हुए अति रस-मत्त, अनियारे झलमलाते हुए

---

१. **सू० सा० (सभा), पद २४७३।**
२. **वही, पद २४७५, २४७६।**
३. **वही, पद ३१६९।**
४. **वही, पद ३२५२।**
५. **वही, पद ३२६६।**
६. **वही, पद ३२९७।**

भ्रमित नयन मानो जगत् जीतने के लिए खर-सान पर सँवारे काम-बाण हों। अटपटाते-अलसाते, कभी पलक मुँदते और कभी उघरते हुए नेत्र ऐसे लगते हैं, मानो मरकत मणि के आँगन में खेलते हुए चटकारे खंजरीट हों।[१] **(उत्प्रेक्षा)**

जिस प्रकार कवि ने कृष्ण के रूप-चित्रण में नई-नई कल्पनाओं की सृष्टि की है, उसी प्रकार उसने राधा के रूप का विस्तार के साथ वर्णन करने में अपनी कल्पना की उड़ान प्रदर्शित की है। राधा के अतिरिक्त अन्य गोपियों के रूप का चित्रण अपेक्षाकृत बहुत कम हुआ है। पर उस चित्रण में भी कवि की कल्पना-सृष्टि वैसी ही है।

कवि स्वयं कृष्ण के द्वारा गोपियों के रूप का वर्णन कूटपदों में **रूपकातिशयोक्ति** के सहारे उस समय कराता है जब वे गोपियों से दान माँगते हैं। इस अलंकार का प्रयोग इस अवसर के लिए सर्वथा समीचीन है, क्योंकि कृष्ण स्पष्ट रूप से अपना अभिप्राय नहीं कहना चाहते। अंगों का 'दान' माँगने के लिए कृष्ण तालफल, खंजन, कंज, मीन, मृग-शावक, भ्रमर, कुंदकली, बंधूक, बिंब, कोकिल, कीर, कपोत, हंस और फनिगन तथा मत्तगयंद, हंस, केहरि, अमृत के कनक-कलश, विद्रुम, हेम, वज्र-कण, कपोत, कोकिला, कीर, खंजन, मृग, सायक, चाप, तुरय, चंदन, चमर और सुगंध आदि उपमानों के नाम गिनाकर अपना अभिप्राय प्रकट करते हैं[२]।

कृष्ण पर राधा के रूप का प्रभाव भी कवि ने बाल्यावस्था से ही इंगित कर दिया है। **उत्प्रेक्षा** का सीधा-सादा उपयोग करके वह यशोदा के मुख से कहलाता है : 'दधि मथते-मथते तूने ऐसा हाल कर दिया, मानो हरि चित्र-लिखे हों। तेरा मुख देख कर शशि लज्जित होता है; तेरे नयन जलज-जीत हैं, वे खंजन से भी अधिक नाचते हैं।'[३]

राधा के रूप-वर्णन में कवि ने **रूपकातिशयोक्ति** का प्रयोग बहुत अधिक किया है। रूपकातिशयोक्ति के प्रयोग में कवि की जिस उच्च कल्पनात्मक मनोवृत्ति का प्रकाशन हुआ है, उसकी ओर पहले ही संकेत किया जा चुका है। कृष्ण-प्रेम में उन्मत्त राधा कृष्ण-मिलन का अपना अनुभव सखी को गूढ़ शब्दों में सुनाती है, क्योंकि उसमें गोपनीय रति-व्यापार है।[४] इसी प्रकार राधा-श्याम के विहार का वर्णन भी कूट शैली में हुआ है।[५] राधा के रूप में अचानक रति भाव का उदय देख कर उसकी माता उसको अंग छिपाने का उपदेश देते हुए भी **रूपकातिशयोक्ति** द्वारा उससे रूप का वर्णन करती है।[६]

विरही श्याम को विरहिनी राधा से मिलने के उपक्रम में ललिता श्याम को 'एक अचरज कथा' सुनाती है। 'अद्‌भुत एक अनुपम बाग' में राधा के संपूर्ण नखशिख का **रूपकातिशयोक्ति** के सहारे सम्यक् वर्णन करके ललिता-राधा के सौंदर्य की अकथनीयता की व्यंजना के साथ अपना सफल दूती-कार्य भी प्रमाणित करती है। यहाँ पर कवि दो आगामी पदों में भी इसी अलंकार के द्वारा राधा के रूप का वर्णन करता है।[७] इसी प्रकार मानवती राधा

---

१. सू० सा० (सभा), पद ३३००।
२. वही, पद २०८३, २१६७।
३. वही, पद १३३६।
४. वही, पद २२८९।
५. वही, पद २२९८।
६. वही, पद २३३२।
७. वही, पद २७२८-२७३०।

का ध्यान उसकी अपार छवि की ओर आकर्षित करके मान-भंग की चेष्टा करते हुए सखी **रूपकातिशयोक्ति** का प्रयोग करती है।[१] **रूपकातिशयोक्ति** के इन समस्त प्रयोगों में रूप की उस चरम उत्कृष्टता की व्यंजना है, जिसका कथन साधारण आलंकारिक शैली में करना कवि कदाचित् संभव नहीं समझता। परन्तु इन वर्णनों के बाद कवि ने साधारण शब्दों में अपने अभिप्राय को सदैव समझाने की चेष्टा की है।

रूपकातिशयोक्ति द्वारा कल्पना के चरम उत्कर्ष की व्यंजना के अतिरिक्त राधा के सौन्दर्य-वर्णन में कवि की कल्पना की क्रियाशीलता अन्य अनेक अलंकारों के रूप में भी प्रकट हुई है। कृष्ण-मिलन के सुख में उन्मत्त चतुर राधा की उत्फुल्लता की प्रशंसा करते हुए सखी कहती है : 'राधे जब तू इधर-उधर बंक दृष्टि से देखती है तो निशापति फीका पड़ जाता है। **(प्रतीप)** भ्रकुटी धनुष है और नयन शर-संधान, **(रूपक)** मानो घूँघट पट में पारधी रति-पति छिपा बैठा है। **(उत्प्रेक्षा)** नागरी की गति मैंमत नाग के समान है।'[२] **(उपमा)**

ललिता चतुरतापूर्वक उपर्युक्त **रूपकाशतियोक्ति** द्वारा राधा-रूप का वर्णन करने के उपरांत कृष्ण के समक्ष राधा की गत्यात्मक छवि का केवल एक चित्र उपस्थित करती है। इसी एक चित्र को कवि ने अनेक कल्पनाओं से अनुरंजित करके अत्यन्त मनोहर बना दिया है। ललिता कहती है : "आज मैंने एक नई सी वाम देखी। वह 'अँगना' के द्वारे खड़ी थी, विधना ने मानो 'मदन मई सी' रची हो। हमारी ओर देख-कर उसने सकुचकर अपने मुख पर अंचल डाल लिया, मानो वारिज पर वारि बो दिया हो, मानो पावन-घन से निकल कर दामिनी तनिक चमक कर फिर छिप गई हो।"[३] इसके बाद ललिता वृषभानुकुमारी के रूप का सम्यक् वर्णन करती है। कवि इस वर्णन में नई-नई **उत्प्रेक्षाओं** की बाढ़-सी लगा देता है।[४]

शिव-वधित काम के अवध्य सुंदरी का वध न करने की सखी द्वारा की हुई प्रार्थना में कवि भ्रांतापह्नुति के प्रयोग द्वारा राधा के सौंदर्य की व्यंजना करता है : "सुंदरी ने श्याम-घन के अर्थ 'नवसत' शृंगार किया है। उसके सिर पर मुक्ता-माँग है, गंगा नहीं, भाल पर तिलक है, उडुपति नहीं; ग्रथित कबरी है, सहस्रफन अहिपति नहीं। तन में विभूति और गले में विष नहीं है, वरन् चंदन का लेप और मृगमद है। गज-चर्म नहीं, असित कंचुकी है। विचार कर देखो, नांदी और गण कहाँ हैं?"[५] यहाँ कवि **भ्रांतापह्नुति** के द्वारा शिव-रूप का सम्यक् **सांग रूपक** बाँध देता है। घूँघट-पट हटाकर राधा के मुख के प्रकट होने पर कवि अनेक उत्प्रेक्षाएँ करता है : "मानो सुधाकर दुग्धसिंधु से कलंक धोकर निकला हो। शीश पर मुक्ता-माँग ऐसी शोभित है, मानो नवल शशि का उदय समझ कर उडुगण जुहार करने आए हों, भाल के लाल सिंदूर-बिंदुपर मृगमद ऐसा लगता है, मानो बंधूक कुसुम पर अलि पंख पसारकर बैठा हो। चंचल नयन चारों ओर इस प्रकार देखते हैं, मानो परस्पर लड़ते हुए युग खंजनों का कीर न आकर बीच-बचाव किया हो। बेसर के मुक्ता में उक्त चार वर्णों की झाईं विराजती है, मानो सुरगुरु (पीत), शुक्र (श्वेत), भौम (लाल) और शनि (काला) चन्द्र के बीच में चमक रहे

---

१. **सू० सा० (सभा), पद ३३६४-३३६८।**
२. **वही,पद २३२०।**
३. **वही, पद २७३१।**
४. **वही, पद २७३२।**
५. **वही, पद २७३५।**

हों। अधर बिंबा और दशन दामिनी की तरह चमकते हैं, चिबुक-बिंदु के बीच विधाता ने मानो रूप की सीमा निर्मित कर दी हो। ज्योति-पुंज की क्या उपमा दी जाए, मानो दोनों दिशाओं में दो भानु उगे हों और तिमिर पाताल में चला गया हो। सखियों द्वारा गुही लाल हीरों की माला मानो निर्धूम अग्नि पर तपस्वी त्रिपुरारि के बैठने का दृश्य उपस्थित करती हो।[१] इसी प्रकार कवि सुरति के अन्त में राधा के रूप का वर्णन करने में नई-नई **उत्प्रेक्षाओं** के द्वारा अनेक अद्‌भुत कल्पनाओं की सृष्टि करता है।[२]

रास के प्रसंग में राधा के रूप-सौंदर्य वर्णन में कवि की कल्पना-सृष्टि में संकुलता और विविधता के स्थान पर सम्पन्नता और प्रभावोत्पादकता विशेष रूप से दिखाई देती है।[३] विविध आभूषणों और शृंगारों से सुसजित राधा के वर्णन के बीच-बीच कवि अलंकारों का जो प्रयोग करता है, उसमें प्रयत्न का लेश भी नहीं जान पड़ता। मानवती राधा के सौंदर्य का वर्णन उसकी सखी के द्वारा कवि करता है, जिसमें **व्यतिरेक** का सुंदर प्रयोग किया गया है : 'और स्त्रियाँ नखशिख-शृंगार सजाकर भी तेरे सहज रूप की समता नहीं कर सकतीं। रति, रंभा, उर्वशी और रमा जैसी स्त्रियाँ भी तुझे देखकर मन में कुढ़ती हैं, क्योंकि ये सब कंत-सुहागिनि नहीं हैं, जबकि तू कंत ही प्यारी है।[४]

राधा का सबसे बड़ा सौंदर्य है कृष्ण का प्रेम। कवि ने सुरति के चिह्नों से युक्त राधा के स्वरूप का वर्णन बड़े मनोयोग से किया है। यहाँ उसकी कल्पना में अभिनव चमत्कार उत्पन्न हो गया है। यद्यपि उपमान साधारण और परम्पराभुक्त हैं, पर सुरति की व्यंजना करने के लिए कवि ने उनमें नए-नए संशोधन कर दिए हैं : 'मरगजी पटोरी और उर-भुज पर फटी हुई नील कंचुकी से कुच-कोर प्रकट हो रहे हैं, मानो नव घन के बीच में नव शशि छवि थोड़ी-थोड़ी दिखाई देती हो। आलस भरे नयन, शिथिल कज्जल और मुड़े हुए ताटंक ऐसे लगते हैं, मानो खंजन और हंस कंज पर लड़ रहे हों और उनकी चोंचें टूट गई हों। भ्रकुटी पर लटकी हुई बिथुरी लटें और विकच माँग की रोली और नग मानो काम-कर का कोदंड और कमल के लिए जोड़ी हुई अलिसेना हो।"[५] **(उत्प्रेक्षा)** सुरति समय के सुख-तमोर से सने हुए लोचन ऐसे लगते हैं, मानो शरद विधु में युग पद्म मुकुलित हुए हों। उरोजों के नख-चिह्न मानो शिव-शिर के शशि हों।[६] **(उत्प्रेक्षा)** 'रतनारे नयनों वाली आलस भरी कमनीय कामिनी जब जँभाई लेकर बाँहें ऊँची उठाकर जोड़ती है और फिर एँड़ाते हुए उन्हें अलग-अलग कर लेती है, तो जान पड़ता है, मानो दामिनी टूट कर दो टूक हो जाती हो।'[७] **(उत्प्रेक्षा)**।

सुरति-सुख से परितृप्त राधा की रूप-श्री का वर्णन करने में इसी प्रकार कवि ने **उत्प्रेक्षा** और **उल्लेख** के रूप में अनेक कल्पनाएँ की हैं।[८]

---

१. **सु० सा० (सभा), पद २३३६।**
२. **वही, पद २७४७-२७५१।**
३. **वही, पद १८१२, १८१५, १८१९, १८२०, १८२४।**
४. **वही, पद ३०६२।**
५. **वही, पद ३२७४।**
६. **वही, पद ३२८०।**
७. **वही, पद ३२८३।**
८. **वही, पद ३२८३-३२८७।**

राधा और कृष्ण के रूप-सौंदर्य से पृथक्-पृथक् वर्णनों के अतिरिक्त राधाकृष्ण के युगल-रूप के वर्णनों में भी कवि की कल्पना-सृष्टि का चमत्कार देखने को मिलता है। यहाँ भी कवि की भक्ति-भावना और कल्पना के चरम उत्कर्ष का प्रकाशन **रूपकातिशयोक्ति** के प्रयोग में मिलता है।[१] इसके अतिरिक्त **रूपक** और **उत्प्रेक्षा** का प्रयोग प्रचुर मात्रा में किया गया है : 'हरि-उर पर मोहनी-बेलि शोभित है। उस पर उरग-ग्रसित पूर्ण शशि शोभा दे रहा है। भुजाओं के बीच में कसी हुई ऐसी लगती है, मानो कनक-कलश का मधुपान करके उलटी धँस गई हो।'[२] श्याम-श्याम सघन कुंज से उठकर खड़े हुए, मानो रात में बरस कर नवीन जलद दामिनी से मिलकर उसरे हों। तन पर उन्होंने आलसयुत, नील-पीत द्युति वाले शिथिल वस्त्र पहन रखे हैं। श्रम जल-बिंदु मानो बादलों में कहीं-कहीं निकले हुए उडुगण हैं। 'गले की टूटी हुई माला ही मानो प्रेम की सरिता बह चली है। सूर-प्रभु की अमित शोभा देखकर सुख को किस प्रकार तरा जा सकता है?[३]

कार्य-व्यापार-चित्रण

कार्य-व्यापार के वर्णन में कवि को कल्पना-सृष्टि की वहीं पर आवश्यकता पड़ती है, जहाँ कार्य-व्यापार उच्च एवं गंभीर भाव को प्रकट करता है। अत: कार्य-व्यापार के चित्रण में भी कवि की कल्पना रूप के चित्रण के समान सदैव ही भावना की द्योतक है।

कृष्ण-जन्म समय के वर्णन में कवि ने बृजवासियों के स्वच्छंद आनन्दमय क्रिया-कलाप को सुन्दर **उत्प्रेक्षाओं** के द्वारा चित्रित किया है : 'व्रजनारियाँ आनन्द-विभोर होकर सुन्दर साज़ सजाकर अपने-अपने मेल की सखियों के साथ घरों से निकल पड़ीं, इस पर कवि कहता है : 'मानो लालमुनैयों की पाँतें पिंजरे तोड़कर निकली हों।' दस-दस, पाँच-पाँच सखियाँ मंगल-गीत गाती हैं, मानो भोर होने पर रवि को देख कर कमल की कलियाँ फूल गई हों। गोप-गण मिलकर नाचते, कलोल करते और हल्दी और दही छिड़कते हैं, मानो भादों मास की वर्षा में घृत-दूध की नदी बह चली हो।' बंदीजन, मागध, सूत आँगन और भवन में भरे हैं और सबका नाम ले लेकर बोलते हैं, मानो अषाढ़-मास की वर्षा होने पर दादुर और मोर रट मचा रहे हों।'[४]

कृष्ण के रूप की भाँति उनके क्रियाकलाप को चित्रित करने में भी कवि की कल्पना अत्यन्त सजग और क्रियाशील दिखाई देती है। कृष्ण की बाल और किशोर लीलाओं के चित्रण में इस कल्पना के विविध रूप प्रकट हुए हैं।

घुटनों चलने का वर्णन करते हुए कवि कहता है : 'मणि आँगन में घुटनों चलते हुए कर और पग के प्रतिबिंब ऐसे जान पड़ते हैं, मानो पृथ्वी अपने उर में जलज-संपुट सुभग-छवि भर रही हो।' **(उत्प्रेक्षा)** 'कनक-भूमि पर कर-पग-छाया ऐसी लगती है, मानो बसुधा प्रति पद पर प्रति मणि में कमल की बैठकी सजा रही हो।'[५] **(उत्प्रेक्षा)**

---

१. **सू० सा० (सभा), पद १८१३-१८२१।**
२. **वही, पद १८१३-१८२१।**
३. **वही, पद ३०८८।**
४. **वही, पद ६४२।**
५. **वही, पद ७२७-७२८।**

इसी प्रकार पैरों चलने की शोभा के वर्णन में कवि अनूठी **उत्प्रेक्षा** करता है : 'नंदरानी की उँगली पकड़े हुए सुन्दर श्याम डगमगाते चलते और गिर पड़ते हैं तो पाणि के ऊपर नंदलाल की भुजा ऐसी शोभित होती है, मानो सिर पर शशि जानकर कमल अधोमुख होकर, नाल नवाकर झुक गया हो।'[१]

कृष्ण के डगमगाते हुए चलते समय उनके पीछे यशोदा के चलने पर कवि भावव्यंजक **उत्प्रेक्षा** करता है; 'मानो धेनु बछड़े के कारण तृण छोड़कर, प्रेम-द्रवित होकर पयोधर स्रवित करते हुए पीछे-पीछे जा रही हो।'[२]

कृष्ण के हठ करके मथानी और माट पर अड़ने के वर्णन में असिद्ध कल्पना करके कवि चमत्कार उत्पन्न कर देता है; 'मानो विमल, नवीन, नवरंग के जलधि पर दो शशि आकर अड़ गए हों। दधि-भाजन के भीतर श्याम एकटक अपना मुख देखते हैं, मानो मथकर दोनों चन्द्रमा निकाले गए हों और कृष्ण का हँसना उनका प्रकाश हो।'[३] **(उत्प्रेक्षा, रूपक)** दधि-मथनी पकड़ने पर कवि की कल्पना अनायास समुद्र-मंथन का दृश्य चित्रित करने लगते हैं, जो वस्तु की अपेक्षा उसके भाव की अधिक द्योतक है। इस चित्रण में उसकी कल्पना **अतिशयोक्ति** का रूप धारण करती है।[४]

इसी प्रकार रोटी खाने पर कवि **उत्प्रेक्षा**, करता है : 'हरि-कर में माखन-रोटी राजती है, मानो वारिज ने शशि से बैर के कारण सुधा और 'ससुधौटी' (शशि-ढोटी?) पकड़ रखी हो। उसे मुख-अंबुज के भीतर रखते समय एक मोटी उपमा उपजती है, मानो बाराह ने भूधर के सहित दशन की कोटि (कोर) पर पुहुमी रख ली हो।''[५]

माटी उगलाने के लिए यशोदा के धमकाने पर कृष्ण ने बदन उघार कर ब्रह्माण्ड का दृश्य दिखा दिया था। कवि नाटक की परिपाटी के **रूपक में परंपरित रूपक** बाँध कर कहता है कि उस दृश्य से 'भरम-जवनिका फट गई है।'[६]

कालियदमन में सर्प के फन पर नृत्य करने का वर्णन करते हुए **उदाहरण** और **उत्प्रेक्षा** का उपयोग किया गया है।[७]

राधा की आँखें मूँदते समय पुनः **उत्प्रेक्षाओं** का प्रयोग किया गया है : 'अतिविशाल, चंचल, अनियारे लोचन हरि-हाथों में समा नहीं सके। सुभग उँगलियों के बीच में वे अति आतुर दिखाई दिए, मानो मणिधर ने मणि छोड़कर भी उसे फल के नीचे छिपा रखा हो।[८]

बालक कृष्ण और भोली बालिका राधा की मधुर रति-व्यंजक लीला को कवि स्पष्ट न कहकर **रूपकातिशयोक्ति** के द्वारा वर्णित करता है; कदाचित् इसलिए कि बालकेलि के उस दृश्य को अचानक यशोदा भी देख लेती है : 'यदुराई ने ललित नीबी गही। जब श्रीफल पर

---

१. **सू० सा० (सभा), पद ७३२।**
२. **वही, पद ७४२।**
३. **वही, पद ७५९।**
४. **वही, पद ७६०-७६२।**
५. **वही, पद ७८२।**
६. **वही, पद ८७२।**
७. **वही, पद ११८४।**
८. **वही, पद १२९३।**

सरोज रखा, तब यशुमति आ गई।'[१] इसी प्रकार दानलीला में भी कृष्ण की छेड़-छाड़ को कवि ने साभिप्राय **रूपकातिशयोक्ति** के द्वारा चित्रित किया है।[२]

कृष्ण के कार्य-व्यापारों में कवि की कल्पना सुरति तथा सुरति से सम्बन्धित पूर्व या पश्चात् के कार्य-व्यापारों से सर्वाधिक अनुप्राणित हुई है। बाल-केलि की सुरति के वर्णन में कवि कहता है : 'मनमोहन श्रम-जल से भीगे शिथिल वसन सुखाते हैं, मानो मदन की बुझी हुई ज्वाला को फिर जला रहे हों।'[३] **(उत्प्रेक्षा)** 'कृष्ण की वाम भुजा पर राधा के कर की छवि ऐसी लगती है, मानो कमल के नाल-मध्य से अद्‌भुत आकार का कमल-दल उदय हुआ हो। वे परस्पर अंग-चुंबन करते हैं, मानो दो चन्द्र प्रेमाचार कर रहे हों।'[४] **(उत्प्रेक्षा)**

कैशोर सुरति-वर्णन में कवि की कल्पना बहुमुखी हो जाती है : 'दोनों रति-रणधीर राजते हैं। वृषभानुसुता और बलबीर दोनों कहा सुभट भूतल पर प्रकट हुए हैं। तनु-चीर के कवच सजे हैं, भौहों के धनुष पर निमेष का गुण-संधान कभी घटता नहीं और कटाक्षों के तीर छूटते हैं। नेजा नख की आकृति के उर पर लगते हैं,पर तनिक भी पीर नहीं मानते। आयुध की तरह मुरली को धरती पर डालकर सुभुज पकड़ लिए, मानो प्रेम-समुद्र मर्यादा छोड़कर, तीर तजकर, उमंगकर मिल गए हों।'[५] इसी प्रकार **सांग रूपक** और **उत्प्रेक्षा** द्वारा कवि सुरति का यथावसर बार-बार वर्णन करता है।'[६]

कनक-बेली और तमाल के उपमानों के साथ भी कवि ने प्राय: राधा-कृष्ण की सुरति का वर्णन किया है[७] : 'अपनी भुजाओं का बन्धन खोल कर कनक-बेली तमाल से उलझ गई, मानो भृङ्गयूथ के साथ सुधाकर घन में आता-जाता हो; मानो सुरसरी पर तरनि-तनया उमँग रही हो और तटी में समाती न हो; मानो कोकनद पर तरनि, खंजन और मीन के संग ताण्डव कर रहा हो; मानो जलद से तारा गिरकर पयनिधि में मिलता हो; मानो युग भुजंग प्रसन्न-मुख होकर कनक-घट से लिपट गए हों; मानो दामिनी घन-घटाओं के बीच में कभी स्थिर हो जाती हो और कभी चंचल; मानो कभी दिन उदय हो जाता हो और कभी अति कुछू-निशा; मानो बिना नाल के कमल किंचित् तीक्ष्ण नीर में उलट गए हों; मानो हंस-सारस दोनों शिखर पर चढ़कर नाना नाद करते हों।'[८] **(उत्प्रेक्षा)**

उत्प्रेक्षाओं की इसी प्रकार अतिरंजना कवि राधा-कृष्ण के अन्योन्य प्रेम व्यंजक परस्पर दृष्टि-निक्षेप में प्रदर्शित करता है।[९] राधा बैठी हुई थी, हरि ने पीछे से आकर आँखें मूँद लीं। कवि इस दृश्य का भावनापूर्ण चित्रण करने के लिए अनेक कल्पनाएँ करता है : 'श्याम उँगलियों के अन्तर में आतुर आँखें इस प्रकार दिखाई देती हैं, मानो मरकत मणि के पिंजरों में

---

१. सू० सा० (सभा), पद १३००।
२. वही, पद २२८९-२२९८।
३. वही, पद १३०४।
४. वही, पद १३०५।
५. वही, पद २६०४।
६. वही, पद २७४७-२७४९, ३०७३, ३३०१-३३०४।
७. वही, पद २७४८।
८. वही, पद २७५०।
९. वही, पद २७५१।

दो खंजन अकुलाते हों। कर और कपोल के बीच में सुभग तरौना की स्वाभाविक शोभा ऐसी है, मानो दो सरोज सुधानिधि में दो रवियों के सहित मिलते हों।'[१]

कृष्ण से मिलने के लिए राधिका-गमन का वर्णन कवि ने सुन्दर **सांग रूपक** के द्वारा किया है । ''अधिक अनुपम अंग, अति रमणीक राधिका इस प्रकार राजती है, मानो गिरिवर से गंगा आती हो; और गात की द्युति विमल वारिनिधि है और कटितट की त्रिवली तरल तरंग; रोम-राजि ही मानो आकर मिली हुई यमुना है और भ्रुवभंग मानो उसमें भँवर पड़ते हैं। भुजबल पुलिन हैं और उतंग उरोज मानों पास मिल कर बैठे हुए चारु चक्रवाक। मृदुल मुख और पाणि मानो कमल हैं और गुरु गति मराल विहंग। रुचिर मणिगण और भूषण तीर तथा मोतियों की माँग मध्य धार है। सूरदास कहते हैं सुरसरी श्रीगोपाल-सागर के सुख-संग के लिए चली है।'[२]

सुरति के वर्णन में भी कवि की कल्पना चरम उत्कर्ष को प्राप्त होकर **रूपकातिशयोक्ति** के कूट पदों में व्यक्त होने लगती है।[३]

वस्तु-चित्रण

वस्तु-चित्रण के अंतर्गत यद्यपि रूप-चित्रण भी आ जाता है, किन्तु रूप-चित्रण कवि की एक महत्वपूर्ण विशेषता है, इसलिए उसका यहाँ अलग उल्लेख किया गया है। वस्तु-वर्णन में दृश्य, घटना और अवस्था अथवा परिस्थिति के चित्रणों को सम्मिलित किया गया है।

कवि ने दृश्यों का चित्रण यद्यपि स्वतन्त्र रूप से नहीं किया और इसलिए इस दिशा में कल्पना के प्रदर्शन का उसे विशेष अवसर नहीं मिला; फिर भी प्रसंगवश जहाँ कहीं उसने प्राकृतिक अथवा कृत्रिम दृश्यों का वर्णन किया है, वहीं उसकी कल्पना अपनी स्वाभाविक गति के साथ संचरण करती हुई दिखाई देती है। गत पृष्ठों में देखा जा चुका है कि कवि के अधिकतर प्रकृति के मनोरम दृश्यों के कल्पना-लोक में विहार करता है और उसके अप्रस्तुत अधिकांश में प्राकृतिक दृश्यों से ही लिए जाते हैं। परन्तु जैसा कि स्वाभाविक है, स्वयं प्राकृतिक दृश्यों के चित्रण में यह क्रम बदला हुआ दिखाई देता है। यहाँ पर प्रस्तुत स्थूल और इन्द्रिय-ग्राह्य है तथा अप्रस्तुत सूक्ष्म एवं मानस-ग्राह्य।

प्रभात-वर्णन में कवि जो **उत्प्रेक्षाएँ** करता है वे दृश्य को मूर्तिमान नहीं बनातीं, अपितु कृष्ण के प्रति भक्ति-भावना का स्मरण दिलातीं और कृष्ण-चरित के भावनात्मक वातावरण की अनुकूलता उपस्थित करती हैं : 'रात बीतने पर अरुण उदय हो गया, शशांक किरणहीन हो गया, दीपक मलीन हो गया और तारागण क्षीण-द्युति हो गए; मानो ज्ञान-प्रकाश से सब भव-विलास बीत गए और तोप-तरनि-तेज ने आश-त्रास-तिमिर जला दिया।'[४] यहाँ अप्रस्तुत भी एक प्रकार से प्रस्तुत है और उसे कवि ने प्रकाश के लाक्षणिक प्रयोग तथा तरनितेज के **रूपक** का प्रयोग करके भावगम्य कराने का यत्न किया है। प्रभात के प्रस्तुत दृश्य के वर्णन में उसकी कल्पना भावात्मक अप्रस्तुत से संतुष्ट न होकर पुन: जहाँ की तहाँ लौट आई है।

---

१. सू० सा० (सभा), पद २८२३।
२. वही, पद ३०७२।
३. वही, पद १८२०-१८२१, ३०७६, ३०८४-३०८७।
४. वही, पद ८२३।

'मुखर खगनिकर' के बोलने के लिए वन्दीजन, सूतवृन्द, मागधगन के विरुद-गायन तथा 'कंज त्याग कर चंचरीक-पुंज के कोमल गुंजार' करके चलने के लिए 'वैराग्य प्राप्त शोक-गृह त्यागकर प्रेम-मत्त भृत्यों के गुण-गायन'[१] की **उत्प्रेक्षाएँ** कृष्ण के प्रति भक्ति-भावना के साथ-साथ कवि के राज-दरबार के ज्ञान का भी परिचय देती है।

चंचलता के कारण कवि ने प्राय: नारी को दामिनी की उपमा दी है, पर वर्षा के वर्णन में यह क्रम उलट गया.है, यथा,बादलों के 'बीच-बीच दामिनी कौंधती है, मानो चंचल नारी हो।'[२]

बसंत के वर्णन में भी वर्ण्य और अवर्ण्य, दोनों कवि के अभीष्ट वर्ण्य जान पड़ते हैं : 'राधे जू, आज बसंत का वर्णन करूँ, मानो मदन-विनोद में नागरी और नवकंत विहार करते हों।[३] **(उत्प्रेक्षा)** 'ऋतु बसंत ने ऐसा पत्र भेजा है कि मानिनी तुरन्त मान त्याग दो। अंबुज के नव दल कागज है, भँवर मसि और काम-बाण के चाप लेखनी है। अनंग ने लिखकर छाप लगा दी और विचार कर मलयानिल को भेजा है।'[४] **(सांग रूपक)**

बसंत-वर्णन में 'मदन महीपति' का और कई प्रकार से उल्लेख किया गया है : कोकिल बोली, बन-बन फूल गए, मधुप गुँजारने लगे, मानो प्रात:काल बन्दीजन का शोर सुनकर महीपति जाग गए! उन द्रुमों में अब दूने अंकुर और पल्लव दिखाई देते हैं, जो पहले दावाग्नि से जल गए थे, मानो रतिपति ने रीझकर याचकों को वर्ण-वर्ण के वागे (वस्त्र) से दिए हों।"[५] **(रूपक)**

बसंत के वर्णन में होली का **सांग रूपक** कितना स्वाभाविक है : 'बनरूपी व्रजनाथ को देखकर आज अति अनुराग उपजता है, मानो मदन और बसन्त मिलकर फूल कर फाग खेल रहे हों। द्रुमगण-मध्य पलास-मंजरी अग्नि की नाईं मुदित है, मानो उन्होंने हर्षित होकर अपने-अपने मेल की होली लगाई हो। केकी, काग, कपोत और अन्य खग भारी कोलाहल करते हैं, मानो परस्पर नाम ले लेकर गालियाँ देते और दिलाते हों। कुंज-कुंज-प्रति अति रसमयी कोकिल कूजती हैं,मानो कुलवधुएँ निर्लज्ज होकर गृह-गृह में अट्टालिकाओं पर चढ़ कर गाती हों। जहाँ-जहाँ प्रफुल्लित लताएँ दिखाई देती हैं, वहाँ-वहाँ अलि जाते हैं, मानो सब स्त्रियों में गणिकाओं को ढूँढ़कर उनका गात छूते हों।[६]

प्राकृतिक दृश्यों के वर्णन की भावानुकूलता वियोग-समय के वर्षा और शरद् आदि के वर्णन में और अधिक प्रदर्शित हुई है। यहाँ कवि के द्वारा अप्रस्तुतों की कल्पना-सृष्टि प्रस्तुत प्राकृतिक दृश्यों को चित्रित करने के स्थान पर विरह के भावों की तीव्रता व्यंजित करती है।

वर्षा के मेघ-गर्जन में काम-सेना की चढ़ाई की कल्पना करके कवि **सांग रूपक** बाँधता है : 'माई री, ये मेघ गरजते हैं, मानो काम कोप करके चढ़ा है और उसका कटक कोलाहल करके बढ़ रहा है। बरही, पिक और चातक जयजयकार सूचक निशान बजाते हैं। वर्ण-वर्ण के

---

१. **सू० सा० (सभा), पद ८२६।**
२. **वही,पद १८०६।**
३. **वही, पद ३४६२।**
४. **वही, पद ३४६३।**
५. **वही, पद ३४६६।**
६. **वही, पद ३४७१।**

बादल सब जगत् पर छा गए हैं। उनके करों में दामिनी की करवाल है, जिसे देख कर सब गात और उर काँपते हैं। जलधर समेत सेना इन्द्रधनुष से सुसज्जित है।'[१] मदन के मत्त हाथियों का **सांग रूपक** भी इसी प्रकार गोपियों के विरह का व्यंजक है।[२]

प्रकृति में कवि कभी-कभी अनुकूल दृश्यों की कल्पना भी करता है। रूप-वर्णन में देखा जा चुका है कि उसने श्याम के रूप में प्राय: मेघों की कल्पना की है। वियोग कालीन वर्षा के मेघों में श्याम के रूप की कल्पना अवर्ण्य में वर्ण्य से भी अधिक रुचि प्रदर्शित करके प्रेम की व्यंजना करती है : 'आज घन श्याम के समान है। इन्द्र धनुष मानो पीत वसन है, दामिनी दशन-छवि है और बग-पाँति मानो मोतियों की माला। गगन गोविन्द की गिरा के मिस गरजता है, जिसे सुनकर नयनों में वारि भर आता है।'[३]

यद्यपि घन और दामिनी कवि की कल्पना-सृष्टि के अत्यन्त सामान्य दृश्य हैं, पर रास-नृत्य के प्रसंग में उनकी **उत्प्रेक्षा** उसने अत्यन्त चित्रोपम रूप में की है : 'हरि और व्रजकामिनियाँ ऐसी शोभित हैं, मानो घन-घन में दामिनी है, घन दामिनी के भीतर है और दामिनी घन के भीतर।'[४]

हिंडोल लीला के वर्णन में कवि की कल्पना प्रकृति के नाना सुन्दर दृश्यों को चित्रित करती दिखाई देती है। गौर श्यामल अंग तथा पीत-नील दुकूल के मिलन के लिए तो कवि घन और दामिनी की अपनी प्रिय **उत्प्रेक्षा** करता ही है; इसके अतिरिक्त उनकी अन्य नए-नए दृश्यों की सृष्टि **उत्प्रेक्षा** और **रूपक** के प्रयोगों में दिखाई देती है।[५]

मथुरा नगरी के वर्णन में मोहनी-विमोहन कृष्ण के नाते युवती का **सांग रूपक** अत्यन्त उपयुक्त है : "हरि, देखो, श्री मथुरा आज ऐसी है, जैसी धनी (स्त्री) पति आगम में शृंगार सजाती है। कोट मानो कटि में कसी हुई किंकणी है और उपवन, रंगीन वसन। विचित्र भवन सुन्दर अंग पर भूषण के समान शोभित है। घरियारों की घोर ध्वनि सुनाई देती है, वह मानों पैरों में नूपुर बजते हैं। धामों पर ध्वजाएँ विराजती हैं, वे ही चंचल-गति अंचल का संभ्रम पैदा करती हैं। ऊँचे अट्टों पर छत्र मानो शीश फल की तरह फूले हैं। कनक-कलश ऐसे लगते हैं, मानो आनंद के कारण कंचुकी भूल जाने से कुच प्रकट दिखाई देते हों। विद्रुम और स्फटिक से जड़े परदों की छवि और उनमें जालरंध्रों की रेखाएँ मानो तुम्हारे दर्शन के कारण निमेष भूले हुए नयन हैं।"[६]

घटनाओं और अवस्थाओं के वर्णन में भी कवि ने दृश्यों के चित्रण की भाँति कल्पना-सृष्टि की है।

कृष्ण-जन्म की घटना की असीम शोभाशालिता कवि सिंधु के रूपक के द्वारा अनुरंजित करके वर्णन करता है : "शोभा-सिंधु का अंत नहीं रहा, वह नंद-भवन से भरपूर उमंग के साथ चलकर व्रज की बीथियों में बही फिरती है। आज गोकुल में जाकर उसे देखा कि वह

---

१. सू० सा० (सभा), पद ३९१९।
२. वही,पद ३९२१।
३. वही, पद ३९३३।
४. वही, पद १६६६।
५. वही, पद ३४१५, ३४५९।
६. वही, पद ३६४।

घर-घर दही बेचती फिरती है। कहाँ तक बहु विधि बनाकर कहें! सहस-मुख से भी कहते नहीं निबहती। सब ऐसी कहते हैं कि वह 'जसुमति उदर-अगाध' से उपजी है।''[१]

कालियदमन प्रसंग में प्रभु की भक्तवत्सलता का बखान **निदर्शना** के द्वारा कई बार किया गया है।[२] कालिय-दह के कमल पुष्प देख कर कंसके मन में जो भाव उदय हुए होंगे, उनका संक्षिप्त किन्तु अत्यन्त व्यंजक वर्णन कवि एक साधारण **उत्प्रेक्षा** के द्वारा कर देता है : 'शकटों में भरे कमल मानो व्याल हैं।'[३]

इंद्र के बादल-दल के साथ कृष्ण-शरणागति के वर्णन में **तुल्ययोगिता** और **उत्प्रेक्षा** का चमत्कारपूर्ण प्रयोग हुआ है : 'दोनों ओर घन उमड़ते दिखाई देते हैं। उधर भक्तिवश्य वासव के घन और इधर रोष भरे नर; उधर सुर-चाप की प्रचंड कला और इधर श्याम के तड़ित पीतपट; उधर सेनापति की मुसलसम वृष्टि और इधर प्रभु का अमियदृष्टि से देखना। दोनों के बीच में कर पर उठाया हुआ गिरिराज विराजता है, मानो दो मरकतों के बीच विचित्र महानग बनाया गया हो। चरणों पर शक्र के शीश लोटते हैं, मानो कनकपुरी-पति (विभीषण) के शिर पर रघुपति ने छत्र दिए हों।'[४]

राधा कृष्ण-प्रेम को गुप्त रखना चाहती है, पर प्रयत्न करने पर भी प्रेम छिपाए नहीं छिपता। कवि इस परिस्थिति को **अर्थान्तरन्यास** के द्वारा चित्रित करता है : 'सुर सुगंध चुराने हारे छिपाने से कैसे छिप सकते हैं?'[५] कृष्ण का अपार प्रेम हृदय में समा नहीं सकता, 'सूरदास, पपीहा के मुख में सिंधु कैसे समाए?'[६] चतुर सखी अन्य गोपियों से कहतीं है, 'अभी जाकर प्रकट कर देंगे। यह बात छिपाकर कहाँ रहेगी? औरों से जो दुराव करती तो हम कहती कि भली सयानी है, पर वह दाई-आगे पेट दुराती है। आज मैंने उसकी बुद्धि जानी। हमारे जाते ही वह उधर पड़ेगी; दूध का दूध और पानी का पानी हो जाएगा।'[७]

इसी प्रकार यौवन की क्षणभंगुरता प्रदर्शित करने के लिए कवि व्यंजक उपमाएँ देता है, 'तनु-जोबन ऐसे चला जाएगा, जैसे फागुन की होली। भीगकर क्षण भीतर विनश जाएगा, जैसे कागज की चोली।' 'अति हठ न कर मैं कहती हूँ, इससे एक भी काज नहीं सरेगा। एक समय मोतियों के धोखे हंस ज्वार चुगता है। यह जोबन वर्षा की नदी की तरह है। (**अर्थान्तरन्यास** और **उत्प्रेक्षा**) 'तुम इतने ही पर क्यों गर्व करने लगीं। जीवन-रूप दस ही दिवस का है, जैसे अंजुरी का पानी'[८] (**उपमा**) जोबन-धन चार दिवस का है, जैसे बदरी की छाँह।[९] (उपमा)' संसार की नश्वरता के लिए सावन की बेल का उदाहरण भी इसी प्रकार व्यंजनापूर्ण है।'[१०]

---

१. **सू० सा० (सभा), पद ६४७।**
२. **वही, पद ११७४-१२८६।**
३. **वही, पद १२०८।**
४. **वही, पद १६०१।**
५. **वही, पद २३१३।**
६. **वही, पद ३३९१।**
७. **वही, पद २३४१।**
८. **वही, पद ३९०६, ३२०९, ३२१०।**
९. **वही, पद ३३६३।**
१०. **वही, पद ३५९७।**

उद्धव और कृष्ण के अनमिल संग की परिस्थिति कवि **विषम** और **उदाहरणमाला** के द्वारा स्पष्ट करता है।[१] इसी प्रकार अबलाओं को योग का उपदेश देने की विषमता कवि ने अनेक व्यंजनापूर्ण उपमानों के द्वारा प्रदर्शित की है : "ऊधो ऐसी कौन है जो तुम्हारी उल्टी रीति सुने? जो अल्प-वयस, अबला, अहीन, शठ हैं, उन्हें योग कैसे सोहे? बूची और नकटी का खुभी और बेसर पहनना और अँधरी का काजल लगाना, मुंडली का पटिया पारने की इच्छा करना, कोढ़ी का केसर लगाना जैसा है, वैसा ही अबलाओं के लिए योग है। बहिरी पति से परामर्श करे तो वैसा ही उत्तर भी पाएगी। ऐसी ही गति उसकी भी होगी जो ग्वालिनों को योग सिखाएगा।"[२] **(उदाहरण)** 'गोपियाँ उसी प्रकार योग नहीं ग्रहण कर सकतीं; जैसे सिंह मर भले ही जाए; किन्तु तृण नहीं चर सकता[३] **(उदाहरण)** 'यह नई बात सुनी, सिंह अपना भक्ष्य छोड़कर तिनका चरने लगे।' **(ललित)** 'निर्गुण का उपदेश करना ऐसा ही है, जैसे कच्चे धागे से वारिज की ताँत लेकर तनु बेधना ।'[४] **(उदाहरण)** 'अब विरहानल के दाह में लोन क्यों लगाते हो? जिसे विरह-व्यथा है, उसे परमार्थ का उपचार बताते हो! जिसे राज-रोग में कफ बढ़ रहा हो, उसे दही खिलाते हो।[५] **(अर्थान्तरन्यास)** 'धर्म, अर्थ, कामना तथा मुक्ति समेत सब सुख सुनाते हो, पर मनलाडू से किसकी भूख गई है? निगम जिसका नेति-नेति कहकर वर्णन करते हैं, उस सूर-श्याम को तजकर तुम्हारे लिए कौन भुस फटके?'[६] **(दृष्टान्त)** सुंदरियाँ निर्गुण सुनकर अलसाती हैं। कागज की नाव पर चढ़कर किसे दीर्घ नदी पार करते देखा है?''[७] **(दृष्टांत)** 'ऐसी ठाली-बैठी कौन है जो तुझसे मूँड चढ़ाए? झूठी बात बिना कन की तुसी जैसी होती है, जो फटकने पर हाथ नहीं आती।'[८] **(उपमा)**

गुण और स्वभाव-चित्रण

कृष्ण, राधा,गोपी, उद्धव आदि के गुण और स्वभाव के चित्रण में कवि की कल्पना-शक्ति विशेष रूप से क्रियाशील दिखाई देती है।

कृष्ण के स्वभाव-चित्रण में **स्वभावोक्ति** के अतिरित **विरोधाभास** का विशेष प्रयोग हुआ है। अज, अनंत, अकल, अनाम, अरूप हरि का नर-लीला करने का विरोधाभास यत्र-तत्र व्यक्त किया गया है।

कृष्ण की राधा-परवशता व्यंजित करने के लिए कवि उपयुक्त **उपमाओं** की लड़ी बाँध देता है : 'भाई तेरे वश पिय यों है, ज्यों देह के वश छाँह संग ही संग रहती है; ज्यों चकोर शरद-चंद्र के वश और चक्रवाक भानु के वश होते हैं; जैसे मधुकर कमल-कोश के वश होता है।'[९]

---

१. **सू० सा० (सभा), पद ४०३६।**
२. **वही, पद ४१६८।**
३. **वही, पद ४२३४।**
४. **वही, पद ४३२१-४३२०।**
५. **वही, पद ४३४३।**
६. **वही, पद ४४७९।**
७. **वही, पद ४५११।**
८. **वही, पद ४५१६।**
९. **वही, पद २६८७।**

मथुरा-गमन के पश्चात् कृष्ण का स्वभाव वर्णन करते हुए गोपियाँ कहती हैं : 'नन्दनन्दन तो ऐसे लगे, जैसे जल में पुरइन के पात।'[१] **(उपमा)** इसी प्रकार कृष्ण की निष्ठुरता की आलोचना करने में गोपियाँ अनेक श्यामवर्ण निष्ठुरों के **दृष्टान्त** और **उदाहरण** देती है : 'सखी री, श्याम सभी एक से है। ये अंतर जलाने वाले मीठे और सुहावने वचन बोलते हैं। भँवर, कुरंग, काग और कोकिल सभी कपटियों की चटसार के हैं। ×× पावस की घटा उमँग कर सरिता-सर का पोषण करती है, पर चातक व्यर्थ पुकार करता रहता है।'[२]

कृष्ण की कपट-प्रीति के लिए कवि सूक्ष्म निरीक्षण-शक्ति और व्यापक अनुभव का परिचय देता है, 'प्रीति उसी तरह उधर गई जिस प्रकार खट्टे आम से कलई उधर जाती है।'[३] जिस प्रकार गजराज काम के अवसर पर दूसरे ही दशन-दिखाता है, उसी प्रकार ये हमें कहने-सुनने के लिए अन्यत्र बिरमाते हैं।'[४]

'काजल की उबरी' मथुरा के उद्धव, सुफलसुत और मधुप सभी काले हैं; कवि **उत्प्रेक्षा** करता है, मानो नील माँट में बोरकर यमुना में पखारे गए हों, इसी से कालिंदी श्याम हो गयी है।'[५]

विरह में कृष्ण के रूप के प्रति गोपियों का दूसरा भाव है : 'नन्दनन्दन के अंग-अंग के लिए ठीक ही उपमाएँ दी गई हैं : कुटिल कुंतल रूपी भँवरों ने मालती-भामिनी को भरमा लिया, परन्तु उन कपटियों ने जब जान लिया कि वह नीरस हो गई है, तो उसे छोड़ते देर नहीं लगाई। इंदु रूपी मुख के संपुट तजकर विमुख होने पर भी कर्षण से नव-नेह की कुमुदिनी नीची नहीं हुई, परन्तु अंत में उसे निर्मोही हिम ने नष्ट कर दिया। सजल घन रूपी तनु की सेवा में चातक ने निशिवासर रटकर रसना छिजाई, पर सूर, उस विवेकहीन के मुख में बूँद भी तो न गई!'[६] **(सांग रूपक)**।

मधुकर के इन्हीं गुणों का वर्णन करते हुए कवि ने कृष्ण की कपट-प्रीति का उल्लेख अनेक अन्योक्तियों के द्वारा किया है।[७]

राधा की महिमा सब लोग नहीं जानते; व्रज के लोग उसका उपहास करते हैं। कवि इसे **दृष्टान्तों** के द्वारा व्यक्त करता है; 'रवि का तेज उलूक नहीं जानता, पर तरनि सदा नभ में पूर्ण रहता है। विष का कीट विष में रुचि मानता है, वह सुधारस क्या जाने? तिल-तेल का स्वादी घृत का स्वाद क्या जाने?'[८]

राधा की निर्मलता को गंगा-जल से भी विशेष कहकर कवि ने उसके प्रति अपनी भक्ति-भावना प्रकट की है।[९]

---

१. **सू० सा० (सभा), पद ३५९९।**
२. **वही, पद ४३६७।**
३. **वही, पद ४२४७।**
४. **वही, पद ४२६५।**
५. **वही, पद ४३८०।**
६. **वही, पद ४५३६।**
७. **वही, पद ४५९९, ४६०१।**
८. **वही, पद २५४२।**
९. **वही, पद २५७८।**

राधा के प्रेम की अतृप्ति को कवि प्यासे मनुष्य का **उदाहरण** देकर चित्रित करता है; 'जिस प्रकार तृषा में जल का नाम सुनकर प्यास बढ़ती ही जाती है।'[१] राधा की इस अतृप्ति को सरिताओं और जलनिधि के **रूपक** के द्वारा और अधिक विशदता के साथ व्यक्त किया गया है, 'छवि तरंग अगणित सरिताएँ हैं, पर जलनिधि-लोचन तृप्ति नहीं मानते।'[२]

मानवती राधा की दृढ़ता का वर्णन करते हुए कवि ने सर-विहार का **सांग रूपक** बाँधा है : 'सुकुमारी मानसर में विहार कर रही है। मनुहारी करने से भी किसी प्रकार नहीं निकलती। मौन धारण करके आँसुओं का अपार जल रचकर उसी में अवगाहन कर रही है। श्वास सूस तथा चंचल सरोज-लोचन जलचर हैं, उलझे हुए चिकुर शैवाल हैं जो कि सुलझाए नहीं जाते। नील अंचल पद्मिनी-पत्र हैं और उरोज जलज हैं तथा मन मराल।''[३]

गोपियों के प्रेमी स्वभाव का चित्रण भी कवि ने ऐसी उपमाओं के द्वारा किया है, जो उनके समस्त गुणों को संक्षेप में व्यक्त कर देती है। गोपी कहती है : 'मैं तो चातकी हो गई हूँ, जो बूँद को हेरते-हेरते स्वयं हिरा जाय।'[४] **(रूपक)** 'अब सिंधु के खग की भाँति मन थक गया, जो बार-बार जहाज की शरण जाता है।[५] **(उपमा)** 'अब तो हम निपट अनाथ हैं। जैसे मधु तोरे की माखी हो, उसी तरह हम व्रजनाथ के बिना हैं।'[६] **(उपमा)** आँखें ऐसी विरह-विकल हैं कि मार्ग देखते-देखते निमेष नहीं मिलातीं। एकटक उघारी रहने से इनमें माधव के विरह की वायु भर गई है। अलि, तुम्हारी गुरु-ज्ञान शलाका कैसे सह सकती हैं ? रूप-रस का अंजन आँजकर हमारी आर्ति हरो!'[७] **(रूपक)** 'कहाँ मुनि-ध्यान और कहाँ व्रजवासिनी! कुलिश का चूरा कैसे किया जा सकता है? वे रूप के सागर के रत्न, हरि घूरे को खोदने से कैसे मिल सकते हैं? चातक ने सरिता-सर के शीतल जल के स्वाद को भली-भाँति देख लिया, पर उसके चित्त में तो स्वाति की बूँद बसी है, इसलिए उसे सब व्यर्थ लगते हैं।'[८] **(विषम** और **दृष्टान्त)** 'विरही मीन जल से बिछुड़ने पर जीवन की आशा छोड़कर मर जाता है। पपीहा प्यासा रहता है, पर दास-भाव नहीं छोड़ता। पंकज जल में विहार करता है और जब नीर सख जाता है, तब भी रवि को दोष नहीं देता, पर शशि से स्वभाव से ही उदास रहता है। दशरथ ने प्रीतम के बनवास के बाद प्रकट रूप में प्रीति को पालन किया। जगत् का उपहास छोड़कर सूरश्याम से ही हमने दृढ़ व्रत किया है।'[९] **(दृष्टान्त)**

विरहिनी गोपियाँ योग का उपदेश दने वाले उद्धव को अपना योगी-वेश दिखाती हैं। **सांग रूपक** का यह प्रयोग अत्यन्त स्वाभाविक है : ''ऊधो, हम योग कर रही हैं। गोपियों का भोग देख कर इतना वाद क्यों ठानते हो? हे भाई, शीश के केश सेली हैं और कान की बारी मुद्रा। विरह की भस्म चढ़ाकर और चीर की सहज कंथा बनाकर हम बैठी हैं। हमारे हृदय में

---

१. **सू० सा० (सभा), पद २७४०।**
२. **वही, पद २७४४।**
३. **वही, पद ३१९३।**
४. **वही, पद ३७७२।**
५. **वही, पद ३७७६।**
६. **वही, पद ३७७८।**
७. **वही, पद ४१८८।**
८. **वही, पद ४१९४।**
९. **वही, पद ४४३१।**

बसी हुई मुरली की टेर सिंगी है और हाथ में नेत्रों का खप्पर है। दीनानाथ हरि से हम दर्शन की भिक्षा माँगती हैं। सूर, योग की गति और युक्ति हमारे पास देखो। हमसे योग करने को कहते हो; सो योग कैसा होता है?''[१]

कुब्जा अपनी आत्महीनता के लिए घूड़े पर पड़ी हुई कड़वी तोमरी की सुन्दर **उपमा** देती है।[२]

उद्धव की आलोचना में गोपियाँ स्वभाव की अपरिवर्त्तनशीलता का वर्णन करते हुए **उदाहरण** देती हैं : 'जैसे श्वान की पूँछ कोटि प्रयत्न करने पर भी सीधी नहीं होती; जैसे काली कमरी का रंग धोने से नहीं जाता; जैसे अहि का डसने से कभी उदर नहीं भरता; ऐसे ही ये भी हैं।'[३]

गोपियाँ उद्धव और अक्रूर की क्रूरता का एक ही साथ **रूपक** के द्वारा वर्णन करती हैं : ''दोनों एक ही मत हो गए। उधो और अक्रूर ने अधिक मति होकर व्रज में आखेट ठाना है। वे बचन-पाश में माधव-मृग को बाँधकर रथ लाकर ले गए और इन्होंने सब गोपी मृगियों को देख कर ज्ञान-सायक से उनका हनन कर दिया और चारों ओर योग-अग्नि की दावा लगा दी।''[४]

हाथी के **रूपक** के द्वारा भी उद्धव के स्वभाव का व्यंग्यपूर्वक वर्णन किया गया है; 'सुन्दर श्याम-गंड श्रम-जल के मद से अलंकृत हैं। योग-ज्ञान दोनों दशन हैं तथा भोग भीतर के दाँत हैं।''[५]

उद्धव के नीरस स्वभाव के लिए गोपियाँ व्यंग्य के साथ **दृष्टान्त** में सुंदर उपमानों का प्रयोग करती हैं : ''मधुप तेरा कोई बुरा नहीं मानता। रस की बात सुनकर जो रसिक हो, वही जान सकता है। दादुर जन्म भर कमलों के निकट बसता है, किन्तु रस नहीं पहचान सकता। अलि उड़कर अनुराग में मन बाँधता है और निंदा को कान से सुनता भी नहीं। सरिता सागर से मिलने को चलती है तो कूल के सब द्रुम गिरा देती है। कायर बकता है और तलवार देखकर भाग जाता है, जो लड़ता है वही 'सूर' कहलाता है।''[६]

भाव-चित्रण

भाव-चित्रण में कवि की कल्पना-सृष्टि का उद्देश्य भावी को स्पष्ट और सुग्राह्य बनाना है, अत: उसने आवश्यकतानुसार सूक्ष्म और गहन मनोवेगों के लिए सामान्य और सुपरिचित अप्रस्तुत जुटाने का प्रयत्न किया है। ये अप्रस्तुत कवि के अनुभव और अवलोकन के विस्तार तथा सूक्ष्मता का परिचय देते हैं।

गोपियों के प्रेमोन्माद का चित्रण हाथी के **रूपक** के द्वारा सफलतापूर्वक किया गया है : 'मन हरि से लगा है और तनु घर को चलाती है। मत्त गज की भाँति जाल-अंकुश के द्वारा उन्हें

---

१. सू० सा० (सभा), पद ४३१२।
२. वही, पद ४०६२।
३. वही, पद ४१४४।
४. वही, पद ४२०६।
५. वही, पद ४५५४।
६. वही, पद ४५७८।

घर-गुरुजन की सुध आती है। हरि के रूप-रस का मद आता है। डर रूपी महावत को गिरा दिया है। गेह-नेह रूपी पगों के बन्धन को तोड़कर प्रेम सरोवर की ओर दौड़ती है। रोमावली सूँड़ है और दोनों कुच कुंभस्थल की छवि पाते हैं। सूर,श्याम-केहरी सुनकर जोबन-गज-दर्प नवता है।"[१]

प्रेम की आतुरता और तल्लीनता के लिए कवि ने सिन्धु की ओर तीव्रगामी नदी और चूने-हल्दी के रंगों तथा दूध और पानी की मिलावट की उपमाएँ बहुत बार दी हैं।[२] ग्वालिनों के छलकते हुए प्रेम के लिए मटुकी से छलकते हुए तक्र की उपमा अत्यन्त चित्रोपम है।[३]

इस प्रकार, कवि की उपमाओं में सबसे बड़ा गुण है उनकी सरलता। वे जितनी ही सुपरिचित हैं, उतनी ही अधिक भावव्यंजक। गोविंद के प्रति गोपी के प्रेम का वर्णन करने में **उपमा** और **अर्थान्तरन्यास** का सुन्दर उपयोग हुआ है। गोपी कहती है : "अब तो यह बात वट-बीज की तरह फैल गई है। घर-घर नित्य यही घेरा है; घट-घट की यही वाणी है। मैंने तो लोक-लाज पटक कर यह सब सह लिया। अब मैं मद के हस्ती के समान प्रेम में लटकी फिरती हूँ। नट की कला की भाँति खेलते में चूक जाती हूँ। रसना में हरि-रट जल में भीगी हुई रज्जु की गाँठ के समान लग गई है, जो बार-बार झटकने से भी नहीं खुल सकती। टटकी पड़ी हुई छाप मेटने से किसी प्रकार नहीं मिट सकती।"[४]

उपमाओं की सरलता और भावव्यंजकता आगे **लुप्तोपमा** के उदाहरण में भी मिलती है : 'मैंने अपना मन हरि से जोड़ लिया है। हरि से जोड़कर और सबसे तोड़ लिया है नाच कछा, तब घूँघट छोड़ दिया। लोक-लाज सब फटक कर पछोर दी। आगे पीछे तनिक भी नहीं देखा और माँझ बाट में शिर की मटकी फोड़ दी। लोक-वेद तिनका की तरह तोड़ दिया।'[५]

कृष्ण के रूप-दर्शन जन्य गोपियों के प्रेम की अगाधता का वर्णन यमुना-स्नान के **सांग रूपक** के द्वारा करके कवि ने गोपियों के अत्यन्त सामान्य नित्य-कर्म का सुन्दर उपयोग किया है।[६]

गोपियों के परकीया प्रेम की विवशता का चित्रण कवि ने एक अत्यन्त साधारण **उपमा** के द्वारा सफलतापूर्वक कर दिया है; उधर मोहन-मुख और मुरली का आकर्षण और इधर घर-घर का घेरा तथा सास-ननदी की गालियाँ। मेरा जी ऐसा हो गया है; जैसे पत्थर के नीचे दबा हुआ हाथ।'[७]

अपने प्रेम को छिपाने के लिए **राधा संदेह** का सुंदर उपयोग करती है। इस संदेह की विशेषता यह है कि इसके द्वारा जलधर का **सांग रूपक** स्वयं बँध जाता है और कृष्ण के रूप का सम्यक् वर्णन भी हो जाता है : "सखी री, कंधर (मेघ) था या मेरुधर (मयूरधारी)? स्रक-सीपज था या बग-पंगति; मोर था या पंखों का पीड़; सुरचाप था या वनमाला; तड़ित थी

१. सू० सा० (सभा), पद २२४७।
२. वही, पद १६२२, २२४९, २२६४, २२७५, २५१६, २८६३, २९१४, २९४६, ३००७।
३. वही, पद २२५६।
४. वही, पद २२७८।
५. वही, पद २२७९।
६. वही, पद २५२९।
७. वही,पद २५३४।

या पीत पट, जलधर का मंद गर्जन था या पग-नूपुर का रव? भोर से यही सोचती हूँ कि जलधर था सुभग-तनु श्याम?'[१] राधा के संदेह को एक सखी दूर करती है और बताती है कि उसने मेघ नहीं, स्वयं कृष्ण का प्रत्यक्ष दर्शन किया था। सखी के कथन में स्वभावतया **भ्रान्तापह्नुति** अलंकार आ गया है।[२]

प्रेम-विवशता के लिए भी अत्यन्त व्यंजक उपमानों का प्रयोग **प्रतिवस्तुपमा** और **रूपक** के संयोग में हुआ है : ''श्यामसुन्दर का दर्शन पाकर नयन जल के समान ढल गए हैं। जैसे जल नीचे को आतुर होकर बहता है, ऐसे ही नयन हो गए हैं। वह तो उदधि में समा जाता है, ये प्रति अंग में रम गए हैं। वह अगाध है, उसका कहीं वार-पार नहीं, इनकी भी शोभा का पार नहीं है। सूर, अपार समुद्र में लोचर त्रिवेनी होकर मिल गए हैं।''[३]

प्रेम की आतुरता समुद्र-गामी नदी की उपमा से तो व्यक्त की ही गई है, इसी प्रकार की अन्य व्यंजक उपमाएँ भी **उदाहरण** और **रूपक** के रूप में प्रयुक्त हुई हैं : 'जैसे व्याध के फंद से छूटकर खग उड़ जाता है और फिर लौट कर देखता भी नहीं तथा वन में जाकर द्रुमों में छिप जाता है, इसी तरह नयन श्याम तनु रूपी वन में समा गए हैं। जैसे जलते भवन को छोड़कर लोगं भाग जाते हैं, ऐसे ही नयन चले गए हैं और लौटकर उन्होंने देखा भी नहीं।[४]

नयनों के लालच का वर्णन चोर के **रूपक** के द्वारा कवि ने विशदतापूर्वक किया है। ''नयन भरे घर के चोर हो गए हैं। इनसे कुछ लेते नहीं बनता, छवि देखते-देखते भोर हो गया है, न तो त्यागते हैं और न भागते हैं। रूप का प्रकाश जाग गया है और वे अलक-डोर में बँध गए हैं। अब उनकी आशा छोड़ दो। सूर-श्याम ने उन्हें अंग-अंग की छवि से घेरकर बाँध रखा है।''[५] लुब्धक और पखेरू, कमल और भृंग तथा नाद और कुरंग परम्पराभुक्त **सांग रूपकों** के द्वारा भी नयनों के लालच का चित्रण किया गया है।[६] साथ ही कवि ने अपने प्रकृति-निरीक्षण की द्योतक के बाद दूसरी मौलिक उपमाएँ इस प्रकार दी हैं, जैसे उसके पास उपमानों की अक्षय निधि हो। प्रेम-विवशता के लिए उसने **उदाहरणों** का ढेर लगा दिया है, जैसे नीर-नीर मिलकर एक हो जाते हैं और उन्हें कोई अलग-अलग नहीं कर सकता, जैसे वात-चक्र तृण को लेकर उड़ जाता है; जैसे देह के संग छाँह रहती है, जैसे पवन के वश पताका उड़ती है, ऐसे ही ये छवि के वश में है।'[७]

श्याम के प्रति नयनों के अनन्य भाव का भी वर्णन कवि ने अनेक मौलिक **उपमाओं** के द्वारा किया है : 'जो हरि-रूप-माधुरी में लुभा गए, वे और किसी को नहीं गिन सकते। जिन्होंने धेनु दुहकर दूध औटा और चखा है, वे नीरस छाक कैसे खाएँ, मधुकर मधु-कमल-कोश छोड़कर क्या आक में रुचि मानता है? जो षटरस का भोग करते हैं, वे खली कैसे खा

---

१. सू० सा० (सभा), पद २६७५।
२. वही, पद २६७९।
३. वही, पद २८४८।
४. वही, पद २८६८।
५. वही, पद २८८७।
६. वही, पद २८९०, २८९२, २८९५, २८९६, २८९८, २८९९।
७. वही, पद २९०४।

सकते हैं? इसी तरह लोचन हरि-रस तजकर हमसे कैसे तृप्ति पा सकते हैं?'[१] इसी प्रकार अग्नि के घृत से तृप्त न होने, व्यभिचारिणी के भवन-कार्य में मन न लगाने, नट के बटा, धनुष से छूटे हुए तीर, बधिक-पाश से छूटे हुए खग, दिया की बाती, यंत्री के बिना यंत्र, मलाई के बिना दूध, मधुहीन मक्खी और हारे हुए जुआरी की उपमाएँ कवि के सूक्ष्म निरीक्षण और ठोस अनुभव की परिचायक हैं।[२] गुड्डी-वश डोर, कुरुक्षेत्र में डाले हुए सोने के बढ़ने और रोगी के नया कुपथ्य करके यथायोग्य हो जाने की **उपमाएँ** भी कवि के विस्तृत ज्ञान और उसके उपयोग की क्षमता की सूचना देती है।[३]

वियोगिनी गोपियों के नयनों की दशा के वर्णन में कवि की कल्पना-सृष्टि में नवीन-नवीन उद्‌भावनाएँ दिखाई देती हैं : ''सखि, इन नयनों से धन हार गए। ये बिना ऋतु के ही दिन-रात बरसते हैं और दोनों तारे सदा मलिन रहते हैं। उर्ध्व श्वास के अति तेज समीर ने अनेक सुख-द्रुम डाल दिए। दुख-पावस के मारे नयन-खग दिशाओं में सदन करके बस गए। काले अंजन से मिलकर बूँद कंचुकी पर ढल-ढल कर गिरते हैं, मानो शिव ने दो न्यारी मूर्तियाँ धारण करके पर्णकुटी बनाई हो। घुमड़-घुमड़ कर गरजते हुए आँसू-सलिल की धारें गिरती हैं। सूर, डूबते हुए व्रज को प्यारे गिरिवर-धर के बिना कौन रखे?''[४] **रूपक** के साथ-साथ यहाँ **उत्प्रेक्षा** और **व्यतिरेक** का भी सुन्दर उपयोग किया गया है। नयनों के द्वारा व्यक्त होने वाले विरह भाव की तीव्र अनुभूति के लिए व्यतिरेक का यह प्रयोग भी प्रभावशाली है : ''नयनों ने सावन-भादों जीत लिए; मानो समुद्रों ने भी जल रीता करके इन्हीं में लाकर रख दिया हो। तो दो दिन के लिए झर लगा कर उघड़ते हैं, पर ये भूलकर भी मार्ग नहीं देते। वे सब के सुख के लिए बरसते हैं, पर ये केवल नन्दनन्दन के हेतु। वे परिमाण पूजते और हद मानते हैं, पर ये एक दिन की भी धार नहीं तोड़ते। यह विपरीत होते देखती हूँ कि ये बिना अवधि के जग को डुबोते हैं।''[५]

विरह-भाव की व्यापकता का वर्णन बेल के **रूपक** के द्वारा कवि ने अत्यन्त चित्रोपम ढंग से किया है : ''मेरे नयनों ने विरह की बेल बो दी है। नयन-नीर से सींचकर, सजनी, इसकी मूल पाताल में चली गई है। लता के अपने स्वभाव से विकसने से छाया सघन हो गई है। सजनी, अब कैसे निरवारूँ? अब तो वह सब तन में फैल कर छा गई है।[६]

कवि रूप-रस के लोभी विरही लोचनों को लांछित करने के लिए सभी प्रसिद्ध उपमानों में त्रुटि देखते हुए **व्यतिरेक** का पुनः सफल प्रयोग और इस प्रकार गोपियों की आत्म-ग्लानि की व्यंजना करता है। कवियों ने आँखों की उपमा सुध करके नहीं दे पाई। ये चकोर होतीं, तो विधु मुख बिना कैसे जीतीं? ये भँवर नहीं हैं, नहीं तो उड़ जातीं, हरि-मुख-कमल-कोश से बिछुड़कर व्यर्थ ही कहाँ ठहरतीं? अघा-वक व्याध होकर आए, पर मृग के समान ये क्यों नहीं भाग जातीं? श्याम-सघन वन में भाग जाएँ, जहाँ कोई घात नहीं है! ये मनरंजन खंजन

---

१. सू० सा० (सभा), पद २९७४।
२. वही, पद २९८७, २९९३, ३००७, ३००९, ३०१०।
३. वही, पद ३९७९, ४०११, ४०१६।
४. वही, पद ३८५२।
५. वही, पद ३८५३।
६. वही, पद ३८६४।

नहीं हैं, क्योंकि ये कभी अकुला कर क्षण भर में चपल गति से हरि के पास नहीं उड़ जातीं। इनमें प्रेम नहीं है, झूठ ही ये तन अड़ाती हैं।'[१]

स्वप्र-दर्शन का यथार्थ चित्रण करने के लिए कवि ने अनूठी कल्पना करके सूक्ष्म निरीक्षण का परिचय दिया है। स्वप्न में कृष्ण ने दर्शन दिए, पर शीघ्र ही नींद खुल गई। इस पर कवि कहता है : जैसे चकई जल में प्रतिबिंब देख कर उसे प्रिय समझकर आनन्दित हो, पर निठुर विधाता पवन से मिलकर जल को चंचल कर दे।'[२] यहाँ **उत्प्रेक्षा** के द्वारा अतृप्ति और क्षोभ का भाव व्यंजित किया गया है।

चातक के सम्बन्ध में विरहिनी गोपियों की उक्ति में **अपह्नुति** का अनोखा भाव-व्यंजक प्रयोग हुआ है। साधारणतया चातक उपमान के रूप में आता है, पर गोपियाँ कहती हैं : 'यह चातक नहीं; कोई विरहिनी स्त्री है। आज भी यह रात भर पिय-पिय की सुरति करके व्यर्थ ही जल माँगता है।'[३]

कृष्ण स्वयं विरहिनी गोपियों का वर्णन करते हुए उनकी दयनीय दशा का उत्प्रेक्षा के द्वारा संकेत करते हैं : 'उनके तूल-तन में काम-पावक जलती है और विरह-श्वास से वह प्रदीप्त होती है, पर लोचनों के नीर के कारण वे भस्म नहीं होने पातीं।'[४]

उद्धव द्वारा भेजी हुई कृष्ण की पाती के सम्बन्ध में कवि गोपी-विरह की व्यंजक **उत्प्रेक्षा** के लिए भावपूर्ण कल्पनाएँ करता है। 'व्रत में कोई पाती नहीं बाँचता। नन्दनन्दन यह कठिन विरह की काँती (काँता) क्यों लिख-लिख भेजते हैं? नयन सजल हैं कागद अति कोमल है और कर की उँगली अति ताती है। छूने से जल जाएगी और देखने से भीग जाएगी। दोनों भाँति दुःख हैं।'[५] इसी प्रकार की कल्पनाएँ संदेह और **अतिशयोक्ति** के रूप में व्यक्त हुई हैं : 'संदेशों से मधुवन के कूप भर गए। नन्दनन्दन अपने तो भेजते हैं, पर हमारे फिर कर नहीं लौटते। मधुवन को जितने पथिक भेजे गए थे, उनका फिर शोध नहीं हो सका। या तो श्याम ने सिखा कर उन्हें प्रबोध कर दिया या वे बीच ही में कहीं मर गए। कागज गल गए; मेघ-मसि चुक गई और शर (कलम) दो (दावाग्नि) लगने से जल गए। लिखने वाला सेवक सूर अन्धा है; उसके पलक के कपाट बन्द हैं।'[६]

गोपियाँ 'मधुकर' को सम्बोधित करके **अन्योक्तियों** के द्वारा उद्‌धव और कृष्ण की खरी आलोचना करती हैं : ''मधुकर किसके मीत हुए? चार दिवस की प्रीति-सगाई करके अन्यत्र चले गए। अपने स्वार्थ में पाखण्ड को आगे किए हुए ठगते फिरते हैं। इच्छा को पूर्ण करना नहीं जानते और नये-नये प्रीतम करते फिरते हैं।'[७]

परन्तु गोपियाँ चेतावनी देती हैं कि उनका प्रेम अचल है। **अन्योक्ति** के अन्तर्गत **रूपकगर्भित अपह्नुति** के द्वारा कवि ने उनका भाव सुन्दरतापूर्वक व्यक्त किया है : मधुकर

---

१. सू० सा० (सभा), पद ४११०।
२. वही, पद ३८८६।
३. वही, पद ३९५३।
४. वही, पद ४०४५।
५. वही, पद ४१०८।
६. वही, पद ३९१८।
७. वही, पद ४१२५।

हम वह बेलि नहीं है, जिन्हें भज कर तुमने तज दिया तथा अब और कुसुमों के रंग-केलि करते फिरते हो। हम 'बारे' (बालकपन) से वार-वारि में बढ़ीं और पिय के हाथों पोषित हुई हैं। बिना 'पिय-परस' के प्रातः काल उठकर फूलने से सदा हित-हानि होती है। वृन्दावन की विरही बेलें श्याम तमाल से उलझी हुई हैं। हमारे प्रेम-पुष्प-रस-वास के रसिक गोपाल-मधुप इनमें विलास करते हैं। रूप-डाल के पास लगी हुई हम धैर्यवान योग-समीर से डोल नहीं सकतीं।'[१]

नन्दनन्दन के बिना व्रज की भयानकता के वर्णन में गोपियों की **उत्प्रेक्षा**-मूलक कल्पनाएँ अत्यन्त स्वाभाविक और युक्तियुक्त हैं। ''ऊधो हरि के बिना व्रज के वे रिपु फिर जी गए, जिन्हें हमारे देखते नन्दनन्दन नें मार-मार कर दूर किया था। वही निशि का रूप बनाकर आती हैं; उर के ऊँचे उसाँस ही तृणावर्त्त हैं, जिन्होंने सकल सुख उड़ा दिये; कालिंदी कोटिक काली के समान है, जिसका जल नहीं पिया जाता और न जिसे छुआ जाता है। वह वक रूप है और घर अघासुर के समान हैं।'[२]

विरह-व्यथा व्यक्त करने के लिए कवि ने चित्र-विचित्र **उत्प्रेक्षाओं** में एक सर्वथा नवीन किन्तु अत्यन्त सामान्य और व्यंजनापर्ण कल्पना की है : 'सूरदास प्रभु तुम्हारे मिलने के बिना तनु ब्योंत हो गया और विरह दर्जी।'[३] विरहिनी गोपियों के भाव की व्यापकता के लिए गंगा के चिर-विरह की कल्पना करके कवि ने प्रकृति में समवेदना ढूँढ़ी है : 'विरही अपने को कहाँ तक सँभालें? जब से गंगा हरि-पग से अलग हुई है, तब से बहना नहीं छोड़ती।'[४] विरह भाव समस्त प्रकृति में व्याप्त है : 'यमुना श्याम हो गई हैं। तरुवर पत्र-वसन नहीं सँभालते, विरह में योगी हो गए हैं।'[५] विरह का दावाग्नि के **साँग रूपक** के द्वारा वर्णन करके भी इसी व्यापकता की व्यंजना की गई है : 'तनु-तरुवर को उर-श्याम-पवन के साथ विरह-दावाग्नि अत्यन्त जला रही है। यद्यपि प्रेम उमंग कर जल से सींचता है और घन बरस-बरस कर हार गए हैं, पर न तो वह शांत होती है और न यह उसमें जलकर क्षार होता है, वरन् सुलग-सुलग कर काला हो रहा है। वधिक-वियोग ने कीर, कपोत, कोकिल, चातक सब बिडार दिए हैं।'[६]

विरहोन्माद को चित्रित करने के लिए श्याम-भुजंगम से डसे जाने की कल्पना का **रूपक** में अत्यन्त स्वाभाविकतापूर्वक निर्वाह हुआ है : ''माई री, श्याम-भुअंगम काले से डसी गई है, मानो मोहन-मुख की मुसकान के विष के मैर से मारी जाती हो। न तो मंत्र-जंत्र सफल होता है और न विष लगता है। गुणी गुण डालकर चले गए। प्रेम-प्रीति का विष हृदय में लगा है और वह तनु को जला रहा है। बहुत से गुणी परिश्रम करके हार गए, परन्तु वह कैसे भी निर्विष नहीं होती है। सूर, श्याम गाड़री के बिना सिर से विष उतारने वाला कौन है?'[७]

---

१. **सू० सा० (सभा), पद ४१२६।**
२. **वही, पद ४२३८।**
३. **वही, पद ४०१९।**
४. **वही, पद ४३९६।**
५. **वही, पद ४४१६।**
६. **वही, पद ४४५२।**
७. **वही, पद ३१६५।**

एक ओर एक प्रेम चित्रित करने में कवि ने अत्यन्त सूक्ष्म निरीक्षण और ग्रामीण अनुभव का अनेक **उदाहरणों** में परिचय दिया है : 'एक ओर का हित ऐसा है, जैसे कुसुम-रंग में रँगने से वस्त्र थोड़ी देर के लिए चटक रहता है और बाद में पुनः श्वेत हो जाता है; जैसे बेचारा किसान जल रोकने के लिए बार-बार बाहे देता है (मिट्टी चढ़ाता है) पर फिर भी निठुर नीर उमँड़कर उसे बहा देता है।'[१] गोपियों के प्रेम की दृढ़ता और उनके अनन्य भाव के चित्रण में कवि ने **रूपक** और **उपमा** के लिए नई-नई कल्पनाओं की उद्भावना की है : 'हमारे लिए हरि हारिल की लकड़ी हैं। मन, कर्म और वचन से नन्दनन्दन को उर में धारण करके हमने यह दृढ़ करके पकड़ ली है। योग सुनते ही हमें ऐसा लगता है, जैसे कड़वी ककड़ी।'[२] 'श्याम को तजकर अन्य कोई नहीं दिखाई देता है, जैसे खेड़े पर दूब नहीं दिखाई देती।'[३]

सूक्ष्म अलंकार का प्रयोग भी भावों को चित्रण के अन्तर्गत आ सकता है, यद्यपि यह केवल एक युक्ति है। कवि ने एक बार राधा के द्वारा इस युक्ति का प्रयोग कराया है।[४]

प्रेम के साधारण, संयोग और वियोग सम्बन्धी भावों को भी कवि ने कूट शब्दों के द्वारा गूढ़ शैली में कहीं-कहीं व्यक्त किया है।"[५]

उपर्युक्त विवेचन से कवि की उर्वर कल्पना-शक्ति, विस्तृत ज्ञान, सूक्ष्म निरीक्षण, सौंदर्यप्रियता, वचन-विदग्धता और असाधारण प्रतिभा के साथ उसकी अतीव संवेदनशीलता और भावप्रवणता का भी परिचय मिलता है। एक ओर जहाँ वह उत्प्रेक्षाओं और **रूपकों** की नवीन-नवीन उद्भावना के द्वारा कल्पना की विचित्रता और अनुरंजकता व्यक्त करता है; **प्रतीप, विभावना** और **अतिशयोक्ति** आदि के द्वारा कल्पना की ऊँची उड़ान प्रदर्शित करता है, वहाँ दसरी ओर साधारण और प्रचलित उपमाओं का सामान्य रूप में अथवा **उदाहरण, दृष्टान्त** और **अर्थान्तरन्यास** आदि के द्वारा प्रयुक्त अलंकारों में उसके व्यक्तित्व की अप्रतिम संपन्नता, का उद्घाटन हुआ है।

---

१. सू० सा० (सभा), पद ४५३७।
२. वही, पद ४६०६।
३. वही पद ४६०७।
४. वही, पद २४९६।
५. वही, पद ३९००, ३९३७, ३९८३, ३९९०, ४०२४, ४७३६।

१३
भाषा-शैली और छन्द

'सूरसागर' की भाषा-शैली का सबसे प्रमुख लक्षण है उसकी विविधता और विचित्रता। रचना के काल-क्रम के विषय में कोई सामग्री उपलब्ध न होने के कारण शैली के क्रम-विकास पर सम्यक् विचार नहीं किया जा सकता। फिर भी, शैली का अध्ययन कवि के व्यक्तित्व को समझने के लिए एक प्रधान साधन होता है, इसलिए यह आवश्यक है कि कवि की रचना का शैली के आधार पर यथासंभव वैज्ञानिक विश्लेषण करने का उद्योग किया जाए। इसके अतिरिक्त भाषा-सम्पन्नता तथा छंदों की विविधता पर विचार करना भी अधिकतर शैली के बाह्यांग-सौन्दर्य की दृष्टि से महत्त्वपूर्ण है।

शैली के विविध रूप

शैली की विभिन्नता के विचार से 'सूरसागर' के पद-समूह का निम्न अंशों में विश्लेषण किया जा सकता है : श्रीमद्‌भागवत के कथा-प्रसंग तथा कथापूर्त्यर्थ अन्य वर्णनात्मक अंश; दृश्य और वर्णन-विस्तार; वर्णनात्मक कथानक; गीत्यात्मक कथानक और विषयानुसार कथात्मक-वर्णनात्मक एवं फुटकर गेय पद। इन्हीं अंशों के आधार पर कवि की भाषा के परिमार्जन और शैली की प्रौढ़ता तथा उसकी प्रवृत्तियों का विवेचन किया गया है। शैली के विवेचन में यह दिखाने का प्रयत्न किया गया है कि उसके द्वारा कवि के व्यक्तित्व का यहाँ तक प्रकाशन हुआ है। किसी सीमा तक शैली और तदनुरूप कवि के व्यक्तित्व के विकास-क्रम का भी अनुमान किया जा सकता है, किन्तु इस विषय में अनुमान मात्र का अवलंबन उचित नहीं है। भाषा-शैली की अनेकरूपता में उसकी सबसे अधिक असमर्थ, अपरिमार्जित और असंस्कृत भाषा और तदनुरूप अशक्त, शिथिल और व्यक्तित्वहीन शैली के द्वारा उसकी उदासीनता और प्रयत्न की शिथिलता का परिचय मिलता है। कवि की सरल, स्पष्ट, निष्कपट और निर्मल ग्रामीण प्रकृति उसकी सरल, स्वाभाविक, व्यावहारिक, अनलंकृत और प्रवाहपूर्ण भाषा में अभिव्यक्त ऋजु, अव्यवहित, आडंबरहीन और कभी-कभी ग्राम्य एवं अश्लील शैली के द्वारा प्रकट हुई है। इसके ठीक विपरीत तत्सम शब्दावली के प्रचुर प्रयोग के साथ समलंकृत भाषा में ललित, अनुरंजित और आकर्षक शैली उसके उच्च संस्कार, सौंदर्यप्रियता, संवेदनशीलता, कल्पनाशक्ति और काव्य-प्रतिभा का परिचय देती है। भाषा के व्यावहारिक, स्वाभाविक, तद्‌भव-प्रधान रूप के साथ अलंकृत, अनुरंजित, तत्सम पद युक्त रूप का समन्वय करके कवि ने भाषा का उच्च साहित्यिक रूप भी उपस्थित किया है, जिसके द्वारा उसकी प्रौढ़, ललित, व्यंजक एवं प्रसन्न शैली उसके प्रौढ़, गूढ़, गंभीर, भाव-प्रवण और उच्च आदर्शमय व्यक्तित्व का प्रकाशन करती है। परन्तु कवि के संपूर्ण श्रेष्ठ गुण—संयम, विनय, दीनता, दृढ़ता, स्थिरमतित्व, स्नेहकातरता, विश्वास, धैर्य, गांभीर्य, भावुकता, कोमलता,

चैतन्य और चातुर्य—उसकी सरल शब्दों से युक्त किन्तु अत्यन्त व्यंजनापूर्ण, अर्थ की व्यापकता और उच्च कोटि के काव्य चातुर्य की प्रदर्शक भाषा और तदनुकूल दृढ़, व्यंजक, आग्रहपूर्ण एवं भावमयी शैली में व्यक्त हुए हैं। भाषा-शैली के विविध रूप और उनके अंतर्गत लक्षित विविध गुणों के पर्याप्त नमूने दे सकना संभव नहीं है; फिर भी विवेचन के अन्त में दिए हुए उदाहरण-स्वरूप कतिपय उद्धरण कवि की बहुगुणमयी भाषा-शैली पर तुलनात्मक विचार करने में सहायक हो सकते हैं।

श्रीमद्भागवत के कथा-प्रसंग तथा कथा-पूर्त्यर्थ वर्णनात्मक अंश

ये अंश 'सूरसागर' के समस्त स्कंधों में फैले हुए हैं और विस्तार के अनुपात में नवम और दशम स्कंधों के अतिरिक्त अन्य स्कंधों में अन्य अंशों की अपेक्षा अधिक है। 'सूरसागर' को श्रीमद्भागवत के आधार पर रचित सम्यक् ग्रंथ के रूप में प्रस्तुत करने में इन कथा-प्रसंगों का स्थान अवश्य महत्वपूर्ण है; परन्तु कवि के व्यक्तित्व के प्रकाशन में इनकी भाषा-शैली से विशेष सहायता नहीं मिलती। इनकी रचना में कवि की काव्य-प्रतिभा, शब्द-सम्पन्नता, वस्तु-विन्यास का चातुर्य और वर्णन-विस्तार की प्रवृत्ति का न्यूनतम प्रकाशन हुआ है। इन प्रसंगों की सबसे बड़ी विशेषता यह है कि कवि शीघ्रतापूर्वक, ज्यों-ज्यों प्रस्तुत वर्णन करके आगे के विषय पर पहुँचना चाहता है। फलतः उसकी भाषा में कहीं-कहीं असमर्थता और शैली में शिथिलता दिखाई देती है। साहित्यिक सौंदर्य का तो सर्वथा अभाव ही है। चाहे कथा-वर्णन हो, चाहे आचारोपदेश अथवा सिद्धान्त-प्रतिपादन, शैली में विशेष अन्तर नहीं दिखाई देता। सिद्धान्त-प्रतिपादन में तत्सम पारिभाषिक शब्दों का प्रयोग मात्र उसकी शैली में चारुता लाने में असमर्थ है। इन अंशों में छंद भी सरल और कामचलाऊ—चौबोला, चौपई, चौपाई आदि का प्रयोग हुआ है।

दृश्य और वर्णन-विस्तार

'सूरसागर' के उन अंशों में जिनमें कवि ने विशेष अवसरों के दृश्यों के चित्रण तथा वस्तुओं की लम्बी-लम्बी सूचियाँ दी हैं, कृष्ण के अन्नप्राशनादि संस्कार और भोजनादि नित्य कर्म के संबंध में वर्णन और लम्बी-लम्बी सूचियाँ, रास के अंतर्गत वर्णन-विस्तार तथा हिंडोल-लीला और बसंत एवं होली लीला के उल्लेख विशेष रूप से किए जा सकते हैं। इन वर्णनों की भाषा विषयानुसार तत्सम-प्रधान और उद्भव-प्रधान, दोनों प्रकार की है, परन्तु शैली में विकीर्णता, वाक्यों में शिथिलता तथा अनावश्यक एवं सौंदर्यहीन पुनरावृत्तियों के कारण कला की दृष्टि से इन वर्णनों का विशेष मूल्य नहीं है। बसंत और होली के वर्णनों में ये त्रुटियाँ देखकर आश्चर्य होने लगता है कि क्या वस्तुतः कवि इतनी शिथिल भाषा-शैली की रचना भी कर सकता है। यदि यह अंश—बसंत और होली—वस्तुतः सूरदास का रचा हुआ है, तो इसके विषय में यही कहा जा सकता है कि यह शैली कवि की उस मनोवृत्ति की प्रदर्शक है, जब वह मौज में आकर अथवा हर्ष और आनन्द की उस सीमा पर पहुँच कर जहाँ मनुष्य गंभीर और एकाग्र चित्त होकर विचार करना स्थगित कर देता है, हलके मन से विषय का वर्णन करता चला गया।

इन वर्णनों में कहीं, चौपाई, चौपई अथवा चौबोल जैसे सरल तथा कहीं-कहीं मिलकर गाने योग्य शिथिल छन्दों का प्रयोग हुआ है। कहीं-कहीं गेय पद भी आ गए हैं, पर वे अपवाद स्वरूप हैं।

वर्णनात्मक कथानक

ब्रह्म-बाल-वत्सहरण, कालियदमन लीला, गोवर्धन लीला, चीरहरण लीला, दानलीला, श्रीकृष्ण-विवाह, रासलीला, मानलीला, और भँवरगीत वर्णनात्मक कथानकों में विशेष उल्लेख-योग्य हैं, जिनकी रचना कवि ने कदाचित् स्वतंत्र रूप से भी की है। श्रीकृष्ण-विवाह-वर्णन को छोड़कर ये सभी कथानक उन कथाओं को वर्णनात्मक शैली में दुहराने के लिए रचे गए हैं, जिन्हें कवि ने गेय पदों में पहले वर्णन कर दिया है। अतः कथा की पूर्ति करना इनका उद्देश्य नहीं है, अपितु इनके द्वारा एक प्रकार से कथा का संक्षिप्त और सुसंगठित रूप प्रस्तुत करना कवि का अभीष्ट जान पड़ता है।

इन कथानकों की शैली में यद्यपि गेय पदों की शैली की अपेक्षा स्वभावतः द्रुतगामिता अधिक है, फिर भी आगामी विषय पर पहुँचने के लिए कवि उतना अधीर नहीं जान पड़ता, जितना 'भागवत' के छायावाद वाले अंशों में। भाषा भी अधिकांश में अपेक्षाकृत अधिक सुसंस्कृत और परिमार्जित है। यद्यपि भाषा के शृंगार के लिए कवि को विशेष अवसर नहीं मिला, फिर भी कहीं-कहीं अलंकारों का प्रयोग भावों के स्पष्टीकरण के लिए अवश्य हुआ है। छन्दों के निर्वाचन में कवि ने सुरुचि एवं रुचिवैचित्र्य का तो प्रायः सर्वत्र ध्यान रखा ही है, कहीं-कहीं छन्दों में विविधता और नवीनता का समावेश करके शैली का सौन्दर्य और बढ़ा दिया है। कथा-वर्णन में भावों और मनोवेगों के विशद चित्रण के लिए यद्यपि कवि को विशेष अवसर नहीं मिला, फिर भी यथासंभव उनकी ओर संकेत अवश्य किया गया है।

इन कथानकों में गेय पदों में वर्णित कथानकों के कथा-भाग का ठीक अनुसरण होने के कारण मौलिकता का अभाव है, फलतः गेय पदों को पढ़ने के बाद इनके पढ़ने में काव्य का उतना आनन्द नहीं मिलता, परन्तु कहीं-कहीं रुचि बदलने के लिए गेय पदों में इनके द्वारा उपस्थित किए हुए व्यवधान आवश्यक भी हो सकते हैं। कथा-वर्णन, कथा का पूर्वापर सम्बन्ध, नाटकीय संभाषण, धारा-प्रवाह और रोचकता अधिकांश कथानकों में मिलती है।

गीत्यात्मक कथानक

पनघट-प्रस्ताव, ब्रह्मा-बाल-वत्स-हरण, श्रीराधा-कृष्ण-मिलन, चीरहरण लीला, गोवर्धन लीला, दानलीला, मानलीला और भँवरगीत आदि कथा-प्रसंगों में कवि का प्रबंध-चातुर्य विशेष रूप से प्रदर्शित हुआ है।

इन कथानकों की भाषा घटना-प्रधानता के कारण प्रायः तद्भव-प्रधान है। अलंकारों का प्रयोग भावों के स्पष्टीकरण के लिए विशेष रूप से हुआ है तथा संभाषणों में स्वाभाविकता और नाटकीयता तथा घटना-वर्णन में अवसरानुकूल द्वैधी भाव का कुशलता से प्रयोग किया गया है। आवश्यकतानुसार शैली में अनुरंजकता भी है। ऐसे स्थानों पर भाषा में तत्सम-प्रधानता और समस्त पदावली की प्रचुरता हो गई है। परन्तु शैली की दृष्टि से इन कथा-प्रसंगों की विशेषता यही है कि उनकी भाषा सरल, व्यावहारिक और प्रवाहमयी, भाव स्पष्ट और अकृत्रिम तथा शैली ऋजु एवं अव्यवहित है। इनके द्वारा कवि के सरल, सुप्रिय, निर्मल और आडंबरहीन व्यक्तित्व का अत्यन्त निकट से परिचय मिलता है। प्रत्येक पात्र में सजीवता और सहज आकर्षण भरने में कवि को अनुपम सफलता मिली है। प्रत्येक पद गेय और प्रसिद्ध कथावस्तु की किसी विशेष घटना अथवा भाव आदि से संबंधित होने के कारण स्वतंत्र रूप से भी

रोचकतापूर्ण है। यद्यपि प्रत्येक पद में अन्य फुटकर गेय पदों जैसी संक्षेप में विस्तार की व्यंजना नहीं है, फिर भी कदाचित् भरती के पद बहुत ढूँढ़ने पर ही मिलेंगे।

इन कथानकों में कहीं-कहीं, जैसे पनघट-प्रस्ताव और दानलीला में, शैली का स्वाभाविकता, ग्रामीणता और अशिष्टता भी सीमा पर पहुँच गई है, जो प्रसंगानुकूल कवि के लिए नितान्त स्वाभाविक जान पड़ता है।

'सूरसागर' के उपरिलिखित अंशों के अतिरिक्त कृष्ण-लीला से सम्बन्धित अनेक गेय पद हैं, जिनकी शैली के विषय में पृथक् विचार करने की आवश्यकता है। इन पदों में राम-कथा संबंधी पदों को भी सम्मिलित समझना चाहिए। ये पद कई प्रकार के हैं कवि के व्यक्तित्व के विशेष-विशेष गुणों के परिचायक हैं, अतः उन पर पृथक्-पृथक् विचार करना उचित है।

सामान्य चरित सम्बन्धी गेय-पद

ये पद सम्पूर्ण कथा की रूपरेखा प्रस्तुत करते हैं, अतः काव्य में इनकी महत्ता अतर्क्य है। कवि ने संपूर्ण कथा के संगठन में सम्भवतः उतना मनोयोग नहीं दिया, जितना छोटे-छोटे कथानकों में; फिर भी इन पदों के द्वारा 'सूरसागर' की कृष्ण-लीला पूर्ण लीला-काव्य के रूप में दिखाई देती है। भाषा-शैली की दृष्टि से इन पदों में से अधिकांश किसी महापुरुष सम्बन्धी महाकाव्य के अनिवार्य अंग होने के सर्वथा योग्य है। इनकी भाषा विषयानुकूल तद्भव और तत्सम प्रधान दोनों प्रकार की है तथा यथावसर अलंकारिता और समस्तता का भी समावेश किया गया है। परिमार्जन और सौन्दर्य भाषा में सामान्य रूप से दिखाई देता है तथा शैली अधिकांश में ऋजु, सरल, आडम्बरहीन और अव्यवहित है। गीति-पदों में स्वतंत्र रसमयता और तन्मयता कथानक वाले गेय पदों की अपेक्षा कदाचित् अधिक है। ये पद काव्य और कवि की महत्ता प्रतिष्ठित करने में विशेष रूप से सहायक हैं।

विशिष्ट क्रीड़ा सम्बन्धी गेय पद

इन पदों में चन्द्र-प्रस्ताव, माखन चोरी, गोचारण, ग्रीष्मलीला और यमुना-विहार, रासलीला, जलक्रीड़ा, सुरति-वर्णन और खंडिता समय के पद विशेष उल्लेखनीय हैं। बाल और किशोर-क्रीड़ाओं के विचार से पद स्वभावतया दो भागों में बंट जाते हैं, क्योंकि दोनों की शैलियों में अन्तर है।

बाल-क्रीड़ा सम्बन्धी पदों की भाषा में स्वाभाविकता, तद्भव-प्रधानता, परिमार्जन और सौष्ठव है तथा शैली में चपलता, मोहकता, सुगमता और आडम्बरहीनता है। इन पदों की भाषा शैली कवि के व्यक्तित्व की शिशु-सुलभ चपलता, सहज-मुग्धता, सरलता और स्नेहशीलता की परिचायक है।

किशोर लीला सम्बन्धी पद भी तद्भव-प्रधान और व्यावहारिक तथा परिमार्जित भाषा में रचे गए हैं, किन्तु उनमें अलंकारिता अपेक्षाकृत अधिक है। शैली की चपलता में स्वाभाविकता के स्थान पर चतुरता और पूर्व निश्चित बंकता का सम्मिश्रण विशेष है तथा सुगमता के स्थान पर प्रायः वचन-वक्रता और व्यंग्य की प्रधानता है। इन पदों की शैली के आकर्षण में भी द्वन्द्वहीन और निश्छल मनोहारिता के स्थान पर विकार जन्य, साभिप्राय मोहकता है। यह भाषा-शैली कवि के प्रौढ़, प्रेमांदोलित, सहज-विकारी और आडम्बरहीन ऐन्द्रियतापूर्ण व्यक्तित्व की व्यंजक है।

कहीं-कहीं, जैसे सुरति और खंडिता-समय के पदों में ग्राम्य और अश्लील शैली भी पाई जाती है जो कवि के आडम्बरहीन, निश्छल व्यक्तित्व के सर्वथा उपयुक्त है।

ये पद सन्दर्भ द्वारा परस्पर शृंखलाबद्ध होते हुए भी अधिकांश में स्वतन्त्र रूप से पढ़े जा सकते हैं। सुगेयता और रसमयता में वे और भी अधिक बढ़े-चढ़े हैं।

रूप-चित्रण और मुरली-वादन सम्बन्धी गेय पद

भाषा के सौन्दर्य, शैली को अनुरंजकता तथा व्यक्तित्व की सम्पन्नता के विचार से ये पद सम्पूर्ण काव्य में सर्वोपरि हैं। ये अधिकांश में तत्सम-प्रधान, समस्त पद युक्त भाषा में रचे गए हैं। कवि की काल्पनिक अनुभूति के सुन्दर से सुन्दर प्रकाशन अलंकारों के रूप में इन्हीं पदों में हुए हैं। शब्दों के निर्वाचन में कवि ने पद-मैत्री, ध्वनि-साम्य और विषयानुरूपता का प्राय: सर्वत्र निर्वाह किया है। 'सूरसागर' की सुसंस्कृत; परिमार्जित और मधुर भाषा के सुन्दरतम नमूने इन पदों में मिल सकते हैं। इनकी शैली प्रौढ़, रुचिर, ललित, प्रवाहयुक्त और अनुरंजित है। कवि की कल्पना भावना का सुन्दरतम संयोग वहाँ मिलता है जहाँ कवि अपने उपास्य देव के मनोहर रूप के चित्रण में काव्य-कौशल के साथ भक्ति-भावना का समावेश करता जाता है। यहाँ प्राय: उसकी कल्पना और भावना परस्पर प्रतिस्पर्द्धा करती दिखाई देती है। इसी प्रतिस्पर्द्धा के फलस्वरूप उसकी सौन्दर्य की भावनापूर्ण अनुभूति चरम परिणति पर पहुँचकर कल्पना को अपरूप और रहस्यमयी बना देती है। ऐसे स्थानों पर, जहाँ भावना परोक्ष में रहती है, वहाँ कल्पना कूट पदों के रूप में प्रकट हो जाती है और जहाँ उसे विकसित होने का अवसर मिलता है वहाँ कवि किसी असीम, अनन्त सुख की ओर लक्ष्य करता दिखाई देता है।

इन पदों की भाषा-शैली में कवि के व्यक्तित्व की पूर्ण प्रतिभा, सजगता, सुरुचि और भरपूर यौवनसुलभ सौन्दर्य-प्रियता का दर्शन होता है। यहाँ भक्त कवि अपनी सुन्दरतम कवित्व शक्ति के साथ प्रकट हुआ है। जिस प्रकार भाषा और भाव में प्रतिस्पर्द्धा सी दिखाई देती है, उसी प्रकार यह निर्णय करना कठिन जान पड़ता है कि काव्य की व्यापक सुषमा और भक्ति की उच्च भावना में कौन अधिक श्रेष्ठ है; परन्तु जिस प्रकार भावों की प्रवृत्ति स्पष्टतया भाषा के अनुपम आकर्षण के होते हुए भी उसे पीछे छोड़ते जाने की है, उसी प्रकार 'सूरसागर' का कवि कृष्ण के सौन्दर्य पर मुग्ध भक्त का अनुगमन करता दिखाई देता है। कवि की दर्शन और श्रवण की इन्द्रियाँ कृष्ण के रूप और मुरली ध्वनि पर मुग्ध होकर उनमें चराचर के सौन्दर्य को सीमित कर देती हैं; पर कदाचित् वह रूप और वह ध्वनि इन्द्रियातीत है; अत: उसकी रूप-दर्शन और ध्वनि-श्रवण की लिप्सा भक्ति-भावना में परिणत होती जाती है और भावना सहज ही ऐन्द्रियता को आत्मसात करती दिखाई देती है।

रूप-चित्रण सम्बन्धी पदों में कवि की वर्णन-विस्तार की प्रवृत्ति एक दूसरे रूप में दिखाई देती है। कभी तो वह सम्पूर्ण नख-शिख के सूक्ष्मातिसूक्ष्म व्यौरों के साथ विविध रूपमयी कल्पनाओं की सृष्टि करता जाता है और कभी नख-शिख के किसी अंग-विशेष पर ठहरकर उसके चित्रण में कल्पनाओं की बाढ़-सी लगा देता है। पंक्ति के बाद पंक्ति और पद के बाद पद इसी प्रकार सौन्दर्य-लोक की विविध रंग और रूप की दृश्यावलियाँ उद्घाटित करते जाते हैं। परन्तु प्रत्येक पद एक दूसरे से सम्बन्धित होते हुए भी सर्वथा स्वतन्त्र और स्वत: पूर्ण है और गीति काव्य के संक्षेप में प्रबन्ध की व्यापकता की व्यंजना करता है।

प्रभाव-वर्णन सम्बन्धी गेय पद

ये पद रूप-चित्रण और मुरली-वादन के पदों के साथ यत्र-तत्र बिखरे हुए तथा 'नैनन' और 'अँखिया' समय के पदों के नाम से एकत्र संग्रहीत मिलते हैं। इन पदों का उपर्युक्त पदों के साथ कार्य-कारण का घनिष्ठ सम्बन्ध है। अतः भाषा-शैली की दृष्टि से ये उनसे एक श्रेणी और आगे हैं। इनकी भाषा में तत्समता एवं समस्तता की बहुलता नहीं है; वरन् कवि द्वारा व्यवहृत तत्सम और तद्‌भवादि पदावली का समन्वय होकर इनमें भाषा का व्यावहारिक साहित्यिक रूप दिखाई देता है। शब्दों में पद-मैत्री और ध्वनिसाम्य तो है, किन्तु शाब्दिक सौन्दर्य पर कवि अधिक नहीं ठहरता। भाषा यद्यपि अलंकृत है, पर अलंकारों में बाह्य रूप-वैचित्र्य के स्थान पर आंतरिक सौन्दर्य की विशेषता है। शैली में प्रौढता, लालित्य, प्रवाह, प्रसाद और निकटता अधिक है। कल्पना और भावना के संघर्ष में भावना निश्चित रूप से कल्पना का अपने में समाहार करते हुए प्रधानता प्राप्त कर लेती है।

कवि के व्यक्तित्व के आंतरिक रूप का इन पदों में और अधिक प्रकाशन हुआ है। उसकी काव्य-प्रतिभा और सौन्दर्य-प्रियता पूर्ववत् दिखाई देती है, फिर भी उसकी भक्ति-भावना अपेक्षाकृत अधिक प्रबल हो गई है। इसी अनुपात में उसकी भाषा का अर्थ गाम्भीर्य और व्यंजना शक्ति भी उत्कृष्टता की ओर प्रवृत्त हुई है। कवि की ऐन्द्रियता प्रायः प्रत्येक पद में मानसिक अनुभूति के सम्मुख अपनी विवशता प्रकट करती जान पड़ती है।

वर्णन-विस्तार की प्रवृत्ति इन पदों में भी कल्पना का आश्रय लेकर पुनरावृत्ति की ओर उन्मुख है। यद्यपि कवि कल्पना की विविधता और वैचित्र्य के द्वारा रुचिभंग न होने देने का निरन्तर प्रयत्न करता है, फिर भी कल्पनाओं में पूर्वोल्लिखित पदों की भाँति अनुरंजकता न होने के कारण भावना में सहज तल्लीनता न प्राप्त करने वाले पाठकों और श्रोताओं को यदि कभी-कभी अतितृप्ति होने लगे तो आश्चर्य नहीं। यद्यपि प्रायः प्रत्येक पद स्वतन्त्र और स्वतः पूर्ण है तथा अकेला रसमग्न करने की क्षमता रखता है, फिर भी सामूहिक प्रभाव में इन पदों की अपनी अलग विशेषता है।

भाव-चित्रण सम्बन्धी गेय पद

यद्यपि कवि के प्रायः समस्त गेय पद किसी न किसी रूप में भावों का चित्रण करते हैं, फिर भी यहाँ पर भाव-चित्रण सम्बन्धी पद ऐसे पदों को कहा गया है, जिनमें साधनरूप से भी अन्य किसी विषय की प्रधानता नहीं है, वरन् भावों और मनोवेगों का प्रत्यक्ष रूप से प्रकाशन ही कवि को अभीष्ट है। ये पद समस्त दशम स्कंध—विशेष कर पूर्वार्द्ध तथा प्रथम स्कंध और कुछ संख्या के नवम स्कंध में फैले हुए हैं। इन पदों की भाषा-शैली पर सामूहिक रूप से विचार करना कठिन है, क्योंकि भाषाशैली भावों की गंभीरता और तीव्रता के अनुपात से बदलती जाती है। परन्तु फिर भी इस दिशा में कवि की सामान्य प्रवृत्ति का अध्ययन किया जा सकता है।

दैन्य भाव सम्बन्धी पदों की भाषा विशेषतया तत्सम-प्रधान कही जा सकती है, यद्यपि तद्‌भावादि व्यावहारिक शब्दों का भी यथावसर स्वतंत्रतापूर्वक प्रयोग किया गया है। समस्त पदावली की प्रचुरता भी उन स्थलों पर मिलती है जहाँ कवि ने अपना अभिमत दृढ़तापूर्वक व्यक्त करने की आवश्यकता समझी है। भाषा सर्वथा निरलंकृत नहीं है, किन्तु सौन्दर्य-वृद्धि

के लिए कोई आयास नहीं किया गया है। शैली में प्रौढ़ता, स्पष्टवादिता, गंभीरता, दृढ़ता और आग्रह अधिकांश पदों में लक्षित होता है। कल्पना का उपयोग उतना ही हुआ है जितना भावों के स्पष्टीकरण के लिए आवश्यक था। इस प्रकार दैन्य भावसूचक पद कवि के संयमित, सीमित, आक्रांत, दृढ़ और एकाग्र-चित्त जीवन के निदर्शक हैं।

वात्सल्य रति संबंधी भावों को व्यक्त करने वाले पदों की भाषा अधिक व्यावहारिक और स्वाभाविकता के अति निकट है। फलतः तत्सम और समस्त पदों का प्रयोग अल्प है। भाषा को अलंकृत बनाने का कोई प्रयत्न नहीं किया गया, फिर भी भावों की सघनता और विविधता के कारण अलंकार स्वाभाविक रूप से आ ही गए हैं। शैली में प्रौढ़ता, गंभीरता,ऋजुता, लालित्य, उत्साह और सहज प्रवाह है। भावों की अनुभूति करने के लिए कवि कल्पना के विविध प्रयोग करता है, जिससे उसकी शैली में सहज आकर्षण और रुचिरता आ जाती है, परन्तु भाव प्रायः कल्पना का अतिक्रमण करते दिखाई देते हैं। ये पद कवि के स्नेह-कातर, विश्वासी और धैर्यपूर्ण और गंभीर व्यक्तित्व के परिचायक हैं।

मधुर रति सूचक पदों की भाषा-शैली में भी प्रायः वे समस्त गुण हैं, जो वात्सल्य रति वाले पदों में। इनमें भाषा की भाव-गंभीरता, मधुरिमा और आकर्षण अपेक्षाकृत विशेष है तथा शैली में गंभीरता किंचित् कम। शैली की निकटता घनिष्ठता में परिवर्तित होकर तीव्र व्यंजना का रूप धारण कर लेती है। फलतः भावों की सूक्ष्मता, तीव्रता, व्यापकता और सघनता को व्यक्त करने के लिए कवि अपने समस्त काव्य-चातुर्य का उपयोग करता है और शैली को अत्यन्त व्यंजक, अत्यन्त प्रौढ़ तथा अत्यन्त मार्मिक बना देता है। वियोग सम्बन्धी पदों में जिनकी अधिक संख्या भ्रमरगीत में है, ये गुण विशेष रूप से पाए जाते हैं।

रति सम्बन्धी पद वस्तुतः सूरदास की भाषा-शैली की महत्ता और गौरव को असंदिग्ध रूप में प्रतिष्ठित करते हैं। ये पद कवि के व्यक्तित्व की गूढ़त्तम भावनाओं का कभी ऋजु और अव्यवहित शैली में और कभी वचन-वक्रता के साथ अत्यन्त निकट से परिचय देते हैं तथा उसकी भाव-प्रवणता, भावुकता, कोमलता, सरलता, सजगता और चतुरता का स्थायी प्रभाव डालते हैं।

फुटकर गेय पद

जितने प्रकार के पदों का उल्लेख ऊपर किया गया है, उनके अतिरिक्त 'सूरसागर' में अनेक पद बच रहते हैं जिनका समावेश उक्त कक्षाओं में नहीं हो सकता। ये पद संपूर्ण ग्रंथ में छिट-पुट बिखरे हुए हैं और किसी विशेष विषय से सम्बन्ध नहीं रखते इनमें तत्व-चिंता, गुरु-महिमा, दृश्य-चित्रण, घटना-चित्रण आदि विभिन्न विषयों का समावेश किया गया है। भाषा-शैली के विचार से ये ऊपर वर्णित किसी न किसी कक्षा से संबद्ध किए जा सकते हैं; परन्तु कवि के व्यक्तित्व की एक सीमित क्षेत्र में व्यापक दृष्टि की सूचना इनसे अवश्य मिलती है।

तुलनात्मक नमूने

शैली के उपर्युक्त विविध रूपों के कतिपय उदाहरणों से भाषा-शैली और कवि के व्यक्तित्व की संपन्नता का किंचित अनुमान किया जा सकता है।

१. कथा-पूर्त्यर्थ श्रीमद्भागवत के छायानुवादी अंश की असमर्थ भाषा और व्यक्तित्वहीन शैली—

हरि हरि हरि सुमिरन करो। हरि चरनारविंद उर धरो॥
जनमेजय जब पायो राज। एक बार निज सभा विराज॥
पिता बैर मन में सो विचार। विप्रन सों यों कह्यो उचार॥
मो कों तुम अब यज्ञ करावहु। तक्षक कुटँब समेत जरावहु॥

(सू० सा०, पद ४९३६)

२. वर्णनात्मक कथानकों की शैली जिसमें गीत्यात्मक कथानक के अनुकरण के साथ कथा की रोचकता, नाटकीय प्रभाव तथा शैली की स्वाभाविकता पाई जाती है—

खेलत जमुना तट गए, आपुहिं ल्याए टारि।
लै श्रीदामा हाथ तैं, गेंद दयो दह डारि॥
श्रीदामा गहि फेंट कह्यो, हम तुम एक जोटा।
कहा भयो जो नन्द बड़े, तुम तिनकै ढोटा॥
खेलत में कह छोट बड़, हमहुँ महर के पूत।
गेंद दिऐ ही पै बनै, छाँड़ि देहु मति-धूत॥
तुमसौं धूत्यौ कहा करौ, धूत्यौ नहिं देख्यौ।
प्रथम पूतना मारि काग, सकटासुर पेख्यौ।
तृनावर्त पटक्यौ सिला, अघा बका संहारि।
तुम ता दिन सँग ही रहे, धूत न कहत सम्हारि॥
टेढ़े कहा बतात, कंस कौं, देहु कमल जब।
कालिहिं पठए माँगि पुहुप, अब ल्याइ देहु जब॥
बहुत अचगरी जिनि करौ, अजहूँ तजौ झवारि।
पकरि कंस लै जाइगौ, कालिहिं परै खँभारि॥
कमल पठाउँ कोटि, कंस कौ दोष निवारौं।
तुम देखत ही जाऊँ, कंस जीवित धर मारौं॥
फेंट लियौ तब झटकि के, चढ़े कदम पर जाइ।
सखा हँसत ठाढ़े सबै, मोहन गए पराइ॥
श्रीदामा चले रोइ जाइ, कहि हौं नँद आगे।
गेंद लेहु तुम आइ, मोहिं डरपावन लागे॥
यहि कहि कूदि परे सलिल, कीन्हें नटवर-साज।
कोमल तन धरि कै गए, जहँ सोवत अहिराज॥

(वही, पद १२०७)

× × ×

वर्णनात्मक कथानकों में कहीं-कहीं अत्यन्त आकर्षक वर्णन शैली का प्रयोग हुआ है, जो कवि की प्रबंधपटुता का परिचायक है—

सुनि तमचुर को सोर घोष की बागरी।
नव सत साजि सिंगार चली नव-नागरी॥
नव सत साजि सिंगार अंग पाटम्बर सोहैं।
एक तैं एक अनूप रूप त्रिभुवन-मन मोहैं॥
इंदा बिंदा राधिका स्यामा कामा नारि।
ललिता अरु चंद्रावली सखिनि मध्य सुकुमारि॥

× × ×

दै नागरि दधि-दान कान्ह ठाड़े वृन्दावन।
और सखा हरि संग बच्छ चारत अरु गोधन॥
बड़े गोप की लाड़िली तुम वृषभानु-कुमारि।
दही मही के कारनैं कतहिं बढ़ावति रारि॥
कहत व्रजलाड़िले॥
सूधैं गोरस माँगि कछू लै हम पैं खाहू।
ऐसे ढीठ गुवाल, कान्ह बरजत नहि काहू॥
इहिं मग गोरस लै सबैं, नित-प्रति आवहिं जाहिं।
हमहिं छाप देखरावहू, दान चहत किहि पाँहिं॥
कहत व्रजलाड़िली॥

(सू० सा० (सभा), पद २२६६)

३. दृश्य-वर्णन की भाषा-शैली जिसमें प्रयत्न की शिथिलता के साथ-साथ भाषा में आलंकारिता एवं शैली में कल्पना की अनुरंजकता भी है—

मोहन के खेलन मैं रस रह्यो, श्यामा परबस परी बिकाय।
खेलन चले करत अति तरकै, मारत पीक पराइ॥
पेलि चलीं जोबन मदमाती, अधर-सुधा-रस प्याइ।
इत लिए कनक लकुटिया नागरि, उत जेरी धरे ग्वार॥
इत है रंग रँगीली राधा, उत श्री नन्द कुमार॥ १॥
खेलत में रिस ना करि नागरि स्यामहिं लागै चोट।
मोहन है अति माधुरि मूरति राखिए अंचल ओट॥

× × ×

जमुना कूल मूल बंसीवट, गावत गोप धमारि।
लै लै नाम गाँव बरसानो, देत दिवावत गारि॥
खेलि फाग मिलि कै मनमोहन फगुवा दियौ मँगाय।
हरषित भईं सकल व्रज-वनिता, सूरदास बलि जाइ॥

(वही, पद ३५१३)

४. गीत्यात्मक कथानकों में धारा प्रवाह वर्णन और प्रबन्धात्मकता—

नंद महर उपनंद बुलाए।
बहु आदर करि बैठक दीन्हो, महर महर मिलि सीस नवाए॥
मनहीं मन सब सोच करत हैं, कंस नृपति कछु माँगि पठाए।
राज अंस धन जो कछु उनकौ, बिनु माँगैं हम सो दै आए॥
बूझत महर बात नँद महरहिं, कौन काज हम सबनि बुलाए।
सूर नंद यह कही गोपनि सौं, सुरपति पूजा के दिन आए॥
हँसत गोप कहि नंद महर सौं, भली भई यह बात सुनाई॥
हमहिं सबनि तुम बोलि पठाए, अपने जिय सब गए डराई॥
काहे कौं डरपे हम बोलत, हँसत कहत बातैं नंदराई।
बड़ौ संदेह कियो हम तुमकौं, व्रजवासी हम तुम सब भाई॥

(वही, पद १४३३)

५. व्यावहारिक भाषा और स्वाभाविक शैली—

कहा हमहिं रिस करत कन्हाई।
यह रिस जाइ करौ मथुरा पर जहँ है कंस कसाई॥
अब हम कहाँ जाइ गुहरावैं बसति तिहारैं गाउँ।
ऐसे हाल करत लोगनि के कौन रहै इहिं ठाउँ॥
अपने घर के तुम राजा हौ सबकौ राजा कंस।
सूर स्याम हम देखत बाढ़े अब सीखे वे गंस॥

(वही, पद २१२९)

× × ×

जाई सबै कंसहिं गुहरावहु।
दधि माखन घृत लेत छुड़ाए, आजु हजूर बुलावहु॥
ऐसे कौं कहि मोहि बतावति, पल भीतर गहि मारौं।
मथुरापतिहिं सुनौंगी तबहीं, जब वाके धरि केस पछारौं॥
बार बार दिन हमहिं बतावति, अपनौ दिन न विचार्यौ।
सूर इंद्र व्रज जबहिं बहावत, तब गिरि राखि उबार्यौ॥

(वही, पद २१३१)

६. अत्यन्त ग्रामीण हिन्तु अनुरंजित शैली जो असंस्कृत रसिकता की प्रदर्शक है—

मोसों कहा दुरावति नारि।
नैन सैन दै चितहिं चुरावति, यहै मंत्र टोना सिर डारि॥
भौंह धनुष, अंजन गुन ऐंचति, बान कटाच्छनि डारति मारि।
तरवनु स्रवन फाँसि गर डारति, कैसेहुँ नाहिं सकत निरवारि॥

पीन उरज मुख नैन चखावति, यह विष-मोदक ज्ञात न झारि।
घालति छुरी प्रेम की बानी, सूरदास को सकै सम्हारि॥

(सू० सा० (सभा), पद २२०३)

७. बाल-क्रीड़ा सम्बन्धी सुगम, मोहक, चपल और आडम्बरहीन शैली—

सखा सहित गए माखन-चोरी।
देख्यो स्याम गवाच्छ-पंथ ह्वै, मथति एक दधि भोरी॥
हेरि मथानी धरी माट तैं, माखन हो उतरात।
आपुन गई कमोरी माँगन, हरि पाई ह्याँ घात॥
पैठे सखनि सहित घर सूनैं, दधि माखन सब खाए।
छूछी छाँड़ि मटुकिया दधि की, हँसि सब बाहर आए॥
आइ गई कर लिए कमोरी, घर तैं निकसे ग्वाल।
माखन कर, दधि मुख लपटानौ, देखि रही नंदलाल॥
कहँ आए व्रज-बालक सँग लै, माखन मुख लपटान्यौ।
खेलत तैं उठि भग्यौ सखा यह, इहिं घर आइ छपान्यौ॥
भुज गहि लियौ कान्ह इस बालक, निकसे व्रज की खोरि।
सूरदास ठगि रही ग्वालिनी, मन हरि लियौ अँजोरि॥

(वही, पद ८८८)

८. किशोर-क्रीड़ा की चपल,सरस, बंक और मनोहर शैली—

मोहन मोहिनी रस भरे।
भौंहि मोरनि, नैन फेरनि, तहाँ तैं नहिं टरे॥
अंग निरखि अनंग लज्जित, सकै नहिं ठहराइ।
एक की कहा चलै, सत-सत कोटि रहत लजाइ॥
इते पर हस्तकनि गति-छबि, नृत्य भेद अपार।
उड़त चंचल, प्रगटि कुच दोउ, कनक घट-रससार॥
दरकि कंचुकि, तरकि माला, रही धरनी जाइ।
सूर-प्रभु करि निरखि करुना, तुरत लई उचाइ॥

(वही, पद १७६३)

९. रूप-चित्रण की तत्सम-प्रधान समस्त पद युक्त और अलंकृत शैली—

सोभा कहत कही नहिं आवै।
अँचवत अति आतुर लोचन-पुट, मन न तृप्ति कौं पावै।
सजल मेघ घनस्याम सुभग बपु, तड़ित बसन बनमाल।
सिखि-सिखंड, बन-धातु बिराजत, सुमन सुगन्ध प्रवाल।
कछुक कुटिल कमनीय सघन अति, गोरज मंडित केस।
सोभित मनु अंबुज पराग-रुचि-रंजित मधुप सुदेस।

कुंडल-किरनि कपोल लोल छबि, नैन कमल-दल-मीन।
प्रति प्रति अंग-अनंग कोटि-छबि, सुनि सखि परम प्रबीन।
अधर मधुर मुसुक्यानि मनोहर, करति मदन मन हीन।
सूरदास जहँ दृष्टि परति है, हौति तहीं लवलीन।

(सू० सा० (सभा), पद १०९६)

१०. कल्पना और भक्ति-भावना का सुंदर संयोग—

करि मन नंद-नंदन ध्यान।
सेइ चरण सरोज सीतल, तजि विषय-रस-पान॥
जानु-जंघ त्रिभंग सुन्दर, कलित कंचन-दंड।
काछनी कटि पीतपट-दुति, कमल-केसर-खंड॥
मनौ मधुर मराल छौना, किंकिनी कल-राव।
नाभि-ह्रद, रोमावली, अलि सहज चले सुभाव॥
कंठ मुक्तामाल, मलयज, उर बनी बनमाल।
सुरसरी कै तीर मानौ लता स्याम तमाल॥
बहु-पानि सरोज-पल्लव, धरे मृदु मुख बेनु।
अति विराजत बदन बिधु पर सुरभि-रंजित-रेनु॥
अधर, दसन कपोल, नासा, परम सुंदर नैन।
चलित कुंडल गंड-मंडल मनहुँ निर्तत मैन॥
कुटिल भ्रू पर तिलक रेखा, सीस सिखिन-सिखंड।
मनु मदन धनु-सर सँधाने, देखि घन-कोदंड॥
सूर श्रीगोपाल की छबि, दृष्टि भरि-भरि लेहु।
प्रानपति की निरखि सोभा, पलक परन न देहु।

(वही, पद ३०७)

११. प्रभाव-वर्णन सम्बन्धी पदों की परिमार्जित, प्रौढ़ और व्यावहारिक साहित्यिक शैली—

जब तैं बंसी स्रवन परी।
तबहीं तैं मन भयो और सखि, मो तन-सुधि बिसरी॥
हौं अपनैं अभिमान, रूप, जोबन कैं गर्व भरी।
नैंकु न कह्यौ कियौ सुनि सजनी, बादिहिं आइ ढरी॥
बिनु देखैं अब स्याम मनोहर, जुग भरि जात घरी।
सूरदास सुनि आरज-पथ तैं, कछु न चाड़ सरी॥

(वही, पद १२६९)

तथा

नैना नैननि माँझ समाने।
टारैं टरत न इक पल मधुकर, ज्यौं रस में अरुझाने॥
मन गति पंगु भई सुधि बिसरी, प्रेम-पराग लुभाने।
मिले परस्पर खंजन मानौ, झगरत निरखि लजाने॥
मन वच क्रम पल-ओट न भागत, छिनु छिनु जुग परमाने।
सूर स्याम कें वस्य भए ये, जिहि बीतै सो जानै॥

(सू० सा० (सभा), पद २९१५)

१२. भाव-चित्रण सम्बन्धी पदों की अत्यन्त अर्थ-गाम्भीर्य और व्यंजनापूर्ण ऋजु और चारु प्रवाह युक्त, सुसंहत शैली—

जबतैं प्रीति स्याम सौं कीन्हीं।
ता दिन तैं मेरैं इन नैननि, नैकहुँ नींद न लीन्ही॥
सदा रहै मन चाक चढ़्यौ सो, और न कछु सुहाइ।
करत उपाइ बहुत मिलिबे को, इहै बिचारत जाई॥
सूर सकल लागत ऐसीऐ, सो दुख कासौं कहिऐ।
ज्यौं अचेत बालक की वेदन, अपनैं ही तन सहिऐ॥

(वही, पद २४८३)

तथा

कहाँ लौं राखैं मन मैं धीर
सुनौ मधुप अपनैं इन नैननि बिनु देखैं बलवीर॥
घर आँगन न सुहात रैन-दिन, भूले भोजन, चीर।
दाहत देह चन्द-चन्दन सुख, औरौ मलय समीर॥
छिन छिन उहै सुरति आवति, जब चितवति जमुना तीर।
सूरदास गड़ि रहे हिये मैं, सुन्दर स्याम सरीर॥

(वही, पद ४३३४)

तथा

सुनि ऊधौ मोहिं नैकु न बिसरत वै व्रजवासी लोग।
तुम उनकौं कछु भली न कीन्हीं, निसि दिन दियौ वियोग॥
जउ वसुदेव-देवकी मथुरा, सकल राज-सुख भोग।
तद्यपि मनहिं बसत बंसीबट, बन जमुना संजोग॥
वै उत रहत प्रेम अवलम्बन इततै पठयो जोग।
सूर उसाँस छाँड़ि भरि लोचन, बढ़यो बिरह ज्वर सोग॥

(वही, पद ४७७३)

बाह्य सौन्दर्य

भाषा-शैली के उपरिवर्णित गुणों के अतिरिक्त कुछ अन्य बाह्य गुण जो किसी भी महाकवि की रचना में सहज ही प्राप्त हो जाते हैं, 'सूरसागर' में भी प्रचुर मात्रा में मिलते हैं। शब्दों के निर्वाचन में पद-मैत्री और ध्वनि-साम्य का तो उल्लेख किया ही जा चुका है; जिन पदों की रचना कवि ने तनिक भी मनोयोगपूर्वक की है उनमें आवश्यकतानुसार **अनुप्रास, यमक और अनुकरणात्मक** शब्दों का स्वाभाविक सौन्दर्य उनके संगीत, प्रवाह तथा प्रभाव की वृद्धि करता है। अति अल्प प्रयास से ऐसे पद मिल जाते हैं जिनकी पंक्ति-पंक्ति में अनुप्रास और यमक का सौन्दर्य भरा हुआ है—

आजु तौ बधाइ बाजै, मंदिर महर के,
फूले फिरैं गोपी-ग्वाल ठहर-ठहर के।
फूली फिरैं धेनु धाम, फूली गोपी अंग-अंग,
फूले फले तरवर अनंद लहर के।
फूले बंदीजन द्वारे, फूले फूले बंदवारे,
फूले जहाँ जोइ सोइ गोकुल सहर के।
फूले फिरैं जादौकुल आनंद समूल मूल,
अँकुरित पुन्य फूले पाछिले पहर के।
उमंगे जमुन-जल, प्रफुलित कुंज-पुंज,
गरजत कारे भारे जूथ जलधर के।
(सू० सा० (सभा), पद ६५२)

तथा

छोटी-छोटी गोड़ियाँ, अँगुरियाँ छबीली-छोटी,
नख-ज्योती, मोती मानौ कमल-दलनि पर।
ललित आँगन खेलै, ठुमुकि-ठुमुकि डोलै,
झुनक-झुनक बोलै पैजनी मृदु मुखर।
किंकिनी कलित कटि, हाटक रतन जटि,
मदु कर-कमलनि पहुँची रुचिर बर।
पियरी पिछौरी झीनी, और उपमा न भीनी,
बालक दामिनि मानौ ओढे बारौ बारि-धर।
उर बघ-नहाँ, कंठ कठुला, झूँडूले बार,
बेनी लटकन मसि-बुंदा मुनि-मनहर।
अंजन रंजित नैन, चितवनि चित चौरै,
मुख-सोभा पर वारौं अमित असम-सर।
(वही, पद ७६९)

तथा

गोरस लै निकसैं व्रज-बाला। तहाँ तिनहिं देखैं गोपाला।
अँग-अँग सज सिंगार बर कामिनि। चलैं मनौ जूथनि जूरि दामिनि।
कटि किंकिनि नूपुर बिछिया-धुनि। मनहुँ मदन के गज-घंटा सुनि॥

(सू० सा० (सभा), पद २०७८)

जिस प्रकार अन्तिम उदाहरण में मधुर रति के उपयुक्त शब्दावली का प्रयोग हुआ है, उसी प्रकार सर्वत्र शब्द-चयन में उनकी सहज ध्वनि से ही उस भयानक दृश्य का आभास मिल जाता है—

झहरात झहरात दवा (नल) आयौ।
घेरि चहुँ ओर, करि सोर अंदोर बन, धरनि आकास चहुँ पास छायौ।
बरत बन बाँस, थरहरत कुस काँस, जरि, उड़त है भाँस अति प्रबल धायौ।
झपटि झपटत लपट, फूल-फल चट चटकि फटत लटलटकि द्रुम द्रुम नवायौ॥
अति अगिनि-झार, भंभार धुंधार करि, उचटि अंगार झंझार छायो।
बरत बन पात भहरात झहरात अररात तरु महा धरनी गिरायौ॥

(वही, पद १२१४)

इसी प्रकार जल-वर्षण के भयानक दृश्य को भी कवि ने अनुरणनात्मक शब्दों के द्वारा उपस्थित किया है—

मेघ-दल-प्रबल व्रज लोग देखैं।
चकित जँह तँह भए, निरखि बादर नए, ग्वाल गोपाल डरि गगन पेखैं॥
ऐसे बादर सजल, करत अति महाबल, चलत घहरात करि अंधकाला।
चकित भए नंद, सब महर चकृत भए, चकित नर-नारि हरि करन ख्याला॥
घटा घनघोर घहरात, अररात दररात, थरात व्रजलोग डरपे।
तड़ित-आघात तरात, उतपात, सुनि नारि नर सकुचि तन प्रान अरपे।

(वही, पद १४७३)

उन पदों को छोड़कर जिनमें किसी प्रकार के भावों के चित्रण का कवि ने प्रयत्न ही नहीं किया, प्राय: प्रत्येक पद में उसकी भाषा भावानुगामिनी है। अधिकतर कोमल और सुकुमार भावों का वर्णन होने के कारण काव्य में प्रधानता कोमल, कान्त और मधुर पदावली की है। छंदों के विवेचन में दिए हुए उद्धरणों से यह बात और अधिक पुष्ट हो जाएगी।

भाषा-समृद्धि

शैली की सुन्दरता और महत्ता उसके कलेवर—भाषा की समृद्धि पर निर्भर है। भाषा की समृद्धि की पहचान शब्द-भांडार और शब्दार्थ-बहुलता से की जा सकती है। अत: भाषा-शैली के विवेचन में कवि के शब्द-भाण्डार और उनके विविध प्रयोगों पर विचार करना भी आवश्यक है। शैली के विवेचन में यह देखा जा चुका है कि कवि ने शैली की विविधता और विचित्रता बहुत कुछ विविध प्रकार के शब्दों के प्रयोग से सिद्ध की है। कवि के शब्द-प्रयोग

की सबसे बड़ी विशेषता है उसकी व्यापक संग्राहक शक्ति। पात्र और परिस्थिति के विचार से जिन शब्दों को उसने उपयुक्त समझा उनका प्रयोग करने में उसे इस बात का संकोच नहीं हुआ कि वे किस श्रेणी अथवा किस उद्गम के हैं। उसके काव्य में शब्द अर्थ के अधीन होकर प्रयुक्त हुए हैं। कभी-कभी अभीष्ट अर्थ निकालने अथवा लय और तुक मिलाने के लिए शब्दों के रूप बदलने में भी उसने संकोच नहीं किया, और इस दृष्टि से भाषा के साथ अबाधित स्वतंत्रता लेकर किसी अंश में कहीं-कहीं कदाचित् उसे कुरूप और दुर्गम भी बना दिया है। परन्तु विभिन्न उद्गमों के शब्दों का प्रयोग, नवीन शब्दों की रचना तथा शब्दार्थ की व्यापकता में वृद्धि करके उसने भाषा की सम्पत्ति में जो योग-दान किया है, कदाचित् उसके समक्ष उसका स्वातन्त्र्य कवि के विशेषाधिकार से अधिक चिंत्य नहीं रह जाता। आगामी पृष्ठों में कवि द्वारा प्रयुक्त तत्सम, अर्ध तत्सम, तद्भव तथा विदेशी उद्गमों के शब्दों, मुहावरों और लोकोक्तियों तथा शब्दों की अर्थ-व्यापकता पर विचार किया गया है, जिसके आधार पर कहा जा सकता है कि कवि का शब्द-भाण्डार अत्यन्त सम्पन्न, उसका शब्द-चयन सर्वथा स्वाभाविक और विषय के अनुरूप तथा उसका शब्द-प्रयोग अत्यन्त व्यंजक और अर्थगांभीर्यपूर्ण है। उसके वाक्यों में लोकानुभव को व्यक्त करने की अपूर्व क्षमता है।

तत्सम और अर्ध-तत्सम शब्द

कवि द्वारा प्रयुक्त तत्सम शब्द दो प्रकार के हैं—एक धर्म अथवा भक्ति सम्बन्धी और दूसरे सामान्य साहित्यिक। दोनों कवि के मानस की उच्च सांस्कृतिक भूमिका की सूचना देते हैं। धर्म अथवा भक्ति सम्बन्धी तत्सम शब्दावली का प्रयोग बहुधा सिद्धान्त कथन और भक्ति-भाव के प्रत्यक्ष प्रकाशन में हुआ है। सिद्धान्त कथन में पारिभाषिक और तत्सम्बन्धी पदावली में तत्सम-प्रधानता है तथा भक्ति के प्रकाशन में सामान्य भावों को भी प्रायः तत्सम शब्दों के द्वारा प्रकट किया गया है। तत्सम शब्दों के ये प्रयोग कदाचित् पूत धार्मिक वातावरण उपस्थित करने में सहायक हुए हैं। इनके अतिरिक्त, विशेषतया सौन्दर्य के वर्णन में तथा सामान्य रूप से अन्य स्थानों पर भी काव्य में तत्सम-बहुलता प्रायः दिखाई देती है।

रूप-चित्रण, मुरली वादन, ऋतु, समय आदि के दृश्य-चित्रण के प्रसंगों में तो अनिवार्य रूप से तत्सम शब्दों की प्रचुरता है ही, जहाँ-कहीं कवि कल्पना की ऊँची उड़ान प्रदर्शित करता है, वहाँ उसकी शब्दावली तत्सम-प्रधान हो जाती है। भावों के चित्रण में भी जहाँ परम्परागत कल्पनाओं के सहारे भावोन्मेष और भावोत्कर्ष दिखाया गया है, वहाँ तत्समता की प्रधानता हो गई है। ये प्रयोग काव्य को साहित्य परम्परा के अनुरूप उच्च धरातल पर प्रतिष्ठित करने में सहायक हैं।

तत्सम शब्दों के प्रयोग में कवि ने यद्यपि सरल और प्रचलित ध्वनियों का कदाचित् सदैव ध्यान रखा है, पर ऐसे शब्दों की संख्या भी कम न होगी जिनकी ध्वनियाँ अपेक्षाकृत कुछ कठिन और सामान्य लोगों में कम प्रचलित है। ऐसी ध्वनियों को उसने यथासम्भव उच्चरित ध्वनियों के अधिक से अधिक निकट लाने का प्रयत्न किया है; जैसे, **करुना, सम, भच्छ-अभच्छ, जुक्ति, प्रकासित, विनती, दारिद्र, बिंसासी, मेघवर्त्त, जुक्ति, सारंगधर**। परन्तु अधिकतर ध्वनियाँ या तो स्वभावतया भाषा में खप जाने वाली हैं या कवि ने उन्हें ध्वनि-परिवर्तन के बिना ही खपाया है यथा :—**अम्बर, अपवाद, अग्नि, आच्छादित, आनंद, आभा, इंदु, उत्साह, उपहास, ऋणदास, कला, कृत, कृष्ण, कृपा, कुंभ, कीडा,**

खंजन, गंड, गयंद, घृत, चंद्र, चित्रकारी, जीवन, जगत, तनु, तिष्ठति, त्रास, त्रिभंग, त्याग, दधि, दान, धन, नृत्य, नृत्यति, नीलांबर, नीहार, पंक, परितोष, परिहास, पीयूष, प्रचारित, प्रीति, प्रेम, भय, भुजा, भुजंग, भृंग, मंडित, मंत्र, मकरंद, मध्य, मानापमान, भौमऽपवाद, यद्यपि, यूथ, रंजन, रसवाद, लज्जा, लता, लोचन, विकास, विध्वंसित, विभावरी, विराजमान, बैकुण्ठ, शिखंड, संग्राम, संभ्रम, संयोग, सिंधु, सिद्धान्त, सम्पदा, समाचार, समाधान, स्वर्ग, स्वेद, हस्त आदि असंख्य शब्दों का प्रयोग मिलता है। इससे विदित होता है कि सूरदास के समय तक भाषा में तत्समता की प्रवृत्ति नवीन धार्मिक और सांस्कृतिक आवश्यकताओं के लिए ही नहीं, अपितु भाषा के सौष्ठव को बढ़ाने, उच्च भावों और कल्पनाओं को व्यक्त करने तथा भाषा के साहित्यिक स्तर को ऊँचा करने के लिए भी पर्याप्त बढ़ चुकी थी। उपर्युक्त शब्दावली में ऐसे अनेक शब्द हैं जिनके तद्भव रूप भी कवि ने प्रयुक्त किए हैं। उनका प्रयोग ध्वनियों की उच्चारण-कठिनता होते हुए भी काव्य की आवश्यकताओं के लिए ही किया गया है। तिष्ठति, नृत्यति जैसी शुद्ध संस्कृत की क्रियाओं का प्रयोग विशेष द्रष्टव्य है।

तत्सम शब्दों में परिवर्तन करके स्वतंत्रतापूर्वक नवीन शब्द-रचना भी 'सूरसागर' में प्रचुरता से मिलती है : **उपजाना, उमँगना, त्यागना, पोषना, भासना, लजाना, विराजना** आदि कुछ नामधातुएँ तो अब तक साहित्यिक भाषा में भी थोड़ी-बहुत प्रयुक्त होती हैं; किन्तु **अनुराधना, अपमानना, अवलोकना, आनन्दना, उद्धारना, क्रीडना, गरवाना, तृपिताना, नृत्यना, निंदना, निर्मूलना, परितोषना, वर्जना, भ्रमना, भाषना, राजना, लुब्धना, लोभना, विलसना, व्रीडना, संहारना, हर्षना** आदि अगणित नवीन नामधातुएँ भावों को व्यक्त करने के लिए क्रियाओं के स्थान पर नवीन क्रियाओं की रचना प्रवृत्ति की सूचना देती हैं। इसी प्रकार **अनुरागरि, अनमारगी, अपमारगी, आपस्वारथी, उद्धारन, गरबानी, जलज-जीत** आदि अनेक विशेषण कवि की नवीन रचनाएँ हैं, जिन्हें अर्ध-तत्सम कोटि में रखा जाएगा। पर यह ध्यान रखना चाहिए कि कवि ने इनको नवीन अर्थ भी प्रदान किए हैं। **अगास, वितपन्न, तरोवर, जोतिक, प्रसन, अजुगत** आदि अनेक शब्द कवि ने शैली के अनुरोध से स्वयं अपभ्रष्ट करके अर्ध तत्सम बना दिए हैं। **उतसहकंठा** जैसे शब्द यदि अर्ध-शिक्षितों के मुख से स्वाभाविक लगते हैं, तो **असद्व्यय, आद्य** जैसे साधु शब्द शिक्षित विरागी की शैली के सहज अंग कहे जा सकते हैं। सूरदास ने तत्सम और अर्ध तत्सम शब्दों के प्रयोग में वर्ण्य प्रसंग का सदैव ध्यान रखा है। यह शब्दावली और शैली कवि के उच्च धार्मिक और शिष्ट साहित्यिक व्यक्तित्व का असंदिग्ध प्रमाण उपस्थित करती है।

तद्भव शब्द

भाषा में स्वभावतया तद्भव शब्दों की संख्या अधिक है और काव्य के अधिकांश पद तद्भव-प्रधान शब्दावली में रचे गए हैं। इन पदों में व्यावहारिक भाषा की स्वाभाविकता के साथ प्राय: एक प्रकार की सहज, आडंबरहीन सरसता भी है। सामान्य बोलचाल की भाषा में मार्मिक, व्यंजनापूर्ण, गम्भीर से गम्भीर और सूक्ष्म भावों का व्यक्तीकरण कवि की अनुपमेय विशेषता है। सूरदास के अनेक पदों में व्रजभाषा का सहज सौंदर्य अपने परिमार्जित रूप में निखर आया है। कवि के द्वारा प्रयुक्त कुछ तद्भव और ग्रामीण शब्दों के प्रयोग कदाचित् परवर्ती व्रजभाषा काव्य में प्रयुक्त न होने के कारण ग्राम्य और अप्रयुक्त दोष मुक्त कहे जाते

हैं। परन्तु भाषा की व्यंजना-शक्ति की वृद्धि करने वाले इन प्रयोगों को उपर्युक्त दोष से अभिहित करना युक्तियुक्त नहीं जान पड़ता। भाषा की अभिव्यंजना शक्ति को कवि ने हर तरह से बढ़ाने का प्रयत्न किया है, भले ही परवर्ती कवियों में उससे पूरा लाभ उठाने की क्षमता न रही हो। नीचे कुछ ऐसे शब्द दिए जाते हैं जिन्हें कवि ने प्रचलित लोक भाषा से लेकर अथवा स्वयं रचकर काव्य में व्यवहृत किया है। इनमें अनेक संज्ञाएँ, विशेषण, संयुक्त क्रियाएँ, नामधातुएँ और क्रिया-विशेषण अव्यय हैं—

संज्ञा और विशेषण—**अखूट, अधमाई, अचगरी, अनकही, अनलहते, अपतई, अपदांव, अपबल, अरगजी, अलकलड़ैते, अलकसलोरी, अलसामनी, अरगजी, अहीठ; उपरफट, उराव; कँटहरिया; खाँगी, खाँसी, खिसियानो, खुटक, खोचन, ख्याल (खेल); गाँस, गैसी, गोहन, गोसों; घारी, घेरा; चाँड़िले, चिकनियाँ, चेटक, चोटी-पोटी; छनेक, छोहरा; जाधौं, ज्यौं, झूखी, झौर; टटकी; ठगमूरी; डोंगर, ढुंढ; दोचन, ढोचि, दोबल; धगरी, धुताई; नरजी, निटोल, निहजीत, नैसे, नौतम; पटोरी, पतोखा; फंग, फूचो, फेफरी, फोकट; बड़बारे, बाइ, बागरी, बारहबाने, बिरह दहेली, बुड़की; भूमिघिसनि; मरगजी, महरैटी, मिलकी, मुरपरैना, मुहांचही, मौड़ा; लगार, लड़बौरी, लाड़लडैतो; सजोयल, साट, सिकहरै, सेंत, सौंतुख; हाँक, हेलुआ** आदि।

क्रिया—**अकबकाना, अधचोरना, अरसाना, अलसाना; उकसाना, उमचना; खतियाना, खिझिलाना, खूँट, धरना, गहराना, गहर लगाना; घालना; चरचि लेना, चाड़ सारना; छमवाना, छियना; टकटोरना; डहकाना; तरमाना, तार लगाना; दुँद मचान, दुलराना; धकधकाना; निझरना, निसररना; पत्यामा, पचि हारना, पेला देना; बिजुकना, बितताना, विरुझाना; माँड़ना; रोग जाना; सकाना, सचुपाना, सकपकाना, सतराना, सतर होना, समाना, सारना; हटकना, हेरी देना** आदि।

क्रियाविशेषण अव्यय आदि—**अबसेर, ईंट, कैती, घां** आदि।

तद्भव शब्दों की रचना और प्रयोग में समस्त पदों की रचना कवि की एक विशिष्टता है। ऐसे शब्दों के निर्माण में कवि ने अत्यन्त स्वतंत्रता का परिचय दिया है। निःसंदेह भाव-व्यंजना की व्यापकता और सुसंहिति में उनके द्वारा वृद्धि हुई है।

विदेशी शब्द

'सूरसागर' में प्रचलित विदेशी—अरबी-फ़ारसी—शब्दों का स्वतंत्रतापूर्वक प्रयोग किया गया है। परन्तु इन शब्दों की विदेशी ध्वनियों को अनिवार्यतः भाषा की प्रचलित ध्वनियों के अनुकूल बना लिया गया है। साथ ही उनके रूपों में भी कभी-कभी संदर्भ के अनुसार अर्थ-परिवर्तन के लिए मनचाहे परिवर्तन कर लिए गए हैं। विदेशी शब्दों में, जैसा कि स्वाभाविक है, बहुत बड़ी संख्या शासन-प्रबन्ध और राजदरबार सम्बन्धी शब्दों की है, और इनका प्रयोग कवि ने विशेषकर रूपकों तथा अन्य उपमादि अलंकारों में किया है। विदेशी शब्द अधिक संख्या में संज्ञा और विशेषण हैं, पर कुछ नामधातुएँ बनाकर कवि ने क्रिया के अर्थ-विस्तार में भी योग दिया है। कवि द्वारा प्रयुक्त विदेशी शब्दों की निम्न सूची संपूर्ण तो नहीं कही जा सकती, पर उसमें अधिक शब्द नहीं छूटे होंगे।

संज्ञा और विशेषण—**अमल, अमीन, अरज, अपसोच, अवारजा, अहदी, आखिर, उजीर, उमर, उमराव, कमल, कसूर, कागज, काजी, कुलुफ, कुल्ल, खबरि, खरच,**

खवास, खसम, खानजादा, खुमारी; गरजी, गरीब, करीबनिवाज, गुंजाइस, गुजरान, गुनहगार, गुलाम, गौर; चोज, चुगली; जगाती, जमा, जरद, ज्वाब, जवाब, जहर, जहाज, जिम्मे, जोर, जोराबरी; तगीरी, तनकीर, तमासौ, तुरसी; दगा, दगाबाज, दर, दरजी, दरद, दरबार, दरवाजे, दस्तक, दस्तार, दाग, दिवानी, दुसमन, नकली, नजरि, नफा, निसान, निहाल, नीसान, नीम, हकीम; परदा, परवाने, परवाह, पोइस; फरद, फौज बजाजिन, बरामद, बुन्यादि, बेसरम; मसखरा, मसाहत, माफ, महल, मिलिक, मिलजामिलक, मुजमिल; मुस्तौफी, मुसाहिब, मुहकम, मोहरिल, मौज; यारी; राजी, रुक्का, रुख, रेसम; लसकर, लायक, लोनहरामी; वारिज, वासिलबाकी; संदूक, सक, सदका, सरदार, सहर, सही, साऊ, साबिक, साबित, साफ, साहिबी, स्याहा, सिकार, सिरपाव, सुलतांन, सुरति, सेहरो, सोर; हजूर आदि।

क्रिया—**अपसोसना, खरचना; गिले करना; निवाजना; बकसना, बकसाना; मुजरा देना, मुकरना; सरमाना; हरजना** आदि।

इनके अतिरिक्त **आदि-बुन्यादि, कुरुख, खसम, गुसैयाँ, गुनलायक, नीमन को बैदु, फौजपति** आदि दुरंगी और रोचक रचनाएँ हैं।

अर्थ-गम्भीरता

शब्दों का चमत्कार और अर्थ-गाम्भीर्य कवि ने सब से अधिक लाक्षणिक और व्यंग्य प्रयोगों द्वारा सिद्ध किया है। 'सरसागर' में लाक्षणिक और व्यंग्य प्रयोगों की भरमार है। नीचे उदाहरणस्वरूप कुछ प्रयोग दिए जाते हैं—तन-मन लियौ अँजोर। मेरो कन्हैया कहाँ तनक सो, तू है कुचनि कठोर। लोगनि कहत झुकति तू बौरी। टेढ़ी बाँधत पाग। साँटन मारि करिहौं पहुनाई। निकसत नहीं बहुत पचि हारी रोम-रोम अरुझानी। सूरदास प्रभु की छबि हिरदै मेरे अटकी। कहा फूली आवत री राधा। क्यों सुरझाऊँ री नन्दलाल सों अरुझि रह्यो मन मेरो। औरन को मन चोरि रहे हौ, मेरो मन चोरै किहि काम। मैं तुमको अबहीं बाँधौंगी, मोहिं बूझि जैहो तब धाम। मन लैहो पहुनाई करिहौं, राखौ अटकि द्योस अरु याम। सूरस्याम अँग-अँग माधुरी चमकि-चमकि चकचौंधत गात। लूटन देहु श्याम अंग सोभा। छबि के उठत झकोरे। प्राण रहे मुरझाई। आदि।

इन प्रयोगों की बहुलता के कारण इनके प्रतिनिधिस्वरूप उदाहरण दे सकना भी सम्भव नहीं है। कवि ने जहाँ भी भाव और कल्पना की गम्भीरता, सूक्ष्मता या उच्चता प्रदर्शित की है, वहाँ उसकी शब्दावली अपना वाच्यार्थ छोड़कर लक्षणा और व्यंजना की आश्रित हो गई हैं। निम्न उदाहरणों में व्यंजना की गम्भीरता और तज्जन्य काव्य-चमत्कार द्रष्टव्य है—

चोरी के फल तुमहि दिखाऊँ।
कंचन खम्भ, डोर कंचन की, देखौ तुमहिं बँधाऊँ॥
खण्डौं एक अंग कछु तुम्हारौ, चोरी-नाउँ मिटाऊँ।
जो चाहौं सोई सब लैहौं, यह कहि डाँड़ मँगाऊँ॥
बीच करन जो आवै कोऊ, ताकौं सौंह दिवाऊँ।
सूर स्याम चोरनि के राजा, बहुरि कहाँ मैं पाऊँ॥ (सू० सा० (सभा), पद २५५५)

आतुर रथ हाँक्यौ मधुबन कौं, व्रजजन भए अनाथ।
सूरदास-प्रभु कंस-निकंदन देवनि करन सनाथ॥ (सू० सा० (सभा), पद ३६११)
भलो व्रज भयो धरणि तैं स्वर्ग।
तब इन पर गिरि, अब गिरि पर ये, प्रीति किधौं यह दुर्ग।

× × ×

देखहु सूर सनेह स्याम कौ गगन मँडल हम राखी॥ (वही, पद ३८३९)
ऊधो जाहु तुमहिं हम जाने।
स्याम तुमहिं ह्यां कौं नहिं पठयौ तुम हौ बीच भुलाने॥

× × ×

साँच कहौं तुम कौं अपनी सौं बूझतिँ बात निदाने।
सूर स्याम जब तुमहिं पठायौ तब नैकहुँ मुसकाने॥ (वही, पद ४१३९)
मधुकर यह जानी तुम साँची।
पूरन ब्रह्म तुम्हारौ ठाकुर, आगैं माया नाची॥

× × ×

जौ डाकौ तौ तक बिनु बूड़े, काहै जीभि पिरावत।
तब जु सूर-प्रभु गए क्रूर लै, अब क्यौं नैन सिरावंत? (वही, पद ४२४८)
बरु उन कुबिजा भलौ कियौ।
सुनि-सुनि समाचार ये मधुकर, अधिक जुड़ात हियौ। (वही, पद ४२५६)

× × ×

ऊधो तुम जानत गुप्तहिं चारी।
सब काहू के मन की बूझत, बाँधे मूड़ फिरत ठगवारी॥

× × ×

वै तो प्रेमपुञ्ज मनरंजन, हमतौ सीस जोग ब्रतधारी।
सूर सपथ मिथ्या, लँगराई, ए बातैं उधौ की प्यारी॥ (वही, पद ४३६४)

अर्थ की गंभीरता, व्यापकता और मार्मिकता शब्द-समूहों के ऐसे प्रयोगों द्वारा भी सिद्ध की जाती है जिनमें लोक का अनुभव संक्षिप्त उक्तियों के द्वारा प्रकट किया गया होता है। जब ये शब्द-समूह प्रायः पूर्ण वाक्यों का रूप धारण करके सामान्य अनुभव के रूप में प्रकट होते हैं, तब 'लोकोक्ति' या 'कहावत' कहलाते हैं और जब विशेष संदर्भ के साथ प्रायः वाक्यांशों में प्रकट होते हैं, तब 'मुहावरे'। तनिक से परिवर्तन के साथ अधिकांश मुहावरे लोकोक्तियों में परिणत किए जा सकते हैं। लोकोक्तियों और मुहावरों में प्रायः किसी न किसी रूप में वाच्यार्थ का बाध होकर लक्ष्यार्थ और व्यंग्यार्थ से तात्पर्य पूर्ण किया जाता है; अन्यथा किसी अलंकार का प्रयोग होता है। लोकोक्ति स्वयं एक अलंकार माना गया है, पर अलंकार-विधान के अंतर्गत उसका उल्लेख न करने का प्रयोजन यह है कि लोकोक्ति में कल्पना के

चमत्कार की अपेक्षा कदाचित् भाषा का चमत्कार प्रायः अधिक होता है। ऐसे वाक्यांश और वाक्य 'सूरसागर' में प्रचुर संख्या में मिलते हैं, जो सरलता से मुहावरों और लोकोक्तियों की भाँति प्रयुक्त हो सकते हैं। नीचे कवि द्वारा प्रयुक्त कतिपय मुहावरे और लोकोक्तियाँ दी जाती हैं—

मुहावरे

अंग आगि नई। अंतर ग्रंथि न खोलै। अपने मन की बीती। अपने बोयो आप लोनिए। अब क्यों मिटत हाथ की रेखैं। आँखि बरति है मेरी। आजु लौं सुनी न देखी पोत सूतरी (पूतरी) पोहत। आवत आखर मुखते सूधो। ईस सेइयै कासी। एक पंथ द्वै काजु। ऐंड़ी डोलै।

कछू मूँड़ पढ़ि परज्यो। कपि ज्यौं नाच नचावै। कहिबे जीय न कछु सक राखौ। कियो चाहत हैं कोइला हू ते धूरि। कैसें अटत कठिन कानी। को जैहै इनके दर। को भुस फटकै। कौड़ि हू न बिकात । कौड़ी हू न लहै। कौन पै होत पीरी कारी। खाहु नीब तजि दाख। खूँट धरिकै बूझ्यौ। गजी गई अरु पों। गनतहि गनत गई सुनि सजनी कर अँगुरिन की रेखैं। गहत सोइ जो अमात अँकौरी। घर ते भली मढ़ी।

चलै जाहु भाई पोइसि। छुटत नाहिन अंतर की गटी। जब-जब गाढ़ परत है। जहर की बेलि। जा उर लागै गांसी। जित तित डारत खीस। जीजत मुख चितए। जैसे को तैसे। जो फिर नाहिं धुनावत। झारि झूरि मन तौ तू लै गयौ बहुरि पयारै गाहत।

ठगमूरी खाई। डारि गए उर फाँसी। डुगरन ओट सुमेर। तहीं परत है पूरो। तुम सँग रहै बलाइ। तुलसी को कहि नाम प्रकट कियो। तेरो कह्यौ सो पवन भुस भयौ। दई प्रेम की फाँसी। दरस लाडू कर दीन्हें। दाउँ दै हार्‌यौ। दाई जागैं पेट दुरावति। दधि पर लोन लगावै। दुहुन बिच चकडोरी कीन्हीं। दूध-दूध पानी सो पानी। नंद ब्रज लीजै ठोंकि बजाय। नयन अकास चढ़ायौ। नहिं जानत कटु मीठी। नाउँ न लीजै होत बिहाने। नाहिन त्रास दई कौ। निधनी को धन। नेह कसौटी तौलै। न्हात बार न खसै।

पंथ न पानी पीवौं। पजरे पर लोन। पाँच की सात लगायौ। पाँच न आवत सात। पीवत मामी। पूरब प्रेम लिखे बिधि अच्छर। पैंड़े पर्‌यौ। प्रीति अब भई पातरी। प्रेम ठगोरी लाइ। फूँकि फूँकि हियरो सुलगावत। बहुरि न आयो बोलि। बहे जात माँगत उतराई। बातनि गहौ अकास। बातन ही उड़ि जाहिं। बिछुरत फाट्यो न हियो। बिन दामन की चेरी। पिना भीति चित्रकारी। बिरह दाग जनि छोलै। बोरि जोग कौ बेरौ। मनि स्याम छाँड़िकै घुँघचि गाँठि को बाँधै। मसान जगायौ। मिलवत हौ गढ़ि छोलि। मींजि कर पछिताहि। मीठी कथा कटुक सी लागत। मींड़त हाथ। मूंड चढ़ायौ। मूर सूर अक्रूर लै गयौ ब्याज निबेरत ऊधौ। मूरी के पातन के बदले को मुक्ताहल दैहै।

जोग ओढ़ियत किधौं डसियत है। रतन छँडाय गहावत माटी। रही छिनक सी बात। रोग जाउ मेरे हलधर के। लाज जनेऊ जारे। लावा मेलि दए हैं तुमकौं। लै आए हौ नफा जानि कै सबै वस्तु अकरी। लौंडी की डौंडी बाजी। वे हरि रत्न रूप-सागर के क्यों पाइयै खनावत घूरे।

साझे भाग नहीं काहू कौ। सिर पर सौति हमारे कुब्जा चाम के दाम चलावै। सुनत न आवै साँस। सुमेरु तृण की ओट दुरावत। सैंति धरि राखौ। सो को जानत अपने मुख हैं मीठे ते फल खारे। सोने के पानी मढौं चोंच अरु पाँखि॥ सौंह करन कौं आए। हम नाहिन काची। हमरी उनकी सी मिलवत। हियरा सुलगावत है। कछु लैन न दैनु।

लोकोक्तियाँ

अपनो बोयौ आप लोनियै। कहा कथन मौसी के आगे जानत नानी नानन। खाटी मही कहा रुचि मानै सूर खबैया घी कौ। चोर सबनि चोरी कनि जानै ज्ञानी मन सब ज्ञानी। जहीं ब्याहु तहीं गीति। जाकौ कोऊ जेहि बिधि सुमिरै सोई तेही हित मानै। जाके जैसी टेव परी री सो तौ टरै जीव के पाछे जैसी धरनि धरी री। जो जाकौ जैसी करि राखै सो तैसें हित पावै। जैसी बीज बोइयै तैसो लुनियै। झूठी बात तुसी सी बिन कन फटकत हाथ न आवै। तनु जोबन ऐसे चलि जैहै ज्यों फागुन की होली। दुरत नहिं नेह अरु सुगँध चोरी। धोखे हू बिरवा लगाइके काटत नाहिं बहोरी। बीस बिरियाँ चोर की तौं कबहुँ मिलिहै साहु। लघु अपराध दास कौं त्रासै ठाकुर को सब सोहै। सूर कहा तिनकी संगति जे रहैं पराए जाइ। सूरदास जाकौ मन जासौं सोई ताहि सोहात। सूरदास जे मन के खोटे अवसर परे जाहिं पहिचाने। सूर मिले मन जाहि जाहि सौं ताकौ कहा करै काजी। सूर सब दिन चोर को कहूँ होत है निरबाहु। सूर सुबैद कहा लै कीजै कहे न जानै रोग। सो सपूत परिवार चलावै। आदि।

उपर्युक्त मुहावरों और लोकोक्तियों में एक युग का संचित अनुभव अत्यन्त मार्मिक, व्यंजनापूर्ण और सुसंहत शैली में इस प्रकार भर दिया गया है कि जिससे उस समय के सामाजिक जीवन, नैतिक अवस्था, जीवन के आदर्श और लोक के संचित गंभीर अनुभव का पर्याप्त संकेत मिल जाता है।

छन्द

अधिकांश में 'सूरसागर' की रचना गेय पदों में हुई है। काव्य के वर्णनात्मक अंश जिनमें छंदों का सीधा प्रयोग किया गया है, न केवल अपेक्षाकृत परिमाण में न्यून हैं, वरन् काव्योत्कर्ष की दृष्टि से भी उनका स्थान निम्न है। परन्तु गेय पदों को छंदों की सीमा से अतिरिक्त समझना उचित नहीं है, क्योंकि संगीत के विचार से 'टेक' या 'ध्रुवक' की एक प्रारम्भिक पंक्ति जोड़ने के अतिरिक्त कवि द्वारा प्रयुक्त छन्दों और गेय पदों में प्रायः कोई अन्तर नहीं है। आगामी पृष्ठों में यह दिखाने का प्रयत्न किया गया है कि छन्दों के प्रयोग में कवि ने भाव और भाषा का ही मूलभूत विचार सामने रखा प्रतीत होता है। इस दृष्टि से उसके छंद भी उसकी शैली के अभिन्न अंग हैं।

लगभग प्रत्येक छंद पर विचार करते समय यह सूचित किया गया है कि उस छंद-विशेष का प्रयोग कवि ने उन पदों में किस मात्रा में किया है, जिनके प्रारंभ में वह संगीत के विचार से कोई पंक्ति 'टेक' के रूप में रखता है। कवि ने छोटे छंदों में 'टेक' वाले पदों के लिए **उपमान** और **कुंडल** को विशेष रूप से अपनाया है **शोभन** और **रूपमाला** की गणना इनके बाद की जा सकती है। लंबे छंदों में **सार, सरसी, वीर** और **समान** तथा **मत्त सवैया** उसे अधिक प्रिय हैं। **विष्णुपद** की गणना इनके बाद हो सकती है तथा **हंसाल** की सबसे बाद में। छोटे और लंबे छंदों में यदि तुलना की जाए, तो लंबे छंदों की संख्या 'टेक' वाले पदों में अधिक मिलेगी। कवि की प्रवृत्ति उन छंदों की ओर विशेष रूप से जान पड़ती है जिनके प्रथम चरण में १६ मात्राएँ हैं। इनके बाद संभवतः वह उन छंदों की ओर प्रवृत्त होता है जिनके प्रथम चरण में १३, १२ और १४ मात्राएँ हैं। वर्णनात्मक अंशों के सम्बन्ध में जिन छन्दों का उल्लेख किया गया है, उनके अतिरिक्त शेष छोटे छंद जिन्हें उसने 'टेक' वाले पदों में व्यवहृत नहीं किया, **चंद्र, भानु, हीर, सुखदा, राधिका** और **तोमर** हैं। 'सूरसागर' में इनके बहुत थोड़े

उदाहरण मिलते हैं। छंदों के प्रयोग में भी जैसा कि उद्धृत उदाहरणों से प्रकट है, कवि ने बहुत स्वतंत्रता और स्वच्छन्दता का परिचय दिया है। न केवल उसने आवश्यकतानुसार छंदों में परिवर्तन और परिवर्धन करके अपनी मौलिक उद्‌भावना प्रदर्शित की है, वरन् प्रायः उसने मात्राओं के नियमों का सर्वत्र पालन नहीं किया है। सावधानी से चुने हुए उदाहरणों में भी 'यतिभंग' दोष तो प्रायः किसी भी छन्द में सरलता से मिल सकता है; लिखित रूप में पढ़ने से गति भी भंग होते दिखाई देती है। ये त्रुटियाँ वस्तुतः इस कारण हैं कि इन पदों के निर्माण में सम्भवतः पिंगल की अपेक्षा संगीत का अधिक ध्यान रखा गया है। जहाँ लिखित रूप में गति-भंग दोष जान पड़ता है, वहाँ वास्तविक गाने में यह दोष ठीक कर लिया जाता है, चाहे उससे शब्द का रूप भले ही विरूप हो जाए। छन्दों के प्रयोग में संगीत से अधिक भावों का ध्यान रखा गया है। छन्दों की गति, विस्तार आदि का अवर्णनीय प्रभाव मन पर पड़ता है। सूरदास की यह विशेषता है कि उनके काव्य में छन्दों का प्रभाव वर्ण्य-विषय के प्रभाव के प्रायः सर्वथा अनुरूप रहता है तथा शब्दावली भी उसी प्रभाव के अनुकूल प्रयुक्त होती है।

'टेक' गेय पद में स्थायी के रूप में व्यवहृत होती है। जिन पदों में 'टेक' नहीं होती, वे स्थायी रहित हों और अगेय हों, यह बात नहीं है। इसलिए 'टेक' रहित और 'टेक' सहित पदों में ऊपर जो विभाजन किया गया है, उसे केवल सुविधा के ही लिए समझना चाहिए। संगीत के विचार से 'टेक' का कुछ भी महत्व हो, काव्य में उसका विशिष्ट स्थान अवश्य है। प्रायः कवि ने सम्पूर्ण पद का केन्द्रीय भाव अत्यन्त संक्षिप्त और सुगठित शब्दों में 'टेक' के रूप में देकर पद में विचित्र मोहकता उत्पन्न कर दी है। 'सूरसागर' की अगणित 'टेक' की पंक्तियाँ इतनी भावपूर्ण, व्यंजक और मार्मिक हैं कि उनके सुनते ही अभीष्ट रस का संचार हो जाता है।

वर्णनात्मक प्रसंगों के छन्द—चौपई, चौपाई, दोहा, रोला आदि तथा उनसे निर्मित नवीन छन्द

'सूरसागर' में जिन सरलतम छन्दों का प्रयोग हुआ है, वे १५ और १६ मात्राओं वाले चौबोला, चौपई और चौपाई हैं। यद्यपि पादाकुलक तथा उसके भेद-प्रभेदों के भी उदाहरण 'सूरसागर' में से ढूँढ़े जा सकते हैं, पर कवि ने पादाकुलक और चौपाई में कदाचित् कोई भेद नहीं समझा, क्योंकि प्रायः एक चरण चौपाई और दूसरा पादाकुलक का एक साथ मिलता है। चौबोला, चौपई और चौपाई भी प्रायः मिलजुल कर व्यवहृत हुए हैं। इन छन्दों के चार चरणों के नियम का भी कवि ने प्रायः कोई ध्यान नहीं रखा है। काव्य के जिन अंशों में इन छन्दों का प्रयोग हुआ, वे हैं—भागवत के कथा-प्रसंग, कथा-पूर्त्यर्थ, वर्णनात्मक अंश तथा वस्तुओं और सामान्य विषयों के विस्तृत-वर्णन। गत पृष्ठों में काव्य के इन अंशों की शैली के विषय में जो निष्कर्ष निकाला गया है, वह इन सरलतम छन्दों के प्रयोग से पुष्ट होता है। कहीं-कहीं वर्णनात्मक कथानकों में भी कभी पर्णरूप से और कभी अंशरूप से इनका व्यवहार हुआ है और वहाँ भी वर्णन-शैली उपर्युक्त अंशों की शैली से अधिक साम्य रखती है। परन्तु वर्णनात्मक कथानकों में इन छन्दों का प्रयोग अपेक्षाकृत बहुत कम हुआ है।

भागवत-प्रसंग का प्रारम्भ कवि चौबोला छन्द से करता है, जब वह पूरे चार-चार चरणों के दो छन्दों में मंगलाचरण के साथ कथा-माहात्म्य वर्णन करता है।[१] परन्तु उसके आगे श्री

१. सू० सा० (सभा), पद २२४।

शुकजन्म-कथा के वर्णन में चौपई, चौबोला और चौपाई के क्रमहीन चरणों का मिश्रण प्रारम्भ हो जाता है। यथा—

१. व्यास कह्यौ जो सुक सौं गाइ। कह्यौ सो सुनौ संत चित लाइ। (चौपई)
२. व्यास पुत्र-हित बहु तप कियौ। तब नारायन यह बर दियौ। (चौबोला)
३. ह्वै है पुत्र भक्त अति ज्ञानी। जाकी जग मैं चलै कहानी। (चौपाई)
४. यह बर दै हरि कियौ उपाय। नारद-मन संसय उपजाइ। (चौपई)
५. तब नारद गिरिजा पै गए। तिनसौं या विधि पूछत भए। (चौबोला)
६. मुण्डमाल सिव-ग्रीवा कैसी। मोसौं बरनि सुनावौ तैसी। (चौपाई)
७. उमा कही मैं तौ नहिं जानी। अरु सिवहूँ मो सौं न बखानी। (चौपाई)
८. नारद कह्यौ अब पूछौ जाइ। बिनु पूछें नहिं देहिं बताइ। (चौपई)

(सू० सा० (सभा), पद २२६)

७वीं 'चौपाई' के दोनों चरणों में चार-चार चौकल होने से इसे पादाकुलक कह सकते हैं, पर अन्य चौपाइयों के चरणों में पहले चरण चौपाई के और दूसरे **पादकुलक** के हैं। १५ और १६ मात्राओं वाले छन्दों का इस प्रकार का मिश्रण भागवत प्रसंग वाले प्राय: समस्त अंशों में मिलता है।

भागवत-प्रसंग के वर्णनात्मक अंशों के अतिरिक्त कवि ने जहाँ इन छन्दों का प्रयोग किया है, वहाँ अपेक्षाकृत कुछ अधिक सावधानी दिखाई देती है।[१] इन स्थलों पर कवि ने अधिकतर चौपाई का प्रयोग किया है। कहीं-कहीं चौपई अवश्य उसके साथ मिल गई है, पर चौबोला चौपाई के साथ भली भाँति न खप सकने के कारण प्रयुक्त नहीं हुआ है। चौबोला और चौपई के कतिपय मिश्रण मिल जाते हैं, पर चौपाई के साथ चौबोला का मिश्रण भागवत-प्रसंगों के अतिरिक्त अन्य स्थलों पर प्राय: नहीं मिलता।

वर्णनात्मक कथानकों, वस्तुओं और विषयों के विस्तृत वर्णनों में इन छन्दों में से चौपाई का ही प्रयोग अधिकांश में हुआ है और छन्द की इस एकरूपता ने वर्णन की चारुता में भी वृद्धि की है। चौपाई के प्रयोग में कवि की सतर्कता उन स्थलों पर विशेष रूप से प्रमाणित होती है, जहाँ उसने रोचकता लाने के लिए चौपाइयों की 'अर्द्धालियों' के समूह करके वर्णन-विस्तार में किंचित् व्यवधान डाल दिए हैं।[२]

वसन्त और हिंडोल लीला के वर्णन में कवि ने चौपई और चौपाई की सहायता से अनेक नवीन छन्दों का आविष्कार किया है। इनमें चौपाई या चौपई के दो चरणों के बाद १२ या १३ मात्राओं की एक पंक्ति में जोड़कर तीन-तीन चरणों के समूहों का एक त्रिपदी छन्द भी है। अन्तिम १२ या १३ मात्राओं की पंक्ति प्रत्येक छन्द में दुहराई गई है, जिससे सम्पूर्ण वर्णन शृंखलाबद्ध बना रहता है। यथा—

पढ़ैं पढ़ावैं सुनैं सुनावैं,
ते बैकुंठ परम पद पावैं
सरस रसहि फूल डोल।
सूरदास कैसें करि गावैं,

---

१. **सू० सा० (सभा), पद १००९।**
२. **वही, पद १५०२-१५६९।**

लीला सिंधु पार नहिं पावैं,
संतन हित फूल डोल॥

(सू० सा० (सभा), पद ३५३५)

इन नवीन छन्द में चौपाई और चौपई के स्थान पर १२ या १३ मात्राओं की अन्य छन्दों की पंक्तियाँ भी प्रयुक्त हुई हैं।

१६ मात्राओं के एक अन्य **पदपादाकुलक** नामक छन्द का भी कवि ने कहीं-कहीं प्रयोग किया है। इसमें चौपाई की गति की अपेक्षा चंचलता अधिक है, क्योंकि इसके आदि में सदैव द्विकल रहता है। यथा—

भए नवद्रुम सुमन अनेक रंग। प्रति ललित लता संकुलित संग।
कर धरे धनुष कटि कसि निषंग। मनु बने सुभट सजि कवच अंग॥

(वही, पद ३४६५)

इस छन्द का प्रयोग कवि ने हर्ष-सूचक वर्णनों में किया है, जैसे राम का अयोध्या-प्रवेश,[१] बसंत-वर्णन[२] और जलक्रीड़ा।[३] बसंत के वर्णन में १४ मात्राओं के एक और छन्द का प्रयोग किया गया है; यथा—

फागु रंग रस करत स्याम। जुवतिनि पूरन करन काम।
बासरहूँ सुख देत जाम। सूर स्याम प्रभु निकट बाम॥

(वही, पद ३४७०)

१७ मात्राओं के चन्द्र नामक छन्द का भी प्रयोग कुछ वर्णनों में किया गया है; यथा—

कियो अति मान वृषभानु वारी। देखि प्रतिबिंब घिय हृदय नारी।
कहा ह्याँ करत लै जाहु प्यारी। मनहि मन देत अति ताहि गारी॥

(वही, पद ३०३९)

परन्तु इस छन्द को कवि ने विशेष नहीं अपनाया।

वर्णनात्मक प्रसंगों में उपर्युक्त छन्दों के बाद कवि ने **दोहा** और **रोला** का उपयोग अधिक किया है। परन्तु इन छन्दों को उसने मौलिक रूप में अधिक नहीं अपनाया; वरन्, नवीनता एवं रोचकता लाने के लिए वर्ण्य विषय के अनुरूप इनमें परिवर्तन-परिवर्द्धन करके अपनी मौलिक उद्‌भावना का परिचय दिया है। **दोहा** के पहले-दूसरे और तीसरे-चौथे चरणों के बीच में दो मात्राओं की एक ध्वनि डाल कर विशेष लोच पैदा की गई है। यथा—

दीपक पीर न जानई, (रे) पावक परत पतंग।
तन तौ तिहिं ज्वाला जरय्यौ, (पै) चित न भयो रसभंग॥

(वही, पद ३२५)

इतहिं-गोप सब राजहीं, (हो) उत सब गोकुल-नारि।
अति मीठी मन-भावती, (हो) देहिं परस्पर गारि॥

---

१. सू० सा० (सभा), पद ६१०।
२. वही, पद ३४६५, ३४६७।
३. वही, पद ३५३०।

चोवा चंदन छिटकहीं, (हो) उड़त अबीर गुलाल।
मुदित परस्पर खेलहीं, (हो) हो हो बोलत ग्वाल॥
सब गोपिनि हलधर पकरि (हो) पकरे गोकुल नाथ।
नव कुमकुम मुख माँड़ि कै, (हो) बेनी गूँथी माथ॥

(सू० सा० (सभा), पद ३५१८)

फाग के ही वर्णन में दोहा के दूसरे और चौथे चरणों के बाद ११ मात्राओं की एक पंक्ति 'मनोरा झूम करो' और जोड़ी गई है। यथा—

झुंडनि मिलि गावति चलीं हो, झूमक नंद-दुवार मनोरा झूम करो।
आजु परब हँसि खेलियै, मिलि सँग नंद-कुमार मनोरा झूम करो॥

(वही, पद ३४८२)

इससे भी अधिक, दोहा के पहले चरण में ८, ११ अथवा ६ मात्राओं की एक पंक्ति तथा दूसरे चरण में ११, १९, (९, १०) अथवा १३ मात्राओं की एक पंक्ति जोड़कर दोहा के दो चरणों से ही एक ऐसे छंद की रचना की गई है, जिसमें दोहा से साम्य का आभास मात्र रह गया है। यथा—

वृन्दावन बीथिनि फिरैं, मदमाती हो।
सङ्ग मदन-गजपालि ग्वालि, मदमाती हो॥

× × ×

बोलत बोल प्रतीति के, रँगभीने हो।
सुंदर स्यामल गात, लाल, रँगभीने हो॥ (वही, पद ३४८०, ३४८१)
या गोकुल के चौहटैं रँगभीजी ग्वालिनि।
हरि सँग खेलैं फाग, नैन सलोन री, रँगराची ग्वालिनि॥

(वही, पद ३४८५)

× × ×

निकसि कुँवर खेलन चले, रँग होरी।
मोहन नंद किसोर लाल रंग हो हो होरी॥ (वही, पद ३४८४)

× × ×

प्रकट करौ यह जानिकै हरि होरी है।
अंतर को अनुराग, अहो हरि होरी है॥ (वही, पद ३५३२)

और, जब दूसरे चरण में भी १३ मात्राएँ रखकर दोनों चरणों में ८ मात्राओं की एक-एक पंक्ति मिलाकर जिस छंद का निर्माण किया गया है, उसमें तो दोहा के साथ साम्य का आभास भी कठिनता से मिलता है। यथा—

ऋतु बसन्त के आगमहि, मिलि झूमक हो।
सुख सदन मदन कौ जोर, मिलि झूमक हो॥ (वही, पद ३५२१)।

बसन्त और फाग के वर्णन में जहाँ नवीन छंदों की रचना करके कवि ने किंचित् मौलिकता का प्रदर्शन किया है, वहाँ इन छंदों में नियमों की शिथिलता का भी परिचय दिया

है। वस्तुतः इस स्थल पर कवि की मौलिकता भी छंदों की दृष्टि से विशेष महत्वपूर्ण नहीं है। छंदों के प्रयोग में भी यहाँ उसके प्रयत्न की शिथिलता और असावधानी दृष्टिगोचर होती है।

रोला-दोहा के संयुक्त छंद का प्रयोग कवि ने उसकी रोचकता के कारण अधिक किया है। यह छंद कवि की मौलिक रचनाओं में अत्यन्त सुन्दर और लोकप्रिय हो गया है। सबसे पहले इसका प्रयोग द्वितीय स्कंध में चतुर्विंशति अवतार-वर्णन[१] में, दूसरी बार तृतीय स्कंध में जय-विजय की कथा[२] में और तीसरी बार नवम स्कंध में परशुराम अवतार[३] के वर्णन में हुआ है। परन्तु भागवत के कथा-प्रसंग में १५ और १६ मात्राओं वाले सरल और अरोचक छंदों के बीच में इसका प्रयोग अपवाद-स्वरूप है और इसके प्रति कवि के विशेष आकर्षण का द्योतक है। वस्तुतः इसका आविष्कार वर्णनात्मक कथानकों के लिए किया गया प्रतीत होता है। निम्न प्रसंग इस संयुक्त छन्द में रचे गए हैं : अघासुर वध,[४] बाल-वत्स-हरन लीला[५] (पहली अंशरूप, दूसरी पूर्ण) कालियदमन लीला[६] (दूसरी) गोवर्द्धन-पूजा वर्णन[७] (पुनरावृत्ति), दानलीला[८] (चौथी बार), भँवरगीत[९] (पुनरावृत्ति) तथ नारद—संशय।[१०] दानलीला में गोपियों और कृष्ण को बातचीत के वर्णन में रोला-दोहा के बाद आगामी अथवा पूर्व कथित बात के शीर्षक के रूप में अथवा अन्यथा १० मात्राओं की पंक्ति 'कहति व्रजनागरी' और 'कहत नँद-लाड़िले' आदि जोड़कर और अधिक रोचकता उत्पन्न कर दी गई है। यथा—

सूधैं गोरस माँगि, कछू लै हम पैं खाहू।
ऐसे ढीठ गुवाल, कान्ह बरजत नहिं काहू॥

इहि मग गोरस लै सबै, निति प्रति आवहिं जाहिं।
हमहिं छाप देखरावहू, दान चहत किहिं पाहि॥ कहति व्रजलाड़िली॥
इतै मान संतराति; ग्वालि पै जान न पावै।
अनउत्तर उठि चली कुँवर सिर-नैन कँपावै॥
इतनी हम सौं को करै, या वृन्दावन बीच।
पुहुमि माट ढरकाइहैं मचिहै गोरस-कीच॥ कहत नँदलाड़िलो॥

(वही, पद २२३६)

प्रायः इन प्रसंगों में इस नवीन छन्द का प्रयोग पूर्ण सफलता के साथ किया गया है, जिससे कथा-वर्णन में अनुपम रोचकता और आकर्षण का समावेश हो गया है। यदि ऐसा न होता, तो एक ही कथा को दुहराना व्यर्थ प्रयास होता।

---

१. **सू० सा० (सभा), पद ३७९।**
२. **वही, पद ३९२।**
३. **वही, पद ४५०।**
४. **वही, पद १०४९।**
५. **वही, पद १०५५, ११११०।**
६. **वही, पद १२०७।**
७. **वही, पद १४५९।**
८. **वही, पद २२३६।**
९. **वही, पद ४७१३।**
१०. **वही, पद ४८२८।**

रोला-दोहा के संयुक्त छन्दों के कथानकों के प्रारम्भ में कवि ने 'टेक' के रूप में प्रायः सदैव ११, १० मात्राओं का **चान्द्रायण छन्द** रखा है। यथा—

व्रज की लीला देखि, ज्ञान विधि कौ गयौ।
यह अति अचरज मोहिं, कहा कारन ठ्यौ॥ टेक॥
त्रिभुवन नायक भयौ, आनि गोकुल अवतारी।
खेलत ग्वालनि संग, रंग आनन्द मुरारी।
घर घर तैं छाकैं चलीं, मानसरोवर तीर।
नारायण भोजन करैं, बालक संग अहीर। (सू० सा० (सभा), पद १११०)

कहीं-कहीं चान्द्रायण के बाद एक दोहा रख कर फिर रोला-दोहा का संयुक्त छन्द आरम्भ किया गया है।

दो छन्दों के संयोग से नवीन छन्दों के निर्माण के दो और उदाहरण चौपाई और सार (१६, १२) तथा चौपाई और गीतिका के युग्मों में मिलते हैं। पहले का प्रयोग भँवरगीत की दूसरी लीला तथा दूसरे का कृष्ण-रुक्मिणी विवाह के वर्णन में किया गया है। यद्यपि दोनों स्थलों पर छन्द शिथिल और त्रुटिपूर्ण हैं, पर वे रोचक अवश्य लगते हैं। दोनों का एक-एक उदाहरण दिया जाता है :—

कहौ ऊधौ तुम क्यौं व्रज आए। तब हँसि कह्यौ हम कृष्न पठाए।
कृष्ण पठाए तौ व्रज आए कहत मनोहर बानी।
सुनौ सँदेसौं तजौ अँदेसौ तुम हौ चतुर सयानी॥
गोप सखा जिय मैं जनि राखौ, अविगत हैं अविनासी।
मोह न माया बैर न दाया सब घट आपु निवासी॥

(वही, पद ४७१)

ली जादौपति ब्याहन आयौ। धनि, धनि रुकमिनि हरि बर पायौ॥
स्याम घन हरि परम सुन्दर तड़ित चसन विराजईं।
अंग भूषन सूर ससि पूरन कला मनु राजईं।
कमल मुख कर कमल लोचन कमल मृदु पद सोहईं।
कमल नाभि कपोल सुन्दर निरखि सुर मुनि मोहईं॥

(वही, पद ४८०)

अन्य छन्द

ऊपर वर्णित छन्दों के अतिरिक्त, जिनका उपयोग केवल वर्णनात्मक अंशों में हुआ है, कवि ने अन्य अनेक छन्दों का प्रयोग किया है, जो 'टेक' के साथ गेय पदों और 'टेक' के बिना साधारण छन्दों के रूप में दिखाई देते हैं।

'सूरसागर' में चरणों के आकार के विचार से छोटे और लम्बे सब तरह के छन्द पाए जाते हैं। जिन छन्दों का ऊपर उल्लेख हो चुका है; उनके अतिरिक्त कवि द्वारा प्रयुक्त **चन्द्र** (१०, ७), **भानु** (६, १५)। **कुण्डल** (१२, १०), **सुखदा** (१२, १०), **राधिका** (१३, ९), **उपमान** (१३, १०), **हीर** (६, ६, ११), **तोमर** (१२, १२), **शोभन** (१४, १०), और

रूपमाला (१४, १०), की गणना छोटे छन्दों में हो सकती है तथा **गीतिका** (१४, १२), **विष्णुपद** (१६, १०), **सरसी** (१६, ११), **हरिपद** (१६, ११), **सार** (१६, १२), **लावनी** (१६, १४), **वीर** (१६, १५), **समान-सवैया** (१६, १६), **मत्त-सवैया** (१६, १६), **हंसाल** (२०, १७), और **हरिप्रिया** (१२, १२, १२, १०) को लम्बे छन्दों में गिना जा सकता है।

चन्द्र

१० और ७ मात्राओं के विराम से १७ मात्राओं के चन्द्र छन्द का प्रयोग कवि ने बहुत कम किया है। दो-तीन स्थलों के अतिरिक्त इसका प्रयोग कदाचित् कहीं नहीं हुआ।[१] ये स्थल भी संदर्भ-पूरक अथवा व्याख्यासूचक वर्णनात्मक हैं और छः छन्दों से अधिक के नहीं हैं। इस छन्द में कवि को विशेष आकर्षण नहीं जान पड़ा। उदाहरणार्थ—

राधिका गेह हरि-देह-बासी। और तिय घरनि घर तुन-प्रकासी।

(सू० सा० (सभा), पद ३११३)

'टेक' वाले पदों में 'टेक' के अतिरिक्त इसका प्रयोग बिल्कुल नहीं किया गया है।

कुंडल, उड़ियाना

कुंडल छंद का प्रयोग 'सूरसागर' में बहुत मिलता है। यह छन्द कवि के सर्वाधिक प्रिय छन्दों में से जान पड़ता है। कुंडल में १२ और १० मात्राओं के विराम से २२ मात्राएँ तथा अंत में दो गुरु होते हैं। इसका प्रयोग अधिकतर ऐसे स्थलों पर हुआ है जहाँ क्रिया अथवा भावना का वेग प्रदर्शित करना कवि को अभीष्ट है। यथा—

तरुवर तब इक उपाटि, हनुमत कर लीन्यौ।
किंकर कर पकरि बान, तीनि, खण्ड कीन्यौ।
जोजन बिस्तार सिला पवन-सुत उपाटी।
किंकर करि बान लच्छ अन्तरिच्छ काटी। (वही, पद ५४०)

तथा—

चरन रुनित नूपुर कटि, किंकिनि कल कूजै।
मकराकृत-कुंडल-छबि, सूर कौन पूजै॥ (वही, पद १२८०)
चलन चलन स्याम कहत, लैन कोउ आयौ।
नन्द-भवन भनक सुनी, कंस कहि पठायौ॥
व्रज कि नारि गृह बिसारि, व्याकुल उठि धाईं।
समाचार बूझन कौं, आतुर ह्वै आईं॥ (वही, पद ३५७७)

कहीं-कहीं अन्त में गुरु-लघु भी आ गए हैं तथा कहीं-कहीं लघु-गुरु का भी प्रयोग किया गया है। दूसरी दशा में कुंडल का उपभेद उड़ियाना छंद माना जाता है।
यथा—

आजु हो निसान बाजै,नन्द जू महर के।
आनँद-मगन नर गोकुल सहर के॥ (सू० सा० (सभा), पद ६४८)

---

१. सू० सा० (सभा), पद १६२२, ३०३९, ३११३।

सुखदा राधिका

१२, १० मात्राओं के एक दूसरे छन्द सुखदा का व्यवहार भी कदाचित भावना के उद्रेक के अवसर पर उपयुक्त है। परन्तु कवि ने इस छन्द का प्रयोग बहुत कम दिया है। उदाहरण—

घर घर बजै निसान, सु नगर सुहावन रे।
अमर-नगर उतसाह, अप्सरा-गावन रे॥
(सू० सा० (सभा), पद ६४६)

राधिका छन्द का प्रयोग भी बहुत कम मिलता है। इस छन्द में कवि ने कदाचित् कोई रोचकता न पाकर केवल एकाध बार सन्दर्भ-पूर्ति के लिए इसका प्रयोग किया है। यथा—

ललिता कौं सुख दै चले, अपने निज धाम।
बीच मिली चंद्रावली, उन देखे स्याम॥ (वही, पद ३११०)

उपमान, हीर

उपमान छन्द का भी कवि ने कुंडल की भाँति अधिक प्रयोग किया है। इस छन्द में १३ और १० मात्राओं के विराम से २३ मात्राएँ और अंत में दो गुरु होते हैं, अतः कुंडल से इसमें बहुत कम अन्तर है। परन्तु इसका प्रयोग कवि ने क्रिया और भावना की तीव्र गति के अतिरिक्त सामान्य वर्णनादि में भी किया है। यथा—

आजु राधिका भोरहीं, जसुमति कैं आई।
महरि मुदित हँसि यौं कह्यौ, मथि भान-दुहाई॥ (वही, पद १३३३)

× × ×

मारग सुमन बिछावहीं, पग निरखि निहारैं।
फूले-फूले मग धरैं, कलियाँ चुनि डारैं॥ (वही, पद ३२३३)

इस छन्द में कवि ने कहीं-कहीं अंत की मात्राओं में किंचित् परिवर्तन करके नवीनता पैदा कर दी है। कभी अन्त में एक गुरु और दो लघु कर दिए हैं, जैसे—

कबहुँ कान्ह-कर छाँड़ि नँद, पग द्वैक रिंगावत।
कबहुँ धरनि पर बैठि कै, मन मैं कछु गावत॥ (वही, पद ७४०)

और कभी दो लघु और एक गुरु जैसे—

बार-बार कहति मातु, जसुमति नँदरनियाँ।
नैंकु रहौ माखन देउँ, मेरे प्रान-धनियाँ॥ (वही, पद ७६३)

परन्तु इस छन्द की गति में किंचित् परिवर्तन करके उसने एक नवीन छन्द की रचना कर ली है, जो सद्यः हर्षोद्रेक को व्यक्त करने के लिए अत्यन्त उपयुक्त बन पड़ा है। यथा—

व्रज भयौ महर कैं पूत, जब यह बात सुनी।
सुनि आनन्दे सब लोग, गोकुल गनक-गुनी॥ (वही, पद ६४२)

इस छन्द में जल-प्रपात की भाँति अविराम प्रवाह और नवीनता है।

६, ६ और ११ के विराम से २३ मात्राओं के 'हीर' छन्द में भी चंचल गति और प्रवाह है, पर कवि ने इसका प्रयोग एक-दो बार ही किया है।

उदाहरण—

निसि के उनींदे नैन, तैसे रहे ढरि-ढरि।
कीधौं कहुँ प्यारी कौं, लागी टटकी नजरि॥ (सू० सा० (सभा), पद १३७०)

तोमर

इसी प्रकार १२, १२ के विराम से २४ मात्राओं के तोमर का व्यवहार भी कवि ने अत्यन्त अल्प मात्रा में किया है। गति की चंचलता इसमें भी है और कवि ने वर्ण्य विषय को उसके उपयुक्त रखा है, यथा—

सुनि विटप चंचल पात। अति निकट कौं अकुलात।
आकुलित पुलकित गात। अनुराग नैन चुचात॥ (वही, पद १२४१)

शोभन, रूपमाला

शोभन और रूपमाला में बहुत कम अन्तर है। दोनों में, १४, १० के विराम से २४ मात्राएँ होती हैं। शोभन में जहाँ चरणान्त में 'जगण' होता है, वहाँ रूपमाला में केवल गुरु-लघु। कवि ने कहीं-कहीं इन दोनों छन्दों को मिला दिया है। ये छन्द भी गति में चंचल और प्रवाहपूर्ण हैं। यथा—

चौक चन्दन लीपि कै, धरि आरती संजोइ।
कहति घोष कुमारि ऐसौ, अनँद जौ नित होइ॥ (वही, पद ६४४)
तनक दै री माइ, माखन, तनक दै री माइ।
तनक कर पर तनक रोटी, माँगत चरन चलाइ॥ (वही, पद ७८४)

गीतिका

लम्बे पदों में कवि ने गीतिका का व्यवहार बहुत कम किया है। चौपाई के साथ संयुक्त करके इसके नवीनतापूर्ण प्रयोग का उल्लेख पीछे हो चुका है। केवल गीतिका का उदाहरण भी एक आध मिल जाता है। यथा—

(तुम) जाहु बालक छाँड़ि जमुना स्वामि मेरो जागि है।
अंग कारौ, मुख विषारौ, दृष्टि परैं तोहिं लागिहै।
(तुम) केरि बालक जुवा खेल्यौ, केरि दुरति दुराइयाँ।
लेहु तुम हीरा पदारथ, जागिहै मेरो साइयाँ। (वही, पद ११९५)

विष्णुपद, सरसी, सार

१६, १० के विराम से २६ मात्राओं के विष्णुपद का प्रयोग कवि ने अधिक किया है। यह छन्द उसके प्रिय छन्दों में जान पड़ता है। कदाचित् यह छन्द गम्भीर भावों के चित्रण से अधिक उपयुक्त है यथा—

सुनौ अनुज, इहिं बन इतननि मिलि, जानकी प्रिया हरी।
कछु इक अंगनि की सहिदानी, मेरी दृष्टि परी।
× × ×
अति करुना रघुनाथ गुसाई, जुग ज्यौं जाति घरी।
सूरदास प्रभु प्रिया-प्रेम-बल, निज-महिमा बिसरी॥ (वही, पद ५०७)

कहीं-कहीं सरसी के साथ कवि ने इसे मिला दिया है; जैसे—

यह गति देखे जात सँदेसो, कैसे कै जु कहौं?
सुनु कपि अपने प्रान को पहरौ, कब लगि देति रहौं?
ये अति चपल चल्यौ चाहत हैं, करत न कछू विचार।
कहि धौं प्रान कहाँ लौं राखौं, रोकि देह मुख द्वार?

(सू० सा० (सभा), पद ५३६)

सरसी और विष्णुपद में केवल इतना अन्तर है कि जहाँ विष्णुपद के दूसरे चरण में १० मात्राएँ और अन्त में एक गुरु होता है, वहाँ सरसी के दूसरे चरण में ११ मात्राएँ और अन्त में गुरु-लघु होते हैं। 'सूरसागर' में सरसी का व्यवहार विष्णुपद की अपेक्षा अधिक मिलता है। 'टेक' वाले पदों में यह और भी अधिक प्रयुक्त हुआ है और वहीं इसकी समस्त खूबियाँ भी प्रदर्शित हुई हैं। इसका प्रयोग सामान्य भावों के चित्रण तथा दृश्य आदि के वर्णन के लिए विशेष किया गया है। यथा—

इत राधिका सहित चन्द्रावलि, ललिता घोष अपार।
उत मोहन हलधर दोउ भैया, खेल मच्यौ दरबार।
रत्न-जटित पिचकारी कर लिए, छिरकति घोष-कुमारि।
मदन मोहन पिय रँग रस माती, कछुव न अंग सम्हारि॥

(सू० सा० (सभा), पृ० ५३२४)

सरसी और सार में केवल एक मात्रा का अन्तर होने के कारण इन दोनों छन्दों को भी कवि ने प्राय: एक साथ मिलाकर प्रयुक्त किया है; जैसे—

कठिन बचन सुनि स्रवन जानकी, सकी न वचन सँभारि।
तृन-अन्तर दै दृष्टि तरौंधी, दियौ नयन जल ढारि।
पापी, जाउ जीभ गरि तेरी, अजुगत बात बिचारी।
सिंह कौ भच्छ सृगाल न पावै, हौं समरथ की नारी। (वही, पद ५२३)

सार में १६, १२ के विराम से २८ मात्राएँ होती हैं तथा चरणान्त में दो गुरु होते हैं और कभी-कभी लघु-गुरु और दो लघु भी होते हैं। कवि ने सार को सरसी से भी अधिक, विशेष कर 'टेक' वाले पदों में अपनाया है। इसका प्रयोग भी यत्किंचित् सरसी की ही भाँति हुआ है। गोपों के किंचित् हर्ष का भाव इस छंद में कैसी सुंदरता से व्यक्त हुआ है—

पाई पाई है रे भैया, कुंज-पुंज में टाली।
अबकैं अपनी हटकि चरावहु, जैहैं भटकी घाली।
आवहु बेगि सकल दहुँ दिसि तैं कत डोलत अकुलाने?
सुनि मृदु बचन देखि उन्नत कर, हरषि सबै समुहाने।

(वही, पद ११२१)

कालियदमन की घटना के संक्षिप्त वर्णन में इस छंद ने द्रुत गति ला दी है।[१]

---

१. सू० सा० (सभा), पद ११९४।

वर्णन में इस छंद का सुन्दर प्रयोग मानलीला[1] में हुआ है। यह सम्पूर्ण लीला केवल इसी छंद में रची गई है और कहीं भी रोचकता भंग होती नहीं जान पड़ती।

लावनी

ताटंक का एक उपभेद लावनी है, जिसमें १६, १४ के विराम से २८ मात्राएँ और अन्त में गुरु होता है। कवि ने इसका भी प्रयोग खूब किया है। वर्णन की स्वाभाविकता, जिसमें परे-पूरे वाक्य एक-एक चरण में रखे जा सकते हैं, इस छंद के द्वारा अक्षुण्ण रखी जा सकती है। यथा—

कान्ह कुँवर की करहु पासनी, कछु दिन घटि षटमास गए।
नन्द महर यह सुनि पुलकित जिय, हरि अनप्रासन जोग भए।

लावनी का भी प्रयोग कवि ने 'टेक' सहित पदों में अधिक किया है।

(सू० सा० (सभा), पद ७०६)

वीर

१६, १५ के विराम और चरणांत में गुरु-लघु वाले वीर छंद का प्रयोग 'टेक' रहित पदों में तो अपेक्षाकृत कम है, किन्तु 'टेक' वाले पदों में यह छंद बहुत अधिक संख्या में प्रयुक्त हुआ है। लम्बे पदों के उपयुक्त वर्णन और अनेक प्रकार के भाव इस छन्द के द्वारा व्यक्त किए गए हैं। इस छन्द की गति पहले चरण में मंथरता से उठती हुई जान पड़ती है और चरणान्त तक पहुँचकर एकाएक गिर जाती है। यथा—

वेद-कमल-मुख परसति जननी, अंक लिए सुत रति कर स्याम।
परम सुभग जु अरुन कोमल-रुचि, आनंदित मन पूरन काम॥

(वही, पद ७७५)

समान सवैया, मत्त सवैया

वीर छंद की ही भाँति १६, १६ मात्राओं के विराम से ३२ मात्राओं के समान सवैया नामक छंद का व्यवहार भी 'सूरसागर' में प्रचुरता से मिलता है। 'टेक' सहित पदों में इसका प्रयोग भी अधिक हुआ है। इस छंद में यदि दोनों चरणें में चार-चार 'चौकल' अर्थात् पादाकुलक के दो चरण रखे जाएँ, तो इसे मत्त सवैया कहा जायगा। कवि ने समान सवैया और मत्त सवैया का समान व्यवहार किया है और प्रायः दोनों को मिला भी दिया है। यद्यपि नियम नहीं है, कवि ने कहीं-कहीं इस छंद में आठ-आठ मात्राओं पर विराम रख कर इसकी मंथर और स्थिर गति में तीव्रता और चंचलता ला दी है, जिससे उसके वर्ण्य विषय के प्रभाव में वृद्धि हो गई है। आगे इन सबके उदाहरण दिए जाते हैं।

समान सवैया—

गोरस मथत नाद इक उपजत, किंकिन धुनि सुनि स्त्रवन रमावति।
सूरस्याम अँचरा धरि ठाढ़े, काम कसौटी कसि दिखरावति॥

(वही, पद ७६७)

---

१. सू० सा० (सभा), पद ३४४४।

मत्त सवैया—

ठाढ़ी अजिर जसोदा अपनैं, हरिहिं लिए चंदा दिखरावत।
रोवत कत बलि जाउँ तुम्हारी, देखौं धौं भरि नैन जुड़ावत॥

(सू० सा० (सभा), पद ८०६)

समान सवैया और मत्त सवैया का मिश्रण—

जसुमति कहति कहा मैं कीनौ, रोवत मोहन अति दुख पावत।
सूरस्याम कौ जसुमति बोधति, गगन चिरैयाँ उड़त दिखावत॥

(वही, पद ८०६)

आठ-आठ मात्राओं पर विराम के साथ—

नील बसन तनु, सजल जलद मनु, दामिनि बिवि भुज-दंड चलावति।
चंद्र बदन लट, लटकि छबीली, मनहुँ अमृत रस, व्यालि चुरावति॥

(वही, पद ७६७)

हंसाल

चरणांत में 'यगण' के साथ २०, १७ के विराम से ३७ मात्राओं वाले हंसाल छंद में भी कवि ने १०, १०, १० और ७ मात्राओं पर विराम देकर इसकी गति में उतार-चढ़ाव पैदा करके इसकी रोचकता में वृद्धि कर दी है। अन्त में 'यगण' के कारण लम्बे विश्राम से इस छंद में विशेष आकर्षण आ जाता है। यथा—

झिरकि कै नारि दै, गारि गिरिधारि तब, पूँछ पर लात दै अहि जगायौ।
उठ्यो अकुलाय डर, पाइ खगराइ कौं, देखि बालक गरब अति बढ़ायौ॥
पूँछ लीन्हीं झटक, धरनि सौं गहि पटकि, फुंकर्‌यौ लटकि करि क्रोध फूलौ।
पूँछ राखी चाँपि, रिसनि काली काँपि, देखि सब साँपि अवसाद भूलौ॥

(वही, पद ११७०)

इस छंद का प्रयोग भी 'टेक' सहित पदों में अधिक हुआ है।

हरिप्रिया

मात्रिक छंदों में सबसे लम्बा हरिप्रिया छंद होता है। इसमें १२, १२, १२, १० के विराम से ४६ मात्राएँ और अंत में दो गुरु होते हैं। इसकी मृदु, मंथर गति स्थिर और अनाकुल भावों के वर्णन के लिए अधिक उपयुक्त है। यथा—

जसुमति दधि मथन करति, बैठी बर धाम अजिर,
ठाढ़े हरि हँसत नान्हि, दँतियन छबि छाजै।
चितवत चित लै चुराई, शोभा बरनी न जाइ,
मन मुनि-मन-हरन काज, मोहनी दल साजै।

(सू० सा० (सभा), पद ७६४)

प्रभातियों में इस छंद का प्रयोग विशेष रोचक हुआ है। जैसे—

जागिए गोपाल लाल, आनँद निधि नन्द बाल,
जसुमति कहै बार-बार, भोर भयौ प्यारे।
नैन कमल-दल बिसाल, प्रीति-बापिका-मराल,
मदन ललति बदन उपर कोरि वारि डारे॥

(सू० सा० (सभा), पद ८२३)

इस छंद के चरणों को कुछ छोटा करके भी कवि ने प्रयोग किया है। कहीं उसने १२, १२, १२, ८ मात्राओं के विराम से ४४ मात्राएँ रखी हैं और कहीं १२, १२, १० के विराम से केवल ३४। नीचे दोनों उदाहरण दिए जाते हैं—

चंदन आँगन लिपाइ, मुतियन चौकैं पुराइ,
उमँगि अँगनि अनँद सौं, तूर बजावौ।
पँचरँग सारी मँगाइ, बधू जननि पैहराइ,
नाचै सब उमगि अंग, आनंद बढ़ावौ॥

(वही, पद ७१३)

तथा

उमँगीं व्रजनारि सुभग, कान्ह बरस गाँठि उमँग, चहतिं बरष बरषनि।
गावहिं मंगल सुगान, नीके सुर नीकी तान, आनँद अति हरषनि।

(वही, पद ७१४)

इस छन्द का कवि ने 'टेक' के साथ अधिक प्रयोग नहीं किया है। यों भी 'सूर सागर' में इसके उदाहरण बहुत नहीं मिलते।

मनहरण

ऊपर वर्णित छंदों के अतिरिक्त 'सूरसागर' में मुक्तक मनहरण का भी किंचित् व्यवहार हुआ है।[१] प्राय: इसका रूप अस्त-व्यस्त हो गया है, पर कुछ सुन्दर उदाहरण भी मिल जाते हैं। यथा—

काहे कौं कलह नाँध्यौ, दारुन दाँवरि बाँध्यौ,
कठिन लकुट लै तैं त्रास्यौ मेरैं भैया।
नाहीं कसकत मन, निरखि कोमल तन,
तनिक से दधि-काज, भली री तू मैया।
हौ तौ न भयो री घर, देखत्यौ तेरी यों अर,
फोरतौ बासन सब, जानत बलैया।
सूरदास हित हरि, लोचन आए हैं भरि,
बल छू कौ बल जाकौ, सोई री कन्हैया॥

(वही, पद ९९०)

---

१. दे० सू० सा० (सभा), पद ७७, ४३२, ९८०, ९९०, ९९१।

१४
विशेष

जैसा कि 'आमुख' में संकेत किया गया है, 'सूरदास' के प्रस्तुत पाँचवें पुनर्मुद्रित रूप संस्करण में मैं स्वसम्पादित 'सूरसागर' के अन्तःसाक्ष्य द्वारा निर्दिष्ट स्वरूप की पुनस्संरचना का प्रामाणिक पाठ प्रयुक्त नहीं कर सका। 'सूरदास' के १९४६ ई० में प्रकाशित प्रथम संस्करण से आरम्भ करके मैं बराबर कहता आया हूँ कि सूरसागर का स्वरूप वह नहीं है जो उसके श्री वेंकटेश्वर प्रेस अथवा नागरी प्रचारिणी सभा के संस्करणों में मिलता है। इनके बाद के संस्करणों में भी सूरसागर के वास्तविक स्वरूप का उद्घाटन नहीं हुआ। अपने अध्ययन में मैंने पहले श्री वेंकटेश्वर प्रेस और १९५० ई० के बाद 'सभा' के संस्करणें के पदों का सन्दर्भ देते हुए सूरसागर के जिस वास्तविक स्वरूप की परिकल्पना स्वयं सूरकाव्य के अन्तःसाक्ष्य के निर्देशों के आधार पर की थी वह सर्वथा मौलिक और प्रामाणिक है। परन्तु इसे सिद्ध करने के लिए सूरसागर के प्रामाणिक संस्करण की अपेक्षा थी। परन्तु १९४६ ई० के बाद सैंतीस साल तक उसकी प्रतीक्षा करते-करते निराश हो जाने पर मुझे स्वयं सूरसागर के प्रामाणिक पाठ की पुरस्संरचना का संकल्प लेना पड़ा। उपर्युक्त स्वसम्पादित सूरसागर मेरे चार वर्षों के एकनिष्ठ परिश्रम का ही नहीं, चालीस वर्षों के अध्ययन, मनन और चिन्तन का परिणाम है। 'सूरदास' में की गई अपनी मौलिक स्थापनाओं को प्रमाणित करने के लिए मैं उसके स्वरूप का परिचय दे रहा हूँ।

सूरसागर की कुल मिला कर बड़ी, छोटी, सम्पूर्ण, अधूरी और संकलित पदों की लगभग सवा सौ हस्तलिखित पोथियों और मुद्रित प्रतियों के आधार पर सिद्ध होता है कि सूरसागर के दो स्वरूपों की अवधारणा अठारहवीं सदी ईसवी के बाद प्रचलित हो गई—एक संग्रहात्मक या लीलाक्रम वाला प्राचीनतर स्वरूप और दूसरा अपेक्षाकृत अर्वाचीन तथाकथित श्रीमद्भागवत के अनुरूप द्वादश स्कन्धी रूप। पहले की प्राचीनतम हस्तलिखित पोथी यद्यपि सन् १५७८ ई० की बताई गई है, पर उसका पता नहीं चलता। जो प्राचीनतम प्रति उपलब्ध है वह नाथद्वारा की सन् १६०१ ई० की है। दूसरे स्कन्धी क्रम की सबसे पुरानी प्रति इसके एक सौ चालीस वर्ष बाद १७४१ ई० की बरौली भरतपुर में मिली है। इसका मतलब यह है कि सूरदास के निधन (लगभग १५८३ ई०) के कम से कम सवा सौ वर्षों के बाद उनके काव्य को भागवत के ढाँचे में डालने की साम्प्रदायिक योजना बनाई गई। भागवत का ढाँचा चौपई चौबोला-चौपाई के मिले-जुले छन्दों द्वारा तय्यार किया गया और सम्पूर्ण सूरसागर को उसी में फिट करने की चेष्टा की गई। इस सम्बद्ध में प्रस्तुत ग्रन्थ के 'रचनाएँ' शीर्षक दूसरे अध्याय में की गई सूरसागर और भागवत के द्वादश स्कन्धों की तुलना देखना रोचक होगा। उस समय यह अनुमान कि ये अंग प्रक्षिप्त हैं प्रकट करने का कोई पुष्ट आधार नहीं था, पर उपर्युक्त तुलना में इसका संकेत अवश्य मिलता है। अब यह पूर्णतया प्रमाणित हो गया है कि चौपई-चौपाई-

चौबोला छन्द में रचित द्वादश स्कन्धी सूरसागर के सभी अंश प्रक्षिप्त हैं—सौ-सवा सौ वर्ष बाद किसी के द्वारा रचकर मिलाए गए हैं। प्रमाणिक संस्करण में उन्हें स्थान नहीं दिया गया।

सूरसागर के पाठ का प्रामाणिक और विश्वसनीय स्वरूप विषय-वस्तु के आधार पर चार भागों में विभक्त है—(१) श्रीकृष्णलीला गीति प्रबन्ध, (२) विनय पदावली-१ और विनय पदावली-२, (३) रामकथा प्रसंग, (४) सुदामा चरित। इस मूल पाठ के बाद चार परिशिष्ट हैं—क्रमशः एक, श्रीकृष्ण कथा वर्णन, दो, श्रीकृष्णलीला गायन : स्फुट पद; तीन, श्री भागवती कथा सन्दर्भ : वर्णनात्मक और चार, सूरज-सूरजदास छाप के पद। परिशिष्ट का तात्पर्य है कि इन अंशों के सूरदास कृत होने में सन्देह की कमोवेश सम्भावनाएँ जान पड़ती हैं। इनका संक्षिप्त परिचय नीचे दिया जा रहा है।

१—सूरदास की प्रमुख और आकार में कुल ४३२३ में से ३८३८ पदों की रचना 'श्रीकृष्णलीला गीति प्रबन्ध' को पाठ में पहला स्थान दिया गया है। प्राचीन हस्तलिपियों और आरम्भिक मुद्रित संस्करणों में भी ऐसा ही मिलता है। इस प्रतियों और मुद्रित संस्करणों में श्रीकृष्णलीला के आरम्भ में मंगलाचरण के रूप में विनय के दो-तीन पद अवश्य दिए गए हैं। परन्तु यह बड़े मार्के की बात है कि प्रचलित सूरसागर के संस्करणों और छोटे-बड़े सभी संग्रहों में प्रसिद्ध लोकप्रिय पद 'चरण कमल बन्दौं हरि राइ' लीलाक्रम वाली पुरानी प्रतियों में नहीं मिलता। यह पद संस्कृत के प्रसिद्ध श्लोक 'मूकं करोति वाचालं' के भावानुवाद जैसा है। सम्भावना यही है कि यह सूरदास द्वारा रचित नहीं है। प्रामाणिक पाठ में इसी कारण इसे आरम्भ की वन्दना (मंगलाचरण) में शामिल नहीं किया गया। 'वन्दना' में विनय के पदों में से सावधानीपूर्वक छाँट कर पाँच पद रखे गए हैं जो मंगलाचरण के साथ-साथ मन वाणी के लिए अगम-अगोचर निराकार की सगुण साकार लीला की प्रस्तावना भी प्रस्तुत करते हैं। सूरदास के पदों के साथ लोक-प्रचलन के कारण अनिवार्य रूप से जुड़ जाने से 'चरण कमल बन्दौं हरिराइ' पद की पूर्ण उपेक्षा कर देना भी ठीक नहीं था। अतः उसे ग्रन्थ के आरम्भ में पूरे पृष्ठ पर मोटे अक्षरों में दे दिया गया है।

श्रीकृष्ण लीला गीति प्रबन्ध

वन्दना के बाद मथुरा में श्रीकृष्ण के जन्म लेने और दूसरे दिन गोकुल में प्रकट होने के क्रमशः अत्यन्त संक्षिप्त और अति विस्तृत गायन से आरम्भ होती है। मथुरा का यही महत्व है कि वहाँ से वसुदेव रातोरात शिशु कृष्ण को गोकुल में नन्द के यहाँ छोड़ आए। श्रीकृष्ण की मुख्य लीला-स्थली गोकुल-वृन्दावन ही है जो गोचारक प्रजाति के प्रमुख नन्द महर का व्रज, अर्थात् गोचारण भूमिखण्ड है। श्रीकृष्ण की व्रज-वृन्दावन की प्रेम और आनन्दमयी लीला का आरम्भ नन्द-यशोदा और समस्त व्रजवासियों के सागर के समान उमड़ते उल्लास के चित्रण से होता है। श्रीकृष्ण के क्रमशः शिशु, बालक और किशोर अवस्थाओं के नाना लीला प्रसंगों के बीच व्रजवासियों का जीवन आह्लाद का सतत उत्सव बन जाता है। अगाध आनन्द की अनुभूति को नित नई स्फूर्ति देने और उसमें विविधता लाने के उद्देश्य से विघ्न-बाधाओं का क्रम शुरू हो जाता है जिससे व्रजवासी आशंकित और चिंतित होते रहते हैं—कहीं उनका यह आकस्मिक उपलब्ध सुख छिन न जाय। विघ्न-बाधाओं की निरन्तर चलने वाली यह कथा आनन्दलीला की प्रतिकथा है जिसका उद्गम कंस की नगरी मथुरा है। इस क्रम में सबसे पहली दुर्घटना स्तन में विष लगाकर मथुरा से भेजी गई पूतना की है जो नवजात कृष्ण को दूध

पिलाने के बहाने उन्हें मार डालने का प्रयास करती है। पूतना के बाद कंस, छद्म वेशधारी काग, शकट, तृणावर्त, वत्स, वक, अघ, प्रलंब, शखचूड़, वृषभ, केशी और व्योम नामक असुरों को इसी उद्देश्य से भेजता है। कालीदह के पुष्प भेजने के लिए नन्द को आदेश भिजवाता है। और जब कोई उपाय सफल नहीं होता तो अन्त में धनुषयज्ञ में सम्मिलित होने के लिए कृष्ण-बलराम सहित नन्द को आमन्त्रण देता है। प्रतिकथा के खलनायक कंस के कृष्ण को मरवाने के कुप्रयास मथुरा में भी जारी रहते हैं जब तक स्वयं कंस का वध नहीं हो जाता। परन्तु आनन्द-लीला के साथ बीच-बीच में घटने वाली ये दुर्घटनाएँ प्रेम-आनन्द के महासागर में उठने वाले छोटे-बड़े तूफानों की लहरें मात्र हैं। पता नहीं लग पाता कि वे उठकर कहाँ विलीन हो गईं। द्रष्टव्य है कि प्रतिकथा की यह क्रमिक शृंखला लीला की प्रबन्धकता सम्पन्न करने में सहायक होती है।

लीला गीतिप्रबन्ध को प्रेम और आनन्द के इहलौकिक जैसे सहज मानवीय धरातल से उठाकर रहस्यमयी पारलौकिक भूमि पर प्रतिष्ठित करने के उद्देश्य से सूरदास ने उसके सभी भागवती और भागवतेतर प्रसंगों में, उनकी सहज मानवीयता को पूर्णतया सुनिश्चित रखते हुए पद-पद पर ऐसे संकेत ही नहीं, स्पष्ट कथन भी किए हैं जिनसे प्रकट होता है कि यह कोई ऐतिहासिक कथामात्र नहीं, परमानन्द ब्रह्म रूपी श्रीकृष्ण की प्रतीकात्मक लीला है जिसके सहभागी केवल व्रजवासी ही हो सकते हैं। प्रत्यक्ष रूप से जिन प्रसंगों के द्वारा इस उद्देश्य की पूर्ति होती है उनमें उपर्युक्त कंस की प्रतिकथा के अलावा शैशव के अँगूठा चूसने, पाँड़े द्वारा भोग लगाने, माटी भक्षण और शालिग्राम पूजा के प्रसंग और किशोर काल के ब्रह्मा द्वारा बालक-वत्स हरण, काली दह जलपान, इन्द्र-गर्व हरण, वरुण गर्वहरण, कालीदमन, दावानल पान और विद्याधर-शाप-मोचन प्रसंग प्रमुख हैं। इन प्रसंगों में यह उद्देश्य भी निहित है कि श्रीकृष्ण देवाधिदेव हैं, उनसे बड़ा कोई नहीं, वे ही परात्पर ब्रह्म हैं—पूर्ण सच्चिदानन्द परब्रह्म। दो बातें विशेष रूप से द्रष्टव्य हैं—एक यह कि सूरदास ने इन सभी प्रसंगों को लीला प्रबन्ध में इस प्रकार खपाया है कि इनके द्वारा प्रबन्ध की एकसूत्रता गठित होती है और दूसरे, लीला की मानवीयता सुरक्षित बनी रहती है। व्रजवासी श्रीकृष्ण के प्रति आत्मीयता का भाव नहीं छोड़ पाते, ब्रह्म इन्द्र, आदि की तरह कभी स्तवन का भाव उनके मन में नहीं आता। काव्य-कौशल द्वारा ही यह सम्भव हो सका है।

भागवत से ग्रहण किए गए लीला-प्रसंगों के साथ भागवतेतर प्रसंग और दिनचर्या आदि के वर्णन प्रबन्ध में एकाकार हो गए हैं। आरम्भ के साढ़े चार सौ पदों के बाद गीतिप्रबन्ध में राधा-कृष्ण मिलन का प्रसंग आता है और यहीं से सूरदास का लीला-गायन राधा-कृष्ण गीति प्रबन्ध का रूप ग्रहण कर लेता है। राधा अन्त तक गीति-प्रबन्ध के केन्द्र में बनी रहती हैं।

राधा के सहारे व्रज की किशोर गोपियाँ जो प्रकृत्या काम-भावना-प्रधान हैं और कृष्ण के शैशव काल से ही उनके सौन्दर्य पर अपनी भावना से अभिभूत होकर ही मुग्ध हैं मुखर हो जाती हैं। काव्य में अब वात्सल्य स्नेह और सख्य प्रेम की भावनाओं की अपेक्षा माधुर्य (शृंगार) की भावना कहीं अधिक महत्व और विस्तार पाती है। सूरदास की नए-नए प्रसंगों और ब्यौरों की उद्भावना करने की प्रतिभा अत्यधिक सक्रिय हो जाती है। भागवत की कथा जैसे पीछे छूट जाती है, पर सूरदास भागवत के मूल मन्तव्य से कभी विचलित हुए हों, यह नहीं कहा जा सकता, प्रत्युत उनकी मौलिक सर्जनाएँ वस्तुतः उसी का व्याख्यान-विस्तार करती हैं। और, कवि सूरदास की ये मौलिक उद्भावनाएँ लीला-गायन की प्रबन्धात्मकता को

असंदिग्ध रूप में सुगठित करने का केन्द्रीय कारक बनती हैं। सूरदास ने राधा-कृष्ण के आरम्भिक गुप्त प्रेम का क्रम-विकास गोपियों के सामूहिक कृष्ण-प्रेम की मुखर रूप में उत्तरोत्तर तीव्र होती हुई गति के साथ चित्रित किया है। उसकी प्रथम चरम परिणति रासलीला में होती है। रास के बाद से राधा-कृष्ण का दाम्पत्य प्रेम गोपियों के लिए गोपनीय नहीं रहता। मधुर प्रेम की यह लीला खण्डिता प्रकरण में कृष्ण के बहुनायकत्व, राधा के मान-मनुहार, और राधा-कृष्ण की अद्वयता को दर्शाने वाले अनेक प्रसंगों में होती हुई बसन्त और फाग के बाधा-बन्धन हीन स्वच्छन्द उत्सव-उल्लास में प्रेम-विकास का सर्वोच्च सोपान प्राप्त कर लेती है। संयोग-सुख की व्रज लीला का यहीं सदा के लिए अन्त हो जाता है। चिर वियोग का आरम्भ नाटकीय ढंग से होता है और तभी अन्य व्रजवासियों सहित विशेष रूप से गोपियों के कृष्ण प्रेम की परीक्षा होती है। संयोग में राधा निरन्तर केन्द्र में रहती है, मानों कृष्ण-प्रेम का वास्तविक अधिकार उन्हीं का है, अन्य गोपियों को जैसे उसी का अवशेष यदा-कदा मिल जाता है। परन्तु वियोग दशा में गोपियों की संयोग-सुख की उच्छल मुखरता विषाद और विदग्धता के रूप में परिणत होकर अधिक तीव्र और प्रायः वक्र हो जाती है। उद्धव के प्रसंग में उसकी वक्रता व्यंग्य-उपहास के रूप में प्रकट होती है। कवि विरह-दुःख का संपूर्ण अनुभव सामूहिक रूप में ही प्रकट करता है, राधा उसी में खोई सी है। वे अन्तर्मुखी होकर मानो मौन द्वारा ही अपना विषाद व्यंजित करती हैं। अगर संयोग से उनके दर्शन हो जाते हैं तो [illegible]का एकान्त में भोगा जा रहा करुण विरह सखियों द्वारा ही व्यक्त होता है। व्रज में दूत बनकर आए कृष्ण के अन्तरंग सखा उद्धव राधा के इस महाविषाद के साक्षी होते हैं और जब वे अपना निर्गुण और योग का पाखण्ड भूलकर मथुरा लौटते हैं और कृष्ण को व्रजवासियों के करुणा-विगलित हृदय का परिचय देकर राधा और गोपियों की दुर्दशा सुनाते हैं तो कृष्ण विह्वल होकर व्रजवासियों के प्रति अपनी आत्मीयतापूर्ण कृतज्ञता का स्मरण करते हुए कहते हैं कि व्रजवास के प्रेम और आनन्दपूर्ण जीवन को मैं कभी भुला नहीं सकता। परन्तु यह सम्भव नहीं है कि वे व्रज वापस जायँ। उन्हें अब आनन्द लीला की जगह राजकीय संधि-विग्रह के महत् व्यापार में जुटना है।

द्वारिकाधीश के रूप में अपने इन्हीं कार्यों के बीच उन्होंने अपने अन्याय-रत विरोधी शिशुपाल की बहिन रुक्मिणी का अपहरण कर उसकी रक्षा के नाते उसे अपनी पटरानी बनाया। परन्तु सूरदास की रुचि कृष्ण की द्वारिका लीला में नहीं है। सूर्यग्रहण के अवसर पर वे कृष्ण के कुरुक्षेत्र जाने का वर्णन इस कारण करते हैं कि वहाँ वे व्रजवासियों से मिलन—विशेष-रूप से राधा-कृष्ण और राधा रुक्मिणी के मिलन का मार्मिक चित्रण करते हुए अपने राधा-कृष्ण काव्य का अन्त हर्ष और करुणा के मिश्रित भाव में निमग्न होते हुए कर सकें। राधा-कृष्ण काव्य की परिणति कृष्ण और राधा की उद्वगता का आध्यात्मिक संकेत देकर होती है। परमानन्द स्वरूप की इस लौकिक जैसी प्रेम कथा की अलौकिकता की व्यंजना के उद्देश्य से ही रुक्मिणी की प्रतिकथा दी गई है। प्रेम-कथा की मार्मिकता उस समय अपने चरम सोपान पर पहुँच जाती है जब कृष्ण से कीट-भृंग के समान एकाकार होते हुए भी यह कहकर सदा के लिए विदा होती हैं कि इस अवसर पर वे जड़वत भावशून्य हो गई पर यह जड़ता भी मंगलमय ही रही। यहीं सूरदास की उत्कृष्ट कलादृष्टि का परिचय मिलता है।

सूरदास अपनी मुख्य रचना **श्रीकृष्ण लीला गीति प्रबन्ध** को पूर्वापर प्रसंग युक्त कथा के रूप में प्रस्तुत करना चाहते थे उपर्युक्त परिचय से स्वयंसिद्ध है। परन्तु फिर भी कवि के

इस उद्देश्य को प्रमाणित करने के लिए काव्य के अन्तःसाक्ष्य में ही कुछ ऐसे अन्य तथ्य हैं जिनका उल्लेख करना आवश्यक है। सूरसागर के सभी हस्तलेखों और मुद्रित संस्करणों में, चाहे वे लीलाक्रम के हों या द्वादशस्कन्धी संग्रहात्मक रूप के श्रीकृष्ण लीला कुल मिलाकर उनके **मथुरा** में अवतार लेने और **गोकुल** में प्रकट होने से आरम्भ होती है और क्रमशः वर्षगाँठ तक के विविध संस्कारों और शैशव की क्रीड़ाओं के द्वारा व्रजवासियों के जीवन में अभूतपूर्व हर्ष और उल्लास का संचार करती हुई **माखनचोरी, उलूखलवध बन्धन** आदि लीला प्रसंगों में प्रवाहित होती हुई शिशु-बाल सुलभ क्रियाकलाप से नन्द-यशोदा और गोप-गोपियों को आह्लादित करती जाती हैं। इसी बीच में कंस के भेजे हुए छद्मवेशधारी असुरों के उपद्रव होते रहते हैं जो आनन्द के अविरल वातावरण में क्षणिक व्याघात डालकर तुरन्त भुला दिए जाते हैं। इनका क्रम भी सभी हस्तलेखों और संस्करणों में **पूतनावध** से आरम्भ होकर **यमलार्जुन उद्धार** तक समान क्रम से मिलता है। इन उपद्रवों से बचने के लिए नन्द-यशोदा गोकुल छोड़कर वृन्दावन जा बसते हैं। यहाँ पर **गोदोहन** सीखने और **गोचारण** के लिए जाने के सन्दर्भ में कृष्ण की क्रीड़ाओं में सखाओं का संयोग हो जाता है। यहाँ श्रीकृष्ण के प्रति सखाओं के सखाभाव के प्रेम का गहरा पुट आ जाता है। इसके पूर्व वात्सल्य भाव की प्रधानता थी, यद्यपि गोकुल के गोठ में क्रीड़ा-सहचरों का सख्यभाव अंकुरित अवश्य हो गया था। गोचारण के बीच ब्रह्मा द्वारा **बालवत्सहरण** लीला का प्रसंग आता है। इसी के बाद **भौंरा चकडोरी** के खेल में यमुनातट के मनोहर वातावरण में अचानक राधा नाम की एक 'बिटनियाँ' से भेंट हो जाती है। यहाँ से श्रीकृष्ण कथा में एक नया मोड़ आ जाता है। श्रीकृष्ण लीला गीति प्रबन्ध अब **राधाकृष्ण** लीला गीति प्रबन्ध के रूप में विकसित होने का क्रम यहीं से शुरू हो जाता है। यों इस मनोवैज्ञानिक दृष्टि से कि सभी व्रजवासी अपने-अपने वय और प्रकृति के अनुसार श्रीकृष्ण के प्रति अपने-अपने सहज भाव से आकृष्ट होते हैं और उन्हीं भावों का आदर करते हुए कृष्ण तत्तत भावों से ही उन्हें प्राप्त होते हैं, नवोढा और किशोरी गोपियाँ शैशव काल से ही उनके प्रति मधुर भाव से आकृष्ट हुई थीं, परन्तु राधा कृष्ण के संयोगात मिलन के प्रसंग के बाद इस भाव को अधिक मुखर होकर प्रकट होने का अवसर मिल गया। जिस समय यशोदा शिशु कृष्ण को चलना सिखाती है और वे 'पैजनियाँ' बाँधे हुए नाचते हैं, तभी कोई गोपी कहती है कि उन्हें देखकर उसका अपने घर से नाता टूट गया, वह जिधर देखती है उधर यशोदानन्दन के अलावा कुछ और नहीं दिखाई देता। जबसे उन्हें देखा है उसका तन-मन काला (कृष्णमय) हो गया। वास्तव में यहीं कवि गीतिप्रबन्ध की राधा-कृष्ण कथा के रूप में परिणत होने का पूर्वाभाव दे देता है। श्रीकृष्ण लीला की प्रतीक कथा के कृष्ण की अवस्था कवि ने माखनचोरी प्रसंग में पाँच वर्ष की बताई है। यशोदा के वात्सल्य भाव के केन्द्र कृष्ण **पाँच वर्ष** की अवस्था में ही किस प्रकार ऐसा व्यवहार कर सकते हैं जिसका उलाहना लेकर मदमाती गोपियाँ उसके पास आती हैं (पद २६०, २७२)। भौंरा चकडोरी खेलते-खेलते जब राधा-कृष्ण का प्रथम मिलन होता है उस समय उनकी अवस्था **सात वर्ष** की है। (४८०)। चतुर राधिका इसी समय आगामी मिलन की भूमिका तैयार करने के लिए देर से घर लौटने का कारण बताते हुए यह कहानी गढ़ लेती है कि रास्ते में एक लड़की को काले साँप ने काट लिया और उसका विष तभी उतरा जब श्याम वर्ण का एक लड़का ढूँढ़ा गया और उसने मंत्र पढ़कर विष उतारा। वास्तव में यह कृष्ण से दूसरी बार मिलन के लिए राधा ने भूमिका तैयार की थी।

राधाकृष्ण का द्वितीय मिलन **गाडुरी प्रसंग** के नाम से दिया गया है। इसके पहले गोवर्धन धारण का एक महत्वपूर्ण वृहत् लीला प्रसंग और दो अन्य प्रसंग **काली दह जलपान** और **दावानल जलपान** आते हैं जिनके पूर्वापर होने के सन्दर्भ उनमें प्राप्त अन्तःसाक्ष्य से स्वयं प्रमाणित होते हैं। (देखिए पद ५७३, ६९७)। अतः इनके क्रम में विपर्यय सम्भव नहीं है जैसा कि मुद्रित संस्करणों में कदाचित अनजाने हो गया है। **गोवर्धनधारण** के समय कृष्ण की अवस्था **सात वर्ष** की बताई गई है। (पद ५८०)। **गोवर्धनधारण, कालीदमन** और **दावानल** शीर्षक लीला प्रसंगों के बाद **गो-दोहन** प्रसंग है जिसके साथ ही **गारुड़ी प्रसंग** जुड़ा हुआ है। इस समय कृष्ण की अवस्था **आठ वर्ष** हो गई थी। (पद ७१३)। इस प्रकार **राधाकृष्ण मिलन** के दो प्रसंगों में एक वर्ष का अन्तर है। उन दोनों को भ्रमवश सभा संस्करण में साथ-साथ दे दिया गया है। सम्भवतः रत्नाकर जी ने राधा सम्बन्धी भागवतेतर प्रसंगों को एक साथ मिलाने की योजना बनाई होगी जो इस कारण सम्भव नहीं था कि कृष्ण लीला इन घटना प्रसंगों के बाद वस्तुतः राधाकृष्ण लीला ही बन जाती है।

राधा के सहारे व्रज की किशोरी गोपियों की श्रृंगार-भावना भी जो शैशव काल से ही कृष्ण की ओर अभिमुख थी मुखर होने लगती है। आरम्भ में कृष्ण का त्रिभुवन-विमोहन सुकुमार सौन्दर्य वात्सल्य स्नेह का आलम्बन था, गोचारण में वह सख्य प्रेम का भी स्रोत बन गया, अब वही कान्ता भाव का जैसे प्रमुख आकर्षण हो जाता है। यों तो प्रत्येक अवस्था में कवि की नए-नए प्रसंगों के उद्‌भावन की प्रतिभा सजग रही है, पर राधा-गोपी-कृष्ण के प्रेम-सन्दर्भों में उसकी सक्रियता बढ़ती जाती है। कृष्णलीला में सूरदास के द्वारा जोड़ा गया यह भागवतेतर घटक लीला की प्रबन्धात्मकता का केन्द्रीय कारक है। राधा-कृष्ण के आरम्भिक गुप्त प्रेम का क्रमिक विकास गोपियों के सामूहिक कृष्ण-प्रेम की उत्तरोत्तर तीव्र होती हुई गति के साथ चलता है। सामूहिक रूप से उसकी प्रथम चरम परिणति रासलीला में होती है। रास के पहले सूरदास ने अनेक भागवतेतर प्रसंग जोड़कर इस विकास को अधिक मनोवैज्ञानिक विश्वसनीयता प्रदान की है। रास के बाद से राधा-कृष्ण का दाम्पत्य सम्बन्ध गोपियों के लिए प्रकट और स्वयं सिद्ध हो जाता है। राधा-कृष्ण की मधुर प्रेम की यह लीला कृष्ण के बहुनायकत्व, राधा के मान-मनुहार और राधा-कृष्ण की अद्वयता को दर्शाने वाले अनेक प्रसंगों के साथ बसन्त और फाग के बाधा-बन्धनहीन स्वच्छन्द उल्लास-उत्सव में प्रेम विकास की सर्वोच्च स्थिति प्राप्त कर लेती है। तभी उसकी वास्तविक परीक्षा होती है और वह दीर्घ वियोग की अग्नि में तपकर खरा उतरता है। सूरदास ने संयोग का जैसा विशद और विस्तृत चित्रण किया है; उससे भी अधिक गम्भीरता और विस्तार वियोग के चित्रण में है। संयोग में राधा निरन्तर केन्द्र में हैं, कृष्ण-प्रेम का एकाधिकार उन्हीं का है, अन्य गोपियों को मानो समय-समय पर उसी का अवशेष मिल जाता है। परन्तु वियोग में, गोपियों की संयोग सुख की उच्छल मुखरता विषाद और विदग्धता के रूप में तो परिणत हो जाती है पर उसकी गति अधिक तीव्र और प्रायः वक्र हो जाती है। इस प्रकार वियोग का सम्पूर्ण अनुभव सामूहिक रूप में अधिक प्रकट होता है, राधा मानो उसी में खोई सी रहती है। अगर संयोग से कभी उनके दर्शन हो जाते हैं तो भी उनके एकांत में भोगे जा रहे कारुणिक विरह का परिचय प्रायः सखियों के माध्यम से ही मिलता है। श्रीकृष्ण लीला का गीति प्रबन्ध जो उत्तरोत्तर राधा-कृष्ण लीला का महाकाव्य बनता गया कुरुक्षेत्र के मिलन के प्रसंग में हर्ष और करुणा की समन्वित

अनुभूति में समाप्त होता है। यहाँ द्वारिकाधीश महाराज श्रीकृष्ण चन्द्र और महारानी रुक्मिणी के पति-पत्नी सम्बन्ध को कंस की प्रतिकथा से सर्वथा भिन्न आयाम की एक अन्य प्रतिकथा का संकेत देकर सूरदास लीला-सुख के उद्देश्य से निष्पन्न राधा-माधव की द्वयता उनकी कीट-भृंग जैसी अद्वयता में चित्रित कर अपने गीति प्रबन्ध को आध्यात्मिक टेक पर विराम देते हैं। परन्तु मानवीय रसास्वाद को सुरक्षित रखने के लिए वे यहाँ भी राधा की इस हृदय स्पर्शी अनुभूति का उल्लेख करके ही अपना करुण-हर्ष काव्य समाप्त करते हैं कि प्रिय के अन्तिम मिलन के क्षण में भी कुछ करते-कहते नहीं बना। श्रीकृष्ण लीला गीति प्रबन्ध की एकान्विति के सम्बन्ध में अधिक व्याख्यात्मक टिप्पणी करने के पहले इस संक्षिप्त परिचय के साथ उसकी प्रबन्धात्मकता के वे ठोस प्रमाण भी देना आवश्यक है जिनसे यह सिद्ध हो कि महाकवि सूरदास को वास्तव में इसे प्रबन्ध का रूप देना अभीष्ट था।

सूरसागर के सभी हस्तलेखों और मुद्रित संस्करणों में, चाहे वे तथाकथित लीलाक्रम के हों, या द्वादशस्कन्धी क्रम के, श्रीकृष्ण लीला, श्रीकृष्ण के मथुरा में जन्म लेने, गोकुल में प्रकट होने और वर्षगाँठ तक के विविध संस्कारों से आरम्भ होकर शैशव की क्रीड़ाओं के बीच व्रजवासियों के जीवन में अभूतपूर्व हर्ष और उल्लास का संचार करते हुए माखन चोरी, उलूखल बन्धन आदि लीलाओं तक प्रवाहित होती वर्णित की गई है। इस सम्पूर्ण वर्णन में शिशु और बालक कृष्ण के क्रमशः बढ़ते जाने और अपने मनोहर शिशु-बाल सुलभ क्रियाकलाप से यशोदा, नन्द और गोप-गोपियों को आह्लादित करते जाने का चित्रण हुआ है। कंस के भेजे हुए छद्मवेशधारी असुरों के उपद्रव होते हैं। इनका भी क्रम प्रायः सभी हस्तलेखों और संस्करणों में पूतना से आरम्भ होकर यमलार्जुन उद्धार तक समान रूप से चलता है। इन उपद्रवों से दुखी होकर नन्द-यशोदा गोकुल छोड़ कर वृन्दावन जा-बसने का निश्चय करते हैं। गोदोहन सीखने के बाद अब गोचारण के सन्दर्भ में कृष्ण की क्रीड़ाएँ सखाओं के साथ होने लगती हैं। ब्रह्मा द्वारा बाल-वत्स हरण लीला के बाद भौंरा-चकडोरी खेल के क्रम में यमुना के तट पर एकांत में राधा के अचानक भेंट होती है। यहाँ से लीला के कथानक में एक नया मोड़ आता है। वृन्दावन की गोचारण लीला में सख्य भाव के प्रेम का एक गहरा पुट आ जाता है। अब तक तो वात्सल्य भाव की प्रधानता थी, यद्यपि शैशव की अवस्था में भी गोकुल के गोठ में सख्य भाव अंकुरित हो गया था। सख्य भाव का विकास शैशव काल में ही गायों के सान्निध्य में हुआ। गोचारण में उसमें नया रंग चढ़ गया। ब्रह्मा द्वारा बाल-वत्स हरण लीला के प्रसंग में उसका स्वरूप और निखरा। सख्य के सहयोग में माधुर्य भी मुखर हो गया। राधा-कृष्ण का प्रथम मिलन इनका प्रथम सोपान है। यों इस मनोवैज्ञानिक और सूर की दृष्टि से सैद्धान्तिक न्याय से कि व्रजवासी अपने-अपने सहज भाव से ही, यानी जो जिसके मन का सर्वोपरि भाव होता है उसी से, कृष्ण के प्रति आकर्षित होते हैं और स्वयं कृष्ण अपने भक्तों के भाव का आदर करके तत्तत भाव से ही उन्हें प्राप्त होते हैं। किशोरी गोपियाँ शैशव काल से ही कृष्ण को मधुर भाव से देखने लगी थीं (दे० पद ११८-१२३)। जिस समय यशोदा शिशु कृष्ण को आँगन में चलना सिखती हैं और वे पैंजनियाँ बाँधे हुए नाचते हैं, तभी कोई गोपी कहती है कि उन्हें देखकर उसका घर का नाता कच्चे सूत की तरह टूट गया, वह जिस ओर देखती है उधर यशोदानन्दन ही दिखाई देते हैं, उन्हें देखते ही उसका तन-मन काला हो गया। उसकी कामना है कि यदि उसकी आँखों में वाणी होती तो वह उनके रूप का 'बनाकर' वर्णन करती। यहाँ पर कवि मानो राधा के माधुर्य का पूर्वाभास देना चाहता है। माखन चोरी

प्रसंग की गोपियाँ भी मधुर भाव सम्पृक्त हैं और अक्सर यशोदा के वात्सल्य से उसकी टक्कर होती है। प्रसंगवश यहाँ कृष्ण के पाँच वर्ष की अवस्था के भी उल्लेख हुए हैं—

> अब ये झूठहु बोलत लोग।
> पाँच बरस अरु कछुक दिनन को कब भयो चोरी जोग॥ (२६०)
> कहाँ मेरे कुंवर पाँच ही बरस के रोइ अबहूँ जु पै पान मागैं।
> तू कहाँ ढीठ जोबन प्रमत सुन्दरी फिरति इठलाति गोपाल आगैं॥ (२७२)

परन्तु माधुर्य का मूर्त्त रूप तभी उभरता है जब यमुना तट पर भौंरा—चकडोरी खेलते-खेलते कृष्ण का संयोग मिलन हो जाता है। इस समय राधा की अवस्था सात वर्ष की है।

> भई बरस सात की सुभ धरी जातकी
> प्यारी कोउ भ्रात की बची भारी। (४८०)

यहीं राधा कृष्ण से दुबारा मिलने की भूमिका बनती दिखाई देती है। उक्त पद में यह सन्दर्भ है कि देर से घर लौटने का बहाना बनाते हुए वे कहती हैं—

> एक बिटनियाँ संग मेरे ही कारें खाई ताहि तहाँ री।
> मो देखत वह परी धरनि गिरि मैं डरपी अपनैं चित भारी।
> स्याम बरन एक ढोटा आयो यह नहिं जानत रहत कहाँ री।
> कहत सुन्यो नंद को यह बारो कछु कहि कै तुरतहिं उहिं झारी।
> मेरो मन भरि गयो त्रास तें अब नीको मोहिं लागत ना री।
> सूरदास अति चतुर राधिका यह कहि समुझाई महतारी॥ (४७८)

यह दूसरा मिलन गारुड़ी (साँप का विष उतारने वाला) कृष्ण के रूप में होता है परन्तु प्रथम मिलन और गारुड़ी प्रसंग के मिलन में एक वर्ष का अन्तर है। इस बीच गोवर्धन धारण का एक बड़ा लीला प्रसंग घटित हो चुकता है। गोवर्धन के प्रसंग में कालीदह जलपान का सन्दर्भ आया है—

> कालीदह जल अचैं गए मरि तब तुम लियो जिवाइ। (५७३)

गोवर्धन धारण प्रसंग के बाद दावानल प्रसंग भी हो चुकता है, क्योंकि इस प्रसंग में स्पष्ट कहा गया है—

> जल बरसत गिरिधर तर बांचे अब कैसे गिरि होत सहाय। (६९७)

यहाँ यह ध्यान देने की बात है कि सूरसागर के सभी मुद्रित संस्करणों में इन दोनों प्रसंगों में विपर्यय पाया जाता है। कारण यह है कि वेंकटेश्वर प्रेस के संस्करण से ही यह विपर्यय शुरू हो गया था। रत्नाकर जी ने ऊपर उद्धृत कथन का यह कहकर समाधान किया है कि श्रीकृष्ण की लीला अलौकिक है, वह बार-बार घटित होती है। इस कारण कभी-कभी असली घटनाओं के उल्लेख पहले भी हो जाते हैं। परन्तु सूरदास द्वारा वर्णित कृष्णलीला में ऐसा क्रम विपर्यय सम्भव नहीं है। कृष्ण कथा के पात्रों में बलराम ही हैं जो कभी-कभी कृष्ण के अलौकिक स्वरूप का वर्णन करते हैं। परन्तु इसमें सूरदास का विशेष उद्देश्य निहित रहता है। राधा-कृष्ण के प्रथम मिलन से गोवर्धन-धारण के लीला प्रसंग तक के सभी प्रसंग सात वर्ष के वय के हैं। गोवर्धन-धारण में भी कृष्ण की अवस्था सात वर्ष बताई गई है—

घरनि घरनि व्रज होति बधाई।

सात बरस को कुंवर कन्हैया गिरिवर धरि जीत्यो सुरसाई। (५८०)

गोवर्धन धारण प्रसंग के बाद कालीदमन और दावानल पान के प्रमुख प्रसंगों के बाद गो-दोहन प्रसंग में कृष्ण के वय का उल्लेख हुआ है। अब वे आठ वर्ष के हो गए हैं और उन्होंने गाय दुहने का अच्छा अभ्यास कर लिया है। कृष्ण माता से कहते हैं—

बाबा मो कों दुहन सिखायो।

यदि तुझे प्रतीति न हो तो देख इस तरह उँगली चलाते हैं। उँगली का चलाना देखकर माता हर्षित होती हैं और श्याम को कण्ठ से लगा लेती हैं। वह कहती है—

आठ बरस के कुंवर कन्हैया इतना बुद्धि कहाँ तें पायो। (७१३)

इस गो-दोहन प्रसंग के साथ आगे राधा-कृष्ण का बाल्यकाल का पुनर्मिलन गारुड़ी प्रसंग के सन्दर्भ के साथ संश्लिष्ट है। कृष्ण का गाय दुहना प्रसिद्ध हो जाता है, तब राधा दोहनी लेकर खरिक में जाती हैं (७१५)। सूरदास ने सर्वथा मौलिक रूप में कल्पित इस प्रसंग को चीरहरण लीला से सम्बद्ध किया है। 'मनमोहन नागर' ने राधा का विष उतारा और अपनी एक मुसकान के द्वारा व्रज की गोपियों को अपने वश में कर लिया—

हंसि बस कीन्हीं घोष कुमारि।
लहरि उतारि राधिका सिर तें दई जुबतिन पै डारि।
करतिं विचार सुंदरीं सब मिलि अब सेवहु त्रिपुरारि।
माँगहु यहै देहु पति हमकों सूर सरन बनवारि॥ (७६२)

बस, तभी से गोपियाँ कृष्ण को पति रूप में पाने के लिए गौरी-पति की पूजा आरम्भ कर देती हैं, नित्य यमुना स्नान करने जाती हैं और सूर्य पर जल चढ़ाती हैं। उनकी यह तपस्या छहों ऋतुओं में वर्ष भर चलती है। तब कहीं कृष्ण उनके चीर हरकर उनकी परीक्षा लेते हैं। पनघट प्रसंग की लीला चीरहरण के बाद की है क्योंकि इस लीला में कृष्ण चीरहरण का स्मरण दिलाते हुए गोपियों पर व्यंग्य करते हैं—

मेरी कनक लकुटिया दै री मैं भरि दैं हौं नीर।
बिसरि गई सुधि ता दिन की तोहि हरे सबनि के चीर।
यह बानी सुनि ग्वारि बिबस भई तन की सुधि बिसराई।
सूर लकुट कर गिरत न जानी स्याम ठगौरी लाई॥ (८४४)

गोपी-प्रेम के विकास में क्रमशः चीरहरण और पनघट लीला के बाद सूरसागर के सबसे अधिक महत्वपूर्ण प्रसंगों में दानलीला का एक लम्बा-सा प्रसंग आता है। इस प्रसंग में कृष्ण की अवस्था दस वर्ष की बताई गई है—

बहुत होहुगे दसहिं बरस के बात करत हौ बनै बनाई। (९९७)

गोपियों के इस कथन की पुष्टि यशोदा के द्वारा भी होती है—

मेरो हरि कहँ दसहि बरस को तुम री जोबन मद उमदानी। (१००२)

दानलीला, श्रीकृष्ण लीला गीति प्रबन्ध की केन्द्रीय थीम राधा-कृष्ण प्रेम और गोपी-कृष्ण प्रेम के वर्णन-चित्रण का वह सन्धि-स्थल है जहाँ राधा कृष्ण की प्रियतमा के रूप में

गोपियों के बीच प्रकट और प्रतिष्ठित हो जाती हैं। उनकी प्रेम-प्रगाढ़ता गोपियों में चर्चा और स्पर्धा का विषय बन जाती है। फिर भी राधा अपने कृष्ण-प्रेम को गुप्त रखने में अपनी चतुरता और प्रगल्भता का प्रयोग करती रहती हैं और अपने छल-बल से न गोपियों, बल्कि अपनी माता तक को छकाने का प्रयत्न करती हैं। कृष्ण-मिलन के बाद उनकी चेष्टाओं को भाँपती हुई माता उन्हें प्रताड़ित करती हुई कहती है—

सूर मुख पट देति काहें न बरस द्वादस भारि। (११४७)

कृष्ण और राधा के बारह वर्ष के वय के उल्लेख के बाद उनके व्रज के जीवन में कोई और उल्लेख नहीं है जिसमें उनके उससे अधिक बड़े होने की सूचना मिलती हो। इसका तात्पर्य यह है कि राधा-कृष्ण के संयोग सुख की लीला-ग्रीष्म लीला, यमुना-विहार, युगल-सामागम, मान-मनुहार, रासलीला, दण्डिता-प्रकरण आदि से लेकर बसन्त, फाग और डोल के बाद मथुरा-गमन तक की सम्पूर्ण लीला बारह वर्ष के वय में सम्पन्न हो चुकती है। युगल-समागम के प्रसंग में इसी वय का एक और उल्लेख है—

द्वादस कान्ह द्वादसी आपुन वह निसि वह हरि राधा जोग। (१४४८)

कृष्ण की ललित लीला के विभिन्न प्रसंगों में प्रायः ऐसे सन्दर्भों की भरमार है जिनसे उनके पूर्वापर क्रम निर्धारित करने में सहायता मिलती है। यहाँ कुछ प्रमुख सन्दर्भों का उल्लेख कर देना पर्याप्त होगा। मधुर लीला के प्रसंगों में सबसे पहला माखन चोरी का प्रसंग है जिस समय कृष्ण की अवस्था पाँच वर्ष की बताई गई है। इस प्रसंग का आगे अनेक प्रसंगों में उल्लेख हुआ है। जैसे, अनुराग-समय के प्रसंग में जहाँ राधा और कृष्ण की अद्वयता प्रकट होती है माखन चोरी का सन्दर्भ दिया गया है (पद १३४४)। इसके बाद दूसरा प्रसंग चीरहरण का है जिसे रासलीला में स्मरण किया गया है। इन प्रसंगों के पूर्वापर क्रम में किसी ने लौट-पौट नहीं किया, क्योंकि ये भागवत के अनुसरण पर वर्णित हैं। परन्तु भागवततेर प्रसंगों में अनेक संस्करणों—विशेषरूप से 'सभा' के संस्करण में बहुत हेर-फेर हुआ है। यहाँ जिन सन्दर्भों का उल्लेख किया जा रहा है, यदि उन पर ध्यान दिया गया होता तो ऐसा क्रम-परिवर्तन न किया जाता। राधा-कृष्ण के दो मिलन प्रसंगों का ऊपर उल्लेख किया जा चुका है। इन्हें मिलाया नहीं जा सकता, क्योंकि उनमें परस्पर एक वर्ष का अन्तर है जिसमें अनेक अन्य प्रसंग आ जाते हैं। द्वितीय मिलन के गारुड़ी प्रसंग के बाद चीरहरण का प्रसंग है, जैसा कि हम अभी देख चुके हैं। चीरहरण और रास के बीच मुरलीधर मोहनी, दानलीला, राधा-कृष्ण बिहार, ग्रीष्म-लीला, अनुराग समय, युगल समागम, लघुमान, नयन समय आदि लगभग चौदह-पन्द्रह प्रसंग हैं जो रास लीला के बाद नहीं रखे जा सकते। इनके क्रम-निर्धारण का आधार इन्हीं में प्राप्त सन्दर्भ सहज ही प्रस्तुत कर देते हैं। उदाहरण के लिए ग्रीष्मलीला का सन्दर्भ अनुराग समय में है (१३८१), मानलीला में रास का सन्दर्भ है (१९६८) इसी लीला में खण्डिता प्रकरण का सन्दर्भ मिलता है (२०२४-२५), मध्यमगान का उल्लेख खण्डिता प्रकरण में हुआ है (२०७७-७८), रासलीला के पूर्व कृष्ण के मुरलीवादन से भिन्न सूरसागर में मुरलीवादन का एक बहुत लम्बा प्रकरण है। यह रासलीला के काफी बाद का है। रास लीला और इसके बीच मानलीला, खण्डिता प्रकरण, बड़ा मान, हिंडोल लीला, वृन्दावन विहार आदि अनेक प्रसंग आते हैं। यह मुरलीवादन वास्तव में वृन्दावन विहार का ही एक महत्वपूर्ण अंश है। इस प्रसंग में रास का सन्दर्भ है (२४६८-२४६९) जिससे निश्चित रूप से सिद्ध होता है कि यह रास के पहले नहीं रखा जा सकता। प्रसंगों में प्राप्त सन्दर्भों के आधार

पर यह सिद्ध होता है कि बड़ी मानलीला के बाद हिंडोल लीला है, फिर वृन्दावन विहार और तब बसन्त और फाग के प्रसंग हैं। 'सभा' के संस्करण में वृन्दावन विहार उसके अन्तर्गत आने वाले सभी प्रसंगों के समेत रास के तुरन्त बाद दे दिया गया है जो किसी हस्तलेख से समर्थित नहीं है। इस प्रकरण में राधा-कृष्ण की सुरति का वर्णन है जो रासलीला के पहले रखना सम्भव नहीं है।

संयोग सुख की लीला का अन्तिम प्रसंग बसन्त और फाग हैं। इसमें अनेक पदों (२६१०, २६११, २६१२) में कृष्ण के मथुरा चले जाने का भय प्रकट किया गया है। गोपियाँ उनसे कुछ दिन और व्रज में रहने की प्रार्थना करती हैं। जैसा कि पहले कहा जा चुका है, यही संयोग लीला का चरम स्थल है। इसके बाद मथुरा लीला आरम्भ होती है। इसमें किसी प्रकार के क्रम-परिवर्तन का प्रश्न ही नहीं उठता। जैसा कि सर्वविदित है, सूरदास ने कंस-वध और उससे सम्बन्धित इतर प्रसंगों को वास्तव में व्रज के विरह-व्यथित नर-नारियों, विशेष रूप से यशोदा, नन्द और गोपियों के विस्तृत चित्रण की भूमिका देने के लिए प्रयुक्त किया है। सूरसागर का विरह-वर्णन उसके सर्वाधिक महत्वपूर्ण प्रसंगों में अन्यतम है। इसके अन्तर्गत सभी घटनाओं का क्रम सुनिश्चित है। लगभग सात सौ पदों के इस लम्बे प्रसंग का अन्त उद्धव के हृदय-परिवर्तन, अर्थात् प्रेम-भक्ति की असन्दिग्ध महत्ता के प्रत्यक्ष प्रमाणीकरण और कृष्ण द्वारा अपने शाश्वत व्रज-प्रेम के कथन के साथ होता है। इसके अनन्तर कृष्ण के द्वारिका गमन का प्रसंग है। द्वारिका लीला में सूरदास की रुचि केवल रुक्मिणी-परिचय और सूर्यग्रहण के ब्याज से कृष्ण के व्रजवासियों से पुनर्मिलन के प्रसंगों में है। इस पुनर्मिलन की केन्द्रीय घटना राधा-कृष्ण के अन्तिम मिलन की है। वस्तुतः रुक्मिणी-परिणय का प्रसंग भी इसी केन्द्रीय घटना की भूमिका के लिए दिया गया है। यहीं श्रीकृष्ण लीला गीति प्रबन्ध की परिणति होती है, जब रुक्मिणी, राधा और कृष्ण एक साथ मिलते हैं और रुक्मिणी की कृष्ण-राधा की बालापन की जोड़ी का इस रूप में दर्शन होता है कि राधा और माधव दोनों एक ही हैं। श्रीकृष्ण पुनः अपने सतत व्रज प्रेम का कथन करते हैं और राधा उनसे इस प्रकार विदा होती हैं मानो वे उन्हीं में समा गई हों। इस प्रकार श्रीकृष्ण लीला गीति प्रबन्ध के भावात्मक और कलात्मक प्रमाणों के साथ-साथ प्रसंगों और घटनाओं के वर्णन में प्राप्त सन्दर्भों से भी इस प्रबन्ध की क्रमबद्धता और एकान्विति प्रमाणित हो जाती है।

श्रीकृष्ण लीला गीति प्रबन्ध सूरसागर का सबसे अधिक महत्वपूर्ण और प्रमुख अंश है जो उसके आकार और प्रबन्धात्मक स्वरूप से स्वयं प्रकाशित हो जाता है। इस अंश के अलावा तीन और प्रसंग हैं जिनका अपना अलग महत्व है। ये हैं विनय पदावली, रामायण प्रसंग और सुदामा चरित। इन तीनों में विनय पदावली का सर्वाधिक महत्व है जिसमें सूरदास की वैयक्तिक आत्मनिवेदनपूर्ण भक्ति-भावना स्वानुभूति के रूप में प्रकट हुई है। शेष दोनों प्रसंगों में भी इसी भावधारा का प्रवाह है। इन तीनों प्रसंगों को दैन्य भक्ति का सामूहिक शीर्षक दिया गया है। दैन्यभाव किसी भी भाव की भक्ति का मूल आधार होता है। अतः उसकी महत्ता स्वयं सिद्ध है। इन तीनों प्रसंगों के सम्बन्ध में विशेष मतभेद नहीं हो सकता, सिवा इसके कि इन्हें सूरसागर के आरम्भ में रखा जाय या अन्त में। इस विषय में प्राचीन हस्तलेखों और आरम्भिक संस्करणों के साक्ष्य पर पहले ही कहा जा चुका है कि इनका उपयुक्त स्थान वास्तव में सूरसागर के सर्वप्रमुख अंश श्रीकृष्ण लीला गीति प्रबन्ध के बाद ही है। इन्हें पहले रखने से

सूरसागर के वास्तविक स्वरूप और सूरदास के रचनात्मक व्यक्तित्व का महत्व छिप जाता है। आगे इन प्रसंगों का संक्षेप में परिचय दिया जा रहा है।

विनय पदावली प्रस्तुत पाठ में दो भागों में दी गई है। विनय पदावली १ में २१५ और विनय पदावली २ में १०३ पद हैं। पहले भाग के पद सूरसागर के स्कन्धी क्रम वाले संस्करणों में पाए जाने वाले प्रसिद्ध विनय शीर्षक पदों पर आधारित है। 'सभा संस्करण में विनय के पदों की संख्या २२३ है जिनमें से संदिग्ध प्रामाणिकता वाले पद निकाल दिए गए हैं और जहाँ-तहाँ आवश्यकतानुसार पदों के क्रम में थोड़ा-बहुत परिवर्तन कर दिया गया है। सूरसागर के स्कन्धी क्रम वाले सभी संस्करणों में दिया गया पहला पद 'चरण कमल बन्दों हरि राइ' सूरसागर के प्राचीन हस्तलेखों में नहीं मिलता। परन्तु वह पद सूरदास के नाम से इतना अधिक प्रसिद्ध है कि उसकी सर्वथा उपेक्षा नहीं की जा सकती। उसे विनयपदावली १ में न देकर ग्रन्थ के आरम्भ के पहले अलग से प्रमुख रूप में दे दिया गया है। इस पदावली से चुने गए पाँच पद श्रीकृष्ण लीला गीति प्रबन्ध के आरम्भ में वन्दना शीर्षक से दिए गए हैं। पाठ में यह हेर-फेर सम्पादक की मनमानी नहीं कहा जा सकता क्योंकि इसके मूल में कारण यह है कि किसी भी ग्रन्थ का आरम्भ मंगलाचरण द्वारा हरि-स्मरण से होने की परिपाटी हमारे यहाँ सर्वस्वीकृत और अनिवार्यतः प्रचलित है। श्रीकृष्ण लीला गायन के आरम्भ में भी इसका निर्वाह आवश्यक है। फिर, इस तथ्य से इन्कार नहीं किया जा सकता कि सूरदास ने अपने भक्त कवि जीवन का आरम्भ दैन्य भाव के पद गायन से किया था। 'वार्ता' से भी यही सूचना मिलती है और जैसा कि कहा जा चुका है भक्ति मात्र का मूल आधार दैन्य भावना ही है। श्रीकृष्ण लीला गीति प्रबन्ध के आरम्भ में जो चुने हुए पाँच पद दिए गए हैं उनमें वन्दना के साथ-साथ हरि की सगुण लीला गाने की प्रस्तावना भी है। विनय पदावली २ में द्वादश स्कन्धी क्रम के आरम्भिक नौ स्कन्धों से संकलित पद हैं। इनकी प्रकृति विनय के प्रसिद्ध पदों से किसी प्रकार भिन्न नहीं है और सूरसागर से संकलित अनेक पद-संग्रहों में उनमें से अनेक पद विनय शीर्षक के पदों में सम्मिलित होते रहे हैं। 'मना रे करि माधव सों प्रीति' टेक से आरम्भ होने वाले पच्चीस दोहों का प्रसिद्ध पद इन्हीं में है। अकबर से सूरदास की तथाकथित भेंट के प्रसंग में इसका उल्लेख हुआ है। विनय पदावली के दोनों भागों के पदों को उपयुक्त शीर्षकों में दिया गया है।

रामायण प्रसंग शीर्षक के दैन्य भाव के पदों की संख्या एक सौ पचास है। ये सात काण्डों में विभक्त हैं और इनमें कथा क्रम सुरक्षित है। परन्तु सूरदास का उद्देश्य रामायण की सम्पूर्ण कथा संक्षेप में देना नहीं जान पड़ता। उन्होंने दैन्य भावना के आधार पर कुछ प्रसंगों को चुना है। इस चयन में कवि की कला-दृष्टि और भाव की मार्मिक अनुभूति का भी पर्याप्त परिचय मिलता है। कथा क्रम न होते हुए भी इन डेढ़ सौ पदों की क्रम व्यवस्था में मोटे तौर पर राम कथा का एक ढाँचा अवश्य मिल जाता है। सूरसागर के इन महत्वपूर्ण अंश के आधार पर सूरदास हिन्दी में रामकथा को सबसे प्रथम मौलिक रचयिता प्रमाणित होते हैं। इस प्रसंग का अन्तिम 'विनती किहिं विधि प्रभुहिं सुनाऊँ' टेक वाले पद से राम और कृष्ण के प्रति सूरदास की दैन्य और सख्य भावना के अन्तर का भी संकेत मिलता है। राम के पास निरीह अकिंचन भक्तों की पहुँच होना कितना कठिन है! उनके पास तो तुलसीदास की पत्रिका की तरह सूरदास रुक्का पहुँचाने का ही साहस कर पाते हैं। इनके विपरीत उनके कृष्ण उनके लिए कितने सहज और समीप हैं।

सूरसागर के इस नवीन संरचनात्मक पाठ का अन्तिम प्रसंग सुदामा चरित है। इसमें केवल सोलह पद हैं। सत्रहवें पद में सम्पूर्ण कथा का सार-संक्षेप दिया गया है। सुदामा कृष्ण के सखा अवश्य हैं, पर महाराज द्वारिकाधीश के साथ सहपाठी और गुरुभाई का पुराना नाता जोड़ने का उनमें साहस नहीं है। इस दैन्य भाव के साथ स्वयं सूरदास का पूरा तादात्म्य है, पर सूरदास इससे ऊपर उठकर कृष्ण के साथ सखा का सम्बन्ध जोड़कर उनके गोप सखाओं में सम्मिलित हो जाते हैं और कृष्ण की अंतरंग क्रीड़ाओं के भी साक्षी बन जाते हैं। सुदामा से भिन्न सूरदास श्रीदामा के साथ अधिक निकटता का अनुभव कर सकते हैं।

मुख्यत: अन्त:साक्ष्य के आधार पर सूरदास के नाम पर किए गए सूरसागर के पद संग्रह में आवश्यक काट-छाँट और संरचनात्मक पुनर्निर्माण के फलस्वरूप सूरसागर का जो अभिनव पाठ उपलब्ध हुआ है वह सहज ही उपर्युक्त चार अंशों में प्रस्तुत हो गया है। इन चार अंशों को सूरदास की चार भिन्न-भिन्न रचनाएँ कह सकते हैं। इन्हीं का सामूहिक नाम सूरसागर है जिसकी प्रामाणिकता के विषय में सन्देह की सम्भावनाएँ कम हैं। सूरसागर के इस स्वरूप की प्रामाणिकता सन्देह से सर्वथा परे है। सन्देह यदि हो सकता है तो कुछ पदों के सम्बन्ध में ही हो सकता है। इसकी चर्चा हम आगे करेंगे। सूरसागर के अभिनव और प्रामाणिक स्वरूप के पुनर्निर्माण के बाद पर्याप्त अंश ऐसा भी बचता है जिसकी प्रामाणिकता के विषय में प्रथम तीन परिशिष्ट वर्ण्य विषय के आधार पर पृथक् किए गए हैं और पूरा परिशिष्ट कवि-छाप की भिन्नता पर आधारित है। वह कवि-छाप है सूरज और सूरजदास। इसके औचित्य के विषय में यथास्थान तर्क दिए गए हैं। आगे के प्रकरणों में इन चार परिशिष्टों का परिचय और उनके पृथक्करण के आधारभूत कारणों का विवरण दिया जा रहा है।

परिशिष्ट १ में श्रीकृष्ण लीला गीति प्रबन्ध के समानान्तर श्रीकृष्ण कथा की वर्णनात्मक शैली में पुनरावृत्ति है। यह सर्वविदित है कि सूरसागर में जिसका रूप अब तक योजना रहित संग्रह का ही रहा है, अनेक लीला प्रसंगों की पुनरावृत्तियाँ हुई हैं। जो लीला गायन पदों की संश्लिष्ट शैली में किया गया है, उसी को वर्णनात्मक छन्दों में कभी-कभी दो-दो, तीन-तीन बार दुहराया गया है। इन पुनरावृत्तियों को प्रस्तुत पाठ में अलग किया गया है, क्योंकि इनके रहते लीला गान के कथा-प्रवाह में बाधा पड़ती है और उसकी गीति शैली की स्वानुभूतिमूलकता पर विपरीत प्रभाव पड़ता है। निश्चय ही ये पुनरावृत्तियाँ लीला की प्रबन्धात्मक एकान्विति खण्डित करती हैं। स्पष्ट ही इनकी भाषा-शैली में गीति जैसी प्रांजलता और कसावट नहीं है। अक्सर उसमें शैथिल्य और काव्यात्मकता का अभाव पाया जाता है, यद्यपि कुछ पुनरावृत्तियाँ ऐसी भी हैं जिनमें काव्य-गुण हैं और सूरदास की सुपरिचित कवित्व शक्ति से सर्वथा भिन्न नहीं जान पड़तीं। कभी-कभी लगता है कि कहीं ये स्वयं सूरदास द्वारा ही तो नहीं रची गईं। फिर भी प्रबन्ध के अभिन्न अंग के रूप में इन भिन्न शैली और गीतिहीन भावना की पुनरावृत्तियों को सम्मिलित रखना उपर्युक्त कारणों से सम्भव और उचित नहीं जान पड़ा। एक सुखद संयोग है कि श्रीकृष्ण कथा के इन वर्णनात्मक रूप को एक साथ क्रम-व्यवस्थित कर देने से सूरसागर के संग्रह में से एक ऐसा नया पाठ निकल आया है जो स्वतन्त्र रूप से पठनीय है। इसमें गीति तत्वों के स्थान पर वर्णन और कथा-वाँचन के तत्वों की प्रधानता है जिससे यह पाठ भक्तों के पठन-श्रवण के लिए अधिक उपयोगी है। कथा में रस लेने वाले पाठकों और श्रोताओं को इसमें अधिक ग्राह्यता मिलेगी। एक और बड़ी विशेषता यह

है कि इसमें श्रीकृष्ण की कथा उनकी व्रज और व्रजवासियों के साथ बिताए गए जीवन तक सीमित नहीं है, बल्कि उसमें उनके द्वारिकाधीश स्वरूप का भी पूरा वर्णन मिलता है। एक बात अवश्य इस कथा वर्णन में व्याघात पैदा करती है। यह है कुछ महत्वपूर्ण प्रसंगों की पुनरावृत्तियाँ। पुनः इन पुनरावृत्तियों में भाषा, शैली और काव्य-गुणों की भिनता भी है। यह भिन्नता छन्दों की भिन्नता से अनिवार्यतः सम्बद्ध दिखाई देती है। चौपाई-चौपई-चौबोला छन्दों में रचे गए अंश सबसे अधिक दुर्बल और काव्य-गुणों से रहित हैं। इससे भिन्न रोला-दोहा के युग्म छन्द वाले प्रसंगों की भाषा-शैली प्रायः अधिक परिमार्जित, प्रांजल और रोचक है। इस युग्म छन्द के अन्त में जहाँ दस मात्राओं की एक पंक्ति जोड़ी गई है वहाँ छन्द की रोचकता और बढ़ गई है। श्रीकृष्ण कथा के वर्णन में प्रयुक्त इस नवीन छन्द का अनुकरण नन्ददास के भंवरगीत में हुआ। इस उदाहरण के आधार पर, विशेष रूप से, और कुल मिलाकर सूरसागर के इस परिशिष्ट भाग के रचयिता के विषय में सन्देह पैदा हो जाता है कि कहीं इस भाग के कम से कम कुछ अंश स्वयं सूरदास के ही रचे तो नहीं हैं। निश्चय ही परिशिष्ट १ सूरसागर का महत्वपूर्ण अंश है।

परन्तु परिशिष्ट २ और ३ के सम्बन्ध में ऐसा संदेह करने का कोई कारण नहीं है। इन परिशिष्टों में गीति शैली के उन पदों को संकलित कर दिया गया है जिनकी प्रामाणिकता निश्चयपूर्वक संदिग्ध है। परिशिष्ट २ में श्रीकृष्ण लीला सम्बन्धी पद हैं और परिशिष्ट ३ में भागवती प्रसंगों के वे पद जो स्कन्धी क्रम के संस्करणों में विभिन्न स्कन्धों में बिखरे हुए हैं। इन स्कन्धों के विनय भावना के पद, जैसा कि पहले कहा जा चुका है, विनय पदावली २ शीर्षक से सूरसागर के प्रामाणिक पाठ के अभिन्न अंग के रूप में दिए गए हैं। ये प्रामाणिक अंश भी विषयानुसार क्रम-व्यवस्थित रूप में सम्पादित किए गए हैं। श्रीकृष्ण लीला गीति प्रबन्ध और श्रीकृष्ण कथा वर्णन की तरह परिशिष्ट २ में क्रम दिया गया है और भागवती कथा प्रसंगों में भी एक व्यवस्था है।

परिशिष्ट ४ के विषय में कुछ अधिक व्याख्या आवश्यक है। जैसा कि पीछे कहा गया है, सूरदास ने सूर और सूरदास, दो ही कवि-छापों का प्रयोग किया है। इन कवि छापों के साथ जुड़े हुए स्वामी, प्रभु, श्याम शब्द भिन्न छापों के द्योतक न होकर समस्त-पद सूर के स्वामी, सूरदास के श्याम आदि का अर्थ देते हैं। परन्तु सूरसागर के अनेक पदों में प्रयुक्त सूरज और सूरजदास कवि छापें स्पष्ट ही किसी अन्य कवि के नाम की सूचक है। सूरजदास नाम का कोई निपुण कवि, सम्भव है, सूरदास का समकालीन हो, क्योंकि उसकी कवि छाप के सोलह पद सूरदास के जीवन काल के उपर्युक्त सूरदास जी का पद नामक संग्रह में भी मिले हैं। कुछ पद सूर और सूरज तथा सूरजदास और सूरदास कवि छापों के विकल्प के साथ भी भिन्न-भिन्न प्रतियों में मिलते हैं। केवल श्री वेंकटेश्वर प्रेस और सभा के संस्करणों में ऐसे विकल्पों की संख्या कम से कम एक दर्जन पदों में देखी गई है। नीचे कुछ उदाहरण दिए जा रहे हैं—

(१) बाँह पकरि सूरज गहि ल्यावहु नंद की सौंह दिवाइ।

(सभा ४३९३)

बहियाँ पकरि सूर के प्रभु की नंद की सौंह दिवाई।

(वें० प्रे० पृ० ६७८ पद ८६)

(२) सूरजदास प्रीति कह जानैं लोभी नवनीता को (सभा ४६२७)
सूरदास प्रभु हम कहा जानें अब लोभी बनिता को।
(वें० प्रे० पृ० ७०२, पद ७६)

(३) सूरज प्रभु पहुँचे दल अपनें तब सुभटनि सुधि पाई (सभा ४७९९)
सूर प्रभू पहुँच अपने घर तब सबहिन सुधि पाई।
(वें० प्रे० पृ० ७३२, पद १९)

(४) बिना कृपा भगवान उपाय न सूरज आना (सभा ४८६७)
बिना कृपा भगवान उपाय न सूर अपाना।
(वें० प्रे० पृ० ७५१, पद ८१)

सूरजदास कोई भिन्न कवि अवश्य था और कहीं-कहीं सूरज की जगह सूर और सूरजदास की जगह सूरदास कर देने में कृत्रिम प्रयास का अनुमान होता है। प्रस्तुत पाठ में सूरजदास और सूरज कवि छापों के २४८ पद परिशिष्ट ४ के शीर्षक में आए हैं। परन्तु अनुमान है कि सूरजदास ने इससे भी अधिक पद सूरदास को समर्पित कर सूरसागर में मिलाए होंगे। परिशिष्ट ४ में संग्रहीत पदों की भाषा-शैली का सूक्ष्म अवलोकन-परीक्षण करने पर, सम्भव है, सूरजदास और सूरदास के भक्त और कवि व्यक्तित्वों में कुछ अन्तर निकाला जा सके। भाषाशैली और भाव धारा में किंचित् भिन्नता का आभास होता अवश्य है, यद्यपि उसे विश्वसनीय प्रमाणों से पुष्ट करने के लिए अधिक गहन और सूक्ष्म अध्ययन की अपेक्षा है। यह सूरजदास नाम का कवि कौन है, यह प्रश्न जिज्ञासुओं और अध्येताओं और अन्वेषकों से उत्तर की अपेक्षा करता रहेगा। इस परिशिष्ट के पदों को क्रम से तो दिया गया है, पर ये इतने बिखरे हुए और विभिन्न प्रसंगों में घुले-मिले हैं कि इनका कोई सामूहिक स्वरूप नहीं बनता। सूरजदास कवि की प्रतिभा का पता इससे भी लगता है कि कहीं-कहीं उसकी छाप के कुछ-एक पद लीला-प्रसंगों की भूमिका जैसी प्रस्तुत करते हैं। उदाहरण के लिए बड़ी मानलीला का पहला पद सभा संस्करण में सूरज छाप से दिया गया है, यद्यपि प्रस्तुत पाठ में उसमें सूरज के बजाय सूरजु दिया गया है। इस तरह के कुछ अन्य महत्वपूर्ण उदाहरण भी मिलते हैं। यहाँ लीला प्रसंगों के स्वरूप-निर्माण में सूरजदास कवि की सम्पादक जैसी भूमिका का अनुमान होता है।

सूरसागर और विषयानुसार उसकी चार इकाइयों—श्रीकृष्ण लीला गीति प्रबन्ध, विनय पदावली १ और २, रामायण प्रसंग और सुदामा चरित्र के संरचनात्मक स्वरूपों के पुनर्निर्माण पर मुख्य दृष्टि रखने के क्रम में इस सम्पादन कार्य में इन इकाइयों के अंगभूत पदों के पाठ-सम्पादन के विषय में केवल इतना ही ध्यान दिया जा सकता है कि कोई पद इकाई विशेष के स्वरूप को विकृत तो नहीं करता और कोई पद भाषा, शैली भावधारा और कवि छाप के आधार पर बहिष्कृत किए जाने योग्य तो नहीं है। बहिष्करण की इन कसौटियों में जो अन्त: साक्ष्य की ही अंग हैं, शैली के अन्तर्गत छन्द-प्रयोग भी आ जाता है। सूरदास की सम्पूर्ण रचना गीति शैली में हुई है। संगीतात्मक गेयता जिसमें छन्द के आधे चरण की टेक देना अनिवार्य है गीति को पद का रूप देती है। मध्ययुग के भक्त कवियों की गीति रचनाएँ पदों के रूप में ही हुई हैं। परन्तु सूरसागर में उन वर्णनात्मक अंशों को भी जिनमें टेक नहीं है पद कहा गया है और आरम्भ में उनके राग-विशेष में गाए जाने का भी निर्देश किया गया है। वर्णनात्मक अंशों

को अलग करने में तो कोई कठिनाई नहीं हुई, परन्तु कुछ छन्द, जैसे कवित्त, सवैया आदि को नहीं निकाला गया है। टेक युक्त गेयता उनमें न होने के आधार पर उनका बहिष्कार सम्भवत: अनुचित न होता, परन्तु कुछ ऐसे प्रसंगों में इन छन्दों का प्रयोग हुआ है, जिन पर इस बहिष्करण का विपरीत प्रभाव पड़ने की सम्भावना थी। हस्तलेखों के पुष्ट प्रमाणों के अभाव में समझौते का दृष्टिकोण अपनाना अधिक समीचीन जान पड़ा। यह कार्य पदों के पाठ-सम्पादन के लिए जो सम्भवत: भविष्य में कभी किसी संगठित संस्था या अभिकरण के द्वारा किया जाय छोड़ दिया गया है। फिर भी यहाँ उपर्युक्त प्रकार के कुछ पद नामधारी छन्दों की ओर संकेत किया जा रहा है जिनके सूरदास-कृत होने में सन्देह पैदा होता है। पदों की संख्या मानमंडल पाठ की ही है। ये तथाकथित पद हैं—१४३०, १४३१ (घनाक्षरी), १४५७-१४५८ (कवित्त), मध्यम मानलीला के पद २०९० से २०९८, २०१३ से २०१५, २१२१ जिसमें कुहबर का उल्लेख है, २१२४, २२३३, २२५८-२२८८, २३१७, २३२०-२३२५, २३२९-२३३३, २३३८-२३३९। ये सब पद मानलीला से सम्बन्धित हैं। खण्डिता प्रकरण मानलीला का ही एक अंग है। वास्तव में यह सम्पूर्ण प्रसंग राधा कृष्ण प्रेम के उस आगामी विकास की पूर्व सूचना देता है जिसमें वह ऐहिकता की ओर अधिकाधिक उन्मुख होता गया और माधुर्य का भक्ति भाव लौकिक शृंगार में परिणत हो गया। मानलीला के सभी प्रसंगों पर पदों की प्रामाणिकता की दृष्टि से सावधानीपूर्वक पुनर्विचार करने की आवश्यकता है। सूरसागर और विशेष रूप से उसके सर्वप्रमुख अंश श्रीकृष्ण लीला गीति प्रबन्ध के स्वरूप-निर्माण पर मुख्य अवधान होने के कारण यहाँ यह कार्य सम्भव नहीं हो सका, क्योंकि इसमें हस्तलेखों की अधिक छानबीन करना अनिवार्य था।

नामानुक्रमणिका

(सूरदास, कृष्ण-लीला संबंधी तथा अन्य पौराणिक नामों के अतिरिक्त व्यक्तियों, ग्रन्थों, स्थानों आदि के नामों की अकारादि क्रम से व्यवस्थित सूची)